Treatment of Child Abuse
COMMON GROUND FOR MENTAL HEALTH, MEDICAL, AND LEGAL PRACTITIONERS
second edition

虐待された子どもへの治療【第2版】
医療・心理・福祉・法的対応から支援まで

ロバート・M・リース／ロシェル・F・ハンソン／ジョン・サージェント 編
亀岡智美／郭 麗月／田中 究 監訳

明石書店

TREATMENT OF CHILD ABUSE (2nd edition)

by Robert M. Reece

©2000, 2014 The Johns Hopkins University Press

All rights reserved. Published by arrangement with

Johns Hopkins University Press, Baltimore, Maryland

Japanese translation published by arrangement with

Johns Hopkins University Press through The English

Agency (Japan) Ltd.

日本語版刊行にあたって

　日本の子ども虐待対応件数はいまだにうなぎ登りであり、とどまるところを知らない。それに対応する児童相談所や地域福祉もその子どもたちの安全を守ることに精一杯であり、それすらままならない状況が続いている。一方で、虐待を受けた子どものメンタルヘルス上の問題が大きいことはかなり知られてきているが、その回復を求めた治療が絶対的に必要なものであるという意識はまだ低い。たとえば、通告がなされても分離が必要ではないと判断された子どもとその家族には、いわゆる「見守り」が行われ、虐待を受けてしまった子どもや虐待をしない親子や家族になるための治療が提供されていることは少ない。また、分離が必要な子どもとその家族に対しても、親子の治療や心理的な治療を考えての生活の場の提供にまで至っていないのが現状である。その結果、親元にいることで危険があると判断されて分離された一時保護の場や代替養育の場において、そのトラウマ反応が理解されず、子どもたちに心理教育すらなされることもなく、適切な感情制御の方法を習得できず、その結果、さらなるトラウマを受けることが稀ではない。そのような日本の子ども虐待に対応する、福祉を中心とした、保健・医療・司法等の関係者には、本書は大きな考え方の転換を迫るものとなるであろう。

　本書は 2000 年に出された初版本の改訂版であるが、その内容は大きく変化している。初版では虐待の種類別にその治療が書かれており、個人の治療に主眼が置かれていたが、今回は、Part Ⅰで主に虐待を受けた子どものアセスメントについて書かれており、Part Ⅱではエビデンスに基づいた治療や介入の方法が述べられている。そして、Part Ⅲでは特別な状況やトピックスについて、Part Ⅳでは医学的治療について、Part Ⅴでは専門家の教育・トレーニングとそれを地域にどのように根づかせるかが述べられており、Part Ⅵの新たな方向と Part Ⅶの法的な問題で結ばれている。特に Part Ⅱや Part Ⅲの一部では、それぞれの場において、エビデンスのある治療やケアなどの介入のアプローチについてまとめられており、米国においてプログラムとして治療のエビデンスがどれほど真摯に開発されてきたかがよく分かる。

　その背景には、米国において、子どもの時期の逆境体験がその後の心身の健康にどれほどの悪影響があるかが明らかにされてきたことを受けて、被害を受けたすべての子どもにエビデンスのある介入が提供されるべきであるという著者ら専門家の強い信念が伺える。もちろん、日本に比べれば長い虐待対応の歴史の中で、米国が苦悩し、失敗し、学び、それでも前に進めてきた中で、培われたものである。それを受けて、本書は、子どものメンタルヘルスにかかわる人々が、それぞれの分野で、子どもの治療やケアという介入を行うためのエビデンスに基づいた方法が提示され、さらにはその方法を地域に根づかせる方向性についても述べられている。また、それぞれの治療は、アセスメントから見立て、治療までプログラムとして行えるものとなっている。もちろん、実際に治療を行うためには、トレーニングを受けることが必要になる。幸い、日本でも TF-CBT や PCIT を

はじめとするいくつかのトレーニングは可能になってきている。しかし、そこまでコミットできないと考える人にとっても、日々虐待を受けた子どもと接するにあたって、トラウマインフォームドケアを中心とした考え方を学ぶだけでも意味がある。虐待を受けた子ども、およびそれを取り巻く家族などのシステムを含めて、これほどにエビデンスのあるプログラムが開発されていることを知り、自分がどのような立場で子どもに接するのかを考えることは専門家として必要な作業である。

　おそらく、アメリカにおいては、今後もさらなる発展がなされていくであろう。一方、日本では、子ども虐待に関わる人々が虐待を受けた子どもやその家族・地域に有効な治療やケアの方法をしっかりと言語化して行っていく文化を養う必要がある。今後、増えていくことが期待されている子ども虐待に関わる専門家のコンピテンスを上げるためにも、現在の専門家が本書を読んで、治療に対する自分の考え方をしっかりと持ち、専門家を志す人に伝える努力が求められているのである。そうでなければ、虐待を受けた日本の子どもたちの真の回復は望めないであろうし、それが世代を超えて、未来の日本に影響する。一見すると難しく感じるかもしれないが、本書が翻訳されたことが、日本の子どもへの福音になるように、本書を日本の虐待対応の中で活かしていくことが求められている。

前成育医療センター　こころの診療部 統括部長／日本子ども虐待防止学会理事長

奥山　眞紀子

はじめに

　1970年代のはじめ、私は米国における子ども虐待とネグレクトについての多数のマスコミ報道に深い悲しみを感じていた。最前線のケア提供者や法的システムから情報を集め、さらに調査を進めていくにつれて、このような悲劇への対応においてわれわれの社会、そして保健システムが深刻な欠陥で苦悩していることが分かってきた。子どもの不適切な養育は、直接の犠牲者である子どものみならず、その家族、およびより広いコミュニティに悪影響を与えている。そのすべてがわれわれの助けを必要としている。当時、欠けていると思われたことは予防と治療に向けた努力であった。これらの問題が早急に注目される必要性はあるが、しかしこれらの問題を扱うことは容易ではないのも明白であった。いくつかの政党は、子どもへの虐待を緩和する努力が家族のプライバシーを侵害することになるのではないかとの懸念を表明した。

　1973年、上院の子どもと青年に関する小委員会の座長として、私は子どもの虐待とネグレクトに関するヒアリングを行った。このヒアリングを通してわれわれは多くを学び、その所見を立法に組み込んだが、それは子ども虐待予防及び対処措置法（Child Abuse Prevention and Treatment Act, CAPTA）として成立した。CAPTAの目的は子ども虐待とネグレクトの鑑別、予防、対処を全米レベルで調整するとともに、各州における、すべてのタイプの子ども虐待とネグレクトの鑑別、通告、対処そして予防に対するシステムの改善を援助することである。議会と執行部会で同僚とともに作業後、1974年にわれわれの法案が調印され、法律として成立した。

　その後も、本書で示されたように、さまざまなことが生じている。この40年余り、堅実な努力がなされてきたにもかかわらず、確認された不適切な養育の件数は年間約100万ケースに上っている。しかし、われわれは大きな進歩も成し遂げてきている。不適切な養育への認識はかなり広がってきている。広範囲に配列された対処方法と予防プログラムの有効性の証明も非常に大きな一歩を踏み出してきている。また、根拠に基づいた実践方法の普及と実施も国内全体のコミュニティにおいて著しく改善してきている。虐待された子どもの人生を回復させるために自らの職業的生涯を捧げているすべての人たちに、本書が支援と刺激を与えるものになると信じる。子ども虐待によってもたらされる無用な悲劇を改善し、かつ予防する新たな方法を追求し続けるために、本書がわれわれ全員を鼓舞してくれることを切に希望する。

ウォルター・F・モンデール

Walter F. Mondale

著者序文

　認識が高まり、通告率が低下しているにもかかわらず（Finkelhor & Jones, 2012; Finkelhor et al., 2010）、子ども虐待とネグレクトは21世紀になっても、米国の保健問題の大きな課題のままである。100万ケース近い虐待とネグレクトの申し立てが毎年通告されている。このような虐待の体験は、急性のそして生涯にわたる無数の心理的、身体的悪影響の危険性を増大させることにつながる。うつ病、心的外傷後ストレス障害、精神作用物質依存を含む（e.g., Cisler et al., 2012 ; Dube, Felitti, et al., 2003; Dube, Miller, et al., 2006; Kilpatrick, Ruggerio, et al., 2003; Kilpatrick, Saunders, & Smith, 2002; Walsh et al., 2012）心理的な問題は、学業成績や教育歴、対人関係の安定性、若年妊娠の危険性、将来において法に抵触する結果になりうる攻撃的な行動に影響を与える。研究によって子ども虐待とネグレクトが神経生物学的変化の原因になる可能性があり（Cohen et al., 2002; De Bellis et al., 2010）、喫煙や肥満、その他の慢性的な身体健康状態に結びついていることが指摘されている（Edwards et al., 2005; Ford et al., 2011; Williamson et al., 2002）。米国小児科学会（American Academy of Pediatrics）は最近、子ども虐待とネグレクトを、学際的な関心と個人、およびコミュニティレベルでの創造的な救済策が保証されるべき危機として記述している。

　リースの『虐待された子どもへの治療（Treatment of Child Abuse）』の初版出版後の、この13年間に多くのことが変化してきた。精神保健治療団体は、トラウマを負った子どもと青年への効果的な治療を同定するためには精密な調査が重要であると強調してきた。名前を若干挙げれば、物質乱用精神保健サービス局（2013）の根拠に基づくプログラムと実践、米国子どものトラウマティックストレス・ネットワーク（www.ncts.org）、司法局の crimesolutions.gov. (U.S. Department of Justice, 2013)、カリフォルニア子ども福祉実践エビデンス・クリアリングハウス（Chadwick Center for Children and Families, 2013）などのような連邦ないしは州機関は、トラウマインフォームドで根拠に基づく実践を明らかにしてきており、それが精神保健、子ども福祉、その他の虐待された子どもと家族へのサービスを提供する専門職の間で広範囲に用いられるように促進してきた。さらに、広範囲の子どもの精神保健分野でトレーニングを広め、効果的な対処が行われるように推進する多くの努力がなされてきている。小児医学の下位専門分野として虐待小児医学を位置づけることで、虐待とネグレクトの正確な診断を保証し、虐待とネグレクトに関する小児科医と家庭医に向けたトレーニングを通して一貫した教育が提供された。それに加えて、里親養育の改善、入所処遇におけるトラウマインフォームドなケアの進歩、虐待やネグレクトを受けた若者に見られるいじめ体験とその打撃への注目、虐待やネグレクトを受けた里子に適切に向精神薬を用いる際の基準の必要性の認識があげられる。これらすべては過去10年の間に生じてきたものである。虐待やネグレクト、そしてその対処に特化したトレーニングが発展し、子どもをケアする専門職員全員に対して全国的に推奨されてきている。最後に、この仕事により専門家が負う精神的打撃への認知が進み、

その結果、セルフケアの重要性が意識されてきた。

　これらの問題のすべてが本書で扱われている。われわれの望みは、この本が、専門家たちが効果が実証された実践の重要性を認知し、虐待やネグレクトを受けた子どものケアに従事する人々の間で、この実践が広く奨励されるのに役立つことである。本書はまず、Part Ⅰで虐待とネグレクトを同定し、これらの子どもを心理社会的に評価することに焦点を当てる。Part Ⅱではトラウマを負った子どもと青年に対する、根拠に基づき、根拠に支持された対処について述べられている。そこには介入の基礎となる研究と理論についての情報とともに対処計画案の詳細も含まれている。Part Ⅲでは特殊な集団とそれへの治療的アプローチを扱っている。そこには、トラウマインフォームドケアのサンクチュアリモデル、根拠に基づく対処の文化的変異、いじめを扱う介入、性的加害を犯す子どもと青年への治療が含まれる。Part Ⅳでは、虐待された若者への短期、および長期の医学的治療が扱われている。Part Ⅴの章は虐待された子どもへのトラウマインフォームドで根拠に基づくケアにおける、精神保健の専門家と医者に対するトレーニングのさまざまなアプローチと、どのようにして現在の理論が子ども虐待に対処している集団に広められるのかに焦点を当てている。また、この分野で働く専門家のセルフケアについて述べられた1章も含まれている。Part Ⅵには精神薬理学における刺激的な進歩についての議論、遺伝子と環境の間の相互作用をめぐる問題、不適切な養育の犠牲者におけるレジリエンスとリカバリーの重要性が含まれている。Part Ⅶは通告、インタビュー、法廷での証言、治療者に発生しうる法的問題についての司法的に重要な示唆に充てられている。

　読者が最も関心を持っており、自分の実践に活用できる章を選択されることを奨励する。同時にこの本を同僚や子ども虐待の分野に進もうとしている学生と共有して下さることをお勧めする。子ども虐待とネグレクトの課題に対する効果的な対応は協働と学際的な関与を必要とする。われわれの望みは、本書の編集が、読者の個人的な努力において1人ひとりに役立っていくことであり、さらにまた読者の協働において支えになってくれることである。最後に惜しみなく各々の見解、知識、そして時間を捧げてくださった著者たちにお礼を述べたい。虐待やネグレクトを受けた子どもたちの人生がよりよいものになることを希望する。

[参考文献]

1. Chadwick Center for Children and Families. (2013). *California Evidence- Based Clearing house for Child Welfare*. San Diego, CA: Author. www.cebc4cw.org
2. Cisler, J. M., Begle, A. M., Amstadter, A. B., Resnick, H. S., Daniel-son, C. K., Saunders, B. E., & Kilpatrick, D. G. (2012). Exposure to interpersonal violence and risk for PTSD, depression, delinquency, and binge drinking among adolescents: Data from the NSA- R. *Journal of Traumatic Stress, 25*, 33-40.
3. Cohen, J. A., Perel, J. M., Debellis, M., Friedman, M. J., & Putnam, F. W. (2002). Treating traumatized children: Clinical implications of the psychobiology of posttraumatic stress disorder. *Trauma, Violence & Abuse, 3(2)* , 91-108.
4. De Bellis, M. D., Hooper, S. R., Woolley, D. P., & Shenk, C. E. (2010). Demographic, maltreatment, and neurobiological correlates of PTSD symptoms in children and adolescents. *Journal of Pediatric Psychology, 35(5)*,

570- 577.

5. Dube, S. R., Felitti, V. J., Dong, M., Chapman, D. P., Giles, W. H., & Anda, R. F. (2003). Childhood abuse, neglect and house hold dysfunction and the risk of illicit drug use: The Adverse Childhood Experience Study. *Pediatrics, 111(3)*, 564- 572.

6. Dube, S. R., Miller, J. W., Brown, D. W., Giles, W. H., Felitti, V. J., Dong, M., & Anda, R. F. (2006). Adverse childhood experiences and the association with ever using alcohol and initiating alcohol use during adolescence. *Journal of Adolescent Health, 38(4)*, 444.e1- 10.

7. Edwards, V. J., Anda, R. F., Dube, S. R., Dong, M., Chapman, D. F., & Felitti, V. J. (2005). The wide- ranging health consequences of adverse childhood experiences. In K. Kendall- Tackett and S. Giacomoni (Eds.), *Child Victimization: Maltreatment, Bullying, and Dating Violence, Prevention and Intervention*. Kingston, NJ: Civic Research Institute.

8. Finkelhor, D., & Jones, L. (2012). *Have sexual abuse and physical abuse declined since the 1990s?* Durham, NH: Crimes against Children Research Center.

9. Finkelhor, D., Turner, H. A., Ormrod, R. K., & Hamby, S. L. (2010). Trends in childhood violence and abuse exposure: Evidence from two national surveys. *Archives of Pediatrics & Adolescent Medicine 164(3)*, 238- 242.

10. Ford, E. S., Anda, R. F., Edwards, V. J., Perry, G. S., Zhao, G., Tsai, J., et al. (2011). Adverse childhood experiences and smoking status in five states. *Preventive Medicine, 53*, 188- 193.

11. Kilpatrick, D. G., Ruggiero, K. J., Acierno, R., Saunders, B. E., Resnick, H. S., & Best, C. L. (2003). Violence and risk of PTSD, major depression, substance abuse/dependence, and comorbidity: Results from the National Survey of Adolescents. *Journal of Consulting and Clinical Psychology, 71*, 692- 700.

12. Kilpatrick, D. G., Saunders, B. E., & Smith, D. W. (2002). *Research in brief: Youth victimization? Prevalence and implications* (NCJ 194972). Washington, DC: U.S. Department of Justice, National Institute of Justice.

13. Substance Abuse and Mental Health Ser vices Administration. (2013). *National Registry of Evidence-based Programs and Practices*. Washington, DC: U.S. Department of Health and Human Ser vices. www.nrepp.samhsa .gov

14. U.S. Department of Justice, Office of Justice Programs. (2013). CrimeSolutions.gov. Washington, DC: Author. http:// crimesolutions.gov /TopicDetails.aspx?ID=60

15. Walsh, K., Danielson, C. K., McCauley, J., Hanson, R. F., Smith, D. W., Resnick, H. S., et al. (2012). Longitudinal trajectories of PTSD symptoms and binge drinking among adolescent girls: The role of sexual victimization. *Journal of Adolescent Health, 50(1)*, 54- 59. doi: 10.1016/j.jadohealth.2011.05.017

13. Williamson, D. F., Thompson, T. J., Anda, R. F., Dietz, W. H., & Felitti, V. J. (2002). Body weight, obesity, and self- reported abuse in childhood. *International Journal of Obesity, 26*, 1075- 1082.

目　　次

Part I 虐待された子どもとの最初の接触

第 1 章
身元確認、通告義務の必要条件、
精神面の評価と治療のための紹介

ジョーダン・グリーンバウム

メリアン・チェラノ

総論

　医療関係者は、かかりつけ医や看護師による定期的な小児科往診はもちろん、救急部門の緊急治療や虐待やネグレクトに関連したケガの外科的処置、あるいは、少年鑑別所でのインテーク面接など、さまざまな状況で虐待やネグレクトの被害児と出会う可能性がある。虐待の申し立てが、以前にすでになされていることもあれば、なされていないこともある。虐待されていることを子どもが自発的に臨床家に開示して、臨床家と親の双方を驚かせることもある。また、虐待を心配している親が、子どもの治療を求めるケースもある。稀ではあるが、子どもが単独で、虐待されたので治療してほしいとか保護してほしいと言って、医療現場にやってくることもある。この章では、虐待やネグレクトの被害にあっている可能性のある児童の治療にあたる臨床家に関連する課題、すなわち、通告義務・患者のプライバシーと守秘義務・虐待が疑われるケースの医学的評価の概要などについて考察する。さらに、それぞれの子どもにふさわしい精神面への治療的アプローチや、最も「適切な」治療者をどのようにして決定するかについて論じる。

虐待やネグレクトの通告義務

　子ども虐待の防止及び 対処措置（Child Abuse Prevention and Treatment Act, CAPTA；Pub. L. No. 93-273; 43 U.S.C. §§5101 – 5119）によると、連邦基金を受給する条件として、州は、子ども虐待が疑われる場合、定められた大人は当局に通告すべしという法令を履行するように定めている（National Association of Counsel for Children, 2012）。2010 年 4 月現在、48 州とコロンビア特別区は、通告義務を負う専門家の種類（一般的には、医療従事者や精神保健関係者など）を定義している。一方、ニュージャージー州とワイオミング州は、特定の専門家だけではなく、すべての人に、疑わしいケースの通告義務を課している（Child Welfare Information Gateway, 2010）。一般的に、州法は「合理的な疑念」といえるような、ある程度の確実性を義務付けている。すなわち、通告者は通告

前に虐待が起きていると「考えた理由」、または「疑った理由」を述べるだけでよい。しかし、解釈の幅が広いので、通告者に迷いが生じる可能性がある。法律の目的は、通告義務を負う職業の人々が被害を受ける子どもたちの「セイフティネット」として機能することである。このように、疑わしい虐待を通告するために必要とされるレベルは、児童保護局が「虐待ありと認定するケース」や刑法で有罪となるケースよりもかなり低いと考えられている。通告者は、通告をする前に虐待やネグレクトがあったかどうかを確認する必要はない。一般的に、調査をしなければ、虐待があった、というレベルまでの確証を得ることはできないため、それは通告義務を負う職業の人々の行動範囲を超えている。通告者の責任は、単に虐待が懸念されることを通告することだけである。状況を評価し虐待が起きたかどうかを決定するのは、当局の仕事である。

　ほとんどすべての州（2009 年 12 月時点で 47 州とコロンビア特別区）は、子ども虐待が疑われるにもかかわらず通告を怠った場合の罰則規定を設けている（Child Welfare Information Gateway, 2009）。すなわち、ほとんどの州で通告を怠ることは軽犯罪とみなされる。一方、50 州すべてとコロンビア特別区は、一般市民に対しては免責を設けており、「誠意をもって」通告をした通告義務を負う職業の人たちに対しても刑事責任を免除している。この免責は、虐待やネグレクトが調査によって実証されない場合に効果を発揮する（Child Welfare Information Gateway, 2012）。さらに、多くの州は、最初の通告の後は、通告者は訴訟手続きや調査には参加しなくてもよいという免責事項を設けている。そしてついに、いくつかの州では、医療関係者による、虐待が疑われる際の通告に関連する特定の行為に対しても免責を設けることになる。たとえば、診察を行う場合や、検査結果、レントゲン写真、あるいは写真を入手する場合、カルテや患者情報を当局に開示する場合、そして、子どもを一時保護所に連れていく場合などである（Child Welfare Information Gateway, 2012）。

　州の規定はさまざまであるが、その多くは、通告義務を負う職業の人たちの場合、虐待が疑わしいケースを見つけた際は、所定の時間内に当局に連絡をすることが求められている。その時間は、たいてい 24 時間以内とされている。通告義務を負う職業の人たちは自分自身が通告する責任を負っているのであり、他の人が社会福祉機関に連絡することを当てにしてはいけない、という点が重要である。身体的虐待が疑われるケガを負った子どもを救急外来に行かせ、虐待の疑いがあることをそこの職員が気づいて報告することを当てにする関係者は、子どもの安全を脅かしているということで、自分自身も通告を怠ったという民事責任や軽犯罪に問われることになる。

患者のプライバシールールと守秘義務

　2002 年に保健福祉省は、1996 年の議会で承認された（Pub. L. No. 104-191）、医療保険の携行性と責任に関する法律（Health Insurance Portability and Accountability Act, HIPAA）のプライバシーの必要条件を履行するために、プライバシールール——健康情報保護の国家基準（U.S. Department of Health and Human Services, Office of Civil Rights, 2003）——を制定した。そのプライバシールールは、個人特定が可能な医療情報の保護を保証するものであり、「対象者」すなわち、患者に関する情報を電子フォームで記録したりやり取りしたりする医師や心理士に適用される。このルールは、開示

される可能性のある患者情報をやり取りする場合には厳密に適用されるが、児童虐待が疑われるケースは除外される点が重要である。特に、医療関係者や精神保健の関係者は、法律が定めている場合（たとえば通告義務法）は、保護者や患者本人の同意なしに、保護対象保健情報（protected health information, PHI）を開示することが許されている。精神保健の関係者は、子どもの健康や安全に対する深刻な脅威を防止し軽減する任務を負っている、法律の執行機関や児童保護局に対して、関連する PHI を開示することが許されている。彼らは、こうした情報を、司法当局によって出される裁判所命令・令状・勾引状・召喚状に応じて開示する可能性もある（Podrid, 2003）。HIPAA の規制は、疾患・ケガ・児童虐待・死亡の報告や公衆衛生サーベイランスを目的とした報告を求めている州法に、先んじているわけではない。関係者が PHI を開示した場合、すぐに子どもや子どもの代理人に連絡しなければならない。そうしないと、子どもが深刻な危険に曝されるかもしれない。

　プライバシールールの詳細な点も重要である。州が、虐待の疑いがあるという報告を受け取って調査をする機関として法の執行を指示しない限り、医療関係者は法律上の保護者の許可がないと、限定された情報しか開示しない可能性がある。しかし、このような制限は児童保護局（child protective service agency）には適用されない。状況によっては、医療関係者は子どもや他の誰かに差し迫った危険があると判断する場合があるが、このような場合は、PHI を法執行機関に開示することが許されている。医療関係者は、ときに、自分自身は虐待やネグレクトの疑いありとして通告しなかった場合にも、PHI を提供するように頼まれることがある。彼らは特定の条件下で、保護者の許可なしに PHI を提供することが許されている。州法で許されている場合や、重篤な危険から子どもや他の人を守る必要があるとき、開示された PHI が虐待の申し立てと関連している場合などがそれである。さらに、HIPAA の規定やプライバシールール、HIPAA の例外などの詳細を知りたい場合は、他の資料を参照するとよい（Committee on Child Abuse and Neglect, American Academy of Pediatrics, 2010; Podrid, 2003）。

　HIPAA の規定でも、法的な保護者は、守秘義務や子どもの健康情報の保護に対する権利について書かれた文書を受け取ることが義務づけられている。保護者は、その文書を受け取って内容を理解したら、その文書にサインすることを求められる。通常、保護者は子どもの診療録を見る権利を有しているのだが、虐待やネグレクトが疑われる場合は、それを許可するかどうかは医療関係者の判断にゆだねられる。特に、保護者がこの情報を見ることで子どもが危険にさらされる怖れがある場合（保護者が虐待加害者かもしれない場合など）、医療関係者はそれを拒否することも可能である（American Academy of Pediatrics, 2010）。

　通告義務に関する法律や HIPAA には除外規定があるので、医療関係者や精神保健の関係者が、青年期の子どもが患者の場合の守秘義務の限界を知っているかどうかを確認することは非常に重要である。すなわち、医療関係者は、虐待やネグレクトについて子どもが開示したことによって、当局に通知する必要が生じることを早期に話し合って、確認しておくべきである。多くの場合、それは子どもの両親が開示について知るということを意味する。また守秘義務は、子どもの開示が子ども自身や他の人に危害をおよぼす、または危害を及ぼす怖れがあるような場合には履行されるべきではない。

虐待が疑われる場合の医学的評価

身体的虐待

　保健社会福祉省によると、2010 年に約 69 万 5 千人の子どもたちが、虐待の被害者となっていた。身体的虐待は 2 番目に多く、被害にあった子どもの 17.6％に認められた（U.S. Department of Health and Human Services, Administration on Children, Youth and Families, 2010）。身体的虐待は、すべての年齢の子どもに起きるが、もっとも重篤なケガが認められるのは、最も年少の子どもたちであるという傾向がある。2010 年に、命にかかわる児童虐待の 79％は 4 歳未満の子どもたちに起きており、約 48％は 12 カ月未満の子どもたちだった。命にかかわるケースの 45％は身体的虐待単独か、または、他の形の虐待と重複していた（U.S. Department of Health and Human Services, Administration on Children, Youth and Families, 2010）。

　身体的虐待は、痣・擦過傷・やけどなどの皮膚の傷によって明るみに出ることが多いが、人為的な骨折・頭蓋内損傷・粘膜の傷・窒息による仮死状態・鈍器での胸部圧迫によるケガのような形をとることもある。虐待によるケガを偶発的なケガと区別することは難しいので、医療関係者は、徹底した診察や追加の診断テストと併せて、ケガを負った出来事の詳細な経緯から多くの情報を得ることに頼るべきである（Kellogg & Committee on Child Abuse and Neglect, 2007; Maguire, 2010）。養育者から経緯を聴取する場合は、今回報告されたケガを負う前の出来事について、治療を受けた時点まで広げた聴取を時系列に行う必要がある。子どもにケガの徴候や症状がなく、まったく正常だったのはいつだったのかを聞くことから始めることは有益である。特に、受傷状況の詳細（いつどこでケガを負ったのか、そのとき子どもは何をしていたのか、目撃者の存在、転落する前後の子どもの姿勢、受傷時の子どもの反応、受傷時の物理的環境の特徴など）は、医療関係者が状況を理解し、そのケガを負う可能性を評価し、受傷時のメカニズムや力の程度を決定する際に役立つ。養育者が報告した内容と観察されたケガの原因に必要な条件とを比較することは、報告された筋書きが、本当に子どものケガの原因となったかどうかを決定するときに役立つ。

　子どもに明らかなケガがあり養育者がケガのエピソードを否認している場合、虐待の疑いが生じる。Hettler と Greenes（2003）は、頭部のケガで入院した 0 ～ 3 歳の子どもの研究で、「ケガを負った経緯が不明の」ケースでは故意のケガであることに関して、特異度 97％、陽性的中率が 92％であることを発見した。さらに、受傷時についての養育者の説明が変化することは、「虐待が明らかではない」ケースよりも、「虐待が明らかである」ケースで有意に高かった。Flaherty（2006）は、身体的虐待で入院している子どものケガについての養育者の最初の説明には、90％以上のケースで真実の要素が含まれていたことを見出した。特に、虐待するきっかけについて（たとえば、泣く、吐く、排泄訓練など）や、受傷時の状況（すなわち家族葛藤）に関して当初から説明がなされている場合は、それが真実であることが多かった。

　身体的虐待の可能性を評価する際に、凝固障害・骨形成不全症・グルタル酸尿症・ビタミンD欠

乏症（くる病）など、虐待と間違えやすい基礎疾患を考慮することが重要である。医療関係者は、体を再度よく調べるとともに、子どもの過去の医療歴、最近のあるいは現在の服薬状況、発達歴や家族歴に関する詳細な情報を収集する必要がある。なぜなら、こうした情報により先天性疾患や後天性疾患を排除することができるからである。また、詳細な発達歴は、ケガを負った経緯において暗示される運動能力や認知能力を、子どもが有しているかどうかを決定する際にも有益である。

　ケガを記録するためと、ケガの説明を左右する医学的状態を評価するためという 2 つの目的のため、身体的虐待が疑われるケースでは徹底的な診察をする必要がある。まだ歩かない月齢の乳児や幼児に痣がある場合や、通常あまり傷を負わない部分の痣（性器、内股、耳、首、頬の柔らかい部分）は、故意によるケガと関係していることが明らかになっている（Labbe & Caouette, 2001; Pierce et al., 2010; Sugar et al., 1999）。どのような痣や擦過傷、または、皮膚や粘膜の裂傷などでも測定し、可能ならば写真に撮っておく必要がある。証拠書類には、ケガの大きさ・形・色・部位を記載し、腫脹の有無や硬さなどの関連所見も記載しておくべきである。写真は、大きさがわかるように、測定目盛や小さなもの（たとえばコインなど）と一緒に近距離からと、解剖学的目印が入るように遠距離からとの両方を撮影する必要がある。すべての写真は、身元を明らかにし、しっかりと保存しなければならない（Ricci, 2011）。

　故意による不自然なケガなのか、あるいは器質性疾患なのかを鑑別評価するための追加の診断テストを行うかどうかは、現在負っているケガの性質や重篤度・子どもの年齢・既往歴や身体所見から浮かび上がってくる何か特定の病状である懸念、あるいは、虐待である可能性がどの程度かによって決まる。乳幼児は、重篤な虐待を受ける傾向があり（National Association of Counsel for Children, 2012）、人為的な骨折や虐待による頭部外傷のリスクが高いので（Pandya et al.,2009; Piteau et al., 2012）、この年齢の子どもの包括的な検査に、全骨格検査・非造影頭部 CT・頭部およびまたは頚椎 MRI・血液疾患や不自然な腹部のケガ、あるいは骨疾患の検査を実施することも考えられる。眼科への正式なコンサルテーションが必要な場合もある。また状況によっては、腹部 CT や特別な疾患の検査（例えば骨形成不全症）を追加する場合もある（Kellogg & Committee on Child Abuse and Neglect, 2007）。全骨格検査（American College of Radiology, 1997, p23 の基準を使用）は、人為的なケガが疑われるかなり多くのケースにおいて、不自然な骨折を特定することができることを示した（Belfer, Klein, & Orr, 2001; Hansen & Campbell, 2009; Hicks & Stolfe, 2007）。Belfer ら（2001）による、虐待の疑いで入院していた子どもたちについての研究では、全骨格検査を受けた患者の 26％ に不自然な骨折が認められた。米国小児科学会（American Academy of Pediatrics）の放射線部会（2000）は、児童虐待の画像診断に関するガイドラインの中で、児童虐待が疑われる 2 歳以下の子どもに対する全骨格検査を推奨している。身体的虐待が疑われるケースの画像診断で他に推奨されていることについては、別項で述べられている（Meyer et al., 2011）。

　要約すると、身体的虐待が疑われるケースの医学的評価では、ケガを負った経緯を含めた幅広い情報収集と、徹底的な身体の診察によってそれを注意深く分析することが必要である。多くのケースでは、補助的に小児科のサブスペシャリストによる診察やコンサルテーションを受けることが役立つ。虐待に特異的な所見があるわけではないが、完全な鑑別診断が考慮されなければならない。

性的虐待

　性的虐待は、米国ではごく一般的に見られる。電話調査によるある研究によると、2 ～ 17 歳の女子の 9.6％、男子の 6.7％が過去に性的虐待を受けていたことが判明した（Finkelhor et al., 2005）。医療関係者は、性的虐待を受けている疑いのある被害児の評価を依頼されることが多い。なぜならたいてい、子どもはわいせつ行為を受けていることを疑わせるようなことを口にしたり、養育者は子どもの普通ではない性的行動について言及していたり、肛門や性器のケガや感染を示唆する徴候、およびまたは症状に気づいたりしているからである。医学的な評価の際には、徹底的な病歴の聴取（子どもの年齢・発達段階・状況によるが、子ども自身や養育者から聴取する）、肛門や性器の診察を含む包括的な診察、痕跡証拠の収集、性感染症（sexually transmitted infection, STI）・妊娠・性感染症予防の有無についての検査などを実施する（Adams et al., 2007; Kellogg & Committee on Child Abuse and Neglect, 2005）。評価者は、可能ならば子どもの発達段階を考慮した上で、子どもだけと面接するべきである。そして、非誘導的な質問をしながら検査の説明をし、当局に報告するかどうかを決定するために関連の情報を収集することが必要である。子どもが 2 歳を超えているならば、親と子どもとは別々に面接すべきである。医療関係者は、子どもと養育者から別々に聴取したことを正確に、可能ならば子どもや養育者のことばを直接引用して、記述することが重要である。

　どのようなケガでも、それを記録するためには診察することが重要である。その上で、（性的虐待に関連していても関連していなくても）医学所見の評価や治療がなされ、子どもの情緒面や行動面の課題や発達の遅れがスクリーニングされるのである。子どもの身体が正常であること（あるいは、傷はやがて癒えるということや、感染症は治療可能であること）を明らかにして子どもを安心させることや、長期にわたる破滅的な結果についての子どもの恐怖（性器が永久におかしくなってしまうのではないかとか、みんなが自分の性的虐待について「知ってしまう」のではないかなど）を鎮め、そのほかの誤った認知（5 歳の女の子の妊娠したのではないかという恐怖）を払拭することも、医療関係者の重要な役割のひとつである。診察所見についての書類には、傷・排出物・限局性の病変・正常範囲内の異変・非特異的な変化などについて、注意深く詳細に記述する。図で記載することも有益であるし、写真やビデオ記録があれば理想的である。STI の基本的な検査は、診察所見はもちろんのこと、申し立てられた性的接触の種類や、それまでの症状に応じて行われる。米国疾病管理予防センター（2010）は、STI の検査方法や治療法のガイドラインを発刊している。

　検査を実施する医療関係者は、思春期前あるいは思春期の生体構造や処女膜の正常範囲の変化について熟知していなければならない。また、性器や肛門についての最適な見解を提供できるような、さまざまなテクニックに熟達している必要がある。このような訓練や経験が不足している医師は多い（Adams et al., 2012）ので、もし経験のある医師の診察を受けられるのであれば、1 ～ 2 日検査を遅らせるほうがよいことも少なくない。すべての子どもが緊急に診察を必要としているわけではない。一般的にこのような緊急性が求められるのは、過去 72 時間以内に虐待が起きたとされているケース、およびまたは痕跡証拠や生物学的な証拠が存在するかもしれない場合、子どもに何らかの症状（痛み、出血、分泌物、発熱など）が認められる場合、子どもの精神状態（うつ、精神病、焦燥

感、自殺念慮や殺人の怖れ）が心配な場合、あるいは、子どもが危険な状態（加害者や養育者に危害を加えられる怖れ）である場合のみである。

　面接や診察が終わったら、医療関係者は、必要に応じて子どもや家族に勧告をしたり、他の医師を紹介したりする。この中には、精神保健面の評価や、子どもや家族の治療、子どもの発達評価、STI検査の経過観察、起こりうる病状をさらに詳しく評価するための小児科サブスペシャリストへの紹介などが含まれる。虐待が疑われる際には、児童福祉や法の執行機関に通告されるべきである。また、評価から得られた情報が、しっかりと調査者に伝達されることが必要である。

ネグレクト

　ネグレクトは、当局に通告される虐待の中で最も多いタイプである。2010年の保健社会福祉省のデータによると、児童虐待の被害児の75%以上はネグレクトを体験していた（National Association of Counsel for Children, 2012）。ネグレクトが疑われる場合の医学的評価には一般的に、包括的な診察を行って衛生状態・成長と発達・全身の健康を評価し、未治療の医学所見の有無がチェックされる。成長障害が認められる場合は臨床検査がなされるが、どの検査をするかは、病歴・検査所見・以前の医学的評価の結果などによって変わる。身体的ネグレクトが疑われる場合の評価においては、写真を撮っておくことが役に立つ。また、子どもの衣服・外見・感情や行動を記述し記録しておくことが大切である。ネグレクトを受けた子どもは明らかな発達の遅れを示し、包括的な検査の照会が必要になることも多いので、発達スクリーニングを実施しておく必要がある。薬物や毒物への曝露が懸念される場合は、尿や毛髪の毒物検査をすることが有益である。

精神保健面の評価

　虐待や他のトラウマにさらされた子どもたちの中にも、精神保健面に何の問題も示さない子どももいるし、一時的に症状が出現するがその後は以前の機能を回復していく子どももいる（Bonanno & Mancini, 2008; Kendall-Tackett, Williams, & Finkelhor, 1993）。しかし、被虐待児のうちの相当数に、情緒面および行動面に重篤な困難と、思春期における健康上のリスクが認められ（Boney-McCoy & Finkelhor, 1995; Hussey, Chang, & Kotch, 2006）、成人してからも危険な行動や健康問題が認められる（Schilling, Aseltine, & Gore, 2007）。それゆえ、被害児の初期評価の期間に、子どもの精神保健面のニーズを包括的に評価することが強く推奨されている。

　家族機能（たとえば威圧的な親子の相互関係）は虐待のリスクに寄与しており、同様にこの機能（たとえば、非加害親のサポート）が子どもを虐待から立ち直らせることに役立つとする論文が急増している（Conte & Schuerman, 1987）。虐待とその後の処遇（たとえば、家族からの分離）は、家族の緊張が高まり争いごとが絶えなくなったり、子どもが順番に精神障害に罹患したりするなど、すべての家族成員にとって逆境的な結果となりうる。さらに、多くの被害児は累積するトラウマの曝露の重荷に耐えている。つまり、これらの子どもたちにとって、虐待は離散的事象としてよりも、子育てのひとつの状況や脈絡そのものとして受け止められている（Finkelhor, Ormrod, & Turner,

2007）。結果として、精神保健面の評価においては、子どもを生態学的に大きな視野で判断する必要がある。そうすることによって、被虐待児の機能や発達は、個々の子ども・家族・コミュニティのレベルでの、複雑な相互作用の過程で形作られることがわかるだろう。

　児童虐待が子どもの発達にどの程度影響を及ぼすかについて書かれた文献によると、精神保健面の評価においては、子どもの生活のすべての重要領域における機能（たとえば、情緒・認知・行動・社会性・精神生物学）を評価する必要があるということに、広くコンセンサスが得られている（Margolin & Vickerman, 2007）。実際に、虐待が子どもの精神面に影響を及ぼす道筋は均一ではなく、多くの要因が関与していると考えられている。たとえば、子どもの年齢や発病前の機能、虐待の開始時期、子どもが体験したほかの外傷的で逆境的なできごと、虐待者と子どもとの関係などである。ある領域の症状（たとえば、侵入的な思考やイメージ）は、子どもが正常な発達課題を達成したり関連した能力を取得したりする妨げとなり、別の領域の症状（たとえば、学力不振や友人関係の問題）を引き起こす可能性がある。

　いくつかの領域にまたがる子どもの機能を評価するためには、親を通して標準化された子どもの行動の尺度を用いた評価を実施することが一般的である。身体的虐待は、過剰覚醒を不服従ととらえるなど、子どもの行動を否定的に解釈する、親の思い込みバイアスの脈絡で起きることが多いので（Milner, 2003）、虐待加害親は非加害親や教師よりも否定的な子どもの行動をより多く報告する可能性がある。それゆえに、親以外の大人からも、子どもの行動についてのデータを得ることが重要である。精神保健面の評価には適宜、子どもだけで実施できる情緒面や行動面の機能の標準化された尺度を加えておくとよい。たとえば、6 歳を超える子どもであれば、自記式の標準化された評価尺度の大部分が使える。

　最近では、心的外傷後ストレスの概念が、虐待を経験した子どもたちや DV（domestic violence）を目撃した子どもたちの問題を理解し対応していく上で、統合的な枠組みであることが明らかになった（Vickerman & Margolin, 2007）。少数だが無視できない数の被虐待児が、心的外傷後ストレス障害（posttraumatic stress disorder, PTSD）の診断基準の一部あるいはすべてを満たすので（Saunders, Berliner, & Hanson, 2004）、臨床家は、被虐待児のトラウマ体験とトラウマ関連症状の有無を評価することに特化して開発された評価尺度を用いる必要がある。多くの被虐待児は、虐待だけではなく他のトラウマ体験にも曝されている（Dong et al., 2004）。だからこそ、トラウマのスクリーニングには、レイプ・親密なパートナーからの暴力・地域社会による暴力・自然災害・侵襲的な医療行為など、一連のトラウマ体験への曝露について質問をすべきである（Margolin et al.,2009）。トラウマ歴を調べたら、臨床家は、トラウマ関連症状の標準化された評価尺度を使って、その単一、あるいは複数のトラウマ体験が子どもに与えた影響を評価する必要がある。半構造化面接や行動チェックリストは、6 歳を超える子どもたちの PTSD 症状の評価尺度として、妥当性が検証されている。一方、5 歳までの子どもの PTSD 評価尺度については、妥当性や信頼性がほとんど検証されていない。

　被虐待児の精神保健面の評価では、発達を考慮する必要がある。なぜなら、虐待の心理的な後遺症は、その子どもの発達能力に一部関係するからである。たとえば、5 歳以下であれば、PTSD 症

状に関連する考えや感情（たとえば、恐怖、トラウマの侵入的想起、未来が短縮したような感覚）を伝えることができない場合が多いし、トラウマ症状の現れ方が年長の子どもとは異なることもある（たとえば、ポストトラウマティック・プレイ、発達スキルの退行、不適切な性的行動）。実際に、DSM-ⅣのPTSD診断基準は、ごく年少の子どもの発達的要素が適切に考慮されていないことを根拠に、異議申し立てがなされてきた（Chu & Lieberman, 2010）。

　子どもの家族関係の評価は、適切なケースの見立てであるべきであり、その評価に基づいて治療目標や治療の優先順位が決定される必要がある。少なくとも、評価には次の項目が含まれるべきである。すなわち、(1) 家族布置と家族構造、(2) 現在の親子関係、(3) 親のストレス、(4) 精神疾患や発達障害などの家族の健康問題、(5) 親の薬物乱用、(6) 家族を支えてくれる人たちや資源、(7) 体罰をしつけとして使うかどうかを含めた養育機能、などである。さらに、親自身のトラウマ歴も考慮する必要がある。児童福祉がかかわっているケースの親は、子どものときに虐待やネグレクトを受けており、成人してからもさまざまなトラウマ体験をしていることが多い。過去の、あるいは現在のトラウマ体験は、親自身の感情調整能力を損ない、わが子のために安全で安定した環境を維持する妨げとなる可能性が高い。それだけに、子どもの精神保健面の評価の一部として、親自身のトラウマ歴を聴取することが重要である。

　家族の評価の一部は、被虐待児の精神保健面の評価とは別の機関で別の評価者が実施することもある。ある家族成員が加害者であるとされているときや、家族成員の評価をする際に子どもの評価とは別の能力を要するとき（たとえば、薬物乱用の評価）に、別々の評価がなされることがある。家族内の年長の子どもや思春期年齢の青年による性的虐待の場合、加害者とされている子どもも、精神保健面の評価を受けなければならない。性的加害者が少年の場合は、大人の性加害者よりもむしろ、思春期の他の犯罪者に似通っていることが知られているが、経験的に支持されているリスク評価尺度を使って評価する必要がある（Ryan, Leversee, & Lane,2010）。その上で、小児性愛志向・加害行為の否認や最少化する程度・再犯の可能性・治療目標の設定などを確認しなければならない。家族内の成人が加害者の場合、評価のタイミングや種類は、法令で定められた児童保護機関が行う司法調査やケースごとの支援計画の進み具合によって決まる。しかし、ほとんどのケースで、処遇方針を決定したり、再被害のリスクを低減させたり、家族の再統合の妥当性を決定したりするには、加害者の心理学的あるいは精神医学的評価が必要である。性加害者の評価は、特別な知識と訓練を必要とする専門的な領域であると考えられている。

　児童虐待ケースにおいて子どもや家族を評価する際には、文化的な価値観や信念、習慣を考慮しなければならない。家族あるいは地域の文化や宗教あるいは民族の帰属によってもたらされた価値観や信念の中には、性や裸、しつけ、家族の境界、年長者への敬意、個人や家族のプライバシー、性的役割や支援の求め方などに関連するものもある（Saunders, Berliner, & Hanson, 2004）。精神保健サービスの有益性や目的についての認識が文化によって異なることについては文書で十分に立証されている（U.S. Department of Health and Human Services, 2001）。また、文化によって児童虐待のとらえ方が異なり、それは、その文化が社会的・経済的・政治的脈絡に応じて、どのように発展してきたかということに左右される（Fontes, 2005）。児童虐待のケースにおける精神保健面の評価の精

度を最大限にするためには、臨床家はラポールを築き、言語の違いを乗り越え、家族の価値観と信念に敬意を払う必要がある。同時に、子どもの安全を確保し、聖職者や拡大家族とも接触し、必要に応じて、支援機関とも有機的に連携することが大切である。

　さらに、児童虐待ケースの評価の過程で、早期に考慮すべき 2 つの問題がある。1 つめは、子どもの現在の居住環境の安全である。多くの被虐待児は、加害者である家族と一緒に、あるいは DV が起こる家庭で生活を続けているので、臨床家が最初に取り組むべきことは、他の支援機関と協力しながら、子どもがその生活環境において危害を加えられるリスク度を評価し、直接的な安全計画を作成することである（Saunders, Berliner, & Hanson, 2004）。リスク評価は、家族の最初の治療目標（たとえば、薬物乱用の治療や親の行動マネジメントスキル）を特定する際や、初期のトラウマインフォームド治療が禁忌であるかどうかを知る際の助けにもなる。子どもが恐怖心を抱き、危険を警戒するのが当然であるような状況では、恐怖や不安症状を標的にした治療は、無効であるか、あるいはかえって有害でさえあるかもしれない。

　児童虐待ケースで考慮すべき 2 つめの重要な問題は、親が虐待の告訴をどうとらえているかということである（Saunders, Berliner, & Hanson, 2004）。親は、大なり小なり子どもが虐待を開示したことに情緒的反応を示す。例えば、怒り、不信、恐怖、ショック、心配、無感覚などである。親は虐待の申し立てに抵抗を示すかもしれないし、虐待が子どもをさほど傷つけていないと主張するかもしれない。虐待の開示に対する親の最初の反応がずっと変わらないわけではないことや、多くの親は時間がたつにつれて子どもへの支援や治療を受け入れることを知っておくことが重要である。自らもトラウマ歴を持つ親にとっては、子どものトラウマ体験の開示が、自らのトラウマ関連症状の引き金となるかもしれない。それは、無感覚（支援を拒否しているように見えるかもしれない）であったり、自分では対応できないような不安であったりする。虐待を申し立てられたことに関する親の認識や態度、感情を特定することは、意味のある現実的な治療計画を立てる際に非常に重要である。なぜならば、被虐待児への有効な治療法では、たいてい、治療過程への親の治療参加や治療協力を必要としているからである。

精神科治療のための紹介

症状のある子ども

　トラウマ関連症状を有する被虐待児の重要な介入目的や介入戦略についての臨床研究文献には、考慮すべきコンセンサスがある。被害を受けた子どもと非加害親を対象とした、トラウマに焦点を当てた心理療法の有効性が検証されている。おもに、認知行動療法（cognitive behavioral therapy, CBT）モデルに基づいたこの介入は、次のような治療要素の組み合わせであることが特徴である。すなわち、(1) 虐待やトラウマに関する心理教育、(2) 感情や対処の調整、(3) ペアレント・トレーニング、または、親子関係の構築、(4) トラウマ記憶への再曝露、(5) 認知処理とトラウマ記憶の再構成、(6) 安全計画、である。虐待に関連する子どもの PTSD 症状への介入は広くレビュー

され、効果が検証されてきた（Dong et al., 2004; Saunders Berliner, & Hanson,2004）。また、これらのモデルの多くは本書においても議論されている。同様に、家族への介入方法が開発され、子どもを身体的に虐待する恐れのある親や、身体的虐待を受けた子どもを対象に、効果が検証された。これらの介入は、行動療法やCBTに基づいて親子双方を対象に行うもので、発達に応じた適切で非暴力的なペアレンティング・スキルを親に教えたり、親子の相互交流を改善したりするものである。年々多くの文献が、根拠に基づいた家族介入の効果を支持しており、これらの介入によって、ペアレンティング・スキルや子どもの問題行動が改善し、身体的虐待の報告が減少したとしている（Runyon & Urquiza, 2011）。

　いくつかの臨床的試みによって、さまざまな集団の虐待関連症状や家族機能を治療する、特定の介入方法の効果が確立された。しかしながら、この研究は、ある1つのケースの治療計画において考慮されるべき要素の1つにすぎない。ある子どもと家族にとって最もよい精神科治療を特定する過程においては、専門的な心理学における効果が実証された治療と一致する、さまざまな要素を考慮に入れる必要がある。効果が実証された治療とは、患者の特性、文化や好みという文脈における、臨床的な専門技術に関する研究の統合であると定義される（Levant et al., 2006）。臨床的な専門技術には、臨床家の能力やその介入モデルの信頼性、特定の精神保健面の問題や特定の患者集団への治療経験、そのケースの臨床処方、適切な専門家のスーパービジョンやサポートが得られるかどうか、などが関係する。児童虐待のケースでは、患者の特性は、子どもの現在の問題（合併症を含む）や、現在認められる精神保健面の問題や再被害化に対する危険因子や保護因子、家族構造や家族機能、文化に影響される信念や価値観、ある治療に対する好み、精神保健サービスが受けられるかどうかなどと関係する。効果が実証された治療とは、ある特定の子どもと家族の代わりに、臨床家が次の3つの要素、研究・臨床的専門技術および患者の特性を結び合わせようとする臨床的意思決定の過程である。以下に示すのは、児童虐待ケースにおける効果が実証された治療の例である。

　　ケース1
　司法面接で、24歳の白人の母親は、男友達から脅されたり暴力を振るわれたりする場面を5歳の息子が何度も目撃したこと、息子自身もその男から「しつけ」と称して体罰を受けていたことを報告している。その男の子には、悪夢や頻回のかんしゃく、反抗的態度やきょうだいへの暴力が認められており、これらの問題はその男友達が家を出てからひどくなっている。母親は、その男友達が家を出てほっとしているが、男の子の行動を止められるのは彼だけだったと言っている。臨床家は、トラウマに焦点化した介入をする前に、親子関係の強化と問題行動の低減を目的に、その家族を親子相互交流療法（Parent-Child Interaction Therapy, McNeil & Hembree-Kigin, 2010）の訓練を積んだ同僚に紹介した。

　　ケース2
　9歳のアフリカ系米国人の男の子は自閉症だったが、青年期の男のいとこから性的虐待を受けた。母親は、そのいとこが息子に挿入しようとしている場面に「出くわした」。その男の子

には、（自閉症によるものと思われる）認知の遅れと軽い不安症状がある。しかし、母親は息子にPTSDの症状があると言っている。そしてそれは、母親自身が子ども期に性的虐待を受けたことと関連している可能性があった。さらに、その男の子の両親は、今回の虐待に対する対処方法の違いや、加害者である青年との関係（父親の甥）が異なるため、夫婦関係がうまくいかないと報告している。臨床家の見立てによると、子どもの不安は、今回の虐待に対する母親の情緒反応が一因になっている可能性が高く、それが夫婦関係の緊張につながっているだろうというものだった。臨床家は、両親と子どもにトラウマフォーカスト認知行動療法（Trauma-Focused Cognitive Behavioral Therapy, TF-CBT）（Cohen, Mannarino, & Deblinger, 2006）の修正版を実施することにし、母親を個人治療に紹介した。TF-CBTは、子どもと両親が虐待についての心理教育を受けたり、安全計画を立てたりするように修正し、残りのモジュール（母親が息子の虐待について知ったことについてのナラティブなど）は両親だけで実施した。

ケース3

　身体的虐待とネグレクトを受けた7歳の白人の男の子は、2年前に2回目の里親宅に措置されている。最初の措置は、男の子の攻撃的で多動な行動、盗み、慢性的な夜尿のせいでうまくいかなかった。前の精神科医は、注意欠如・多動症と診断し、中枢神経刺激薬を処方したところ、行動や集中力の改善につながった。しかし、男の子の夜尿は続いており、寝室で「盗み食い」をするようになった。ケースワーカーは、里親からこの子の夜尿についての苦情を聞いて、この措置が失敗かもしれないと考えた。その子は、幼児期に受けた身体的虐待や、母親と暮らしていたときに経験したネグレクトについて覚えていない。彼は、悪夢や睡眠障害や、その他のトラウマ関連症状を否認している。彼の父親は死亡していたので、ケースワーカーは母親の親権喪失を求めている。ケースワーカーと小児科医のコンサルテーションを受けた臨床家は、夜尿への行動療法を勧め、そのほかの症状については夜尿が改善してから計画を立てることにした。

ケース4

　パキスタンから移住してきた両親を持つ10歳の娘は、PTSD症状の治療を求めている。彼女は、近所に住む白人の男に性暴力を受けたと申し立てている。女性の臨床家は、PTSD症状を改善するためにTF-CBTを勧め、家族を同じ機関の男性臨床家に紹介した。両親は、TF-CBTの初回セッションの約束を守らず、男性臨床家の電話にも返答しなかった。女性臨床家は家族に電話し、その家族が文化的信念により、たとえそれが医師であろうとも、少女の性的問題について男性と話し合うこと、特に母親がいないところで話し合うことに抵抗していることを知った。少女の母親は、自分も父親も、娘に性的虐待体験のナラティブ（TF-CBTの重要な治療要素）を書かせたくないと言った。なぜなら彼女は、10歳の少女が性について話したり考えたりするのは適切ではないと考えていたからである。女性臨床家は同僚の男性臨床家に相談し、少女の支持的精神療法を開始することにし、数セッションをかけて家族とのラポールの

強化を目指した。そしてその間に、彼女自身が TF-CBT のウェブトレーニングを修了した。それから女性臨床家は、男性医師からスーパービジョンとサポートを受けながら、ナラティブ以外の TF-CBT を実施した。ちなみに、このような形の TF-CBT も効果があることが報告されている（Deblinger et al.,2011）。

　ケース5
　父方祖父（現在は死亡）からの慢性的な性的虐待をはじめ、さまざまなトラウマ歴を有している 16 歳の白人の少女は、うつの治療を求めて母親と一緒に来所した。少女はこれまで、自殺念慮や自殺の恐れのために2回精神科に入院したことがあった。また、腕や足を切るという死には至らない自傷行為が認められていた。抗うつ剤処方によってうつ症状はやや改善したが、自己破壊的な行動や自殺念慮は減少しなかった。医師は、自傷他害のリスクは差し迫っていないが、この時点では TF-CBT に参加するほど安定していないと判断した。医師は少女を、青年期の自殺行動や自己破壊的行動を軽減する根拠に基づく弁証法的行動療法（Dialectical Behavioral Therapy）が実施できる同僚に紹介した（Miller, Rathus, & Linehan, 2006）。

　効果が実証されている TF-CBT を実施するには、精神的に不安定過ぎ、認知的にも限界がある親、あるいは子も存在する。これらのケースの精神保健面への介入は、危機的状況を安定させ、利用できる資源を使い、安全計画を立てることが目標になる。たとえば、現在も薬物乱用が認められる親や子どもでは、トラウマ症状を回避するために薬物を使うことをやめなければ、TF-CBT の効果は期待できない。このようなケースでは、TF-CBT を開始する前に薬物乱用の治療が必要となる。
　結論として、児童虐待に関連する症状や行動への介入は、発達段階を考慮し、文化に敏感である必要がある。また、臨床的なケースの見立てに基づいて、質の高い治療者によって、家族やコミュニティに受け入れられる形で、実施されることが望ましい。被虐待児への介入に関する最近の知見では、これらの介入は、効果が実証された理論的にも万全なものでなければならない。そして何よりも、有害でないことが重要である。

症状のない子ども

　性的虐待や身体的虐待を受けた子どもたちのすべてが、目に見える有害な結果を示すわけではない（Kendall-Tackett, Williams,& Finkelhor, 1993）。また、年齢とともに、あるいは、さらなるトラウマ体験や逆境が累積するにつれて、否定的な反応を示す子どももいる（Bonanno & Mancini, 2008）。現在症状がなくても、虐待は子どもに悪影響を及ぼす。なぜならば、虐待は子どもの発達に不適切であるし（性的虐待例）、虐待行為によって関係性が変化し、子どもは他者や世界の見方を変えてしまうからである。現段階では、心理的な症状や困難が認められない被虐待児に対して、治療を推奨することにコンセンサスが得られていない。しかし、少なくとも子どもと家族は、トラウマの特性や虐待が子どもに与える影響についての心理教育を受ける必要がある。症状のない子どもたちの家

族は、社会的に孤立していたり、強制的で権威的な子育てをしていたり、夫婦関係の問題を有していることがある。このような家族機能は、虐待の危険因子であり続ける可能性があるし、子どもの発達が防げられるかもしれない。だからこそ、子どもに症状が認められなくても、夫婦関係や家族関係、家族機能を臨床的介入の標的にするのは適切なことである（Saunders, Berliner, & Hanson, 2004）。

［参考文献］

1. Adams, J. A., Kaplan, R. A., Starling, S. P., Mehta, N. H., Finkel, M. A., Botash, A. S., et al. (2007). Guidelines for medical care of children who may have been sexually abused. *Journal of Pediatric and Adolescent Gynecology, 20*, 163-172.

2. Adams, J. A., Starling, S. P., Frasier, L. D., Palusci, V. J., Shapiro, R. A., Finkel, M. A., & Botash, A. S. (2012). Diagnostic accuracy in child sexual abuse medical evaluation: Role of experience, training, and expert case review. *Child Abuse & Neglect, 36*(5), 383-392.

3. American Academy of Pediatrics, Section on Radiology. (2000). Diagnostic imaging of child abuse. *Pediatrics, 105*(6), 1345-1348.

4. American College of Radiology. (1997). *ACR standards for skeletal surveys in children*. Resolution 22. Reston, VA: Author.

5. Belfer, R. A., Klein, B. L., & Orr, L. (2001). Use of the skeletal survey in the evaluation of child maltreatment. *American Journal of Emergency Medicine, 19*, 122-124.

6. Bonanno, G. A., & Mancini, A. D. (2008). The human capacity to thrive in the face of potential trauma. *Pediatrics, 121*(2), 369-375.

7. Boney- McCoy, S., & Finkelhor, D. (1995). Psychosocial sequelae of violent victimization in a national youth sample. *Journal of Consulting and Clinical Psychology, 63*(5), 726-736.

8. Centers for Disease Control and Prevention. (2010). Sexually transmitted diseases treatment guidelines, 2010. *MMWR Recommendations and Reports, 59*(RR- 12), 1-110.

9. Child Welfare Information Gateway. (2009). *Penalties for failure to report and false reporting of child abuse and neglect: summary of state laws*. Washington, DC: U.S. Department of Health and Human Services, Administration for Children and Families, Administration on Children, Youth and Families, Children's Bureau. www.childwelfare.gov/systemwide /laws_policies/statutes/report.cfm

10. Child Welfare Information Gateway. (2010). *Mandatory reporters of child abuse and neglect*: Summary of state laws. Washington, DC: U.S. Department of Health and Human Services, Administration for Children and Families, Administration on Children, Youth and Families, Children's Bureau. www.childwelfare.gov/systemwide/laws_policies/statutes/manda.cfm

11. Child Welfare Information Gateway. (2012). *Immunity for reporters of child abuse and neglect*. Washington, DC: U.S. Department of Health and Human Services, Administration for Children and Families, Administration on Children, Youth and Families, Children's Bureau. www.childwelfare.gov/systemwide/laws_policies/statutes/immunity.pdf

12. Chu, A. T., & Lieberman, A. F. (2010). Clinical implications of traumatic stress from birth to age five. *Annual Review of Clinical Psychology, 6*, 469-494.

13. Cohen, J. A., Mannarino, A. P., & Deblinger, E. (2006). *Treating trauma and traumatic grief in children and adolescents*. New York, NY: Guilford Press.

14. Committee on Child Abuse and Neglect, American Academy of Pediatrics. (2010). Policy statement － Child

abuse, confidentiality, and the Health Insurance Portability and Accountability Act. *Pediatrics, 125(1)*, 197-201.

15. Conte, J. R., & Schuerman, J. R. (1987). Factors associated with an increased impact of child sexual abuse. *Child Abuse & Neglect, 11*(2), 201-211.

16. Deblinger, E., Mannarino, A. P., Cohen, J. A., Runyon, M. K., & Steer, R. A. (2011). Trauma-focused cognitive behavioral therapy for children: Impact of the trauma narrative and treatment length. *Depression and Anxiety, 28*(1), 67-75.

17. Dong, M., Anda, R. F., Felitti, V. J., Dube, S. R., Williamson, D. F., Thompson, T. J., et al. (2004). The interrelatedness of multiple forms of childhood abuse, neglect, and house hold dysfunction. *Child Abuse & Neglect, 28(7)*, 771-784.

18. Finkelhor, D., Ormrod, R. K., & Turner, H. A. (2007). Polyvictimization: A neglected component in child victimization. *Child Abuse & Neglect, 31*(1), 7-26.

19. Finkelhor, D., Ormond, R., Turner, H., & Hamby, S. L. (2005). The victimization of children and youth: A comprehensive national survey. *Child Maltreatment, 10*, 5-25.

20. Flaherty, E. G. (2006). Analysis of caretaker histories in abuse: Comparing initial histories with subsequent confessions. *Child Abuse & Neglect, 30*(7), 789-798.

21. Fontes, L. A. (2005). *Child abuse and culture: Working with diverse families*. New York, NY: Guilford Press.

22. Hansen, K. K., & Campbell, K. A. (2009). How useful are skeletal surveys in the second year of life? *Child Abuse & Neglect, 33*, 278-281.

23. Hettler, J., & Greenes, D. S. (2003). Can the initial history predict whether a child with a head injury has been abused? *Pediatrics, 111*(3), 602-607.

24. Hicks, R., & Stolfe, A. (2007). Skeletal surveys in children with burns caused by child abuse. *Pediatric Emergency Care, 23*(5), 308-313.

25. Hussey, J. M., Chang, J. J., & Kotch, J. B. (2006). Child maltreatment in the United States: Prevalence, risk factors, and adolescent health consequences. *Pediatrics, 118*(3), 933-942.

26. Kellogg, N., & Committee on Child Abuse and Neglect, American Academy of Pediatrics. (2005). The evaluation of sexual abuse in children. *Pediatrics, 116*(2), 506-512.

27. Kellogg, N. D., & Committee on Child Abuse and Neglect, American Academy of Pediatrics. (2007). Clinical report: Evaluation of suspected child physical abuse. *Pediatrics, 119*(6), 1232-1241. Updated May 2012.

28. Kendall-Tackett, K. A., Williams, L. M., & Finkelhor, D. (1993). Impact of sexual abuse on children: A review and synthesis of recent empirical studies. *Psychological Bulletin, 113*(1), 164-180.

29. Labbe, J., & Caouette, G. (2001). Recent skin injuries in normal children. *Pediatrics, 108*(2), 271-276.

30. Levant, R. F., Barlow, D. H., David, K. W., Hagglund, K. J., Hollon, S. D., Johnson, J. D., et al. (2006). Evidence-based practice in psychology. *American Psychologist, 61*(4), 271-285.

31. Maguire, S. (2010). Which injuries may indicate child abuse? *Archives of Diseases in Childhood: Education and Practice Edition, 95*, 170-177.

32. Margolin, G., & Vickerman, K. A. (2007). Posttraumatic stress in children and adolescents exposed to family violence: I. Overview and issues. *Professional Psychology: Research and Practice, 38*(6), 613-619.

33. Margolin, G., Vickerman, K. A., Ramos, M. C., Serrano, S. D., Gordis, E. B., Iturralde, E., et al. (2009). Youth exposed to violence: Stability, co-occurrence, and context. *Clinical Child and Family Psychology Review, 12*(1), 39-54.

34. McNeil, C., & Hembree-Kigin, T. L. (2010). *Parent-Child Interaction Therapy*. New York, NY: Springer.

35. Meyer, J. S., Gunderman, R., Coley, B. D., Bulas, D., Garber, M., Karmazyn, B., et al., Expert Panel on Pediatric Imaging. (2011). ACR appropriateness criteria: Suspected physical abuse-child. *Journal of the American College of Radiology, 8*, 87-94.

36. Miller, A. L., Rathus, J. H., & Linehan, M. M. (2006). *Dialectical behavior therapy with suicidal adolescents*. New York, NY: Guilford Press.

37. Milner, J. S. (2003). Social information pro cessing in high-risk and physically abusive parents. *Child Abuse & Neglect, 27*(1), 7-20.

38. National Association of Counsel for Children. (2012). *Child Maltreatment.* www.naccchildlaw.org /?page=child maltreatment

39. Pandya, N. K., Baldwin, K., Wolfgruber, H., Hayley, B. A., Christian, C. W., Drummond, D. S., et al. (2009). Child abuse and orthopaedic injury patterns: Analysis at a level 1 pediatric trauma center. *Journal of Pediatric Orthopedics, 29,* 618-625.

40. Pierce, M. C., Kaczor, K., Aldridge, S., O'Flynn, J., & Lorenz, D. J. (2010). Bruising characteristics discriminating physical child abuse from accidental trauma. *Pediatrics, 125*(1), 67-74.

41. Piteau, S. J., Ward, M. G. K., Barrowman, N. J., & Plint, A. C. (2012). Clinical and radiographic characteristics associated with abusive and nonabusive head trauma: A systematic review. *Pediatrics, 130*(2), 315-323.

42. Podrid, A. (2003) HIPAA – Exceptions providing law enforcement officials and social service providers access to protected health information. National District Attorneys Association, National Center for Prosecution of Child Abuse. *Update, 16*(4). www.ndaa.org/ncpca_update_v16_no4.html

43. Ricci, L. R. (2011). Photodocumentation in child abuse cases. In C. Jenny (Ed.), *Child abuse and neglect* (pp. 215-221). St Louis, MO: Elsevier.

44. Runyon, M. K., & Urquiza, A. J. (2011). Child physical abuse: Interventions for parents who engage in coercive parenting practices and their children. In J. E. B. Myers (Ed.), *The APSAC handbook on child maltreatment* (3rd ed., pp. 195-212). Thousand Oaks, CA: Sage Publications.

45. Ryan, G., Leversee, T. F., & Lane, S. (2010). *Juvenile sexual off ending: Causes, consequences, and correction.* Hoboken, NJ: John Wiley & Sons.

46. Saunders, B. E., Berliner, L., & Hanson, R. F. (Eds.). (2004). *Child physical and sexual abuse: Guidelines for treatment.* Charleston, SC: National Crime Victims Research and Treatment Center.

47. Schilling, E., Aseltine, R., & Gore, S. (2007). Adverse childhood experiences and mental health in young adults: A longitudinal survey. *BMC Public Health, 7*(1), 30.

48. Silber, S., Hermann, E., Henderson, M., & Lehman, A. (1993). Patterns of infl uence and response in abusing and nonabusing families. *Journal of Family Violence, 8*(1), 27-38.

49. Sugar, N., Taylor, J. A., Feldman, K. W., & Puget Sound Pediatric Research Network. (1999). Bruises in infants and toddlers: Those who don't cruise rarely bruise. *Archives of Pediatrics & Adolescent Medicine, 153,* 399-403.

50. U.S. Department of Health and Human Services. (2001). *Mental health: Culture, race, and ethnicity. Supplement to Mental health: A report of the Surgeon General.* Executive summary. Rockville, MD: U.S. Department of Health and Human Services, Public Health Service, Office of the Surgeon General.

51. U.S. Department of Health and Human Services, Administration on Children, Youth and Families. (2010). *Child maltreatment.* www.acf.hhs.gov/programs/cb/stats_research/index.htm #can

52. U.S. Department of Health and Human Services, Office of Civil Rights. (2003). *Summary of the HIPAA Privacy Rule.* Last revised May 2003. www.hhs.gov/ocr/privacy/hipaa/understanding/summary/privacysummary.pdf

53. Vickerman, K. A., & Margolin, G. (2007). Posttraumatic stress in children and adolescents exposed to family violence: II. Treatment. *Professional Psychology: Research and Practice, 38*(6), 620-628.

第2章
子ども虐待における心理社会的な評価

ジェフリー・N・ウェリー

アーネスティン・C・ブリッグス・キング

ロシェル・F・ハンソン

　注意書き＃1. 要注意！　以下の用語は混同しやすい。心理社会的評価、生物・心理・社会的評価、臨床インテーク、臨床面接、スクリーニング、精神状態の検査、心理面の評価、精神医学的評価 — この章を読むほとんどの人たちは、これらの用語を、おそらく、異なる意味であると受け止めるだろう。この章が目的とするように、われわれは、虐待を受けた子どもの症状や行動、および、治療ニーズを評価する過程を説明するために、**心理社会的評価**（psychosocial assessment）という用語を使う。

　注意書き＃2. 先入観！　被虐待児の心理社会的評価に興味のある、資格を有する心理学者として、われわれは、虐待された子どもについてある程度正式な評価をするように「あなたに売り込む」傾向がある。治療を成功させるためにはよい評価が必要であるというのは、明らかにわれわれの先入観である。結局のところ、優れた臨床家には、患者の強みやニーズ、困難を理解し、治療計画を立てるために、データを使うスキルが要求される。まるで、探偵がなぞを解くために手がかりを使うがごとくである。さらに、子ども虐待ケースでは、よい評価には虐待症例によく認められる症状のシステマティックな評価を含んでいる必要があるし、信頼できる確実で標準的な項目が利用されていなければならない。

　注意書き＃3. 評価においてあまり進展はない。　さまざまな点で、虐待関連症状の信頼できる確実で標準的な評価方法の開発は、被虐待児への効果が実証された治療法の開発よりも遅れた。これは吉報かもしれないし、もしかしたら凶報かもしれない。吉報であるというのは、虐待された子どもとその家族がある程度の援助を受けているということである。凶報かもしれないのは、適切な評価がないと、子どもたちは不適切な治療を受けてしまうかもしれないということである。その上、利用可能な子ども虐待の心理測定評価尺度の多くは、おもに性的虐待か身体的虐待かのどちらかを評価するものであり、通常頻繁に見られる性的虐待と身体的虐待の併存ケースや、虐待とネグレクトの複合ケースに焦点を当てたものではない（Saunders, 2003）。

　注意書きからも推測できるように、ここでのわれわれの目的は、虐待やネグレクト、あるいは、その他のトラウマ体験をした子どもの心理社会的評価の包括的な概観を提供することである。途中で、われわれは、重要ないくつかの用語や、評価を記述するために使用する定義を特定し、よい臨

床実践に欠かせない要素を吟味する。さらに、これらの子どもたちの多様なニーズを評価する際に生じるいくつかの困難について議論する。われわれは、利用可能な尺度や、最終的な考え、利用可能な資源について述べる。

用語の定義

心理社会的評価

　心理社会的評価（psychological assessments）という用語は、通常心理テスト（psychological testing）という用語よりも包括的なものであると考えられている（Handler & Meyer, 1998）。多くの心理テストが実施され、点数がつけられ、心理士によってほとんど独占的に解釈される（たとえば、ロールシャッハテストのような投影法やウェクスラー知能テストのような認知テスト）。他の評価尺度は、正式な訓練を受けた多様な専門家集団によって、倫理的な管理のもとに実施され、点数がつけられ、解釈がなされる。評価者の専門的な所属にかかわらず、尺度は心理測定をする上で正当なものでなければならない。そして、信頼性が高く妥当なものでなければならないし、その尺度を使う人たちにとって標準的なものであるべきである（Conradi, Wherry, & isiel, 2011）。

　信頼性は尺度・テストやツール（または特別なもの）の一貫性を意味する。信頼性は尺度そのものの一貫性と同様、時間を超えた（検査と再検査）一貫性、個々の検査者間（合同検査または個別検査）の一貫性も含む。

　妥当性は、尺度・テストやツール（または特別なもの）が、どの程度正確に心理的な構成概念や領域、機能の様相を表しているかということを意味する。さまざまなタイプの妥当性（たとえば、表面的妥当性／構成概念妥当性、基準関連妥当性／併存的妥当性／予測的妥当性、内容的妥当性、そして、収束的妥当性／拡散的妥当性／弁別的妥当性）は、尺度が有益で意味があるかどうか、本当に測定しようとしているものを測定しているかどうかを決定するのに役立つ。

　基準の標準化は、その集団を特徴づける心理学的な構成概念や領域、機能の様相に沿って、十分で代表的なサンプルを測定する過程である。発達を考慮した、文化に敏感な尺度であるために、標準化はその集団を代表するものでなければならない（たとえば、年齢、性別、人種／民族）。

スクリーニング・評価・テスト・インテーク・査定

　残念ながら、スクリーニング・テスト・評価・インテーク・査定という用語は、臨床家によってほとんど同じ意味で使用されたり、違った意味で使用されたりしているかもしれない。これらの用語はすべて、1つ以上の方法や手続きを組み合わせた評価の形態を説明している。その手続きは、専門的な訓練、紹介内容、臨床家の役割、あるいは（願わくは）、子どもや子ども集団のニーズや特有の提示によって異なる可能性がある。

　歴史的に、心理学者は、関連する特定の紹介内容を反映することなく実施される、包括的な「テスト・バッテリー」を使用してきた。その上、機関の紹介は、特定の問いに答えようとするのでは

なく、すべての被虐待児に単一の査定を推奨するという間違いを犯していることが多い。その結果、子どもについての臨床的な意見を提供するのではなく、一般的な用語で記述がなされていることがある（たとえば、「怒りのコントロールに問題がある」）など）。あるいは、「現実吟味能力が弱い」（ロールシャッハテストの特定のスコアから言われることが多いのだが）のような、不明瞭で謎めいた言い回しが使われる場合もある。他には、やや科学的だが漠然とした、「外在化症状」や「内在化症状」（子どもの行動チェックリスト［Child Behavior Checklist, CBCL］；Achenbach, 1993、の全体スコアから）のような用語が使用されることもある。結局は、虐待された子どもを記述したり支援計画を立てたりする際のこのような用語の有用性は、非常に疑わしい。

＊　　＊　　＊

　歴史において、われわれの評価を洗練することができるときに、あるいは、やむを得ず、費用を抑える必要があるときに、包括的な査定に無分別に頼ることは、最良のやり方ではない。医学におけるように、むしろ段階的なアプローチが正当であるように思われる。たとえば、医療では、患者は一連の症状や主訴や質問をもって医師のところに来る。医療関係者は、これらの訴えから始め、仮説を吟味したり鑑別診断をしたりする過程を通して、さらなる症状や、正しい診断や適切な治療につながる潜在的な過程を探索する。追加のテストが必要かどうかは、現在の問題や検討すべき鑑別診断に基づいて決定される。

　虐待された子どもがイライラしていたり、集中力を欠いたり、睡眠困難を呈しているときに、仮説を吟味するのと同様のプロセスが起こらなければならない。包括的なテスト・バッテリーよりもむしろ、臨床家は、症状についての追加の質問をしたり、病歴を聴取したり、少なくとも、最もありふれた、心的外傷後ストレス障害（posttraumatic stress disorder, PTSD）やうつ、不安、注意欠如・多動症（attention-deficit/hyperactivity disorder, ADHD）などのような、虐待関連症状の可能性を考慮したりする必要がある。これらの障害を十分にスクリーニングするために、特別な尺度が使用される場合がある。それから、もし1つ以上の障害がありそうなら、（うつ症状のみを評価するような）一次元の尺度やいくつかの尺度のセットが使用され、より完全に、これらの診断のうちの1つを評価することもある。たとえテストが簡単であっても、特定のテストの使用が必要となるかもしれない。このような評価の過程への思慮深いアプローチは、子どもの問題や機能のより正確な像を描き出し、さらなる介入が必要かどうかを決定するための手引きとなる可能性がある。

被虐待児の最初の評価のための一般的な枠組み

児童保護局のケアを受ける子ども

　多くの州では、歴史的に、児童福祉を受ける子どもは、家庭を離れて措置されるときに心理学的に査定されてきた。それらの査定は、範囲は「包括的」であったが、焦点は一般的であることが非常に多かった。この査定には、しばしば認知面の評価や投影法が含まれていた。最近では、一次元の尺度と、子ども本人や養育者・教師や関係する大人が記入するCBCL（Achenbach, 1993）のよう

な広帯域の評価尺度の両方を使用することが増えてきた。しかしながら、稀には、虐待に焦点化した尺度が、これらの子どもの福祉領域の評価に際して用いられている。たとえば、最近の臨床実践に関するレビューにおいて、Cashel（2002）は、心理士の71%が臨床面接を実施し、69.8%がIQや認知評価を実施したことを見出した。しかし、トラウマ症状についてのテストは、子どもは言うまでもなく、大人にも実施されていなかった。このように、児童福祉の枠組みでは、標的を定めて評価することが重要であることへの気づきは高まっているにもかかわらず、全体的な臨床面接や診断面接は、評価の訓練形態からすると、いまだに最も普通のランクに位置づけられている（Summerfeldt & Antony, 2002）。

児童福祉

Conradi, Wherry, and Kisiel（2011）は、児童福祉システムが精神保健システムと協同し、被虐待児がトラウマに焦点化したスクリーニングや評価を受けて、トラウマに焦点化した適切な精神保健サービス機関に確実に紹介されることが重要であることを示唆している。著者はまた、トラウマに焦点化した治療の候補者ではないかもしれない子ども、つまり、トラウマ関連症状を表出していない子どもを特定するためにも、評価が役に立つとしている。

政策決定機関は、何年にもわたり虐待の影響を無視したり最小化したりする複数の訓練を行ってきたが、徐々に「トラウマ」や「トラウマインフォームドケア」に注目するようになった。残念なことに、この新たな興味や現在の議員の熱情は、適切な治療に導く、経験的に支持された評価のニーズをいつも許容したとは言えないし、常に精通していたとは言えないかもしれない。たとえば、十分な知識を持たない臨床家が、トラウマの症状がない子どもに、トラウマ焦点化治療を実施することには危険がある。おそらく、トラウマに焦点化した効果が実証された治療（たとえば、トラウマフォーカスト認知行動療法［Trauma-Focused Cognitive Behavioral Therapy, TF-CBT］, Cohen, Mannarino, & Deblinger, 2006）の見境のない適用は、すべての虐待された子どもたちはトラウマを被っているという憶説に基づいたものであり、トラウマの影響を認めないのと同じくらい問題である。たとえばテキサス州では、上院法案219（テキサス家族法§264.015, 2011、里親ケアや親族里親ケアを受ける子どもたちへの保健及び精神保健サービスに関連する法律）は、トラウマインフォームドケアの要素を実施することに関して、当該領域における明確なコンセンサスがないにもかかわらず、訓練の権限をトラウマインフォームドケアにまで拡大した。このように、ほとんど特定の合意がない概念のために、立法府はトレーニングを命令したのである。

この議論と一致して、Wilson（2012）は、トラウマや虐待への効果が実証された治療を提供する際の重要なステップとして、子どもと家族が適切に評価されていなければならないことを勧告している。これを実現するために、Wilson は、紹介機関や仲介者、ゲートキーパーが関連する資源についてよく学ぶように提唱している。

子どものアドボカシーセンター

子どものアドボカシーセンター（Children's advocacy centers, CACs）は、1980年代後半から運営

されてきた。CACs は、子ども虐待の調査や起訴を職務とするメンバーや、被虐待児の治療を担当するメンバーなど、多学際的なチームの集合を表している。長年にわたって最も取り組んできたことは、子どもの司法面接だった。最近では、最初の司法面接で、不完全で漠然とした開示をした子どものニーズに応じるために、拡大した司法面接が開発された。精神保健サービスは、CACs で常に提供される必要があるサービスの要素であったが、ごく最近では、虐待関連症状の特定や治療が重要な要素となっている。この重要な発展は、被虐待児とその非虐待親への科学的な評価や効果が実証された治療の進展と同時並行で進んでいる。この発展は、当該領域のリーダーや米国子ども連盟（National Children's Alliance, NCA; この会員組織は全米 750 以上の CACs を代表している）の功績である。また現実には、CACs の成功は、起訴率の改善よりも、子どもたちの機能の改善に負うところが大きい。

　通常の精神保健サービスの提供や、特に、CACs においては評価をする際に影響を与えるようないくつかの挑戦が続いている。第一に、評価や治療を提供している CACs は約 30% しかない。センターの大部分が、地域の精神保健専門家に頼り続けている。しかしながら、最近の調査では、地域内に治療や評価ができる専門家が適切な数いるということに賛成、または、強く賛成した CAC の常任理事は約 35% にすぎなかった（Wherry, Huey, & Medford, 2013）。このことは特に懸念すべきことである。なぜならば、Wherry, Baldwin, Junco, and Floyd (2013) の報告によると、CAC に相談し治療を求めている集団の 34% が希死念慮を持っていたからである。

　同じ調査で、地域内に評価、特に、PTSD 症状を評価した経験のあるサービス提供者や臨床家が適切な数いると思うかという質問に対し、常任理事の 12.6% はまったくそう思わない、33% がそう思わない、18.7% がわからない、30.2% がそう思う、5.5% がとてもそう思う、と回答した。さまざまな評価尺度のうち役に立つと思われるものは何かという質問に対して回答が多かったのは、年少の子ども用トラウマ症状チェックリスト（Trauma Symptom Checklist for Young Children, TSCYC; Briere, 2005）、子ども用トラウマ症状チェックリスト（Trauma Symptom Checklist for Children, TSCC; Briere,1999）、広帯域の評価尺度、たとえば、CBCL（Achenbach, 2000; Achenbach & Rescorta, 2001）と、子どもの行動アセスメントシステム第 2 版（Behavioral Assessment System for Children, Second Edition, BASC-2）（Reynold & Kamphaus, 2006）であった。一方、TSCC と TSCYC が普段使っている有用なテストとして挙げられたのは喜ばしいが、**トラウマ**という用語を含む名前のテストを使うことで、それを実施する意図が伝わってしまい、過剰な反応を引き起こす恐れがあるかもしれない。その上、地域に訓練された専門家が適切な数いると回答したのは、調査された CAC の理事の 3 分の 1 にすぎないので、最良の手技であると受け入れられているものは、訓練された専門家が利用するものと一致しない可能性があると思われる。

　最後に、CACs が活動しているいくつかの管轄区域では、検察官は被害者が症状の評価を受けることに乗り気でない場合がある。率直に言うと、検察官は評価をすることでケースの起訴が困難になると考えているだろう。たとえば、さまざまな尺度（たとえば、CBCL、TSCYC）には、養育者が子どもの嘘の頻度を評価する項目が含まれている。検察官は、子どもの嘘についての親の報告が虐待の立証を損なうかもしれないことを恐れている。実際に、特定の年齢である程度嘘をつくのは標

準的なことである。たとえば、TSCYC（Briere,2005）で、嘘の頻度の評価は妥当性尺度に算定され、まったくない場合は親が過小評価しているとみなされる。このような場合、裁判所や陪審員にこのことを説明できる専門家の証人を見つけることは、検察側の責任になる。決して、「訴訟」が個々の被害を受けた子どもの回復に先んじるべきではないのである。

その他の枠組み

　小児科外来や小児病院、精神科病棟や地域の精神保健センター、学校など、他のさまざまな枠組みにおいても、虐待された子どもたちと遭遇する。もし虐待や逆境的体験のスクリーニングが日常的になされたら、もっと多くの被虐待児がもっと早くに適切に発見されるだろう（Felitti et al., 1998）。虐待体験と虐待関連症状の両方をスクリーニングする簡易尺度を使えば、治療が必要な子どもたちや、もっと詳しい評価を必要とする子どもたちを特定することができるだろう（Briggs et al., 2012; Wherry, Corson, & Hunsaker, in press）。

良い評価

　効果が実証された、トラウマに焦点化した治療が重要であるとの認識が高まっているにもかかわらず、児童福祉領域でも CAC の枠組みにおいても、効果が実証された虐待関連の評価が重要視されることはあまりない。このことは、すべての CAC とは言わないまでも、児童福祉の枠組みでの誤った見立て（たとえば、ADHD、双極性障害、特定不能の精神病など）につながるかもしれないだけに潜在的な問題になっている。したがって、この章の重要な焦点は、この集団へのアセスメントのための十分なアプローチの必要性を強調することである。そしてそれには、多くの資源や「評価者」から情報を得ることや、評価の方法（たとえば、観察、自記式、臨床家面接など）、評価を実施する目的や過程などが含まれる。

評価者

　子どもの最もよい評価とは、タイムリーな「スナップ写真」のようなものである。評価の結果が病歴や以前の報告と統合されたとしても、それらはある時点での子どもの部分的な理解や記述にすぎない。評価で使用されたデータの質を高めるために、情報はいくつかの方面から取得するべきである。

　養育者の評価：子どものことを知っている親や養育者は、有益な情報提供者である。養育者は、里親宅に措置されたり施設入所したりした被虐待児のために、役に立つ見通しを提供してくれる可能性がある。しかし、大人から得られた行動面の評価は、いろいろな評価手順と同様に、潜在的な欠陥を有している。たとえば、身体的虐待をする親は、子どもの外在化行動や行動化を誇張する場合がある。それは、よく言えば思い込みバイアスであり、悪く言えば自分の虐待の責任を子どもに押しつけていることになる。反対に、臨床的枠組みでは、親はときどき、子どもに自分自身の苦悩

を「投影する」。それは親の評価を見れば明らかである。

　里親や入所施設の職員のように専門家である養育者は、別の有益な見通しを提供してくれる可能性がある。しかし、臨床実践では、里親や施設職員の評価は、問題の重篤度や頻度を過小評価する傾向がある。このような状況では、専門家である養育者の内的基準が、臨床集団に対応した経験によって影響されているようである。評価者が補正しようとしても、これらの善意の養育者は、同じホームや施設に入所していたほかの子どもの評価を参照して、その子どもを比較評価するかもしれない。たとえば、職員が「彼には問題があるけれど、ジョニーほどじゃない」のように言うと、他の職員がそれに賛同するのである。このように養育者の評価は、傑出した心理測定尺度を使用したとしても、欠陥を有している可能性があるのである。

　子どもの自記式評価：文字を読める子どもには、自記式尺度が有益である。しかし、評価の構成にもよるので、読みの能力があれば十分というわけではない。たとえば、性的虐待や身体的虐待の被害児の治療には、しばしば認知的要素がある。認知的要素の目標の１つは、虐待によって生じた認知を評価し、ときにはその認知を修正することである。否定的認知のために、根拠のない恥・罪悪感や自責感が生じることもある。子どもの発達段階にもよるが、これらの否定的認知は確実に発達するのだが、その一方で、子どもはメタ認知能力（自分の考えについて考える能力）を獲得できず、虐待が起きた過程や虐待についての理解、虐待の責任は誰にあるのかについて正確に回答することができなくなる。それだけに、評価者は、ケースによっては、子どもが虐待に関連した認知についての最良の情報提供者ではないかもしれないことを考慮する必要がある。

　教師の評価：もう１つの有益な情報源は教師である。たいていの場合、教師は、彼らの実子や、クラスの最優秀あるいは最不良の生徒と比較して評価するわけではない。しかし、ついでながら言うと、教師は教育的レンズを通して行動を見るかもしれない。すなわち、不注意・転導性・反抗的態度などは、学習課題の修了や肯定的な友人関係を妨害する可能性がある。内在化症状（たとえば不安や抑うつ症状）は見過ごされ、ほとんど注意を払われないことが多い。そして、重要なことには、教育者が、子どもが虐待されているという情報を秘密にしておきたいような状況があると、教師の評価がまったく無効になる。

　評価の不一致：最後に問題となるのは、情報提供者による評価と子どもの自記式評価の結果が食い違うことがありうることを、評価者が知っておかなければならないことである。たとえば、Rutter ら（1976）は、母親と先生が一致した評価をしたのは、子どもの問題行動のわずか7%だけだったことを見出した。他の研究でも相関性が同様に低いことが報告されており（Fergusson & Horwood, 1987a, 1987b, 1989）、臨床家は情報提供者間にある程度の不一致があることを予測すべきである、と結論づけられている。

方法

　子どもの評価に使用されてきた多くの方法にはかなりばらつきがある。一般的に、実施可能なときには、マルチメソッド・アプローチを使用するのが最良である。たとえば、Meyer ら（2001）は、誤診を報告した多くの研究では、たった1つの評価尺度や方法しか使用されていなかったことを見出した。

　一面的な評価と広帯域の評価尺度：先述したように、養育者・教師・子どもの自己報告など、さまざまな方面からの情報を得ることが重要である。評価するべき特定の領域に関して、養育者・教師・その他の関係する大人が広帯域の評価尺度を完成し、広範囲の行動や症状を評価する（たとえばCBCL）ことが推奨される。優れた心理測定用の一面的評価尺度（たとえば、小児抑うつ尺度第2版［Children's Depression Inventory-2］, CDC-2; Kovacs, 2010 や、UCLA 心的外傷後ストレス障害インデックス［UCLA PTSD Reaction Index］, UCLA PTSD-RI; Rodriguez, Steinberg, & Pynoos, 1999）があるとしても、1つの構成概念に焦点づけることで、子どもの以前の病的な状態や現在の機能、あるいは特定の虐待に関連した症状を理解するために利用可能な、幅広い情報を制限することになる。一面的評価尺度についてのさらなる懸念は、評価者が、複合的な問題を単一の尺度で評価することを余儀なくさせられることである。当然のことながら、このことで、（尺度が子どもの問題にあっていないので）評価された特定の症状について偽陽性や偽陰性という結果となり、子どもに症状はない、という誤った結論が導き出される可能性がある。

　投影法：投影法のテストは、理論的には、子どもが自分自身の心理やパーソナリティを、描画や物語やある刺激の記述に投影するというものである。1940年代か1950年代初期頃から、これらの尺度を使用することが心理学的実践として根づいている。子どもにこのようなアプローチを使用することには豊かな伝統があるが、それらを実施し点数をつけ解釈することは、いまだに科学というよりも芸術の域である。つまり、これらのアプローチに関連するおもな問題は、点数の信頼性が低く、解釈の妥当性が検証されていないということである。これらの尺度が、年齢・性・臨床なのか臨床でないのかなどに基づく基準を有していることはめったにない。しかし、ときどき投影法を使うことによって、子どもが話したり、家族の絵を描いたり、自分の体験に言及したりすることがあり、それが有益なこともある。ときには、投影法を使用することで反応（たとえば、描画に現れる性器）が表出されることもあるが、これらの表出が、どの程度子どもの生活における虐待体験の特徴の指標となるのかについて、特異度や感度を明らかにした研究はない。さらに、描画やアナトミカルドール、親の評価（たとえば、子どもの性化行動調査表 <Child Sexual Behavior Inventory>, CSBI; Friedrich, 1998）と同様に、性的な内容や攻撃的な反応を含めることが、性的虐待や身体的虐待の診断に役立つことはない。結局は、人物画・動的家族画・HTP テスト（House-Tree-Person test, Murstein, 1965; Weiner & Greene, 2008）などの投影的な描画手法は、子どものクライエントとの最初のウォーミングアップとしては役に立つかもしれない。この際、臨床家はそこでの所見を過剰に

解釈しないことが大切である。

　ロールシャッハテストについての１つの最終的な記載は、特に、テストが実施され点数がつけられ、この尺度では最もよく使われる点数システムである、Exner 法（Exner Comprehensive System, Exner, 1993, 2002）を用いて解釈されるとき、是認されるものである。Exner 法は過去の点数システムを改良したものであるが、まだ少し複雑で時間がかかる方法であるし、多くの被虐待児を理解する際に役立つ特質や構成概念を直接評価していない可能性がある。さらに、Exner 法の信頼性と妥当性は、まだ適切に評価されていない（Wood, Nezworski, & Stejskal, 1996）。

　臨床面接：臨床面接（インテーク、心理社会的面接、生物心理社会的面接、精神状態評価などと呼ばれることもある）は、すべての領域の臨床家に最も頻繁に使われている評価方法であるが、問題がないわけではない。しばしば精神医学研究で用いられる臨床構造化面接は、時間がかかるし、信頼性や妥当性が限定されている要素やモジュールを含んでいる。さらに、この方法では、鑑別診断のプロセスがないと、結果的に高率に合併症を診断することになる（たとえば、多重診断がなされる）。そして、過剰診断や誤診につながり、結果的に的外れな治療をしてしまうことになる。半構造化面接は、臨床家によってはもっと柔軟に実施されるが、構造化面接と同様の欠点がある。臨床面接の重要な限界は、経験のある臨床家であっても、予め考えた仮説が唯一の調査事項になってしまう可能性がある。その結果、「お気に入りの」診断が過剰になされ、子どもや青年が不適切な治療を受けるかもしれない。これらの欠点にもかかわらず、臨床面接のいくつかの形態は、信頼できる妥当で標準化された評価尺度と組み合わせて実施することで、記述的な所見を明らかにできることも多い。

　さまざまな半構造化面接法は、正式な評価手続きを実施するときには限界の検証である。たとえば、自記式質問紙を使用するとき、臨床家はすべての質問を実施し点数をつけ、指示されたとおりに解釈するかもしれない。それから、評価者は、子どもの回答をとっかかりとして、子どもに面接し、尺度に記述されている考えや気持ち・行動と関連する状況を例示するよう質問するとよい。同様のアプローチは、養育者の評価についても可能である。このように、正式な点数を変えることなく実施する「限界の検証」は、「評価の骨格に臨床的な肉づけをする」ことを可能にする。

　行動観察：行動観察も有益である。しかし、他のすべての評価のように、観察は「生活のほんの一部」にすぎず、そのときその場所での行動であり、ある子どもの良い行動と「悪い」行動、そのどちらも表していないかもしれない。明白な外在化行動が自宅・教室・職場で特定されるとき、仮設を立て、その行動を引き起こし持続させている、さまざまな刺激や出来事の役割を吟味してみることはできるかもしれない。被虐待児の中には、このような観察によって、ほかの状態では考えられない子どもの行動を誘発する刺激や引き金の手がかりが得られるかもしれない。たとえば、特定の声のトーン、大人のある独特な外見、あるいは、ある感覚（たとえば、匂いや味）は、過去の虐待の想起刺激となり、一見無害な状況であるにもかかわらず、説明ができないような反応を示すことがある。

　結局のところ、万能なアプローチや尺度は存在しない（Verhulst, 1995）。信頼できる妥当で標準化された評価尺度でさえ、子どもや養育者に拒否されることもあるし、症状や治療ニーズの明確な像を描き出せないかもしれない。さらに、評価者間の不一致（親、教師、本人；Achenbach,1993）は、ケースの概念化や治療に、気づかないうちに影響を及ぼす可能性がある。それだけに、継時的で、さまざまな方法を組み合わせた、多くの人から情報提供を受けるアプローチが推奨される。

目的

　被虐待児の評価は、ちょうどよい時点で記述されれば最も役に立つ。養育者や教師の評価が追加されると、状態像はより完全になる。面接データが補足されると、イメージはより一層明瞭になる。しかしながら、評価では十分に明らかにならない、多くの目的や問題がある。

　虐待は起きたのか？：どの査定や評価も、実際のところ、子どもが虐待されたのかどうかを完全に立証することはできない。現実に、たいていの状況では、虐待が起きたかどうかを知っているのは、被害者と加害者の2人だけである。評価所見は、虐待歴と矛盾がないかもしれないが、評価結果は虐待が起きたことを完全に立証するわけではない。

　予見：たいていの評価も、今後を予想する際に十分役に立つわけではない。最良の予測因子は、いつも過去の行動である。他害行為や自傷行為、再犯の可能性（たとえば、虐待行為の場合）に関しては、これは真実である。子どもの評価について言及する人は、臨床家は占い師ではないということを忘れないことだ。

　治療の必要性：そのほかの評価の目的で、ケースワーカーから訴えが多いのは、しばしば「この子どもは治療したほうがいいのか？」のような質問に関係している。すべての標準化された評価尺度は、症状を評価するが、子どもの治療への関心や動機づけを評価するわけではない。最も活用されていない方法の1つは、ケースワーカーが子どもに、治療を受けたいかどうかを単純に尋ねることである。

　プログラムの評価：サービスの需要より供給が上回る時代では、資金提供者に対してそのプログラムが子どもと家族にとって有益であると証明するにあたっては、治療前後の評価をすることが有益である。子どもと養育者によってなされる治療前後の評価は、資金提供者が求める価値あるデータを提供する。Hersen（2004）は、治療前と治療中、そして治療後の評価を推奨している。

　措置とその他の問題：ときどき役所の人は、常に確実な評価戦略があるわけではなく、結局は非常に主観的な面接に頼らざるをえないような問題について、推測するように臨床家に誤って依頼する。たとえば、臨床家は、同じ人種ではない養育者の家庭に、有色人種の子どもを措置するのは適切かどうか評価してほしいと依頼されることがある。この措置に関する問題に、確実に答えること

ができる評価尺度や、質問項目はないだろう。質問の意図は立派だが、それが常に科学的に明らかになるとは限らない。里親や臨床家は、子どもの人種と一致させるほうがメリットが多い、と多くの人が信じているが、これらの主張を支持する根拠はほとんどないし、司法面接に関しては、これと反対の結果が立証されている（Springman, Wherry, & Notaro, 2006）。

プロセス

　よい評価のプロセスは、その目的によってある程度決定される。たとえば、多数の子どもをスクリーニングするのが目的であれば、評価尺度を使用して、背景情報なしに、もしかしたら子どもに会うことさえせずに解釈されるかもしれない。明らかに、このようなアプローチには限界がある（たとえば、陽性症状を有する子どもの何人かを見逃す）が、比較的安価であるし、さらに精査が必要な子どもを特定する方法としては十分である。

　先述のように、最良の子どもの評価は、さまざまな情報源を含むものであることが多い。子どもと養育者の両方に対して実施し、そのプロセスからもいくらかの有益な情報が得られることが大切である。何はともあれ、尺度ははっきりしたものであるべきだし、情報提供者は読むことができて自記式質問紙の特性を理解できているはずである。家族と作業する際には、すでに1点リードされている状態にある親もいることを、ぜひとも理解しておかなくてはならない。家族外の加害者による性的虐待ケースでさえも、親は虐待について不必要な罪責感を感じるものである。この可能性を理解してそれを敏感にサポートすることは、親が積極的に関与するための重要なステップとなる。子どもについては、子どもがある朝起きて、朝ごはんの食卓で両親に「ママ、パパ、治療したいんだ。だから評価を受けようよ」というようなことはめったにないことに留意する必要がある。そんなことはありえない。最悪の状態では、子どもは、診察予約をしなければならないような何か間違ったことを自分がしたと信じているものである。最良の状態では、評価のプロセスは子どもをサポートし支援するために提供されるということを子どもが説明されている。よくあるのは、子どもが何も説明されておらず、とにかくプロセスを通して動揺している場合である。

　非常に重要なことは、クライエントが評価のフィードバックを受ける資格があるということである。このフィードバックは、専門用語を使用せず、明瞭で理解しやすいものでなければならない。もしこの「所見」によって治療が推奨される場合は、治療の原理も説明されるべきである。所見を文書にすることも、言及に値する。文書のレベルは、評価のプロセスの特性によってさまざまである。もし目的がスクリーニングであるなら、所見の報告はごく簡単でよい。いかなる場合でも、記録は専門用語を使用せず読みやすいものであるべきだし、主な所見が強調されているべきである。その所見の正確性や妥当性に関して限界があるならば、そのように記載しておく必要がある。すべてのプロセスが論拠薄弱な状況（たとえば、子どもや養育者が協力的でない場合など）では、そのプロセスについて記載されるべきであり、どのような結果でもたぶん不正確であろうから、所見なしと報告することを選択するのは考え物である。

被虐待児に使用する評価の選択

トラウマ症状の評価における進歩

　評価のためのよいスタート地点は、被虐待児に最も一般的に認められる症状である、不安・うつ・怒り・トラウマ症状（PTSD や解離を含む）・性的逸脱行動（Kendall- Tackett, Williams, & Finkelhor, 1993）などを評価するようにデザインされた尺度を使用することである。しかし、これらのうちのただ１つの領域だけを評価することは不適切である。実質的にはどの症状も子ども虐待の結果であるのだが、どの症状も虐待に特異的とはいえないし、虐待を診断するものでもない。性的逸脱行動でさえ、性的虐待の決定的なサインではない。インターネットで露骨な性行動に子どもが曝露された、というような説明もありうるからである。

　物質乱用精神保健サービス局の助成を受けている、米国子どものトラウマティックストレス・ネットワーク（National Child Traumatic Stress Network, NCTSN）は、トラウマとその影響についての評価において、大きな前進を遂げた。その一例が、NCTSN のコアデータセット（Core Data Set, CDS）である。これは、ウェブベースのデータ・コレクション・システムであり、臨床面接の要素や、トラウマ関連症状・機能障害・問題行動全般を評価することができ、トラウマ歴の広範囲の情報を収集することもできる、標準化された評価尺度（たとえば、CBCL, TSCC, UCLA PTSD-RI）などが掲載されている。CDS では、サービス利用や治療、その成果に関する情報も取得できる。

　手始めとして、NCTSN を通して広く普及した、UCLA PTSD-RI は、意義のある進歩を遂げた。しかし、この評価尺度は、PTSD 症状の有無のみを評価する一面的なものである。被虐待児の評価において、UCLA PTSD-RI を過信すると、すべての被虐待児がトラウマを被っており PTSD のような症状を示す、というような思い込みが生じる恐れがある。確かに、虐待は否定的でストレスフルで逆境的な体験であり、トラウマ体験となる可能性をはらんでいるが、すべての被虐待児が、完全な PTSD に適合するわけではない。議論のあるところだが、臨床スーパーバイザーやトレーナーとしてのわれわれの経験では、少なくとも虐待について何も言及されていないのに、機械的に「トラウマ」と診断する人に出会うことがあった。すべての子どもがトラウマを被っていると決めてかかることには、誤診やトラウマ焦点化治療への不適切な紹介という危険がつきまとう。さらに、最初の場所で不適切な紹介がなされると、そのうちに、市民であれ臨床家であれ、トラウマ焦点化治療は効果がないと結論を下すかもしれない。

　この章の目的では、**トラウマ症状**という用語を闘争・逃走反応の活性化の結果として生じる症状の意味で使用している。それ以下の症状であれば、恐怖・警戒的・ストレス度が高い・否定的・逆境的であると考えられるが、必ずしも「トラウマティック」であるとは限らない。逆境的小児期体験研究（Adverse Childhood Experience Study, ACE Study）は、必ずしもトラウマティックではないにもかかわらず、長期間にわたり心理・社会面や身体面に否定的な影響をおよぼす可能性のある、「逆境的」とラベルづけされる出来事についての長期研究の一例を提供している（Felitti et al., 1998）。

このタイプの出来事の例は、親の薬物やアルコール乱用、親や家族のうつや精神不調、親が投獄された、などである。たとえば、親の投獄や子どもが里親家庭に措置されるという出来事は、必ずしもトラウマティックではない。特に里親家庭への措置などは、子どもにとって安全な環境への移行のサインであるかもしれない。さらに、闘争・逃走反応が活性化されると、表出された症状が「完全なPTSD」の診断基準に合致しなくとも、トラウマ症状が結果として生じることに注意が必要である（Griffin et al., 2011, p. 84）。そして最終的に、「トラウマティック」と定義されないようなできごと（たとえば、闘争・逃走反応の結果ではない）でも、苦悩を引き起こし、さらなる評価や介入が必要となる可能性がある。

子ども虐待を評価する際の障害

　子ども虐待の後遺症を評価する際にいくつかの障害がある。被虐待児は、虐待が起きたことを否定する場合がある（Shapiro & Dominiak, 1990）し、その出来事の影響を報告するのを過度に恥じるかもしれない（Wyatt et al., 1999）。直接的な質問には答えにくい場合もある（Perrin, Smith, & Yule, 2000）。年少の子どもの場合、症状を正確に報告するために必要なメタ認知が未発達である可能性がある。したがって、先述のように、PTSDの評価においては、症状についての親の報告が重要となる。DSM-Ⅳ（American Psychiatric Association, 1994; Iselin et al., 2010; Scheeringa et al., 2003）に不備があると認められて、年少の子どものPTSD診断基準の改訂版がDSM-5に掲載された。つまり、DSM-Ⅳの診断基準では、子どもや養育者が、再体験症状や過覚醒症状に比べて回避症状群をあまり報告しないという問題があった。これにより、必要とされる回避症状の数は、7症状中の1つから6症状中の1つに変更された（Scheeringa et al., 2012）。

　このように、被虐待児の評価における大きな困難の1つは、一貫した治療計画を立てるために、症状を正確に「収集」し、症候学を簡潔に概念化することである。さらに、子どもによってはトラウマを被っていない場合があるし、他の症状（たとえば性的逸脱行動）を有する子どももいる。あるいは、PTSDの診断基準を完全に満たさない症状を有する子どももいるし、PTSDの症状と類似した他の障害と誤診される場合もある。治療を提供する前の評価のプロセスで重要なステップは、さまざまな症状の鑑別診断である。

鑑別診断

　ある行動や症状、あるいは障害は、子ども虐待の前から存在していたかもしれないし、偶然併存していたかもしれない（たとえば、精神病症状、双極性障害、ADHD）が、子ども虐待が精神病・双極性障害・ADHDを悪化させたのか、あるいは原因となったのかを結論づける根拠は経験的にない。むしろその症状は、まだ気づかれていない子どものPTSD症状に相当するかもしれない。米国児童青年精神医学会（American Academy of Child and Adolescent Psychiatry）が発行している「児童青年のPTSD評価のためのプラクティス・パラメーター（Practice Parameter for the Assessment and Treatment of Children and Adolescents with Posttraumatic Stress Disorder）」（2010）

は、「精神科的評価は、他の精神障害と PTSD に類似した身体状態との鑑別診断を考慮すべきである」(p. 420) と推奨している。よい鑑別診断のためには、症状の発症時期や期間を含んだよい病歴が必要である。特に、虐待についての詳細は何年も後に判明するが、子どもが小さいときに誤診された他の症状と同時期に発現していることが多い。下記に、PTSD 症状（再体験、過覚醒、回避）と発達的敏感さや機能的目的が類似している（たとえば、警戒、安全を高める）がゆえに、結果として誤診される可能性が高い症状を提示する。

再体験症状

精神病：精神病とは違って、被虐待児は、特定の状況で通常取りうる行動と矛盾する行動を示す。なぜなら、未知の刺激が引き金となって条件づけられた不安反応を示すからである。

幻視：幻視とは異なり、先述したように、子どもは幻視と類似したトラウマの再体験症状を示す (Carter & Wherry, 2007)。半覚醒状態や覚醒時幻覚（夢幻状態）は、特に経験の浅い臨床家は、幻視と誤診しやすい。

過覚醒症状

双極性障害：子どもたちは、闘争・逃走反応が慢性的に活性化されることによって、感情調節が困難になる。したがって、これらの子どもたちは、おそらく、双極性障害と診断されるべきではない (Wherry, Carter,et al., 2008)。このような子どもたちは、性的逸脱行動を示す場合があるが、大人では躁症状の1つであるとされている性的無分別と、誤解するべきではない。

パニック障害：子どもたちは、パニック障害というよりも、パニックのレベルにまで至る不安を表出する場合がある。しかし、不安は、未知の特定されない象徴的な特徴を持つ刺激によって「引き起こされる」かもしれない。たとえば、その刺激との関係は、以前の虐待関係に類似した特徴を持っており、現在の関係においては身体的虐待や性的虐待が存在しないにもかかわらず、その特徴（たとえば、支配、要求）が結果としてパニックを引き起こしている可能性がある。

ADHD：集中力の問題は、ADHD 診断の根拠となるだけではない。集中力の問題は、PTSD の過覚醒症状や虐待によって二次的に生じるうつの症状である可能性がある。

回避症状

分離不安／学校恐怖症：分離不安や学校恐怖症とは異なり、安全な親との分離を嫌がる年少の子どもは、まだ明らかになっていない虐待者から自分を守るための、適応的な回避行動を示している可能性がある (Berres et al.,2007; Wherry & Marrs, 2008)。

身体化：家族によっては、身体化症状が、分離不安で述べたのと同様の目的で出現する。つまり、

身体化症状（頭痛や腹痛といった軽度のものから、あるいは、「麻痺」を伴う転換性障害のように極端なものまで）のために、安全な親が子どもの近くにいてくれるかもしれないし、極端なケースでは、子どもが、安全でない家から離れて入院するきっかけとなるかもしれない（Wherry, McMillan, & Hutchison, 1991）。

　　物質乱用：物質乱用は、性的虐待を受けた PTSD の青年の対処方法として記述されてきた（Hawke, Jainchill, & Leon, 2000; Kilpatrick et al., 2000; Raghavan & Kingston, 2006）。こうすることは、過覚醒や再体験などの PTSD 症状を軽減するのに効果があるかもしれないし、さらに、機能上の問題を目立たなくするかもしれない。

虐待に関連する複合的な症状の評価

　　被虐待児が示すその他の一般的な症状は、怒り・不安・抑うつなどである。性的虐待を受けた子どもの一部は、性的逸脱行動や性的関心を示すこともある。多くの被虐待児／トラウマを被った子どもたちは多様で複雑な病状を示すので、この複雑性を網羅するようなトラウマに焦点化した評価尺度が必要である。たとえば、TSCC（Briere, 1996）や TSCYC（Briere, 2005）がそれである。

　　子ども用トラウマ症状チェックリスト（trauma symptom checklist for young children, TSCC）：TSCC は、8 〜 16 歳の児童青年用にデザインされている。54 項目の自記式質問紙であり、症状の過少報告（過少反応）と過剰報告（過剰反応）を査定する妥当性尺度が設定されている。粗点、t‐スコア、パーセンタイルスコアが、不安・うつ・怒り／攻撃性・心的外傷後ストレス・解離（明らかなものとファンタジー）・性的関心（没入と苦悩）のそれぞれの尺度ごとに報告される。標準サンプルにおいて、臨床域の α 信頼性係数は 0.77 〜 0.89 である。標準サンプルと臨床サンプルにおいて、十分な収束的妥当性、弁別的妥当性、予測的妥当性が示されている。標準データは、非臨床例 3008 例（53％は女子、白人 44％、黒人 27％、ヒスパニック／ラテン民族が 22％）から導き出された。

　　年少の子ども用トラウマ症状チェックリスト（trauma symptom checklist for young children, TSCYC）：TSCYC は、3 〜 12 歳の子どもの保護者用に作成された、90 項目からなる評価尺度である。この尺度も過少報告（Response Level）と非典型的反応（Atypical Response）を評価する 2 つの尺度を使用する。粗点、t‐スコア、パーセンタイルスコアが、不安・うつ・怒り／攻撃性・心的外傷後ストレス——侵入・回避・過覚醒——の合計、解離、性的関心のそれぞれの尺度ごとに報告される。Briere の最初の研究（1999）では、臨床尺度は、α 係数 0.81 〜 0.93 で高い信頼性を示していた。さらに、TSCYC 尺度は、性的虐待・身体的虐待・DV（Domestic violence）目撃への曝露を予測していた。その後の研究では、TSCYC は、他の保護者の評価尺度（たとえば、CBCL、CSBI, UCLA PTSD-RI）との収束的妥当性を示していた。TSCYC と TSCC との収束的妥当性は、中（Lanktree et al.,2008）、小（Wherry, Graves, & Rhodes, 2008）などの報告があった。おそらく、子どもと親の間

でしばしば認められる不一致を説明するためには、被虐待児のスクリーニングや評価のために、多くの情報源からのアプローチが必要であることをさらに強調したい。TSCYC は PTSD の子どものスクリーニングにも使用され、PTSD 陰性の 100％、陽性の 72.7％の参加者を正確に分類したこれらの所見は、TSCYC が PTSD の安価で時間のかからないスクリーニング方法として使用できる可能性を示唆している（Pollio, Glover- Orr, & Wherry, 2008）。TSCYC は、米国国勢調査データから、地域・親の教育レベル・子どもの年齢・民族・人種・性によって層化抽出された 750 人の親のサンプルで標準化された。TSCC と TSCYC は、治療による変化に特別敏感なわけではないので、治療効果を評価する方法としてこれらの尺度を使用するのは困難である。

一面的評価尺度を使った単一の構成概念の評価

　TSCC や TSCYC のような尺度が、うつ・PTSD・性的関心・怒り・不安・解離などの症状が有意に高い頻度で存在することを示すとき、さらにその症状の特性を理解するために、一面的な評価尺度を使用する意義がある。被虐待児に対して、CSBI（sexual concerns; Friedrich, 1998）や、UCLA PTSD-RI（Steinberg et al., 2004）、子ども版解離評価表（Child Dissociative Checklist, CDC; dissociation; Putnam, Helmers,& Trickett, 1993）を用いる。

性的逸脱行動

　子どもの性化行動調査表（Child Sexual Behavior Inventory, CSBI）　CSBI は、2 ～ 12 歳の子どもの保護者用に作成された、38 項目の子どもの性的逸脱行動を評価する尺度である。いくつかの研究は、この尺度の信頼性と妥当性が高いことを示しており、年齢と性によって標準化されている。しかし、この尺度には妥当性尺度がない。この尺度は、発達相応の性的行動（Developmentally Related Sexual Behavior, DRSB）と性的虐待に特化した項目（Sexual Abuse Specific Items, SASI）という 2 つのサブスケールを有しており、合計スコアが示される。DRSB には、3 歳では正常だが 12 歳では非常に稀、あるいは、非典型的という行動が含まれている。SASI サブスケールには、性的被虐待児に存在する可能性のある行動からなる項目が含まれている。しかし、SASI 得点の高さは、その子どもが性的に虐待されたことを示唆したり、証明したりするわけではない。尺度の開発者である William Friedrich によると、これらの性的逸脱行動は、露骨な性的な内容の映画を他の家族が見ていたことが原因かもしれないし、家族の裸や両親の性行為を見たことに起因するかもしれない（Friedrich, 1998）。CSBI の合計得点の α 信頼性係数は 0.72 であり、高い内的一貫性を示していた。再テストを平均 2 週間後に実施したときの、再テスト信頼性は 0.91 だった。両親による評価者間信頼性は 0.83 だった。マニュアルでは、CSBI の収束的妥当性・弁別的妥当性・構成概念妥当性を支持するデータが挙げられている。この尺度は、非臨床サンプルである 1,114 人の子ども（76％が白人）と臨床サンプルである 512 人の子どもで標準化された。

　子どもの性化行動チェックリスト改訂版（child sexual behavior checklist—revised, CSBC-R）：Johnson

(2003) が、性的逸脱行動を評価するために作成した尺度。しかし、この尺度は標準化されておらず、信頼性や妥当性に関する報告もない。したがって、この尺度は、養育者の半構造化面接として使用されるべきである。生物学的な親・里親・職員が同じ性的逸脱行動を観察しているのに、異なった頻度を報告している。これらの違いは、養育者の役割が異なっていたり、観察する場面が異なっていたりするためかもしれない。さらに、子どもについての全体的な感情のありようや、宗教的信念のような文化的差異のために、性的行動の解釈はさまざまである。T. C. Johnson（私的会話による、February 20, 2013）は、（点数の）違いについて話し合うことは、非常に臨床的であり、治療目標に沿ったものである可能性があると述べている。

青年期臨床的性化行動調査票 —— 自記式（Adolescent clinical sexual behavior inventory—Self-Report, ACSBI-S）：ACSBI-S（Friedrich et al., 2004）は、青年期の広範囲な性的行動や性的態度を評価するための45項目からなる自記式尺度である。0（そうではない）から2（とてもそうである）までの3件法で、性的知識・性的興味・性的危険行動・性的不快感のレベルを予測する。次の2つの研究報告がなされた。(1) 5つの因子（性的知識／興味、性的リスク／乱用、異なる性的関心、見かけを気にする、恐怖／不快）が抽出され、全分散の37.6％だった（Friedrich et al., 2004）。　(2) 3つの因子（性的知識／関心、性的リスク／乱用、見かけを気にする）が抽出され、全分散の41.58％であった（Wherry et al, 2009）。研究によると、a 信頼性係数は 0.65 ～ 0.84 の範囲であり、それぞれの尺度が十分に内的一貫性を有していると示唆された。ただし、恐怖／不快の a 係数は 0.45 だった。1週間後の再テスト信頼性は 0.74 だった。ACSBI-S の総得点は、CBCL の非行行動サブスケール（$\gamma = 0.25$）、ASCQ（Adolescent Sexual Concern Questionnaire）の性的関心項目（$\gamma = 0.72$）、TSCC の性的関心のサブスケール（$\gamma = 0.73$）、性的関心－不快（$\gamma = 0.54$）、性的関心－没入（$\gamma = 0.68$）と相関していた。しかし、ACSBI-S は標準化されておらず、データとして使用されたサンプルは、民族や人種に関して均一だった。

PTSD

UCLA 心的外傷後ストレス障害インデックス（UCLA PTSD reaction index, UCLA PTSD-RI）：子どもの PTSD を評価する一面的評価尺度は、いくぶん限定されている。子ども・青年・養育者向けに作成された、DSM- IV版 UCLA PTSD-RI が利用可能である（訳注：現在 DSM-5 版も利用可能である）。合計得点の内的一貫性は優れている（$a = 0.90$）。中央値が7日後の再テスト信頼性は、0.84 であることが報告されている。現在までこの尺度の標準化は発表されていないが、収束的妥当性は良好である。

子どもの PTSD 調査表（Children's PTSD Inventory）：この尺度（Saigh, 2003）は、5つのサブスケールからなる半構造化面接である。中（0.58）から高（0.89）の a 係数が報告されており、全体の診断の内的一貫性は、クロンバックの a が 0.95 である。評価者間信頼性と再テスト信頼性は良好である。著者は、中等度から高度の感度と特異度、良好な収束的妥当性と弁別的妥当性を報告している。2

つの小さな臨床サンプル（n=150；n=42）が計量心理学的特性を示している。

解離

子ども版解離評価表（Child Dissociative Checklist, CDC）3.0 版：CDC（Putnam, Helmers, & Trickett, 1993）は、養育者が評価する 20 項目の尺度である。各項目は、0（そうではない）から 2（とてもそうである）で評価される。これらの得点は合計され、特に年長児では、カットオフ得点 12 以上で「臨床的に意味がある」と考えられる。CDC の 1 年後の再テスト信頼性は、性的に虐待された少女と被虐待歴のない比較群のサンプルで、rho=0.69（N=73, ρ =0.0001）だった。Putnum ら（1993）は、良好な弁別的妥当性を報告した。外在化行動のほかの尺度との併存的妥当性も報告されている（Wherry et al.,1994）。

思春期・青年期解離性体験尺度（Adolescent Dissociative Experiences Scale, A-DES）：A-DES（Armstrong et al., 1997）は、11 歳から 17 歳の子どもや青年の解離行動を評価するために開発されたスクリーニング尺度である。少なくとも 2 つの異なる研究によって、信頼性と妥当性が報告されている（Armstrong et al., 1997; Steven & Carlson 1996）が、標準化データは利用できない。

虐待の評価

虐待重篤度チェックリスト（Abuse Dimensions Inventory; ADI）：ADI（Chaffin et al., 1997）は、身体的虐待と性的虐待の重篤度を評価するために作成された尺度である。虐待の期間、最も重篤な虐待の回数、虐待の合計数、開示に対する加害者の反応、服従させるための力や威圧の行使、秘密を守らせるための力や威圧の行使、虐待者と被害児との関係なども記録される。重篤度に関する項目の順序は、子ども虐待分野の全米国立組織で働いている精神保健専門家へのサンプル調査によって決められた。順序の一致係数は、平均 0.87 だった。告訴されていない親の半構造化面接をもとにした得点の評価者間信頼性は、0.84 〜 0.99 だった。また、尺度の因子分析では、身体的虐待行動・性的虐待行動・身体的虐待の回数と期間・性的虐待の回数と期間、の 4 つの因子が抽出された（Chaffin et al., 1997）。

他のトラウマ体験のスクリーニング

多くの尺度・チェックリストや面接法が、虐待の申し立ての証拠資料以外にも、トラウマ体験のスクリーニングの際に利用できる。子ども虐待にはさまざまな種類があるということ（Saunders, 2003）や、家族の対人間暴力や DV の際には子どもの虐待も存在することが多いということが、研究によって判明している。効果的な治療の第一歩は、まず子どもをさまざまな虐待から守ることになるので、最初に紹介されてきた虐待とは別の隠れたトラウマ体験についても、徹底的に評価することが重要である。

表 2.1 は、トラウマ歴やうつ・不安などの症状をスクリーニングするのに使用できる、その他の尺度（チェックリスト、手順、面接）を記載したものである（これは代表例であり、利用可能な評価尺

表2.1　自記式評価尺度と養育者用尺度

評価領域	尺度
トラウマ・ス クリーニング	トラウマティックイベント・スクリーニング尺度 （Traumatic Events Screening Inventory） −子どもの報告、改訂版（Child Report Form-Revised, TESI- CRF- R） −養育者の報告、改訂版（Parent-report Revised, TESI- PRR; Ford, 2002a; Ghosh-Ippen et al.,2002） −自記式、改訂版（Self-report Revised, TESI- SRR; Ford, 2002b）
	UCLA 心的外傷後ストレス障害インデックス DSM- IV 版 （UCLA PTSD Reaction Index for DSM-IV, UCLA PTSD- RI） —子ども・青年期・親版（Child, Adolescent, and Parent Versions ; Rodriguez, Steinberg, & Pynoos, 1999） Adolescent Self- Report Trauma Questionnaire（Horowitz, Weine, & Jekel, 1995） 子どもの PTSD 調査表（Children's PTSD Inventory）（Saigh, 2003） Childhood PTSD Interview- Child（CPTSDI- C）/ Childhood PTSD Interview- Parent（CPTSDI- P; Fletcher,1996） Adolescent Trauma History Checklist and Interview（Habib & Labruna, 2006） Lifetime Incidence of Traumatic Events（LITE Student Form; LITE Parent Form; Greenwald & Rubin, 1999） When Bad Things Happen（Fletcher, 1996） My Worst Experiences Scale（Hyman, 1996） Childhood Trauma Questionnaire（Bernstein et al., 1994） Juvenile Victim Questionnaire（Finkelhor et al., 2005）
不安	ベック不安評価尺度若年者版 Beck Anxiety Inventory- Youth（BAI- Y; A. T. Beck & Steer, 1993; J. S. Beck et al., 2005） Social Anxiety Scale for Children- Revised（La Greca,1999） Child Anxiety Sensitivity Index（CASI; Reiss et al., 1986） 状態特性不安尺度（State Trait Anxiety Inventory for Children）（Spielberger, 1973; Spielberger, Gorsuch, & Lushene, 2005） Multidimensional Anxiety Scale for Children（MASC- 2; March, 2012）
うつ	小児抑うつ尺度（Children's Depression Inventory- 2）（CDI; Kovacs, 2010） ベック抑うつ評価尺度若年者版（Beck Depression Inventory—Youth ）（J. S. Beck et al. 2005）

度のすべてを網羅してはいない）。トラウマのスクリーニング尺度では、信頼性と妥当性の研究が困難であることや、子どもや養育者の評価結果が、これらの出来事が起こったということを立証するための司法的な証拠としては使えないことを知っておくことが大切である。むしろ、これらの尺度は、これらの子どもや家族を治療する臨床家にとって価値があるのである。

　不安やうつの評価に関しては、徹底的な評価に使用することができる、多くの自記式尺度や養育者のための尺度がある（表2.1 参照）。これらの評価尺度は、子どもの最初のスクリーニングの後で、その症状を評価するのに特に役立つ。

広帯域の評価尺度

　広帯域の評価尺度は、長いことが多いので、養育者や教師、年長の子ども向けに作成されている。広範囲の評価ができるので、被虐待児のスクリーニング尺度として価値がある。しかしこれらの尺度は、特に PTSD のようなトラウマ関連症状を評価するわけではなく、性的逸脱行動や性的関心を評価する項目もほとんどない。これらの尺度の主な利点の１つは、報告されなかったかもしれな

い、あるいは、スクリーニングで発見されなかったかもしれない虐待関連症状を特定することである。このようにして新たに特定された症状は、虐待治療の中心ではないかもしれないが、別の治療の必要性が判明するかもしれない。

　2 つの広帯域の評価尺度が、主に臨床場面や学校で使用されている。これらの尺度は広く研究され、卓越した心理測定の質（信頼性、妥当性、優れた標準化サンプル）を有している。CBCL（Achenbach & Rescorla, 2001）は、臨床場面で使用されることが多く、BASC-2（Reynolds & Kamphaus, 2002）は、学校で使用されることが多いが、両方の尺度とも、臨床でも学校でも質が高い評価を提供する。信頼性と妥当性は、ともに十分確立されている。無料の入手しやすい簡易尺度としては、子どもの強さと困難さアンケート（Strengths and Difficulty Questionnaire, SDQ）がある。この尺度は CBCL と十分に相関している。

他の方法

　さらに 2 つの方法は言及する価値がある。これらは、伝統的な意味では臨床的な方法ではない。拡大司法判定（Extended Forensic Evaluation）（Carnes et al., 2001; Carnes, Wilson, & Nelson- Gardell, 1999）は、特別の集中訓練を必要とする、決まったプロトコールを有する方法である。これは、司法面接の拡大版と考えられており、司法面接の訓練を受け、精神保健の背景を有している人によって実施される必要がある。この方法は、司法面接が虐待の部分開示あるいは漠然とした開示に終わった際のフォローアップとして、いくつかの管区で使用されている。

　2 つめの方法は児童青年のニーズと強さ─トラウマ版（Child and Adolescent Needs and Strengths-Trauma Version）（CANS-Trauma; Kisiel et al., 2009）であり、現段階での評価結果を要約する方法である。CANS-Trauma は、情報を統合するツールであり、評価尺度ではない。このツールでは、トラウマ体験、症状、機能上の困難や強み、養育者のニーズと強み、マネジメントやプランのニーズなどを、系統的に記述する。しかし、これは情報であり、統合するためのツールであるので、評価中に収集されたもともとの情報と同じくらい有益で正確であるという程度のものである。

特別な配慮

家族の評価

　家族の評価に関係したいくつかの別の尺度は、特別に言及するに値する。

潜在的虐待リスクスクリーニング質問紙（Child Abuse Potential Inventory, CAP-I）：CAP-I（Milner, 1986）は、身体的虐待をする親としない親を区別するための、親の自記式質問紙である。CAP-I は良好な内的信頼性と再テスト信頼性を示しており、身体的虐待をする親と比較群の親との正確な分類率は約 85 ～ 90%である（Milner & Wimberley, 1980）。区別の際に最も有効だった因子は、苦悩・頑固さ・不幸に関連していた（Milner & Wimberley, 1980）。さらに、別の研究では、治療前の

CAP-I 得点は、治療プログラム中の身体的虐待加害親のさらなる虐待リスクを予測していた (Chaffin & Valle, 2003)。

　　育児ストレスインデックス（**parenting stress index, PSI**）：PSI（Loyd & Abidin, 1985）は、子どもの特徴に関する 6 つの要因（適応性、子どもの特徴の受容、親を困らせる度合い、子どもの機嫌の悪さ、気が散りやすい／多動、親を喜ばせる度合い）と、親の特徴に関する 7 つの要因（親としての有能感、社会的孤立、子どもへの愛着、健康状態、親役割によって生じる制限、抑うつ、配偶者との関係）から構成される。3 週間後の再テスト信頼性は、子どものサブスケールで 0.82、親のサブスケールで 0.71 だった。妥当性は良好に確立されており、標準化グループは、小児科診療を受けている子どもの親 534 人と北東部の都市のスペイン語を話す母親 223 人だった。

文化的配慮

　　評価の領域において基本的に必要なことの 1 つは、性・年齢・民族／人種において代表サンプルを使って基準を標準化することである。評価尺度の中には標準化されていないものもあるし、主に白人のサンプルで標準化されているものもある（たとえば CSBI）。t- スコアの標準的な解釈は、その家族／子どもが代表サンプルに含まれている民族や人種である場合に適切なものとなる。残念ながら、代表的ではない文化（たとえば、白人ではない、アフリカ系アメリカ人ではない、ヒスパニック／ラテン系ではない）に属する場合、適切で標準的な評価とはいえなくなる。

　　異文化適応力のいくつかの原則は、言及する価値がある。第一に、どの行動や出来事の解釈でも、自民族中心主義（たとえば、大多数の文化的基準に基づく）や完全に文化と相関したものであってはならない。民族集団内にも、民族集団間にあるのと同様の変動性があることが多い。したがって、包括的で特有の文化的信念や、育児・家族構造・性別役割・宗教的信念に関連した習慣、さらには文化的変容の程度について学ぶことは重要である。第 2 に、子どもの人種と臨床家の人種を一致させるほうがよいと書かれたものは多くあるのだが、虐待された子どもに特化した研究はほとんどない。1 つの例外は、Springman ら（2006）による研究である。その研究によると、人種を一致させることで司法面接での開示率が上がるとしていたが、結果は反対であった。つまり、白人の子どもは、アフリカ系アメリカ人の面接者のほうが開示しやすく、アフリカ系アメリカ人の子どもは白人の面接者のほうに開示しやすかった。最後に、子ども虐待の場合、児童福祉領域の偏った一部の民族／人種グループを代表しているのではないか、実証率や家庭外措置率の違い、有色人種の多くの子どもたちにとって他のシステムにかかわることで起こりうること、などについての文化的な配慮が、クライエントが評価や治療をどの程度信頼して受けるかということに、特に顕著に影響を及ぼす可能性がある。何人かの研究者や公的な政策立案者（児童福祉における人種平等同盟、[Alliance for Racial Equality in Child Welfare, 2011: Bartholet, 2009; Drake et al., 2011]）が報告しているように、これらは複雑な問題であり、一部の民族／人種グループの社会経済的状態や子ども虐待率が高いというような要因と区別できない。そしてそれが、この明らかな偏りを説明しているのかもしれない。このすべては、評価の過程において文化を意識し、文化に敏感であることが重要であることを語っ

ている。

検察のニーズ対精神保健ニーズ

いくつかの例では、CACs における評価の実施に関して、検察官が抵抗を示す可能性がある。先述のように、1 つの反対理由は、司法手続きに悪影響を与える可能性がある一部の評価尺度に含まれる項目にかかっている。これに対しては、起訴の一部として専門家の証言がなされることによって対応することができる。最も重要なことは、子ども虐待ケースの起訴に悪影響を及ぼすかもしれないからといって、包括的な評価が保留されるべきではないということである。

同時セッション

評価尺度を使用することへの治療者からの反対理由の 1 つは、評価することによって治療関係の構築が妨害されるという信念である。確かに、特に性的虐待ケースの親の中には、治療者に自分の話をしたり、治療者から情緒的なサポートや指示をとりつけたりするまでに回数を重ねる必要がある人もいる。また、子どもによっては、自記式質問紙が、学校の本読みの課題のようで負担に思ってしまい、ラポールを構築する妨げになるかもしれない。これらの潜在的な問題に対応する方法の 1 つは、ラポールや治療意欲、あるいは、治療関係が構築された数セッション後に、評価を実施することである。もう 1 つのアプローチは、評価と治療を別々の臨床家が担当する方法である。われわれの 1 人（Wherry）は、この方法を子どものアドボカシーセンターで実施した。治療者との最初の予約は、年齢やクライアントの状況で調整した予約に従い、子どもはインテーク専門のスタッフと面接し、親は治療者と面接した。次のセッションは、このやり方を繰り返すか、または、子どもが治療者と面接し、親はインテーク専門のスタッフによって評価を受ける方法に変更した。この方法で、評価と治療のプロセスが別々に維持され、親子が同時に評価を受けられるとともに、治療を担当する臨床家との強力な治療関係も確立することができた。

さらに、臨床スタッフの中で評価と治療の責任を分けるために、養育者に予約前に次の予定を説明し、さまざまな質問やうまくいかない問題に対応し、子どもと家族のために安全な環境を構築するなどして、評価や治療のプロセスにおけるあいまいさを取り除くことが有益であることが多い。Mary Mckay は、臨床スタッフと家族が望ましい結果を達成するためのパートナーになることができるような関係を、どのように強化するべきかについて広範囲にわたって記述している（e.g., McKay & Bannon, 2004）。

報告書を書く

評価によって主に子どもの症状と治療計画が記述されたら、臨床家はこの報告書を親と共有することを考慮すべきである（虐待についての記述は共有しない）。このため、臨床家は、専門用語をなるべく使わず、読みやすく理解しやすいように報告書を書く必要がある。同じ報告書のフォーマットの切り貼りをするだけで、ときには現在のケースに合わせた修正もせずに名前も間違えたままにしている臨床家がいる、という不満がケースワーカーから挙がることが多い。同様のひどい例とし

て、採点プログラム・ソフトの解釈をコピーし、そのまま報告書に貼りつける臨床家もいる。

　もし評価尺度が、多くの子どもたちに対して、トラウマ体験やトラウマ症状のスクリーニングとして決まって使われるのならば、高度に個別化した報告書を書くことは不可能かもしれない。ここは妥協が必要である。しかし、大勢の子どもをスクリーニングし、尺度の得点を十分評価し紹介をすることは、長期的には効果的であるし、効率的で経済的でもある。

新しいモダリティ

　仕事のあり方に影響を及ぼすような重要な技術の進歩が、日々あるように思われる。長年、テストの出版元は、多くの製品（たとえば、TSCC、TSCYC、CBCL、BASC, BASC-2）で利用できるコンピュータ点数プログラムを開発してきた。これによって、点数付けと解釈のプロセスの速度が増した。それに続くほかの進歩は、テスト用にデザインされたソフトウェアの購入が容易になったことである。テストの出版元と契約すると、iPad のようなタブレットにテストがダウンロードされ、点数付けやデータ入力などの管理もしやすくなった。もっと最近では、テストの出版元は、特定のテストの個々の管理のために、オンラインで利用できる同じ様式（管理方法、点数付け、データ入力）を作成している。多くの人にとって、好ましいインターネット接続はタブレットである。個々の方法にはそれぞれに利点がある。特に管理者のために１つ推奨できることは、プログラムの進展具合をモニターし資金提供者を満足させるための、プログラム評価のための情報を自動的にダウンロードできるシステムに申し込むことである。

"分析結果"

　どのような評価の分析結果も、単独では、子どもが虐待されたかどうか、申し立てられた加害者が有罪か無罪かを立証するものではないことを強調しておくことは重要である。このような分析結果は絶対に存在しない。したがって、もし、誰かが被害を受けた子ども、または、申し立てられた加害者が「分析結果」と一致しないと示唆したならば、その人に紹介をしないことが賢明かもしれない。

今後

　先述したように、心理士や臨床家が、個々の子どもの評価において、今後を予見することができない。同様に、被虐待児の評価の領域においても、今後を予見することは不可能である。この章に書かれているように、立法者や官僚が、トラウマに焦点化した、または、虐待に焦点化したサービスや評価のための方針を定めている。議会は今や、里親ケアを受けている若者の心身の健康ニーズのための計画を立案する際に、児童福祉機関が子どものトラウマの問題に対応するように要求している（Casey Family Programs, 2011）。Griffin ら（2011）は、イリノイ州の児童福祉機関から集めた１万 4,000 件の臨床評価を分析したところ、児童福祉機関が「政策の要求どおりに、児童福祉を受けているすべての若者の精神保健スクリーニングや評価にトラウマ体験とトラウマ関連症状を含めて

いる」ことが判明した（p. 69）。彼らはさらに、すべての州の児童福祉機関が、方針と手続きを最新のものにすることを推奨している。多くの州が被虐待集団へのトラウマに対応する方針を考慮したり規定したりしているにもかかわらず、多くの児童福祉システムが今もなお、引き金となるできごと（Greeson et al., 2011）の最初の評価をしているだけで、トラウマ体験とトラウマ関連症状のスクリーニングを日常的に実施していない。善意であったとしても、臨床家に訓練を受けていないプロセスを開始するように要求することは、故意ではないにしても、否定的な結果を招くだろう。同様に、紹介機関（「ゲートキーパー」や「仲介者」とも呼ばれる）、特に児童福祉のケースワーカーは、どのようなサービス機関であっても、訓練を受けて、特別な評価が役に立つことを学ぶ必要がある。

　これらの仲介者である専門家を訓練するための有望なアプローチは、プロジェクトBESTである。このアプローチは、デューク大学寄付金により助成されており、サウスカロライナ州全体で協同実施されている、「革新的コミュニティ・ベースの普及活動のために使用される、サウスカロライナ州のすべてのコミュニティの能力を劇的に増加させるための訓練と実践方法であり、被虐待児やトラウマを体験した子ども1人ひとりに効果が実証された精神科治療（ESTs）を提供する」ものである（http://academicdepartments.musc.edu/projectbest）。プロジェクトBESTは、包括的な普及と実践モデル（Community- Based Learning Collaborative）を利用して、臨床家と仲介者（たとえば児童福祉専門家、児童保護局のワーカー、訴訟後見人）の両方を、効果が実証されたトラウマに焦点化した方法で訓練している。臨床家は、TF-CBT（Cohen, Mannarino, & Deblinger, 2006）を学び、仲介者は、トラウマインフォームド・アセスメントを学ぶ。そうすることで、トラウマに焦点化した、効果が実証された治療についての知識を高め、トラウマの視点から精神科治療の紹介をし、治療が成功したことを確かめるためにケースをモニターするのである（第22章参照）。

　米国子ども連盟（National Children's Alliance, NCA）や米国子どものトラウマティックストレス・ネットワーク（National Child Traumatic Stress Network, NCTSN）と独立して、あるいは、協同して、被虐待児のケアを改善する取り組みが他にもいくつかある。NCAは、750施設余りと希望するCAC会員からなる監視団体の会員組織である。認定されたCACsは、精神保健の要素を含む多学際的な標準を満たさなければならない。この10年間には、これらの枠組みでサービスを受ける子どもの精神保健ニーズにしっかりと合致するように、サービス方法の焦点を変更する重要な取り組みがあった。NCAは、毎年何千人という子どもたちがケアを受けやすくなるように、リーダーシップを発揮し続けている。今後は、この取り組みは健康管理システム、教育機関、専門家組織、免許委員会に取り込まれるだろう。しかし、大部分の卒業生や専門家の訓練プログラムが不適切であることを考慮すると、子ども虐待領域における評価方法が広くいきわたるためには、多くの重要な問題が残されている。NCTSNは教育課程を開発し、いくつかの限られたソーシャルワーク・プログラムでそれを実践したのだが、認定団体（たとえば、米国心理学会や他の学術団体の認定団体）による組織的な要件はまだない。学校を卒業後に訓練され免許を取得した専門家は、おそらく高額で効率的ではない方法で訓練を受けている。

　明るい話題は、暴力と虐待に関する学会（Academy on Violence and Abuse）が教育課程を開発し、米国小児科学会（American Academy of Pediatrics）、米国看護学会（American Academy of Nursing）、

国際女性への暴力に関する看護ネットワーク（Nursing Network on Violence against Women International）、ゲイおよびレズビアン医師会（Gay and Lesbian Medical Association）によって承認されたことである。また、この教育課程の資格は、米国医師会（American Medical Association）や国際司法看護学会（International　Association of Forensic Nurses）によっても支持されている。資格は、保健システム、教育機関、個人の学習者のために組織されている。

リソース

いくつかのウェブサイトで貴重な資料を読むことができる。

- NCTSN の評価尺度レビューウェブサイト：この章で述べた多くの心理評価尺度の全文、あるいは引用などが紹介されている。
  www.nctsn.org/resources/online-research/measures-review
- カリフォルニア子ども福祉実践エビデンス・クリアリングハウス（California Evidence-Based Clearing house for Child Welfare）の評価ツールのウェブサイト：NCTSN のウェブサイトの多くの特徴を共有している。
  www.cebc4cw.org/assessment-tools
- 暴力と虐待に関する学会のウェブサイト：トラウマ評価における訓練の重要な技量がこのウェブサイトで利用できる。www.avahealth .org

要約

　この章の意図は、トラウマや虐待を体験した子どもと家族に、トラウマの視点での焦点化した評価を実施することの重要性を強調することである。意義のある進歩がこの領域でなされた。すなわち、トラウマの視点での評価は子どもの虐待についての開示の信用性を確立するのに役立つだけではなく、治療の紹介や治療計画、さらには、治療の成功の可能性を高めるということが、広く認められている。

［参考文献］

1. Achenbach, T. M. (1993). *Empirically based taxonomy: How to use syndromes and profile types derived from the CBCL/4-18, TRF, and YSF*. Burlington, VT: University of Vermont, Department of Psychiatry.
2. Achenbach, T. M. (2000). *Manual for the ASEBA preschool forms & profiles*. Burlington, VT: University of Vermont, Research Center for Children, Youth, & Families.
3. Achenbach, T. M., & Rescorla, L. A. (2001). *Manual for the ASEBA school-age forms & profiles*. Burlington, VT: University of Vermont, Research Center for Children, Youth, & Families.
4. Alliance for Racial Equality in Child Welfare. (2011). *Disparities and disproportionality in child welfare: Analysis of the research*. Washington, DC: Center for the Study of Social Policy and the Annie E. Casey Foundation.

5. American Academy of Child and Adolescent Psychiatry. (2010). Practice parameter for the assessment and treatment of children and adolescents with posttraumatic stress disorder. *Journal of the American Academy of Child and Adolescent Psychiatry, 49*, 414–430.

6. American Psychiatric Association. (1994). *Diagnostic and statistical manual of mental disorders—fourth edition.* Washington, DC: Author.

7. Armstrong, J. G., Putnam, F. W., Carlson, E. B., Libero, D. Z., & Smith, S. R. (1997). Development and validation of a measure of adolescent dissociation: The Adolescent Dissociative Experiences Scale. *Journal of Nervous and Mental Disease, 185*(8), 491–497.

8. Bartholet, E. (2009). Racial disproportionality. *Arizona Law Review, 51*, 871–932.

9. Beck, A. T., & Steer, R. A. (1993). *BAI: Beck Anxiety Inventory manual.* San Antonio, TX: Psychological Corporation.

10. Beck, J. S., Beck, A. T., Jolly, J. B., & Steer R. A. (2005). *The Beck Youth Inventories*(2nd ed.). San Antonio, TX: Harcourt Assessment.

11. Bernstein, D. P., Fink, L., Handelsman, L., & Foote, J. (1994). Initial reliability and validity of a new retrospective measure of child abuse and neglect. *American Journal of Psychiatry, 151*(8), 1132–1136.

12. Berres, A., Smith, M., Junko, K., & Wherry, J. N. (2007, October 24). *Empirical support for alternative avoidant criteria for the diagnosis of PTSD in abused children.* Poster presented at the annual conference of the American Academy of Child and Adolescent Psychiatry, Boston, MA.

13. Briere, J. (1996). *The Trauma Symptom Checklist for Children.* Odessa, FL: Psychological Assessment Resources.

14. Briere, J. (1999). *The Trauma Symptom Checklist for Young Children.* Odessa, FL: Psychological Assessment Resources.

15. Briere, J. (2005). *The Trauma Symptom Checklist for Young Children.* Odessa, FL: Psychological Assessment Resources.

16. Briggs, E. C., Fairbank, J. A., Greeson, J. K. P., Layne, C. M., Steinberg, A. M., Amaya-Jackson, et al. (2012, March 26). Links between child and adolescent trauma exposure and service use histories in a national clinic-referred sample. *Psychological Trauma: Theory, Research, Practice, and Policy.* Advance online publication. doi:10.1037/a0027312

17. Carnes, C. N., Nelson-Gardell, D., Wilson, C., & Orgassa, U. C. (2001). Extended forensic evaluation when sexual abuse is suspected: A multisite field study. *Child Maltreatment, 6*(3), 230–242.

18. Carnes, C. N., Wilson, C., & Nelson-Gardell, D. (1999). Extended forensic evaluation when sexual abuse is suspected: A model and preliminary data. *Child Maltreatment, 4*, 242–254.

19. Carter, C., & Wherry, J. N. (2007, October). *Co-morbidity/misdiagnosis of psychotic symptoms in abused children with PTSD.* Presentation at the American Academy of Child and Adolescent Psychiatry, Boston, MA.

20. Casey Family Programs. (2011, May). *Promoting Safe and Stable Families Program: Background and context.* Seattle: WA. www.casey.org

21. Cashel, M. L. (2002). Child and adolescent psychological assessment: Current clinical practices and the impact of managed care. *Professional Psychology: Research and Practice, 33*(5), 446–453.

22. Chaffin, M., & Valle, L. A. (2003). Dynamic prediction characteristics of the Child Abuse Prevention Inventory. *Child Abuse & Neglect, 27*, 463–481.

23. Chaffin, M., Wherry, J. N., Newlin, C., Crutchfield, A., & Dykman, R. (1997). The Abuse Dimensions Inventory: Initial data on a research measure of abuse severity. *Journal of Interpersonal Violence, 12*(4), 569–589.

24. Cohen, J. A., Mannarino, A. P., & Deblinger, E. (2006). *Treating trauma and traumatic griefin children and adolescents.* New York, NY: Guilford Press.

25. Conradi, L., Wherry, J., & Kisiel, C. (2011). Linking child welfare and mental health using trauma-informed

screening and assessment practices. *Child Welfare, 90*(6), 129–147.

26. Drake, B., Jolley, J. M., Lanier, P., Fluke, J., Barth, R. P., & Jonson-Reid, M. (2011). Racial bias in child protection? A comparison of competing explanations using national data. *Pediatrics, 127*(3), 471–478.

27. Exner, J. E, (1993). *The Rorschach: A comprehensive system: Vol. I. Basic foundations*(3rd ed.). New York, NY: John Wiley & Sons.

28. Exner, J. E. (2002). The Rorschach: Basic foundations and principles of interpretation(Vol. 1). Hoboken, NJ: John Wiley & Sons.

29. Felitti, V. J., Anda, R. F., Nordenberg, D., Williamson, D. F., Spitz, A. M., Edwards, V., et al. (1998). Relationship of childhood abuse and house hold dysfunction to many of the leading causes of death in adults: The Adverse Childhood Experiences (ACE) study. *American Journal of Preventive Medicine, 14*, 245–258.

30. Fergusson, D. M., & Horwood, L. J. (1987a). The trait and method components of ratings of conduct disorder—Part I. Maternal and teacher evaluations of conduct disorder in young children. *Journal of Child Psychology and Psychiatry, and Allied Disciplines, 28*, 249–260.

31. Fergusson, D. M., & Horwood, L. J. (1987b). The trait and method components of ratings of conduct disorder—Part II. Factors related to the trait component of conduct disorder scores. *Journal of Child Psychology and Psychiatry, and Allied Disciplines, 28*, 261–272.

32. Fergusson, D. M., & Horwood, L. J. (1989). Estimation of method and trait variance in ratings of conduct disorder. *Journal of Child Psychology and Psychiatry, and Allied Disciplines, 30*, 365–378.

33. Finkelhor, D., Hamby, S. L., Ormrod, R., & Turner, H. (2005). The Juvenile Victimization Questionnaire: Reliability, validity, and national norms. *Child Abuse & Neglect, 29*(4), 383–412.

34. Fletcher, K. (1996). *Preliminary psychometrics of four new measures of childhood PTSD*. Paper presented at the International Research Conference on Trauma and Memory, University of New Hampshire, Durham, NH.

35. Ford, J. (2002a) *Traumatic Events Screening Inventory—Parent Report Revised (TESI)*. Unpublished manuscript. University of Connecticut, Storrs, CT.

36. Ford, J. (2002b). *Traumatic Events Screening Inventory—Self Report Revised (TESI)*. Unpublished manuscript. University of Connecticut, Storrs, CT.

37. Friedrich, W. N. (1998). *The Child Sexual Behavior Inventory professional manual*. Odessa, FL: Psychological Assessment Resources.

38. Friedrich, W. N., Lysne, M., Sim, L., & Shamos, S. (2004). Assessing sexual behavior in high-risk adolescents with the Adolescent Clinical Sexual Behavior Inventory (ACSBI). *Child Maltreatment, 9*, 239–250.

39. Ghosh-Ippen, C., Ford, J., Racusin, R., Acker, M., Bosquet, K., Rogers, C., et al. (2002). *Trauma Events Screening Inventory—Parent Report revised*. San Francisco, CA: Child Trauma Research Project of Early Trauma Network and National Center for PTSD, Dartmouth Child Trauma Research Group.

40. Greenwald, R., & Rubin, A. (1999, January). Brief assessment of children's post-traumatic symptoms: Development and preliminary validation of parent and child scales. *Research on Social Work Practice, 9*(1), 61–76.

41. Greeson, J. K. P., Briggs, E. C., Kisiel, C. L., Layne, C. M., Ake, G. S., Ko, S. J., et al. (2011). Complex trauma and mental health in children and adolescents placed in foster care: Findings from the National Child Traumatic Stress Network. *Child Welfare, 90*(6), 91–108.

42. Griffin, G., McClelland, G., Holzberg, M., Stolbach, B., Maj, N., & Kisiel, C. (2011). Addressing the impact of trauma before diagnosing mental illness in child welfare. *Child Welfare, 90*(6), 69–89.

43. Habib, M., & Labruna, V. (2006). *The adolescent trauma history checklist and interview*. Unpublished measure.

44. Handler, L., & Meyer, G. J. (1998). The importance of teaching and learning personality assessment. In L. Handler & M. J. Hilsenroth (Eds.), *Teaching and learning personality assessment*. Mahwah, NJ: Lawrence Erlbaum Associates.

45. Hawke, J. M., Jainchill, N., & Leon, G. D. (2000). The prevalence of sexual abuse and its impact on the onset of

drug use among adolescents in therapeutic community drug treatment. *Journal of Child and Adolescent Substance Abuse, 9*, 35–49.

46. Hersen, M. (2004). *Psychological assessment in clinical practice: A pragmatic guide*. New York, NY: Brunner-Routledge.

47. Horowitz, K., Weine, S., & Jekel, J. (1995, October). PTSD symptoms in urban adolescent girls: Compounded community trauma. *Journal of American Academy of Adolescent Psychiatry, 34*(10), 1353–1361.

48. Hyman, I. (1996). Psychometric reviews of My Worst Experience and My Worst School Experience Scale. In B. Stamm (Ed.), *Measurement of stress, trauma, and adaptation*(pp. 212–213). Lutherville, MD: Sidran Press.

49. Iselin, G., LeBrocque, R., Kenardy, J., Anderson, V., & McKinlay, L. (2010). Which method of posttraumatic stress disorder classification best predicts psychosocial function in children with traumatic brain injury? *Journal of Anxiety Disorders, 24*, 774–779.

50. Johnson, T. C. (2003). *Child Sexual Behavior Checklist—Revised*. In assessment packet for children with sexual behavior problems. www.tcavjohn.com

51. Kendall-Tackett, K. A., Williams, L. M., & Finkelhor, D. (1993). Impact of sexual abuse on children: A review and synthesis of recent empirical studies. *Psychological Bulletin, 113*, 164–180.

52. Kilpatrick, D. G., Acierno, R., Saunders, B., Resnick, H. S., Best, C. L., & Schnurr, P. P. (2000). Risk factors for adolescent substance abuse and dependence: Data from a national sample. *Journal of Consulting and Clinical Psychology, 68*, 19–30.

53. Kisiel, C. L., Blaustein, M., Fogler, J., Ellis, H., & Saxe, G. (2009). Treating children with traumatic experiences: Understanding and assessing needs and strengths. In J. S. Lyons & D. A. Weiner (Eds.), *Behavioral health care: Assessment, service planning, and total clinical outcomes management*. Kingston, NJ: Civic Research Institute.

54. Kovacs, M. (2010). *The Child Depression Inventory 2 professional manual*. San Antonio, TX: Psychological Corporation.

55. La Greca, A. M. (1999). *Social anxiety scales for children and adolescents: Manual and instructions for the SASC, SASC-R, SAS-A (adolescents), and parent versions of the scales*. Miami, FL: University of Miami, Department of Psychology.

56. Lanktree, C. B., Gilbert, A. M., Briere, J., Taylor, N., Chen, K., Maida, C. A., & Saltzman, W. R. (2008). Multi-informant assessment of maltreated children: Convergent and discriminant validity of the TSCC and TSCYC. *Child Abuse & Neglect, 32*, 621–625.

57. Lee, S. W., Elliott, J., & Barbour, J. D. (1994). A comparison of cross- informant behaviour ratings in school-based diagnosis. *Behavioural Disorders, 19*, 87–97.

58. Loyd, B. H., & Abidin, R. R. (1985). Revision of the Parent Stress Index. *Journal of Pediatric Psychiatry, 10*(2), 169–177.

59. March, J. S. (2012). *Multidimensional Anxiety Scale for Children*(2nd ed.) Toronto: MultiHealth Systems.

60. McKay, M. M., & Bannon, W. M. (2004). Engaging families in child mental health services. *Child and Adolescent Psychiatric Clinics of North America, 13*(4), 905–921.

61. Meyer, G. J., Finn, S. E., Eyde, L. D., Kay, G. G., Moreland, K. L., Dies, R. R., et al. (2001). Psychological testing and psychological assessment: A review of evidence and issues. *American Psychologist, 56*(2), 128–165. doi:10.1037/0003-066X.56.2.128

62. Milner, J. S. (1986). T*he child abuse potential inventory: Manual*(2nd ed.). Webster, NC: Psytec.

63. Milner, J. S., & Wimberley, R. C. (1980). Prediction and explanation of child abuse. *Journal of Clinical Psychology, 36*(4), 875–884.

64. Murstein, B. (1965). *Handbook of projective techniques*. New York, NY: Basic Books.

65. Perrin, S., Smith, P., & Yule, W. (2000). Practitioner review: The assessment of posttraumatic stress disorder in children and adolescents. *Journal of Child Psychology and Psychiatry, 41*, 277–289.

66. Pollio, E., Glover-Orr, E., & Wherry, J. (2008). Assessing posttraumatic stress disorder using the trauma symptom checklist for young children. *Journal of Child Sexual Abuse, 17*(2), 89–100.

67. Putnam, F. W., Helmers, K., & Trickett, P. K. (1993). Development, reliability, and validity of a child dissociation scale. *Child Abuse & Neglect, 17*, 731–741.

68. Raghavan, C., & Kingston, S. (2006). Child sexual abuse and posttraumatic stress disorder: The role of age at first use of substances and lifetime traumatic events. *Journal of Traumatic Stress, 19*, 269–278.

69. Reiss, S., Peterson, R. A., Gursky, D. M., & McNally, R. J. (1986). Anxiety sensitivity, anxiety frequency and the prediction of fearfulness. *Behaviour Research and Therapy, 24*(1), 1–8.

70. Reynolds, C. R., & Kamphaus, R. W. (2002). *The clinician's guide to the Behavior Assessment System for Children (BASC)*. New York, NY: Guilford Press.

71. Reynolds, C. R., & Kamphaus, R. W. (2006). *BASC-2: Behavior Assessment System for Children, Second Edition*. Upper Saddle River, NJ: Pearson Education.

72. Rodriguez, N., Steinberg, A., & Pynoos, R. S. (1999). *UCLA PTSD Index for DSM IV instrument information: Child version, parent version, adolescent version*. Los Angeles, CA: UCLA Trauma Psychiatry Services.

73. Rutter, M., Tizard, J., Yule, W., Graham, P., & Whitmore, K. (1976). Isle of Wight studies, 1964–1974. *Psychological Medicine, 6*(2), 313–333.

74. Saigh, P. A. (2003). *The Children's Posttraumatic Stress Disorder Inventory test manual*. San Antonio, TX: Psychological Corporation.

75. Saunders, B. E. (2003). Understanding children exposed to violence: Toward an integration of overlapping fields. *Journal of Interpersonal Violence, 18*(4), 356–376.

76. Scheeringa, M. S., Myers, L., Putnam, F. W., & Zeanah, C. H. (2012). Diagnosing PTSD in early childhood: An empirical assessment of four approaches. *Journal of Traumatic Stress, 25*, 359–367.

77. Scheeringa, M. S., Zeanah, C. H., Myers, L., & Putnam, F. W. (2003). New findings on alternative criteria for PTSD in preschool children. *Journal of the American Academy of Child and Adolescent Psychiatry, 42*, 561–570.

78. Shapiro, S., & Dominiak, G. (1990). Common psychological defenses seen in the treatment of sexually abused adolescents. *American Journal of Psychotherapy, 44*, 68–74.

79. Spielberger, C. D. (1973). *Manual for the State-Trait Anxiety Inventory for Children*. Palo Alto, CA: Consulting Psychologists Press.

80. Spielberger, C. D., Gorsuch, R. L., & Lushene, R. E. (2005). *State-trait anxiety inventory*. Palo Alto, CA: Mind Garden.

81. Springman, R., Wherry, J., & Notaro, P. (2006). The effects of interviewer race and child race on sexual abuse disclosures in forensic interviews. *Journal of Child Sexual Abuse, 15*(3), 99–116.

82. Steinberg, A. M., Brymer, M. J., Decker, K. B., & Pynoos, R. S. (2004). The University of California at Los Angeles Post-traumatic Stress Disorder Reaction Index. *Current Psychiatry Reports, 6*, 96–100.

83. Steven, R. S., & Carlson, E. B. (1996). Reliability and validity of the Adolescent Dissociative Experiences Scale. *Dissociation, 9*, 125–129.

84. Summerfeldt, L. J., & Antony, M. M. (2002). Structured and semistructured diagnostic interviews. In M. M. Antony & D. H. Barlow (Eds.), *Handbook of assessment and treatment planning for psychological disorders*(pp. 3–37). New York, NY: Guilford Press.

85. Verhulst, F. C. (1995). Recent developments in assessment and diagnosis of child psychopathology. *European Child and Adolescent Psychiatry, 11*, 203–212.

86. Weiner, I., & Greene, R. (2008). *Handbook of personality assessment*. Hoboken, NJ: John Wiley & Sons.

87. Wetzler, S., & Katz, M. M. (1989). *Contemporary approaches to psychological assessment*. New York, NY: Brunner-Mazel.

88. Wherry, J. N., Baldwin, S., Junco, K., & Floyd, B. (in press). Suicidal thoughts/behaviors in sexually abused

children. *Journal of Child Sexual Abuse.*

89. Wherry, J. N., Berres, A., Sim, L., & Friedrich, W. (2009). Factor structure of the Adolescent Clinical Sexual Behavior Inventory. *Journal of Child Sexual Abuse, 18*(3), 233–246.

90. Wherry, J. N., Carter, C., Bartholomew, M., Schneider, A., Van Cleave, A., Namae, E., et al. (2008, April). *Comorbidity or misdiagnosis in abused children with PTSD.* Presentation at the Southwestern Psychological Association, Kansas City, KS.

91. Wherry, J. N., Corson, K., & Hunsaker, S. (in press). A short form of the Trauma Symptom Checklist for Young Children using a clinical sample of sexually abused outpatients. *Journal of Child Sexual Abuse.*

92. Wherry, J. N., Graves, L., & Rhodes, H. (2008). The convergent validity of the Trauma Symptom Checklist for Young Children for a sample of sexually abused outpatients. *Journal of Child Sexual Abuse, 17*, 38–50.

93. Wherry, J. N., Huey, C., & Medford, E. (2013). *A national survey of CAC directors regarding knowledge of assessment, treatment referral, and training needs in physical and sexual abuse.* Manuscript submitted for publication.

94. Wherry, J. N., Jolly, J. B., Feldman, J., Adam, B., & Manjanatha, S. (1994). The Child Dissociative Checklist: Preliminary findings of a screening measure. *Journal of Child Sexual Abuse, 3*(3), 51–66.

95. Wherry, J. N., & Marrs, A. (2008). Anxious school refusers and symptoms of PTSD in abused children. *Journal of Child and Adolescent Trauma, 1*(2), 109–117.

96. Wherry, J. N., McMillan, S. L., & Hutchison, H. T. (1991). Differential diagnosis and treatment of conversion disorder and Guillain-Barre syndrome. *Clinical Pediatrics, 3*(10), 578–585.

97. Wilson, C. A. (2012). Special issue of Child Maltreatment on implementation: Some key developments in evidence-based models for the treatment of child maltreatment. *Child Maltreatment, 17*, 102–106.

98. Wood, J. M., Nezworski, T., & Stejskal, W. J. (1996). The comprehensive system for the Rorschach: A critical examination. *Psychological Science, 7*(1), 3–10.

99. Wyatt, G. E., Loeb, T. B., Solis, B., & Carmona, J. V. (1999). The prevalence and circumstances of child sexual abuse: Changes across a decade. *Child Abuse & Neglect, 23*, 45–60.

PartⅡ　効果が実証された治療法

第3章
トラウマフォーカスト認知行動療法

エリザベス・ポリオ

メリッサ・マクレーン

リア・E・ベール

エスター・デブリンジャー

総論

　この章では、トラウマフォーカスト認知行動療法（Trauma-Focused Cognitive Behavioral Therapy, TF-CBT）に焦点を当てる。これは、トラウマ体験の後遺症に苦しむ子どもや青年、そしてその養育者に対応するようにデザインされた、効果が実証された治療法である。TF-CBT は、子どものトラウマ治療の中で最も強力に実証されており、治療効果に関する研究の最も信頼できる基準であるランダム化比較試験において、すでに 12 以上の結果からその効果と有効性が証明されている。ここでは TF-CBT の理論的枠組みを議論し、その強みと限界について探索し、さらに治療過程について説明する。加えて、数多くの TF-CBT に関する研究、特に性的虐待を受けた子どもの研究を概観する。トラウマの影響は否定的で長期に及ぶ可能性があるので、子どもは効果的でタイムリーな治療を受けることが重要である。

　トラウマフォーカスト認知行動療法は、構造化された短期の構成要素に基づく治療であり、子どもと加害者ではない養育者が、子ども虐待やその他のトラウマの結果生じる負の後遺症に取り組む（Cohen, Mannarino, & Deblinger, 2006; Deblinger & Heflin, 1996）。 TF-CBT は、子ども虐待による症状に対応する、最も広く普及した、効果が実証された治療法だと言えるだろう（Allen & Johnson, 2012）。心的外傷後ストレス症状やその他の不安症状、抑うつ症状や問題行動など、子ども虐待の負の影響は、これまで十分報告されてきた（e.g., Putnam, 2003; Trickett & McBride-Chang, 1995）。このような症状は、成人に至るまで持続する可能性がある（e.g., Irish, Kobayashi, & Delahanty, 2010; Trickett & McBride- Chang, 1995）。TF-CBT では、これらのトラウマ症状が有意に減少し、ペアレンティングスキルや親の子どもに対する支援、親の苦悩、子どもの身体的安全スキルなどが改善することが明らかになっている。このような効果的な治療によって、子ども虐待による負の軌道は修正されるのである。

理論的メカニズム

　子どもがトラウマとなる出来事に遭うと、感情面・認知面・身体面・行動面で問題となる反応が生じ、子どもの成長の重篤な妨げとなる可能性がある（e.g., Hornor, 2010; Putnam, 2003; Trickett & McBrideChang, 1995）。子どもの症状は、トラウマとなる出来事の最中やその直後に学習したことと関連しているかもしれない。古典的条件づけ・オペラント条件づけ・モデリングという3つの学習メカニズムが、トラウマに対する子どもの反応に重大な影響を与えるとされている。もっと簡単に言うと、連合（associations）・結果（consequences）・観察（observations）による学習メカニズムである。子どもが学習したトラウマに対する反応は、トラウマ体験の後、最も望ましく「回復」するのか、または何年にもわたって苦しみ続けるのかに、重大な影響を与えることになる。

　たとえば、子どもは、ある状況とある感情を関連づけて学習する。これは特に、恐怖を惹起するような状況に関連するようである。子どもはトラウマを体験すると、そのときに感じた恐怖や他のネガティブな感情を、トラウマ記憶や周囲にある他のリマインダー（訳注：トラウマとなる出来事を想起させる刺激）と結びつけて学習することが多い。虐待を受けた子どもたちは、虐待を思い出させられることを常に恐れていることがある。心的外傷後ストレス症状を有する子どもは、恐怖の感情と虐待を受けていたときに存在した全く危険でない刺激とを結びつけていることがよくある。たとえば、学校のトイレで性被害を受けたある子どもは、そのトイレに行くことを怖がるようになるだろう。トラウマと無関係な刺激が恐怖や苦悩の引き金となる他の例には、暗やみ・裸・加害者に似ている男性・地下室や寝室・もともとの被害体験と関連のある他の人々や場所やモノなどがある。

　また子どもは、望ましい結果を得るためにどの行動が効果的なのかを、結果を通して学習する。たとえば、子どもが虐待のリマインダーを避けると、子どもの不安はしばしば軽減する。その結果、虐待に関連する回避行動は強化される。残念なことに、この回避パターンのために子どもは、無害な虐待のリマインダーが存在しても、何も悪いことは起こらないということを学習する機会を失う。つまり、非現実的な恐怖とそれに関連した回避行動が繰り返し強化され続けるのである。さらに、もともとの恐怖はより広範囲に般化され、たとえば学校のトイレに対する恐怖はすべての公衆トイレに対する恐怖に広がることとなる。最終的に、般化された恐怖のために、子どもは楽に生きていくことがどんどんできなくなり、子どもの心理社会的発達が阻害される可能性がある。加えて、親が子どもの苦痛反応を、知らず知らずに強化していることもある。親はトラウマ体験後の子どもを思いやるあまり、甘やかし過ぎたり、いけない行動にきちんと対応できなくなったりする。この親と子どもの相互作用のパターンは、知らず知らずのうちに子どもの問題行動を増幅させ、子どもの恐怖を強化することが多く、結果的に、子どもは苦痛に対処するために他者の注目を求め続けることになる。残念なことに、外在化する問題行動や内在化する問題行動がひどくなると、子どもは対人間の問題により脆弱になり、将来もっと困難な問題が生じたり再び被害にあう可能性が高くなったりする傾向が認められる。

　子どもが学習する他の方法に、モデリングがある。子どもが否定的な行動に遭遇したとき、彼ら

はこの種の行動を見習おうとする。たとえば、性的虐待を受けた子どもは、他の子どもや大人に対して、性的に不適切な振る舞いを見せるかもしれない。あるいは、被虐待経験の中でモデルとした行動のせいで、より攻撃的な態度を示すかもしれない。子どもは、自分自身に起こったことの意味を理解しようとしてモデリングを使うこともある。子どもはトラウマに対する親の反応を観察することによって対処方法を学んでいるのである。子どもがトラウマを体験したとき、その親（当然のことながら、トラウマに対してどのように対処すればいいのか知らないし、その出来事に対してとても否定的な思いを持っている）は、気づかないうちに子どもたちに対して親が傷つけられたと信じ込ませるような反応を示すことがある。このように学習した信念によって、子どもは自分自身を悪い子だと思うようになり、抑うつや行動上の問題を呈するようになるかもしれない。一方で、子どもに対して肯定的で支持的な反応を示した親は、子どものレジリエンシーや回復力を高めることができる。親のトラウマに対する反応は、子どもがどのように回復し、生活上の他のストレス要因にどのように対処するのかを学ぶために、重要な役割を果たすのである。つまり、TF-CBT は、対処スキルを提供するのと同時に、養育者に対してペアレンティングスキルを提供する。それによって、ポジティブで支持的な親子関係が強化されるのである。この種の関係性は、性的虐待を受けた子どもの肯定的な結果と強く相関している（Deblinger, Lippmann, & Steer, 1996）。親が子どもの行動を理解し問題行動に正しく対処できるように支援することは、親の自信を取り戻すことにもなる。希望を与えることは、親が子どもに対してよりポジティブな役割モデルになることを助けることになるのである。

　TF-CBT の心理教育とスキル構築に加えて、子どもは体験したトラウマのリマインダーに段階的に曝露される。段階的曝露では、徐々にトラウマのリマインダーに近づくことで、子どもがトラウマ記憶を回避しなくなるように支援する。この曝露によって、子どもは、トラウマ体験の記憶によって傷つけられることはないことを学び、出来事の記憶や他の無害なリマインダーを恐れる必要がないことを学ぶ。回避のサイクルを壊すことは、子どものトラウマに関連した過剰に般化された恐怖を取り除くことに役に立つ。TF-CBT のトラウマナラティブとプロセシングの構成要素によって、不健康な回避のパターンが改善することが多いが、多くの子どもは実生活内曝露から恩恵を受けることもある。特に、回避が場所や物に広がり、子どもの日常生活の機能がひどく妨げられる場合に、より効果的である（たとえば不登校など）。

　トラウマとなる出来事への恐怖が減少すると、子どもはより詳しくトラウマを語るようになったり、ナラティブを書き上げることができるようになったりすることが多い。トラウマナラティブには、多くの場合、トラウマ体験の異なる側面を反映したいくつかの章が含まれており、トラウマと関連した子どもの思考・感情・身体的な反応が含まれている。ナラティブがほぼ完成する頃、子どもは自分の考えや感情を振り返ったり処理したりするように促される。トラウマに関連する考えについて話し合うことによって、問題となる認知が明らかになり、その認知が修正されていく。扱って挑戦するべき問題となっている認知を明確化することができる。子どものトラウマナラティブの最終章では、虐待やトラウマについて学んだことや、彼らが発見した自分自身の強み・他者のサポートや優しさなどに注目しながら、彼らの体験を振り返る。加えて、多くの子どもは、トラウマ

ナラティブの最後に、将来に対するポジティブな期待と他の子どもたちに役立つ励ましのメッセージを書き、トラウマを克服したことを表現するのである。

　臨床的に適切であると思われる場合は、丁寧な準備の後、子どもと家族は親子合同セッションでトラウマ体験を整理することが多い。親子合同セッションは、親子がトラウマナラティブを共有し、虐待やトラウマについて率直に話し合うことを通して、習得したスキルや強みについて振り返り承認する機会となる。TF-CBT の最後の構成要素は、将来の安全と発達の強化に焦点を当てるものである。再被害のリスクを減少させるために、ロールプレイを通して、子どもは身体の安全スキルを学び練習する。

　要約すると、先述した学習原理は、トラウマ関連症状の発現の根底にあるだけでなく、子どもや養育者がトラウマに関連する困難を克服するメカニズムの基礎でもある。TF-CBT は、子どもが見て学ぶことができる重要なロールモデルとして、非加害養育者が治療に参加することの意義を強調している。TF-CBT の文脈における教育やスキルの構築は、モデリングやロールプレイ、行動リハーサルなどの観察学習も利用している。最後に、段階的曝露、具体的にはトラウマナラティブの構成要素を通して、信頼できる治療関係の中で、子どもは効果的にトラウマ記憶に向き合い処理し、それによって、不適切な対人関係や回避行動を克服するのである。治療を通して TF-CBT は、子どもや青年とその養育者が、支えられている感覚や、トラウマに向き合い克服できるという感覚を得ることができるように支援する。TF-CBT を成功裏に終えると、トラウマ体験はネガティブな感情と結びついたままかもしれないが、多くの子どもたちはその感情に圧倒されることはなくなり、トラウマ体験の記憶は、日常生活上の困難なストレス要因に対処し克服できたというプライドや自信の感情と結びつくようになることも多い。概して、TF-CBT は多くの学びの機会を与え、トラウマに直面して家族がより強く、親密になるように支援し、将来に役立つ知識やスキルの習得を促すようにデザインされているのである。

利点と限界

　トラウマフォーカスト認知行動療法は、期間限定で構成要素に基づくモデルであり、３〜17 歳の子どもとその家族を対象に、トラウマからの癒しを目指すものである。治療は基本的に８〜20 回提供される。このモデルは、心的外傷後ストレス障害（PTSD）・不安・抑うつ・恥辱感・トラウマに関連する問題行動など、子どもの広範囲な困難に対応し、同時に、非加害養育者に認められる感情的な反応やスキル不足も扱う（Cohen, Mannarino, & Deblinger, 2006; Deblinger & Heflin, 1996）。TF-CBT は、性的虐待・身体的虐待・心的外傷性悲嘆・DV 目撃・災害・テロリズム・複数回のまたは複雑性トラウマを経験した子どもと青年を対象に実践されており、25 以上の研究で有効性が報告されている。多少の修正が、ある特定の集団には有効である。たとえば、複雑性トラウマの事例では、TF-CBT の最初の段階が延長され、安全性の構築や治療関係への信頼を高めることに力が注がれ、ナラティブ作成前のより多くの時間がスキル構築に充てられる。その結果、複雑性トラウマに対する TF-CBT は、治療目標を達成するまでに 25 回程度のセッションが必要になる場合が

ある。TF-CBT は、当初は外来の枠組みで試行されたが、最近では、施設治療や学校、家庭をベースとした枠組みでも用いられている。

　もちろん、他の治療モデルと同様に、TF-CBT にも限界はある。TF-CBT は、子どもに身体的虐待を加えてきた加害養育者に用いることを意図していない。そのような家庭に対しては、親子合同認知行動療法（Combined Parent-Child Cognitive Behavioral Therapy, CPC-CBT; Runyon & Deblinger, in press）や家族のための代替案：認知行動療法（Alternatives for Families: Cognitive Behavioral Therapy, AF-CBT; Kolko & Swenson, 2002）などの、効果が実証されたほかのモデルの使用が推奨される。加えて、TF-CBT に紹介される子どもは PTSD のすべての診断基準を満たす必要はないが、TF-CBT がターゲットとするのは、トラウマに由来する問題であることが重要である。TF-CBT は、トラウマを体験していない子どもや、トラウマの記憶がない子どもには適していない。また、性的虐待のトラウマを扱うとき、適切な州法によって申し立てがなされ捜査されるまで、TF-CBT は開始されるべきではない。さらに、虐待が疑われるが、虐待時に子どもが幼すぎて記憶が曖昧な場合、フルコースの TF-CBT を実施するのは適切ではない。最後に、急性期の精神病・自殺企図・感情や行動上の問題（たとえば、放火や自殺行動、激しい怒りなど）による自傷他害行為などが認められる子どもや青年、養育者に対しては、TF-CBT は勧められない。しかしながら、そのような症状が適切に対応され、一定期間の安定が認められた後には、このような子どもたちに対して TF-CBT の実施を検討することができる。まとめとして、このモデルを使用するにあたって、いくつかの明確な禁忌があるけれども、TF-CBT は子ども期のトラウマ体験による広範囲の困難を効果的に取り使うことができるものである。

TF-CBT の概説

　TF-CBT の基本理念は、CRAFTS という頭字語に集約され、トラウマ体験後に治療に訪れるすべての家族に適用できる。TF-CBT モデルとは以下の通りである。

・**構成要素に基づく**（*Components-Based*）：以前に学んだスキルに積み重ねるようにスキルを習得していく。子どもと家族のニーズに合うようにスキルを教授する。

・**個人・家族・コミュニティ・文化・宗教の尊重**（*Respectful of individual, family, community, culture, and religious practices*）：トラウマ体験の影響を理解できるように、子どもと家族が属するコミュニティ・文化・宗教の状況に合わせて、回復のプロセスを通して導いていく。

・**適応性と柔軟性**（*Adaptable and flexible*）：治療者は、TF-CBT のモデルを多様な対象に実施することができるのと同様に、子どもと養育者の動機づけを高めるために、治療を通して創造的に構成要素を実施することができる。ただし、モデルに忠実に実施することが重要である。

・**家族に焦点をあてる**（*Family focused*）：子どもを支援する家族の成員を治療に参加させることがねらいである。主要な目標の1つは子どもと養育者の関係性を強化することなので、養育者は治療において必須の役割を果たす。臨床的に適切な場合、親やその他の養育者、きょうだいや他の家族が子どもの治療に参加してもよい。

・**治療関係を中心におく**（*Therapeutic relationship centered*）：治療経過において中心となるのは、信頼できる受容的で共感的な治療関係の構築と維持である。このような治療関係は、子どもと養育者が信頼と安全感を築き、トラウマを癒すために新たなスキルを学び、心を開いてトラウマ体験を共有するための助けとなる。

・**自己効力感を高める**（*Self-efficiency focused*）：短期間のストレングスに基づく TF-CBT において、感情・行動・認知の自己調節が長期目標となる。TF-CBT は、子どもと家族が、治療終了後も使い続けられるように、スキルの習得を支援することを目指す。自己効力感は、計画された治療において、セッション間の宿題に取り組むよう励ましたり、治療の成功に注目したり、TF-CBT で学んだスキルを使っていることをほめたりなど、子どもと家族が積極的に協力することによって強化される（Cohen, Mannarino, & Deblinger, 2006）。

　TF-CBT は8〜20回で、養育者と子どもそれぞれの個人セッションと、セッションの一部を合同で行う親子合同セッションで構成される。理想的には、セッション時間は90分だが、多くの地域の精神科クリニックで提供されている50〜60分のセッション時間でも実施することができる。治療開始時は、養育者と子どもの個別の時間をより多く取る。親子合同セッションをいつ開始するのかや、何回実施するかは、子どもの行動面の状態によるが、多くの親子は少なくとも数回の合同セッションに参加し、情報を共有したり、スキルを一緒に練習したりする。後半の親子合同セッションでは、TF-CBT セラピストは、親子がトラウマ体験について率直に話し合ったり、臨床的に適切であれば、トラウマナラティブを共有したりできるように支援する。

　TF-CBT の修了式の前に、子どものさまざまな領域の機能に、トラウマとなる出来事がどのような影響を与えているのかをアセスメントすることが重要である。TF-CBT が標的とする不適応領域は、CRAFTS の頭字語によって集約されている（Cohen, Mannarino, & Deblinger, 2006）（表 3.1参照）。

　これらの不適応領域をアセスメントする尺度は、治療の最初と最後に、親と子どものそれぞれに

表 3.1　TF-CBT の標的となる不適応領域

不適応領域	例
Cognitive problems 認知の問題	集中困難、学習困難、自分自身や他者、状況に対する不適切な思考パターン
Relationship problems 対人関係の問題	葛藤の増加、問題解決力やソーシャルスキルの弱さ、対人関係上の過敏性、他者を信頼する能力の欠如、友達を作ったり友達関係を維持したりする方法が不適切
Affective problems 感情面の問題	不安、悲しみ、怒り、自分を落ち着かせることができない、望ましくない感情を調節できない
Family problems 家族の問題	効果的なペアレンティングスキルの欠如、養育者と子どものコミュニケーション不足、養育者と子どものアタッチメント問題、暴力や虐待による家族関係の崩壊
Traumatic behavior problems トラウマによる行動面の問題	トラウマに関連する性的逸脱行動・攻撃的行動・反抗的行動・安全でない行動、無害なトラウマリマインダーの回避
Somatic problems 身体的な問題	頭痛、胃痛、睡眠障害、身体の緊張、過覚醒症状、トラウマのきっかけに対する他の身体的反応

実施される。評価は、セラピストの臨床的な裁量で治療の途中でも実施されることがある。アセスメント尺度は、子どもと養育者のそれぞれに合わせた治療計画を提供するとともに、治療の進捗をアセスメントするのに役立つ。

TF-CBT 治療は、3 分の 1 ずつ概念化することができる。最初の 3 分の 1 の治療には、治療契約の手続き、心理教育、ペアレンティングスキル、リラクセーション、感情表現と調整の練習、認知的対処が含まれる。次の 3 分の 1 には、トラウマナラティブの作成とプロセシング、実生活内のトラウマリマインダーの統制が含まれる。最後の 3 分の 1 の治療過程には、トラウマに焦点化した親子合同セッションと将来の安全と成長のためにデザインされたスキルの習得が含まれる。

TF-CBT を開始する際、子どもと養育者の全体のニーズをくみ取ることによって、両者を治療に引き込むことが重要である。同時に、治療への参加を妨げる可能性のある障壁に配慮することも重要である。もし、トラウマに由来する優先度の高い問題がある場合は、適切な紹介先を提供することで、その問題が解決した後の治療参加を促すことができる（Deblinger, Cohen, & Mannarino, 2012）。

TF-CBT の構成要素は、子どもと養育者の個別セッションと親子合同セッションで提供される。TF-CBT の構成要素は、PRACTICE という頭字語で示される（Cohen, Mannarino, & Deblinger, 2006）。各構成要素は、前に学んだ構成要素に積み重ねるように習得する（表 3.2 参照）。

心理教育は、すべての治療の過程で継続的に行われる構成要素である。親と子どもは、トラウマとなる出来事について情報が不足していたり誤解したりすることが多い。心理教育では、正しい情報を提供し、治療と回復について楽観できるような要因を強調する。治療全体を通して心理教育では、親と子どもに TF-CBT のモデルがどのようなものかを説明し、子どもが示す行動面や感情面の反応をトラウマの観点から見直すなど、トラウマとなる出来事に関する一般的な情報を提供する。そのほか、子どものトラウマ体験・診断・現在みられる症状などに特有な情報も伝える（Cohen, Mannarino, & Deblinger, 2006）。

ペアレンティングスキル・トレーニングも、治療全体を通して提供される構成要素の 1 つである。トラウマとなる出来事の前には子育てに困難を経験したことがない養育者でも、トラウマ体験後には対応に困るかもしれない。特に、子どもがトラウマ反応として、怒りを爆発させたり、攻撃性や他の否定的な行動を呈したりするときなどである（Deblinger, Cohen, & Mannarino, 2012）。トラウマとなる出来事の後、治療プロセスを効果的に進めるために、ルール・見通し・日々の決まりごとなどに関して、それが正常であり一貫しているという感覚を強化することが重要である。たとえ子どもが不適切な行動を示していないとしても、ペアレンティングスキルは親子関係にポジティブな影響を与えることができる。この構成要素で養育者が学ぶいくつかのスキルには、ほめること・選択的注目・タイムアウト・随伴性強化スケジュール・行動表などがある。

リラクセーション・トレーニングは、治療の初期に導入される。子どもと養育者が、トラウマ記憶のリマインダーによって引き起こされる感情をコントロールしたり、緊張を緩和したりするのに効果的だからである。呼吸集中法は、子どもと養育者にとって、どのような場面でも使うことができ簡単に習得することができる、リラクセーションスキルの 1 つである。他のリラクセーションス

表 3.2 TF-CBT の構成要素：PRACTICE

構成要素	目的／理論的根拠	例
Psychoeducation 心理教育	トラウマとトラウマが子どもに与える影響に関する正しい情報を提供する。治療と回復に対する楽観性を強化する	「これ、知ってる？」カード（Deblinger, Neubauer, et al. 2006、日本語版は兵庫県こころのケアセンター）や心理教育用の冊子を用いる
Parenting Skills ペアレンティングスキル	養育者の行動管理やコミュニケーションスキルを強化する	ほめる、効果的な教示、共感的傾聴、選択的注目、タイムアウト、随伴性強化スケジュール
Relaxation リラクセーション	身体的ストレスをコントロールし、トラウマリマインダーによる緊張を低減する。心を静める。心の混乱に対処し、現在に注目するよう促す	呼吸集中法、漸進的筋弛緩法、誘導イメージ法、マインドフルネス、瞑想など
Affective expression and modulation 感情表現と調整	養育者と子どもが健康的で適切な方法で、感情に気づき、表現し、コントロールできるように支援する	基本的な感情とトラウマに関連する感情を表すことばを見つける。対処方法、肯定的なイメージ、問題解決法やソーシャルスキルを教える
Cognitive coping 認知対処	思考・感情・行動の関係性について教える。不正確で役に立たない思考を同定し、より正確で生産的な思考に置き換える	認知の三角形を教える。子どもははじめにトラウマに関係しない事柄でスキルを学ぶ。親はトラウマに関連しない事柄でも、関連する事柄でも、両方でスキルを学ぶ
Trauma narrative and processing トラウマナラティブとプロセシング	トラウマに関連する思考・感情・身体感覚を同定し、トラウマ体験を共有し処理する。トラウマ記憶を統制することを助ける	ことばや、アートや遊びを通してトラウマ体験を詳細に表現する。役に立たない不正確なトラウマに関連する思考に立ち向かい、それを再構成する
In vivo mastery of trauma reminders 実生活内のトラウマリマインダーの統制	日常生活を妨げるトラウマに関連する回避行動を標的にする	トラウマに関連する無害なきっかけ（例えば暗闇への恐怖など）に対する回避行動を軽減・消去するための計画を立てる
Conjoint parent-child session 親子合同セッション	親子関係の強化、トラウマ関連のコミュニケーションを深める	心理教育の復習。学んだスキルを子どもと養育者が一緒に練習する。臨床的に適切な場合、子どものトラウマナラティブを読んで共有する
Enhancing future safety and development 将来の安全と発達の強化	子どもが準備できていると感じられるように支援する。自己効力感を高める。再被害のリスクを低減する	安全スキルの教育と練習を提供する。自分を守るスキルを練習するために、ロールプレイや行動リハーサルを行う

キルとして、漸進的筋弛緩法や誘導イメージ法などを学ぶ。マインドフルネスや瞑想の練習も、子どもや養育者が心の混乱を静め、現在に意識を向けること、つまりリラクセーションに役に立つだろう。

　感情表現と調整は、子どもがトラウマに由来する感情調節不全を示す場合は、特に重要である。この構成要素の目的は、養育者と子どもが健康的で適切な方法で、自らの感情に気づき表現する力を高めることである。このスキルを習得すると、子どもや養育者が自分自身のつらい感情に気づき、それを統制できるようになる。子どもと養育者は、基本的な感情を表すことばを学ぶとともに、トラウマにまつわる感情を表すことばも学ぶ。養育者・子どもとともに、それらの感情にどう対処するかについても話し合う。役に立たない対処法は減らし、役に立つ対処法を増やしていく。これら

の他に、この構成要素では、肯定的なイメージ、問題解決法やソーシャルスキルなどを学ぶ。

　認知対処は、思考と感情と行動の関係について学ぶことから始める。この構成要素の目的は、養育者と子どもが、一般的に正しくない、または役に立たない考えを同定し、彼らの感情が良くなるようなより正確で生産的な考えに置き換えることを助けることである。認知の三角形を示し、視覚的に思考と感情と行動の関係を描き表わす。認知対処のスキルは、トラウマ関連の非機能的な思考を修正していくために、親セッションでは治療の早い段階で取り組まれる。子どもは、最初一般的な事柄でこれらのスキルを練習し、その後トラウマナラティブ作成中に、明らかなったトラウマ関連の思考を修正していくことを学ぶ。

　トラウマナラティブとプロセシングは、治療全体の3分の1の時点で開始する。子どもがトラウマを体験すると、圧倒されるような強いマイナスの感情を、トラウマのリマインダーやトラウマ体験に関する考えと結びつけることがある。トラウマナラティブは、子どもがことばやアート・遊びを通して作成するもので、子どものトラウマに関連する体験を共有したり処理したりするものである。初めは、トラウマに関連する思考や感情そして身体感覚をシンプルに引き出し、その後処理していく。トラウマナラティブに繰り返し曝露されることによって子どもの苦痛レベルは軽減し、次に、これまで悩まされていたトラウマ記憶やリマインダーに、安心して自信を持って向き合えるようになる。トラウマナラティブのプロセシングのもう1つの目標は、トラウマに関連する役に立たない不正確な思考に立ち向かい、それを再構成することにある。これは、最終的には、子どもや養育者がトラウマ記憶を克服し、彼らの強みを引き出し、将来に対して楽観的な展望を持てるように助けることである。

　実生活内でのトラウマリマインダーの統制は、トラウマに関連する回避行動が日常生活の機能を妨げているような子どもたちには重要である。トラウマ体験の結果、子どもによっては恐怖が般化し、安全な状況にもかかわらず脅かされていると誤って認識し回避してしまうために、その子どもの機能が抑制されることがある。この構成要素は、子どもの回避行動が、トラウマナラティブによる段階的曝露とプロセシングだけでは消失しなかった場合に用いられる。子どもが恐怖に直接向き合わなければ、その後何年もその恐怖に苦しむことになるだろう。実生活内の段階的曝露は、トラウマ記憶を思い出させる刺激への回避を減少させるか消失させるものである。目的は、不安を感じる必要のない状況に、居続けられる力をつけることである。

　親子合同セッションは、特に子どもに行動化問題が認められる場合などは、治療の初期段階から始める。しかし、通常は治療の最終段階で心理教育の復習をしたり、学んだスキルを一緒にふり返ったり、あるいは、臨床的に適切である場合は子どもの作成したトラウマラティブを読んだりすることで親子関係を強化し、トラウマ関連のコミュニケーションを深めるために用いられる。通常、親子合同セッションは、養育者と子どもが別々のセッションで、セラピストとともにトラウマ体験をプロセシングした後に行う。TF-CBT セラピストは、トラウマに焦点化した合同セッション実施の妥当性を慎重に吟味する。両親と子どもは別々に準備を重ね、親子ともに安心してセッションに取り組み、成功できるようにする。

　将来の安全と発達の強化は、基本的に最後の治療構成要素である。トラウマ体験は子どもの脆弱

性や将来の再被害のリスクを高めやすいので、ここでは、安全ではない状況を子どもが経験するときの準備性や自己効力感を高めるために、安全スキルの教育と練習を行う。この構成要素では、もし危険や恐怖のある場面に遭遇したときに、子どもに何ができるかを学ぶ。ロールプレイや行動リハーサルは、子どもが学習した自分を守るスキルを練習する際の助けとなる。

　TF-CBT の文脈において、セラピーの卒業を祝うことは大変重要である。子どもと養育者は卒業を祝うことで、過去のトラウマを受け入れ振り返り、それと同時に、彼らの達成したことや成長したこと、ストレングスに注目する機会を得るのである。卒業式はリラックスしたお祝いとして、子どもと養育者とともに計画するのがよいだろう。楽しい遊びがあったり、表彰状を授与したり、風船やケーキなどが用意されるのも良いだろう。無事卒業できるという見込みを治療の開始時に説明し、回復のプロセスについて楽観的な期待と自信を持てるように支援する（Cohen, Mannarino,& Deblinger, 2006）。

発展と研究

　先述した通り、TF-CBT は子どものトラウマ治療において最も効果が実証された治療法である（Saunders, Berliner, & Hanson, 2004）。TF-CBT の最初の研究は、治療前後を比較した準実験的研究デザインで実施され（Deblinger, McLeer, & Henry, 1990; Stauffer & Deblinger, 1996）、その後いくつかのランダム化比較試験が続いた。最初のランダム化比較試験の1つは、TF-CBT に子どものみ参加・親のみ参加・子どもと親の両方が参加した場合の、それぞれの効果を検証しようとするもので、コントロール群は地域の治療サービスを受けた群であった。この調査の結果、子どもが直接TF-CBT に参加することは、PTSD 症状を顕著に回復させることがわかった。さらに、親の TF-CBT への参加は、ペアレンティグスキルを有意に改善し、その結果、子どもの外在化する問題行動を減少させた（Deblinger, Lippman, & Steer, 1996）。

　別の研究では、67 名の性的虐待を受けた未就学児（3～6歳）とその親を無作為に割り当てて、TF-CBT と非指示的支持的療法（Nondirective supportive therapy, NST）を比較した（Cohen & Mannarino, 1996）。その結果、NST 群と比較し TF-CBT 群では、子どもの性的な問題行動や他の行動上の問題、内在化症状が有意に大きく改善したことが示された。性的虐待を受けた 49 名のやや年長の子どもたち（7～15歳）における同様の研究で、無作為に TF-CBT 群に割りつけられた子どもは、NST 群に比べて、抑うつや社会的能力が有意に改善した（Cohen & Mannarino, 1997,1998）。これらの初期の3つのランダム化比較試験すべてにおいて、1年後のフォローアップアセスメントでも TF-CBT 治療の効果は維持されていることが報告され（Cohen & Mannarino,1997; Cohen, Mannarino, & Knudsen, 2005; Deblinger, Steer, & Lippmann, 1999）、Deblinger ら（1999）は2年後のフォローアップアセスメントでも同様に治療効果が持続していることを報告した。

　性的虐待を受けた 36 名の子ども（5～17歳）が、子どものみ TF-CBT を受けた群、親子で TF-CBT を受けた群、待機群（Waiting-list control, WLC）に無作為に割りつけられた別の研究もある（King et al., 2000）。TF-CBT 群の子どもは、PTSD 症状や恐怖・不安の自己報告が、待機群に比べ

て有意に改善したことが示された。3カ月後のフォローアップまでは、子どものみ TF-CBT を受けた群と親子で TF-CBT を受けた群に有意差は見られなかったが、親子で TF-CBT を受けた群の方が、虐待に関連する恐怖が軽減したと報告された。複数のランダム化試験では、グループ形式の TF-CBT の有効性が報告されている（Deblinger, Stauffer, & Steer, 2001; McMullen & O'Callaghan, 2012; O'Callaghan et al., 2013）。TF-CBT の最初の多機関研究では、229 名の性的虐待を受けた子ども（8 ～ 14 歳）とその親が、TF-CBT 群と子ども中心療法（Child-Centered Therapy, CCT）群に無作為に割りつけられた（Cohen et al., 2004）。TF-CBT 群の子どもは、CCT 群の子どもに比べて、PTSD 症状・抑うつ・問題行動が有意に大きく改善していることが示された。TF-CBT 群の子どもは、対人間の信頼・信頼されているという認識・恥の感情において、CCT 群よりも有意な改善が認められた。加えて、TF-CBT 群の親は CCT 群の親と比較して、自分自身の抑うつ・虐待に関連する苦痛・親の支援・効果的なペアレンティングの実践などが有意に大きく改善していた。群間の効果量はほぼ中等度であった。治療効果は、6 カ月後と 12 カ月後のフォローアップでも維持されていた（Deblinger, Mannarino, et al., 2006）。

　最近の TF-CBT のランダム化比較試験では、トラウマナラティブと治療期間の影響について報告された（Deblinger et al., 2011）。この研究では、性的虐待を受けた 210 名の子ども（4 ～ 11 歳）が、8 セッションでトラウマナラティブなし・8 セッションでトラウマナラティブあり・16 セッションでトラウマナラティブなし・16 セッションでトラウマナラティブあり、の 4 つの条件のうち 1 つに割りつけられた。広範囲の感情面や行動面の問題・ペアレンティングスキル・身体的安全スキルのすべての評価では、それぞれの群内において、大きな効果量で有意な改善が見られた。8 セッションでトラウマナラティブありの TF-CBT 群では、子どもの虐待に関連する恐怖や全般的な不安が最も効果的に軽減した。16 セッションでトラウマナラティブなしの TF-CBT 群（つまり、より多くの時間をペアレンティングスキルに注がれた）は、最も効果的にペアレンティングスキルが向上し、外在化する問題行動が減少した。治療後に認められたすべての群における有意な改善は、6 カ月と 12 カ月後のフォローアップでも維持されていた（Mannarino et al., 2012）。治療前に、平均をかなり上回る内在化する問題行動や抑うつ症状を有する子どもは、少数ではあったが、12 カ月後にも PTSD の診断基準を完全に満たしていた（Mannarino et al., 2012）。

　社会的養護を受けている子どもに対する TF-CBT の有益な効果についても報告されている。Lyons ら（2006）の準実験的研究において、通常の治療と比較して TF-CBT を受けた社会的養護のもとにある子どもは、トラウマ症状が有意に改善されたことが報告された（Lyons, Weiner & Scheider, 2006）。さらに、これらの子どもは、同年の子どもと比べて施設から脱走する割合が約 10 分の 1 となり、措置中断の可能性が約半分となった。Dorsey ら（2011）は、TF-CBT 治療への里親の参加戦略の効果について調査した。この研究では、子ども（6 ～ 15 歳）と里親が、TF-CBT ＋効果が実証された治療参加戦略（Mckay & Bannon, 2004）と標準的な TF-CBT に無作為に割りつけられた。PTSD 症状の有意な改善が、治療を終えた子どもと 11 セッション以上を終了した子どもの両方の群において見られた。しかしながら、TF-CBT ＋効果が実証された治療参加戦略に割りつけられた子どもと里親のほうが、早期にドロップアウトすることが少なく、治療がより成功する

可能性が高かった。

　TF-CBT は、他のトラウマを経験した子どもたちにも同様に実施されてきた。それらの研究では、心的外傷性悲嘆（Cohen, Mannarino, & Staron, 2006）や DV 目撃（Cohen, Mannarino, & Iyengar, 2011）、アメリカ同時多発テロ（CATS Consortium, 2010）やハリケーンカトリーナ（Jaycox et al., 2010）を経験した子どもにおいても TF-CBT の肯定的な結果が報告されている。

結論

　性的虐待や他のトラウマを体験した子どもに対する TF-CBT の肯定的な効果が、12 以上のランダム化比較試験を含む多くの研究において報告されている。この治療方法は、米国保健福祉省（www.nrepp.samhsa.gov）、カリフォルニア子ども福祉実践エビデンス・クリアリングハウス（www.cebc4cw.org）、司法省（Sauners, Beliner, & Hanson, 2004）が提供している治療結果の論文の豊富なレビューにおいて、最高の評価を受けた。

　TF-CBT は、子ども虐待やその他のトラウマによる、PTSD 症状や感情面・行動面の問題などの否定的な影響に対応する、効果が実証された治療である。TF-CBT は、構造化された短期間の構成要素に基づく子どもの治療法であり、非加害養育者の治療参加の重要性が強調されている。TF-CBT モデルの詳細は、治療マニュアルの原著（Cohen, Mannarino, & Deblinger & Heflin, 1996）や、TF-CBT 入門トレーニングとコンサルテーションを学ぶことができる Web サイト（有料）により詳しく書かれている（https://tfcbt2.musc.edu/）（訳注：原書に記載されている無料 Web サイトは、2018 年 6 月に閉鎖されたため、有料だが同様の情報が得られるサイトを記載した）。すでに 12 万 5,000 人以上の精神保健の専門家が、この無料 Web サイトの入門トレーニングを受講している。この治療モデルは、おそらく TF-CBT に関する科学的な研究として進化し続けることだろう。そして、多様でひどく脆弱で、十分に医療サービスを受けていない人たちにも幅広く適応され、発展を続けていくだろう。

[参考文献]

1. Allen, B., & Johnson, J. C. (2012). Utilization and implementation of Trauma-Focused Cognitive Behavioral Therapy for the treatment of maltreated children. *Child Maltreatment, 17*, 80–85.
2. CATS Consortium. (2010). Implementation of CBT for youth affected by the World Trade Center disaster: Matching need to treatment intensity and reducing trauma symptoms. *Journal of Traumatic Stress, 23*, 699–707.
3. Cohen, J. A., Deblinger, E., Mannarino, A. P., & Steer, R. (2004). A multisite, randomized controlled trial for children with sexual abuse–related PTSD symptoms. *Journal of the American Academy of Child and Adolescent Psychiatry, 43*, 393–402.
4. Cohen, J. A., & Mannarino, A. P. (1996). A treatment outcome study for sexually abused preschool children: Initial findings. *Journal of the American Academy of Child and Adolescent Psychiatry, 35*, 42–50.
5. Cohen, J. A., & Mannarino, A. P. (1997). A treatment study for sexually abused preschool children: Outcome during a one-year follow-up. *Journal of the American Academy of Child and Adolescent Psychiatry, 36*, 1228–1235.

6.   Cohen, J. A., & Mannarino, A. P. (1998). Interventions for sexually abused children: Initial treatment outcome findings. *Child Maltreatment, 3*, 17–26.

7.   Cohen, J. A., Mannarino, A. P., & Deblinger, E. (2006). *Treating trauma and traumatic griefin children and adolescents.* New York, NY: Guilford Press.

8.   Cohen, J. A., Mannarino, A. P., & Iyengar, S. (2011). Community treatment of posttraumatic stress disorder in children exposed to intimate partner violence: A randomized controlled trial. *Archives of Pediatrics & Adolescent Medicine, 165*, 16–21.

9.   Cohen, J. A., Mannarino, A. P., & Knudsen, K. (2005). Treating sexually abused children: One year follow-up of a randomized controlled trial. *Child Abuse & Neglect, 29*, 135–145.

10.   Cohen, J. A., Mannarino, A. P., & Staron, V. R. (2006). A pilot study of modified cognitive- behavioral therapy for childhood traumatic grief (CBT-CTG). *Journal of the American　Academy of Child and Adolescent Psychiatry, 45*, 1465–1473.

11.   Deblinger, E., Cohen, J. A., & Mannarino, A. P. (2012). Introduction. In J. A. Cohen, A. P. Mannarino, & E. Deblinger (Eds.), *Trauma-focused CBT for children and adolescents: Treatment applications (pp. 1–26).* New York, NY: Guilford Press.

12.   Deblinger, E., & Heflin, A. H. (1996). *Treating sexually abused children and their nonoffending parents: A cognitive behavioral approach.* Newbury Park, CA: Sage Publications.

13.   Deblinger, E., Lippmann, J., & Steer, R. (1996). Sexually abused children suffering posttraumatic stress symptoms: Initial treatment outcome findings. *Child Maltreatment, 1*, 310–321.

14.   Deblinger, E., Mannarino, A. P., Cohen, J. A., Runyon, M. K., & Steer, R. A. (2011). Trauma- focused cognitive behavioral therapy for children: Impact of the trauma narrative and treatment length. *Depression and Anxiety, 28*, 67– 75.

15.   Deblinger, E., Mannarino, A. P., Cohen, J. A., & Steer, R. A. (2006). A follow-up study of a multisite, randomized, controlled trial for children with sexual abuse-related PTSD symptoms. *Journal of the American Academy of Child and Adolescent Psychiatry, 45*, 1474–1484.

16.   Deblinger, E., McLeer, S. V., & Henry, D. (1990). Cognitive behavioral treatment for sexually abused children suffering post-traumatic stress: Preliminary findings. *Journal of the American Academy of Child and Adolescent Psychiatry, 29*, 747–752.

17.   Deblinger, E., Neubauer, F., Runyon, M., & Baker, D. (2006). *What do you know?*　Stratford, NJ: CARES Institute.

18.   Deblinger, E., Stauffer, L., & Steer, R. (2001). Comparative efficacies of supportive and cognitive behavioral group therapies for young children who have been sexually abused and their nonoffending mothers. *Child Maltreatment, 6*, 332–343.

19.   Deblinger, E., Steer, R. A., & Lippmann, J. (1999). Two-year follow-up study of cognitive behavioral therapy for sexually abused children suffering post-traumatic stress symptoms. *Child Abuse & Neglect, 23*, 1371–1378.

20.   Dorsey, S., Cox, J. R., Conover, K. L., & Berliner, L. (2011). Trauma-Focused Cognitive Behavioral Therapy for children and adolescents in foster care. *Children, Youth, and Family News.* www.apa.org/pi/families/resources/newsletter/index.aspx

21.   Hornor, G. (2010). Child sexual abuse: Consequences and implications. *Journal of Pediatric Health Care, 24*, 358–364.

22.   Irish, L., Kobayashi, I., & Delahanty, D. L. (2010). Long-term consequences of childhood sexual abuse: A meta-analytic review. *Journal of Pediatric Psychology, 35*, 450–461.

23.   Jaycox, L. H., Cohen, J. A., Mannarino, A. P., Walker, D. W., Langely, A. K., Gegenheimer, K. L., et al. (2010). Children's mental health care following Hurricane Katrina: A field trial of trauma-focused psychotherapies. *Journal of Traumatic Stress, 23*, 223–231.

24. King, N. J., Tonge, B. J., Mullen, P., Myerson, N., Heyne, D., Rollings, S., et al. (2000). Treating sexually abused children with posttraumatic stress symptoms: A randomized clinical trial. *Journal of the American Academy of Child and Adolescent Psychiatry, 39*, 1347–1355.

25. Kolko, D. J., & Swenson, C. C. (2002). *Assessing and treating physically abused children and their families: A cognitive behavioral approach*. Thousand Oaks, CA: Sage Publications.

26. Lyons, J. S., Weiner, D. A., & Scheider, A. (2006). *A field trial of three evidence-based practices for trauma with children in state custody*. Report to the Illinois Department of Children and Family Services. Evanston, IL: Mental Health Resources Services and Policy Program, Northwestern University.

27. Mannarino, A., Cohen, J. A., Deblinger, E., Runyon, M. K., & Steer, R. A. (2012). Trauma-Focused Cognitive Behavioral Therapy for children: Sustained impact of treatment 6 and 12 months later. *Child Maltreatment, 17*, 231–241.

28. McKay, M. M., & Bannon, W. M., Jr. (2004). Engaging families in child mental health services. *Child and Adolescent Psychiatric Clinics of North America, 13*, 905–921.

29. McMullen, J., & O'Callaghan, P. (2012). *An RCT of Trauma-Focused Cognitive Behavioral Therapy with child soldiers in the DRC*. Manuscript submitted for publication. Belfast, Ireland: Queens College. Clinical Trials ID NCT01483261.

30. O'Callaghan, P., McMullen, J., Shannon, C., Rafferty, H., & Black, A. (2013). A randomized controlled trial of Trauma-Focused Cognitive Behavioral Therapy for sexually exploited, war-affected Congolese girls. *Journal of the American Academy of Child and Adolescent Psychiatry, 52*(4), 359–369.

31. Putnam, F. W. (2003). Ten-year research update review: Child sexual abuse. *Journal of the American Academy of Child and Adolescent Psychiatry, 42*, 269–278.

32. Runyon, M. K., & Deblinger, E. (in press). *Combined parent-child cognitive behavioral therapy (CPC-CBT): An approach to empower families at-risk for child physical abuse*. New York, NY: Oxford University Press.

33. Saunders, B. E., Berliner, L., & Hanson, R. F. (Eds.). (2004, April 26). *Child physical and sexual abuse: Guidelines for treatment* (Revised report). Charleston, SC: National Crime Victims Research and Treatment Center.

34. Stauffer, L. B., & Deblinger, E. (1996). Cognitive behavioral groups for nonoffending mothers and their young sexually abused children: A preliminary treatment outcome study. *Child Maltreatment, 1*, 65–76.

35. Trickett, P. K., & McBride-Chang, C. (1995). The developmental impact of different forms of child abuse and neglect. *Developmental Review, 15*, 311–337.

第4章
児童福祉領域における
親子相互交流療法

クリストファー・キャンベル

マーク・チャフィン

ビバリー・W・ファンダーバーク

　ペアレントトレーニングプログラムは、児童福祉システムにおいて、親に対して指示される最も一般的なタイプのサービスである。親子相互交流療法（Parent-Child Interaction Therapy, PCIT）は、もともとは、就学前の年齢の子どもたちの破壊的問題行動に対する、親を介在した治療法として発展してきた効果が実証されたモデルである。PCIT は、親の虐待的な行動の治療にも適合されるようになってきた。PCIT は、(1) 肯定的なペアレンティングスキルを増加させる (2) 親子の関係性を強化する (3) 効果的で一貫性のある行動管理の戦略を確立する (4) 子どもの問題行動を減少させるという行動原理を用いている。動機づけ強化の構成要素を含んだ適合化された PCIT では、最前線の領域で実施されたものも含めた2つの無作為化試験で、児童福祉領域における虐待の再発を有意に減少させることが示されてきた。その他の研究では、社会的養護を受けている子どもなど、児童福祉システムのもとにある子どもたちで、精神保健と行動面での効果が実証されている。PCIT モデルは、柔軟性があり、在宅サービスへと展開したり、トラウマ治療の要素を組み合わせたりしてきた。PCIT という1つのコンパクトで焦点化した介入で、2つのタイプの効果（虐待の再発減少と子どもの行動改善）をもたらすという事実は、児童福祉サービスのシステムにとって、非常に魅力的である。この章では、PCIT と、虐待加害親の治療を目的とした場合の適合[訳注1]について説明する。また、PCIT の異文化への適合についても触れるとともに、実施と拡大における課題について要約する。

児童福祉における伝統的な効果が実証されたペアレンティングモデル

　全米を代表する大規模な児童福祉ケースのサンプルで、ペアレンティングプログラムは、虐待加

訳注1：PCIT では、治療スタイルの変化として、調整（Tailoring）、適合（Adapting）、修正（Modifying）と3つのタイプを定義しており、このうち適合（Adapting）は、スタンダードな治療要素が、新しいクライアント層に実施可能でないか、もしくは十分でない際に、取り入れられる変化とされている。これに対して、調整（Tailoring）は、それぞれのケース特有の特徴を基に、治療要点の焦点もしくは治療提供の仕方に変化をつけること、修正（Modifying）は、治療発案者によって提案される総体的な治療上の変化とされている。

害親に提案される唯一の最も一般的なタイプのサービスの 1 つである（NSCAW Research Group, 2005）。子ども虐待は本質的に主としてペアレンティングの問題であるので、このことは何ら驚くにあたらない。児童福祉システムにおいて、ペアレンティングプログラムへの信頼は長期に渡ってきたが、必ずしも成功してきた訳ではない。従来のペアレントトレーニングモデルは、しばしば、理論的なペアレンティングの原則を講義中心で説明することや、現在のペアレンティング行動の土台となる幼少期の経験についての洞察を深めること、もしくは構造化されていないクラスでの議論に頼ってきたが、これまでの評価で、その結果は不本意なものと結論づけられた。(Cohn & Daro, 1987)。最近になって、効果が実証された行動スキルを重視したペアレントトレーニング介入へ適合させることに焦点が移ってきたが、この介入は、もともと、破壊的な子どもの行動上の問題に対し、親を介在させた治療としてデザインされ、児童福祉領域の養育者にも用いられてきた。児童福祉で適用されている効果が実証された行動療法的ペアレンティングプログラムの例としては、インクレディブル・イヤーズ（Incredible Years, Webster-Stratton, 2011）、トリプル P（Triple-P; Sanders, 2012）、そして PCIT（Eyberg & Boggs, 1998）が挙げられる（カリフォルニア子ども福祉実践エビデンス・クリアリングハウス，2009; アメリカ疾病予防管理センター，2004 参照）。どのようにペアレンティングが概念化され、理解され、話題にされているかを強調した、従来のペアレンティングモデルとは対照的に、新しい効果が実証されたモデルは、行動によってもたらされるものとしてペアレンティングに焦点をあてている。この新しいモデルは、ペアレンティングの原則やスキルそのものを標的にするというより、その原則やスキルを、より詳細に状況に合わせた形で、頻回にしっかりと実施していくことを目的にしている。理論的なペアレンティングの概念を教え、概念をペアレンティング行動に翻訳することを親任せにするのではなく、新しいモデルでは、ペアレンティング行動を直接的に教えており、PCIT について言えば、親のスキルが客観的な基準に達するまで教え込む。

このような新しい行動療法的ペアレントトレーニングプログラムに関して、いくつかのメタ解析が行われており、それらには、特定のペアレンティングプログラムに含まれる要素に関する研究（e.g., Cedar & Levant, 1990; Thomas & Zimmer-Gembeck, 2007）、適応と実施方法に関する研究（e.g., Maughan ら 2005; Serketich & Dumas, 1996）、提供する枠組みに関する研究（e.g. Sweet & Appelbaum, 2004）、多様なケースに関する研究（Lundahl, Nimer & Parsons, 2006; Lundahl, Risser, & Lovejoy, 2006; Reyno & Mc-Grath, 2006）などが含まれている。メタ解析の総合的なパターンは、ペアレンティング行動が改善し初期の行動上の問題が減少するという、一貫性のある、臨床的にも意味のある肯定的な効果を示している（e.g., Kaminski et al., 2008; Lundahl, Risser, & Lovejoy, 2006; Maughan et al., 2005; Reyno & McGrath, 2006; Serketich & Dumas, 1996）。

先述の介入は、いずれも、もとは児童福祉領域の集団や、子ども虐待の再発減少のために考案されたわけではない。これらのモデルは、もともとは、破壊的行動障害の子どもに対する親を介在した治療として発展してきたので、親の虐待的な行動の減少を意図した治療として選択するのは、この最初の目的からは大きくかけ離れている。児童福祉領域では、これらの介入は、しばしば**子ども**の治療ではなく、**親**の治療として用いられている。児童福祉における養育者は、典型的には、**子ども**の行動の変化ではなく、**親**の行動の変化を主たる目的として、ペアレンティングプログラムに紹

介され、子どもたちが実際に問題行動を示しているかどうかにかかわらず、ペアレンティングプログラムが用いられている（e.g., Barth et al.,2005; Pinkston & Smith, 1998）。社会的養護などへの適用では、そのモデルが、もともとの計画や意図により近い形で実施されている可能性はある。もちろん、ペアレンティングモデルが、親の虐待再発のリスクを減少させることと、子どもたちの生活状態を改善し問題行動を減少させることの、両方の成果を同時にもたらすために用いられる可能性もある。

　子どもの問題行動と子ども虐待の病因論モデルの共通の特徴は、1つの介入がどのように両方の領域に成果をもたらしうるかを理解するための枠組みを示す。親から子どもへの暴力の多くは、子どもへの行き過ぎたしつけや体罰の文脈で生じてくる。子どもたちに身体的に危害を加える養育者は、しばしば、厳しく暴力的なしつけの方法こそが、手に負えない行動上の問題を持つと彼らが（正確であれ、不正確であれ）とらえているわが子に対して、「効き目がある」かのように感じてしまう（Crouch & Behl, 2001）。身体的虐待をする多くの養育者は、彼らの行動を、子ども虐待ではなくしつけとして自己報告する。子どもの問題行動と親から子どもへの暴力は、パターソンの強圧的サイクルモデル（Patterson's coercive cycle model）によって説明される、共通の相互的に発展するプロセスを辿る可能性がある（Patterson 1976; Urquiza & McNeil, 1996）。このモデルでは、実際の子どもの反抗や、親が反抗とみなした子どもの行動に対する厳しいしつけが、短期的には子どもが服従することにより強化され、次に親が厳しいしつけに頼ることで、特にリスクのある養育者（たとえば抑うつ的であったり、深い苦悩や怒りを抱えていたり、感情的反応が激しかったり、感情調節が困難な養育者）では、親から子どもへの深刻な暴力へと潜在的にエスカレートしていくのである。このサイクルでは、否定的な相互交流はエスカレートし、肯定的なやり取りは減少傾向となる。肯定的な相互交流が欠如すると、否定的な養育者の特性・非現実的な期待・放任・一貫性がない厳しいしつけと分類されるような敵対的な親子関係が構築され、子どもの適切な向社会的行動に反応できなくなる。実際に、子どもの適切な行動や要求への無反応や、関係性の悪化、引きこもりがちで脆い親子のアタッチメントは、子どもの身体的虐待とネグレクトの両方に関係するとされており（Stith et al., 2009）、それらは非常に併存しやすい問題である。PCITなどの効果が実証された行動療法的ペアレンティングモデルでは、肯定的な親子相互交流のスキルと、暴力的でなくしつけに関する一貫性があって段階的なアプローチという、矛盾した代替的行動の2つのセットを作り出すか、もしくは強化することにより、強圧的サイクルや関係性の悪化、心が離れた親子相互交流などを、直接的な標的として断ち切ることになる。

親子相互交流療法

起源と影響

　PCITは、Constance Hanf（1969）の2段階モデルから生じた親介在モデルの1つである。オレゴン大学医学部のHanfらは、当時の伝統的な子どもの心理療法アプローチから離れて、発達理論・社会学習理論・行動原理・相互交流的遊戯技法などの要素を組み込みながら、子どもの診療に

直接親を参加させることを始めた（Reitman & McMahon, 2012）。これを発端に、不従順な子どもの援助（Helping the Noncompliant Child, McMahon & Forehand, 2003）やインクレディブル・イヤーズ（Incredible Years, Webster-Stratton, 2005）などの Hanf モデルの変異型が、広く用いられ研究されるようになった。二段階モデルは、Baumrind（1967）が正式に提唱したペアレンティングスタイルに類似したものであり、第一相では、親子の関係性において、愛情を込めた心遣いや温かさを育み、第二相では、一貫性があり発達的に適した限界設定としつけの戦略を展開していくものである。

構造と構成

　この形式に従い、PCIT は、子ども主導相互交流（Child-Directed Interaction, CDI）と親主導相互交流（Parent-Directed Interaction, PDI）の 2 つの相によって構成される。それぞれの相は総説的なティーチングセッションから始まり、そのセッションでは、PCIT スキルを紹介し、説明し、モデルを見せ、養育者とロールプレイを行う。ティーチングセッションに続いて、ライブでスキルを練習して実生活で精錬させていくセラピストによる二者間のコーチングセッションが行われる。親子の相互交流の時間における、ライブでの即時的なコーチングによるスキルの練習とフィードバックは、おそらく PCIT の特質であり、このモデルの際立った特徴と言える。コーチングセッションの間、セラピストは、各養育者が PCIT スキルを修得して精錬していくために、台詞づけやモデリング、強化や選択的注目を用いる（Brinkmeyer & Eyberg, 2003）。標準的な PCIT コーチングセッションは、ワンウェイミラーの後ろにいるセラピストが、親子の相互交流を観察しながら実施される。家庭での実施や、室内にセラピストがいる形、遠隔操作の形式など実施方法のバリエーションも、一定の成功を収めてきた。治療的介入の予定期間は、治療相ごとに、1 回のティーチングセッションとおよそ 6 回のコーチングセッションで、合計約 14 のコンパクトなセッションである（Callahan, Stevens, & Eyberg, 2010）。

　第一の CDI 相の基本的目標は、養育者と子どもの関係性を発展させ強化することと、行動を方向づけるために肯定的な方法で関係性を用いることである。関係性を強化するスキルは、頭文字を取って PRIDE スキルと表記される以下の 5 つの要素から成る。

- 賞賛（Praise）：社会的に好ましい行動を評価し促進するときに用いられ、特に具体的にほめる（例「玩具を上手に片付けられたね」）
- 繰り返し（Reflection）：積極的に傾聴し、言語的コミュニケーションを向上させるために用いられる
- まね（Imitation）：子どもたちとの時間を楽しむ間、適切な行動を真似る、もしくはモデリングする
- 行動の説明（Description）：肯定的な行動に興味を持っていると伝えるために用いる
- 楽しむこと（Enjoyment）：相互交流で感情のトーンを楽しくする（Eyberg & Funderburk, 2011）

　選択的社会的注目は、親が用いるように指導されるもう 1 つのテクニックである。選択的注目とは、適切な子どもの行動（たとえば、分かち合う、マナーを守る、適切に遊ぶ）に関心を向け、安全面に心配がない限りは、気を引くための行動もしくは不適切な子どもの行動（たとえば、めそめそする、乱

暴に遊ぶ、かんしゃくを起こす）は積極的に無視することである（Herschell & McNeil, 2005）。児童福祉サービスが関与している親の研究では、これらのスキルは、すぐに、ほとんど一様に獲得され、結果としてセッション内の親子の相互交流では、迅速な改善を認めている（Hakman et al., 2009）。

　CDI 相全体に渡る養育者の課題は、**子どものリード**に従うことである。CDI 相の間、養育者は、質問する、命令を与える、批判する、皮肉を言う、身体的に否定的な振る舞いや声のトーンなどの、子どもからリードを取り去るような行動を避けるように指導される。このような否定的な相互交流の要素は、しばしば治療前の虐待加害親には一般的である。たとえば、治療前に、虐待加害親は、肯定的な子どもの行動に、賞賛よりも、批判や皮肉・質問・命令で反応する可能性がある（Hakman et al., 2009）。CDI 相の間、親は、肯定的な子どもの行動に否定的に反応しないようにすることと、子どもがうまく行動したときには具体的賞賛の使用を増やすことの両方を求められる。PCIT の第二相に進む前に、親は、5 分間の観察時間の間に、最低でも 10 の具体的賞賛、10 の行動の説明、10 の繰り返しの発言を行うこと、質問と命令と批判の合計が 3 以下であること、皮肉もしくは身体的否定は用いないことというマスタリー基準を超えなくてはいけない（Bell & Eyberg, 2002）

　第二相の PDI では、しつけに焦点を当てる。PDI のゴールは、養育者に、全体の肯定的な関係性のトーンは維持しながら、効果的な命令を出すこと、一貫した公平な制限を設定することと、不作法に対して合理的で年齢に合った一貫した帰結を最後までやり通すように教えることである（Herschell & McNeil, 2005）。PDI 相の間、養育者は、指示に従わないときや重篤な不作法への対応方法として、段階的なタイムアウトの方法を学ぶ。高学年の学齢児では、タイムアウトよりも、合理的な帰結が代用される[訳注2]。PDI 相の進行に従って、現実世界でマスタリーに達することを容易にするために、クリニックの環境外（たとえば、家庭、ショッピングモール、食料品店）での PCIT スキルの実践と般化により重点が置かれるようになる（Callahan, Stevens, & Eyberg, 2010）。社会的養護のもとにある子どもたちの場合、親は、これらの後半の段階の実践や般化の機会は制限されるかもしれない。PCIT を実施してから子どもたちが家庭復帰するまでの期間が長期になると、治療効果が減少するとの知見もある（Chaffin et al., 2009）。

　PDI 相でも、養育者は、5 分間の観察時間の間に、マスタリー基準に到達することが求められる。親は、(1) 少なくとも 75％が「有効」もしくは正しく定められた命令であること、(2) 少なくとも 75％が正しい遂行であること（すなわち命令に従った時の具体的賞賛、命令に従わなかった時のタイムアウトの警告や手順を適切に用いること）を達成しなくてはいけない。PCIT 介入全体の無事完了とは、(1) 養育者が CDI 及び PDI スキルの両方でマスタリー基準に到達すること、(2) アイバーグ子どもの行動評価尺度（Eyberg Child Behavior Inventory）で評価される子どもの行動が 114 点以下であること、(3) 養育者自身が、子どもの行動を適切に管理する能力に自信を持てること

訳注 2：日本で現在使用されている **PCIT international** による **PCIT** プロトコール 2011 年度版では、原則的には、2 〜 7 歳までの子どもを対象としている。このため、学齢期の子どもに対する適合や、タイムアウトになった場合のバックアップを検討することは、原則的には実施していない。

(Callahan, Stevens, & Eyberg, 2010) である。

子どもの問題行動の減少に対する有効性

長期的研究により、PCITが子どもたちの破壊的行動を減少させること（e.g., Eisenstadt et al., 1993; McNeil et al., 1999）、親の要求に子どもが従うことが増加すること（e.g., Eyberg & Robinson, 1982）、親子の関係性を改善すること（e.g., Eyberg, Boggs, & Algina, 1995）、及び親のストレスを減少させること（e.g., Schuhmann et al., 1998）が示されてきた。子どもの行動上の改善は、管理されたクリニックの設定から家庭環境に（e.g., Schuhmann et al., 1998）、家庭から学校の教室へ、家族内の治療対象の子どもから治療対象でないきょうだいへと（McNeil et al., 1991）般化することが確認されてきた。17のPCITの結果研究（全体でPCITに参加した子どもたちの総人数368名）の最近のレビューでは、子どもの行動上の問題が統計学的に有意に改善していることが、すべての研究を通して認められた（Gallagher, 2003）。実際に、Gallagher（2003）は、それらの研究のうち82%（17の研究のうち14）で、治療前は臨床的に有意な範囲であった行動上の問題が、治療後には正常範囲に変化しており、**臨床的有意性**を示していたと報告した。

効果の長期的維持

PCITの治療効果の維持を評価したフォローアップ研究では、効果が続くことが示されてきた。たとえば、家庭の設定での治療効果は、治療後1～2年続くと報告されている（Eyberg et al., 2001）。Funderburkらによると（1998）、クリニックの設定でのPCITの効果は、（直接的な教室での介入はなくても）教室に般化していき、これらの改善は、治療後1年に至るまで維持され、18カ月後のフォローアップでは、より少ない程度ながら維持されていた。Boggsらによると（2004）、PCITを完遂した家族は、治療後1年から3年間、子どもの機能と家族機能の両方で効果が維持されていた。HoodとEybergの研究では（2003）、親子相互交流は改善し続け、子どもの行動を管理する母親の自信は、治療後3～6年維持されていたと報告されている。

多様なケースにおける効果

PCITは、さまざまな子どもの集団に対するサービスとして、うまく適合されてきた。症例には、発達遅滞（Bagner & Eyberg, 2007; McDiarmid & Bagner, 2005）や、分離不安症（Pincus et al., 2005）、慢性疾患（Bagner, Fernandez, & Eyberg, 2004）、子ども虐待の既往のある子どもたち（Timmer et al., 2005）が含まれている。里親や養父母、親族里親など、従来とは異なる養育者を含む、さまざまな養育者においても効果が認められた（e.g., McNeil et al., 2005; Timmer et al., 2006）。

提供方法

二相性のペアレティングモデルは、かなり中身が共通している。このモデル群で最も変化するのは、提供方法である。PCITを特徴づける重大な実施要素は、個別で実際のスキルをコーチングすることである。直接的なコーチングは、PCITの「心臓と技能」と呼ばれてきた（McNeil &

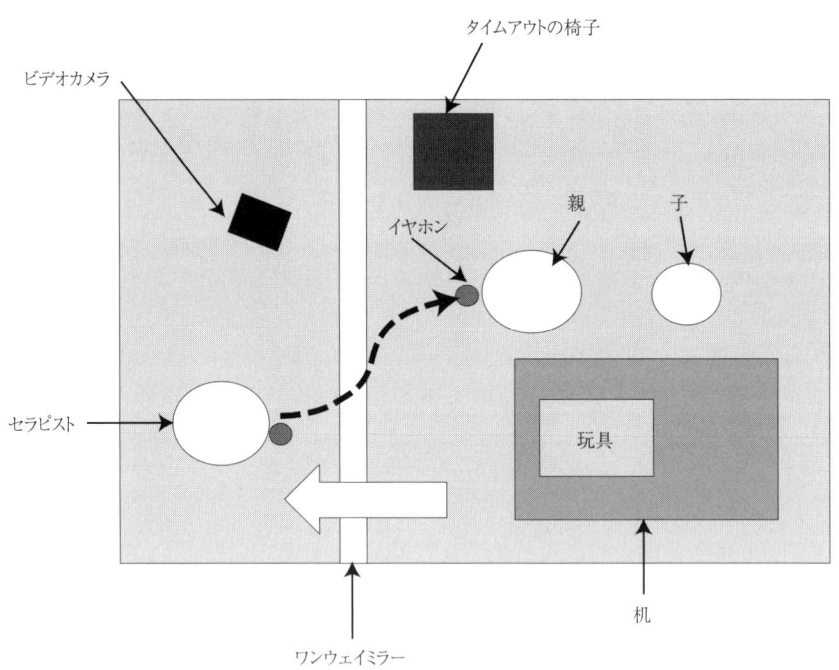

図 4.1　PCIT のために装備された診察室　セラピストはワンウエイ・ミラーの後ろから親子の相互交流を観察し、ワイヤレスイヤホンを通して、親にコーチングができる

Hembree-Kigin, 2010, p.8)。歴史的に、ペアレントトレーニングは、養育者が子どもから離れた場所で、あるスキルを教えられ、それらのスキルを自身で実行し、後のセッションで問題を報告するように指導されるなど、さまざまな間接的なアプローチ（たとえば、講義中心、モデリング、リハーサル）に頼ってきた。PCIT では、スキルを獲得して強化するために、親が子どもと交流する間、セラピストが親の行動をコーチするときに、ワイヤレスイヤホンもしくは耳の中の「隠しマイク」（イヤホン）を用いて、ライブコーチングが行われる。これは、ほとんどの場合、PCIT のために特別に装備されたクリニックで、ワンウェイミラーの後ろから、親子相互交流を観察するセラピストによって実施されている（図 4.1 参照）。

　親子相互交流の直接的なコーチングは、伝統的なトレーニング方法よりも、以下のようないくつかの強みを持っている。（1）養育者が連続して正しくない技術を練習する前に、素早く間違いを修正することができる、（2）特異な問題が発生したときにセラピストが適合し、養育者にとって、問題解決スキルのモデルとなる機会を持てる、（3）新しいスキルがコーチングを通して奨励され、支持されることで、親の自信が増す、（4）即時のフィードバックにより、より早く学べる可能性を持つ、（5）養育者が、即座に提案されることを実演し、成功体験をする機会を持てる、（6）スキルを用いてどのように反応しているかを正確に反映していない可能性のある自己報告の情報、もしくは間接的情報に頼らなくてもよくなる（McNeil & Hembree-Kigin, 2010）。

　ペアレンティングプログラムの提供方法の要素は、Kaminski ら（2008）によりメタ解析が実施され、より大きな効果量に関連した特別なプログラム構成要素を同定することができた。クリニッ

クでのセッションで、養育者が、ライブで、彼ら自身の子どもと新しいスキルを練習するプログラムは、内容の違いにかかわらず、有意により大きな効果量を生み出した。分析されたさまざまな内容と提供要素において、親が自身の子どもと直接的にスキルを練習することは、より大きな効果量の最も強力な因子の 1 つであった。これは、大きな効果を必要とすることの多い児童福祉システムで親に提供されるときに、特に重要な点である。ライブコーチングでの効果は、提供方法もしくは実施上の課題の点で、犠牲を伴う。すなわち、ライブコーチングの実施は、たくさんの人手を要し、設備を要し、予約がうまくいかない場合などスケジュールの課題や、親と子どもの両方が来所する必要があるなど、実施上の課題がある。それにもかかわらず、費用効果分析では、児童福祉における再発を減らすことによる経費節約が、追加的な治療費を十分に相殺すると判明している（Lee, Aos, & Miller, 2008）。

児童福祉サービスのシステムに PCIT をどのように調和させるか

　サービスの利用者としての児童福祉システムの側からすると、測定可能で具体的な成果、つまり安全性、永続性、良好状態をもたらすサービスに関心がある。さらに、児童福祉システムは、公的資金を費やして公益を図るものであるので、柔軟な目的に合わせた確実に効果的なサービスを提供することと、客観性のある測定可能な成果が得られることは、児童福祉の使命と、公的説明責任の必須条件の両方に一致している（Chaffin & Friedrich, 2004）。 PCIT は、多くの点で、児童福祉等の公的サービスシステムにぴったりである。子ども虐待は、本質的に「ペアレンティング」の問題であり、PCIT は本質的にペアレンティングの治療である。子ども虐待の好発年齢は、就学前と小学校低学年の年代であり（U.S. Department of Health and Human Service, 2005）、これは標準的 PCIT の対象基準によく一致している（子どもへの適合は 12 歳まで拡大され試みられてきたが）。PCIT には、3 つの標準的な児童福祉的成果の領域のうち 2 つ、安全性（すなわち再発の減少）と子どもの良好状態（すなわち行動の問題の減少）において、同時に利益をもたらすという正確なエビデンスがある。またコンパクトな介入法であるため、3 番めの標準的な児童福祉的成果の領域である永続性への推移も速める可能性がある。PCIT では、付加的なサービス、もしくは効果をあげるための追加治療は必要としない。実際に、いくつかのエビデンスで、家族が同時に複数の治療に通わなくても、PCIT が十分に、もしくは、より良く作用することが示されている（Chaffin et al., 2004; Kaminski et al., 2008）。PCIT は、身体的虐待をする親や、児童福祉において虐待の最も一般的なタイプである、虐待とネグレクトの両方の長期経過を持つ慢性的な児童福祉ケースでも効果を認めてきた。

　児童福祉では、社会的養護のもとにある子どもたちも支援するが、その際の標準的成果をあげるゴールは子どもの良好状態である。社会的養護に措置されるだけでは、子どもたちが精神保健もしくは行動上の問題を持つようになる可能性は増加するとされ（Lawrence, Carlson, & Egeland, 2006）、社会的養護のもとにある子どものうち 50% 以上が、治療が必要なレベルを示す可能性があるとされる（Clausen et al., 1998; Leslie et al., 2004）。社会的養護での行動上の問題は、おそらく、措置委託が中断される唯一の最も大きな原因である。行動上の問題を持つ子どもたちは措置委託を中断され

る可能性が高く、措置委託中断が更なる行動上の問題を生み、それがエスカレートし悪循環を招く可能性があり、最終的に、より制限が強い精神科への入院や入所型施設に措置されることも稀ではない（e.g., Cook, 1994; James et al., 2006; Newton, Litrownik, & Landsverk, 2000; Timmer et al., 2006）。Timmer らは、社会的養護や親族里親のもとにある子どもたちへの援助に注目してきた。報告では、PCIT により里親と子どもの関係性の質が高まり、里親のペアレンティングスキルが改善し、それによって措置委託が安定し、子どもの精神保健面の予後が改善することが判明している（e.g., McNeil et al., 2005; Timmer et al., 2006）。里親に対する PCIT により、付加的な利益が提供される可能性もある。すなわち、スキルが、現在から未来の子どもに般化し、社会的養護のもとにある子どもの行動管理を目的とした向精神薬への依存が減少するかもしれない。社会的養護のシステムに役立つように、グループと自宅での PCIT の実施を組み合わせるなど、PCIT モデルの提供方法と実施方法が具体的に提案されている（Mersky, personal communication, 2012）。

　PCIT が、虐待の広範囲なタイプに渡って、児童福祉における再発を減少させることがわかってきた。これには、身体的虐待・ネグレクト・身体的虐待とネグレクト混合のケースが含まれる。児童福祉に新規に措置されるケースも、繰り返し措置されるケースも含まれる。たとえば、子どもが全員家にいる親もいれば、子どもが全員家を離れている親もいる。裁判中の親もいれば、異なる反応へ方向転換させられた親もいる。PCIT を性的虐待の加害親で試みることは、除外されている。性的虐待は、ネグレクトや身体虐待とは原因がまったく異なっており、関係性としつけのスキル強化を目指す PCIT などの治療が、性的虐待をする親のニーズやリスク、性的虐待を受けた子どものニーズに合致しているかどうかは、概念的に疑問が持たれる。

虐待加害親に対する動機づけの適合

　子どもの行動上の問題に対する標準的な PCIT では、養育者は、たいていの場合、サービスを自発的に求める利用者である。児童福祉における養育者ではこのような流れとは異なり、通常はサービスへ強制され、動機づけがある場合もない場合もある。PCIT は、能動的に宿題を完成させ、セッション外でスキルを活用するなど、能動的な練習とライブでのスキルの実演を要求するので、児童福祉領域の養育者のこの違いは、PCIT の妨げになる可能性がある。講義中心のグループなど、ペアレンティングプログラムのいくつかのタイプは受動的に利用される場合もあるが、PCIT はそうではない。PCIT が、子どもの行動上の問題に対する自発的な親介在治療から始まり、虐待加害親への、ときには強制的な治療へと適合されるようになると、主な適合の焦点は動機づけであった。虐待加害親に対する最初の無作為化試験では、PCIT の開始前に、動機づけ面接の原理に基づいた治療前の動機づけ介入が含まれていた。動機づけのパッケージの要素には、治療を修了した人からの感謝の声を聞いたり、ペアレンティングの実行を変化させる親の力量や準備性を調査したり、現在と今後期待される親子関係や家族環境の相違をはっきりさせる練習などが含まれていた。動機づけ＋PCIT の総合的パッケージでは、伝統的な親グループの授業と比較して、終了時点の再発率が49％から19％に減少していた（Chaffin et al., 2004）。後続試験は、総合的な再発率の低下に対して、動機づけの適合の相対的な貢献度がどれくらいかを調べるため、要素分解デザインが用いられた。

Chaffin ら（2009，2011）は、PCIT に自己動機づけの構成要素を組み合わせることによって、プログラムの定着率がより良い（累積のプログラム定着率が61％であるのに対して、この場合は85％）ことを見出した。最初の研究で報告された再発率の減少効果は再現性があり、動機づけ＋ PCIT の組み合わせ（すなわち動機づけ＋ PCIT の 2 × 2 分割の実験デザイン）が重要であった。動機づけの適合がない PCIT では、伝統的なペアレンティングのグループプログラムと比較して、再発は減少しなかった。逆に言うと、動機づけ介入は、PCIT と組み合わせた場合のみ効果が認められた。従って、2 つを組み合わせることは、児童福祉において親の成果を出すためには必要と考えられる。

　発表されている無作為化試験のいずれでも、伝統的なペアレンティンググループと比較するために、動機づけの適合はグループ形式で提供された。臨床的な実践では、グループ形式は最良ではないかもしれない。実施者は、親の準備状態に合わせて、通常の動機づけ面接により近い形で、動機づけの適合を個別に提供するように配慮すべきである。個別的に実施する動機づけ面接アプローチは、児童福祉領域以外の集団では、ペアレントトレーニングの成果を改善すると報告されており（Nock & Kazdin, 2005）、個別の動機づけ適合は児童福祉領域の集団でもうまく実行できると期待が寄せられている。すべての親、特にすでに動機づけのある親に、動機づけプロトコールを一律に提供するのは賢明ではないことが、いくつかの知見から判明している。多くの PCIT 実施者は、児童福祉の設定で、標準的な PCIT を用いて子どもの行動上の問題に対応し成功しているが、虐待の再発減少に関しては、動機づけの適合を加えることが必要かもしれない。

虐待加害親に対するその他の適合

　虐待加害親は、PCIT の適合が必要となる更なる問題を抱えている場合がある。それらは、自己制御・無神経さ・否定的な属性・怒りの制御などである。これらに対処するために、一連のより小さな適合が行われてきた。あらゆる点において、虐待加害親のために開発された PCIT の適合化モデルは、いかなる標準的 PCIT 実施者にとっても、PCIT として、簡単にそして即座に承認できるものだろう。実質的に変化させず維持すべきなのは、基本的な要素・技術・モデルの構造であり、(1) 全体的に二相の方法（CDI と PDI）、(2) PRIDE スキル、(3) 命令のトレーニング、(4) 基本的なタイムアウトのプロトコール、(5) 般化のガイドライン、(6) 期待される程度、(7) 設定、(8) ライブコーチングの技法と技術、(9) 理論に基づくこと、(10) コーディングの図表、(11) 測定法、(12) 能力の基準に基づくこと、(13) 宿題を課すこと、(14) 治療の資料、などが含まれている。適合は、CDI コーチングのいくつかの側面で行われ、親の自己制御や子どもに対する感受性を選択的に強化することなど、子どもよりも親に焦点があてられる。幼児に対するタイムアウトのプロトコールは、3 つの点で修正されている。1 つめは、親の自己制御を強化するための手順が追加されていること（たとえば、親に対して、一旦中断して息を吸い、彼らのストレスレベルをモニターし、タイムアウトのプロセスを遂行する前にリラックスする、または 10 数えることをコーチングする）である。2 つめは、タイムアウトを回避する際のプロトコールとして非身体的な「バックアップ」のみを用いること、3 つめは、発達的に正常な子どもにおいて、課題となることと、期待してよいことについて、親に教育することをより重要視する点である。子どもが社会的養護のもとにあ

り、スキルの練習や宿題を完成する機会が制限されている親にもまた、適合が必要かもしれない。その場合は、ロールプレイを用いたり、定期的な訪問の間にCDIを練習したり、もしくは家に居る他の子どもたちと練習したりすることができる。同居していない養育者の治療研究に基づくと、養育者が、治療セッションに加えて、少なくとも週に3回は子どもと練習することができない場合、PCITは、治療様式として推奨されない。もし社会的養護のもとにある子どもが家庭復帰する可能性がない場合や、PCIT修了後もしばらく家庭復帰が遅れる場合は、その遅れが治療効果の喪失につながると報告されている（Chaffin et al., 2011）ため、PCITを開始することは推奨されない。

学齢期（約12歳まで）の子どもの親への適合^{訳注2}

　幼児期の行動上の問題に対する標準的なPCITと、虐待加害親に対する適合化PCITの極めて重要な違いの1つは、**子どもの年齢範囲**である。適合化プロトコールにおいて子どもたちは、いろいろな意味で、必ずしも行動上の問題を持たない二次的な追加の参加者であるため、子どもの年齢に関してより広い対象基準にすることは妥当であると見なされてきた。標準的なPCITは7歳以下の子どもたちを対象にしており、そのため12歳までの年長の学齢児の親には適合が必要であった。この対象年齢の拡大は、親への成果には強い影響は与えないと見られてきた。すなわち、虐待加害親での無作為化試験のいずれでも、子どもの年齢によって、再虐待を減少させる効果が抑えられる、もしくは著しく変化することはなかった。年長学齢期の問題行動の減少を目的とした適合の有効性は特に分析されていないが、多くの適合において、これまで十分に分析されてきた学童期の問題行動モデルで見出されたものと同等の要素が見出されている。

　さらに、基本的なPCITの骨組みは、完全な形（CDIとPDIの二相構造、ライブでのスキルコーチング、基本的な行動理論の基盤）で維持されている。いくつかのケースで、年長児への適合とは、単に程度に関する問題である。たとえば、肯定的な子どもの行動に反応して具体的な賞賛を強調し続けるときに、年長児では就学前の子どもの場合よりも、賞賛が頻繁でなくてもよいし、大げさでなくてもよい。他のケースでの適合には、タイムアウトの拒否に対するバックアップとして、論理的な帰結、もしくは特権を失わせる代用などを含む^{訳注2}。代用とは同等の要素を用いることで（すなわち、年長児のしつけの要素は、標準的なPCITのしつけの要素の代用となる）、代用される要素は、年長児に用いられる行動療法的ペアレンティングプログラム（バークレーのプログラム［Barkley's Defiant Child］やボーイズタウン・コモンセンスペアレンティング［Boy's Town Common Sense Parenting］）に共通する技術を引用している。通常のPCITから年長児の適合に移行するために厳しい実際的な年齢の境界線は設けられておらず、年長児に適合する際には必ずすべてを採用しなければならないという条件もない。どちらかと言えば、通常のPCITは初期設定の選択肢として扱われ、年長児に対する適合は、臨床家による個別のケースごとの発達的評価に基づいて、選択的に適用されている。年長学齢児の親に対して実施される主な適合については、以下のようなポイントが示されている。

訳注2：p.68 参照

・治療のゴールを説明する際（「親と子どもが仲良く暮らし、言い争いを減らすのを支援する」）、同意を得る際、そして合理的な帰結や共同の「特別な時間」の活動のタイプを選択する際に、年長の子どもをより多くかかわらせる。

・子どもは、親が繰り返し賞賛するとき、どのようなことばを使ってほしいかを聞かれる。

・CDIの間、頻繁でなく大げさでない賞賛とともに、より多くの沈黙も許される。ライブコーチングでの練習の繰り返しを減らせるように、セッション前にこれらのスキルを練習する機会を作る。

・繰り返しは、子どものより複雑な感情を言い換える、もしくは正当であると認めることだと指導される。

・多くは子どもからの提案によるが、より年齢に適したCDIの活動が選択される。

・命令と、それに従うまでの時間は、より長めに許可される。

・親と子どもとセラピストで、対立的でなく合理的な帰結のメニューと、タイムアウトを拒否した場合のバックアップとして[訳注2]、しつけのオプションでもある特権の喪失（たとえばビデオゲームやTVの時間を失うこと）のメニューを作成する。従うかどうかで取り除かれる「贅沢」（たとえばTV時間）と、従うかどうかにかかわりなく、子どもの成長と肯定的な行動（たとえば社会的に好ましい学校の活動に参加するなど）の促進維持には重要な活動を区別することに配慮する。

・年長の子どもは、より注意持続時間も長いので、帰結がすぐさまでなくても、もっと後でもよい。1つのしつけのエピソードで失われる特権の数に上限を課すことができる。

・タイムアウトは、タイムアウト用の椅子から部屋に行かされることに変えることができる。

・タイムアウトの身体的なバックアップが、除外される。

・セラピストが親にフィードバックを行ったり、宿題を出したりするセッションの最後の5～10分間に、子どもは待つ間の活動を選択することが許可される（たとえば、携帯式ビデオゲームや、好きな玩具を選択する、運動場での時間）。もしセッション中に子どもがタイムアウトを嫌がる場合には、親は、クリニックのセッション内で適用され指導された帰結に従い、子どもの自由時間を差し控えることができる。

・セッション内で年長の子どものほとんどがうまく自己制御ができることや、子どもの行動上の問題が適合化モデルの対象基準ではないという事実を前提とした場合に、多くの年長の子どもたちはセッションで命令に従わないことは稀であるので、親たちは、セッション内でしつけのスキルを練習する機会が限られてしまう。このようなケースでは、親と子どもが手順を学ぶために、セラピストが命令に従わない子どもを演じる形でのロールプレイを用いる。

子どもたちの内在化問題への応用

トラウマに関連した問題は、虐待を受けた子どもでは一般的であるので、より深く検証され支持されている外在化もしくは問題行動の領域に加えて、内在化問題領域（たとえば、抑うつ、不安、心

的外傷後ストレス障害の症状）における PCIT の効果を指摘する初期の試験的な知見がいくつか示されている。PCIT を「トラウマ治療」として見なすには時期尚早であるが、新たに出現したエビデンスにより、いくつかの有益性が示唆されている。Lenze らは、内在化問題に焦点化した情緒発達的モジュールを加える形で PCIT を適合化し、初期の小規模な対照試験は希望の持てる結果であった（Lenze, Pautsch & Luby, 2011）。Thomas らは、標準 PCIT の待機群を対照とした無作為化試験で、内在化問題が有意に減少すると報告している（Thomas & Zimmer-Gembeck, 2012）。他の適合による非対照試験の知見でも、トラウマに関連した症状（Pearl et al., 2012）や、不安症状（Puliafico, Comer, & Pincus, 2012）の明確な減少を認めたと報告されている。現段階では、研究結果が内在化問題の領域における有益性を示唆していると言えるが、まだ不明確なのは、（1）それらの研究結果が厳密な試験での再現性においてどれだけ安定し、より長期的なフォローアップでどれだけ永続的だと証明されるのか、（2）標準的 PCIT の適合がこの領域の成果を高めるのか、もしくは適合が成果を高めるために不可欠なのかどうか、（3）内在化問題が、外在化問題に続発するというよりも、むしろ主たる問題である場合に、PCIT は良い選択かどうか、の３点である。効果が実証された治療（EBT）の実施に関する最近の研究では、構造化された評価手順のアルゴリズムに基づき、確立された内在化及び外在化の EBT からのモジュールで構成された要素を「混ぜ合わせる」ことは、実現可能で価値があると示唆されている（Weisz et al., 2012）。このようなタイプのアプローチのもと、セラピストは、複合的な EBT の要素を同時に提供することになるが、内在化問題と外在化問題の両方が顕著なケースでは、それは特に適切と言えるかもしれない。

実施と拡大

　現場環境において、効果が実証されたモデルを実施することは、たとえばワークショップや治療マニュアルの配付などの単純な「train-and-hope（訓練してその汎化や維持効果を期待して待つ）」方式よりも、はるかに多くのことを含んでいる（Fixsen et al., 2005）。確かに、EBT を実施することは、それらを開発するよりも、より難易度が高いかもしれない。実施における実用性と概念的モデルに関して十分に議論することは、本稿の範囲を超えているが、あえて言うなら、多様なシステムや、複雑さ及び困難さが必ず含まれるだろう（Aarons, Hurlburt, & Horowitz, 2011）。そのような困難さがある中で、たとえ持続的で質の高い実施を達成するには不十分だとしても、提供者トレーニングを受けることは、最初に取り組むべき最も簡単なことかもしれない。

　PCIT が拡大した設定でどのように始められるのか、あるいはどのように実行するかについて調べた研究は多くはない。現場に基づいた効果研究がないため、より小規模でしっかりと質をコントロールした研究設定で通常得られるような有効性が、効果が実証されたモデルで維持されるかどうか保証はない（Shirk, 2004）。児童福祉における親に適合化した PCIT は、確実に検証されており、まだ小規模の現場環境での成功ではあるものの、期待が持たれている（Chaffin et al., 2011）。しかし、これは再現性を示されておらず、われわれの知る限りでは、児童福祉での成果に対する影響に関して、本格的な実施はまだ試みられていない。

　PCIT では、実施上の課題もある。たとえば、ワンウェイミラーや遠隔でコーチングする送信器

と受信器、音響設備など、特別な設備が必要となる。たとえば自宅での PCIT など伝統的でない適合が研究されてきたが、ほとんどの PCIT はまだクリニックでのサービスであり、これは、それだけで、クライエントの集団、特に児童福祉システムで支援している集団区分においては、広く普及することに大きな障害となり得る（Kazdin & Blase, 2011）。育児教室と比較して、PCIT を提供する場合、費用がかかりたくさんの人手を要する。そして、すべての EBT でも、より大規模な現場での成功モデルとなるためには、最初のトレーニングの必須条件や、継続的な実施者の能力開発、質のコントロールの課題がある。

　PCIT は、開発されてから長い間、いくつかの大学を拠点としたクリニックで専ら実践されてきた。2009 年に、PCIT International は、PCIT の質と忠実性を維持することに特化した運営組織として法人化された。機関の準備性に関するガイドラインとともに、実施者とトレーナーの資格基準が制定された。伝統的に、PCIT のトレーニングは、メンタリングモデル（熟練者が初心者に助言する人材育成法）を使って、大学を拠点とした心理学の博士課程のプログラムの範囲で実施されてきた。初心者の PCIT セラピストは、最初に、経験を積んだエキスパートのセラピストを見学することによってモデルを学び、次にコ・セラピスト（副セラピスト）としてセッションを実施し、その後にライブスーパービジョンのもとでセッションを実施してきた。このような指導によるトレーニングモデルは、博士課程の学生にとってはおそらく理想的で実現可能であるものの、大規模な実施に対しては、極めて実現可能性が低い。トレーナーもしくはコーチ時間の必要量が、多くのサービス機関が用いている部門ごとの料金請求方法で補償されない点を考えると、PCIT のサービス機関として設置されていても厳しいものかもしれない。

　最新の PCIT International（2009）のガイドラインでは、トレーニングがコ・セラピストで指導されるか、ワークショップ形式で指導されるかによらず、PCIT セラピスト志望者には、同じスキルの獲得が求められている。最低 40 時間のトレーニングが必須であり、その後トレーニングはおよそ 1 年間に及び、統一された治療プロトコールと行動に関するコーディングシステムの遵守が求められている。初心者は、スキルのマスタリー必須条件に到達し、うまく 2 ケースが完遂するまで、最低月に 1 回、PCIT トレーナーとの連絡を維持することが期待されている。PCIT マスタートレーナー（治療モデルに対する忠実性を促進することに意欲的で熟達した PCIT トレーナー）のトレーニング基準が制定されたほか、統一されたトレーニングと治療の実践基準を維持するために、マスタートレーナーとの連絡を続けるべく、他のトレーナーに対するトレーニングガイドラインが作られた。対面での PCIT トレーニングを増やすために、いくつかのオンライントレーニングプログラムが開発されてきた。進行中の PCIT 研究として、多施設対照試験で、代替的な実施方法が試みられている。たとえば、Funderburk らは、同時進行でのセラピストによるコンサルテーションと、ライブビデオを用いたセッション後の電話によるコンサルテーションを比較している。Herschell らは、3 つの競合的なアプローチ（共同学習、トレーナーのトレーニング、ウェブに基づいた方法）を、多施設対照試験で比較している。

異文化への拡大

　実施施設の準備とセラピストのトレーニングの困難さにもかかわらず、PCIT は、多様な集団に対して際立った安定性を示している。適合はしないか、もしくは非常にわずかな適合によりモデルを応用することで、異文化間でも成功を収めてきた。PCIT は、プエルトリコ、ドイツ、オランダ、ノルウェー、韓国、中国、オーストラリアで実施されるなど、世界中に広まっている。ラテンアメリカ系の文化的適合である、プロジェクトガーナ（Project Gana）では対照試験が行われ、適合した PCIT が通常のケアよりも優れており、有効性でも標準的な PCIT と同等であったと判明した（McCabe & Yeh, 2009）。PCIT のアメリカ先住民への文化的翻訳（Honoring Children: Making Relatives）は、伝統的なアメリカ系先住民文化の言語と概念を標準 PCIT 治療に組み込み（Bigfoot & Funderburk, 2011）、北アメリカの各地で、多様な部族のサービスの現場で再現されてきた。異文化間でも治療的に安定した特質を持つことは、年少児に焦点化したことと、愛情を込めた養育と限界設定についての基本的な信条は、アタッチメントと子どもの発達についての文化を超えた一般的な原理と矛盾しないのだという事実に由来している。多様な集団への提供を担うためには、幅広い文化にわたる有効性と提供可能量が、州もしくは国の児童福祉システムにとって重要である。部族の児童福祉システムのような別の状況では効果が実証されたモデルが、各地域の文化を考慮し地域社会内に受け入れられることが、コミュニティやサービスシステムにとって重要であると言える。

要約

　ペアレントトレーニングプログラムは、子どもに虐待したことがある親に提供される最も一般的なサービスのタイプの代表であり続けている。最近になって、効果が実証された行動学的スキルへの適合化、すなわち、児童福祉領域で養育者に用いるペアレントトレーニング介入に、焦点が移ってきた。当初、PCIT は、破壊的な子どもの行動上の問題に対する親を介在した治療として考案され、過去 30 年を通して、重要な実証に基づく成功を示してきた。（8 つの無作為化対照試験を含む）100 以上の研究論文により、（1）PCIT は多様な集団にわたり広く適用でき、効果的で理論に基づいた有効な治療であること、（2）さまざまな環境で、長期間に渡り治療効果が維持されること、（3）PCIT のプロトコールは、クライアント、およびまたは集団の特徴に調和するように適合されてきたことが示されている。最近の虐待加害親に用いる適合化版 PCIT で、特に児童福祉サービスシステムにとって好ましいのは、虐待加害親の再虐待リスクの減少と、子どもたちの生活状態と行動の改善という、2 つのタイプの効果が安定的に提供されてきたことである。社会的養護システムにおける研究も有望であり、トラウマ症状や内在化症状の改善の可能性や、特定のトラウマインフォームド治療と調和させたモデルの可能性が示されている。PCIT システムのような EBT の実施を拡大するためにはいくつかの困難があり、実施する状況に焦点を当てたり、そのモデルがより大規模な実施においてどのように働くのかを検証することに重点を置いたりするためには、さらなる取り組みが必要となるだろう。

[参考文献]

1. Aarons, G. A., Hurlburt, M., & Horwitz, S. M. (2011). Advancing a conceptual model of evidence-based practice implementation in public service sectors. *Administration and Policy in Mental Health and Mental Health Services Research, 38*, 4–23. doi:10.1007/s10488-010-0327-7

2. Bagner, D. M., & Eyberg, S. M. (2007). Parent-Child Interaction Therapy for disruptive behavior in children with mental retardation: A randomized control trial. *Journal of Clinical Child and Adolescent Psychology, 36*, 418–429. doi:10.1080/15374410701448448

3. Bagner, D. M., Fernandez, M. A., & Eyberg, S. M. (2004). Parent-Child Interaction Therapy and chronic illness: A case study. *Journal of Clinical Psychology in Medical Settings, 11*, 1–6. doi:10.1023/B:JOCS.0000016264.02407.fd

4. Barth, R. P., Landsverk, J., Chamberlain, P., Reid, J. B., Rolls, J. A., Hurlburt, M. S., et al. (2005). Parent-training programs in child welfare services: Planning for a more evidence-based approach to serving biological parents. *Research on Social Work Practice, 15*, 353–371. doi:10.1177/1049731505276321

5. Baumrind, D. (1967). Childcare practices anteceding three patterns of preschool behavior. *Genetic Psychology Monographs, 75*, 43–88.

6. Bell, S., & Eyberg, S. M. (2002). Parent-Child Interaction Therapy. In L. Vandecreek, S. Knapp, & T. L. Jackson (Eds.), *Innovations in clinical practice: A source book*(Vol. 20). Sarasota, FL: Professional Resource Press.

7. Bigfoot, D. S., & Funderburk, B. W. (2011). Honoring children, making relatives: The cultural translation of Parent-Child Interaction Therapy for American Indian and Alaska Native families. *Journal of Psychoactive Drugs, 43*, 309–318. doi:10.1080/02791072.2011.628924

8. Boggs, S., Eyberg, S., Edwards, D., Rayfield, A., Jacobs, J., Bagner, D., & Hood, K. (2004). Outcomes of Parent-Child Interaction Therapy: A comparison of treatment completers and study dropouts one to three years later. *Child & Family Behavior Therapy, 26*, 1–22. doi:10.1300/J019v26n04_01

9. Brinkmeyer, M. Y., & Eyberg, S. M. (2003). Parent-Child Interaction Therapy. In A. Kazdin & J. Weisz (Eds.), *Evidence-based psychotherapies for children and adolescents* (pp. 204–223). New York, NY: Guilford Press.

10. California Evidence-Based Clearing house for Child Welfare. (2009). *Usage guide for the CEBC*. www.cachildwelfareclearinghouse.org

11. Callahan, C. L., Stevens, M. L., & Eyberg, S. M. (2010). Parent-Child Interaction Therapy. In C. E. Schaefer (Ed.), *Play therapy for preschool children* (pp. 199–221). Washington, DC: American Psychological Association.

12. Cedar, B., & Levant, R. F. (1990). A meta-analysis of the effects of Parent Effectiveness Training. *American Journal of Family Therapy, 18*, 373–384. doi:10.1080/01926189008250986

13. Centers for Disease Control and Prevention, National Center for Injury Prevention and Control. (2004). *Using evidence-based parenting programs to advance CDC efforts in child maltreatment prevention: Research brief*. Atlanta, GA: Author.

14. Chaffin, M., & Friedrich, W. (2004). Evidence-based practice in child abuse and neglect. *Children and Youth Services Review, 26*, 1097–1113.

15. Chaffin, M., Funderburk B., Bard, D., Valle, L., & Gurwitch, R. (2011). A combined motivation and Parent-Child Interaction Therapy package reduces child welfare recidivism in a randomized dismantling field trial. *Journal of Consulting and Clinical Psychology, 79*, 84–95. doi:10.1037/a0021227

16. Chaffin, M., Silovsky, J., Funderburk, B., Valle, L. A., Brestan, E. V., Balachova, T., et al. (2004). Parent-child interaction therapy with physically abusive parents: Efficacy for reducing future abuse reports. *Journal of Consulting and Clinical Psychology, 72*, 500–510. doi:10.1037/0022-006X.72.3.500

17. Chaffin, M., Valle, L. A., Funderburk, B., Gurwitch, R., Silovsky, J., Bard, D., et al. (2009). A motivational intervention can improve retention in PCIT for low-motivation child welfare clients. *Child Maltreatment, 14*, 356–368. doi:10.1177/1077559509332263

18. Clausen, J. M., Landsverk, J., Ganger, W., Chadwick, D., & Litrownik, A. (1998). Mental health problems of children in foster care. *Journal of Child and Family Studies, 7*, 283–296.

19. Cohn, A. H., & Daro, D. (1987). Is treatment too late: What ten years of evaluative research tell us. *Child Abuse & Neglect, 11*, 433–442. doi:10.1016/0145-2134(87)90016-0

20. Cook, R. J. (1994). Are we helping foster care youth prepare for the future? *Children and Youth Services Review, 16*, 213–229. doi:10.1016/0190-7409(94)90007-8

21. Crouch, J. L., & Behl, L. E. (2001). Relationships among parental beliefs in corporal punishment, reported stress, and physical child abuse potential. *Child Abuse & Neglect, 25*, 413–419. doi:10.1016/S0145-2134(00)00256-8

22. Eisenstadt, T. H., Eyberg, S., McNeil, C. B., Newcomb, K., & Funderburk, B. (1993). Parent-Child Interaction Therapy with behavior problem children: Relative effectiveness of two stages and overall treatment outcome. *Journal of Clinical Child Psychology, 22*, 42–51. doi:10.1207/s15374424jccp2201_4

23. Eyberg, S. M., & Boggs, S. R. (1998). Parent-Child Interaction Therapy: A psychosocial intervention for the treatment of young conduct-disordered children. In C. E. Schaefer & J. M. Briesmeister (Eds.), *Handbook of parent training: Parents as co-therapists for children's behavior problems* (2nd ed., pp. 61–97). New York, NY: John Wiley & Sons.

24. Eyberg, S. M., Boggs, S., & Algina, J. (1995). Parent-Child Interaction Therapy: A psychosocial model for the treatment of young children with conduct problem behavior and their families. *Psychopharmacology Bulletin, 31*, 83–91.

25. Eyberg, S. M., & Funderburk, B. W. (2011). *Parent-Child Interaction Therapy International protocol*. www.pcit.org

26. Eyberg, S. M., Funderburk, B. W., Hembree- Kigin, T., McNeil, C. B., Querido, J., & Hood, K. K. (2001). Parent-Child Interaction Therapy with behavior problem children: One-and two-year maintenance of treatment effects in the family. *Child & Family Behavior Therapy, 23*, 1–20. doi:10.1300/J019v23n04_01

27. Eyberg, S. M., & Robinson, E. A. (1982). Parent-child interaction training: Effects on family functioning. *Journal of Clinical Child Psychology, 11*, 130–137. doi:10.1207/s15374424jccp1102_6

28. Fixsen, D. L., Naoon, S. F., Blase, K. A., Friedman, R. M., & Wallace, F. (2005). *Implementation research: A synthesis of the literature*.Tampa, FL: University of South Florida, Louis de la Parte Florida Mental Health Institute, National Implementation Research Network.

29. Funderburk, B., Eyberg, S. M., Newcomb, K., McNeil, C. B., Hembree-Kigin, T., & Capage, L. (1998). Parent-Child Interaction Therapy with behavior problem children: Maintenance of treatment effects in the school setting. *Child and Family Behavior Therapy, 20*, 17–38. doi:10.1300/J019v20n02_02

30. Gallagher, N. (2003). Effects of Parent-Child Interaction Therapy on young children with disruptive behavior disorders. *Bridges: Practice-Based Research Syntheses, 1*(4), 1–17.

31. Hakman, M., Chaffin, M., Funderburk, B., & Silovsky, J. F. (2009). Change trajectories for parent-child interaction sequences during Parent-Child Interaction Therapy for child physical abuse. *Child Abuse & Neglect, 33*, 461–470. doi:10.1016/j.chiabu.2008.08.003

32. Hanf, C. A. (1969). *A two-stage program for modifying maternal controlling during mother-child (M-C) interaction*.Paper presented at the meeting of the Western Psychological Association, Vancouver, BC.

33. Herschell, A. D., & McNeil, C. B. (2005). Parent-Child Interaction Therapy for children experiencing externalizing behavior problems. In L. A. Reddy, T. M. Files-Hall, & C. E. Schaefer (Eds.), *Empirically based play interventions for children*. Washington, DC: American Psychological Association.

34. Hood, K. K., & Eyberg, S. M. (2003). Outcomes of Parent-Child Interaction Therapy: Mothers' reports on

maintenance three to six years after treatment. *Journal of Clinical Child and Adolescent Psychology, 32*, 419–429. doi:10.1207/S15374424JCCP3203_10

35. James, S., Leslie, L. K., Hurlburt, M. S., Slymen, D. J., Landsverk, J., Davis, I., et al. (2006). Children in out-of-home care: Entry into intensive or restrictive mental health and residential care placements. *Journal of Emotional and Behavioral Disorders, 14*, 196–208. doi:10.1177/10634266060140040301

36. Kaminski, J. W., Valle, L. A., Filene, J. H., & Boyle, C. L. (2008). A meta-analytic review of components associated with parent training program effectiveness. *Journal of Abnormal Child Psychology, 36*, 567–589. doi:10.1007/s10802-007-9201-9

37. Kazdin, A. E., & Blase, S. L. (2011). Rebooting psychotherapy research and practice to reduce the burden of mental illness. *Perspectives on Psychological Science, 6*, 21–37. doi:10.1177/1745691610393527

38. Lawrence, C., Carlson, E., & Egeland, B. (2006). The impact of foster care on development. *Development and Psychopathology, 18*, 57–76. doi:10.1017/S0954579406060044

39. Lee, S., Aos, S., & Miller, M. (2008). *Evidence-based programs to prevent children entering and remaining in the child welfare system* (Document 08-07-3901). Olympia, WA: Washington State Institute for Public Policy.

40. Lenze, S. N., Pautsch, J., & Luby, J. (2011). Parent-Child Interaction Therapy Emotion Development: A novel treatment for depression in preschool children. *Depression and Anxiety, 28*, 153–159. doi:10.1002/da.20770

41. Leslie, L. K., Hurlburt, M. S., Landsverk, J., Barth, R., & Slymen, D. J. (2004). Outpatient mental health services for children in foster care: A national perspective. *Child Abuse & Neglect, 28*, 697–712. doi:10.1016/j.chiabu.2004.01.004

42. Lundahl, B. W., Nimer, J., & Parsons, B. (2006). Preventing child abuse: A meta-analysis of parent training programs. *Research on Social Work Practice, 16*, 251–262. doi:10.1177/1049731505284391

43. Lundahl, B. W., Risser, H. J., & Lovejoy, M. C. (2006). A meta-analysis of parent training: Moderators and followup effects. *Clinical Psychology Review, 26*, 86–104. doi:10.1016/j.cpr.2005.07.004

44. Maughan, D. R., Christiansen, E., Jenson, W. R., Olympia, D., & Clark, E. (2005). Behavioral parent training as a treatment for externalizing behaviors and disruptive behavior disorders: A meta-analysis. *School Psychology Review, 34*, 267–286.

45. McCabe, K., & Yeh, M. (2009). Parent-Child Interaction Therapy for Mexican Americans: A randomized clinical trial. *Journal of Clinical Child and Adolescent Psychology, 38*, 753–759. doi:10.1080/15374410903103544

46. McDiarmid, M. D., & Bagner, D. M. (2005). Parent-Child Interaction Therapy for children with disruptive behavior and developmental disabilities. *Education and Treatment of Children, 28*, 130–141.

47. McMahon, R. J., & Forehand, R. L. (2003). *Helping the noncompliant child: Family-based treatment for oppositional behavior*(2nd ed.). New York, NY: Guilford Press.

48. McNeil, C. B., Capage, L. C., Bahl, A., & Blanc, H. (1999). Importance of early intervention for disruptive behavior problems: Comparison of treatment and waitlist-control groups. *Early Education & Development, 10*, 445–454. doi:10.1207/s15566935eed1004_2

49. McNeil, C. B., Eyberg, S. M., Eisendstadt, T. H., Newcomb, K., & Funderburk, B. W. (1991). Parent-Child Interaction Therapy with behavior problem children: Generalization of treatment effects to the school setting. *Journal of Clinical Child Psychology, 20*, 140–151. doi:10.1207/s15374424jccp 2002_5

50. McNeil, C. B., & Hembree-Kigin, T. L. (2010). *Parent-Child Interaction Therapy* (2nd ed.). New York, NY: Springer.

51. McNeil, C. B., Herschell, A. D., Gurwitch, R. H., & Clemens-Mowrer, L. C. (2005). Training foster parents in Parent-Child Interaction Therapy. *Education and Treatment of Children, 28*, 182–196.

52. Newton, R. R., Litrownik, A. J., & Landsverk, J. A. (2000). Children and youth in foster care: Disentangling the relationship between problem behaviors and number of placements. *Child Abuse & Neglect, 24*, 1363–1374. doi:10.1016/S0145-2134(00)00189-7

53. Nock, M. K., & Kazdin, A. E. (2005). Randomized trial of a brief intervention for increasing participation in parent management training. *Journal of Consulting and Clinical Psychology, 73*, 872–879. doi:10.1037/0022-006X.73.5.872

54. NSCAW Research Group. (2005, April). *National Survey of Child and Adolescent Well-being (NSCAW) CPS sample component wave 1 data analysis report*. Washington, DC: U.S. Department of Health and Human Services, Administration for Children, Youth and Families.

55. Patterson, G. R. (1976). The aggressive child: Victim and architect of a coercive system. In E. Mash, L. A. Hamerlynch, & L. C. Handy (Eds.), *Behavior modification and families: I. Theory and research. II. Applications and developments* (pp. 265–316). New York, NY: Brunner-Mazel.

56. PCIT International. (2009). *Training guidelines for Parent-Child Interaction Therapy*. www.pcit.org .

57. Pearl, E., Thieken, L., Olafson, E., Boat, B., Connelly, L., Barnes, J., & Putnam, F. (2012). Effectiveness of community dissemination of Parent-Child Interaction Therapy. *Psychological Trauma: Theory, Research, Practice, and Policy, 4*, 204–213. doi:10.1037/a0022948

58. Pincus, D. B., Choate, M. L., Eyberg, S. M., & Barlow, D. H. (2005). Treatment of young children with separation anxiety disorder using Parent-Child Interaction Therapy. *Cognitive and Behavioral Practice, 12*, 126–135.

59. Pinkston, E. M., & Smith, M. D. (1998). Contributions of parent training to child welfare: Early history and current thoughts. In J. R. Lutzker (Ed.), *Handbook of child abuse research and treatment* (pp. 377–399). New York, NY: Plenum Press.

60. Puliafico, A. C., Comer, J. S., & Pincus, D. B. (2012). Adapting Parent-Child Interaction Therapy to treat anxiety disorders in young children. *Child and Adolescent Psychiatric Clinics in North America, 21*, 607–619. doi:10.1016/j.chc.2012.05.005

61. Reitman, D., & McMahon, R. J. (2012). Constance "Connie" Hanf (1917–2002): The mentor and the model. *Cognitive and Behavioral Practice*. doi:10.1016/j.cbpra.2012.02.005

62. Reyno, S. M., & McGrath, P. J. (2006). Predictors of parent training efficacy for child externalizing behavior problems: A meta-analytic review. *Journal of Child Psychology and Psychiatry, 47*, 99–111. doi:10.1111/j.1469-7610.2005.01544.x

63. Sanders, M. R. (2012). Development, evaluation, and multinational dissemination of the Triple P-Positive Parenting Program. *Annual Review of Clinical Psychology, 8*, 345–379. doi:10.1146/annurev-clinpsy-032511-143104

64. Schuhmann, E. M., Foote, R. C., Eyberg, S. M., Boggs, S. R., & Algina, J. (1998). Efficacy of Parent-Child Interaction Therapy: Interim report of a randomized trial with short-term maintenance. *Journal of Clinical Child Psychology, 27*, 34–45. doi:10.1207/s15374424jccp2701_4

65. Serketich, W. J., & Dumas, J. E. (1996). The effectiveness of behavioral parent training to modify antisocial behavior in children: A meta-analysis. *Behavior Therapy, 27*, 171–186. doi:10.1016/S0005-7894(96)80013-X

66. Shirk, S. R. (2004). Dissemination of youth ESTs: Ready for prime time? *Clinical Psychology: Science and Practice, 11*, 308–312. doi:10.1093/clipsy.bph086

67. Stith, S. M., Liu, T., Davies, L. C., Boykin, E. L., Alder, M. C., Harris, J. M., et al. (2009). Risk factors in child maltreatment: A meta-analytic review of the literature. *Agg ression and Violent Behavior, 14*, 13–29. doi:10.1016/j.avb.2006.03.006

68. Sweet, M. A., & Appelbaum, M. I. (2004). Is home visiting an effective strategy? A meta-analytic review of home visiting programs for families with young children. *Child Development, 75*, 1435–1456. doi:10.1111/j.1467-8624.2004.00750.x

69. Thomas, R., & Zimmer- Gembeck, M. J. (2007). Behavioral outcomes of Parent-Child Interaction Therapy and Triple P-Positive Parenting Program: A review and meta-analysis. *Journal of Abnormal Child Psychology, 35*, 475

–495. doi:10.1007/s10802-007-9104-9

70. Thomas, R., & Zimmer-Gembeck, M. J. (2012). Parent-Child Interaction Therapy: An evidence-based treatment for child maltreatment. *Child Maltreatment, 17*, 253–266. doi:10.1177/1077559512459555

71. Timmer, S. G., Urquiza, A. J., Herschell, A. D., McGrath, J. M., Zebell, N. M., Porter, A. L., & Vargas, E. C. (2006). Parent-Child Interaction Therapy: Application of an empirically supported treatment to maltreated children in foster care. *Child Welfare, 85*, 919–939.

72. Timmer, S. G., Urquiza, A. J., Zebell, N. M., & McGrath, J. M. (2005). Parent-Child Interaction Therapy: Application to maltreating parent-child dyads. *Child Abuse & Neglect, 29*, 825–842. doi:10.1016/j.chiabu.2005.01.003

73. Urquiza, A. J., & McNeil, C. B. (1996). Parent-Child Interaction Therapy: An intensive dyadic intervention for physically abusive families. *Child Maltreatment, 1*, 134–144. doi:10.1177/1077559596001002005

74. U.S. Department of Health and Human Services, Administration on Children, Youth and Families. (2005). *Child maltreatment 2003.*Washington, DC: U.S. Government Printing Office.

75. Webster-Stratton, C. (2005). The Incredible Years parents, teachers, and children training series: Early intervention and prevention programs for young children. In P. S. Jensen & E. D. Hibbs (Eds.), *Psychosocial treatments for child and adolescent disorders: Empirically based approaches*(pp. 507–556). Washington, DC: American Psychological Association.

76. Webster-Stratton, C. (2011). *The Incredible Years parents, teachers, and children's training series: Program content, methods, research, and dissemination, 1980–2011.* Seattle, WA: Incredible Years.

77. Weisz, J. R., Chorpita, B. F., Palinkas, L. A., Schoenwald, S. K., Miranda, J., Bearman, S. K., et al. (2012). Testing standard and modular designs for psychotherapy treating depression, anxiety, and conduct problems in youth: A randomized effectiveness trial. *Archives of General Psychiatry, 69*, 274–282. doi:10.1001/archgenpsychiatry.2011.147

第5章
セイフケア
ネグレクトと身体的虐待を受けた子どもへの予防および介入プログラム

シャノン・セルフ-ブラウン

エリン・マクフライ．

アンジェラ・モンテサンティ

アンナ・エドワーズ・ゴウラ

ジョン・ルッツカー

ジェネル・シャンリー

ダニエル・ウィッターカー

総論

　2010年、米国の児童保護局は、子どもが不適切な養育を受けているという通報を約360万件受けており、そのうちの75万4,000件は、虐待ケースであると認められたと報告した（U.S. Department of Health and Human Services, 2010）。図5.1に示されているように、事実認定された虐待のタイプとして最もよく見られるのはネグレクトで、次に身体的虐待であり、これらの虐待が併存することは珍しいことではない。子ども虐待の専門家は、ネグレクトと身体的虐待対応の中心的な戦略となるのはペアレントトレーニングであると明言している（Barth et al., 2005; Whitaker, Lutzker, & Shelley, 2005）。およそ4／5（81.3%）の事実認定された虐待ケースで、親（親だけの場合も親と他の誰かの場合もある）が虐待の加害者であるため、ペアレントトレーニングが中心戦略となるのは当然のことである（U.S. Department of Health and Human Services, 2010）。

　科学論文において、子ども虐待を予防するものとして最もよく議論されている手法は、行動療法的ペアレントトレーニングプログラム（Chaffin, Funderburk, et al., 2011; Chaffin, Silovsky, et al., 2004; Prinz et al., 2009; Whitaker, Lutzker, & Shelley, 2005）と家庭訪問プログラム（e.g., Chaffin, 2004; Duggan et al., 2004; Hahn et al., 2005）の2つである。セイフケアは、子どものネグレクトと身体的虐待を予防するための2つの強く推奨されている方法を融合したユニークなプログラムである。セイフケアのモデルは、子どものネグレクト・身体的虐待と強く関連する3つのリスク要因である、親子の相互関係・子どもの健康・家庭の安全をターゲットにしている。30年以上に渡って、セイフケアの開発者であるLutzker博士らは、本モデルの開発と普及に関する重要な研究を行ってきた。この研究は、カリフォルニア子ども福祉実践エビデンス・クリアリングハウス（California Evidence-Based Clearinghouse for Child Welfare, 2012）において、子どもの虐待とネグレクト防止のための「調査研究によって効果が支持された」プログラムとして認定されているセイフケアとして

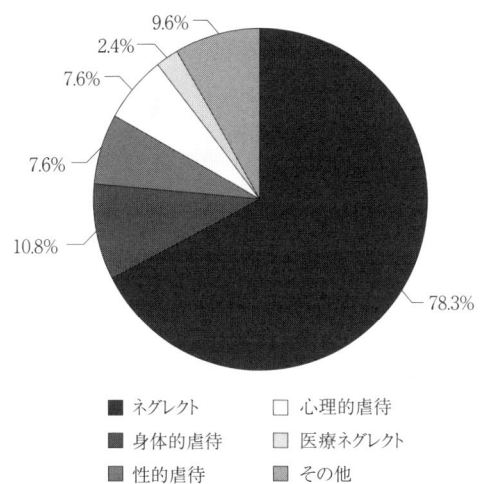

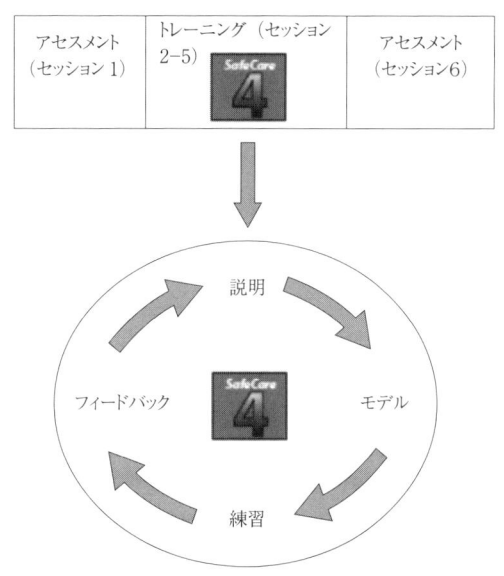

図5.1　子どもの虐待のタイプ。パーセンテージの
合計が100%を超えているのは、子どもが1つ以
上の不適切な養育を受けている可能性があるから
である。出典は米国保健福祉省

図5.2　セイフケアモジュールの構造

結実した（2012）。セイフケアのトレーニングは、アメリカ国内において15州で実践されており、英国中でも積極的に導入されている。現在、セイフケアのトレーニングおよび研究の中心機関となっているのは、ジョージア州立大学にある、全米セイフケア訓練研究センター（National SafeCare Training and Research Center, NSTRC）である。

　本章の目的は、セイフケアの介入方法、本モデルをサポートする科学的根拠、最も対象となりやすい家族のタイプ、そして子どものネグレクトと身体的虐待のリスクがある家族に対してセイフケアのアプローチを用いることの利点と難点について詳解することである。

セイフケアの介入

　セイフケアは、親子の相互関係・子どもの健康・家庭の安全という3つのモジュールからなる家庭訪問プログラムである。これら3つのモジュールは、子どものネグレクトや身体的虐待の紹介につながりやすい、ペアレンティングスキルの不足や家庭環境をターゲットにしている。各モジュールはおよそ6セッションとなっており、全部で18回のセッションとなる。セッションは通常は1〜1時間半の長さとなる。セイフケアの提供者が受けている教育トレーニングは幅広く、修士レベルのセラピストから専門職助手までいるが、すべてのセイフケアの提供者は、NSTRC（www.nstrc. org）が指定した標準的なトレーニングに参加し、対面式のワークショップや提供者が家族とかかわる際の厳しい忠実性チェックなどにより認定されている。

　セイフケアのモジュールは連続性を持って実施されており、その家族にとって、最もニーズがある領域か、もしくは現在認められる問題に対応するモジュールから始められる。セイフケアの実践

には、すべてのモジュールにわたって一貫した構造化されたアプローチがあり、(1) 最初の基礎アセスメント、(2) 4～5回のトレーニングセッション、(3) モジュールを終了する際のアセスメント（図5.2参照）となっている。各モジュールには、基礎アセスメント（各モジュールのセッション1で実施する）、終了時のアセスメント（各モジュールの最終セッションで実施する）、ペアレントトレーニングセッション中に進度を評価するアセスメントで用いられる有効な観察ツールがある。基礎アセスメントを行う目的は、ターゲットとなるスキルについて、親が現在どの程度のスキルを持っていて、それがどの程度機能しているのかを、プログラム提供者が評価することである。ペアレントトレーニングが始まると、観察評価が続けられるので、提供者が親の成長やスキルの習得の程度を判断することができる。最後に、すべてのトレーニングセッションが終わったあとに、モジュール終了時のアセスメントが実施され、提供者は、親が必要とされるスキルを習得したかどうかを判断する。大切な点は、セイフケアのアセスメントは、単なる親からの自己報告ではなく、行動観察によるものであるということである。

　セイフケアのペアレントトレーニングのセッションは、次に示す「セイフケア4」とよばれる原則に基づいて行われる。

1. **説明**（Explain）：望ましいスキルを説明する。提供者は、ターゲットとなるスキルがなぜ重要なのか、それを習得することで親と子どもにどんなメリットがあるのかについて、親に説明をする。
2. **モデル**（Model）：各スキルのモデルとなる。提供者はそれらのスキルを親の前でやってみせる。たとえば、親子の相互関係では、提供者は、肯定的なことばを用いて年少の子どもとどのように遊ぶのかを親に見せる。家庭の安全のモジュールでは、提供者は、安全でいるためにはどうしたらいいのか、家から危険なものを取り除くにはどうしたらいいのかを実践してみせる。
3. **練習**（Practice）：スキルを練習する。セッション中、親はさまざまな設定でターゲットとなるスキルを練習する。
4. **フィードバック**（Feedback）：フィードバックする。提供者は、親が用いたターゲットとなるスキルに対して、肯定的で修正を促すフィードバックをする。

提供者は、この説明−モデル−練習−フィードバックのプロセスを、必要に応じて、親がモジュールのターゲットとなるスキルを一貫して楽に使えるようになるまで続ける。

親子相互関係モジュール

　親子相互関係モジュールには、2つの異なったカリキュラムがある。1つは、乳児とその親のためのもの（Parent-Infant Interaction, PII）であり、もう1つは親と1歳（歩行できる年齢）から5歳までの子どもを対象としたもの（Parent- Child Interaction, PCI）であり、以下に詳述する。

親−乳児相互関係（PII）

　PIIにおける親のゴールは、親−乳児間の肯定的なボンディング行動を増やすことである。セイ

フケアの提供者は、先述したアセスメント－トレーニング－アセスメントの方法を用いて、親に対して PII のターゲットとなるスキルを教えていく。

　アセスメント（PII、セッション 1）：PII のモジュールでは、有効性が確認された 2 つの尺度を用いる。1 つめは、日常生活チェックリスト（Daily Activities Checklist）で、親が、乳児との日常生活においてどんな活動（たとえば、おむつ替え、食事）が最も難しいかを見つけるために実施する。親 － 乳児活動トレーニングチェックリスト（Infant-Parent Activities Training Checklist, iPAT）とは、表 5.1 に示されているターゲットとなる行動について、提供者が観察をしながら親を採点するものである。基礎となるセッションで、提供者は親に対して、彼らが難しいと感じている日常生活活動を 2 つさせ、iPAT で採点する。

　トレーニング（PII、セッション 2 － 5）　親のトレーニングは、親 － 乳児相互関係に関係するいくつかのターゲットとなるスキルに焦点を当てる（表 5.1 参照）。そのスキルとは、**見る**（looking）・**話しかける**（talking）・**触れる**（touching）・**笑いかける**（smiling）といった、「ボンディングのLoTTS」と呼ぶスキルである。これらの重要なスキルは、親が乳児とのボンディングを形成、促進させるために、日常生活の中で使うものである。親は、**模倣**（imitating）・**抱っこ**（holding）・**ゆらゆら抱っこ**（rocking）など、ほかにもボンディング形成を促進させる行動について学ぶが、それらは乳児の状況や発達段階に応じて、多岐にわたる。トレーニングセッションでは、提供者はセイフケア 4 のプロセスを用いて、PII のスキルを親に教える。すなわち、ターゲットとなるスキルを説明し、モデルになること、親が難しいと感じている日常生活の活動（たとえば、アイコンタクトをすること、嫌がっている赤ちゃんに洋服を着せる際に肯定的なことばをかけることなど）を親が練習している様子を観察すること、そして、必要に応じて肯定的で修正を促すフィードバックを行うことである。トレーニングセッションは、親が乳児とのさまざまな日常場面においてスキルを使えるようになるまで続けられる。また、トレーニングセッションの間、提供者は親に対して、乳幼児の 5 つの生理的状態（眠っている、うとうとしている、穏やか － 目が覚める、興奮、大泣き）、発達の目安、乳幼児と遊ぶ際のさまざまな活動などの重要なテーマについて教える。

　アセスメント（PII、セッション 6）：iPAT は、親の習熟度・スキルの定着・スキルの一般化といった 3 つの活動を再評価する際に用いられる。

表 5.1　iPAT 親行動チェックリスト

ボンディングを促進する LoTTS	
見る（Looking）	目を開けて乳児と向かい合う
話しかける（Talking）	あなたがしていることについてシンプルなことばで話す。適切な声色で愛情を伝え、褒める。
触れる（Touching）	トントンする、キスする、くすぐる、愛情がこもった、やさしい身体接触をする
笑いかける（Smiling）	乳児を見て、口角を上げ、笑う
ボンディングを促進する、その他の行動	
抱っこする（Holding）	地面から完全に乳幼児を持ち上げる。温かく直接的に接触する
模倣する（Imitating）	尊敬の念を持っておしゃべりや動きを真似する
ゆらゆら抱っこする（Rocking）	乳児を前に後ろにやさしく揺らす

親－子ども相互関係（PCI）

　PCI のモジュールの第一の目標は、親の子どもに対する肯定的な相互関係を増やし、親が子どもの行動を効果的に扱うことができるように親を教育することである。このモジュールによって、親は一貫性を持ったしつけをすることができ、予測可能で信頼できる子どもに対する期待を持つことができるようになる。

　アセスメント（PCI、セッション 1）：PCI における最初のアセスメントでは、親が難しいと感じている 2 つの活動について、PAT スキルのうちどのスキルをすでに使っているかを観察するために、子どもの予定された活動トレーニングチェックリスト（Child Planned Activities Training Checklist, cPAT）を用いる。

表 5.2　cPAT スキルの定義

前
前もって準備すること
・必要なものやおもちゃなどを事前に用意しておく（すでにあるアイテムも含む） 　　・行われる予定の活動について子どもに知らせる
活動について説明する
・子どもの注意を向けさせる 　　・活動について説明する
ルールとそれを守ったらどうなるかを説明する
・1つ以上の楽しいルールを伝える 　　・1つ以上、ルールを守ったときにほうびを与える
実施中
あなたとあなたの子どもが何をしているのかについて話す
・活動について温かく話す 　　・機会利用型指導法を用いる
良い身体的相互関係スキルを使う
・子どものレベルに合わせる 　　・アイコンタクトをうまく使う
あなたとあなたの子どもが何をしているのかについて話す
・活動中に子どもに 2 つ以上の選択肢を持たせる
望ましい行動をほめる
・具体的な賞賛を 2 つ以上用いる
小さな望ましくない行動を無視する
・小さな望ましくない行動を無視する
ルールを守ったときと守らなかったときどうなるかを説明する
・必要に応じて規定されたほうびやペナルティを使う
修了
まとめをし、フィードバックを行う
・子どもに対して活動が終わることを知らせる
・子どもがどんなことがうまくできたかを伝える
・どうすれば次回よりよくできるかを子どもに説明する（必要に応じて）

　トレーニング（PCI、セッション 2 − 5）：基礎となるセッションが終わったあとトレーニングセッションに進み、提供者は親に対して、子どもとの肯定的な相互関係を促進できるよう、また、遊びの時間と 2 つの日常生活内の活動がより構造的なものになるようにスキルを教えていく。セッション 2 では、表5.2にある PAT スキルを親に対して説明し、提供者がモデルとなる。活動をする前に、ルールとそれを守ったらどうなるかなどについてディスカッションを行い、機会利用型指導法を用いながら、簡単なスキルを教え、活動中に言語発達を促すようにする（たとえば、「赤い車が見える？　あれは赤色だよ」）。そして、その活動が終われば、肯定的なフィードバックを行い、温かな注目を送るようにする。次に、提供者の観察のもと、親は子どもと遊んでいる間に、新しく習ったスキルを使う練習をする。この活動の間および活動終了後に、提供者は親に対して肯定的で修正を促すフィードバックをする。トレーニングのセッションが続くにつれて、親は追加された日常生活内での活動や、子どもが 1 人で遊んでいる際に PAT スキルを使う練習を重点的に行う。トレーニングセッションの間、提供者は発達の目安や、遊び時間に使えるような年齢に応じたさまざまな活動などを親に教える。

　アセスメント（PCI、セッション6）：トレーニングのメインである 3 つの活動（遊び、2 つの日常的な活動）における、スキルの習得度・スキルの定着・スキルの一般化についての最終確認をするために、cPAT を用いて再評価をする。

子どもの健康モジュール

　健康モジュールの目的は、子どもの病気を予防すること、子どもの病気やケガの症状を見分けること、そして子どもにとっての適切な治療を探して提供することができるよう、親をトレーニングすることである。この健康モジュールは、ロールプレイに非常に重点を置いており、幼少期に起こりやすい病気やケガに関連して、構造化された意思決定のプロセスの中で、親を教育するものである（図5-3参照）。健康に関するロールプレイのシナリオに対して、親は、家で子どもをケアするか、看護師のホットラインもしくは医院に電話をするか、もしくは救急治療室に直接行くかについて、効果的な意思決定をするよう教育される。

　アセスメント（子どもの健康、セッション1）：健康モジュールにおいて使用される有効性が確認された尺度は、子どもの病気とケガのチェックリスト（Sick and Injured Child Checklist, SICC）である。基礎となるアセスメントセッションでは、家で子どもをケアする（Care at Home）・医者の予約をとる（Doctor's Appointment）・救急治療を受ける（Emergency Treatment）という異なった 3 つのロールプレイのシナリオを実施し、ロールプレイ中の親の反応に関して得点をつけ、アセスメントをするために SICC が使用される。

　トレーニング（子どもの健康、セッション2 − 5）：基礎となるセッションが終了したあと、親は、幼少期に起こりやすい健康状態を表したシナリオを用いて、健康に関するトレーニングセッションを受ける。それぞれのシナリオで、提供者はよくある健康状態の症状を説明し、その症状に親がどのように対応するかを尋ね（すなわち、子どもにどんなことが起こっているのかを説明させる）、その後、親がその状態についてどのように判断し対応するのかを見ていく。親がトレーニングを受ける

につれ、親が症状を適切に評価することができ、最適な応答ができる（家でケアする、医者の予約をとる、救急に行く）ことが見込まれる。各シナリオで、提供者は症状を説明し、親に病状を見極めさせ、とるべき行動を決めさせ、シナリオの中でどうすべきかのロールプレイをさせ、修正を促すフィードバックを提供する。セイフケアの健康マニュアル（SafeCare Health Manual）は、症状を特定し優先順位を決める際に親を助ける情報を提供する参考書になるものである。マニュアルの中に、「症状と病気に関するガイド（Symptom and Illness Guide）」が入っており、親はこのガイドで特定の症状を調べて、その情報によってとるべき最善の行動を決めることができる（図5-3参照）。ロールプレイによる練習に加えて、親は、子どもを育てるに当たって関連のある健康予防に関する事柄についても学んでいく。たとえば、家庭内で役に立つ医療用品、適切に体温を測ること、衛生状態、定期的な健康診断や予防接種、安全な睡眠や乳児突然死症候群（sudden infant death syndrome, SIDS）の予防などがここにあげられる。

　アセスメント（子どもの健康、セッション6）：最終セッションで、異なった3つのロールプレイシナリオに対する親の反応を再評価するためにSICCを用いて、親が学ぶべきスキルを習得できた

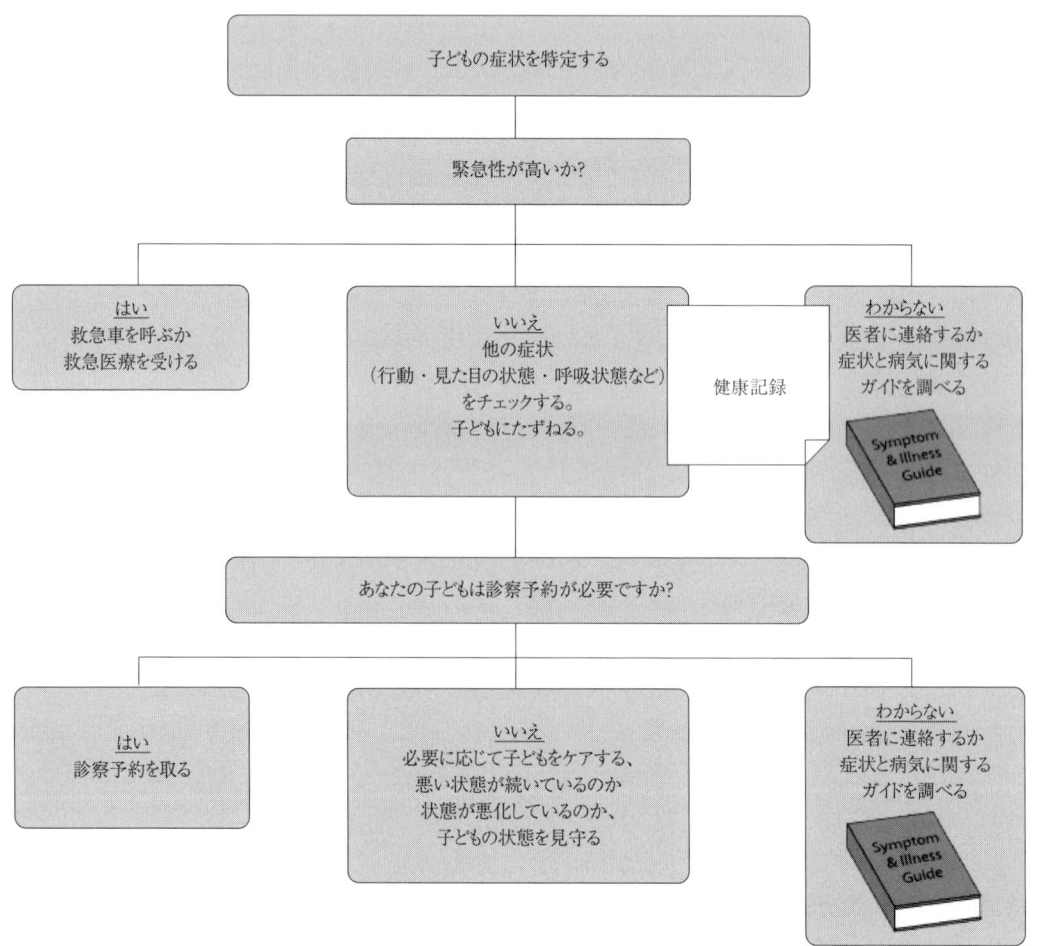

図5.3　子どもの健康モジュール意思決定プロセス

かどうかを確認する。

家庭の安全モジュール

　安全モジュールの目的は、親が家庭内を安全に保てるように支援し、親の見守りを強化することで、意図しないケガを防ぐことである。セイフケアは、子どもの手が届く安全でないもの、たとえば鍵がかかっていない容器や場所、チャイルドロックのかからない蓋などを、身近な危険物として定義している。セイフケアの危険物に関する分類は表5.3 に示されている。

　アセスメント（家庭の安全、セッション1）：最初の安全に関する基礎となるアセスメントは、3 部屋の身近な危険物を徹底的に探すことに焦点を置いている。アセスメントのための部屋の選び方は、子どもが最もよく過ごす部屋とする。有効性が確認された安全性をはかる尺度は、家庭事故予防目録（Home Accident Prevention Inventory, HAPI）が用いられる。これは、子どもがいる部屋にいくつ身近な危険物があるかどうかを提供者が記録するためのチェックリストである。セッション1 において基礎となるデータを集める前に、提供者は親から家の中の3 部屋を調べることの許可を書面で得る。同意書では、提供者は棚や引き出しなども見る必要があることなどを含め、どのようにアセスメントが実施されるのかを詳しく説明する。親は、アセスメントのどの部分でも拒否することができ、提供者に見てほしくないところを表明することもできる。また、親もアセスメントに参加するように誘われる。

　アセスメント方法の説明と同意にしたがって、提供者は一番背の高い子どもの目線と手の届く範囲にそって、何に手が届くかを決める。子どもは自分と同じ高さのものや、低いものに登ると想定される。提供者は1 つの部屋からはじめ、時計回りに部屋の中をまわり、子どもの手が届く範囲のあらゆる危険なものを探す。手が届く危険なものは、HAPI に記録する。1 つの部屋のアセスメントを終了する際、その部屋の危険物の数を集計し、危険物得点を算出する。それぞれの部屋ごとに新しい HAPI を使う。アセスメントの終了時までに、提供者は3 枚の HAPI の記入を完了していることになる。

　トレーニング（家庭の安全、セッション2－5）：トレーニングセッションでは、10 の危険物カテゴリーについて説明し、子どもの手が届きやすい危険物の決め方や、危険物を取り除くもしくは削減するための方法を教育する。提供者はアセスメントを行った各部屋について HAPI のスコアをフィードバックし、それぞれの危険物について、子どもが開けられないようにしたり、鍵をかけたり、子どもの手が届かないような場所に置いたり、危険な場所を掃除したりといったことをトレーニングセッションで親とともに行う。危険なものを特定したり、取り除いたりする責任は、提供者から親に段階的に移行する。親が練習するにつれ、提供者は肯定的に修正を促すフィードバックを与え、必要な場合にはモデルを示す。さまざまな理由（たとえば、他にも同居している大人がいる、親でも対処できない危険物があるなど）から、危険物を0 にすることが難しいことが多い。しかし、劇的に危険なものを減らすことは可能であり、それが成功（基礎となるアセスメントから著しく改善）となる。すべての危険物が取り除けないときには、提供者は残った危険物を親が監督しておくことが重要であることを強調する。トレーニングセッションでは、火傷や熱湯・食べ物の貯蔵や準

表 5.3　危険物分類

	毒物（例：薬物、洗剤）		押しつぶされる（例：子どもが引っ張り降ろせる箱やその他の重いもの）
	有機物やアレルゲン（例：腐りかけの食べ物、動物の糞		息が詰まる（例：硬貨、ジェリービーンズ）
	火や電気製品（例：マッチ、むき出しの電線）		おぼれる（例：浴槽の水、流し、プール、バケツ）
	転落やつまずき（例：ベランダ、扉のない階段）		鋭利なもの（例：ナイフ、かみそり）
	窒息（例：ビニール、つり紐）		銃

備・鉛中毒・火元の安全・車の安全など、他のさまざまな危険なものについても親と話し合う。

　アセスメント（家庭の安全、セッショ6）　基礎となるアセスメントで見た3つの部屋について、親がいかに安全さを保っているかを再評価するために、HAPI が用いられる。将来危険物になりそうなものを見つけたり取り除いたりする際の問題解決もここで行う。

基本的な治療原理と理論的枠組み

　セイフケアモデルは、Bandura（1977）の社会的学習理論と Latham と Saari（1979）による技法および、応用行動分析（Lutzker & Chaffin, 2012）がもとになっている。他の行動療法的なペアレントトレーニングプログラムのように、セイフケアも、子どものネグレクトや身体的虐待はペアレンティングスキルの欠如に起因しており、ペアレンティングスキルは、特定の教示方法を用いてトレーニングすることで改善されるものであるという仮定に基づいている。その方法とは、（1）提供者が親に標的となるスキルを教える、（2）提供者が標的となるスキルの行動モデルとなる、（3）親はそのスキルをロールプレイや子どもとの現実生活で練習をする、（4）提供者が親にフィードバックをする、というものである（Shaffer et al., 2001）。Kaminski ら（2008）のペアレントトレーニングプログラムに関するメタ分析によると、大切なことは、これらのスキルが、親の行動を変える上で

非常に重要であると判明したことである。

実証研究による裏づけ

子ども虐待の再発への効果

　セイフケアの効果と有効性を支持する結果は、いくつかの研究からも見てとれる。3 つのセイフケアモジュールは、一例報告を通して各介入モジュールの効果検証が厳密に行われている（Metchikian et al., 1991; Tertinger, greene, & Lutzker, 1984）。これまでに、児童福祉システムのもとにある家族に対する介入としてセイフケアが効果的であるということを示す 3 つの重要な研究がある。まず 1 つめの研究は、Lutzker らによって行われた準実験的研究であり（Gershater-Molko, Lutzker, & Wesch, 2002）、カリフォルニアでセイフケアを受けた家族と、通常の家族維持を目的としたサービスを受けた家族の比較を行った研究である。その結果、通常のサービス（services-as-usual, SAU）を受けた家族に比べて、セイフケアを受けた家族は、再び虐待通告をされることが有意に少なかったことが判明した。介入から 3 年後の再虐待率は、セイフケアを受けた家族は 15%で、SAU を受けた家族は 44%であった。

　つい最近、セイフケアと SAU のランダム化比較実験が 2 つ行われ、セイフケアの好ましい結果が示された。まずは、オクラホマ州全体の児童福祉システムにおけるセイフケアの比較効果研究では、オクラホマの 6 つのサービス地域と、無作為に割りつけられた SAU を続けた（ケースマネジメントに特化した集中的な家族維持プログラムを 6 カ月間提供する）地域、または、セイフケアを提供した地域とをマッチングした。登録された 2,100 以上の家族が、平均して 6 年間フォローアップを受けた。この研究により、セイフケアは、子ども虐待の通報を約 26%減少させることができ（ハザード比 =0.74）、研究者は 1 ケースごとに 64 〜 104 の通報を防ぐことができると報告している（再虐待率は 45%であると仮定）（Chaffin, Hecht, et al., 2012）。

　最近公表された研究では、州全体の試験でアメリカ先住民の家族のサブサンプルを調査し、セイフケアを受けた家族は、SAU を受けた家族に比べて再虐待率が低かったと報告されている（Chaffin, Bard, et al., 2012）。またセイフケアは、親のうつ症状、および、潜在的虐待リスクスクリーニング質問紙（Child Abuse Potential Inventory）得点を大きく改善した（Milner, 1986）。さらに、セイフケアを受けた親は、文化への適合性・連携・満足度に関して高く評価しており、セイフケアは少数民族にも受け入れられるものであることが示唆された（Chaffin, Bard, et al., 2012）。

予防的アプローチとしてのセイフケア

　近年、子ども福祉サービス以外でもセイフケアが予防的アプローチとして実践された研究が行われ、よい結果を示している。郊外に住む家族を対象にしたある研究では、セイフケアを受けた家族は SAU を受けた家族に比べて、サービス利用が増え、暴力行為を伴わないしつけが増え、DV 目撃に関する保護通告が減ったという結果が出ている（Silovsky et al., 2011）。この研究では、セイフ

ケアを受けた家族（20.8%）は、SAU を受けた家族（31.5%）に比べて、子どもの保護通告が 3 分の 1 少なかった。しかし、この差異は統計的に有意ではなく（p=0.19）、それはおそらくサンプル数が小さかったことによると考えられる（N=105）。2 カ所（カンザス州とインディアナ州）で行われたランダム化比較実験では、セイフケアの親−子ども相互関係モジュールがほぼ終了している。介入から 6 カ月後の結果を見てみると、セイフケアのペアレンティングのモジュールを受けた親は、受けていないコントロール群の親に比べて、より肯定的な養育行動を示し、その子どもたちは親−子ども相互関係の観察の際、活動に積極的に取り組み、応答性も高かった（Lefever et al., 2013）。

費用対効果

　非常に評価の高いワシントン州公共政策研究施設（Washington State Institute for Public. Policy, 2012）が最近報告した、セイフケアの「投資対効果」は、トレーニング費と導入費に 1 ドル支出した場合、その利益は 14.85 ドルであった。本報告書の著者は、近年オクラホマ全州で行われた研究の結果を分析し、オクラホマ州およびワシントン州での研究の費用見積もりを使用した。それによると、他のサービスに比べ、セイフケアは一家族に導入するのに 102 ドル多くかかるということが明らかになった。しかし、オクラホマ全州で行われた研究からは、一家族あたり 1,501 ドルの利益があるということもわかった。合計金額のうち、278 ドルは納税者としての利益、そして 1,223 ドルはセイフケアに参加する家族の直接の利益であった。他の児童福祉に関連したプログラムにも投資対効果が高い（すなわち、コストよりも多い利益を生んでいる）ものがあるが、セイフケアはどの児童福祉関連のプログラムよりも、最も費用対効果が高かった。

セイフケアを受ける家族

　これまでに、500 人以上の提供者がセイフケアモデルのトレーニングを受けてきた。彼らの多くが、児童福祉サービスのシステムの中で、家族らとかかわりセイフケアを提供してきた。しかし、司法制度の中で働く提供者もトレーニングを受けており、公衆衛生予防の取り組みも進行中である。司法制度に関与する家族は非常に多様性があり、簡単に言うと、低い社会経済的地位・多子家庭・単親家庭・若年親などの、子ども虐待に発展しうるさまざまなリスク要因がある（Brown et al., 1998; Lee & Goerge, 1999; Murphey & Braner, 2000）。最近の質的調査によると、セイフケアを多様な家族に実施した経験のある提供者は、さまざまな民族的背景がある家族にセイフケアモデルはうまくフィットすると報告しており、特定の対象に対して系統的に文化的な適合をすることは推奨されなかった（Self-Brown et al., 2011）。この質的研究の結果は、先述したように、アメリカ先住民族に対して実施した際に、セイフケアが再虐待率を減らし利用者の高い満足度を得たという、近年の Chaffin らの研究（Chaffin, Bard, et al., 2012）によってさらに裏づけられた。

利点と欠点

利点

　これまでの研究からもわかるように、セイフケアの成功の背景には、子ども虐待防止に効果的であるといういくつかの特徴がある。

1.　家庭内でのサービス提供

　サービスを受けるために施設に通うことの難しさをなくすため、セイフケアは親へのサービスを家庭の中で実施している。サービス提供者が家庭に行くことで、親の意思決定や行動に影響を与える家庭環境を、生態学的な流れの中で理解する機会が増える（Lutzker & Bigelow, 2002）。さらに、Huynen ら（1996）が論じているように、家庭内で、あるがままの状態でスキルを教えることで、獲得したスキルを汎化できる可能性が増えるのである。

2.　行動療法的ペアレントトレーニングの応用

　他の家庭訪問プログラムと違い、セイフケアのカリキュラムとスキルトレーニングは、主として診療の枠組みで提供される行動療法的ペアレントトレーニングと同等のものである。親のスキルや行動をアセスメントしたり、教示・行動のモデリング・親の繰り返し練習などの直接介入戦略を行ったりすることで、セイフケアプログラムは親に対して、安全で、安定的で、親子の関係を促進するようなスキルを教えることができるのである（Lutzker & Bigelow, 2002）。

3.　子どものネグレクトと身体的虐待に焦点を当てたカリキュラム

　子ども虐待を予防するというセイフケアの第一の目的を達成するために、本プログラムは3つの領域に焦点を当てている。すなわち、親－子ども相互関係、子どもの健康、そして家庭の安全である。子どもの健やかな成長などの代理的なリスク要因に焦点を当てる他の家庭訪問プログラムや親子関係だけに焦点を当てる他の行動療法的ペアレントトレーニングとは違い、セイフケアの独特のモジュールの組み合わせは、ネグレクトや身体的虐待のリスク要因や、親が子どもの健康管理や家庭内の安全管理ができないために子どもの健康が阻害されるリスク、さらには、不適切なペアレンティングスキルや親子関係に起因する心理社会的リスクを直接ターゲットにしている（Edwards-Gaura et al., 2011）。

4.　子ども虐待のリスクが最も高い年齢層の子どもと家庭がターゲット

　米国保健福祉省が2012年に出した報告によると、0～5歳の子どもが最も虐待死につながるリスクが高く、毎年保護される子どもの半数以上をこの年代の子どもが占めている。それに従い、セイフケアのカリキュラムは、0～5歳の子どもの親に焦点を当て、子ども虐待の軽減に最大の効果を発揮できるようにデザインされた。

　要約すると、セイフケアは、子ども虐待の防止を目的とした、他に類を見ない家庭を基盤にした行動療法的なプログラムであり、ネグレクトと身体的虐待という2つの最も一般的に認定された虐待のタイプと最も虐待のリスクが高まる年代の子どもの親をターゲットにしている。

欠点

　本プログラムは成功を収めているものの、モデルの妥当性を強めることや、子ども虐待の負担を減らす必要性においては、さらなる改善の余地があるといえる。

1. 家庭訪問事業にはコストがかかる

　先行研究では、各家庭を訪問し、その家庭に合ったサービスを提供することによる多くの利点を強調してきたが、この方法は医療機関で提供するサービスやグループアプローチに比べてコストがかかるものである。しかしながら、先述したように、ワシントン州公共政策研究施設が2012年に出した発表によると、セイフケアは1ドルの支出に対して14ドル以上の利益が受けられる、費用対効果の高いプログラムであるとされている。

2. それぞれのモジュールの効果

　セイフケアは、特定の分野に集中したモジュールの組み合わせが成功の鍵であるが、それぞれのモジュールごとの独立した効果についてさらなる研究が必要となる。もし、各モジュールがそれぞれに効果的であることがわかれば、家族の主たるニーズにより具体的に対応する簡略化したプログラムを提供できる可能性が高まる。そうすることにより、サービスにかかるコストを下げ、プログラムの定着率を高めることができると言われており、定着率は概ね50%であると報告されている（Damashek et al., 2011）。

3. 子どもの精神保健への効果

　セイフケアカリキュラムが子どもの精神保健に与える効果についての研究は十分ではなく、特定の診断を有する子どもに対して、本プログラムが与える影響を理解するためにさらなる研究が求められる。そうすることにより、セイフケアプログラムが、医療費の還付のために子どもの診断が必要になるような他のサービスシステムで実践することができるようになるだろう。

期待される成果

　セイフケアプログラムに参加している親に対して第一に期待される成果は、ターゲットとなるペアレンティングスキルの増加である。つまり、親はよりポジティブな養育行動をし、家庭内の安全性を向上させ、子どもの健康に関してより効果的な意思決定ができるようなることを期待される。これらの成果は、セイフケアに関連した研究で実証されている（e.g., Bigelow & Lutzker, 2000; Gershater-Molko, Lutzker, & Wesch, 2002; Metchikian et al., 1999）。たとえば、PCIのモジュールを修了した親は、応答性の良さ・子どもへの良い励まし・子どもの行動に関する適切な期待・子どもの活動への積極的かかわりなど、より質の高い養育行動を示すことができるのである（Lefever et al., 2013）。

　研究で示された本プログラムの他のポジティブな効果としては、親の抑うつの軽減（Chaffin, Bard, et al., 2012）、外在化もしくは内在化問題行動の減少や適応的機能の改善などの子どもの行動面の結果の改善（Lefever et al., 2013）がある。この改善は、介入のすぐ後と、介入後6カ月時点で

明らかになる傾向があり、スキルが般化されていることが示唆されている。最後に、研究の考察で示したように、セイフケアを実施した地域では、一般的な児童福祉サービスに比べ、児童保護通告の数が大幅に減少すること（Chaffin et al., 2011）や、サービスの登録や終了率が向上することが期待される（Damashek et al., 2011）。

［参考文献］

1. Bandura, A. (1977). Social learning theory. Oxford, UK: Prentice-Hall.
2. Barth, R. P., Landsverk, J., Chamberlain, P., Reid, J. B., Rolls, J. A., Hurlburt, M. S., & Kohl, P. L. (2005). Parent-training programs in child welfare services: Planning for a more evidence-based approach to serving biological parents. *Research on Social Work Practice, 15*(5), 353–371.
3. Bigelow, K. M., & Lutzker, J. R. (2000). Training parents reported for or at risk for child abuse and neglect to identify and treat their children's illnesses. *Journal of Family Violence, 15*, 311–330.
4. Brown, J., Cohen, P., Johnson, J. G., & Salzinger, S. (1998). A longitudinal analysis of risk factors for child maltreatment: Findings of a 17-year prospective study of officially recorded and self-reported child abuse and neglect. *Child Abuse & Neglect, 22*(11), 1065–1078.
5. California Evidence-Based Clearing house for Child Welfare. (2012, February). *SafeCare program description.* www.cebc4cw.org /program /safecare /detailed
6. Chaffin, M. (2004). Is it time to rethink Healthy Start / Healthy Families? *Child Abuse & Neglect, 28*(6), 589–595.
7. Chaffin, M., Bard, D., Bigfoot, D. S., & Maher, E. J. (2012). Is a structured, manualized, evidence-based treatment protocol culturally competent and equivalently effective among American Indian parents in child welfare? *Child Maltreatment, 17*(3), 1–11.
8. Chaffin, M., Funderburk, B., Bard, D., Valle, L. A., & Gurwitch, R. (2011). A combined motivation and parent-child interaction therapy package reduces child welfare recidivism in a randomized dismantling field trial. *Journal of Consulting and Clinical Psychology, 79*(1), 84–95.
9. Chaffin, M., Hecht, D., Bard, D., Silovsky, J. F., & Beasley, W. H. (2012). A statewide trial of the SafeCare home-based services model with parents in child protective services. *Pediatrics, 129*(3), 509–515
10. Chaffin, M., Silovsky, J. F., Funderburk, B., Valle, L. A., Brestan, E. V., Balachova, T., & Bonner, B. L. (2004). Parent-child interaction therapy with physically abusive parents: Efficacy for reducing future abuse reports. *Journal of Consulting and Clinical Psychology, 72*(3), 500–510.
11. Damashek, A., Doughty, D., Ware, L., & Silovsky, J. (2011). Predictors of client engagement and attrition in home-based child maltreatment prevention services. *Child Maltreatment, 16*(1), 9–20.
12. Duggan, A., McFarlane, E., Fuddy, L., Burrell, L., Higman, S. M., Windham, A., & Sia, C. (2004). Randomized trial of a statewide home visiting program: Impact in preventing child abuse and neglect. *Child Abuse & Neglect, 28*(6), 597–622.
13. Edwards-Gaura, A., Whitaker, D., Lutzker, J. R., Self-Brown, S., & Lewis, E. (2011). SafeCare: Application of an evidence-based program to prevent child maltreatment. In A. Rubin (Ed.), *Aclinician's guide to evidence-based practice*(pp. 259–272). Hoboken, NJ: John Wiley & Sons.
14. Gershater-Molko, R. M., Lutzker, J. R., & Wesch, D. (2002). Using recidivism to evaluate project SafeCare: Teaching bonding, safety, and health care skills to parents. *Child Maltreatment, 7*(3), 277–285.
15. Hahn, R. A., Mercy, J., Bilukha, O., & Briss, P. (2005). Assessing home visiting programs to prevent child abuse: Taking silver and bronze along with gold. *Child Abuse & Neglect, 29*(3), 215–218.

16. Huynen, K. B., Lutzker, J. R., Bigelow, K. B., Touchette, P. E., & Campbell, R. V. (1996). Planned activities training for mothers of children with developmental disabilities. *Behavior Modification, 20*, 406–427.

17. Kaminski, J. W., Valle, L. A., Filene, J. H., & Boyle, C. L. (2008). A meta-analytic review of components associated with parent training program effectiveness. *Journal of Abnormal Child Psychology, 36*(4), 567–589.

18. Latham, G. P., & Saari, L. M. (1979). Importance of supportive relationships in goal setting. *Journal of Applied Psychology, 64*(2), 151–156.

19. Lee, B. J., & Goerge, R. (1999). Poverty, early childbearing, and child maltreatment: A multinomial analysis. *Children and Youth Ser vices Review, 21*, 755–780.

20. Lefever, F. E. Bigelow, K. M., Carta, J. J., & Borkowski, J. G. (in press). Prediction of early engagement and completion of a home visitation parenting intervention for preventing child maltreatment. *National Head Start Association Dialog Briefs*.

21. Lutzker, J. R., & Bigelow, K. M. (2002). *Reducing child maltreatment: A guidebook for parent services*. New York, NY: Guilford Press.

22. Lutzker, J. R., & Chaffin, M. (2012). SafeCare®: An evidence-based, widely disseminated, constantly dynamic model to prevent child maltreatment. In H. Dubowitz (Ed.), *World perspectives on child abuse* (10th ed., pp. 93–96). Aurora, CO: International Society for Prevention of Child Abuse and Neglect.

23. Lutzker, J. R., McGill, T., Whitaker, D. J., & Self-Brown, S. (in press). SafeCare®: Preventing child neglect through scalingup and examining implementation issues of an evidence-based practice. In R. Alexander, N. Guterman, & S. Alexander (Eds.), *Prevention of child maltreatment*. St. Louis, MO: G. W. Medical Publishing.

24. Metchikian, K. L., Mink, J. M., Bigelow, K. M., Lutzker, J. R., & Doctor, R. M. (1991). Reducing home safety hazards in the homes of parents reported for neglect. *Journal of Child & Family Behavior Therapy, 21*, 23–34.

25. Milner, J. S. (1986). *The Child Abuse Potential Inventory: Manual* (2nd ed.). Webster, NC: Psytec.

26. Murphey, D. A., & Braner, M. (2000). Linking child maltreatment retrospectively to birth and home visit records: An initial examination. *Journal of Policy, Practice, and Program, 79*(6), 711–728.

27. Prinz, R., Sanders, M., Shapiro, C., Whitaker, D., & Lutzker, J. (2009). Population-based prevention of child maltreatment: The U.S. Triple P system population trial. *Prevention Science, 10*(1), 1–12. doi:10.1007/s11121-009-0123-3

28. Self-Brown, S., Frederick, K., Binder, S., Whitaker, D., Lutzker, J. R., Edwards, A., & Blankenship, J. (2011). Examining the need for cultural adaptations to an evidence-based parent training program targeting the prevention of child maltreatment. *Children and Youth Services Review, 33*(7), 1166–1172. doi:10.1016/j.childyouth.2011.02.010

29. Shaffer, A., Kotchick, B. A., Dorsey, S., & Forehand, R. (2001). The past, present, and future of behavioral parent training: Interventions for child and adolescent problem behavior. *Behavior Analyst Today, 2*, 91–105.

30. Silovsky, J., Bard, D., Chaffin, M., Hecht, D. B., Burris, L., Owora, A., & Lutzker, J. (2011). Prevention of child maltreatment in high risk rural families: A randomized clinical trial with child welfare outcomes. *Children and Youth Services Review, 33*(8), 1435–1444.

31. Tertinger, D. A., Greene, B. F., & Lutzker, J. R. (1984). Home safety: Development and validation of one component of an ecobehavioral treatment program for abused and neglected children. *Journal of Applied Behavioral Analysis, 17*, 159–174. doi:10.1901/jaba.1984.17-159

32. U.S. Department of Health and Human Services, Administration for Children and Families, Administration on Children, Youth and Families, Children's Bureau. (2010). *Child maltreatment, 2008*. Washington, DC: U.S. Government Printing Office.

33. U.S. Department of Health and Human Services, Administration for Children and Families, Administration on Children, Youth and Families, Children's Bureau. (2012). *Child maltreatment, 2011*. Washington, DC: U.S. Government Printing Office.

34. Washington State Institute on Public Policy (2012, April). *Return on investment: Evidence-based options to*

improve statewide outcomes. www.wsipp.wa.gov/rptfiles/12-04-1201.pdf

35.　Whitaker, D. J., Lutzker, J. R., & Shelley, G. A. (2005). Child maltreatment prevention priorities at the Centers for Disease Control and Prevention. *Child Maltreatment, 10*(3), 245–259.

第6章
身体的虐待の問題を抱えた家族のための効果が実証された実践
家族のための代替案：認知行動療法

デビッド・J・コルコ

モニカ・M・フィッツジェラルド

ジェシカ・L・ラウバッハ

総論

　この章では家族のための代替案：認知行動療法（Alternatives for Families: A Cognitive Behavioral Therapy, AF-CBT）の概観を示す。具体的には、AF-CBT の一般的な特徴・その理論的な枠組み・プログラム対象者・期待される成果・研究により得られたエビデンス・トレーニングを受けるための要件・プログラムの実施を妨げる可能性のあるものなどについて解説する。また、この章では、いくつかの治療方法を統合することによって生み出された AF-CBT の独自性についても触れる。

AF-CBT が焦点を当てているものは何か？

　家族のための代替案：認知行動療法は、効果が実証された治療的介入であり、家庭の中に争いや威圧を生じさせている養育者と子どものそれぞれの特性と、攻撃または虐待が生じるリスクを有している家族状況との双方をターゲットにしている（(Kolko, 1996a, 1996b; Kolko et al., 2011; Kolko & Swenson, 2002)）。このアプローチでは、自己コントロール力を高め暴力的な行動を減らすために考案された、個人内のスキルと対人的スキルのトレーニングが重要とされている。それをするために、AF-CBT は、子ども・養育者・家族・コミュニティにおける身体的攻撃性または虐待的な出来事をもたらす要因（あるいは「リスク因子」）に焦点を当てる（Kolko & Kolko, 2010）。要因となりうるものとしては、子どもに対する否定的認知・発達段階に合わない過度の期待・怒りあるいは敵意の増大・厳しい養育方法などが挙げられる。さらに、威圧的な家族交流パターンとストレスをもたらす生活上の出来事の増大も要因となりうる。次に、AF-CBT は、争いや虐待に曝されたことによってしばしば生じる、子どもたちと養育者の後遺症（または「結果」）をターゲットとする。ターゲットとなりうるものとして、攻撃性や不適応行動・低い社会的能力・トラウマと関連した情緒的な症状・対人関係スキルが年齢相応に発達していないこと・認知の障害などが含まれる。こういった結果にも対応しているので、AF-CBT は、行動上の問題（たとえば反抗的で攻撃的な行動）を有してい

る子どもたちに対する治療的介入としても用いられてきた。

どんなクライエントが AF-CBT の適応となるのか？

　AF-CBT は、争いまたは力での支配、養育者からのことばまたは身体による攻撃（暴力を振るうぞという脅し、または過度の暴力の行使、児童青年の行動上の問題を含む）、あるいは身体的虐待により紹介された家族のために考案されたものである。この治療プログラムは、心的外傷後ストレス障害（posttraumatic stress disorder, PTSD）のような、身体的虐待や体罰と関連したトラウマ症状を有した児童青年にも対応するように拡充された。それゆえ、AF-CBT は次の家族に用いられることが推奨される（（1）、（2）、（3）のうち 1 つでもあれば対象となる）。すなわち、（1）養育者の養育におけるしつけや子どもの行動に対する対処方法が、軽度の体罰から、身体への攻撃や虐待行動に及んでいる場合。あるいは高いレベルの怒り・敵意・感情の爆発傾向を示す場合。（2）子どもが重大な外在化型問題行動や攻撃的な行動（たとえば、反抗的行動や反社会的行動）を示している場合。深刻な身体的虐待あるいはしつけと関連したトラウマ症状（たとえば、怒り、不安、PTSD など）を伴う場合も伴わない場合もある。（3）家族が、激しい争いや力での支配を示し、個人の安全を脅かしている場合、である。

　AF-CBT は、身体的、情緒的、言語的攻撃のリスク要因とその結果の双方の問題に、包括的に取り組んでいる。したがって、AF-CBT は、養育者の抱えている特異的な臨床上の問題をターゲットとしてそれに対処しようと努めている。ターゲットとなるのは、怒りあるいは敵意の増大、子どもに対する否定的認知や子どものせいにすること、効果のない体罰的な養育などのような養育を適切で効果的な方法で実践することの困難さなどである。同様に、AF-CBT は、子どもの問題もターゲットにしている。子どもの問題としては、怒りあるいは不安、トラウマと関連した情緒的な症状、低い社会的対人関係スキル、攻撃性を含む行動上の問題、自分のせいにするなどの機能不全、などを指している。家族のレベルでは、AF-CBT は、肯定的な家族関係へと改善し家族の衝突を減少させるためのスキルを教えることによって、家族の威圧的な相互交流に取り組んでいる。

AF-CBT の基本原則

　AF-CBT の内容は、以下の 3 つの段階に分けられる。すなわち、エンゲージメントと心理教育・個別のスキル形成・家族への適用である。これ以外に、特定の治療段階あるいはプログラム内容に特有なものではないけれども、この治療モデルを成功裏に実施するのに役に立つ、基本的な構成要素がある。こういった「基本原則」には、毎回のセッションに使用される方法やガイドラインもあれば、必要とされたときに使用される方法もある。最初の基本的な構成要素は、**アセスメント**である。アセスメントは、優れた治療においてはいつも重要な役割を担っている。アセスメントの目標は、AF-CBT が最も適したアプローチであるかどうかを判断するために、多角的な問題を有する家族とケースの臨床的特徴を確認することである。適切なアセスメントが実施されない場合は、ク

ライエントは役に立たない治療を受けることになるかもしれず、それは時間とリソースを無駄にしてしまうことになる。アセスメントアプローチは構造化されていることもあり、公式な場合も公式でない場合もあるが、いずれも標準化された自記式質問紙票・診断面接・臨床面接・児童保護機関が作成した文書・ケースワーカーの報告書・診療記録・直接観察などから得られた情報から構成されている。包括的なアセスメントにより、臨床家はクライエントの現在の精神保健・行動上の問題・家族の強みと弱み・過去の問題について十分に理解することが可能になり、臨床的な判断が導かれ、治療の必要性があるかどうかの決定を下すことを可能にしてくれる（第2章を参照）。

　最初のアセスメントが実施された後も、臨床家は治療への反応性をモニターするためと、治療の進展について家族に継続的にフィードバックするために、アセスメントのための情報を収集し続ける。さらに臨床家は、治療終結時にアセスメントを実施して、治療の効果に関する情報を伝え、アセスメントに基づいて今後の治療計画を指し示す。AF-CBT は4つの特定のアセスメント尺度を推奨している。すなわち、アラバマ子育てアンケート（Alabama Parenting Questionnaire, APQ；Frick, 1991）、子ども虐待アンケート（Child Abuse Potential Inventory, CAP; Milner & Ayoub, 1980））を基に作られている簡易版子ども虐待アンケート（Brief Child Abuse Potential Inventory, B-CAP；Ondersma et al., 2005）、子ども PTSD 症状スケール（Child PTSD Symptom Scale, CPSS; Foa et al., 2001））、子どもの強さと困難さアンケート（Strengths and Difficulties Questionnaire, SDQ; Goodman, Meltzer, & Bailey, 1998）である。これらの尺度は、AF-CBT の最初の臨床ターゲットを評価することを意図している。つまり、(1) 養育方法、養育者の外在化型問題行動（たとえば、ことばによる攻撃と身体的な攻撃、怒りや興奮、子ども虐待の可能性など）、家族の争いや力での支配のレベルと身体的な攻撃や虐待のリスク（たとえば、頻回の言語的、身体的攻撃の激化、安全への脅威）（B-CAP; Ondersma et al., 2005）、(2) 子どもの外在化型問題行動と社会情緒的な機能（たとえば、情緒的苦痛、素行問題、注意の問題、乏しい仲間関係）（SDQ; Goodman et al., 1998）、(3) 子どもの心的外傷後ストレス（CPSS; Foa et al., 2001）である。これらの領域についての情報は、標準化された測定方法以外にもたくさんの情報源から集められる。AF-CBT は、推奨されたスクリーニング方法を提供していて、それらを用いて家族の適格性を評価し、専門家の臨床判断の方向づけをすることができる。アセスメントにより、AF-CBT が特定のクライエントに対して適切な治療であると決定された後は、それぞれのクライエントに特化した活動方針を決定し、新しく生じる行動上のどんな問題にも対処するために、**行動の機能分析**と呼ばれる戦略が、全治療過程を通じて用いられる。この戦略は章の後半に記述されている。

　AF-CBT は毎週実施され、それぞれのセッションにおいて、臨床家は CA$H（Check-ins on Attendance, Safety, and Home practice）と呼ばれる手順を用いる。これは出席（Attendance）・安全（Safety）・宿題（Home practice）のチェックから入っていく（Check-in）ことを示している。CA$H を実施することにより、セラピストは、(1) 家族が治療に通い続けている努力を認める、あるいは欠席を引き起こしてしまう障害となるものについて話し合う、(2) 家族の進歩をアセスメントし、しつけの使用や力で強制する厳しい威嚇的な養育行動の使用の、両方かいずれか一方についてアセスメントする、(3) 前回宿題としたスキルの状態を確認することができる。宿題をすることで、家

族はそのスキルが自分たちに役に立つかどうかを見極めることができる。養育行動・毎週の練習・スキルは記録され、特別な追跡ツールと配付資料（たとえば「今週の安全チェックイン」「家族のための代替案プラン」）を使って、治療の全経過を通じて実施される。子どもや養育者から安全に関する懸念が伝えられた場合、あるいは差し迫った危険の証拠がある場合は、いかなる場合でも**安全プラン**を作成することが重要である。この安全プランは、AF-CBT のもう 1 つの基本的な構成要素である。安全プランには次の 3 つの要素が組み入れられなければいけない。すなわち、(1) 子どもの安全を保つために、興奮が高まっている環境から即座に離れること、(2) 養育者が自己コントロールを維持するために短時間で興奮を和らげる方法、(3) 争いを解決するためのプラン、である。機能分析、CA$H、家族のための代替案、安全プランはすべて、AF-CBT の治療期間を通じて、進歩と新たな心配に対処するための重要な治療的要素となっている。

臨床内容

　すでに述べ、表 6.1 にも概略を示したように、AF-CBT の内容は次の 3 つの段階に分けられる。つまり、エンゲージメントと心理教育、個別スキル形成、家族への適用である。この内容は、学習と行動理論（Walker, Bonner, & Kaufmann, 1988; Wolfe, Sandler, & Kaufmann, 1981）、家族システムセラピー（Alexander & Parsons, 1982; Anderson & Reiss, 1982; Robin & Foster, 1989）、認知行動療法（cognitive behavioral therapy, CBT; Fleischman, Horne, & Arthur, 1983; Frankel & Weiner, 1990）、発達論的被害者学（Finklehor, 2007）、攻撃性の心理学（Buss, 1961; O'Leary, 2008; O'Leary & Cohen, 2007）を含む、いくつもの観点からの原理や技法に基づいている。また、何人かの専門家や同僚たちと協働して、治療的介入を積み重ねる中から学んだものも含まれている。トレーニングのために選ばれたスキルは、社会適応力を高めるスキル（自己コントロール、感情調節、アサーティブな態度、コミュニケーション、問題解決などを含む）を使えるようにすることを意図しており、とりわけ、威圧的あるいは攻撃的な対処方法に対しての「代替案」として役に立ち得るものとなっている。このように、AF-CBT は子ども、養育者、家族の特性をターゲットとしている。AF-CBT は、親／養育者の要素と子どもの要素が並行している部分と、養育者－子どものスキル展開の要素の統合された部分で成り立っている。それゆえ、AF-CBT セッションに誰が参加するかは、セッションのどのトピックかによって違い、いくつかのセッションは子ども単独あるいは養育者単独に焦点を当て、個別のセッションで行われるようになっている。一方、他のセッションは、子どもと養育者が家族と関連した問題やスキルについて一緒に取り組めるように、合同セッションとなっている。

　AF-CBT の内容は、17 のセッションまたはトピックで構成されているが、治療的要素の順番は流動的で、急を要する臨床的ニーズに応じて変更してもよい。当然のことながら、AF-CBT を実施するのに必要な時間は、家族の問題の重篤さとその範囲・セッションの頻度・家族の動機づけの程度によってかなり変化する。AF-CBT は、メンタルクリニックの外来・学校・家庭・入所型治療施設・部分プログラム・その他の治療センターなど、さまざまな設定環境において有効であることが明らかになってきている（Kolko et al., 2012）。

　AF-CBT がどのように実施されるのかをもっと詳細に眺めてみるために、それぞれのフェイズの目標を簡単に記述する。

　フェイズ1：エンゲージメントと心理教育：このフェイズは4つのトピックで構成されている。まずは、養育者と子どもの合同セッションとそれぞれの個別セッションを通じて、支持的で信頼できる関係を確立することが目的である。治療をその家族固有の強みと弱みに適合したものにするにはどうしたらよいかを治療者が評価するために、現在の状況とともに過去の治療経験を話し合う。

　フェイズ2：個別のスキル形成：2番目のフェイズは、ほぼ9トピックで構成され、すべて個別セッションで、子どもと養育者が交互に参加する。子どもと養育者の双方に対して、感情に気づいてそれを調節すること、および問題を引き起こしてしまう助けにならない思考を再構成するのに役に立つスキルを教える。子どもたちは、怒りや不安に対するひきがね（trigger）と手がかり（cue）に気づく方法を学び、自己コントロールテクニックとストレスマネージメントスキルを習う（たとえば、深呼吸法、漸進的筋弛緩法、自分に対する肯定的なことばかけ）。養育者は、子どもの好ましい行動に気づくように促され、否定的な好ましくない行動に対して、行き過ぎた強制や暴力を使わないでうまく対処するための具体的な行動テクニックを学ぶ。養育者がスキルの足りないところ（と強み）をターゲットとしている間、子どもはアサーティブな態度と効果的なソーシャルスキルを教えられる。子どもが、安全な治療環境の中で適切な対処スキル（たとえば、感情に気づき調節すること）を身につけることができたら、以前の家族の中で起こった虐待や争いについての苦痛に満ちたトラウマ記憶や侵入思考と関連した不安や恐怖を克服するために、治療者はイメージ曝露テクニックを使う。養育者のスキル形成には、「明確化」のセッションの準備が含まれている。そのセッションでは、養育者は虐待に至った出来事を話し、自分の行為の責任を引き受け、子どもに与えた影響を認め、虐待や争いを防ぐための今後のプランについて述べる。

　フェイズ3：家族への適用：最後のフェイズは4つのトピックで構成されており、そのすべてが子どもと養育者（たち）の合同セッションである。このフェイズでは、家族は健全なコミュニケーションスタイルを学び、効果的なコミュニケーションスキルを練習する。これは、最終の明確化のセッションの準備をするために欠かせないものである。明確化のセッションは、それまでに身につけたスキルトレーニングを活用して、家族が虐待や争いについて話し合うための機会を提供する。最終ゴールは、安全と愛情に満ちた環境を維持するために、結束力があり、尊敬し合い、お互いに対して思いやりのある家族になることである。この目標を達成するために、家族はコミュニケーションを妨げているものとそれに代わるものを見出し、セッションの中と外で、新しいコミュニケーションスキルを練習する。このフェイズでは、さらに家族は公式化された問題解決スキルを教わり、将来にわたって争いや虐待を回避するための具体的なプランを作る。これらのスキルは、それ以前に習い治療を通じて強化されてきた他のスキルテクニック（たとえば、肯定的な養育スキル、アサーティブな態度、家族や友達に対するソーシャルスキル）と統合される。

　これらの3つのフェイズを積み重ねることによって目指す目標は、単に過去の争いや威圧的な体験を話し合って理解し合うだけでなく、将来にわたって家族の争いや身体的な攻撃に対処でき、最終的にはその程度を減らすツールを、家族に提供することである（Kolko et al., 2011）。

表 6.1　AF-CBT の各段階の焦点と内容の概略

段階	セッション	参加者
フェイズ 1 ：	エンゲージメントと心理教育	
1.	オリエンテーション	養育者と子ども
2.	協力関係の構築とエンゲージメント	養育者
3.	感情と家族の体験について学ぶ	子ども
4.	家族の体験と心理教育	養育者
フェイズ 2 ：	個別のスキル形成（スキルトレーニング）	
5.	感情調節	養育者
6.	感情調節	子ども
7.	思考の再構成	養育者
8.	思考の再構成	子ども
9.	子どもの好ましい行動を奨励する	養育者
10.	アサーティブな態度とソーシャルスキル	子ども
11.	子どもの行動にうまく対処するためのテクニック	養育者
12.	イメージ曝露／意味づくり	子ども
13.	明確化のための準備	養育者
フェイズ 3 ：	家族への適用	
14.	健全なコミュニケーションを実現する	養育者と子ども
15.	明確化を通じて家族の安全性を高める	養育者と子ども
16.	家族の問題を解決する	養育者と子ども
17.	卒業の準備／再発予防	養育者と子ども

基本的な治療原理と理論的枠組み

　AF-CBT のユニークな側面の１つは、多様な理論と技法から得た要素が組み合わされていることである。このように概念が多様であることにより、AF-CBT は、他の有効性の実証された治療的介入の最も成功を収めた要素から構成されているため、統合された治療を提供することができる。もちろん、AF-CBT の主要な枠組みは、認知行動療法と行動理論あるいは学習理論に依っていて、機能分析やスキルトレーニング方法や結果の賢明な使用に焦点を当てている（Fleischman et al., 1983; Frankel & Weiner, 1990; Walker, Bonner, and Kaufmann., 1988; Wolfe, Sandler, & Kaufmann, 1981）。それに加えて、AF-CBT は、信念や帰属がいかに情緒的な反応や行動に影響を与えるか、それらが体験的訓練によっていかに変容しうるかを明確に述べた認知療法からも多くを得ている（Beck, 1976; Bugental, Mantyla, & Lewis, 1989）。また、家族療法モデルの基盤となっているシステム理論の視点も取り入れている。家族療法モデルでは、家族メンバー間の相互交流のパターンを調査することによって、問題を同定してそれを緩和し、さらにその問題の捉え方をリフレームするのに役立つ戦略を作り出す（Alexander & Parsons, 1982; Anderson & Reiss, 1982; Robin & Foster, 1989）。発達論

的被害者学（Finklehor, 2007）（トラウマ体験や虐待体験への曝露の特有な後遺症が、子どものそれぞれの発達段階や一生涯を通じて、いかに変化しうるかを記述している）もまた AF-CBT の構成の一助となっていて、イメージ曝露の要素が組み込まれている。AF-CBT はまた、攻撃性の心理学（Buss, 1961; O'Leary, 2008; O'Leary & Cohen, 2007）からの概念も取り入れている。そこには、攻撃や力での支配が発現し維持されるプロセスが記述されているので、攻撃行動の加害者と被害者の両方の視点から、自身の生育歴を理解するのに役立っている（Child Welfare Information Gateway, 2007）。

　AF-CBT は種々の理論と技法で作られているが、その主要な枠組みは CBT に依っている。アセスメントの役割は、目標を選択し、内容を実施し、終結の準備をするときなどに、主たる治療課題の選択と実践の指針となることであり、CBT の中核をなしている。CBT のアセスメントの基本モデルは、**機能分析**と呼ばれるものである。機能分析あるいは「ABC モデル」（先行条件 <antecedents>、行動 <behavior>、結果 <consequences>）は、行動そのものの詳細な記述とともに、何がその前に起こったのか（A）、問題となった行動（B）の後に何が起こったのか（C）のアセスメントを含んでいる。それ故、セラピストは行動そのもの、先行条件やその結果に、直接的に介入する。問題行動は、考え・感情・行動を広く映し出している可能性がある。セラピストは、問題行動の頻度・持続時間・強度・範囲を詳しくアセスメントして、養育者と協働して治療的介入プランを立てる。

　AF-CBT における機能分析では、子どもの示す問題行動（例：外在化型問題行動、トラウマを思い出させるものの回避）と養育者の問題行動（例：攻撃行動）と家族の問題（例：争い）の注意深くて客観的なアセスメントの提供を試みる。次に、問題行動と AF-CBT における機能分析を通じて対処される機能／結果の例を挙げる。(1) 家族の食事を妨害し、自分の部屋に行くようにという「罰を受ける」子どもは、食卓でよく起こる家族のけんかから逃れようとしたのかもしれない。(2) 裁判所命令で治療に規則的には出席していたけれども、宿題をしてこないある養育者は、確実な報酬（たとえば、一貫した出席記録により子ども保護機関がケースを終了させる）を求めているのかもしれない。加えて、AF-CBT の機能分析は、特有な先行状況（例：虐待や争いの生活史、生活上のストレス要因）と結果（例：養育者の肯定的と否定的な養育方法、子どもの危険性の高い行動、たとえば非行集団での活動や物質依存など）のアセスメントの根拠となる。実施された介入治療の影響と行動目標に向けての進歩の程度をアセスメントするために、セラピストは行動の変化（頻度、強度、持続時間、範囲）の経過を追っていく。アセスメントの所見により、個々の子どもにとって、どのように AF-CBT の治療要素を実施したらよいのかを決定する（Kolko et al., 2011）。

期待される成果

　AF-CBT に関するさまざまな研究は、治療に参加した養育者・子ども・家族の改善という良好な結果を示してきている。家族においては、養育者がより有効なしつけの方法の使用に関する個々の治療目標を達成し、養育者により、全般的な心理的ストレスの減少と、子ども虐待が発生する可能性の減弱と、薬物乱用の減少が報告された。AF-CBT は子どもの福祉に関しても、虐待の再発率あるいは子どもがケガを負う危惧の確率の減少など、プラスの結果を立証している。AF-CBT

に参加した子どもは、幸福感や危害から守られる安全性が増加し、さらに恐怖・不安・怒り・悲しみの感情が減少したことを示している（Kolko et al., 2011）。その他にも子どもにおける成果として、外在化型問題行動（子どもの養育者への攻撃や他の子どものプライバシーを脅かす暴力的な行動傾向を含む）の重篤度が減弱したということが、養育者の報告で明らかにされている。さらに、子どもが家族の結束が以前より強まったと報告していることに加え、養育者と子どもの両者ともが、家族の争いが軽減したことを報告している（Kolko et al., 2011）。

実証研究による裏づけ

　有効な研究の系統的なレビューに基づいて、いくつかの専門家グループや政府機関は、AF-CBTを有望かつ有益な治療実践として注目してきた。このプログラムは、子どもと家族のためのチャドウィックセンター（Chadwick Center for Children and Families）、米国子どものトラウマティックストレス・ネットワーク（National Child Traumatic Stress Network）、米国犯罪被害者研究治療センター（National Crime Victims Research and Treatment Center）、米国司法省性暴力・トラウマティックストレスセンター（Center for Sexual Assault and Traumatic Stress of the U.S. Department of Justice）、カリフォルニア子ども福祉実践エビデンス・クリアリングハウス（California Evidence-Based Clearinghouse for Child Welfare）から発行されている情報に取り上げられている。さらに、ロサンゼルス郡メンタルヘルスオフィス（Los Angeles County Office of Mental Health）によって、効果が実証された治療として承認されている。加えて、AF-CBTが普及したことにより、米国心理学会暴力被害児プログラムの有効な提供者（Effective Providers for Child Victims of Violence Program of the American Psychological Association）に加えられている。こういった広範囲での支持が累積しているのは、AF-CBTの有効性を支持する研究によるものである。AF-CBT普及の努力は、米国の多様な臨床や研究環境において成功を収めてきている。そして、ごく最近では他の国（たとえば、カナダ、イギリス、ドイツ、オランダ、イスラエル、イタリア、日本）でも導入されている。プログラムの訓練を受けた臨床家からの報告では、臨床的な改善という点では全般的にプラスの結果（たとえば、養育者の虐待的な行動や力の行使の減少、親子関係の改善など）と、児童保護機関の問題解決によるケース終結が示されている。

　過去30年の間に、AF-CBT関連外の研究者たちは、AF-CBTに取り入れられている技法の多くが、子ども・親・家族機能を改善することと、さまざまな背景の親・子ども・家族の安全性の促進、虐待リスクや再虐待の軽減に有効であることを証明してきている。これらの技法には、ストレスマネージメントや怒りのコントロールトレーニング、認知再構成、養育スキルトレーニング、身体的な力や敵意の行使とその影響についての心理教育的な知識、ソーシャルスキルトレーニング、イメージ曝露、争いを軽減することに焦点を当てた家族介入などが含まれている（Kolko & Swenson, 2002; Kolko & Kolko, 2010; Urquiza & Runyon, 2010参照）。

　初期の研究において、個別の子ども／親CBTと家族療法の要素の使用（今はこの両者がAF-CBTに統合されている）が、通常の地域のサービスよりも、子ども（子どもの親への攻撃、子どもの外在化

型問題行動）、親（子ども虐待の起こりやすさ、虐待的な行動を反映している個別の治療目標、心理的苦痛、薬物の使用）と家族（争い、結束）のいくつかの結果において、はるかに大きな改善が示された（kolko, 1996b）。十分な研究期間をとった公的な児童福祉のデータによれば、個別CBT（5%）と家族療法（6%）は、地域サービス（30%）に比べて、有意ではないが虐待の再発率が低いという結果であった。被虐待と認定された子どもに対して、研究で使われた3つの条件において調査したところ、CBT（10%）、家族療法（12%）、通常の地域サービス（30%）であり、同様の再虐待率を示した。CBTと家族療法はともに高い忠実性で実施され、面接への出席率が高く、クライエントの満足度も高かった。2番目の研究では、CBTも家族療法も、家族から報告される親の怒りや力の行使の頻度は治療経過中に減少したが、CBTの方がその減少は有意に早く現れた（Kolko, 1996a）。この研究は、毎週の面接評価（最初は毎週の虐待指標の報告〔Weekly Report of Abuse Indicators, WRAI〕と名づけられていた）を使って、潜在的虐待行動についての指標をモニターし、それに対処することの正当性を実践研究により示したと言える。

　最近の研究では、AF-CBTの長期的な効果の持続とその結果を調査した。その際、AF-CBTは、数年前のモデルでトレーニングを受けた臨床家によって、地域に基盤を持つ子ども保護プログラムの中で実施された（Kolko, Iselin, & Gully, 2011）。身体的虐待を受けた子どものいる52家族を対象に、AF-CBT内容のトレーニングを受けた後2〜5年の間に、プログラムのルーチン評価システムを使用して臨床的治療的効果を記録した。その結果、実施された一般的な内容と虐待特異的な内容をそれぞれどのくらい実施したかという総計量が、子どもと養育者双方の臨床的、機能的な改善をいくつか予測するということが明らかにされた。それは、研究で用いられた他の効果が実証された治療に特有の内容の影響をはるかに超えていた。AF-CBTの一般的内容のスコアと虐待特異的内容のスコアとでは、その総計量と改善結果との関連が異なっていたことがわかった。これらの自然経過を調査した新しいデータは、既存の地域のクリニックにおいて、身体的虐待を受けた子どもとその家族に提供されたAF-CBTが、臨床的にプラスの効果をもたらし、その効果が持続していることを証明している。そしてそのデータは、治療モデルや普及における重要な進展という文脈において検討されている。

　さらに、AF-CBTの普及についての実践研究に基づいたエビデンス（Kolko et al., 2012）がある。それは、児童福祉あるいは精神保健の現場でプログラムを実践している、地域の臨床家についての研究である。AF-CBTのトレーニングを受けた臨床家は（通常のトレーニングを受けた臨床家に比べて）、CBTやターゲットにしている人々の特徴についての知識が豊富で、AF-CBTのティーチングプロセスの行使、虐待特異的なスキルの行使、一般的な心理学的スキルの行使についてより習熟していることが、エビデンスにより示唆された。加えて、AF-CBTのトレーニングを受けた臨床家たちは、このプログラムに対しての満足度の高さを報告した。しかしながら、両方のグループ（AF-CBTのトレーニングと通常のトレーニング）とも、組織の中での志気の低下を報告した。確かに、AF-CBTトレーニングの相対的な利点と労働力の安定性に影響する日常的な課題を評価するために、さらなる研究が必要である。

　それと並行して、行動上の問題で紹介されてきた子どもに対する、AF-CBTの中核となる内容

と他の臨床的方法の有効性を検討する研究がなされてきた。最近の臨床試験では、いくつかの結果において、クリニックや地域で AF-CBT の治療的要素を組み合わせて治療することの利点が示されている（Kolko et ai., 2009）。加えて、現場での介入において実施される AF-CBT の内容は、精神保健サービスをより利用しやすいものにし、改良された通常のケアと比べて、プライマリーケアで行動上の問題を有している子どもたちの転帰を改善することが判明した（Kolko, Baumann, et al., 2012; Kolko, Campo, et al., 2010）。たとえば、看護師実施の介入治療に参加した患者は、精神保健サービスを受けて最後まで完了する可能性が有意に高く、サービスを受けることを妨げるものがより少なく、患者満足度がより高いという報告をしている。そして臨床結果において大きな改善を示し、1 年後のフォローアップにおいても行動上の問題が軽快していた。さらに、この多様な AF-CBT の臨床内容を小児科のプラマリーケアに適用し、協働的ケアアプローチに組み入れることによって、いくつかの臨床的改善（反抗的、攻撃的行動、多動、機能的障害の軽減を含む）が認められた。

　プライマリーケアクリニックと地域環境という状況の中で AF-CBT を実施することの有効性を評価した調査研究に加えて、学校での AF-CBT の使用の有効性についても検討されてきた（Herschell et ai., 2012）。感情調節や認知処理やソーシャルスキルなどの AF-CBT の重要な一般的な心理学的スキルを、生徒個人にあるいはグループでトレーニングするには、学校環境はとても適している。しかしながら、AF-CBT サービスを学校に適用する際の課題としては、スタッフトレーニング・治療実施のための時間と空間の確保・適切なレベルの秘密性を保持することなど実施運営上の問題がある。学校での効果的な実施ができるように、モデルとその実施環境の双方を調整する試みが進められている。

　ここで取り上げた 2，3 の実践研究の簡単なまとめに基づくと、新しく出されたエビデンスは、虐待や家族の争いに巻き込まれた家族にとって、AF-CBT が代替のさまざまな設定において有効な治療であり、そのプラスの結果は子ども・親・家族に及んでいることを示唆している。加えて、AF-CBT のトレーニングを受けた臨床家は、トレーニングを終了した数年後にもその治療方法を身につけていることが、研究で示されている。

トレーニング

　興味を持った実践家は、臨床家のトレーニングについての資料と情報が提供されている、AF-CBT のウェブサイト（www.afcbt.org）を調べることもよいであろう。AF-CBT のトレーニングは、身体的虐待や厳しいしつけ、あるいは慢性的な怒りを抱えている家族にかかわっている、精神保健の実践家に特に適している。表 6.2 は、AF-CBT の代表的なトレーニングプログラムの概略を示している。一般的にトレーニングプロセスは、3 日間の直接参加のセミナーで始められる。このセミナーでは、AF-CBT の理論とプロセスが説明され、臨床家は、自分のクライエントで遭遇するかもしれない種々の場面のシナリオを使って、ロールプレイを実施する機会が与えられる。臨床家を訓練するときには、行動リハーサルやロールプレイがしばしば使われる。AF-CBT をクライエントに実践する際にも、セッションでスキルを練習することがセッション間でスキルをどのように使

表 6.2　代表的な AF-CBT トレーニング
典型的な専門家トレーニングプログラム——1 年間の「ラーニングコミュニティ」

1. 組織やスタッフの準備を促進するために、機関の準備性について話し合う
2. トレーニングを受ける者のバックグラウンドのアセスメントと機関についての測定をする（トレーニングの前後での評価）
3. トレーニングのための資料（スライド）と練習課題がその機関や対象集団に適合したものとなるように改善する：AF-CBT のセッションガイド（マニュアル、配付資料）とアセスメント資料を渡す
4. AF-CBT プログラムの使用についての基礎トレーニングワークショップや体験セミナー（3 日間）
5. 6 カ月後のアドバンストレーニングワークショップ（半日あるいは 1 日：ビデオカンファレンス）
6. トレーナーとの月に 1 回のコンサルテーションコール（12 コール、1 回のコールにつき 2 ケースのプレゼンテーション）
7. 各トレーニング受講者が安全なウェブサイトにアップロードした録音電子ファイル（1 人の受講者につき 2 ファイル）の点検に基づいて、忠実性モニタリングのフィードバックをする
8. スーパーバイザーをサポートするためのコール（年 4 回）
9. Q&A と新しい資料を手に入れるために、オンラインでトレーナーにアクセスする
10. プログラムデータのまとめ—ベースラインとフォローアップ評価／機関の評価測定

えばよいのかを家族に教えるのに最も有効な方法である場合には、行動リハーサルやロールプレイが用いられる（Beidas & Kendall, 2010; Herschell et al., 2010 参照）。AF-CBT のトレーニングを受ける臨床家は、セッションガイドを受け取る。セッションガイドには、全般的な概念に焦点を当てながら、AF-CBT の 17 のトピックとして提案されたセッションのそれぞれについて、詳細なプロトコールが記載されている。臨床家はまた、教材・クライエントのためのワークシート・AF-CBT の概念が書かれた配付資料を受け取る。最初の 3 日間のワークショップセミナーの後、専門トレーニングは 1 年間継続する。この間、AF-CBT 専門家との毎月のコンサルテーションがあるので、臨床家は現在実施しているケースについて相談し、フィードバックを受けることができる。加えて、臨床家は最近のセッションの録音電子ファイルを提出し、トレーナーから点検を受け構造化されたフィードバックを受けることができる。この最初のすべての体験に基づいた観察と評価は、中間点で実施される次のアドバンストレーニングワークショップの指導のために使われる。このアドバンストレーニングワークショップでは、臨床家がよく体験するプログラムの実施を妨げるものについて話し合うことができ、AF-CBT の内容を自分自身の治療セッションに組み入れ適応させる方法を、さらによく理解できるようになる場を保障している。

実施する上で考慮すべきこと

　家族の争いと関連した個々の問題と家族状況の多様性は、養育者の行動とそれに反応して生じる子どもの情緒・行動上の問題の双方の要因となっているものをターゲットとする、包括的な治療戦略の必要性を指し示している（Chadwick Center for Children and Families, 2004）。AF-CBT のような、問題の各々の側面（たとえば、養育者の養育スキル、子どもの怒り、家族の力での支配）に焦点を当てる治療的アプローチは、再虐待を減らし、精神保健問題を十分に改善することに関して、より大き

な可能性を有しているかもしれない（Kolko & Swenson, 2002）。しかしながら、臨床家はAF-CBTの教材を家族の個々のニーズに合わせる必要があるので、実施する内容の性質と順番をどのようにするかについて臨床家の判断が求められる。そのため、この治療的介入を実施する上で、忠実性を維持するのに困難を感じるかもしれない。加えて、AF-CBTが十分に役に立つために、クライエントに必要とされる認知機能の基準があり、どのクライエントがその方法の使用に最も適しているかという点で、制限を設けることがある。たとえば、全般的な機能が損なわれているか、あるいは新しいスキルを学習する能力が損なわれている精神疾患（たとえば、物質使用障害、大うつ病など）を有している親の場合は、これらの問題に対処するように作られた別のあるいは補助的な治療的介入が役に立つかもしれない（Chadwick Center for Children and Families, 2004）。非常に限られた知的機能しか有していない子どもや親、発達障害の問題を有している子どもや親、あるいは非常に幼い子どもの場合は、いくつかの複雑な治療概念を簡単にしたりやさしく言い換えたりすることが必要であろう。重い注意欠如症や大うつ病といった精神疾患を抱えた子どもは、追加の治療的介入方法を実施することがプラスになるかもしれない。性的虐待を最近受け、重篤なPTSD症状を示している子どもに対しては、トラウマフォーカストCBT（第3章を参照）のような他の治療的介入モデルを実施することがよい効果をもたらすことが示されている。

結論

　家族のための代替案：認知行動療法は、家族におけることばと身体による攻撃（家族間の争い、養育者あるいは子どもによる力での支配や攻撃、身体的虐待など）をターゲットとするユニークな治療である。こういった広範囲の対象と取り組んでいくために、AF-CBTは、子ども・養育者・家族に、多様な心理学的スキルを教え、怒りや攻撃の爆発の代替となる方法を見出すことができるように手助けをしている。これらの方法には、ストレスマネージメント・怒りのコントロールトレーニング・認知の再構成・養育スキルトレーニング・暴力や敵意の行使やその影響についての心理教育的知識・ソーシャルスキルトレーニング・イメージ曝露・争いを減らすことに焦点を当てた家族介入などが含まれる（Kolko & Swenson, 2002; Kolko & Kolko, 2010; Runyon & Urquiza, 2011 参照）。これらのスキルのそれぞれの実施方法については、子どもと養育者双方によってこれらのスキルが最もよく使用され促進されるように調整される。加えて、威圧行動に巻き込まれている家族の種々の臨床的特徴に対処するために、いくつかの概念モデルに基盤を置いた、特異的な治療要素を内容に統合する形でプログラムが作られている。これらの治療要素が、子どもと家族の幸福や子どもの安全と福祉における改善と関連していることは、それを示唆する新たな研究により支持されている。これは、以前の研究で示された、家族の衝突・攻撃・敵意・子どもが危害を負うリスクが軽減しているとの家族の報告と同様の知見である。これらの知見がいかに有望であったとしても、AF-CBTの適用の有効性を高め、さらに、課題の多い家族を多様な環境で定期的に支援している多くの臨床家が、通常のプログラム実践の経過を通して、ずっと支えられていると確信できるような有用性を高めるためには、さらなる進展が必要である。

謝辞

この章の作成は、米国国立精神衛生研究所（National Institute of Mental Health）の研究助成金（074737）と物質乱用精神保健サービス局（Substance Abuse and Mental Health Service Administration）の研究助成金（SM54319）から、部分的に支援を受けている。AF-CBT チームの同僚たち（Barbara Baumann, Elissa Brown, Daniel Kleiner, Kevin Rumsbarger, and Meghan Shaver）に心よりの感謝を捧げる。

［参考文献］

1. Alexander, J., & Parsons, B. (1982). *Functional family therapy*. Monterey, CA: Brooks/Cole.

2. Anderson, C. M., & Reiss, D. (1982). Approaches to psycho-educational family therapy. *International Journal of Family Psychiatry, 3*, 501–517.

3. Beck, A. T. (1976). *Cognitive therapy and the emotional disorders*. New York, NY: International Universities Press.

4. Beidas, R. S., & Kendall, P. C. (2010). Training therapists in evidence-based practice: A critical review of studies from a systems-contextual perspective. *Clinical Psychology: Science and Practice, 17*, 1–30.

5. Bugental, D. B., Mantyla, S. M., & Lewis, J. (1989). Parental attributions as moderators of affective communication to children at risk for physical abuse. In D. Cicchetti & V. Carlson (Eds.), *Child maltreatment: Theory and research on the causes and consequences of child abuse and neglect* (pp. 254–259). New York, NY: Cambridge University Press.

6. Buss, A. H. (1961). *The psychology of aggression*. Hoboken, NJ: John Wiley & Sons.

7. Chadwick Center for Children and Families. (2004). *Closing the quality chasm in child abuse treatment: Identifying and disseminating best practices*. San Diego, CA: Author. www.chadwickcenter.org/Documents/Kaufman Report/ChildHosp-NCTA brochure.pdf

8. Child Welfare Information Gateway. (2007). *Alternatives for Families: Cognitive- Behavioral Therapy (AF-CBT)*. Washington, DC: U.S. Department of Health and Human Services.

9. Cohen, J. A., Berliner, L., & Mannarino, A. (2010). Trauma-focused CBT with co-occurring trauma and behavior problems. *Child Abuse & Neglect, 34*, 215–224.

10. Finklehor, D. (2007). Developmental victimology: The comprehensive study of childhood victimizations. In R. C. Davis, A. J. Luirigio, & S. Herman (Eds.), *Victims of crime* (3rd ed, pp. 9–34). Thousand Oaks, CA: Sage Publications.

11. Fleischman, M., Horne, A., & Arthur, J. (1983). *Troubled families: A treatment program*. Champaign, IL: Research Press.

12. Foa, E. B., Johnson, K. M., Feeny, N. C., & Treadwell K. R. H. (2001). The Child PTSD Symptom Scale: A preliminary examination of its psychometric properties. *Journal of Clinical Child and Adolescent Psychology, 30*(3), 376–384.

13. Frankel, F., & Weiner, H. (1990). The Child Conflict Index: Factor analysis, reliability, and validity for clinic-referred and nonreferred children. *Journal of Clinical Child Psychology, 19*, 239–248.

14. Frick, P. J. (1991). *Alabama Parenting Questionnaire*. Tuscaloosa, AL: P. J. Frick, University of Alabama.

15. Goodman, R., Meltzer, H., & Bailey, V. (1998). The strengths and difficulties questionnaire: A pilot study on the validity of the self-report version. *European Child & Adolescent Psychiatry, 7*(3), 125–130.

16. Herschell, A. D., Kolko, D. J., Baumann, B. L., & Brown, E. J. (2012). Application of Alternatives for Families:

A Cognitive-Behavioral Therapy to school settings. *Journal of Applied School Psychology, 28*, 270–293.

17.　Herschell, A. D., Kolko, D. J., Baumann, B. L., & Davis, A. C. (2010). The role of therapist training in the implementation of psychosocial treatments: A review and critique with recommendations. *Clinical Psychology Review, 30*(4), 448–466.

18.　Jellinek, M. S., Murphy, J. M., Little, M., Pagano, M. E., Comer, D. M., & Kelleher, K. J. (1999). Use of the Pediatric Symptom Checklist (PSC) to screen for psychosocial problems in pediatric primary care: A national feasibility study. *Archives of Pediatric and Adolescent Medicine, 153*(3):254–260.

19.　Kolko, D. J. (1996a). Clinical monitoring of treatment course in child physical abuse: Psychometric characteristics and treatment comparisons. *Child Abuse & Neglect, 20*(1), 23–43.

20.　Kolko, D. J. (1996b). Individual cognitive-behavioral treatment and family therapy for physically abused children and their offending parents: A comparison of clinical outcomes. *Child Maltreatment, 1*, 322–342.

21.　Kolko, D. J., Baumann, B. L., Herschell, A. D., Hart, J. A., & Wisniewski, S. (2012). Implementation of AF-CBT by community practitioners serving mental health and child welfare: A randomized trial. *Child Maltreatment, 17*, 32–46.

22.　Kolko, D. J., Brown, E. J., Shaver, M. E., Baumann, B. L., & Herschell, A. D. (2011). *Alternatives for Families: A Cognitive-Behavioral Therapy: Session guide* (3rd ed.). Pittsburgh, PA: University of Pittsburgh School of Medicine.

23.　Kolko, D. J., Campo, J. V., Kelleher, K., & Cheng, Y. (2010). Improving access to care and clinical outcome for pediatric behavioral problems: A randomized trial of a nurse-administered intervention in primary care. *Journal of Behavioral and Developmental Pediatrics, 31*, 393–404.

24.　Kolko, D. J., Dorn, L. D., Bukstein, O. G., Pardini, D., Holden, E. A., & Hart, J. D. (2009). Community vs. clinic-based modular treatment of children with early-onset ODD or CD: A clinical trial with three-year follow-up. *Journal of Abnormal Child Psychology, 37*, 591–609.

25.　Kolko, D. J., Iselin, A. M., & Gully, K. (2011). Evaluation of the sustainability and clinical outcome of Alternatives for Families: A Cognitive-Behavioral Therapy (AF-CBT) in a child protection center. *Child Abuse & Neglect, 35*, 105–116.

26.　Kolko, D. J., & Kolko, R. P. (2010). Psychological impact and treatment of child physical abuse. In C. Jenny (Ed.), *Child abuse and neglect: Diagnosis, treatment, and evidence* (pp. 476–489). New York, NY: Elsevier.

27.　Kolko, D. J., & Swenson, C. C. (2002). *Assessing and treating physically abused children and their families: A cognitive behavioral approach*. Thousand Oaks, CA: Sage Publications.

28.　Milner, J. S., & Ayoub, C. (1980) Evaluation of "at risk" parents using the Child Abuse Potential inventory. *Journal of Clinical Psychology, 36*(4), 945–948.

29.　O'Leary, K. D. (2008). Couple therapy and physical aggression. In A. S. Gurman (Ed.), *Clinical handbook of couple therapy* (pp. 478–498). New York, NY: Guilford Press.

30.　O'Leary, K. D., & Cohen, S. (2007). Treatment of psychological and physical aggression in a couple context. In J. Hammel & A. Nicholls (Eds.), *Family interventions in domestic violence: A handbook of gender inclusive theory and treatment*. New York, NY: Springer.

31.　Ondersma, S. J., Chaffin, M., Simpson, S., & LeBreton, J. (2005). The Brief Child Abuse Potential inventory: Development and validation. *Journal of Clinical Child and Adolescent Psychology, 34*, 301–311.

32.　Robin, A. L., & Foster, S. L. (1989). *Negotiating parent/adolescent conflict: A behavioral-family systems approach*. New York, NY: Guilford Press.

33.　Runyon, M. K., & Urquiza, A. J. (2011) Child physical abuse: Interventions for parents who engage in coercive parenting practices and their children. In J. E. B. Myers (Ed.), *The APSAC handbook on child maltreatment* (pp. 195–212). Thousand Oaks, CA: Sage Publications.

34.　Urquiza, A., & Runyon, M. (2010). Interventions for physically abusive parents and abused children. In J. E. B.

Myers (Ed.), *The APSAC handbook on child maltreatment* (pp. 195–212). Thousand Oaks, CA: Sage Publications.

35. Walker, C. E., Bonner, B. L., & Kaufmann, K. L. (1988). *The physically and sexually abused child: Evaluation and treatment*. New York, NY: Pergamon Press.

36. Wolfe, D. A., Sandler, J., & Kaufmann, K. (1981). A competency based parent-training program for child abusers. *Journal of Consulting and Clinical Psychology, 49*, 633–640.

第7章

家族への支援
子どもへの身体的虐待のリスクが高い家族への親子複合型認知行動療法

メリッサ・K・ラニョン

コレット・マクレーン

総論

　2011 年の米国保健福祉省児童家庭局の報告によると、2010 年に同国で虐待の被害を受けた子どもは約 69 万 5,000 人にのぼる。このうち、17% 以上の子どもが身体的虐待を受けていた。こうした統計データからもわかるように、身体的虐待を受けた子ども向けに開発された効果が実証された治療（evidenced-based treatments, EBTs）が求められている。親子複合型認知行動療法（Combined Parent-Child Cognitive Behavioral Therapy, CPC-CBT）は、身体的虐待のリスクが高い家族を支援するものであり、米国における実証性のあるプログラムおよび実践に関するレジストリ（National Registry of Evidence-based Programs and Practices, NREPP）のウェブサイトに登録された希少なプログラムの 1 つである（www.nrepp.samhsa.gov）。CPC-CBT は、身体的虐待のリスクが高い家族のニーズに対して取り組むもので、親と子どもの双方を対象とした治療である。このプログラムは、なんらかの強制力を用いたペアレンティングを行っている家庭で暮らす 3 ～ 17 歳までの子どもとその親（もしくは養育者）を対象として構造化された EBT である。CPC-CBT は、身体的虐待があると認知された家族だけでなく、そうしたリスクが高いとみなされた家族にも適用される。このプログラムの目的は、ペアレンティングスキルや親子の関係性をより良いものにし、親が体罰を用いなくなることで、子どもの心的外傷後ストレス障害（posttraumatic stress disorder, PTSD）の症状や他の内在化症状、行動上の問題を軽減することである。本章では、具体的な事例を挙げながら CPC-CBT を概観し、この治療の基礎をなす概念モデル、このモデルを支持する研究、適用となる対象、CPC-CBT により期待される効果を示す。

　CPC-CBT は、当初、グループプログラムとして開発されたが（Runyon, Deblinger, & Schroeder, 2009; Runyon, Deblinger, & Steer, 2010）、スウェーデン（Kjellgren, Svedin, & Nilsson, in press）と米国（Runyon, Deblinger, & Schroeder, 2010）では、個人療法としても実施されている。グループと個別のどちらで実施する際にも、積極的関与と心理教育・効果的な対処スキルの構築・家族の安全プラン・虐待の明確化という 4 段階を踏みながら、16 ～ 20 セッションで実施される。グループの場合、

1グループにつき5家庭（子どもは最大8名）までとし、各セッションは2時間である。親と子どもは別々のグループに分かれ、それぞれのグループに訓練を積んだ2名の臨床家が入る。個人療法によるCPC-CBTでは、通常90分のセッションが実施されるが、臨床現場に応じて60分にすることもできる。個別でのCPC-CBTは、それぞれの家庭に対して、訓練を積んだ臨床家が1名、あるいは2名の臨床家が共同して実施する。グループでも個別でも、各セッションに5〜10分の親子合同セッションを取り入れ、親子が一緒に過ごす時間を設ける。治療の進展に伴い、親子合同セッションの時間を徐々に長くしていく。

　次に示す事例は、CPC-CBTの全段階を通して実施されるスキルと課題について、親の対応を示したものである。家族が特定されないように、名前や詳細は変えている。

　　11歳のミアと母親のシャロンは、子どもへの身体的虐待の通告により、CPC-CBTに紹介されてきた。ミアが家事を手伝わないとき、シャロンが娘を「殴ったり」、首を絞めようとしたりしたという報告があり、ミアの顔のあざと首回りの傷跡から、身体的虐待の事実が確認された。ミアは、傷を隠そうとしていたが、学校が虐待に気づいて児童保護局（child protective services, CPS）に通報したのだった。CPSは、シャロンに怒りのマネジメントとペアレンティングプログラムを受けるようにと指示した。初回のセラピーでは、シャロンに後悔の気持ちはなく、CPSに通報されたのはミアのせいだと娘を非難した。最初のアセスメントにより、ミアは抑うつ的になっており、虐待を受けたのは自分のせいだという自責感を抱き、PTSDの症状を呈していることが明らかになった。

CPC-CBTの4段階

積極的関与と心理教育

　身体的虐待の治療プログラムは、親の積極的関与を促すことから始めなければならないが、多くの親は、用心深くなっており、プログラムにも気乗りしない上に、精神保健的な介入に対しても反応が薄いことがあるため、治療中断率は高い傾向にある。それゆえに、CPC-CBTの最初の段階である積極的関与と心理教育は、きわめて重要である。実際に、CPC-CBTの比較試験において、初期の積極的関与を促すセッション（1〜3セッション）を修了した家族では、治療終了後の時点で治療中断率はわずか12%にとどまった（Runyon, Deblinger, & Steer, 2010）。この段階では、治療への参加の妨げとなりうる障壁を親と一緒に探り、その障壁をめぐる問題を解決していく。すなわち、親の目標を引き出し、その目標と治療モデルが目指すものを一致させる。そして、虐待行為そのものは許容することなく、親には共感的にかかわる。さらに、肯定的な変化に向けた希望をもたらす。治療の初期によくみられる具体的な障壁としては、プログラムに通うための交通手段、通所中のきょうだいの世話、同時にいくつものサービスに参加する必要があり途方に暮れてしまうといった

ことがある。可能な限り初回のセッションの前、たとえば、インテーク面接や電話の際にこれらの障壁を見つけておき、治療への家族の参加率を向上させる点に留意する点が重要である。最初の電話連絡や初回のインテーク面接の予約時に用いられる効果的な手法が開発されており、親の積極的関与を高め欠席率を低減させている（McKay, McCadam, & Pennington, 2002; McKay et al., 1998）。家族にとって障壁となっているものを理解しながら、その家族のニーズを代弁していくように家族に働きかけると、治療プロセスに対する親の信頼度や信用度が違ってくる。

　はじめに、セラピストは、それぞれの親の目標について話し合い、そして共通の目標に着目し、治療の障壁となるものを探して取り除き、当面の心配事に関する問題解決法を考えながら親たちと協働関係を築く（Runyon & Deblinger, in press; Runyon, Deblinger, & Schroeder, 2009；Runyon, Deblinger & Steer, 2010）。次に、プログラムを紹介されたきっかけになった出来事について、その出来事の前、最中、事後のそれぞれの場面で、自分がどんなことを考え、どんなふうに感じていたのか、親に詳しく話してもらう。この課題は、臨床家にとって、親のペアレンティングが実際どのようなものであり、子どもに何が起きたのかを親の視点から知る機会となる。この課題によって臨床家は、ペアレンティングに関して、親が体験していたストレスや困難さを共感し認めることができるだけでなく、虐待行為に対してその親が負うべき責任の程度をアセスメントすることができる。

　紹介されたきっかけとなった出来事の詳細、もしくは（体罰はふるわなかったとしても）思わずカッとなってしまうペアレンティングの状況について話し合ったら、臨床家は、親の行動変化への動機づけを高めるために、結果のふりかえり、動機づけを高める手法、動機づけ面接の原則を活用する（Donohue et al., 1998）。結果のふりかえりでは、親は自分が虐待をしたことで自分自身や子どもにどんな結果がもたらされたか（たとえば、CPS に通告された、子どもが保護されたなど）を書き出し、それについて考えるように促される。臨床家は、親が変化し、新たなスキルを学び、すでにあるスキルをさらに伸ばし、将来同じような結果を招かないようによりよいペアレンティングを身につける努力を手助けするために、治療のさまざまな場面でこの結果のリストを活用する。このリストを使うことで、臨床家は、親の行動の結果として体験した否定的な結果について、親に共感を示したり協調したりしやすくなり、さらに、変化に向けた希望をもたらすことができる。結果のふりかえりをしたら、親はプログラムの期間中、体罰を用いないことを約束するよう求められる。セラピストは、もし体罰を用いるのであれば、新たなペアレンティングの効果を確認することができないと説明する。さらに、臨床家は、この約束を守ることで、将来同じ結果になるリスクを減らすことができるという点も強調すべきである。

　子どもとのセッションでも、積極的関与を促し、感情表出のスキルを教える。子どもはまず、感情を表すことばを学び、感情の適切な表出方法と感情の調整スキルを練習する。初回の親子合同セッションの目的は、親子を観察することである。2 回目のセッションで、親は臨床家と練習した上で、治療に紹介された出来事に関連して何が起きたか、親子のやりとりや家庭生活について、セッションで話してもかまわないと子どもに許可を与える。

　第一段階ではさらに、親と子どもの双方に対して、虐待や暴力に関する心理教育を行う。まず、臨床家が、3 種類の虐待（身体的虐待、性的虐待、心理的虐待）と暴力について心理教育をする。防

衛的にさせないように、こんなふうに親にたずねながら始めるとよい。「家庭や地域の中で、あなたのお子さんが受けていた虐待や暴力についてお話し下さい」。必ずといってよいほど、親は自分自身が受けた虐待の話から始める。その話から、セラピストは、親自身の親との関係性や現在のペアレンティングのやり方におよぼす影響を分析することができる。この方法だと、親が自分の親との関係性と、自分と子どもの関係性の間の類似点を考えられるので、共感性を高める課題として提供できる。また、親は身体的虐待の結果としてすでに生じていることと今後起こり得ること（行動面や情緒面における短期的な影響と長期的な影響）を考える。そして、身体的虐待は、子どもの行動をよくする効果はなく、よい行動を定着させるのにも役立たないと学ぶ。心理教育では、親子の双方に、強制にはさまざまな行為が含まれることや、暴力行為が子どもにどんな影響をもたらすかといった内容も教える。さらに、親は子どもの発達について学び、子どもの行動に対する年齢相応の期待についても学習する。

　　シャロンがこの治療を受けるきっかけとなった身体的虐待の出来事について、そのストレスの詳細を話す間、セラピストはその出来事と関連する彼女の思考や感情を引き出し、ミアへのペアレンティングの大変さに共感した。それから、セラピストはシャロンの行動がどんな結果につながったかを聞いていった。シャロンは、次のように報告した。「（1）この国は、自分の子どもをしつけるという私の権利を妨害している。（2）CPSが、私の人生に首をつっこんできた。（3）私がミアをしつけなければ、娘は何をやってもよいと思うはず。（4）デイケアセンターに通うなんて無理。（5）家族もセラピーに来ることについて文句を言っている」。セラピストは、こうした否定的な体験と関連するシャロンの思考や感情のプロセシングを行ないながら、共感を示した。体罰について説明されたプリントを読んだシャロンは、自分の聖書を取り出した。そして、「専門家」とやらが体罰に関して言っていることに反証するような情報を探すのだと述べた。ところが、彼女は、その「専門家」の意見を支持するような一節に目を止めた。それは、怒りながら子どもをしつけるのを思いとどまらせるような文章だった。シャロンは、ミアをしつけているとき、自分の感情が抑えられなくなって、怒りのままにふるまってしまうことに気づいた。シャロンは、ミアの子育てにおいて「正当な理由のために、悪いことばかりしてしまっていた」と認めたのだった。

　ペアレンティングスキルのトレーニングは、第一段階ではまず、子どもをほめることから取り組み、最終段階まで続けていく。さらに、臨床家は、家族全員が認められているという感じやお互いに協力しあう気持ちを高めるために、効果的なコミュニケーションスキルを身につけられるよう家族を援助する。CPC-CBTのプログラムを通して、親は積極的傾聴やコミュニケーションスキル、肯定的なペアレンティングスキルの練習を重ね、最初はセラピストと一緒にやり、次に子どもとの合同セッションでもやってみる。セラピストは、これらのスキルを強化するために、肯定的な強化と修正したほうがよいところをフィードバックしながら、コーチとしての役を務める。

効果的な対処スキルの構築

　セラピーの第一段階の次に、臨床家は心理教育と肯定的なペアレンティングを続けながら、効果的な対処スキルの段階へと進む。子どもとやりとりする際、親が心を落ち着かせて、暴力を用いない葛藤解決法や子育てにおけるさまざまな問題解決法、そして強制力を行使せずに子どもの行動を管理するスキルを身につけるといった適応的な対処スキル（認知対処、怒りのマネジメント、リラクセーション、アサーティブネス、セルフケア、問題解決法など）を伸ばすには、親と協働して取り組むのが有効であるため、親に自信を持たせるように支援することも重要となる。認知対処スキルの練習の中で、親は子どもに対して年齢相応の期待をかけることを教わる。そして、厄介に見える子どもの行動について、別のとらえ方をしてみるための方法を学び、親が無意識のうちにとってしまう反応を変えていく。親は、クールダウンするために「その場を離れる」といった基本的な技法によって、ストレスに感じたり、腹が立ったりする状況を管理できるような方法を見つけ、そのやり方を習得していく。セッションの進展に伴い、臨床家は、親子の相互作用にみられる「先行条件－行動－結果」のつながり（antecedents, behaviors, and consequences, ABC モデル）の機能分析をしながら、それぞれのスキルを統合させていく。セッションの中では、親に対して怒りのモニタリング記録が使用される。また、臨床家は、セッションで学んだ技法や方略を、週に 1 回は練習するように親に伝える。その後のセッションでは、ABC モデルの復習をしつつ、新たな対処スキルやペアレンティングスキルを紹介し、行動計画を密なものにしながら、それぞれの親に合わせたペアレンティング方略を親自身のツールボックスに加えていく。セラピー全般にわたって、親とセラピストは協働しながら取り組んでいくのである。同時に、子どもは年齢相応のよりよい対処スキル（たとえば、認知コーピング、アサーティブネス、怒りのマネジメント、社会性、共感性、リラクセーション問題解決スキルなど）を学ぶ。さらに、臨床家は、子どもに対して、親から「ダメ」と言われたときにそれを受け入れる方法や親への頼みごとの仕方、そして学校や友だち関係の中での問題解決法などを教えることもある。

　　スキルを構築する段階になると、シャロンは新たなペアレンティング方略をすぐに取り入れようとした。なぜなら、彼女は、ミアを怒鳴ったり、脅したりしても、ちっとも思うような結果にならないことに気づいたからである。シャロンは、徐々に、子どもをほめることの有益さを受け入れるようになった。また、CPS が介入してからは特に、家族がミアをよそ者扱いするようになったために、シャロンとミアの関係性や、ミアの自尊感情にどんな影響が及んだかを理解できるようになった。シャロンとミアは一緒に、家族全員が守るべき家庭のルールをつくることにした。シャロンは、合同セッションの中で、ミアの話を聴くための積極的傾聴スキルを練習した。毎週、シャロンは怒りのモニタリング記録をつけ、ふりかえりのために記録を持参するようにと言われた。セッションの中で、その記録を見直しながら、シャロンはそれらの状況ではどんなふうに対処すればよいかという助言を受けた。セッションが進むにつれ、シャロンはミアに対してカッとなることがほとんどなくなった。彼女は、認知コーピングや怒

　りのマネジメント方略を使って、自分の反応を管理できるようになりつつあったからである。

家族の安全プラン

　安全に関する要素は、CPC-CBT の全段階を通して話し合われるものだが、一般的な安全スキルや家族の安全プランづくりは、この第3段階で取り組まれる。親と子どもが肯定的なペアレンティング方略を用いる頻度が増えたと報告しているか、親が体罰を用いないようにしているか、親は腹が立つような状況を管理する力がついたように見えるかといった点をアセスメントして、その家族が安全プランを立てる準備ができているかどうかを見定めることが重要である。このアセスメントは、親からの報告と臨床的な観察、そして親や親との関係性の変化についての子どもの報告に基づいて行う。こうした変化が認められたのち、セラピストは家族の安全プランに取りかかることができる。親や家族の他のメンバーが、この先、またいらだつような状況になる可能性があるので、怒りがエスカレートし始めた「万が一のため」の安全プランにする。安全プランは、親と子が一緒に作るものである。怒りのレベルが高まったとき、あるいはその場で家族がどんなふうに反応するかよくわからないときに、家族全員でその安全プランに取り組むことについて、親の同意を得る。安全プランは、子どものよりよい反応を得るために、親がまず一歩引いて、子どもの問題行動にどう対応すればよいかを考えることで、親のコントロール感を高めるものである。安全プランの要素には、次のようなことが含まれる。(1) 2つか3つの合言葉を選定し、その中から子どもが選べるようにする。(2) その合言葉が出たら、家族全員が家のどこに行くか決めておく。(3) クールダウンの時間を決める。(4) 親は、合言葉が使用される前に起きた状況に対処するために、全員が戻ってくる場所をつくる。効果的な安全プランにするには、練習が欠かせない。セラピストは、まず親と子どものそれぞれと別々に練習し、それから合同セッションで親子一緒に練習をする。家族には、家庭でも安全プランを練習し、必要なときにはその安全プランを使ってみるように伝える。

　　シャロンとミアは、2人の合言葉を「ラーメン」にした。数回にわたって、セッション中に一緒に練習をしたあと、臨床家は家族の他のメンバーにもセッションに来てもらった。そして、セッションと家庭の両方で、一緒に安全プランの練習ができるようにした。

虐待の明確化

　治療の最終段階では、臨床家はまだうまくできていないペアレンティングに対応し、家族の安全プランがうまく実行できるように、引き続き親とともに取り組んでいく。そして、治療に紹介されたきっかけとなった出来事からの回復を目指して、家族を支援していく。まず、この数週間で、親がこれまでとは違うペアレンティングをしたり、よりよいペアレンティングができるようになったりした努力について、子どもが気づいていることを親に伝えるための重要な要素として、子どもと一緒に「賞賛の手紙」を書く作業をする。たとえば、親が怒鳴らなくなったとか、子どもの素行が

悪かったときにタイムアウトの手法が使えた、あるいは以前より長い時間、親子で過ごせるようになったなど、子どもが気づいた親の変化を具体的に手紙にしたためる。また、この手紙には、「好きなメニューを用意してくれるのがうれしい」とか「大好きだよ」といった、親に対する具体的なほめ言葉や全般的な賛辞も書き、子どもが親のどんなところが好きなのかを親に伝える。

　賞賛の手紙を親に読んでもらったあと、臨床家は、トラウマ体験をナラティブで説明する方法を教えるために、子どもからトラウマではないナラティブ（ニュートラルナラティブ）を聞くことによって、トラウマナラティブの作成を始める（Sternberg et al., 1997）。ニュートラルナラティブに続いて、セラピストは、子どもが治療に紹介されたきっかけとなった出来事や、それ以外のトラウマとなるようなペアレンティングのやりとりについてのトラウマナラティブを作れるように援助し（Deblinger & Heflin, 1996）、子どもがこれらの体験にまつわる思考と感情をプロセシングできるように支援する。

　同時に、親は、虐待行為はすべて自分に責任があるのだとはっきり伝え、子どもの責任感や自責の念を軽減させるための手紙を用意する。セラピストからの教示は最小限とするが、この手紙は、家庭内でのよい変化を述べるだけでなく、虐待の出来事について子どもに心から伝えたいことを述べる機会にもなるという枠組みを明確にする。親がこの手紙を書いたり、手直しする間、セラピストは親に情報提供をしたり、虐待にまつわる思考や感情のプロセシングの手助けをしたり、役に立つフィードバックをしたりする。大部分のケースでは、この明確化の手紙を推敲する最終段階で、子どものトラウマナラティブが親と共有される。それによって、子どもが感じた恐怖や非機能的な認知・不安・心配事に対して、親が直接応えることができる。たとえば、娘がトラウマナラティブで「お母さんは、私のことが嫌いなんだと思った」と話していた事例では、母親にそのトラウマナラティブについて娘にどんなメッセージを伝えたいかをたずねる。合同セッションでは、身体的虐待体験について、親と子どもが率直に話し合う。セラピストは、親がサポーティブなやり方で子どもに応じられるように、コーチングや（肯定的で役に立つような）フィードバックを行う。この回のセッションは、家族にとって、この場でなければ話し合えないような話題についての癒しをもたらし、終幕を迎えるという非常に治療的な体験になる。

　　トラウマナラティブの作成の際、ミアは自分の傷跡を学校の先生に隠していたときに感じていた強い不安について話し、そのときの身体的な反応も思い出した。「私はすごく緊張していて、心臓はバクバクしていた」。ミアは、傷跡に気づいた先生にだれがやったのかを聞かれ、「大変なことになってしまった」という恐怖を抱いたことも詳しく述べた。さらに、母親から傷跡を隠しておくように言われ、（情緒的にも身体的にも）手当てをしてもらえないように思えたことから、「お母さんは、きっと私のことが嫌いなんだ」と感じたことも書いた。こうしたミアの懸念に対し、シャロンは（明確化の手紙の中で）ミアを傷つけたことを謝り、次のように書いた。「私には、『あなたのやり方は度が過ぎている、あなたが間違っている』って言ってくれる人が必要だった。私は、イライラし続けていたに違いない。国が介入してくれて、よかった。CPSが対応したのは私のせいで、ミアのせいじゃない」。シャロンは、自分はミアを

愛していると断言し、ミアのことを大好きな人は、たとえ彼女の母親であっても、あんなふうに叩いたり傷つけたりするべきではないと述べた。合同セッションの中で、ミアとシャロンは、お互いが聞いたことについての思考と感情のプロセシングを行った。2人が涙を流す中、ミアは母親の膝に飛び乗り、肯定的な関係性やお互いへの愛情を確認して、2人は抱き合ったのだった。

基本的な治療原理と理論的枠組み

　CPC-CBT は、認知行動療法を土台とし、身体的虐待（Donohue et al., 1998; Kolko, 1996; Kolko & Swenson, 2002）や性的虐待（Cohen et al., 2004; Deblinger & Heflin, 1996）、DV（Runyon et al., 1998）のあった家族を対象として実証された CBT モデルの構成要素を組み込んだものである。また、発達や学習、家族システム、トラウマ、動機づけ理論の構成要素も取り入れている。CPC-CBT では、親による身体的虐待がどのように始まり維持され、処理されるのかということや、子どもに見られる情緒的問題や行動上の問題を概念化するために、認知行動理論を用いる。このモデルで親と子どもに教える治療的技法は、実証論文や CBT 原理に基づいている。CBT のアプローチでよくあるように、この方法は、子どもと親の認知・感情・行動・生理的反応を直接的に扱う方法である。この介入では、ある領域が変化すれば他の領域も変化することを見込んで、すべての領域における変化を目指している。それぞれの治療技法は、相互に関連しており、次のセッションへと続いていく。さまざまなスキルは、モデリング・行動リハーサル・賞賛・修正のためのフィードバックを通して教えられる。

　CPC-CBT の核となる原理は、EMPOWER の頭文字で表される。

　・Empathize（共感する）
　・Manage emotions and behavior（情緒と行動の管理）
　・Power through self-control and praise（自己コントロールと賞賛によって力づける）
　・Offer choices and overcome abuse（選択肢を提供し、虐待を乗り越える）
　・Work toward a noncoercive family environment（強制力を用いない家庭環境づくりの取り組み）
　・Education about violence（暴力についての教育）
　・Reinforcers and respect（強化因子と敬意）

　子どもの安全のために、継続的に繰り返されている強制力を用いたペアレンティングや虐待的なペアレンティングを減らし、否定的な行動を肯定的なペアレンティングスキルに変えていくには、虐待のリスクの高い親や加害親への介入が欠かせない。Urquiza と McNeil（1996）によれば、親子関係の中で生じる身体的虐待は、Patterson（1976, 1982）の社会的学習モデルを用いて説明することができる。親に叩かれた子どもが従順な態度をとると、そうした親の行動は強化される。次第に、

その子どもはちょっとした強制（たとえば、お仕置きをするという口先だけの脅しや大声など）には反応しなくなり、子どもを従わせるためには、より強制的な方法を用いなければならなくなる（Knutson & Bower, 1994）。さらに、親はたいてい適切な別の行動を子どもに教えない。その結果、子どもは好ましくない不適切な行動を繰り返すことになり、親が子どもを従わせようとして、さらに強制的なペアレンティングを行う可能性が高まる。このように暴力がエスカレートしていく悪循環が生じているときは、時間をかけて子どもの行動を変化させていく肯定的なペアレンティングを親に教え、それを強化し伸ばしていくことが大切である。

　研究結果からは、治療プロセスに子どもも含めることで、親の肯定的なペアレンティングスキルの獲得や活用が促進され（Runyon, Deblinger, & Steer, 2010; Webster-Stratton & Hammond, 1997）、肯定的な親子のやりとりが進展して維持される（Milner & Chilamkurti, 1991）ことが示唆されている。こうした問題に取り組むために、CPC-CBT では、子どもを従わせる上で暴力を用いないさまざまなペアレンティング方略を親に教える。セッションの中で親子関係のコーチングを行い、親は子どもの行動に対するペアレンティング方略を実施しながら、それとほぼ同じやり方でのペアレンティングスキルを身につけていく。治療プロセスの中で、子どもの従順な行動がみられるようになることで、効果的なペアレンティングを用いた親の対応が強化され、それは恐らく、治療終結後も長く続いていく。こうした取り組みにより、将来的にまた強制的で懲罰的な親子のやりとりが起こる可能性が、一層軽減するのである。

　親子合同セッションは、親が、コーチの役割を務めるセラピストと一緒に、子どもへの肯定的なペアレンティングを練習する機会になる。そして、治療場面の外でも、そうしたスキルを一般化させていく。この段階では、こうしたやりとりの中でスキルを練習することによって、親は子どもにとって向社会的行動（たとえば、アサーティブなふるまい、効果的なコミュニケーション、賞賛、共感など）のモデルにもなる。また、親は、日々の出来事や難しいテーマ（たとえば、子どもの学校での問題行動、性行為、デート、児童虐待など）について話す練習もする。それにより、すぐさま、かつ長期にわたって、葛藤を軽減させ、親子の関係性を強化することができる。練習の積み重ねや肯定的な親子の相互関係はすべて、先述した CPC-CBT における虐待の明確化の段階に向けた親と子の準備になっていく。このプロセスは、虐待にまつわる子どもの否定的な信念や PTSD 症状を軽減させ、子どもの行動に対する親のとらえ方を変化させる。そして、それが肯定的なペアレンティングの強化にもつながっていく。親は自分の虐待行為が子どもの感情面におよぼした影響を理解（感情への気づきとプロセシング）し始めるので、親が子どものトラウマナラティブを処理し反応しているときに、最も大きな変化が生じる。そしてそのことによって、親の子どもへの共感性が高まり、長期にわたってペアレンティング行動が変化していく。子どもへの共感性の向上は子ども虐待の程度を低下させるので、これは重要な点である（Kilpatrick & Hine, 2005）。

　親に介入し、親と子どもの関係性を変化させるのに加えて、子どもの情緒的反応と行動上の反応の重要性を考慮すると、子どもを治療に参加させることも欠かせない。特に PTSD を呈する子どもには、子どもの治療参加によって最大限の肯定的な成果を引き出すことができるだろう。研究では、子どもが PTSD から回復するのを援助する上で、親だけでは最も高い治療効果は得られない

可能性があることが明らかにされている（Deblinger, Lippmann, & Steer, 1996）。特に、虐待に対する責任を負い、子どもを傷つけた親であればなおさらである。初めのうち、親が情緒的に反応しすぎて先入観を持っていると、子どもが虐待体験をプロセシングするのをうまく支えられないことがある。セラピストは、子どものPTSD症状を扱うために、曝露や系統的脱感作を取り入れた段階的曝露のようなCBTの構成要素を活用する（Deblinger & Heflin, 1996; Runyon & Deblinger, in press；Runyon et al., 2004；Runyon, Deblinger, & Schroeder, 2009）。このプロセスでは、安全で治療的な文脈の中で、セラピストが子どもに、不安を高めるような虐待行為や虐待にまつわる体験について、（想像曝露または実生活内曝露によって）段階的な曝露を行う。そうした状況での子どもの情緒的反応の強さは、繰り返し虐待に関連するきっかけに向き合うことで、時間の経過とともに弱まっていくことが期待される。この過程で、子どもは、身体的虐待を体験したことによるPTSDや虐待にまつわる他の症状と関連している自分の非機能的な思考を同定し、それを処理していく（Deblinger & Runyon, 2005）。CPC-CBTでは、この曝露とプロセシングの構成要素に向けた準備として、モデリング・行動リハーサル・賞賛・子どもにスキル（リラクセーション、感情の表出、認知処理）を教えるためのフィードバックを活用する。そして、合同セッションの中で、セラピストと親が一緒に、虐待にまつわる非機能的な思考を特定して、修正していく。だからこそ、このプロセスは、子どものPTSD症状を軽減させ、親の子どもへの共感性を高め、そして親子関係を深めていくものになる。

　治療の中で子どものPTSD症状を直接扱わなければ、子どもの問題は悪化し、他児への加害行為を行う可能性が高まったり、あるいは子ども自身が再被害を受けたりするかもしれない。身体的虐待のようなストレッサーに曝され続けることで、若者はまず、PTSD症状に引き続いて生じた怒りや攻撃性のような外在化症状（Pelcovitz et al., 1994）や、非行少年にみられる解離や感情麻痺（Carrion & Steiner, 2000）を呈することがある。回避行動（たとえば、感情麻痺や解離など）は、虐待を受けている最中の子どもにとっては適応的であるが、将来的にみれば、若者の回復する能力を妨げ、その若者を危険に曝してしまう可能性がある。治療で子どものPTSD症状を扱わなければ、親は子どもがとっている行動（たとえば、PTSD、恐怖、あるいは攻撃性）を親への不服従と解釈し、暴力的なしつけで押さえ込もうとする懸念がある。

　直接治療を受けなくても、子どもにとって親との肯定的で強制力を用いない関係性が大きな助けになるものの、怒りや憎悪の感情やPTSD症状が続いていると、子どもは脆弱なままになり、生活における苦痛や葛藤に対処しようとして非生産的なコーピング方略（攻撃、物質使用や乱用、回避）に頼ってしまう。身体的虐待を受けた若者は、生活環境の中にある怒りのきっかけとなるものに過度に反応しやすく、社会的やりとりを間違って解釈したり、他者を脅威として知覚したりする傾向がある（Price & Landsverk, 1998; Shackman, Shackman, & Pollak, 2007; Shields, Ryan, & Cicchetti, 2001）。こうした過度な警戒的な行動は、虐待的な環境では身を守るために役立つかもしれないが、不安を高め、PTSDが続く一因となり、実際には「無害」な虐待のリマインダーに反応して攻撃的な行動を増やしてしまう。さらに、仲間や家族との関係にも距離ができてしまう。このことは、暴力の世代間伝達につながるかもしれない。研究では、身体的虐待を受けた成人サバイバーは、自分

の子どもを虐待するリスク（Crouch, Milner & Thomsen, 2001; Kaufman & Zigler, 1987）やパートナーに暴力をふるうリスク（Straus, 1979）が高まることが示されている。そのため、たとえ虐待をした親が治療を受けて身体的虐待が止まったとしても、子どもが治療を受けなければ、暴力のサイクルが続いてしまう可能性がある。

　親と子どもの関係性が子どもの問題行動のきっかけや維持の一因になっていることを考えれば、親はそうした問題を変化させる上での重要な存在といえる。研究では、親が治療に参加していないと、性的虐待のケース（Deblinger & Heflin, 1996）や身体的虐待のケース（Swenson & Brown, 1999）において、子どもの問題行動の変化は有意に少ないことが示されている。親によるモデリングは学習のメカニズムである。このことは、身体的虐待を受けた子どもは、そうでない子どもよりも攻撃的な葛藤解決法を用いやすく、社会的な問題解決スキルが乏しい傾向があるという研究結果が複数あることからも説明できるだろう。子どもは親の攻撃的な行動を見て育つことで攻撃的な行動を学習し、大人になると、自分が親にされたことをモデルにして強制力を用いたペアレンティング方略をしやすくなる（Crouch, Milner & Thomsen, 2001; Kaufman & Zigler, 1987）。

　虐待に関連する問題行動や一般的な問題行動が起こり、それが続いてしまうのは、子どもの生活環境の中で随伴するものと関連している。たとえば、親が悪気なく、子どもの攻撃性のような否定的な行動を何の気なしに強化してしまうことがある。こうした否定的な影響をもたらす親の注目は、身体的な虐待行為と関連していることが多く、行動上の問題を引き起こしやすいことが知られている。したがって、子どもへのかかわりを強化するためのスキルを親に教えることが重要であり、それがその後、子どもの問題行動を減らしていくことになるのである。まず、セラピストがそうしたスキルをやってみせ、次に親がそのスキルをリハーサルする。親は、ほめられたり、修正点をフィードバックされたりしながら、適切な行動を学びスキルを獲得し、肯定的な親子関係づくりが促進される。

実証研究による裏づけ

　CPC-CBT は、この治療プログラムに参加した子どもと親に肯定的な成果がみられたことを示す一連の調査研究を通して発展してきた。CPC-CBT は、この集団に対して開発された数少ないモデルの 1 つであり、PTSD と身体的虐待には関連があるにもかかわらず（Saunders, Berliner, & Hanson, 2004）、子どもの PTSD 症状の改善がアセスメントによって示されているプログラムである（Kjellgren, Svedin, & Nilsson, in press；Runyon, Deblinger, & Schroeder, 2009, 2010; Runyon, Deblinger, & Steer, 2010）。親のセラピーに子どもを組み込んだ CBT のグループアプローチの実行可能性を検証したパイロット研究では、12 名の親と 21 名の子どもが、CPC-CBT への参加後、治療の前後で改善が見られた（Runyon, Deblinger, & Schroeder, 2009）。中でも、親と子どもは、体罰を用いることが減り、子どもの PTSD 症状が改善したと報告した。親は、子どもに向けた怒りや一貫したペアレンティング、そして子どもの問題行動が改善されたと報告した（Runyon, Deblinger, & Schroeder, 2009）。これらの試験的なデータは、効果的なコミュニケーションや対処スキルを親

子別々に、あるいは親子一緒に学びながら、子どもと虐待的な行動や懲罰的な行動をとってしまう親が、一緒にセッションに参加し、虐待体験について直接話し合うことの潜在的な価値と実現可能性を示している。しかし、子どもがセラピーに参加することによる長期的な影響をアセスメントする追跡調査は行われなかった。

最初に実施された試験的研究の限界に対処するために、比較試験によって、親子が参加したCPC-CBT（親 24 名、子ども 34 名）と、親だけが参加したCPC-CBT（親 20 名、子ども 26 名）の有効性が検証された（Runyon, Deblinger, & Steer, 2010）。この研究は、この集団を対象にグループCBT を実施し、「虐待のリスクが高い、または攻撃的である」親の治療に子どもを参加させることの追加の利点を評価した、初めての比較試験である。治療開始前と 15 回のセッションの後、さらにプログラム終了後 3 カ月時点に、親と子どもを評価した。子どもが親と一緒に直接治療を受けた場合、親だけが治療に参加した場合と比べて、PTSD 症状とペアレンティングスキルにおいて大幅な改善が見られた。

別のパイロット研究は、24 名の子どもとその親を対象に、個別の CPC-CBT を 16 ～ 20 セッション実施して、治療前後のデータを検証した。予備的な分析では、親は自分の抑うつ症状・ペアレンティングスキル・子どもの内在化された問題行動や外在化した問題行動がいずれも改善したと報告し、子どもも PTSD 症状と抑うつ症状が有意に軽減したと回答した（Runyon, Deblinger, & Schroeder 2010）。

さらに、スウェーデンと米国の精神保健センターと社会福祉機関でも、CPC-CBT の評価が行われた。スウェーデンの 4 カ所の児童保護機関と児童青年期精神科の社会サービス局の臨床家が、CPC-CBT の開発者から訓練を受けた。この普及プロジェクトの一環として、研究者が個別のCPC-CBT を受けた参加者へのパイロット研究を実施した（Kjellgren, Svedin, & Nilsson, in press）。プログラム終了後、26 名の親は、抑うつ・暴力的なペアレンティング方法・一貫性のないペアレンティング・子どものトラウマ症状がいずれも有意に軽減したと報告した。25 名の子どもは、強制力を用いたペアレンティング方法が有意に減少し、肯定的なペアレンティングが増えたと報告したのと同時に、自分のトラウマ症状や抑うつ症状が有意に改善したと述べた。この論文の執筆者は、米国の身体的虐待の定義よりもかなり低いレベルの強制力の行使を身体的虐待とみなすスウェーデンにおいても、CPC-CBT は適用可能で有効な治療であると結論づけた。

他の普及プロジェクトでは、ミシシッピーの 3 カ所の機関の臨床家が、米国子どものトラウマティックストレス・ネットワークの共同学習の枠組みを活用した CPC-CBT のトレーニングを受けた。これらの機関から 12 名という比較的少ない人数の臨床家がトレーニングに参加し、家族にCPC-CBT を実施したところ、トレーニングの受講前後で、組織としての取り組みや臨床家個人での取り組み、そして家族の臨床的成果が有意に変化することが明らかになった。共同学習の間にCPC-CBT を受けた家族は、治療前後で、ペアレンティングが有意に向上し、体罰が減り、子どものPTSD 症状が軽快したと報告した。臨床家も、共同学習に参加後に、親セッションと子どもセッション、そして合同セッションの中で、CPC-CBT の構成要素とスキルを活用することが有意に増えたと述べた。

CPC-CBT に適したクライエントとは？

　CPC-CBT は、3 〜 17 歳の子どもと、子どもへの身体的虐待のリスクが高い、あるいはすでに身体的虐待を行っている親に適したプログラムである。「リスクが高い」家族とは、虐待の証拠はなかったものの何度も CPS に紹介された家族や、子どもに過剰な体罰をしていると通報された家族を指す。また、子育てに大きなストレスを感じている、子どもの行動を統制できずにカッとなってしまう、あるいは体罰をしても効果がなくて悩んでいるといった理由から、自らプログラムを希望してくる親にも適する。

　子どもが家庭から保護されたケースでは、家族の再統合について明確なプランを立てる必要があり、（少なくともセッションのときは）親と子どもの接触が許可されるべきである。治療対象となった親は、参加の意思がなければならない。家庭内の他の養育者に対しても、積極的にプログラムへの参加を促す。CPC-CBT は、身体的虐待によって子どもが保護され、家族再統合を進める予定がなく、親権を失った家庭への介入としては適さない。

　トラウマ症状・抑うつ・ソーシャルスキル不足・自尊感情の低さ・外在化された問題（たとえば、攻撃性、反抗行動など）のある子どもには、CPC-CBT が役立つだろう。また、怒りのコントロールが難しく、抑うつや子どもの行動に対する認知の歪みがあり、子どもの発達や肯定的なペアレンティングについての知識が不足しており、子どもの行動への共感性が低いといった親にも、この治療は有益であろう。

　深刻な臨床的問題があるときには、CPC-CBT の導入を遅らせる場合があるが、このモデルの対象外となるわけではない。たとえば、危機介入が求められるような差し迫った自殺や殺人のリスクがあるとか、CPC-CBT を受ける能力の妨げとなるほどの物質乱用や、プログラムの前に服薬して症状を安定させる必要がある精神健康上の問題がある場合は、いずれも CPC-CBT の開始を遅らせる。このような場合、セラピーを導入するか延期するかを決定する上で重要なのが、機能障害の程度である。たとえば、CPC-CBT を始める前に、親が物質乱用のカウンセリングを終える必要があるかもしれない。あるいは、CPC-CBT を受けながら、物質乱用のカウンセリングに通う場合もあるだろう。

　CPC-CBT は、性的虐待の加害親と子どもがまだ一緒に生活しているという場合を除き、さまざまな種類のトラウマを受けた子どもに適している。DV については、まず加害者・DV を受けている大人・子どものアセスメントを徹底的にするべきであり、全員が一緒に治療に参加することについて安心感を抱いているかを確認する。もし、家庭内で深刻なレベルの暴力が続いているなら、CPC-CBT を受ける前に、加害親が加害者向けプログラムを修了するべきである。DV が起きている家族への CPC-CBT についての詳しい情報は、他書を参照してほしい（Runyon & Deblinger, in press；Runyon, Deblinger, & Schroeder, 2009）。

期待される成果

これまでに実施された研究結果や臨床上のエピソードに基づいて、CPC-CBT への参加によって、親や子ども、そして家族システムに、次のような肯定的な成果があることが期待される。

1. 子どもの PTSD や抑うつ症状、他の内在化症状、外在化された問題行動が改善する。
2. 親が、肯定的で一貫性のあるペアレンティングができるようになり、抑うつや怒り、対処スキル、問題解決スキルが改善する。
3. 親の、発達に見合った子どもの言動についての知識が高まり、子ども自身や子どもの行動への否定的なとらえ方が減少する。
4. 親のペアレンティング行動や親子の関係性が、子どもの行動面や情緒面に及ぼす影響について理解を深めることで、子どもに対する親の共感性を高める。
5. 親子のコミュニケーションや肯定的なやりとりを通して、親子関係が深まる。
6. 強制力を用いない家庭環境づくりをすることで、家族システムを強化する。
7. 親による身体的虐待の再発や体罰の使用を減らす。

結論

親子複合型認知行動療法（CPC-CBT）は、身体的虐待のリスクが高い家族や身体的虐待がすでに起こった家族の子ども・親・家族システムに対して、肯定的な成果をもたらす効果が実証された治療である（Kjellgren, Svedin, & Nilsson, in press; Runyon, Deblinger, & Schroeder, 2009, 2010; Runyon, Deblinger, & Steer, 2010）。CPC-CBT は、米国における実証性のあるプログラムおよび実践に関するレジストリ（NREPP；www.nrepp.samhsa.gov）に登録されており、普及準備性に最高得点がつけられている。CPC-CBT は、米国やスェーデンの現場で実施が始まっており、肯定的な成果が得られている（Kjellgren, Svedin, & Nilsson, in press）。CPC-CBT のトレーニングに関する詳細は、CARES Institute のウェブサイトを参照されたい（www.caresinstitute.org）。

［参考文献］

1. Carrion, V., & Steiner, H. (2000). Trauma and dissociation in delinquent adolescents. *Journal of the American Academy of Child and Adolescent Psychiatry, 39*, 353–359.
2. Cohen, J. A., Deblinger, E., Mannarino, A. P., & Steer, R. A. (2004). A multisite, randomized controlled trial for children with sexual abuse–related PTSD symptoms. *Journal of the American Academy of Child and Adolescent Psychiatry, 43*, 393–402.

3. Crouch, J. L., Milner, J. S., & Thomsen, C. (2001). Childhood physical abuse, early social support, and risk for maltreatment: Current social support as a mediator of risk for child physical abuse. *Child Abuse & Neglect, 25*(1), 93–107.

4. Deblinger, E., & Hefl in, A. (1996). *Treating sexually abused children and their nonoffending parents: A cognitive-behavioral approach*. Thousand Oaks, CA: Sage Publications.

5. Deblinger, E., Lippmann, J., & Steer, R. (1996). Sexually abused children suffering posttraumatic stress symptoms: Initial treatment outcome findings. *Child Maltreatment, 1*, 310–321.

6. Deblinger, E., & Runyon, M. K. (2005). Understanding and treating feelings of shame in children who have experienced maltreatment. *Child Maltreatment, 10*, 364–376.

7. Donohue, B., Miller, E. R., Van Hasselt, V. B., & Hersen, M. (1998). An ecobehavioral approach to child maltreatment. In V. B. Van Hasselt, & M. Hersen (Eds.), *Handbook of psychological treatment protocols for children and adolescents* (pp. 279–356). Mahwah, NJ: Lawrence Erlbaum Associates.

8. Kaufman, J., & Zigler, E. (1987). Do abused children become abusive parents? *American Journal of Orthopsychiatry, 57*, 186–192.

9. Kilpatrick, K. L., & Hine, D. (2005). *Parental empathy, personality disorders and child maltreatment*. Final report for industry partner. Ashfield, NSW, Australia: New South Wales Department of Community Services.

10. Kjellgren, C., Svedin, C. G., & Nilsson, D. (in press). Child physical abuse: Experiences of combined treatment for children and their parents. A pilot study. *Child Care in Practice*.

11. Knutson, J. F., & Bower, M. E. (1994). Physically abusive parenting as an escalated aggressive response. In M. Potgel & J. F. Knutson (Eds.), *The dynamics of aggression: Biological and social processes in dyads and groups* (pp. 195–225). Hillsdale, NJ: Lawrence Erlbaum Associates.

12. Kolko, D. J. (1996). Individual cognitive-behavioral treatment and family therapy for physically abused children and their offending parents: A comparison of clinical outcomes. *Child Maltreatment, 1*, 322–342.

13. Kolko, D. J., & Swenson, C. (2002). *Assessing and treating physically abused children and their families: A cognitive-behavioral approach*. Thousand Oaks, CA: Sage Publications.

14. McKay, M., McCadam, K., & Pennington, J. (2002). Predicting child mental health service utilization by urban families: A preliminary study of child, family, environmental, and system factors. *Journal of Behavioral Health Services and Research, 19*, 1–10.

15. McKay, M., Stoewe, J., McCadam, K., & Gonzales, J. (1998). Increasing access to child mental health services for urban children and their caregivers. *Health and Social Work, 23*, 9–15.

16. Milner, J. S., & Chilamkurti, C. (1991). Physical child abuse perpetrator characteristics: A review of the literature. *Journal of Interpersonal Violence, 6*, 345–366.

17. Patterson, G. R. (1976). *Living with children: New methods for parents and teachers* (Revised ed.). Champaign, IL: Research Press.

18. Patterson, G. R. (1982). *Coercive family process*. Eugene, OR: Castalia.

19. Pelcovitz, D., Kaplan, S., Goldenberg, B., Mandel, F., Lehane, J., & Guarrera, J. (1994). Post-traumatic stress disorder in physically abused adolescents. *Journal of the American Academy of Child and Adolescent Psychiatry, 33*, 305–312.

20. Price, J. M., & Landsverk, J. (1998). Social information- processing patterns as predictors of social adaptation and behavior problems among maltreated children in foster care. *Child Abuse & Neglect, 22*, 845–858.

21. Runyon, M. K., Basilio, I., Van Hasselt, V. B., & Hersen, M. (1998). Child witnesses of interparental violence: Child and family treatment. In V. B. Hasselt & M. Hersen (Eds.), *Handbook of psychological treatment protocols for children and adolescents* (pp. 203–278). Mahwah, NJ: Lawrence Erlbaum Associates.

22. Runyon, M. K., & Deblinger, E. (in press). *Combined parent-child cognitive behavioral therapy (CPC-CBT): An approach to empower families at-risk for child physical abuse*. New York, NY: Oxford University Press.

23. Runyon, M. K., Deblinger, E., Ryan, E. E., & Thakkar-Kolar, R. (2004). An overview of child physical abuse: Developing an integrated parent-child cognitive-behavioral treatment approach. *Trauma, Violence, & Abuse, 5*, 65–85.

24. Runyon, M. K., Deblinger, E., & Schroeder, C. M. (2009). Pilot evaluation of outcomes of combined parent-child cognitive-behavioral group therapy for families at-risk for child physical abuse. *Cognitive Behavioral Practice, 16*, 101–118.

25. Runyon, M. K., Deblinger, E., & Schroeder, C. M. (2010). *Preliminary analyses of pre to posttreatment changes in families after their participation in Combined Parent-Child Cognitive Behavioral Therapy*. Unpublished manuscript.

26. Runyon, M. K., Deblinger, E., & Steer, R. (2010). Comparison of combined parent-child and parent-only cognitive-behavioral treatments for offending parents and children in cases of child physical abuse. *Child & Family Behavior Therapy, 32*, 196–218.

27. Saunders, B. E., Berliner, L., & Hanson, R. F. (Eds.). (2004, April 26). *Child physical and sexual abuse: Guidelines for treatment* (Revised report). Charleston, SC: National Crime Victims Research and Treatment Center.

28. Shackman, J. E., Shackman, A. J., & Pollak, S. D. (2007). Physical abuse amplifies attention to threat and increases anxiety in children. *Emotion, 7*, 838–852.

29. Shields, A., Ryan, R. M., & Cicchetti, D. (2001). Narrative representations of caregivers and emotion dysregulation as predictors of maltreated children's rejection by peers. *Developmental Psychology, 37*, 321–337.

30. Sternberg, K. J., Lamb, M. E., Hershkowitz, I., Yudilevitch, L., Orbach, Y., Esplin, P. W., & Hovav, M. (1997). Effects of introductory style on children's abilities to describe experiences of sexual abuse. *Child Abuse & Neglect, 21*(11), 1133–1146.

31. Straus, M. A. (1979). Measuring intrafamily conflict and violence: The Conflict Tactics Scale (CTS). *Journal of Marriage and Family, 41*, 75–88.

32. Swenson, C. C., & Brown, E. J. (1999). Cognitive-behavioral group treatment for physically abused children. *Cognitive and Behavioral Practice, 6*, 612–620.

33. Urquiza, A. J., & McNeil, C. B. (1996). Parent-child interaction therapy: An intensive dyadic intervention for physically abusive families. *Child Maltreatment, 1*, 134–144.

34. U.S. Department of Health and Human Services, Administration for Children and Families, Administration on Children, Youth and Families, Children's Bureau. (2011). *Child maltreatment, 2010*. www.acf.hhs.gov/programs/cb/stats_research/index.htm#can

35. Webster-Stratton, C., & Hammond, M. (1997). Treating children with early onset conduct problems: A comparison of child and parent training interventions. *Journal of Consulting and Clinical Psychology, 65*, 93–109.

第8章
学校現場における被虐待児への早期介入

リサ・H・ジェイコックス
オードラ・K・ラングレイ
ブラッドリー・D・スタイン
シェリル・H・カタオカーエンドウ
マーリーン・ウォン

総論

　医療機関で働く臨床家や、子どもおよび家族を支援するワーカーにとっては、虐待を受けた子どもに対して学校現場で介入していくことは、信じがたいことかもしれない。児童福祉システムは、子どもの安全性を確保するために関与しなくてもよいのだろうか？　1人以上の子どもを虐待している家族に対してインテンシブな家族介入は必要ではないのだろうか？　そう、このような介入は両方とも虐待を受けた子どもの治療プランの重要な部分である。しかし、学校を基盤にした早期の精神的介入プログラムは、子ども虐待やネグレクトなど、さまざまなタイプのトラウマの早期発見、および治療において重要な役目を担い得るのである。

　われわれが最初に行った学校を基盤にしたトラウマ介入は、地域での暴力に曝された子どもたちに生じる精神健康不全と機能障害を扱うものであった。しかし、地域での暴力に曝された子どものスクリーニングをしていたところ、多くの子どもたちが虐待やネグレクトも受けている事実が明らかになったのである。そういった子どもたちにも柔軟に対応できるようにわれわれの介入プログラムは改良され、不安や抑うつ症状に関連したニーズや行動上の問題にも対応できるようになった。学校の枠組みで、暴力やトラウマに曝された子どもたちへの早期介入を効果的に行うためには、虐待やネグレクトを受けた子どもたちとともに取り組む準備が必要で、この介入では、特に教室や校庭での行動の変化や授業妨害などのような、被虐待体験の後遺症をターゲットにしなければいけない。学校を基盤にした介入は、虐待を受けた子どもへの万能薬ではない。むしろ、われわれは、学校現場での介入が児童福祉・児童保護・精神医療システムで提供されるサービスを補完し拡大する方法であり、ほかの精神保健サービスを受けていない生徒がアクセスしやすくなるためのものであると認識している。

　本章では、学校におけるトラウマへの認知行動的介入（Cognitive Behavioral Intervention for Trauma in Schools, CBITS）プログラムについて詳述し、このプログラムが子ども虐待にどのように対応するのか、プログラムの理論的根拠、実証研究による有効性の裏づけについて述べる。また、

CBITS がどのような場合になぜ適しているのかについて、そしてその利点と欠点について論じ、最後に CBITS の期待できる成果について触れる。この章の読者には、虐待やネグレクトを受けた生徒の精神保健ニーズに対応するために、CBITS がどのようなプログラムでどのような可能性を秘めているのかを理解してもらいたい。

CBITS という介入

　学校におけるトラウマへの認知行動的介入は、ロサンゼルス統一学区（Los Angeles Unified School District）の移民の生徒で、これまでに母国や米国において地域での暴力に曝された子どもたちへの介入として開始されたものである。われわれは 1998 年に、ランド研究所（RAND Corporation）・カリフォルニア大学・ロサンゼルス校・ロサンゼルス統一学区との間に協定を結び、本プログラムの作成および効果測定に乗り出したのである（Stein et al., 2002）。学術的な枠組みで開発されたのちに地域の枠組みに広がった他のさまざまな介入法とは対照的に、CBITS は学校と協力をしながら開発され、公立高校で業務として提供されてきたので、本プログラムは学校の文化に適したものになっており、多種多様な生徒たちや多様なニーズに最大限柔軟に対応できるものとなっている。

　本プログラムの当初の焦点は心的外傷後ストレス症状であった。というのも、心的外傷後ストレス症状は暴力に曝された後にとてもよく見られるものであるし（Berman et al., 1996 ; Breslau et al., 1991 ; Horowitz, Weine, & Jekel, 1995）、開発された当時、少なくとも大人に対しては心的外傷後ストレス症状の治療には最良であるとされており、その効果も実証されていたからである（Foa & Meadows, 1997）。子どもたちに対して、段階的曝露や、トラウマナラティブを作成しトラウマ体験について詳細に語るといった、認知行動療法的技法が PTSD 症状を減少させる有益な方法であるということが実証されつつあり（e.g., Cohen & Mannarino, 1996 ; Deblinger & Heflin, 1996 ; March et al., 1998）、治療ガイドラインにおいても、そういった技法が強調されてきた（Cohen & Work Group on Quality Issues, 1998）。それが結実し、CBITS プログラムになったのである（Jaycox, 2003）。過去 10 年にわたり、本プログラムは改良を重ね、ロサンゼルスにおける多文化の生徒や他の都市、アメリカ先住民に対しても広げられ（Goodkind, LaNoue, & Milford, 2010 ; Swaney et al., 2009 ; Morsette, van den Pol, et al., 2012; Ngo et al., 2008）、さらには災害関連トラウマに対しても適応できるようになった（Cohen et al., 2009 ; Jaycox et al., 2010）。本プログラムは、特別な対象にも用いられるようになり（Kataoka et al., 2006 ; Schults et al., 2010）、医療スタッフではなくとも実施できるようになった（Jaycox et al., 2009）。もともとは、4 年生から 8 年生（訳注：日本の小学 4 年生〜中学 2 年生）を対象に作られたものであったが、改良に伴いより年長の 10 代の子どもに対しても実施ができるようになった。小学校低学年用のプログラムは改良中である。

　CBITS は、子どもに対する 10 回のグループセッション（1 回あたりおよそ 1 時間）と、子ども個人のトラウマについて詳細に話し始める 1 〜 3 回の個人セッション、2 回の親向けの教育的ミーティング、そして教師に対する教育的セッション 1 回で構成されている。本プログラムは、トラウマと

なる出来事に曝され、PTSD 症状や不安、抑うつ症状を呈する子どもに対して、効果が実証された認知行動療法のスキルを内包している。

　CBITS は、6 〜 8 人の子どものグループに対して行われるもので、学校心理士やソーシャルワーカーなど、学校における精神保健の専門家によって実施される。各セッションは認知行動療法の枠組みで実施され、講義形式、概念を強固なものにするための年齢に応じたアクティビティやゲーム、セッション内とセッション間のワークシートを使った個別のワークなどを組み合わせて、新しいスキルが紹介される。宿題は毎回出され、次のセッションの最初に振り返りをし、スキルが実生活内に汎化されるように促す。グループリーダーのための詳細なマニュアルもあり、子どもが宿題をしてこなかったときや重要な治療的要素を実施するのが困難な場合などのプログラムにおける障害への対処や、グループの子どもたちに特有の臨床的、文化的または状況に応じたニーズに沿ってプログラムを変更する際の注意点などが書かれている。

　CBITS は早期介入プログラムであるため、親や教師が気づいていないかもしれない PTSD 症状への子どもの気づきを高められるようにデザインされている。本プログラムの目的は、早期に PTSD 症状を見つけ介入することによって、トラウマに曝された子どもによく見られる心理的症状を軽減するためのスキルと対処方法を、子ども自身に身につけてもらうことである。CBITS には、不安や抑うつ、PTSD 症状といった心理的反応を直接的に低減すること、そうすることにより、子どもの苦痛を軽減し、学校や家庭または社会的な場面でより適応できるようにレジリエンス要因を強化することなど、複数の目的がある。

　対象が決まった介入である CBITS は、トラウマ体験があり、PTSD 症状がある児童生徒に対して実施するものである。そういった児童生徒を特定する方法はたくさん考えられるが、われわれは広くすべての児童生徒をスクリーニングすることを勧める。なぜなら、PTSD 症状は重篤な苦痛を起こすものであるにもかかわらず、親やカウンセラーに見過ごされがちであるからである。われわれは多くの場合において、地域での暴力・事故・災害などさまざまなトラウマ体験があったかどうかをスクリーニングしているが、子ども虐待はそこには入らない。なぜなら、学校には子ども虐待を通告する義務のあるスタッフがおり、学校は子ども虐待のスクリーニングをすることに積極的ではないからである。われわれの経験からも、虐待以外のトラウマ体験がもとで CBITS に参加した子どもたちが、実は虐待を受けていたと発覚することは稀なことではない。披虐待歴のある子どもたちを見つけるほかの方法は、児童生徒の過去の披虐待体験についての情報を持つ教師やスクールカウンセラーなどからの紹介に的を絞ることである。学校側としては厄介な親を避けたいがために、虐待のスクリーニングや紹介の手続きに懸念を抱くこともあるが、親はこういったプログラムには受容的であり、プログラム参加に同意する親は子どもについてのこの種の質問に「不快」を示すことはめったにないことがわかっている（Dean et al., 2004）。

　子どもたちがどんなトラウマ体験を抱えてプログラムに参加してきたとしても、プログラムの実施者と子どもの両方がグループにおいてそのトラウマを扱ってもよいと思っているならば、CBITS ではプログラムを受ける時点でその子が最も辛いと思っている体験に焦点を当てる。つまり、地域での暴力被害でスクリーニングされてプログラムに入った子どもが、後になって家庭内での DV 目

撃や、身体的虐待やネグレクト、死別や別離によって大切な人を喪失する体験などに取り組むということもありうる。ニューオリンズ州で発生したハリケーン・カトリーナとハリケーン・リタのあとのケアに携わった際、ハリケーン関連のトラウマでスクリーニングされた児童生徒の大部分が、プログラム実施時に別のトラウマ体験を選んだという事実もある（Langley et al., 2013）。つまり、虐待というトラウマ体験があるという理由で選ばれた児童生徒であっても、介入時には別のトラウマ体験について取り組む、ということも考えられるのである。

基本的な治療原理と理論的枠組み

　CBITS の総合的な目的は、(1) PTSD 症状と他のトラウマに関連した問題の軽減、(2)、レジリエンスの構築、(3) 仲間同士そして親のサポートを構築することである。治療はグループ形式で実施されるが、個々の子どものゴールはその子どものニーズに最も合うように手直しされる。ここか

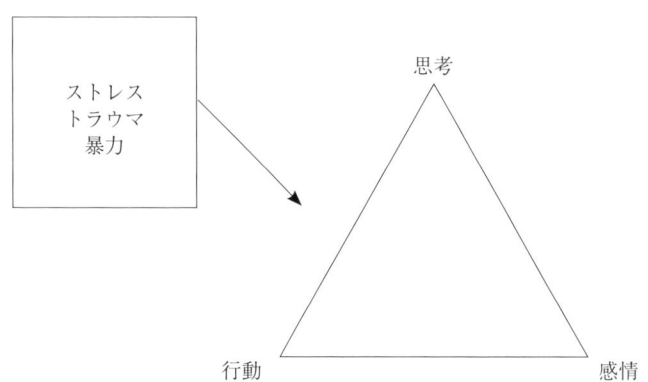

図 8.1　認知の三角形

表 8.1　CBITS は認知の三角形の 3 つの要素にどのように対応するのか

要素	CBTS テクニック
思考	・生徒が自分の思考に気づき、それが正しいかどうかを評価できるようにトレーニングする ・生徒が自分の非現実的で有害な思考を修正し、よりバランスの取れた正しい思考をもてるようにトレーニングする ・生徒が生きていく上で邪魔になる否定的で問題のある思考を止められるようにトレーニングする ・トラウマナラティブを使って、生徒がトラウマ体験の意味を見つけ、トラウマに関連する不適応な思考を減らすよう支援する
感情	・生徒にリラクセーションスキルを教える ・想像曝露の技法を使ってトラウマナラティブを作成し、トラウマに関連した生徒の不安を直接軽減する ・実生活内曝露の技法を通して、トラウマ体験を想起させるような生徒の不安を直接軽減する
行動	・怖い状況を回避するのではなく向き合うことが不安の軽減に役立つことを生徒に教える ・支援してくれる人とつらい体験を分かち合うことが人とつながっている感覚を強化することを生徒に教える ・問題解決のための選択肢を考え、ブレインストーミングすることを生徒に教える ・実行計画を立てたり望ましい計画を試したりすることを生徒に教える ・現実に経験している問題にこれらのスキルを応用することを生徒に教える

らはそれぞれのゴールについて、詳述していこう。

　症状の低減については、本プログラムは、思考・感情・行動が密接に関連しあい、互いに影響を
及ぼしあっているという認知行動理論に基づいたものである（図8.1 参照）。それぞれが影響を及ぼ
しあっているだけでなく、子ども虐待をはじめとするさまざまなトラウマ体験によって、この3つ
は多大な影響を受ける。たとえば、思考や認知は悲惨なトラウマや暴力体験によって歪められる。
一般的に2つのテーマやスキーマが正常な思考を押しのける（Foa and Jaycox, 1999）。すなわち、
(1)「世界は危険だ。自分は安全ではない。人は信用できない」、(2)「自分にはどうすることもで
きない。以前と同じ自分には戻れない。自分はもう壊れつつある」である。こういったテーマは、
健全な成長や社会的発達を阻害してしまう。PTSD 症状には、感情と行動の変化が含まれており、
極度の不安や驚愕反応、過度な警戒心、トラウマとなる出来事を思い出したり考えたりすることに
まつわる不安、怒りやイライラなどが診断基準に挙がっている（American Psychiatric Association,
1994）。

　表8.1 に示すように、思考・感情・行動の3つの要素のそれぞれに異なった方法で対応する。3
つの要素すべては、認知行動療法の技法に関連したしっかりとした理論と実証的な研究論文に基づ
いている（Cahill et al., 2009）。思考について、CBITS プログラムは、習慣となっているネガティブ
な考え方の影響力を減らすために、どのように自分の考えに気づきそれを変える練習をしていくか
を示した、認知理論に基づいている。感情について、CBITS プログラムは、古典的条件づけやオ
ペラント条件づけによって生じるトラウマリマインダーに対する不安反応が、馴化のプロセスを通
して減少していくことを示した行動理論に基づいている。さらに CBITS は、子どもの生理学的な
「感情」と反応を落ち着かせるために、リラクセーショントレーニングのようなツールを提供する。
行動に関しては、CBITS プログラムは、回避することよりも向き合うことが馴化のプロセスを促
進し自己コントロール感を強化することを示した、行動理論に基づいている。

　つまり、CBITS は、トラウマフォーカスト認知行動療法（Trauma-Focused CBT, TF-CBT; Cohen,
Mannarino, & Deblinger, 2006）などの効果が実証された子どものトラウマに対する認知行動療法的
介入と多くの同じ要素を持っているのである。これらの要素には、トラウマとトラウマ反応に関す
る心理教育・リラクセーション練習や他の不安を低減させるためのスキル・非機能的認知の特定と
修正・トラウマリマインダーやトリガーを回避するのではなく向き合う技法・回避している状況の
安全性の評価・トラウマナラティブの作成・社会的な問題解決法が含まれる。

　レジリエンスを構築することの重要性は、CBITS のもう1つの目標であり、複合的なトラウマ
に曝されることは非常に一般的なことであり（Finkelhor et al., 2009）、都市部の学校においては、子
どもの年齢が上がるにつれて暴力への曝露も増える（Stein, Jaycox, Kataoka, Rhodes, & Vestal,
2003）というデータからも明らかである。つまり、過去のトラウマ体験への対応が必要なだけでは
なく、将来身に降りかかる可能性のあるストレスやトラウマとなる出来事に対するレジリエンスを
も構築する必要があるのである。実証研究に基づいて、CBITS は、仲間同士や親からのサポート
を構築すること（Hill et al., 1996 ; Kliewer et al., 1998 ; Kuther & Fisher, 1998 ; Muller et al., 2000）、対
処　方　法（Berman et al., 1996 ; Curle & Williams, 1996 ; Jeney-Gammon et al., 1993 ; Martini et al., 1990 ;

Vernberg et al., 1996)、 そ し て 認 知 ス キ ル（Joseph et al., 1991, 1993 ; Kliewer et al., 1998 ; March, Amaya-Jackson, Murray, & Schulte, 1998 ; March, Amaya-Jackson, Terry, & Costanzo, 1997） に焦点を当てたプログラムである。

　CBITS の最後のゴールは、仲間同士や親からのサポートを構築することであり、特記するに値する。子ども虐待は隠れて行われることが多いため、虐待を受けた子どもは自分は人とは違うという感覚や孤独感を抱きやすい。CBITS では、子どもたちが暴力やトラウマ、ストレスに関する自身の体験を支持的な環境で他者と共有するという機会を用意する。グループに参加すること自体が参加者同士の共通の絆を深め、それがグループの外にも派生することが多い。また、暴力やトラウマ、ストレスに関する自身の体験を、グループ外の信頼できる他者（信頼できる友人、家族、養育者、教師、または他の大人）と適切に話せるようなスキルを身につけることもプログラムの目的の 1 つである。CBITS のプログラムに共通するテーマは、両親または養育者と子どもとの間の相互の理解とコミュニケーションをオープンにし、促進することである。このテーマは、教育的な情報や家庭での宿題を通して実践される。被虐待体験がある生徒に対してどのように CBITS を行うのか、ユアンという架空の事例を使って紹介したい。

　　ユアンは 7 年生（訳注：日本の中学 1 年生）で、母親と 2 人の兄と母方祖父母とで暮らしている。祖父母はユアンが 2 歳の頃にメキシコから移住してきた。彼の兄たちは 10 代で、近所の非行仲間から離れるのに苦労していた。ユアンは過去数年間、継父からの身体的虐待を受けていた。最初は厳しいしつけだったものが、ここ数年はエスカレートし、ひどく殴られるようになった。ユアンは母親に救急病院に 2 度も連れて行かれるほどのひどいケガを負ったことがあり、救急病院のスタッフによって虐待通告がなされた。彼の継父は、親戚たちと一緒に近所に住んでおり、ユアンは母親の監督のもとでのみ、継父と面会していた。

　　CBITS プログラムが学校で実施された際、ユアンの母親は彼がスクリーニングを受けることに同意した。彼の母親は、ユアンが「いろんな目に遭った」ので、彼には助けが必要かもしれないと気づいていた。スクリーニングの質問紙で、ユアンは街中での暴力を複数回見たことがあること、数回殴られたことがあること、そして地震に遭ったことがあることを挙げた。また彼は、中程度の PTSD 症状と抑うつ症状があると回答した。面接を行った際、彼は学校内で継父に殴られたことがあると言った。最も彼を苦しめているトラウマ体験を選ぶように言われた際、彼は近所で見た銃撃事件を挙げた。それは、救急車が来る前に、血を流しながら道に倒れている被害者を目撃したというものであった。彼と面接者はこの体験について CBITS グループで取り組むことで合意した。面接者はユアンの母親と会い、彼の被虐待体験についてさらに聴取した。そして、プロトコールに定められた通り、州法に基づいて、過去の虐待に追加して虐待通告を行った（以前に虐待通告がなされていた点を注記に言及）。ユアンと彼の母親はプログラムに参加することを心待ちにした。

一般的なトラウマ反応についての心理教育

　CBITS では、3 つのグループすべての参加者（生徒グループ、親、教師）に対して、一般的なトラウマ反応について心理教育を行う。この要素の原理は、人は自分の過去のトラウマ体験と、現在体験している症状を結びつけて考えないことが多いということに基づいている。トラウマ体験と症状のつながりについての理解を深めていくことで、参加者たちはより症状をコントロールできていると感じ、症状を軽減するための介入に参加する動機づけが高まる。あらゆる種類の一般的なトラウマ反応や、PTSD 症状（トラウマリマインダーの回避、トラウマについての反復する思考、睡眠の問題、イライラなど）、罪悪感や恥の感覚、抑うつや他者への信頼感の喪失、または身体化症状などの問題について話し合う。

　ユアンは最初の CBITS グループで、銃撃事件について取り組む計画を守った。そして、なぜこのグループに入ったのかを話す順番がきたとき、「僕は誰かが撃たれるのを見たんだ。その人は死んだかもしれないと思う」と言った。2 度目のグループの議論では、グループリーダーがいくつかの一般的な問題を挙げ、生徒は同じような問題を体験したことがあるか、それはどのような体験だったかをお互いに話し合った。また、ユアンは、一般的なトラウマ反応について記載してあるプリント（スペイン語に訳されたもの）を家に持ち帰り、母親と祖父母に見せた。セッションで、彼は最も困っている体験にマーカーで線を引いた。それは、近所を歩いているときには常に警戒している感じがあること、1 人でいることを避けること、自責感および恥の感覚があることなどだった。CBITS のリーダーは、恥の感覚や自責感は、銃撃事件よりも子ども虐待と関連していることが多いことに配慮し、ユアンの他の考えや感情に注意を向けた。ユアンは、グループの仲間にも同じような反応があると聞いて驚き、グループメンバーと少しだけ距離が縮まったように思った。親グループにユアンの母親が来た際、彼女も同じプリントを渡され、一般的なトラウマ反応について聞き、質問する機会が与えられた。ユアンの担任にも同じ情報が提供され、生徒の行動をトラウマ反応という文脈で理解すると、トラウマ体験のある子どもを支援する際に役立つということも伝えられた。

認知の三角形

　CBITS 介入の初期に、思考・感情・行動という 3 つの頂点を持つ三角形が示され、その 3 つの要素がどのようにお互いに関連し合っており、われわれの体験とつながっているかについての説明がある。生徒が何をなぜ学んでいるのかを説明し、1 人ひとりの生徒が症状を軽減し対処スキルを構築する際に、異なる要素を接合するために、この三角形はプログラムの全行程で用いられる。

　ユアンにとって、この三角形は非常に役に立った。彼は、自分自身に対して、特に 1 人でいるときに不安に感じていたことや、いつも母親と一緒にいたいと思っていたことについて、かなり否定

的に感じていた。トラウマのせいで、身体的に不安を感じたり、もっと悪いことが起こるのではないかと考えたりしてしまうことがあるということを知って、ユアンは新しい方法で考えることができるようになった。グループリーダーが例をあげてほしいと生徒に求めた際、ユアンはこう答えた。「誰かが君を毎日、毎晩傷つけているとしたら、君はたぶん『今僕は何をした？』って考えて、僕は何をやってもダメなんだと感じるかもしれない」。

リラクセーション練習

　他の重要な CBITS の要素は、リラクセーション練習であり、早い段階で生徒グループと親ミーティングで教えられる。本プログラムでは、イメージ法や漸進的筋弛緩法、呼吸法などを組み合わせて実施するため、生徒は自分に最も合った方法を見つけることができる。また、グループリーダーは生徒たちにセッション間にも毎日練習するように伝える。子どもたちは、思考停止法・気晴らし法、ポジティブイメージ法などの不安低減法についても学ぶ。

　　ユアンはリラクセーション練習には消極的であった。なぜなら彼の母親が似たようなことを家でさせようとしたからである。しかしグループメンバーの励ましもあり、彼はやってみることができた。グループセッションのときには彼はあまりリラックスできず、終わったときには疲労を感じた。リラクセーションの宿題では、彼はいつも母親の部屋に行きたくなる就寝前の時間にやってみることにした。

気持ちの温度計

　生徒たちは、0〜10 度の「温度計」を使って自分たちの感情をモニタリングすることを学ぶ。0 がとても落ち着いていてリラックスしている状態で、10 がこれまでで一番ストレスを感じて動揺している状態である。生徒たちは、CBITS プログラムの残り時間で、温度計を用いて、違う状況でどのぐらい動揺するかを正確に測り、習った方法を用いて感情の変化をモニタリングする。

　　ユアンは気持ちの温度計を気に入っていた。シンプルでわかりやすかったからだ。彼は、グループ内のほかの男の子が、そんなに大したことのないように思える出来事について強いストレスや動揺を感じていたことを聞いて驚いた。ユアンは、その男の子たちはもっと強く見えるのに、と思った。

認知療法

　CBITS プログラムにおいて、生徒たちは強い情緒的反応（気持ちの温度計で高い数値になる）と関連した否定的で非機能的な認知を見つけ、その考えが正しいのかどうかを検証修正し、理想的にはより合理的な情緒的反応をもたらす認知を学ぶ。トラウマを体験した生徒たちは、他者を信頼する

ことやこの世の中で安全でいること、効果的にストレスに対処する方法、自分を取り巻く世界の中で自分をコントロールする方法などについて、非常に悲観的に考えていることが多い。こういった思考や信念は、彼らの日常機能を阻害する。CBITS のグループ内や宿題の中で、生徒はこういった思考を修正する楽しい方法を学び（「ホットシート」）、実生活でのストレス状況における思考の実例に取り組んでいく。

　　ユアンのグループリーダーは、彼が「ホットシート」に座る順番が来たときに、彼にぴったりの例を選んだ。グループリーダーは、道を歩いているときに大きい音が聞こえてきて、「誰かが撃たれている」と考えたとき、別の考えはあるかという例から始めた。グループ内には、同じように考える子どもが多くいたため、彼は仲間から多いに助けられた。最後のほうで、グループの子どもたちがこの課題のコツを摑めてきた頃、グループリーダーは、お父さんに叩かれたとき「自分が悪いから」と考えた例を出した。最初ユアンは何と答えたらいいかわからなかったが、他の生徒が「親は、自分の怒りをコントロールしないといけないし、叩いたらダメだ」と答えた。ユアンはその答えが気に入った。そして、ユアンも答えをいくつか思いつき、「もし僕が間違ったことをしたとしても、暴力を受けるのは間違っている」「僕のお父さんにも助けが必要だ」と言った。

実生活内曝露

　CBITS では行動療法的要素を用いて、不安の「ひきがね」となるために生徒が回避しているもの、たとえばトラウマ体験を思い起こさせる人や場所やものを特定する。たくさん避けているものがある生徒にとってはこの課題は容易なものであるが、避けているものがほとんどない生徒もいる。そういった場合でもセラピストは、生徒が不安になるような社会的な場面や、何かをしなければならない場面で、彼らがもう少し居心地良く感じたがっているような場面を見つけることができる。生徒たちは、その状況を避けることで余計にその状況に対する不安が増強すること、しかし、その状況に向き合い続けることでその不安は軽減されることを学んでいく。そして、グループリーダーは、生徒たちに状況に対する不安階層表を作らせることで、その状況を避けることなく、段階的に近づいていく方法を提示する。このワークで重要なことは、階層表に書いてある活動は安全であり、暴力やトラウマを再体験するリスクはないということを保障するために、生徒たちが一緒に取り組むことである。

　　ユアンにとっては、継父が家から出て行った今、彼が一番避けていたものは銃撃に関することであった。彼は、学校内でも暴力を受けたことがあるため、それに関連した物事も避けていた。37 番通りに1人でいる、放課後カフェの裏に行く、1人で学校のトイレに行く、近くの店に1人でお使いに行く、ということを彼は不安階層表に書いた。これらすべてのことは日中や学校の授業の時間帯に行えば安全であること、そして、これらのことができないことでユアン

が苦しんでおり、彼の日常生活が阻害されているということが話し合われた。最初の宿題として、彼は走っておつかいに行くということを選んだ。彼はその宿題を細分化し、まず母親と一緒に行き、最後には自分1人で行くようにした。最初に、2回母親に店までついて行ってもらい、徐々に母親についてきてもらう距離を短くすることに同意した（たとえば、角までは一緒に行くなど）。そして、残りはユアンが1人で行くようにした。この計画を立てたセッションの後、グループリーダーは彼の母親を呼んで、この計画とその意味について説明した。母親はユアンと一緒にこの宿題に取り組むことに賛同した。

トラウマ記憶への曝露とトラウマナラティブ作成

　CBITSでは、個別セッション（生徒のニーズに合わせて、1人の生徒に対して1～3回のセッション）とグループセッションを組み合わせ、トラウマ記憶について話したり、文章を書いたり、絵を描いたりしながら、トラウマ記憶に「曝露」し処理していけるように支えていく。個別セッションでは、起こった出来事を「消化する」必要性とその意味について説明し、その記憶を避けるのではなく向き合うことで、彼らが持つ不安を最終的には軽減することができると伝える。そして、生徒は、気持ちの温度計を使いながら、彼ら自身に起こった出来事を、セラピストの助けをかりながら不安が軽減されるまで繰り返し語っていく。一度の面接で生徒の不安が十分に下がらなければ、追加のセッションを用意する。面接の最後に、セラピストと生徒は、グループセッションの中で自分のトラウマ記憶についてどのように処理していくのかを話し合う。2回のグループセッションで、生徒たちは自身のトラウマ体験について文章を書いたり、絵を描いたりし、できあがったものについて簡単にグループ内で共有する。

　　グループリーダーとの最初の個別セッションは、ユアンにとっては非常に緊張するものであった。グループリーダーは、まず彼に、どのトラウマ体験について一番取り組みたいと思っているかをたずねた。彼は、銃撃の場面がいまだに頭の中に浮かんでくることが多いが、継父にされた身体的虐待の記憶も自分を苦しめると話した。また最近では、身体的虐待の夢を見ることのほうが多いとも話した。ユアンとセラピストは、まずは個別セッションで身体的虐待について処理することで合意した。最初の個別セッションで、彼はとても緊張し、緊張のあまり吐き気を催すほどであったが、彼にとっての「最悪の」出来事をきちんと話しとおすことができた。続く2回の個別セッションでは、彼の継父が彼を殴るという最悪の出来事についてのトラウマナラティブを作成し、彼は少し安心することができた。彼は、起こった出来事について話したり考えたりすることが少し容易になり、少し不安にはなるけれど、過度にうろたえたりしなくなったことに気づいた。グループセッションの準備をする際、ユアンは身体的虐待ではなく銃撃について書いたり話したりしようと思う、と言い、セラピストはそれを尊重した。最初のグループセッションでは、ユアンは銃撃についての絵を色鉛筆で描いた。彼はその出来事について話すことを延期した。2度目のグループセッションで、彼は描いた絵をさらに鮮やか

に色づけし、とまどうことなくグループの前で話すことができた。ユアンは、他のグループメンバーをサポートすることもできた。特に、家庭内暴力について描いた生徒に対してユアンは、「その話をしてくれてありがとう。僕の家でも同じようなことがあったから、君の気持ちはわかる気がするよ」と言った。

社会的な問題解決

CBITSの介入のこの段階では、現実的な問題を扱っていく。グループリーダーは、認知対処スキルや不安軽減スキルを使って、彼らの問題に対処するよう生徒に促すが、それと同時に、彼らの考え方や感じ方をコントロールすることは、問題解決の一部にすぎないことも伝える。生徒たちは、ブレインストーミングや、出来事にどのように対処するかを決めるために賛否両論を見極めることなどを学んでいく。この部分では、これまで生徒たちがプログラムを通して学んできたさまざまなスキルを統合し、地域の安全に関する問題や家族・友人関係上の問題のように、生徒にとって本当に重要で彼らの回復を妨げかねない未解決の課題に、治療者とともに取り組む。

このセクションで、ユアンは今困っている家庭内の状況を選んだ。ひとつは彼の兄が、継父が出て行ったのはユアンのせいであり、そのせいで家計が苦しくなった、とときどき言うというものである。ユアンは、兄に言い返したり、母親に自分の味方になってくれるよう相談したり、自分なりの対処法を使って怒りを沈めるなど、たくさんの解決法を思いついた。彼は母親に相談することにし、それによって家族内でも話し合いが持たれ、彼の兄から謝ってもらうことができた。ユアンはこのことについて、かなりうまくいった、とグループに笑顔で報告することができた。

実証研究による裏づけ

ユアンのように多くの児童青年がCBITSを受け、さまざまな対象者で研究がなされ、その効果は実証されている。それぞれの研究において、CBITSの研究者は地域に根ざしたアプローチを用いて、文化的あるいは地域の文脈に沿ったプログラムを実践する上で最もよい方法を決定してきた。地域と学術の連携を通して、専門家や高度に訓練を受けた人ではなく、学校職員がCBITSを実施した。このため、「リアルワールド」環境のもとでの介入の評価がなされた。

最初のパイロット研究（移民のための精神保健プログラム）では、都市部の大規模校で働く精神科ソーシャルワーカーが、8セッション版のCBITSのトレーニングを受け、移民の生徒らに実施した（Kataoka et al., 2003）。臨床家たちは、3年生から8年生（訳注：日本の中学2年生）までの、スペイン語・西アルメニア語・ロシア語・韓国語を話す生徒を対象にCBITSを実施したが、評価は、生徒の中でも大部分を占めるメキシコや中央アメリカから来たスペイン語を話す層に焦点を当てた。

　このCBITSの準実験的研究では、バイリンガルで二文化で育った学校精神科ソーシャルワーカーが、9つの学校の879名の生徒を対象に、暴力への曝露・PTSD症状・うつ症状があるかどうかをスクリーニングしたところ、31%（276名）が暴力への曝露があり、臨床的に重篤な症状を有していた。プログラムへの参加を提案された生徒のうち、最終的に198名の生徒がプログラムおよび3カ月後のフォローアップ評価に参加した。これらの生徒のうち152名はランダムに割り当てられてすぐに介入を受け、46名は待機群に割り当てられて学年の後半にCBITSを受けた。

　その結果、CBITSを受けた群において、抑うつ症状は介入前後で有意な減少（17%）を認めたが、待機群では変化は見られなかった。同じようにPTSD症状についても、CBITSを受けた群には有意な減少（29%）が見られたが、待機群では有意な減少は見られなかった（13%）。群間の比較をしたところ、PTSD症状および抑うつ症状は、CBITSを受けた群の方が待機群と比べて有意に大幅な減少が認められた。群間の差は、プログラム開始時により重篤な症状を呈している生徒ほど明白に認められた。この調査はCBITSを受けた群の症状が改善したことを示したが、準実験的研究デザインで実施されたため、プログラムへの忠実性を測定していないことやマニュアルの遵守が不足していることが課題となった。また、スペイン語以外の言語を話す生徒の数が少なかったため、スペイン語圏以外の生徒に対するプログラムの効果を測ることができなかった。

　学術と地域の連携を通して、最初のパイロット研究のあと、特定のセッションにより多くの時間をかける必要があるなど、学校現場の臨床家から重要なフィードバックがあり、いくつかの改変がなされた。その結果、現在の10セッション版のCBITSができたのである（Jaycox, 2003）。この10セッション版のプログラムを評価するため（そして最初のパイロット研究で明らかになった課題に取り組むため）、6年生の児童を対象にランダム化比較実験が実施され、61名の生徒が学年の前期にCBITSを受け、65名の生徒が学年の後期にCBITSを受けた。学校精神科ソーシャルワーカーが英語でグループを担当し、すべてのセッションを録音してマニュアルへの忠実性を確認した。最初の群がプログラムを終え3カ月後のフォローアップの時点、つまり次の群がまだプログラムを始めていない時点で、CBITSを受けた群は受けていない群よりも、PTSD症状が有意に減少していることがわかった（ベースラインから、それぞれ64%と34%の減少）（Stein, Jaycox, Kataoka, Wong, et al., 2003）。最初にCBITSを受けた群は、待機群に比べて抑うつ症状の点数も有意に減少していた（ベースラインから、それぞれ47%と24%の減少）。また、プログラム終了後から3カ月時点でも、待機群の生徒の親と比べてCBITSを受けた生徒の親は、子どもの心理社会的機能不全が有意に減少したと報告した。すなわち、CBITSを受けた生徒の親は心理社会的機能不全がベースラインから35%減少したのに対し、待機群の親は2%増加したと報告した。両群において、教師が報告した教室内での行動化・引っ込み思案・不安の高さ・学習面の問題に関しては、有意差は認められなかった。待機群の子どもたちがCBITSを受けた後6カ月時点でも、最初にCBITSを受けた群は症状が減少したままであり、後にプログラムを受けた子どもたちも、先に受けた群に「追いついた」形になった。すなわち、すべての生徒がプログラムを受け終わった時点でPTSD症状や抑うつ症状、親の報告する心理社会的機能や教師が報告する教室内での行動に関して両群の差異はなくなった。

　学業成績についても、同じ学年の前期にプログラムを受けた群と後で受けた群で比較を行った。

近年の予備調査では、前年に行われた州の統一テストの得点・社会人口学的特性・PTSD や暴力への曝露・その他の共変量を統制し両群を比べた際に、前期にプログラムを受けた群のほうが、学年末までに国語の授業で C 以上の合格点をもらう率が高かった（80％対 61％）（Kataoka et al., 2011）。つまり CBITS は、PTSD 症状・抑うつ症状・親評価による心理社会的機能の改善に関して効果が実証されただけでなく、学業成績においても効果が認められたということである。

　ハリケーン・カトリーナ後に、災害や他のトラウマの結果生じたトラウマ関連症状に対する2つの効果的な治療法が比較された。子どもたちは、地域のクリニックで受ける TF-CBT か、学校で実施される CBITS のどちらかにランダムに割り当てられた（Cohen et al., 2009）。どちらのプログラムを受けた子どもたちも、PTSD 症状は大幅に減少したが、両プログラムのアクセスには明らかな差異が認められた。CBITS に割り当てられた子どもたちは、98％がプログラムを開始し 91％が完遂した。しかし、クリニックで受ける TF-CBT に割り当てられた子どもたちは、37％がプログラムを開始し 15％が完遂した。これらの結果は、クリニックではなく学校現場でプログラムを提供することの価値や（Jaycox et al., 2010）、学校の臨床家が必要のある生徒に対してプログラムを提供する際に果たす役割の意義を示している。

　CBITS は、米国全土に広がっており、いくつかの地域では非実験的デザインで、治療の提供方法を評価している。米国の青少年を支援するホワイトハウス会議（White House Conference on Helping America's Youth）や、有望な実践ネットワーク（Promising Practices Network）、少年司法・非行予防局（Office of Juvenile Justice and Delinquency Prevention）など、いくつかの機関においては、CBITS は最良のプログラムであると認められた。カリフォルニアを含むいくつかの州では、CBITS を効果が実証された治療であると位置づけており、特別財源で医療還付を認めている。CBITS は、米国における実証性のあるプログラムおよび実践に関するレジストリ（National Registry of Evidence-based Programs and Practices, NREPP：htpp://nrepp.samhsa.gov）に掲載されており、米国子どもトラウマティックストレス・ネットワーク（National Child Traumatic Stress Network）においても有効な治療として認定されている。

　CBITS を実践する際に臨床家や学区をサポートするために、学校を基盤にするこのプログラムを提供する際の、いくつかの重要な要因についても研究がなされ、学校でこうしたグループを実践する際の重要な障壁が見出された。たとえば、実務的な障壁（グループセッションを行う場所など）、管理職や教師らのサポートの欠如、責任の押しつけ合い、親の不参加などである（Langley et al., 2010）。次に記述することは、CBITS の提供が成功するかどうかを決定づける重要な因子である。すなわち、(1) 実施前の働きかけ（CBITS グループを始める前の計画とコンサルテーション）、(2) 実施中の臨床面や実務面のサポート（プログラム開発者とトレーナーによるサポート）、(3) 介入上で重要な要素についての忠実性の強化 (4) サービスの流れに合わせた柔軟な実践、(5) 生徒の結果を測定することに重きを置く（Nadeem et al., 2011）、である。たとえば、共同学習アプローチを用いてトレーニングし、経時的にコンサルテーションを繰り返し行うのも1つである（Ebert et al., 2012 参照）。さらに、プログラムをトップレベルの学区計画に組み込んで学業成績を測定することや、実施中のスーパービジョンを通してプログラムを公開し、大規模校の精神保健システムと協力して

学ぶことも例として挙げられる。

CBITS に適したクライエントとは？

　学校を基盤にした介入が優れている点は、専門的な精神保健サービスにアクセスできない子どもたちに、これらのサービスを彼らの日常生活の場で直接提供することで、支援の手を差し伸べることができるということである。つまり、トラウマ体験に曝された子どもたちの中で、健康保険制度に加入していなかったり、移動手段や時間を持ち合わせていなかったり、地域でのケアが十分ではなかったり、親が治療に費やせる資金が乏しかったり、などのさまざまな要因で治療に辿りつくことのできない子どもたちに理想的なプログラムなのである。

　これまでの取り組みにおいて、重篤な PTSD 症状を抱える生徒たちにどのように対応すればよいのか、CBITS のグループが本当に彼らの症状に対応することができるのかという問いに、たびたび直面してきた。このような生徒たちのために、質の高いタイムリーな別の紹介先を見つけることが困難であるので、重篤な PTSD 症状を抱える子どもたちのためのより集中的な個人治療を探しつつ、常に彼らを CBITS のグループに参加させてきた。この試みはうまくいった。CBITS は、生徒たちにとって支持的な環境を提供し、他のケアを補完し増強するものであると思われるが、一方で、CBITS 単体では必要なサービスのすべてを包括できるような支援は提供することが難しいといえる。

　CBITS は、孤立していたり、他者と違うところがあると感じていたり、虐待の結果変わってしまった子どもたちにとっては特に有益であるかもしれない。自分と同じようにトラウマとなる出来事を体験したことのある仲間たちとともにグループに参加することで、ピアサポートの向上が期待できる。また、ストレスやトラウマの普遍的な性質やそれを乗り越えるために役立つレジリエンスの価値を理解することで、自分自身や将来に対してこれまでとは違った見方をすることができるようにもなる。支持的で必要なスキルを獲得していくプログラムである CBITS は、虐待を受けた子どもに提供される、個人あるいは家族を基盤にしたサービスを補完するものなのである。

利点と欠点

　これまで支援を届けられずにいた層の子どもに対して、学校で支援を提供できるということは、CBITS の大きな利点である。実際に、全米で精神保健サービスを受けている子どもの大部分（75%）が、学校内においてサービスを受けている（Farmer et al., 2003）。学校を基盤に介入をすることで、精神保健サービスにおける人種／民族間の格差を是正することが可能になる（Kataoka, Stein, Nadeem, & Wong, 2007）。学校という場が、子どもたちの精神保健サービスへのアクセスを改善する入り口となっているのである（Allensworth et al., 1997 ; Cooper, 2008）。

　その他にも、多様な経験を持つ多様な生徒たちのニーズに合わせることのできる柔軟性も、CBITS の利点である。CBITS は反復的に開発され、近年の移民生徒たち（スペイン、韓国、ロシア、

西アルメニアの言語を話す生徒たち）に最初に用いられ、民族的にも社会経済的にも多岐にわたる生徒たちに広く使用されるようになったプログラムなので、グループメンバーの実例を参考にして、参加する生徒たちにグループを適合させてきた（Ngo et al., 2008）。生徒がこれらのグループで取り組むトラウマのタイプについても同様である。それぞれのグループには、家庭内暴力、虐待、災害、トラウマとなる喪失・事故・医療トラウマなどを体験したさまざまな生徒がいる。実際、多くの子どもたちが複数のトラウマ体験を持ち、プログラムの中で取り組みたいトラウマ体験を1つ選ぶのに手助けが要る場合が多い。さまざまな体験があるということを知ることで、生徒たちは体験の共通性や差異の意味を理解し、自分自身のトラウマに対する反応に気づき、自身の体験について話したり他者をサポートしたりする方法を学んでいく。

　CBITSの最大の弱みは、インテンシブな介入がしにくいことである。学校を基盤にしたグループ介入であるため、多くの子どもたちが必要としているインテンシブな介入を行うことは難しくなる。確かに、安全な家庭環境にいない生徒や複雑な併存症を有する生徒、自傷他害の恐れのある生徒は、よりインテンシブな支援が必要となる。CBITSのもう1つの欠点は、最も望ましい程度までには親が参加しないことである。プログラムに参加したい親に対しては、宿題の共有や親グループ、セラピストとのコミュニケーションなどの機会がある。プログラムに参加する子どもの親もトラウマを受けている場合が多く、より多くのサポートが必要な場合がある。このような場合は、もっと十分に親を受けとめ介入する他のモデルの方が望ましい。しかし、親の参加が難しいことも多いし、研究ではCBITSの効果により、親の参加が十分でなくとも子どもたちの症状が低減することが示されている。

期待される成果

　CBITSに関連した期待される成果は、プログラムの目的と直接的に関連する。第一に、研究によると、プログラムに参加後PTSD症状や抑うつ症状が軽減することが示されており、これはプログラムの主たる目的と一致している。いくつかの行動評価でも改善が認められている。第二に、プログラムに参加することで対処スキルの向上が期待され、これはプログラムの認知行動の要素と一致している。第三に、グループの場を通して、あるいは、親に情報提供をすることで親が子どもをよりよく理解し、サポートできるようになるという手法を通して、仲間同士または親のサポートの改善が期待される。最後に、学業成績も改善されることも実証されており（Kataoka et al., 2011）、学校においては非常に重要な成果といえるであろう。

謝辞

　本研究は、物質乱用精神保健サービス局が管理する米国子どものトラウマティックストレス・ネットワークの助成によって行われた。CBITSのマニュアルは、www.soprislearning.com で利用可能である。CBITSのマニュアルの作成者である Lisa Jaycox は、本マニュアルの印税を放棄している。

［参考文献］

1. Allensworth, D., Lawson, E., Nicholson, L., & Wyche, J. (1997). *Schools and health: Our nation's investment*. Washington, DC: National Academy Press.

2. American Psychiatric Association. (1994). *Diagnostic and statistical manual of mental disorders—fourth edition*. Washington, DC: Author.

3. Berman, S. L., Kurtines, W. M., Silverman, W. K., & Serafini, L. T. (1996). The impact of exposure to crime and violence on urban youth. *American Journal of Orthopsychiatry, 66*(3), 329–336.

4. Breslau, N., Davis, G. C., Andreski, P., & Peterson, E. (1991). Traumatic events and posttraumatic stress disorder in an urban population of young adults. *Archives of General Psychiatry, 48*(3), 216–222.

5. Cahill, S. P., Rothbaum, B. O., Resick, P. A., & Follette, V. M. (2009). Cognitive-behavioral therapy for adults. In E. B. Foa, T. M. Keane, M. J. Friedman, & J. A. Cohen (Eds.), *Effective treatments for PTSD: Practice guidelines from the International Society for Traumatic Stress Studies*. New York, NY: Guilford Press.

6. Cohen, J. A., Jaycox, L. H., Walker, D. W., Mannarino, A. P., Langley, A. K., & DuClos, J. L. (2009). Treating traumatized children after Hurricane Katrina: Project Fleur-de-lis. *Clinical Child and Family Psychology Review, 12*(1), 55–64.

7. Cohen, J. A., & Mannarino, A. P. (1996). A treatment outcome study for sexually abused preschool children. *Journal of the American Academy of Child and Adolescent Psychiatry, 35*, 42–50.

8. Cohen, J. A., Mannarino, A. P., & Deblinger, E. (2006). *Treating trauma and traumatic grief in children and adolescents*. New York, NY: Guilford Press.

9. Cohen, J. A., & Work Group on Quality Issues. (1998). *Practice parameters for the assessment and treatment of children and adolescents with posttraumatic stress disorder*. Washington, DC: American Academy of Child and Adolescent Psychiatry.

10. Cooper, J. (2008). The federal case for school based mental health services and supports. *Journal of the American Academy of Child and Adolescent Psychiatry, 47*(1), 4–8.

11. Curle, C. E., & Williams, C. (1996). Post-traumatic stress reactions in children: Gender differences in the incidence of trauma reactions at two years and examination of factors influencing adjustment. *British Journal of Clinical Psychology, 35*(Pt. 2), 297–309.

12. Dean, K. L., Stein, B. D., Jaycox, L. H., Kataoka, S., & Wong, M. (2004). Acceptability of asking parents of traumatized children about the children's symptoms. *Psychiatric Services, 55*(8), 2985.

13. Deblinger, E., & Heflin, A. H. (1996). *Treating sexually abused children and their nonoff ending parents: A cognitive behavioral approach*. Thousand Oaks, CA: Sage Publications.

14. Ebert, L., Amaya-Jackson, L., Markiewicz, J. M., Kisiel, C., & Fairbank, J. A. (2012). Use of the breakthrough series collaborative to support broad and sustained use of evidence-based trauma treatment for children in community practice settings. *Administration and Policy in Mental Health and Mental Health Services Research, 39*, 187–199.

15. Farmer, E. M., Burns, B. J., Phillips, S. D., Angold, A., & Costello, E. J. (2003). Pathways into and through mental health services for children and adolescents. *Psychiatric Ser vices, 54*(1), 60–66.

16. Finkelhor, D., Turner, H., Ormrod, R., & Hamby, S. L. (2009). Violence, abuse, and crime exposure in a national sample of children and youth. *Pediatrics, 124*(5), 1411–1423.

17. Foa, E. B., & Jaycox, L. H. (1999.) Cognitive-behavioral treatment of post-traumatic stress disorder. In D. Spiegel (Ed.), *Efficacy and cost-effectiveness of psychotherapy*. Washington, DC: American Psychiatric Press.

18. Foa, E. B., & Meadows, E. A. (1997). Psychosocial treatments for posttraumatic stress disorder: A critical

review. *Annual Review of Psychology, 48*, 449–480.

19. Goodkind, J. R., LaNoue, M. D., & Milford, J. (2010). Adaptation and implementation of cognitive behavioral intervention for trauma in schools with American Indian youth. *Journal of Clinical Child and Adolescent Psychology, 39*(6), 858–872.

20. Hill, H. M., Levermore, M., Twaite, J., & Jones, L. P. (1996). Exposure to community violence and social support as predictors of anxiety and social and emotional behavior among African American children. *Journal of Child and Family Studies, 5*(4), 399–414.

21. Horowitz, K., Weine, S., & Jekel, J. (1995). PTSD symptoms in urban adolescent girls: Compounded community trauma. *Journal of the American Academy of Child and Adolescent Psychiatry, 34*(10), 1353–1361.

22. Jaycox, L. H. (2003). *Cognitive-behavioral intervention for trauma in schools*. Longmont, CO: Sopris West Educational Services.

23. Jaycox, L. H., Cohen, J. A., Mannarino, A. P., Walker, D. W., Langley, A. K., Gegenheimer, K. L., et al. (2010). Children's mental health care following Hurricane Katrina: A field trial of trauma-focused psychotherapies. *Journal of Traumatic Stress, 23*(2), 223–231.

24. Jaycox, L. H., Langley, A. K., Stein, B. D., Wong, M., Sharma, P., Scott, M., & Schonlau, M. (2009). Support for students exposed to trauma: A pilot study. *School Mental Health, 1*(2), 49–60.

25. Jeney-Gammon, P., Daugherty, T. K., Finch, A. J., Belter, R. W., & Foster, K. Y. (1993). Children's coping styles and report of depressive symptoms following a natural disaster. *Journal of Genetic Psychology, 154*(2), 259–267.

26. Joseph, S. A., Brewin, C. R., Yule, W., & Williams, R. (1991). Causal attributions and psychiatric symptoms in survivors of the Herald of Free Enterprise disaster. *British Journal of Psychiatry, 159*, 542–546.

27. Joseph, S. A., Brewin, C. R., Yule, W., & Williams, R. (1993). Causal attributions and post-traumatic stress in adolescents. *Journal of Child Psychology and Psychiatry, 34*(2), 247–253.

28. Kataoka, S. H., Fuentes, S., O'Donoghue, V. P., Castillo-Campos, P., Bonilla, A., Halsey, K., et al. (2006). A community participatory research partnership: The development of a faith-based intervention for children exposed to violence. *Ethnicity & Disease, 16*(1, Suppl. 1), S89–97.

29. Kataoka, S., Jaycox, L. H., Wong, M., Nadeem, E., Langley, A., Tang, L., & Stein, B. D. (2011). Effects on school outcomes in low-income minority youth: Preliminary findings from a community-partnered study of a school-based trauma intervention. *Ethnicity & Disease, 21*, S1-71–77.

30. Kataoka, S. H., Stein, B. D., Jaycox, L. H., Wong, M., Escudero, P., Tu, W., et al. (2003). A school-based mental health program for traumatized Latino immigrant children. *Journal of the American Academy of Child and Adolescent Psychiatry, 42*(3), 311–318.

31. Kataoka, S. H., Stein, B. D., Nadeem, E., & Wong, M. (2007). Who gets care? Mental health service use following a school-based suicide prevention program. *Journal of the American Academy of Child and Adolescent Psychiatry, 46*, 1341–1348.

32. Kliewer, W., Lepore, S. J., Oskin, D., & Johnson, P. D. (1998). The role of social and cognitive processes in children's adjustment to community violence. *Journal of Consulting and Clinical Psychology, 66*(1), 199–209.

33. Kuther, T. L., & Fisher, C. B. (1998). Victimization by community violence in young adolescents from a suburban city. *Journal of Early Adolescence, 18*(1), 53–76.

34. Langley, A. K., Cohen, J. A., Jaycox, L. H., Mannarino, A. P., Walker, D. W., Gegenheimer, K. L., et al. (in press). Trauma exposure and mental health problems among school children 15-months post-Hurricane Katrina. *Journal of Child and Adolescent Trauma.*

35. Langley, A. K., Nadeem, E., Kataoka, S. H., Stein, B. D., & Jaycox, L. H. (2010). Evidence-based mental health programs in schools: Barriers and facilitators of successful implementation. *School Mental Health, 2*(3), 105–113.

36. March, J. S., Amaya-Jackson, L., Murray, M. C., & Schulte, A. (1998). Cognitive-behavioral psychotherapy for

children and adolescents with posttraumatic stress disorder after a single-incident stressor. *Journal of the American Academy of Child and Adolescent Psychiatry, 37*(6), 585–593.

37. March, J. S., Amaya- Jackson, L., Terry, R., & Costanzo, P. (1997). Posttraumatic symptomatology in children and adolescents after an industrial fire. *Journal of the American Academy of Child and Adolescent Psychiatry, 36*(8), 1080–1088.

38. Martini, D. R., Ryan, C., Nakayama, D., & Ramenofsky, M. (1990). Psychiatric sequelae after traumatic injury: The Pittsburgh Regatta accident. *Journal of the American Academy of Child and Adolescent Psychiatry, 29*(1), 70–75.

39. Morsette, A., Swaney, G., Stolle, D., Schuldberg, D., van den Pol, R., & Young, M. (2009). Cognitive Behavioral Intervention for Trauma in Schools (CBITS): School-based treatment on a rural American Indian reservation. *Journal of Behavior Therapy and Experimental Psychiatry, 40*(1), 169–178.

40. Morsette, A., van den Pol, R., Schuldberg, D., Swaney, G., & Stolle, D. (2012) Cognitive behavioral treatment for trauma symptoms in American Indian youth: Preliminary findings and issues in evidence-based practice and reservation culture. *Advances in School Mental Health Promotion, 5*(1), 51–62.

41. Muller, R. T., Goebel-Fabbri, A. E., Diamond, T., & Dinklage, D. (2000). Social support and the relationship between family and community violence exposure and psychopathology among high risk adolescents. *Child Abuse & Neglect, 24*(4), 449–464.

42. Nadeem, E., Jaycox, L. H., Kataoka, S. H., Langley, A. K., & Stein, B. D. (2011). Going to scale: Experiences implementing a school-based trauma intervention. *School Psychology Review, 40*(4), 549–568.

43. Ngo, V., Langley, A., Kataoka, S. H., Nadeem, E., Escudero, P., & Stein, B. D. (2008). Providing evidence-based practice to ethnically diverse youths: Examples from the Cognitive Behavioral Intervention for Trauma in Schools (CBITS) program. *Journal of the American Academy of Child Adolescent Psychiatry, 47*(8), 858–862.

44. Schultz, D., Barnes-Proby, D., Chandra, A., Jaycox, L. H., Maher, E., & Pecora, P. (2010). *Toolkit for adapting Cognitive Behavioral Intervention for Trauma in Schools (CBITS) or Supporting Students Exposed to Trauma (SSET) for implementation with youth in foster care: TR722*. Santa Monica, CA: RAND Corporation.

45. Stein, B. D., Jaycox, L. H., Kataoka, S., Rhodes, H. J., & Vestal, K. D. (2003). Prevalence of child and adolescent exposure to community violence. *Clinical Child and Family Psychology Review, 6*(4), 247–264.

46. Stein, B. D., Jaycox, L. H., Kataoka, S. H., Wong, M., Tu, W., Elliott, M. N., et al. (2003). A mental health intervention for schoolchildren exposed to violence: A randomized controlled trial. *JAMA, 290*(5), 603–611.

47. Stein, B. D., Kataoka, S. H., Jaycox, L. H., Wong, M., Fink, A., Escudero, P., et al. (2002). Theoretical basis and program design of a school-based mental health intervention for traumatized immigrant children: A collaborative research partnership. *Journal of Behavioral Health Services and Research, 29*(3), 318–326.

48. Vernberg, E. M., Silverman, W. K., La Greca, A. M., & Prinstein, M. J. (1996). Prediction of posttraumatic stress symptoms in children after Hurricane Andrew. *Journal of Abnormal Psychology, 105*(2), 237–248.

第9章

被虐待児やネグレクト児に対する家庭養護

シグリッド・ジェームズ

総論

　社会的養護は、被虐待児やネグレクト児のための支援やサービスの提供という点で長い伝統をもつ（Kadushin & Martin, 1988）。アメリカでは、**社会的養護**[訳注1]は、家庭養護・親族による養護・グループホーム・施設養護を含めて、公的に供給される児童福祉上の措置先のすべての種類を包括する用語として用いられることが多い。この章では、特に**家庭養護**、すなわち、血縁のない里親や親族里親、養子縁組を前提とした家族と子どもたちが一緒に生活するための調整に焦点をあてる。家庭養護とは大きな児童福祉システムの一部であり、公共政策や連邦規制に準拠して子どもや家族にサービスを供給するものである。児童福祉システムの組織構造や財政構造は複雑であり、それが子どもを守り、家族を保護し、子どもや家族の幸せを高めるという包括的な使命と対立することがときどきある（e.g., D'Andrade & Berrick, 2006; Noonan et al., 2012）。

　多くの大衆紙や専門誌では、社会的養護のもとにある青少年の悲惨な転帰について書かれており（e.g., Allen & Vacca, 2011; Courtney et al., 2011; Leslie et al, 2010）、社会的養護は緊急の改革が必要な失敗したシステムであると表現されていることもある（e.g., Allen & Vecca, 2011; Eckholm, 2008; Waldock, 2011）。実際確かに厄介であり、懸念事項や「大きな反響を呼ぶような」問題も多い。たとえば、社会的養護のもとにある子どもたちの精神健康問題や若年妊娠率の高さ、発達面・健康面・教育面の不足、ホームレスや失業率の高さなどの成人期の貧弱な心理社会的転帰、社会的養護のもとにある少数民族の若者の率が高いこと、頻繁な措置停止、過度な向精神薬の使用、適切な発達・教育・精神保健サービスの不足などである。

訳注1：国連の指針によると、施設養護（residential care）と家庭養護（family-based care）が、児童の代替的養護（alternative care）として挙げられており、家庭養護として、①親族による養護（kinship care）、②里親養育（foster care）、③そのほかの家庭養護（other forms of family-based care）が挙げられている。このように、通常「foster care」は里親養育と訳されるが、本章での「foster care」は、家庭養護や施設養護を含む幅広い意味で用いられている。そのため、本章では「foster care」に社会的養護の訳をあてている。

　結果は一様に貧弱なものではないが（e.g., Berger et al., 2009; Horowitz, Balestracci, & Simms, 2001）、社会的養護のもとでの否定的な経験（例：度重なる措置停止や支援施設滞在の延長）に伴う多くの背景のリスク要因（例：人種／民族性、年齢）は、不利な発達の転帰につながるリスクの高い子どものサブグループを形成する（Dregan & Gulliford , 2012）。しかし、代替的養護も最良なものではない。家族再統合は、永続性の実現が依然として主要な目的であり、社会的養護のもとにある子どもたちの半分以上が経験するものであるが、その家族再統合でさえ、問題なしというわけではない。Taussig らの研究では、家に戻った子どもは社会的養護を継続した子どもよりも、年齢や性別で統制した場合であっても、複数の分野にわたって問題が生じることが示された（Taussig, Clyman, and Landsverk, 2001）。その後の研究では、家族再統合と問題行動との間に直接的な影響がないと判断されているが、家族に再統合された子どもに、より頻繁に体験されるストレスフルなライフイベントと実親の精神健康問題は、行動面の転帰の悪さの主な寄与因子であることが判明した（Bellamy, 2008; Lau et al., 2003）。2 番目に優先される永続的な選択肢である養子縁組に関しては、「多くの養子が際立って良い転帰を示しているが、いくつかのサブグループにおいては困難さが見られる」（Nickman et al., 2005, p.987; J.Coakley & Berrick, 2008）と、同様の報告がなされている。さらに、社会的養護のもとにある多くの子どもたちは、家族再統合や養子縁組をされることがなく、それゆえに、家庭養護は、このような子どもたちのためにグループホームや施設養護以外で残されたたった1 つの選択肢である。

　社会的養護を失敗であるとみなす観点から、うまく管理されている専門的な施設養護である「孤児院」への回帰を提案する意見もあるが（Allen & Vacca, 2011; McKenzie, 1998; O'Sullivan & McMahon, 2006）、これらの意見は施設養護に関する多くの十分に裏づけられた問題を無視していると考えられている（Barth, 2005）。このように、家庭養護の潜在能力を理解し、ほかのサービスシステム（例：精神保健、教育）によって提供されるサービスを通してケアを増強することにより社会的養護のもとにある若者のサブグループのリスクを低減すること、里親をトレーニングしサポートし維持させるような革新的な方法を探し出すことは、公的な児童福祉システムの主な焦点となるだろう。

　この章では、現在の社会的養護システムのメリットやデメリットについての現在進行中の批判的対話を公平に評価することは不可能であり、このプログラムに含まれているすべての複雑な問題に対処することはできない。それよりもむしろ、被虐待児のためのプログラムや介入として、家庭を基盤とした社会的養護の主要な特徴や発展についての概説を学際的な読者に提供することを目的としている。

家庭養護：代替家族、居住場所、応急の選択肢、もしくは治療？

　米国児童福祉連盟（Child Welfare League of America）では、家庭養護を「計画的で目標指向のサービスであり、子どもの一時保護や養育は、機関が認可した里親家庭で実施する」と説明している（www.cwla.org）。この説明では、現在の米国の児童福祉の指針や活動の主要な側面がとらえら

れている。つまり、家庭養護は期限つきの措置として説明されている。家族の永続的な代用であることが暗に示されている養子縁組とは異なり、家庭養護は一時的な「介入」を意味しており、その間に実の家族との再統合に向けて、もしくは他の永続的な選択肢に向けた取り組みがなされる。

　米国における家庭養護は、必ずしも一時的な措置ではなかった。期間が不確定な社会的養護措置が一般的であったが、その後「漂流する社会的養護（foster care drift）」という用語ができ（Maas & Engler, 1959）、永続性の概念を児童福祉施策の中心に位置づけた、1980 年の養子縁組の支援と児童福祉に関する法律（Adoption Assistance and Child Welfare Act）の成立につながった（Pub. L.No.96-272）。それ以来、パーマネンシー・プランニングは、児童福祉の基本施策の中心的な原理となった。「限定された期間中に実行される体系的なプロセスである。養育者との継続的な関係を提供する家族と生活する児童青年を支援するために考案された一連の目標指向の活動である。一生にわたる関係性を提供する機会である」などの定義に見るように（Maluccio & Fein, 1983, p.197）、パーマネンシー・プランニングは、社会的養護の目的と転帰を再定義し、目的と転帰によって計画の成否が判断されるべきであるとした（Courtney & Thoburn, 2009）。社会的養護が一時的なものであるという特性は、1997 年の養子縁組と安全な家族に関する法律（Adoption and Safe Families Act, ASFA）で再び承認された（Pub.L.No.105-89）。ASFA では、親権停止が求められるまでの期間を短縮することによって、家族再統合という目標と、長期にわたる家族の機能不全に直面した子どもの安全と幸福への懸念とのバランスを取ろうとした。

　社会的養護が期間限定の措置であると再概念化されたことによって、パーマネンシー・プランを立てるための積極的な努力が促進されるようになったが、社会的養護を受けている子どもたちのかなりの割合はパーマネンシー・プランを持たないことや（U.S. Department of Health and Human Services, 2012）、親権停止をしても養子縁組や他のパーマネンシー・プランが成し遂げられるという保証はないことや（Cushing & Greenblatt, 2009）、約５分の１の若者は社会的養護のもとでの生活を３年以上継続している（Cheng, 2010; U.S. Department of Health and Human Services, 2012）ことが実証されている。こうした若者にとって、措置停止のリスクや、一定の年齢に達することによる社会的養護システムからの「エージング・アウト」、成人期早期の否定的な経験（例：ホームレスや失業、貧困）などが特に高率になる（e.g., Hook & Courtney, 2011; Leathers & Testa, 2006; Pecora et. al., 2006）。

　社会的養護を受けている子どもに情緒面や行動面の問題が高率に認められており、彼らがハイリスク集団とみなされる（e.g., Glisson,1994, 1996; Pilowsky, 1995; Trupin et al., 1993）という現場の声や多くの研究に応えて、ASFA はまた、児童福祉サービスの明確な焦点として、子どもの幸福を加えた（Mason,2012）。虐待された子どもの予後調査である全米児童青年の幸福に関する調査（National Survey of Child and Adolescent Well-Being）（Burns et al., 2004）などの最近の研究では、社会的養護を受けている子どもの２分の１から４分の３の子どもが行動面の問題や社会的能力上の問題を表出し、精神保健介入が必要となることが確認された（研究の概要は Landsverk ら, 2006 を参照）。この比率は、地域サンプルで報告されたものより有意に高率である（U.S. Department of Health and Human Services, 1999）。こうした高い発生率の正確な理由は明らかになっていないが、虐待やネグ

レクトの経験や、家族の全般的な機能不全・親の物質乱用・貧困などの背景（DeBellis, 2001; Dube et al., 2001; Young, Boles, & Otero, 2007）が、突然家から分離されるというような潜在的なトラウマと結びついて、社会的養護を受けている子どもらのハイリスク状態の一因になっていると考えられている（Landsverk, Garland, & Leslie, 2002）。それに加えて、家庭外養護における頻繁な措置変更に関係する不安定さや混乱が子どもたちの転帰に悪影響を及ぼすことが実証されている（e.g., Aarons et al., 2010; Newton, Litrownik, & Landsverk, 2000）。

　社会的養護を受けている子どもの深刻なニーズが問題なのではなく、彼らにどう対処すればいちばん良いのかという点が継続的な議論の的になっている。児童福祉システムは、伝統的に、養護児童に対する里親家庭の治癒力や治療的な経験を提供する里親の能力に頼ってきた。しかしながら、伝統的な家庭養護措置は、多くの養護児童が抱える激しい情緒面や行動上の問題への対処に十分な備えがないので、さらなる精神保健サービスによって、これらの問題をアセスメントし改善することが必要となる（Burn et al., 2004; Landsverk et al., 2009）。このようなサービスの大部分が、精神保健や児童福祉システム外の他の機関との連携を通じて供給されている（Hurlburt et al., 2004; Leslie et al., 2005）。情緒や行動上の重大な問題を持つ養護児童のために作られた、家庭を基盤とした社会的養護の特別な形態である治療的家庭養護（訳注：日本の専門里親などに相当する）の拡充は、養護児童の発達や精神保健上の課題についての認識が高まったことから生じた直接の結果であった（Farmer, Dorsey, & Mustillo, 2004）。最近、児童福祉領域で利用可能な、数多くの効果が実証された介入方法や有望な実践を促進するサービスシステムとの連携を構築するために、かなりの努力がなされている（Landsverk et al., 2009）。

　そして、社会的養護とは何か？　これまでの議論が強調するように、社会的養護には多くの側面がある。社会的養護は子どもに代理の家族を提供することもあるが、多くのケースでは、それはただの居住場所であったり、他の処遇やもともとの養育者との再統合の途中の応急的な選択肢であったりする。最後に、ある子どもたちにとっては、社会的養護は実際の治療となるかもしれない。それは、特別な治療型社会的養護施設の形態であるかもしれないし、血縁関係のない家庭養護や親族による養護のもとで外部の発達サービスや精神保健サービスを受けることかもしれないし、特別に効果的な養育や安定を提供することができる里親の家でなされるかもしれない。

数字と傾向

　過去の20年間、児童福祉の基本施策は、全体的に、実親に集中的で危機に関連したサービスを提供し家族から子どもを取り上げることを避けることによって、ある意味、家庭外居住を予防するように誘導されてきた（Bagdasaryan, 2005）。このような予防的家族維持の努力の有効性に対するエビデンスは混在しており（Bagdasaryan, 2005; Ryan & Schuerman, 2004）、その理由は多様であると思われるが、里親の名簿は1999年のピークの56万7,000から2011年9月30日の40万500まで、実際29%減少している（Child Trends Data,www.childtrendsdatabank.org）。

　社会的養護数の減少傾向は、利用可能な措置の選択肢の優先順位の変化とともに生じてきた。

1990 年代半ばから、親族以外の社会的養護への措置が減少するとともに、親族里親の利用が大きく増えてきている（Ehrle & Geen, 2002; Hong et al., 2011）。近年は、家庭を基盤とした養護への明確な移行や、エビデンスに基づいた地域を基盤にした治療的代替養護の発展が、グループホームや施設養護の利用を減少に導いている（Buddle et al., 2004; Child Trends Data,www.childtrendsdatabank.org）。最後に、先述の通り、養護児童の精神保健問題への認識の増加および比較的より強固なエビデンスに基づくサポートによって、治療的家庭養護への措置が急増している（Burns, Hoagwood, & Mrazek, 1999）。

　児童福祉協会（Children's Bureau）によって出版された直近の 2011 年の横断的データでは、一般的に家庭外のケアを受けている子どもの平均年齢は 9.3 歳（中央値は 8.8）となっている。男児は女児を上回り（52％対 48％）、アフリカ系アメリカ人（27％）とヒスパニック／ラテンアメリカ系（21％）の子どもたちは支援を受けている子どものほぼ半分を占めている（U.S. Department of Health and Human Services, 2012）。社会的養護システムに少数民族の若者が不均衡に多いことについては議論が続いており、児童福祉の基本施策の中でも注目され続けている（Mumpower, 2010）。児童福祉協会の報告によると、養護の平均期間は 23.9 カ月（中央値 13.5）である。利用可能な措置の選択肢の中では、子どものほぼ半数（47％）が親族以外の家庭養護へ措置されていて、27％が親族宅、15％がグループホームか施設、4％が養子縁組前の家庭へ措置されている。さらに、半分以上の子ども（52％）が、実の親もしくは主な養育者との再統合が第一の目標であり、それに続いて養子縁組が 25％である。他のパーマネンシー・プランニングとしての選択肢は、長期の社会的養護（6％）、離脱（5％）、後見人（4％）、別の親族のところで暮らす（3％）であった。

家庭を基盤とする養護の選択肢

措置プロセス

　虐待通告を受けて保護サービスを受けている子どもの 5 分の 1 は、家庭外養護に措置されている（U.S. Department of Health and Human Services, 2010）。子どもの安全を確保するために家庭外措置の必要性が考慮された場合、（緊急シェルターや非行少年短期収容所以外に）いくつかの措置が選択可能となる。つまり、子どもたちは、親族以外の家庭養護や親族宅、治療的養護施設、グループホームや大規模入所施設への措置が可能である。

　いくつかの研究では、特定の措置先を選ぶ際の意思決定プロセスは、資源の有用性や方針のバイアス、そのほかの要因によってなされることが多く、子どものニーズや最善の利益はほとんど考慮されていないこと（Crea, 2010; James, 2004）、子どものニーズや希望についての限られた情報のみによって措置が決まることがあまりにも頻繁にあることが指摘された。しかし、措置決定には一般的なガイドラインが存在する。家族を基盤とした措置は常にグループホームや施設よりも望ましいとされている。なぜなら、子どもが家庭生活に参加することができ、地域の学校に通学でき、地域で生活することができるからである。専門家の間では、グループホームや施設への措置は、家庭養

護では対処ができない若者や、他の措置選択を使い果たしてしまった若者に対して用意されるべきだという、一定の合意がある（Barth, 2002, 2005）。家庭養護の中での選択に関しては、適切な親族による養護は一般的に親族以外の養護よりも優先される。これは、もし親族による養護が利用可能になったら、子どもを安定した親族以外の家庭養護から移動させる場合もあり得ることを示唆している（James, 2004）。一方で、治療的家庭養護はグループホームや施設養護の代替とみなされ、それらの枠組みと同様に、情緒的行動的に深刻な問題を有し他の特別なニーズを持っている若者をターゲットとする。

選択肢

　家庭を基盤とする養護の選択肢は基本的に3つある。それは、親族以外の家庭養護、親族による家庭養護、そして治療的家庭養護である。

　親族以外の家庭養護は、州によって設定された基準に従う資格を持った社会的養護の提供者が支援を供給するようになっている。基準は児童福祉システムによってさまざまであるが、すべての里親は家庭学習や、他人の子どもをケアする個人的能力や、対処可能なあるいは対処方法を学びたいと思っている行動状態のタイプを評価することを目的とした、資格取得過程によって選ばれる。評価は、家庭内のすべての人に対する犯罪歴や子ども虐待やネグレクトの登録の有無のチェック、将来の養育者としての養育能力を明らかにできる人への照会、さらに物理的スペースの安全性や適切さの評価などが含まれる。親族ではない家庭養護は、子どもが親の家庭外に措置されなければならないが、適切な親族に措置できない場合に検討される。そして、先述のように、2011年には家庭外養護措置の47％が親族以外の里親になされた。里親は、同時に何人かの養護児童を養育する場合もある。

　親族による養護は、虐待やネグレクトのために親と暮らせない子どもへの支援として望ましい形式である。米国児童福祉連盟は、親族による養護を「24時間の監護、親族・部族や一族・代父母（名づけ親）・義理の親・子どもと親族的な絆のある他の大人などによる子どもの養育と保護」と定義している（www.cwla.org）。しかしながら、親族による養護は、「州の機関が関与するレベル、財政支援、資金調達の仕組みの種類、州の規制や免許取得のレベルによる相当な違い」を包含している（Anderson, 2006, p. 717）。親族による養護の区分は3つに定義されている（Geen, 2000）。(1) 親族里親：子どもは裁判所からの命令で家から離される、(2) 任意の親族養護：裁判所の命令なしで児童福祉を通じて行われる処遇、(3) 個人的な親族養護：児童福祉との接点なしで行われるもの。最近の議論の文脈では、親族による養護への措置について着目されている。2011年では、児童福祉の措置の27％が親族への措置であった（U.S. Department of Health and Human Service, 2012）。

　親族による養護の増加は、経済的動機や里親市場の縮小、そして拡大家族と暮らすことに価値を置くイデオロギーの立場によってサポートされてきた。そして、政策に関しては、1997年のASFAや2008年の成功のためのつながりの形成と養子縁組の増加に関する法律（Fostering Connections to Success and Increasing Adoptions Act）の成立を通して承認されてきた（Pub. L. No. 110-351）。親族以外による養護と対比して、親族による養護は、里親がもともとの家族と結びつき

が強く、子どもがコミュニティとのつながりを保つことができるならば、代替の永続的な選択肢としてみなされる（Barth, 1999）。

　親族による養護が拡大されるにつれて、この処遇をめぐる財政上のそして法律上の複雑さが明らかになってきた。親族への経済的サポートは伝統的に、貧困家庭一時扶助（Temporary Assistance for Needy Family, TANF）という政府基金からなされている（Ehrle, Geen, & Clark, 2001）。TANFを通しての補助額は、Title IV-E の養育費（養育者補助金）よりも少ない金額となる傾向であり、さらに仕事の条件があり、支払われる期間は限定されている（Anderson, 2006）。親族養育者の中には、里親のライセンスを取得し正式な養育者補助金がもらえる資格を得ることを選ぶ人もいる。しかしながら、親族への措置が里親ライセンスの基準を満たさない場合もあるし、トレーニングへの参加・事例計画を立てることへの協力・児童福祉機関からより多くの監督を受けることなど、里親役割に伴って期待されることに応じるのが乗り気ではない親族もいる。親族による養護を受ける子どもの法的立場についてもまた議論が集中している。多くの理由から、親族養育者は子どもの養子縁組を模索しない可能性がある（Downs, Moore, & McFadden, 2009）。親族の子どもを養子にすることを望まない親族養育者と子どもとの長期的な関係を強化するために、いくつかの州では、永続性の形態として補助金付き後見人制度を試してきた（www.cwla.org）。

　治療的家庭養護は、情緒や行動上の障害、もしくは特別なケアが必要となる他のニーズを抱える若者のための家庭を基盤とする家庭外養護の選択肢である（Curtis, Alexander, & Lunghofer,2001; Farmer, Dorsey, & Mustillo, 2004）。それは、より集中的で制限的な精神保健サービスを必要とする若者のための、より制限された枠組みでの望ましい代替養護として台頭している（e.g. Meadowcroft, Thomlison, & Chamberlain, 1994）。治療的家庭養護では、構造化された治療アプローチを標準的な家庭を基盤とした環境と結びつけ、「治療計画の主要な実施者として特別にトレーニングされた治療者となる親」が用いられる（Breland-Noble et al., 2005, p. 168）。治療的家庭養護は、一般的に効果的な介入として称賛されている（Burns, Hoagwood, & Mrazek, 1999）が、エビデンスのほとんどは特定のモデル、多次元治療社会的養護（Multidimensional Treatment Foster Care, MTFC）と結びついている（Chamberlain, 2002）。このモデルはよく検証されているが、今までのところ公的児童福祉システムへの浸透は限定的である。

　治療的家庭養護では、最も少ない制限環境の中で集中した比較的短期のサービス（1年以下）が提供され、家族を基盤とした生活や地域に根差した学習機会が認められており、里親養育者への強化されたサポートやトレーニングが提供されることにより里親養育者の満足度や定着率が高まるので、非常に魅力がある（Chamberlain, Moreland, & Reid, 1992; Farmer et al., 2010）。

家庭養護を受けている子どもたちの転帰

　多くの養護児童が、経過中に措置変更による移動を経験したり再び養護を受けたりするという事実があるので、家庭養護の転帰に対する真剣な議論は複雑なものになるだろう（James, Landsverk, & Slymen, 2004; Wulczyn, Kogan, & Harden, 2003）。措置変更率は、サンプルや研究デザインによっ

てさまざまである（Webster, Barth, & Needell, 2000; Wulczyn, Kogan, & Harden, 2003）。しかしながら、相当な割合の子どもたちが家庭を基盤とした養護と施設入所を行ったり来たりし、さまざまな程度の不安定さを経験しているというのが実状である。子どもたちが移動すると、実質的には１つの措置タイプのみの効果を取り出すことが不可能となる。それでもなお、研究者は措置の種類による結果を研究しようと試みている。

親族による養護と親族以外による養護

　継続的なアタッチメントを築くことや文化に適合したサービスを提供するという児童福祉の目標という視点からみると、親族による養護の価値は誰もが認めているものである。親族による養護を受けている子どもたちは、コミュニティにとどまることができ、きょうだいとともにいることができ、実親とより多くの一貫性のある接触を持つことができる可能性が高いので、関係の永続性に貢献するとされており（e.g., Berrick, Barth, & Needell, 1994; Chapman, Wall, & Barth,2004; Messing, 2006）、多くの研究者が、親族での養護は子どもと親族養育者の両者にとって有益であると述べている（e.g., T.Coakley et al., 2007; Dubowitz & Sawyer, 1994; Jonson-Garner & Meyers, 2003）。

　親族に養育されている子どもとそれ以外の家庭養護を受けている子どもとを比較した調査研究では、矛盾した結果が示されている。概念的方法論的な問題が、矛盾する結果の一因になることがしばしばあり、そうした問題が、親族での養育と親族以外の家庭養護の利点や限界の理解を複雑にしている。サンプルの特性や方法論的側面での違いを超えて、親族による養護の概念化や運用化は、いくつもの研究を通して大きなばらつきがあった。いくつかの研究では、子どもの最初の措置先の種類が分類方法に用いられている。他の研究では、親族での養護を「一度でも」受けているか、家庭外養護の大部分が親族による養護であるかという点で分類をしている。さらに、別の研究では、研究時の子どもの措置先の種類で区別をしている。すべての措置の運用方法において、子どもの以前／以降の措置歴は無視されており、子どもが過ごした家庭外養護の期間の長さの合計に関して特定の措置の期間の長さで比較対照している研究はほとんどない。

　親族で養護されることのメリットは、措置の安定性の分野で相対的に一貫して報告されている。多くの研究で、親族養護への措置が親族以外の家庭養護措置よりも中断する可能性が低いとされてきた。つまり、親族による養護を通して安定性が強化され、それが発達上により良い結果をもたらすと考えられている（Chamberlain et al., 2006; Cuddeback, 2004; Rubin et al., 2008）。国による調査データの分析の中で、Rubin ら（2008）は、子どもたちが最初に親族以外の家庭養護を受けた後に親族による養護に移行したときに、安定性が高まると報告した。その理由は明らかになっていないが、恐らく親族の養育者は彼らの家族の子どもに献身し、親族以外の措置先でうまくいかない原因となった行動に対して非常に寛容的であったのかもしれない。しかしながら、親族による養護は実の親との再統合の可能性を低減し（Courtney, 1995; Koh & Testa, 2008; Scannapieco, Hegar, & McAlpine, 1997）、親族で養育を受けている子どもが合法化された永続的な処遇を受けずに、児童福祉システムから離れる可能性が高いことが懸念されている（Downs, Moore, & McFadden, ,2009）。

　親族以外に措置されたときの結果と比べて、親族による養護を受けている子どもたちの行動上の

転帰について疑問は残る。何人かの研究者は、親族での養護を受ける子どもは行動上の問題の発生率がベースラインにおいて低いと報告している（e.g., Lawrence, Carlson, & Egeland, 2006; Rubin et al., 2008; Sakai, Lin, & Flores, 2011）。機能に関する多数の指標における違いはほぼ、もしくはまったくないとする報告もある（Barth et al., 2007; De Robertis & Litrownik, 2004）。親族で過ごした長さと青年の幸せの大きさとの関連を調査した最近の研究では、親族との生活が長くなればなるほど、リスク行動（非行や性的リスク行動、物質使用および全般的なリスク行動）につながることが増えると報告されている（Taussig & Clyman, 2011）。それに加えて、Sakai ら（2011）は、親族以外の家庭養護と比べて、親族での養護を受けた子どもの妊娠率が７倍、物質使用のリスクが２倍あると報告されている。これらの違いを説明するために、Taussing と Clyman（2011）は、親族での養護に関連するリスク要因に長期間曝されることが、時間経過とともに有害な結果へとつながる可能性を示唆した（Taussig and Clyman, 2011）。親族の養育者は年配で単身者の可能性が高く、教育水準が低く、職がなく、貧困である傾向が高い。Sakai ら（2011）は、親族の養育者への経済的サポートの主な形式が TANF プログラムによってもたらされていると報告している。

　他の研究では、親族での養護における子どもが監視もなく簡単に虐待親に近づけるということから、その安全性についての高い懸念が示されている（Peters, 2005）。物質乱用や貧困、暴力など、世代間で構成されるすべての要素から影響を受ける家族システムで過ごしていた子どもについても、専門家は疑問を提起している（Ehrle & Geen, 2002; Scannapieco, Hegar, & McAlpine, 1997）。ペアレンティング行動や養育者と子どもの関係性の質は、伝統的な親族以外の家庭養護よりも親族養護宅のほうが悪い可能性があると報告する研究者もいる（Chipman, Wells, & Johnson, 2002; Harden et al., 2004）。Chipman らは、親族の養育者は体罰を用いているが子ども虐待ではないと自己報告していることを見出した。祖母などの親族の養育者と伝統的家庭養護の養育者の両者の養育態度と援助を調査した研究によると、親族の養育者のほうが子どもとの葛藤を訴えることが多く、温かみが少ないと報告されている（Harden et al., 2004）。

　親族養護家庭の社会経済的そして心理社会的なニーズを考慮すると、親族家族が児童福祉システムから経済的情緒的サポートをあまり受けていないという一貫した調査結果には当惑させられる。Sakai ら（2011）は、親族養育者は親族以外の里親よりも、ペアレントトレーニングが少なく、ピアグループを通じたサポートやレスパイトケアも少なく、児童福祉サービス計画についての情報があまり提供されていないと報告している。

治療的な家庭養護

　いくつかの研究では、治療的な家庭養護を受けた若者の転帰を調べている。治療的な家庭養護は、児童福祉・精神保健・少年司法にかかわった若者に利用可能なプログラムであるということ考慮すると、すべての調査結果がこの議論に関連しているとは限らない。治療的な家庭養護の転帰は、同じようなニーズや特徴を有している、グループホームや施設での養護を受けている若者と比べられてきた（Breland-Noble et al., 2004）。治療的家庭養護へ措置された若者と比べて、施設養護を受けた若者のほうが、深刻な情緒や行動上の障害を抱えることが多いことが少数の研究で報告されてきた

（Baker et al., 2007; B. R. Lee & Thompson, 2008; McCrae et al., 2010）。しかし、両方のグループが、伝統的な親族以外の家庭養護や親族の養護を受けている若者たちよりも多くの深刻な問題を抱えていることも示されている（Huefner et al., 2010）。治療的な家庭養護と施設養護のどちらがより良い転帰を示すかについては、ほとんど合意されていない。Chamberlain（2002）の MTFC モデルは、犯罪へのつながりが少なく、親族との生活に戻る頻度が高いという点を含めて、一貫して良い結果を示している。しかしながら、B. R. Lee ら（2008）は、家族教育を基盤にした施設養護モデル（teaching-family-based residential care model）を受けた若者には、望ましい措置解除や家庭復帰の可能性が高まること、措置解除後 6 カ月以内に再び措置されることが減少することなど、大きな改善が認められたことを報告した（B. R. Lee & Thompson, 2008）。McCare ら（2010）は、同様の結果を確認した。

里親のリクルート、トレーニングやサポート

　社会的養護が一時的なものであることや、社会的養護を受ける子どもたちが身体健康・精神保健・発達上の重要なニーズを有することは、社会的養護にかかわる養育者や社会的養護システムそのものにとってとりわけ大きな難題をもたらす（Rhodes, Orme, & McSurdy, 2003）。このことは、里親のリクルート方法やトレーニング方法、維持の方法、里親が自分たちの仕事をどのようにとらえているのか、子どもたちが家庭養護の枠組みにどのように紹介されてくるのかという点に影響を及ぽす（Hollin & Larkin, 2011）。

　今のところ明らかなように、里親として養育をするということは、挑戦的で厳しい仕事である。里親は独自の役割を持っている。里親は、トラウマ歴を有していたり、人間関係が崩壊していたり、多くの領域の機能に課題を示す子どもたちにとっての一時的な親役割を期待されている。同時に、彼らは機関が指定した責任を果たし、自分自身がほとんど、もしくは、まったくコントロールできない計画の実施に向けて大きなシステムの中で働くことを期待される。里親からの子ども虐待は比較的稀である（Drumm, 2011）が、里親の役割や責任のとらえ方は児童福祉司のそれとはしばしば異なり（Rhodes, Orme, & McSurdy, 2003）、そのことが役割の混乱や非現実的な期待やフラストレーションの一因となり、高い転職率の予測因子であるとみなされてきた（Hollin & Larkin, 2011; Wilson, Sinclair, & Gibbs, 2000）。

　里親のリクルートやアセスメントやトレーニングには、かなりの時間の投資や財源が必要となる。だからこそ、関心ある里親の大多数がサービスを提供する前のトレーニングを終了していないこと、6 カ月後には養育を打ち切っていること（Rhodes et al., 2003）、そのことが、十分に裏づけされているように里親の不足につながっていること（Doyle & Peters, 2007）には失望させられる。「（実際はそうではないとしても）無力であるとか機能不全であるとか、子どもの代理機関の関与が立ち入り過ぎだととらえることと関連して、支援の負担の高さが、多くの里親たちにとって持続不可能な要因となることが実証されている」（Murray, Tarren-Sweeney, & France, 2011, p. 151）。いくつかの研究では、里親の動機づけや定着率を高める要因に注目をしてきた（Redding, Fried, & Britner, 2000;

Rhodes, Orme, & Buehler, 2001; Rodger, Cummings, & Leschied, 2006）。論文全体の議論はこの章の範囲を超えているが、要するに、サポートやトレーニングのニーズが満たされていないことが、里親の転職率の高さの主要な理由はであるということが見出されている（Cooley & Petren,2011; Murray, Tarren-Sweeney, & France, 2011）。

　里親のトレーニングに関しては、児童福祉機関が用いるトレーニングプログラムの着目点や内容の分野は、トレーニングの時間数やトレーニングに期待することと同様にばらつきが大きいことがいくつかの調査で述べられている（Berry, 1988; Dorsey et al., 2008; J. H. Lee & Holland, 1991; Rork & McNeil, 2011）。広く利用されている２大プログラムは、ペアレンティンググループの準備におけるパートナーシップと里親や養子縁組家族の選択のモデルアプローチ（Model Approach to Partnership in Parenting Group Preparation and Selection of Foster and/or Adoptive Families, MAPP/GPS）、そして、情報・発達・教育のための里親のリソース（foster Parent Resources for Information, Development, and Education, PRIDE）（Dorsey et al., 2008）である。MAPP は、里親や養子縁組での親の新しい役割を明確にすることや、何を期待されているのかを確認することに重点が置かれている。PRIDE は、養護児童のニーズを満たすために必要な知識やスキルを重要視している。どちらのプログラムも実証的な基盤はごくわずかである。多くのエビデンスは MTFC から得られ、MTFC では治療的里親のための準備トレーニングと経過中のスーパービジョンやサポートが含まれている。MTFC のようなタイプのトレーニングでは、子どもの行動上の課題に効果的に反応する特別な方法を里親に教えるというように、スキル指向である点が異なっている。このトレーニングの修正版が、最近紹介された、里親訓練とサポート（Keeping Foster Parents Trained and Supported, KEEP）という里親へのトレーニング介入である（Price et al., 2009）。KEEP は、正規の家庭養護のための MTFC トレーニングのスキルに基づいたアプローチを適用している。KEEP は無作為化比較試験が行われ、ペアレンティングスキルの向上や、里親にとってのいちばんの課題となる子どもの行動上の問題を減少させることが証明されている。さらに、KEEP は、家族再統合率を上げ、複数の措置先の変更に伴う破壊的な影響を和らげることが認められている。

結論

　家庭養護についての懸念はもっともである。里親にふさわしい人をリクルートし、トレーニングすることは難しく、多くの被虐待児の複雑なニーズが里親の能力をしばしば上回ることもある。家族養護は短期間であるので、子どものより永続的な処遇を行うために、大きな努力が奨励されるが、家庭養護に子どもを調整することも混乱をもたらすかもしれない。養護児童の経験は大きなばらつきがあるので、児童福祉の構想や政策は、子どもたちの経験を安定させ、発達や精神保健や教育的サービスに的を絞った家庭養護を増大させるように継続されるべきである。幸運なことに、現在養護児童が利用可能で彼らの転帰を改善することが示されている、エビデンスに基づく介入や有望な実践の数が増えている（California Evidence-Based Clearinghouse for Child Welfare, www.cebc4cw.org; Landsverk et al., 2009）。この段階での課題は、養護児童に提供されるサービスにこれらの効果的

な介入をどう統合させるかということである。これらの介入の実施を促進し、社会的養護を受けている青少年がサービスを利用できるようにするためには、サービスシステムの結びつきや政策の支援が必要となる。

［参考文献］

1. Aarons, G., James, S., Monn, A. R., Raghavan, R., Wells, R., & Leslie, L. K. (2010). Behavior problems and placement change in a national child welfare sample: A prospective study. *Journal of the American Academy of Child and Adolescent Psychiatry, 49*(1), 70–80.

2. Allen, B. S., & Vacca, J. S. (2011). Bring back orphanages—An alternative to foster care? *Children and Youth Services Review, 33*(7), 1067–1071.

3. Anderson, S. (2006). The impact of state TANF policy decisions on kinship care providers. *Child Welfare, 85*(4), 715–736.

4. Bagdasaryan, S. S. (2005). Evaluating family preservation services: Reframing the question of effectiveness. *Children and Youth Services Review, 27*(6), 615–635.

5. Baker, A. L., Kurland, D., Curtis, P., Alexander, G., & Papa-Lentini, C. (2007). Mental health and behavioral problems of youth in the child welfare system: Residential treatment centers compared to therapeutic foster care in the Odyssey Project population. *Child Welfare, 86*(3), 97–123.

6. Barth, R. (1999). After safety, what is the goal of child welfare services: Permanency, family continuity or social benefit? *International Journal of Social Welfare, 8*, 244–252.

7. Barth, R. (2002). *Institutions vs. foster homes: The empirical base for the second century of debate*. Chapel Hill, NC: Annie E. Casey Foundation, University of North Carolina, School of Social Work, Jordan Institute of Families.

8. Barth, R. (2005). Residential care: From here to eternity. *International Journal of Social Welfare, 14*, 158–162.

9. Barth, R., Guo, S., Green, R., & McCrae, J. (2007). Kinship care and nonkinship foster care: Informing the new debate. In R. Haskins, F. Wulczyn, & M. B. Webb (Eds.), *Child protection: Using research to improve policy and practice* (pp. 187–206). Washington, DC: Brookings Institution.

10. Bellamy, J. (2008). Behavioral problems following reunification of children in long-term foster care. *Children and Youth Ser vices Review, 30*, 216–228.

11. Berger, L. M., Bruch, S. K., Johnson, E. I., James, S., & Rubin, D. (2009). Estimating the "impact" of out-of-home placement on child well-being: Approaching the problem of selection bias. *Child Development, 80*(6), 1856–1876.

12. Berrick, J. D., Barth, R. P., & Needell, B. (1994). A comparison of kinship foster homes and foster family homes: Implications for kinship foster care as family preservation. *Children and Youth Services Review, 16*(1), 33–63.

13. Berry, M. (1988). A review of parent training programs in child welfare. *Social Service Review, 62*, 302–323.

14. Breland-Noble, A. M., Elbogen, E. B., Farmer, E. M., Dubs, M. S., Wagner, H. R., & Burns, B. J. (2004). Use of psychotropic medications by youths in therapeutic foster care and group homes. *Psychiatric Services, 55*(6), 706–708.

15. Breland-Noble, A. M., Farmer, E. M. Z., Dubs, M. S., Potter, E., & Burns, B. J. (2005). Mental health and other service use by youth in therapeutic foster care and group homes. *Journal of Child and Family Studies, 14*(2), 167–180.

16. Budde, S., Mayer, S., Zinn, A., Lippold, M., Avrushin, A., Bromberg, A., et al. (2004). *Residential care in Illinois: Trends and alternatives. Final report*.Chicago, IL: Chapin Hall Center for Children at the University of Chicago.

17. Burns, B. J., Hoagwood, K., & Mrazek, P. J. (1999). Effective treatment for mental disorders in children and

adolescents. *Clinical Child and Family Psychology Review, 2*(4), 199–254.

18. Burns, B. J., Phillips, S. D., Wagner, H. R., Barth, R. P., Kolko, D. J., Campbell, Y., & Landsverk, J. (2004). Mental health need and access to mental health services by youths involved with child welfare: A national survey. *Journal of the American Academy of Child and Adolescent Psychiatry, 43*, 960–970.

19. Chamberlain, P. (2002). Treatment foster care. In B. Burns & K. Hoagwood (Eds.), *Community treatment for youth: Evidence-based interventions for severe emotional and behavioral disorders* (pp. 117–138). New York, NY: Oxford University Press.

20. Chamberlain, P., Moreland, S., & Reid, K. (1992). Enhanced services and stipends for foster parents: Effects on retention rates and outcomes for children. *Child Welfare, 5*, 387–401.

21. Chamberlain, P., Price, J. M., Reid, J. B., Landsverk, J., Fisher, P. A., & Stoolmiller, M. (2006). Who disrupts from placement in foster and kinship care? *Child Abuse & Neglect, 30*(4), 409–424.

22. Chapman, M. V., Wall, A., & Barth, R. P. (2004). Children's voices: The perceptions of children in foster care. *American Journal of Orthopsychiatry, 74*(3), 293–304.

23. Cheng, T. C. (2010). Factors associated with reunification: A longitudinal analysis of long-term foster care. *Children and Youth Services Review, 32*(10), 1311–1316.

24. Chipman, R., Wells, S. J., & Johnson, M. A. (2002). The meaning of quality in kinship foster care: Caregiver, child, and worker perspectives. *Families in Society, 83*(5/6), 508–520.

25. Coakley, J., & Berrick, J. (2008). Research review: In a rush to permanency— Preventing adoption disruption. *Child & Family Social Work, 13*(1), 101–112.

26. Coakley, T. M., Cuddeback, G., Buehler, C., & Cox, M. E. (2007). Kinship foster parents' perceptions of factors that promote or inhibit successful fostering. *Children and Youth Services Review, 29*(1), 92–109.

27. Cooley, M. E., & Petren, R. E. (2011). Foster parent perceptions of competency: Implications for foster parent training. *Children and Youth Services Review, 33*(10), 1968–1974. doi:10.1016/j.childyouth.2011.05.023

28. Courtney, M. E. (1995). Reentry to foster care of children returned to their families. *Social Service Review, 69*(2), 226–241.

29. Courtney, M., Dworsky, A., Brown, A., Cary, C., Love, K., Vorhies, V., & Hall, C. (2011). *Midwest evaluation of the adult functioning of former foster youth: Outcomes at age 26.* Chicago, IL: Chapin Hall Center for Children at the University of Chicago.

30. Courtney, M., & Thoburn, J. (Eds.). (2009). *Children in state care.* Burlington, VT: Ashgate Publishing.

31. Crea, T. M. (2010). Balanced decision making in child welfare: Structured processes informed by multiple perspectives. *Administration in Social Work, 34*(2), 196–212.

32. Cuddeback, G. S. (2004). Kinship family foster care: A methodological and substantive synthesis of research. *Children and Youth Services Review, 26*(7), 623–639.

33. Curtis, P. A., Alexander, G., & Lunghofer, L. A. (2001). A literature review comparing the outcomes of residential group care and therapeutic foster care. *Child and Adolescent Social Work Journal, 18*(5), 377–392.

34. Cushing, G. G., & Greenblatt, S. B. (2009). Vulnerability to foster care drift after the termination of parental rights. *Research on Social Work Practice, 19*(6), 694–704.

35. D'Andrade, A., & Berrick, J. D. (2006). When policy meets practice: The untested effects of permanency reforms in child welfare. *Journal of Sociology & Social Welfare, 33*(1), 31–52.

36. DeBellis, M. D. (2001). Developmental traumatology: The psychobiological development of maltreated children and its implications for research, treatment, and policy. *Development and Psychopathology, 13*, 537–561.

37. De Robertis, M. T., & Litrownik, A. J. (2004). The experience of foster care: Relationship between foster parent disciplinary approaches and aggression in a sample of young foster children. *Child Maltreatment, 9*(1), 92–102.

38. Dorsey, S. S., Farmer, E. Z., Barth, R. P., Greene, K. M., Reid, J. J., & Landsverk, J. (2008). Current status and evidence base of training for foster and treatment foster parents. *Children and Youth Services Review, 30*(12), 1403

−1416.

39. Downs S. W., Moore, E., & McFadden, E. J. (2009). *Child welfare and family services policies and practice*(8th ed.). Boston, MA: Pearson Education.

40. Doyle, J. J., & Peters, H. E. (2007). The market for foster care: An empirical study of the impact of foster care subsidies. *Review of Economics of the Household, 5*, 329–351.

41. Dregan, A. A., & Gulliford, M. C. (2012). Foster care, residential care and public care placement patterns are associated with adult life trajectories: Population-based cohort study. *Social Psychiatry and Psychiatric Epidemiology, 47*(9), 1517–1526.

42. Drumm, M. (2011). How widespread is abuse in foster care? *Community Care, 1872*, 32–33.

43. Dube, S. R., Anda, R. F., Felitti, V. J., Chapman, D. P., Williamson, D. F., & Giles, W. H. (2001). Childhood abuse, household dysfunction, and the risk of attempted suicide throughout the life span. *JAMA, 286*(24), 3089–3096.

44. Dubowitz, H., & Sawyer, R. J. (1994). School behavior of children in kinship care. *Child Abuse & Neglect, 18*(11), 899–911.

45. Eckholm, E. (2008, April 16). Bleak stories follow a lawsuit on Oklahoma foster care. *New York Times*. www.nytimes.com/2008/04/16/us/16foster .html

46. Ehrle, J., & Geen, R. (2002). Kin and non-kin foster care—Findings from a national survey. *Children and Youth Services Review, 24*(1), 15–35.

47. Ehrle, J., Geen, R., & Clark, R. L. (2001). *Children cared for by relatives: Who are they and how are they faring?* Washington, DC: Urban Institute.

48. Farmer, E. Z., Burns, B., Wagner, H., Murray, M., & Southerland, D. (2010). Enhancing "usual practice" treatment foster care: Findings from a randomized trial on improving youths' outcomes. *Psychiatric Services, 61*(6), 555–561.

49. Farmer, E. Z., Dorsey, S., & Mustillo, S. A. (2004). Intensive home and community interventions. *Child and Adolescent Psychiatric Clinics of North America, 13*(4), 857–884.

50. Geen, R. (2000). In the interest of children: Rethinking federal and state policies affecting kinship care. *Policy and Practice of Public Human Services, 58*(1), 19–27.

51. Glisson, C. (1994). The effects of services coordination teams on outcomes for children in state custody. *Administration in Social Work, 18*, 1– 23.

52. Glisson, C. (1996). Judicial and service decision for children entering state custody: The limited role of mental health. *Social Services Review, 70*(2), 257–281.

53. Harden, B., Clyman, R. B., Kriebel, D. K., & Lyons, M. E. (2004). Kith and kin care: Parental attitudes and resources of foster and relative caregivers. *Children and Youth Services Review, 26*(7), 657–671.

54. Hollin, G., & Larkin, M. (2011). The language and policy of care and parenting: Understanding the uncertainty about key players' roles in foster care provision. *Children and Youth Services Review, 33*(11), 2198–2206.

55. Hong, J., Algood, C., Chiu, Y., & Lee, S. (2011). An ecological understanding of kinship foster care in the United States. *Journal of Child and Family Studies, 20*(6), 863–872.

56. Hook, J. L., & Courtney, M. E. (2011). Employment outcomes of former foster youth as young adults: The importance of human, personal, and social capital. *Children and Youth Services Review, 33*(10), 1855–1865.

57. Horowitz, S. M., Balestracci, K. M. B., & Simms, M. D. (2001). Foster care placement improves children's functioning. *Archives of Pediatrics & Adolescent Medicine, 155*, 1255–1260.

58. Huefner, J. C., James, S., Ringle, J., Thompson, R. W., & Daly, D. L. (2010). Patterns of movement for youth within an integrated continuum of residential services. *Children and Youth Services Review, 32*(6), 857–864.

59. Hurlburt, M. S., Leslie, L. K., Landsverk, J., Barth, R. P., Burns, B. J., Gibbons, R. D., et al. (2004). Contextual predictors of mental health service use among children open to child welfare services. *Archives of General*

Psychiatry, 61(12), 1217–1224.

60. James, S. (2004). Why do foster care placements disrupt? An investigation of reasons for placement change in foster care. *Social Service Review, 78*(4), 601–627.

61. James, S., Landsverk, J., & Slymen, D. J. (2004). Placement movement in out-of-home care: Patterns and predictors. *Children and Youth Services Review, 26*(2), 185–206.

62. Johnson-Garner, M. Y., & Meyers, S. A. (2003). What factors contribute to the resilience of African-American children within kinship care? *Child and Youth Care Forum, 32*(5), 255–269.

63. Kadushin, A., & Martin, J. A. (1988). *Child welfare services* (4th ed.). New York, NY: Macmillan Publishing.

64. Koh, E., & Testa, M. F. (2008). Propensity score matching of children in kinship and nonkinship foster care: Do permanency outcomes differ? *Social Work Research, 32*(2), 105–116.

65. Landsverk, J., Burns, B., Stambaugh, L., & Rolls Reutz, J. (2006). *Mental health care for children and adolescents*. Seattle, WA: Casey Family Programs. www. casey. org/Resources/Publications/pdf/MentalHealthCareChildren.pdf

66. Landsverk, J., Burns, B., Stambaugh, L., & Rolls Reutz, J. (2009). Psychosocial interventions for children and adolescents in foster care: Review of research literature. *Child Welfare, 88*(1), 49–69.

67. Landsverk, J., Garland, A. F., & Leslie, L. K. (2002). Mental health services for children reported to child protective services. In J. E. B. Myers, L. Berliner, J. Briere, C. T. Hendrix, C. Jenny, & T. A. Reid (Eds.), *The APSAC handbook on child maltreatment* (2nd ed., pp. 487–507). Thousand Oaks, CA: Sage Publications.

68. Lau, A. S., Litrownik, A. J., Newton, R. R., & Landsverk, J. (2003). Going home: The complex effects of reunification on internalizing problems among children in foster care. *Journal of Abnormal Child Psychology, 31*(4), 345–359.

69. Lawrence, C. R., Carlson, E. A., & Egeland, B. (2006). The impact of foster care on development. *Development and Psychopathology, 18*(1), 57–76.

70. Leathers, S. J., & Testa, M. F. (2006). Foster youth emancipating from care: Caseworkers' reports on needs and services. *Child Welfare, 85*(3), 463–498.

71. Lee, B. R., & Thompson, R. R. (2008). Comparing outcomes for youth in treatment foster care and family-style group care. *Children and Youth Services Review, 30*(7), 746–757.

72. Lee, J. H., & Holland, T. P. (1991). Evaluating the effectiveness of foster parent training. *Research on Social Work Practice, 1*(2), 162–174.

73. Leslie, L. K., Hurlburt, M., James, S., Landsverk, J., Slymen, D. J., & Zhang, J. (2005). Entry into child welfare: A gateway to mental health services? *Psychiatric Services, 56*(8), 981–987.

74. Leslie, L. K., James, S., Monn, A., Kauten, M. C., Zhang, J., & Aarons, G. (2010). Health-risk behaviors in young adolescents in the child welfare system. *Journal of Adolescent Health, 47*(1), 26–34.

75. Maas, H., & Engler, R. (1959). *Children in need of parents*. New York, NY: Columbia University Press.

76. Maluccio, A., & Fein, E. (1983). Permanency planning: A redefinition. *Child Welfare, 62*(3), 195–201.

77. Mason, S. E. (2012). Child well-being as a federal priority in child welfare. *Families in Society, 93*(3), 155–156.

78. McCrae, J. S., Lee, B. R., Barth, R. P., & Rauktis, M. E. (2010). Comparing three years of well-being outcomes for youth in group care and nonkinship foster care. *Child Welfare, 89*(2), 229–249.

79. McKenzie, R. B. (1998). Rethinking orphanages for the 21st century: A search for reforms for the nation's child-welfare. *Spectrum: Journal of State Government, 71*(2), 8–13.

80. Meadowcroft, P., Thomlison, B., & Chamberlain, P. (1994). Treatment foster care services: A research agenda for child welfare. *Child Welfare, 73*(5), 565.

81. Messing, J. (2006). From the child's perspective: A qualitative analysis of kinship care placements. *Children and Youth Services Review, 28*(12), 1415–1434.

82. Mumpower, J. L. (2010). Disproportionality at the "front end" of the child welfare services system: An analysis of rates of referrals, "hits," "misses," and "false alarms." *Journal of Health and Human Services*

Administration, 33(3), 364–405.

83. Murray, L., Tarren-Sweeney, M., & France, K. (2011). Foster carer perceptions of support and training in the context of high burden of care. *Child & Family Social Work, 16*(2), 149–158.

84. Newton, R. R., Litrownik, A. J., & Landsverk, J. A. (2000). Children and youth in foster care: Disentangling their relationship between problem behaviors and number of placements. *Child Abuse & Neglect, 24*(10), 1363–1374.

85. Nickman, S. L., Rosenfeld, A. A., Fine, P., MacIntyre, J. C., Pilowsky, D. J., Howe, R., et al. (2005). Children in adoptive families: Overview and update. *Journal of the American Academy of Child and Adolescent Psychiatry, 44*(10), 987–995.

86. Noonan, K., Matone, M., Zlotnik, S., Hernandez-Mekonnen, R., Watts, C., Rubin, D., & Mollen, C. (2012). Cross-system barriers to educational success for children in foster care: The front line perspective. *Children and Youth Services Review, 34*(2), 403–408.

87. O'Sullivan, J., & McMahon, M. F. (2006). Who will care for me? The debate of orphanages versus foster care. *Policy, Politics & Nursing Practice, 7*(2), 142–148.

88. Pecora, P. J., Williams, J., Kessler, R. C., Hiripi, E., O'Brien, K., Emerson, J., et al. (2006). Assessing the educational achievements of adults who were formerly placed in family foster care. *Child & Family Social Work, 11*(3), 220–231.

89. Peters, J. J. (2005). True ambivalence: Child welfare workers' thoughts, feelings, and beliefs about kinship foster care. *Children and Youth Services Review, 27*(6), 595–614.

90. Pilowsky, D. (1995). Psychopathology among children placed in family foster care. *Psychiatric Services, 46*, 906–910.

91. Price, J. M., Chamberlain, P. P., Landsverk, J. J., & Reid, J. J. (2009). KEEP foster-parent training intervention: Model description and effectiveness. *Child & Family Social Work, 14*(2), 233–242.

92. Redding, R. E., Fried, C., & Britner, P. A. (2000). Predictors of placement outcomes in treatment foster care: Implications for foster parent selection and service delivery. *Journal of Child and Family Studies, 9*(4), 425–447.

93. Rhodes, K. W., Orme, J. G., & Buehler, C. (2001). A comparison of family foster parents who quit, consider quitting, and plan to continue fostering. *Social Service Review, 75*(1), 84–114.

94. Rhodes, K., Orme, J., Cox, M., & Buehler, C. (2003). Foster family resources, psychosocial functioning, and retention. *Social Work Research, 27*(3), 135–150.

95. Rhodes, K., Orme, J., & McSurdy, M. M. (2003). Foster parents' role performance responsibilities: Perceptions of foster mothers, fathers, and workers. *Children and Youth Services Review, 25*(12), 935–964.

96. Rodger, S. S., Cummings, A. A., & Leschied, A. W. (2006). Who is caring for our most vulnerable children? The motivation to foster in child welfare. *Child Abuse & Neglect, 30*(10), 1129–1142.

97. Rork, K. E., & McNeil, C. B. (2011). Evaluation of foster parent training programs: A critical review. *Child & Family Behavior Therapy, 33*(2), 139–170.

98. Rubin, D., Downes, K., O'Reilly, A., Mekonnen, R., Luan, X., & Localio, R. (2008). Impact of kinship care on behavioral well-being for children in out-of-home care. *Archives of Pediatrics & Adolescent Medicine, 162*(6), 550–556.

99. Ryan, J. P., & Schuerman, J. R. (2004). Matching family problems with specific family preservation services: A study of service effectiveness. *Children and Youth Services Review, 26*(4), 347–372.

100. Sakai, C., Lin, H., & Flores, G. (2011). Health outcomes and family services in kinship care: Analysis of a national sample of children in the child welfare system. *Archives of Pediatrics & Adolescent Medicine, 165*(2), 159–165.

101. Scannapieco, M. M., Hegar, R. L., & McAlpine, C. C. (1997). Kinship care and foster care: A comparison of characteristics and outcomes. *Families in Society, 78*(5), 480–488.

102. Taussig, H. N., & Clyman, R. B. (2011). The relationship between time spent living with kin and adolescent functioning in youth with a history of out-of-home placement. *Child Abuse & Neglect, 35*(1), 78–86.

103. Taussig, H. N., Clyman, R. B., & Landsverk, J. (2001). Children who return home from foster care: A 6-year prospective study of behavioral health outcomes in adolescence. *Pediatrics, 108*(1), 1–7.

104. Trupin, E. W., Tarico, V. S., Low, B. P., Jemelka, R., & McClellan, J. (1993). Children on child protective service caseloads: Prevalence and nature of serious emotional disturbance. *Child Abuse & Neglect, 17*(3), 345–355.

105. U.S. Department of Health and Human Services. (1999). *Mental health: A report of the surgeon general.* Rockville, MD: U.S. Department of Health and Human Services, Substance Abuse and Mental Health Services Administration, Center for Mental Health Services, & National Institutes of Health, National Institute of Mental Health.

106. U.S. Department of Health and Human Services. (2012). *The AFCARS report.* www. acf. hhs. gov/sites/default/files/cb/afcarsreport19.pdf

107. U.S. Department of Health and Human Services, Administration for Children and Families, Administration of Children, Youth and Families. (2010). *Child maltreatment 2010.* Washington DC: U.S. Government Printing Office.

108. Waldock, T. (2011). Enhancing the quality of care in child welfare: Our obligation under the UN Convention on the Rights of the Child. *Relational Child & Youth Care Practice, 24*(3), 50–61.

109. Webster, D., Barth, R. P., & Needell, B. (2000). Placement stability for children in out-of-home care: A longitudinal analysis. *Child Welfare, 79*(5), 614.

110. Wilson, K. K., Sinclair, I. I., & Gibbs, I. I. (2000). The trouble with foster care: The impact of stressful "events" on foster carers. *British Journal of Social Work, 30*(2), 193–209.

111. Wulczyn, F., Kogan, J., & Harden, B. J. (2003). Placement stability and movement trajectories. *Social Services Review, 77*(2), 212–236.

112. Young, N. K., Boles, S. M., & Otero, C. (2007). Parental substance use disorders and child maltreatment: Overlap, gaps, and opportunities. *Child Maltreatment, 12*(2), 137–149.

第 10 章
親族による養護

スーザン・J・ケリー

デボラ・M・ウィットリー

総論

　2011 年、米国では約 290 万人の子どもたちが実親以外の養育者のもとで生活をしていた（U.S. Census Bureau, 2011）。0 歳から 17 歳までの国民の 4 ％近くを占めるこうした子どもたちは、家庭養護やグループホーム、親族による養護など、さまざまな養育環境で生活している。親族による養護は、「両親のどちらとも一緒に生活をせず、親戚や近しい関係にある者が代わりに養育すること（Geen, 2004, p.132）」を言う。**親戚**（relative）という用語が**親族**（kin）ということばと同じ意味で使われることがあるものの、親族による養護の定義にあたっては、多くの州の児童福祉機関では、血縁関係を超えた対象を親族としてとらえている（たとえば、教父母、家族の友人、その他の子どもと近しい関係の者など）（Geen, 2004）。親族による養護は、アフリカ系アメリカ人やその他の人種・民族の中では文化的伝統として長く定着しているものの、米国政府や児童保護局においてこうした養育環境は 20 世紀後半まで公的に認められていなかった（Brown, Cohon, & Wheeler, 2002; Koh, 2010; U.S. Department of Health and Human Services [HHS] , 2000）。その頃から、子どものための代替の措置が必要とされて、家族や児童福祉サービスが、親族による養護を利用することが着実に伸びているというデータがある（Cuddeback, 2004; Ehrle & Geen, 2002, HHS, 2000; Winokur, Holtan, & Valentine, 2009）。実際に、今や 230 万人以上の子どもたちが、親がおらず親戚が世帯主である家庭で生活していると推計され、その数は 1990 年から 50%以上も増えていることが示されている（U.S. Census Bureau, 2004, 2011）。この増加傾向をとらえ、研究者や実務者、児童の権利擁護者たちは、こうした家庭の特性だけでなく、親族による養護を受ける子どもたちの転帰を理解することにも関心が高まってきている。そうした研究では、親が養育できない子どもへの代替策として親族による養護が妥当で実行可能なものであるのかどうかについて理解しようとしている。

親族による養護の発展

　親族による養護は、アフリカ系アメリカ人のコミュニティでは何世紀も前から文化的伝統として報告されてきたものであるが（Brown, Cohon, & Wheeler, 2002）、近年の親族養護の急増に寄与する要因は比較的最近起こってきたものである。前世期の下半期より以前は、児童福祉機関の職員は、子どもの虐待やネグレクトは生まれ育った家庭の機能不全によって起こり、そうした虐待的な家族の親戚に子どもを預けることは、必然的にさらなる不適切養育を招くと考えてきた（HHS, 2000）。しかしながら、この 20 ～ 30 年で利用可能な家庭養護やグループホームの数が減って、家庭外養育が必要な子どものニーズが増えたことで、児童福祉機関の職員は代替策としての親族養護者の価値に再注目するようになった（HHS, 2000）。そうした中、実践家は親族による養護には児童福祉制度においていくつかの理論的な利点があることに気づき始めた。親族による養護では、分離によるトラウマの程度を低減することができ、最大限に家族を維持することができ、文化的な伝統や規範の継続性を維持でき、子どもの生い立ちについてすでに理解のある養育者のもとに措置することができる可能性がある（Swann & Sylvester, 2006）。

　親族による養護が広がり続けるに従い、州や国の政策もその成長傾向を反映したものになり始めた。社会保障法（Social Security Act）の Title IV-E では、州に求められる連邦政府政策について、「子どもの居所を判断するにあたり、親族の養育者が関連する州の児童保護基準をすべて満たしているのであれば、親族でない養育者よりも優先して考慮すること」とまとめられている（Adoption and Safe Families Act ［ASFA］ of 1997, Pub. L. No.105-89, Title IV-E, §471）。1996 年に制定された個人責任及び就労機会調整法（Personal Responsibility and Work Opportunity Reconciliation Act, Pub. L. No.104-193）は、要扶養児童家族扶助（Aid to Families with Dependent Children）を、現在の貧困家庭一時扶助（Temporary Assistance to Needy Families, TANF）に置き換えており、養育者の収入にかかわらず、子どもを養育する親族には子どものための助成金を提供している。1997 年に制定された養子縁組と安全な家族に関する法律（Adoption and Safe Families Act, ASFA）に基づいた追加の政策が親族による養護を支持しており、州は親族養護にかかる費用の還付を連邦政府に求めることができる。最終的には、社会保障法のもと、2008 年の 成功のためのつながりの形成と養子縁組の増加に関する法律（Fostering Connection to Success and Increasing Adoptions Act）において、家庭外での子どもの養育が必要なとき、親族の養育者を探す適切な努力をすることが州には求められている。また、きょうだいを一緒にすることの必要性も明確にされ、この規定を実現するのに必要な財源も与えられている。こうした連邦政府の構想に続き、多くの州において、親族による養護を優先したり、里親の認可基準を修正することで親族による養護へ恩恵をもたらしたりするような政策が立てられている（Child Welfare Information Gateway, 2010; Geen, 2004）。

研究の限界

　米国での親族による養護に関する研究は急激に増加してきたが、こうした研究の結果を解釈する際に考慮しなければならないいくつかの限界がある。まずは、**親族による養護**ということばが正確に定義されていないということである。また、明確に州の監督下で措置される家庭養護と違い、親族養護には公的なものから非公式なものまで幅の広い連続体が含まれる（Geen, 2004; HHS, 2000）。おおまかな定義では、公的な親族による養護は児童福祉制度のもとで子どもが措置されるが、非公式な親族養護はそうではない（HHS, 2000）。ただし、これらの定義にはかなりのばらつきがあり、たとえば非公式な親族による養護には、単に親戚と実親との間で個人的に取り決めたものも含まれるかもしれないし、あるいは社会福祉機関の支援を受けているものも含まれるかもしれない（Ehrle & Geen, 2002; Geen, 2004）。こうした曖昧さのため、親族養護の研究における2つめの限界は、親族養護にかかわる家庭に対する安定した正確な調査が不足していることである（HHS, 2000）。米国の国勢調査から、親族が世帯主の家庭で生活する子どもの数を把握することはできるが、このデータには州の社会的養護システムや児童保護局の関与についての重要な情報が含まれていないのである。そのため、養子縁組と社会的養護の分析と報告システム（Adoption and Foster Care Analysis and Reporting System, AFCARS）や全米家族調査（National Survey of American Families, NSAF）といった追加的な調査制度がその欠落部分を埋めようと試みてきた。NSAF は、任意の親族養護に関する唯一の全国調査であり、それには児童福祉機関が関与したものの州の監督を受けずに親族と生活している子どもも含まれている（Geen, 2004）。NSAF によれば、公的な親族養護を受けている子どもが20万人、非公式な親族養護を受けている子どもが180万人いるのと比べて、任意の親族養護を受けている子どもは28万5,000人いるという。

　こうした全米調査のデータを使わない小規模の親族養護研究には、さらなる限界がある。こうした研究は手軽なサンプルを利用することが多いため、特に個人的な取り決めによるものなど、親族養護家庭を特定する際に内在する困難によって、調査対象に選択の偏りが生まれてしまう（Cuddeback, 2004; Winokur, Holtan, & Valentine, 2009）。さらに、親族養護家庭が利用できる資源や支援は州の政策によって大きく異なるため、単一の州からの研究サンプルでは、実践や政策に含まれる意味を一般化することはできない（Child Welfare Information Gateway, 2010）。また、こうした方法論の違いは、親族養護に関係する子どもや家族の長期的な転帰についての意義のある結論に至ることを困難にしてしまう（Cuddeback, 2004; HHS, 2000; Winokur, Holtan, & Valentine, 2009）。しかしながら、こうした限界にもかかわらず、これまでの研究論文から比較的一貫した結果が示されており、親族養護家族の特性や転帰に関して、研究者たちはいくつかの結論を導いている。

親族養護家族の特性

　親族の養護者を同一の集団と見なすことは困難であるにもかかわらず、系統的な研究のレビュー

では、親族でない養育者とは異なるいくつかの人口統計学的および社会的な要因が一貫して見出されている。一般的に親族の養護者は、より年長で、未婚で、女性で、アフリカ系アメリカ人で、教育水準が低く、職がなく、社会経済的地位の低い者が多い傾向がある（Boetto, 2010; Cuddeback, 2004; Ehrle & Geen, 2002; Winokur, Holtan, & Valentine, 2009）。また彼らは、田舎や大都市よりも中心市街地に居住している者が多い（HHS, 2000）。こうした人口統計学的な特性の多くは、州ごとの比較においても一貫して見出されている（Koh, 2010）。孫を養育している祖父母は、親族養護の研究の中でも特に関心を集めている。親以外の親族が世帯主である家庭で生活している 230 万人の子どものうち、3 分の 2 以上が祖父母による養育である（U.S. Census Bureau, 2011）。この集団が高齢であることを考慮して、養育者の健康面の支援ニーズへの注目の高まりが頻繁に指摘されている（Fuller-Thomson & Minkler, 2000; Kelley, Whitley, & Campos, 2010）。

　親族養護にかかわる養育者の独特な特性に加えて、彼らのもとで養育される子どもにも似たような傾向がうかがえる。全米推計によると、アフリカ系アメリカ人の子どもは白人の子どもと比較して親族による養護に措置される傾向が高い（Ehrle & Geen, 2002; HHS, 2000）。しかしながら、5 つの州のデータに基づく AFCARS のレビューでは、こうした傾向は州によって異なる可能性が示唆されている。たとえばアリゾナ州では、親族でない家庭養護を受けている子どもよりも、親族による養護を受けている子どものほうが白人の割合が高い（Koh, 2010）。親族による養護と親族以外の家庭養護に置かれている子どもの性別には有意な差は見られなかった（Ehrle & Geen, 2002）。しかしながら、年齢については、非公式な親族養護を受けている子どもが比較的年長である一方で、親族でない家庭養護を受けている子どもよりも公的な親族養護を受けている子どものほうが年少である傾向が見られた（Ehrle & Geen, 2002; HHS, 2000; Koh, 2010）。親族でない家庭養護とは対照的に、親族による養護を受けるに至る理由が異なることを指摘する研究もある。親族による養護を受ける子どもは、親の物質乱用により家から分離される傾向が高いが、親族でない家庭養護を受ける子どもは実親の精神健康上の問題によって分離されることが多い傾向が見られる（Cuddeback, 2004; Ehrle & Geen, 2002）。さらなる研究によって、親族の養育者やその養育を受ける子どもの集団についてよりはっきりと定義づけられていくだろうが、実践家や政策立案者は、この集団が相当不均一で、州によっても異なるということに注意しておく必要がある（Koh, 2010）。

課題

　もとの家庭から離れて暮らす子どもの養護には無数の課題があり、それには児童福祉システムへの誘導、被虐待歴のある子どもの行動の管理、そして多くの場合、実親とのコミュニケーションの維持などが含まれる（Chipungu & Bent-Goodley, 2004）。こうした困難の複合により、親族でない養育者と比べて親族の養護者は、子どもの福祉を保障するためのさらなる課題に直面することが多いことがわかっている。

支援ニーズ

　多くの家庭養護の養育者は、事前に情報を与えられ、個人の決断で家庭外措置となった子どもを養育するが、それとは違い、親族の養護者は 1 人以上の子どもの養育の責任を、突然、差し迫った必要から負うことになることが多い（Boetto, 2010）。そのため、親族の養護者の多くは、基本的な生活必需品（ベッドや乳幼児用品など）や、困難な親役割を担うために必要な訓練や支援のサービスを得ることができない。また、特に祖父母の場合は、子ども 1 人ではなく複数のきょうだいの養育の責任を負うことが多いので、直面する課題が増加する可能性が高い（Kelley, Whitley, & Campos, 2011）。これまでの研究では親族の養護者は親族でない養育者よりも社会的機関から得られる資源や支援が少ないことが一貫して示されているが、訓練や支援の欠如は、養育役割に影響し続けることが多い（Goodman, Potts, & Pasztor, 2007; Sakai, Lin, & Flores, 2011）。

　非公式な親族の養護者に関する小規模研究では、満たされていないサービスニーズが養護者の心理学的な苦痛の強い予測因子の 1 つであることがわかっている（Kelley et al., 2000）。こうした知見の裏づけとして、親族の養護者に関する質的研究では、資源の乏しさと養育上の課題が親族養護の成功を阻む障壁であるという報告が多いことが判明した（Coakley et al., 2007）。適切な訓練と支援を受けることの重要性は、障害を持つ子どもを養護する場合に特に顕著な問題となる（Whitley & Kelley, 2008）。今後は、こうした親族の養護者のニーズをなぜ社会福祉機関はうまく満たせないのかについて研究すべきである。研究者の中には、公的な社会的養護システムに含まれない親族の養護者へ、どのようなサービス提供すればいいかを指定するような要件の欠如を指摘するものもいる（Ehrle & Geen, 2002）。また、専門家が親族の養護者のニーズをとらえられていないという可能性もある。何らかの形（非公式、任意、公的親族養護）で親族養護を受けている子どもの約 80% が非公式な親族養護であるという知見（Geen, 2004）が、このような、資源が行き渡らない状態を招いていることは間違いない。

財源

　先述の通り、親族でない養育者に比べ親族の養育者は社会経済的地位が低い傾向にある。NSAF のデータでは、司法の関与した親族による養護者は親族でない養育者に比べ、連邦最低収入基準（federal poverty level）の 200% 未満の生活をしている者が 2 倍であることが示されている（Ehrle & Geen, 2002）。さらに、親族の養護者は、より密集し、構造的な安定性が弱く、犯罪や暴力の多い地域の家に住んでいることが多いことが、限定的ながら示されている（Cuddeback, 2004）。

　最近の研究では、親族の養護者は親族でない養育者に比べて、養育のための公的な財政的支援が有意に少ないことが一貫して示されている（Goodman, Potts, & Pasztor, 2007; Sakai, Lin, & Flores, 2011; Winokur, Holtan, & Valentine, 2009）。その理由の一部は、州の社会的養護システムに正式に組み込まれていない養護者や、親族でない養育者と同じような資格基準を満たしていない養護者が多いことが挙げられる（Ehrle & Geen, 2002）。こうした養育者は十分な家庭養護の手当を受け取るに適当と見なされず、そのため、子どもの TANF の手当で生計を立てていることが多い（Anderson,

2006)。TANF の手当は、家庭養護の手当よりも明らかに少額で、養育者が養育する子どもの数に基づいており、家庭で生活する子どもが増えるほど子ども 1 人当たりに支払われる額は減少する (HHS, 2000)。さらに、いくつかの州では、期間制限や仕事の必要条件によって、TANF の手当を受け取るに適当とされる親族養護者の数が制限されている (HHS, 2000)。NSAF のデータを調べた研究では、非公式な親族養護者の約 52% しかこの手当を受け取っていないということがわかっている (Ehrle & Geen, 2002)。幸いにも、過去 10 年間において、いくつかの州では親族養護者に求められる許可要件が修正され、家庭養護と同じ全額が認められるようになっている (Anderson, 2006)。

実親との関係

子どもの実親との連絡や面会を管理することは、親族でない養育者にとっては多くの場合難しいことであるが、実親と親族養護者の親族関係はより事態を複雑にさせることがある。質的研究は、子どものもとの家族との複雑な関係が養育の障害であると報告される例は、親族養護者のほうが多いことを示している (Coakley et al., 2007)。児童福祉従事者も、親族養護者が実親との間に境界線を作り維持していくことが困難であり、それが原因で親族養護がうまくいかなくなることを報告している (Terling-Watt, 2001)。

養育者の健康と加齢

親族養護者の多くが自身の孫を育てる祖父母であるので、親族養護者は、親族でない養育者と比べて高齢である傾向が高い (Koh, 2010; U.S. Census Bureau, 2011)。当然ながら、この全体的に年齢が高めである集団の健康上のニーズがより大きいことは、特に懸念事項となる (Kelley, Whitley, & Campos, 2013)。祖父母である養育者は、養育しなければならないことで、糖尿病や心疾患などの慢性疾患が悪化したと報告している (Haglund, 2000; Lee et al., 2003)。さらに、全米の代表的調査では、孫を養育している祖父母は誰も養育していない者よりも日々の日課を遂行する能力が制限されがちであり、それは重要な交絡因子を統制しても同じであることが示された (Minkler & Fuller-Thomson, 1999)。祖父母の身体的な健康の悪化が心理的な健康に悪影響を及ぼすこともまた明らかである。孫を育てている祖母の便宜的サンプルにおいても、身体的な健康が心理的苦悩の有意な予測因子になっていることがわかった (Kelley et al., 2000)。親族による養護と親族でない養育との比較研究において、親族養護者は、抑うつ・養育ストレス・虐待の可能性のレベルがより高くなることが示された (Timmer, Sedlar, & Urquiza, 2004)。多くの親族による養護者が経済的な困難を経験していることから、低価格の医療や精神保健サービスを手軽に受けられるようにすることが、こうした養育者とかかわる社会福祉の専門家や医療関係者にとって優先すべきことである。

非公式な親族養護者への特別な配慮

これまでに述べたような非公式な親族養護では、子どもを州の公的な保護下に置かずに養育の手配が行われることもある。しかしながら、それぞれの州の実践や政策に従って、児童福祉従事者がこうした家庭に資源やサービスを提供することもできる。一方で、まったく児童福祉システムと関

係を持っていない家庭もある。こうした、州の児童福祉システムとの全体的なかかわりの度合いの低さのために、非公式な親族養護者たちは一般的に州のデータベースで見守ることが難しく、そのため現存する調査研究には大部分が含まれていない（Cuddeback, 2004）。それにもかかわらず、2〜3の研究では便宜的サンプルを用いてこの独特な母集団についての知識基盤を広げようとしてきた。非公式な親族養護者は、親族でない家庭養護者と比べて独身である傾向が強く、きょうだいを同時に養育し、養育期間も長期にわたることが多い（Geen, 2009; Goodman et al., 2004; Strozier & Krisman, 2007）。別の研究においては、公的な親族養護者は、利用可能な支援サービスをより多く利用していることが明らかにされている（Goodman, Potts, & Pasztor, 2007）。この知見は、公的な養育者が社会サービス機関と関係することが多いことを考慮すれば、驚くべきことではない。便宜的サンプルで行われる研究につきものの限界はあるものの、こうした知見は、潜在的に脆弱な部分を示し、非公式な親族養護者とかかわりのある実践家がどの領域に介入すべきかを示してくれるものである。

親族に養護されている子どもの転帰

　親族による養護について調べた多くの研究の主要な目的は、親族による養護を受けている子どもの転帰が、親族以外の家庭養育で生活する子どもの転帰と同等かそれ以上によいかどうかを究明することである（HHS, 2000; Winokur, Holtan, & Valentine, 2009）。しかし、この研究領域にはさらなる限界があるため、今得られるエビデンスから結論を導くことは困難である。つまり、子どもを親族による養護とそうでない養育とに無作為に割り当てることは研究の倫理上できないので、研究はすでに成立した養育環境に依存しなければならず、帰属集団の固有の差異がもたらす結果による偏りを排除できない（Winokur, Holtan, & Valentine, 2009）。また、多くの研究の所見は養育者自身の報告に基づいており、より客観的な観察者によるものではない（HHS, 2000; Kelley, Whitley, & Campos, 2011; Messing, 2006）。こうした短所を念頭に置きながらも、親族に養護される子どもの転帰について、いくつかの共通の所見を見出すことはできる。ただし、こうした所見を実践に適用するにあたっては注意が必要である（Cuddeback, 2004; Winokur, Holtan, & Valentine, 2009）。

行動面・心理面・学業面への影響

　先述の通り、里親よりも親族に子どもを措置する傾向によって、より多くの措置の選択肢のニーズが高まっていることが表面化した。しかしながら、親族による養護が広まると、研究者や児童福祉の実践家はそうした養育環境に措置された子どもにとっていくつかの潜在的な利点があると考えるようになった。分離のトラウマを減らせること、家族としてのつながりをより感じやすいこと、生活の継続性を高められることなどである（Boetto, 2010; Cuddeback, 2004）。

　親族による養護を受けている子どもは、一般集団の子どもと比較すると、行動面や感情面の問題を有する傾向が高いことが研究で示されている（Cuddeback, 2004）。たとえば、祖父母に養育されている子どもは、一般集団と比べてより程度の高い行動面の問題を抱えていることが研究でわかっ

ている (Smith & Palmieri, 2007)。行動面の問題が高頻度で表れることは、子どもが実親の養育下で生活できなくなった理由（養育放棄、児童虐待、実親の死など）を考えれば驚くことではない。祖母に養育されている 230 人のアフリカ系アメリカ人についての横断研究では、その約 3 分の 1 で子どもの問題行動のスコアが臨床的に上昇していた (Kelley, Whitley, & Campos, 2011)。

　親族に養護されている子どもの転帰と、親族以外の家庭養護の場合の転帰とを比較する研究が増えてきている。親族に養護されている子どもに肯定的な影響が見られることを示した研究が多いものの (Rubin et al., 2008; Sakai, Lin, & Flores, 2011)、矛盾していたり入り混じったりしている結果も見られた (Hegar & Rosenthal, 2009)。親族による養護を受ける以前の子どもの行動の違いを説明するために、傾向スコアマッチングを加えた前向き研究がいくつか実施された (Rubin et al., 2008; Sakai, Lin, & Flores, 2011; Winokur, Holtan, & Valentine, 2009)。1,309 人の全米の代表サンプルを用いて、親族養護を受けようとしている子どもと親族以外の家庭養育を受けようとしている子どもの問題行動の前向き調査が行われた。研究の結果、基準となる行動や措置の安定性、再統合の計画といった要因を統制しても、親族に養護された子どもは、措置 3 年後の行動上の問題が少ないことが示された (Rubin et al., 2008)。こうした所見は、同様に全米のサンプルを採用したそれに続く研究でも裏づけられ、親族による養護を受ける子どもは、親族以外の家庭養護を受ける子どもよりも、問題行動の持続が少なく社会的スキルも低くないことがわかった (Sakai, Lin, & Flores, 2011)。一方で、驚くべきことに、親族に養護される子どもでは、物質乱用が 2 倍、10 代での妊娠経験が 7 倍であることも判明した。

　同様に全米の代表サンプルを利用し、親族による養護と親族以外の家庭養護を受けた子どもを比較した研究でも、親族養護を受けた子どものほうが、内在化・外在化問題行動が双方ともに少ないことが養育者からの報告で示された (Hegar & Rosenthal, 2009)。しかし、教師からの評価では、内在化問題については違いがなかったが、外在化問題行動については親族養護を受けた子どものほうが高いという結果であった。親族の養育者はそうでない養育者と比べて子どもの行動を肯定的に評価しやすい傾向があるので、評価者のバイアスによって結果が矛盾することはありうることである (Keller et al., 2001; Winokur, Holtan, & Valentine, 2009)。その一方で、親族養護または親族以外の家庭養護を受けた子ども 1,377 人を対象にした他の調査では、親族以外の家庭養護を受けた子どものほうが少年司法機関とのかかわりが約 6 倍も高いことがわかっている (Winokur et al., 2008)。親族養護の肯定的効果をさらに示唆するのが、家庭外で養育を受けている子どもの精神健康の調査研究である。Winokur ら (2009) による系統的レビューにおいては、子どもが情緒的に健康であると報告した親族養護者は、親族でない養育者の約 2 倍であると結論づけられている。

　社会的養護を受けている子どもの学業面の転帰が相対的に良くないことを考えると (Bruskas, 2008)、親族養護を受ける子どもの学業成績には特に興味が持たれる。残念ながら、論文はいまだ乏しく結論には至っていない。しかし、有意ではないものの親族養護を受ける子どもにはより肯定的な結果が得られている (Cuddeback, 2004; Winokur, Holtan, & Valentine, 2009)。今後は、親族養護と親族以外の家庭養護を受ける子どもの学業成績について、措置の安定性の違いによる影響を評価することが役立つ可能性がある。

措置の安定性とパーマネンシー

　家庭外養護の期間中ずっと措置が安定していること（たとえば、里親宅の変更の少なさ）と、措置のパーマネンシー（たとえば、実親との再統合や養子縁組）の両方が、アメリカの社会的養護システムにおける目標であると認識されることが多い（Cuddeback, 2004; HHS, 2000）。措置の安定性がより高く、家庭外養護への破壊的な移行がより少ないということが、親族による養護の利点として、研究者からも養護を受ける子どもたち自身からも挙げられてきた（Cuddeback, 2004; Messing, 2006; Winokur, Holtan, & Valentine, 2009）。実際に、親族による養護と親族以外の家庭養護を受ける子どもの措置の安定性を比較した研究の系統的レビューにおいて、親族以外の家庭養護を受けた子どもでは、3回以上の措置の経験が2.6倍であることが判明した（Winokur, Holtan, & Valentine, 2009）。親族養護における措置の安定性が非常に高いことは、アメリカのどの州においても一貫して見られる傾向であり、それは養護費用の還付を定める政策の違いや親族養護の手配の仕方に関係なく見られるものである（Koh, 2010）。

　親族養護における措置のパーマネンシーについてのエビデンスは、措置の安定性についてのエビデンスよりも確実性に欠けるが、これまでの研究においては、親族養護を受ける子どもは親族以外の養護における場合より遅い速度で措置のパーマネンシーを達成していることが示されている（Cuddeback, 2004; Winokur, Holtan, & Valentine, 2009）。実際、養子縁組するまでの時間を調査した大規模な後ろ向き研究において、親族の養育者のほうが養子縁組の手続きが始まるまでより長い時間かかっていたことが判明した（Ryan et al., 2010）。親族に養護される子どものパーマネンシーの州ごとの比較では、親族の養護者が養子縁組したり子どもの後見人になったりする資格についての州の政策が、この結果に影響する要因になっているようである（Koh, 2010）。別の可能性としては、実親との対立をあおることや家族の情緒的なつながりに悪影響を及ぼすことへの恐れのため、子どもと法的な関係を結ぶことへの抵抗が親族の養育者にはあるということも考えられる（Ryan et al., 2010）。

　養護者との措置のパーマネンシーを達成することに加えて、実親との再統合は非常に研究されたパーマネンシーのもう1つの結論である。養育者との養子縁組の手続きにおける所見と同様に、再統合が親族養護の環境においてよりゆっくりと進むことが多くのエビデンスにより示されている（Cuddeback, 2004; Winokur, Holtan, & Valentine, 2009）。Winokur ら（2009）によれば、親族以外に養護されている子どもの場合、実親との再統合が約2倍多いことがわかっている。しかしながら、いくつかの研究で強調されているように、実親との再統合が必ずしも子どもにとって最善の結果をもたらすわけではない（Lau et al., 2003; Taussig, Clyman, & Landsverk, 2001）。実親と再統合した子どもとそうでない子どもとを比較した6年間の前向き研究において、Taussig ら（2001）は、再統合した子どものほうが自己破壊的な行動・物質乱用・全体的なリスク特性を示していたことを明らかにした。そうした子どもたちは、逮捕率や退学率が高く、学業成績も低い傾向が見られた。今後の研究においては、親族養護からの再統合がゆっくり進むことが、児童青年にとって否定的な結果を防ぐ保護因子になっているかもしれないという可能性について検討されるべきである。

長期的な転帰

　親族に養護されている子どもが大勢いることを考えると、こうした集団の長期的な転帰は興味深いものである。小さい便宜的サンプルの調査では、子どものときに親族に養護された大人は親族以外の家庭養護を受けていた大人より良い結果が出ているものの、方法論的な問題からこの研究結果によって結論づけることは難しい（Cuddeback, 2004）。家族の成長に関する全米調査（National Survey of Family Growth）のデータを用いた最近の研究では、子どもの頃に親族に養護された成人の女性は、一般集団の女性と比べて感情的な健康という側面では低い結果であったことが示されている（Carpenter & Clyman, 2004）。ここでは、親族以外の家庭養護のもとで育った女性という比較対照群がないことに注意することが重要である。先述のように、親族養護に至るような逆境体験があったため（実親による育児放棄や虐待など）、こうした人たちが長期間にわたって否定的な転帰を経験することは意外なことではない。健康についてのより標準化された尺度とより意味のある対照群を用いることにより、こうした研究結果についてより理解を深めていけるようなさらなる前向き調査が期待される。

親族養護者と子どもへの介入

　親族による養護家庭のニーズを満たすためには、公的な組織と非公式な組織の両方が持続的で協調的な努力を続けることが求められる。公的な親族養護者へのサービスは、非公式な養護者に対するよりも、より明確なものである。サポートグループ・法的サービス・レスパイトケア・親教育・親族ナビゲーターサービスなどが、親族養護者に対する現在のサービスの例である。先述のように、公的な家庭養護システムのもとにある家庭は、非公式な親族養護家庭と比べて、さまざまな支援や資源（カウンセリング、物質援助、医療的ケアなど）にアクセスしやすい（Macomber, Geen, & Clark, 2001）。公的な社会的養護に携わる家庭には、公的なサービスや地域のサービスを見つける支援をしてくれるケースマネージャーがいることが一般的であるが、一方で非公式な親族養護家庭は、必要なサービスを得るためには自ら訴えたり工夫したりするしかない。多くの非公式な親族養護者、特に高齢の祖父母の養育者は、サービスを得るために役所の手続きをうまく進める身体的・情緒的な能力を持ち合わせていないこともあるため、結果的に、ニーズは満たされないままになってしまう。ここでは、親族養護者を支援するために最も広く利用されている介入のモデルについて述べる。ここで挙げているものはすべてを網羅しているわけではなく、最も優れた介入の戦略を簡単に概観したものである。

サポートグループ

　多くの親族養護者の関心事は、心理的なストレスと、子育てにおける日々の困難に対処することができていないという不全感である。先に要約したように、ストレスはさまざまな要因に関連して

いることが一般的で（たとえば、不十分な経済的資源、複数の子どもを育てること、障害のある子どもや問題行動のある子どもを育てること）、親族養護者は無力感や孤立感を感じている。親族養護者、特に祖父母の養育者は、友人や家族、地域から、社会的な孤立感を感じていることが多い（Gerald, Landry-Meyer, & Roe, 2006）。

　サポートグループは、親族養護者が支持的な環境で感情的なニーズを満たすことの助けとなる代表的な介入戦略である。サポートグループは一般的に求められるスタッフの数や資金的なコストが少なくて済み、なおかつとても役に立つものである。その実例として、1996年から、ブルックデール財団（Brookdale Foundation）が他のサービスに加えて、パートナーとしての親族プログラム（Relatives as Partners Program, RAPP）を通して、親族養護者へのサポートグループの開発・実行・評価をするための資金を地域と州の機関に提供している（Brookdale Foundation, 2007）。RAPPが先駆けた結果、そのようなグループが今や全国的に提供されている。サポートグループは、親族養護者に対するより幅広い多様な介入の1つの構成要素として、あるいは、独立したサービスとして提供されている（Kelley et al., 2001; Strozier, 2012）。

　親族養護者のためのサポートグループの肯定的な効果がさまざまな結果に表れていることが研究で報告されている（Smith, 2003; Strozier, 2012）。Strozier（2012）による最近の研究では、61人の参加者に対し社会的サポートを促進するサポートグループの効果を測定し、参加した親族養護者と参加していない養護者とを比較した。その中で、サポートグループへの参加者は参加していない者よりも、社会的にサポートされているという感覚が強化されたことがわかった。小さいサンプルサイズであるにもかかわらず、この研究は、サポートグループの特有の効果を調査した点に価値がある。家族機能に対するサポートグループの効果を理解するための研究は今後も興味深い分野である。

　親族による養護を受けている子どももまた、ピアサポートグループから恩恵を受けるかもしれない。しかしながら、その有用性については限られた研究しかない。祖父母の養育者が孫のためのサポートグループをどのように見ているかを調査した小規模研究では、回答者の多くがサポートグループは孫たちにとって有益であり、特に祖父母と孫の関係性の質を改善することをテーマにした場合に特にそう感じているというものであった（Smith, Savage-Stevens, & Fabian, 2002）。養育者は、自身がサポートグループの集まりに参加したり家族や友人と社会的に付き合ったりすることができるので、子どものためのサポートグループをレスパイトの資源としてもとらえていた。

法的な支援サービス

　多くの非公式な親族養護者が、その決断に関連する法的な意味について考えることなく子どもの養育の責任を引き受けている。多くの養護者は、未成年の子どもを身体的に養護しても何の法的権利も生じないことを理解していない。実親が子どものあらゆる事柄について決定できる法的権利を持ち続けているのである。前述の通り、多くの親族養護者は、実親からの反発が生まれる可能性があることや、実親が自分の子どもの責任を引き受けられるようになる希望をつぶしてしまうことを理由に、未成年の親戚と法的関係を持つことに抵抗を感じている。しかし、法的な関係性を持つこ

とは重要なことである。どの法的選択肢が子どもと家族のニーズを満たすのかを親族養護者が決定できるように、手助けする努力が優先されるべきである。

　非公式な親族養護者が考えるべき法的な選択肢は数多くある。法的な関係性として主なものが、後見人・法的監護・親族による養護・養子縁組の 4 つである。**後見人**は、裁判所によって認められるもので、成人の親族がその子どもの医療的な判断や医療保険への加入、学校への入学手続きなどをすることが許されるものである。一般的に、成人の親族が後見人となるためには司法手続きを踏まなければならず、人によっては時間がかかったり、手続きに通ったり、費用がかかったりすることがわかっている。

　法的監護は後見人と似ているが、しばしば異なる裁判によって認められるものである。子どもの最善の利益に基づき、親族養護者が一定期間子どもに対して責任を負うべきであるかどうかを決定するための裁判が必要になる。親族養護者が法律相談を頼る必要が出てくる場合もあり、実親が自分の子どもを養育する能力について問題がある場合においては特にそうである。いくつかの州においては事実上の監護権は得ることができ、親族が十分な期間、子どもの養育をしてきた場合においては、親が「不適」であると証明する必要はない（American Bar Association, 2012）。

　親族による養護、あるいは公的な親族による養護は、裁判によって親権が停止されたり喪失されたりしたときに発生し、州の児童福祉機関が子どもの監護権を持つ。その場合、子どもを安全で安定した家族の幸せを促進するような環境に措置することを意図している。社会的養護は、永続的な解決策とは見なされておらず、実親との再統合あるいは養子縁組が社会的養護プログラムの最大の目的である。

　親族養護者は、最も永続的な法的選択肢として**養子縁組**を検討する場合もある。養子縁組は親権が永久に喪失されたあとに生じるものである。成人の親族は、子どもに対して親としてのすべての責任を負うことになる。以前に州の養護を受けていた子どもを養育する親族は、特別なニーズを有する子どもの養育を支援する国の養子縁組の助成金を受けることもできる（たとえば、年長の子ども、複数のきょうだい、障害を持つ子ども）。

　上記のような法的サービスについての情報を得るため、親族養護者は法律相談を受けるよう奨励される。地域の法律扶助協会は、親族養護者が法的な支援を受ける際に最初の資源となる。地域によっては、養子縁組専門の弁護士が無料の法的支援を提供しているところもある。地域の高齢サービス機関が親族養護者の法律相談を提供する資源となることもあるが、利用する場合に養育者が60 歳以上という制限があることが一般的である。

親族ナビゲーターサービス

　親族養護者に共通の懸念は、家族のニーズを満たすために利用できる地域の資源やサービスにどのようなものがあるのかについての認識が足りないことである。親族養護者は、公的な福祉制度（たとえば、食料配布券、メディケイド、低所得の妊娠中または育児中の女性・乳児・子どもへの食糧配給プログラム〈WIC program〉）についておおざっぱな理解はあるものの、それをどのように利用すればよいのかについては具体的に理解していないことがある。非公式な親族養護者は特にそうである。

経済的な支援を必要としている親族養護者が、TANF や食料配布券について地域の福祉事務所に尋ねても、高齢者あるいは子ども向けに特化したサービスについては情報提供してもらえないことが多い。ある部署の職員は他の部署のサービスや給付金について知らないので、結果的に、幅広いサービスを受ける資格のある養護者がそれにたどりつくことができないのである。親族ナビゲーターサービスは、この問題を解決するために設計されたもので、親族養護家族の幅広いニーズを満たすために、利用できるサービスや給付金に確実につなげるための組織的な取り組みである。ナビゲーターは、親族養護者が利用できる給付金やサービスについて、また法的サービスも含めて国や州、地域の給付金などの資格基準について情報提供したり、必要であれば申込書の記入を手助けしたりする。ナビゲータープログラムは、専門的な教育プログラムを見つけ出したり、医療・精神保健・歯科サービスを見つけたり、子どもの世話・親教育トレーニング・サポートグループ・レスパイトケアなどの場所を探したりすることを支援することもしている。地域によっては、訓練された親族養護の連絡係が電話相談を受けたり、公的な福祉機関・児童福祉機関・高齢者支援機関に駐在し、現地で親族養護者に支援を提供したりすることもある。州や地域の機関が出資するウェブサイトは、地域のサービスや給付金についての情報を提供するためのもう１つの手段である。2008 年に制定された家族関係に関する法律（Family Connections Act）では、親族ナビゲーターサービスがプログラムの主要な構成要素の１つとしてみなされている。しかし、このプログラムは 2009 年に始まったばかりであるため、ナビゲーターサービスの効果についてのエビデンスはほとんどない。将来の研究では、親族養護者のサービス評価だけでなく、地域の高齢者福祉や児童福祉、その他のサービス提供者とのナビゲーターネットワークの効果についても調査していくべきである。

経済的支援

　金銭の不足は、常に多くの親族養護者にとって心理的ストレスの原因である。一定の収入がある人もいれば、稼ぎを増やすために退職を遅らせたり仕事に復帰したりする人もいる（Wang & Marcotte, 2007）。伝統的な福祉給付（たとえば、TANF、子ども向け TANF、食料配布券、WIC）は、非公式な親族養護者にとって中心的な一連の経済的支援であるし、生活必需品を確保するための援助源として一般的なものである。TANF の給付金の額は州によって異なり、一般的にその金額は家庭の経済的ニーズをすべて満たせるものではない。

　前述の通り、親族養護者への助成金もまた、親族養護者のための経済的支援の源になりうるものである。TANF と同様に、その助成金の額も州によって異なる。親族でない養育者と同じ額である州もあれば、変動的な州もある。子どもの年齢に応じて調整される場合があり、青年期の子どもを育てている養護者は、より年少の子どもを育てている養護者よりもわずかに高い額の助成金を受け取っている。同様に、補助を受けた後見人は、かつて州の監護下にあった子どもを養育する親族養護者に対して一時的な経済的支援を提供する。一般的に、補助金の額は里親養育の支払いに比例して定められている。

　ジョージア州は、経済的ニーズを有する 60 歳を超える祖父母の養育者を支援するために独特のアプローチをとってきた。2006 年、ジョージア州は緊急・危機介入サービス支払い制度を設立した。

養護者の必要に応じて、家族に対して TANF の 3 倍までの支払いが、一括払いでなされる。たとえば、受領者はそのお金を公共料金の支払いにも使えるし、家具や乳幼児製品を買うことにも使えるし、養育者が緊急だと思うその他のことにも使うことができる。ジョージア州の親族養護者を対象にしたもう 1 つの給付は、孫を養育する祖父母への毎月の補助金である。家族は、子どもの養育費の援助のために、毎月子ども 1 人当たり 50 ドルを受け取ることができる。祖父母は 60 歳以上でなければならないが、この補助金を受け取るために孫が州の監護のもとになくてもよい。これらの資源は、最も経済的なニーズが高いことが多い、最年長の親族養護者を支援するために設計されている。

身体面、行動面の健康

　親族養護者の身体的・精神的健康ニーズについて調査した研究は広範囲にわたっている。こうしたニーズに対応するために設計された介入に、在宅看護支援サービスがある。孫を養育する 529 人のアフリカ系アメリカ人の祖母を対象とした調査では、正看護師の家庭訪問を含む在宅の包括的な介入の身体的・精神的健康への効果について研究された（Kelley, Whitley, and Campos, 2010）。正看護師は毎月研究参加者宅を訪問し、投薬計画を確認するとともに、体重や血圧、コレステロール値や血糖値などの健康の指標を測定した。同時に、参加者に働きかけ、予防的な健康活動を強化した。研究において、この介入が参加者の身体的活力・精神保健・身体面や感情面の日常役割機能において肯定的な効果があることが示された。

　米国小児科学会（American Academy of Pediatrics, 2012）によれば、多くの子どもが社会的養護を受ける前に散発的にしか健康診断を受けておらず、未診断や未治療の健康上の問題を抱えていたりする割合が高かった。社会的養護のもとにある子どもの約半数が、慢性的な疾患を持ち、10%が病弱であるか複雑な健康ニーズを抱えている。同学会は、社会的養護を受けている子どもが特別な健康上のニーズについての連邦基準を満たしており、適切な医療サービスを受けるための特別な介入が必要であることを認めている。社会的養護におかれた後でさえも、さまざまな障害のため、すべての必要な医療的ケアを受けられない子どももいる。質的研究において、親族養護者は親族でない養育者より、かかりつけ医を見つけたり利用したりすることが困難であることが示唆されている（Schneiderman, Smith, & Palinkas, 2012）。社会的養護のもとにある子どもの健康上のニーズに関連した問題に対応するため、米国小児科学会（American Academy of Pediatrics, 2012）は、こうした子どもたちのための健康管理の基準を発表した。また同学会は、社会的養護における子どものための医療あるいは健康管理の家庭モデルを促進し、健康面のスクリーニング・包括的なアセスメント・定期的な健康管理・予防的ケアなどを含むサービスを奨励している（Sanchez, Gomez, & Davis, 2010）。

　親族養護を受ける子どもが過去に体験したトラウマの影響や問題行動のレベルを考えると、トラウマフォーカスト認知行動療法が必要となることが多い。最低でも、親族養護を受ける子どもは、必要であれば、行動面の課題についてくまなく検査し十分に評価されるべきである。トラウマを抱えた子どもの養育には特別なスキルが求められるため、親族養護者は子どもの問題行動を管理する

ための助言や支援が必要になることがある。親族養護者や養護児童のための学校での介入は、こうした家庭を支援する貴重な選択肢である（Strozier et al., 2005）。他にもいくつかの有望な介入について論文に記されている（Pacifici et al., 2006; Price et al., 2008）。

子どもの発達支援

　非公式あるいは公的な親族に養護される子どもたちは、過去の児童虐待や物質乱用にさらされてきたこと、十分な胎児検診を受けてきていないことなど、さまざまな理由によって発達障害のリスクが高まる（Grant, 2000; Whitley & Kelly, 2008）。親族に養護される子どもについてのあるコホート研究で、祖母の67%が5歳未満の子どもを育てており、40%が家庭に特別なニーズを有している子どもがいると報告している（Grant, 2000）。祖母に養育されている74人のアフリカ系アメリカ人の孫についての予備的研究において、54%が発達の遅れがあると確定診断を受けており、確定診断を受けた子どもの約3分の1は胎児性アルコール症候群や胎児性アルコール・スペクトラム障害であることが判明した（Whitley & Kelley, 2008）。胎児性アルコール・スペクトラム障害の子どもは、成長障害・発育不全・顔面形成異常・中枢神経系への影響などの複合的な異常を示すことがある。
　こうした子どもたちを支援する際に重要なことは、それぞれの子どもが早期にスクリーニングや包括的な発達面の診断評価、最も適切な治療を受けられること、そしてそれを経過観察し毎年更新していくことを保障することである。発達の遅れがある子どもの多くには、健康や教育の専門家と連携した、継続的なケアが必要である。課題は、多くの親族養護者が発達の遅れについての知識をほとんど持たず、特別教育の領域における専門用語（たとえば、個別障害者教育法〔Individuals with Disabilities Education Act, IDEA〕や個別教育計画、個別家族支援計画など）も知らず、特別教育のサービス提供の過程になじみがなく、子どもが適切なサービスを受けられるようにアドボカシーの役割を担う自信に欠けることである。年少の子どもを早期に発達の評価や治療サービスにつなげることは、発達の遅れによる教育的・社会的影響を低減させるために非常に重要な意味を持つ。ここでの課題は、親族養護者のための訓練や支援サービスを確立することにより、養育する子どもたちのために、親族養護者が効果的なアドボケーターになる自信や力を構築できることである。

結論

　親族による養護は、実親が自身の子どもの養育責任をとれないときやとろうとしない場合の推奨される代替手段として現れたものである。このような養育の形の急速な広がりをよそに、親族による養護の転帰やこうした家庭をどのように支援するかについての知識は限られたものである。現在の研究においては、まだ結論には至らないものの、親族養護を受ける子どもが親族でない家庭養護を受ける子どもと比べて、いくらか良い効果があることが示唆されている。どちらにしても、親族による養護を受ける子どもは一般の子どもと比べると、行動上の問題が増えるリスクが高いままである。そのため、長期的な転帰を最大化するためには、子どもたちを、トラウマフォーカスト認知行動療法などの治療的な手法につなげる必要がある。

　親族養護者の熱心さは非常に賞賛すべきであるが、一方で彼らが遭遇するさまざまな課題が、支持的な養育環境を提供する能力を妨げている可能性がある。親族養護者に対する公的支援の現在の格差は大きな関心事であり、直ちに対処する必要がある。非公式に親族を養護している家族は、家庭外養護を受けている子どものうち群を抜いて大きい集団であり、またいまだに置き去りにされている集団でもあるため、特別な配慮が求められる。こうした家族の数や特性、ニーズについて把握するためには、より良い公的な調査が必要とされる。政策立案者や臨床家は、公的あるいは非公式にかかわらず、親族を養護するすべての家庭のために包括的な政策と最善の実践を保障しなければならない。

［参考文献］

1. American Academy of Pediatrics. (2012). *Healthy foster care America: Health care standards*. www2.aap.org/fostercare/health_care_standard.html

2. American Bar Association. (2012). Grandfamilies.org: Care and Custody—Summary & Analysis. www2.grandfamilies.org/CareandCustody/CareandCustodySummaryAnalysis.aspx

3. Anderson, S. G. (2006). The impact of state TANF policy decisions on kinship care providers. *Child Welfare, 85*(4), 715–736.

4. Boetto, H. (2010). Kinship care: A review of issues. *Family Matters, 85*, 60–67.

5. Brookdale Foundation. (2007). *Brookdale Foundation: Relatives as parents guidebook*. New York, NY: Author.

6. Brown, S., Cohon, D., & Wheeler, R. (2002). African American extended families and kinship care: How relevant is the foster care model for kinship care? *Children and Youth Services Review, 24*(1–2), 53–77. doi:10.1016/S0190-7409(01)00168-2

7. Bruskas, D. (2008). Children in foster care: A vulnerable population at risk. *Journal of Child and Adolescent Psychiatric Nursing, 21*(2), 70–77. doi:10.1111/j.1744-6171.2008.00134.x

8. Carpenter, S. C., & Clyman, R. B. (2004). The long-term emotional and physical wellbeing of women who have lived in kinship care. *Children and Youth Services Review, 26*(7), 673–686. doi:10.1016/j.childyouth.2004.02.015

9. Child Welfare Information Gateway. (2010). *Placement of children with relatives*. Washington, DC: U.S. Department of Health and Human Services, Administration on Children, Youth and Families, Children's Bureau. www.childwelfare.gov/systemwide/laws_policies/statutes/placement.cfm

10. Chipungu, S. S., & Bent-Goodley, T. B. (2004). Meeting the challenges of contemporary foster care. *Future of Children, 14*(1), 75–93.

11. Coakley, T. M., Cuddeback, G., Buehler, C., & Cox, M. E. (2007). Kinship foster parents' perceptions of factors that promote or inhibit successful fostering. *Children and Youth Services Review, 29*(1), 92–109. doi:10.1016/j.childyouth.2006.06.001

12. Cuddeback, G. S. (2004). Kinship family foster care: A methodological and substantive synthesis of research. *Children and Youth Services Review, 26*(7), 623–639. doi:10.1016/j. childyouth.2004.01.014

13. Ehrle, J., & Geen, R. (2002). Kin and non-kin foster care—Findings from a national survey. *Children and Youth Services Review, 24*(1–2), 15–35. doi:10.1016/S0190-7409(01)00166-9

14. Fuller-Thomson, E., & Minkler, M. (2000). African American grandparents raising grandchildren: A national profile of demographic and health characteristics. *Health & Social Work, 25*(2), 109–118. doi:10.1093/hsw/25.2.109

15. Geen, R. (2004). The evolution of kinship care policy and practice. *Future of Children, 14*(1), 131–149.

16. Gerald, J., Landry-Meyer, L., & Roe, J. (2006). Grandparents raising grandchildren: The role of social support in coping with caregiving challenges. *International Journal of Aging and Human Development, 62*(4), 359–383.

17. Goodman, C. C., Potts, M. K., & Pasztor, E. M. (2007). Caregiving grandmothers with vs. without child welfare system involvement: Effects of expressed need, formal services, and informal social support on caregiver burden. *Children and Youth Services Review, 29*(4), 428–441. doi:10.1016/j.child youth.2006.10.002

18. Goodman, C. C., Potts, M., Pasztor, E. M., & Scorzo, D. (2004). Grandmothers as kinship caregivers: Private arrangements compared to public child welfare oversight. *Children and Youth Services Review, 26*(3), 287–305. doi:10.1016/j.childyouth.2004.01.002

19. Grant, R. (2000). The special needs of children in kinship care. *Journal of Gerontological Social Work, 33*, 5–22. doi:10.1300/J083v33n03_02

20. Haglund, K. (2000). Parenting a second time around: Ethnography of African American grandmothers parenting grandchildren due to parental cocaine abuse. *Journal of Family Nursing, 6*(2), 120–135. doi:10.1177/10748407000 0600203

21. Hegar, R. L., & Rosenthal, J. A. (1999). Kinship care and sibling placement: Child behaviors, family relationships, and school outcomes. *Children and Youth Services Review, 31*, 670–679. doi:10.1016/j.childyouth.2009.01.002

22. Keller, T. E., Wetherbee, K., Le Prohn, N. S., Payne, V., Sim, K., & Lamont, E. R. (2001). Competencies and problem behaviors of children in family foster care: Variations by kinship placement status and race. *Children and Youth Services Review, 23*(12), 915–940. doi:10.1016/S0190-7409(01)00175-X

23. Kelley, S. J., Whitley, D. M., & Campos, P. E. (2010). Grandmothers raising grandchildren: Results of an intervention to improve health outcomes. *Journal of Nursing Scholarship, 42*(4), 379–386. doi:10.1111/j.1547-5069.2010.01371.x

24. Kelley, S. J., Whitley, D. M., & Campos, P. E. (2011). Behavior problems in children raised by grandmothers: The role of caregiver distress, family resources, and the home environment. *Children and Youth Services Review, 33*, 2138–2145. doi:10.1016/j.childyouth.2011.06.021

25. Kelley, S. J., Whitley, D. M., & Campos, P. E. (2013). African American caregiving grandmothers: Results of an intervention to improve health indicators and health promotion behaviors. *Journal of Family Nursing, 19*, 53–73. doi:10.1177/1074840712462135

26. Kelley, S. J., Whitley, D., Sipe, T. A., & Crofts Yorker, B. (2000). Psychological distress in grandmother kinship care providers: The role of resources, social support, and physical health. *Child Abuse & Neglect, 24*(3), 311–321. doi:10.1016/S0145-2134(99)00146-5

27. Kelley, S. J., Yorker, B. C., Whitley, D., & Sipe, T. A. (2001). A multi-modal intervention for grandparents raising grandchildren: Results of a pilot study. *Child Welfare, 80*(1), 27–50.

28. Koh, E. (2010). Permanency outcomes of children in kinship and non-kinship foster care: Testing the external validity of kinship effects. *Children and Youth Services Review, 32*(3), 389–398. doi:10.1016/j.childyouth.2009.10.010

29. Lau, A. S., Litrownik, A. J., Newton, R. R., & Landsverk, J. (2003). Going home: The complex effects of reunification on internalizing problems among children in foster care. *Journal of Abnormal Child Psychology, 31*(4), 345–358. doi:10.1023/A:1023816000232

30. Lee, S., Colditz, G., Berkman, L., & Kawachi, I. (2003). Caregiving to children and grandchildren and risk of coronary heart disease in women. *American Journal of Public Health, 93*(11), 1939–1944. doi:10.2105/AJPH.93.11.1939

31. Macomber, J. E., Geen, R., & Clark, R. (2001). *Children cared for by relatives: Who are they and how are they doing? (New federalism: National survey of America's families*, No. B-28). Washington, DC: Urban Institute.

32. Messing, J. T. (2006). From the child's perspective: A qualitative analysis of kinship care placements. *Children*

and Youth Services Review, 28(12), 1415–1434. doi:10.1016/j.child youth.2006.03.001

33. Minkler, M., & Fuller-Thomson, E. (1999). The health of grandparents raising grandchildren: Results of a national study. *American Journal of Public Health, 89*(9), 1384–1389. doi:10.2105/AJPH.89.9.1384

34. Pacifici, C., Delaney, R., White, L., Nelson, C., & Cummings, C. (2006). Web-based training for foster, adoptive, and kinship parents. *Children and Youth Services Review, 28*, 226–246. doi:10.1016/j.childyouth.2006.02.003

35. Price, J. M., Chamberlain, P., Landsverk, J., Leve, L., & Laurent, H. (2008). Effects of a foster parent training intervention on placement changes of children in foster care. *Child Maltreatment, 13*(1), 64–75.

36. Rubin, D. M., Downes, K. J., O'Reilly, A. L. R., Mekonnen, R., Luan, X., & Localio, R. (2008). Impact of kinship care on behavioral well-being for children in out-of-home care. *Archives of Pediatrics & Adolescent Medicine, 162*(6), 550–556. doi:10.1001/archpedi.162.6.550

37. Ryan, S. D., Hinterlong, J., Hegar, R. L., & Johnson, L. B. (2010). Kin adopting kin: In the best interest of the children? *Children and Youth Services Review, 32*(12), 1631–1639. doi:10.1016/j.child youth.2010.06.013

38. Sakai, C., Lin, H., & Flores, G. (2011). Health outcomes and family services in kinship care: Analysis of a national sample of children in the child welfare system. *Archives of Pediatrics & Adolescent Medicine, 165*(2), 159. doi:10.1001/archpediatrics.2010.277

39. Sanchez, K., Gomez, R., & Davis, K. (2010). Fostering connections and medical homes: Addressing health disparities among children in substitute care. *Children and Youth Services Review, 32*, 286–291. doi:10.1016/j.childyouth.2009.09.008

40. Schneiderman, J. U., Smith, C., & Palinkas, L. A. (2012). The caregiver as gatekeeper for accessing health care for children in foster care: A qualitative study of kinship and unrelated caregivers. *Children and Youth Services Review, 34*, 2123–2130. doi:10.1016/j.childyouth.2012.07.009

41. Smith, G. C. (2003). How caregiving grandparents view support groups: An exploratory study. In J. B. Hayslip & J. H. Patrick (Eds.), *Working with custodial grandparents*(pp. 69–91). New York, NY: Springer.

42. Smith, G. C., & Palmieri, P. A. (2007). Risk of psychological difficulties among children raised by custodial grandparents. *Psychiatric Services, 58*, 1303–1310. doi:10.1176/appi.ps.58.10.1303

43. Smith, G. C., Savage-Stevens, S. E., & Fabian, E. S. (2002). How caregiving grandparents view support groups for grandchildren in their care. *Family Relations, 51*(3), 274–281. doi:10.1111/j.1741- 3729.2002.00274.x

44. Strozier, A. L. (2012). The effectiveness of support groups in increasing social support for kinship caregivers. *Children and Youth Services Review, 34*, 876–881. doi:10.1016/j.childyouth.2012.01.007

45. Strozier, A. L., & Krisman, K. (2007). Capturing caregiver data: An examination of kinship care custodial arrangements. *Children and Youth Services Review, 29*(2), 226–246. doi:10.1016/j.childyouth.2006.07.006

46. Strozier, A. L., McGrew, L, Krisman, K., & Smith, A. (2005). Kinship care connection: A school-based intervention for kinship caregivers and the children in their care. *Children and Youth Services Review, 27*, 1011–1029. doi:10.1016/j.child youth.2004.12.026

47. Swann, C. A., & Sylvester, M. S. (2006). Does the child welfare system serve the neediest kinship care families? *Children and Youth Services Review, 28*, 1213–1228. doi:10.1016/j.child youth.2005.11.007

48. Taussig, H. N., Clyman, R. B., & Landsverk, J. (2001). Children who return home from foster care: A 6-year prospective study of behavioral health outcomes in adolescence. *Pediatrics, 108*(1), e10. doi:10.1542/peds.108.1.e10

49. Terling-Watt, T. (2001). Permanency in kinship care: An exploration of disruption rates and factors associated with placement disruption. *Children and Youth Services Review, 23*(2), 111–126. doi:10.1016/S0190-7409(01)00129-3

50. Timmer, S. G., Sedlar, G., & Urquiza, A. J. (2004). Challenging children in kin versus nonkin foster care: Perceived costs and benefits to caregivers. *Child Maltreatment, 9*(3), 251–262. doi:10.1177/1077559504266998

51. U.S. Census Bureau. (2004). Table CH-1. Living arrangements of children under 18 years old: 1960 to present.

Current Population Survey, 2003, Annual Social and Economic Supplement. www.census.gov/population/socdemo/hh-fam /tabCH-1.pdf

52. U.S. Census Bureau. (2011). Table C2. House hold relationships and living arrangements of children under 18 years, by age and sex: 2011. *Current Population Survey, 2011, Annual Social and Economic Supplement.* www.census.gov/population/www/socdemo/hh-fam/cps2011.html

53. U.S. Department of Health and Human Services (HHS). (2000). *Report to the Congress on kinship foster care.* Washington, DC: U.S. Department of Health and Human Services, Administration for Children and Families, Administration on Children, Youth, and Families, Children's Bureau.

54. Wang, Y., & Marcotte, D. (2007). Golden years? The labor market effects of caring for grandchildren. *Journal of Marriage and Family, 69*(5), 1283–1296. doi:10.1111/j.1741-3737.2007.00447.x

55. Whitley, D. M., & Kelley, S. J. (2008). Developmental screening and evaluation results of young African American grandchildren raised by grandparents: Thoughts for research and practice. *Arete, 32*(1), 38–57.

56. Winokur, M., Crawford, G., Longobardi, R., & Valentine, D. (2008). Matched comparison of children in kinship care and foster care on child welfare outcomes. *Families in Society, 89*(3), 338–346. doi:0.1606/1044-3894.3759

57. Winokur, M., Holtan, A., & Valentine, D. (2009). Kinship care for the safety, permanency, and well-being of children removed from the home for maltreatment. *Cochrane Database of Systematic Reviews.* doi:10.1002/14651858.CD006546.pub2

PartⅢ　特別な集団と特別なトピック

第11章

サンクチュアリ・モデル

グループケアの枠組みにおける組織の基本ソフト（オペレーティングシステム）の再起動

サンドラ・L・ブルーム

課題の概要

トラウマに形作られた子どもたち

　入所プログラムやグループホームに措置される子どもたちは、非常に複雑な問題を抱えており、枠組みの緩い支援体制では対応が難しく、一緒に暮らす大人をかなり困らせてきたからこそ、こうして施設入所に至っているのである。子どもたちが曝されてきた数々の逆境の歴史を知れば、こうした問題がどのようにして生じてきたのかを説明するのはそれほど難しいことではないが、子どもたちが、日々の恐怖をいかに生き抜いてきたかを説明するのは、より難しいことである。

　子どもの身体・こころ・個々の子どものレジリエンスに沿った、精神に影響を及ぼす複雑で相互に作用する発達上の問題と、子ども時代そのものが、同時に生じるという現実は、そうした子どもたちの身体・こころ・精神を癒す助けとなるだろう環境と関係がある。つまり、グループケアに措置された子どもたちは、(1) 対人関係において安全感を持ち続けることが困難である。それは主として、崩壊したアタッチメント体験とこうした体験に伴う基本的信頼感の低下によるものである。(2) 自制心や自己コントロールや意志力を働かせるといった、自己破壊的ではない方法で、つらい感情に適切に対処することが非常に難しい。(3) とりわけ、ストレスが生じ、重要な大脳皮質の機能の発達が通常通りに順調に進まない場合に、認知面の問題に悩まされる。(4) 直接、率直に、あるいは言葉で意思疎通をはかるのではなく、行動化によって意思伝達を図ろうとすることが頻繁に見られる。(5) 不公平で冷酷だと思える世の中に直面すると、孤立無援感や無力感を感じる。そしてその結果、繰り返しいじめられたり、あるいは自身がいじめる側になることがある。(6) しばしば明確な社会的責任に欠ける。というのも、崩壊したアタッチメント体験と不適切なロールモデルによって道徳発達が損なわれるからである。(7) 深刻な喪失を体験しているのに、それを深く悲しむ情緒的能力に欠けているようである。また過去の一部である体験を繰り返し、未来は過去よりも少しはましになるだろうという希望が持てないようである。このように、子どもたちの人生は「ト

ラウマに形作られた」ものとなる。というのも、自分ではどうしようもない状況を何とかしようと試みて、それが結果的に不適切な対処スキルや、問題のある習慣を生むことにつながっているからである。

　こうした子どもたちの複雑なニーズに対応しようとするのであれば、有害なストレスに曝されることによって生じた問題を解決することに目標を定めるべきである。グループケアの枠組みでこれを達成するためには、管理者、セラピスト、生活支援者、そして教育者は多くの要請に応えなければならない。われわれ職員は、以下の各項目について教え、ロールモデルとなって自ら範を示し、発達を支援しなければならない。(1) 安全スキルと対人信頼能力を大幅に改善すること、(2) 自己コントロール・自制・意志力の訓練などの感情調整スキル、(3) トリガーや問題のあるパターンを特定し、強い感情に直面してもなお考えることができるような認知スキル、(4) 何をどのように言うかについてリハーサルするなどのコミュニケーションスキル、(5) 参加しリーダーシップをとるスキル、(6) 社会的に受容可能で、公正な行動スキーマを含む判断のスキル、(7) 悲嘆を管理し、将来の展望を持つスキル。

トラウマに形づくられたスタッフ

　このような、相互に作用しあう複雑な課題を抱えた子どもたちの癒しを促進することは、技術的な問題というよりはむしろ適応上の問題である。つまり、子どもは 1 人ひとり異なっており、子どもと大人である職員との間に絶えず起こっている相互作用の中に現れる各瞬間の機会は、情緒的・認知的・行動的・そして精神的な修正体験の絶え間ない一連のチャンスを提供しているのである (Bloom & Farragher, 2013)。このような複雑な仕事をこなすことができる人はどんな特性を持っていると言えばいいだろうか？　その人たちは、自身も良好な感情マネージメント・スキルを身につけており、安定していて理性を持った健康な大人であるべきだろう。知的にも情緒的にも聡明であるに違いない。また、積極的に新しいスキルやルーティンを教えるのと同時に、教えていることを身をもって示すことができなければならない。絶えず忍耐と共感が要請されるので、強度の感情労働に耐える力も必要だろう。家庭と仕事、管理者とスーパーバイザー、子どもたちとその家族の要請をバランスよく調整するために、自制し、自己コントロールしなければならないし、自分自身の個人的パワーを乱用してはならない。

　ここに、入所という治療環境が持つ利点を生かす際の最大の課題がある。つまり、その成果は、主として子どもと職員の間の関係性の特性や質に拠っているにもかかわらず、現場は労働力の危機に直面しているのである。国の報告書によれば、「合衆国の労働人口は不利な環境において増大している割合がますます高まるであろう。そしてそれは、認知や社会的なスキルが乏しい個人が相対的に高い割合であることと関連している」というのである (Knudsen et al.,2006, p.10155)。一般人口において子ども時代に逆境体験をした人の割合は非常に高い。そのため、どの社会福祉機関においても、必然的に職員の大半が、支援することになる子どもたちと大きく違わないような体験を過去にしている傾向があり、子どもたちと同様の未解決な対人関係の問題を抱えているということを多くの証拠が示している (Esaki & Larkin, in press; Felitti & Anda, 2010)。

　社会福祉のワーカーには、低い賃金で過大な要求が課せられており、彼らが働いている組織の財源もまた十分ではない。仕事の複雑さと曖昧さが顕著である一方で報酬は少なく、とりわけ施設現場では、どんな種別の施設であったとしても、教育やサポートや訓練やスーパーバイズが最低限しか受けられない職員が、深刻な痛手を負った子どもたちと多くの時間を過ごしているのである。職員は、文化の多様性の理解や文化的感受性に欠けている場合が多く、職員集団の構成が、ケアを受けている子どもたちと民族的にも人種的にもまったく異なっている場合もある。

　そして、暴力が発生している。職員は安全ではなく、それはとりわけ、入所施設に言えることである。定義によれば、入所施設で支援を受けている子どもたちというのは、制限が弱い枠組みでは安全に保護できない子どもたちなのである。仕事上の暴行や暴力行為による致命的ではないケガ全体の 48％ は、医療 および 社会福祉 の 領域 で 発生 している（Occupational Safety and Health Adminisutration, 2004）。実際、法の執行機関に次いで、精神保健領域は、その分野に雇用された全労働者に占める、職場で勤務中に被害に遭う割合が最も高い（Bureau of Justice, 2001）。こうした安全性に欠ける事態の大半は、拘束や隔離の必要を減らすために最善と思われる実践技法を十分に採用していないために生じている。そしてこのことが、子どもたちと職員双方が受傷する可能性を高めている（LeBel, Huchsorn, & Caldwell, 2010）。

トラウマに形作られた組織

　起こっている暴力の実際の頻度によって、身体的安全性の問題が浮き彫りになる。しかし同時に、心理的・社会的・道徳的安全性への脅威と考えられるような、別の安全の問題が存在する。他の産業領域の研究では、職場の主だったストレッサーが記述されてきた。この分野は十分に研究はなされていないが、保健、教育、社会福祉、あるいは精神保健分野で働く人であれば、容易に以下のようなことを挙げることができるだろう。つまり、あまりにも短い時間にあまりにもやるべきことが多いこと、不必要で無意味な書類仕事、電話や飛び込み相談や携帯メール・電子メールなどでランダムに仕事が中断されること、スーパーバイザーからの要請、組織の問題の結果としての見通しが慢性的に持てないこと、十分に説明されないままのいきなりの変更、財源の削減、不信・不公平感・そして悪意のある職場での駆け引き、不明瞭な方針と組織の方向性の定まらなさ、結果的に孤立無援感とコントロール感の欠如につながるキャリアと職務の曖昧さ、良きにつけ悪しきにつけこなした仕事への評価の欠如、指揮命令系統の上と下のコミュニケーションの欠如などである（Collie, 2004）。

　このリストを見れば、職場のストレスの主たる要因は、子どもたちやその家族によるものではないことは明らかだ。実際、このリストが示しているように、「ワーカーにとっての主たるストレス源は、組織がいかに機能しているかということであり、職場でみんなが体験している人間関係がどのような性質のものかということなのである」（Bloom & Farragher, 2010, p.70）。これは個人の問題ではなく、社会的な問題である。それは、部分的には、こうした組織内の統制可能ではあるが深刻な機能不全のせいであるが、主として、トラウマを負った人や家族やコミュニティの暮らしに介入するための理論的枠組み（パラダイム）が、不適切で非科学的であることと関連している。こうし

た複数の相互に作用する緊張が、同時並行のプロセス、つまり複雑なグループ・ダイナミクスを生み出している。それがはっきりわかるのは、症状行動が、子ども・家族・職員・管理者・組織の、あらゆるレベルで再現されるときである（Alderfer & Smith, 1982）。

トラウマインフォームドな環境：サンクチュアリ・モデル

　24 時間体制という状況下で子どもを処遇することには、際立った強みがある。システム全体を、その子どもの回復に向けて組み立てることが可能になるからだ。しかし、そうした支援システムを効果的に作り上げるためには、一定の要請に応えなければならない。すなわち、（1）回復と変容という文化を支える、組織としての使命と価値体系、（2）その仕事にふさわしい人材を獲得し、そして失わないこと、（3）介入の方向を示し、組織の文化に組み入れられるような、あまねく共有され、発達に基づいた、トラウマインフォームドな知識基盤、（4）職員、子ども、家族の共通言語、（5）十分なアセスメントとケースの見立て、（6）個人および集団のダイナミクスを理解し管理するための継続的プロセス、（7）個人に合わせたトラウマインフォームドな治療計画とプロセス、および、必要に応じてトラウマに特化した治療的介入、（8）以上のことすべてが確実に創られ、取り込まれ、組織の機能に統合される手法、そして（9）絶えず学び、適応し、創造的に自分自身の限界を拡げていくような大人の手助けやサポートを得て、子どもたちがそれ以前の傷を癒し、よりしっかりした健康的な発達的軌道へと移るというようなことをすべて確実に進めていく手法などである。

　サンクチュアリ・モデル（Sanctuary Model）は、エビデンスに支持された、発達的根拠を持つ、トラウマインフォームドなアプローチであり、上記のような要請を、あらゆる環境設定の基盤として採り入れる組織文化を創造し維持するものである。サンクチュアリ・モデルは、われわれがサンクチュアリの4本柱（Four Pillar of Sanctuary）と呼んでいるものから構成されている。つまり、トラウマ理論（Trauma Theory）、サンクチュアリの誓約（Sanctuary Commitments）、セルフ（SELF）、そしてサンクチュアリ・ツールキット（Sanctuary Toolkit）である。トラウマ理論は、サンクチュアリ・モデルの科学的支柱を提供する。サンクチュアリの誓約は、しっかりと据えるべき価値を提供し、組織文化の全般的な健全さとともに、発達に基づいたトラウマインフォームドな治療目標と直接的に結びついている。セルフは、シンプルで利用しやすい概念的枠組みであり、誰もが複雑な介入という課題をナビゲートできるようにする「指針」を提供するものである。一方、サンクチュアリ・ツールキットは、実践をサポートする実用的で根拠のある課題を提供する。「サンクチュアリの創造（Creating Sanctuary）」とは、社会的な環境（あらゆる社会的な環境）において、身体的・心理的・社会的・道徳的安全を創造し、維持し、それによって組織の暴力が減少するという体験を共有することを指す（Bloom, 2013）。サンクチュアリの創造のプロセスは、みんなに同じところに目を向けさせるところから始まる。つまり、態度や意思決定、問題解決、葛藤解決、そして行動の基準となる、基本的な価値観・信念・導きとなる指針・哲学的原理をはっきりとさせて共有し、それらについて議論し、そして最終的に合意するところから始まるのである（Bloom & Farragher, 2013）。

癒しをサポートする使命と価値

　既存の施設も、施設の使命を掲げているだろうが、それは、かなり昔に作られたものかもしれない。多くの入所プログラムは、19世紀ないし、20世紀初頭の孤児院に起源があり、それゆえ、組織の使命もまさにひと昔前の時代に由来したものであって、数十年も前に、当時施設を先導していた人たちによって作られたものかもしれない。

　脳の機能の仕方や、子どもの正常発達、有害なストレスへの曝露やトラウマ、アロスタティック負荷（訳注：脳機能のバランスを失うほどのストレスによる心身の疲弊）の影響について、われわれが現在有している知見によれば、ほとんどの児童福祉機関は、その使命を再検討する必要がある。過去30年間に学んできたことを考えれば、深刻なトラウマを負った子どもたちの回復を支援するには、孤児の世話や教育をすることが元々の使命であった組織に、重要な変化が求められるということは明らかである。複雑にトラウマを負った子どもたちを癒すという仕事は、非常に過酷なものなので、入所プログラムやグループホームは、使命に動機づけられるべきであるし、その使命は、すべての職員の念頭にいつでもすぐに思い浮かぶものであるべきだ。そのレベルに到達するには、役員室の壁に理念を掲げておく以上のことが要求される。つまり、リーダーシップをとる経営陣から、ラインの職員はもちろん、営繕担当者、経理担当者、家事担当者に至るまでの組織のあらゆる人が、使命を共有するプロセスが必要となるのである。つまり、意味あるかたちで、意識的に、組織の使命を発展させていくプロセスが必要となるのだ。

　包括的で発達に基づいたトラウマインフォームドな使命は、年齢・経験・学歴・民族・社会経済階層にかかわらず、システムに携わるあらゆる子どもと大人に理解され、受け入れられ、利用される価値体系に、しっかりと組み込まれる必要がある。30年以上にわたって展開した複雑なグループ・プロセスを通して、7つの鍵となる価値が浮かび上がった。それは、世界中の人権文化と一致すると思われる普遍的な原理である。われわれはこれらを、7つのサンクチュアリの誓約と呼んでいる。これらの誓約は、サンクチュアリ・モデルを実践するための基本理念、サンクチュアリの「オペレーティング・システム」の基本的な構成要素を表しており、それぞれの誓約は、子ども・家庭・職員・組織全体のトラウマからの回復目標をサポートするものである。サンクチュアリの誓約は、組織の文化を決定づける組織の規範を組み立てるものであり、組織全体の成長と変化を促進し、維持する手助けとなる。

　サンクチュアリの誓約は、グループケアという環境に参入する子どもたちに共通する問題を解決する助けとなるような回復のプロセスを、並行して生み出すようにデザインされている。

1.　**非暴力への誓約**（Commitment to Nonviolence）：ストレスに直面した際に、安全スキル、信頼、レジリエンスを構築するために。
2・**感情的知性への誓約**（Commitment to Emotional Intelligence）：感情を管理するスキルをしっかり定着させ、感情労働への敬意を高め、恐怖を麻痺させる効果を最小化するために。
3.　**社会的学習への誓約**（Commitment to Social Learning）：認知的スキルを身につけ、知識と判断

力を磨き、問題のある認知行動パターンとその修正方法への気づきを高めるために。記憶を回復し、学習する組織を構築し維持するために必要なスキルを身につけるために。

4.　**開かれたコミュニケーションへの誓約**（Commitment to Open Communication）：健全なコミュニケーションの障害となっているものを克服し、「話し合えないこと」を話しあい、アレキシサイミア（失感情症）を克服し、透明性を高め、葛藤を管理するスキルを身につけ、健全なバウンダリーや共同体の障害を解決することができるスキルを強化するために。

5.　**民主主義への誓約**（Commitment to Democracy）：自己コントロール、自制、そして健全な異議申し立ての練習という市民としてのスキルを身につけるために。健全な権限とリーダーシップを行使することを学ぶために。学習性無力を克服する参加型のスキルを身につけるために。複雑なことと格闘しながら取り組むスキルを高めるために。自身と他者の「声」を尊重するために。

6.　**社会的責任への誓約**（Commitment to Social Responsibility）：修復的で社会的につながるスキルを再構築し、健全で公正なアタッチメント関係を構築し、そして復讐の念を社会的正義に変容させることによって、相互関係のエネルギーと正義への憧れを役立てるために。

7.　**成長と変化への誓約**（Commitment to Growth and Change）：すべての変化には喪失を伴うことを認識して、喪失と折り合いをつける力を高めるために。不適切もしくは破壊的な過去の思考、感情、行動のパターンを繰り返さないように。そしてこれまでとは違う、よりよい未来を心に描き、その未来像に導かれ、その未来に向けてきちんと計画を立て、そしてその未来のための準備をするために。

　サンクチュアリの誓約が一体となって、倫理的なシステムと、トラウマインフォームドな組織の基本構造として機能する一連の抑制と均衡を創るのである。

その仕事にふさわしい人材を得ること

　サンクチュアリ・モデルは、どのように問題を定義づけるか、どのように協働するか、どのように暴力のない治療的なコミュニティを創造するかについて、すべての職員が「共通の理解を持とう」支援するための、組織的方法である。経験からわかることは、時の経過とともに、サンクチュアリ・モデルを実践するプログラムは、職員を面接し、選び、オリエンテーションし、トレーニングし、スーパーバイズするプロセスを改善している。サンクチュアリ・モデルの実践による主要な成果は、重大事故の減少、子どもと職員の負傷の減少、職員のモラルの改善、職員の離職の減少であり、これらすべては、子どもが受けるケアの質を高めるものである。

一般的なトレーニング

　通常「トラウマ理論」と言われる、過去 30 年間にわたって得られた広範な知識ベースは、困難を抱えた子どもとその家族に対する、急速に変化するサービス提供についての枠組みへの足掛かりを与えてくれている。トラウマの研究は、極端な条件下にある人々の行動を見極めるレンズをもたらしてくれた。しかし、われわれは、ストレスの連続体の全体像について、またストレスの中でも

とりわけ反復性の有害なストレス状況が、どの程度通常発達に影響を及ぼすのかについて今なお多くを学んでいる最中である。人間関係の神経科学分野の拡大に伴って、われわれの行動のほとんどは、以前の経験、ときには生まれる前の経験によって決定されると認められるようになった。

　サンクチュアリ・モデルにおいては、組織の中のあらゆる人が、有害なストレスやトラウマが、われわれがかかわっている子どもたちやしばしば職員にどのような影響を与えるかを明確に理解する必要がある。ストレスによって、過去に克服したはずの古い習慣に戻ることになるということを、みなが認識しておくこともまた重要である。ストレス、有害なストレスおよびトラウマの精神生物学について学ぶことは、人々を解放することである。われわれが陥ってしまう、わけのわからない行動やわれわれを支配するようになる感情を説明する理屈を与えてくれるのである。

　崩壊したアタッチメント、有害なストレス、逆境、そしてトラウマの影響についての理解が拡大することによって、成果の有無に基づいて支援や養育の仕事を行うことができる可能性（このような考え方は社会福祉や精神保健においてはほとんど期待されることのなかった概念だが）が示されている。サービスの概念において、トラウマ体験の複雑な生物心理社会学的影響について真に理解することが、すべての人々が変化するための基本的前提であると考えると、変化が少なかったり変化が見られなかったりしたら、たぶんそれは、治療の失敗やレジリエンスの弱さや、単に反抗的な行動のせいではなく、提供されるサービスがニーズにあっていないか、**われわれが何か別のことをする必要**があることを意味している。

　トラウマ理論は、すべての人間のシステムに対して、統合的で、科学的根拠のある、発達的基盤を持った枠組みを提供している。トラウマの精神生物学は、こころとからだと魂のデカルト的分裂を癒し、そうすることによって、「ハンプティ・ダンプティ（Humpty Dumpty／訳注：マザーグースの童謡に登場する擬人化された卵。壁の上から落ちて誰も元に戻せないという歌詞になっている）を元通りに戻す」方法をわれわれに指し示してくれている。早期の子ども時代のアタッチメントの重要性と、有害なストレスに曝されることの影響についての知識が時を同じくして急速に拡大し、子ども時代と成人期の間の発達的連続性を提示している。アロスタティック負荷という概念を通して、われわれは今や、トラウマの精神生物学と崩壊したアタッチメントを、多くの否定的な健康に関連する社会的決定要素、たとえば、人種差別、ジェンダーに基づく差別、貧困といったものに結びつけている。広範囲にわたる専門的な知識体系を、公衆衛生の課題として、人権という文脈の中で相互に結びつけることを可能とするような統合的な枠組みを、これまでわれわれは持っていなかった（Bloom & Farragher, 2013）。神経学的な基本原理では、実際のところわれわれの自由がいかに制限されているかということが判明している。結局のところ、いわゆる「自由意志」というものは、われわれが信じたがっているような自由にはほど遠いのである（Gazzaniga, 2011）。同時に、社会的環境がいかに脳に影響を及ぼし得るかということ、また、脳は、かつて考えられていたよりも順応性と「可塑性」があり、脳に変化をもたらすには、信念や信条、意味、目的が、いかに重要であるかということも明らかになりつつある（Duhigg, 2012）。

　こうしたトレーニングを自前で作り出さなくても、一般的なトレーニングをそれぞれの入所プログラムの中で実施できるように、われわれは、子どもや家族に直接かかわるすべての職員のための

トレーニング・マニュアルとトレーニング教材を開発した。また併せて、間接的に支援にあたっている、役員、取締人、経営補佐、経理、営繕、調理人、そして、組織の機能を維持するために必要な他の人すべてを対象としたマニュアルも開発した。

共通言語：セルフ
（回復プロセスの羅針盤）

　サンクチュアリ・モデルにおいては、多種多様な課題に対する習慣を変える羅針盤として、セルフ（SELF）を用いている。われわれが支援する子どもたちや家族に特有である複雑な問題に直面すると、支援者は、どうしたらいいかわからなくなり、躓きの根本的な原因ではなく、最も目を引くことや理解しやすいこと、対処しやすいことに目を向けてしまいがちである。同様にケアを受けている子どもたちも、まさに今現在、自分にとっていちばん苦痛の種になっているような問題に、真っ先に注意を向けやすいのである。しかし、支援者の目から見れば、子どもたちがしていること、あるいはしていないことの方が、長い目で見ると、もっと大きな苦しみの原因になる可能性があると感じられるのである。

　セルフというのは、つらい体験からの回復の鍵となる、4つの相互に関連しあう領域の頭文字である。セルフは、子どもであれ、家族であれ、職員の問題や組織全体のジレンマであれ、サンクチュアリの誓約による活動を促進するための、直線的ではない、認知行動療法的アプローチを提供する。セルフは、**安全**（Safety）、**感情**（Emotion）、**喪失**（Loss）、**未来**（Future）という、癒しの4つの主要な領域について探求するための羅針盤である。セルフを用いることで、子どもやその家族、職員は、専門的でない共通の言葉を用いて、非難することなく、より大きな回復のプロセスを視野に入れることができるのである。わかりやすい言葉は、子どもや家族や職員を混乱させる可能性のある、わかりにくく侮蔑的でさえある業界用語の持つ曖昧さを取り除き、その一方で、どんな治療環境においても最大の問題となる、病理的な調整の側面に焦点化し続けるのである。

アセスメントとケースの見立て

　入所プログラムやグループホームに措置された子どもは、たいていそれまでに複数回アセスメントを受けている。完全な生育歴が含まれたものではないかもしれないが、知的発達に焦点をあてたアセスメントもあるし、心理的発達に焦点をあてたものもあるだろう。こうした記録は子どもが措置される際についてくる場合もあるが、その子どもの生育歴に関する重要な情報が「途中で失われて」しまっているかもしれない。とりわけ、その子どもがそれまでに多数回措置変更されている場合には、その可能性が高い。入所施設あるいはグループホームの入所担当者は、できるだけ多くの記録を入手して、その子どもの体験についてのまとまったナラティブを作成できるようにしておくことが重要である。同時に、記録には重大な不一致がある可能性があることを認識しておくことも重要である。そうした事態が生じるのは、1人の子どもを見るときに、それぞれの大人が、異なった「レンズ」を用いるからである。

　診断的フォーミュレーション（diagnostic formulation）は、対人サービス提供システムにおいては必須の要素と考えられている。しかし、子どもの実際の生活体験には何の洞察も提供しないことが多く、子どもたちが決して理想的ではない環境に何とか対処するために用いてきたストレングスにあまり注目しないのが一般的である。子どものトラウマ歴もまた、子どもの行動に日々振り回されているうちに忘れられ、「見逃されて」いることが多い。もしも施設職員が望み通りの成果をあげたいのであれば、その子の何が問題かということよりもむしろ、その子に何が起こったのかということを重視し続けることが重要である。

　それだけに、子どもが新たな治療の枠組みに入るときには、職員がその子どもを再評価し、その子どもの見方を大きく変える余地を残すことが重要である。こうした寛容さがないと、その子どもは容易に職員の側の自己達成的予言の犠牲者になってしまう可能性がある。そうなると子どもは、たとえば「反抗挑発症」のような診断でラベルづけされると、反抗的であると見られてしまうのである。そして職員はこうした予期を抱いて、その子どもとかかわるようになり、子どもはそうした予期に応えて反抗的な振る舞いをするのである。現在はほとんど目を向けられていないが、研究では、人をラベリングすると、われわれがラベルに基づいて予期するとおりの行動を生んでしまう傾向があることが示されている（Sheff, 1975）。

集団力動をうまく扱うこと：サンクチュアリ・ツールキット

　集団力動と並列処理についての情報は、初任者研修および継続研修に盛り込むべきである。24時間体制では、集団内に生じる複雑なプロセスについての専門的な知識が必要となる。集団対応をする現場では、グループのプロセスを理解し活用する高度な能力が求められる。こうした場はコミュニティであり、だからこそ、コミュニティの恩恵を最大限活用すべきなのである。

　サンクチュアリ・ツールキットには、さまざまな実践的かつ日常的なスキルが含まれている。そのスキルによって、個人も組織も、新しい習慣を身につけて、困難な状況により効果的に対処できるようになり、コミュニティを構築し、逆境やトラウマの影響をより深く理解できるようになり、そして共通言語と基礎知識を強化することができるようになる。自治会や一般的な安全プランを通して、お決まりの日常の中で、社会的責任や民主主義、非暴力に一層注目するようになる。

　われわれのツールの多くは、セルフに沿って作られているので、セルフ治療計画（SELF Treatment Planning）、セルフ心理教育グループ（SELF Psychoeducational Groups）、セルフ・チーム会議（SELF Team Meetings）、そしてセルフ組織アセスメント（SELF Organizational Assessment）を教え、危険信号の点検（Red Flag Reviews）を構築する際にセルフを活用している。そうすることによって、メンバーのこれまでのトレーニング、経験、受けた教育にかかわらず、順調に物事を進め、集中を保ち、皆の共通言語と共通理解が得られている。また、そうすることによって、クライエントがこれまでに体験してきたことと、職員や施設との関係の中で起こっていることの類似点を理解し、「集団の騒ぎ」が展開しつつあることに気づいたときに、介入する助けともなる。そうすることで、相互に作用し、相互に依存的な共同生活の性質を理解できるようになるのである。

個別化されたトラウマインフォームドな治療
（計画とプロセス）

　入所治療の効果をあげるために、トラウマインフォームドな教育サービスや回復支援サービスを含む、包括的な数々の治療サービスを調整して提供する必要がある。介入戦略は、認知的、社会的、情緒的発達の遅れに配慮するようにデザインされるべきであるし、教育は、子どもの学年や学習スタイル、個々の能力に合わせて行われる必要がある（Abt Associates, 2008）。先述のように、良い成果をあげるために、ストレッサーが子ども自身の内部からくるものか、外的環境からくるものであるかにかかわらず、職員は、子どもの複雑で相互作用する問題に対応することができるようになる必要がある。

　これを可能にする鍵は、治療的な状況をフルに活用することである。あらゆる活動や相互作用が治療的である必要がある。そうなるためには、さまざまなスタイル、目標、アプローチを統合するという困難な課題に職員が取り組むことができるように、施設管理者が配慮することが不可欠である。資源を縮小されながら、より高い生産性が求められるというプレッシャーのもと、こうした統合作業に失敗すると、どんな環境設定においても、最も目につく損失となる。20年以上前に報告されているように、子どもの入所施設では、首尾一貫性も考慮せずに、また診断・病因・予後の合理的な関連も欠いたまま、適当に接ぎ合わされた17以上の治療的アプローチがどこでも行われていた（Wells, 1991）。そうした状況はいまだ変わっておらず、もし何か変化があったとすれば、資金の減少とストレスの増大というプレッシャーのもと、はるかにひどい事態となっただけである。賠償・雇用・研究・計画という目的のために、治療は、臨床家と時間を過ごすものではなく、治療計画と実践を先導し指導する臨床家たちと、精神科医・直接処遇職員・教職員・間接処遇職員を含む、チーム全体の協力と定義されるべきだろう。こうした統合的な努力の中核は、パターン認識と、治療場面で必然的に展開するトラウマの再演の台本を書き替えることに重きを置いたものであるべきだ。回復するために必要となる修正体験を子どもたちに提供するためには、トラウマに特化した治療と自然な変化を促す表現技法含む、ときには基本的な心理教育から始まるような、広範な反応性の高いプログラム構成が必要となる。

　サンクチュアリ・モデルでは、治療の際には、セルフ治療計画、セルフ心理教育、そしてチーム会議の特定のフォーマットを活用するという構造になっている。同時に、サンクチュアリの誓約を、首尾一貫して用いれば用いるほど、これらの誓約が、問題解決と意思決定の拠り所としてより役立つようになり、またプログラムの内的統一性がより高まることになる。これはとりわけ、民主主義への誓約にあてはまる。より民主的な環境を創ることに、クライエントが多く参画すればするほど、どんな典型的な1日であっても、クライエントがこれまでに身につけてきた習慣の多くを無効にするような体験をする可能性が高まるだろう。お互いに従来とは違う生き方や働き方を反復し続けることによって、違反行為への病理や罰に焦点を当てるのではなく、健康的で、教育的、社会的な文脈で、習慣を変えるための基礎づくりができるのだ。民主的な環境に参加し、民主的な環境で他者

に尊重され、民主的な環境で認められるためには、暴力的なしつけという厳しい状況を生き延びるために身につけざるを得なかった一連の対処法とは正反対のスキルを身につけていかなければならないのだ（Bloom & Farragher, 2013）。

組織の機能に統合する：
サンクチュアリの実践

　コンピューターの基本機能をコントロールし、コンピューター上で互換性のある他のプログラムを作動させることができるマスター・プログラム、すなわち、オペレーティング・システムというものがあるのと同じように、組織には、組織の文化というオペレーティング・システムがある。どんな組織にも組織の文化というものがあり、それは、長期にわたって続いている組織のパターンやお決まりのこと、また習慣を表している。そしてそれらは、大抵の習慣と同じように、新しい職員が雇用されるたびに思い出させられるのだが、ほとんど無意識のうちに自動的にそうされている。組織文化の性質は、その組織がその使命を果たし、定まった目標を達成できるかどうかによって、主に定まってくるものである。組織文化は、その組織が実行を宣言している実際の価値観や使命とつながっている場合も、そうでない場合もあるだろう（Schein, 1999）。価値観を統一することは管理者主導で行われていると通常みなされるが、仮にもここで言及するならば、精神保健と社会福祉の組織は、明らかに不利な状況である。

　サンクチュアリ・モデルの根本原理は、組織全体と、その組織にコンタクトをとってきたあらゆる人のためのオペレーティング・システムを根本的に変えることによって、回復というプロセスを並行して創り出すことである。それはつまり、組織の中にいるすべての人と組織全体の習慣やルーティンを変えるために、組織文化というレベルで介入することを意味するのである。

　サンクチュアリ・モデルは、トラウマを負った子どもたち・青少年・その家族へのアプローチを、組織が劇的に変化させることができるようなプロセスを作り出すのだという信念と実践の哲学に基づいて構成されている。そのためには、発達に基づいたケアやトラウマインフォームドケアとは、もはや両立できないような習慣やルーティンが何であるかを特定しなければならない。そしてその一方で、新しいより有効な習慣を身につけていかなければならないのだ。このような組織を変化させるためには、思考や行動の基盤となる基本的な精神モデルを根本的に変える必要がある。こうした変化がなければ、治療は完全な回復には不十分であったり、まったくの失敗になったりせざるを得ない。精神モデルは、非常に基本的な仮説、つまり意識的に気づいていることや日常の機能よりはるかに深いレベルに存在しているものであるが、それにもかかわらず、われわれが考えることや考えないこと、行動することやしないことを導いたり、決定したりしているのである（Senge et al., 2000）。精神モデルにおける、このような変化は、クライエント・その家族・職員・組織のリーダーの側におこらなければならない。われわれは、組織がこのような深く体系的な変化を達成するのを支援する方法論を編み出したのである。

　サンクチュアリ・インスティテュート（Sanctuary Institute）[原注1] は、5日間の集中トレーニン

グ体験である。組織のさまざまなレベルで働く 5 〜 8 人からなるチームが、われわれの教授陣から学ぶ。その教授陣は、サンクチュアリを実践している他の組織からきた仲間である。チームのメンバーは、自分たちが創り上げたいと思う共通の組織像を描くことから始める。こうしたチームは、最終的にはそれぞれの組織でサンクチュアリ運営委員会（Sanctuary Steering Committee）となっていく。トレーニング体験には通常いくつかの組織から参加があり、それぞれの組織は、規模も領域も地域も使命もまったく異なっているのが一般的である。こうした多様性によって、参加者は豊かな学習体験ができるのである。

　参加者は、変化のプロセスそのものに注目し、どの組織においても日常的によく起こり、変化に対する避けられない抵抗について、予期しておくことが求められる。参加者はマネージメントスタイル、意思決定や葛藤解決の方法に注目する。こうした議論のプロセスで、リーダー・職員・クライエントの立場で、より民主的なプロセスに携わることの意味について、とりわけ、権利と責任が同時に増大するという点から学ぶのである。参加者は、職員・クライエント・家族に適用されている、現在の方針と手順を改めて評価し、自分たちの共通の目的を達成する際に、それらが有効であるか否かを再検討するのである。また、自分たちがかかわっている子ども・大人・家族に認められる、トラウマと崩壊したアタッチメントの精神生理学や、心的外傷後ストレス障害（PTSD）・複雑性 PTSD・その他のトラウマ関連障害について学び、熟知しておくことを求められる。参加者は、治療のための知識が密接にかかわりあっていることについて考えるよう促される。参加者はまた、組織における高いレベルのストレスが、人間関係や感情、組織のあらゆるレベルにおける意思決定に影響を与え得るということにも気づいていく。セルフが、治療を構成するための概念的なツールであるという理解も高めていく。参加者は、代理トラウマやトラウマの再演、自己理解やお互いに支えることの重要性を学ぶ。そして、サンクチュアリ・ツールキットのさまざまな要素について紹介されることになる。

　サンクチュアリ運営委員会は、それぞれの組織に戻って、サンクチュアリ中核チーム（Sanctuary Core Team）を作るよう指示されている。中核チームとは、より大きな学際的チームで、組織全体にその範囲を広げている。システム全体を活性化していくと見込まれるのは、この中核チームのメンバーである。みんなの「声」に耳を傾けることを保障するために、中核チームには、組織のあらゆるレベルの代表者を含むべきである。鍵となるような組織のリーダーすべてが、変化のプロセスに積極的にかかわるようになり、この中核チームに参画することが肝要である。中核チームがその行動を活性化できるように、チームには、サンクチュアリ直接処遇職員トレーニング・マニュアル（Sanctuary Direct Care Staff Training Manual）、サンクチュアリ間接処遇職員トレーニング・マニュアル（Sanctuary Indirect Staff Training Manual）、サンクチュアリ実践マニュアル（Sanctuary Implementation Manual）、およびいくつかの心理教育カリキュラムが準備されている。このチームはまた、実践のプロセスを指導するサンクチュアリの教授陣から、3 年間にわたって、現在進行形のコンサルテーションと技術的支援を受けたあと、サンクチュアリ認定（Sanctuary Certification）を取得することができる。サンクチュアリ・インスティテュートに参加するプログラムは、発達に基づいた、トラウマインフォームドなサービスの発展に尽くしている組織の集まりで

あるサンクチュアリ・ネットワークに登録されている。われわれはみな、もしサービスを提供している人々が病人や悪人ではなく傷ついているのだということを受け入れることができれば、社会のみならず、クライエントや仲間のためにより良いことができ、われわれが提供するサービスが希望を与え、成長を促し、変化を引き起こすはずだという信念を持って、全力を尽くしているのである。

サンクチュアリ認定

　サンクチュアリは、登録商標であり、われわれの認定するトレーニング・プログラムに参加し、継続的な相互評価による認定プロセスに参加することに合意することを条件に、サンクチュアリの名前を使う権利が得られる。サンクチュアリ認定のプロセスは、すべての利害関係者がより健康的な文化を維持するための組織的な誓約を促進し、維持し、強化するようデザインされている。プログラムでは、サンクチュアリ・インスティテュートに参加したのち、2〜3年以内に、サンクチュアリ認定をとるのが一般的である。サンクチュアリ・モデルが、「エビデンスに支持されている」という段階から、「エビデンスに基づく」段階へ至るという希望のもとに、研究が進行中である。このように、研究に基づいたオリジナル・モデルに対する、許容可能なレベルの忠実さを保障するための手法を確立することが望まれる。【原注2】

効果の保障：結果の評価

　サンクチュアリ・モデルを使って、発達に基づく、トラウマインフォームドな文化を創造することの効果は、観察可能で測定可能であるべきだ。われわれが期待する成果は、すべてのコミュニティのメンバーに適用でき、以下の各項目を含むものである。(1) 身体的・言語的・情緒的な暴力の低減、いわゆる強制的な治療的介入の低減を含むがそれだけに限定されない暴力の低減、(2) トラウマと虐待の複雑な生物心理学的および発達的影響と、それが施設内ではどのような意味を持つかということをシステム全体が理解していること、(3) 被害者非難が減少すること、(4) 懲罰的ないし批判的な反応の減少、(5) より明確で一貫したバウンダリー、より高い期待、そして権利と責任が結びついていること、(6) あらゆる種類の力の乱用に、より早期に気づき向き合うこと、(7) 目標を明確化し、変化のための戦略を編み出す能力の向上、(8) 再演を修正し、変化への抵抗を克服し、より良い成果を達成するために必要なスキルを伴った、再演行動についての理解と気づき、(9) あらゆるレベルでより民主的な環境が実現すること、(10) より多様なリーダーシップとすべての職員にリーダーシップが定着すること、(11) 子ども・職員・組織にとってのより良い成果。

　これまでに、子どもの入所施設でサンクチュアリ・モデルを実践したランダム化比較試験が1件行われている。その結果を要約すると、ベースラインから6カ月を経て、職員の態度や行動に5つの有意な差が見られている。

1. **サポート**：どの程度子どもたちがお互いを助けたりサポートをしたりしているか、職員が子どもたちに対してどの程度サポートしたか。

2. **自発性**：プログラムはどの程度、子どもや職員が気持ちをオープンに表現することを励ましているか。

3. **自律性**：職員から見て、子どもたちが自分のことについて決める際に、どの程度自己充足的で自立しているか。

4. **個人的問題指向**：子どもたちが自分の気持ちや個人的問題を理解しようとする程度。

5. **安全性**：職員が同僚やスーパーバイザーにどの程度異議申し立てができるか、職員会議で意見が言えるか、問題が起きても責められないか、攻撃的な子どもたちに対処するための明確なガイドラインを持っているか。

　それ以外にも予期せぬ（短い時間枠での研究であったため予期していなかったのだが）、しかし子どもの成果には有意差と、以下のような3つの肯定的な傾向が見られた。**攻撃的な言葉の減少**（有意な傾向）、**内的な制御部位の増加**（有意な傾向）、そして、**扇動的なコミュニケーションの減少と緊張をマネージメントすることの増加**（有意差）（Rivard et al., 2004）。

　サンクチュアリ・モデルを導入している子どもの入所プログラムと、そうでないプログラムを比較した別の研究によると、サンクチュアリ・モデルを導入したプログラムでは組織文化に有意な肯定的変化が認められ、職場文化に対して肯定的な影響をもたらすというサンクチュアリ・モデルの役割が支持された（McSparren & Motley, 2010）。

　課題を抱えた子どもたちにかかわる組織は、長きにわたり、身体拘束や隔離に頼って、子どもが自傷や他害をしないようにしてきた。サンクチュアリ・インスティテュートに参加した最初の7つの児童福祉施設と、その後の拘束や隔離の減少を見ると、3つの施設は拘束の回数が80％以上減少し、2つの施設は40％以上減少、1施設は13％減少、そしてもう1つは6％減少していた。サンクチュアリ・モデルを活用している組織についての3年にわたる研究では、実践の最初の1年で、平均52.3％の身体拘束の減少が示された（Bank & Vargas, 2009a）。アンドラスセンターでは、入所施設や学校における実践の最初の6年の間に、緊急事態が90％減少し、支援を受けた生徒の平均人数が54％増加した（Bank & Vargas, 2009b）。

　ペンシルバニア州公共福祉局は、子どもの治療施設での拘束を減少ないし撲滅する活動の一環として、サンクチュアリ・インスティテュートと協定を結び、2007年にペンシルバニア州にサンクチュアリ・モデルを採用した。ピッツバーグ大学は、ペンシルバニア州公共福祉局、サンクチュアリ・インスティテュート、そして30の提携する入所施設とともに、サンクチュアリ・モデル実践に関する公開評価を行った。2008年から2010年にかけて毎年調査が行われた。その評価結果によると、実践が拡大するほど、職員の肯定的結果が増加していた。つまり、ストレスの低減とモラルの向上、仕事の力量や習熟度があがっている感覚、支援にあたっている個々人への投資の増大である。サンクチュアリ・モデルの実践はまた、組織の風土・文化の改善や、多くの施設で拘束を用いたという報告が激減していることとも有意な関連があった（Stein et al., 2011）。さらに、2007年から2009年にかけて、サンクチュアリ・モデルを採用した入所型治療施設（RTFs）と他のRTFsを退所した後のサービス利用の分析が、マネジドケア会社であるCommunity Care Behavioral

Health によって実施された。それによると、どちらのグループも 2007 年には同様の平均（中間）入所期間であったが、2009 年までに、サンクチュアリ・モデルを提供した RTFs は大幅に入所期間が短縮し、平均入所期間もやや減少した。また、退所後 3 カ月の間に通所サービスを受けるものがかなり増え、退所後 90 日の間に RTFs に再度入所する子どもの割合の増加幅はより小さかった（Community Care Behavioral Health, 2011）。

結論

　われわれは今や、さまざまな組織において展開したサンクチュアリのプロセス（2012 年現在で 250 以上に及ぶ）を観察する多くの貴重な体験を得ている。トラウマに敏感な組織のパラダイムを採用すると、個々の行動だけを何とかしようとするような集団の基準に変化をもたらすことによって、組織のメンバーの考え方や行動の仕方が変わるということを、われわれは見てきた。考え方の変化は習慣を変え、その結果当たり前にやっていた日常に変化が生じる。セルフの枠組みは、みなのことばの使い方に変化をもたらす。すなわち、サンクチュアリの誓約はどうすれば対人関係を最善に保てるかを説明し、サンクチュアリ・ツールキットは、われわれが実際に実践する方法を改善する。こうした変化は、組織の中に責任感と希望を生み出す。それが翻って、われわれの施設に支援を求めてやってくる人々の希望を掻き立てるのである。行動を変えることが、離職の減少、モラルの改善、コミュニケーションの改善、そして暴力沙汰の減少に示されるように、組織全体の変化を生むのである。組織的な行動を変えることは、クライエントの結果を変える。つまり、安全スキルを身につけ、感情のマネージメントが改善し、トラウマに特化した治療的アプローチを受けることへの準備性が高まり、ソーシャルスキルと対人関係が改善し、学業や仕事での成績が向上し、意思決定や判断力が高まるのである。これらの子どもたちは未来そのものである。クライエントを変えることが、すべての人のより良い未来につながることが望まれる。

【原注】

原注 1：サンクチュアリ・インスティテュート（Sanctuary Institute）は、ニューヨーク州、ヨンカーズ（Yonkers）にあるアンドラスセンターの一部門である（www.andruschildren.org）。さらなる情報は、ディレクターの Sarah Yanosy まで。電話 914-965-2700（内線 1117）、メール syanosy@jdam.org　ウェブページ www.thesanctuaryinstitute.org を参照。

原注 2：これまでの Sanctuary Model に関する研究論文は、www.sanctuaryweb.com からダウンロードできる。また Sanctuary Institute からも入手可能（Community Care Behavioral Health, 2011）。

[参考文献]

1. Abt Associates.（2008）. *Characteristics of residential treatment for children and youth with serious emotional*

disturbances. Washington, DC: National Association for Children's Behavioral Health and National Association of Psychiatric Health Systems.

2. Alderfer, C. P., & Smith, K. K. (1982). Studying intergroup relations embedded in organizations. *Administrative Science Quarterly, 27*(1), 35.

3. Banks, J., & Vargas, L. A. (2009a, February). *Contributors to restraints and holds in organizations* (Andrus Center for Learning and Innovation, research brief). www.sanctuaryweb.com/PDFs_new/Banks%20and%20Vargas%20Contributors%20to%20Restraints%20and%20Holds.pdf

4. Banks, J., & Vargas, L. A. (2009b, March). *anctuary at Andrus Children's Center*(Andrus Center for Learning and Innovation, research brief). www.sanctuaryweb.com/PDFs_new/Banks%20and%20Vargas%20Sanctuary%20at%20Andrus.pdf

5. Bloom, S. L. (2013). *Creating sanctuary: Toward the evolution of sane societies* (2nd ed.) New York, NY: Routledge.

6. Bloom, S. L., & Farragher, B. (2010). *Destroying sanctuary: The crisis in human service delivery systems*. New York, NY: Oxford University Press.

7. Bloom, S. L., & Farragher, B. (2013). *Restoring sanctuary: A new operating system for trauma-informed systems of care*. New York, NY: Oxford University Press.

8. Bureau of Justice. (2001). *Violence in the workplace, 1993–99* (Bureau of Justice Statistics special report). Washington, DC: Bureau of Statistics, U.S. Department of Justice. www. ojp. usdoj. gov/bjs/pub/pdf/vw99. pdf

9. Collie, D. (2004, July 7). *Workplace stress: Expensive stuff*. www.emaxhealth.com/38/473.html

10. Community Care Behavioral Health. (2011). *Assessing the implementation of a residential facility organizational change model: Pennsylvania's implementation of the Sanctuary Model*. www. ccbh. com/pdfs/articles/Sanctuary_Model_3Pager_20110715.pdf

11. Duhigg, C. (2012). *The power of habit: Why we do what we do in life and business*. New York, NY: Random House.

12. Esaki, N., & Larkin, H. (in press). Prevalence of adverse childhood experiences among child service providers. *Families in Society*.

13. Felitti, V. J., & Anda, R. F. (2010). The relationship of adverse childhood experiences to adult medical disease, psychiatric disorders, and sexual behavior: Implications for healthcare. In R. Lanius, E. Vermetten & C. Pain (Eds.), *The impact of early life trauma on health and disease: The hidden epidemic* (pp. 77–87). New York, NY: Cambridge University Press.

14. Gazzaniga, M. (2011). *Who's in charge? Free will and the science of the brain*. New York, NY: HarperCollins.

15. Knudsen, E. I., Heckman, J. J., Cameron, J. L., & Shonkoff, J. P. (2006). Economic, neurobiological, and behavioral perspectives on building America's future workforce. *Proceedings of the National Academy of Sciences of the United States of America, 103*(27), 10155–10162.

16. LeBel, J., Huckshorn, K. A., & Caldwell, B. (2010). Restraint use in residential programs: Why are best practices ignored? *Child Welfare, 89*(2), 169–187.

17. McSparren, W., & Motley, D. (2010). How to improve the process of change. *Non-profit World, 28*(6), 14–15.

18. Occupational Safety and Health Administration. (2004). *Guidelines for preventing workplace violence for health care & social service workers*. Washington, DC: U.S. Department of Labor. www.osha.gov/Publications/osha3148.pdf

19. Rivard, J. C., McCorkle, D., Duncan, M. E., Pasquale, L. E., Bloom, S. L., & Abramovitz, R. (2004). Implementing a trauma recovery framework for youths in residential treatment. *Child and Adolescent Social Work Journal, 21*(5), 529–550.

20. Scheff, T. J. (1975). On reason and sanity: Some political implications of psychiatry thought. In T. J. Scheff (Ed.), *Labeling madness* (pp. 12–20). Englewood Cliffs, NJ: Prentice-Hall.

21.　Schein, E. H. (1999). *The corporate culture: A survival guide—Sense and nonsense about culture change*. San Francisco, CA: Jossey-Bass.

22.　Senge, P., Cambron-McCabe, N., Lucas, T., Smith, B., Dutton, J., & Kleiner, A. (2000). *Schools that learn: A fifth discipline fieldbook for educators, parents, and everyone who cares about education*. New York, NY: Doubleday.

23.　Stein, B. D., Kogan, J. N., Magee, E., & Hindes, K. (2011, September 29). *Sanctuary Survey final state report*. Unpublished data, obtained from the authors.

24.　Wells, K. (1991). Placement of emotionally disturbed children in residential treatment: A review of placement criteria. *American Journal of Orthopsychiatry, 61*(3), 345.

タチアナ・デイビッドソン
ミゲル・アレリャーノ

第12章
子ども虐待事例の評価や治療に関する文化的な配慮

トラウマ体験の疫学

　全米の子ども虐待の発生件数は非常に多く、2011 年には約 340 万件の児童相談所への通告があった（U.S. Department of Health and Human Services,2012）。特に、アフリカ系アメリカ人・アメリカンインディアン・アラスカ先住民・それらの混血児などの人種／民族的少数派の若者は、トラウマや子ども虐待の被害を有意に受けやすい（U.S. Department of Health and Human Services, 2012）。たとえば、少年院の子どものトラウマ体験についての研究によると、アフリカ系アメリカ人の男の子は、白人の男の子より暴力の目撃が多いと言われている（Abram et al., 2004）。最近の調査によると、アメリカンインディアンやアラスカ先住民の若者は、重度のトラウマを繰り返し体験する危険性が、他の若者より 2 倍高いと言われている（Pavkov et al., 2010; Stevens et al., 2005）。ヒスパニック／ラテン系の若者も、トラウマの犠牲者になりやすい。たとえば、ヒスパニック系の青年は、ヨーロッパ系の青年に比べ、子ども期の性的虐待にあう割合が 2 倍である言われている（Newcomb, Munoz, and Carmona., 2009）。さらに全米の代表的な研究では、ヒスパニック系の若者は、非ヒスパニック系の白人の若者と比べて、被害を受ける数も多いと報告されている（Finkelhor & Dzuiba-Leatherman, 1994）。これに対して、アジア系アメリカ人は、トラウマ体験が最も少ないものの、戦争に関連した体験は他の人種や民族より多いと言われている（Roberts et al., 2011）。

　移民の若者も、移民の前後やその道中で暴力に曝された可能性があり、トラウマ体験のリスクが高い集団であろう（Bridges et al., 2010; Guarnaccia & Lopez, 1998）。ある研究によると、移民の若者は、過去 1 年間に 80% が暴力事件を目撃し、49% が直接暴力事件の被害にあったと報告されている（Jaycox et al., 2002）。

　人種や民族によりトラウマの体験割合が異なるのは、文化的要因や人種／民族的少数派の若者の多くが直面している貧困や経済的苦境などが影響していると考える研究者もいる（Jones, Finkelhor, & Halter, 2006; Smart & Smart, 1995）。

トラウマ体験の相違

　アルコールに関する全米疫学調査（National Epidemiologic Survey on Alcohol and Related Conditions）によると、アフリカ系アメリカ人とヒスパニック／ラテン系アメリカ人は、白人よりも明らかに子ども虐待の被害が多く、家庭内暴力の目撃がその主な原因であった。さらに、アフリカ系アメリカ人は白人よりも暴力被害にあうことが多く（Roberts et al., 2011）、同胞間の性的虐待、複数回の虐待、身体的虐待などのリスクが高かった（Davis et al., 2006; Voisin et al., 2011）。

　アメリカンインディアンの子ども虐待については、これまであまり調査がなされてこなかった。しかし、事件の特徴に関する既存の研究によると、アメリカンインディアンやアラスカ先住民の青年については、身体的暴力の脅威や身体的暴力の目撃がトラウマ体験として報告される最も一般的な形であった（Abram et al., 2004; Deters et al., 2006）。性被害（レイプ、性的暴行、わいせつ行為）はあまり報告されていないが（Deters et al., 2006）、アメリカンインディアンの若者で性被害と複数のトラウマ体験を有するものは、心的外傷後ストレス障害（PTSD）のリスクが特に高いようである（Gnanadesikan, Novins, and Beals., 2005）。

　前述してきたほぼすべての研究で指摘されている重大な懸念は、多くの人種／民族的少数派の人々がかなり高い確率でトラウマを経験しており、その結果として精神保健上の問題を抱えているにもかかわらず、こうした人々が精神保健サービスを十分に活用していないという点である。この点に関して、引き続き以下に詳細を述べる。

トラウマ関連の問題と精神保健サービスの利用

　トラウマへの曝露によって、さまざまな精神保健上の問題（PTSD、うつ病、不安症、外在化障害、物質使用障害）が生じうることが知られている（Danielson et al., 2005; Hanson et al., 2006）。トラウマの疫学に関する研究結果と同様に、人種／民族的少数派の人々は、トラウマ体験後の精神障害の発症に関してもリスクが高いと言われている。しかし、米国では人種／民族的少数派グループが急激に増加しているにもかかわらず（U.S. Census, 2010）、文化や言語面でこういった少数派グループを適切に支援できる精神保健機関が絶対的に不足している。また、少数派グループにとっては、質の高い精神保健サービスにアクセスすることも困難が伴うであろう。

アフリカ系アメリカ人

トラウマの社会機能への影響
　アフリカ系アメリカ人の成人のPTSDの有病率は白人と同程度であるという報告があれば（Frueh et al., 2004）、他の人種／民族と比べてPTSDとうつ病の有病率が高いという報告もある（Price et al., 2013; Roberts et al., 2011）。また、被差別感、人種に関連する暴言やスティグマが、アフリカ系アメリカ人のPTSD発症に大いに関与していると考える研究者もいる（Ellis et al., 2008）。ア

フリカ系アメリカ人へのトラウマ体験の影響は多岐にわたり、学業不振（Bowen & Bowen, 1999）、中途退学（Porche et al., 2011）、トラウマ性ストレスへの曝露につながる差別（Pole et al., 2005）などが挙げられる。さらに子ども期の虐待経験は、アフリカ系アメリカ人の青年の物質使用や危険な性行動とも関連している（Oshri, Tubman, &Burnette, 2012）。さまざまなトラウマへの曝露とその結果として起こる精神面や健康全般への悪影響にもかかわらず、アフリカ系アメリカ人は精神保健サービスを十分に利用はできていないことが分かっている。

精神保健サービスの入手可能性と利用

　アフリカ系アメリカ人の若者や家族にとっては、文化に基づく考え方、資源の入手可能性、精神保健サービスに関する知識などが、実際の精神保健サービスの利用状況に大きく影響を与えている。なかでも、精神疾患に関するスティグマが、精神保健サービスを利用する上でのいちばんの障壁になっている（Corrigan, 2004）。たとえば、アフリカ系アメリカ人は、「狂っている」とか「劣っている」と他人に思われるのではないかと考えて、精神科治療を受けることを思いとどまる（Meinert,2003）。アフリカ系アメリカ人の若者は、ストレスの多い状況を自分の意志で乗り越えるように周りに勧められることがあり（Browman, 1996）、精神保健上の問題への対処法に関する考えの違いが、サービスの利用状況に影響を与えうる。加えて、多くのアフリカ系アメリカ人はストレス対処法として、スピリチュアリティや緊密な関係性などの社会的サポートを強化することを優先している。こういったことが、一般的な精神保健サービスの利用状況に影響を与えている可能性がある（Constantine et al., 2005; Mitchell & Ronzio,2011）。

　また、遠くの診療所までの移動手段、複数回のセッションが必要となる治療を受けることの不便さなど、精神保健サービスの現実的な入手可能性や利用方法が、サービス利用の現状に悪影響を与えている。アフリカ系アメリカ人の家族では白人家族に比べて、時間がない、子どものケアを任せる人がいない、交通手段がないなどの実質的な障壁が多い（Woodall et al., 2010）。このような障壁のせいで、アフリカ系アメリカ人の家族は、精神保健に関する教育を受ける機会を逃し、精神症状に気づくことができず、結果として治療の恩恵にもあずかれなくなる（Gilliss et al., 2001）。

アメリカンインディアンとアラスカ先住民

トラウマの社会機能への影響

　アメリカンインディアンやアラスカ先住民の研究は数少ないが、子ども虐待などのトラウマ体験の多さと PTSD の有病率の高さが指摘されている（Beals et al., 2005; Mansonet al., 1996）。アメリカンインディアンを対象にした研究によると、トラウマの生涯体験率は94%で、女性の38%と男性の29%が PTSD の診断基準を満たしたと報告されている（Ehlers et al., 2013）。さらにこの研究によると、トラウマ体験は、他の不安症や感情障害とも関連していた。また、他の研究によると、アメリカインディアンではトラウマ体験（例：歴史的トラウマ、暴力、子ども虐待）が、物質乱用の早期発症、物質使用障害、危険な性行動と強く関連していた（Bohm, Babor, & Kranzler,2003; Hellerstedt et al., 2006; Libby et al., 2004; Whitesellet al., 2009）。入所型物質乱用治療プログラムを受けているアメ

リカンインディアンの青年を対象とした研究によると、10 代のこの青年たちは、生涯平均 4 つの
トラウマ体験を有しており、10%が PTSD の診断基準を完全に満たし、14%は部分 PTSD と診断さ
れた（Deters and colleagues, 2006）。しかしながら、ここで強調すべき重要なことは、アメリカイ
ンディアンの成人や青年の多くがトラウマ体験を高頻度に有しているにもかかわらず、PTSD の診
断基準を満たしたのはそのほんの一部に過ぎないという点である。

　調査結果においてこうした矛盾が起きる理由としては、アメリカンインディアンやアラスカ先住
民に関して、子ども虐待などのトラウマが精神保健にどのように影響を与えるかという研究がまだ
まだ不足していることが挙げられる。アメリカインディアンでは、トラウマとなる体験やその表現
様式に文化的な差異があるかもしれず、そのような差異が精神障害の評価や診断に影響を与えてい
るのかもしれない。また、特定のトラウマ（例：性的虐待）について語ることについてのスティグ
マや、彼らの社会の伝統的治療への信頼なども影響しているかもしれない（Beals et al., 2005; Deters
et al., 2006）。したがって、トラウマの影響を受けたアメリカンインディアンやアラスカ先住民の精
神保健と、診断や治療に影響する可能性のある要因についてのさらなる研究が強く望まれる。

精神保健サービスの入手可能性と利用

　数は少ないが既存の研究によると、アメリカンインディアンやアラスカ先住民は、彼らの精神保
健サービスの実際の需要に比べると、ほとんどサービスを利用していないようである。さらに、ア
メリカンインディアンやアラスカ先住民の青年は、白人の青年よりも治療を途中で止めてしまう傾
向が強い（Campbell, Weisner, & Sterling, 2006）。精神保健サービスが十分利用されていない理由と
しては、質の高い保健サービスへのアクセスの格差（アクセスがしにくいなど）や利用が限られてい
るなどの問題（Manson, 2000; Smedley, Stith, & Nelson, 2003）、健康保険がない（E. R. Brown et al.,
2000）、文化を配慮した治療を提供できる者が少ない（Sontag & Schacht, 1993）、文化を配慮した
サービスの不足などが推測されている。こういった要因のため、結果として利用者のサービス満足
度は低いものとなってしまうようだ（Coulter & Fitzpatrick, 2000）。アメリカンインディアンやアラ
スカ先住民の若者にとって、精神の病を超自然的、霊的な力との関連で考える（Cheung &
Snowden, 1990）、自己努力を対処戦略として用いる（du Pré, 2000）、彼らの家族が持つ共同体的価
値観と一致する伝統治療や、家族・社会のネットワークを利用する（Duran & Duran, 1995）などの
文化的要因が、精神保健サービスを利用する上での重要な障壁となっているようだ。また、治療に
関するスティグマも、サービスがあまり利用されていない理由の 1 つである。たとえば、感情の問
題に関する治療を受けることは弱いことだと考え、さらに周囲から治療を受けているということ自
体がどう受け止められているのか不安に感じるものもいる（Givens & Tjia, 2002; Oetzel et al.,2006）。
また、プライバシーの欠如、サービス提供者への不信感、政府への不信感、感情の問題についての
患者－治療者間のコミュニケーション不全なども、サービスの利用状況に悪影響を与えている（du
Pré, 2000; Manson, 2000; Oetzel et al.,2006）

アジア系アメリカ人と太平洋諸島系アメリカ人

トラウマの社会機能への影響

　数は少ないものの最近の研究によると、アジア系アメリカ人や太平洋諸島系アメリカ人の PTSD の生涯有病率や有症率は、他の人種や民族と比べて低いようである（Roberts et al.,2011）。しかし、アジア系アメリカ人や太平洋諸島系アメリカ人が、より重篤な PTSD 症状を報告しているという研究もある（Friedman et al., 2004）。アジア系アメリカ人や太平洋諸島系アメリカ人に関する研究の多くは、成人の戦争体験に関するもの（Friedman et al., 2004; Roberts et al., 2011）、難民を対象としたもの（Kroll, Yusuf, & Fujiwara, 2011）、自然災害の被災者を対象としたもの（Siqveland, Hafstad, & Tedeschi, 2012）だということは留意しておくべきである。さらに、子どものトラウマとなる出来事に対する反応を調べた研究では、保護者が報告する子どもの症状しか調べられていないことにも注意が必要である。一方この対象群で、子ども虐待が成人期の精神保健にまで悪影響をもたらすという報告もある。たとえば、インド系の大学生を対象にした子ども虐待と精神保健に関する調査によると、早期のトラウマ曝露が自殺リスクと関連していた（Singh, Manjula, & Philip, 2012）。同様に、アジア系アメリカ人女性を対象にした別の研究によると、子ども虐待が、うつ病、自殺念慮、自殺企図と関連していた（Hahm et al., 2012）。

　文化的な要因が、PTSD 症状に影響を与えるとも言われている。これまでの研究では一貫して、アジア系アメリカ人や太平洋諸島系アメリカ人は、相互依存や他人との調和を保つために、自分や他人に対する恥やスティグマを回避する方法として感情を強くコントロールする傾向があると言われている（Butler, Lee, & Gross, 2007; Liu & Iwamoto, 2006; Matsumoto et al., 2005）。こういった要因によって、PTSD 症状が低く見積もられているのかもしれない。移住に関連する要因（例：貧困、家族からの分離）や文化的適応に伴うストレス（例：親と子の文化的適応の違い）も、PTSD 症状に対する脆弱性を強めうる要因である（Carr et al., 1997; Friedman et al., 2004; Hsu, Davies, & Hansen, 2004）。心理的苦痛についての文化特異的な慣用語が、診断やその後の治療に影響を与えているという研究者もいる（Hinton et al., 2010）。たとえば、耳鳴り（耳がぶんぶんいう）、**カイヤル（khyâl）発作**と呼ばれるパニック症状（身体機能不全による死の恐怖）、神経衰弱（慢性的な疲労と痛みを伴う心身消耗）などの、トラウマの身体的表出の概念は、西洋的心理学のもとでは、見逃されたり見誤られたりする可能性がある（Hinton et al., 2006; Zheng et al., 1997）。

精神保健サービスの入手可能性と利用

　アジア系アメリカ人の精神保健サービス利用率は、すべての人種／民族の中でも最も低い（U.S. Department of Health and Human Services, 2001）。精神保健上の問題に関する恥やスティグマ、精神科治療への否定的態度、経済的問題、アジア系言語に対応したサービス提供者と文化に配慮した治療の欠如などが、サービスを利用する上での障壁となっている（Chu, Hsieh, & Tokars, 2011; Le Meyer et al., 2009; Niv, Wong, &Hser, 2007; Ting & Hwang,2009）。アジア系アメリカ人は、重症化するまで支援サービスを求めず、また早々に治療を中断する傾向があるとも言われている

(U.S.Department of Health and Human Ser vices, 2001)。

　アジア系アメリカ人にとっては、文化的要因もサービス利用率の低さに関連しているようだ。た
とえば、精神障害の概念に関して文化的なバイアスがかかっており、本人の症状の訴えと臨床家の
解釈に影響を与えている可能性がある（S. Sue and colleagues., 2012）。また、精神の病に対する異
なった対処法（例：不快な考えに拘泥しないなど）を持っており、そのためサービス利用率が低く
なっているかもしれない（Cheng, Leong, and Geist., 1993）。また、文化的適応は、もともとの文化を
保持しつつ現在のコミュニティの主要な文化に適応していく過程であると定義されるが（Berry,
1980）、アジア系アメリカ人のサービス利用に影響を与えている。とりわけ、文化的適応が進んだ
人々は、心理サービスを求めることにより肯定的である（Tata & Leong, 1994）。同様に、アジア系
アメリカ人の価値観もサービス利用に影響を与えているようだ。たとえば、集産主義的価値観
（例：個人の欲求より集団の福祉を強調する；Triandis, 1988）を重視すると、従来の精神科治療との間
で摩擦が生じる。なぜならば、従来の精神科治療は、個人の葛藤を探索し、家族の問題について話
し合い、患者が所属する人種／民族集団に属さない治療者との間に、親密な関係を構築することを
強調するからである（Kim & Omizo, 2003; Leong & Lau, 2001; Leong, Wagner, & Kim, 1995）。

ヒスパニック／ラテン系アメリカ人

トラウマの社会機能への影響

　ヒスパニック系の人々は、非ヒスパニック系と比べてトラウマ関連症状の有症率が高く、重度で
あるといわれている（Pole, Gone, & Kulkarni, 2008）。特に、PTSD の有病率が高く、他のトラウマ
関連症状も重度であると報告されている（Marshall, Schell, & Miles, 2009; Pole et al., 2005; Pole, Gone,
& Kulkarni, 2008）。ヒスパニック系の若者では、トラウマ体験が、学業上の問題、中途退学、物質
使用、うつ病、素行上の問題などに関連している（Alva & de Los Reyes, 1999; Oshri, Tubman,&
Burnette, 2012; Porche et al., 2011; Pumariega, Rothe, &Pumariega, 2005）。また、文化的な要因も、ヒ
スパニック系の人の精神障害の体験と表現型に影響を与えている。たとえば、文化的適応は、トラ
ウマ体験後の精神障害の転帰に影響を与えているようだ。もともとの文化規範に強く縛られている
ヒスパニック系の人は（Kim, 2007）、より重度の PTSD 症状を報告することが判明している
（Perilla, Norris, & Lavizzo, 2002）。また注目すべき点として、ヒスパニック系の人々は、トラウマに
対して異なった概念化を行っている可能性がある。例えば、**怯え（susto）**は文化的に許容されたト
ラウマの身体的表現型であり、神経過敏、不眠、胃腸障害などを示す。似たようなものとして、**神
経発作（ataquede nervios）**というトラウマの表現型があり、身体機能不全による死への恐怖、行
動が制御できなくなるのではないかという恐怖などを示す（Guarnaccia, Lewis- Fernández, & Rivera,
2003）。ヒスパニック系の人々が治療を求めるときは、トラウマ自体の治療ではなく、文化に配慮
したトラウマ関連症状の治療を期待しているかもしれない。さらに、ヒスパニック系の人々は、貧
困、社会資源へのアクセスの難しさ、移住に伴う問題などさまざまな慢性的ストレスを抱えており、
そのことがトラウマ関連症状をさらに悪化させうる（Hiott et al., 2006）。たとえば、米国に密入国
したヒスパニック系の家族は、強制送還を恐れて保健サービスにアクセスできないだろう（Smart

& Smart, 1995)。

精神保健サービスの入手可能性と利用

　トラウマを体験したヒスパニック系の若者は、さらなるストレスにも直面するだろう。先述のように、貧困（Bailey et al., 1999）、社会資源へのアクセスの難しさ（Aguilar- Gaxiola et al., 2002）、移住と文化的適応に関する問題（例：法的身分、英語能力）（Hiott et al., 2006）などであり、こういった要因すべてが、保健サービスへのアクセスや治療完遂に影響を与えうる。実際、これまでの報告では一貫して、ヒスパニック系の人々は、公的な精神保健サービスの利用率が低く、治療を中断しがちであると言われている（Alegría et al., 2010; Goebert & Nishimura, 2011; Organista, Muñoz, & González, 1994）。また、治療を受けることに関するいくつかの障壁が報告されている。文化的要因、たとえば宗教的回復システム（Koss, 1980）や家族のサポートシステム（Cauce et al., 2002）が信頼され広く利用されていることが、サービス利用率が低い理由の1つかもしれないと考える専門家もいる。したがって、文化的な要素を精神保健サービスに組み入れることで、ヒスパニック系の家族とのかかわりを強めることができる可能性がある。他にも、サービスセンターが遠く離れていること（Aguilar-Gaxiola et al., 2002）、米国文化へのなじみの薄さ（例：英語能力の不足）、社会経済要因（Bailey et al., 1999）、交通手段の問題（Miranda et al., 1996）、バイリンガルカウンセラーの少なさ（D. Sue & Sue, 1999）などが、関連する理由として考えられる。また移民の場合、逮捕されたり強制送還されたりすることを恐れ、たとえサービスが入手可能でも利用が遅れがちになるようだ（Pumariega, Rothe, & Pumariega, 2005）。したがって、こういった文化的ストレス（例：移民の経緯／移民後の生活）の潜在的影響に対応することが、効果的で文化に配慮した治療を提供する上では重要な要素となる。

　トラウマ体験を有している人種／民族的少数派の若者の多くは公的精神保健サービスを利用しておらず、サービスを利用する上でさまざまな障壁が存在することを鑑みると、このグループにアクセスするための新たな方法の開発が必須である。人種／民族的少数派の人々にとっては、文化的な要因がサービス利用の妨げになっているので、彼らの文化に配慮した介入法の開発も必要である。また、クライエントが属する集団の文化的要因（例：移住、文化的適応、文化的価値観）に加え、その文化圏で心理的苦痛を表現する慣用語がどういったものなのかを治療者が把握することも、トラウマ治療の成否にかかわってくる。文化的な要因に対応できる治療者は、よりよいトラウマのケアができるだろう（Harmon, Langley, & Ginsburg, 2006）。しかし、利用を妨げている文化的障壁に的確に取り組むことで、クライエントの参加を増やし、治療による潜在的効果を最大限にするよう、今あるエビデンスに基づく介入法を人種／民族的少数派の文化にどのように合わせていくかという点に関しては、ほとんど注意が払われていない。

エビデンスに基づく治療と民族的少数派

　近年、人種／民族的少数派の人々に効果的な精神科治療を行うためには、文化的要因への配慮が

非常に重要だということがわかってきた。クライアントの文化的文脈と価値観を考慮したエビデンスに基づく治療の重要性が、多くの専門家により強調されている（Bernal, Bonilla, & Bellido,1995; Bernal, Jiménez-Chafey, & Domenech Rodríguez, 2009; Smith, Domenech Rodríguez, & Bernal, 2011）。たとえば、文化的な価値観を治療に取り入れたり、クライアントの文化に詳しい人と協力して治療を行ったり、治療が継続できるように追加の支援（例：保育サービス）を提供したり、専門家向けの異文化感受性に関するトレーニングを行ったりすることである（Griner & Smith, 2006; Smith, Domenech Rodríguez, & Bernal, 2011）。多くの専門家は、人種／民族的少数派の特別なニーズに応じるために、患者の文化に配慮し、実証的介入法を修正することを支持している。（Bernal, Jiménez-Chafey, & Domenech Rodríguez, 2009）。実際、多くの専門家が、人種／民族的少数派の成人や青年向けにエビデンスに基づく介入法を調整している（Domenech Rodríguez, Baumann, & Schwartz, 2011; McCabe et al., 2005; McCabe &Yeh, 2009; Rosselló, Bernal, & Rivera- Medina, 2008）。

　現在、児童青年期のさまざまな精神保健上の問題に対応するための治療的介入の有効性が広く検証されている（Kazdin, 2000）。ある臨床試験の結果を文化的に異なる集団に適応できるのかという懸念はあるものの（Bernal & Scharró-del-Río, 2001; S. Sue, 1998）、予備的研究の結果によると、今あるエビデンスに基づく治療が人種／民族的少数派にも用いることができるのではないかと言われている。たとえば、あるメタ解析では、不安、注意欠如・多動症、うつ病、非行や問題行動、物質使用、トラウマ関連問題、情緒と行動の問題、その他の心理社会的問題、また、子ども虐待などの他のトラウマ曝露によって生じる二次的問題などに対して、エビデンスに基づく治療が適応可能だと結論づけている（Huey & Polo, 2008）。しかし、このメタ解析に含まれた研究は数本であり、いずれの研究も人種や民族による治療反応性の違いを検証するようなデザインではない。この分析は多くの制限つきで行われたものである。したがって、これらの調査結果は有用であるが、その解釈には慎重さが必要である。（Huey & Polo, 2008 参照）。今後は、人種や民族を跨ぐ治療法の有効性検証が必要である。すなわち、従来の精神健康度を測るアウトカム指標だけでなく、文化特異的な指標（例：身体化症状、文化特異的症候群）の研究や、治療への取り組みと完遂に関する研究、それぞれの人種や民族間の大雑把な比較を超えて研究と実践に示唆を与えてくれるような緩和／介在因子（例：精神科治療への見方、精神性、文化的適応）を明らかにすることが必要となるだろう。

　これまでに、学校におけるトラウマへの認知行動的介入（Cognitive Behavioral Intervention for Trauma in Schools, CBITS; Jaycox, 2004;Stein et al., 2003）やトラウマフォーカスト認知行動療法（Trauma-Focused Cognitive Behavioral Therapy, TF- CBT; Cohen, Mannarino, & Deblinger, 2006）など、さまざまなトラウマ焦点化介入の有効性が報告されている。さまざまな人種や民族に対するこれらの治療の有効性検証は、本来の研究目的ではなかったが、結果的にはかなり多くの人種／民族的少数派の子どもたちが研究に組み込まれたため、彼らの治療反応性の差異を評価することができた。結論としては、さまざまな背景を持つ子どもたちすべてに、これらの介入は有効であった。

　たとえば、CBITS は、文化的に多様な生徒（ラテン系、アジア系、東欧系、アフリカ系アメリカ人やアメリカ先住民を含む）が通う学校で、効果的に実践することができた。移民の子どもを含む研究においても、CBITS は待機群に比べて治療後とフォローアップ時の評価で、PTSD とうつ症状

の減少が見られた（Kataoka et al., 2003; Stein et al., 2003）。CBITS はさまざまな文化に応じて使用され、多言語対応している（スペイン語、韓国語、ロシア語、西アルメニア語、日本語）。CBITS の強みは学校で実施できる点であり、これまで精神保健サービスを利用したり治療を完遂したりすることが難しかったグループに対応できる可能性がある。

　TF-CBT も同様に、文化的に多様な背景を持った子どもと家族を対象として、子ども虐待やその他のトラウマ被害に関連する精神保健上の問題対応において効果をあげてきた。TF-CBT は、治療モデルに忠実である限りは、それぞれの文化的な信念や価値観を考慮して柔軟に調整可能な、コンポーネントベースの認知行動療法である（Cohen, Mannarino, & Deblinger, 2006; 第 3 章を参照）。この治療では、臨床研究に参加した白人、アフリカ系、ヒスパニック系のアメリカ人の子どもたちが評価されたが、全試験を通して人種／民族間での有効性にほとんど差がなかった（Huey and Polo, 2008）。子どもと養育者の評価によると、子どもの PTSD・うつ・不安・外在化行動・性的行動・恥・不信感・親のストレスと養育態度に著しい改善が認められた（Cohen, Mannarino, & Deblinger, 2006）。

　これまでの研究によると、標準的な治療法がそのまま人種／民族的少数派の若者に適応可能だとする予備的エビデンスが存在する一方、文化に応じて修正した治療法も有効であると言われている。たとえば、76 の研究結果のレビューによると、文化に応じて修正した治療法は、平均的に中程度の有効性（効果量 d=0.45 ［訳注：原文は d=45 であるが誤りである］）を示した（Griner and Smith, 2006）。さらに、文化的に均質な集団に対する介入は、文化的に異質な集団への介入よりも効果が高い。つまり、文化に特異的な介入は、幅広い文化的な背景を対象とした介入よりもより効果的だと言えるかもしれない。

　文化に応じて修正された、エビデンスに基づく治療法の例としては、子どもへの敬意／円環の修復（Honoring Children / Mending the Circle）と呼ばれるアメリカンインディアンとアラスカ先住民の子どもを対象として開発された TF-CBT がある（Bigfoot & Schmidt, 2010）。この治療法では、文化的な要因について詳細に評価し、それを TF-CBT の要素に組み込んでいく。この治療法は、米国子どものトラウマティックストレス・ネットワーク（National Child Traumatic Stress Network）のホームページ上で「エビデンスに基づく治療法と有望な実践（Evidence- Based Interventions and Promising Practices）」のリストに挙げられており（http://www.nctsn.org/resources/topics/treatments-that-work/promising-practices）、また実施可能性や有効性に関する事例研究も発表されている（Bigfoot & Schmidt, 2010）。

　似たようなものとして、TF-CBT をヒスパニック／ラテン系の子ども向けに修正した治療法もある（Culturally Modified Trauma-Focused CognitiveBehavioral Therapy, CM-TF-CBT）。CM-TF-CBT では、もともとの治療モデルは忠実に残しつつも、子どもとその家族の文化的適応度に応じた文化的価値観・信念・習慣を治療と評価に組み込んでいる。この治療法も、前述の米国子どものトラウマティックストレス・ネットワークの実証的に支持される治療法と有望な実践のリストに挙げられており、予備的な研究でトラウマに曝露したヒスパニック／ラテン系の子どもとその家族への有効性が示されている（de Arellano, Danielson, & Felton, 2012）。たとえば、トラウマに曝露したヒスパ

ニック系の若者を対象にした CM-TF-CBT のパイロット研究では、治療セッションへの参加率が高く、PTSD 症状が著明に減少したと報告されている（Rivera & de Arellano, 2008）。CM-TF-CBT に関しては、この章の後半で詳しく述べる。

文化的情報に基づく評価

　子ども虐待に苦しむ子どもとその家族の個々のニーズに応じた治療を確実に行うために、トラウマ体験とそれに関連する問題を注意深く評価することが重要である。しかし、標準的な評価法では、文化的に多様な子ども虐待の被害者とその家族のニーズや強みを十分評価しきれない可能性がある（de Arellano & Danielson, 2008）。臨床家は、以下の文化的な観点を考慮しながら評価を行う必要がある。

　（1）子ども虐待：養育習慣、体罰についての考え、適切な性行動や自慰行為などの性行為や性的虐待についての考え、対人暴力の捉え方

　（2）トラウマへ曝露：さまざまなトラウマとなる出来事、移民であれば本国や移民の過程でのトラウマ体験、難民であれば拷問や戦争体験

　（3）精神保健の指標：身体化など不安や抑うつと関連するさまざまな症状の測定、神経発作のような文化特異的症候群の測定

　（4）治療に関する課題：精神保健や精神科治療についての見方、家族がどこに助けを求めるのか、両親・祖父母・親戚や近所の人々など、誰が子どもの養育に直接・間接的に影響を及ぼしているのかを特定する

　さらに、以下のような一般的な文化的要因も評価すべきである（de Arellano & Danielson, 2008）。（1）スピリチュアルな信念（例：宗教団体からの社会的サポート、祈りや瞑想などのスピリチュアルな行動から得られる癒し）、（2）性役割についての考え（例：伝統的な性役割）、（3）家族観（例：サポートの程度）、（4）使用言語、（5）子どもと家族それぞれの文化的適応の水準

文化的概念の統合

　文化的情報に注意を払いながら評価を行うと、エビデンスのある裁量の治療を選択できるとともに、子ども虐待の被害者と、その養育者のニーズに応じた調節も可能である。特定の文化的な見方・信念・習慣はそれぞれの文化によって大きく異なるので、対象となるグループを十分理解したうえで、治療の選択がなされるべきである。

精神保健や精神科治療についての見方

　人種／民族的少数派の人々に精神保健サービスが行き届いていない現状を考えると、子どもや養育者を治療に引き入れるためのさらなる努力が必要である。そのためには、家族の精神保健や精神科治療に対する見方を理解することが重要である。具体的には、彼らが好む医療、および精神保健

サービス（たとえば、代替医療、伝統的民族的治療習慣、聖職者や伝統治療者）を活用すべきだろう。家族の中には、精神保健サービスの提供者とほとんど関わったことがない人々もいるため（Schwarzbaum, 2004）、こういった取り組みによって、精神科治療がどういうものなのか家族に教育する機会ができ、さらにその家族がどれくらい文化的要因を堅持しているのか評価できる（La-Roche, 2002）。「治療は重度の精神障害者のためだけのものだ」といったような誤解や誤認は、治療についての詳しい情報を提供することで訂正していく必要がある。たとえば、心理教育においては、治療の明確な原理、予想される治療期間、治療アプローチの概要（例：トラウマ関連の苦痛に対応するための追加技術を習得する）、治療に関与するすべての人々の役割と責任（例：親の関わり）といった情報を提供する必要があるだろう。全治療を通してこういった情報を丁寧に繰り返し伝えていくことで、治療者とクライエントの認識のズレが少なくなり、結果として治療からの脱落を防ぐことができる（Schwarzbaum, 2004）。

家族のかかわりと養育習慣

　主たる養育者だけに治療を通してかかわることで、十分に子どもを支え、子どもの環境調整が可能な家庭もあるが、複数人が子どもの養育に責任を負っているような場合は、そういった人たちも治療に巻き込む必要がある。子どものケア、情緒的サポート、経済的サポート、意思決定などに関する責任は、家族全員で分かち合うものだと考える家族もいる（Falicov, 1998; Marin & Marin, 1991; Moore & Pachon, 1985）。主たる養育者が、祖父母など他の家族に子育ての相談や助言を求めているならば、そういった人たちも治療にかかわってもらうことが役立つ。たとえば、治療者が祖母に電話をかけて、孫が抱えている問題にどのように対応していけばよいか意見を求めることで祖母の治療へのかかわりを促し、主たる養育者を支えるような関係になる。また、治療者が、家族の養育観や養育習慣をきちんと理解することで、治療法をそれに合わせて調整することもできる。たとえば、望ましくない行動を無視するといった受動的なものよりもっと積極的な養育方針や、望ましい行動に報酬を与えるよりも罰を用いるような方針を好む親もいる（McCabe et al., 2005; McCabe & Yeh, 2009）。子どもが親の指示に従ってもほめたりせずに、それを親への尊敬を示す当然のことだと考える家族もいる。たとえば、「子どもがやるべきことをしたからといってほめたりしません。私は彼女の母なのですから、当然私の言っていることを聞くべきです」という親もいる。こういった事例では、その家族の養育に関する考えに合わせて、治療法を組み立てる必要がある。無視するという介入法を、積極的な罰として組み入れることもできる（例：気を引こうとして行った不適切な行動に対してはリアクションを控える）。また、タイムアウトも罰の一種として構成に加えることができる（例：子どもを「罰の椅子」に座らせたり、「退屈部屋」に入れたりする）。行動的介入も、単に子どもの行動変化に焦点を当てるのではなく、親に対する子どもの尊敬の念を高める方法と捉えなおすことができる。

スピリチュアリティ

　スピリチュアリティが子どもや家族にとって重要なものならば、それに関連する信念や習慣を治

療に取り込むように心掛ける。あらゆる文化的要因と同様に、家族全員のスピリチュアリティに関する信念が一貫しているとは考えずに、子どもや家族それぞれにとってのスピリチュアリティや宗教の重要性を評価すべきである。子どもが親ほどスピリチュアリティを重視していない場合、治療者がスピリチュアリティを押し出すと、子どもは押し付けられたと感じ、治療を敬遠してしまうかもしれない。多くの子どもや家族にとって、スピリチュアルな信念は、宗教団体などを通じた社会的サポートをはじめ、大きな支えとなりうる。個人的信念や個々の習慣（例：祈り）もまた強みであり、治療に活用できる。たとえば、子どもが神のご加護を信じることで自信や強さを持てるなら、治療中の自分への肯定的な声かけとして神の存在を思い起こし、対処方法を拡げることができる（例：「神様が見守ってくれているのだから、暗闇の中でも眠ることができる」）。同様に、祈ることで子どもが安心できるならば、祈りをリラックス法や感情調整法として利用できる可能性がある。正式な宗教団体に所属している家族の場合、子ども虐待についての文献や、宗教施設で行っているものと一致する治療法に関する文献を手に入れられることが多く、オンラインでアクセスし家族間で共有することができる。このような方法で、家族の宗教観と治療の枠組みをすり合わせることができるだろう。

適切な社会行動

　家庭の内や外での適切なコミュニケーション形式や社会的行動がどういったものなのかの判断は、文化的規範によるところが大きい。また、性役割についての考え方が行動に影響を与え、治療上も重要な意味を持ちうる。たとえば、男性は「強く」あるべきで悲しがったり怖がったりしてはいけないという伝統的な性役割についての考えのせいで、子ども虐待の被害者となった男の子は体験にまつわる自分の感情が表出しにくくなる可能性がある。文化的により受け入れられやすい方法でこういった感情の語りを促すためには、楽しさや怒りを語ることは「簡単」で、悲しみや恐怖を語ることはより困難なことであり、また強さの証でもあると枠づけすればよい。男性の養育者や他の男性の役割モデルとなる人を巻き込むことで、こういった考え方を強調することができるだろう。

　また、治療者との交流に影響を及ぼし、治療結果へも影響をあたえうる文化的規範も存在する。ヒスパニック／ラテン系の伝統的な価値観である**尊敬（respeto）**は、人間関係の境界を示し、しつけ（例：子どもは親を尊敬すべき）や社会的交流（例：子どもが大人とどのようにかかわるか。養育者がどのように精神保健サービス提供者とかかわるか）において非常に重要な意味を持つ（Santiago-Rivera, Arredondo, & Gallardo-Cooper, 2002）。しつけの習慣をこの社会規範に添うようにするのに加えて、治療者は尊敬が、子どもや養育者との交流に大きな影響を与えることを理解する必要がある。たとえば、子どもや養育者が、治療について説明を求める際、尊敬が明確で効果的なコミュニケーションを妨げる可能性がある。治療に関して十分に理解できていないことや、治療者と意見の相違のあることについてたずねることは、問題のある行動であり非礼なことだと受け止められる。

文化に応じて修正したエビデンスに基づく治療

　トラウマフォーカスト認知行動療法（TF-CBT）は、トラウマに関連する症状と問題（PTSD、う
つ病、不安症）を持った子どものために特別に考案された治療法として広く認知されており、実証
研究で有効性が支持されている。TF-CBT は、トラウマに注意を向けた介入であり、認知行動的
原理、愛着理論、家族療法、人間学に基づく治療などを組み入れている。TF-CBT には、頭文字
をとって PRACTICE と表現される中心となる治療コンポーネントがある。具体的には、心理教育
とペアレンティングスキル・トレーニング（Psychoeducation and Parenting skills training）、リラク
セーション・トレーニング（Relaxation training）、感情の表現と調整（Affective expression and
modulation）、認知対処（Cognitive coping）、トラウマナラティブとプロセシング（Trauma narrative
and processing）、実生活内のトラウマリマインダーの統制（In vivo mastery of trauma reminders）、
親子合同セッション（Conjoint parent-childsessions）、将来の安全と発達の強化（Enhancing future
safety and development）からなる（Cohen, Mannarino, & Deblinger, 2006、第 3 章を参照）。

　TF-CBT がトラウマに曝露された子どもの PTSD、不安、うつなどの症状を軽減することが、い
くつかの無作為化比較試験で証明されている（E. J. Brown, Pearlman, & Goodman, 2004; Cohen et al.,
2004; Cohen, Mannarino, & Iyengar, 2011; Cohen, Mannarino, & Staron, 2006; Deblinger et al., 2011）。　最
近のメタ解析では、人種／民族的少数派の若者にも「おそらく有効だろう」と報告されている
（Huey & Polo, 2008）。しかしながら、すでに言及したように、人種／民族的少数派の子どもたちの
研究参加数は十分とは言えず、治療結果の一般化には限界がある。今のところ、トラウマの影響を
受けた人種／民族的少数派の若者特有の精神保健上のニーズに特化して設計された治療法は存在し
ない。

文化とトラウマ治療の統合：CM-TF-CBT

　ヒスパニック／ラテン系の若者とその家族向けに文化的修正を加えたトラウマフォーカスト認知
行動療法（CM-TF-CBT）がある。修正は以下の要点に基づいている。（1）ラテン系の人々への治
療実施に関する理論や実証研究（Cuéllar, Arnold, & Gonzáles, 1995; Fragoso & Kashubeck, 2000; Neff
& Hoppe, 1993; Sabogal et al., 1987）、（2）トラウマに曝露されたラテン系家族についての質的量的研
究（Bridges et al., 2010; de Arellano & Danielson, 2008; de Arellano et al., 2005）、（3）ラテン系の若者
と家族へ TF-CBT を実践してきた 16 年以上の臨床経験。CM-TF-CBT は、治療モデルへの忠実さ
を保ちながら、文化的要因（例：**家族の絆**［familismo］、**親近感**［personalismo］、性別役割、スピリ
チュアリティ）を治療コンポーネントに組み入れ、子どもと家族のトラウマのとらえ方や対処法へ
の文化的要因の影響に注意を払っている。このマニュアル化された介入法では、クライエントが堅
持している文化的要因の度合いに応じて内容を調整し、治療全体にわたって文化的要因を組み込ん
でいく。

　CM-TF-CBT は、その受容性、文化的妥当性、治療有効性を調べるためにフォーカスグループイ

ンタビューを用いて開発された。特に、精神保健や精神科治療に関する信念、トラウマの影響に関する見方、TF-CBTの治療コンポーネント（PRACTICE）、それぞれへの反応に注意が注がれた。ラテン系グループ内にも大きな異質性が存在することを考慮して、フォーカスグループインタビューは、米国のさまざまな地域（例：マイアミ、サンディエゴ、ニューヨーク、テキサスのいくつかの都市）のラテン系の養育者、彼等への治療提供者を対象に実施された（Davidson et al., 2010）。質的な研究結果によると、一般的にラテン系の養育者は精神科治療の重要性、とりわけトラウマ曝露に関連する精神科治療の重要性を認識していた。しかし、精神保健サービスに関する知識は欠如していた（例：「治療は頭のおかしい人のためのものじゃないの？」「治療で一体なにをするの？」）。したがって、養育者と子ども双方に対して、精神保健上の問題とその治療に関する幅広い心理教育が推奨された。TF-CBTの治療コンポーネントであるPRACTICEはいずれも文化的に受容されうることが判明したが、治療原理と臨床例の文化的な適切性や妥当性はまだ明らかではない。養育者は、家族の文化システムや信念体系（例：スピリチュアリティ、養育習慣）を上手く治療に取り込み、親子間の葛藤（例：文化的適応度の差による）や移民・新しい環境へ適応する上での困難さなど、臨床上重要なその他の問題に対応する臨床家の能力が、治療へのかかわりに影響することを強調していた。

ヒスパニック／ラテン系アメリカ人のためのCM-TF-CBTの構造

　CM-TF-CBTでは、PRACTICEのそれぞれのコンポーネントで、文化的な修正を加えることができる。しかし、次に述べるような提案や臨床例に加えて、理想的には、治療の全経過を通じて、文化的要因が明らかになるたびにそれを治療の中に取り込み（例：祈りをリラックス法として使う）、子どもと家族のニーズを満たすために治療をオーダーメイドすべきである。また、治療に修正を加えたときは、もともとの治療モデルへの忠実さが失われていないかに注意を払わなければいけない。

心理教育

　子どもと養育者が治療の原理をしっかり理解し治療に対する期待が治療者と一致していることを確認するのに加えて、治療が家族の文化的信念と一致しているかどうかも確かめる必要があるかもしれない。たとえば、スピリチュアリティを非常に重視する家族は、神に献身することで、神が家族を守ってくれるので治療の必要はないと信じているかもしれない。こういった文化的信念と治療の枠組みを一致させる方法の1つは、この治療に家族が紹介されたこと自体が、神の配慮かもしれないと伝えることである。また、もう1つ文化的に治療の枠組みを一致させる別の方法としては、信念体系の変容に感受性を持って接し、敬意を払いながら興味を示しつつ、彼らの家族の宗教的教義から治療に役立つものを取り入れることである。たとえば、治療者は、子どもや養育者が彼らの信念体系と関連しているであろう宗教の教義をどのように理解しているかたずね（例：神は自ら助くる者を助く）、それを用いて治療への取り組みを促すことができる。また、心理教育やそのほかの治療コンポーネントとして、**諺（dicho）** も有用であり、さまざまな技法を教える上で、諺を用いることでクライエントとの治療関係が深まり、患者の学習が進む。諺は、短いフレーズ、センテン

スから成り、リズムがある、スペイン語の言い習わしや格言であり、しばしば日常会話でも用いられる（Aviera, 1996）。たとえば、心理教育の中で希望を持たせるのに有用な諺、「雨降って地固まる（Depues de la tormenta, sale el sol entre las nubes）」というものがある。

ペアレンティングスキル・トレーニング

　親が問題だと見なしている子どもの行動への対応法を伝えることは、親へのねぎらい、サポート、ストレス軽減の良い機会であり、親の治療へのかかわりを促進させうる。親への尊敬を第一に考える家族の場合は、そのことについて細心の注意を払わなければならない。このペアレンティングという方法は、できるだけ親の養育に関するさまざまな信念とも一致するように構成する必要がある（例：アクティブ・ペアレンティングの方法を用いる）（McCabe et al., 2005; McCabe & Yeh, 2009）。

リラクセーション・トレーニング

　ヒスパニック系の人々にとっては宗教やスピリチュアリティが非常に重要であると言われている（Campesino & Schwartz, 2006; Levin, Markides, & Ray, 1996; Neff & Hoppe, 1993）。これらをそのままリラクセーション法に取り入れることができる（例：祈り、宗教的な教えを肯定的な自分への言葉として利用する）。また、リラクセーションの技法が、子どもとその家族の経験や知識からみて、分かりやすく合理的であることを確認することも重要である。たとえば、視覚的イメージを用いて想像上の場面を思い浮かべる（例：浜辺でリラックスしている様子を想像する）というやり方は、子どもにとってわかりやすく、なじみ深いものだろう。

感情の表現と調整

　感情を管理するための感情認識のスキルや戦略は、諺、物語（cuentos）、文化や歴史の参考書などを使いながら、文化的文脈において教えると非常に効果的だろう。また、バイリンガルの子どもの使う言語に配慮することも重要である。バイリンガルの子どもは、感情表現の語彙など2つの言語の発達にばらつきがあることが多い。たとえば、就学前からスペイン語を第一言語として話していた子どもは、基本的な感情表現を小さいころからスペイン語で習得している。そのため、学校でスペイン語とまったく同じように英語での感情表現を習得していくとは限らない。英語とスペイン語の両方で簡単な感情の同定と表現のエクササイズを行い、子どもが話し合っている感情についてきちんと理解しているか確かめた方がよいだろう。また、すでに述べたように、伝統的な性役割（例：男尊女卑）の影響で、男の子が恐怖や悲しみの感情を表現しにくくなることもある。その場合、これらの感情を真の「強さ」の証ととらえなおすことが役に立つかもしれない。養育者が子どもを励まし、こういった感情の表現を促すことや、そうすることが勇敢なことだと子どもに伝えることによって、子どもの感情への気づきや感情調整スキルが発達していく。

認知対処

　物語や諺も、精神世界や宗教についての書籍と同様に、認知対処スキルを磨くことに活用できる。

われわれの思考を変えることが感情や行動にどのように影響を与えているか、いろいろな物語を使って説明することができる（例：「小さな赤い蟻［The little Red Ant］」）。「意志あるところに道は開ける」「失敗は成功のもと」など有名な諺は、自己への肯定的な言葉かけに活用できるだろう。

トラウマナラティブとプロセシング

　トラウマとなった出来事について直接話しあうことには、対処すべき障壁がつきまとうことが多い。たとえば、「家族のこと」を部外者に知られたくないとか、性的虐待の事例での保守的な性に対する考えなどである。また、子どもが性に関する話題を大人と話し合うことをタブー視する家族もいる。さらに、バイリンガルの子どもにとっては、彼らが話しやすい言語で体験を語る機会があれば有用であろう。記憶に関する情報は、記憶が作られたときに用いていた言語で刺激されると思い出しやすいと言われている（Javier, Barroso, & Munoz, 1993; Javier & Marcos, 1989）。子どもが低年齢で被害を受け、そのときはスペイン語だけしか話していなかった場合は、トラウマナラティブをスペイン語で作成するほうが記憶を思い出しやすく、より詳細な描写が得られるだろう。

実生活内のトラウマリマインダーの統制

　このコンポーネントに特別な修正は必要ないが、脱感作の手続きを行うときは子どもと家族の文化的な信念を尊重することを忘れてはならない。また、実生活内曝露の治療原理をわかりやすく伝えることは非常に重要であり、諺や物語を使って恐怖に直面することの利点を示すことが（例：笑う頭蓋骨［The Laughing Skul］）、実生活内曝露とトラウマナラティブの両方に有用であろう。

親子合同セッション

　養育者に合同セッションの準備をさせるとき、子どものトラウマナラティブを聞くことは非常につらいものになるだろうことを、治療者は認識しておく必要がある。特に、自分自身の過去にトラウマ体験があるが何の治療も受けたことがない養育者にはつらいものになる。これまでの研究によると、ヒスパニック系の人々はトラウマ体験のリスクが高いにもかかわらず、精神科治療をあまり受けていないということがわかっているので（Bridgeset al., 2010; Newcomb, Munoz, & Carmona, 2009）、子どものナラティブを徐々に共有して、養育者の役に立たない考えを認知的に処理していく段階では、こういった問題に注意を向けつつ対処する必要がある。

将来の安全と発達の強化

　養育者は、子どもの生活環境に影響を与え、有害なことから子どもを遠ざけることができるので、理想的には彼らが中心になってこのコンポーネントをすすめられるとよい。したがって、子どもの養育に責任を持っている人が何人かいる場合は、全員を治療に巻き込むことが重要である。家族と治療者は、もともと行っていた安全対策が、新しくやってきた現在の地でも使えるかどうか議論し、今の環境にあったものにすることでより子どもの安全感を高めることができる。文化的な価値観や習慣で安全を妨げるようなものがあれば対処すべきである。たとえば、尊敬を非常に重視する家族

は、子どもがいつも従順であることを求め、大人に質問するようなことを嫌うかもしれない。養育者を積極的に巻き込んで慎重に話し合うことで、どういった場合ならば子どもが権威者である大人に、安心して質問してよいのか分かってくるようになる。安心感を高める重要な方法は、子どもが養育者にトラウマナラティブで語った虐待体験について話し続け、将来の不安や疑問について安心して質問できるように促すことである。性的虐待では、親の性に対する保守的な考えや性についての社会規範などのために、こういったことが話しにくくなる。養育者が、子どもの安心感を高めるためにこれらの方法が重要であると理解し、将来的に子どもと性の話題についてしっかり話し合えるように促していくことが不可欠である。

結論

　人種／民族的少数派の被虐待児のための、トラウマに焦点化したエビデンスに基づく治療法はほとんどない。トラウマや虐待を経験する人種／民族的少数派の若者が多いにもかかわらず、その多くが公的な精神保健サービスをほとんど利用していないという不均衡を考慮すると、非常に大きな問題である。したがって、こういった若者のニーズに対処できる新たな介入法の開発が待たれる。予備的な研究では、人種／民族的少数派の若者に対するトラウマに焦点化した治療法のいくつかは有望なようではあるが（Cohen, Mannarino, & Deblinger, 2006）、研究の方法論的な問題が残されている（例：人種／民族的少数派の若者の研究参加者の数が少ない）ので、このデータから結論づけることには限界がある。

　過去数年の間、この分野の専門家は、エビデンスに基づく治療に文化的修正を加え、人種／民族的少数グループの人たちの治療へのかかわりを改善し、治療効果を向上させることを提言してきた。実際、最近のメタ解析の結果によると、エビデンスに基づく治療を文化に合わせて修正することで、参加者は積極的に治療に臨み、治療脱落が減り、治療成績が向上すると結論づけられている（Griner & Smith, 2006; Smith, Domenech Rodríguez, & Bernal, 2011）。この研究の著者らは、治療前と治療期間中の文化的要因の注意深い評価、文化的価値観の組み入れ、その文化に詳しい人との協力、患者を治療に留め置くための追加の支援、専門職員への文化感受性のトレーニングなどが必要であると述べている。治療提供者は、治療への取り組みや治療の完遂に影響を与える、文化的適応などの文化的構造・文化に特有な心的苦痛に関する語彙・文化原理（例：生物学的、スピリチュアルな）・精神症状の表現形式（例：身体化）などについて注意を払うべきである。

　今日までに、「子どもへの敬意／円環の修復」（Bigfoot & Schmidt, 2010）と呼ばれるアメリカンインディアンとアラスカ先住民の子どもを対象として開発されたTF-CBT（Bigfoot & Schmidt, 2010）、ヒスパニック／ラテン系の若者向けのCM-TF-CBT（de Arellano, Danielson, & Felton,2012）など、人種／民族的少数派の若者のために文化的修正を加えた治療法がいくつか存在する。CM-TF-CBTは、ヒスパニック系若者とその家族を対象にした、エビデンスに基づくマニュアル化された治療法である。この治療では、文化的な要素（例：家族の絆、スピリチュアリティ）をそれぞれのTF-CBTの治療コンポーネントに取り込んでいる。こうすることで、文化的要素がどのように子どもとその

家族のトラウマに対する見方や対処法に影響を与えるかについて注意を払いつつ、治療の原理からは外れないようにしているのである。予備的な研究では、このように、トラウマを受けた人種／民族的少数派の人々特有のニーズをよりよく満たすために、文化的修正を加えた治療を提供することで、CM-TF-CBT が、ヒスパニック系の若者の治療脱落率や PTSD 症状を減少させることが示されている（Davidson et al., 2010）。今後もこの分野の研究が発展し、エビデンスに基づく治療に文化的修正を加えたものが正式に評価され、文化的問題の重要性や、トラウマの影響を受けた人種／民族少数派の人々の精神保健ニーズに一層役立つであろう、エビデンスに基づく治療に文化的要因を組み込むことの必要性が科学界に広まっていくことを強く希望している。

［参考文献］

1. Abram, K. M., Teplin, L. A., Charles, D. R., Longworth, S. L., McClelland, G. M., & Dulcan, M. K. (2004). Posttraumatic stress disorder and trauma in youth in juvenile detention. *Archives of General Psychiatry, 61*, 403–411.

2. Aguilar-Gaxiola, S. A., Zelezny, L., Garcia, B., Edmondson, C., Alejo-Garcia, C., & Vega, W. A. (2002). Translating research into action: Reducing disparities in mental health care for Mexican Americans. *Psychiatric Services, 53*, 1563–1568.

3. Alegría, M., Canino, G., Stinson, F., & Grant, B. (2006). Nativity and DSM-IV psychiatric disorders among Puerto Ricans, Cuban Americans, and non-Latino whites in the United States: Results from the National Epidemiologic Survey on Alcohol and Related Conditions. *Journal of Clinical Psychiatry, 67*(1), 56–65.

4. Alva, S. A., & de Los Reyes, R. (1999). Psychosocial stress, internalized symptoms, and the academic achievement of Hispanic adolescents. *Journal of Adolescent Research, 14*, 343–358.

5. Aviera, A. (1996). "Dichos" therapy group: A therapeutic use of Spanish language proverbs with hospitalized Spanish-speaking psychiatric patients. *Cultural Diversity and Mental Health, 2*(2), 73–87.

6. Bailey, D. B., Skinner, D., Rodriguez, P., Gut, D., & Correa, V. (1999). Awareness, use, and satisfaction with services for Latino parents of young children with disabilities. *Exceptional Children, 65*, 367–387.

7. Beals, J., Manson, S. M., Whitesell, N. R., Spicer, P., Novins, D. K., Mitchell, C. M., for the AI-SUPERPFP Team. (2005). Prevalence of DSM-IV disorders and attendant help-seeking in two American Indian reservation populations. *Archives of General Psychiatry, 62*, 99–108.

8. Bernal, G., Bonilla, J., &Bellido, C. (1995). Ecological validity and cultural sensitivity for outcome research: Issues for the cultural adaptation and development of interventions. *Clinical Psychology: Science and Practice, 13*, 311–316.

9. Bernal, G., Jiménez-Chafey, M., &Domenech Rodríguez, M. (2009). Cultural adaptation of evidence-based treatments for ethno-cultural youth. *Professional Psychology: Research and Practice, 40*, 361–368.

10. Bernal, G., &Scharró-del-Río, M. R. (2001). Are empirically supported treatments valid for ethnic minorities? Toward an alternative approach for treatment research. *Cultural Diversity and Ethnic Minority Psychology, 7*(4), 328–342.

11. Berry, J. W. (1980). Acculturation as varieties of adaptation. In A. Padilla (Ed.), *Acculturation: Theory, models, and some new findings* (pp. 9–25). Boulder, CO: Westview Press.

12. Bigfoot, D., & Schmidt, S. R. (2010). Honoring children, mending the circle: Cultural adaptation of Trauma-Focused Cognitive-Behavioral Therapy for American Indian and Alaska Native children. *Journal of Clinical Psychology, 66*(8), 847–856.

13. Bohm, M. J., Babor, T. F., & Kranzler, H. R. (2003). The Alcohol Use Disorders Identification Test (AUDIT): Validation of a screening instrument for use in medical settings. *Journal of Studies on Alcohol, 56*, 423–432.

14. Bowen, N. K., & Bowen, G. L. (1999). Effects of crime and violence in neighborhoods and schools on the school behavior and performance of adolescents. *Journal of Adolescent Research, 14*, 319–342.

15. Bridges, A. J., de Arellano, M. A., Rheingold, A. A., Danielson, C., & Silcott, L. (2010). Trauma exposure, mental health, and service utilization rates among immigrant and United States–born Hispanic youth: Results from the Hispanic family study. *Psychological Trauma: Theory, Research, Practice, and Policy, 2*(1), 40–48.

16. Browman, C. L. (1996). The health consequences of racial discrimination: A study of African Americans. *Ethnicity & Disease, 6*, 148–153.

17. Brown, E. J., Pearlman, M. Y., & Goodman, R. F. (2004). Facing fears and sadness: Cognitive-behavioral therapy for childhood traumatic grief. *Harvard Review of Psychiatry, 12*(4), 187–198.

18. Brown, E. R., Ojeda, V. D., Wyn, R., & Levan, R. (2000). *Racial and ethnic disparities in access to health insurance and health care*. Los Angeles. CA: UCLA Center for Health Policy Research and the Henry J. Kaiser Family Foundation.

19. Butler, E. A., Lee, T. L., & Gross, J. J. (2007). Emotion regulation and culture: Are the social consequences of emotion suppression culture-specific? *Emotion, 7*(1), 30–48.

20. Campbell, C. I., Weisner, C., & Sterling, S. (2006). Adolescents entering chemical dependency treatment in private managed care: Ethnic differences in treatment initiation and retention. *Journal of Adolescent Health, 38*(4), 343–350.

21. Campesino, M., & Schwartz, G. E. (2006). Spirituality among Latinas/os: Implications of culture in conceptualization and measurement. *Advances in Nursing Science, 29*(1), 69–81.

22. Carr, V. J., Lewin, T. J., Kenardy, J. A., & Webster, R. A. (1997). Psychosocial sequelae of the 1989 Newcastle earthquake: III. Role of vulnerability factors in post-disaster morbidity. *Psychological Medicine, 27*, 179–190.

23. Cauce, A. M., Domenech- Rodríguez, M., Paradise, M., Cochran, B. N., Shea, J. M., Srebnik, D., & Baydar, N. (2002). Cultural and contextual influences in mental health help seeking: A focus on ethnic minority youth. *Journal of Consulting and Clinical Psychology, 70*, 44–55.

24. Cheng, D., Leong, F. T. L., & Geist, R. (1993). Cultural differences in psychological distress between Asian and Caucasian American college students. *Journal of Multicultural Counseling and Development, 21*, 182–190.

25. Cheung, F. K., & Snowden, L. R. (1990). Community mental health and ethnic minority populations. *Community Mental Health Journal, 21*, 182–190.

26. Chu, J. P., Hsieh, K., & Tokars, D. (2011). Help-seeking tendencies in Asian Americans with suicidal ideation and attempts. *Asian American Journal of Psychology, 2*, 25–38.

27. Cohen, J. A., Deblinger, E., Mannarino, A. P., & Steer, R. A. (2004). A multisite, randomized controlled trial for children with sexual abuse-related PTSD symptoms. *Journal of the American Academy of Child and Adolescent Psychiatry, 43*(4), 393–402.

28. Cohen, J. A., Mannarino, A. P., & Deblinger, E. (2006). *Treating trauma and traumatic grief in children and adolescents*. New York, NY: Guilford Press.

29. Cohen, J. A., Mannarino, A. P., & Iyengar, S. (2011). Community treatment of posttraumatic stress disorder for children exposed to intimate partner violence: A randomized controlled trial. *Archives of Pediatrics & Adolescent Medicine, 165*(1), 16–21.

30. Cohen, J. A., Mannarino, A. P., & Staron, V. R. (2006). A pilot study of modified cognitive-behavioral therapy for childhood traumatic grief (CBT-CTG). *Journal of the American Academy of Child and Adolescent Psychiatry, 45*(12), 1465–1473.

31. Constantine, M. G., Alleyne, V. L., Caldwell, L. D., McRae, M. B., & Suzuki, L. A. (2005). Coping responses of Asian, black, and Hispanic/Latina New York City residents following the September 11, 2001 terrorist attacks

against the United States. *Cultural Diversity and Ethnic Minority Psychology, 11*(4), 293–308.

32.　Corrigan, P. (2004). How stigma interferes with mental health care. *American Psychologist, 59,* 614–625.

33.　Coulter, A., & Fitzpatrick, R. (2000). The patient's perspective regarding appropriate health care. In G. L. Albrecht, R. Fitzpatrick, & S. C. Scrimshaw (Eds.), *The handbook of social studies in health and medicine* (pp. 454 –464). Thousand Oaks, CA: Sage Publications.

34.　Cuéllar, I., Arnold, B., & González, G. (1995). Cognitive referents of acculturation: Assessment of cultural constructs in Mexican Americans. *Journal of Community Psychology, 23,* 339–356.

35.　Danielson, C. K., de Arellano, M. A., Kilpatrick, D. G., Saunders, B. E., & Resnick, H. S. (2005). Child maltreatment in depressed adolescents: Differences in symptomatology based on history of abuse. *Child Maltreatment, 10,* 37–48.

36.　Davidson, T. M., de Arellano, M. A., Rheingold, A. A., Danielson, C. K., & Silcott, L. (2010, November). *Cultural adaptation of an evidence-based trauma focused treatment for Latinos/as.* Paper presented at the annual meeting of the National Latino/a Psychological Association, San Antonio, Texas.

37.　Davis, J. L., Borntrager, C., Combs-Lane, A., Wright, D., Elhai, J. D., Falsetti, S. A., et al. (2006). Comparison of racial groups on trauma and post-trauma functioning. *Journal of Trauma Practice, 5*(2), 21–36.

38.　de Arellano, M. A., & Danielson, C. (2008). Assessment of trauma history and trauma-related problems in ethnic minority child populations: An INFORMED approach. *Cognitive and Behavioral Practice, 15*(1), 53–66.

39.　de Arellano, M., Danielson, C., & Felton, J. W. (2012). Children of Latino descent: Culturally modified TF-CBT. In J. A. Cohen, A. P. Mannarino, & E. Deblinger (Eds.), *Trauma-Focused CBT for children and adolescents: Treatment applications*(pp. 253–279). New York, NY: Guilford Press.

40.　de Arellano, M. A., Waldrop, A. E., Deblinger, E., Cohen, J. A., Danielson, C., & Mannarino, A. R. (2005). Community outreach program for child victims of traumatic events: A community-based project for underserved populations. *Behavior Modification, 29*(1), 130–155.

41.　Deblinger, E., Mannarino, A. P., Cohen, J. A., Runyon, M. K., & Steer, R. A. (2011). Trauma-Focused Cognitive-Behavioral Therapy for children: Impact of the trauma narrative and treatment length. *Depression and Anxiety, 28,* 67–75.

42.　Deters, P. B., Novins, D. K., Fickenscher, A., & Beals, J. (2006). Trauma and posttraumatic stress disorder symptomatology: Patterns among American Indian adolescents in substance abuse treatment. *American Journal of Orthopsychiatry, 76*(3), 335–345.

43.　Domenech Rodríguez, M., Baumann, A. A., & Schwartz, A. L. (2011). Cultural adaptation of an evidence based intervention: From theory to practice in a Latino/a community context. *American Journal of Community Psychology, 47*(1–2), 170–186.

44.　du Pré, A. (2000). *Communicating about health: Current issues and perspectives.* Mountain View, CA: Mayfield.

45.　Duran, E., & Duran, B. (1995). *Native American postcolonial psychology.* New York. NY: State University of New York.

46.　Ehlers, C. L., Gizer, I. R., Gilder, D. A., & Yehuda, R. (2013). Lifetime history of traumatic events in an American Indian community sample: Heritability and relation to substance dependence, affective disorder, conduct disorder and PTSD. *Journal of Psychiatric Research, 47,* 155–161.

47.　Ellis, B. H., MacDonald, H. A., Lincoln, A. K., & Cabral, H. J. (2008). Mental health of Somali adolescent refugees: The role of trauma, stress, and perceived discrimination. *Journal of Consulting and Clinical Psychology, 76,* 184–193.

48.　Falicov, C. (1998). *Latino families in therapy: A guide to multicultural practice.* New York, NY: Guilford Press.

49.　Finkelhor, D., & Dzuiba-Leatherman, J. (1994). Victimization of children. *American Psychologist, 49,* 173–183.

50.　Fragoso, J. M., & Kashubeck, S. (2000). Machismo, gender role conflict, and mental health in Mexican American men. *Psychology of Men and Masculinity, 1,* 87–97.

51. Friedman, M. J., Schnurr, P. P., Sengupta, A., Holmes, T., & Ashcraft, M. (2004). The Hawaii Vietnam Veterans Project: Is minority status a risk factor for posttraumatic stress disorder? *Journal of Nervous and Mental Disease, 192*, 45–50.

52. Frueh, B. C., Elhai, J. D., Monnier, J., Hammer, M. B., & Knapp, R. G. (2004). Symptom patterns and service use among African American and Caucasian veterans with combat-related PTSD. *Psychological Services, 1*, 22–30.

53. Gilliss, C. L., Lee, K. A., Gutierrez, Y., Taylor, D., Beyene, Y., Neuhaus, J., et al. (2001). Recruitment and retention of healthy minority women into community-based longitudinal research. *Journal of Women's Health and Gender Based Medicine, 10*, 77–85.

54. Givens, J. L., &Tjia, J. (2002). Depressed medical students'use of mental health services and barriers to use. *Academic Medicine, 77*, 918–921.

55. Gnanadesikan, M., Novins, D. K., & Beals, J. (2005). The relationship of gender and trauma characteristics to posttraumatic stress disorder in a community sample of traumatized Northern Plains American Indian adolescents and young adults. *Journal of Clinical Psychiatry, 66*(9), 1176–1183.

56. Goebert, D., & Nishimura, S. (2011). Comparison of substance abuse treatment utilization and preferences among Native Hawaiians, Asian Americans and Euro Americans. *Journal of Substance Use, 16*(2), 161–170.

57. Griner, D., & Smith, T. B. (2006). Culturally adapted mental health interventions: A meta-analytic review. *Psychotherapy: Theory, Research, Practice, Training, 43*, 531–548.

58. Guarnaccia, P. J., Lewis-Fernández, R., & Rivera, M. M. (2003). Toward a Puerto Rican popular nosology: Nervios and ataque de nervios. *Culture, Medicine, and Psychiatry, 27*, 339–366.

59. Guarnaccia, P. J., & Lopez, S. (1998). The mental health and adjustment of immigrant and refugee children. *Child and Adolescent Psychiatric Clinics of North America, 7*, 537–553.

60. Hahm, H., Kolaczyk, E., Lee, Y., Jang, J., & Ng, L. (2012). Do Asian-American women who were maltreated as children have a higher likelihood for HIV risk behaviors and adverse mental health outcomes? *Women's Health Issues, 22*, e35–43.

61. Hanson, R. F., Self-Brown, S., Fricker-Elhai, A., Kilpatrick, D. G., Saunders, B. E., & Resnick, H. (2006). Relations among parental substance use, violence exposure and mental health: The national survey of adolescents. *Addictive Behaviors, 31*(11), 1988–2001.

62. Harmon, H., Langley, A., & Ginsburg, G. S. (2006). The role of gender and culture in treating youth with anxiety disorders. *Journal of Cognitive Psychotherapy: An International Quarterly, 20*(3), 301–310.

63. Hellerstedt, W. L., Peterson-Hickey, M., Rhodes, K. L., &Garwick, A. (2006). Environmental, social and personal correlates of having ever had sexual intercourse among American Indian youths. *American Journal of Public Health, 96*, 2228–2234.

64. Hinton, D. E., Chhean, D., Pich, V., Hofmann, S. G., & Barlow, D. H. (2006). Tinnitus among Cambodian refugees: Relationship to PTSD severity. *Journal of Traumatic Stress, 19*, 541–546.

65. Hinton, D. E., Pich, V., Marques, L., Nickerson, A., & Pollack, M. H. (2010). Khyâl attacks: A key idiom of distress among traumatized Cambodian refugees. *Culture, Medicine, and Psychiatry, 34*, 244–278.

66. Hiott, A., Grzywacz, J. G., Arcury, T. A., & Qunadt, S. A. (2006). Gender differences in anxiety and depression among immigrant Hispanics. *Families, Systems, & Health, 24*(2), 137–146.

67. Hsu, E., Davies, C. A., & Hansen, D. J. (2004). Understanding mental health needs of Southeast Asian refugees: Historical, cultural, and contextual challenges. *Clinical Psychology Review, 24*, 193–213.

68. Huey, S. J., & Polo, A. J. (2008). Evidence-based psychosocial treatments for ethnic minority youth. *Journal of Clinical Child and Adolescent Psychology, 37*, 262–301.

69. Javier, R. A., Barroso, F., & Munoz, M. A. (1993). Autobiographical memory in bilinguals. *Journal of Psycholinguistic Research, 22*, 319–338.

70. Javier, R. A., & Marcos, L. R. (1989). The role of stress on the language-independence and code-switching

phenomena. *Journal of Psycholinguistic Research, 18*(5), 449–472.

71. Jaycox, L. H. (2004). *Cognitive behavioral intervention for trauma in schools*. Longmont, CO: Sopris West Educational Services.

72. Jaycox, L. H., Stein, B. D., Kataoka, S. H., Wong, M., Fink, A., Escudero, P. I. A., et al. (2002). Violence exposure, posttraumatic stress disorder, and depressive symptoms among recent immigrant schoolchildren. *Journal of the American Academy of Child and Adolescent Psychiatry, 41*, 1104–1110.

73. Jones, L. M., Finkelhor, D., & Halter, S. (2006). Child maltreatment trends in the 1990s: Why does neglect differ from sexual and physical abuse? *Child Maltreatment, 11*, 107–120.

74. Kataoka, S. H., Stein, B. D., Jaycox, L. H., Wong, M., Escudero, P., Tu, W., et al. (2003). A school-based mental health program for traumatized Latino immigrant children. *Journal of the American Academy of Child and Adolescent Psychiatry, 42*(3), 311–318.

75. Kazdin, A. E. (2000). Developing a research agenda for child and adolescent psychotherapy. *Archives of General Psychiatry, 57*(9), 829–835.

76. Kim, B. S. K. (2007). Adherences to Asian and European American cultural values and attitudes toward seeking professional help among Asian American college students. *Journal of Counseling Psychology, 54*(4), 474–480.

77. Kim, B. S. K., & Omizo, M. M. (2003). Asian cultural values, attitudes toward seeking professional psychological help, and willingness to see a counselor. *Counseling Psychologist, 31*, 343–361.

78. Koss, M. P. (1980). A multivariate analysis of long-term stay in private practice psychotherapy. *Journal of Clinical Psychology, 36*, 991–993.

79. Kroll, J., Yusuf, A., & Fujiwara, K. (2011). Psychoses, PTSD, and depression in Somali refugees in Minnesota. *Social Psychiatry and Psychiatric Epidemiology, 46*(6), 481–493.

80. La Roche, M. J. (2002). Psychotherapeutic considerations in treating Latinos. *Harvard Review of Psychiatry, 10*(2), 115–122.

81. Le Meyer, O., Zane, N., Cho, Y., & Takeuchi, D. T. (2009). Use of specialty mental health services by Asian Americans with psychiatric disorders. *Journal of Consulting and Clinical Psychology, 77*, 1000–1005.

82. Leong, F., & Lau, A. (2001). Barriers to providing effective mental health services to Asian Americans. *Mental Health Services Research, 3*, 201–214.

83. Leong, F. T. L., Wagner, N. S., & Kim, H. H. (1995). Group counseling expectations among Asian American students: The role of culture-specific factors. *Journal of Counseling Psychology, 42*(2), 217–222.

84. Levin, J. S., Markides, K. S., & Ray, L. A. (1996). Religious attendance and psychological well-being in Mexican Americans: A panel analysis of three-generations data. *Gerontologist, 36*(4), 454–463.

85. Libby, A. M., Orton, H. D., Novins, D. K., Spicer, P., Buchwald, D., Beals, J., & Manson, S. M. (2004). Childhood physical and sexual abuse and subsequent alcohol and drug use disorders in two American-Indian tribes. *Journal of Studies on Alcohol, 65*(1), 74–83.

86. Liu, W. M., & Iwamoto, D. K. (2006). Asian American men's gender role conflict: The toll of Asian values, self-esteem, and psychological distress. *Psychology of Men & Masculinity, 7*(3), 153–164.

87. Manson, S. M. (2000). Mental health services for American Indians and Alaska Natives: Need, use, and barriers to effective care. *Canadian Journal of Psychiatry, 45*, 617–626.

88. Manson, S. M., Beals, J., O'Nell, T., & Piasecki, J. (1996). Wounded spirits, ailing hearts: PTSD and related disorders among Native American Indians. In A. J. Marsella, M. J. Friedman, E. T. Gerrity, & R. M. Scurfield (Eds.), *Ethnocultural aspects of posttraumatic stress disorder: Issues, research, and clinical applications* (pp. 225–283). Washington, DC: American Psychological Association.

89. Marín, G., &Marín, B. (1991). *Research with Hispanic populations*. Thousand Oaks, CA: Sage Publications.

90. Marshall, G. N., Schell, T. L., & Miles, J. V. (2009). Ethnic differences in posttraumatic distress: Hispanics' symptoms differ in kind and degree. *Journal of Consulting and Clinical Psychology, 77*, 1169–1178.

91. Matsumoto, D., Yoo, S. H., Hirayama, S., & Petrova, G. (2005). Development and validation of a measure of display rule knowledge: The Display Rule Assessment Inventory. *Emotion, 5*(1), 23–40.

92. McCabe, K., & Yeh, M. (2009). Parent-child interaction therapy for Mexican-Americans: A randomized clinical trial. *Journal of Clinical Child and Adolescent Psychology, 38*, 753–759.

93. McCabe, K. M., Yeh, M., Garland, A. F., Lau, A. S., & Chavez, G. (2005). The GANA program: A tailoring approach to adapting parent child interaction therapy for Mexican Americans. *Education & Treatment of Children, 28*(2), 111–129.

94. Meinert, J. A. (2003). Bridging the gap: Recruitment of African-American women into mental health research studies. *Academic Psychiatry, 27*, 21–28.

95. Miranda, J., Azocar, F., Organista, K. C., Muñoz, R. F., & Lieberman, A. (1996). Recruiting and retaining low-income Latinos in psychotherapy research. *Journal of Consulting and Clinical Psychology, 64*, 868–874.

96. Mitchell, S. J., &Ronzio, C. R. (2011). Violence and other stressful life events as triggers of depression and anxiety: What psychosocial resources protect African American mothers? *Maternal and Child Health Journal, 15*(8), 1272–1281.

97. Moore, J., & Pachon, H. (1985). *Hispanics in the United States.* Englewood Cliffs, NJ: Prentice-Hall.

98. Neff, J. A., & Hoppe, S. K. (1993). Race/ethnicity, acculturation, and psychological distress: Fatalism and religiosity as cultural resources. *Journal of Community Psychology, 21*(1), 3–20.

99. Newcomb, M. D., Munoz, D. T., & Carmona, J. (2009). Child sexual abuse consequences in community samples of Hispanic and European American adolescents. *Child Abuse & Neglect, 33*(8), 533–544.

100. Niv, N., Wong, E. C., & Hser, Y. (2007). Asian Americans in community-based substance abuse treatment: Service needs, utilization, and outcomes. *Journal of Substance Abuse Treatment, 33*, 313–319.

101. Oetzel, J., Duran, B., Lucero, J., Jiang, Y., Novins, D. K., Manson, S., et al. (2006). Rural American Indians' perspectives of obstacles in the mental health treatment process in three treatment sections. *Psychological Services, 3*, 117–128.

102. Organista, K. C., Muñoz, R. F., & González, G. (1994). Cognitive-behavioral therapy for depression in low-income and minority medical outpatients: Description of a program and exploratory analyses. *Cognitive Therapy and Research, 18*(3), 241–259.

103. Oshri, A., Tubman, J. G., & Burnette, M. L. (2012). Child maltreatment histories, alcohol and other drug use symptoms, and sexual risk behavior in a treatment sample of adolescents. *American Journal of Public Health, 102*(Suppl. 2), S250–257.

104. Pavkov, T. W., Travis, L., Fox, K. A., King, C., & Cross, T. L. (2010). Tribal youth victimization and delinquency: Analysis of Youth Risk Behavior Surveillance Survey data. *Cultural Diversity and Ethnic Minority Psychology, 16*(2), 123–134.

105. Perilla, J. L., Norris, F. H., & Lavizzo, E. A. (2002). Ethnicity, culture, and disaster response: Identifying and explaining ethnic differences in PTSD six months after Hurricane Andrew. *Journal of Social and Clinical Psychology, 21*(1), 20–45.

106. Pole, N., Best, S. R., Metzler, T., & Marmar, C. R. (2005). Why are Hispanics at greater risk for PTSD? *Cultural Diversity and Ethnic Minority Psychology, 11*, 144–161.

107. Pole, N., Gone, J. P., & Kulkarni, M. (2008). Posttraumatic stress disorder among ethnoracial minorities in the United States. *Clinical Psychology: Science and Practice, 15*, 35–61.

108. Porche, M. V., Fortuna, L. R., Lin, J., & Alegria, M. (2011). Childhood trauma and psychiatric disorders as correlates of school dropout in a national sample of young adults. *Child Development, 82*(3), 982–998.

109. Price, M., Davidson, T., Andrews, J. O., & Ruggiero, K. J. (2013). Access, use, and completion of a brief disaster mental health intervention among Hispanics, African Americans and whites affected by Hurricane Ike. *Telemedicine and Telecare, 19*, 70–74.

110.　Pumariega, A. J., Rothe, E., & Pumariega, J. B. (2005). Mental health of immigrants and refugees. *Community Mental Health Journal, 41*, 581–597.

111.　Rivera, S., & de Arellano, M. A. (2008). *Culturally-Modified Trauma-Focused Cognitive Behavioral Therapy*. Paper presented at the annual meeting of the San Diego International Conference on Child and Family Maltreatment, San Diego, CA.

112.　Roberts, A. L., Gilman, S. E., Breslau, J. J., Breslau, N. N., & Koenen, K. C. (2011). Race/ethnic differences in exposure to traumatic events, development of post-traumatic stress disorder, and treatment-seeking for post-traumatic stress disorder in the United States. *Psychological Medicine, 41*(1), 71–83.

113.　Rosselló, J., Bernal, G., & Rivera-Medina, C. (2008). Individual and group CBT and IPT for Puerto Rican adolescents with depressive symptoms. *Cultural Diversity and Ethnic Minority Psychology, 14*, 234–245.

114.　Sabogal, F., Marín, G., Otero- Sabogal, R., Marín, B., & Peréz-Stable, E. J. (1987). Hispanic familisma and acculturation: What changes and what doesn't? *Hispanic Journal of Behavioral Sciences, 9*, 397–412.

115.　Santiago-Rivera, A. L., Arredondo, P., & Gallardo-Cooper, M. (2002). *Counseling Latinos and la familia*: A practical guide. Thousand Oaks, CA: Sage Publications.

116.　Schwarzbaum, S. (2004). Low-income Latinos and dropout: Strategies to prevent dropout. *Journal of Multicultural Counseling and Development, 32*(extra), 296–306.

117.　Singh, S., Manjula, M. M., & Philip, M. (2012). Suicidal risk and childhood adversity: A study of Indian college students. *Asian Journal of Psychiatry, 5*(2), 154–159.

118.　Siqveland, J., Hafstad, G., & Tedeschi, R. G. (2012). Posttraumatic growth in parents after a natural disaster. *Journal of Loss and Trauma, 17*(6), 536–544.

119.　Smart, J. F., & Smart, D. W. (1995). Acculturative stress of Hispanics: Loss and challenge. *Journal of Counseling and Development, 73*, 390–396.

120.　Smedley, B. D., Stith, A. Y., & Nelson, A. R. (2003). *Unequal treatment: Confronting racial and ethnic disparities in health care*. Washington DC: Institute of Medicine, Committee on Understanding and Eliminating Racial and Ethnic Disparities in Health Care.

121.　Smith, T. B., Domenech Rodríguez, M., & Bernal, G. (2011). *Culture. Journal of Clinical Psychology: In Session, 67*, 166–175.

122.　Sontag, J. C., & Schacht, R. (1993). Family diversity and patterns of service utilization in early intervention. *Journal of Early Intervention, 17*, 431–444.

123.　Stein, B. D., Jaycox, L. H., Kataoka, S. H., Wong, M., Tu, W., Elliott, M. N., & Fink, A. (2003). A mental health intervention for schoolchildren exposed to violence: A randomized controlled trial. *JAMA, 290*(5), 603–611.

124.　Stevens, T. N., Ruggiero, K. J., Kilpatrick, D. G., Resnick, H. S., & Saunders, B. E. (2005). Variables differentiating singly and multiply victimized youth: Results from the national survey of adolescents and implications for secondary prevention. *Child Maltreatment, 10*, 211–223.

125.　Sue, D. W., & Sue, D. (1999). *Counseling the culturally different* (3rd ed.). New York, NY: John Wiley & Sons.

126.　Sue, S. (1998). In search of cultural competence in psychotherapy. *American Psychologist, 42*, 37–45.

127.　Sue, S., Cheng, J., Saad, C. S., & Chu, J. P. (2012). Asian American mental health: A call to action. *American Psychologist, 67*(7), 532–544.

128.　Tata, S. P., & Leong, F. T. L. (1994). Individualism-collectivism, social-network orientation, and acculturation as predictors of attitudes toward seeking professional psychological help among Chinese-Americans. *Journal of Counseling Psychology, 41*(3), 280–287.

129.　Ting, J. Y., & Hwang, W. C. (2009). Cultural influences on help-seeking attitudes in Asian American students. *American Journal of Orthopsychiatry, 79*, 125–132.

130. Triandis, H. C. (1988). Collectivism and development. In D. Sinha & H. S. R. Kao (Eds.), *Social values and development: Asian perspectives* (pp. 285– 303). New Delhi, India: Sage Publications.

131. U.S. Census Bureau. (2010). *Quick facts*. http:// quickfacts.census.gov/qfd/states/00000.html

132. U.S. Department of Health and Human Services. (2001). *Mental health: Culture, race, and ethnicity* (Supplement to *Mental health: A report of the surgeon general*). Rockville MD: Office of the Surgeon General (US), Center for Mental Health Services, National Institute of Mental Health.

133. U.S. Department of Health and Human Services, Administration for Children and Families, Administration on Children, Youth and Families, Children's Bureau. (2012). *Child maltreatment, 2011*. www.acf.hhs.gov/sites/default/files/cb/cm11. Pdf #page=18

134. Voisin, D. R., Bird, J. P., Hardestry, M., & Cheng Shi, S. (2011). African American adolescents living and coping with community violence on Chicago's Southside. *Journal of Interpersonal Violence, 26*(12), 2483–2498.

135. Whitesell, N., Beals, J., Mitchell, C. M., Manson, S. M., & Turner, R. (2009). Childhood exposure to adversity and risk of substance-use disorder in two American Indian populations: The meditational role of early substance-use initiation. *Journal of Studies on Alcohol and Drugs, 70*, 971–981.

136. Woodall, A., Morgan, C., Sloan, C., & Howard, L. (2010). Barriers to participation in mental health research: Are there specific gender, ethnicity and age related barriers? *BMC Psychiatry, 10*, 103.

137. Zheng, Y., Lin, K. M., Takeuchi, D., Kurasaki, K. S., Wang, Y. X., & Cheung, F. (1997). An epidemiological study of neurasthenia in Chinese-Americans in Los Angeles. *Comprehensive Psychiatry, 38*, 249–259.

第13章
トラウマシステム療法
トラウマインフォームドな児童福祉システムを作り上げるアプローチ

アダム・ブラウン

キャリル・P・ナバルタ

エリカ・トュルバーグ

グレン・サックス

総論

　この章では、虐待やネグレクトに曝された子どもが、子どものために働く専門家、すなわち、児童福祉システムに出合うまでの一般的な流れに焦点を当てていく。児童福祉にかかわっている子どもや家族というのは、当然、トラウマ体験をしている。そこには、そもそも児童福祉システムにかかわるきっかけになった不適切な養育という要因と、児童福祉システムが抱える侵襲的な性質という要因とが重なり合うのである。児童福祉システムにかかわる若者や家族の複雑なニーズを満たすために、考慮すべき重要な課題がある。この章では、トラウマシステム療法（TST）というモデルについて焦点を当てる。

トラウマシステム療法

　サービスを提供している「現場」、特に児童福祉のように複雑なシステムでは、効果的な方法を実践したり継続させたりするには、多くの障壁がある。そのため、結果的に児童福祉にかかわるほんの少しの子どもや家族にしか、必要なサービスが提供されないということになる。ここでは、児童福祉などのさまざまな設定で、2006年から使われてきたアセスメントと介入方法について述べる。

　Saxe ら（Ellis et all., 2012; Saxe, Ellis, & Kaplow, 2007）が開発したトラウマシステム療法は、トラウマティックストレスに曝された子どものアセスメントと治療についての包括的な手法である。TST は、子どもの情緒や行動上の問題を引き起こすと考えられている社会的・環境的な要因を特別に扱うことで、基盤となるアプローチにそれぞれ追加していくものであり、3歳くらいの子どもに用いられてきた。TST は、子どもや青年のトラウマティックストレスを、次の2つの考え方の軸の接点として概念化したものである。すなわち、（1）子どもが明白、かつ些細なリマインダーやストレッサーに接したときの情緒や行動の調節不全の程度と、（2）子どもを取り巻く人々が、こうしたリマインダーやストレッサーから子どもを守ったり、子どもがこうしたきっかけに直面したと

きに感情や行動の調節を手助けしたりする力、である。TST は、子どものケアに関する異なった
サービスをまとめる、組織化した中心となる構造である。TST では、4 つのタイプのサービスや
スキルを提供できなくてはならない。それは、①個々のスキルをもとにした、トラウマインフォー
ムドな心理治療（感情調節、認知処理技法やトラウマ処理技法）、②家族やコミュニティを基盤にした
ケア、③法的支援、④薬物療法、である。こうしたサービスを提供するチームの形態は地域によっ
て異なる。またその形態は、一般的には、すでにある機関が提供しているサービスやある地域で他
の機関がすでに提供しているサービスを調査し、機関同士の合意を経てそれぞれのサービスを統合
するなどして、**既存の資源から構築される**。TST は、家族が治療に関わることにも大きな重点を
置いており、治療関係を強めていくのに特別な治療戦略を用いたり、治療に参加することへの現実
的な障壁を取り除いたりする。治療に参加することの重大な構成要素は、感情・精神保健・精神保
健への介入について、**家族の文化に基づいて理解すること**である。児童福祉の設定で、TST を活
用したケースは多くある。このモデルは、ありふれた実践上の課題にもしっかり対応するアプロー
チなので、若者・家族・児童福祉にかかわるサービス・システムの複雑なニーズに対応するのにと
てもふさわしいものである。

重要な臨床上の特徴

トラウマシステムを特定する

「トラウマシステム」に焦点を当てるという点が、TST が他のトラウマ治療モデルとは異なる部

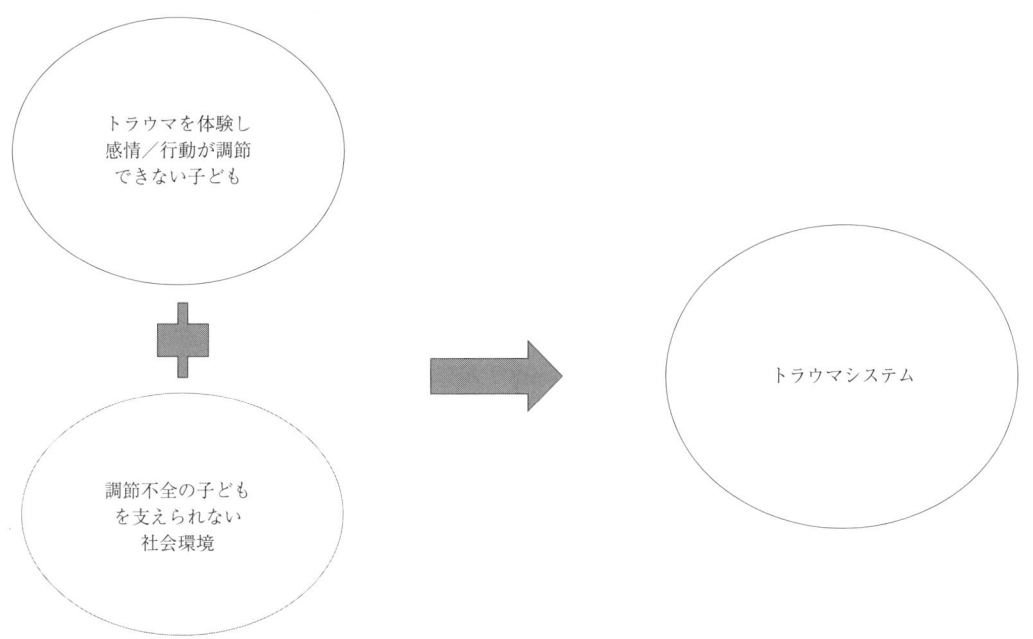

図 13.1　トラウマシステムの構成要素

分である。トラウマ曝露が子どもの発達に与える衝撃に対応しようとする多くのアプローチは、そうした曝露が適応的機能にどのように影響するかを調べる。TST は、感情や行動調節に焦点を当てたり、社会環境がこうした調節不全を引き起こしたり持続させたりする際に演じている役割に焦点を当てたりして、子どもへの影響を調べる。この両方を重視するところが、「トラウマシステム」の意味するところである。TST におけるトラウマシステムの定義には、トラウマ体験をして感情や行動の調節が困難な若者と、彼らが恐怖のリマインダーを調節したりリマインダーから身を守れるようにしたり、支援することができない社会環境や養育システムの両者を含む（図 13.1）。

アセスメント

　子どもは、3 つのカテゴリー（調節できる・感情調節不全・行動調節不全）のどれに当てはまるかを評価される。同様に、社会環境も 3 つのカテゴリー（安定している・苦境にある・脅威がある）に評価される。この 2 つの評価の関係（すなわちトラウマシステム）を測ることで、臨床家はその若者が治療の 5 つの段階（生き延びる、安定する、持ちこたえる、理解する、乗り越える）のどれに当てはまるかを評価することができる。TST のアセスメント表（表 13.1）は、治療の段階を決定するのに使われ、その段階に応じて、推奨される治療的介入法が明確になる。

　子どもに感情調節不全があるのか、行動調節不全があるのか、どちらもないのかをアセスメントするときに考慮される、4 つの重要な要素がある。まず、調節不全のエピソードは、子どもがストレッサーや引き金となる刺激に曝されたときの、気づき（awareness［または consciousness］）、感情（affect［または emotion］）、行動（action［または behavior］）の「3 つの A」の変化であると定義される。もしこの 3 つの A に変化がなければ、子どもは調節不全であるとはみなされない。次に、調節不全のエピソードの頻度がどの程度かということが考慮される。一般的には、エピソードが 1 週間、あるいは、1 か月のうちに何回あるかを記載する。3 つめに、調節不全のエピソードが、子どもの学校や家庭、友人関係、あるいは、自分自身の問題を引き起こしているという証拠が存在するかを確認する必要がある。ここで起こっている問題は、調節不全のエピソード自体と関係している可能性もあるし、あるいは、調節不全の状況に陥りそうだという予想と関連する感情や行動に関係する場合もある（例：障害、または苦痛の基準）。4 つめは、そのエピソードの最中に子どもにリスクの高い潜在的に危険な行動が認められる場合（例：攻撃的、自殺企図、自傷、その他の衝動的行動）、その子どもは**行動調節不全**とみなされるということである。この区分は、TST のアセスメント表（表 13.1）でいえば、感情調節の最も重篤な段階になる。これに対して、3A の変化が起こっているが、リスクの高い潜在的に危険な行動は見られない場合は、**感情調節不全**（中間段階）に評定されることになる。

　TST の枠組みでは、トラウマを体験して調節不全のエピソードのある子どもは、時間とともに、感情についての 4 つの段階を移行する。すなわち、調節できる（regulating）、活動性が上がる（revving）、再体験している（re-experiencing）、再構成している（reconstituting）、の「4 つの R」である。TST の治療計画が進展するかどうかは、対象の子どもが、調節できている・感情調節不全・行動調節不全のどこに位置するかを見極めることができるかどうかにかかっている。

表 13.1　トラウマシステム療法のアセスメント表

		社会環境の安定性		
		安定している	苦境にある	脅威である
感情調節	調節できている	乗り越える	理解する	持ちこたえる
	感情調節不全	理解する	持ちこたえる	安定する
	行動調節不全	持ちこたえる	安定する	生き延びる

　上記のように、TST は社会環境やケアシステムを、安定性の3つの連続した段階で概念化している（安定している・苦境にある・脅威である）。**支援**や**保護**の構成概念においては、こうした3段階の安定性を判別することが非常に重要である。**支援**は、子どもが感情や感情に動機づけられた行動に対処できるように援助するための、社会環境やケアシステムの能力に関係している。一方で、**保護**は、社会環境やケアシステムが、感情調節不全を引き起こすようなストレッサーから子どもを守る能力に関係している。総合すると、こうした能力がどの程度あるかということが、社会環境やケアシステムの安定性を正確に見極めるのに役立つ。

　子どもの社会環境やケアシステムが**安定している**と考えられるのは、以下の3つの条件が満たされた場合である。（1）子どもの直接の養育者が子どもの感情調節を助け、ストレッサーから守れる。（2）直接の養育者の、子どもを助け守る能力が限られていても、子どもの拡大家族・仲間集団・近隣の人たちが子どもを支えることができる。（3）直接の養育者や拡大家族が機能していなくても、子どものケアシステムが必要な支援を提供できる。一方で、子どもの主たる養育者や拡大家族、ケアシステムのいずれもが、子どもの感情調節を支援しストレッサーから守ることができない場合、子どものおかれている社会環境やケアシステムは**苦境にある**と判定される。

　最後に、子どもの社会環境やケアシステムが、**脅威である**と評定されるのは、以下のうちのどちらか、あるいは、両方がみられる場合である。（1）子どもの養育者が子どもにとって直接の脅威になっている。子どもの拡大家族や仲間集団、近隣の人たちは、その脅威から子どもを適切に守ることができない。子どものケアシステムにもアクセスできず、この脅威から子どもを適切に守ることができない。（2）直接の養育者以外に脅威が存在し、子どもはその外部の脅威から適切に守られていない。つまり、こうした3つの構成概念（安定している、苦境にある、脅威である）を使うことで、子どもの社会環境やケアシステムの安定性／不安定性を決定し、TST のアセスメント表を完成させることができるのである（表 13.1）。

治療計画

　アセスメント表にある9つの領域にそれぞれ相当する9つの性質の異なる治療段階に分けるのではなく、TST では、特徴的な焦点やテーマを5つの治療段階に絞っている。5つの段階とは、**生き延びる・安定する・持ちこたえる・理解する・乗り越える**であり、サービスの必要度の最も高いものから最も低いものまでを順序づけているものである。治療段階によって、TST サービスのうちの1つ以上のモジュールが、臨床的に示される（例：家庭あるいは地域でのケア、スキルに基づい

た外来治療、薬物療法、アドボカシー・サービス）。

1. 生き延びる（surviving）

　子どもを脅威的な環境や危険な刺激から守り、TST の次の段階へ進めるように介入していくこと。この段階にある子どもには行動調節不全があり、その子どもを取り巻く社会環境、あるいはケアシステムが脅威に満ちている。それゆえ、子どもの家庭環境についての全体像を広く見渡すために、また、脅威や危険がどの程度のものなのかをアセスメントするために、家庭や地域を基盤にした介入を集中的に行っていく。この段階では、社会福祉サービス機関や入院できる精神科、薬剤を処方できる医師などとの連携が必要になることが多い。感情調節スキルのトレーニングやアドボカシー・サービスも、必要な場合に実施される。

2. 安定する（stabilizing）

　安全な社会環境を作り出していくこと。この段階から治療を始めることになる家族というのは、家庭への介入なしにはどうにもならない重大な問題を抱えているものである。よくあるのは、家族の崩壊・子どもの学校や仲間関係・近隣に関係した問題であり、通常、これらのストレッサーは子どもが症状を引き起こすきっかけとなる。介入は家庭や学校を基盤に行われることが多く、子どもの調節不全をいつも決まって引き起こす環境要因を安定させるようにデザインされている。ここでの介入は、家庭、学校のように、その現場で行われることが多く、子どもの調節不全を引き起こしている環境要因を安定させるということをサポートするようになっている。この段階の介入には、必要なサービスを勧めるアドボカシーが含まれることがよくある。多くの子どもは、薬物療法やさらなる支援のためのアドボカシーを必要としている。

3. 持ちこたえる（enduring）

　感情をコントロールしたり、安全な社会環境を確立したりするのに必要なスキルを獲得していくこと。子どもや家族は、トラウマの衝撃を持ちこたえ、極端な行動を最小限に抑えるためのスキルを学ぶ必要がある。スキル学習を基本にした心理療法を効果的にするためには、子どもを取り巻く環境を安全にし、調節不全を引き起こすきっかけとならないようにしていかなければならない。この治療段階での心理療法の主な方法は、感情調節スキルの学習である。この段階に先立って治療が始まっているのなら、家庭や地域を基盤にした介入はほぼ完了しているべきである。この段階から治療を開始する子どもに対しては、家庭や地域への介入がいくつかの場面で必要になるであろう。

4. 理解する（understanding）

　子どもや家族が、これ以上トラウマ体験によって消耗することがないように、そうした体験についての治療的なコミュニケーションを構築していくこと。この段階では、認知行動療法の技法が主に用いられる。トラウマに関する認知処理をうまく実践することができるように、感情調節スキルの練習は、この治療段階の前に修了させておくほうがよいだろう。場合によっては、薬物療法が必要な場合もある。

5. 乗り越える（transcending）

　一旦トラウマが終わったら、トラウマ体験が現在にもたらす意味や将来の見通しを構築していく

こと。過去ではなく将来に目を向けて生活していくにはどうすればよいか、ということを学ぶことが中心になる。ここには、子どもや家族がセラピストと別れて、治療を終え進んでいくことを支えるという側面も含まれる。子ども・家族・セラピストは、トラウマ体験が現在にもたらす意味を見出せるような、文化的に承認された活動を特定し構築していく。

介入モジュール

　TST における介入は、7 つのモジュールに沿って行われる。子どもや家族がアセスメントされた治療段階に応じていろいろな組み合わせでサービスが提供される（図 13.2）。7 つの治療モジュールについて、ここでは簡潔にまとめてみよう。それぞれのモジュールの詳細な内容については治療マニュアルを参照してほしい（Saxe, Ellis, & Kaplow,2007）。

　1. **位置について、用意ドン**（Ready-Set-Go）
すべての家族に対して TST の最初に行う。治療の流れを説明し、家族がどの程度治療にかかわれるかを評価し、治療関係を築き、治療の障壁を克服する方法である。

　2. **現場の安定**（Stabilization-On-Site, SOS）
家庭や学校を基盤にした集中的なサービスで、子どもが日々生活している環境のなかの急性のストレスやトラウマ・リマインダーを直接的に減らすことに焦点を当てたものである。

　3. **アドボカシー・サービス**（Service Advocacy）
感情調節、特に、社会環境の安定に役立つ資源を提供するサービス・システムとしっかり連携するものである。たとえば、住居、経済的支援、DV のアドボカシーなどが含まれる。

　4. **薬物療法**（Psychopharmacology）
ここには、TST に関連する薬物療法の原則と実践、TST の治療チームにおける精神科コンサルテーションの役割について書かれている。

　5. **感情調節**（Emotional Regulation）
この部分は半構造化された、面接室での治療的なアプローチである。親と子どもの双方が感情に対する気づきを深め、調節するための特別なスキルや方法を獲得することを支えるものである。

　6. **認知処理**（Cognitive Processing）
子どもが、ストレッサーやリマインダーに直面しても調節不全を引き起こさないように、トラウマ処理についての認知行動療法のスキルを学ぶ。

　7. **意味の創出**（Meaning Making）
ここでは、子どもや家族が、セラピストとともに、トラウマ体験が現在にもたらす意味を創り出す活動を見つけていく。それは、芸術活動であったり、トラウマを乗り越えた「証明」のための儀式であったり、他者を支援する活動なども含まれる。それらは、家族の文化や宗教的背景と同調したものであることが多い。

表 13.2　トラウマシステム療法　治療介入表

モジュール	治療段階				
	生き延びる	安定する	持ちこたえる	理解する	乗り越える
現場の安定（SOS）	危機介入 サービスにつなぐ トリガーの低減	ペアレンティング・スキル サービスにつなぐ トリガーの低減	―	―	―
アドボカシー・サービス	アドボカシー・サービス	アドボカシー・サービス	アドボカシー・サービス	―	―
感情調節 　認知処理 　意味の創出	感情調節＊	感情調節	感情調節	認知処理	意味の創出
薬物療法	薬物療法＊	薬物療法＊	薬物療法＊	薬物療法＊	薬物療法＊

＊は、役に立つこともあるが必須ではないサービス。
―は、用いられない、または、禁忌となるモジュール

ツール

刻一刻と変わる状態についてのアセスメント

　TST では、調節不全を引き起こすきっかけとなる環境要因についての情報を集め、明確に理解しておくことが非常に重要である。刻一刻と変わる状態についてのアセスメント（Moment by Moment Assessmen, MMA）は、先述の３つの A や４つの R の変化を引きおこす環境内の引き金となるものを特定するのに利用するツールである。介入するべき部分を特定し正確に定義するために、TST の治療チームは MMA を用い、感情や行動の調節不全のエピソードや、調節不全を引きおこす刺激について記録しておく。次のようなステップに沿って、アセスメントは行われる。

1. 調節不全となったエピソードについて質問する。
2. そのエピソードの中で、3A がどう変化したのかを理解する。
3. これらのエピソードがどのような結果に終わったのかを確認する。
4. 家族（あるいは周囲の誰か）はどのように支えたのか、あるいは、事態を悪化させたのかを理解する。
5. このエピソードに対する子どもや家族の代償を判定する。

　こうした手順を踏むことで、治療チームは、特定の調節不全に陥った出来事の直前・最中・その後に、子どもがどんなことを考え、感じ、行動したのかについての非常に詳細な情報を集められる。さらに、エピソードの直前の子どもを取り巻く環境の正確な状態についての情報を集めることもできる。こうした情報は、子ども（落ち着いた状態に戻ってから）にたずねたり、出来事を目撃していた他の子どもに確認したり、そこにいた大人に聞いたりすることで、得られるものである。

優先的問題

　通常のケア／治療では、臨床上の介入目標は、診断フォーミュレーションと並行してすすむ。た

とえば、大うつ病と診断されている子どもの場合、悲しさ／不幸感・社会的に引きこもり／孤立感・自律神経症状などのうつ症状が治療の焦点であり、症状の軽減が主な治療目標となる。しかしながら、TST では、トラウマシステムがすべての介入の焦点となるところであり、特に、治療を受ける子どものトラウマシステムを明確に定義することが TST の優先的問題である。優先的問題とは、子どもの感情調節の問題と環境上のストレスを与える刺激との相互作用に基づいて決められる。

　一旦 MMA によって情報が集められれば、TST の治療チームは次のことを明らかにしていく。(1) 感情／行動の調節不全とそれを引き出す刺激との関連性、あるいは関連性のパターン。(2) そうした関係のパターンの中で、調節を助ける、あるいは、妨げる、子どもを取り巻く環境にいる人々の役割。(3) こうした関連性のパターンの機能的な意味。そして、子どもが引き起こしている調節不全のすべてのパターンの中から、臨床判断をもとに、優先順位を考えていくことになる。このような機能不全には、身体的な安全・治療へのかかわり・住居の斡旋や学校の選定・健康的な発達などが脅かされるような問題や、子どもや家族に重大な苦しみを引き起こすような問題、あるいは、比較的簡単に解決することができるが子どもや家族にとって大きな意味をもつ問題が挙げられるが、これらに限ったことではない。TST における優先的問題は、高い優先順位をつけられたパターンということになる（一般的にすべてのうちの 1 ～ 4 つの問題）。最終的に、治療チームは TST の優先的解決法を明確にし、臨床的な治療モジュールを使用することで、付随する優先的問題に対応する。そして、このような解決法を実行する役割を果たす人を特定する（例：子ども、親、外来担当医、家庭に基盤をおいたセラピスト、アドボケーター）。

　各々の TST の優先的問題は次のような文章を使い組み立てていく。「……のような、……のサインは、……という感情を引き起こし、感情や行動の調節不全につながる。それは、……によって立証される」。この文章は、治療チームが優先的問題を組み立てられるようにデザインされている。最初の空欄は社会環境の中でトラウマ体験を思い出させる特定のリマインダーについて書き、2 つめの空欄にはトラウマ体験について書く。残りの空欄は、これらのトラウマ・リマインダーが子どもの感情面や行動面の機能に与える影響について記述する。

現場での普及

　2013 年の前半の時点で、TST は 10 の州、17 カ所の事業所で、26 のプログラムが普及し実施されてきた。これらのプログラムは、地域に基盤を置いた外来プログラム、児童福祉と精神保健が連携したプログラム、里親と精神保健が連携したプログラム、身寄りのない未成年外国人のシェルターでのプログラム、学校を基盤に置いた精神保健のプログラム、入所型施設でのプログラム、小児科病院でのプログラム、物質乱用と精神保健が連携したプログラムなどである。TST の適応は、物質乱用プログラム・入所型ケア・里親といった特定の枠組みで実践され発展してきた。それぞれの場面で適応する際には、TST の主要な形態を忠実に実施し、その一方で、個々の特別なニーズに合わせて必要な変更を大幅に行うことで、「柔軟性と忠実性」という概念が実行されている

(Kendall & Beidas,2007)。2つの最も大規模な TST の適応は、児童福祉と難民のトラウマを対象としたものである。

児童福祉システムへの適応

　トラウマシステム療法（TST）とは、個々の子どもではなくトラウマシステムを治療目標とし、子どもと家族の臨床的実践的なニーズに対応するものである。トラウマシステムとは、トラウマ体験をして感情や行動を調節できない子ども、および、この調節不全に対処できるように子どもを保護することができない社会環境やケアシステムであると定義される。TST は、子どもや家族の「主要な苦痛の根源」を明らかにするために、特別な戦略やツールを使用し、トラウマを体験した子どもと家族に効果的にかかわる。つまり、各々のための目標や目標を達成するための解決策を見つけたり、子ども・家族・臨床家・ケースワーカーなど治療チームのすべてのメンバーに役割を割り振ったりする。

　サービスの最前線では、トラウマに焦点を当てたエビデンスのある実践の普及はしばしば妨げられてきたが、TST はその障壁に対処することで、トラウマ体験をした子どもや家族にサービスを提供している機関の組織的なニーズにも対応している。TST の発展には、**普及能力**の原理や、異なるサービスの側にもうまく広めていくための介入能力が含まれてきた。TST は、臨床モデルでもあり、組織的な枠組みでもあるのだ。TST を普及させていくには、組織のリーダーと TST のトレーナーや開発者との協働により作られた、組織としての明確な計画が必要である。この組織としての計画には、経済的な計画も含めて、組織が有する資源がどのように TST のプログラムを支え維持していかれるかということが書かれている。

　TST では、**サービスを受ける子どもやその家族の、人としてのニーズ**を認め、治療チームの重要なメンバーとして、治療のあらゆる段階で連携する。TST のアセスメントを行ったり、治療計画を立てていくプロセスに参加したりする必要があるので、現場で働くスタッフは自分たちが高度な役割を担っていると感じることが多い。実際、すべての段階ですべてのチームのメンバーがかかわっていかないと効果が得られない。TST では、サービスを提供するスタッフの代理受傷についても考慮されており、セルフケアや相互サポートに重点を置いている。こうした考えが、TST の

表 13.3　トラウマシステム療法の 10 原則

1.　機能しなくなっているシステムを修復する
2.　安全性を優先する
3.　事実に基づいた明確で焦点化した計画をたてる
4.　「準備」ができていないときには「実行」しない
5.　希少な資源は効果のあるところに投じる
6.　責任、特に自分の責任を主張する
7.　現実に合わせる
8.　自分自身やチームのセルフケアを考える
9.　強みを作る
10.　よりよいシステムに任せる

10 原則の中に組みこまれているのである（表13.3）。

　トラウマシステム療法は、十分に開発され、マニュアル化され、モデルに忠実に実践されてきた。そして重要なことは、さまざまな枠組みに適応できる柔軟性を有していることである。忠実性とは、発見的ガイドである TST の 10 原則を遵守するということである。この原則は、簡潔に先述した基本に基づいたものであり、TST のマニュアル（Saxe, Ellis, & Kaplow, 2007）の中に詳しく記述されている。TST の忠実性はこれらの原則によって支えられており、TST を実践する組織は、TST 開発チームの訓練や技術支援のもとに、それを実行していくのである。

　2002 年以来、TST は児童福祉機関で大規模に実践され、いくつかの成功をおさめ、有効性を実証してきた。Saxe ら（2005）は、ボストンの中心部やニューヨーク州郊外の子どもたちのコホート調査を実施し、110 家族のオープンテストの結果を発表した。治療開始時点では、60％ほどの家族が家庭や地域を基盤にした集中的なケアを必要としていたが、3 カ月後には、この段階の治療を必要とする家族は 39％のみだった。より最近の研究では、治療後 15 カ月後にも効果は持続しているか、より改善しているものさえいた。（Ellis et al., 2012）別の論文では、都市部のトラウマを体験した子どものサンプルで、従来の治療をした群との TST を行った群とのランダム化比較試験の概要が報告された（Saxe et al., 2012）。3 カ月後に表れた最も劇的な結果としては、TST を受けている家族のうち 90％が治療を継続しているのに比べ、従来の治療を受けている家族は 10％しか治療を継続していないということであった。こうしたことから、TST は治療の脱落率が非常に少ないことが示唆され、家族の治療参加の重要性や現存のサービス・システムの中でケアを統合していくことの重要性が強調されている。

　TST は、現在、カンザス州の大規模な児童福祉機関で実践されている。その領域は、里親制度・入所型施設・地域に根差した予防的なサービスなどに広がっている。こうした大規模な実践は、チャイルド・トレンズ（Child Trends／訳注：子どもの健康問題を扱う米国の研究所）によって評価され、アニー・E・ケイシー財団（Annie E Casey Foundation／訳注：米国の脆弱な子ども・家庭・コミュニティの生活改善を支援する財団）の支援を受けている（調査継続中）。

結論

　トラウマシステム療法（TST）は、トラウマを体験した子どもや青年、その家族のための包括的な治療モデルとして創りあげられたものである。TST は、Kazdin が示した「広い範囲を基盤にした治療」を例証している。すなわち、TST は、「治療計画全体に別々のコンポーネント（モジュール）が組み込まれているモジュール方式であると考えられている（Kazdin, 1997, p. 123）」。主な TST の治療モジュールは新しいものではないが、この治療の重要な革新部分は、臨床モデルが組織的なモデルの中に組みこまれているということである。つまり、TST は、子どもが適切なレベルのケアを、適切なタイミングで、しっかり調節された方法で受けることができるように、臨床的に何をするかというだけでなく、異なる臨床的な介入をどのように統合するかを説明しているのである。言い換えれば、TST は、異なったサービスの要素を特定し調整するための組織的な枠組みと、

それらのサービスが一旦まとめられたら提供者がするべきことを正確に説明する臨床モデル、の両方を提供するのである。こうした重要な特徴は、児童福祉のシステムに効果的な変化を生み出すために必要なものである。

　TST における主要な臨床上の革新は、治療参加や治療段階をもとにした戦略に焦点を当て、さらに感情調節と社会環境の相互関係（すなわちトラウマシステム）に妥協することなく焦点を当てていることである。子どもや家族が治療に参加し、一緒に治療目標に向かっていかなければ、改善など見込めるはずがない。このように、本人や家族がうまく治療にかかわるということが、非常に重要なことなのである。TST は段階に沿って進めていくモデルなので、治療計画の中で選ばれるサービスは、子どものニーズが大きいほどより集中的なものになる。しかし、治療の過程で子どもに進展が認められたら、治療の度合いを緩めていくことになる。全体のセッションの回数を明確にしているような他の治療的介入モデルと比較すると、TST においては、子どもは各々の進歩に沿って、治療のある段階から、次の段階に進んでいくというような形で進む。こうしたアプローチだと、それぞれの子どものニーズに合わせて治療を組み立てていくことができる。そして、最もサービスを必要としている子どもがそれを確実に受けられるように、組織が戦略的に資源を活用できるようにサポートできる。最後に、TST のすべてはトラウマシステムについてのものである。つまり、社会環境と子ども自身の感情調節能力の双方に、真に協力的な方法で対応していくものなのである。

[参考文献]

1. Ellis, B. H., Fogler, J., Hansen, S., Beckman, M., Forbes, P., Navalta, C. P., et al. (2012). Trauma Systems Therapy: 15-month outcomes and the importance of effecting environmental change. *Psychological Trauma: Theory, Research, Practice, and Policy, 4*(6), 624–630. doi:10.1037/a0025192

2. Kazdin, A. E. (1997). A model for developing effective treatments: Progression and interplay of theory, research, and practice. *Journal of Clinical Child Psychology, 26*(2), 114–129.

3. Kendall, P. C., & Beidas, R. S. (2007). Smoothing the trail for dissemination of evidence-based practices for youth: Flexibility within fidelity. *Professional Psychology: Research and Practice, 38*(1), 13–20.

4. Saxe, G. N., Ellis, B. H., Fogler, J., Hansen, S., & Sorkin, B. (2005). Comprehensive care for traumatized children. *Psychiatric Annals, 35*(5), 443–448.

5. Saxe, G. N., Ellis, B. H., Fogler, J., & Navalta, C. P. (2012). Preliminary evidence for effective family engagement in treatment for child traumatic stress: Trauma Systems Therapy approach to preventing dropout. *Child and Adolescent Mental Health, 17*(1), 58–61. doi:10.1111/j.1475-3588.2011.00626.x

6. Saxe, G. N., Ellis, B. H., & Kaplow, J. B. (2007). *Collaborative treatment of traumatized children and teens: The Trauma Systems Therapy approach.* New York, NY: Guilford Press.

[その他の読み物]

1. Bai, Y., Wells, R., &Hillemeier, M. M. (2009). Coordination between child welfare agencies and mental health service providers, children's service use, and outcomes. *Child Abuse & Neglect, 33*(6), 372–381.

2. Berrick, J. D., Barth, R. P., & Needell, B. (1994). A comparison of kinship foster homes and foster family homes: Implications for kinship foster care as family preservation. *Children and Youth Services Review, 16*(1–2),

35–63.

3. Brown, A. D., McCauley, K., Navalta, C. P., & Saxe, G. N. (in press). Trauma Systems Therapy in residential settings: A focus on emotion regulation and the social environment of traumatized children and youth in acute care. *Journal of Family Violence*.

4. Burns, B. J., Phillips, S. D., Wagner, H. R., Barth, R. P., Kolko, D. J., Campbell, Y., & Landsverk, J. (2004). Mental health need and access to mental health services by youths involved with child welfare: A national survey. *Journal of the American Academy of Child and Adolescent Psychiatry, 43*(8), 960–970.

5. Child Welfare Information Gateway. (2012). *Child maltreatment 2010: Summary of key findings.* Washington, DC: U.S. Department of Health and Human Services, Administration for Children and Families, Administration on Children, Youth and Families, Children's Bureau.

6. Child Welfare Information Gateway. (2012). *Foster care statistics 2010*. Washington, DC: U.S. Department of Health and Human Services, Administration for Children and Families, Administration on Children, Youth and Families, Children's Bureau.

7. De Bellis, M. D., Keshavan, M. S., Clark, D. B., Casey, B. J., Giedd, J. N., Boring, A. M., et al. (1999). Developmental traumatology: Part II. Brain development. *Biological Psychology, 45*, 1271–1284.

8. Education Coordinating Council. (2006). *Data match results: Los Angeles Unified School District, Los Angeles Department of Children and Family Services, and Los Angeles County Probation Department*. Los Angeles, CA: Author.

9. Grant, B. F. (2000). Estimates of U.S. children exposed to alcohol abuse and dependence in the family. *American Journal of Public Health, 90*(1): 112–115.

10. Horwitz, S. M., Hurlburt, M. S., Heneghan, A., Zhang, J., Rolls-Reutz, J., Fisher, E., et al. (2012). Mental health problems in young children investigated by U.S. child welfare agencies. *Journal of the American Academy of Child and Adolescent Psychiatry, 51*(6), 572–581.

11. National Institute of Drug Abuse. (1994). *Substance abuse among women and parents*. http: //aspe. hhs. gov/hsp/ cyp/xsfamdrg.htm

12. Navalta, C. P. (2011). Neuropsychological aspects of child abuse and neglect. In A. S. Davis (Ed.), *Handbook of pediatric neuropsychology* (pp. 1039–1050). New York, NY: Springer Publishing.

13. Parrish, T., Dubois, J., Delano, C., Dixon, D., Webster, D., Berrick, J. D., & Bolus, S. (2001). *Education in foster group home children: Whose responsibility is it? Study of the educational placement of children residing in group homes*. Palo Alto, CA: American Institutes for Research.

14. Sedlak, A. J., Mettenburg, J., Basena, M., Petta, I., McPherson, K., Greene, A., & Li, S. (2010). *Fourth National Incidence Study of Child Abuse and Neglect (NIS-4): Report to Congress*. Executive summary. Washington, DC: U.S. Department of Health and Human Services, Administration for Children and Families.

15. Wulczyn, F., & Lery, B. (2007). *Racial disparity in foster care admissions* [Adobe Digital Editions version]. www.chapinhall.org/sites/default/files/old_reports/399.pdf

第14章
追い詰められる被虐待生徒
学校でのいじめトラウマ

モナ・パテル・ポッター

スンニョ・ホワン

ジェフ・Q・ボスティック

総論

　学校でのいじめを含む子ども時代の被害体験は、心理・情緒・認知・社会・行動面における発達を変えてしまうことが示されている（Ando, Asakura, & Simons-Morton, 2005; Herman, 1997）。子どもたちがさまざまな形でトラウマに遭遇するように、子どもたちは多様な形でトラウマに影響され反応する。また、考慮すべき重要なことは、子ども時代の多様な被害体験に対する潜在的なリスクと影響である。本章では、虐待された子どもたちの学校でのいじめについて概観し、共通の脆弱要因を明確化し、いじめの被害者をどのように同定し介入すればよいのかについての理解を深める。

いじめ

　米国の小中学校の生徒の約15〜20％が、いずれかの時点で、いじめの被害者もしくは加害者として関与している（Analitis et., al 2009; Olweus, 1994b）。全米の代表的な研究によれば、年齢12〜18歳の生徒の32％が、学校でいじめの被害にあっていると報告している。これらの被害者のうち、執拗にからかわれているのが21％、うわさの対象となっているのが18％、押されたり・突き飛ばされたり・躓かされたり・唾をはかれるのが11％、傷つけると脅されるのが6％、故意に活動から外されるのが5％、やりたくないことをやらされたり、持ち物をわざと壊されたというのが4％、と報告している（U.S. Department of Education, 2010）。

　多くのケースでは、学校でのいじめのリスクのある子どもたちは、他の種類のトラウマも体験している。いじめに関与した生徒は、被害者であれ加害者であれ、被害歴のない生徒と比較すると、身体的虐待や性的虐待のような他の領域の被害を報告している（Sharp, 1995; www.bullypolis.org）。同様に、家庭内の暴力を目撃している生徒は、学校でのいじめ被害・加害・あるいはその両方である場合が、3〜7倍高いことが報告されている（McKenna et al., 2011; Shields & Cicchetti, 2001）。

　いじめは、他者に精神的もしくは身体的危害や苦しみを生じさせる計画的な意図をもって、他者

に対する優勢な立場を保持、もしくは維持しようとする生徒によって行われる攻撃的な行動として定義される（Morita, 1985）。いじめは**けんか**とは区別される。けんかは、似通った立場にある生徒（似通った身体の大きさや社会的立場など）の口論や争いであり、どちらかの側が他の側に対して、はっきりとした不当な優位性を持っているわけではない。さらに言えば、典型的な「けんか」とは異なり、いじめはひとりの生徒、あるいは複数の生徒から繰り返しおきる傾向がある（Karna et al., 2011）。

　いじめは、むしろ典型的な子ども虐待に似ている。虐待では、大人は子どもに対して明らかに不当な優位性を持っている。大人の行動は子どもに害を与えることを意図したものではないかもしれないし、もっと狡猾なやり方で害を与えることもある（例：子どもからの搾取）。確かに、子どもへのしつけといじめ（虐待）の線引きは困難であるかもしれない。根本的な違いは、「しつけ」は、大人が子どもに力を乱用するのではなく、通常、子どもの行動を良くしようとして「教える」意図をもって行われるということである。子どもがその体験をどのように解釈するかということも、しつけがどのような意味を持つかを識別する助けとなる。

　いじめは、経過の中でありふれた現象になってきたので、「成長の一過程にすぎない」と考えられることが多い。しかしながら、いじめは正常なものではないし、いじめられる子ども（もしくはいじめの加害者や傍観者）の発達のスキルを高めるものではない。明らかに有害である。いじめは、生徒に即座に心理的なダメージを与えるだけでなく、成人期に至るまで長期的に悪影響を与える（Kim et al., 2006; Spivak, 2003）。慢性的にいじめられた若者は、成人期まで持続する、低い自尊感情とひどい抑うつを経験する（Holt, Finkelhor, & Kantor et al., 2007; Olweus, 1992）。加害者と被害者の典型的な特徴は表14.1にまとめられている（Cook et al., 2010）。

　いじめに巻きこまれた生徒が、異なる環境では異なる役割を演じていることは知られていない。いじめの被害者は、いじめの加害者としても被害者としてもいじめにかかわっている（Schwartz, 2000）。すなわち、これらの生徒は最も深刻な心理的問題を持っているように思われ（Kim, Koh, & Leventhal, 2005; Menesini, Modena, & Tani, 2009）、友達が少なく、仲間によって汚名を着せられていることが多い（Holts, 2007）。いじめの加害者でも被害者でもない生徒と比較すると、中学・高校でのいじめの被害者は3〜4倍深刻な自殺念慮を報告することが多く、自傷行為や家族からの身体暴

表14.1　いじめ加害者と被害者の特徴（別表）

領域	加害者	被害者
認知	自分と他者についての否定的な信念	自分に関連した否定的な認知
学業成績	むらがある、または、悪いことがある	並ではない、あるいは、目立った強さ
社会的相互交流	支配しようとする：他者との問題を解決する上で問題がある；仲間から否定な影響を受ける	適切な社会スキルの不足：孤立している、拒否されている、少人数の友達：社会的問題を解決するのが困難
関連する環境変数	家庭環境では争い事が多く両親の目が行き届かない；学校が否定的な雰囲気であると感じる	否定的なコミュニティ、家族、学校環境であることが多い

力、家族内暴力の目撃などの頻度が高い（McKenna et al., 2011）。

　傍観者、いわゆる、実際のいじめの加害者でも被害者でもない子どももまた、学校などでいじめを目撃する体験によって悪影響を受ける可能性がある。これらの生徒は、教職員が何もしないのを見て絶望感を持つかもしれないし、いじめを防ぐことができない被害者への共感性を失くしてしまうかもしれない（Kowlaski, Limber, & Agatson, 2008）。傍観者は、いじめを無視したり（加害者の行動を受動的に受け入れる）、加害者に加担したり（例：被害者を嘲笑し、いじめに加わる）、被害者のために仲裁をする（Twemlow, 2010）ことによって、いじめの力動に影響を与える可能性がある。

　米国のほぼすべての州で反いじめ立法が通過した一方で（www.bullypolice.org）、幅広い種類のいじめの定義が存在し、安全問題としてとらえるのか、健康問題としてとらえるのかといういじめの認識や、立法に必要な活動（応援行動から資金集めや権限委託まで）が州ごとに異なる（Srabstein, Berkman, & Pyntikova, 2008）。効果的で包括的なプログラムが実施されると、生徒間のいじめ体験は大きく減少するという報告がある（Olweus & Limber, 2010）

被害の状態を十分に理解する

　複数の被害を体験すると、症状の発現の仕方や生徒の全般的な機能に違いが生じる可能性がある。つまり、1つの被害の形式の臨床面にばかり注目すると、他の被害の衝撃を小さく見積もりかねない（Holt, 2007; Turner, Finkelor, & Ormrod, 2010）。一般に、いじめが公共的なものであるだけに、他の被害の形式よりもさらに被害を過小評価する傾向が強くなるかもしれない。したがって、もし被害者から他の被害の形式が開示されていない場合、トラウマ関連症状はいじめの結果であると考えられてしまう。14.2の表では、いじめを他の被害と区別する際に考えなければならない要因を挙げている。生徒の包括的な被害歴を評価することによって（表14.3のスクリーニング質問の例を参照）、

表14.2　いじめと他のトラウマの区別

いじめがいかに他のトラウマと異なるか	いじめ	トラウマ
他の報告者	仲間やスタッフが出来事を目撃していた可能性がある	ほとんど目に見えない（たいがいは閉じられたドアの後ろで起こる）
攻撃者	仲間、しばしば以前にもほかの子どもをいじめたことがある	大人か誰か、それは「家族の秘密」であることが多い
有害なできごとに対する反応	最小限	否認、ごまかし、大人や攻撃者をかばう
有害なできごとの説明	決まりの悪さ、いじめを「冗談」のように言い換える	正当化する（「私が悪い子だったから」「そうされて当然だ」、特別な関係）；複雑な感情（「そうしてはいけないのに私自身がそうした」「みんなは私の言うことを信じてくれるかな？」）。
どのような過覚醒が認められるか	不登校（あるいは、休憩時間・食堂・バスなどを回避する傾向）、これらの場所に行くと出現する症状（例：身体愁訴）	安全な場所や状況でも1人になりたがらない、安全であると思われる人といるときでも引き起こされる、人を信じられない

表14.3　徹底した被害歴のスクリーニング例

教示：「子どもに起こる可能性のある悪いことについて、これから、いくつか質問します。もしそのことがあなたに起きたことがあったら教えてください。最近起きたことでも、ずっと前に起きたことでもいいからね」

できごと	有無	年齢
ひどい事故にあったことがある、または、目撃したことがある（自動車／オートバイ、ケガ、転落、火事：ひどいケガ、グロテスクなケガや死、または死にそうな人；被害者は知ってる人、または、知らない人）		
重症の慢性的な病気にかかった、または、目撃したことがある（何回も入院したり、治療を受けたりした、自分か身近な人がひどく痛い思いをした、両親の物質乱用や精神疾患）		
災害やテロを目撃した（洪水、竜巻、地震、ハリケーン、ハイジャック、生物兵器）		
暴力をふるわれた、または、目撃したことがある（銃撃、強盗、暴力、差別、死、誘拐、地域の暴力）		
家庭内で暴力をふるわれた、または、目撃したことがある（自分への、または、他の家族への身体的虐待、心理的虐待：ケガの原因となる、武器を使用する；児童相談所が関わった；加害者は知っている人、または、知らない人）		
学校で暴力をふるわれた、または、目撃したことがある（銃撃、自殺、暴力、言語的／身体的いじめ、だれかに虐待される、差別）		
性的暴力をふるわれた、または、目撃したことがある（レイプ、レイプ未遂、わいせつ行為；加害者は知ってる人、または、知らない人；売春、性的奴隷、酔っぱらって危険な行動をすること）		
強制退去（ホームレスになること、里親、監禁、難民状態、両親の投獄や入院）		
ネグレクトされた（両親もしくは保護者による不十分で極めて不適切なケアや見守り、児童相談所が関わった）		
貧困（必要不可なものの不足、地域の暴力）		
アルコールやドラッグの酩酊中のトラウマ体験（性暴力、身体的／心理的な攻撃）		
その他		

生徒に何があったのかを徹底的に理解し、結果として、効果的な介入の可能性を増やすことができる。

発見：リスクのある生徒を特定する

　被害にあっている生徒は、いじめを直接報告するまで、しばしばあいまいな身体症状を報告し、学校に行くことを拒否し、学業不振に陥ることが多い。子どもがいじめについて説明するとき、年少の被害者は年長の被害者よりも他者に援助を求める傾向がある。女子は一般的に男子よりも援助を求めることを厭わない（Borg, 1998; Glover et al., 2000; Hunter, Boyle, & Warden, 2004; Sharp, 1995）。直接的ないじめの被害者（例：身体的暴力、持ち物を盗まれたり壊されたりする）がいじめを最も伝えようとするのに対して、ことばによるいじめ（悪口を言うなど）の被害者は、いじめを最も開示しようとしない。間接的ないじめ（例：仲間はずれにされる、うわさを流される）の被害者はその次に開示しにくい（Seeds, Harkness, & Quilty, 2010; Twyman et al., 2010）。被害者は、年齢や性別・社会的な状態に応じて、友達や先生、両親などさまざまな人々に助けを求める（Klomek et al., 2009; Seeds, Harkness, & Quilty, 2010; Twyman et al., 2010）。それだけに、いじめられている子どもを個別に発見することと、異なる集団ごとに対象を絞り込んだ介入は重要である。

　個人に被害が集中するのは、おそらく脆弱性要因の組み合わせによるものである。これらは、社会環境の状況に付随する要因（Cicchetti & Lynch, 1993）、生物学的要因など子ども自身の特性や、以前の被害の前後に生じた感情や行動上の懸念などである（Finkelhor et.al, 2009）。

　被害者を見つける具体的な徴候は、感情の調節困難や問題行動、内在化症状、社会的場面での対処が下手であることやトラウマ関連症状などである。

感情と行動の調節困難

　学校でのいじめと被害の体験は、いじめの被害者と加害者に感情と行動の調節不全をもたらし、その生徒がさらなる学校のいじめに巻き込まれるリスクを高める（Bond et al., 2001; Boulton, Bucci, & Hawker, 1999）。状況に合わせて効果的に感情反応を調節できないと、その生徒は好ましくない注目を浴びるようなことを言ったりしたりするようになり、状況を読み間違えたり悪化させてしまうようになるかもしれない。

内在化症状

　学校でのいじめの被害者は、しばしば不安と抑うつのレベルが高く、学校恐怖、安全ではない感覚、学校が楽しくない、低い自尊感情を示す（Salmon James, & Smith, 2009）。これらの生徒はまた、自殺のリスク、摂食障害、頭痛・胃痛・風邪・睡眠困難といった身体症状を報告する（Ryan & Smith, 2009）。

　自殺やその他の安全に関する問題は、学校でのいじめ体験と密接に関連している。学校でのいじめの被害者における自殺念慮のリスクは、被害者ではない子どもの 1.4 〜 5.6 倍であると報告されている。また、多くの研究は、いじめによって自殺念慮のリスクが増加（1.4 〜 9.0 倍）し、いじめの被害者は自殺念慮が最もハイリスクであることを示している（1.9 〜 10.0 倍）（Kim & Leventhal, 2008）。別の研究では、うつの影響を除いたとしても、頻繁ないじめの加害と被害は、後の自殺企図と自殺の完遂と関連していた（Klomek et al., 2009）。過去 50 年の若年層の死を取り上げた報道により、報告されたケースの少なくとも 250 件の自殺による死が、いじめやしごきと関連していることが明らかにされた（Srabstein, 2008）。

社会的場面への対処に伴う課題

　いじめの被害者は、しばしばさまざまな分野で社会化の問題に苦しむ。彼らはしばしば孤立感や社会的に避けられている感じを抱き、他の生徒よりも社会的地位が低い（Seeds, Harkness, & Quilty, 2010）。いじめ加害者の社会的地位は高いかもしれないが、同じように、他の生徒に避けられている可能性がある。いじめの被害者はまた、他の子どもから最高レベルで回避され、最も困難な社会的状態にある（Juvonen, Graham, & Schuster, 2003）。

　他のトラウマの被害者といじめの被害者は一般的に、仲間との相互関係においてより服従的になりやすいことが特徴である。自己主張をしないので、被害者はどんなにつらくても報復してこないだろうと、仲間から見透かされる（過去の経験から、こんなに悪いことをしても被害者が関係を断ち切

ることはないかもしれないし［Shields & Cicchetti, 2001］、被害者が学習性無力の状態に陥っていたかもしれない）。結局、これがいじめ行動を強化する。仲間によって気づかれるこのような対人関係上の同じ特徴は、性加害者や虐待加害者である大人によっても見出され、他の形式の被害に対する脆弱性を高めるということが理論化されてきた。しかしながら、これらの特徴が子どもをさらに脆弱にするというより、被害体験が、攻撃者が標的にしそうな相互関係のスタイルを発展させる結果になるかもしれないことに、注意すべきである。

　さらに、虐待を受けた子どもは、しばしば他者の示す感情を正確に認識することが困難であり（例：彼らは社会的に熟達していない）、同様に、自分の言語・非言語的表現を調節することが難しい。そしてそのことが、いじめられるリスクを高める。虐待された子どもは、他者を正確に「読みとる」ことができないので、他者のことを怖がるかもしれない。同様に、他者の感情を正確に認識したり処理したりできないので、この子たちがいじめの状況に対して弱いと判断するのが遅すぎるということになりかねない（Garner & Hinton, 2010）。

PTSD 症状

　他の形式のトラウマ被害者のように、学校でのいじめ被害者は心的外傷後ストレス障害（PTSD）の症状を示す。すなわち、過剰な警戒、構造化されていない社会的状況の回避、教室の内外で他者に従う、状況に不釣り合いな反応を示す、一見したところ些細な大したことのない出来事に大げさに反応する、ことによると異なる名前で人を呼んだり（フラッシュバック）、解離したりする、などである（Idsoe, Dyregrov, & Cosmovici-Idsoe, 2012）。繰り返すが、被害を受けた子どもは虐待されると思っているかもしれないので、新たな社会的な状況に対して、過覚醒と恐怖で反応する。そして、この気になる脆弱性はさらなる被害のリスクの一因となる（Shields & Cicchetti, 2001）。覚醒と警戒は、危険な自宅やコミュニティでは適応的になりうるのに反して、仲間との社会的な機能を妨げやすい（Shields & Cicchetti, 2001）。これらの子どもは、中立的な相互関係を、敵意や脅威と解釈し、攻撃性や恐怖で反応する。そして、このことが社会化におけるさらなる問題につながる（Dodge & Coie, 1987）。

追加の考察

　一方で、あまり直接的ではないメカニズムも、複雑なトラウマ体験の一因となったり、結果になったりする。これらのケースでは、複雑な被害は生徒の困難の一因というよりも、指標であるかもしれない（Finkelhor, Ormrod, & Turner, 2007）。これらの要因には、注意欠如・多動症、自閉スペクトラム症、不安や抑うつ障害といった精神医学的な診断が含まれる（Twyman et al., 2010）。また、より規模の大きな学校・近隣やコミュニティとの問題・否定的な家族要因といった社会環境要因（Bowes et al., 2009; Fonzi et al., 1999）、身体が弱い（Olweus, 1994a）・みんなと異なる身体的な外観（Farrington, 1993; Frisen, Jonsson, & Persson, 2007）・他児より運動ができない・慢性的な身体疾患を有する（Luukkonen et al., 2010）、といった個人的な特徴を含む。

　家庭でも、コミュニティや学校でも、双方で被害が生じると、子どもはこれが普通だと信じるよ

うになる。これは子どもの新たな社会的関係における相互作用に悪影響を与えるだけでなく、否定的な自己認知と貧弱な自尊感情をもたらす結果になる（子どもはさらなる被害に対して脆弱になる）。加えて、子どもが大半の時間を過ごす場所で被害が起これば、子どもはおそらく「安全な場所」や休息できる場所を見つけることに苦心することになるだろう。

介入

　学校のいじめ・家族内暴力・他のトラウマや暴行のいかんを問わず、被害というものは、個人のレンズを通して、あるいは、環境やシステムの文脈において考慮されなければならない。個人の脆弱性が被害に遭うリスクの一因になる一方で、環境要因もトラウマの一因となる。それだけに、介入が必要となるのである。

個人レベルでの介入

　被害者は彼らの生活の多くの局面で困難に直面するので、おそらく、複数の大人（例：学校職員、両親、臨床家）がかかわる包括的な介入が必要である。また、介入には、対処スキル（問題解決、感情調節、怒りのマネジメント）、ソーシャルスキルトレーニング、精神疾患やトラウマ関連症状への注目、学業のサポートなどへの焦点化が含まれる。子どもの問題の評価や、利用できる資源とサポートの評価も同様になされなければならない（Dussich & Maekoya, 2007）。

感情を効果的にマネジメントする対処スキル

　感情に駆り立てられるのではなく、感情を体験することを教え、同時にいかに感情に影響を受けているかを生徒の心にとどめておくことがゴールとなる。弁証論的治療（Dialectical Behavioral Therapy, DBT）と認知行動療法（cognitive behavioral therapy, CBT）の技術は、これらの子どもが感情を理解する際の言語と足場を提供するのに役立つ。生徒は、現時点での感情（悲しみ、恐怖、心配、怒りなど感情に名前をつけることによって）に気づくことを学び、さまざまな感情が外的な体験・内的な思考・結果的には行動と結びついていることを習得する。生徒は、いかに感情が状況にうまく対応する能力に影響を与えるかに注意を払わなければならない。生徒は、言語的・非言語的コミュニケーションやボディランゲージ・行動を通じて、いかに感情に基づいて行動しているかを理解しなければならない。彼らはまた、これらの感情に対する彼らの反応がいかに状況に影響を与えたのか、違った反応をしていたら状況の経過や将来の対人関係、全般的な機能がどのように変わったのかを考えなければならない。

　抑うつや不安といった精神医学的症状は、個人療法やグループセラピーを通じて対応される。CBT 技術は、トラウマ体験の結果として生じる自動思考を特定するのに役立つ。そして、生徒がそのような思考に立ち向かうことを助けることが彼らの考えを広げ、別の解釈を提供する。被害体験に向きあう練習（準備性を慎重に評価したのちに、明確な計画を立てて取り組む）は、特定のきっかけや手がかりによって引き起こされる不快な身体的・心理的体験に馴れるのを助ける。

　学校に「居場所」を提供することで、生徒がつらさを感じたり、さらなるサポートを必要になったりするときに、行くことのできる安全な場所を提供することができる。複数の領域（例：学校と家庭）で被害を受けている子どもは、家庭にいるときですら被害を受けることを逃れることができないので、安全な場所の提供は特に重要である。

社会的場面への対処

　教職員・臨床家・両親は、虐待といじめの被害者がソーシャルスキルを養い、さらに効果的にかかわったり相互に関係したりすることができるように支援することができる。静かにしなければならないときに、他の人がどのように立ち、話し、反応し、認識するかを観察することは、生徒が好ましい社会的な対応方法をさらに具体的に理解する力を養う。教職員は、生徒が「居場所」を提供してくれ支援してくれる人々を同定し、関係を築くことを助けることができる。

　いじめはしばしば再発するので、「先に対応する」プランが恐怖を和らげ、困難な状況を理解するための措置を知らせることができる。生徒は、心配な時間を同定し、ときには前もってロールプレイやリハーサルをするという相互交流的なスタイルを好むかもしれない。被害体験から生じる判断について仮説検証することで、生徒は、自分にかかわる多くの人々は自分に攻撃してこないことを理解できるようになる。

　信頼している大人とリハーサルをすることで、仲間や大人と効果的に相互交流するにはどのようにしたらよいのか、フィードバックを得ることができる。サポーティブな仲間とリハーサルすることはさらに効果的であり、たいていのいじめられた若者は仲間とかかわることを好むものである。

　過去にトラウマ歴のある子どもは、いじめのリスクを最小限にするトレーニングで恩恵を得るかもしれない。彼らは、彼らの力を奪い、怖がらせるような状況や問題をどのように認識するかということや、そのような状況に直面した際に、いかにして協力者にそばにいてもらうかを学ぶことができる。

　特に多くの被害にあった生徒は、「被害者役割」や「被害者アイデンティティ」を発展させるリスクがある。自分が勝利者であるとか、サバイバーであると考えなおすことで、子どもは自信をもち、自分自身のために立ちあがれるようになるだろう。逆境を統制できているという感覚を養うことで、脆弱な若者は、より自信をもって社会的な出会いに接近することが可能になる。ユーモアや利他主義、昇華といった防衛を強化することは、否認や回避、もしくは他の原始的な反応以外の、さらに効果的な代わりの対処の方法を提供する。

　個人が被害を管理するスキルを習得し使用したとしても、いじめが起こることを許容する組織的な要因が変わるわけではない。いじめの事象を許容し持続させる可能性のある環境に対応するには、組織への介入が必要とされる。

組織への介入

　学校レベルでは、いじめに関して職員が話し合うこと、そしてその話し合いに両親が参加するこ

と、いじめ対策ルールを導入すること、これらすべてが重要である。教室レベルで有効なのは、いじめがあったら書いて報告することやモデリング、そして向社会的な（反いじめ）ルールを強化し、生徒と家族で定期的な話し合いを持つことである。個人のレベルでは、生徒の活動の監督、生徒・両親・職員の話し合い、いじめによって影響を受けた生徒への対応プランを進めること、すべてが役に立つ。パートナーシップを養うコミュニティへの介入や、コミュニティ（学校から球技場、公園など）でいじめ対策活動を広げることもまた効果的である。

学校

　学校でトラウマを受けた被害者をサポートするということは、学校の環境を改善することであり、学んだり相互交流したりするために安全で互いを尊重できる場所になるよう推し進めていくことである。これはいじめの事象を減らし、また、肯定的な相互交流のやり方（トラウマを受けた環境で生徒が「学んだ」ものとは異なるかもしれない）のモデルとなる。学校は、「社会的な出会いのルール」を明らかにし、実践し、強化し、なぜこれらのルールが他の状況でも望ましいのかを説明する。いくつかのいじめ対策ルールは、多様な個人において社会的な出会いを強めるものであるが、教職員・生徒・両親が協働的に推進し、これらのルールを強化していかねばならない。「いかなる生徒もほかの生徒を怖がらせたり脅迫したりしてはいけません」というものより、「生徒は他のすべての生徒に対して敬意を表しましょう」というように、ルールは肯定的に述べられるべきである。実践を成功させるためには、学校の組識が明確な信念を通じて望ましい行動を同定し、さらに重要なことは、望ましい行動のモデルとなることが必要である。

　肯定的行動介入サポート（Positive Behavioral Intervention Support, PBIS）やオルヴェウスいじめ対策プログラム（Olweus anti-bullying program）のような、向社会的相互交流やいじめ対策に役立つプログラムは、学校のいじめを減らすことに成功してきた（Olweus & Limber, 2010）。効果的なプログラムは、学校内のすべての人（教員から生徒、警備員、その他のサポートスタッフまで）の相互関係に焦点を当てる。

　いくつかの学校の変数はいじめの減少と関連している。これらには、効果的な学校のリーダーシップ、すべての親と学校職員（カフェテリアのスタッフ、バス運転手、秘書などを含む）を巻き込んだ専門性の開発と、攻撃的な生徒と攻撃されやすい生徒を精神保健サービスにつなげること、生徒にいじめの気づきを促す授業のカリキュラム、傍観者に被害者をサポートする方法を教えること、アンガーマネジメント・自己主張・葛藤解決・見通しを得るスキルを養うこと、すべてが含まれる。同様に、効果的な学校の方針は、大人の監督を増し、「暴力に対して、一貫して、公平で、懲罰的ではない対応」を推進することによって、いじめに対応する学校の規範を養う。いじめを発達的に組識全体でとらえる観点は、いじめを持続させる社会構造と特定の出来事に巻き込まれた個人への介入の足場に焦点をあてるものであるが、いじめをうまく減少させる大きな見込みがある（Pepler, 2006）。

　教師は、被害者に共感できるときやいじめに対応することで自己効力感を感じられるときに、介入する（Yoon, 2004; Yoon & Kerber, 2003）。教師はいじめに直面すると、いじめ加害者を罰するか

どうか、両親に連絡するかどうか、被害者に対処スキルを教えるか、葛藤解決を行うかどうかを判断しようとする（Limber, 2004）。大人の介入は解決において重要な部分である。なぜならば、いじめのターゲットが一般的に効果的な対処法を実践したとしても、いじめが続くことが多いからである（KochenderferLadd & Skinner, 2002）。

大きな組織

「組織」は社会的相互関係における行動の限界を定義するものであり、あらゆる潜在的ないじめの状況で考慮されなければならない。たとえば、ボクサーからフットボールの選手まで、プロのスポーツ選手はしばしば互いに威嚇し合う。社会的な状況では、いじめの「ルール」は、幼稚園や運動場において許容されているものとは大幅に異なる。少なくともある社会的文脈において、組織が脅迫を支持し、暗黙のうちに奨励し、大目に見ている限り、生徒はそのようないじめのルールを模倣する。いじめに対応するいかなるモデルやアプローチも、その組織を別の取り組むべき「参与者」として認識しなければならない。そして、他者に力を及ぼす際の受容できる限界を定義し、境界が侵されると介入するのである。さらに重要なことは、生徒に、彼らが出合うさまざまな「組織のルール」を認識させ、これらの多様な組織において苦悩をもたらす可能性のある役割からいかに抜け出すかを教えなければならないということである。

子どもたちが学校で実践することを奨励されている「ルール」で受容されていることは、スポーツのイベントや近所の活動といった「学校外のイベント」と比較すると大いに異なる。近所のスポーツのイベントや家庭でモデルとされ容認されていることと、生徒が学校で期待されていることとは、明らかに矛盾しているかもしれない。すなわち、学校の「ルール」は学校外では通用しないかもしれないというだけでなく、学校のルールは「うまく機能」しないかもしれない。学校で求められてきたようにしようとすれば、確かに、生徒は攻撃されやすくなるかもしれない（特に、学校が生徒に互いに肯定的なコメントをするように指導しているが、別の社会的枠組みで、どのようにルールを変えてもよいかを教えていない場合）。学齢期の子どもは、経験したことのない多様な社会的状況における「ルール」の限度についてよく混乱する。そして他の人、特に、たいていの場面で社会的ルールに関して最終決定権を持つ大人がまったく違う行動をとったときに、学校で教わったことを実行することができないかもしれない。

「窮地から抜け出す」方法

おそらくもっと重要なのは、誰でもひとつの役割だけを演じることはほとんどないということである。ある状況では、生徒は「ターゲットにされている」と感じているかもしれないが、別の設定では、同じ生徒が有能であると感じたり、傍観者でしかないと感じたりするかもしれない。極めて重要な使命は、子どもに（そして大人に）、いかなる役割であれ、「窮地」に陥ったときに使える方法を授けることである。そうすることによって彼らは、被害を受けたり、無力な傍観者であったり、誰かを脅したりするような窮地を脱し、特別な状況に自信をもって系統的に対応し、多様な社会的状況にうまく対処できるようになる。これらの技術は、生徒の発達状態やシステムそのものの発達

表 14.4.　窮地から抜け出すための発達を考慮した技術（別表）

介入の ターゲット	技術	小学校	中学校	高校
組識	組識のルールを明確化する	社会的な相互関係の指導指針を決定する；構造化された支配ではなく民主的な参加が重要であることを明確にする	「多様」で目立った生徒もしくは普通ではない行動をとる生徒にどのように対応するかを明確にする；学校の「ルール」で認められていることと認められていないことを明確にし、実際にどのようにルールを守るかを示す	特定の状況にルールがいかに適応されるかを明確化する；仮定の場面を提示して生徒に選択できる方法とその結果についてコメントさせる
	方針を作成する	職員、生徒、親が「ルール」を遵守する際の方針を作成し回覧する	学校文化に最適で、追放を最小限にするための優先順位を、職員や生徒に特定してもらう	職員や生徒を信頼して、役に立つ方針や方法をみつけてもらい、その方針や方法がいじめ対策でよく知られているものであることを確認する
	申し立てに反応する	いじめの出来事に反応するプロセスを決定する；一貫してフォローアップする；方針の微調整	いじめの出来事に反応するプロセスを決定し、あらゆるグループに対する結果をモニターする	いじめの出来事に対する反応のプロセスを明確化し、それに思慮深く適応し、教えようとしている原理に気を配る
	フィードバックのループを創造する	学校の「ルール」と同様に、職員・生徒・親がいじめの可能性のある出来事に継続してコメントするような仕組みを見つける	学校の「ルール」と同様に、職員・生徒・親がいじめの可能性のある出来事に継続してコメントするような仕組みを見つける	生徒や職員が定期的にかかわり、いじめ事象や学校の相互関係を改善するようにデザインされた方針を評価していることを確認する
攻撃者 （いじめ）	強要するより同盟を結ぶ	良い友達を作ることはどういうことか、自分の人生を豊かにするような良い人をどのようにして見つけるかを考えさせる	週ごとにグループの配置が変わることを認識する；さまざまな人と関わることの利益とリスクを認識する	他の人が自分の使命や関心に貢献してくれる可能性があることを認識する
	良いことのために力を使う	他の人を気持ちよくさせたり楽しませたりする方法を考える	権利を奪われたと感じている人を巻き込む；どうしたらよいかのモデルを作る	世の中に影響するようなより大きな環を調べる
	自分が扱われたいように他者を扱う	他の人がどのように感じるかを考える	仲間はずれにされた人への影響を調べる；自分が管理したいものや、他の人から権限を与えてもらいたいことを見つける	多くの人々が肯定的に感じられるように、いかにみんなに対応するべきかを調べる
	いじめを引き起こすきっかけを同定する	攻撃的な行動に先行する徴候や、自分が心地よいと感じるられることについて調べる	攻撃的な行動を引き起こすものは何か、そのときもしくは後に、他の人に与える影響はどのようなものかを明確化する	攻撃者のより深い願望と、自己や他者に対してもっともありそうな長期的影響を調べる
ターゲット （被害者）	攻撃者と直面する	攻撃者に今のことばをやめてくれるように言う方法を学ぶ	攻撃者に違う言い方をしてもらうように言う、仲間とつながる方法を学ぶ	攻撃者の不適切なコメントにラベルづけする
	話題を変える	不快な話題を変える	会話を適切な話題に変える、見下すような話題から離れる	参加しやすい、適切な話題を提供する

	攻撃者を無視する	そっぽを向く、他の人に話しかける、立ち去る	争いをエスカレートさせるゴシップや活動を避ける；代わりに攻撃者に対するサポートを最小化させる	役に立つ話題に参加しコメントする；もし攻撃者が固執するならそこから立ち去るとはっきり伝える
	仲間とつながる	反応を見るために友達を見る、友達に遊んでもらえるよう頼む	気の合う人がいるグループや、自分を助けてくれる意見を持つ人がいるグループを見つける	仲間に意見を求める；攻撃者にかかわってくれるような仲間を見つけて頼る
	大人とつながる	手助けしてくれる大人を見つける；「陰口」ではない話し方を見つける	学校でのグループの「ルール」に気づいている大人を見つける；「密告」や「スパイ」ではなく、意見や適切な行動を探す	仮定の状況や活動の過程を用いて大人から意見を求める、可能であれば、いじめによって衝撃を受けている生徒を見つけ出す
観察者（傍観者）	他者の反応を確認する	他の人の反応を見るようにする	さまざまな生徒やグループの反応を調べる	いじめの状況に対処する際の他の人の見方を調べる、探す
	肯定的なステップをとることによって介入する	1人で、もしくは他の人と一緒に攻撃者と向き合ったり、ターゲットを仲間に入れたりする	1人、もしくは他の人と一緒に、さまざまなグループのルールや力動に気を配りながら、攻撃者に対応する	ユーモアを使う；しくじったけれど良い介入をもう一度試す；すべてのグループが満足できるようにする
	相互関係を変える	話題を変える；もっと楽しい「ゲーム」をする	会話を変える；生徒を選び出すことを認めない；より大きな学校のルールもしくは目標に再度焦点をあてる	会話や活動を変える；観察していることにラベルをつける；適切で生産的な会話に変更するように提案する
	大人とつながる	助けになる大人を見つける；事実を正確に説明し、どうしたらよいか意見を求める	助けになる、気づいてくれる大人を見つける；状況を変えるための選択肢についての意見を求める；大人の介入も含まれる	助けになる大人を見つけ、彼らの見方や提案を求める；自分の選択した方法について彼らと話し合う

状態によって変わる。技術は表 14.4 に掲載している。

結論

　被害は、複数の場面で、子ども同士であれ大人であれ、さまざまな人の手によって起こるので、学校でも近隣でも家庭でもトラウマといじめの調査が必要である。学校外で生徒がいじめに巻き込まれているようなときは、トラウマや虐待が関係していると考えることが重要である。その逆もまた然りである。虐待は、脆弱性のある子どもの、いじめやいじめ被害、あるいは、その両方のリスクを高めることがある。感情や行動調節の問題、内在化障害、社会的関係にうまく対処できないという問題、社会的ひきこもり、トラウマ関連症状を注意深くスクリーニングすることは、いじめやトラウマの発見につながるかもしれない。介入を発展させるとき、臨床家は複数の領域を考慮に入れる必要がある。たとえば、組織的な要因（例：学校、家族、地域）、対人間の要因（例：仲間、職員）、個人内の要因（例：感情調節、自尊感情、内在化症状、孤独、社会的効力感）などである。役に立つ介入とは、トラウマを受けた個人だけでなく、組織全体の問題解決や対処戦略を強化するものである。

［参考文献］

1. Analitis, F., Velderman, M. K., Ravens-Sieberer, U., Detmar, S., Erhart, M., Herdman, M., et al., the European Kidscreen Group. (2009). Being bullied: Associated factors in children and adolescents 8 to 18 years old in 11 European countries. *Pediatrics, 123*, 569–577.

2. Ando, M., Asakura, T., & Simons-Morton, B. (2005). Psychosocial influences on physical, verbal, and indirect bullying among Japanese early adolescents. *Journal of Early Adolescence, 25*(3), 268–297.

3. Bond, L., Carlin, J. B., Thomas, L., Rubin, K., & Pattin, G. (2001). Does bullying cause emotional problems? *BMJ, 323*(7311), 480–484.

4. Borg, M. G. (1998). The emotional reactions of school bullies and their victims. *Educational Psychology, 18*(4), 433–444.

5. Boulton, M. J., Bucci, E., & Hawker, D. D. S. (1999). Swedish and English secondary school pupils' attitudes towards, and conceptions of, bullying: Concurrent links with bully/victim involvement. *Scandinavian Journal of Psychology, 40*, 277–284.

6. Bowes, L., Arseneault, L., Maughan, B., Taylor, A., Caspi, A., & Moffitt, T. E. (2009). School, neighborhood, and family factors are associated with children's bullying involvement: A nationally representative longitudinal study. *Journal of the American Academy of Child and Adolescent Psychiatry, 48*(5), 545–553.

7. Cicchetti, D., & Lynch, M. (1993). Toward an ecological/transactional model of community violence and child maltreatment: Consequences for children's development. *Psychiatry, 56*(1), 96–118.

8. Cook, R., Williams, K., Kim, T., Sadek, S., & Guerra, N. (2010). Predictors of bullying and victimization in childhood and adolescence: A meta-analytic investigation. *School Psychology Quarterly, 25*(2), 65–83.

9. Dodge, K. A., & Coie, J. D. (1987). Social-information-processing factors in reactive and proactive aggression in children's peer groups. *Journal of Personality and Social Psychology, 53*(6), 1146–1158.

10. Dussich, J. P., & Maekoya, C. (2007). Physical child harm and bullying-related behaviors: A comparative study in Japan, South Africa, and the United States. *International Journal of Offender Therapy and Comparative Criminology, 51*(5), 495–509.

11. Farrington, D. P. (1993). Understanding and preventing bullying. *Crime and Justice: A Review of Research, 17*, 381–458.

12. Finkelhor, D., Ormrod, R. K., & Turner, H. A. (2007). Poly-victimization: A neglected component in child victimization. *Child Abuse & Neglect, 31*(1), 7–26.

13. Finkelhor, D., Ormrod, R., Turner, H., & Holt, M. (2009). Pathways to poly-victimization. *Child Maltreatment, 14*(4), 316–329.

14. Fonzi, A., Genta, M. L., Menesini, E., Bacchini, D., Bonino, S., & Costabile, A. (1999). *The nature of school bullying: A cross-national perspective*. London, UK: Routledge.

15. Frisén, A., Jonsson, A., & Persson, C. (2007). Adolescents' perception of bullying: Who is the victim? Who is the bully? What can be done to stop bullying? *Adolescence, 42*(168), 749–761.

16. Garner P. W., & Hinton, T. S. (2010). Emotional display rules and emotional self-regulation: Associations with bullying and victimization in community-based after school programs. *Journal of Community & Applied Social Psychology, 20*, 480–496.

17. Glover, D., Gough, G., Johnson, M., & Cartwright, N. (2000). Bullying in 25 secondary schools: Incidence, impact and intervention. *Educational Research, 42*(2), 141–156.

18. Herman, J. (1997). *Trauma and recovery*. New York, NY: Basic Books.

19. Holt, M. (2007). Hidden forms of victimization in elementary students involved in bullying. *School Psychology Review, 36*(3), 345–360.

20. Holt, M. K., Finkelhor, D., & Kantor, G. K. (2007). Multiple victimization experiences of urban elementary school students: Associations with psychosocial functioning and academic performance. *Child Abuse & Neglect, 31*(5), 503–515.

21. Hunter, S. C., Boyle, J. M. E., & Warden, D. (2004). Help seeking amongst child and adolescent victims of peer-aggression and bullying: The influence of school-stage, gender, victimization, appraisal, and emotion. *British Journal of Educational Psychology, 74*, 375–390.

22. Idsoe, T., Dyregrov, A., & Cosmovici Idsoe, E. (2012). Bullying and PTSD symptoms. *Journal of Abnormal Child Psychology, 40*, 901–911.

23. Juvonen, J., Graham, S., & Schuster, M. A. (2003). Bullying among young adolescents: The strong, the weak, and the troubled. *Pediatrics, 112*(6), 1231–1237.

24. Karna, A., Voeten, M., Little, T., Poskiparta, E., Alanen, E., & Salmivalli, C. (2011). Going to scale: A nonrandomized nationwide trial of the KiVa Antibullying Program for grades 1–9. *Journal of Consulting and Clinical Psychology, 79*(6), 796–805.

25. Kim, Y. S., Koh, Y., & Leventhal, B. (2005). School bullying and suicidal risk in Korean middle school students. *Pediatrics, 115*(2), 357–363.

26. Kim, Y. S., & Leventhal, B. (2008). Bullying and suicide: A review. *International Journal of Adolescent Medicine and Health, 20*(2), 133–154.

27. Kim, Y. S., Leventhal, B. L., Koh, Y., Hubbard, A., & Boyce, W. T. (2006). School bullying and youth violence: Causes or consequences of psychopathologic behavior? *Archives of General Psychiatry, 63*(9), 1035–1041.

28. Klomek, A. B., Sourander, A., Niemelä, S., Kumpulainen, K., Piha, J., Tamminen, T., et al. (2009). Childhood bullying behavior as a risk for suicide attempts and completed suicides: A population-based birth cohort study. *Journal of the American Academy of Child and Adolescent Psychiatry, 48*(3), 254–261.

29. Kochenderfer-Ladd, B., & Skinner, K. (2002). Children's coping strategies: Moderators of the effects of peer victimization? *Developmental Psychology, 38*(2), 267–278.

30. Kowlaski, R. M., Limber, S. P., & Agatson, P. W. (2008). *Cyberbullying: Bullying in the digital age.* Malden, MA: Blackwell Publishing.

31. Limber, S. (Ed.). (2004). *Bullying in American schools: A social-ecological perspective on prevention and intervention.* Mahwah, NJ: Lawrence Erlbaum Associates.

32. Luukkonen, A., Rasanen, P., Hakko, H., Riala, K., & STUDY-70 Workgroup. (2010). Bullying behavior in relation to psychiatric disorders and physical health among adolescents: A clinical cohort of 508 underage inpatient adolescents in Northern Finland. *Psychiatry Research, 178*, 166–170.

33. McKenna, M., Hawk, E., Mullen, J., & Hertz, M. (2011). Bullying among middle school and high school students—Massachusetts, 2009. *MMWR Morbidity and Mortality Weekly Report, 60*(15), 465.

34. Menesini, E., Modena, M., & Tani, F. (2009). Bullying and victimization in adolescence: Concurrent and stable roles and psychological health symptoms. *Journal of Genetic Psychology, 170*(2), 115–133.

35. Morita, Y. (1985). *Sociological study on the structure of bullying group.* Osaka, Japan: Department of Sociology, Osaka City University.

36. Olweus, D. (1992). *Aggression and violence throughout the life span.* London, UK: Sage Publications.

37. Olweus, D. (1994a). *Aggressive behavior: Current perspectives.* New York, NY: Plenum Press.

38. Olweus, D. (1994b). Annotation: Bullying at school—Basic facts and effects of a school based intervention program. *Journal of Child Psychology and Psychiatry, 35*(7), 1171–1190.

39. Olweus, D., & Limber, S. P. (2010). Bullying in school: Evaluation and dissemination of the Olweus Bullying Prevention Program. *American Journal of Orthopsychiatry, 80*(1), 124–134.

40. Pepler, D. J. (2006). Bullying interventions: A binocular perspective. *Journal of the Canadian Academy of Child and Adolescent Psychiatry, 15*(1), 16–20.

41. Ryan, W., & Smith, J. D. (2009). Antibullying programs in schools: How effective are evaluation practices? *Prevention Science, 10*(3), 248–259.

42. Salmon, G., James, A., & Smith, D. M. (1998). Bullying in schools: Self reported anxiety, depression, and self-esteem in secondary school children. *BMJ, 317*(3), 924–925.

43. Schwartz, D. (2000). Subtypes of victims and aggressors in children's peer groups. *Journal of Abnormal Child Psychology, 28*(2), 181–192.

44. Seeds, P. M., Harkness, K. L., & Quilty, L. C. (2010). Parental maltreatment, bullying, and adolescent depression: Evidence for the mediating role of perceived social support. *Journal of Clinical Child and Adolescent Psychology, 39*(5), 681–692.

45. Sharp, S. (1995). How much does bullying hurt? The effects of bullying on the personal wellbeing and educational progress of secondary aged students. *Educational and Child Psychology, 12*(2), 81–88.

46. Shields, A., & Cicchetti D. (2001). Parental maltreatment and emotion dysregulation as risk factors for bullying and victimization in middle childhood. *Journal of Clinical Child Psychology, 30*(3), 349–363.

47. Spivak, H. (2003). Bullying: Why all the fuss? *Pediatrics, 112*, 1421–1422.

48. Srabstein, J. (2008). Deaths linked to bullying and hazing. *International Journal of Adolescent Medicine and Health, 20*(2), 235–239.

49. Srabstein, J. C., Berkman, B. E., & Pyntikova, E. (2008). Antibullying legislation: A public health perspective. *Journal of Adolescent Health, 42*, 11–20.

50. Turner, H. A., Finkelor, D., & Ormrod, R. (2010). Poly-victimization in a national sample of children and youth. *American Journal of Preventative Medicine, 38*(3), 323–330.

51. Twemlow, S. W. (2010). *Handbook of bullying in schools: An international perspective.* New York, NY: Routledge / Taylor & Francis Group.

52. Twyman, K. A., Saylor, C. F., Saia, D., Macias, M. M., Taylor, L. A., & Spratt, E. (2010). Bullying and ostracism experiences in children with special health care needs. *Journal of Developmental and Behavioral Pediatrics, 31*, 1–8.

53. U.S. Department of Education. (2010). *Indicators of school crime and safety: 2010.* Washington, DC: Institute of Education Sciences.

54. Yoon, J. (2004). Predicting teacher interventions in bullying situations. *Education and Treatment of Children, 27*(1), 37–45.

55. Yoon, J., & Kerber, K. (2003). Bullying: Elementary teachers' attitudes and intervention strategies. *Research in Education, 69*, 27–35.

第15章
青年のための認知処理療法

キャスリーン・M・チャード
リッチ・ギルマン

総論

　虐待・交通事故・自然災害など、トラウマとなる出来事に遭遇する子どもはかなりの数にのぼると言われている。たとえば、米国では子どもの60%が過去1年間になんらかの暴力被害にあっており（Finkelhor and colleagues 2009）、さらにそれ以前の調査では、子どもの22%が4種類以上の暴力被害を経験していると報告されている（Finkelhor, Ormrod,& Turner, 2007）。多くの子どもたちは時間とともに回復していくものではあるが、少なからぬ割合で強い心理的苦痛を感じる子どもたちがおり、結果として心的外傷後ストレス障害（PTSD：American Academy of Child and Adolescent Psychiatry, 1998; American Psychiatric Association, 1994）にいたってしまうこともある。PTSDは、うつ病や不安症との併存が多いことも知られている。学齢期の若者では、しばしば怒りや反抗的態度が認められることもある。したがって、若者へのPTSDの治療では、こういった関連する症状にも対処する必要がある。

　認知行動療法（Cognitive behavioral therapy, CBT）は、子どものトラウマに対して最も研究が進み有効性が示されている治療モデルである。CBTにはいくつかの特別なモデルがあり（例：論理情動行動療法、持続曝露療法）、こういったモデルはもともと成人を対象として開発されたものであったが、いまやトラウマを受けた青年向けに修正され利用できるようになっている（Kazdin & Weisz, 2003; Kendall, 2001, Silverman et al., 2008）。2歳程度の子どもを対象としたCBTも存在するが（Stallard, 2006）、具体的な方法は子どもの状態や発達水準に合わせる必要がある。PTSDと診断された若者のためのCBTは、（1）トラウマ体験への再訪問（曝露）、（2）認知処理とリフレーミング、（3）ストレス対処法、（4）親治療、のいずれかを1つ以上を含むことが一般的である。具体的な手法としては、トラウマとなる出来事について、語ったり、絵を描いたり、文章で書いたり、詳しく話してレコーダーに記録したりと多岐にわたる。この章では、CBTの中でもトラウマを受けた青年のための認知処理療法（Cognitive Processing Therapy, CPT）と呼ばれる治療法について、メリットやデメリットも含めて解説する。

介入の内容

　CPT は、成人のレイプ被害者を対象に PTSD とその関連症状を治療するためのマニュアル化された認知行動療法として開発された（Resick & Schnicke, 1992）。その後、子ども虐待・戦争トラウマ・自然災害などすべての種類のトラウマへと適応が拡大された（Resick, Monson, & Chard, 2007）。CPT は標準 12 セッションであるが、トラウマの種類や症状の程度によりセッション数は変更可能である。治療は多面的内容で構成されており、前のセッションで学んだスキルを用いて次のセッションに取り組むために、取り扱う内容は順番が決められている。

　セッション 1–4 では、まず、CPT の背景となる理論についての説明があり、続いて出来事意味筆記（なぜトラウマとなる出来事が起こったと思っているか、その出来事により自分・他人・世界に対する考えはどう影響を受けたか、特に安全・信頼・力とコントロール・価値・親密さについて、クライエント自身が筆記する）を行うよう求められる。次に、ABC シートを用いて出来事・考え・感情がどのようにつながっているかを学び、思考が「スタック」したポイントを探し始める。スタックポイントとは、破滅的、非機能的信念であり、これを具体的にすることで考え直しをはじめることができる。スタックポイントの例としては、「その出来事が起こったのはすべて自分のせいだ」「誰も信じることができない」「世界は危険だ」などである。スタックポイントは、恥・自責感・恐怖・怒りといった強い感情を喚起することが多い。また、こういった感情はなかなか消えることがなく、その人の実用的かつ適切な社会機能を損なう。虐待の前、最中、後に形成されていった思考や行動のパターンについて、詳細に話し合っていく。それからクライエントは、トラウマとなる出来事に関する思考がどのように混乱するかについて学ぶ。治療者は、クライエントに分かりやすいことばを用いて同化（assimilation; これまでに持っていた信念を変えることなく新しい情報を受け入れる）、過剰調節（over-accommodation; 自分や世界に対する信念を極端に変えてしまう）、ほどよい調節（accommodation; 新しい情報をもとにこれまでの信念を修正する）という概念を紹介する。最後に、クライエントは、最も強いトラウマとなる出来事に関して、身体感覚・考え・感情を含めながら詳細を筆記する（注意：認知処理療法–認知版［CPT-Cognitive Only Version, CPT-C］では、トラウマに焦点化し続けるがこの出来事の詳細に関する筆記は行わない）。治療者は、ソクラテス式問答を用いながら、クライエントが自分のスタックポイントを分析し、過去の出来事をよりバランスの取れた見方ができるように援助する。ソクラテス式問答では、特定の話題に関してクライエントの知識を引き出すために、治療者はあえて無知を装う。対話の中に不完全で不正確な考えが出てきたら、クライエントの誤解を正し、より現実的な考えを導くように援助するチャンスである。

　セッション 5–7 では、考え直しシート（Challenging Questions Worksheet, CQW）を使って信念を 1 つひとつ調べるなどして、中心となる認知療法の技法を学ぶ。考え直しシートは、アーロンベックら（1979）により開発された 10 の質問で構成されている。これらの質問を用いると、クライエントが自分の持っている信念の根拠や反証に目を向け、信念を支持したり否定したりする文脈的要因や、最終的にはこういった信念を維持する上での感情の役割に気づけるよう手助けすること

ができる。たとえば、クライエントがトラウマとなる出来事（例：レイプ、戦闘関連の死）は「すべて自分の落ち度だった」というスタックポイントを持っているとする。考え直しのシートを使うと、トラウマは誰か別の人により引き起こされており、自分の力ではどうすることもできなかったと考え始められるようになる。また、そのときの状況、資源、わかっていたことを考えると、たとえ異なった結果を望もうとも、自分ができたかもしれないことはほとんどなかったということにも気づきはじめる。そして、問題のある思考パターンシート（Patterns of Problematic Thinking Sheet）を導入し、PTSD からの回復を妨げうる、よくある不完全な思考パターンについて学ぶ。それぞれのスタックポイントを問題のある思考パターンと結びつけることによって、クライエントは自分が抱きやすい問題のある思考パターンを知ることができ、将来こういったパターンにはまりこんでも注意して対処できるようになる。最後に、これまでのワークシートの内容すべてを盛り込んだ、信念を考え直すシート（Challenging Beliefs Worksheet, CBW）の使い方を学ぶ。PTSD の状態になると、しばしばトラウマについての考えが偏狭になり（例：「私は出来事が起こることを防げたはずだったのに」）、自分や他者や世界に対する過度に一般化した思考を持つようになる（例：「私は悪い人間だ」「権力を持つものは誰も信じられない」）。信念を考え直すシートを使うと、クライエントは自分の持っている信念を見つめ、考え直し、別の信念を思いつき、そして同時に感情の変化にも気づくことができる。PTSD のレンズを通して状況を眺める代わりに、より現実的な見方をすることで、どれほど気持ちが楽になるかもわかる。典型的には、「トラウマを防ぐことはできなかった」「その状況ではベストを尽くした」「自分は良い人間だ」「権力を持つ多くの人は信頼できる」などといった新しい考えを持てるようになる。

　セッション 8–12 では、信念を考え直すシートを使いながら、安全・信頼・力とコントロール・価値・親密さという 5 つの鍵となる領域についての思考に焦点を当てる。セッション 12 では、出来事意味筆記を書き直し、セッション 2 で書いた出来事意味筆記と比較する。こうすることで、クライエントは自分の思考・感情・行動の変化についてはっきりと認識することができる。この部分は非常に治療効果の高いところである。クライエントは、トラウマとなる出来事をいかに不適切にとらえ自分を責めていたか、自分や他者や世界についてどんなに否定的に考えていたかということに、治療のはじめにはまったく気づいていなかったと報告することが多い。最後に、治療者とクライエントは将来に向けて、問題の残された領域を明らかにし、それに対する対処法を話し合う。

　青年が年齢・外傷性脳損傷・物質使用・他の医学的問題などで認知的制限を示した場合でも、治療者はまずプロトコール通りの治療を試みるべきであり、この課題はできないだろうなどと勝手に決めつけてはいけない。ワークシートに取り組むことが難しい事例用に、CPT の開発者らは簡易版のシートを用意しており、それを用いることでスタックポイントをより簡単に調べて考え直すことができるだろう（McIlvain, Walter, & Chard, 2013; Resick, Monson, & Chard, 2007）。たとえば、もしその若者にとって概念的に理解が難しい質問があるような場合は、10 問から 5 問に短縮した考え直しシートなどもある。

　性的虐待を対象にした CPT プロトコール（CPT for Sexual Abuse; CPT-SA）は、全 17 セッションからなり、発達に関する問題と子どもの頃の性的虐待がアイデンティティ・アタッチメント・自

己概念・自尊感情の形成にどう影響するかについての心理教育が加えられている。さらに、性的虐待によって最も影響を受ける、個人内・対人関係・世界観という3つのスキーマのレベルが、他者との関わりの中でどう形作られ強化されていくのかを理解するために、発達上の中断や体験について治療者と話し合う。クライエントが認知と感情を同定し上手く対処できるようになるにつれて、CPT-SA では、（CPT の5つの領域を拡大して）7つの信念領域、安全・信頼・力とコントロール・価値・自己主張／コミュニケーション・親密さ・社会的サポートに焦点を当てていく。虐待を受けているさなかでは、破局的な認知も適応的な対処メカニズムとして機能したかもしれないが、CPT-SA では破壊的なスキーマを同定し、それを現在の生活状況に照らしてみてより適応的なものへと組み替えるように手助けしていく。

基本的な治療原理と理論的枠組み

　CPT を含むすべての CBT のモデルに共通する鍵となる考えは、自己や他者についての個人の考え・態度・認識が出来事の解釈に影響を与え、また、この解釈が感情や行動にも影響を与えうるというものである。思考（認知）・感情（情動）・行動の複雑な関係を説明するための統合的なモデルが提案されていて（David & Szentagotai, 2006）、性格・学歴・内的資源（コーピング法）・外的資源（社会的サポート）などが、経験の感じ方を調整すると言われている。認知療法家は、感情や行動に影響を与えうるのは出来事自体ではなく、その出来事の認知的解釈であると主張している。さらに、認知・感情・行動は、一方的にではなく、相互的に影響を与え合う。たとえば、トラウマの被害者は出来事を思い出させるトリガーを避けるが、そのことでよりそのトリガーに対処しにくくなり、さらに回避が強化されていく。このような相互関係を考慮して、CBT では認知と行動の両方に同時にアプローチする。

　CBT では、個人が持っている認知的な誤認識（例：認知の歪み）と認知の歪みにより強化され、かつ歪みを強化する行動パターンへの気づきを促す。すべての認知の歪みが治療の対象となるわけではなく、最も強い苦痛をもたらしているものを標的としていく。それゆえに、認知行動療法家が行うべきことは、クライエントに (1) 認知の歪みへの気づきを促し、(2) この歪んだ認知が否定的な感情や行動と関連していることを明らかにし、(3) これまで自己や他者に対する否定的な見方を強化し維持してきた、歪んだ思考と非適応的行動パターンを修正するよう手助けすることである。こういったことが順調に成し遂げられれば、出来事をこれまでとは違った形でとらえて行動できるようになり、心理的苦痛が低減し、より肯定的に人生を見られるようになるだろう（A. T. Beck et al. 1979; J. S. Beck, 1995）。

　CPT のプロトコールは、アーロンベックのうつ病に対する認知理論を援用している（A. T. Beck et al., 1979）。曝露療法など（Foa et al., 1991; Keane & Kaloupek, 1982）の不安症の治療から発展した治療法を PTSD に適応していた多くの研究者にとって、うつ病の治療原理を PTSD に用いるのは、職務からの離脱とでも言うべきことだった。レイシックらによると、女性のレイプ後のトラウマ反応は、しばしばうつ症状を伴うことが明らかになっている（Atkeson et al., 1982）。ゆえに、PTSD は、

単なる恐怖や不安の障害以上のものとして概念化され、むしろ、PTSD が、個人の自己感覚・他者や世界への見方に悪影響を与えるものだと考えられている。レイシックらはまた、客観的な危険性より、危険だと感じることがその後の症状を予想する重要な要因であると報告している（Girelli et al., 1986）。つまり、トラウマとなる出来事の解釈が、トラウマ反応の重要な寄与因子であることが示唆された。

　まったく別系列の研究によると（McCann, Sakheim, & Abrahamson 1988, McCann & Pearlman, 1990）人はもともとかなりの数の否定的信念を持っており、トラウマ的出来事に遭遇することで、それらが強化される可能性がある。このモデルによると、トラウマの被害者は、トラウマの情報を既存のスキーマに同化させるか、トラウマの情報を調整し既存のスキーマを組み替えることにより、トラウマとなる出来事を全体的な概念システム（例：中核信念、スキーマ）に取り込んでいる。もう少し詳しく言うならば、トラウマとなる出来事に関連する新しい情報が、以前から持っている自己や世界についての信念（肯定的か否定的かは問わない）と一致する場合に**同化**が起こる。たとえば、子ども期に性的虐待の経験がある女性は、後に性被害を経験すると、すぐに同化してしまう可能性がある。なぜならば、性被害に関する情報が彼女の以前から持っているスキーマ（「私が悪い。私は汚れている。だから、悪いことが身に降りかかる」）と一致しているからである（Chard, Weaver, & Resick,1997）。トラウマとなる出来事についての個人記憶や原因の評価が、これまで持っていた信念とより一致するように変化したときも同化が起りうる。たとえば、ある女性は、知り合いが自分のことをレイプするわけがないともともと信じていたのに知人からレイプされた場合、レイプは自分の誤解だったとか、自分の側のコミュニケーションが不足していたから起こったと考えるかもしれない。逆に、もともと持っているスキーマとは異なる出来事が起こり、この新しい出来事の情報を組み入れてスキーマを作り直す場合には、このプロセスをほどよい**調節**と呼ぶ。調節の例は、「こんなひどいことが自分に起こったが、自分で起こしたわけではない」「十分努力したにもかかわらず、それは起こってしまった」などである。

　レイシックは同化やほどよい調節とともに、**過剰調節**を CPT の中心的な概念にすえた（Resick & Schnicke, 1992, 1993）。過剰調節とは、トラウマの被害者が、自分や世界に対する考え方を極端に変えることで安全感やコントロール感を取り戻そうとするものである。たとえば、「自分の判断なんて二度と信じない」「誰もが自分を支配しようとしている」と考えて、さらなる被害を防ごうとすることである（Resick & Schnicke, 1992）。こういった過剰調節が起こると、出来事にまつわる自然な感情（例：恐怖、悲しみ）の処理が滞り、出来事に対するその人の不正確な認知に基づいて作られた感情（例：恥、怒り）が強くなってくる。

　5 つの領域（安全、信頼、力とコントロール、価値、親密さ）におけるトラウマに関連した認知の歪みが指摘されている（McCann & Pearlman, 1992）。これらの領域では、自己や他者に関連する認知の混乱が認められると考えられている。レイシックは、これらのテーマを CPT の治療要素に加え、同化や過剰調節といった認知の混乱が生じうることを指摘している（もちろん、トラウマとなる出来事ともっと明らかに関連している他のスタックポイントもある）。

　このようにして、最終的な CPT のプロトコールには、認知療法と認知的介入の要素が統合され

ている。この中には、トラウマの被害者が自分のスキーマの中で情報をどのように処理するのかについての情報や、その人がトラウマ記憶にアクセスするときに出来事にまつわる感情を体験したり消去したりするという知見が含まれている。過去には、トラウマ筆記が治療に含まれていたために、CPT は曝露療法だという混乱が生じていた。しかし、トラウマ筆記の省略や要素分解研究（Resick & colleagues, 2008）の結果から、CPT は曝露ではなく、変化をもたらす主体として、認知再構成による治療であることが示唆されている。

実証研究による裏づけ

さまざまな種類のトラウマ（例：レイプ、子ども虐待、暴行、戦闘）に対する CPT の有効性が、複数のランダム化比較試験で証明されている（Chard, 2005; Monson et al., 2006; Resick, Galovski, et al., 2008; Resick, Nishith, et al., 2002）。こういった研究の対象には、10 代後半の青年も含まれており、年齢による結果の違いはなかった。上述のように、最近のレイシックらの要素分解研究によると、標準的な CPT プロトコールとトラウマ筆記を含まない CPT-C プロトコールの効果は、治療終了時および追跡調査時でも同等であった。ただし、トラウマ筆記のみのプロトコールでは、回復が遅く治療終了時にも十分な改善が得られなかった。つまり、標準的 CPT プロトコールと修正した CPT-C プロトコール（認知再構成のみ）はどちらも同様に効果があり、クライエントの希望とどの程度トラウマとなる出来事に向き合えるかに応じて治療は選べばよいことが示された。注意すべきこととして、CPT-C は、トラウマに焦点化した治療であることに変わりはなく、そこまで詳細ではないがトラウマとなる出来事についての話し合いは行う。

最後に、青年を対象に待機群と比較した、集団版 CPT のランダム化比較試験がある。この研究は、少年院で 38 名の男子を対象に実施された（Ahrens & Rexford, 2002）。プロトコールは、最後の 6 セッションを 2 セッションにまとめ、全部で 60 分 × 8 セッションに短縮された。治療群では、PTSD 症状が 50%改善し、治療終了時点でうつ病得点が正常範囲におさまった。一方、比較群（待機群）は、積極的な治療を受けるまで PTSD やうつ病の症状の改善は認められなかった。この研究について特筆すべきことは、対象者の 3 分の 1 に複数のトラウマ体験があったこと、半数以上に意識消失に至るような頭部外傷の既往があったこと、3 分の 1 以上が注意欠如・多動症圏の診断を受けていたこと、全員が何らかの犯罪（暴行、強盗、薬物使用）で収監されていたことが挙げられる。こういった研究参加者の複雑な背景を考慮すると、介入結果は驚くべきものである。

認知処理療法を選択するとき

CPT は、複数のトラウマと複雑な発達歴を有している人など、さまざまな種類のトラウマとなる出来事に苦しむ人々に効果があることが、調査研究により示されている。つまり、PTSD の診断を受けた青年で、少なくともなんらかのトラウマとなる出来事に関する記憶があり、練習課題に取り組む気持ちのある人には、CPT が適応可能である。未治療の躁病や精神病、切迫した自殺念慮、

解毒治療が必要な物質依存などがあれば、CPT を開始する前にこれらの治療を優先すべきである。慢性の子ども虐待・パーソナリティ障害・自殺念慮・外傷性脳損傷・物質使用障害などがあっても、CPT は有効であり、こういった併存症が理由で治療対象から除外する必要はない（Resick, Monson, & Chard,2007）。

　トラウマを経験した人々の多くは、リマインダーとなるような人・場所・ものを避けがちであり、このことが過剰に汎化されて治療環境におよぶこともある。回避が PTSD の症状の一部であることを考えれば、治療者や養育者は、トラウマの治療開始を遅らせるなどして、結局本人の回避に手をかすようなことはすべきでない。逆に、回避行動が PTSD の症状であることをしっかり指摘して、治療計画が進められるように子どもを励まし支える必要がある。また、臨床の現場において治療者が気づいたのは、治療開始前に動機づけ面接の技法を用いることが有効であり、治療中に回避が強くなったときは、クライエントのやる気を高め CPT の課題をこなせるように援助することが有効であるということである。

　最後に、治療者は、若者がその年齢に応じてさまざまな経路や理由で治療に結びつくということを認識しておくべきである。成人の多くは自ら治療を求めてやってくるが、若者の場合、たいていは大人（例：両親、保護者、教師）に連れられてやってくる。個別の CPT だけでは改善しない家族全体の大きな問題が、症状として子どもの行動に表れている場合もある。家族の治療への関わり方やその度合いは、治療の成否に大きな影響を与えうる（Braswell, 1991; Kazdin, Holland & Crowley, 1997）。こういった理由で、両親や保護者を若者の治療に引き込み、サポートさせ、さらに参加させることの重要性が強調されるようになってきている。典型的な CPT では、両親が治療前の評価セッションとセッション 1 に参加し、治療原理を聞いたり治療経過を通してどのように子どもを支えることができるかについて学んだりする。

利点と欠点

　CPT の利点の 1 つは、期間限定治療であり、これは特に消費者主導の社会で歓迎される。2 番目の利点は、個人の必要性に応じてプロトコールを延長したり短縮したりできる点である。治療の進み具合やセッションの後半で出てきた新たな情報に基づいて、治療者とクライエントは治療コースを変更することができる。こういった判断は、治療を進めながら行っていく。3 番目の利点は、複雑なトラウマ歴やさまざまな心理症状を有する人にも効果が示されている点である。したがって、パーソナリティ障害や物質使用の問題など、以前の標準的トラウマ治療では治療対象から除外されていた事例にも適応可能である。また、複数のトラウマを持つケース（例：子ども虐待と青年期のレイプ）でも治療プロトコールを変更することなく実施可能である。4 番目の利点は、CPT-C を用いることで、トラウマとなる出来事の詳細に立ち入る必要がなくなるかもしれないことである。トラウマとなる出来事に関する記憶がはっきりしないケースや出来事の詳細に直面化することで圧倒されてしまう人にとっては、CPT-C は、比較試験において CPT と同様の効果を持つことが示された有望な選択肢となる（Resick et al., 2008）。

　5番目の利点は、個人セッション、集団セッション、個人＋集団セッションとさまざまな形で実施できることである（Chard et al., 2009）。CPT を集団で実施する利点としては、(1) トラウマの症状で苦しんでいるのは自分1人ではないことがわかる、(2) 認知の歪みに対して集団のメンバー同士で考え直しし合える、(3) 新しく学んだ行動を実生活で実践する前に、治療者の手助けのもと集団内で練習できる、(4) 他の集団のメンバーの経験がフィードバックされることで、自分の信念が本当に正しいか検証することができる、などである。CPT を集団で実施する上での欠点は、他の集団治療の欠点と似たようなものである。たとえば、集団治療では一対一の個別ケアを十分受けられていないと感じたり、集団を独占してしまってはいけないと考え、自分の信念構造に十分に目を向けられなかったりする。さらに、集団力動により、クライエントは自分の能力や自分の本当の考えを開示できなくなることもある。そしてそれは、個人で治療した場合よりも多く起こりがちだ。若者は他人が自分に持つ印象や社会的に望ましいとされることに成人よりも敏感であるため、この傾向が顕著となりうる（実際、多くの若者は自発的ではなく親や教師に言われて相談につながることが多い）。

　一般的に、CBT は子どもの治療の成功にかかわる発達的視点が抜け落ちていると批判されがちであるが（Grave & Blissett, 2004; Stallard, 2002）、低年齢の子ども向けに修正した方法を用いると、認知再構成と問題行動の両方が改善したという報告もある（Grave & Blissett, 2004; Kendall, 2001）。8歳以上になると複雑でより高度な推論が可能になるため（Grave & Blissett, 2004）、認知の歪みに気づいたり、認知・感情・行動の関係を理解したりすることができるようになると言われている。したがって、最後の利点は、CPT の概念が高学年の学童や青年にとっては理解しやすいという点である。

　とは言うものの、CPT 治療者はやはりこの年代に特有の子どもの発達的特徴を考慮すべきであり、無視してしまうと治療に不利益をもたらすだろう。たとえば、青年期後期は、学校を卒業して新しい生活を始めるための準備期間として非常に重要であり（Bong, 2001）、多くの青年にとって親に頼れる最後のチャンスとなる。このことに気づくことで、青年は、自分とは何か、世界の中での自分の居場所はどこかを自問し始める。そして、自分の将来がより明確なものになってくる。また、青年の自己評価は、他者との関係性の中での自己観とも関連している。困難に立ち向かうことができるという感覚は、両親・仲間・恋人・教師や他者との、年少の子ども期には通常認められないレベルの複雑な相互関係をもとに築きあげられる。こういった内なる思考と外的比較の相互作用により、さまざまな認知の歪みが生じて、日常生活に支障をきたす可能性がある。臨床家は、CPT を青年に実施するときには、このようなさまざまな要因に注意を払うべきであろう。

　他の CPT の欠点には、セッション後に宿題が出される点が挙げられる。学業や放課後活動の時間を割かなければいけないことや、誰かに宿題をしているところを見られるのではないかと心配して、青年はセッションで出された宿題をすることを嫌がるかもしれない。最後の欠点としては、読み書きが必ずできなければいけないという点である。テープに録音するという修正をプロトコールに加えることも可能ではあるが、治療に取り組むためにはある程度読解能力が必要になる。以前に学校の学習で嫌な思いをして、宿題を回避しがちになっている子どもにとっては、治療も避けたく

なるかもしれない。

期待される結果

　青年（特に 18 歳以下）を対象とした CPT の研究は限定的であるが、既存のデータによると CPT により PTSD 症状の明らかな改善が認められている。さらに、うつ・不安・低い自尊感情・罪悪感・怒り・解離などの関連する症状の改善も報告されている。CPT に関連した副作用の報告はなく、治療脱落率も他のエビデンスに基づく治療と同等かそれ以下だと言われている（Resick, Monson, & Chard, 2007）。したがって、青年のためのエビデンスに基づく期間限定の治療法を求める治療者にとって、CPT は手堅い選択肢であろう。

［参考文献］

1. Ahrens, J., & Rexford, L. (2002). Cognitive Processing Therapy for incarcerated adolescents with PTSD. *Journal of Aggression, Maltreatment and Trauma, 6*, 201–216.

2. American Academy of Child and Adolescent Psychiatry. (1998). Practice parameters for the assessment and treatment of children and adolescents with posttraumatic stress disorder. *Journal of the American Academy of Child and Adolescent Psychiatry, 37*(10), 4–26S.

3. American Psychiatric Association. (1994). *Diagnostic and statistical manual of mental disorders* (4th ed.). Washington, DC: Author.

4. Atkeson, B. M., Calhoun, K. S., Resick, P. A., & Ellis, E. M. (1982). Victims of rape: Repeated assessment of depressive symptoms. *Journal of Consulting and Clinical Psychology, 50*, 96–102.

5. Beck, A. T., Rush, A. J., Shaw, F., & Emery, G. (1979). *Cognitive therapy of depression*. New York, NY: Guilford Press.

6. Beck, J. S. (1995). *Cognitive therapy: Basics and beyond*. New York, NY: Guilford Press.

7. Bong, M. (2001). Role of self-efficacy and task-value in predicting college students'course performance and future enrollment intentions. *Contemporary Educational Psychology, 26*, 553–570.

8. Braswell, L. (1991). Involving parents in cognitive-behavioral therapy with children and adolescents. In P. C. Kendall (Ed.), *Child and adolescent therapy: Cognitive-behavioral procedures* (pp. 316–351). New York, NY: Guilford Press.

9. Chard, K. M. (2005). An evaluation of Cognitive Processing Therapy for the treatment of posttraumatic stress disorder related to childhood sexual abuse. *Journal of Consulting and Clinical Psychology, 73*, 965–971.

10. Chard, K. M., Resick, P. A., Monson, C. M., & Kattar, K. (2009). *Cognitive Processing Therapy: Group manual*. Washington, DC: U.S. Department of Veterans Affairs.

11. Chard, K. M., Weaver, T. L., & Resick, P. A. (1997). Adapting Cognitive Processing Therapy for child sexual abuse survivors. *Cognitive and Behavioral Practice, 4*, 31–52.

12. David, D., & Szentagotai, A. (2006). Cognitions in cognitive-behavioral psychotherapies: Toward an integrative model. *Clinical Psychology Review, 26*, 284–298.

13. Finkelhor, D., Ormrod, R. K., & Turner, H. A. (2007). Poly-victimization: A neglected component in child victimization. *Child Abuse & Neglect, 31*, 7–26.

14. Finkelhor, D., Turner, H. A., Ormrod, R. K., & Hamby, S. L. (2009, November). Violence, crime, and exposure in a national sample of children and youth. *Pediatrics, 124*(5).

15. Foa, E. B., Rothbaum, B., Riggs, D., & Murdock, T. (1991). Treatment of posttraumatic stress disorder in rape victims: A comparison between cognitive-behavioral procedures and counseling. *Journal of Consulting and Clinical Psychology, 59,* 715–723.

16. Girelli, S. A., Resick, P. A., Marhoefer-Dvorak, S., & Hutter, C. K. (1986). Subjective distress and violence during rape: Their effects on long-term fear. *Violence and Victims, 1,* 35–46.

17. Grave, J., & Blissett, J. (2004). Is cognitive behavior therapy developmentally appropriate for young children? A critical review of the evidence. *Clinical Psychology Review, 24,* 399–420.

18. Kazdin, A. E., Holland, L., & Crowley, M. (1997). Family experience of barriers to treatment and premature termination from child therapy. *Journal of Consulting and Clinical Psychology, 65,* 453–463.

19. Kazdin, A. E., & Weisz, J. R. (Eds.). (2003). *Evidence-based psychotherapies for children and adolescents.* New York, NY: Guilford Press.

20. Keane, T. M., & Kaloupek, D. G. (1982). Imaginal flooding in the treatment of a posttraumatic stress disorder. *Journal of Consulting and Clinical Psychology, 50,* 138–140.

21. Kendall, P. C. (Ed.). (2001). *Child and adolescent therapy: Cognitive-behavioral procedures* (2nd ed.). New York, NY: Guilford Press.

22. McCann, I. L., & Pearlman, L. A. (1990). *Psychological trauma and the adult survivor: Theory, therapy, and transformation.* New York, NY: Brunner/Mazel.

23. McCann, I. L., & Pearlman, L. A. (1992). Constructivist self-development theory: A theoretical framework for assessing and treating traumatized college students. *Journal of American College Health, 40,* 189–196.

24. McCann, I. L., Sakheim, D. K., & Abrahamson, D. J. (1988). Trauma and victimization: A model of psychological adaptation. *Counseling Psychologist, 16,* 531–594.

25. McIlvain, S. M., Walter, K. H., & Chard, K. M. (2013). Using Cognitive Processing Therapy–Cognitive in a residential treatment setting with an OIF veteran with PTSD and a history of severe traumatic brain injury: A case study. *Cognitive and Behavioral Practice, 20,* 375–382.

26. Monson, C. M. Schnurr, P. P., Resick, P. A., Friedman, M. J., Young-Xu, Y., & Stevens, S. P. (2006). Cognitive Processing Therapy for veterans with military-related posttraumatic stress disorder. *Journal of Consulting and Clinical Psychology, 74,* 898–907.

27. Resick, P. A., Galovski, T. E., Uhlmansiek, M. O., Scher, C. D., Clum, G. A., & Young-Xu, Y. (2008). A randomized clinical trial to dismantle components of Cognitive Processing Therapy for posttraumatic stress disorder in female victims of interpersonal violence. *Journal of Consulting and Clinical Psychology, 76,* 243–258.

28. Resick, P. A., Monson, C. M., & Chard, K. M. (2007). *Cognitive Processing Therapy: Veteran/military manual.* Washington, DC: U.S. Department of Veterans Affairs.

29. Resick, P. A., Nishith, P., Weaver, T. L., Astin, M. C., & Feuer, C. A. (2002). A comparison of Cognitive Processing Therapy with prolonged exposure therapy and a waiting list condition for the treatment of chronic posttraumatic stress disorder in female rape victims. *Journal of Consulting and Clinical Psychology, 70,* 867–879.

30. Resick, P. A., & Schnicke, M. K. (1992). Cognitive Processing Therapy for sexual assault victims. *Journal of Consulting and Clinical Psychology, 60,* 748–756.

31. Resick, P. A., & Schnicke, M. K. (1993). *Cognitive Processing Therapy for rape victims: A treatment manual.* Newberry Park, CA: Sage Publications.

32. Silverman, W. K., Ortiz, C. D., Viswesvaran, C., Burns, B. J., Kolko, D. J., Putnam, F. W., & Amaya-Jackson, L. (2008). Evidence-based psychosocial treatments for children and adolescents exposed to traumatic events. *Journal of Clinical Child and Adolescent Psychology, 37,* 156–183.

33. Stallard, P. (2002). Cognitive behaviour therapy with children and young people: A selective review of key issues. *Behavioural and Cognitive Psychotherapy, 30,* 297–309.

34. Stallard, P. (2006). Psychological interventions for post-traumatic reactions in children and young people: A

review of randomized controlled trials. *Clinical Psychology Review, 26*(7), 895–911.

第 16 章

リスク低減を目指した家族療法

カーラ・クメット・ダニエルソン

総論

　スザンナがセラピーを受けるようになったのは 17 歳のときだった。彼女はその 2 年前まで、親族から、性的虐待と身体的虐待を数年間にわたって受けていた。彼女は、不安症状からくる恐怖感と、自分を取り巻く世界は危険だという認知のために、ほとんど家から出ていなかった。そして、違法ドラッグの使用や処方薬の誤用を、週に複数回行っていた。スザンナは、それが悪夢を軽減し、子ども時代に虐待によって生じた心的外傷後ストレス障害の症状とつき合っていくために強力な力を発揮すると信じていた。母親とスザンナの関係は、緊張と葛藤をはらんでいた。スザンナの母親にはトラウマ歴があり、彼女はこれまで、トラウマ関連症状に回避的アプローチで対処してきた。そのため、最初のセッションで、スザンナの母親は、娘をどうしたらいいか「まったくわからない」とセラピストに言った。スザンナは数カ月前に学校をやめており、最初のセッションでは「私は、この先ずっと、気持ちが変わることなんてない」と、淡々と、希望を失った様子で述べた。

　残念ながら、スザンナの例は、子どもの性的虐待（child sexual abuse, CSA）やその他のトラウマを経験したティーンエイジャーに珍しいことではない。このぐらいの年齢の子どもたちは、PTSDの主要症状である回避や過覚醒、再体験に加えて、物質乱用やその他の危険行動、苦悩への耐性の低下、家族関係の問題を示す。これらは、彼らが青年期から成人に至るまでの間、日常生活機能や生活の質全体に連鎖的に影響を与える。この章の目的は、スザンナのような若者たちを助けること、つまり、CSA や他のトラウマから起こる、幅広い精神の健康上の問題に対処することに特化して開発された治療法である、リスク低減を目指した家族療法（Risk Reduction through Family Therapy, RRFT）について詳述することである。章のはじめでは、RRFT の治療原理のレビューを行い、続けて、このモデルの有用性を支持する最新の研究の簡単な説明、RRFT の概要、7 つの構成要素および介入の理論的基盤、アセスメントなど治療前に必要なことの概要について述べる。次に、RRFT の 7 つの構成要素についてより詳細に説明する。また、章の最後には、RRFT の今後の方向性についていくつかの提案を行う。

基本的な治療原理

　青年期の道のりには多くの困難がある。第二次性徴期は人生で最も激しい期間であり、この段階で、人は発達上のさまざまな難しい課題に直面する。この時期、若者たちは、子どもでいたいという気持ちと、大人の責任を果たしたいという気持ちとのはざまにある。この時期は、中学校、高校、その後の二次的教育の場所（大学や軍隊、仕事など）への移行期である。彼らは養育者との関係性にストレスを感じ始め、やがてそれは、自分自身の自主性や独立性を確立するための葛藤へと発展する。同年代のグループは、若者が成長するにつれて彼らの意思決定においてますます重要な役割を持つようになる。生理学的にも、青年期には、身長・体重・毛髪・生殖器などに多くの変化がおきる。また、青年期の脳は変化し発達し続け、行動や情動に影響を与える。たとえば、前頭前野は脳の命令中枢として機能し、行動を起こす前に考え、違う行動を選択し、危険な行動を中断するといった自己調節を司る、最も遅く成熟する脳領域であり、20代半ばまで変化が続く。この発達期間、前頭前野の変化が起こることで、脳の支配領域が移行し、情動反応や「高い報酬」を求めて意思決定がなされるようになり、行動の抑制が減少するようになる。その結果、若者はより衝動的になり、リスクの高い（「高い報酬が得られる」）行動や環境に関与する可能性が高くなる。

　さらに高い報酬が得られる行動に関与するように脳の支配領域の移行が起きると、多くの若者たちが青年期にアルコールやドラッグを経験するということは、驚くべきことではない。2010年の将来のモニタリング調査（Monitoring the Future）（訳注：米国で毎年、40年以上にわたって行われている中高生の薬物・アルコール・タバコ使用 に関する大規模調査）によると、高校の最終学年までに、70％以上がアルコール摂取を経験し、50％以上が暴飲し、約50％が違法薬物を使用していた（Johnston et al., 2011）。このように、若者の大半は高校生のときに何らかの物質使用にかかわる。性的行動も、高校生にとって一般的なことである。約40〜65％の学生（人種や民族によって変動する）が、最終学年までに性交を経験する（Centers for Disease Control and Prevention, 2010）。残念ながら、「一般的な経験」は、問題のある危険な経験、たとえば日常生活機能を妨げる行動（例：学校をさぼって友達と薬をやる）や、より深刻な健康問題のリスクを増大させる行動（例：飲酒運転の車に乗る、HIVや妊娠の危険を高めるコンドームなしのセックスをする）へとつながっていく可能性がある。

　青年期の若者たちが生きている生態システムの各水準（例：家族の活動水準、ピアグループ）において、物質使用の問題や危険な性行動を引き起こす、多くのリスク要因とレジリエンス要因が見出されてきた。トラウマ体験、特にCSAは、危険な行動に結びつくリスク要因としてよく知られている。具体的には、アメリカの推定280万人のCSA被害者は（Finkelhor et al., 2009）、CSAを経験していない若者と比べて、物質使用の早期開始（e.g., Rothman et al., 2008）、青年期のアルコール乱用や物質乱用（e.g., Clark & Bukstein, 1998; Kilpatrick et al., 2000）、成人してからのアルコール乱用や物質乱用（e.g., Anthony & Petronis, 1995; Grant & Dawson, 1997）のリスクが高いことが、研究によって明確に示されている。複数の性的パートナーを持つこと（Randolph & Mosack, 2006）、コン

ドームをまったく使用しない、あるいは毎回は使用しない（Noll, Trickett, & Putnam, 2000）などの危険な性行動もまた、CSA と強く関係している（Putnam, 2003）。青年期の気分障害や不安症およびそれらの症状（すなわち内在化問題）も、若者に最も多く見られる PTSD（Finkelhor et al., 2005）や大うつ病（Danielson et al., 2005）と同様、CSA から生じる。内在化問題と危険行動の併存は、CSA を経験した若者に共通してみられる（Danielson, Macdonald, et al., 2010）。たとえば、疫学的研究では、12 ～ 17 歳の CSA を経験した若者は、CSA を経験していない若者よりも、PTSD と物質使用障害の併存が 6 倍以上多く報告されている（Kilpatrick et al., 2003）。

　CSA による負の後遺症のリスクは、成人期まで続く（Danielson et al., 2009; McLean & Gallop, 2003）。成人を対象とした研究では、CSA 経験歴と重篤な精神的健康問題、身体的健康問題、日常生活機能に関する問題には、一貫して関係があると示されている（Noll, Trickett, & Putnam, 2000）。また、CSA の被害者は、再び性被害を受けるリスクが有意に高い（Fergusson, Horwood, & Lynskey, 1997; Roodman & Clum, 2001）。CSA を含む対人暴力の心理的影響は累積していくため、再び性被害を受けることの有害な影響は、長く続くことが多い（Messman-Moore & Long, 2003）。再被害を受けていない者と比較して、再被害を受けた者は、生涯 PTSD（Arata, 1999）や解離性障害（Cloitre, Scarvalone, & Difede, 1997）の診断基準を満たす可能性が高く、より強い苦痛や不安を体験し（Messman-Moore & Long, 2000）、ハイリスクな性行動が多く、その結果意図しない妊娠や中絶に至ることが多い（Wyatt, Guthrie, & Notgrass, 1992）。

　また、CSA を経験した若者の中には、亜症候群性の問題を報告する者もいる。つまり、PTSD などの診断基準を完全に満たさず、まだ物質乱用や物質依存にはなっていないという状態である。文献では、そうした若者たちは、物質乱用や再び性被害を受けるといった遅発性のトラウマ関連問題のリスクが高まる可能性が示唆されている（上記参照）。したがって、そうした若者たちがこれらの問題のリスクを減らすために、青年期の生活におけるストレッサーへの対処スキルを身につける予防と治療の取り組みが必要である。

　CSA 被害者の PTSD とうつを治療対象としたエビデンスに基づく治療法が開発され、評価されてきている。たとえば、診察室で個別に実施するアプローチである TF-CBT（Trauma Focused-Cognitive Behavioral Therapy, Cohen et al., 2004）や、トラウマを体験した移民の若者たちに学校でグループ形式で実施するアプローチである CBITS（Cognitive Behavioral Intervention for Trauma in Schools, Kataoka et al., 2003）などである。他のエビデンスに基づく治療法である AF-CBT（Alternative for Families: A Cognitive Behavioral Therapy, Kolko, 1996）やMST － CAN（Multisystemic Therapy for Child Abuse and Neglect, Swenson et al., 2010]）は、家族内暴力やそれに関連する攻撃的な行動を減らし、身体的虐待を受けて児童保護サービスに紹介された家族が在宅措置を維持するためにデザインされた。こうした治療法は、CSA に関連した PTSD やうつの治療などの領域において発展してきたが、CSA から派生した他の異質な併存問題（例：物質使用問題、危険な性行動、苦悩への耐性の低さ）を扱う統合された治療法には、まだ厳密に評価されたものはない。さらに、亜症候群性の状態を示す若者に対して、こうした他の異質な併存問題へのレジリエンスを高めるアプローチ、つまり「リスク低減」のオプションも必要である。トラウマに曝された成人の研究による

と、PTSD と物質使用問題の併存に対する統合的治療アプローチが有効であると示されている（Cocozza et al., 2005）。特に曝露療法（恐怖を感じる記憶や思考、感情、状況へ直接向き合うものを含む）を加えたアプローチが有効である（Brady et al., 2001; Mills et al., 2012）。PTSD と物質使用障害への、曝露を含まない統合的介入アプローチを支持する知見は多くない（Hien et al., 2009; Najavits, Gallop, & Weiss, 2006）。RRFT 以前には、青年期の物質使用問題と PTSD を対象とした、リスク低減と治療（曝露を含む）のための統合的アプローチの有効性は発表されていなかった。RRFT はその欠落した部分に対する直接的な結果として開発された（Danielson, McCart, de Arellano, et al., 2010; Danielson, McCart, Walsh, et al., 2012）。

　RRFT は、CSA や他の形のトラウマ歴のある青年のための、リスク低減および治療アプローチである。また、青年期の物質使用問題・PTSD・危険な性行動・その他の否定的な後遺症に対して、効果が実証された（曝露療法を含む）治療原理や介入を統合したものである。予備的調査では、RRFT は実行可能であり、有効である可能性が示された。

予備的研究による支持

　RRFT は、現在のエビデンスに基づく介入を統合したものであり、基本的には、TF-CBT の構成要素と MST（Henggeler et al., 2002）の原理に重点を置いている。TF-CBT と MST は、双方とも厳格な評価を受けている（Cohen et al., 2004; Deblinger, et al., 2011; Henggeler et al., 2002）。RRFT はこれらのすでに評価された介入を統合したものだが、実証的に支持された治療法となるためには、RRFT 自身が厳格に評価に耐えること（複数のランダム化比較試験で有効性を示すこと）が必須である。評価のための基礎的研究として、これまで 2 つのパイロット試験が完了している（NARSAD 若手研究者賞による脳と行動研究財団［Brain and Behavior Research Foundation］と、米国薬物乱用研究所［National Institute on Drug Abuse］からの助成による）。

　簡単な概要は以下のとおりである（Danielson, McCart, de Arellano, et al., 2010; Danielson, McCart, Walsh, et al., 2012）。RRFT の実行可能性と初期有効性は、はじめに、オープンパイロット研究によって評価された。対象は、人生の中で少なくとも 1 回は性的暴行（意に反した／強要された、性器または肛門への異物や指・ペニスの挿入、オーラルセックス、性器を触られた、と定義した）を経験し、それが記憶に残っている 10 代の青年期女子（13 ～ 17 歳）であり、そのうち 70％は、CSA を複数回体験する、あるいは他のトラウマも経験していた。RRFT を受けたすべての参加者が、治療前・治療後・治療 3 カ月後と 6 カ月後に、心理測定尺度を使用して症状を評価された。このオープンパイロット研究の結果、RRFT は若者とその養育者に、一般臨床とコミュニティベースの両方の設定で実施可能であることが示された。治療前後に、物質使用・物質使用のリスク（たとえば家族の葛藤）・PTSD・抑うつに、有意な変化が認められた。この改善は、6 カ月後の治療後フォローアップでも維持されていた。2 つめの研究では、ランダム化比較試験によって、RRFT と通常の治療（Treatment as usual）とを比較した。対象は、さまざまな性的暴行を経験した 30 名の青年（12 ～ 17 歳）であり、彼らの 70％も複数の被害や他のトラウマを経験していた。心理測定尺度を使用し

て、治療前・治療後・治療３カ月後と６カ月後の時点でアセスメントを実施した。オープンパイロット研究で得られた実施可能性の結果は、ランダム化比較試験でも同様に得られ、群内比較において、物質使用・物質使用のリスク（家族機能など）・PTSD・抑うつ・危険な性行動に、有意な変化が認められた。群間比較では、物質使用・物質使用リスク（養育者が報告した）・PTSD・うつ・一般的な内在化症状において、RRFT は通常の治療よりも優れていた。注目すべきは、通常の治療の成果が RRFT の成果を上回る領域は１つもなく、RRFT の治療成果は６カ月後のフォローアップの時点でも保たれていたことである。

概要と理論的基盤

　前述したように、RRFT には、TF-CBT・MST・弁証法的行動療法（Dialectical Behavioral Therapy, DBT; Linehan et al., 2006）、動機づけ面接（Miller & Rollnick, 2002）、複数の心理教育プログラム（例：SIHLE [DiClemente et al., 2004]、性的再被害化リスク低減プログラム [Sexual Revictimization Risk Reduction Program; Marx et al., 2001] など）といった、現存している効果が実証された治療法の構成要素・スキル・治療原理が統合されて含まれている。そして、RRFT で使用される介入法には、少なくともいくつかの研究で効果が実証されている、実用的で問題に焦点化した治療法が統合されて含まれている。それらは主として、戦略的家族療法・構造的家族療法・行動的ペアレントトレーニング・認知行動療法である。こうした介入を通して、リスク要因に対処し、レジリエンス要因を強化していく。

　RRFT の７つの主要な治療構成要素（心理教育、コーピング、家族コミュニケーション、物質乱用、PTSD、健康的な交際と性的意思決定、再被害化リスクの低減）は、いくつかの理論から開発された。第一に、この治療は、それぞれの個人はいくつかのシステムの文脈の中で存在していると仮定する、生態学的理論に基づいている（図 16.1 を参照）。したがって、治療全体を通して、複数の社会システム、特に家族や若者のコミュニティ（仲間グループや学校など）への介入に重点が置かれる。治療マニュアルでは、症状や問題行動のリスクを長期的に減らすために、家族システムや関連する他のシステムの中で、どのように肯定的な変化や改善を作り出すかが述べられている。治療の各構成要素では、治療者と家族が、それぞれのシステムレベルにおけるリスク要因と保護要因とを分析する。目標は、若者と養育者に、保護因子を強化することによってリスク要因を減らすということを教えることである。文化は、すべてのシステムに影響をおよぼすことに注意することが重要である。つまり、治療者は、文化的要因が、治療目標や具体的な治療スキルを教えられ学ぶ方法に影響を与える可能性があることに留意する必要がある。

　青年期の物質使用の問題（使用開始、使用、乱用を含む）に対する特定のリスク要因とレジリエンス要因は、生態システム論（Ecological Systems Theory, Bronfenbrenner, 1979）と合致する。生態システム論によると、個人・家族・仲間・学校・コミュニティ環境（例：若者の生態環境の各水準）が心理的発達に影響を与えているとされている（図 16.1 を参照）。その結果、個人の不適応な対処戦略（Carrigan et al., 2008）・家族葛藤（Johnson & Pandina, 1991）・家族活動にあまり参加しないこと

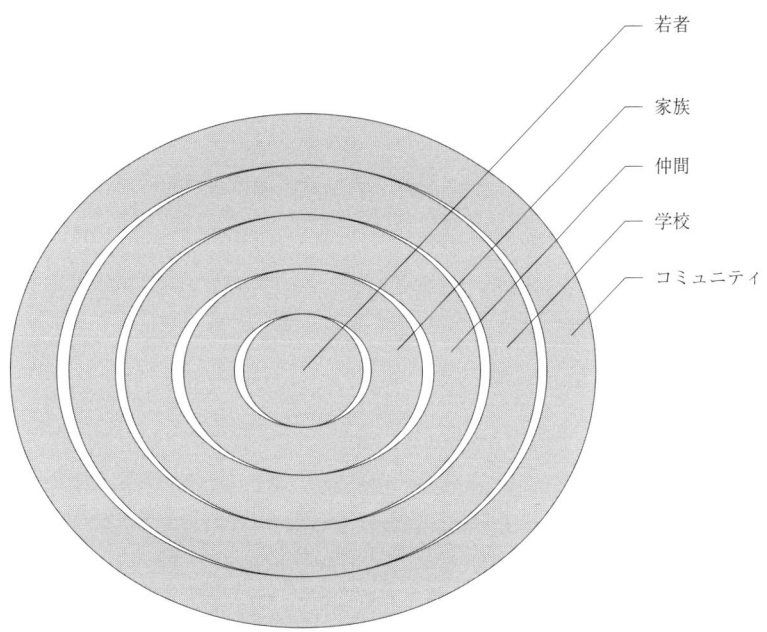

若者

家族

仲間

学校

コミュニティ

図16.1　生態システム

(Lewis & Petry, 2005)・物質使用仲間との関係（Guo et al., 2002)・出席日数の少なさ（Hallfors et al., 2002)・肯定的で構造化されたコミュニティ活動にあまり参加しないこと（Mahoney & Stattin, 2000)、などのような異なる事柄に対して、リスク低減と治療目標の設定が可能になる。この生態学的な枠組みを活用することで、介入によって、レジリエンス要因を強化する一方、リスク要因を減らす、あるいは変えることが可能になる。

　第2に、RRFT は、Mowrer の二要因理論（Two-Factor Theory）を応用している。この理論では、恐怖は古典的な条件づけプロセスを介して生じると考えられている。つまり、中性刺激（例：暗闇）と恐怖反応を引き起こす刺激（例：性的暴行）がペアになった場合、恐怖刺激がなくとも、中性刺激によって恐怖が引き起こされる（性的暴行が起きていなくとも、暗闇では不安が生じる）というものである。曝露療法では、嫌悪の後続事象（性的暴行）の恐れがない状況で恐怖刺激（暗闇）に曝露することで、恐怖反応が減少するという変化が生じる。RRFT では、TF-CBT の応用を基にして、PTSD 症状を有する性的暴行の被害者である青年に、CSA や他の潜在的なトラウマ体験について筆記あるいは口頭で詳細に表出させ、段階的な曝露を行う（「トラウマナラティブ」）。この曝露をベースとしたトラウマナラティブの作業の一環として、セラピストは認知行動療法も行い、CSA によって生じた不正確あるいは役に立たない信念（たとえば「私は傷ものだ」）を同定し、置き換えることを支援する。コーピングとして身につけるスキル（情緒的反応性など）は、曝露作業のための重要な前準備であり、苦悩耐性スキル・リラクセーションなどを教えることによって成し遂げられる。PTSD に関連する内的不安感覚の文脈で曝露の原理を使用することに加えて、苦悩耐性を改善するために、あるいは、潜在的な薬物使用の欲求を減少させるために、感情や身体からの合図とともに使用することもできる。このように、RRFT は、トラウマ関連症状に対してと同じよ

271

うに、物質使用行動に関連する感情的および外的合図を特定し、曝露する。

　第3に、物質使用とトラウマ関連症状のつながりは、負の強化理論（Baker et al., 2004）の文脈で概念化することができる。この理論では、負の情動（この場合はトラウマ関連の苦痛）からの逃避と回避が、常習性のある薬物使用の主要な動機であると仮定している。これは「自己治療仮説」とも呼ばれている。トラウマに関連した物質使用は、子ども期のトラウマによる影響で生じた、情緒的反応性や情動耐性などの自己調節能力が改善することで減少すると考えられている（Hien, Cohen, & Campbell, 2005）。そのため、RRFT では、コーピングと PTSD の構成要素において、これらのスキルの改善に焦点を当てている。最後に、危険な性行動や再被害のリスクに対処するために、心理教育とスキル構築アプローチが組み込まれている。

　こうした理論的枠組み（特に生態理論）を拡大的に適用した RRFT モデルは、MST を指針として9の原則に従っている。以下に概要を示す。

　1.「フィットを見つける（finding the fit）」ことは、若者の社会生態学の文脈で、問題がどのような「意味を持つ」のかを見出す方法を理解するために使われるものである。RRFT において臨床家は、若者や家族とともに取り組み、若者の環境のどの側面が症状や問題行動を引き起こすのかをよりよく理解する。（例：学校がトラウマ記憶の引き金となり、それが薬物の渇望のきっかけとして機能する）。

　2.「肯定的な強みに焦点を当てる（positive and strength focused）」アプローチは、肯定的な変化や治療効果を引き出すための戦略として、若者・家族・学校・仲間グループ・コミュニティの強みや保護因子を強調するものである。また、このアプローチは、希望の感情を植えつけ、否定的な感情を減らし、若者やその養育者が自分自身と治療に対する信頼を深めるために役立つ。RRFT の臨床家は、青年や家族がすでに持っている保護因子をさらに強化していけるように支援する（例：問題に対応するときに、現在用いている肯定的な対処法をより一貫して行うようにする。家族で夕食を取る回数を増やすなど）。

　3.「責任を増やしていく（increasing responsibility）」ことは、行動を病的なものと見なすよりも、若者や養育者が責任ある行動をとれるよう促していく（無責任な行動を減らしていく）介入を強調する。たとえば、RRFT では、若者や養育者による物質使用について、非倫理的または不道徳な行動と見なすのではなく、責任ある行動と無責任な行動のどちらを選択するかという文脈で話し合いを行う。

　4.「現在に焦点づけ、行動指向的で、明確に定義された（present- focused, action- oriented, and well- defined）」アプローチとして、RRFT において実施される介入は、特定の、明確に定義された行動や問題をターゲットとするように決められている（たとえば、「家で失礼なふるまいをしない」よりも「門限を守る」）。それは、RRFT の臨床家が、きちんと定義された治療終結のための条件を設定するのにも役立つ。

　5.「連鎖を標的にする（targeting sequences）」は、RRFT の臨床家が、問題となる症状や行動をもたらしたり強化したりする複数のシステムにまたがる行動の連鎖を見つけ出し（たとえば、非自

殺性自傷のエピソードに至る、あるいはそのエピソードに続いて起こる、一連の出来事や相互関係）、健康的なコーピングや責任ある行動を増やすために若者と環境との相互関係を改善するように、若者と養育者とともに取り組むことを指す。

6.「発達上適切な（developmentally appropriate）」アプローチは、RRFT の臨床家が、介入方法や、うまく成人期へ移行するために必要なスキルを選ぶときに、青年の発達上のニーズを考慮することを指す（例：学校をやめた若者が、代替教育や職業のオプションを見つけ出すこと）。

7.「継続的な取り組み（continuous effort）」は、RRFT の臨床家・若者・家族に、一貫した絶え間ない取り組みが期待されることを意味する。それによって、より早く治療目標が達成され、問題が解決され、若者／家族が成功を経験する機会を増やすことになる。RRFT は、MST のような 24/7 モデルは採用していないが、継続的な取り組みの原理は含まれている。たとえば、家庭訪問し家族がうまく対応できるように支援する（例：その家族のために経済的支援の手配をする、他の適切な紹介を行う）、その週のうちにいつも以上に電話で様子をうかがう（例：治療の中で取り組んだスキルが話し合ったとおりに使用されているかどうかを判断する、それに関連して取り組みを改善するためのフィードバックを提供する）、特に治療初期には 1 週間に 1 回以上のセッションを設けるなどである。後者の 2 つの提案は、青年と家族がより深刻なレベルの問題を経験しているときに特に強調されるものであり、臨床家の治療施設が持つ構造や柔軟性に合わせて実施する。

8.「評価と説明責任（evaluation and accountability）」は、RRFT の臨床家およびスーパーバイザーが、実施されている介入の効果を継続的に評価することとそれを説明する責任があること、そして最終的には、青年と家族に対して良い治療結果を出す責任があるということを意味する（若者の「準備不足」のせいにするのではなく）。

9.「般化（generalization）」では、臨床家は長期的に改善を維持するという目標に焦点を当て、若者と家族が治療の中で実施した「作業」の多くを日常生活でも実施するよう促す。つまり、若者と家族は、ゆっくり時間をかけて成功するための鍵として自ら機能する。

TF-CBT や MST、そのほかのエビデンスに基づいた治療法と同様に、RRFT モデルも、臨床家が柔軟な方法を取ってよく、クライエントに治療的スキルを教えるときは、それぞれの治療者が創造的に実施するように作られている。全体として、治療前の条件が満たされてから主要な治療の構成要素を実施することが推奨される。また、心理教育とコーピングのモジュールは、PTSD コンポーネントで曝露の作業が開始される前に実施することが強く推奨されている。しかし、特定の構成要素は柔軟な順序で実施することが可能である（物質使用、健康的な交際と性的意思決定など）。もちろん、物質使用が活発な若者の場合、臨床家は物質使用のコンポーネントを治療の早期に実施したいと望むだろう。さらに、治療の長さは、症状のタイプや重症度、若者や家族の治療への関与のレベルによって異なる。

重要な治療前条件

アセスメント

　治療前のアセスメントは、治療前の機能を理解するためだけではなく、どの治療コンポーネントをどのような順番で実施するかを（重症度に応じて）決めるためにも必要不可欠である。総合的なガイドラインやトラウマアセスメントの記述は、他の書籍で公開されている（de Arellano & Danielson, 2008）。簡潔に述べると、以下の、詳細なアセスメント、および特定の行動評価は、治療前に行われるべきである。それらは、若者および治療に参加する家族や養育者の特性とトラウマ歴、精神症状（特に PTSD や不安症、うつに焦点を当てたもの）、物質使用行動とその良くない結果、性的行動、家族機能、学校での機能、現在の楽しい活動や趣味などである。特に、CSA や他のトラウマが生育歴上のどの時期に体験されたのかについて、特別な注意を払うべきである。こうした情報は、臨床面接、自記式尺度、養育者からの報告尺度によって収集される必要がある。推奨される尺度として、児童青年期用、および、保護者用の UCLA 心的外傷後ストレス障害インデックス（UCLA PTSD Reaction Index, Steinberg et al., 2004）、小児抑うつ尺度（Children's Depression Inventory、Kovacs, 1983）、家族環境尺度（(Family Environment Scale、Moos & Moos, 1986）があげられる。物質使用行動を的確にアセスメントするためには、タイムライン後ろ向き調査（Timeline Followback survey, Sobell & Sobell, 1996）が推奨される（Form90 は過去の 90 日について尋ねる）。この尺度では、青年はカレンダーを使用して、どの物質（たとえばアルコール、マリファナ、コカイン）を使ったのか、どの日にどのくらいの量を使用したか確認する。また、尿検査も、物質使用の自己報告を裏づけるために収集する必要がある。

　標準化された尺度に加えて、RRFT の臨床家は、治療開始時に、若者と養育者それぞれに対して、RRFT インテーク面接を完了する。この面接は、半構造化面接で、若者の性的暴行の被害経験や、他のトラウマ体験への曝露、精神医学的症状や物質使用、家族布置や家族歴、生態学的（学校、コミュニティ、仲間グループなど）なリスク因子や保護因子などについての情報を集める。

必要に応じて治療参加を高めるためのソクラテス式アプローチ

　すべての若者が、物質使用行動や危険な性行動を減らしたいと思って治療に来るわけではなく、PTSD 症状を減らすために曝露療法に取り組みたいと思うわけではない（例：回避症状が原因の場合もある）。若者たちの中には、養育者によって、意に反して治療に連れて来られる者もおり、また、社会福祉局や司法当局から治療命令を受けて来る者もいる。こうした場合、まず優先されるのは、治療の開始時点で若者と養育者が参加していることである。クライエントの「同意」は、治療継続率を高め、治療中断を低減する。治療参加を高めるための具体的な提案は、マニュアルの心理教育コンポーネントの箇所に記載されている（PTSD コンポーネントにも曝露を回避する若者の治療参加を高める方法として記載されている）。これらの方法に加えて、若者の動機づけを高めるために、ソク

ラテス式アプローチを使用することができる（例：対象となる問題行動に対処することの肯定的側面と否定的側面について、クライエントの気づきを高めるような非常に具体的な質問をする）（Miller & Rollnick, 2002）。

　動機づけを高めるためのソクラテス式アプローチでは、以下の内容を行う。(1) クライエントに、どのくらい行動を変化させたいか、症状を改善するために治療に参加したいか、点数をつけてもらう（例：1 から 10 までのスケールをつけてもらう。最も動機づけが高い場合は 10、変化することにまったく関心が無い場合は 1）。(2) 質問 1 の返答に基づいて、肯定的な評価にはわずかなものでも（評価が 1 を超えていれば）焦点を当てる。たとえば評価が 3 であったならば、「なぜ 1 や 2 ではないのですか？」とたずねる。(3) ソクラテス式質問をして、問題行動を続けたり症状をそのままにしておいたりすることと、問題行動や症状が変化したらどのようになるかということを、自分のことばで述べてもらう。たとえば、「ドラッグでハイになるとどんないいことがあるの？　もっと教えて。」とたずねる。クライエントの反応を受けて、「ドラッグでハイになると、いくつかいいことがあると思っているわけね。じゃあ、今度はあまり良くない点について聞きたいわ。マリファナを減らそうかなとか、やめようかなってあなたが思う理由を教えて」と伝える。そして、クライエントが言った 2 つのことを両方もう一度繰り返して言うか、または、大きなメモ帳やホワイトボードに 2 列で書き出す。どのようにしたらクライエントが最もよく学べるかを考えると、可能な限り積極的にやり取りをしながら治療（そして治療前の活動を）続けることは、有用な方法である。動機づけを高めるためのソクラテス式アプローチは、RRFT 全体を通して必要に応じて用いることができる。たとえば、青年や家族が、セッションの内容や以前に話し合った治療目標に対して、アンビバレントな気持ちを示したり抵抗しようとしたりする場合である。

安定化の期間

　CSA を経験した若者は、他のトラウマ歴も有しており、混乱した環境で生活していることがある。このような若者や家族に対しては、治療の主要な構成要素を導入する前に、安定化の期間を持つことが重要な場合がある。この期間には、家族のルールを設定することやコミュニケーションスキルを教えることといった、後の治療の中でより重点を置いて実施するスキルを、簡単に教えることもある。また、医療や住居、そのほかニーズの高い重要な領域への紹介が必要になる場合もある。RRFT を始める前に、基本的な住居や安全のニーズが満たされていることが重要である。これらの問題は、RRFT のスーパバイザーとともに、治療全体を通してモニターし話し合っていく。

治療

　これまでの説明を要約すると、RRFT は、性的暴行を経験した青少年を対象としたものであり、物質乱用や他のハイリスクな行動、トラウマに関連した精神症状を減少させるために開発された介入である。RRFT は、生態学的な枠組みにおいて、物質乱用やトラウマ関連症状にかかわる実証されたリスク要因とレジリエンス要因を特定する際に活用する。RRFT セラピストは、それぞれ

の家族とともに、若者を取り巻く生態のそれぞれのレベル（個人、家族、仲間、学校、コミュニティ）において、リスクファクターに対処し（例：親の見守りを改善する）、保護因子を強化する（例：薬物を使用しない仲間を増やす、構造化された肯定的な活動を増やす）。若者やその家族の文化は、治療を通して評価され、必要に応じてそれぞれの介入に組み込まれていく。

　マニュアルでは、心理教育・コーピング・家族コミュニケーション・物質乱用・PTSD・健康な交際と性的意思決定・再被害化リスクの低減という7つの主要なコンポーネントを記載しており、それらは重複する部分もある。物質乱用とPTSDのコンポーネントでは、治療者は、若者と家族の症状に応じて、予防的アプローチ、あるいは治療的アプローチをとることができる。それぞれのコンポーネントで取り組まれる内容やスキルは、実証された介入方法に基づいている（例：物質乱用症状に対する随伴性マネジメント、PTSD症状に対する曝露療法）。各コンポーネントでの目標は、若者を取り巻く生態学のそれぞれの水準において、個々のクライエントに存在するリスク要因を減らし、レジリエンス要因を強化することである（図16.1）。表16.1では各コンポーネントで取り扱う内容について、簡単な概要を示している。そこには、薬物乱用のコンポーネントとPTSDのコンポーネントで行われる、治療的アプローチと予防的アプローチの違いについても書かれている。コンポーネントを実施する順番は、若者や家族のニーズによって決定され、また問題の重症度に基づいて決められる。筆記や口頭でトラウマナラティブを作成する曝露療法は、若者が3つ以上のPTSD症状を報告した場合に、PTSDコンポーネントの中で実施する。PTSD症状がほとんど報告されない場合は、予防的な情報が提供される。RRFTプロトコールは、平均して、毎週60〜90分行われる。セラピストはセッション間に家族と連絡を取ることが推奨される。たとえば、新しいスキルを教えたとき、物質使用や他の危険行動（例：リストカット）に対して、随伴性マネジメントや養育者の見守り計画が初めて実施されるとき、家族に危機が訪れているとき、セッション内でトラウマナラティブ（曝露）を開始したときには、特に推奨される。推奨されるチェック法は、特定のコンポーネントの中で教えたスキルを青少年や家族がきちんと身につけているかどうか、治療者が評価するために行われる。たとえば、健康的な交際と性的意思決定のコンポーネントで推奨されるチェック法としては、用意されたシナリオを使用して、年齢相応で適応的な意思決定のスキルを実際にやってみる、ということが挙げられる。

　治療期間は、クライエントの症状のレベルによって変わる。先述した、RRFTのランダム化比較試験の際には、治療は平均24セッションであった。実行可能かつ適用可能な場合、個人セッションと、それより短い家族合同セッションを毎週実施する。しかし、もし家族がセッションに直接参加することができない場合は、電話でもよい。先に述べたように、治療は診察室でも、コミュニティを基盤にしたアウトリーチ方式でもどちらでも可能である。

心理教育

　RRFTコンポーネントの実施順序には柔軟性があるが、一般的には、心理教育のコンポーネントから始めることを推奨する。なぜならば、このコンポーネントで共有される情報や取り扱われるスキルは、他のRRFTコンポーネントの基礎となるからである。RRFTの心理教育はTF-CBTの

. 表 16.1　RRFT のコンポーネントとその内容

コンポーネント	内容
心理教育	・以下の情報を与える（1）性的暴行や他のトラウマ体験の体験率、（2）それらのトラウマ体験への反応、（3）物質使用や他の危険行動とトラウマに関連した精神症状との関係 ・家族に焦点づけた治療についての話し合い、家族ルールと治療目標の設定 ・RRFT 治療モデルと構成要素の紹介 ・毎回出席し続けることの重要性を強調
家族コミュニケーション	・家族ルール（家事、門限、物質使用等）の参照と設定。ルールに従った場合の特権の獲得やルールに従わなかった場合のペナルティの確認。若者ときょうだいは積極的にこの過程に参加する ・スキルの獲得（1）積極的傾聴、（2）効果的な会話（例：「私は」と話し出す方法、責めない言葉の使用、養育者の「過剰な説明」や一方的な会話を減らし、やり取りをしながら話しあいをする ・「ホットスポット」のロールプレイ：家の中で繰り返される口論のロールプレイ（いつも起こることを再現し、それから新しく学んだスキルを使ってもう一度やってみる）
コーピング	・役に立つコーピングと役立たないコーピングの概要を伝える ・スキルの獲得（1）感情の同定と表現、（2）リラクセーション技法、（3）苦悩耐性スキルの構築、（4）思考・感情・行動のつながりの理解、（5）認知の修正、（6）問題解決
物質乱用	**治療**：若者と養育者とともに、若者が物質使用に動機づけられる特定のリスク要因を決定し、以下のような介入を行う ・随伴性マネジメント（薬物検査と飲酒検知器を抜き打ちで実施した際のほうびとペナルティの使用） ・養育者と学校の見守りの強化（例：親が仕事のスケジュールを調整すること助ける） ・肯定的で見守りのあるコミュニティを基盤にした活動への参加を増やす（例：YMCA、教会の若者グループ、学校のスポーツやクラブ、パートタイムやフルタイムの仕事）。物質を使用しない仲間に会う機会を増やし、物質に関連する活動を楽しい活動に置き換える ・現実的な拒否するスキル ・PTSD コンポーネントの完了（例：物質使用に動機付ける要因が、トラウマに関連する記憶や感情の回避と関係しているとき） ・使用をやめることにアンビバレントな気持ちを持っている若者への危険低減アプローチによって、変化への「足がかり」をつかむ **予防**：物質使用に関する現在のリスク要因を減らし、レジリエンス要因を増やす（図 16.1 を参照）
PTSD	**治療**： ・PTSD 症状の説明 ・トラウマに関連した記憶や引き金に曝露し、トラウマナラティブの作成を通して、トラウマに関する非機能的で役に立たない考えを扱う ・家族とトラウマナラティブをシェアする **予防**： ・特に回避といった、将来起こりうる PTSD 症状に気づくスキルを獲得する ・回避行動への対処法を学ぶ
健康的な交際と性的意思決定	・双方向的な話し合いとスキルの獲得（1）健康的な関係と不健康な関係、（2）性的活動を行う時期を考える要因（例：クライエントがパートナーとどの程度親密になるかをどのように決定するか）、（3）性感染症、特に HIV に関する心理教育と一貫したコンドームの使用、（4）交際でのアサーティブに関するロールプレイ（例：コンドームを使用するよう主張する）、（5）クライエントと養育者がこれらの話題を継続して話し合うことの重要性
再被害化リスクの低減	・再び被害にあうリスクについての心理教育 ・危険な状況や人、場所の確認（例：危険な状況を仮定して説明し、それらの状況での反応の仕方のロールプレイ）

出典. Danielson, McCart, et al., 2010.

心理教育コンポーネントと似ており、それに加えて、若者の危険行動・若者の治療参加・家族システム・若者と参加する各家族メンバーの目標設定に焦点を当てている。RRFT の 7 つのコンポーネントすべてにおいて、特定の目標を達成するための具体的な手続きよりも、その目標の達成に焦点が置かれている。つまり臨床家は、コンポーネントの中でそれらの目標を達成する手段として、さまざまな創造的な方法やアプローチを使用してもよい。

　最初の目標は、若者と参加するすべての家族メンバーが、治療を通して、守秘義務がどのように扱われるのかということについて、正確で一貫した理解を持つことである。そこには、慎重を要する情報を、クライエントと養育者のコミュニケーションの中でどのように扱うかということも含まれる。RRFT では、物質使用を継続的にモニターしたり、他の危険行動（たとえば性的行動や、非自殺性の自傷行動）について話し合われたりするので、守秘の問題は特に重要な事柄である。目標は、こうしたさまざまな微妙な話題について、若者と養育者の間で率直、かつ継続的なコミュニケーションがとられることである。しかし、この目標は治療中に進めていくことが必要になるであろうし、必ずしもすべてのケースで実行できるわけでも治療的であるわけでもない。したがって、慎重を要する情報を養育者に伝達することについて若者から質問が出た場合、以下のように応えることが望ましい。

　　この治療でどんな目標を達成するか、一緒に決めましたね。私の仕事は、あなたが安全に治療目標を達成できるようにお手伝いすることです。前に話し合ったように、あなたが私に話すことについて、私には守秘義務があります。ただし、守秘義務にはいくつか法的に例外があります。たとえば、あなたが誰かに傷つけられているとか、あなたが自傷行為をしようと真剣に考えている場合です。このような場合は、そのことを保護者に伝えないと、あなたが治療目標に向かってがんばるのを応援することが難しくなる、あるいは、あなたの安全を守りきれなくなります。私は、もしあなたがそうした状態でいるなら大切なことなので話してほしいと思っています。あなたが話してくれたら、まず、そのことを［保護者］に伝えるほうがよいかどうか、あなたと話し合うと約束します。そのあとで、そのことを［保護者］に伝えるべきかどうか、私が最終的に考えます。私は、あなたに伝えないで勝手に情報を［保護者］に伝えることはありませんし、もしあなたが自分で話したいと思うのならそれを応援します。

　心理教育コンポーネントの 2 番目の目標は、家族に焦点を当てるという治療原理について、家族から同意を得ておくことである。すべての若者の両親が治療に参加できる、あるいは積極的に参加するわけではないので、RRFT では、「家族」を幅広く定義している。したがって、臨床家は、生物学的な親や養父母・継父母に限らず、拡大家族や里親・入所型治療施設のスタッフ、あるいは他のクライエントを支える人々（つまり若者の生態システムの中で、参加することが可能であり支えになってくれる人）が、「家族メンバー」として治療に参加することを検討する場合もある（マニュアルの家族コミュニケーションのコンポーネントも参照のこと）。

　このコンポーネントの 3 つめの目標は、RRFT の臨床家が、（先述したように）家族とともに実施

したRRFTインテークフォームや他のアセスメント尺度から集めたデータを使用し、若者のトラウマ体験やトラウマ関連症状に関する、事実に基づいた情報を提供することである。具体的には、CSAや他のトラウマを体験する若者がどれくらいいるのかについての情報や、そうした出来事のあとに起こりやすいさまざまな事柄を妥当なものであると認めることが含まれる（例：加害者との関係、ドラッグやアルコールが虐待や暴力に関与する頻度、被害そのものよりも仲間グループから支援してもらえないことのほうがトラウマとなりやすいこと）。また、臨床家は、精神症状・物質使用の問題・危険な性行動・そのほかインテークで若者や家族から開示された心配ごとについて説明する。その際には、このようなトラウマへの反応が当然の反応であることを強調し、CSAがどのように症状と関係しているのかについての理解を促すことに重点を置く。RRFTに特有なのだが、セラピストは（RRFTインテークフォームを使った）生態学的アセスメントで見出された、物質使用や他の問題に対する、家族のリスク因子と保護因子を具体的に再検討する。そのアセスメントの結果、特定の環境への介入が、直ちに実行される場合もある。たとえば、親の見守りの少なさが、クライエントの深刻な物質使用問題のリスク要因として確認されたならば、心理教育セッションの中で、見守りを改善するために代替案を検討する。

　心理教育コンポーネントの中で達成すべきもう1つの重要な課題は、RRFTモデルの概要を家族に提示することである。そこには、治療期間を通じて行われるコンポーネントやスキルの概説、子どもや参加する家族メンバーに期待されることも含まれる。モデルについて説明することは、治療への関与や参加、治療終了の障壁となるものを明らかにする機会となるため、きわめて重要である。たとえば、治療セッションへの定期的な参加や電話での参加の重要性について養育者と話し合うことにより、RRFTの臨床家は、養育者の仕事のスケジュールに関する問題を解決する機会を得ることができる。おそらく、RRFTの心理教育コンポーネントにおいて最も重要な目標は、若者とそれぞれの参加家族メンバーが、彼ら自身の言葉で、治療目標を設定することであろう。これらの短期的な目標は、治療終了後に、若者が（そして養育者が）、自分の生活をどのように変えたいかという観点から設定されるべきである（そこでは、その先の5年後10年後の目標についての話し合いもしてよい）。

　RRFTにおいて若者は、気分・行動・家族・友達・学校などでどのように変化すればよいかを考え、目標シートを完成させる。目標は、特権を増やすこと（例：門限を遅くする）や、ペナルティをなくすことでもよいし、あるいは「もう治療に来なくてもよくなる」というシンプルなものでもよい。このゴールの設定は、青年や家族をそれぞれのセッションに参加させるための「にんじん」（つまりインセンティブ）として使用するので、必要不可欠である。また、治療目標は、RRFTで行う各介入や習得する各スキルの理論的根拠にもなる。

家族コミュニケーション

　先述したように、RRFTで使用する「家族」の定義は広い。理想的には、対象となる家族メンバーは、若者と一緒に暮らしている、あるいは定期的に交流のある養育者である。MSTの原則と同じく、RRFTの臨床家も、このような養育者を参加させるために「なんとしても（Whatever it takes)」アプローチを使う。しかし、主要な養育者を治療に参加させることが実現できそうにない、あるいは、それが若者にとって治療的ではないという環境下では、若者と臨床家は、若者を取り巻く環境に存在する、代わりの家族メンバーあるいは支えてくれる人を見つける作業を一緒に行う（例：拡大家族メンバー、教師、他の入所型治療施設のスタッフ）。若者セッションに参加する人が誰もいないという稀な場合でも、家族のワークは若者と一緒に完了することができる。若者はそこで、自分を取り巻く環境の中で、他の人と（通常はそこに家族も含まれる）、どのようにコミュニケーションを取ったらよいかを学ぶだろう（おそらく特に、家族がサポートしてくれない、あるいはセッションに直接参加することがとても負担であるような場合）。

　家族コミュニケーションのコンポーネントの目標は、感情のコミュニケーション（肯定的なものも否定的なものも）に関連する家族環境の文化を評価することと、否定的な感情やストレスフルな出来事について話し合うことが重要であるという理論的根拠を説明することである。また、積極的傾聴などの、有効で健康的な家族コミュニケーションのスキルを教えること、明確で一貫した、具体的な行動に関する家族ルール（その家族ルールに従わない場合のペナルティや、家族ルールに従った場合の特権も含まれる）を設定すること、それぞれの家族によく生じる「ホットスポット」を解決するためのロールプレイを行うことも目標となる。注目すべきは、RRFT を導入する家族の多くは、おそらく長い時間をかけて強化されたであろう、緊張した関係性や問題のあるコミュニケーションパターン（例：回避、攻撃性）を抱えた状態で治療を開始するということである。そのため、このような家族のセッションに向けた準備として、はじめは若者と養育者と個別に面接を行う。そして家族ルールやコミュニケーションスキルが話し合われるジョイントセッションに向けて、十分に準備する。理想的には、臨床家は「成功に向けて、セッションを綿密に準備する」ことを目指す。それは、家族として一緒に面接をする前に、具体的で望ましい特権・ペナルティ・譲歩について、両者が合意することを意味する。

　家族コミュニケーションのコンポーネントで、特に家族ルールを設定する場面では、多くの場合、若者と養育者によって設定された治療目標に向かって取り組む機会となることが多い。たとえば、子どもが治療目標として門限の延長をあげた場合、臨床家はこれを、尿検査で引っかからないことや、RRFT 治療に積極的に参加すること、毎日学校に登校することなど、他の家族ルールを守った場合のほうびとして提案することができる。また、このコンポーネント（PTSD コンポーネントやトラウマナラティブの作業前）では、CSA や他のトラウマ体験について、家族では直接話し合わない。しかし、家族コミュニケーション（ロールプレイや家族活動などを通して）では、さまざまな生態学的な状況を仮定し、ストレスフルな状況について話す練習をする。最初は取り組むことが不快かもしれないが、コミュニケーションの練習を重ねるにつれて話し合うことが簡単になっていき、コーピングスキルがさらに洗練されていく。

コーピング

　コーピングコンポーネントは、TF – CBT のリラクセーション・感情調整・認知プロセッシングの構成要素に基づいており、若者がコーピングスキルの「道具箱」を作ることに焦点化する。若

者は、セッション中や宿題の一部でさまざまな種類のコーピングスキルを学び、実際に使って見ることで、道具箱を作りあげていく。またそれだけでなく、若者が、さまざまな適応的なコーピングスキルをいつ、どういった文脈や状況で応用するかを理解することが不可欠である。同様に、コーピングコンポーネントでは、養育者も治療の中で同じコーピングスキルを学ぶことで、これらのスキルを使うモデルとなれるように、また、若者がセラピー外でスキルを使うことを支援できるように練習する。対象となるコーピングスキルの例としては、感情への気づきと表現・苦悩耐性（つまり、圧倒されるような負の感情を「そのままにしておくこと」や、その感情を受け入れることを学ぶ）・日常生活での不正確で役に立たない思考や信念に取り組むといったことであり、PTSD 以外の現在起きている問題（例：母との口げんか、薬物をくれる良い友人）に対処するためのスキルである。

　このコンポーネントで教える一般的な方法は、（1）日々（そして刻々と）変化する感情や気分への気づきを高めるためのマインドフルネス。強い負の感情が現れる前に生じる、初期の警告サインとなるような潜在的な生理的反応に気づくこと、（2）心の中の「安全で楽しい場所」へといつでも行くことができるように、分かりやすくイメージを誘導すること、（3）負の感情に対処するために行っている楽しい活動（例：音楽を聴く、スポーツをする）を統合すること、（4）サバイバルキット（危機を生き延びるためのキット）を作ること、などである。サバイバルキット（DBT でよく使われる）のコンセプトは、とても困難な状況にあるときに肯定的なコーピングを思い出して使用することができるように練習することにある。このように、ストレスの受容やストレスからの解放にすぐに役立つコーピング方法を使う際の手がかりや合図（具体的なアイテム）、特に五感を使用するような方法は、簡単に使えるようにしておく（例：触ると落ち着くブランケット、匂いを嗅ぐと落ち着く化粧水）。養育者は、情緒的に苦痛が募るような状況でサバイバルキットを使えるように、子どもを支援することができる。コーピングコンポーネントは、CBT のコンセプトや戦略を学んでいる場合、つまり、与えられた状況についてのとらえ方を修正するだけで、自分の感情や行動を変えることができるということを学んでいる場合に、特に力を発揮することができる。TF-CBT と同様に、RRFT の臨床家は、このコンセプトを教えるときに、若者が楽しめる本や映画を使って創造的に行うことが推奨される。RRFT の臨床家は、若者に認められるコーピングの不適切なパターン、たとえば物質乱用や危険な性行動などについても話し合い、その行動がトラウマ体験とどのように関係しているかを確認する。

物質乱用

　RRFT における物質乱用コンポーネントのねらいは、若者と養育者が以下のことを行うのを助けることである。（1）物質乱用とトラウマ歴がつながっている可能性があることを理解する。（2）物質乱用の直接的な原因となる、さまざまな個人や環境（システムレベル）要因を見つけ出す。そしてそれに基づいて、システム内の保護因子を強化し、リスク要因を減らす。（3）薬物を無性に使用したくなるきっかけとなるものや、物質使用の代わりとなるものを特定する。（4）若者と養育者が物質使用について話し合うことを強化する。そして、薬物検査や飲酒検知器で引っかからなかった場合に、養育者が肯定的な強化子（例：特権）を与えられるように支援する。（5）若者に薬物を

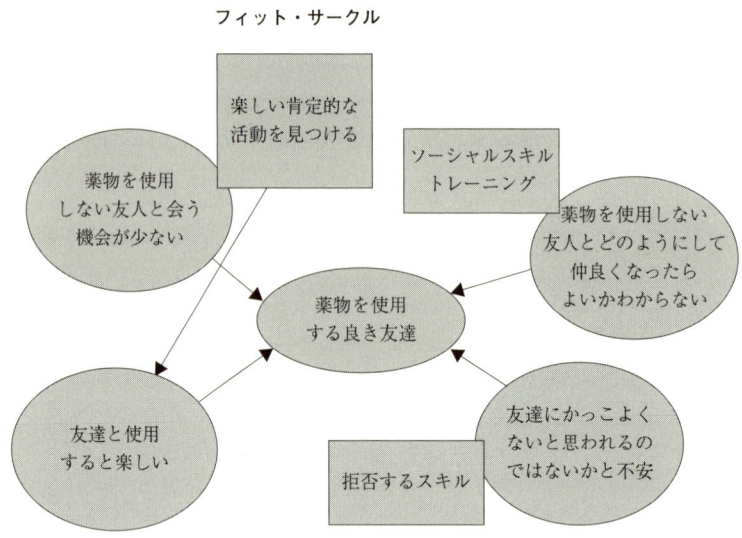

図16.2　フィット・サークルの例：若者の仲間グループが物質使用に対する主
要なドライバーと決定されるケース

拒否するための現実的なスキルを教える。このコンポーネントでは、MSTで使われる戦略を多く
利用する。その主なものの1つは、問題行動や症状を引き起こす状況や変数を決めるのに使用する
「フィット・サークル（fit circles）」である。物質使用行動を維持する一因だと考えられるそれぞれ
の状況や変数は、「ドライバー（drivers）」とラベルづけされ、紙に記載される。主要な1つあるい
は2つのドライバーが選ばれ、特定の問題行動や状況を引き起こす因子を決定するため、さらに詳
細なフィット・サークルが描かれる。そして、それぞれのドライバーに取り組むために、的を絞っ
た介入を特定する（図16.2参照）。

　治療を通して（特に物質乱用コンポーネントをターゲットにしているときだけではなく）、RRFTの臨
床家は、過去1週間や前のセッションからのクライエントの物質使用行動を、タイムライン後ろ向
き調査のフォーマット（アセスメントの章に詳述）を使用して、アセスメントすることが推奨される。
また、使用している日それぞれについて、クライエントに、物質使用がトラウマ経験と関連してい
たと思うかどうかをたずねることも、推奨される。この情報は、物質乱用症状の治療の進歩をモニ
ターすることに役立つ。また、併存症状が相互に関連しているということや、物質使用という悪い
選択につながる出来事の連鎖（つまり、CSAを思い出させるものに曝されると、マリファナを使う）に
ついて、クライエントの気づきを高めるために有効である。

PTSD

　PTSDコンポーネントにおいて重要なことは、トラウマナラティブの作成である。若者は、自分
自身のCSA経験や、それらのトラウマ体験を取り巻く考えや感情について詳細に記載した本など
を作成する。セラピストは、出来事を思い出させるものや記憶、感情に関連した苦痛に対して、若
者（や養育者）が徐々に脱感作していくように取り組む（段階的曝露）。ナラティブが作成され、若

者がトラウマについて書いたり話したりしたときの苦痛にうまく対応できるようになったと確認された ら、CSA や他のトラウマの結果として生じた役に立たない、あるいは正確ではない信念について話し合う。そして、そのような考えや信念をより適切で役立つものに変えていくことが目標となる。クライエントは、彼がトラウマ経験から学んだことを表現することによって、肯定的な意味を見出す機会を得る。養育者がクライエントを支えることができる場合、トラウマナラティブの最終過程で、クライエントはナラティブを養育者と分かち合う。トラウマナラティブを作成するプロセスは、TF-CBT の主要な構成要素として、他に詳述されている（Cohen et al., 2006 参照）。RRFT に特有な点としては、臨床家がクライエントの物質使用について、治療過程全体を通してモニターするということがある。トラウマナラティブを作成している間は特に、トラウマナラティブに関係する感情や苦痛に対処するための手段として、物質使用が続けられたり悪化したりしていないかを確認する。また、若者の場合は回避やためらいが認められることが多いので、RRFT の臨床家は、若者がこの段階的な曝露に取り組めるよう、創造的で、発達に考慮したアイデアを用いる。

健康的な交際と性的意思決定

　このコンポーネントでは、セラピストは、早い年齢で性的活動に曝された場合、青年期の性的発達や性的意思決定にどのように影響が出るか、若者と養育者が理解できるように働きかける。このコンポーネントでの RRFT の治療目標は、健康的なセクシャリティを育てることである。また、自分の意思で交際するかどうかを決められるし、大人になっても自分の安全を守ることができるという健康な自己概念を得られるように助けることである。身体の安全とセルフケアは、このコンポーネントの重要な要素である。一方、若者の危険な性行動が減少するにつれて、自分でデートのときや性的状況で意思決定できる力をつけていくことも必要になる。これは、セックスや恋愛関係に関する適切で、健康的かつ年齢相応の情報を提示するなど、RRFT の中でさまざまな形で実践していく。また、CSA に起因する不適切で役に立たない信念のテーマは、多くの場合、信頼と親密の問題を伴う（「私は 1 人ぼっちだけど、彼とセックスをすれば、彼は私を愛してくれるし彼と親しくなれる」）。こうした不適切で役に立たない信念を持つクライエントとのトラウマナラティブのプロセッシングでは、間接的に危険な性行動を扱うことがある（「セックスが愛情を感じさせてくれるのではない。私には、人とつながっている感覚を持つためのもっと良い方法がある」）。危険な性行動への保護因子を強化する別の方法として、若者や養育者が危険に気づけるように、性病や HIV、妊娠に関する心理教育を行うことがあげられる。他にも、子どもの 5 年 10 年先の目標や、現在の性的意思決定がその目標と整合性が取れているかどうかを話し合うこと、恋愛関係におけるアサーティブな交渉のスキルを教え、特にコンドームの使用を主張することに重点を置くこと、（性的に活発な 10 代の若者には）コンドームの正しい装着方法を教えることなどがある。最後には、できれば、若者と養育者がセックスや男女交際についてオープンに話し合えるようになることが重要なポイントである。

再被害化リスクの低減

　通常、再被害化のコンポーネントは最後に実施されるもので、再発予防として考えられる。エビデンスに基づいた性的再被害化リスク低減プログラム（Marx et al., 2001）を基盤とし、このコンポーネントでは、危険な人や場所、状況を示すシグナルに気づく能力を強化し、それらのさまざまな状況でどのように対処するかについての実践的なスキルを教える。セッションでは危険な場面を仮定し、安全ではない可能性のある人や状況にかかわらないようにするために、臨床家はクライエントに働きかける。また、セラピストは性的強要の概念について話し合う。特に、以前の性的状況では、不正確で役に立たない核となる信念が意思決定にどのように影響を与えていたか、そして、もしも核となる信念が完全には修正されていない場合、意思決定にどのように影響を与え続けているかについて、重点的に話し合う。たとえば、若者が「私は人から愛されそうにない」「私には価値がない」「みんなの望むようにしないと、私のことを好きになってくれない」などの核となる信念を持っている場合、性的強要の影響をより受けやすいかもしれない。さらに、臨床家はクライエントや養育者と、インターネットの安全性（性的加害者の立場から見た）について話し合う。もしRRFT のすべてのコンポーネントがうまく完了したならば、通常は、このコンポーネントで治療が終了する。

スーパービジョン

　RRFT のスーパービジョンは、モデルへの忠実性を確保し、臨床家がさまざまな臨床的判断を行う際の指針となることが目的である。たとえば、7つのコンポーネントの順番を選択する場合（例：家族コミュニケーションはコーピングよりも優先されるべきかどうか）や、家族の治療関与にかかわる問題を解決する場合、危険行動について養育者に知らせるべきかどうかを決定する場合などである。そして、臨床家にとってさまざまなトラウマ体験の詳細を聴くことが重荷になっている場合には、RRFT スーパービジョンは、臨床家を支える機会を提供する。理想的には、RRFT スーパービジョン・セッションの前に、専用のスーパービジョン・フォームを完成させ、スーパービジョンの準備が完了していることが望ましい。具体的には、臨床家は、構造化されたフォームに記入し、特定のセラピー・セッション（本人セッションと、家族メンバーとのセッション）でどのコンポーネントがターゲットになったのかを報告する。そして、どの治療目標が取り上げられたのかのリストを作成し、ケースの全体的な概念化（インテーク・セッションに基づいて）あるいは特定のセッションでターゲットとした問題の概念化について、フィット・サークルを描く。これには、確認されたさまざまなドライバーに対応して実行された介入も含む。最後に、スーパービジョン・フォームには、臨床家の質問をリストアップする欄がある。スーパービジョンで話し合われるクライエントそれぞれについて、フォームが作成される必要がある。

結論と今後の展開

　リスク低減を目指した家族療法は、CSA や他のトラウマを経験した若者に生じる、物質乱用問題や PTSD、危険な性行動、その他有害なメンタルヘルス上の問題に対する治療およびリスク低減のために、理論的に実施される包括的なモデルである。小規模オープントライアルおよび小規模ランダム化比較試験の結果、RRFT の実施可能性は支持された。また、物質使用・家族機能・PTSD・抑うつ・危険な性行動において、（治療前と比較して）治療効果が認められ、それは治療完了後 6 カ月時点でも維持されていた。さらに、曝露を基盤としたセラピー（すなわち、CSA や他のトラウマについて直接話し合う）が、物質使用に対する医原性効果につながっていることを示すエビデンスはなく、臨床的知見に反して、成人を対象とした同様の研究結果と一致した。この治療の有効性を確立するためには、さらに多くの研究が必要なことは明らかである。米国薬物乱用研究所の助成（研究責任者、C.K.Danielson）により、RRFT の有用性を評価するための大規模なランダム化比較試験が進行中である。最終的には、こうした若者に対する細分化された現在のアプローチ（多くの機関に紹介されることが多い、Cocozza et al., 2005）に代わって、より有効な手段として RRFT が提供され、臨床実践が改善していくことが望まれる。同様に、現在は診断基準を満たしていないが、将来的に物質乱用や関連する精神健康の問題に発展するリスクを有する若者の、リスク低減のオプションとして提供されることが期待される。スザンナのケース（章の最初に提示されたクライエント）では、治療を完了し、フォローアップアセスメントでは、物質使用はなくなり、臨床的に明らかな PTSD 症状もなくなった。また母親と、より密接な関係を築けるようになった。そして最も重要なこととして、スザンナは、再び人生の意味をみつけ、未来に希望を持つようになったと報告していた。これは、いかなる基準からしても、効果的なリスク低減の礎となるものである。

謝辞

　この章の研究報告は、米国薬物乱用研究所の助成（National Institute on Drug Abuse, NIDA、研究責任者 C. K. Danielson, K23DA018686）と、NARSAD からの若手研究者賞（研究責任者 Danielson）のサポートを受けた。原稿の準備は、NIDA の助成（研究責任者 Danielson, R01DA031285）と、米国アルコール乱用・依存症研究所（National Institute on Alcohol Abuse and Alcoholism, NIAAA, センターの研究責任者 H. Becker, 臨床コンポーネント 5 の研究責任者 Danielson, P50AA010761）の助成を受けた。この章で述べた視点・見解・意見は、著者のものであり、NIDA・NIAAA・NARSAD の意向を反映したものではない。

［参考文献］

1.　Anthony, J. C., & Petronis, K. R. (1995). Early-onset drug use and risk of later drug problems. *Drug and Alcohol Dependence, 40*(1), 9–15.

2.　Arata, C. M. (1999). Coping with rape: The roles of prior sexual abuse and attributions of blame. *Journal of Interpersonal Violence, 14*(1), 62–78.

3.　Baker, T. B., Piper, M. E., McCarthy, D. E., Majeskie, M. R., & Fiore, M. C. (2004). Addiction motivation reformulated: An affective processing model of negative reinforcement. *Psychological Review, 111*(1), 33–51.

4.　Brady, K. T., Dansky, B. S., Back, S. E., Foa, E. B., & Carroll, K. M. (2001). Exposure therapy in the treatment of PTSD among cocaine-dependent individuals: Preliminary findings. *Journal of Substance Abuse Treatment, 21*(1), 47–54.

5.　Bronfenbrenner, U. (1979). *The ecology of human development: Experiments by nature and design*. Cambridge, MA: Harvard University Press.

6.　Carrigan, M. H., Ham, L. S., Thomas, S. E., & Randall, C. L. (2008). Alcohol outcome expectancies and drinking to cope with social situations. *Addictive Behaviors, 33*(9), 1162–166.

7.　Centers for Disease Control and Prevention. (2010). Youth risk behavior surveillance—United States, 2009. *MMWR Morbidity and Mortality Weekly Report, 59*, 1–142.

8.　Clark, D. B., & Bukstein, O. G. (1998). Psychopathology in adolescent alcohol abuse and dependence. *Alcohol Health and Research World, 22*, 117–121.

9.　Cloitre, M., Scarvalone, P., & Difede, J. (1997). Posttraumatic stress disorder, self and interpersonal dysfunction among sexually re-traumatized women. *Journal of Traumatic Stress, 10*, 435–450.

10.　Cocozza, J. J., Jackson, E. W., Hennigan, K., Morrissey, J. P., Reed, B. G., Fallot, R., et al. (2005). Outcomes for women with co-occurring disorders and trauma: Program-level effects. *Journal of Substance Abuse Treatment, 28*(2), 109–119.

11.　Cohen, J. A., Deblinger, E., Mannarino, A. P., & Steer, R. A. (2004). A multisite, randomized controlled trial for children with sexual abuse–related PTSD symptoms. *Journal of the American Academy of Child and Adolescent Psychiatry, 43*, 393–402. doi:10.1097/00004583-200404000-00005

12.　Cohen, J. A., Mannarino, A. P., & Deblinger, E. (2006). *Treating trauma and traumatic grief in children and adolescents*. New York, NY: Guilford Press.

13.　Danielson, C. K., Amstadter, A. B., Dangelmaier, R. E., Resnick, H. S., Saunders, B. E., & Kilpatrick, D. G. (2009). Trauma-related risk factors for substance abuse among male versus female young adults. *Addictive Behaviors, 34*, 395–399. doi:10.1016/j.addbeh.2008.11.009

14.　Danielson, C. K., de Arellano, M. A., Kilpatrick, D. G., Saunders, B. E., & Resnick, H. S. (2005). Child maltreatment in depressed adolescents: Differences in symptomatology based on history of abuse. *Child Maltreatment, 10*, 37–48. doi:10.1177/1077559504271630

15.　Danielson, C. K., Macdonald, A., Amstadter, A. B., Hanson, R., de Arellano, M. A., Saunders, B. E., & Kilpatrick, D. G. (2010). Risky behaviors and depression in conjunction with—or in the absence of—lifetime history of PTSD among sexually abused adolescents. *Child Maltreatment, 15*, 101–107. doi:10.1177/10775595093 50075

16.　Danielson, C. K., McCart, M., de Arellano, M. A., Macdonald, A., Silcott, L., & Resnick, H. (2010). Risk reduction for substance use and trauma-related psychopathology in adolescent sexual assault victims: Findings from an open trial. *Child Maltreatment, 15*, 261–268.

17.　Danielson, C. K., McCart, M. R., Walsh, K., de Arellano, M. A., White, D., & Resnick, H. S. (2012). Reducing substance use risk and mental health problems among sexually assaulted adolescents: A pilot randomized controlled trial. *Journal of Family Psychology, 26*(4), 628–635. doi:10.1037/a0028862

18.　de Arellano, M. A., & Danielson, C. K. (2008). Assessment of trauma history and trauma-related problems in ethnic minority child populations: An INFORMED approach. *Cognitive and Behavioral Practice, 15*(1), 53–66.

19.　Deblinger, E., Mannarino, A. P., Cohen, J. A., Runyon, M. K., & Steer, R. A. (2011). Trauma-Focused Cognitive-Behavioral Therapy for children: Impact of the trauma narrative and treatment length. *Depression and*

Anxiety, 28, 67–75.

20. DiClemente, R. J., Wingood, G. M., Harrington, K. F., Lang, D. L., Davis, S. L., Hook, E. W., & Robillard, A. (2004). Efficacy of an HIV prevention intervention for African American adolescent girls: A randomized controlled trial. *JAMA, 292*, 171–179. doi:10.1001/jama.292.2.171

21. Fergusson, D. M., Horwood, L. J., & Lynskey, M. T. (1997). Childhood sexual abuse, adolescent sexual behaviors and sexual revictimization. *Child Abuse & Neglect, 21*, 789–803.

22. Finkelhor, D., Ormrod, R., Turner, H., & Hamby, S. L. (2005). The victimization of children and youth: A comprehensive, national survey. *Child Maltreatment, 10*, 5–25. doi:10.1177/1077559504271287

23. Finkelhor, D., Turner, H., Ormrod, R., & Hamby, S. L. (2009). Violence, abuse, and crime exposure in a national sample of children and youth. *Pediatrics, 124*, 1411–1423. doi:10.1542/peds.2009-0467

24. Grant, B. F., & Dawson, D. A. (1997). Age at onset of alcohol use and its association with DSM-IV alcohol abuse and dependence: Results from the National Longitudinal Alcohol Epidemiologic Survey. *Journal of Substance Abuse, 9*(1), 103–110.

25. Guo, J., Chung, I., Hill, K. G., Hawkins, D., Catalano, R. F., & Abbott, R. D. (2002). Developmental relationships between adolescent substance use and risky sexual behavior in young adulthood. *Journal of Adolescent Health, 31*(4), 354–362.

26. Hallfors, D., Vevea, J. L., Iritani, B., Cho, H., Khatapoush, S., & Saxe, L. (2002). Truancy, grade point average, and sexual activity: A meta-analysis of risk indicators for youth substance use. *Journal of School Health, 72*(5), 205–211.

27. Henggeler, S. W., Clingempeel, W. G., Brondino, M. J., & Pickrel, S. G. (2002). Four-year follow-up of multisystemic therapy with substance abusing and dependent juvenile offenders. *Journal of the American Academy of Child and Adolescent Psychiatry, 41*, 868–874.

28. Hien, D., Cohen, L., & Campbell, A. (2005). Is traumatic stress a vulnerability factor for women with substance use disorders? *Clinical Psychology Review, 25*(6), 813–823.

29. Hien, D. A., Wells, E. A., Jiang, H., Suarez-Morales, L., Campbell, A. N., Cohen, L. R., et al. (2009). Multisite randomized trial of behavioral interventions for women with co-occurring PTSD and substance use disorders. *Journal of Consulting and Clinical Psychology, 77*(4), 607.

30. Johnson, V., & Pandina, R. J. (1991). Effects of family environment on adolescent substance use, delinquency, and coping styles. *American Journal of Drug and Alcohol Abuse, 17*, 71–88.

31. Johnston, L. D., O'Malley, P. M., Bachman, J. G., & Schulenberg, J. E. (2011). *Monitoring the future national results on adolescent drug use: Overview of key findings, 2010*. Ann Arbor, MI: Institute for Social Research, University of Michigan.

32. Kataoka, S. H., Stein, B. D., Jaycox, L. H., Wong, M., Escudero, P., Tu, W., et al. (2003). A school-based mental health program for traumatized Latino immigrant children. *Journal of the American Academy of Child and Adolescent Psychiatry, 42*(3), 311–318.

33. Kilpatrick, D. G., Acierno, R., Schnurr, P. P., Saunders, B., Resnick, H. S., & Best, C. L. (2000). Risk factors for adolescent substance abuse and dependence: Data from a national sample. *Journal of Consulting and Clinical Psychology, 68*, 19–30.

34. Kilpatrick, D., Ruggiero, K., Acierno, R., Saunders, B., Resnick, H., & Best, C. (2003). Violence and risk of PTSD, major depression, substance abuse/dependence, and comorbidity: Results from the NSA. *Journal of Consulting and Clinical Psychology, 71*, 692–700. doi:10.1037/0022-006X.71.4.692

35. Kolko, D. J. (1996). Individual cognitive behavioral treatment and family therapy for physically abused children and their offending parents: A comparison of clinical outcomes. *Child Maltreatment, 1*(4), 322–342.

36. Kovacs, M. (1983). *The Children's Depression Inventory: A self-rated depression scale for school-aged youngsters*. Unpublished manuscript. University of Pittsburgh School of Medicine, Pittsburgh, PA.

37.　Lewis, M. W., & Petry, N. M. (2005). Contingency management treatments that reinforce completion of goal-related activities: Participation in family activities and its association with outcomes. *Drug and Alcohol Dependence, 79*(2), 267–271.

38.　Linehan, M. M., Comtois, K. A., Murray, A. M., Brown, M. Z. Gallop, R. J., Heard, H. L., et al. (2006). Two-year randomized controlled trial and follow-up of Dialectical Behavior Therapy vs therapy by experts for suicidal behaviors and borderline personality disorder. *Archives of General Psychiatry, 63*(7), 757–766.

39.　Mahoney, J. L., & Stattin, H. (2000). Leisure activities and adolescent antisocial behavior: The role of structure and social context. *Journal of Adolescence, 23*(2), 113–127.

40.　Marx, B. P., Calhoun, K. S., Wilson, A. E., & Meyerson, L. A. (2001). Sexual revictimization prevention: An outcome evaluation. *Journal of Consulting and Clinical Psychology, 69*(1), 25–32.

41.　McLean, L. M., & Gallop, R. (2003). Implications of childhood sexual abuse for adult borderline personality disorder and complex posttraumatic stress disorder. *American Journal of Psychiatry, 160*, 369–371.

42.　Messman-Moore, T. L., & Long, P. J. (2000). Child sexual abuse and revictimization in the form of adult sexual abuse, adult physical abuse, and adult psychological maltreatment. *Journal of Interpersonal Violence, 15*(5), 489–502.

43.　Messman-Moore, T. L., & Long, P. J. (2003). The role of childhood sexual abuse sequelae in the sexual revictimization of women: An empirical review and theoretical reformulation. *Clinical Psychology Review, 4*, 537–571.

44.　Miller, W. R., & Rollnick, S. P. (2002). *Motivational interviewing: Preparing people for change*. New York, NY: Guilford Press.

45.　Mills, K. L., Teesson, M., Back, S. E., Brady, K. T., Baker, A. L., Hopwood, S., & Ewer, P. L. (2012). Integrated exposure-based therapy for co-occurring posttraumatic stress disorder and substance dependence: A randomized controlled trial. *JAMA, 308*(7), 690–699.

46.　Moos, R., & Moos, B. (1986). *Family Environment Scale manual* (2nd ed.). Palo Alto, CA: Consulting Psychologists Press.

47.　Mowrer, H. O. (1960). *Learning theory and behavior*. Hoboken, NJ: John Wiley & Sons.

48.　Najavits, L. M., Gallop, R. J., & Weiss, R. D. (2006). Seeking Safety Therapy for adolescent girls with PTSD and substance use disorder: A randomized controlled trial. *Journal of Behavioral Health Services & Research, 33*(4), 453–463.

49.　Noll, J. G., Trickett, P. K., & Putnam, F. W. (2000). Social network constellation and sexuality of sexually abused and comparison girls in childhood and adolescence. *Child Maltreatment, 5*(4), 323–337.

50.　Putnam, F. W. (2003). Ten-year research update review: Child sexual abuse. *Journal of the American Academy of Child and Adolescent Psychiatry, 42*(3), 269–278.

51.　Randolph, M. E., & Mosack, K. E. (2006). Factors mediating the effects of childhood sexual abuse on risky sexual behavior among college women. *Journal of Psychology & Human Sexuality, 18*(1), 23–41.

52.　Roodman, A. A., & Clum, G. A. (2001). Revictimization rates and method variance: A meta-analysis. *Clinical Psychology Review, 21*(2), 183–204.

53.　Rothman, E. F., Edwards, E. M., Heeren, T., & Hingson, R. W. (2008). Adverse childhood experiences predict earlier age of drinking onset: Results from a representative US sample of current or former drinkers. *Pediatrics, 122*, 298–304. doi:10.1542/peds.2007-3412

54.　Sobell, L. C., & Sobell, M. B. (1996). *Timeline Followback user's guide: A calendar method for assessing alcohol and drug use*. Toronto, ON: Addiction Research Foundation.

55.　Steinberg, A. M., Brymer, M. J., Decker, K. B., & Pynoos, R. S. (2004). The UCLA Posttraumatic Stress Disorder Reaction Index. *Current Psychiatry Report, 6*, 96–100. doi:10.1007/s11920-004-0048-2

56.　Swenson, C. C., Schaeffer, C. M., Henggeler, S. W., Faldowski, R., & Mayhew, A. M. (2010). Multisystemic

Therapy for Child Abuse and Neglect: A randomized effectiveness trial. *Journal of Family Psychology, 24*(4), 497.

57. Wyatt, G. E., Guthrie, D., & Notgrass, C. M. (1992). Differential effects of women's child sexual abuse and subsequent sexual revictimization. *Journal of Consulting and Clinical Psychology, 60*(2), 167.

第 17 章
性問題行動を有する児童青年

アマンダ・M・ファンニフ

ジュディス・V・ベッカー

エイミー・L・ガンボウ

総論

　性問題行動（sexual behavior problem, SBP）のある子どもや青年が、研究者や政策立案者の注目を集めるようになったのは、つい最近のことである。成人の性加害者の逸脱した性的ファンタジーと性行動の多くが青年期から始まっていることが研究で示されてから（例：Abel, Mittelman, & Becker, 1985）、1980 年代から 1990 年代になって SBP のある少年への関心が高まっていった。また、米国における性犯罪の逮捕者の中で少年が大きな割合を占めている（2010 年では約 17%）という実情もある（U.S. Department of Justice, 2011）。SBP のある少年への治療教育が求められるようになり、成人の性加害者のためのアセスメントや治療アプローチが少年にも用いられるようになった。しかし、これらのアプローチが少年にも適していることを示す実証データは限られている（例：Chaffin, 2008）。近年、SBP のある子どもや青年についての研究論文が大幅に増えており、有効な介入方法とともに、こうした子どもたちの特徴に関する多くの情報が集積されつつある。

　本章では、SBP のある子どもと青年の共通する特徴、効果が見込まれている類型別アプローチ、実証性のあるアセスメントと治療教育を概観する。SBP のある子どもに関する概観は、男女児とも対象とした研究が多いことから（例：Gray et al., 1997; Merrick et al., 2008）、性別で分けずにまとめている。青年期の若者について述べた部分は、性加害の判決が下された男子に焦点をあてる。大多数の研究が、そのような男子を対象としているためである。青年期の女子に関する論文も、数は少ないものの近年増えているので、関心のある方は参照いただきたい（Frey, 2010; McCartan et al., 2011）。

性問題行動のある子ども

　青年期前の子どもは、自分や仲間の性器を見せたり、触ったりするような、自然な性行動や探索行動をとることが多い（例：Friedrich et al., 1991）。こうした行動は、子どもが児童期になって、社会化され、文化的な規範を意識するようになることで、年齢に伴って減少していくのがふつうであ

る（Friedrich et al., 1991）。それに対して、12 歳未満の子どもの中に、「発達からみて不適切であったり自他を傷つけたりするような、プライベートパーツ（性器、肛門、尻、胸）を用いた行動」（Chaffin et al., 2008, p.200）と定義されるような性問題行動を示す子どももいる。こうした行動の目的は、性的快感ではなく、不安の表れであるとか周囲の注意を引くため、あるいは自分を落ち着かせるためと考えられる（Chaffin et al., 2008; Chaffin, Letourneau, & Silovsky, 2002）。

共通する特徴

　SBP のある子どもといっても、さまざまな特徴が混在した集団であり、同年代の子どもと区別されるような明確な人口統計学的属性・精神医学上の要因・社会的要因はない（Chaffin et al., 2008; Chaffin, Letourneau, & Silovsky, 2002）。青年期や成人による性加害は、ジェンダーによって大きな違いがあるのに対して（U.S. Department of Justice, 2011）、子どもの性問題行動は、男児にも女児にも同じようにみられる（Friedrich et al., 1991; Friedrich & Luecke, 1988; Gray at al., 1999; Silovsky & Niec, 2002）。

　SBP のある子どもに共通する大きな特徴の 1 つが、性的虐待だけでなく、身体的虐待・暴言による虐待・ネグレクト・DV の目撃といった被虐待体験を持つことである（例：Friedrich & Luecke, 1988; Gray, Busconi, et al., 1997; Gray, Pithers, et al., 1999; Letourneau, Schoenwald, & Sheidow, 2004; Lévesque, Bigras, & Pauzé, 2010; Metrick et al., 2008; Silovsky & Niec, 2002）。当初考えられていたのとは反対に、SBP のある子どもの中には、性的ではない虐待が、性的虐待と同じかそれ以上に頻繁に認められることがある（例：Gray et al., 1999; Lévesque, Bigras, & Pauzé, 2010; Silovsky & Niec, 2002）。SBP のある子どもには、共通して（普遍的とは言えないが）被虐待の体験があるとはいえ、被害体験は、SBP が生じる唯一の要因ではないし決定的な要因でもない（Chaffin et al., 2008）。虐待を受けても、性的な行動を表出しない子どもも多い。つまり、性的な行動化を示す被虐待児と示さない被虐待児を区別するような、他の病因が存在する可能性がある。虐待の深刻さや虐待を受けた時期が、SBP の発現に何かしら関連するかもしれない（例：Friedrich et al., 2003; Friedrich & Luecke, 1988; Gray et al., 1997; Merrick et al., 2008）。たとえば、SBP のない被虐待児と比べて、SBP のある子どものほうが、幼い時期に虐待を受けており、より多くの被害的な出来事や多種類の虐待を体験し、挿入行為を伴う性的虐待の被害回数が多い（Friedrich et al., 2003; Friedrich & Luecke, 1988; Gray et al., 1999）。

　SBP のある子どもは、被害体験を持つだけでなく、性的ではない外在化行動を示す割合も非常に高いことが明らかにされている（Friedrich et al., 2003; Gray, Busconi, et al., 1997; Gray, Pither, et al., 1999; Lévesque, Bigras, & Pauzé, 2010; Silovsky & Niec, 2002）。Bonner らは、SBP のある子どもは、SBP がない子どもに比べて、心的外傷後ストレス、注意欠如・多動症（attention deficit/hyperactive disorder, ADHD）、不安症、反抗挑発症（oppositional defiant disorder, ODD）、素行症（conduct disorder, CD）が有意に高率に認められることを見出した（Bonner, Walker, & Berliner, 1999）。ある研究では、対象児のうち、それぞれの疾患の診断基準を満たす子どもの割合が、CD は 73％、ADHD は 41％、ODD は 27％であった（Gray et al., 1997）。ほかに SBP の発現に関連する要因とし

ては、家庭の逆境や過度に性的な家族の環境が挙げられる（例：Friedrich et al., 2003; Lévesque, Bigras, & Pauzé, 2010）。

類型

　子どもの SBP への関心が高まり、適切な治療教育が求められるようになると、臨床家や研究者は、SBP のある子どもを同質なサブタイプに分類しようとした。わずか 3 つの研究で、クラスター分析を用いた実証的手続きにより、有意なサブグループの特定が試みられたが（Bonner, Walker, & Berliner, 1999; Hall, Mathew, & Pearce, 2002; Pithers et al., 1998）、結果はまちまちだった。

　Bonner ら（1999）は、臨床所見に基づいてサブグループを実証的に見出そうとしたが、うまくいかなかった。そこで、子どもが研究対象になった時点での SBP の特徴に基づく類型化を提案した。すなわち、性的に不適切（他者との身体接触を持たない）・性的に侵入的（短時間の他者との性的接触）・性的に攻撃的（深刻なあるいは長時間にわたる接触）である。この類型は、単に行動の深刻さが反映されているにすぎず、臨床的な意義は不明瞭である。

　Pither ら（1998）は、人口統計学的属性・SBP の特徴・過去の被害体験とともに、さまざまな臨床的尺度を用いた階層的クラスター分析によって、SBP のある子どものサブグループを特定した。その結果、無症候性・性的な攻撃性・虐待による反応・深刻なトラウマ・ルール破りの 5 つのサブタイプに分類された。サブグループは、被虐待歴・診断・人口統計学的な変数に差があったが、サブタイプ別の子どもたちの大部分は、質的に異なる性行動をとっていたわけではなかった。無症候性のタイプの子どもは、被害者の人数・攻撃的な行動・精神疾患の診断のいずれも他のタイプと比べてもっとも少なく、性問題行動の程度が最も軽いという特徴が見られた。性的な攻撃性と虐待による反応のタイプの子どもは、他のタイプよりも挿入行為をする傾向が高かった。しかし、性的な攻撃性に分類された若者は、被害にあわせた加害者の人数が少なく、社会的能力を示していたのに対し、虐待による反応とされた若者は、多くの加害者から被害を受けており、秩序破壊的行動障害の診断率も高かった。ルール破りのサブタイプは、最も頻繁に性的逸脱行動が見られ、攻撃性の程度も高く、他のタイプよりも外在化行動の得点が高かった。深刻なトラウマの子どもは、全体の中で、最も多くの加害者から虐待されてきており、より深刻なアタッチメントの問題を示していた。これら 5 つのグループは、かなり重複するところもあるが、ひとつのグループが治療教育に異なる反応を示した点で、サブグループの臨床的な意義は多少認められている。深刻なトラウマのグループの子どもは、感情表出によるセラピーよりも再発防止のための治療教育のほうに反応を示す傾向にあり、治療教育の経過中に SBP が臨床的に有意に改善する可能性が示された。

　Hall ら（2002）は、SBP のない群と他者を巻きこまない SBP の群を抽出した後、階層的クラスター分析を行い、他者に対する SBP が見られた子どもの中で、性的虐待の被害体験がある子どものサブタイプを特定した。他者への SBP が見られた若者は、計画性がなく非強制的・計画性があり非強制的・計画性があり強制的という 3 つのサブタイプに分けられた。このサブタイプは、子どもの被虐待歴・社会的モデリング（例：他の子どもが虐待されているのを目撃した）・性的な問題行動や他の問題行動・家庭の機能や特徴といった点において違いが見られた。Hall ら（2002）と

Pithers ら（1998）のサブタイプには、いくつかの類似性がある。たとえば、計画性があり強制的というタイプは、虐待による反応と類似している。しかし、それぞれの分析結果がどれだけ重複しているかは明確ではない。

　Chaffin ら（2008）が述べているように、SBP のある子どもは、人口統計学的属性・家族に関する変数・社会経済的状況・被虐待歴・精神健康上の問題に関してさまざまである。Pithers ら（1998）の研究では、サブタイプの臨床的関連性がある程度支持されたものの、それまでの一般的な研究では、精神保健上の問題・社会的課題・家族の課題がより多く併存している SBP の連続体の一番端に位置づけられる子どもに対して、SBP の重症度による分類がなされている（Chaffin et al., 2008）。どの類型化も、交差検証がなされておらず、それぞれの結果の類似性を識別することはできない。まとめると、今後の研究でこれらの類型の妥当性が確認されるかもしれないが、これまでのところ、SBP のある子どものアセスメントや治療教育の役に立つような実証的に支持されたサブタイプの分類方法はない。

アセスメント

　Chaffin ら（2008）の報告によると、SBP のある子どもへの介入プランや方針決定においては、それぞれの子どものアセスメント・SBP のアセスメント・生態学的アセスメントがなされるべきである。記録文書の確認・養育者からの生育歴や行動歴についての聞き取り・子どもとの臨床面接・いくつかの簡単な心理テストなどから、1 回のセッションで治療教育のプランを立てるための十分な情報を得ることができる子どももいる。アセスメントすべき状況要因とは、家族の関係性（例：養育者のモニタリングや温かさ、しつけの状況など）・友人関係（例：仲間からの悪影響）・ポルノの閲覧・さまざまな形態の虐待の目撃や被害体験・家庭や地域の文化的要因などである。

　性行動のタイプ・性行動の発現年齢と頻度・時間経過に伴う変化・問題行動が起きたときの状況や環境などの情報を、評価しながら収集する必要がある（Chaffin et al., 2008）。他の問題行動のアセスメントと同様に、多様な場面で見られる行動について、多角的な情報に基づいてアセスメントするのが望ましい（Friedrich & Trane, 2002）。また、臨床家は、SBP についての詳細な情報を集め、年齢相応の性行動と非定型的な性行動を見分けるために、子どもの性化行動調査票（Child Sexual Behavior Inventory, CSBI; Friedrich, 1997）のような構造化されたアセスメントを用いることもあるだろう。

　SBP のある子どもに精神健康上の問題を抱えている者が多いことを考えると、親からの聞き取りや子ども本人との臨床面接からまとめた生育歴により、子どもの行動面と情緒面の機能に関する情報を集める必要がある（Chaffin et al., 2008）。1 歳半から 5 歳の幼児用と 6 歳から 18 歳の子ども用の、子どもの行動チェックリスト（Child Behavior Checklist, CBCL; Achenbach & Rescorla, 2001）のように、子ども向けに開発された構造化されたアセスメント尺度も有用である。もし、子どもにかなり複雑な臨床症状がみられるなら、子どもの精神診断面接（Diagnostic Interview Schedule for Children, DISC; Shaffer et al., 1996）や別の詳細な構造化面接を行うのが有効だろう。初回の印象によって、小児抑うつ尺度（Children's Depression Inventory, CDI; Kovacs, 1992）や子ども用トラウマ

症状チェックリスト（Trauma Symptom Checklist for Children, TSCC; Brière, 1996）といったさまざまな簡潔なアセスメント尺度を選ぶとよい。ほかにもわずかながら利用可能な選択肢があるが、臨床家は子どもの状態像や子どもの発達レベルに適した尺度を選ばなければならない。

　性加害をした青年や成人に用いられるアセスメント技法の大半は、子どもには適さない。ポリグラフ（ウソ発見器）によるアセスメントは、加害者が性加害をすべて開示したかを確認するために実施されることが多い。こうした強制的な技法は、子どもに対して用いるべきでなく（Chaffin et al., 2008）、子どもは自分がやっていない行動まで認めてしまいかねない。さらに、SBP のある子どもの性的興奮を測定するプレチスモグラフのような侵襲的な方法も意味がない。なぜなら、子どもが「子ども」に対して興奮したとしても、それは単に仲間への関心を示しているにすぎないからである（Chaffin et al., 2008）。

治療教育

　治療教育が子どもの SBP を減らすのに効果的であるという有力な実証データが示されつつある。メタ分析を用いた研究では、ペアレンティングと行動管理スキルに焦点をあてた治療教育プログラムが良好な成果を示し、SBP に対する全体的な治療効果として、治療後の標準偏差がおおむね半減する結果が得られた（St. Amand, Bard, & Silovsky, 2008）。これと同じ分析により、就学前の幼児を対象に、性行動のルール・性教育・暴力防止スキル・自己コントロールスキルを教え、親も治療に参加した場合、より大きな効果量が得られることも明らかにされた。もともと、成人の性加害者への介入のために考案された技法（例：暴力のサイクルの同定など）を用いても、子どもの SBP を軽減させることにはつながらなかった。10 年間にわたる長期の追跡調査により、SBP のある子どもの中で構造化された認知行動療法（cognitive behavioral therapy, CBT）を受けた群とクライエント中心の精神力動的なプレイセラピーを受けた群、そして SBP とは無関係な問題で外来治療を受けた子どもが比較された（Carpentier, Silovsky, & Chaffin, 2006）。CBT 群は、子どもと親のグループにおいて、不適切な性行動の同定・具体的な性行動のルールの教示・行動面の自己コントロール技法の学習（あるいは親の管理スキル）・性教育が実施された。その結果、SBP のある子どもの中でCBT を受けた群は、SBP の問題がない比較群と同じように、児童福祉・少年司法・刑事司法での記録に残されるような性加害行動が見られなかった。SBP のある子どものうちプレイセラピーを受けた群は、CBT 群や比較群の子どもよりも、10 年後の追跡調査において性加害をしている割合が高かった。こうした研究結果から、構造化されたプログラムであり、親と子どもが治療教育を受け、親の管理スキルと自己調節スキルに焦点をあてた介入が、最も有効であることが示唆された。

性問題行動のある青年

共通する特徴

　SBP のある青年についての研究は、正式に性加害の判決が下された少年（juveniles formally

adjudicated for sexual offenses, JSOs）を対象にしたものがほとんどである。性問題行動のある子どもの場合と同様に、JSOs もさまざまな特徴が混在した集団であり、全員あるいは大半の JSOs に適合するような単一の特徴はない（Becker, Harris, & Sales, 1993）。JSOs によく見られる（普遍的とは言えない）特徴としては、性的被虐待歴（Zakireh, Ronis, & Knight, 2008）・その他の被虐待歴（Fanniff & Kolko. 2012）・社会的孤立や友人関係の問題（Miner & Munns, 2005; Ronis & Borduin, 2007）・家庭の問題（Ronis & Borduin, 2007; Sigurdsson et al., 2010）・物質乱用（Långström & Lindblad, 2000; Sigurdsson et al., 2010）・性的逸脱（Zakireh, Ronis, & Knight, 2008）・精神病理（秩序破壊的行動障害を含む；Långström & Lindblad, 2000）が挙げられている。

　この領域における初期の研究は、比較対照群を設けていないものが大半で、標準化された尺度も使われていないものもあり、少人数の対象者についての記述的研究がほとんどだった。十分な手続きに則って複数の調査結果をまとめるメタ分析が用いられるようになってから、この領域における研究は、あらゆる面で飛躍的に進展した。Seto らは、59 本の独立した研究論文を用いて、JSOs と他の非行少年を比較するメタ分析を行った（Seto & Lalumière, 2010）。その結果、JSOs は、性的な被虐待体験やその他の被虐待体験・不安・低い自尊感情・社会的孤立・非定型の性的関心・幼少期のセックスやポルノへの曝露の割合が高い傾向にあることが示された。また、JSOs と他の非行少年のどちらも、素行の問題・反社会的パーソナリティ特性・反社会的態度や信念・家庭の問題の割合が高かった。一方、他の非行少年と比べて、JSOs のほうが、それ以前の加害行為・非行仲間とのつきあい・物質乱用の問題の割合が低かった。

類型

　同質のサブグループに特有の治療ニーズを探るために、研究者によって JSOs の類型化が行われてきた。ある単一の特徴（例：被害者の年齢；Fanniff & Kolko. 2012; Ronis & Borduin, 2007）によって JSOs を細分化しようとする試みは、それぞれの研究の群間の差異を明確にできていないものが多い。性加害によって判決を下された青年の中で、それ以前に性的ではない加害行為のあった群となかった群（Butler & Seto, 2002）で細分化したものでは、リスクアセスメント尺度において各群差の妥当性が確認され、臨床的な意義があると考えられた（Rajlic & Gretton, 2010）。

　単一の特徴を取り上げた研究とは異なり、臨床的な複数の特徴に基づいて細分化しようとするクラスター分析を使用した研究では、より有意義な細分化がなされているようである。Smith らは、ミネソタ多面的人格目録（Minnesota Multiphasic Personality Inventory, MMPI）の分析から、臆病／過度に内気、要求がましい／自己愛的、社交的／情緒抑制的、自己調節不全と判断力のなさ、という 4 つのサブタイプを同定した（W.R. Smith, Monastersky, & Deisher, 1987）。各群で加害の種類にいくらか異なる点があったが、それぞれのサブタイプの臨床的意義については分析されていない。Worling（2001）は、カリフォルニア人格検査（California Personality Inventory, CPI）を使用してこの細分化の再現を試みた。クラスター分析の結果、Smith ら（1987）と類似した 4 つのサブタイプとして、反社会的／衝動的・目立つ／孤立・過度に内気／無口・生意気／攻撃的を見出した。Worling（2001）は、このうち「反社会的／衝動的」と「目立つ／孤立」の群が、他の群よりも全

般的な再犯率や暴力の再犯率が有意に高いことを明らかにした。2つの研究は、JSOs のサブタイプを同定するために、ミロン青年期臨床目録（Millon Adolescent Clinical Inventory）の結果に基づいてクラスター分析を行った。Richardson ら（2004）が、5つの群（正常、反社会的、服従的、気分変調性／抑圧的、気分変調性／拒絶的）を同定したのに対して、Oxnam と Vess（2008）は、4つの群（不適切、反社会的、同調的、受動攻撃的）とした。どちらのモデルも、加害と被害の特徴はどの群でも似通っていた。これらの4つの研究では、パーソナリティに関する3種類のアセスメント尺度が用いられているが、どれも類似したサブタイプが見出された。このことは、これらの分類の収束的妥当性を実証する結果ともいえるが、細分化した枠組みの臨床活用についてはまだ限定的である。

　Hunter（2006）は、JSOs を敵意のある男性性や心理社会性の欠如といったパーソナリティ概念でクラスター化し、思春期発現で性的倒錯のない群・前思春期発現で性的倒錯のある群・一生続く群の3つに分類した。これらの群は、被害の特徴や犯罪歴を反映した変数においてさまざまな点から違いが見られたが（Hunter, 2006）、ここでも同様に、それらのサブグループをどのように治療教育に組み入れるかについては、まだ示されていない。

　まとめると、JSOs の細分化に関する研究は将来性のあるものだが、どの類型化も交差検証がなされておらず、臨床的な意義も示されていない。いくつかの研究で一貫して示された群は、一般的な反社会的サブタイプである。この群を識別することは、臨床家の経験とも一致しており（Becker & Kaplan, 1988）、JSOs と他の非行少年との臨床所見ともかなり重複している（Ronis & Borduin, 2007）。おそらく、このような群には、社会的に孤立していたり、内在化された問題を呈していたり、子どもへの興味が持続するパターンを示す青年とは、異なる治療が必要であると考えられる。JSOs の細分化に関する今後の研究では、同じようなアセスメントと治療教育が必要になるサブグループの特質が明確にされるだろう。

アセスメント

　処遇と治療教育のプラン策定を目的として SBP のある青年を評価する際には、少年個人の情報だけでなく、家庭・仲間関係・学校・地域といった、その子どもが何らかの役割を果たしているさまざまなシステムの情報を集めるために、子ども本人との臨床面接や記録文書の確認、（可能であれば）叔父や叔母といった傍系親族への聞き取りなどを行うべきである（例：Collie & Ward, 2007）。アセスメントの過程では、その若者の所見次第ではあるが、パーソナリティ・精神病理・問題行動・家族機能・神経心理学的機能といったさまざまな概念を引き出すような構造化されたアセスメント尺度を用いるのが役立つ。これらの尺度の検討は、本章で扱う範囲を超えている。そこで、ここでは JSOs を対象とした専門のアセスメント技法だけを取り上げる。これらの専門的な技法は、性的関心のアセスメントとリスクアセスメントの2つのカテゴリーに大別される。

　性的関心のアセスメント：SBP のある青年に、持続的な性的関心の逸脱があるかどうかを判断するために、数多くの専門的なツールが開発されている。青年期認知尺度（Adolescent Cognition Scale; Huter et al., 1991）、青年期性的関心カード分類（Adolescent Sexual Interest Card Sort; Hunter,

Becker, & Kaplan, 1995)、多面的セックス目録 第2版（Multiphasic Sex Inventry-Ⅱ; Nichols & Molinder Assessments, 2001）のような、さまざまな自記式の尺度がある。これらの尺度の精神測定学的特性についての査読論文において、得られる情報は限られている。臨床家が情報収集のためにそれらを活用するのは有用かもしれないが、妥当性の検証が不十分であるので、その解釈には注意を要する。

　SBP のある青年の自己報告による性的関心の妥当性が懸念されることから、より客観的な情報を得るために、生物学に基づくアセスメントも用いられているたとえば、プレチスモグラフは、性的関心が向けられるさまざまな対象を映し出す刺激に対して、ペニスの勃起の変化を測定するものである（例：Seto, 2001）。近年行われたセーファーソサエティ（Safer Society）の調査対象となった、青年男子への治療教育プログラムのうち、米国では少なくとも 9%、カナダでは 20% で、プレチスモグラフの使用が報告された（McGrath et al., 2010）。プレチスモグラフの構成概念妥当性は、少年の中でかなり逸脱した興奮を示す群があることを示した研究（例：男児に対する性的関心など；Clift, Rajlic, & Gretton, 2009; Rice et al., 2012, Seto, Lalumière & Blanchard, 2000）や、プレチスモグラフによって評価された子どもへの逸脱した関心と被害者の人数に関連があるという研究結果（Blanchard & Barbaree, 2005; Seto, Lalumière & Blanchard, 2000）から支持されている。反対に、逸脱した興奮と個々の特徴（例：性的あるいは身体的な被害体験）の関連性は予期できないとする研究（Becker, Kaplan, & Tenke, 1992）は、この方法に関する構成概念妥当性への疑問を呈している。また、比較する確実な基準もないことから、プレチスモグラフによる診断の正確さを判定するのは難しい。つまり、自己報告されたものも、実際の被害者選択のどちらも、逸脱した性的関心を正確に表しているとは限らない（Fanniff & Becker, 2006）。意外でもないだろうが、逸脱した性的関心と性加害の再犯とのつながりを陰茎膨張率によって評価しようとする研究では、明らかな結果が認められていない（Clift, Rajlic, & Gretton, 2009; Gretton et al., 2001）。しかし、プレチスモグラフの欠点とされる部分を活かした手法による新たな研究、すなわち、性的興奮を抑える能力についての研究への期待も高まっている。興奮を抑えるよう指導された場合でも、子どもの画像刺激に対して興奮することは、そうした抑制の指導がない状態での性的興奮よりも、性加害の再犯を予測することが示された（Clift, Rajlic, & Goretton, 2009）。つまり、子どもの画像刺激に対する興奮反応をコントロールできない少年のほうが、SBP を続けやすいと考えられる。こうした研究結果は、追試により検証する必要があるが、JSOs へのプレチスモグラフの使用に関しては、これまでで最も説得力のあるデータが示されていると言えるだろう。

　視聴時間の測定は、性的関心をアセスメントする方法として侵襲性が低いものである。この方法は、被験者にさまざまな画像の魅力度を評価してもらい（被験者がそれほど魅力はないと主張したとしても）、性的関心に関する客観的な測定として、それぞれの画像を見つめていた時間の長さを被験者に気づかれないように記録するものである。SBP のある青年向けの視聴時間の測定法には、アベル性的興味判定（Abel Assessment for Sexual Interest, AASI）と性的関心の親和性尺度（Affinity Measure for Sexual Interest）の 2 つがある。当初の研究では、AASI の再テスト信頼性と感度・特異度は、いずれも十分なものではなかった（G.Smith & Fischer, 1999）。視聴時間の指標と

被害者選択の比較によって正確性が判断されたが、逸脱した性的関心を表すものとしては不十分だったからである（Abel, 2000; Faniff & Becker, 2006）。その後に行われた研究では、子どもに性加害をした青年は、同年齢や成人に性加害をした若者よりも、子どもの画像を長く見るという結果が示された（Abel et al., 2004）。JSOs に対して、性的関心の親和性尺度の精神測定学的特性について報告した研究は 1 つだけである。さまざまなカテゴリーの刺激に対して、回答者が記入した魅力度の評定と視聴時間には有意な相関が示されたものの、同じ研究において、成人女性のイメージの視聴時間と魅力度の評定には有意な負の相関が見られたことから、妥当性に対する大きな疑問が呈されている（Worling, 2006）。

　全体的に見ると、性的関心の客観的な尺度が評価者に有益な情報を提供するという有望な根拠はあるが、それらのツールはまだ、正確な評価をする上での適切な基準がないために、誤差率がはっきりしていない。これまでのところ、逸脱した性的関心の測定について見込みのある研究もあるものの、効果的な治療教育のための重要な情報を集めるには、アセスメント実施者が強固な治療同盟を築く必要があるだろう（Becker & Harris, 2004）。

　リスクアセスメント：SBP のある青年のリスクアセスメントは、この 10 年間で大きく進展したが、それらのリスクアセスメント尺度の予測的妥当性の実証では、まだいくらかの矛盾もみられる。ここでは評価者による報告で最も多く使用されている 2 つの尺度（Viljoen, McLachlan, & Vincent, 2010）として、少年性犯罪者アセスメントプロトコール - Ⅱ（Juvenile Sex Offender Assessment Protocol- Ⅱ, J-SOAP- Ⅱ; Prentky & Righthand, 2003）と青年の性犯罪再犯リスク予測（Estimate of Risk of Adolescent Sexual Offense Recidivism, ERASOR; Worling & Curwen, 2001）を取り上げる。

　J-SOAP- Ⅱは、SBP のある青年用のリスクアセスメント尺度として、最も頻繁に研究で利用されているもので（Viljoen, Mordell, & Beneteau, 2012）、精神測定学的特性に関する研究も有望なものである。J-SOAP- Ⅱは、正式な判決が下されたかどうかにかかわらず、強制的な性行動をした 12 ～ 18 歳の男子を対象に、性犯罪や一般的な犯罪の再犯リスクをアセスメントするために開発された 28 項目の尺度である（Prentky & Righthand, 2003）。J-SOAP- Ⅱは、尺度 1（性欲動・関心・行動偏向）、尺度 2（衝動的・反社会的行動）、尺度 3（介入）、尺度 4（社会的安定性・適応）からなる。この尺度は、利用可能なあらゆる情報に基づいて得点化されるもので、ケースにまつわる記録文書と臨床面接の両方で得点化するほうが、記録文書だけを見て記入するよりも優れている（Fanniff & Letourneau, 2012）。J-SOAP- Ⅱの開発者たちは、さまざまなカット・スコアごとに特定のリスクを見積もることができる保険数理的な尺度の開発を目指していたが（Prentky & Righthand, 2003）、現在のところ、考慮すべきリスク要因を実証的に示したチェックリストとして機能している。

　研究によってばらつきが見られることから、裁判所はリスク評価としてこの尺度を用いるのに懸念を示しているものの、J-SOAP- Ⅱの精神測定学的特性には有望な根拠がある。J-SOAP- Ⅱの総得点には、一貫して良好な内的一貫性が見出されており（例：Aebi et al., 2011; Martinez, Flores, & Rosenfeld, 2007）、優れた評価者間信頼性が確認されている（例：Aebi et al., 2011; Caldwell, Ziemke, & Vitacco, 2008; Chu et al., 2012）。また、個々の尺度得点の内的一貫性も、若干の例外を除いて全般的

に条件を満たしている（例：Aebi et al., 2011; Fanniff & Letourneau, 2012; Martinez, Flores, & Rosenfield, 2007）。評価者間信頼性については、複数の研究で尺度 4 の評価者間の一致率がかなり低いことが明らかにされているが（Aebi et al., 2011; Fanniff & Letourneau, 2012; Martinez, Flores, & Rosenfield, 2007）、個々の尺度に関しては全般的に良好もしくは優良の範囲内であることが見込まれている（Aebi et al., 2011; Caldwell, Ziemke, & Vitacco, 2008; Rajlic & Gretton, 2010）。これまで、J-SOAP-Ⅱの性加害の再犯に関する予測力については、さまざまな見解が示されている。総得点および／または個々の尺度得点が有意に再犯を予測することを示した研究もあれば（例：Chu et al., 2012; Martinez, Flores, & Rosenfeld, 2007; Prentky et al., 2010; Rajlic & Gretton, 2010）、それらには関係がないとする研究もあり（例：Caldwell, Ziemke, & Vitacco, 2008; Viljoen et al., 2008）、さらに再犯とは有意な負の関連を示したとする研究も 1 つあった（Caldwell & Dickinson, 2009）。近年行われたメタ分析では、J-SOAP-Ⅱは性加害の再犯率を有意に予測しており、個々の尺度得点と総得点の効果量は中程度を示していた（Vijljoen, Mordell, & Beneteau, 2012）。現在の J-SOAP-Ⅱ は、単独で使用するものではなく、他の情報も合わせてリスクの判断をしなければならない。しかし、J-SOAP-Ⅱ と暴力に関するリスク尺度の実施後に下された臨床判断は、性加害の再犯の可能性の程度とは関連が見られなかった（Elkovitch et al., 2008）。

　J-SOAP-Ⅱの保険数理的なデザインとは反対に、ERASOR は、構造化された専門家による判断ツールとして機能するように開発された（Worling & Curwen, 2001）。評価者は、それぞれの項目に「ない」「一部ある」「ある」の評定をしてから、それぞれのケースによってそれらの因子の重みづけをし、全体として「低リスク」「中リスク」「高リスク」の評定を行う。ERASOR の 25 項目は、静的リスクと動的リスクの両方を網羅しており、①性的な関心・態度・行動、②これまでの性加害行動歴、③心理社会的機能、④家族や環境の機能、⑤処遇の 5 つのカテゴリーに分かれている。ERASOR は、少なくとも青年本人との臨床面接と、加害に関する公的な文書記録に基づいて得点化するものだが、可能であれば、その他の情報源も活用すべきである。

　J-SOAP-Ⅱと同様に、ERASOR の信頼性や妥当性に関しても見込みのある実証結果が示されているが、研究結果にばらつきがあるため、処遇評価としてこのツールを用いる際は注意を払う必要がある。内的一貫性や評価者間信頼性を検討するために、ERASOR の項目に数値スコアを入力し、各項目の得点と総得点を算出することが多い。ERASOR では、内的一貫性が認められている（Worling, 2004）。ERASOR の評価者間信頼性については、1 つの研究だけが、臨床的なリスク評定と総得点の両方のリスクの推定値がかなり低いという結果を示しているものの（Chu et al., 2012）、臨床的なリスク評定や個々の項目得点、総得点において、良好ないし優良な結果が得られている（Viljoen et al., 2009; Worling, 2004; Worling, Bookalam, & Litteljohn, 2012）。改めて述べるが、予測的妥当性に関する実証は、まだ矛盾した結果が混在している。ある研究では、ERASOR の総得点と臨床的なリスク評定の両方が、性加害の再犯を有意に予測することを示しているが（Chu et al., 2012; Rajlic & Gretton, 2010）、その一方で、そのどちらかだけの予測の精度が実証されたものや（Worling, Bookalam, & Litteljohn, 2012）、いずれも実証されなかった研究結果もある（Viljoen er al., 2009）。Viljoen ら（2012）による最近行われたメタ分析では、総得点と臨床的なリスク評定の両方ともが性

加害の再犯率を有意に予測することが明らかにされ、効果量は中程度であった。

　全体的に見ると、J-SOAP-Ⅱと ERASOR の予測的妥当性に関する研究は有望であり、中でも Viljoen ら（2012）によって最近行われたメタ分析は、法的な文脈でもこれらの尺度を使用できる可能性を強化するものであろう。今後は、さまざまな対象者や多様なアセスメント実施状況での研究が求められている。特に、特定のサブグループ（Rajlic & Gretton, 2010）や特定の年齢集団（例：Viljoen et al., 2008）に対して、これらの尺度がより正確であるかもしれないという可能性に注目すべきである。性加害で判決が下された少年は、性犯罪者として無期限の民事上の拘禁状態に置かれるなど（Becker & Hicks, 2003）、重大な苦難に直面する。そのため、評価者には、法的な方針決定者に少年のリスクに関する情報を説明する際には慎重であることや、現時点で用いているアセスメント方法の限界について強調することが強く求められる。加えて、評価者は少年のリスク評価において、基本的に性加害の再犯率は低いものであり、青年期にはセクシュアリティは流動的で認知の発達も未熟であること、少年への治療教育は効果があること、さらに環境のリスク要因について強調するべきである (Vitacco et al., 2009)。

治療教育

　SBP のある青年への治療教育は、再犯率を下げるのに有効であることがしっかりと実証されている。治療教育の重要な全般的効果が、2本のメタ分析において見出されている（Reitzel & Carbonell, 2006; Walker et al., 2005）。Reitzel らは、治療教育を受けた少年の 7.37％が性加害の再犯をしたのに対し、比較群の少年では 18.93％が性加害を続けていたことを明らかにした（Reitzel & Carbonell, 2006）。2本のメタ分析では、CBT とマルチシステミックセラピー（Multisystemic Therapy, MST）を組み合わせた治療教育は、他の介入技法よりも効果が高いことが示されたため、本稿でも CBT と MST に絞って述べていく。

　CBT は、青年を対象とした治療教育プログラムにおいて、主要な治療モデルである（McGrath et al., 2010）。CBT は、典型的にはグループ形式で実施され、複数の構成要素からなる介入である。SBP のある青年を対象とした CBT では、通常、認知の再構成が主な要素となる（例：Becker, 1990）。CBT プログラムの中に、逸脱した性的関心を軽減させるための行動療法の技法を取り入れることもよくある。たとえば、言語的飽和（クライエントが飽きるまで、何度も逸脱したファンタジーを話させる）、潜在的感作（性加害によって起こりうる否定的な結果をイメージすることで、クライエントが逸脱したファンタジーを浮かべられないようにする）などの技法である。どちらも、少なくとも青年の一部には逸脱した性的興奮を軽減する効果が見られているが（Hunter & Goodwin, 1992; Kaplan, Morales, & Becker, 1993; Weinrott, Riggan, & Frothingham, 1997）、潜在的感作に関する最近の研究では、治療前後の評価で逸脱したファンタジーに変化が見られず、一時的に増加することが示された（Aylwin, Reddon, & Burke, 2005）。少なくとも2つの付随研究で、複数の構成要素からなる CBT パッケージの修了後は逸脱した性的興奮が軽減したことが明らかにされている（Becker, Kaplan, & Kavoussi, 1988; Hunter & Santos, 1990）。

　こうした最近の研究結果は期待できるものであるが、成人の場合、逸脱した性的興奮を軽減させ

ることと再犯率の減少は無関係であるという実証データがあるため、再犯について直接的に検証していく必要がある（Rice, Quinsey, & Harris, 1991）。CBT に基づく介入プログラムに関する 2 つの研究では、平均 6.23 年後の追跡調査（Worling, & Curwen, 2000）と、平均 16.23 年後の追跡調査（Worling, Litteljohn, & Bookalam, 2010）において、性加害・性的ではない暴力・暴力を伴わない犯行の再犯が減少していた。また、CBT と再犯防止の技法とを合わせた介入プログラムが、個人療法・グループ療法・家族療法で実施された（Worling & Curwen, 2000）。この治療教育では、ソーシャルスキル・自尊感情・怒りといった性的ではない問題にも焦点が当てられた。長期研究では、治療を受けた群と比較対象群の再犯率は、暴力を伴わない犯行でそれぞれ 28％と 52％、性的ではない暴力が 22％と 39％、そして性加害が 9％と 21％であった（Worling, Litteljohn, & Bookalam, 2010）。この研究で実施されたプログラムは、CBT の効果に関して最も有力な成果を示した。しかし、この比較対照群には、治療教育を中断した者や拒否した者も含まれており、対象者の各群への割り当てが無作為でなかったことから、結果の信頼性は不十分である（Letourneau, 2004）。

　MST は、治療教育のプログラムとして中心的な理論的方向性を持つほど一般的なものとはみなされていないが（MaGrath et al., 2010）、このアプローチは、無作為化比較試験によって JSOs の再犯率を減少させる効果が示された唯一の治療教育である（Borduin et al., 1990; Borduin, Schaeffer, & Heiblum, 2009; Letourneau et al., 2009）。MST は、もともと深刻な非行のある少年向けの治療として発展してきたものであり、少年の個人的要因だけでなく、より広い生態学的な文脈（家族、仲間、学校、地域システムなど）を変化させることを意図している。MST では、少年が向社会的な友人関係を構築し、効果的なソーシャルスキルを身につけるために、本人を取り巻くさまざまな相互交流システムのストレングスを活用し、さらに親がより効果的な監督やしつけができるように、親も支援していくようデザインされている（Letourneau et al., 2009）。初期の研究（Borduin et al., 1990）の結果は、対象者が少ない点で限界があったが、その後の研究では、性加害の再犯や性的ではない暴力の再犯率を減少させるだけでなく（Borduin, Schaeffer, & Heiblum, 2009）、性問題行動・一般的な非行行動・物質使用・外在化行動の有意な減少も示されている（Letourneau et al., 2009）。一般的な非行少年を対象とした MST の効果に関する実証データ（例：Curtis, Ronan, & Borduin, 2004）とともに、これらの研究は、SBP のある青年への介入として MST を用いることを十分支持するものである。

　まとめると、SBP のある青年の治療教育に関する研究は、全般的に見て、青年を治療することによって、治療を受けていない青年よりも性加害行動の持続を減少させることを示している。CBT に関する研究は方法論的に大きな限界があるものの、CBT と MST が SBP のある青年にとりわけ高い効果がみられることが、メタ分析の結果から明らかにされている。質の高いアウトカム研究で評価された CBT が、少年のより広い生態学的文脈に着目し、性の側面だけに特化しない治療教育を組み込んだ MST と併行して実施されることに重要な意味がある。他にも見込みのある新たなアプローチは、この特徴を取り入れている（例：Hunter et al., 2004）。臨床家は、治療教育の肯定的な効果を最大限に高めるために、できるだけこのように介入の視点を広げる必要がある。リスク・ニード反応性モデル（risk- need- responsivity model, Andrews & Bonta, 2010）の原理を適用し、より

リスクの高い青年に集中的な介入を行い、再犯を誘発する要因に焦点を合わせ、治療教育に対する個人の反応性に影響する要因に関心を向けることも成果を高めるだろう（Hanson et al., 2009; Vieira, Skilling, & Peterson-Badali, 2009）。

結論

　SBP のある児童青年に関する研究は、ここ 20 年でかなり進展し、SBP のある児童青年の特性が明らかにされ、適切なアセスメントと治療教育の手引きが作成された。さらなる研究成果から、子どもと青年の違いや、児童青年と成人加害者との違いなども、より明確になりつつある。また、効果的な治療教育の種類は発達レベルによって異なるものの、治療教育は SBP のある子どもにも青年にも有効であることが明らかになった。このように、再犯率を低下させる効果的な治療教育が利用できるにもかかわらず、公的な政策ではまだ実施のための整備がなされていない（例：Chaffin, 2008）。SBP のある児童青年のアセスメントと治療教育のみならず、社会統制をめぐる政策への影響についてもさらに研究を行っていく必要がある（例：Letourneau & Armstrong, 2008）。加えて、本章の主題ではないが、心理学者や公衆衛生の研究者は、若者の SBP の発現を防ぐための一次予防と二次予防の進展に取り組んでいくべきである。

［参考文献］

1. Abel, G. G. (2000). The importance of meeting research standards: A reply to Fischer and Smith's articles on the Abel Assessment for Sexual Interest ™ . *Sexual Abuse: A Journal of Research and Treatment, 12*(2), 155–161. doi:10.1177/107906320001200206
2. Abel, G. G., Jordan, A., Rouleau, J. L., Emerick, R., Barboza-Whitehead, S., & Osborn, C. (2004). Use of visual reaction time to assess male adolescents who molest children. Sexual Abuse: *A Journal of Research and Treatment, 16*(3), 255–265. doi:10.1177/107906320401600306
3. Abel, G. G., Mittelman, M., & Becker, J. V. (1985). Sexual offenders: Results of assessment and recommendations for treatment. In H. H. Ben-Aron, S. I. Huckers, & C. D. Webster (Eds.), *Clinical criminology: Current concepts* (pp. 191–205). Toronto, ON: M & M Graphics.
4. Achenbach, T. M., & Rescorla, L. A. (2001). *Manual for the ASEBA School-Age Forms & Profiles*. Burlington, VT: University of Vermont, Research Center for Children, Youth, & Families.
5. Aebi, M., Plattner, B., Steinhausen, H.- C., & Bessler, C. (2011). Predicting sexual and nonsexual recidivism in a consecutive sample of juveniles convicted of sexual offences. *Sexual Abuse: A Journal of Research and Treatment, 23*(4), 456–473. doi:10.1177/1079063210384634
6. Andrews, D. A., & Bonta, J. (2010). *The psychology of criminal conduct* (5th ed.). New Providence, NJ: Matthew Bender & Company.
7. Aylwin, A. S., Reddon, J. R., & Burke, A. R. (2005). Sexual fantasies of adolescent male sex offenders in residential treatment: A descriptive study. *Archives of Sexual Behavior, 34*(2), 231–239. doi:10.1007/s10508-005-1800-3
8. Becker, J. V. (1990). Treating adolescent sexual offenders. *Professional Psychology: Research and Practice, 21*(5), 362–365. doi:10.1037/0735-7028.21.5.362

9. Becker, J. V., & Harris, C. (2004). The psychophysiological assessment of juvenile offenders. In G. O'Reilly, W. L. Marshall, A. Carr, & R. C. Beckett (Eds.), *The handbook of clinical intervention with young people who sexually abuse* (pp. 191–202). New York, NY: Psychology Press.

10. Becker, J. V., Harris, C. D., & Sales, B. D. (1993). Juveniles who commit sexual offenses: A critical review of research. In G. C. Nagayama Hall, R. Hirschman, J. R. Graham, & M. S. Zaragoza (Eds.), *Sexual aggression* (pp. 215–228). Washington, DC: Taylor & Francis.

11. Becker, J. V., & Hicks, S. J. (2003). Juvenile sexual offenders: Characteristics, interventions, and policy issues. *Annals of the New York Academy of Sciences, 989*(1), 397–410. doi:10.1111/ j.1749-6632.2003.tb07321.x

12. Becker, J. V., & Kaplan, M. S. (1988). The assessment of adolescent sexual offenders. In R. Prinz (Ed.), *Advances in behavioral assessment of children and families* (Vol. 4, pp. 97–118). Greenwich, CT: JAI Press.

13. Becker, J. V., Kaplan, M. S., & Kavoussi, R. (1988). Measuring the effectiveness of treatment for the aggressive adolescent sexual offender. *Annals of the New York Academy of Sciences, 528*(1), 215–222. doi:10.1111/ j.1749-6632.1988.tb50865.x

14. Becker, J. V., Kaplan, M. S., & Tenke, C. E. (1992). The relationship of abuse history, denial and erectile response profiles of adolescent sexual perpetrators. *Behavior Therapy, 23*(1), 87–97. doi:10.1016/ S0005-7894(05)80310-7

15. Blanchard, R., & Barbaree, H. E. (2005). The strength of sexual arousal as a function of the age of the sex offender: Comparisons among pedophiles, hebephiles, and teleiophiles. *Sexual Abuse: A Journal of Research and Treatment, 17*(4), 441–456. doi:10.1177/107906320501700407

16. Bonner, B. L., Walker, C. E., & Berliner, L. (1999). *Children with sexual behavior problems: Assessment and treatment—Final report* (Grant No. 90-CA-1469). Washington, DC: U.S. Department of Health and Human Services, National Clearing house on Child Abuse and Neglect.

17. Borduin, C. M., Henggeler, S. W., Blaske, D. M., & Stein, R. J. (1990). Multisystemic treatment of adolescent sexual offenders. *International Journal of Offender Therapy and Comparative Criminology, 34*(2), 105–113. doi:10.1177/0306624X9003400204

18. Borduin, C. M., Schaeffer, C. M., & Heiblum, N. (2009). A randomized clinical trial of multisystemic therapy with juvenile sexual off enders: Effects on youth social ecology and criminal activity. *Journal of Consulting and Clinical Psychology, 77*(1), 26–37. doi:10.1037/a0013035

19. Brière, J. (1996). *Trauma Symptom Checklist for Children: Professional manual*. Odessa, FL: Psychological Assessment Resources.

20. Butler, S. M., & Seto, M. C. (2002). Distinguishing two types of adolescent sex offenders. *Journal of the American Academy of Child and Adolescent Psychiatry, 41*(1), 83–90. doi:10.1097/00004583-200201000-00015

21. Caldwell, M. F., & Dickinson, C. (2009). Sex offender registration and recidivism risk in juvenile sexual offenders. *Behavioral Sciences & the Law, 27*, 941–956. doi:10.1002/bsl.907

22. Caldwell, M. F., Ziemke, M. H., & Vitacco, M. J. (2008). An examination of the Sex Offender Registration and Notification Act as applied to juveniles: Evaluating the ability to predict sexual recidivism. *Psychology, Public Policy, and Law, 14*(2), 89–114. doi:10.1037/a0013241

23. Carpentier, M. Y., Silovsky, J. F., & Chaffin, M. (2006). Randomized trial of treatment for children with sexual behavior problems: Ten-year follow-up. *Journal of Consulting and Clinical Psychology, 74*(3), 482–488. doi:10.1037/0022-006X.74.3.482

24. Chaffin, M. (2008). Our minds are made up—Don't confuse us with the facts: Commentary on policies concerning children with sexual behavior problems and juvenile sex offenders. *Child Maltreatment, 13*(2), 110–121. doi:10.1177/1077559508314510

25. Chaffin, M., Berliner, L., Block, R., Cavanagh Johnson, T., Friedrich, W. N., Garza Louis, D., et al. (2008). Report of the ATSA Task Force on Children with Sexual Behavior Problems. *Child Maltreatment, 13*(2), 199–218.

doi:10.1177/1077559507306718

26. Chaffin, M., Letourneau, E., & Silovsky, J. F. (2002). Adults, adolescents, and children who sexually abuse children: A developmental perspective. In J. E. B. Myers, L. Berliner, J. Briere, C. Jenny, T. Hendrix, C. Jenny, & T. E. Reid. (Eds.), *The APSAC handbook on child maltreatment* (2nd ed., pp. 205–232). Thousand Oaks, CA: Sage Publications.

27. Chu, C. M., Ng, K., Fong, J., & Teoh, J. (2012). Assessing youth who sexually offended: The predictive validity of the ERASOR, J-SOAP-II, and YLS/CMI in a non-Western context. *Sexual Abuse: A Journal of Research and Treatment, 24*(2), 153–174. doi:10.1177/1079063211404250

28. Clift, R. J. W., Rajlic, G., & Gretton, H. M. (2009). Discriminative and predictive validity of the penile plethysmograph in adolescent sex offenders. *Sexual Abuse: A Journal of Research and Treatment, 21*(3), 335–362. doi:10.1177/1079063209338491

29. Collie, R. M., & Ward, T. (2007). Current empirical assessment methods for adolescents and children who sexually abuse others. *Journal of Human Behavior in the Social Environment, 16*(4), 75–99. doi:10.1080/10911350 802081634

30. Curtis, N. M., Ronan, K. R., & Borduin, C. M. (2004). Multisystemic treatment: A meta-analysis of outcome studies. *Journal of Family Psychology, 18*(3), 411–419. doi:10.1037/0893-3200.18.3.411

31. Elkovitch, N., Viljoen, J. L., Scalora, M. J., & Ullman, D. (2008). Assessing risk of reoffending in adolescents who have committed a sexual offense: The accuracy of clinical judgments after completion of risk assessment instruments. *Behavioral Sciences & the Law, 26*(4), 511–528. doi:10.1002/bsl.832

32. Fanniff, A. M., & Becker, J. V. (2006). Specialized assessment and treatment of adolescent sex offenders. *Aggression and Violent Behavior, 11*(3), 265–282. doi:10.1016/j.avb.2005.08.003

33. Fanniff, A. M., & Kolko, D. J. (2012). Victim age based subtypes of juveniles adjudicated for sexual offenses: Comparisons across domains in an outpatient sample. *Sexual Abuse: A Journal of Research and Treatment, 24*(3), 224–264. doi:10.1177/1079063211416516

34. Fanniff, A. M., & Letourneau, E. J. (2012). Another piece of the puzzle: Psychometric properties of the J-SOAP-II. *Sexual Abuse: A Journal of Research and Treatment, 24*(4), 378–408. doi:10.1177/1079063211431842

35. Frey, L. L. (2010). The juvenile female sexual offender: Characteristics, treatment and research. In T. A. Gannon & F. Cortoni (Eds.), *Female sexual off enders: Theory, assessment, and treatment* (pp. 53–71). New York, NY: John Wiley & Sons.

36. Friedrich, W. N. (1997). *Child Sexual Behavior Inventory: Professional manual*. Odessa, FL: Psychological Assessment Resources.

37. Friedrich, W. N., Davies, W. H., Feher, E., & Wright, J. (2003). Sexual behavior problems in preteen children: Developmental, ecological, and behavioral correlates. *Annals of the New York Academy of Sciences, 989*(1), 95–104. doi:10.1111/j.1749-6632.2003.tb07296.x

38. Friedrich, W. N., Grambsch, P., Broughton, D., Kuiper, J., & Beilke, R. L. (1991). Normative sexual behavior in children. *Pediatrics, 88*, 456–464.

39. Friedrich, W. N., & Luecke, W. (1988). Young school-age sexually aggressive children. *Professional Psychology Research and Practice, 19*(2), 155–164.

40. Friedrich, W. N., & Trane, S. T. (2002). Sexual behavior in children across multiple settings. *Child Abuse & Neglect, 26*(3), 243–245. doi:10.1016/S0145-2134(01)00322-2

41. Gray, A., Busconi, A., Houchens, P., & Pithers, W. D. (1997). Children with sexual behavior problems and their caregivers: Demographics, functioning, and clinical patterns. *Sexual Abuse: A Journal of Research and Treatment, 9*(4), 267–290. doi:10.1177/107906329700900402

42. Gray, A., Pithers, W. D., Busconi, A., & Houchens, P. (1999). Developmental and etiological characteristics of children with sexual behavior problems: Treatment implications. *Child Abuse & Neglect, 23*(6), 601–621.

43. Gretton, H. M., McBride, M., Hare, R. D., O'Shaughnessy, R., & Kumka, G. (2001). Psychopathy and recidivism in adolescent sex offenders. *Criminal Justice and Behavior, 28*(4), 427–449. doi:10.1177/009385480102800403

44. Hall, D. K., Mathews, F., & Pearce, J. (2002). Sexual behavior problems in sexually abused children: A preliminary typology. *Child Abuse & Neglect, 26*(3), 289–312. doi:10.1016/S0145-2134(01)00326-X

45. Hanson, R. K., Bourgon, G., Helmus, L., & Hodgson, S. (2009). The principles of effective correctional treatment also apply to sexual offenders: A meta-analysis. *Criminal Justice and Behavior, 36*(9), 865–891. doi:10.1177/0093854809338545

46. Hunter, J. A. (2006). Understanding diversity in juvenile sexual offenders: Implications for assessment, treatment, and legal management. In R. E. Longo & D. S. Prescott (Eds.), *Current perspectives: Working with sexually aggressive youth and youth with sexual behavior problems* (pp. 63–77). Holyoke, MA: NEARI Press.

47. Hunter, J. A., Becker, J. V., & Kaplan, M. S. (1995). The Adolescent Sexual Interest Card Sort: Test-retest reliability and concurrent validity in relation to phallometric assessment. *Archives of Sexual Behavior, 24*(5), 555–561. doi:10.1007/BF01541834

48. Hunter, J. A., Becker, J. V., Kaplan, M., & Goodwin, D. W. (1991). Reliability and discriminative validity of the Adolescent Cognitions Scale for juvenile offenders. *Annals of Sex Research, 4*(3–4), 281–286. doi:10.1007/BF00850058

49. Hunter, J. A., Gilbertson, S. A., Vedros, D., & Morton, M. (2004). Strengthening community-based programming for juvenile sexual off enders: Key concepts and paradigm shifts. *Child Maltreatment, 9*(2), 177–189. doi:10.1177/1077559504264261

50. Hunter, J. A., & Goodwin, D. W. (1992). The clinical utility of satiation therapy with juvenile sexual offenders: Variations and efficacy. *Annals of Sex Research, 5*(2), 71–80. doi:10.1007/BF00849732

51. Hunter, J., & Santos, D. (1990). The use of specialized cognitive-behavioral therapies in the treatment of adolescent sexual offenders. *International Journal of Off ender Therapy and Comparative Criminology, 34*(3), 239–247. doi:10.1177/0306624X9003400307

52. Kaplan, M. S., Morales, M., & Becker, J. V. (1993). The impact of verbal satiation on adolescent sex offenders: A preliminary report. *Journal of Child Sexual Abuse, 2*, 81–88. doi:10.1300/J070v02n03_06

53. Kovacs, M. (1992). *Children's Depression Inventory*. North Tonawanda, NY: Multi-Health Systems.

54. Långström, N., & Lindblad, F. (2000). Young sex offenders: Background, personality, and crime characteristics in a Swedish forensic psychiatric sample. *Nordic Journal of Psychiatry, 54*(2), 113–120.

55. Letourneau, E. J. (2004). A comment on the first report [Letter to the editor]. *Sexual Abuse: A Journal of Research and Treatment, 16*, 77–81.

56. Letourneau, E. J., & Armstrong, K. S. (2008). Recidivism rates for registered and nonregistered juvenile sexual offenders. *Sexual Abuse: A Journal of Research and Treatment, 20*(4), 393–408. doi:10.1177/1079063208324661

57. Letourneau, E. J., Henggeler, S. W., Borduin, C. M., Schewe, P. A., McCart, M. R., Chapman, J. E., et al. (2009). Multisystemic therapy for juvenile sexual offenders: 1-year results from a randomized effectiveness trial. *Journal of Family Psychology, 23*(1), 89–102. doi:10.1037/a0014352

58. Letourneau, E. J., Schoenwald, S. K., & Sheidow, A. J. (2004). Children and adolescents with sexual behavior problems. *Child Maltreatment, 9*(1), 49–61. doi:10.1177/1077559503260308

59. Lévesque, M., Bigras, M., & Pauzé, R. (2010). Externalizing problems and problematic sexual behaviors: Same etiology? *Aggressive Behavior, 36*(6), 358–370. doi:10.1002/ab.20362

60. Martinez, R., Flores, J., & Rosenfeld, B. (2007). Validity of the Juvenile Sex Offender Assessment Protocol-II (J-SOAP-II) in a sample of urban minority youth. *Criminal Justice and Behavior, 34*(10), 1284–1295. doi:10.1177/0093854807301791

61. McCartan, F. M., Law, H., Murphy, M., & Bailey, S. (2011). Child and adolescent females who present with sexually abusive behaviours: A 10-year UK prevalence study. *Journal of Sexual Aggression, 17*(1), 4–14. doi:10.10

80/13552600.2010.488302

62. McGrath, R., Cumming, G., Burchard, B., Zeoli, S., & Ellerby, L. (2010). *Current practices and emerging trends in sexual abuser management: The Safer Society 2009 North American Survey.* Brandon, VT: Safer Society Press.

63. Merrick, M. T., Litrownik, A. J., Everson, M. D., & Cox, C. E. (2008). Beyond sexual abuse: The impact of other maltreatment experiences on sexualized behavior. *Child Maltreatment, 13*(2), 122–132. doi:10.1177/1077559507306715

64. Miner, M. H., & Munns, R. (2005). Isolation and normlessness: Attitudinal comparisons of adolescent sex offenders, juvenile offenders, and nondelinquents. *International Journal of Off ender Therapy and Comparative Criminology, 49*(5), 491–504. doi:10.1177/ 0306624X04274103

65. Nichols & Molinder Assessments. (2001). *Multiphasic Sex Inventory-II, Adolescent Male Form.* Fircrest, WA: Author.

66. Oxnam, P., & Vess, J. (2008). A typology of adolescent sexual offenders: Millon Adolescent Clinical Inventory profiles, developmental factors, and offence characteristics. *Journal of Forensic Psychiatry & Psychology, 19*(2), 228–242. doi:10.1080/14789940701694452

67. Pithers, W. D., Gray, A., Busconi, A., & Houchens, P. (1998). Children with sexual behavior problems: Identification of five distinct child types and related treatment considerations. *Child Maltreatment, 3*(4), 384–406. doi:10.1177/1077559598003004010

68. Prentky, R. A., Li, N.- C., Righthand, S., Schuler, A., Cavanaugh, D., & Lee, A. F. (2010). Assessing risk of sexually abusive behavior among youth in a child welfare sample. *Behavioral Sciences & the Law, 28*(1), 24–45. doi:10.1002/bsl.920

69. Prentky, R., & Righthand, S. (2003). *Juvenile Sex Off ender Assessment Protocol-II (J-SOAP-II) manual.* Bridgewater, MA: Justice Resource Institute.

70. Rajlic, G., & Gretton, H. M. (2010). An examination of two sexual recidivism risk measures in adolescent offenders: The moderating effect of offender type. *Criminal Justice and Behavior, 37*(10), 1066–1085. doi:10.1177/0093854810376354

71. Reitzel, L. R., & Carbonell, J. L. (2006). The effectiveness of sexual offender treatment for juveniles as measured by recidivism: A meta-analysis. *Sexual Abuse: A Journal of Research and Treatment, 18*(4), 401–421. doi:10.1177/107906320601800407

72. Rice, M. E., Harris, G. T., Lang, C., & Chaplin, T. C. (2012). Adolescents who have sexually offended: Is phallometry valid? *Sexual Abuse: A Journal of Research and Treatment, 24*(2), 133–152. doi:10.1177/1079063211404249

73. Rice, M. E., Quinsey, V. L., & Harris, G. T. (1991). Sexual recidivism among child molesters released from a maximum security psychiatric institution. *Journal of Consulting and Clinical Psychology, 59*(3), 381–386. doi:10.1037/0022-006X.59.3.381

74. Richardson, G., Kelly, T. P., Graham, F., & Bhate, S. R. (2004). A personality-based taxonomy of sexually abusive adolescents derived from the Millon Adolescent Clinical Inventory (MACI). *British Journal of Clinical Psychology, 43*(3), 285–298. doi:10.1348/0144665031752998

75. Ronis, S. T., & Borduin, C. M. (2007). Individual, family, peer, and academic characteristics of male juvenile sexual offenders. *Journal of Abnormal Child Psychology, 35*(2), 153–163. doi:10.1007/s10802-006-9058-3

76. Seto, M. C. (2001). The value of phallometry in the assessment of male sex offenders. *Journal of Forensic Psychology Practice, 1*(2), 65–75. doi:10.1300/J158v01n02_05

77. Seto, M. C., & Lalumière, M. L. (2010). What is so special about male adolescent sexual offending? A review and test of explanations through meta-analysis. *Psychological Bulletin, 136*(4), 526–575. doi:10.1037/a0019700

78. Seto, M. C., Lalumière, M. L., & Blanchard, R. (2000). The discriminative validity of a phallometric test for pedophilic interests among adolescent sex offenders against children. *Psychological Assessment, 12*(3), 319–327. d

oi:10.1037//1040-3590.12.3.319

79. Shaffer, D., Fisher, P., Dulcan, M. K., Davies, M., Piacentini, J., Schwab-Stone, M. E., et al. (1996). The NIMH Diagnostic Interview Schedule for Children Version 2.3 (DISC-2.3): Description, acceptability, prevalence rates, and performance in the MECA study. *Journal of the American Academy of Child and Adolescent Psychiatry, 35*(7), 865–877. doi:10.1097/00004583-199607000-00012

80. Sigurdsson, J. F., Gudjonsson, G., Asgeirsdottir, B. B., & Sigfusdottir, I. D. (2010). Sexually abusive youth: What are the background factors that distinguish them from other youth? *Psychology, Crime, & Law, 16*(4), 289–303. doi:10.1080/10683160802665757

81. Silovsky, J. F., & Niec, L. (2002). Characteristics of young children with sexual behavior problems: A pilot study. *Child Maltreatment, 7*(3), 187–197. doi:10.1177/1077559502007003002

82. Smith, G., & Fischer, L. (1999). Assessment of juvenile sexual offenders: Reliability and validity of the Abel Assessment for Interest in Paraphilias. *Sexual Abuse: A Journal of Research and Treatment, 11*(3), 207–216. doi:10.1177/107906329901100304

83. Smith, W. R., Monastersky, C., & Deisher, R. M. (1987). MMPI-based personality types among juvenile sex offenders. *Journal of Clinical Psychology, 43*(4), 422–430. doi:10.1002/1097-4679(198707) 43:4<422::AID-JCLP2270430414>3.0.CO;2-3

84. St. Amand, A., Bard, D. E., & Silovsky, J. F. (2008). Meta-analysis of treatment for child sexual behavior problems: Practice elements and outcomes. *Child Maltreatment, 13*(2), 145–166. doi:10.1177/1077559508315353

85. U.S. Department of Justice, Federal Bureau of Investigation. (2011, September). *Crime in the United States, 2010.* www.fbi. gov/about-us/cjis/ucr/crime-in-the-u. s/2010/crime-in-the-u. s. -2010/index-page

86. Vieira, T. A., Skilling, T. A., & Peterson-Badali, M. (2009). Matching court-ordered services with treatment needs: Predicting treatment success with young offenders. *Criminal Justice and Behavior, 36*(4), 385–401. doi:10.1177/0093854808331249

87. Viljoen, J. L., Elkovitch, N., Scalora, M. J., & Ullman, D. (2009). Assessment of reoffense risk in adolescents who have committed sexual offenses: Predictive validity of the ERASOR, PCL:YV, YLS/CMI, and Static-99. *Criminal Justice and Behavior, 36*(10), 981–1000. doi:10.1177/0093854809340991

88. Viljoen, J. L., McLachlan, K., & Vincent, G. M. (2010). Assessing violence risk and psychopathy in juvenile and adult offenders: A survey of clinical practices. *Assessment 17*(3), 337–395. doi:10.1177/1073191109359587

89. Viljoen, J. L., Mordell, S., & Beneteau, J. L. (2012). Prediction of adolescent sexual reoffending: A meta-analysis of the J-SOAP-II, ERASOR, J-SORRAT-II, and Static-99. *Law and Human Behavior, 36*(5), 423–438. doi:10.1037/h0093938

90. Viljoen, J. L., Scalora, M., Cuadra, L., Bader, S., Chávez, V. N., Ullman, D., et al. (2008). Assessing risk for violence in adolescents who have sexually offended: A comparison of the J-SOAP-II, J-SORRAT-II, and SAVRY. *Criminal Justice and Behavior, 35*(1), 5–23. doi:10.1177/0093854807307521

91. Vitacco, M. J., Caldwell, M., Ryba, N. L., Malesky, A., & Kurus, S. J. (2009). Assessing risk in adolescent sexual off enders: Recommendations for clinical practice. *Behavioral Sciences & the Law, 27*, 929–940. doi:10.1002/bsl.909

92. Walker, D. F., McGovern, S. K., Poey, E. L., & Otis, K. E. (2005). Treatment effectiveness for male adolescent sexual offenders: A meta-analysis and review. *Journal of Child Sexual Abuse, 13*(3), 281–293. doi:10.1300/J070v13n03_14

93. Weinrott, M. R., Riggan, M., & Frothingham, S. (1997). Reducing deviant arousal in juvenile sex offenders using vicarious sensitization. *Journal of Interpersonal Violence, 12*(5), 704–728. doi:10.1177/088626097012005007

94. Worling, J. R. (2001). Personality-based typology of adolescent male sexual offenders: Differences in recidivism rates, victim-selection characteristics, and personal victimization histories. *Sexual Abuse: A Journal of Research and Treatment, 13*(3), 149–166. doi:10.1177/107906320101300301

95. Worling, J. R. (2004). The Estimate of Risk of Adolescent Sexual Offense Recidivism (ERASOR): Preliminary psychometric data. *Sexual Abuse: A Journal of Research and Treatment, 16*(3), 235–254. doi:10.1177/10790632 0401600305

96. Worling, J. R. (2006). Assessing sexual arousal with adolescent males who have offended sexually: Self-report and unobtru-sively measured viewing time. *Sexual Abuse: A Journal of Research and Treatment, 18*(4), 383–400. doi:10.1007/s11194-006-9024-1

97. Worling, J. R., Bookalam, D., & Litteljohn, A. (2012). Prospective validity of the Estimate of Risk of Adolescent Sexual Offense Recidivism (ERASOR). *Sexual Abuse: A Journal of Research and Treatment, 24*(3), 203–223. doi:10.1177/1079063211407080

98. Worling, J. R., & Curwen, T. (2000). Adolescent sexual offender recidivism: Success of specialized treatment and implications for risk prediction. *Child Abuse & Neglect, 24*(7), 965–982. doi:10.1016/ S0145-2134(00)00147-2

99. Worling, J. R., & Curwen, T. (2001). Estimate of Risk of Adolescent Sexual Offense Recidivism (ERASOR; Version 2.0). In M. C. Calder (Ed.), *Juveniles and children who sexually abuse: Frameworks for assessment*(pp. 372–397). Lyme Regis, UK: Russell House.

100. Worling, J. R., Litteljohn, A., & Bookalam, D. (2010). 20-year prospective follow-up study of specialized treatment for adolescents who offend sexually. *Behavioral Sciences & the Law, 28*(1), 46–57. doi:10.1002/bsl.912

101. Zakireh, B., Ronis, S. T., & Knight, R. A. (2008). Individual beliefs, attitudes, and victimization histories of male juvenile sexual offenders. *Sexual Abuse: A Journal of Research and Treatment, 20*(3), 323–351. doi:10.1177 /1079063208322424

Part Ⅳ　短期的、および、長期的治療

第18章
子どもの性的虐待に関する医学的管理
治療的アプローチ

マーティン・A・フィンケル

総論

　この章では、性的虐待を受けた子どもに対する医学的診察の役割に焦点を当て、子どもや家族にとって治療的価値を持ち、また子どもの保護と安全を確保するためのシステムの必要性に対応するため、医学的診察の評価がどのように行われるかについて述べる。性的虐待を受けた子どもは、身体的な傷とともに、性的虐待の結果、性感染症（sexually transmitted infections, STIs）に罹患する可能性があるが、傷やSTIの診断につながる身体所見を示す子どもは5％未満である（Adams et al., 1994; Centers for Disease Control and Prevention, 2010; Christian et al., 2000; Heger et al., 2002; McCann & Voris,1992）。性的虐待を受けた子どもの95％が急性の傷やSTIの証拠を残さないのであれば、医学的診察の役割とは何であるのか、そして医学的診察は子どもや子ども保護にとってどのような価値があるのかという疑問が生じる。

　性的虐待の疑いのある子どもの医学的診察は、適切に行われれば、子どもの経験を理解するために重要なものとなる。性的虐待の疑いが生じた場合、子ども保護の分野に従事する者は、1つの分野だけでは子どものすべての経験を理解するための手がかりになり得ないことを認識している。その手がかりとは、子どもの経験を理解するため、そして最良の転帰となるよう、医療、精神保健、子ども保護、法執行（警察）などへの道筋の計画を立てるための最も良い機会となるもので、すべての分野の集積的な見識である。各専門家は、分野に関係なく、他の分野の仲間から期待できる成果を理解しながら、客観性を持ち、バランスを保って仕事をする責任がある。それぞれの分野は、重要性において当該分野が一番であると思うかもしれないが、目標は子どもの最善の利益となることを行うことであるため、ケースを管理するプロセスの一分野だけで全体を完全に制御することはできない。

　医療サービスの提供者は、児童保護システムの他の専門家が医療サービスに何を期待しているかを知る必要がある。たとえば、児童保護調査機関は、性的虐待の懸念があるかどうか、性的虐待がどのような衝撃を子どもにもたらすのか、子どもがどのように保護されるのが最善であるか、子ど

もや家族の治療的ニーズが何であるのかなどを、医学的診断が立証するかどうかを知りたいのである。法執行機関（警察）は、「証拠はどこにあるのか？」ということや、どのように正義や社会が守られ保護されるのかという観点で、性的被害を判断する。精神保健の専門家は性的虐待の短期および長期の両方の心理的な影響を評価し、子どもと家族が必要とする治療サービスを受けることを確保する責任がある。

　各分野は、利用可能な専門的知識の範囲は異なるが、すべての子どもは、個々の子どものニーズを満たすために幅広い専門性を必要としている状態にある。専門知識の不均衡が存在する場合、最終的に子どもの最善の利益を満たさない食い違った介入となる可能性がある。このような限界が存在する場合、それを認識し、必要とされる場所でそれぞれの能力（キャパシティ）を構築するための措置をとることが重要である。

子どもの性的虐待の医学的診断の重要な要素

　性的虐待の疑いのある子どもの評価にかかわる者は誰もが、その疑いを支持する証拠は何であるのか、そして実証するために十分な証拠があるかどうかを知りたい。医療提供者は、以下のカテゴリーのどれか1つまたはすべてにおいて、識別し、「証拠」を収集することができる。それは、(1) 病歴／行動、(2) 急性または治癒した肛門性器と外性器の外傷、(3) 青年期の妊娠、(4) 性感染症、および (5) 精液など微量物質の法医学的証拠である。

　「証拠」の可能性のある情報資源で最も重要なのは、詳細な病歴である（Finkel & Alexander, 2011）。しかし、これは大部分の医療専門家にとって最も困難な作業かもしれない。というのは、子どもが自分のつらい経験の細部を他人と共有する際、年齢や発達のレベル、言語能力もさまざまな子どもとどのようにやりとりをするべきかは明確になっていないからである。

　子どもの詳細な経験を究明するための性的虐待に関する質問は、医療専門家、児童保護局（child protective services, CPS）の職員、あるいは法執行機関／司法面接担当官などのうち、誰が聴取するのが最も良いのかという問題も生じる。その答えは、状況次第である。それぞれの分野は、分野固有の情報を取得する可能性があり、子どもからの情報は、ヘルスケア、さらなる被害からの保護、または法的保護のどの分野におけるものかを問わず、最高の成果を確保する方法を決定するのを助ける情報となる。情報源の1つが別のものより優れているということではなく、子どもが医療専門家と共有する詳細な情報は量的にも質的にも、他の分野のインタビューで得られる情報と異なる場合があるということである。医療専門家が子ども自身の身体についての具体的な心配に対処する上で、子どもにもたらせる安心感は、医学以外の分野では提供することはできないものである。CPSと法執行機関のインタビューを通じて、または病歴の文脈の中で子どもが自らの経験を語るとき、そこに詳細な点でいくつかの矛盾がある可能性は常にあるが、その詳細な点に一貫性があり、虐待についてさらに懸念を強めることになる場合の方が多い。熟練した専門家に伝える場合であれば、子どもが経験を再び語ることは、本質的に悪いことではないし、子どもが心的外傷を受けるようなことではない。実際に体験の語り直し（retelling）はトラウマフォーカスト認知行動療法を受けて

いる子どもにおいて外傷体験の語りが治癒に重要な役割を果たすことが証明されており、治療的になり得るものである（Deblinger, Mannarino, Cohen, & Steer, 2006; Deblinger, Mannarino, Cohen, Runyon, & Steer, 2011）。

性的虐待が疑われる場合の医学的診察の適応と正当性

　医学的評価は、以下の2つの主要なニーズに対応するため子ども虐待の疑い例に適応される。
　（1）急性あるいは治癒した身体所見の認識と治療、性感染症（STIs）の診断と治療、身体的／法的証拠の識別、収集、保全といった内容を含む「異常」の診断と治療
　（2）性的虐待の結果として発生する身体イメージ／健康についての懸念とそれに対処する必要性の理解を反映する「正常」の診断と治療
　最終的には、医学的診察は、他の分野では識別したり、対処したりできない身体イメージ／身体的完全性（健全）についての子どもの心配や懸念に対して、重要な役割を演じる。「異常と正常」の両方を扱った場合、子どもたちは自分の体験を過去のものとして、治療への道に重要な一歩を踏み出すことができる。医学的診察が必要であるかどうかの決定は、CPS、法執行機関による調査を開始するのに十分な情報があるかどうかであり、十分な情報がある場合、子どもが医学的診察を受ける目安となる。その後は、適切なタイミングのみが問題となる。タイミングに関する最も重要な1つの質問は、子どもが虐待の疑惑を受けてからの時間の経過である。もし身体的接触が24〜96時間以内に発生したのなら、接触のタイプの詳細にもよるが、傷を識別し身体的証拠の収集が可能かもしれない（Adams et al., 2007; Christian, 2011）。しかし、子どもがその時間枠内で経験したとしても、陽性所見が同定されることを意味するものではない。法医学的証拠がみつかることは明らかに稀であり、思春期前の小児では24時間後にそのような証拠を得ることができることは少ない（Christian et al., 2000）。しかし、思春期に達した者では、コンドームなしで腟への侵入と射精を経験した場合、その出来事から96時間までは精液の回収は可能である。
　子どもは、可能ならいつでも、総合的に評価を実施し、正当な意見を策定できる者によって、身体的な診察を1回に限り受ける必要がある。フォローアップの診察は、傷が存在した場合は治癒のために、そして性感染症が継続しているのなら効果的な治療のためにチェックすることが適切である。

実証を補助し、かつ治療的である詳細な病歴

　性的虐待疑いの子どもの病歴は、その目的とアプローチの両方において司法面接とは異なる。診断を決定するために最も重要な唯一の情報資源は病歴であると、医療専門家は認識している。病歴は、身体診察につながるものであり、検査内容を決定し、鑑別診断や最終時には診断を組み立てるための補助となる。この実証的な医療モデルは、子どもの性的虐待の診断に適切に適用される。性的虐待の疑いのある子どもの病歴をとる際には医療分野独自の課題があり、また医療専門家が子ど

もの申し立てられた虐待病歴を取得するためには知識とスキルを必要とする。子どもの性的被害に関する質問は、直感で認識されるものはではない（Deblinger et al., 2011）。内容の心理的な性質を考えると、病歴聴取は医師と子どもの双方にとって困難なものである。成功の可能性は「性被害という疾患」を理解する病歴の聴取者に委ねられ、これらのことを理解しないと、正しい質問はなされないし、子どもの性被害経験の詳細についてを共有できる形で質問されることにならないだろう（Finkelhor & Browne, 1985, 1986; Finkelhor et al., 1990）。

　すべての疾病には、自然経過があり、それに沿って、その疾病に結びつけられる共通の徴候や症状と組み合わせて、ある疾病が臨床的に特定される。性的被害を疾病として考え、その固有の特徴に注目すると、おのおのの子どもにランダムに無規則に起こるものでなく、すべての性的虐待を受けた子どもには多くの共通要素があることにすぐに気づく。これらの共通要素を理解することで、臨床家は、その診断を支える詳細な情報を与える構造的な病歴を得ることができる。この病歴が独特で困難になるのは、子どもが話すことが難しいと感じるからである。多くの理由があるが、一般には困惑、恥、スティグマ、信じてもらえないという恐怖、そして開示の結果への恐怖などである（Browne & Finkelhor, 1986; Finkelhor et al., 1990; Summit, 1983）。病歴を聴取する者がこれらの独特な懸念を理解できていると、質問が中立的で、促進的で、かつ共感的な方法でなされるようになる。

　病歴聴取中に行われる双方向の対話は、法執行機関による司法面接やCPSによる事実調査尋問中で使用されているものとは異なる方法でアプローチされる。病歴は、診断と治療のためであり、一方、司法面接は法執行ツールであり、CPSの尋問は、安全性とリスクに焦点を当てているのである。病歴聴取者は、子どもとの面接の導入部では、子どもの経験を理解し、子どもの心配や懸念に対処できることを伝える必要がある。子どもは詳細を共有することで恩恵が得られると感じると、より話す可能性が高くなる。「今日は、あなたにいくつか教えてもらいたいの。あなたもわからないことがあったら聞いてね」などの診療医による最初のことばは、双方向の対話につながる場面に進展する。身体的診察の価値を強調するもう1つのコメントは以下のようなことばである。「あなたの身体について心配していることや質問したいことについて考えてみてくれる？　お話がすんだら診察をします。診察をしたら、あなたが心配していることに答えることができるし、あなたの身体が大丈夫だって確認することもできます。必要な場合は治療することもできるよ」。医療専門家が理解を示し、子どもを尊重して相対すると、子どもはリラックスし、前は差し控えていた情報も共有できるようになるということが経験的に分かっている（Finkel, 2008）。

ラポール構築の開始

　ラポール構築は、医療専門家が検査の目的を説明し、診察についての心配に対処し、そして子どもの陳述能力を評価するための機会を提供する。ほとんどの場合、病歴聴取に当たって、現在の問題についてのある程度の予備情報があり、これは病歴聴取開始のアプローチに役立つ。たとえば、開示が始まり、それが意図的な開示であるという状況を病歴聴取者が理解している場合、次のようなコメントや質問がラポール構築の助けとなる：「ほとんどの子はつらい出来事を話してくれませ

ん。でもなぜあなたは話そうと決めたのですか？」「あなたが話したことで、あなたは今、どんなことが起こってほしいですか？」「ほとんどの子どもたちは、話すのが難しいと感じています。あなたも難しいと感じましたか？」「話すのを難しくしているのは何ですか？」（Alaggia, 2004; Goodman et al., 2003）。

　その出来事を経験したのは世界で自分だけであると子どもが思うことは珍しくない。この心配に対処できるのは次のことばである：「あなたのような子どもと、私は毎日話しているの。もっと年上の子もいれば年下の子もいるよ。よく知っている人や信頼している人からされたことを話すとき、どの子どもも混乱するし、それが何か理解することは難しくなるの。これは多くの子に起こることなんだ。あなたにも同じようなことが起こったの？」多くの子どもは、自分が経験したことは自分のせいだと思っている。誰のせいでそのことが起きたと思うのかと聞くと、子どもが自分のせいだと考えているかどうかを確認できる機会となる。子どもが自分のせいだったと感じているなら「なぜ、それはあなたのせいだったと思いますか？」と聞くことで、子どもの罪悪感を明確にすることができるし、選択の余地がなかった状況で、自分が悪かったと思う子どもの感覚に対応する機会を診察医に与えることになる。「これをした人はあなたが話すことを望んでいますか？」と聞くことによって、病歴聴取者は長期間にわたって子どもに秘密を守らせ続けた動態（ダイナミクス）を探り出すことができる。子どもが「いいえ」と答えた場合、「その人たちがあなたに話してほしくないってどうしてわかるの？」と次に質問する。これに呼応して、子どもは秘密を保持するように導かれた出来事を説明するかもしれないし、開示の結果への恐怖を表明するかもしれない。虐待を経験した子どもたちに力を与えるのに役立つもう１つの質問は、「これをした人に質問したり、何かを伝えることができるなら、あなたは何を言いたいですか？」である。同じような意味で、「あなたが言ったことで、どうなってほしいですか？」という質問も子どもを元気づけることができる。

　ここに提案した質問のすべては、「治療的メッセージ」を含む対話を開始する機会となる。このメッセージによって、子どもの誤解に対応し、自分を理解し助けることができる人と会話しているのだと子どもに伝えることになる。年齢に関係なく、自分を理解している人と話していると子どもが信じることができると、これまで他人に話してこなかった詳細なことをもっと共有できるようになる。すべての年齢層の患者は、医療専門家の中に本当の信頼を見出すことで、情報を共有する可能性が増加する。１人の子どもは、「あなたが医者だから、私はあなたに伝えることができる」と言った（Finkel, 2008）。

申し立てられた体験の詳細を引き出すための病歴

　性的虐待が疑われるケースの病歴聴取は、単に一連の質問を無秩序に聞くのではなく、性的被害に共通の詳細を引き出すという構成に沿って進められる。ほとんどの性的虐待は、単一の出来事でなく、長期間に及ぶ一連の相互作用であるため、可能な限り、病歴聴取者は、性的虐待の病歴に時間的経過を追って取り組まなければならない。質問の詳細の一部は、子どもの年齢、認知／発達の能力、言語能力によって決定される。幼い子どもの場合、ラポール構築の途中で、ポジティブな経

験について話をする機会が与えられたとき、病歴聴取者は、子どもが論理的な話をすることができるかどうかを判断することができる（Lyon, 2010）。

　質問の種類は大きく3つのカテゴリーに分けることができる。

　(1)　文脈の詳細を引き出すための、何が、いつ、どこで、なぜという質問

　(2)　医療者が診断と治療のために、性的接触の医学的結果を理解する上で助けとなる質問

　(3)　身体イメージと精神保健への影響に関する情報を引き出す質問

何が、いつ、どこで、なぜ

　性的被害という疾患について次のような質問をする必要がある。

1.　加害者が誰なのか？　どのように接近し、どのような機会に、そして接触の頻度はどうだったのか？

2.　その加害行為がどのように子どもにもたらされたのか？　子どもは最初どのように性的行為（複数の行為のこともある）にかかわったのか？　子どもはだまされたのか、脅されたのか、欺かれたのか、強要されたのか？

3.　子どもが最初に経験した、混乱させられ、理解が困難で、不快と思えることは何であったのか？　その行為は、どのように経過したのか？　性的なやりとりの詳細は何だったのか？　子どもは何をされたのか？　何をさせられたのか？　ビデオやポルノ画像を撮られたのか？

4.　子どもが秘密を守ってきたのか？　もしそうであれば、秘密を守るように、子どもは何を言われ、何を感じさせられたのか？

5.　開示は、意図的に、偶発的に、または誘発的になど、どのように起こったのか？　なぜ子どもが話してくれたのか？　開示と最後の性的接触との時間間隔はどうであったのか？

6.　秘密の語りあるいは開示に対する反応は支持的であったか、あるいは不信の反応であったのか？

7.　加害者個人または他人による子どもの信頼性を台無しにするような試みはあったのか？　申し立ての撤回があったのか？　もしあったとすれば、それに関与した状況は何であったのか？

（Finkel & Alexander, 2011）

診断と治療を目的とした医学的結果を理解すること

　性的接触について具体的に詳細に聴取した後、病歴聴取者は、外傷、性感染症、または妊娠のリスクなどの起こりうる健康への影響についての情報を求めなければならない。特定の行為についての子どもの説明の後に聞く単純な質問は、「どのように感じたのか？」である。「傷ついた」という言葉には、より明確な答えを求める必要がある。つまり「あなたの気持ち、あなたの身体、またはその両方を傷つけることを話していますか？」という質問である。子どもは身体的な不快感を訴えた場合、身体に残る痕跡の可能性はより大きいものになるが、最後の接触と検査の時間間隔が短いと、性的接触の結果として子どもが受けた傷のほとんどは表面的であり、完全に治るものである。「傷ついた」への質問は、「もっと話して」「何を見て傷ついたと分かったの？」である。それに応

答して、子どもは出血したことを開示するかもしれない。それに対しては、出血はどこからなのか、どの程度の量なのか、どれくらい続いたのかなどの追加の質問を行う。性的接触が発生したとき、または後、あるいはその両方で、子どもが痛みを経験したかどうかをたずねることも重要である。研究では、排尿障害は、性器接触を報告した女子の37％で記述されており、この排尿障害はもとからあったものとは考えられず、すなわち性器外傷の確実さを証明するものとなる（DeLago, Deblinger, et al., 2008; DeLago, Finkel, et al., 2012; Ellsworth, Mergurerian, & Copening, 1995）。

　子どもたちは性器の接触について説明するとき、それが経口、経腟または肛門であっても、性感染症のリスクに子どもが置かれていること、つまり子どもが感染の可能性のある外性器分泌物に接触したことを示唆する詳しい内容を話すかもしれない。このような情報の提供の仕方は、しばしば特異的であり、子どもは、それを経験しない限り知る方法がなかったということを反映している。射精の状況の説明では年齢を反映して、ある6歳の男の子は、10代の男の子が「自分のお尻に彼の陰部をこすった」と表現し、その後の10代の子の行為を「背中にまき散らした」と表現した。

　子どもが「ペニスの挿入」を開示するとき、検査を行う前に子どもが何を意味しているかの理解は重要である。幼い子どもでは**「中に」**というのは「間に」または「上に」を意味することがある。青年期の子どもの場合は自分の体についての知識があるので、本当の意味での腟や肛門への挿入を意味するかもしれない。明確にするための有用な道具は、女性生殖器の立体模型である。このモデルを使って、子どもは「中に」をどう認識しているかを示すことができ、あるいは不確実であることを示すことができる。青年期前の子どもが腟内への真の挿入を体験すると、痛みと、出血の病歴を示す可能性がある。これは、急性かまたは治癒した外傷かを診断する機会を提供するが、外傷の古さは性的接触がいつ起こったかを子どもが話した時間にもよる。思春期の子どもではエストロゲンの作用を受けた処女膜はより弾力性があり、腟への挿入があったかどうかを決定することは困難な場合がある。女性の54％は最初の合意の性交に関連した出血を否定するとWhitley（1978）は報告している。Kellogg, Menard, そしてSantos（2004）は、36人の妊娠した思春期の女性のうち、わずか2人だけが腟への挿入があったという診断的価値を持つ性器検査所見を示したことを指摘している。子どもが肛門への挿入を経験した場合は、肛門周囲組織や皮膚粘膜組織への外傷の可能性がある。皮膚粘膜接合部の外傷により、子どもが便通に伴う灼熱感という苦痛を訴える可能性がある。これは、外陰部性交や腟への挿入時に尿道の外傷や周囲の組織の外傷に引き続いて起こる排尿障害から、当然推測できる結果である。

身体イメージと精神保健への影響

　医療専門家と子どもの相互作用の最も重要な治療側面の1つは、子どもの身体への心配や懸念についての検討である（Byram, Wagner, & Waller, 1995; Harter, Alexander, & Neimyer, 1988; Waller, Hamilton, & Rose, 1993）。子どもは病歴を聞かれているときに、そのような心配や懸念を表現する機会を与えられるべきである。子どもが懸念を表明する、あるいは自分の体がおかしいという気持ちを明らかにする機会を持つことは、この病歴聴取が初めてかもしれない。医学的診察に進む前に、子どもの心配や懸念について知ることは不可欠であり、性被害後の傷を診断・治療するための重要

な構成要素である。

　性的虐待を受けた子どもは、虐待経験後に自分自身が変わってしまったように感じるという臨床的観察を文献は支持している（Byram, Wagner, & Waller, 1995）。ほとんどの被害者が経験したスティグマと恥の感情は「傷もの」であるという感覚に結びつきやすい（Finkelhor & Browne, 1985）。摂食障害、身体イメージと性的被害との間には関連性がある（Waller, Hamilton, & Rose, 1993）。

　身体の健全度についての懸念の大部分は、子どもが経験した侵入の程度の強さに対して、子どもの誤った認識に由来する可能性がある。発達的には妊娠は不可能な女児であっても、接触行為のために、膣前庭に限定した挿入（外陰性交）で妊娠しうると考えている。膣前庭に限定した挿入を経験した青年期の女子もその結果、もはや自分は処女ではないと考える。子どもの経験の認知と実際に経験したことの間で、このような矛盾に対処することは価値がある。青年期の女子には、膣への挿入を経験したときに、詳細な身体診察によって次のことを伝えることができる。自分が依然として健康であること、将来に正常で健康な、合意での性的活動を行うことができること、子どもを持つ可能性は影響を受けないこと、そして誰にも性的に虐待されたことは分からないこと。これらのメッセージ1つひとつは、若い人たちがこれらの経験を忘れ始めたとき、安心を与え大きな治療的価値となりうる。

　医療専門家は、いかなる不適切な性的接触も重要な心理的後遺症の可能性を持っていることを前提とすべきである。端的に言えば、身体的侵入性と心理的侵襲の程度との間には直接的な相関はない。被害の影響の評価はほとんどの場合、心理士、精神科医によって行われ、診察時に苦痛や気分の変化を反映する観察に注意することは適切である。医療専門家は、自傷、自殺念慮、およびアルコールや違法薬物の使用について聞く必要がある。

　性的虐待の被害者は異常な恐怖感を持っている可能性があり、たいていの場合、それは自分の身体への性的虐待の影響に関する恐怖感である。8歳の少女は、誰かが自分の胸に口をつけると乳癌になる可能性があるかと聞いた。9歳の少女は、加害者が性器へ射精した後、精子が自分の中にあると何カ月も心配していた。6歳の少女は、トイレに座って鏡を見たとき、「おなかが出て膨らんだ」姿を見て、妊娠していると確信した。10歳の少年は、経験した性的虐待のため、「死の病気」（AIDS）にかかってしまうと心配していた。

　医療専門家が子どもの懸念を特定し、頭からつま先までの完全な診察の内容の中でその懸念を取り上げたときに、これらの子どもはそれぞれうまくその心配を口にしたのである。病歴聴取の間に自分の身体についての懸念を表明していなくても、自分が正常であることを検査後に医師に言われた後に、子どもは安堵する。加害者でない親も診察後、子どもが正常であることを再確認する。一部の子どもは、診断後にも継続的な安心を必要とするかもしれない。

　診察後、医師は子どもや加害者でない親と共有すべき情報を特定する必要がある。その情報の範囲は、子どもの年齢、感情的な安定性、表明されている懸念による。「子どもを守る」ために情報を差し控える過剰な温情主義的な態度は、軽率にもその後に、信頼を裏切る可能性となることを覚えておくことが重要である。ほとんどの場合、子どもが受けたどの傷も治癒し、子どもは元気であること、そして子どもが傷ついたことは誰にもわからないことを子どもに伝えることは重要である。

年長の子どもは、性的虐待の経験は大人になったときに自分の子どもを持つ能力の妨げにならないという、適切な安心感が必要な場合がある。男の子はその経験によって、自分が同性愛者になるかもしれないと心配する可能性があり、この問題については他の潜在的な懸念と同様に、話し合いで対処する必要がある。

医学的診察の実施

　病歴の結果、診察する医療専門家は、身体的な痕跡の同定の可能性、証拠収集やSTIテストの必要性、診察に対して予測される子どもの恐怖や不安について、より理解を深めていく。肛門性器検査は、頭からつま先までの完全診察の中で行われるべきである。完全診察を行うことで、臨床医は、子どもの身体のすべての部分が重要であり、この診察は結果として子どもの幸福のためであるというメッセージを伝えることになる。診察者は、子どもの発達段階に見合った方法で、診察がどのようなことを伴うのかを説明する時間を取るべきである。思春期前の子どもが検査鏡（訳注：後述する子宮腔部拡大鏡、コルポスコープ）を使っての検査を受け、身体的に痛みを伴うかもしれないという説明に、付き添いの大人は恐れを持つかもしれない。しかし、何が期待できるかを説明すると、付き添いの大人はより安心でき、検査を通じて子どもを支援することができるかもしれない。青年期の子どもにも検査鏡を使用する必要がある場合、医師は、その決定がどのようになされて、何が期待できるかを説明するべきである。

　子ども、または青年期の子どもの協力を強めることができる要因は、子どもの恐怖や不安を予測し対処することであり、検査の戸惑いを解くことであり、検査を通して子ども自身がコントロールしているという感覚を与えることであり、さらに選択肢を提供することである。選択肢は、検査を通じて、付添人として誰に部屋にいてほしいかということも含まれる。幼い子どもたちは母親の膝に座って、触れられる前に、Q-チップ（検査チップ）、または手袋をはめた手を触る機会が与えられ、前もってビデオモニタ上で検査を見ることが望ましいかもしれない。ビデオコルポスコピーは、子どもに検査を見たいかどうかの選択肢を与え、参加し自分をコントロールしているというより大きい感覚を提供することによって、検査を分かりやすく説明することができる優れたツールである（Mears et al., 2003; Palusci & Cyrus, 2001）。ビデオコルポスコープは、性器や肛門の解剖学的構造を可視化する、拡大機能を備えたシンプルな優れた光源機器である。この装置は子どもに触れず、使用に関連した不快感はない。ビデオコルポスコピーは検査の記録を可能にし、診察者の解釈が要求される場合、再試験の必要性を減らし、将来、懸念が生じた場合の基準線として役立つものである（Ricci, 1994）。年少の子どもたちはテレビで自分の指の爪やおへそを見たがるかもしれないし、それによってこの装置が単にものを拡大するもので、医療専門家がよく見るためのものだと説明できる。

　検査室は子どもが親しみやすいものであるべきであり、診察者は子どもが快適であるために時間が必要なときはいつも忍耐強く、患者に共感的であるべきである。いかなる状況においても、子どもが検査を行うために強制的に拘束されてはならない。一部の患者は協力する気持ちの準備ができ

ていないかもしれない。その場合は、なぜその検査が子どもを助けることができるのか、そして子どもの気持ちの準備ができれば、医師は喜んで検査を行うということを、説明するべきである。子どもが協力的でなく、傷の程度を評価するための検査を実施する必要がある場合は、子どもは意識下鎮静または麻酔のいずれかを選択して受けることができる。

身体的証拠の理解と解釈

　診察する医師にとって最も重要な 2 つの課題とは、(1) 発病前の状態の知識なしでも肛門性器の解剖学的構造の治癒変化を解釈すること (2) 傷の非偶発的なパターンと偶発的パターンとを鑑別することである (Christian, 2011; Clayden, 1987; Heger-Heppenstall et al., 2003; McCann & Voris, 1992)。

　ほとんどの子どもたちの不適切な性行為の加害者は知っている人であり、身体的危害を意図していないため、生殖器への急性外傷は稀である。外傷が発生しても、一般的に表面的であり、ほとんどは外傷後の痕跡なしに治癒する。ほとんどの子どもは、安全であると感じるまで虐待を開示しないし、最後の接触からかなり時間が経っていることもある。したがって、開示の時点で、傷の急性徴候を有していないのである。子どもはわずかな割合（＜ 5％）でのみ外傷を残しているが、それははっきりとした診断的な外傷後の所見をもって治癒している (Heger-Heppenstall et al., 2003)。急性の外傷が重大で、結果として肉芽組織を形成する修復過程を通して治癒する場合は、慢性の、治癒した外傷後の所見は、急性外傷の外観から予想されるものとは異なる形で表示される可能性があることが観察されている。その結果、治癒した外傷後の所見を後から振り返って解釈することは困難となる (Finkel, 1989)。

　急性外傷の子どもたちは、負傷の程度を即座に評価するために診察を受けなければならないし、完全な治癒を保障するためとケガの回復を記録するために経時的な診察を受けなければならない。再診察の頻度は傷害の程度による。感染を併発していない場合、表面的な傷は、一般的に 96 時間以内に治る。したがって、たいていの急性の表面的な傷の予測可能な治癒を記録するのは 1 回の経時的診察で十分である。より広範な傷は、瘢痕組織となって治癒するので、より長い期間にわたって（1 年後くらいまで）診察が必要となる。傷の治癒段階は、フィブリン塊の形成、新生血管肉芽組織の増殖、および最終的な傷の退縮である。それぞれの段階に見られる傷の外観は明らかに異なるので、それぞれの段階で図示など視覚的な形で記録に残すべきである (Finkel, 1989)。

　虐待による傷と偶発的な傷の鑑別は、養育者、子ども、目撃者（複数の場合も含む）によって話された病歴、医療ケアの現在の状況、必要に応じての現場検証、傷のパターンなどを考慮して行われるのが最善である。騎乗外傷は古典的に一側（片方）から押し込んだ傷のパターンを示す。偶発的な突き刺し傷は主に対象物の種類によって傷のパターンは変化する。原則として、たとえば自転車の座席支柱の上に子どもが落ちるような突き刺し損傷は、明確なパターンを示し、損傷のメカニズムとしてはほとんど疑いもなく緊急的なものとして現れる。

　生殖器の損傷はたいてい表面的である可能性が高く、男の子か女の子を問わず、肛門性交に伴う肛門の外傷も同様に表面的である (Clayden, 1987)。肛門性交では、外傷の可能性を弱めたり強め

たりする多くの変化があり、そのため診断結果にも影響する。外傷の性器外の徴候は稀であるが、観察されたときには、通常その徴候は強制と拘束があったという病歴と相関する。

　最初の診察は、STI のリスクに対する評価を含める必要があり、このリスクのある場合は、子どもが適切に検査され、治療されるべきである。診察所見が「法医学的証拠」の存在を示唆している場合は、証拠は収集され、保存されなければならない。

　縦断的な研究では、急性損傷の時点での外観から治癒した後の外観を予測する困難さが示されている。特に急性損傷が瘢痕組織を形成して修復プロセスによって治癒する場合で、組織の外観を変化させる可能性があるからである（Finkel, 1989; Heger Heppens tall et al., 2003; Myers, 2009）。子どもが受けたたいていの性器、肛門の外傷は表面的で、一定しない細胞の再生のプロセスによって治癒する。外傷が急性期に観察されない場合は、その結果として診察は急性損傷からの痕跡を見つけられないし、診察所見は「正常」として記載される。

　傷の痕跡を解釈する際の別の要因は、性的接触と開示の経過時間である。子どもが思春期前に重大な外傷を被り、開示が思春期まで遅れた場合、女子の思春期の影響が原因で、組織に対するエストロゲンの効果によって瘢痕組織の認識を複雑にしてしまう。エストロゲンは、思春期前の処女膜と前庭構造の薄い粘膜の外観に変化を引き起こす。思春期の発達が進行するにつれて、処女膜は、肥厚し、襞ができ、弾性のある外観に変わり、非エストロゲン紅斑性の血管新生のある外観から白っぽいピンク色に変化する。思春期では、事前の状態の知識が存在しない場合でも、性的接触の唯一の変化は、処女膜に最も明らかに現れてくると言われている。損傷の急性徴候は思春期前または思春期であっても、容易に観察される。生殖器構造の発達的変化を示す縦断的研究があれば、性被害による処女膜の痕跡（後遺症）なのか、正常な発達の結果としての処女膜の外観の変化なのかを区別するのに役立つ。

診断意見書の作成

　子どもの性的虐待疑いのケースの中で最も重要な仕事の1つは、医療専門家の診断評価と、評価のための根拠を明白に陳述した医療記録を作成することである（Finkel, 2009）。報告書は明確で、客観的で編集しないスタイルで書く必要がある。報告書は診断に至ったあらゆる情報や提言される治療計画などを確実に含むかたちで、一貫性のあるフォーマットとなっている必要がある。

　診断をはっきりさせるには、身体の所見が病歴と一致していることと、疑惑を確証することも否定することもできないことを結論づけるだけでは十分ではない。そのような結論は、容易に疑義を生んでしまう。診察所見は次のように分類することができる。

　（1）診断的確実性をもって被害を肯定することができる医学的所見。

　（2）非特異的であるが、病歴やほかの調査による詳細な情報によって、確証される特異的な事象に関連し、したがって病歴・所見と性的接触の関連性を支持する所見

　（3）非特異的な所見で、虐待を受けた子どもにも、受けていない子どもにも両方に見られる所見

　（4）虐待被害とは関連性のない所見

身体的所見はないが、性的接触を反映する明確な病歴の詳細があるとき、診察医は、虐待の可能性の説明となる要因を明らかにしなければならない。申し立てられた性的接触についての痕跡がない場合、この状況が性的虐待の事例でありうる理由を報告書に明記すべきである。挿入されたと感じたことを反映する病歴を子どもは提供するが、そのようなことを身体診察で確証できない場合、矛盾が存在しうる理由を報告書に説明する必要がある。事実に基づいていて、報告書の読み手を教育する報告書は、CPS、法執行機関（警察）、裁判所、弁護人、および報告書の作成者にとって非常に貴重である。完全な医療報告書は、その事例が民事または刑事訴訟のいずれかに進んだ場合に最終的に重要な役割を果たし、法廷証言の必要性を減らす可能性を持つ。判読しづらく、詳細に欠け、バイアスを持った報告書は、子どもを救う目的を果たすことはなく、子どもにとって貢献することはほとんどない。

　補足レポートは、経時的な診察の結果や、検査結果、他職種のレビューから出てきた追加的な推奨事項をまとめるために必要となる。診察者が非常にしばしば見落とす日常的な勧告は、性的虐待の影響の精神保健評価と推奨される治療について言及することである。この勧告は精神保健サービスを提供するための、CPS と法執行の決定に影響を与える可能性を持つ。CPS は「保護」への関与をより制限し、いったん子どもにはもはやリスクがないと判断されると、性的虐待ケースとしての扱いをやめてしまうので注意が必要である。

　医療専門家が、病歴を取得し、検査結果の解釈をする際にどんなに細心の注意を払い、かつ思慮深くあっても、常にその意見に対する異議は出てくるものである。法的手続きのための最善の準備はカルテに細部にいたるまでの情報を記載することと、それに付随する報告書を再検討することである（McCann & Voris, 1992; Mears et al., 2003; Myers, 1986）。準備不足のレポートを、初診後、長く経ってから修正しようとする試みは、多くの問題をはらむことになる。

　比較的少数のケースのみが起訴され、裁判に進むが、診察医師の結論の信頼性とその信頼性を支持する根拠が調査されることになる。ケースは通常、医療との接点があってからかなり後で、多くの場合、1 年以上も後に裁判所で扱われる。検察と裁判との間に長い時間的な遅延があるため、民事または刑事のいずれかの手続きの準備をするために、念入りに記載され、完全である医療記録は、医師にとって非常に重要である。

子どもと家族の診断後のニーズのための勧告

　子どもに性的虐待の診断がなされ、その懸念が実証されれば、医療専門家はその価値を強調し、子どもや家族にとって適切な精神保健サービスの導入を促進する上で重要な役割を果たす。そこに性的虐待が発生したかどうかについての確実性の欠如があるものの、懸念が残っている場合、心理士や精神科医によるさらなる評価に導くことが適切である。幸いなことに、子どもたちは柔軟で、トラウマフォーカスト認知行動療法（TF-CBT; Deblinger et al., 2006）のようなエビデンスに基づいた治療アプローチで、元気づけられる可能性がある。

　子どもや家族は、単に性的虐待を忘れたいと思う者もいるが、子どもにとってこの種の経験から

すっかり回復する最も効果的な方法は、子どもが精神保健の専門家と話をすることである。子ども
が治療を受ける前に、子どもの虐待の影響を理解するのに役立つ心理的尺度の簡単なテストバッテ
リーを受けるべきである。このような尺度の代表的な例は、子どもの性化行動調査票改訂版
（Child Sexual Behavior Inventory-Revised）、子ども用トラウマ症状チェックリスト（Trauma Symptom
Checklist for Children）、子どものトラウマイベントへの影響のスケール改訂版（Children's Impact of
Traumatic Events Scale-Revised）、および、子どもの属性と知覚スケール（Children's Attributions
and Perceptions Scale）である。性的虐待を経験した子どもたちの約 40 ～ 50％は、外傷後ストレス
障害の症状を持つ。性的虐待を受けた子どもは、性的な逸脱行動を発症するリスクがあり、このこ
とがさらに虐待に対する脆弱性を助長させる可能性がある（Friedrich et al., 1998; Kellogg &
Committee on Child Abuse and Neglect, 2009）。子どもの良好な予後に結びつくことを媒介するもの
には良いものとそうでないものなど多くの要因がある。肯定的な結果を促進する最も重要な要因の
1 つは、加害者でない養育者（たち）の信頼とサポートである。多くの場合、性的虐待を受けた子
どもの母親と父親は二次的な被害者であり、彼らも治療および教育的介入を必要とする。母親と父
親は適切な支援を受けると、子どもや虐待によって影響を受ける他の人の支えとなる、より良い位
置を占めることになる。

結論

　子どもの性的虐待が疑わしいとき、医学的診察の目的には、単に外傷の身体的徴候、性感染症を
診断すること、そして法医学的証拠を収集することよりもはるかに多くのことがある。医学的評価、
病歴、身体診断が性的被害という「疾患」として理解されて行われる場合は、子どもの経験のより
完全な理解を、他の専門分野よりも収集できるかもしれないことと同時に、治療的介入に向けた最
初のステップの 1 つになるかもしれないことという、両方の可能性がある。

［参考文献］

1. Adams, J. A., Harper, K., Knudson, S., & Revilla, J. (1994). Examination findings in legally confirmed child sexual abuse: It's normal to be normal. *Pediatrics, 94*, 148–150.
2. Adams, J. A., Kaplan, R. A., Starling, S. P., Mehta, N. H., Finkel, M. A., Botash, A. S., et al. (2007). Guidelines for medical care of children who may have been sexually abused. *Journal of Pediatric and Adolescent Gynecology, 20*(3), 163–172.
3. Alaggia, R. (2004). Many ways of telling: Expanding conceptualizations of child sexual abuse disclosure. *Child Abuse & Neglect, 28*(11), 1213–1227.
4. Browne, A., & Finkelhor, D. (1986). Initial and long-term effects: A review of the research. In D. Finkelhor (Ed.), *A sourcebook on child sexual abuse* (pp. 143–179). Beverly Hills, CA: Sage Publications.
5. Byram, V., Wagner, H., & Waller, G. (1995). Sexual abuse and body image distortion. *Child Abuse & Neglect, 19*, 507–510.
6. Centers for Disease Control and Prevention. (2010). Sexual assault and STDs. In *Sexually transmitted diseases treatment guidelines, 2010*. www.cdc.gov/std/treatment/2010/sexual-assault.htm#a2

7. Christian, C. W. (2011). Timing of the medical examination. *Journal of Child Sexual Abuse, 20*(5), 505–520.

8. Christian, C. W., Lavelle, J. M., De Jong, A. R., Loiselle, J., Brenner, L., & Joffe, M. (2000). Forensic evidence findings in prepubertal victims of sexual assault. *Pediatrics, 106*(1, Pt. 1), 100–104.

9. Clayden, G. S. (1987). Anal appearance and child sexual abuse. *Lancet, 1*, 620.

10. Deblinger, E., Mannarino, A. P., Cohen, J. A., Runyon, M. K., & Steer, R. A. (2011). Trauma-Focused Cognitive Behavioral Therapy for children: Impact of the trauma narrative and treatment length. *Depression and Anxiety, 28*(1), 67–75.

11. Deblinger, E., Mannarino, A. P., Cohen, J. A., & Steer, R. A. (2006). A follow-up study of a multisite, randomized, controlled trial for children with sexual abuse–related PTSD symptoms. *Journal of the American Academy of Child and Adolescent Psychiatry, 45*(12), 1474–1484.

12. DeLago, C., Deblinger, E., Schroeder, C., & Finkel, M. A. (2008). Girls who disclose sexual abuse: Urogenital symptoms and signs after genital contact. *Pediatrics, 122*(2), e281–286.

13. DeLago, C., Finkel, M. A., Clarke, C., & Deblinger, E. D. (2012). Urogenital symptoms after sexual abuse vs. irritant contacts. *Journal of Pediatric and Adolescent Gynecology, 25*, 334–339.

14. Ellsworth, P. I., Mergurerian, P. A., & Copening, M. E. (1995). Sexual abuse: Another causative factor in dysfunctional voiding. *Journal of Urology, 153*, 773–776.

15. Finkel, M. A. (1989). Anogenital trauma in sexually abused children. *Pediatrics, 84*, 317.

16. Finkel, M. A. (2008). "I can tell you because you're a doctor" *Pediatrics, 122*(8), 422.

17. Finkel, M. A. (2009). Documentation, report formulation and conclusions. In M. A. Finkel & A. P. Giardino (Eds.), *Medical evaluation of child sexual abuse: A practical guide* (3rd ed., pp. 357–370). Elk Grove Village, IL: American Academy of Pediatrics.

18. Finkel, M. A., & Alexander, R. A. (2011). Conducting the medical history. *Journal of Child Sexual Abuse, 20*(5), 486–504.

19. Finkelhor, D., & Browne, A. (1985). The traumatic impact of child sexual abuse: A conceptualization. *American Journal of Orthopsychiatry, 55*(4), 530–541.

20. Finkelhor, D., & Browne, A. (1986). Impact of child sexual abuse: A review of the research. *Psychological Bulletin, 99*, 66–77.

21. Finkelhor, D., Hotaling, G., Lewis, I. A., & Smith, C. (1990). Sexual abuse in a national survey of adult men and women: Prevalence, characteristics, and risk factors. *Child Abuse & Neglect, 14*(1), 19–28.

22. Friedrich, W. N., Fisher, J., Broughton, D., Houston, M., & Shafram, C. R. (1998). Normative sexual behavior in children: A contemporary sample. *Pediatrics, 101*, e9.

23. Goodman, T. B., Edelstein, R. S., Goodman, G. S., Jones, D. P., & Gordon, D. S. (2003). Why children tell: A model of children's disclosure of child sexual abuse. *Child Abuse & Neglect, 27*, 525–540.

24. Harter, S., Alexander, P. C., & Neimyer, R. A. (1988). Long-term effects of incestuous child abuse in college women: Social adjustment, social cognition, and family characteristics. *Journal of Consulting and Clinical Psychology, 58*, 5–8.

25. Heger, A., Ticson, L., Velasquez, O., & Bernier, R. (2002). Children referred for possible sexual abuse: Medical findings in 2384 children. *Child Abuse & Neglect, 26*, 645–659.

26. Heger-Heppenstall, A., McConnell, G., Ticson, L., Guerra, L., Lister, J., & Zaragoza, T. (2003). Healing patterns in anogenital injuries: A longitudinal study of injuries associated with sexual abuse, accidental injuries, or genital surgery in the preadolescent child. *Pediatrics, 112*(4), 829–837.

27. Kellogg, N. D., & Committee on Child Abuse and Neglect, American Academy of Pediatrics. (2009). Clinical report: The evaluation of sexual behaviors in children. *Pediatrics, 124*, 992–998. doi:10.1542/peds.2009-1692

28. Kellogg, N. D., Menard, S. W., & Santos, A. (2004). Genital anatomy in pregnant adolescents: "Normal" does not mean "nothing happened." *Pediatrics, 113*(1), e67–69.

29. Lyon, T. D. (2010). Investigative interviewing of the child. In D. N. Duquette & A. M. Haralambie (Eds.), *Child welfare law and practice* (2nd ed., pp. 87–109). Denver, CO: Bradford Publishing.

30. McCann, J., & Voris, J. (1992). Genital injuries resulting from sexual abuse: A longitudinal study. *Pediatrics, 89*, 307.

31. Mears, C. J., Heflin, A. H., Finkel, M. A., Deblinger, E., & Steer, R. A. (2003). Adolescents' responses to sexual abuse evaluation including the use of video colposcopy. *Journal of Adolescent Health, 33*(1), 18–34.

32. Myers, J. E. B. (1986). The role of the physician in preserving verbal evidence of child abuse. *Journal of Pediatrics, 109*, 409.

33. Myers, J. E. B. (2009). Legal issues in the medical evaluation of child sexual abuse. In M. A. Finkel & A. P. Giardino (Eds.), *Medical evaluation of child sexual abuse: A practical guide*(3rd ed., pp. 313–340). Elk Grove Village, IL: American Academy of Pediatrics.

34. Palusci, V. J., & Cyrus, T. A. (2001). Reaction to videocolposcopy in the assessment of child sexual abuse. *Child Abuse & Neglect, 25*(11), 1135–1146.

35. Ricci, L. R. (1994). Photodocumentation of the abused child. In R. M. Reece (Ed.), *Child abuse: Medical diagnosis and management* (pp. 248–265). Philadelphia, PA: Lea & Febiger.

36. Summit, R. C. (1983). The child sexual abuse accommodation syndrome. *Child Abuse & Neglect, 7*(2), 177–193.

37. Waller, G., Hamilton, K., & Rose, N. (1993). Sexual abuse and body image distortion in the eating disorders. *British Journal of Clinical Psychology, 32*, 350–352.

38. Whitley, N. (1978). The first coital experience of one hundred women. *JOGNN, 7*(4), 41–45.

第19章

子どもの身体的虐待への治療

ロバート・M・リース
ロナルド・C・サヴェッジ
ナオミ・シュガー

総論

　身体的虐待の急性期以降の治療に関する医学的な文献は少ない。これは虐待を受けた子どもの医療的ケアが断片的になっているためである。つまり救急部で治療を担当する医師と、入院病棟で子どものケアをする医師と、急性期の治療が終わって退院した後に（これは一番首尾よくいった場合の話だが）子どもの医療的ケアを考える医療スタッフとが、別々になっているということである。しかし、医学的な後遺症が明らかに重症でない限り、身体的虐待を受けた子どもが連携の取れた医療的フォローアップを受けることはほとんど、あるいはまったくなく、医療的なニーズに対して十分な理解を持っている「医療の拠点」というものは存在しない、ということがしばしば問題となる。

　子どもの身体的虐待は受傷した臓器、またはその重症度によって分類される。子どもへの身体的虐待には皮膚、骨格、内臓の損傷によるものと、頭蓋骨や頭蓋内組織の外傷性損傷によるものがある。少数ではあるが、医療的な子ども虐待（別名、代理ミュンヒハウゼン症候群として知られている）や意図的に水に沈める行為（溺死ないし溺水）などの犠牲になった子どももいる。信じられない形の身体的虐待としてだが、電子レンジによる熱傷、胡椒の誤嚥で亡くなった例、下咽頭の穿孔、瘢痕文身や入れ墨（訳注：瘢痕文身とは切創や焼灼によって付けたケロイドを利用して皮膚に文様を描くもの。針による刺創に色素を入れるのが刺痕文身＝入れ墨である）、身体のさまざまな部分への針の刺入、眼・耳・歯への故意の外傷、毒物や薬物などによる故意の中毒、宗教上の（または新興宗教上の）風習のために医療を受けさせない例や極端な殴打によって横紋筋融解症と腎不全をきたした例、などが挙げられる。

　最も重症で長期間続く身体的な損傷の場合、通常は皮膚や腹腔内、胸腔内臓器も受傷しているが、中でも最も重篤なものは脳障害であるため、まず脳障害から述べることとする。

虐待による頭部外傷（加害による外傷性脳損傷）

急性期の治療

　脳損傷の病変は脳に対する一連の外力によって引き起こされる。この流れはまず外傷性の打撲に始まり、しばしば脳実質内の出血や神経組織の剪断を伴う。損傷を受けた脳細胞は特有の細胞応答を呈して、脳浮腫と頭蓋内圧亢進をきたす。脳幹損傷によって呼吸中枢が障害をきたし、また脳細胞に酸素を供給する血管が脳浮腫によって圧迫されるために低酸素血症となり、それが脳組織の破壊の一因となる。高炭酸ガス血症、痙攣、血圧の変動は脳内物質の代謝の破綻にさらに追い打ちをかける。脳細胞が壊死すると興奮性の酵素が放出され、損傷を受けて低酸素・虚血状態となった領域の周辺の神経細胞にも有害な影響を及ぼすことになる。

　故意であれ事故であれ、頭部外傷を受けたすべての子どもに対する有効な初期治療の基本となるのは、損傷に関する種々の要素を正確に評価することである。これは第1対応者と受け入れた病院（多くはその救急部）の医療チームの任務である。頭部外傷を受けたすべての子どもにはまず救急の「ABC」、つまり基本である気道（airway）・呼吸（breathing）・循環（circulation）の確保、頸椎保護、静脈（IV）路確保が必要となる。それが完了してから、子どもの既往歴、家族の持つ疾患や病態、受傷転機やその時期、最初の症状の出現時期などの情報を考慮に入れて、他の治療の優先度が決まる。鍵となる質問は、その子どもが普段と同じ様子を見たのはいつが最後だったか、である。養育者が申告する受傷転機は、どのような種類の損傷が疑われるかを示唆していることがあるため、細心の注意を払わなければならない。またどのような蘇生処置が必要となり実際に行われたかも重要な情報になる。その次に明白な臨床的評価を行わなければならない。それには、身体的・神経学的評価と、Glasgow Coma Scale（GCS; Teasdale and Jennett, 1974）や Children's Coma Scale（CCS; Reilly et al., 1988）、CHOP Infant Coma Scale、別名 Infant Face Scale（IFS; Durham et al., 2000）などのさまざまな尺度を用いた重症度スコアの評価がある（表19.1、19.2、19.3）。その後に、どのような放射線検査や臨床検査が必要であるかが決められる。CHOP Infant Coma Scale の考案者は、Face Scale だけで「乳幼児の重症頭部外傷が及ぼした脳皮質損傷の予後を評価する最善の指標となり...2歳以下の小児の脳損傷の重症度をベッドサイドで評価するための簡便で実用的な指標になるだろう」と述べている（Durham et al., 2000, p. 737）。

　頭部外傷後の状態の悪化を評価する方法はこのようにいくつかあるが、どれも完全なものではない。この初期評価で特に重要なのは、身体の他の部分の外傷がそれだけで致命的となることもあるため、それを見逃さないように徹底的な全身評価を行うことである。頭部外傷を受けた子どもの状態はたえず変化していくものであり、適切な医療的対応を行うためには繰り返し観察する必要がある。初期の症状や徴候は、呼吸障害、脳幹中枢の障害によるバイタルサインの変化、過敏状態、傾眠傾向や単に哺乳や食事を嫌がるだけ、というように、軽微で非特異的なこともある。より重篤な症状としては、嘔吐、痙攣、進行性の頭囲拡大、無呼吸、反応性の低下、昏睡などがある。

表 19.1　Glasgow Coma Scale (GCS)

スコア	運動	言語	開眼
6	指示通りに動かす	—	—
5	局在認識ができる （訳注：刺激を払いのける）	見当識あり （訳注：正常に会話）	—
4	手足を引っ込める （訳注：痛みで逃避反応）	混乱した会話	自発的に
3	刺激で手足を曲げるだけ （訳注：除皮質肢位）	でたらめ・不適切 （訳注：単語のみ）	呼びかけで
2	刺激で手足を伸ばすだけ （訳注：除脳肢位）	理解不能 （訳注：うめき声だけ）	痛み刺激で
1	動かさず反応なし	声を出さず反応なし	開眼せず

注．スコアは3点から15点まで：13-15点＝軽症；9-12点＝中等症；3-8点＝重症．—　＝該当なし

表 19.2 Children's Coma Score (CCS)

スコア	運動	言語	開眼
6	自発的に	—	—
5	合目的的／局在認識ができる （訳注：触ると手足を引っ込める）	クークー、喃語を出す （訳注：機嫌良く声を出す）	—
4	手足を引っ込める （訳注：痛みで逃避反応）	不機嫌に泣く	自発的に
3	刺激で手足を曲げるだけ （訳注：除皮質肢位）	痛みで泣く	呼びかけで
2	刺激で手足を伸ばすだけ （訳注：除脳肢位）	痛みでうめく	痛み刺激で
1	動かさず反応なし	声を出さず反応なし	開眼せず

注．スコアは3点から15点まで：13-15点＝軽症；9-12点＝中等症；3-8点＝重症．—　＝該当なし

表 19.3 Infant Face Scale (IFS)

スコア	運動	言語／顔の表情	開眼
6	自発的で正常な運動	—	—
5	活動性の低下	自発的に泣く（泣き声や涙を出してしかめ面）、手で触るか軽い痛み刺激で	—
4	深部痛（僧帽筋をつねる）に対してのみ非特異的な運動	同上、泣きやむと眠るだけ	自発的に
3	異常で規則的な自発運動：痙攣様の運動	深部痛（僧帽筋をつねる）に対してのみ泣く	呼びかけやタッチで
2	四肢の伸展（自発的に、または痛み刺激に反応して）	痛み刺激に対してのみ顔をしかめる	痛み刺激で
1	四肢の弛緩	痛みに対して表情の変化なし	開眼せず

注．スコアは3点から15点まで：13-15点＝軽症；9-12点＝中等症；3-8点＝重症．—　＝該当なし

　一見軽症に見える子どもの頭部外傷でも、傾眠傾向、過敏状態や行動上の変化が遅れて出現することがある。たいていは 10 〜 30 分以内に現れて、その後 1 〜 2 時間に症状が進行し、多くは 12 時間以内に徐々に回復する（Adelson et al., 2003）。このような子どもは注意深く観察する必要があり、脳浮腫や頭蓋内出血を除外するために CT 検査が行われることもある。脳震盪後に頻回の嘔吐があれば CT 検査を撮ることを考えるが、このような患者たちは待機的な管理で回復する（Adelson et al., 2003）。小児の頭部外傷では約 10％に受傷後の痙攣が生じるが、そのほとんど（90％）は 24 時間以内に発症する（Hahn et al., 1988; Jennett, 1976）。

　乳幼児の頭部外傷が軽度であるか、中等度であるか、重度であるか、また、頭部 CT 検査や MRI 検査が必要かどうか、入院が必要かどうか、は重要な問題である。救急部での神経学的評価が正常であった小児について調べたある研究では、CT 検査での異常所見は 28％に見られたが、頭蓋内損傷の徴候が認められていたのはわずか 4％であった（Shunk, Rodgerson, & Woodward, 1996）。しかし、頭蓋内損傷の率についてもっと高い数字を報告している研究もある（Dietrich et al., 1993; Hahn & McLone, 1993）。最近英国の 10 病院で行われた多施設での大規模な前方視的研究では、「小児の頭部外傷で重要な臨床経過を予測するためのアルゴリズム（Children's Head Injury Algorithm for the Prediction of Important Clinical Events, CHALICE）」という、小児頭部外傷の判断基準が導き出された（Dunning et al., 2006）。この研究では、さまざまな重症度の頭部外傷の小児 2 万 2,772 人が対象となり、参加したすべての施設で子ども 1 人ひとりに対して 40 項目の臨床的な所見を集計するプロトコールを用いた。臨床的に重要な頭部外傷（死亡、脳外科手術が必要となったもの、または頭部 CT の異常）をきたした小児をすべて抽出したところ、もとの群のうち、281 人が CT での異常所見を呈し、137 人が脳外科手術を受け、15 人が亡くなっていた。導き出した CHALICE 基準の感度は 98％、特異度は 87％であった。Dunning ら（2006）は CHALICE 基準を次のように述べている。

　以下の基準を 1 つでも満たした場合は、頭部 CT 検査が必要である。
　【病歴】
・目撃者のある、5 分以上続く意識消失
・5 分以上続く、順行性または逆行性の記憶喪失の既往
・異常な傾眠傾向（定義：診察した医師が、予想されるよりも程度が強いと判断したもの）
・頭部外傷後に見られた 3 回以上の嘔吐
・非偶発的外傷（non-accidental injury, NAI）の疑い（定義：診察した医師が、少しでもその可能性があると判断したもの）
・てんかんの既往がない患者での頭部外傷後の痙攣
　【診察所見】
・GCS が 14 未満、1 歳未満では GCS が 15 未満
・頭蓋骨の貫通性または陥没骨折、大泉門の膨隆
・頭蓋底骨折の徴候（定義：鼻や耳からの血液または脳脊髄液の流出、パンダの目徴候、Battles 徴候（訳

注：耳介後部の溢血）、鼓室内出血、顔面皮膚の捻髪音、顔面の重大な損傷）
・神経学的な局所徴候（定義：運動、知覚、協調運動、反射などの異常を含むすべてのもの）
・1歳未満の場合、径が5cmを超えた皮下出血、腫脹、裂傷の存在
【受傷転機】
・高速での交通外傷：歩行者、自転車、車の同乗者を含む（定義：時速40マイル［訳注：時速約65km］を超えた速度での事故）
・3メートル（10フィート）を超えた高さからの墜落
・高速で飛来する弾丸や物による損傷
上記の項目をいずれも満たさない場合には、患者が頭蓋内の病変をきたしているリスクは低い

　鈍的な頭部外傷で小児外傷センターを受診した2,043人の小児に関して2003年から行われた観察的コホート研究で、1つの判断基準が導き出された（Palchak et al., 2003）。鈍的頭部外傷の受傷後にその子どもが脳損傷（traumatic brain injury, TBI）をきたすリスクが少ないと判断する重要な要因としては、異常な精神状態、頭蓋骨骨折を示す臨床症状、嘔吐の既往、頭皮の血腫、頭痛といった状態が見られないことである、と結論づけた。2012年には8つの臨床的な予測基準に関する系統的レビューが行われたが、他の集団でもその基準の有用性を示すか、実際の場面でその効果を評価したような研究はなかった（Maguire et al., 2012）。質が高いとされた2つの研究は上記に挙げたものであるが、「これらの基準を採用して推奨するためには、別の集団でも有用であることを前方視的に示す必要がある」「非常に幼い子どもについては、質や実用性の高い基準は得られていない」とMaguireらは考えている。
　近年、軽度の頭部外傷を受けた子どもを評価する別の方法が提唱されている。これは加害による外傷性損傷（inflicted traumatic brain injury, iTBI）のリスクが高く、しかも他の従来の診断方法を用いると損傷が見逃される可能性のある乳幼児をスクリーニングする助けとなるように、血清や脳脊髄液（cerebrospinal fluid, CSF）のマーカーを測定するという方法である。Bergerら（2006）は、非特異的な症状を呈し外傷の病歴がない、全身状態の良好な98人の乳幼児に対して、前方視的なケースコントロール研究を行った。血清かCSFを採取して、ニューロン特異的エノラーゼ（neuron-specific enolase, NSE）、S100B、ミエリン塩基性タンパク（myelin-basic protein, MBP）というマーカーを測定した。この中で14人の患者にiTBIがあると診断された。5人の患者は登録の時点ではiTBIがあるとは考えられていなかったが、その後の経過観察の中で被虐待児の可能性があると判断された。S100BというマーカーはiTBIに関して感度も特異度も低かった。登録の時点でNSEの上昇があったのは4人であった。NSEとMBPはiTBIのリスクが高い乳幼児を同定するスクリーニング検査として有用であり、CTスキャンでの評価に寄与すると結論づけられた。その後の研究で、Bergerら（2008）は軽症のiTBIのある16人の乳幼児と頭部外傷のない20人の乳幼児で、44種類のバイオマーカーについて血清中の濃度を比較した。44のうち9つのマーカーの濃度が2群間で有意差があり、血管細胞性接着分子の群間差が最も有意であった。これらの結果から、軽症のiTBIの受傷後には血清のバイオマーカーの分析データに有意差が生じることが明らかになったと

著者らは考えている。また別の研究では、重度の頭部外傷後に CSF 中の MBP が著明に上昇することが示された（Su et al., 2012）。頭部外傷の確認に役立つようにこれらのバイオマーカーを用いることはとても有望であるが、どのように使用するかを明らかにするためにはさらに研究が必要である。

　中等度ないし重度の頭部外傷を受けた子どもに対して最初に考慮すべきことは、やはり ABC（気道、呼吸、循環）を確保することである。通常は気管挿管を行い、頸椎を保護し、循環と薬剤投与のために静脈路を確保する。低体温に注意して、体温を維持しなければならない。頭部、頸部、上胸部の単純 X 線写真に追加して頭部 CT・MRI 検査が必要である。これらの患者に対して詳細な全身診察と神経学的な評価を行う際にも、同じような注意を払う。

　脳浮腫と頭蓋内圧亢進は TBI を受けた結果として生じ、厳密な監視を必要とする。頭蓋内圧のモニタリングは硬膜下腔に挿入した光ファイバーセンサーで行うことが多い。その代わりに脳室内カテーテルを使用することもあり、これを用いると頭蓋内圧を下げるために CSF を排出させることができるという長所もある（Dias, 2004）。十分な酸素供給、頭部挙上、適切な体液量の維持が、頭蓋内圧管理の当面の目標である（Adelson et al., 2003）。最重度の場合には減圧のための開頭術が行われる。ステロイド、過換気、水分制限は、今では意味がないと考えられている。疼痛や発熱の管理、痙攣の予防と治療、膀胱ドレナージ、非制限的な頸椎保護には補助的な役割がある。マンニトールは浸透圧利尿薬として、ドパミンのような心筋収縮に影響する作用を持つ薬剤とともに有用であると考えられている（Adelson et al., 2003）。全身の水分量と電解質のバランスには十分な注意を払わなければならず、また感染症、特に髄膜炎に対する警戒は重要である。抗生剤の予防投与に関しては議論があるが、CSF 検査や培養で髄膜炎と診断されたら、バンコマイシンやセファロスポリンのような広域の抗生剤をまず使用して、髄液培養と抗生剤感受性の結果を待つ。小さな硬膜下血腫の多くは手術を行わずに管理できるが、脳への圧迫所見を示すような大きな硬膜下血腫は外科的に除去することが多い（Adelson et al., 2003）。

　2007 年に Dean らは米国の 194 人の医師を対象に、エビデンスに基づいて出された小児の重症 TBI の治療に関する勧告にどの程度の合意が得られているかを調査した。194 人の中で 36 人は脳外科医で、残りの 158 人のうちのほとんど（155 人）は集中治療医であった。すべての勧告に合意をした医師は 60％にすぎなかった。もっとも、「鎮静剤を使用する」「脳灌流圧をモニターする」「高体温やステロイド投与を避ける」などのいくつかの治療については、90％以上の医師が合意していた。また頭蓋内圧の管理について、「高浸透圧療法を行う」「第 2 選択として軽度の積極的な過換気を行う」「第 2 選択としてバルビツール系薬剤や開頭減圧術を考慮する」という勧告には医師の 3 分の 2 以上が同意していた。いくつかの治療（たとえば神経筋ブロック、CSF ドレナージ、3％食塩水の使用、マンニトールの使用中止基準を血清浸透圧 360mOsm/L とすること、など）に関しては、それを支持するエビデンスが強くないという認識からあまり合意が得られていないと Dean らは述べている。医学の多くの領域と同様に、合意が得られている部分もあれば、十分な確証が得られていないために医師によってはその治療を採用しない部分もある。

長期的な後遺症と治療

　子どもの場合、加害による TBI は事故による TBI に比べて有意に死亡率が高く（16.8％対 10.7％）、また加害の場合には事故の場合に比べて病院前よりも院内で死亡していることが多い（Rorke-Adams et al., 2009; Sills, Libby, & Orton, 2005）というのは事実であるが、TBI の長期予後は虐待によるものでも事故によるものでも同等であり、治療戦略にも変わりはない。長期的な神経学的、心理的後遺症としては、外傷後痙攣性疾患、痙性、認知機能障害、注意欠如・多動症（attention-deficit / hyperactivity disorder）、脱抑制などがある。他にも遂行機能障害、記憶障害、睡眠・覚醒サイクルの障害、内外の刺激に対する反応の異常、コミュニケーション障害、局所の完全麻痺、四肢麻痺（四肢の完全麻痺）、痙性四肢不全麻痺（四肢の筋力低下）などがある。

　脳損傷を受けた子どもの長期的なケアは、その他のさまざまな条件によって困難になる場合もある。精神的な疾患も少なくない。自分の問題を認識している患者もいるが、抑うつ状態の患者もいるし、気分変調や行動の問題はよく見られる。フルオキセチン（Prozac）（選択的セロトニン再取り込み阻害剤と呼ばれる薬剤の 1 つで、セロトニンの量と利用度を高めることで作用する）のような薬物で治療できるものもある。睡眠の問題は、睡眠サイクルの調整を助けるメラトニンで治療できる場合もある。またさまざまな整形外科的な問題（たとえば拘縮、側彎症、後彎症など）にも注意が必要である。骨塩減少症や骨粗鬆症は長期の臥床に起因するが、抗痙攣剤の使用によって増悪し、骨折に至ることもある。長期臥床のために胃食道逆流症となる患者もあり、極端な場合には外科的な噴門形成術が必要となる。気管切開術を行った患者では、切開口の管理に特別な配慮が必要となる。胃瘻の栄養チューブ、腸瘻、膀胱瘻、腎瘻などの器具にも同様の注意が必要である。これらの切開口の周囲の皮膚感染症は難題であり、尿路感染症は常に大きな問題となる。経静脈的栄養が必要な場合は、栄養の投与に伴うあらゆる問題に留意しなければならない。

　長期臥床そのものがさまざまな問題を呈する。骨の突出部を覆う皮膚の損傷は慢性的な褥瘡となる。気道分泌物の喀出ができない患者の場合や、口・鼻・咽頭からの誤嚥以外に、臥床のため肺の垂直方向にかかる重力だけでも反復性の肺炎が発症して、継続的な脅威となる。院内感染も同様に難しい問題である。院内には薬剤耐性の病原体がより多く存在しているため、このような患者は身体的に脆弱なためだけでなく、閉鎖的な空間にいることもあって、リスクがより高くなる。

　脳幹の神経損傷のために体温の調整が障害されることも少なくない。自律神経障害は TBI の結果として生じる重症で消耗性の障害であり、体温調節障害、血行動態の障害、筋のジストニー拘縮が特徴的である（Kirk et al., 2012）。この病態による症状として、発熱、多呼吸、高血圧、頻脈、発汗、ジストニーなどがある。TBI を含むさまざまな病態の 249 人の子どもを対象とした研究で、自律神経障害が生じるのは TBI の子どもの 10％、心停止の子どもの 31％であることを Kirk ら（2012）は明らかにした。以前の研究でも、TBI の子どもで自律神経障害症状が出現する率は 12％と、ほぼ同様の数字が報告されている（Krach et al., 1997）。

　TBI 後に視床下部―下垂体―副腎系におよぶ内分泌系の問題が生じる患者も多い。Norwood ら（2010）の報告によると、TBI の 32 人の患者のうち 6 人で成長ホルモンの分泌不全が生じた。

Kaulfers ら（2010）は内分泌系の異常の全発症率を受傷後 1 カ月の時点で 15％、6 カ月の時点で75％、12 カ月の時点で 29％と報告している。受傷 1 年後の時点で、思春期早発症が 14％、甲状腺機能低下症が 9％、成長ホルモン分泌不全が 5％であった。Park ら（2010）の研究によると、TBIを受けた 45 人の成人では脳下垂体ホルモン（成長ホルモン、副腎皮質刺激ホルモン、甲状腺刺激ホルモン、黄体形成ホルモン、卵胞刺激ホルモン）の分泌不全が 31％に生じていた。Krahulik ら（2010）は、TBI の 89 人の成人を受傷直後から 1 年後まで前方視的に観察した研究で、21％の患者に脳下垂体ホルモンの原発性分泌異常を認めたと報告している。主なものとしては、成長ホルモン分泌不全、性腺機能低下、尿崩症であった。これらの異常が見られたのは、GCS のアウトカムスコアが悪く、MRI 検査でエンプティセラ症候群（トルコ鞍空洞症候群）を呈した患者が大部分であった。

　眼病変もまた問題となる。網膜出血が起こる患者もいるが、それは脳損傷の急性期に改善していることが多い。網膜剥離や網膜分離症はより長期に及ぶ視力障害を遺し、また脳損傷のために皮質盲となることもある。そのような患者には眼の炎症や感染症、ドライアイ症候群、角膜病変が生じる場合もある。

痙性：痙性による身体症状としては、痛み、不随意運動、異常肢位や運動への抵抗性がある（Richardson, 2002）。副木やギプス固定、臥位や座位の保持によって、筋の延長を図ることが試みられる。運動やウエイトトレーニングによって筋力の増強を図ることももう 1 つの目標であるが、この治療のエビデンスは乏しい（Richardson, 2002）。機能していない手足を意識して動かすように促す運動再学習プログラムは効果が期待されている。機能的電気刺激器のような電気的な方法もあるが、有効性についてのエビデンスはやはり少ない。筋電図検査を用いると、療法士が筋の問題を定量化し改善の程度を評価することができる。療法士としての最も大きな役割は、何と言っても教育者やファシリテーターとしての役割である（Richardson, 2002）。

　baclofen（訳注：リオレサール®、ギャバロン®）は経口投与が可能な薬剤であり、脊髄神経に作用して痙性を緩和させる。シナプス前・シナプス後の GABA-β 受容体をブロックするのがその作用機序である。baclofen を脊柱管内に直接注入すると効果のある患者もあり、Medtronic SynchroMed II というプログラム可能な注入システムがこの目的で用いられる。このポンプはアイスホッケー用パック（訳注：球技のボールに相当する硬質ゴムの円盤、直径約 7.6cm、厚さ約 2.5cm）と大きさや形が似ているために「ホッケーポンプ」というあだ名があるのだが、腹部に埋め込む注入装置と、それに接続する髄腔内カテーテルからなり、外部のプログラマーがポンプを作動させる。Medtronic 社（www.medtronic.com）は長期的な髄腔内 baclofen 治療（intrathecal baclofen therapy, ITB 療法）のための精密な薬剤投与がこのシステムによって可能になると述べている。diazepam（セルシン®、ホンゾン®）はベンゾジアゼピン（benzodiazepine）の 1 つで、GABA-α 受容体を中枢でブロックすることによって痙性を軽減させる（Chou & Peterson, 2005）。内転筋群の痙性に対する別のアプローチとして、ボツリヌス毒素（ボトックス®）を罹患筋に注射する方法もあるが、明らかに不利な点は注射を反復する必要があるということだ。

　痙攣：痙攣治療の第一選択薬は、副作用の少なさから gabapentin（ガバペン®）か levetiracetum（イーケプラ®）である。divalproex sodium（Depakote）や topiramate（トピナ®）のように広いスペクトラムを持つ薬剤を用いる場合もある。部分痙攣には carbamazepine（テグレトール®）を投与するが、もっと古い phenobarbital のような薬がまだ使われていることもある。他に難治性てんかんの治療としてケトン食療法や埋め込み式迷走神経刺激装置（cyberonics.com）がある。

予後

　Minns、Jones、Barlow（2005）は、非偶発性頭部外傷の子どもの予後調査を包括的に分析した。予後に関する後方視的・前方視的な研究で、査読を受け、1970 年から 2004 年の間に発表されたものをすべて調べ、死亡率や神経発達の後遺症についての結果は一様に不良であったという結論を出した。もっともこれらの研究は入院した事例を選んで対象としていたため、全体像を反映していないことは Minns らも認めている。またこれらの研究は多種多様であった。研究デザインが異なっており、対照群のない研究もあれば、フォローアップの期間もさまざまであった。外傷の重症度も統一されていないし、機能レベルを評価するのに用いる予後スケールも初期の研究と後期とでは異なっていた。死亡率は 7％ であったが、2 歳未満の子どもでは 20％ であった。子どもでは事故による頭部外傷での死亡は稀で、2 〜 4％ の間とされており、年少児では高くなる。乳幼児期の非偶発的頭部外傷での生存例では、粗大運動発達の遅れという重度の後遺症を残した子どもは 34％ と高率であった。Minns らは「これらの重度の後遺症を持つ子どもの多くは、全盲でことばは話せず、認知機能障害、てんかんや問題行動を持ち、移動は車椅子で、日常のケアについて一生涯周囲の大人の介助を要する」と述べている。生存者の 25％ には中等度の障害があった。「予後良好」とされる子どもでさえ、「通常学級に在籍しているが補習が必要であり、問題行動を起こす」という状態を示すことが多かった。非偶発的頭部外傷の生存者の中で、このような「予後良好」な子どもというのは 11％ 前後であった。

　iTBI の子どもに関する研究で繰り返し言及されるのは、最初は一見完全な回復をしたように見えても、6 カ月から 5 年の間にほとんどすべての子どもが何らかの障害を示すということである（Bonnier, Nassogne, & Evrard, 1995; Catroppa et al., 2008; Ewing-Cobbs et al., 1999; Haviland & Russell, 1997）。脳の発育停止が症状として現れるまでには 4 カ月かかる。錐体路徴候は発症までに 6 〜 12 カ月、てんかんは 2 年、行動上や神経心理的な症状、たとえば広汎性発達障害や多動性障害、不安障害だと 3 〜 6 年かかる。非偶発的頭部外傷の生存者の 38％ に運動機能の障害、20％ に脳神経の障害が出現していた（Barlow et al., 2004; Ewing-Cobbs et al., 1998）。Haviland と Russell（1997）によると、運動障害、脳神経障害が最も多い主訴であったと述べている。非偶発的頭部外傷における受傷後痙攣の全発症率は、Minns ら（2005）が解析した研究の結果によると 30％ であった。

　Anderson らは TBI を受けた 2 〜 7 歳の小児例の予後を定期的に報告している（Anderson, Catroppa, et al., 2005, 2009; Anderson, Godfrey, et al., 2012; Anderson, Spencer-Smith, et al., 2009; Hessen, Nestvold, & Anderson, 2007）。残念なことにその研究では非偶発的な（加害による）TBI を除外しているため、その結果をここで扱う被虐待児について適応することはできない。Makaroff ら（2003）、

Koskiniemi ら（1995）は、iTBI の予後に関して 1975 ～ 2002 年の文献を再評価したが、ほとんどの子どもで予後不良であり、およそ 5 分の 1 が亡くなり、累積研究では生存者の中で障害がないものは 22% しかなかった。Ewing-Cobbs らは iTBI の犠牲者の半分近くが感情コントロールと運動能力の点数が低かったと報告している（Ewing-Cobbs, Kramer, et al., 1998; Ewing-Cobbs, Prasad, et al., 1999）。Lind ら（2012）は重度の乳幼児揺さぶられ症候群の犠牲者の長期予後を評価した。これは 1996 ～ 2005 年にフランスのあるリハビリテーション病院を受診した患者で、対象となったのは 47 人、フォローアップ期間の中央値は 8 年（44 ～ 144 カ月の範囲）であった。通常の生活に戻った（Glasgow Outcome Scale [GOS] I）のは、7 人（15%）にすぎず、19 人（40%）には重度の神経学的後遺症（GOS III、IV）があった。運動機能障害を遺したのは 45%、てんかんは 38%、視力障害は 45%、睡眠障害は 17%、言語障害は 49%、注意欠如・多動症は 79%、行動障害は 53% であった。また 83% の子どもがリハビリテーションサービスを引き続き必要としていた。

　多くの予後調査では、子どものフォローアップの期間が十分長期であったというわけではない。その理由としては、子どもの所在を追跡するのが困難であることと、保護者が調査に協力したがらないということが挙げられる。さらには、保護者のケアから離れて行政機関の保護の下にある子どもの場合には調査への協力を拒否されることもある。しかし、iTBI を受けたが命は助かったという子どもの予後は不良であることは明らかで、その理由としては、それが脳損傷として最も重症であること、加害による受傷後に起こる無呼吸によって低酸素性虚血性障害を伴うこと、これらのケースのほとんどがごく早期の乳幼児であることが挙げられる。

後遺症を有する子どもの治療モデルとプログラム

　幼小児期に加えられた暴力の影響を軽減するために専門的な治療が効果的な場合もあるが、多くの子どもは永続的な脳障害を遺し、後遺症は時間が経つにつれて次第に悪化していくことも少なく

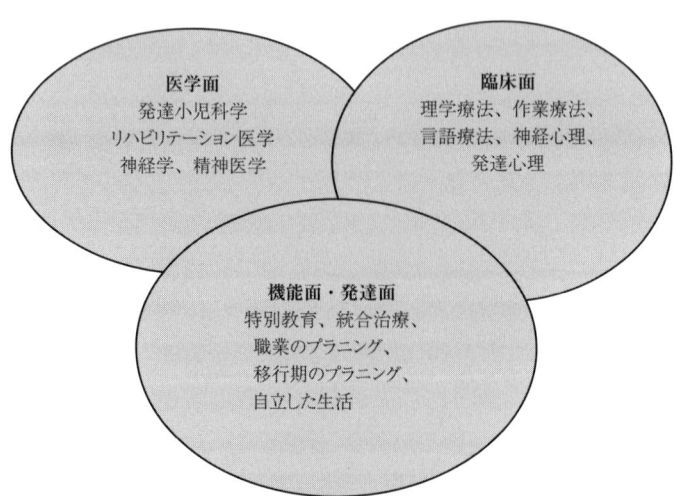

図 19.1　成功する治療プログラムとは、それぞれ最善のリハビリテーション医学と治療的介入と特別教育を組み合わせたものである。

ない。身体的な暴行を受け、脳障害を遺したが命はとりとめたという子どもたちは、さまざまな神経発達上の障害（たとえば、認知機能障害、社会的・行動上の問題、身体運動の障害、部分盲または全盲などの視覚障害、聴力障害、痙攣性疾患、脳性麻痺、吸啜や嚥下の問題など）に対して急性期以降の特別な医療サービスを必要とすることが多い。残念ながら、子どもの中には意識レベルが回復せず、非常に複雑なサービスや援助が生涯にわたって必要となる子どももいる。

　医療の見地からも、このような子どもは特別な医療を必要としていることは明らかである。米国の保健福祉省保健資源事業局母子健康部（Maternal and Child Health Bureau, Department of Health and Human Services, Health Resources and Services Administration）はこのような子どもを「身体、発達、行動、情緒面での慢性的なリスクが高く、通常の子どもよりも質的・量的な面でより高度の健康関連のサービスを必要とする人」と定義している（Maternal and Child Health Bureau, 2012）。

　このような子どもに対して機能回復の援助となる治療プログラムとは、リハビリテーション医学（発達小児科学、小児リハビリテーション医学、小児神経学、児童精神医学）、治療的介入（言語療法 [speech and language therapy, SLT ／訳注：米国では speech and language pathology, SLP と呼ばれることが多い]、理学療法 [physical therapy, PT]、作業療法 [occupational therapy, OT]、神経心理学、発達心理学）、特別教育（直接指導、統合治療、職業訓練、移行期のプラニング）の各分野でうまくいっている部分を、個別のニーズに合わせて組み合わせたプログラムである（図 19.1）。

　しかし多くの場合、このような子どもに対して、急性期以降に治療サービスを提供する最大の機関は病院ではなく学校や家庭である。またその子どもが医学的な観点からどのように定義されているか（たとえば、虐待による頭部外傷を受けた子ども）は、障害者教育法（Individuals with Disabilities Education Act, IDEA）という米国の特別教育法のもとでの特別教育の分類カテゴリーには必ずしも適合していない。

　IDEA というのは、障害を持った子どもが、他の子どもと全く同じように無料で適切な公的教育を受けられる機会を保証するように、米国連邦議会が 1975 年に制定したのがそもそもの始まりである。その法律は年月を経て何度も改定され、2004 年 12 月には修正が加えられて、2006 年 8 月には Part B：学童版、2011 年 9 月には Part C：乳幼児版の最終的な法令が公表された。

　IDEA には障害に関して 14 のカテゴリーがあるが、その内の 2 つの定義は TBI の子どもにも該当し、特別教育サービスや支援が提供される。頭部外傷は IDEA では以下のように定義されている。

　　物理的な外力によって引き起こされた脳の後天的な障害で、全般的ないし部分的な機能の障害か心理社会的障害、またはその両者をきたし、子どもの学業成績に負の影響をおよぼすもの。この用語は、脳の 1 つ以上の領域（たとえば、認知、言語、記憶、注意、推理力、抽象的思考、判断、問題解決、感覚・知覚・運動能力、心理社会的行動、身体機能、情報処理、言語など）の障害を遺すような開放性または閉鎖性の頭部外傷に用いられる。先天性疾患や変性疾患による脳障害、出生時外傷によって生じた脳損傷には適応されない（34 C.F.R. Part 　300/A/300/B（c）(12)）。

TBI を受けた子どもに対して、特別教育サービスを提供するために用いることのできる IDEA

での2つ目のカテゴリーは、「その他の健康障害（other health impairment, OHI）」である。OHIとは、周囲の刺激に対して過敏に反応するなど、能力・持久力・注意力などが制限されていることによって、教育環境への注意集中が制限されてしまうような子どもを指す。IDEAでは、OHIは次のような障害として定義されている。

　　喘息や注意欠如症、注意欠如・多動症、糖尿病、てんかん、心疾患、血友病、鉛中毒、白血病、腎炎、リウマチ熱、鎌状赤血球症、トゥレット（Tourette）症候群などのような、慢性的または急性の健康上の問題によるもので、子どもの学業成績に負の影響を及ぼすもの（34 C.F.R. Part 300/300.7/C/9）。

　したがって、虐待による頭部外傷を受けたが命は助かり脳損傷や後遺症、関連する医療上の問題を持つ多くの子どもにとって、TBIとOHIの両方が障害のカテゴリーとしてリストに載っていることは、その子どもたちに特別なサービスが提供され、子どものすべてのニーズが認定されることを保証するのにも有用であろう。

　残念なことに、学校が子どもに対して提供するように求められているのは医療的なサービスではなく、教育に関係するサービスだけである。すなわち、車椅子の子どもでも学習の妨げとなるような運動障害がなければ、理学療法サービスは受けられない。これは、親や里親、保護者にとっては複雑なジレンマとなる。というのは、保険会社もまた「校舎の扉を越えた」治療サービスを要求されているわけではないからである。機能の維持や改善のために必要度が高い場合には、継続して外来治療を（放課後や週末に）受けている子どももいるが、実際には資金面の問題のために受けられない子どもが多い。医療上、臨床上、また特別教育の必要性がいくつも複雑に絡み合っていたとしても、民間の資金が利用できなければ必要なサービスを受けることができない。

　長年にわたって親や保護者はこのような子どもたちのために支援活動を行ってきており、それに応えて多くの学校や病院では子どもたちに役立つようなさまざまなサービスモデルを開発して対応している。このプロセスを開始するためには、何よりもまず、特別教育サービスが必要な子どもをきちんと認定して提供することが重要であり、そのサービスを提唱する上で医師は大切な役割を担っている。

障害を有する子どものための特別教育サービス

　各州や官公庁が早期介入や特別教育、及びその関連サービスを、対象となる乳幼児から青年期までの650万人以上の障害児・者に対して提供する方法については、IDEAの中で定められている。0〜2歳の乳幼児とその家族はIDEA Part Cの早期介入サービスを受ける。3〜21歳の小児・青年にはPart Bの特別教育と関連サービスが提供される。

　特別教育と関連サービスを受ける公立学校の子どもには、全員に個別教育プログラム（Individualized Education Program, IEP）を提供しなければならない。それぞれのIEPは、その1人の生徒のために立案されたもので、真に**個人に合わせた**文書でなければならない。IEPは教師、両

親、学校管理者、関連サービス業者、生徒（加わることが適切な場合は）が協力して障害児教育の成果を向上させるための機会を作り出す。また IEP は、子どもの特別教育プログラムに含まれておくべき、職業訓練、自立した生活、移行期サービス（高校卒業後）を明確に規定している。IEP はすべての障害児に対する質の高い教育の基本となる。

　たとえば早期介入サービスは、発達の遅れや障害のある乳幼児のニーズに合うように立案されている。そのプログラムは乳幼児が 3 歳までの通常の発達過程で獲得するはずの、基本的で新しいスキル全般に関するものであり、以下のようなものを含む。

・**身体面**（手を伸ばす、寝返りをする、這う、歩く）
・**認知面**（考える、学ぶ、問題を解決する）
・**コミュニケーション**（話す、聞く、理解する）
・**社会性・情緒面**（遊ぶ、安全と幸福を感じる）
・**身辺自立**（食べる、身支度をする）

　また、家族や児童保育提供者、教育者にとって大変有用となる情報源もいくつかある。
・特殊児童協会の幼児教育部会（Division for Early Childhood, through the Council for Exceptional Children）（www.dec-sped.org）
・全米乳幼児教育協会（National Association for the Education of Young Children）（www.naeyc.org）
・全米幼児技術支援センター（National Early Childhood Technical Assistance Center）（www.nectac.org）
・乳幼児が 3 歳の誕生日まで受けられるサービス（Services for babies and toddlers to the third birthday）（IDEA Part C、全米障害児普及センター［National Dissemination Center for Children with Disabilities］のサイトを参照、www.nichcy.org/babies）

サンプルプログラムと治療モデル

　特別教育システムは**何をどのように**子どもに教えるかを決めているのに対して、**どこで教えるか**に関しては、両親の選択や医療の必要度、利用できる資源や得られる資金の補助などに応じて、さまざまな環境が用意されている。たとえば、公立学校の特別教育プログラム、私立の特別教育校、院内学級、特別養護施設内の学校、長期居住型プログラムの学校、家庭訪問型の教育プログラム、またはこれらの組み合わせ、などである。どの「場所」を選ぶかは、子どもの能力や必要性、好みによって決めるのが最善であることは明らかであるが、多くの地域、特に地方ではその資源不足が深刻である。

　院内学級：多くの小児病院では長年にわたって院内学級を作ってきた。これは、医療上の必要性が複雑であるために、慢性疾患や入院リハビリテーションの目的で長期入院を余儀なくされる子どものために作られたものである。院内学級プログラムは学業上の目標達成と友達との交流を続けら

れるような学齢期の子どもに焦点を当てている。資格を持った教師が、学級や家庭での教師、子ど
ものケアに関わる医療の専門職などと協力して、適切な教育サービスを提供する。たとえば、フィ
ラデルフィア小児病院の学級プログラムでは、入院中のストレスを軽減するための、なじみのある
「通常の」活動に参加するだけではなく、子どもが学力を伸ばし維持するように援助している。ま
た、医療・臨床スタッフや院内学級の教師は、教育制度を上手に利用して子どもに適切なサービス
を受けさせられるよう、親や保護者を支援する。

　　特別養護施設や医療型居住施設：子どもによっては、医療上の必要性が複雑であるとか、家庭環
境での養育をする親や保護者がいないなどの理由で、特別養護施設や医療型居住施設での長期入所
を必要とする場合がある。たとえば、オハイオの Hattie Larlham プログラム（医療型居住施設）で
は、非常に複雑な問題を抱え機能が低下している子どもに対して、長期の医療的ケアを提供してお
り、さらに施設内にある私立のチャーター・スクールプログラムに参加する機会もある。子どもた
ちは医療サービス、治療サービス、創造的な芸術、特別教育サービスのすべてをきちんと統合され
た１つのケアシステムの中で受ける。

　　マサチューセッツの New England Pediatric Care（特別養護施設）にも同じようなプログラムが
あり、出生時から 22 歳までの病弱児・病弱者に対して、特別養育、機能的リハビリテーション治
療（PT、OT、SLP、レクリエーション）と特別教育サービスを統合させた、高度専門的ケアを提供
している。この統合治療は、子どもの認知面・社会面での機能を維持するとともに、健康状態全般
を改善させるのに有用である。

　　ニュージャージーの Voorhees Pediatric Facility（特別養護と小児の人工呼吸プログラム）にある
Bancroft School は、２つの私立施設の間で行われている画期的な協力体制である。Voorhees
Pediatric Facility には病弱で医療技術の助けや継続的な特別養護を必要とする子どもが入所してい
るが、Bancroft School はそういう子どもに対して特別教育サービスを提供するために施設内に設
立された私立校である。教師、リハビリテーション治療者や他の医療スタッフは、家族や保護者と
協力して、生徒の教育、情緒、リハビリ、身体の発達を最大限にするように短期的・長期的な目標
を立てており、もし可能な場合には子どもが再び家庭や地域に戻ることを促進することもできる。

　　私立の特別教育学校：ボストンにある May Center for Education and NeuroRehabilitation と
Ivy Street School は、後天的な脳損傷や神経疾患を持つ子どもの居住型サービスを提供する私立の
特別教育学校である。私立学校であるため、子どもたちに PT、OT、SLP や心理学などの治療的
サポートや養育サービス、集中的な特別教育の指導を追加することが可能である。そこで全教育課
程を終えることもできるし、一定期間の後にもとの地域の学校に戻ることもある。

　　病院から学校への連携モデル：サン・ディエゴでは、市の校区と Rady Children's Hospital が協
力して、病院から学校へと連携する脳損傷プログラムを作っている。スタッフを共有することに
よって、子どもが医療のリハビリテーションサービスだけでなく特別教育サービスも入院中に受け

ることができ、退院後は学校の脳損傷サービスチームを通して学校に再入学できるようになっている。集中的な介入が必要な子どもは診断目的の入院のために Brain Injury Learning Center に紹介となる。この連続的なプロセスによって、子どもが騒がしく慌ただしい学校の環境に組み入れられる前に、脳損傷が回復する時間の余裕ができる。1 対 1 対応の状況の中で、生徒は失った知識や技術を再獲得し新しい学習を身につける機会を持つ。また、Brain Injury Learning Center に設置されていないような、Special Day Class、Transition Skills Class やその他の特別なクラスは近隣の学校に置かれており、必要に応じてサポートを受ける。この組織的なケース管理モデルによって子どもたちには一連の治療が提供され、必要な場合には継続的なケアと特別教育サービスの一環として Rady Children's Hospital の専門家（医師、神経心理学者、セラピスト）によって再評価される。

家庭での教育：両親が選択したために、また複雑な医療が必要であるために、家庭で教育を受ける子どももいる。家庭での教育は連邦と州の法律で定められているが、そのやり方は州によっても、また校区によっても異なることがある。IDEA で定める家庭での教育とは、急性の、または重篤な健康上の問題のために長期に及ぶことになるとしても、その一定期間だけ家庭や病院から出られない、という事態を想定したものである。家庭医はその校区の家庭教育チームと相談して、この教育方法を採る期間を予想して前もって決めておかなければならない。子どもに関する情報を家族と一緒に見直して IEP を作るためのチームを決めるのは学校である。さらに、学業の進歩を維持しながら、できるだけ早く学校に復帰することが目標であり、学校に通わない教育方法を続けるかどうかは学校のチームで毎年再検討しなければならない。しかし、医療的な視点（たとえば疾患のリスク、急変のリスク、必要とされる高度な医療的ケアの量など）から家庭での長期間の教育が最善の選択となる場合もある。

研修／コンサルテーションのプログラム：障害を持つ子どもに対する別の治療モデルとしては、公立学校の教師と特別教育の先生が協力してその子ども 1 人ひとりの必要性を明らかにし、外部の機関を通して訓練や相談の支援を学校に提供してもらうという実践的治療モデルが成功しているものもある。たとえばコロラドの BrainSTARS は、外傷や後天的な脳損傷に関する教育や情報・相談を家族や学校の職員に対して提供しているプログラムである。そのマニュアルは両親や教師にとって総合的かつ実際的なもので、脳損傷についての基礎知識、小児期・青年期の発達、積極的な変化を創り出す方法、脳損傷に関して生じる問題の包括的なリスト、推奨される介入方法、ワークシートから構成されている。この BrainSTARS モデルプログラムには、マニュアルに加えて、家族や学校に対して継続的な相談支援を行い、子どもの個別のニーズに合わせて介入方法を細かく調整することも含まれている。

ペンシルベニアにある Brain Injury Association は、州の保健省からの助成金を受け、州の教育省との協力の下に、BrainSTEPS（Strategies Teaching Educators, Parents, and Students の頭文字）と呼ばれる、小児・青年期の脳損傷のための学校復帰プログラム（Child & Adolescent Brain Injury School Re-Entry Program）を作った。このプログラムは州全体に及ぶ学校復帰プログラムであり、

BrainSTEPS Consulting Teams のメンバーは、TBI を負った生徒への教育に関する広範囲の訓練を受けた種々の分野の専門家から構成されていて、それを利用して学校や家族に対して基本的な研修や資源を提供することができる。

医療学級：最後になるが、多くの公立校では、養育的ケアや治療（PT、OT、SLP）などの専門的な医療サービスを必要とする子どものために「医療学級」が作られてきた。ここでは、プログラムの基本として集中的な特別教育を提供するだけではなく、子どもの健康状態（投薬、痙攣のコントロール、栄養など）を保つための医療的なサポートを統合している。

　以上のように、虐待による頭部外傷の結果として長期に及ぶ脳障害や他の合併症を遺した子どものために、さまざまなモデルや効果的な取り組み例がある。そのような子どもたちに特別なサービスを提供する上で最も重要なのは、IDEA の下での特別教育を必要とする子どもを適正に選んで認定することである。どこで教育を行うかの選択は、医療面、特別教育面、治療・心理面などでの必要度や、利用できる資源と資金、親や保護者の希望など、多くの要因によって決まるであろう。

熱傷

　幼小児の熱傷の大半は監視の目が届いていなかったのが原因であり、このネグレクトは一瞬の場合と常習的な場合がある。熱傷の医学的所見からはネグレクトの種別まではわからない。意図的に負わされた熱傷というのは多くはない（Chester et al., 2006）。子どもの熱傷の多くは、事故であっても虐待によるものであっても、熱湯か接触による熱傷である。化学熱傷とは、腐食性物質が子どもの皮膚にかかったり口に入ったりすることによって生じるもので、虐待による熱傷の原因としては稀であるが、子どもの化学熱傷の多くは明らかにネグレクトによるものである。電気熱傷は、通電している電線コードが子どもの口や皮膚に接触させられることによって生じるもので、数としてはより少ないが報告例はある。

　熱傷を負った乳児や小児に対する初期救急評価は、基本的な外傷の ABC、つまり気道・呼吸・循環の管理に集中すること、次に神経学的な障害や受傷機転を評価することである。気道熱傷、熱いものや腐食性の液体の嚥下は気道の浮腫や腫脹を来しうる。熱傷そのものの評価は二次評価に含まれる。生理学的状態と熱傷の範囲・深さによって、その後どのようなケアをするかが決まる（Sheridan, 2005）。

　損傷を十分に評価するためには、熱傷の受傷転機や受傷時期、受診前または搬送中に施された治療について詳細に聴取することも必要である。たとえ小さな熱傷の場合であっても、合併する外傷がないかはスクリーニングしなければならない。輸液による蘇生を要するような大きな熱傷を負った子どもには、2 本の太い静脈路の確保と尿量モニタリングのための導尿カテーテル挿入が必要である。煙の吸入や熱傷によって気道も損傷されている場合や、疼痛に対する投薬で呼吸抑制が起こる場合には、気管挿管と人工呼吸管理が必要となる。

　熱傷の範囲は体表面積全体（total body surface area, TBSA）に対する割合で評価する（Mlcak & Buffalo, 2007）。この評価のためには 3 つの異なった方法が用いられている。小児用に改訂した「9 の法則」は最も簡便であるが、乳幼児での身体の比率は成人とは異なるため、乳児、小児用の適切 なチャートを用いるように注意しなければならない。乳幼児や小児では、頭頸部は TBSA の 18%、 一側下肢は 15%、一側上肢は 10%、体幹前面・後面がそれぞれ 16% である。Lund と Browder の ダイアグラムは、乳児用、5 歳用、10 歳用という年齢別のチャートがあるためにより正確ではあ るが、用いるのがやや煩雑である。小さい範囲では、患者の手掌の大きさ（TBSA の 0.5%）に基づい た評価が最も簡便である（Sheridan et al., 1995）。紅斑は表層の熱傷を意味するため、熱傷の大きさ を決める場合には紅斑のみの部分は含まない。

　熱傷の深度は壊死組織を十分に取り除くデブリドマン（創面切除）を行った後に初めて決定でき る。ほとんどの熱傷は深度が混在していて、3 度熱傷が主体の患者でも表層部分の熱傷による強い 痛みを訴えることもある。熱傷は 3 日目にピークとなる動的な過程をたどるため、多くの熱傷では 数日間の観察と熱傷深度の決定のためのデブリドマンが必要である。

　1 度熱傷は表皮のみに限局し、疼痛、紅潮、圧迫による退色が特徴である。日焼けの多くは 1 度 熱傷で、特に治療を行わなくても数日で治癒する。

　浅達性 2 度熱傷は水疱形成、疼痛、湿潤した紅色の皮膚が特徴であり、圧迫によって退色する。 **深達性 2 度熱傷**は真皮に及び、疼痛は軽減する。色調は白色から紅色までさまざまで、湿潤してい る場合と乾燥している場合があるが、圧迫でも退色しない。**3 度熱傷**は真皮全体から皮下組織に及 ぶ全層性の熱傷である。外観は炭化し、皮革様で硬く陥凹し、斑状を呈する。**4 度熱傷**は筋層や骨、 関節、筋肉に及ぶ（Duffy, McLaughlin, & Eichelberger, 2006; Pham, Gibran, & Heimbach, 2007）。

　全周性の熱傷とは身体の一部を取り囲む熱傷であり、入院と特別なモニタリングを必要とする。 四肢の絞扼は血流低下をきたし、無治療の場合には四肢切断が必要となることもある。体幹の全周 性の熱傷は呼吸障害を呈することがあり、緊急で焼痂切開術、すなわち熱傷に切開を加えて、圧を 解除する手術が必要となる。焼痂切開術は受傷後 12 〜 24 時間後に行われることが多く、幼小児で は麻酔や鎮静を必要とする（Sheridan, 2005）。集中治療室では焼痂切開術をベッドサイドで行う場 合もある。

　軽度の熱傷とは、米国熱傷学会（American Burn Association）の定義によると、小児では TBSA の 5% 未満、青年期では 10% 未満の 1 〜 2 度熱傷で、目・耳・顔面・手足・会陰部に美容的または 機能的なリスクがないものを指す。基準としてはさらに、熱傷が単独の損傷である（吸入損傷のリ スクがない）こと、大きな関節をまたぐものではないこと、全周性ではないこと、がある（Morgan, 2012）。軽度の熱傷は外来通院で治療できることが多いが、虐待の懸念がある場合には、社会的な 状況に対処し、ケアをする人に正しい創傷治療の方法を教えるためにも、入院の閾値を下げなけれ ばならない。

　初期の丁寧なデブリドマンは熱傷の深度を評価し、また感染のリスクを下げるためにも必要であ る。破れているか、大きくて拡大傾向のある水疱は取り除くべきであるが、小さいものはそのまま にしておいてもよい。浅い熱傷には抗生剤の局所塗布は不要である。2 度の熱傷は、刺激の少ない

石鹸で毎日丁寧に洗浄して局所にスルファジアジン銀クリームかバシトラシン軟膏（ネオマイシンやポリミキシン含有ないし非含有）を塗布する必要がある。これらの外用薬は、細菌の二次感染を減らし、再上皮化を促進するための湿潤環境を保つ。目の細かいガーゼで覆うだけでも、局所の保護と疼痛軽減になる（Pham, Gibran, & Heimbach, 2007; Sheridan, 2005）。傷は感染に注意して観察をしなければならない。

破傷風ワクチンは追加接種が必要であり、1期の破傷風ワクチンを続けて接種していない子どもには、ワクチンに加えて破傷風免疫グロブリンを投与すべきである。

外来治療での子どもの疼痛コントロールに必要な薬剤は、アセトアミノフェンや非ステロイド系の抗炎症薬程度で足りることが多い。経口の麻薬（オキシコドンやコデイン）は短期間の創傷処置の際に必要となることがある。

重度の熱傷とは、10歳以下の子どもではTBSAの10%（青年期では20%）以上に及ぶ2度の熱傷、TBSAの5%以上の3度熱傷、顔面・眼・耳・外性器・関節に及ぶ重大な熱傷、気道熱傷、のいずれかを満たすものを指す（Hartford & Kealy, 2007）。このような熱傷は熱傷センターの中で診療経験の豊富な熱傷チームが管理するのが最善である。熱傷センターでは、地域病院では維持することのできないような、外科、看護、集中治療、医療、栄養，理学療法や職業訓練などの治療サービスが提供できる。軽度と重度の中間の熱傷は、さらに詳しく評価するために総合病院か熱傷センターへの入院が必要である。

救急蘇生には気道と呼吸の評価をしなければならない。煙の吸入の場合や原因にかかわらず呼吸抑制がある場合には（最も多いのは鎮痛剤の投与によるものだが）、気管挿管が必要となる。広範囲の熱傷では、皮膚の熱傷面からの水分喪失と浮腫のためにショックに陥ることがあり、Parkland（Baxter）や他の公式を用いた輸液蘇生が重要である。初期の投与量の計算ではラクテートリンゲル液を4ml/kg（訳注：原書では4mg/kgとなっているが誤り）×%TBSA（熱傷範囲が体表面積に占める比率）となり、その2分の1を最初の8時間に、残りを次の16時間で投与する。体重20kg以下の小児には維持輸液が必要であり、5%ブドウ糖を投与する。この公式は治療開始時点のものであり、体内水分量の状態は尿量や心拍数を注意深くモニターして、輸液量を適切に調整しなければならない（Warden, 2007）。

広範囲の熱傷は重篤な生理学的障害をきたす。合併症としては、ショック、輸液の過剰負荷や急性呼吸窮迫症候群による呼吸不全、腎不全がある。TBSAの15%以上の熱傷を負った子どもは集中治療室での初期対応が必要である。

熱傷創への感染は重大な合併症である。初期には細心の注意を払った創傷ケアが重要である。銀含有のいろいろな生理学的被覆材が感染のリスクを下げて治癒を促進するために用いられる。創傷の洗浄とデブリドマンの処置が連日必要となる。

早期の切除と皮膚移植を行うことは致命率を低下させ、また入院期間の短縮や治療コストの削減にもつながるため、3週間以内に治癒する見込みのない熱傷（深達性2度熱傷の多くと広範囲の3度熱傷のすべてを含む）の場合にはそれが標準的な治療となっている。早期に創傷を閉鎖することで、感染の頻度や拘縮・肥厚性瘢痕の重症度が下がり、より速やかにリハビリテーションを始めること

していた養育者から傷害を受け、その人から分離されるということは、さらに重症の複雑性トラウマとなる。

長期の予後

　虐待による熱傷を受けた子どもに焦点を当てた心理的な予後に関する研究はない。虐待によらない重症の熱傷で助かった子どもに関するいくつかの研究では、心理面や生活の質に関しては前向きな結果であった。驚くべきことに、熱傷の重症度は心理的な予後とはほとんど無関係であった。予後は家族の因子と強く相関していたとする報告もある。Blakeney ら（1993）は、重症熱傷（TBSAの 15％以上）を負った子どもで受傷から少なくとも 1 年以上経った 60 人の子どもについて調査を行った。両親が記録した評価尺度を見ると、標準的な子どもにくらべて問題行動や能力の低下が起こる（実際にはすべての子どもが標準化された検査では正常域にあるにもかかわらず）のが心配の種になっていることが明らかとなった。学校の教師は両親ほど多くの問題を報告していなかった。また熱傷の重症度は心理的な予後とは無関係であった。熱傷のために入院した 6 カ月から 15 歳までの94 人の子どもの両親に対する最近の調査によると、標準となる同年代の子どもに比べると心理的問題がより広く報告されていた（Willebrand et al., 2011）。さらに分析すると、両親が熱傷後の子どもの心理的な問題を報告するかどうかは、熱傷に関係した変数よりも両親の心理的な症状や家族に関する他の変数の方がより大きく影響していた。

　心理的な、また生活の質に関する予後は、家族の要因と密接に関連していることは繰り返し報告されている（Landolt, Grubenmann, & Meuli, 2002）。「団結している」家族、つまり 1 つの単位として仲良く協力していて、子どもだけでなくお互いを信頼して支え合う家族では、子どもの心理的予後はより良好であった。熱傷という出来事が起こる前には、このような家族の団結はなかったが、その後に形成されたという場合もありうる（LeDoux et al., 1998）。

　Meyer ら（2004）は小児期・青年期に重症の熱傷（TBSA の 30％以上）を経験した若年成人 101人を調査して、「就職や対人関係という発達面での達成度については同年代の人と同等であった」と報告している。若い女性の場合は、身体的な訴えや思考の問題、引きこもりや攻撃的、非行的な言動が同年代の女性より顕著に見られていた。予後が良好かどうかは、家族や友人、地域社会の受け入れと関係しているようであった。

腹部外傷

　腹部臓器が損傷をきたすのには大きな外力を必要とする。腹部外傷は通常、**貫通外傷**（典型的には鋭利なものや銃弾による）と**鈍的外傷**（腹部への強い打撃による）に分類されている。事故による鈍的外傷は車の衝突、車と歩行者の衝突、高所からの墜落、自転車の衝突などによって起こる。このような事故の目撃がない場合には、故意の外傷を疑わなければならない。虐待による腹部外傷は、通常大人が子どもの腹部を蹴ったり拳で殴ったり、時には何度も殴打を加えることで生じ、子ども虐待の死因としては頭部外傷に次いで 2 番目である。

　Lane ら（2012）は入院患者の全国データベースの解析を行ったところ、米国では 2006 年に 203 人の子どもが虐待による腹部外傷で入院となり、これはその年の子どもの腹部外傷での入院総数の 5.9％であることが明らかとなった。1 歳未満の乳児の場合には、虐待による腹部外傷は腹部外傷による入院全体の 4 分の 1 以上であった。しかし、虐待による外傷で入院となった子どもの中で腹部外傷の占める割合は低く、Lane ら（2012）の報告では、虐待のために入院となった 0 ～ 9 歳の子どもの中で腹部外傷はわずか 4％であったとされている。

　鈍的外傷は、肝臓、脾臓、膵臓、腎臓などの実質臓器にも、胃、十二指腸、小腸、大腸といった管腔臓器にも損傷を与える。実質臓器への損傷によって、さまざまな程度の裂創や出血が生じる。膵損傷は、頻度は低いが重症となりうる。管腔臓器は血腫を作ったり穿孔をきたしたりすることがある。胃や腸の内容物が漏出することで生命に危険をおよぼすような強い炎症反応が生じる。腹腔内で腸に付着している臓器である腸間膜も損傷を受けることがある。

　子どもにおける、虐待による腹部損傷と事故による損傷とを横断的に比較した英国の研究があるが、Barens ら（2005）はその年齢と損傷のパターンには大きな違いがあると報告している。虐待の場合は交通外傷や墜落に比べて年齢がかなり低く（平均年齢、虐待：3.73 歳、交通外傷：9.7 歳、墜落：10.39 歳）、また腸管（管腔臓器）の損傷は、虐待では 55％であったのに対し、交通外傷では 21％、墜落では 10％であった。Trokel ら（2006）は、米国の小児外傷全国登録（車両による交通外傷を除く）を用いて鈍的腹部外傷を負った 5 歳以下の子どもの調査を行い、管腔臓器と膵臓の損傷は、虐待においてはるかに高率であることを示した（管腔臓器の損傷は 35.1％対 6.1％、膵損傷は 14.1％対 4.8％）。

　Wood ら（2005）は故意の腹部外傷を受けた 121 人の子どもを事故によるケガの対照群と比較して、前者の方がより低年齢で、損傷の程度もより重症であることを報告した。被虐待児では管腔臓器（腸管）の損傷の頻度が高く、また実質臓器と腸管の両方の損傷が同時に見られたのは被虐待児においてだけであった。また事故による損傷の子どもに比べて受診の遅れもあったが、それだけでは虐待かどうかの正確な予測因子にはならなかった。

　Hilmes ら（2011）は、虐待を受けた 35 人の幼小児における腹部 CT 検査の異常所見を後方視的に検討して、実質臓器の中で最も受傷頻度の高かったのは肝臓の 42.9％、ついで脾臓と腎臓（共に 17.1％）であると報告した。また腸管や腸間膜の損傷は 40％、腸管穿孔は 11.4％であった。肝臓、腸管、腸間膜の損傷は同時に起こっていることが多かった。

　腹部外傷による死亡率は、被虐待児では事故によるものに比べるとはるかに高率である。その理由としては、被虐待児の方が低年齢であること、受診の遅れや頭部外傷の合併が考えられる（Canty, Canty, & Brown, 1999; Lane et al., 2011; Ledbetter et al., 1988; Trokel et al., 2004, 2006）。

　リスクファクターとして明らかなものは、患者の年齢、腸管損傷、膵損傷、受診の遅れなど多数あるが、虐待による外傷かどうかの診断は、（1）症状や所見の説明がつくような病歴がないことと、（2）皮膚の出血斑、熱傷、骨折、頭部外傷のように、虐待と関連するような所見が他にもあること、による。すべての医学的評価と同じように、他の診断がないか、また発症に寄与するような病因がもともとなかったかどうかは十分に評価しなければならない。

診断

　事故による外傷の場合、受傷転機によって腹部外傷の懸念が生じることが多い。自動車事故の衝突で子どもがシートベルトしかしていなかった場合や高所からの墜落、自転車のハンドルの上への転倒は、すべて腹部外傷を除外しなければならない事故である。被虐待児の場合、病歴は低所からの墜落であるという偽りの場合もあるし、何もなかったとされる場合もある。腹壁の出血斑や圧痛、膨満は臓器損傷を疑う症状である。しかし、診察所見が一見正常であっても重大な損傷が存在することもあるため、症状がないからといって安心はできない。虐待であると判断された子どもに関する多施設共同での前方視的観察研究では、3.2％（1,676 人中の 54 人）に腹部外傷があり、うち 31％（54 人中の 17 人）では、腹部の圧痛も出血斑も膨満も見られない、臨床的には「潜在性」の損傷であった（Lindberg et al., 2009）。

　腹部造影 CT 検査は腹部の実質臓器損傷についての診断方法として頻用されている（Bixby, Callahan, & Taylor, 2008）。超音波の FAST スキャンは非侵襲的で迅速だが、腹腔内の液体貯留があるかどうかだけに限って焦点を絞った超音波検査である。外傷による損傷という状況では、遊離腹水とは通常出血である。しかし、FAST スキャンは小児では鋭敏ではなく、かなりの数の重大な損傷を見逃してしまう（Bixby, Callahan, & Taylor, 2008）。

　検体検査では、腹部外傷を含めた多くの胃腸症状に伴って肝酵素（AST、ALT）の上昇を認める。Lindberg ら（2009）は被虐待児の前方視的研究を行って、AST または ALT が 80IU を超えている場合は、腹部 CT 検査が必要である（感度 77％、特異度 82％、陽性的中率 16％）という結論を出した。血清アミラーゼとリパーゼは膵損傷のときによく検査が行われるが、感度も特異度も高くはない。腎損傷は側腹部への直接的な打撃によって起こる。尿検査では顕微鏡的または肉眼的血尿を呈することが多い。腎臓の画像検査としては、腹部造影 CT 検査で遅延撮影を用いるのが標準的な方法となっている。

　鈍的外傷の場合、腸管（管腔臓器）損傷は実質臓器損傷よりも頻度は少ない。CT 検査は実質臓器損傷の検出には感度が高いが、腸管損傷に関してはそれほど正確ではない（Bixby, Callahan, & Taylor, 2008; Peters et al., 2006）。補助的な画像検査としては超音波検査や経口造影剤を用いた上部消化管造影検査がある。CT 検査を行わない場合や画像診断の結果がはっきりしない場合は、さらに腹部の検査を行うために入院とすることもある（Schonfeld & Lee, 2012）。

　虐待による損傷の場合、そのときに誰が子どもと一緒にいたのかを判断する際には、損傷した日の特定が重要になることもある。CT スキャンは腹部外傷の受傷日の特定にはあまり役に立たない。というのは、損傷のタイプや重症度によって CT 画像の分解能が異なるためである（Raissaki et al., 2011）。AST と ALT の値の変動の時期が受傷時期の特定に有用かもしれないという予備的な証拠がある（Baxter et al., 2008）。腸管の修復のために手術を行った場合には、切除標本の病理検査で受傷に対する組織の反応を評価することによって、受傷時期の特定に有用なこともある。

ケアの原則

　初期の安定化は、外傷二次救命処置（Advanced Trauma Life Support protocol, ATLS）のプロトコールに従って、気道・呼吸・循環の評価とサポートにまず専念すべきである。腹部損傷の評価は二次評価に含まれる（American College of Surgeons, 2011）。

　子どもがショック状態で急性の腹部損傷があり輸液による蘇生に反応しない場合には、緊急開腹術の適応となる。また腸管穿孔が認められた場合も、同様に緊急の修復手術が必要である。場合によっては、手術ではなく血管造影による塞栓術で出血の治療が可能なこともある（Kiankhooy et al., 2010）。重篤な腹部損傷の場合には、段階的な（すなわち何回かの部分的な手術で完成する）外科手術が行われることもある（Shapiro et al., 2000）。この方法はダメージコントロール手術として知られており、最初の手術は出血と汚染のコントロールだけを目的とする。術後に患者は再びICUに入室して蘇生術を受ける。最終的な手術を終えるまでの数日間は、腹部の術創は開放したままとする。

実質臓器損傷

　実質臓器損傷を受けた患者は年齢にかかわらず非観血的治療を行うことがほとんどである。その方が結果的には回復が早く合併症も少ない。肝臓、脾臓、腎臓への外傷は、CT所見で段階分けされる。グレードは「1：被膜下血腫」から「5：血管幹からの完全な途絶や臓器の破砕」まであり、脾臓と腎臓は5段階、肝臓は5または6段階に分類される。しかし手術をするかどうかはCT所見ではなく血行動態が安定しているかどうかによって決まる。グレードの高い外傷であっても手術を行わずに管理できる例もしばしばある（Croce et al., 1995; Malhotra et al., 2000）。状態が安定したら入院の上でモニタリングを行うが、グレードが高い場合には集中治療室に入室する。腹部への活動性の出血が続いているようなら非観血的な管理は困難で手術が必要となる。症例を選べば、血管造影での塞栓術も選択肢の1つとなるが、この方法は小児ではまだそれほど広く行われているわけではない（Kiankhooy et al., 2010）。

　脾臓が欠損しているか外科的に摘出されている場合には、被包性細菌による致命的な感染症をきたすリスクがある。ワクチン接種に最適の時期は摘脾術の2週間前または2週間後とされている。肺炎球菌、インフルエンザ桿菌、髄膜炎菌に対するワクチンを疾病管理予防センター（Centers for Disease Control and Prevention, 2011）の勧告に沿って接種すべきである。

　膵損傷：膵臓は、上腹部への強い打撃を受けて脊椎との間で挟まれることによって破砕されることがある。事故による機序としてよく知られているのは、子どもが自転車から転落してハンドルの先端で腹部を強く打つというものである。膵臓から多量の出血をきたすことはないが、損傷によって挫傷を受けると膵の消化酵素が遊離し、局所の強い炎症を引き起こす。治療としては経口摂取を制限して点滴による水分投与と経静脈栄養を行うことで腸管を完全に休ませることである。主膵管の遠位部が断裂した場合には、通常は膵遠位部の切除の適応となる。膵管の断裂が近位の場合はス

テントの留置が適応となることもある（Mattix et al., 2007）。回復のためには長期間の経静脈栄養が必要となることが多い。治癒過程で仮性膵嚢胞ができることもあり、その場合はドレナージが必要となる。

　腎外傷：小児の腎外傷に対する治療の主流は、非観血的管理である。事故による腎損傷でレベル1の外傷センターに入院した子どもの前方視的研究では、13％（39 人のうち 5 人）が輸血を必要としたが、97％（39 人のうち 38 人）が手術を行わずに管理された（Fitzgerald et al., 2011）。小児の高度腎損傷に関するメタアナリシスによると、保存的管理の成功率が高かったという結論であった（Umbreit, Routh, & Husmann, 2009）。

管腔臓器損傷

　管腔臓器の損傷は初期の腹部 CT では必ずしも明らかではないため、診断が遅れることもある（Peters et al., 2006）。腹腔内の遊離ガスのように明らかな穿孔の所見があれば、直ちに外科的な介入が適応となる。診断が確定していない場合は入院の上で腹部の検査を続ける必要がある。

　十二指腸は小腸へと続く胃の出口で、生じる頻度が最も高い損傷は十二指腸壁在血腫である（Bensard et al., 1996; Desai et al., 2003）。血腫によって腸管の閉塞をきたすこともある。腸管の安静と疼痛のコントロール、点滴と経静脈栄養が治療の主流である。十二指腸の穿孔は外科的な修復を必要とする。

　空腸は腸管穿孔の中で最も多い部位である。胃穿孔は稀であるが食後に膨満していた状態で腹部に強い打撃が加わると起こりうる。管腔臓器の穿孔に対しては全例開腹術が標準的な方法であるが、腹腔鏡下の手術も状況によっては選択肢となる。

　腸間膜血腫は腸管への血流を障害し、遅発性の穿孔や腹膜炎の原因となる。自発痛や圧痛が損傷の 12 ～ 24 時間後に出現することもある。腸管の外傷や手術によるその他の晩期合併症としては、腸閉塞、敗血症、創部感染、膿瘍の形成などがあり、その場合には入院が数週間におよぶこともある。

予後

　腹部外傷の長期予後は損傷のタイプと重症度による。子どもが元気に遊べる段階に戻るための標準的なガイドラインはなく、推奨されている方法もさまざまである。自転車や三輪車に乗ったり山登りをしたりするのは最低 2 週間の制限という場合が多いが、より重症であればもっと長期間の制限が必要となる。虐待された子どもの場合は事故による腹部外傷に比べて、入院期間が長く費用もかかり、死亡率も高くなる（Lane et al., 2011）。腹部外傷を受けたが重度の頭部外傷のない子どもの場合は、保存的治療でも観血的治療でも予後は良好であることが多い。

追悼

Sugar Naomi 医師はこの章の熱傷と腹部外傷の章を担当してくれたが、悲しいことに 2013 年 7

月 21 日に亡くなった。シアトルのワシントン大学での同僚であった Kenneth Feldman 医師は、こう述べている。「Naomi 医師は児童虐待の分野で優秀な仲間だった。担当した事例についての、控え目だが実際的で愛情のこもったアプローチは素晴らしかった。いつも家族を尊重し思いやりがあった。虐待と非虐待の判別に関する我々の Seattle studies に大いに貢献してくれた」

　Naomi 医師は 1979 年にミルウォーキーのウイスコンシン医科大学を卒業して、ピッツバーグ小児病院にレジデントとして勤務し、その後ワシントン大学の行動小児科学で特別研究員となった。彼女はまた英文学でも修士号を持っていた。シアトルの Harborview Center for Sexual Assault and Traumatic Stress の医長であった。Naomi の死は惜しまれることだろう。

［参考文献］

1. Adelson, P. D., Bratton, S. L., Carney, N. A., Chestnut, R. M., du Cordray, H. E., Goldstein, B., et al. (2003). Guidelines for the acute medical management of severe traumatic brain injury in infants, children, and adolescents. *Pediatric Critical Care Medicine, 4*(3, Suppl.), S1–75.

2. American College of Surgeons. (2011). *The ATLS program: Advanced Trauma Life Support*. www.facs.org/trauma/atls/program.html

3. Anderson, V., Catroppa, C., Morse, S., Haritou, F., & Rosenfeld, J. (2005). Functional plasticity or vulnerability after early brain injury? *Pediatrics, 116*, 1374–1382.

4. Anderson, V., Catroppa, C., Morse, S., Haritou, F., & Rosenfeld, J. V. (2009). Intellectual outcome from preschool traumatic brain injury: A 5-year prospective, longitudinal study. *Pediatrics, 124*, e1064–1071.

5. Anderson, V., Godfrey, C., Rosenfeld, J. V., & Catroppa, C. (2012). 10 years outcome from childhood traumatic brain injury. *International Journal of Developmental Neuroscience, 30*, 217–224.

6. Anderson, V., Spencer-Smith, M., Leventer, R., Coleman, L., Anderson, P., Williams, J., et al. (2009). Childhood brain insult: Can age at insult help us predict outcome? *Brain, 132*, 45–56.

7. Barlow, K. M., Thompson, E., Johnson, D., & Minns, R. A. (2004). The neurological outcome of non-accidental head injury. *Pediatric Rehabilitation, 7*, 195–203.

8. Barnes, P. M., Norton, C. M., Dunstan, F. D., Kemp, A. M., Yates, D. W., & Sibert, J. R. (2005). Abdominal injury due to child abuse. *Lancet, 366*(9481), 234–235. doi:10.1016/s0140-6736(05)66913-9

9. Baxter, A. L., Lindberg, D. M., Burke, B. L., Shults, J., & Holmes, J. F. (2008). Hepatic enzyme decline after pediatric blunt trauma: A tool for timing child abuse? *Child Abuse & Neglect, 32*(9), 838–845. doi:10.1016/j.chiabu.2007.09.013

10. Bensard, D. D., Beaver, B. L., Besner, G. E., & Cooney, D. R. (1996). Small bowel injury in children after blunt abdominal trauma: Is diagnostic delay important? *Journal of Trauma, 41*(3), 476–483.

11. Berger, R. P., Dulani, T., Adelson, D., Leventhal, J. M., Richichi, R., & Kochanek, P. M. (2006). Identification of inflicted traumatic brain injury in well-appearing infants using serum and cerebrospinal markers: A possible screening tool. *Pediatrics, 117*, 325–332.

12. Berger, R. P., Ta'asan, S., Rand, A., Lokshin, A., & Kochanek, P. (2008). Multiplex assessment of serum biomarker concentrations in well-appearing children with inflicted traumatic brain injury. *Pediatric Research, 65*, 97–102.

13. Bixby, S. D., Callahan, M. J., & Taylor, G. A. (2008). Imaging in pediatric blunt abdominal trauma. *Seminars in Roentgenology, 43*(1), 72–82. doi:10.1053/j.ro.2007.08.009

14. Blakeney, P., Meyer, W., Moore, P., Broemeling, L., Hunt, R., Robson, M., & Herndon, D. (1993). Social

competence and behavioral problems of pediatric survivors of burns. *Journal of Burn Care and Rehabilitation, 14*(1), 65–72.

15. Bonnier, C., Nassogne, M.- C., & Evrard, P. (1995). Outcome and prognosis of whiplash shaken infant syndrome: Late consequences after a symptom-free interval. *Developmental Medicine and Child Neurology, 37*, 943–956.

16. Brosbe, M. S., Hoefl ing, K., & Faust, J. (2011). Predicting posttraumatic stress following pediatric injury: A systematic review. *Journal of Pediatric Psychology, 36*(6), 718–729. doi:10.1093/jpepsy/jsq115

17. Canty, T. G., Sr., Canty, T. G., Jr., & Brown, C. (1999). Injuries of the gastrointestinal tract from blunt trauma in children: A 12-year experience at a designated pediatric trauma center. *Journal of Trauma, 46*(2), 234–240.

18. Catroppa, C., Anderson, V. A., Morse, S. A., Haritou, F., & Rosenfeld, J. V. (2008). Outcome and predictors of functional recovery 5 years following pediatric traumatic brain injury (TBI). *Journal of Pediatric Psychology, 33*, 707–718.

19. Centers for Disease Control and Prevention. (2011). Recommended immunization schedules for persons aged 0 through 18 years—United States, 2012. *MMWR Morbidity and Mortality Weekly Report, 61*(5), 1–4.

20. Chester, D. L., Jose, R. M., Aldyami, E., King, H., & Moiemen, N. S. (2006) Non-accidental burns in children— Are we neglecting neglect? *Burns, 32*, 222–228.

21. Chou, R., & Peterson, K. (2005). *Drug class review: Skeletal muscle relaxants—Final report*[Internet]. Portland, OR: Oregon Health & Science University.

22. Croce, M. A., Fabian, T. C., Menke, P. G., Waddle-Smith, L., Minard, G., Kudsk, K. A., & Pritchard, F. E. (1995). Nonoperative management of blunt hepatic trauma is the treatment of choice for hemodynamically stable patients: Results of a prospective trial. *Annals of Surgery, 221*(6), 744–753; discussion 753–745.

23. Dean, N. P., Boslaugh, S., Adelson, P. D., Pineda, J. A., & Leonard, J. R. (2007). Physician agreement with evidence-based recommendations for the treatment of severe traumatic brain injury in children. *Journal of Neurosurgery, 107*(5, Suppl.), 387–391.

24. Desai, K. M., Dorward, I. G., Minkes, R. K., & Dillon, P. A. (2003). Blunt duodenal injuries in children. *Journal of Trauma, 54*(4), 640–645; discussion 645–646. doi:10.1097/01. ta.0000056184.80706.9b

25. De Young, A. C., Kenardy, J. A., Cobham, V. E., & Kimble, R. (2012). Prevalence, comorbidity and course of trauma reactions in young burn-injured children. *Journal of Child Psychology and Psychiatry, 53*(1), 56–63. doi:10.1111/j.1469-7610.2011.02431.x

26. Dias, M. S. (2004). Traumatic brain and spinal cord injury. *Pediatric Clinics of North America, 51*, 271–303.

27. Dietrich, A. M., Bowman, M. J., Ginn-Pease, M. E., Kosnik, E., & King, D. (1993). Pediatric head injuries: Can clinical factors reliably predict an abnormality on computed tomography? *Annals of Emergency Medicine, 22*(10), 1535–1540.

28. Duffy, B. J., McLaughlin, P. M., & Eichelberger, M. R. (2006). Assessment, triage, and early management of burns in children. *Clinical Pediatric Emergency Medicine, 7*(2), 82–93. doi:10.1016/j.cpem.2006.04.001

29. Dunning, J., Daly, J. P., Lomas, J.- P., Lecky, F., Batchelor, J., & Mackway-Jones, K., Children's Head Injury Algorithm for the Prediction of Important Clinical Events Study Group. (2006). Derivation of the children's head injury algorithm for the prediction of important clinical events decision rule for head injury in children. *Archives of Disease in Childhood, 91*, 885–891.

30. Durham, S., Clancy, R. R., Leuthhardt, E., Sun, P., Kamerling, S., Dominguez, T., & Duhaine, A. (2000). CHOP Infant Coma Scale ("Infant Face Scale"): A novel coma scale for children less than two years of age. *Journal of Neurotrauma, 17*, 729–737.

31. Ewing-Cobbs, L., Kramer, L., Prasad, M., Canales, D. N., Louis, P.T., Fletcher, J. M., et al. (1998). Neuroimaging, physical and developmental findings after inflicted and non-inflicted traumatic brain injury in young children. *Pediatrics, 102*, 300–307.

32. Ewing-Cobbs, L., Prasad, M., Kramer, L., & Landry, S. (1999). Inflicted traumatic brain injury: Relationship of developmental outcome to severity of injury. *Pediatric Neurosurgery, 31*, 251–258.

33. Fitzgerald, C. L., Tran, P., Burnell, J., Broghammer, J. A., & Santucci, R. (2011). Instituting a conservative management protocol for pediatric blunt renal trauma: Evaluation of a prospectively maintained patient registry. *Journal of Urology, 185*(3), 1058–1064. doi:10.1016/j.juro. 2010.10.045

34. Hahn, Y. S., Fuchs, S., Flannery, A. M., Barthel, M. J., & McLane, D. G. (1988). Factors influencing post-traumatic seizures in children. *Neurosurgery, 22*, 864–867.

35. Hahn, Y. S., & McLone, D. G. (1993). Risk factors in the outcome of children with minor head injury. *Pediatric Neurosurgery, 19*, 135–142.

36. Hanson, M. D., Gauld, M., Wathen, C. N., & Macmillan, H. L. (2008). Nonpharmacological interventions for acute wound care distress in pediatric patients with burn injury: A systematic review. *Journal of Burn Care & Research, 29*(5), 730–741. doi:10.1097/BCR.0b013e318184812e

37. Hartford, C. E., & Kealy, G. P. (2007). Care of outpatient burns. In D. N. Herndon (Ed.), *Total burn care* (3rd ed., pp. 67–80). Edinburgh, UK: W. B. Saunders.

38. Haviland, J., & Russell, R. I. R. (1997). Outcome after severe non-accidental head injury. *Archives of Disease in Childhood, 77*, 504– 507.

39. Hessen, E., Nestvold, K., & Anderson, V. (2007). Neuropsychological function 23 years after mild traumatic brain injury: A comparison of outcome after paediatric and adult head injuries. *Brain Injury, 21*, 963–979.

40. Hilmes, M. A., Hernanz-Schulman, M., Greeley, C. S., Piercey, L. M., Yu, C., & Kan, J. H. (2011). CT identification of abdominal injuries in abused pre-school-age children. *Pediatric Radiology, 41*(5), 643–651. doi:10.1007/s00247-010-1899-9

41. Huang, T. (2007). Overview of burn reconstruction. In D. N. Herndon (Ed.), *Total burn care* (3rd ed., pp. 674–686). Edinburgh, UK: W. B. Saunders.

42. Jennett, B. (1976). Posttraumatic epilepsy. In P. J. Vinken & G. W. Bruyn (Eds.), *Handbook of clinical neurology* (Vol. 24, pp. 445–454). New York, NY: American Elsevier Publishing.

43. Kaulfers, A.- M. D., Backeljauw, P. F., Reifschneider, K., Blum, S., Michaud, L., Weiss, M., & Rose, S. (2010). Endocrine dysfunction following traumatic brain injury in children. *Journal of Pediatrics, 157*, 894–899.

44. Kay, M., & Wyllie, R. (2009). Caustic ingestions in children. *Current Opinions in Pediatrics, 21*(5), 651–654. doi:10.1097/MOP.0b013e32832e2764

45. Kiankhooy, A., Sartorelli, K. H., Vane, D. W., & Bhave, A. D. (2010). Angiographic embolization is safe and effective therapy for blunt abdominal solid organ injury in children. *Journal of Trauma, 68*(3), 526–531. doi:10.1097/TA.0b013e3181d3e5b7

46. Kirk, K. A., Shoyket, M., Jeong, J. H., Tyler- Kabara, E. C., Henderson, M. J., Bell, M. J., & Fink, E. L. (2008). Dysautonomia after pediatric brain injury. *Developmental Medicine and Child Neurology, 54*, 759–764.

47. Koskiniemi, M., Kyykka, T., Nybo, T., & Jarho, L. (1995). Long-term outcome after severe brain injury in preschoolers is worse than expected. *Archives of Pediatrics & Adolescent Medicine, 149*, 249–254.

48. Krach, L. E., Kriel, R. L., Morris, W. F., Warhol, B. L., & Luxenberg, M. G. (1997). Central autonomic dysfunction following acquired brain injury in children. *Neurorehabilitation and Neural Repair, 11*, 41–45.

49. Kraft, R., Herndon, D. N., Al-Mousawi, A. M., Williams, F. N., Finnerty, C. C., & Jeschke, M. G. (2012). Burn size and survival probability in paediatric patients in modern burn care: A prospective observational cohort study. *Lancet, 379*(9820), 1013–1021. doi:10.1016/S0140-6736(11)61345-7

50. Krahulik, D., Zapletalova, J., Frysak, Z., & Vaverka, M. (2010). Dysfunction of hypothalamic-hypophysial axis after traumatic brain injury in adults. *Journal of Neurosurgery, 113*, 581–584.

51. Landolt, M. A., Grubenmann, S., & Meuli, M. (2002). Family impact greatest: Predictors of quality of life and psychological adjustment in pediatric burn survivors. *Journal of Trauma, 53*(6), 1146–1151. doi:10.1097/01.

ta.0000033763.65011.89

52. Lane, W. G., Dubowitz, H., Langenberg, P., & Dischinger, P. (2012). Epidemiology of abusive abdominal trauma hospitalizations in United States children. *Child Abuse & Neglect, 36*(2), 142–148. doi:10.1016/j.chiabu.2011.09.010

53. Lane, W. G., Lotwin, I., Dubowitz, H., Langenberg, P., & Dischinger, P. (2011). Outcomes for children hospitalized with abusive versus noninflicted abdominal trauma. *Pediatrics, 127*(6), e1400–1405. doi:10.1542/peds.2010-2096

54. Ledbetter, D. J., Hatch, E. I., Jr., Feldman, K. W., Fligner, C. L., & Tapper, D. (1988). Diagnostic and surgical implications of child abuse. *Archives of Surgery, 123*(9), 1101–1105.

55. LeDoux, J., Meyer, W. J., 3rd, Blakeney, P. E., & Herndon, D. N. (1998). Relationship between parental emotional states, family environment and the behavioural adjustment of pediatric burn survivors. *Burns, 24*(5), 425 –432.

56. Leonard, L. G., Scheulen, J. J., & Munster, A. M. (1982). Chemical burns: Effect of prompt first aid. *Journal of Trauma, 22*(5), 420–423.

57. Lind, K., Toure, H., Brugel, D., Laurent-Vannier, A., & Chevignard, M. (2012). Long-term outcome after severe shaken baby syndrome. *Annals of Physical and Rehabilitation Medicine, 55*(Suppl. 1), e233.

58. Lindberg, D., Makoroff, K., Harper, N., Laskey, A., Bechtel, K., Deye, K., & Shapiro, R. (2009). Utility of hepatic transaminases to recognize abuse in children. *Pediatrics, 124*(2), 509–516. doi:10.1542/peds.2008-2348

59. Maguire, J. L., Boutis, K., Uleryk, E. M., Laupacis, A., & Parkin, P. C. (2012). Should a head-injured child receive a head CT scan? A systematic review of clinical prediction rules. *Pediatrics, 124*, e145–154.

60. Makaroff, K. L., & Putnam, F. W. (2003). Outcomes of infants and children with inflicted traumatic brain injury. *Developmental Medicine and Child Neurology, 45*, 497–502.

61. Malhotra, A. K., Fabian, T. C., Croce, M. A., Gavin, T. J., Kudsk, K. A., Minard, G., & Pritchard, F. E. (2000). Blunt hepatic injury: A paradigm shift from operative to nonoperative management in the 1990s. *Annals of Surgery, 231*(6), 804–813.

62. Martin-Herz, S. P., Thurber, C. A., & Patterson, D. R. (2000). Psychological principles of burn wound pain in children: II. Treatment applications. *Journal of Burn Care and Rehabilitation, 21*(5), 458–472; discussion 457.

63. Maternal and Child Health Bureau, U.S. Department of Health and Human Services, Health Resources and Services Administration. (2012). *National survey of children with special healthcare needs*. www.childhealthdata.org

64. Mattix, K. D., Tataria, M., Holmes, J., Kristoffersen, K., Brown, R., Groner, J., et al. (2007). Pediatric pancreatic trauma: Predictors of nonoperative management failure and associated outcomes. *Journal of Pediatric Surgery, 42*(2), 340–344. doi:10.1016/j.jpedsurg.2006.10.006

65. Meyer, W. J., 3rd, Blakeney, P., Russell, W., Thomas, C., Robert, R., Berniger, F., & Holzer, C., 3rd. (2004). Psychological problems reported by young adults who were burned as children. *Journal of Burn Care and Rehabilitation, 25*(1), 98–106. doi:10.1097/01.BCR.0000107203.48726.67

66. Minns, R. A., Jones, P. A., & Barlow, K. M. (2005). Outcome and prognosis of nonaccidental head injury in infants. In R. A. Minns & J. K. Brown (Eds.), *Shaking and other non-accidental head injuries in children* (pp. 364– 414). London, UK: MacKeith Press.

67. Mlcak, R. P., & Buffalo, M. C. (2007). Pre-hospital managment, transportation, and emergency care. In D. N. Herndon (Ed.), *Total burn care* (3rd ed., pp. 81–92). Edinburgh, UK: W. B. Saunders.

68. Morgan, W. F. (2012). Treatment of minor thermal burns. *UpToDate*. www.uptodateonline.com

69. Nelson, L. P., & Gold, J. I. (2012). Posttraumatic stress disorder in children and their parents following admission to the pediatric intensive care unit: A review. *Pediatric Critical Care Medicine, 13*(3), 338–347. doi:10.1097/PCC.0b013e3182196a8f

70. Norwood, K. W., DeBoer, M. D., Gurka, M. J., Kuperminc, M. N., Rogol, A. D., Blackman, J. A., et al. (2010). Traumatic brain injury in children and adolescents: Surveillance for pituitary dysfunction. *Clinical Pediatrics, 49*, 1044–1049.

71. Palchak, M. J., Holmes, J. F., Vance, C. W., Gelber, R. E., Schauer, B. A., Harrison, M. J., et al. (2003). A decision rule for identifying children at low risk for brain injuries after blunt head trauma. *Annals of Emergency Medicine, 42*, 492–508.

72. Park, K. D., Kim, D. Y., Lee, J. K., Nam, H., & Park, Y. (2010). Anterior pituitary dysfunction in moderate-to-severe chronic traumatic brain injury and the influence on functional outcome. *Brain Injury, 24*, 1330–1335.

73. Peters, E., LoSasso, B., Foley, J., Rodarte, A., Duthie, S., & Senac, M. O., Jr. (2006). Blunt bowel and mesenteric injuries in children: Do nonspecific computed tomography findings reliably identify these injuries? *Pediatric Critical Care Medicine, 7*(6), 551–556. doi:10.1097/01.pcc.0000244428.31624.ab

74. Pham, T. N., Gibran, N. S., & Heimbach, D. M. (2007). Evaluation of the burn wound: Management decisions. In D. N. Herndon (Ed.), *Total burn care* (3rd ed., pp. 119–126). Edinburgh, UK: W. B. Saunders.

75. Raissaki, M., Veyrac, C., Blondiaux, E., & Hadjigeorgi, C. (2011). Abdominal imaging in child abuse [Review]. *Pediatric Radiology, 41*(1), 4–16; quiz 137–138. doi:10.1007/s00247-010-1882-5

76. Reilly, P. L., Simpson, D. A., Sprod, R., & Thomas, L. (1988). Assessing the conscious level in infants and young children: A pediatric version of the Glasgow Coma Scale. *Child's Nervous System, 4*, 30–33.

77. Richardson, D. (2002). Physical therapy in spasticity. *European Journal of Neurology, 9*(Suppl. 1), 17–22.

78. Rorke-Adams, L., Duhaime, C.- A., Jenny, C., & Smith, W. L. (2009). Head trauma. In R. M. Reece & C. W. Christian (Eds.), *Child abuse: Medical diagnosis and treatment* (3rd ed.). Elk Grove Village, IL: American Academy of Pediatrics.

79. Schonfeld, D., & Lee, L. K. (2012). Blunt abdominal trauma in children. *Current Opinions in Pediatrics, 24*(3), 314–318. doi:10.1097/MOP.0b013e328352de97

80. Serghiou, M. A., Ott, S., Farmer, S., Morgan, D., Gibson, P., & Suman, O. E. (2007). Comprehensive rehabilitation of the burn patient. In D. N. Herndon (Ed.), *Total burn care* (3rd ed., pp. 620–651). Edinburgh, UK: W. B. Saunders.

81. Shapiro, M. B., Jenkins, D. H., Schwab, C. W., & Rotondo, M. F. (2000). Damage control: Collective review. *Journal of Trauma, 49*(5), 969–978.

82. Sheridan, R. (2005). Outpatient burn care in the emergency department [Review]. *Pediatric Emergency Care, 21*(7), 449–456; quiz 457–449.

83. Sheridan, R., Petras, L., Basha, G., Salvo, P., Cifrino, C., Hinson, M., et al. (1995). Planimetry study of the percent of body surface represented by the hand and palm: Sizing irregular burns is more accurately done with the palm. *Journal of Burn Care and Rehabilitation, 16*(6), 605–606.

84. Shunk, J. E., Rodgerson, J. D., & Woodward, G. A. (1996). The utility of head computed tomographic scanning in pediatric patients with normal neurologic examination in the emergency department. *Pediatric Emergency Care, 12*, 160–165.

85. Sills, M. R., Libby, A. M., & Orton, H. D. (2005). Prehospital and in-hospital mortality: A comparison of intentional and unintentional traumatic brain injuries in Colorado children. *Archives of Pediatrics & Adolescent Medicine, 159*, 665–670.

86. Stoddard, F. J., Saxe, G., Ronfeldt, H., Drake, J. E., Burns, J., Edgren, C., & Sheridan, R. (2006). Acute stress symptoms in young children with burns. *Journal of the American Academy of Child and Adolescent Psychiatry, 45*(1), 87–93. doi:10.1097/01. chi.0000184934.71917.3a

87. Su, E., Bell, M. J., Kochanek, P. M., Wisniewski, S. R., Bayir, H., Clark, R. S., et al. (2012). Increased CSF concentrations of myelin basic protein after TBI in infants and children: Absence of significant effect of therapeutic hypothermia. *Neurocritical Care*. Advance online publication.

88.　Teasdale, G., & Jennett, B. (1974). Assessment of coma and impaired consciousness: A practical scale. *Lancet, 2*, 337–347.

89.　Temiz, A., Oguzkurt, P., Ezer, S. S., Ince, E., & Hicsonmez, A. (2012). Predictability of outcome of caustic ingestion by esophagogastroduodenoscopy in children. *World Journal of Gastroenterology, 18*(10), 1098–1103. doi:10.3748/wjg.v18. i10.1098

90.　Trokel, M., DiScala, C., Terrin, N. C., & Sege, R. D. (2004). Blunt abdominal injury in the young pediatric patient: Child abuse and patient outcomes. *Child Maltreatment, 9*(1), 111–117. doi:10.1177/1077559503260310

91.　Trokel, M., Discala, C., Terrin, N. C., & Sege, R. D. (2006). Patient and injury characteristics in abusive abdominal injuries. *Pediatric Emergency Care, 22*(10), 700–704. doi:10.1097/01.pec.0000238734.76413.d0

92.　Umbreit, E. C., Routh, J. C., & Husmann, D. A. (2009). Nonoperative management of nonvascular grade IV blunt renal trauma in children: Meta-analysis and systematic review. *Urology, 74*(3), 579–582. doi:10.1016/j.urology.2009.04.049

93.　Warden, G. D. (2007). Fluid resuscitation and early management. In D. N. Herndon (Ed.), *Total burn care* (3rd ed., pp. 107–118). Edinburgh, UK: W. B. Saunders.

94.　Willebrand, M., Sveen, J., Ramklint, M. D., Bergquist, R. N., Huss, M. D., & Sjoberg, M. D. (2011). Psychological problems in children with burns: Parents' reports on the Strengths and Difficulties Questionnaire. *Burns, 37*(8), 1309–1316. doi:10.1016/j.burns.2011.08.003

95.　Wood, J., Rubin, D. M., Nance, M. L., & Christian, C. W. (2005). Distinguishing inflicted versus accidental abdominal injuries in young children. *Journal of Trauma, 59*(5), 1203–1208.

第20章
子どもがネグレクトされている場合の 家族への介入

ダイアン・デパンフィリス

　子どものネグレクトは最もよくある、そして最も理解されていない子どもの不適切養育問題である。この章の目的は、家族が彼らの子どもの基本的なニーズを満たすのを助けるための有望なアプローチについて、われわれが知っていることをまとめることである。ネグレクトは、単に養育者がケアを怠ることだけでなく、子どもの養育における家族の主要な役割についての認識の欠落も示している。この章では効果的な介入の研究（De-Panfilis, 1996; Gaudin, 1988, 1993b; Gaudin, Wodarski, Arkinson, & Avert, 1990/91; Howing, Wodarski, Gaudin, & Kurtz, 1988; Smokowski & Wodarski, 1996）に限定して再検討した最近の取り組みから引き出されてきた知見を統合し、この領域で集められた最良の知識と経験に基づいて生成された介入戦略を提案する。

定義

　この章の目的上、ネグレクトとは（1）子どもの基本的なニーズを満たすためのケアを怠る行為が（2）結果として子どもに害悪、あるいは害悪の脅威をもたらす（Dubowitz, Black, Starr, & Zuravin, 1993）こととする。この定義は、ネグレクトとなる条件が常に養育者による怠惰だけではなく、貧困家庭のコントロールを超えた他の要因にも帰せられるかもしれないことを示している。著者は、ネグレクトの社会的状況における重要性を強調した初期の論文（Lewis, 1969）に同意する。Lewis は、**親のネグレクト**とは子どもに責任がある大人による不十分な世話と指導であると定義し、**コミュニティのネグレクト**を適切な世話と指導を子どもたちに提供しようとする親を支援する社会的資源の準備が不十分な状態と定義した。いずれの例でも、責任のある人々（親あるいはコミュニティ当局）は外部からの介入なしには適切な世話を提供できない可能性がある。

　この定義を超えて、子どもの基本的なニーズは多くの異なった局面で満たされないかもしれない。いろいろな定義（American Professional Society on the Abuse of Children, APSAC, 1995; Magura & Moses, 1986; Department of Health and Human Services, DHHS, 1988; Zuravin & DePanfilis, 1996）の組み合わせを用いることによって、子どもの基本的なニーズが満たされない次のような状況に対処するための介入が必要かもしれない。すなわち、不適切な監督、不適切な代理保育、放棄、生活習慣

の一貫性の無さ、必要とされた医療を受けられないこと、保健衛生に対する不注意、衛生的な状態を保つ家屋管理への無関心、安全についての家屋管理への無関心、身体上の危険な状態が家の中にあること、栄養上のニーズに対する不注意、衣類についての不適切さ、暴力を目撃すること、薬物あるいはアルコールの使用（あるいは両方とも）を許すこと、他の不適応行動を許すこと、不適切な身辺の世話あるいは愛情、孤立、精神保健ケアのニーズに対する無関心と教育のニーズに対する無関心などである。

効果的な介入のための原則

ネグレクトを引き起こす可能性がある多くの道筋（Crittenden, 1999 を参照）と子どもの基本的なニーズが満たされないかもしれない多くの局面を考えると、1 つの介入アプローチをそれ以外の手法と比較して明確に支持するような経験的な研究がほとんどないことは驚くことではない。しかし、われわれにはまだまだ学ぶ必要がはるかに多くあるかもしれないにせよ、最近の研究成果（DePanfilis, 1996; Gaudin, 1988, 1993b; Gaudin et al., 1990/91; Howing et al., 1989; Smokowski & Wodarski, 1996）を概観すると、子どもの基本的なニーズが満たされていないとき、家族に介入する臨床家のための若干の基本原則が示唆される。

生態学的 – 発達的枠組み

もし次の 4 つのレベルで相互作用しているリスクと保護の要素のシステムに照らして、ネグレクトを検討する概念的な枠組みが働くなら、介入はより効果的となる可能性がある。

（1）個人あるいは個体発生的レベル、（2）家族のミクロシステム、（3）外部システム（exosystem）、（4）社会のマクロシステム（Belsky, 1980）。全米研究協会（National Research Council, 1993）は次のように簡潔にこのモデルを記述する（p.579、訳注 1 を参照）。

> 個体発生的レベルは個人の特性と家族メンバーの変化する発達上の状況を含む。家族のミクロシステムは、家族環境、子育てのスタイル、家族メンバー間の相互作用を含む。外部システム（exosystem）は家族が住んでいるコミュニティ、親の仕事場、家族メンバーの学校と同輩グループ、家族がすぐに利用できる公式・非公式の社会的サポートとサービス、また、世帯収入・職業・雇用機会などの他の要因から構成される。最後に、社会のマクロシステムは価値感や文化における信念のすべてに関係することから成り立っている（p.110）。

最も効果的であるために、介入は家族の特定のニーズに基づく多数のレベル（個体発生的レベル、

D, DePanfilis（1999 年）から再版　　　Reprinted from D. DePanfilis (1999), Intervening with Families When Children Are Neglected. In H. Dubowitz (Ed.), Neglected Children: Research, Practice, and Policy. Thousand Oaks, CA: Sage Publications, Inc.

家族のミクロシステムと外部システム）に方向づけられるべきである。さらに、長期にわたって、プログラムが社会のマクロシステムに取り組むための戦略をも考慮に入れるべきである。政策は、人口の大部分を圧迫し続ける社会状況、特に貧困層の中でも最も貧しい人、自分たちの子どもに最低限の適切なケアを提供することができない家族（Nelson, Saunders, & Landsman, 1993）を含む社会状況に目標が定められていなければならない。Nelson らが示唆した事例では、入手可能な子どものケアの有効性、教育と雇用の機会の増大、適切な低所得者住宅と賃貸助成金、大規模な薬物依存についての予防と治療の取り組みを含む。政策はさらに、家族維持とサポートサービスの両方が、学校、教会、家族にサービスを提供するレクリエーション組織のような、地域機関に統合されることを保証する必要がある（Thomlison, 1997）。Thomlison は、リスクに焦点を当てたプログラムがリスク要因の蓄積を防ぐべきであると提案している。すなわち、向社会的な状況と機会を確立して維持すること、回復力（resilience）と適応に焦点を合わせること、支援計画に親・子ども・その他の人の積極的な関与を促進すること、リスクの高い人たちに対するサービスが必要かつ十分であることを保証すること、子ども時代を形成する年月を通じてタイムリーで注意深い専門家の査定や評価・フォローアップサービスを提供すること、安全で安定した環境を築き、家族の形・日々の営み・宗教的儀式や秩序を確立することである。この章は家族についての介入に焦点が当てられているので、読者にはマクロレベルの介入についてのさらなる議論のため、Gelles（1999）を参照するよう勧める。

アウトリーチとコミュニティの重要性

　基本的なニーズが満たされない子どもの家族は典型的には貧しく、そして社会資源へのアクセスに欠けているかもしれない（Gaudin, 1993b; Smale, 1995）。さらに、これらの家族は ネグレクトのない対照群（DePanfilis, 1996）よりも社会的に孤立し、孤独を経験しており、そして田舎でも都市部でも、ともに社会的サポートが不足している可能性がいっそう高い。最後に、伝統的なオフィスの中での専門家による 1 対 1 のカウンセリングは、ネグレクトには効果的でないことが証明されている（Cohn & Daro, 1987）。したがって、介入は積極的なアウトリーチとアドボカシーを含み、具体的な公式・非公式の支援資源を動員する計画がなければならない。

　家庭や近隣、地域コミュニティの中で提供されるサービスはそのために不可欠なものである。支援者は日々の生活において家族を理解し、そして変化に対する家族の自然な抵抗を減らし、処理するのにとても良い立場にいる（Anderson & Stewart, 1983）。最も効果的であるためには、介入は家族とコミュニティの間の共同のプロセスでなければならない。学校、教会、保健センター、企業、育児施設などの人々が参加できるような包括的なプロセスを奨励し、その人たちが集まって彼らの近隣社会を強くする計画を立て、そして目標を実行するように戦略が組まれるべきである（Zuravin & Shay, 1992）。人と人とが次々とつながり、非公式の援助関係が築かれていくのである。

家族アセスメントの重要性

　子どものネグレクトを修復するための効果的な介入は、一見明白なネグレクトの**タイプ**と個人・

家族・近隣・コミュニティのレベルでのネグレクトにおける**特定の原因**に注目するとともに、家族の包括的なアセスメントに基づくものでなければならない（Gaudin, 1988, 1993b）。このアセスメントは、それが可能な場合には、個人・対人関係・家族メンバーに対する社会からの支援の包括的な像を形づくるために、他のサービス提供者と連携して実施するべきである。このアセスメントは、家族メンバー個々に、そして家族を１つのグループとして実施される。責任をもって有効に実施するために、実施者は標準化された評価尺度を使用し、リスク要因や保護要因、子育ての態度・知識・スキルを評価し記録することを考慮すべきである（Smokowski & Wodarski ,1996）。有用な評価尺度と記録用紙の例がいくつかのテキストで提供されている（Bloom, Fischer, & Orme, 1995; Dunst, Trivette, & Deal, 1988; Fischer & Corcoran, 1994a, 1994b; Hudson, 1982; Karls & Wandrei, 1994; Magura & Moses, 1986; Magura, Moses, & Jones, 1987; McCubbin, Thompson, & Mc-Cubbin, 1996; Walmyr Publishing Co., 1990, 1992 ）。

　家族というものはそれぞれ特有で、ネグレクトの問題を持つ家族も均一ではないから、いずれか１つの介入法がすべての状況で効果的とはならない（National Research Council, 1993; Wolfe, 1993）。介入は個々の家族の特定のニーズに合わせて作られるべきであり、プログラムはその相違を受け入れ、柔軟でなければならない。ネグレクトを引き起こした長く続く多くの問題を経験している家族と、たとえばホームレスや失業といった、ごく最近に危機を経験したことで、それが子どもの基本的なニーズが満たされない状態を引き起こしたかもしれない家族との間には、かなりの相違がある（Nelson et al., 1993）。さらに、多くの異なった家族システムのタイプがあるために、介入は、家族自身の家族についての定義や文化的なことに根差す相違と強みに合わせて調整することが重要となる（Lloyd & Sallee, 1994）。従来、主流となってきた家族に対する取り組みは、あまりにも母親にのみ強く焦点を合わせすぎており、父親や他の主たる養育者への十分な注目がなされてこなかった。

家族との援助同盟とパートナーシップの重要性

　ネグレクトの危険に曝された多くの家族は、これまで公的なシステムを積極的に利用する経験を持っていなかったかもしれない。効果的な多くのプログラムの重要な構成要素は、家族との援助同盟とパートナーシップを作り出していることにある（Bean, 1994; Dore & Alexander, 1996 ; Kenemore, 1993）。ネグレクト問題を持っている養育者には、相互的で支援的な対人関係を構成し維持することが苦手な人がいるため、援助同盟やパートナーシップを築くことは特に困難である（Dore & Alexander, 1996; Gaudin & Polansky 1986; Gaudin, Polansky, Kilpatrick, & Shilton, 1993）。実践家の主な課題の１つは、家族が自分たちの生活で困難な課題に取り組む機会を持てるように、家族との肯定的な関係やパートナーシップを構築することにある（McCurdy, Hurvis, & Clark, 1996）。介入に抵抗するかもしれない家族とうまくかかわるためには、最初に抵抗した養育者にも、共感を示す能力が必要である（Siu & Hogan, 1989）。養育者との関係を築くことは、傷つきやすい家族メンバーの成熟を促す調和的な関係を築くための葛藤解決のモデルとなる。（Bowlby, 1988; Crittenden, 1991）。Crittenden は、実践家が敏感に家族メンバーの感情コミュニケーションに注目することが、相互の調節と同化を導くフィードバックの循環パターンが確立することを提唱している。このよう

な対話は養育者の強みを認め、支持し、そして家族メンバーに、コミュニケーションの技能を進展させる安定した基盤を提供する（Bowlby, 1988）。このプロセスを通して、実践家はそれぞれの家族のニーズと能力に応じた介入を作り出すことができる（Crittenden, 1991）。長期に効果的であるために、介入は、家族が他の人たちとの間で持続する関係を育成するのを助けなくてはならない。もし介入が近隣社会に基盤を置くなら、介入終了後も、これらの関係は継続する可能性がいっそう高い。

エンパワメントに基づく実践の重要性

　いくつかのネグレクトに焦点を合わせたデモンストレーション・プロジェクトが家族への対応におけるエンパワメントアプローチ（Lee, 1994; Solomon, 1976）を使う重要性を報告している（DiLeonardi, 1993; Landsman, Nelson, Allen, & Tyler, 1992; Mugridge, 1991; U.S. DHHS, 1993; Witt, Dayton,& Sheinvald, 1992; Zuravin & Shay, 1992）。「家族をエンパワーするということは、家族メンバーが自身のニーズを満たすために努力した結果、自分たちの生活をコントロールできているという感覚を獲得するような方法で介入を実行することを意味する」（Dunst et al., 1988, p. 88）。ネグレクトのリスクを減少させるために、介入は、家族が効果的に家族や近隣の多数のストレスと状況を管理できるように援助しなくてはならない。家族メンバーが、彼ら自身の問題を解決し、社会サービスシステムに対する依存を避けるようにエンパワーされるべきである（Lloyd & Sallee, 1994）。エンパワメントは実践家と家族の間の協力を意味し、そして個人・家族・組織・コミュニティの能力の開発とその支援者を含む（Fraser & Galinsky, 1997）。これらの能力を引き出すことが、家族が十分に彼ら自身の能力とゴールを実感するのを助ける（Cowger, 1994; Gutierrez, 1990; Gutierrez, Glen Maye, & DeLois, 1995; Simon, 1994）。支援者の役割は、パートナー・ガイド・仲介者・アドボケーター・コーチ・後援者の１人になることである。

ストレングスを強調することの重要性

　ストレングスの視点は、多様な人々に対してますます適用されており（Saleebey, 1996, 1997; Trivette, Dunst, Deal, Hamer, & Prompst, 1990）、とくにネグレクトやその他の不適切養育問題のリスクの高い家族とも関連している（DePanfilis & Wilson, 1996）。ストレングスに基づく方向づけは、危機とストレスに対処するための家族の既存の能力と資質を築き上げるのに役立つ。つまり、ニーズを満たし、家族システムの機能を促進し、高め、強くするのである。ストレングスに基づく実践が、問題と病状を強調する欠点へのアプローチから、家族との確かなパートナーシップへと劇的な変化を起こす。そのために評価の焦点（先述）は、個々の家族メンバー・ユニットとしての家族・より広い近隣社会・環境に関係するリスクとストレングスの両方の複雑な相互作用に置かれる。

　子どもの基本的なニーズが満たされていないとき、われわれは家族の内外にどのような状況があるのか、同時に、家族が問題を扱うのを手助けするために、どのような資源が家族の内外に存在しているかが重要であることを理解しなくてはならない。介入は、それだけでは問題を解決しないかもしれないが、その代わりに養育者は家族メンバーのニーズを満たし、家族の福利と成熟を強化す

るための時間とエネルギーと資源をよりうまく手に入れることができるようになるかもしれない（Dunst et al., 1988）。ホッブズら（1984）は以下のように強調している。

　　家族とは健康な、有能な、そして思いやり深い、子どもを育てる重要な要素なのである。しかしながらわれわれは以下のことを指摘する。家族（すべての家族）は、思いやり深く力強くコミュニティから支援されない限り、彼らが本来できるはずのうまい子育てを行うことができない。家族自身の持つ資源に非公式・公式の援助を与えるのは、地域のサポートである。子どもが、養育してくれる大人がもたらす愛情のこもった世話、刺激そして援助を必要とするのとちょうど同じように、親たちもまた（個人として、そして社会的に価値のある役割［たとえば、親や労働者として］を果たしている成人として）社会資源を必要としている。彼らがうまく自分たちの役割を果たすことが可能になるには、思いやり深いコミュニティによる社会資源の提供が必要なのである（p.46）。

文化的に適合した介入の重要性

　子どもネグレクトにおける危険要因と保護要因は、人種や民族性によって異なるかもしれない。有色人種の家族、特にアフリカ系アメリカ人の家族が児童福祉制度において他と不釣り合いに多いことが判明している（Children's Defense Fund, 1990; Leashore, Chipungu, & Everett, 1991; National Black Child Development Institute, 1990）。ほとんどの場合これらの家族は貧しく、そして不完全な教育しか受けていない（Brissett-Chapman, 1997）。さらに、「アフリカ系アメリカ人、ヒスパニック、そして他の人種や民族的なバックグラウンドのある子どもが、直接、間接の差別の影響を受け、多くの種類の問題の危険を増大させ、悪化させている」ことが何度も報告されている（Fraser & Galinsky, 1997, p. 272））。

　合衆国においては、援助する専門家の文化的な対応能力を増大させるために必要なことは、次の3つの要因に対する対応である。(1) 増大する文化的な多様性（Sue, Arrendondo, & McDavis, 1992）、(2) さまざまな支援団体において多様なバックグラウンドを持つ専門家が少ないこと（McPhatter, 1997）、(3) 有色人種の虐待された子どもと家族への、社会・精神医療サービスが不十分であること（Gould, 1991）。特に、Gould は有色人種の家族が不十分な、そしてしばしば不適当でダメージを与えるような児童福祉サービスを受けていることを示している。この議論を支持する説得的な証拠がある。たとえば、アフリカ系アメリカ人の家族と子どもは、多くの児童福祉サービスの利用を拒否され（Close, 1983）、あるいはそのシステムの中で異なった取り扱いを受けている（Albers, Reilly, & Rittner, 1993; Stehno, 1982）。さらに、少数民族の子どもは里親養育システムにおいて偏った登録をされているが、それは一部では貧困の影響によるものであり、また一部では非公式な親族養育から正式な里親養育へ転換される影響によるものである（Danzy & Jackson, 1997）。そして彼らは、一旦登録されると白人の子どもより長く留まり、白人の子どものような多くの在宅サービスを受けず、不釣り合いな数の望ましくない経験をしていたのである（Billingsley & Giovannoni, 1972; Gould, 1991;

Mech, 1985)。たとえば、アフリカ系アメリカ人の子どもは、白人の子どもより異人種の里親や養子を望む家に委託される可能性がいっそう高く、そして幼い頃に委託されやすい（Fein, 1991）。Gould（1991）は、アフリカ系アメリカ人の子どもが、白人の子どもや他の少数民族の子どもより、あらゆる面で悪いサービスを与えられていたと示している。それは推奨されたよりも長い実際の委託期間であったり、サービスの数、養子縁組、子どもや主たる養育者とワーカーとの面会回数などにおいてであった。

　ネグレクトされた子どもとその家族がわれわれの児童福祉機関の取り扱い件数の半分以上を占め続けているので（U.S. DHHS, 1996）、サービス提供者の文化的な対応能力を向上させることが不可欠である。組織と実践家が文化的な相違を受け入れて尊重し、継続的に文化的な自己評価に携わり、彼らの多様性についての知識と技能を拡大し、そして対象住民の文化、状況と認知されたニーズに適合するようサービスモデルを改変するとき、基本的な文化的対応能力が達成される（Rauch, North, Rowe, & Risley-Curtiss, 1993）。文化は一世代から次の世代へ受け渡されていく信念、態度、価値観と標準的な行動の一連のセットである。それは言語、世界観、服装、食物、コミュニケーションのスタイル、健康の概念、ケア技術、子育てパターンと自己アイデンティティを含む（Abney, 1996）。人間が文化を作り、そしてそれぞれのグループが長い間に彼ら自身のものを発達させる。文化は、静的なものではなく、動的で、かつ変化しており、状況が変化するにつれて進展する。すべての文化において、その文化に属していることを宣言されたり、質問されたり、弁護されることを要しない、完全にその集団に受け入れられている信念で構成されている一連の前提がある。端的に言って、文化的な対応能力は、われわれの文化と異なったクライエント（あるいは仲間）の世界観を、自分の最大限の能力で理解する能力、そしてそれに応じてわれわれの実践をそれに適合させることである。最もよく家族のニーズを満たすためには、実践家がクライエントの見地から世界を理解し、そして建設的な方法で援助しなければならない。

　ネグレクトについてのシンポジウムで、Abney（U.S. DHHS, 1993）は、文化的要求に対応したシステムが取り組むべき、ネグレクト状態にある家族のニーズを概説した。ミクロレベルでは、家族にはエンパワメントのスキルを身につける機会と、アドボカシープロセスやピアサポートグループに参加することが必要である。マクロレベルで必要とされるのは、家族への学費援助、住宅、仕事を続けることに焦点を合わせたトレーニング、経済的な自己充足を促進するための収入増大、子どもの養育とヘルスケア、文化的なものに敏感に対応した研究、薬物乱用予防と治療プログラム、地理的にアクセス可能で、バイリンガルで、そして文化的に気配りのあるサービス、そして有色人種の専門家と共同体代表者によるプログラムの計画立案と実施により多く参加することである（合衆国 DHHS, 1993）。

介入の発達的妥当性

　実践家は、評価と介入戦略において、子ども・養育者・家族の発達レベルをシステムとして考慮することが重要である。たとえば、身体や感情的な基本的ニーズがこれまで無視されていた子どもは、しばしば重要な発達上の遅れを示すだろう（Gaudin, 1999 参照）。介入は、発達上の回復（たと

えば、治療的なデイケア）の機会を提供する必要があるかもしれない。一方で、同時に、養育者と子どものアタッチメント関係に取り組む必要があるかもしれない。養育者は、多くの発達上の問題を家族に持ちこむかもしれないし（たとえば、未整理の喪失、虐待、あるいは子ども期の剥奪など）、青年期に親の役割と責任を引き受けることが容易にできないかもしれない。Polansky、Chalmers、Williams、Buttenwieser（1981）による「アパシー－虚しさ症候群（apathy-futility syndrome）」、あるいは Pianta、Egeland、Erickson（1989）による「心理的複雑さ（psychological complexity）」などと称されているが、ネグレクトをする養育者は、養育者自身が子どものときに受けた養育の失敗と関連があるかもしれない。認知療法的な介入が、これらの養育者が幼少期のネグレクトあるいは虐待に起因した機能不全に陥った自己認識を変え、世代間の不適切養育の連鎖を断つのを助けることができる（Egeland & Erickson, 1990）。最後に、家族が世代を超えた養育者で構成される場合、システムとしての発達段階（混合家族や若年家族）や役割の葛藤に起因するストレスを受ける可能性がある。薬物汚染が増大するにつれて、薬物中毒になった親によりネグレクトされた結果、孫を育てている祖父母が多く見られる。これらの新たに形成された家族はしばしば、非公式な処遇や、子どものために提供されることになっている社会資源（経済的、身体的な）が不適切なため、その安全性を欠いている（Kelley, 1996）。さらに、家族は発展するライフサイクルの段階（Carter & McGoldrick, 1988）を遮られ、子育ての日々は終わったと考えていたにもかかわらず、思いがけなく養育者となって老後のするべき義務が少なくなっていくことを楽しみにできなくなることになる。要するに、われわれの介入は、子ども・養育者・システムとしての家族の発達上のニーズに目標を定めることが不可欠なのである。

介　入

　介入のゴールは、コミュニティの中の家族が彼らの子どもの基本的なニーズを満たすのに役立つよう、それぞれの家族のニーズに適切な種類と程度のサービスを提供することにある。介入は、首尾よく彼らの子どもを養育する家族の能力を引き上げ、彼らがストレスを軽減するのを助け、知識とスキルの不足を克服し、そして養育能力を築き、維持するために、彼らが地域社会で社会資源とその利用機会を生かすことができるように調整される。ネグレクトの誘因はさまざまであるから、介入は次のようなことを促進し、提供すること（あるいは両方）に向けられるのかもしれない。すなわち（1）具体的な社会資源、（2）社会的サポート、（3）発達上の改善、（4）認知行動上の介入、（5）個人に方向づけられている介入、（6）家族に焦点づけた介入、あるいは（7）これらのいくつかの組み合わせ、である（表 20.1 を参照）。

具体的な社会資源の提供

　ネグレクトのいくつかのタイプ（たとえば、家庭の公衆衛生と安全、個人の保健衛生、栄養のネグレクトと監督の欠如）は、具体的な社会資源の不足の結果であるかもしれない。さらに、貧困のストレスとその多くの結果（たとえば、犯罪に悩まされている近隣の中で不適当な住宅に暮らす）は、さら

表 20.1　子どもがネグレクトされている場合の介入

生態学的（具体的）	生態学的（社会的サポート）	発達的	認知−行動的	個人	家族システム
住宅援助	個人的な社会的サポート	治療的なデイケア	ソーシャルスキル・トレーニング	アルコールや薬物の入院患者カウンセリング　外来患者カウンセリング　解毒処置	家庭に基礎を置いた家族中心のカウンセリング　以下を考慮して行う　家族機能　コミュニケーション・スキル　家事能力　家庭での役割と責任
緊急時の金銭、食料、その他の支援	教会活動との接続	発達的な役割課題についての個別的的援助（たとえばペアレンティング）	コミュニケーション・スキルの構築	12 ステッププログラム	
衣類、家事運営の品物	メンター（良き指導者）の関与	保健師の訪問	家庭教育		
共同体の社会資源の入手可能性や接触のしやすさへの支援	社会的な支援グループ	発達や家族間のアタッチメントを含む介入に焦点化した	家事、親子関係、調理技術、その他の生活技術	精神保健についての入院患者カウンセリング　外来患者カウンセリング	センターに基盤を置いた家族療法
実地の家庭の安全と公衆衛生の強化のための援助（家事の補佐）	近隣住民による共同保育の発展　近隣センター活動	ピア・グループ（しばしば学校で）　発達上の課題に調整（たとえば青年期）	新しい思考過程の教育（たとえば子どもの生育史など）	危機介入　ストレスマネジメントカウンセリング	家族のストレングスの結集
移動手段	社会的ネットワーク活動	養育を提供してくれる助言者	親としての教育	プレイセラピー	家族キャンプの世話
無料か安価な医療	レクリエーション・プログラム	言語	就労雇用のためのカウンセリングとトレーニング（あるいは両方）		家族を形成する
安価だが質の高い子どものケア（ペアレント・エイド、ボランティア）	文化祭やその他の活動	文化的な豊かさ、レクリエーション・モデル　役割モデル	金銭管理のカウンセリング　問題解決トレーニング		

に子どもの基本的なニーズを満たす養育能力に悪影響をおよぼす無力感の要因になる可能性がある。子どもへの適切なケアを支援し、家族が子どものケアに影響を与えるかもしれない生活上の他の要因に取り組む**前に**、家族が具体的な社会資源にアクセスするのを手伝うことは、しばしば重要となる。例としては、住宅支援金、金融・食料品・光熱費の緊急支援、利用可能で質の高い子どものケア、移動手段、家事援助、そして無料あるいは低コストの医療等が挙げられる。これらの具体的な社会資源は、家族が単に生き残るためだけではなく、子どものケアを改善し、より最適に機能できるよう支援するために必要とされる。(Nelson et al., 1993)。

社会的サポートの介入

　地方でも都市部でも、社会的に孤立し、孤独を経験し、社会的サポートに欠ける家族のほうが、そうでない対照比較群よりネグレクトにいっそう陥りやすいかもしれないという十分な証拠が存在する (DePanfilis, 1996)。あるグループの人々の間では社会ネットワークが、その日暮らしの生活基盤を思いやり、対処する努力を強める (Whittaker & Garbarino, 1983)。介入は、1つ以上の社会的サポート機能を果たす、家族の個人的な社会ネットワークを提供または準備するために調整される。その社会ネットワークには、情緒的な、そして物質的なサポート、知識情報、評価支持（自己評価と関係がある情報）と仲間づきあいが含まれる。社会的サポートのストレスを和らげる役割と社会的サポートを結集する介入プログラムについての研究では、仲間づきあいとネットワークの両方がストレスに対して家族を保護するのを助けることが示唆されている (Gottlieb, 1985)。

　利用可能な社会的サポートの有意性を評価するためには、**実際**のネットワーク（アクセスのしやすさ、相互作用の頻度、近さ）と**認知された**社会的サポートを、友人や家族から評価しなくてはならない (DePanfilis, 1996)。公式、非公式の支援資源との家族の結合の量と質を評価するためのモデルは (1) エコマップ (Hartman, 1978)、(2) 社会ネットワークマップ (Tracy, 1990; Tracy & Whittaker, 1990)、(3) 社会ネットワークアセスメントガイド (Gaudin et al., 1990/91)、(4) 社会ネットワークの強さの指標 (Gaudin, 1979)、(5) Pattison の心理社会的な調査票 (Hurd, Pattison, & Smith, 1981)、(6) 社会ネットワークフォーム (Wellman, 1981; Wolf, 1983)、そして (7) Dunst らが開発した3つの手段 (1988)、ファミリーサポートスケール・社会的サポートの調査票・パーソナルネットワークマトリックス、などである。これらの評価尺度はそれぞれに強みを持っていて、さまざまな状況で、使用され、家族がしばしば困難な生活状況を切り抜けるのに役立つ個人やシステムを見極めることを可能にする。

　特定のニーズが評価されると、介入は、専門職助手あるいはボランティアによる個人への支援から、近隣およびコミュニティ内で親同士が結びつくように調整された親グループのものへと変化していく。彼らが、家族が必要とする社会的サポートを作るのを手伝う機会はさまざまでかつ多様であり、そして公式の介入が中止されたずっと後でも、彼らに誰かが「そこにいる」であろうという希望を与える。これらのサービスはエンパワメントの哲学にとって極めて重要である (DiLeonardi, 1993; U.S. DHHS, 1993; Witt et al., 1992; Zuravin & Shay, 1992)。

　グループと個人、両方へのサポート介入モデルにはともに長所と短所がある。ネグレクト状態に

ある養育者は基本的にことばを介した社会的相互作用の技能に欠けるかもしれないので（Gaudin, 1993a, p. 76; Gaudin et al., 1990/91）、グループを設定しても、彼らは容易には他の人たちとの肯定的な社会的な関係を作らないかもしれない。結果として、Gaudin（1993b）はネグレクト状態にある養育者がグループの中では不安で落ち着けないかもしれず、保育、移動手段、軽い飲食物と社会的な活動を提供することによって、これらの親を引きつける努力を要することを提案している。グループのミーティングを構造化して、グループの大きさを8から12人のメンバーに制限する。こうすることで、養育者が出席する可能性、そしてグループの他の人たちとの間で関係を作る可能性がいっそう高くなる。

　ペアレント・エイド（親サポート）カウンセリングのような、非専門職のサービスを含む介入戦略は、伝統的なサービスよりネグレクト状態にある親による将来の虐待の傾向を減らすことにいっそう効果があるということが知られている（Cohn, 1979）。ボランティア、非専門職のセラピスト、あるいはペアレント・エイドの集中的な接触が、貧弱なネットワークを拡大し、豊かにするのを助け、そして育児についての新しい情報、肯定的な規範と役に立つ提案を提供する。この介入の利点の1つは、サービスが個々に合わせられるということであり、それはグループでの介入では難しいことである。しかしながら、これらのサービスが助手あるいはボランティアによって行われるとき、トレーニング・役割と使命の明確な定義・そして密な監督が重要となる（Videka-Sherman, 1988）。

発達上の改善

　ネグレクト問題を持っている家族はしばしば彼らの人生であらゆるタイプの損失を経験している。発達上の観点は、彼らの家族、そしてその家族と生活環境の相互作用の状況から、人々の成長と機能を理解するための参照枠を提供する（Pecora, Whittaker, & Maluccio, 1992）。この観点はある環境的な状況における人間の行動と社会的な機能を示している。それは家族のライフサイクルのステージと課題、個人の成長と成熟に関する生物・心理・社会的な原則、そしてすべての人間と家族に共通の目標とニーズといったものを含むことで、生態学という枠を超えている。加えるに、発達上の観点は、それぞれの人と文化、民族性、人種、社会階級と性志向性のような領域での多様性を考慮に入れて、それぞれの人と家族の特定の願い、ニーズと特質を考慮に入れる。

　子どもの基本的なニーズを満たすことが困難であった家族への介入は、ライフサイクルを通じて経験を育成することによって、初期の剥奪に打ち勝つ子どもと大人の能力についての楽天的な見方によって方向づけられるべきである。この楽天的な見方が介入を方向づけるべきであるが、ただし、最終的に、子どものニーズを満たす養育者の能力の現実的な評価によってバランスを取るべきである。

　発達上の問題に適応した治療サービスを提供するプログラムは、ほとんど効果を評価されていないが、子どもと養育者が何世代にもわたって発展させてきたであろう重篤な養育上の問題を乗り越えるのを手助けする有望なアプローチがいくつかある。子どもにとって、ヘッドスタートのような就学前プログラムは、恵まれていない子どもに自尊感情とスキルを強化すると示されている（Daro, 1988; Howing et al., 1989）。認知的な刺激、教養を高めること、運動スキルと社会性スキルの発達を

提供する治療活動を備えたプログラムは、子どもの機能と繰り返される不適切養育の防止において有意に改善を示すことが判明している（Daro, 1988）。多くの治療的なデイケアプログラムが、その介入に家族を含む必要があることを認識している。それらのプログラムは、健康や発達、心理的なサービスのような子ども向けのサービスと、養育者への親教育やサポートグループなどの親向けのサービスの両方を提供しているかもしれない（Miller & Whittaker, 1988）。

認知行動的な介入

多数の研究が、ネグレクトあるいは身体的な虐待の問題を起こしている養育者への個人治療において、行動療法の有効性を支持している（Crimmins, Bradlyn, St. Lawrence, & Kelly, 1984; Crozier & Katz, 1979; Eyberg & Matarazzo, 1980; Reavley & Gilbert, 1979; Szykula & Fleischman, 1985; Wolfe et al., 1982; Wolfe, Sandler, & Kaufman, 1981）。個人の評価の後に選択される特定の技法には、以下のものが含まれる。

・ことばの指導（たとえば、基本的な子どものケアについて）、しばしば他のテクニックの併用
・ソーシャル・スキルトレーニング、たとえばモデリング、ロールプレイと行動リハーサル（たとえば、特定の育児課題に対処する練習）
・ストレスマネジメント、たとえばリラクセーションテクニックとストレス免疫訓練のような、養育者が意気消沈しているか、あるいは他の否定的な生活上のストレスの影響を経験するときに用いるリラクセーショントレーニング、認知対処スキルと行動上のリハーサル技能の訓練を伴う
・認知再構成、すなわち、養育者が圧倒され、無力に感じているときに用いられる方法で、非機能的で自己破壊的な認知に気づかせ、機能を高めるような信念と行動に置き換えていくのを支援するプロセス

これらのテクニックは、環境と個人の両方に目標を定めるなら、ネグレクトをする家族に関して特に有用である。プロジェクト 12 法は、環境行動アプローチ（Lutzker, 1990; Lutzker & Rice, 1984, 1987）を使用し、家庭での安全上の危険を低減させることに成功したプログラムの 1 つである（Tertinger, Greene, & Lutzker, 1984）。家庭事故予防項目一覧を使って、実践家が公式に、家にある受傷の危険を評価し、そして次にいくつかの 行動－教育的な治療戦略を用いて、家族が彼らの家庭を子どものためにより安全にするのを支援する。この介入による他の改善は、栄養・家の清潔さと個人の衛生意識、感情コントロールの技能・子どもの病気の確認と報告の領域でも注目された（Lutzker, 1990）。Azar(1986) は、認知行動上の、そして発達上の枠組みが、親と子どもの相互作用、衝動コントロール、あるいは親の認知的な機能障害のような個人に根ざした欠陥だけではなく、家族と社会的サポートネットワークのストレスレベルのような環境に根ざした問題にも焦点化できるということに同意している。

他の認知行動的介入は、養育者が初期に経験したネグレクトや虐待の結果として組み込まれた自己に対する否定的で機能不全のイメージを修正できるように調整されている。プロジェクトSTEEP は、集中的で個別の家庭内カウンセリングと、グループ介入プログラムの例であり、否定的な自己認知を変え、不適切養育の世代間連鎖を打ち破ることを目指すものである（Egeland &

Erickson, 1990)。このアプローチの有効性は、しかしながら、まだ最終的には確立されていない。

　最後に、有望なグループ介入例がある（Daro, 1988; Gaudin et al. 1990/91）。それは基本的な子どものケアとスキル、問題解決、家計管理と社会的相互交流のスキルに関するインフォメーションを提供するものである。グループあるいは家庭に提供されるよう設計されたプログラムの例は、養育プログラム（Nurturing Program）である（Bavolek, 1988）。合衆国、および、ヨーロッパと南アメリカの一部の地域で広範囲に実施されている養育プログラムの評価では、適切なペアレンティングスキルに関する知識の有意な増加が見られ、子どもたちのニーズへの共感的気づきが高まり、体罰の使用や不適切な期待、親子の役割の逆転が減少したことが示された（Bavolek, Comstock, & McLaughlin, 1983）。

個人に焦点を合わせた介入

　ネグレクトはしばしば多様な要因から生じる。個人に方向づけられている介入はときどき、養育を妨げる問題に対応することが必要とされる（たとえば、精神保健や薬物問題）。それは子どもがネグレクトの影響を克服するのを手伝うための、子どもに特定化された介入と同様である。

　ある子どものニーズは、彼らの養育者が感情や精神健康上の問題で苦しんでいるために無視される。たとえば、Gaines, Sandgrund, Green と Power（1978）は、ネグレクトの問題を有する母親は他の虐待をする母親と比べて、ストレスに対処し、子どもの情緒的なニーズを満たす機能が乏しいことを見出した。同様に、ボルティモアにおける低所得の母親の研究で、Zuravin（1988）が、母親のうつの程度が軽度から中等度、重度に増加するにつれて、ネグレクトの発生確率が増加したことを見出した。このような知見は、家族のニーズとストレングスの包括的な評価をした後に、子どもの世話を十分にする能力を損なう抑うつや他の精神保健上の問題を克服するのを助けるために、ある養育者には個別の治療とサポートの両方が必要となる場合があることを示している。

　多くの専門家が、アルコールや他の薬物の問題を有する家族の子どもたちが、子ども保護サービスシステムのサービス提供能力に対して多過ぎるという事実にも注意を喚起してきた（Besharov, 1994; Curtis & McCullough, 1993; Dore, Doris, & Wright, 1995）。包括的な評価が薬物乱用の可能性を評価し（Olson, Allen, & Azzi-Lessing, 1996）、養育者が嗜癖から回復するのを助けて、彼らの子どもを世話する能力を改善する治療アプローチを促進することは重要である。Olson ら（1996）は、養育者が薬物乱用問題を有する家族における子どもの不適切養育問題の危険が、以下の8つの側面によってもたらされることを示した。すなわち、（1）回復への約束、（2）薬物使用のパターン、（3）育児への影響、（4）ライフスタイルに対する影響、（5）回復に対するサポート、（6）親の自己有能感、（7）親自身のセルフケア、そして（8）近隣社会の質である。

　アセスメントに続いて、薬物を乱用している家族に対する効果的なサービスには、医療従事者、薬物乱用カウンセラーと子どもの福祉援助ワーカーの専門知識が必要である。これらのサービス提供者間の協力により、地域でのサービスへの家族のアクセスが増加することによって介入が強化される。共同作業への主要障壁、たとえば機関間のバイアス、異なった原理とコントロール問題などは、共同の計画立案とサービス提供プログラムの共有によって克服されるかもしれない（Azzi-

Lessing & Olsen, 1996; Denton, 1992; Kropenske & Howard, 1994)。

　ネグレクトされた子どもは、重篤な認知・学業・社会的なスキルの欠陥を克服するために役立つ
ような個別的配慮が必要かもしれない。学齢の子どもと青年期の若者のために、Gaudin（1993a）
は以下の介入が役に立つかもしれないことを示している。すなわち、（1）認知的な刺激と学習の動
機づけでの欠如を修復する特別教育プログラム、（2）専門家の教師あるいはボランティアを使って、
学校または地域に基盤を置く学業支援プログラムと、養育者との関係を促進すること、（3）年齢と
発達レベルに合わせた生活スキルを身につけるための、年長の子どもと青年のためのスキル習得ク
ラス、などである。

家族に焦点づけた、家に基盤を置く介入

　19のデモンストレーションプログラムのレビューの後に、Daro（1988）は、主たる養育者に焦
点を合わせるよりむしろ、家族メンバーを含めた介入がいっそう成功していたと結論づけた。彼女
の調査結果はさらに、専門家による伝統的な、オフィス内での1対1のカウンセリングがネグレク
トでは効果的でなかったことを示した。Polanskyら（1981）が類似の結論を引き出し、介入が機能
不全に陥った家族のバランスを入れ換え、子どもたちのニーズを犠牲にしない、いっそう機能的な
家族システムを達成するために必要であることを提案した。Gaudin（1993a）は家族介入とは「家
族役割課題を再配分して、明確な世代間の境界を設定し、家族メンバーの間のコミュニケーション
を明確に示し、親自身と子どもの機能不全に陥った認知を再構成し、そして親が家族の中で強い
リーダーの役割を引き受けることができるようにと努めることである」と示した（p. 36 ～ 37）。

　しばしば、家族に焦点づけた介入は、これまでに論じられたさまざまな緊急の、そして具体的な
社会資源を含めて、具体的なサービスの提供と組み合わせられる。したがって、家族に焦点づけた
介入の大部分は、移動手段、レクリエーションの機会、職業、資金援助、家事支援、保育、食糧援
助、医療、おもちゃと教育的な社会資源、公共料金の援助、衣類援助のような、具体的なサービス
を家族が得るのを支援することである（Pecora et al., 1992）。そして家族介入は、家族が彼らの環境
の安全性を改善し、適切な子どもの世話を提供するために必要な社会資源にアクセスできるように
調整される。主たる養育者が基本的な家事運営の技能についての知識に欠けているかもしれず、
ホームヘルパーが効果的な役割モデルであり得ることから、ホームヘルプサービスは重要な支援で
ある。家族が、子どもの基本的なニーズを満たすために、立ち退き命令や食物不足などの危機を避
けるために、それらの限定された社会資源を管理するいっそう効果的な方法を学ぶことは重要であ
る。

結論

　特定の介入を実証的に強く支持することは難しいが、われわれのいくつかの介入を統合した実践
の知恵は、家族が子どもを適切に世話するのを助けるために若干の貴重な原則を示唆している。こ
れらの原則は個人の、家族の、そしてコミュニティのシステムレベルに介入の焦点を合わせた生態

学的な発達上の枠組みに根ざしている。介入は彼らのコミュニティと近隣社会で家族に接触し、そして個別化された家族アセスメントを含まなくてはならない。子どものネグレクトはリスクと保護的な要因両方の複雑な相互作用に起因するため、介入はそれぞれの家族の特有なニーズとストレングスに適合するように調整されるべきである。しかしながら、すべての介入での不可欠な成分は、その家族を支援するための協力体制とパートナーシップを発展させることであり、家族のストレングスを伸ばし、それを使う力を強化することである。さらに、実践家は相違を受け入れて尊重し、そしてそれぞれの家族のニーズ、その文化、状況と認知されたニーズに合うようにサービスモデルを適合させなくてはならない。

　包括的な家族アセスメントに引き続いて、有望な介入は、具体的な社会資源、社会的サポート、発達上の改善、認知行動上の介入、個人向けの介入と家族に焦点づけた介入を開発したり、提供したりすることに方向づけられる。サービスは、適切なケアとガイダンスを子どもに提供できるように、家族が彼らの生活での多様なストレスと負担を管理するために必要な社会資源にアクセスできるように支援するために調整される。子どものニーズに対する長期にわたって注意を向けられなかったことの結果として生じたかもしれない発達の障害を克服するのを助けるためのサービスが利用可能であることは、同じく不可欠である。

　家族の進歩は遅いかもしれないので、プログラムは柔軟に設計されるべきであり、定期的に（少なくとも3カ月ごとに）進捗を評価し、必要に応じて、治療計画を調整する。加えて、ネグレクトは他のタイプの子どもの不適切養育と比較してより多くの時間を要するという証拠があり（Cohn & Daro, 1987; Miller & Whittaker, 1988)、特に慢性のネグレクトと薬物乱用に関する事例がそれらに含まれる（Nelson et al., 1993; Nelson, Landsman, Tyler, & Richards, 1996)。

　最良の状況下であっても、個々の家族指向の介入が、子どものネグレクトの広範囲にわたる問題に部分的に対応することしか期待できないことを、さらに認識しなくてはならない。ネグレクトのリスクを増やす社会状況を対象とした政策の必要性が切迫している。たとえば、州政府が福祉改革を実行するに当たって、われわれは現在岐路に立っている。福祉政策は、児童福祉サービスへの需要の変化の一因となり、貧しい家族と子どもの経済状況を改善するほうにも悪化するほうにも導くことができる（Courtney, 1997)。ネグレクトは経済状態と資源の利用可能性に直接関係しているため、州政府は、本当に貧困から家族を引き上げ、親による不適切な日々の監護から政府の補助を受けた育児環境へ、子どものケアを移行する計画の実施を迫られている。家族はまた彼らの経済的な状況に関して、低賃金の仕事を強いられるような著しい悪化を見て、標準以下の子どものケアでよしとしてしまう。われわれは、子どもへの社会のネグレクトの増加を避けるために、この早急に作りあげられた改革に最善を尽くすように迫られている。

　最後に、われわれが提供する家族レベルの介入については、どの特定の介入を、どのような人に行うことが最も効果があるのかを学び、結果を評価する努力を推進させることは必要不可欠である。特に、われわれの基本的な知識は、どんな介入の形であれば、必要なサービスにアクセスする気のない家族のニーズを最もよく満たすことができるのか、あるいは具体的にどの時間の長さのサービスが必要とされるかを知るところまでは洗練されていない。われわれのモデルと評価は洗練されつ

つあるが、同じく、プログラムのコスト効率を調べ、どんなタイプの介入が特定のニーズに対して最良であるかについての、もっと明確な理解をわれわれが持てるように、プログラムをデザインする必要性がある。少なくとも、われわれの研究は、サービスを受けている集団（状況的なネグレクト、慢性のネグレクト、ネグレクトの特定のサブタイプ）、治療群と対照比較群の相違、介入モデル間の相違（具体的にどんなサービスのタイプが誰に提供されるかを含めて）、介入の長さと強度、標的とされる治療結果、そして結果を評価するのに使われる標準化された基準を含め、それらを明確に記述する必要がある。

［参考文献］

1. Abney, V. D. (1996). Cultural competency in the field of child maltreatment. In J. Briere, L. Berliner, J. A. Bulkely, C. Jenny, & T. Reid (Eds.), *The APSAC handbook on child maltreatment* (pp. 409–419). Thousand Oaks, CA: Sage.
2. Albers, E. C., Reilly, T., & Rittner, B. (1993). Children in foster care: Possible factors affecting permanency planning. *Child and Adolescent Social Work Journal, 10*, 329–333.
3. American Professional Society on the Abuse of Children. (1995). *Psychosocial evaluation of suspected psychological maltreatment in children and adolescents*. Chicago: Author.
4. Anderson, C. M., & Stewart, S. (1983). *Mastering resistance: A practical guide to family therapy*. New York: Guilford.
5. Azar, S. T. (1986). A framework for understanding child maltreatment: An integration of cognitive behavioural and developmental perspectives. *Canadian Journal of Behavioural Science, 18*, 340–355.
6. Azzi-Lessing, L., & Olsen, L. J. (1996). Substance abuse–affected families in the child welfare system: New challenges, new alliances. *Social Work, 41*, 15–23.
7. Bavolek, S. J. (1988). *The nurturing programs for parents and children*. Park City, UT: Family Development Resources.
8. Bavolek, S. J., Comstock, C. M., & McLaughlin, J. A. (1983). *The nurturing programs: A validated approach for reducing dysfunctional family interaction* (Final report, Program No. 1R01MA 34862). Rockville, MD: National Institutes of Health.
9. Bean, N. M. (1994). *Stranger in our home: Rural families talk about the experience of having received in-home family services*. Unpublished doctoral dissertation, Case Western Reserve University, Mandel School of Applied Social Sciences, Cleveland, OH.
10. Belsky, J. (1980). Child maltreatment: An ecological integration. *American Psychologist, 35*, 320–335.
11. Besharov, D. J. (1994). *When drug addicts have children*. Washington, DC: Child Welfare League of America.
12. Billingsley, A., & Giovannoni, J. M. (1972). *Children of the storm*. New York: Harcourt, Brace & Jovanovich.
13. Bloom, M., Fischer, J., & Orme, J. (1995). *Evaluating practice: Guidelines for the accountable professional* (2nd ed.). Boston: Allyn & Bacon.
14. Bowlby, J. (1988). *A secure base: Clinical applications of attachment theory*. London: Tavistock/Routledge.
15. Brissett-Chapman, S. (1997). Child protection risk assessment and African American children: Cultural ramifications for families and communities. *Child Welfare, 76*, 45–63.
16. Carter, B., & McGoldrick, M. (Eds.). (1988). *The changing life cycle—A framework for family therapy* (2nd ed.). New York: Gardner.
17. Children's Defense Fund. (1990). *A report card briefing book and action primer*. Washington, DC: Author.
18. Close, M. (1983). Child welfare and people of color: Denial of equal access. *Social Work Research and*

Abstracts, 19(4), 576–577.

19. Cohn, A. H. (1979). Effective treatment of child abuse and neglect. *Social Work, 24*, 513–519.

20. Cohn, A. H., & Daro, D. (1987). Is treatment too late: What ten years of evaluative research tell us. *Child Abuse and Neglect, 11*, 433–442.

21. Courtney, M. E. (1997). Welfare reform and child welfare services. In S. B. Kamerman & S. J. Kahn (Eds.), *Child welfare in the context of welfare "reform."* New York: Columbia University School of Social Work.

22. Cowger, C. D. (1994). Assessing client strengths: Clinical assessment for client empowerment. *Social Work, 39*, 262–268.

23. Crimmins, D. B., Bradlyn, A. S., St. Lawrence, J. S., & Kelly, J. A. (1984). A training technique for improving the parent-child interaction skills of an abusive neglectful mother. *Child Abuse and Neglect, 8*, 533–539.

24. Crittenden, P. M. (1991). Treatment of child abuse and neglect. *Human Systems: The Journal of Systemic Consultation & Management, 2*, 161–179.

25. Crittenden, P. M. (1999). Child neglect: Causes and contributors. In H. Dubowitz (Ed.), *Neglected children: Research, practice, and policy* (pp. 47–68). Thousand Oaks, CA: Sage.

26. Crozier, J., & Katz, R. C. (1979). Social learning treatment of child abuse. *Journal of Behavior Therapy and Psychiatry, 10*, 213–220.

27. Curtis, P. A., & McCullough, C. (1993). The impact of alcohol and other drugs on the child welfare system. *Child Welfare, 62*, 533–542.

28. Danzy, J., & Jackson, S. M. (1997). Family preservation and support services: A missed opportunity for kinship care. *Child Welfare, 76*, 31–44.

29. Daro, D. (1988). *Confronting child abuse*. New York: Free Press.

30. Denton, I. (1992). *Challenges of collaborating to serve substance-abusing mothers and their children*. Paper presented at the conference Working Together: Linkages for Preserving Families Affected by Alcohol and Other Drugs, Richmond, VA.

31. DePanfilis, D. (1996). Social isolation of neglectful families: A review of social support assessment and intervention models. *Child Maltreatment, 1*, 37– 52.

32. DePanfilis, D., & Wilson, C. (1996). Applying the strengths perspective with maltreating families. *The APSAC Advisor, 9*(3), 15–20.

33. DiLeonardi, J. W (1993). Families in poverty and chronic neglect of children. *Families in Society, 74*, 557–562.

34. Dore, M. M., & Alexander, L. B. (1996). Preserving families at risk of child abuse and neglect: The role of the helping alliance. *Child Abuse and Neglect, 2*, 349–361.

35. Dore, M. M., Doris, J. M., & Wright, P. (1995). Identifying substance abuse in maltreating families: A child welfare challenge. *Child Abuse and Neglect, 19*, 531–543.

36. Dubowitz, H., Black, M., Starr, R. H., & Zuravin, S. J. (1993). A conceptual definition of child neglect. *Criminal Justice and Behavior, 20*, 8–26.

37. Dunst, C., Trivette, C., & Deal, A. (1988). *Enabling and empowering families*. Cambridge, MA: Brookline.

38. Egeland, F., & Erickson, M. F. (1990). Rising above the past: Strategies for helping new mothers break the cycle of abuse and neglect. *Zero to Three, 10*, 29–35.

39. Eyberg, S. M., & Matarazzo, R. G. (1980). Training parents as therapists: A comparison between individual parent-child interaction training and parent group didactic training. *Journal of Clinical Psychology, 36*, 492–499.

40. Fein, E. (1991). The elusive search for certainty in child welfare: Introduction. *American Journal of Orthopsychiatry, 61*(4), 576–577.

41. Fischer, J., & Corcoran, K. (1994a). *Measures for clinical practice: Vol. 1. Couples, families and children* (2nd ed.). New York: Free Press.

42. Fischer, J., & Corcoran, K. (1994b). *Measures for clinical practice: Vol. 2. Adults* (2nd ed.). New York: Free

Press.

43. Fraser, M. W., & Galinsky, M. J. (1997). Toward a resilience-based model of practice. In M. W. Fraser (Ed.), *Risk and resilience in childhood: An ecological perspective*. Washington, DC: NASW Press.

44. Gaines, R., Sandgrund, A., Green, A., & Power, E. (1978). Etiological factors in child maltreatment: A multivariate study of abusing, neglecting, and normal mothers. *Journal of Abnormal Psychology, 87*, 531–540.

45. Gaudin, J. M., Jr. (1979). *Mothers' perceived strength of primary group networks and maternal child abuse*. Unpublished doctoral dissertation, Florida State University, Tallahassee.

46. Gaudin, J. M., Jr. (1988). Treatment of families who neglect their children. In E. M. Nunnally, C. S. Chilman, & F. M. Cox (Eds.), *Mental illness, delinquency, addictions, and neglect* (pp. 167–249). Newbury Park, CA: Sage.

47. Gaudin, J. M., Jr. (1993a). *Child neglect: A guide for intervention*. Washington, DC: National Center on Child Abuse and Neglect.

48. Gaudin, J. M., Jr. (1993b). Effective intervention with neglectful families. *Criminal Justice and Behavior, 20*, 66–89.

49. Gaudin, J. M., Jr. (1999). Child neglect: Short-term and long-term outcomes. In H. Dubowitz (Ed.), *Neglected children: Research, practice, and policy* (pp. 89–108). Thousand Oaks, CA: Sage.

50. Gaudin, J. M., Jr., & Polansky, N. A. (1986). Social distances and the neglectful family: Sex, race, and social class influences. *Children and Youth Ser vices Review, 8*, 1–12.

51. Gaudin, J. M., Jr., Polansky, N. A., Kilpatrick, A. C., & Shilton, P. (1993). Loneliness, depression, stress, and social supports in neglectful families. *American Journal of Orthopsychiatry, 63*, 597–605.

52. Gaudin, J. M., Jr., Wodarski, J. S., Arkinson, M. K., & Avery, L. S. (1990/91). Remedying child neglect: Effectiveness of social network interventions. *The Journal of Applied Social Sciences, 15*, 97–123.

53. Gelles, R. J. (1999). Policy issues in child neglect. In H. Dubowitz (Ed.), *Neglected children: Research, practice, and policy* (pp. 278–298). Thousand Oaks, CA: Sage.

54. Gottlieb, B. (1985). Theory into practice: Issues that surface in planning interventions that mobilize support. In I. G. Sarason & B. R. Sarason (Eds.), *Social support: Theory, research, and applications* (pp. 417–437). Dordrecht, Holland: Martinus Nijhof.

55. Gould, K. H. (1991). Limiting damage is not enough: A minority perspective on child welfare issues. In J. E. Everett, S. S. Chipungu, & B. R. Leashore (Eds.), *Child welfare: An Africentric perspective* (pp. 58–78). New Brunswick, NJ: Rutgers University Press.

56. Gutierrez, L. M. (1990). Working with women of color: An empowerment perspective. *Social Work, 35*, 149–154.

57. Gutierrez, L., Glen Maye, L., & DeLois, K. (1995). The organizational context of empowerment practice: Implications for social work administration. *Social Work, 40*, 249–258.

58. Hartman, A. (1978). Diagrammatic assessments of family relationships. *Social Casework, 59*, 465–476.

59. Hill, R. B. (1971). *The strengths of black families*. New York: National Urban League.

60. Hobbs, N., Dokecki, P. R., Hoover-Dempsey, K. V., Moroney, R. M., Shayne, M. W., & Weeks, K. H. (1984). *Strengthening families*. San Francisco: Jossey-Bass.

61. Howing, P., Wodarski, J., Gaudin, J., & Kurtz, P. D. (1989). Effective interventions to ameliorate the incidence of child maltreatment: The empirical base. *Social Work, 34*, 330–338.

62. Hudson, W. (1982). *The clinical measurement package: A field manual*. Homewood, IL: Dorsey.

63. Hurd, G., Pattison, E. M., & Smith, J. E. (1981, February). *Test-re-test reliability of social network self reports: The Pattison Psychosocial Inventory (PPI)*. Paper presented to Sun Belt Social Networks Conference, Tampa, FL.

64. Karls, J. M., & Wandrei, K. E. (Eds.). (1994). *Pie manual: Person-in-environment system*. Washington, DC: National Association of Social Workers.

65. Kelley, S. J. (1996). *Neglected children in intergenerational kinship care* (Neglect demonstration project

proposal submitted by Georgia State University to the National Center on Child Abuse and Neglect). Available from Dr. Susan Kelley, Georgia State University, Office of Research, College of Health Sciences, University Plaza, Atlanta, GA 30303.

66. Kenemore, T. K. (1993). The helping relationship: Getting in touch with the client's experience. In *National Center on Child Abuse and Neglect Chronic Neglect Symposium Proceedings, June 1993* (pp. 51–53). Chicago: National Center on Child Abuse and Neglect.

67. Kropenske, V., & Howard, J. (1994). *Protecting children in substance-abusing families*. Washington, DC: National Center on Child Abuse and Neglect.

68. Landsman, M. J., Nelson, K., Allen, M., & Tyler, M. (1992). *The self-sufficiency project: Final report*. Iowa City, IA: National Resource Center in Family Based Services.

69. Leashore, B. R., Chipungu, S. S., & Everett, J. E. (1991). *Child welfare: An Africentric perspective*. New Brunswick, NJ: Rutgers University Press.

70. Lee, J. A. B. (1994). *The empowerment approach to social work practice*. New York: Columbia University Press.

71. Lewis, H. (1969). Parental and community neglect: Twin responsibilities of protective services. *Children, 16*, 114–118.

72. Lewis, J. M., & Looney, J. G. (1983). *The long struggle: Well-functioning working class black families*. New York: Brunner-Mazel.

73. Lloyd, J. C., & Sallee, A. L. (1994). The challenge and potential of family preservation services in the public child welfare system. *Protecting Children, 10*(3), 3–6.

74. Lutzker, J. R. (1990). Behavioral treatment of child neglect. *Behavior Modification, 14*, 301–315.

75. Lutzker, J. R., & Rice, J. M. (1984). Project 12-Ways: Measuring outcome of a large in-home service for treatment and prevention of child abuse and neglect. *Child Abuse and Neglect, 8*, 519–524.

76. Lutzker, J. R., & Rice, J. M. (1987). Using recidivism data to evaluate Project 12-Ways: An ecobehavioral approach to the treatment and prevention of child abuse and neglect. *Journal of Family Violence, 2*, 283–290.

77. Magura, S., & Moses, B. S. (1986). *Outcome measures for child welfare services*. Washington, DC: Child Welfare League of America.

78. Magura, S., Moses, B. S., & Jones, M. A. (1987). *Assessing risk and measuring change in families: The family risk scales*. Washington, DC: Child Welfare League of America.

79. McCubbin, H., Thompson, A., & McCubbin, M. (1996). *Family assessment: Resiliency, coping and adaptation, inventories for research and practice*. Madison: University of Wisconsin Systems.

80. McCurdy, K., Hurvis, S., & Clark, J. (1996). Engaging and retaining families in child abuse prevention programs. *The APSAC Advisor, 9*(3), 1, 3–9.

81. McPhatter, A. R. (1997). Cultural competence in child welfare: What is it? How do we achieve it? What happens without it? *Child Welfare, 76*, 255–278.

82. Mech, E. V. (1985). Public social services to minority children and their families. In R. O. Washington & J. Boros-Hull (Eds.), *Children in need of roots* (pp. 133–186). Davis, CA: International Dialogue Press.

83. Miller, J. L., & Whittaker, J. K. (1988). Social services and social support: Blended programs for families at risk of child maltreatment. *Child Welfare, 67*, 161–174.

84. Mugridge, G. B. (1991, September). *Reducing chronic neglect*. Paper presented at the Ninth National Conference on Child Abuse and Neglect, Denver, CO.

85. National Black Child Development Institute. (1990). *The status of African-American children*. Washington, DC: Author.

86. National Research Council. (1993). *Understanding child abuse and neglect*. Washington, DC: National Academy Press.

87. Nelson, K., Landsman, M., Tyler, M., & Richardson, B. (1996, fall). Examining the length of service and cost-

effectiveness of intensive family service. *The Prevention Report, 2,* 13–17.

88. Nelson, K. E., Saunders, E. J., & Landsman, M. J. (1993). Chronic neglect in perspective. *Social Work, 38,* 661 –671.

89. Olson, L. J., Allen, D., & Azzi-Lessing, L. (1996). Assessing risk in families affected by substance abuse. *Child Abuse and Neglect, 20,* 833–842.

90. Pecora, P., Whittaker, J., & Maluccio, A. (1992). *The child welfare challenge: Policy, practice, and research.* New York: Aldine.

91. Pianta, R., Egeland, B., & Erickson, M. F. (1989). The antecedents of maltreatment: Results of the mother-child interaction research project. In D. Cicchetti & V. Carlson (Eds.), *Child maltreatment: Theory and research on the causes of child abuse and neglect* (pp. 203–253). New York: Cambridge University Press.

92. Polansky, N. A., Chalmers, M. A., Williams, D. P., & Buttenwieser, E. W. (1981). *Damaged parents: An anatomy of child neglect.* Chicago: University of Chicago Press.

93. Rauch, J. B., North, C., Rowe, C., & Risley-Curtiss, C. (1993). *Diversity competence: A learning guide.* Baltimore: University of Maryland at Baltimore, School of Social Work.

94. Reavley, W., & Gilbert, M. T. (1979). The analysis and treatment of child abuse by behavioral psychotherapy. *Child Abuse and Neglect, 3,* 509–514.

95. Saleebey, D. (1996). The strengths perspective in social work practice: Extensions and cautions. *Social Work, 41,* 296–305.

96. Saleebey, D. (Ed.). (1997). *The strengths perspective in social work practice* (2nd ed.). New York: Longman.

97. Simon, B. L. (1994). *The empowerment tradition in American social work: A history.* New York: Columbia University Press.

98. Siu, S. F., & Hogan, P. T. (1989). Public child welfare: The need for clinical social work. *Social Work, 34,* 423 –428.

99. Smale, G. G. (1995). Integrating community and individual practice: A new paradigm for practice. In P. Adams & K. Nelson (Eds.), *Reinventing human services community-and family-centered practice* (pp. 59–80). New York: Aldine de Gruyter.

100. Smokowski, P. R., & Wodarski, J. S. (1996). The effectiveness of child welfare services for poor, neglected children: A review of the empirical evidence. *Research on Social Work Practice, 6,* 504–523.

101. Solomon, B. B. (1976). *Black empowerment: Social work in oppressed communities.* New York: Columbia University Press.

102. Stehno, S. M. (1982). Differential treatment of minority children in service systems. *Social Work, 27,* 39–45.

103. Sue, D. W., Arrendondo, P., & McDavis, R. J. (1992). Multicultural counseling competencies and standards: A call to the profession. *Journal of Multicultural Counseling, 20,* 64–88.

104. Szykula, S. A., & Fleischman, M. J. (1985). Reducing out-of-home placements of abused children: Two controlled field studies. *Child Abuse and Neglect, 9,* 277–283.

105. Tertinger, D., Greene, B., & Lutzker, J. (1984). Home safety: Development and validation of one component of an ecobehavioral treatment program for abused and neglected children. *Journal of Applied Behavior Analysis, 17,* 159–174.

106. Thomlison, B. (1997). Risk and protective factors in child maltreatment. In M. W. Fraser (Ed.), *Risk and resilience in childhood: An ecological perspective.* Washington, DC: NASW Press.

107. Tracy, E. M. (1990). Identifying social support resources of at-risk families. *Social Work, 38,* 252–258.

108. Tracy, E. M., & Whittaker, J. K. (1990). The social network map: Assessing social support in clinical practice. *Families in Society, 7,* 461–470.

109. Trivette, C. M., Dunst, C. J., Deal, A. G., Hamer, A. W., & Prompst, S. (1990). Assessing family strengths and family functioning style. *Topics in Early Childhood Special Education, 10*(1), 16–35.

110. U.S. Department of Health and Human Services, National Center on Child Abuse and Neglect. (1988). *Study findings: Study of national incidence and prevalence of child abuse and neglect: 1988*. Washington, DC: Government Printing Office.

111. U.S. Department of Health and Human Services, National Center on Child Abuse and Neglect. (1993). *Chronic neglect symposium proceedings*. Washington, DC: Author.

112. U.S. Department of Health and Human Services, National Center on Child Abuse and Neglect. (1996). *Child maltreatment, 1994: Reports from the states to the National Center on Child Abuse and Neglect*. Washington, DC: Government Printing Office.

113. Videka-Sherman, L. (1988). Intervention for child neglect: The empirical knowledge base. In *Child neglect monograph: Proceedings from a symposium* (pp. 46–63). Washington, DC: National Center on Child Abuse and Neglect.

114. Walmyr Publishing Co. (1990). *MPSI technical manual*. Tempe, AZ: Author.

115. Walmyr Publishing Co. (1992). *Walmyr assessment scales scoring manual*. Tempe, AZ: Author.

116. Wellman, B. (1981). Applying network analysis to the study of support. In B. H. Gottlieb (Ed.), *Social networks and social support* (pp. 171–200). Beverly Hills, CA: Sage.

117. Whittaker, J., & Garbarino, J. (1983). *Social support networks: Informal helping in the human services*. New York: Aldine.

118. Witt, C., Dayton, C., & Sheinvald, J. K. (1992). *The family empowerment program: A social group work model of long term, intensive, and innovative strategies to reduce the incidence of chronic neglect for at risk parents* (National Center on Child Abuse and Neglect, Grant # 90CA1392). Pontiac, MI: Oakland Family Services.

119. Wolf, B. M. (1983). *Social network form: Information and scoring instructions*. Unpublished monograph, Temple University, Philadelphia, PA.

120. Wolfe, D. A. (1993). Prevention of child neglect: Emerging issues. *Criminal Justice and Behavior, 20*, 90–111.

121. Wolfe, D. A., Sandler, J., & Kaufman, K. (1981). A competency-based parent training program for child abusers. *Journal of Consulting and Clinical Psychology, 49*, 633–640.

122. Wolfe, D. A., St. Lawrence, J., Graves, K., Brehony, K., Bradlyn, D., & Kelly, J. A. (1982). Intensive behavioral parent training for a child abusive mother. *Behavior Therapy, 13*, 438–451.

123. Zuravin, S. J. (1988). Child abuse, child neglect, and maternal depression: Is there a connection? In *Child neglect monograph: Proceedings from a symposium* (pp. 40–45). Washington, DC: National Center on Child Abuse and Neglect.

124. Zuravin, S. J., & DePanfilis, D. (1996). *Child maltreatment recurrences among families served by Child Protective Services: Final report* (National Center on Child Abuse and Neglect Grant # 90CA1497). Baltimore: University of Mary land at Baltimore, School of Social Work.

125. Zuravin, S., & Shay, S. (1992). Preventing child neglect. In D. DePanfilis & T. Birch (Eds.), *Proceedings: National Child Maltreatment Prevention Symposium, June 1991*. Washington, DC: National Center on Child Abuse and Neglect.

第 21 章
発育不全と不適切な養育

ハンス・B・ケルステン

デビッド・S・ベネット

総論

　発育不全（Failure to Thrive, FTT）は、典型的には小児期早期に体重増加不良がある場合に定義される。現在、小児科医にとっては診療において日常的に出合う問題であり、今まで 100 年以上関心を持って取り組んできた。FTT は成長速度の減速が見られる場合に発生するが、重要な身体的な兆候であり（Zenel, 1997）、小児期の病気を明示するものであり（Shaheen et al., 1968）、ほぼすべてのタイプの慢性疾患によって引き起こされる（English, 1978）。FTT を診断する方法は多くの医師にとって、費用が高く、また達成することが困難と考えられている。

　文献上の初期の症例のうちの 1 症例は、1897 年に出版された L. Emmett Holt による *The Diseases of Infancy and Childhood*　第 1 版に記載がある。Holt は「成長が停止した」さまざまな臨床上の問題で FTT が引き起こされたであろうと考えられた子どもに関して記述している（Schwartz, 2000; Stanga et al., 2008）。Chaplan は後に、孤児において FTT が彼らのおかれた「施設」の中でどのように引き起こされるか記述している。このような子どもは、貧しい食生活であり、やせ衰え、病院から今までと同じ環境（孤児院）へ戻れば死へ「落ちてゆく」と記述している。Widdowson（1951）は、1940 年代後半に占領下のドイツでは、孤児において心理社会的剥奪が成長に有害な影響をおよぼしたことについて記述している。他の者は FTT の子どもは、養育者からの情緒的な剥奪があり、成長の遅れにつながると信じていた。一般的には母親が主たる養育者であったことから、**母性剥奪症候群**という用語が用いられた（Patton, 1963; Skuse, 1985）。このような初期の観察が、FTT はネグレクトや不適切な養育と密接な関係があるという理解につながってゆく。しかしながら、母性剥奪された幼児において、母性剥奪の心理的な影響ではなく、「食事量が低下すること」によって体重が低下する、または、与えられる食べ物があまりにも少なすぎることや、それを受けつけない、ということが原因である、と結果づけられるという観点が証明される研究もなされてきた（Whitten, Pettit, & Fischhoff, 1969）。この研究、そして後の研究は、ネグレクトがあったという直接的な証拠がないときに、親に罪があると強調するのは間違いであり（Skuse,1985）、

FTT とネグレクトは「別個のもの」である（Black et el.,2006）と示すことによって、FTT は多因子が誘因となりうるという現在の理解につながってゆく。

　この章に記述するように、FTT の子どもをアセスメントするには、医学的要因、栄養学的要因、心理社会的要因、行動学的要因、すべてを考慮することが必要であると現在では理解されている。それぞれの症例に対して摂取カロリーを高める方法を見つけるためには、FTT の多様な原因と一致した多分野からの治療に対するアプローチが必要である。この章では、FTT のアセスメントと治療における特異性を提示する提案について提示する。

疫学

　FTT を予防する現在のデータはないが、さまざまな臨床現場の取り組みを記述した過去の出版されたデータは入手できる。歴史的には、FTT の子どもは、病因を明らかにする広範囲の精査のためにしばしば入院していた。カルテの後方視的研究によると、FTT の子どもは、3 次医療機関の病院に入院した患児の 1 ～ 5 ％とされている（Berwick, Levy, & Kleinerman, 1982; English, 1978; Shaheen et al., 1968）。より最近のレビューでは、病院に入院する患児においては、2 ～ 24 ％の間の割合で FTT の症状を認めるとされている（Joosten & Hulst, 2008）。外来患者における疫学的なデータは限られている。しかし、1 次医療機関の診療所において、外来患者の 10 ％程度に FTT の子どもが認められている（Frank & Zeisel, 1998; Mitchell, Gorrell, & Greenberg, 1980; Zenel, 1997）。加えて、一部の救急外来の患者の 30 ％は FTT の子どもである（Frank & Zeisel, 1998; Zenel, 1997）。いくつかの研究においては、FTT の子どもの 3 分の 1 から 2 分の 1 は認識されていない可能性があると提唱している（Batchelor, 1996; C. M. Wright, 2000）。これらの結果から、割合はより高くなると考えられる。

　FTT の定義の理解としては、リスクが高くなる要因は、幼児のみの要因と母と幼児ひと組としての要因があり、そしてこれらの状態の治療へのアプローチとしては、FTT の病態生理学が基本となる。

定義

　子どもの成長の経過を見てゆくために成長曲線を利用することは、医師にとって非常に大切であり、子どもの健全育成において重要な指針を与える。少なくとも 1 世紀以上にわたり、この方法が行われてきた（T. Cole, 2003; Grummer-Strawn, Reinold, & Krebs, 2010）。成長曲線は、医療提供者に、栄養不良を疑われる子どもについて価値ある情報をもたらし、小児科における判断基準となると考えられている（Phillips & Shulman, 2013）。成長のパラメーターは、子どもの成長について客観的な評価をもたらし、統計上の標準からいかに離れているかを示す（Jaffe, 2001）。FTT に普遍的な診断基準は存在しないが、標準化された成長曲線に子どもの体重を記録することは、2 歳未満の子どもには明確な基準となる（Bithoney, Dubowitz, & Egan, 1992; Jaffe, 2011; Kirkland & Motil, 2011; Zenel, 1997）。

体重と身長はどちらも影響を受けるが、体重の方が身長より影響は大きい（Gahagan & Holmes, 1998）。

　判断基準は以下のとおりである。体重が年齢標準に比べ 3 ～ 5% 低いことが複数回計測されること、90%、75%、50%、25%、10%、5% に曲線がある標準的な成長曲線において体重が 2 つ以上の曲線を超えて減少すること（例：50% から 10% 以下）、その年齢の理想体重の 80% 未満であること、体重／身長比が 5% 未満であること、などは、栄養不良を示唆する（Gahagan & Homes, 1998; Jaffe, 2011）。これらの定義は、身長や頭囲も FTT の影響を受けるかもしれないが、体重が最初に計測すべき指標であることを示している。これらの判断基準を使うことで発育不全の子どものほとんどのケースをとらえることができるが、すべての成長のパラメーターが影響を受けた場合には例外となる。すなわち、これらの例外は、家族性の低身長、妊娠期間に比べ発育不良な子ども、早期産児、普通の「やせた」子ども、体重が重すぎる子どもにおいて体重が減少している間に身長が伸びた場合、そして遺伝疾患の子どもである（Kirkland & Motil, 2011）。これらは臨床家が FTT を鑑別するためよく考えられた判断基準ではあるが、判断は成長曲線のみを根拠としてなされるべきではない。慎重に測定することや成長曲線に記録することは大切ではあるが、それぞれの患者に FTT が存在するかどうかは、批判的な考え方や判断と結合させて総合的に評価するべきである。

　米国においては、米国疾病対策予防センター（Centers for Dieseaase Contorol and Prevention, CDC）の提供している成長曲線は、成長のパラメーターを記録するのに適していると認められた標準成長曲線である。CDC の成長曲線は、米国のさまざまな特定の時期・場所の子どものデータを基礎としている（Grummer-Strawn, Reinold, & Krebs, 2010）。最初のデータは 1963 年から 1994 年の間に、米国のさまざまな都市から得たものである。2 歳以下の子どもの成長曲線の正確さを改善するために、より多くの子どものデータを利用して 2000 年に改訂された。結果的に、この成長曲線は子どもが成長のそれぞれの時期にどのように成長するのかについて**参考値**を提供した。しかしながら、世界保健機関（WHO: World Health Organization）は、子どもの体重は**典型的な成長の子ども**の体重と比較されるべきだという前提に基づいて、0 ～ 59 カ月の子どもたちの世界標準の成長曲線を開発した（Grummer-Strawn, Reinold, & Krebs, 2010）。

　CDC は、米国小児科学会（American Academy of Pediatrics）と米国国立衛生研究所（National institute of health）から専門家を招集し、エビデンスの見直しを行い、どの成長曲線を利用するかについての指導要領を保健関係者に提供した（Grummer-Strawn, Reinold, & Krebs, 2010）。専門家の調査団は、臨床家は 24 カ月未満の子どもには 2006 年 WHO 成長曲線を利用すべきであること、しかし 2 ～ 19 歳の子どもたちには CDC 成長曲線の利用を継続すべきであることを推奨した。

「器質性」か「非器質性」か

　FTT は真の疾患であるよりも、疾患の兆候であると考えるほうがよいとされている。これは、小児科のとても多くの疾患が FTT を起こしうるという事実によって強調されている。鑑別診断は莫大にあり、それについて語ることはこの章の範囲を超えている。歴史的に、これらの子どもは、

しばしば過剰な時間と費用を要する精密検査のために入院していた。これらのケースに対する実用的なアプローチは、原因により「器質性」の症例と「非器質性」の症例に分類することである。器質性の原因は医学的原因があり、非器質性の原因は環境に関連している。この分類は、医師がこれらの子どもを鑑別し治療してゆくアプローチ方法を組み立てるのに有用である。この分類を使うことにより、FTT のために入院して適切な栄養と養育環境が提供されても体重が増加しない子どもは、FTT を引き起こす器質性の原因を持っているに違いないという考えが導かれる。逆に言えば、もし子どもが入院して体重が増えれば、非器質性の原因があるに違いないのである。1960 年代の後半、Glaser ら（1968）は、繰り返し詳しい臨床的な検査を行ったにもかかわらず、症例の大多数において FTT の器質性の原因を確定することができなかったと記述している。本質的には、栄養的、情緒的、かかわりの剥奪という点において、家庭環境がしばしば原因であると決定された（Zenel,1997）。

　次の数十年の間、非器質性 FTT の原因論についてやこの状態の子どもにおけるすべての心理社会的影響についての研究がなされ、より理解が深まった。非器質性 FTT の子どもの症例において、母親の役割について説明され、その子どもの母親は、性格の問題、抑うつ、不安、社会的孤立、低い知能水準、などを有するとされた（Zenel, 1997）。これらの特徴のある顕著な結果は、情緒剥奪の可能性がある不適切な母子相互作用へと表面上はつながってゆく。子どもは、母親から適切な食べ物が与えられなかったことや子どもが食べ物を受けつけなかったことが原因で体重増加不良となっていた。また、子どもの「生来の行動のスタイル」や気質についても、親が理解していなかったり見逃していたりする場合には、哺乳状態が乏しくなり栄養が不足することの原因となるかもしれないと考えられた（Chatoor et al., 1998）。しかしながら、1980 年代の半ばまでに Skuse（1985）は非器質的 FTT の子どもにおいて、FTT や栄養不良に影響するすべての要因について説明するためには多様な原因論が必要であることを理解した。FTT や栄養不良は、食べ物の不適切な与え方と不適切な摂取の両方に原因があると考えられてきた。結果として、FTT を器質性と非器質性の 2 つに分類することはあまり用いられなくなった。原因論を単純化しすぎたと考えられた。それゆえに、多因子の原因論に適切にたどり着くためには、FTT の子どもへのアプローチにおいては、器質性、行動、環境、の要因のアセスメントを含むべきである。

リスク因子

　施設入所した子どもについての初期の研究においては、不適切な養育、特にネグレクトが FTT の主たる原因であると信じられていた。しかしながら、不適切な養育は FTT の多くの原因のひとつにすぎず、少数の症例においてのみ見られるにすぎない（C. M. Wright, 2000）。FTT と不適切な養育は、貧困、不安定な子どものアタッチメント、母親の抑うつ、などを含む共通のリスク因子を共有するが（Chatoor et al., 1998; Dubowitz, Kim, et al., 2011; Dubowitz, Zuckerman, et al., 1989; O'Brien et al., 2004）、他のリスク因子は FTT に多少特異的である。医学的なリスク因子には、早期産、子宮内発育不全、発達の遅れ、先天性奇形（例：口唇口蓋裂）、子宮内感染症や毒素への曝露、鉛中毒、

貧血、不適切なカロリー摂取、不十分な消化、または吸収不良、が含まれる（Kirkland & Motil, 2011）。

　ジュースの過剰摂取を含む FTT における食事のリスク因子は、離乳の時期を遅らせ、固形の食べ物の摂取への導入の時期を遅らせる（Smith & Lifshitz, 1994; C. M. Wright, 2000）。子どもの要因としては、食欲がないこと、「偏食」、口腔感覚障害、行動上の問題、を含む（Kerr, Black, & Krishnakumar, 2000; Ramsay, Gisel, & Boutry, 1993; C. M. Wright, 2000）。他のリスク因子は、不規則な哺乳と睡眠の時間、食事時間が過度に短すぎたり長すぎること、小さい子どもに子ども用の高い椅子を使わないことなどである（Mathiesen et al., 1989; Ramsay, Gisel, & Boutry, 1993; Stewart & Meyer, 2004）。授乳の間の母子相互関係もまた FTT の一因となりうる。それは、親が愛情のあまりこもらない接触をする場合、よりネガティブな接触をする場合、授乳を子どもの様子にかかわらず気まぐれに終わらせる場合などは、子どもたちの哺乳の問題と FTT に対するリスクを増加させるかもしれないからである（Drotar et al., 1990; Feldman et al., 2004）。より大まかに言えば、母親の抑うつ、貧困、食事摂取状況が不安定なこと、などの心理社会的因子は FTT の一因となる可能性がある（Kersten & Bennett, 2012; O'Brien et al., 2004）。かくして、子どもの不安定な体重増加を引き起こす可能性のある多くの異なった要因が存在し、そして治療計画を作成する際にはそれらを評価し熟考する必要がある。

発達への影響

　FTT の子どもに対する影響については、1897 年に Holt が最初に論文発表してからこれまで関心を持たれてきた。重篤な FTT は免疫システムに対して有害な影響があることは証明されてきており、ビタミン欠乏という結果に導かれた（Perrin et al., 2003）。しかしながら、FTT は、成長過程にある脳に最も強く影響を及ぼす。発展途上国からの移民の子どもたちにおいては、栄養不良は将来の成長と認知面の発達に対して有害な影響が観察された（Rudolf & Logan, 2005; Waterflow, 1974）。発展途上国の非器質性 FTT は先進国と比べてそれほど過酷な状況ではなく、その結果として起こる影響も比較的大きくはないようであるが、しかしながらまだ有意な影響はあった。非器質性 FTT による入院歴のある子どもは、10 年以上後のフォローアップ調査において、比較群よりも、身長は低く、体重は軽く、言語性の知能は低く、ことばの発達は遅かった（Oates, Peacock, & Forrest, 1985）。これらの結果が明らかになったことによって、FTT の子どもについて、より精密なフォローアップ調査と継続した治療が行われるようになった。それ以来、非器質性 FTT の子どもにおける認知面の発達への影響について、多数のエビデンスが蓄積されてきている。

　Corbett と Drewett によるメタ解析（2004）は、FTT は認知面の発達において重大な長期的影響がありうるという考えを裏づけていた。IQ における FTT の影響は、子どもの年齢が高いほど少ないが、総合的な影響はそれでも IQ において 4.2 ポイント低下に相当していた。これは、個々の子どもの小さな違いを表しているのかもしれないとはいえ、特に特別支援教育の利用を増加させていることにつながっていると仮定すると、集団においてはより重大な問題である。IQ における

4.2 ポイントの違いは、胎児期のコカイン曝露や人工乳の影響などの考慮されるべき環境変化と比較すると、FTT はそれと同等であるかまたはより大きい影響を与えると考えられる（Corbett & Drewett, 2004）。系統的なレビューによると、Rudolf と Logan（2005）は、体重が 10 パーセンタイルより軽い子どもたちにおいて、約 3 ポイントの IQ の違いを認めた。彼らは、FTT は集団レベルでは重要ではないこと、そして集中的な治療へのアプローチの必要性を評価するには再評価が必要であると結論づけた。しかしながら、このレビューにはおそらく FTT の診断基準を満たさないであろう 10 パーセンタイルまでの体重の子どもも含まれており、これにより、おそらく全体的な影響はもっと小さくなるであろう。

　他の FTT の子どもについての長期的研究では、IQ の変化と同様、学習における障害や行動面の困難さについて長期的に記録されている（Black et al., 2007; Drotar & Sturm, 1988; Emond et al., 2007）。ほとんどの子どもにおいて影響は微妙な程度であるかもしれないとはいえ、FTT に対する反応性には個人差がある。現在、最重度の発達障害に対して最大のリスクを有する子どもを明らかにすることはおそらくできない。しかしながら、体重増加における大きなつまずきと不適切な養育歴があることは、子どもをより大きなリスクに曝す可能性があるということは理解できる（Perrin et al., 2003）。これらの研究は、今日多くの専門家が行っている FTT の子どもの治療への積極的なアプローチを支えているのである。

病態生理学

　FTT の症例のうち不適切な養育が存在しているのは少数派であるが（C. M. Wright, 2000）、この状態につながる可能性のある多くの他の要因が存在する。FTT に関連して結果的な低栄養状態は、不適切な食べ物の提供と不適切な摂取の両方が原因であるということは議論されてきた（Skuse, 1985）。その議論の結果として、FTT を評価するための「相互作用モデル」ができ、経済的な要因、社会的ネットワーク、健康に関する信念、両親／家族の健康、家族の心理社会的力学が相互に FTT の原因となる可能性があると認識された（Kirkland & Motil, 2011）。しかし、それぞれの症例において、すべての因子が原因となるわけではない。それ故に、多くの研究者が、低栄養の原因を特定するための臨床的なアプローチについて記述してきた（表 21.1 参照）（Zenel, 1997）。最も一般的な FTT の原因は、医学的、環境的、そして心理社会的、など多様な因子による不適切なカロリー摂取である。

　2 カ月未満の乳児では、哺乳における問題が極めて一般的な FTT の要因である（S. Cole & Lanham, 2011; Emond et al., 2007）。それは、吸啜力が弱いことに加えて、嚥下と母乳の問題を含む。それより年長の FTT の乳児、幼児では、固形栄養への切り替えが難しかったのかもしれないし、母乳を減らすことが遅れたのかもしれない（C. M. Wright, 2000）。また、人工乳や母乳の不適切な摂取（Emond et al., 2007）、ジュースの過剰摂取（Dennison, 1996; Smith & Lifshitz, 1994）、親の健康的な食物摂取への心配過多（S. Cole & Lanham, 2011; Schwartz, 2000）も、高カロリーの食品を摂取することから遠ざけていた可能性がある。

表21.1　ＦＴＴの原因　医学的所見　診断のために考慮される精密検査

病理のメカニズム	関連する症状	医学的検査所見	診断のために考慮される精密検査
不適切なカロリー摂取／食欲	**食事量が少ないこと** ・慢性疾患 ・過度のジュース／水の摂取 ・人為的食物アレルギー ・偏食 ・胃食道逆流症 ・不適切な濃度の人工乳を作ること ・不適切な食事量 ・適切な食べ物に対する親の知識不足 ・食事を与える技術が不適切 ・母親の母乳不足 ・母と子どもの関係機能不全 ・機能的な問題（例：口蓋裂、鼻孔閉鎖 扁桃肥大、歯科の障害） ・吸啜や嚥下の機能不全（例：中枢神経系の問題、神経や筋肉の動きの問題、食道の動きの問題） **食事が摂取できないこと** ・子ども虐待／ネグレクト ・貧困、食料の入手が不安定なこと ・心理社会的問題	・体重＜5% ・虐待またはネグレクトの兆候 ・最低限の皮下脂肪 ・口腔内または鼻腔内の異常 ・腹部の膨隆 ・筋緊張低下	・完全な食事歴の確認と心理社会的評価 ・血球数 (CBC) ・基礎代謝検査 ・鉛の血中濃度 ・子ども虐待を疑った時には徹底的な放射線検査を含む精密検査を考慮する
不適切なカロリー吸収／喪失増加	・吸収不良（例：乳糖不耐症、嚢胞性繊維症、心臓疾患、腸回転異常、炎症性腸疾、牛乳アレルギー、寄生虫病、セリアック病） ・胆道閉鎖症　肝硬変 ・慢性胃食道逆流症 ・慢性嘔吐（例：胃腸炎、頭蓋内圧亢進 副腎機能不全、薬物） ・慢性腎疾患 ・壊死性腸炎、短腸症候群 ・膵臓機能不全	・体重＜5% ・慢性疾患の異形が疑われること ・最低限の皮下脂肪 ・臓器巨大症 ・腹部の膨隆 ・皮膚・粘膜の変化	・便病原体検査 ・便脂肪検査 ・嚢胞性繊維症のスクリーニング ・血球数／血沈 ・基礎代謝検査 ・尿検査
過度のカロリー消費／非効率な利用	・甲状腺機能亢進症 ・悪性疾患 ・慢性疾患（例：心臓疾患、腎臓疾患、内分泌疾患、肝臓疾患） ・慢性代謝疾患（例：高カルシウム血症、蓄積症、先天性代謝疾患、ガラクトース血症、糖尿病、副腎機能不全） ・慢性呼吸器機能不全（例：気管支肺異形成、先天性心疾患） ・慢性全身性感染症（例：尿管感染症、結核、ＨＩＶ）	・体重＜5% ・心臓または肺の所見 ・異形 ・リンパ節腫脹 ・最低限の皮下脂肪 ・臓器巨大症 ・甲状腺腫脹 ・皮膚の異常	・血球数 ・生化学検査　ＢＵＮ　クレアチニン ・血沈／ＣＲＰ ・肝機能検査 ・ＰＰＤ（ツベルクリン反応） ・ＴＳＨ（甲状腺刺激ホルモン） ・ＨＩＶ（ヒト免疫不全ウイルス）

（出典　Frank & Zeisel, 1998; Kirkland & Motil, 2011; Stephens et al.,2008　改編）

　不適切なカロリー摂取をしていた子どもは、しばしば食欲がなかったり、偏食だったり、持続的な嘔吐があったり、噛むことや飲み込むことが苦手であったり、摂食による息切れがあったりする。そして、食べるということを妨げる可能性のある行動上の問題を抱えていることが多い（Kerr, Black, & Krishnakumar, 2000; Nutzenadel, 2011; Ramsay, Gisel, & Boutry, 1993; C. Wright, Loughridge, & Moore, 2000）。食事摂取量は、乏しい構造的な要因の影響を受けていることも考えられる。すなわち、FTT の子どもたちは、食事摂取と睡眠の不規則なスケジュールに加えて、食事時間が過度に短いか長い可能性がある（Mathiesen et al., 1989; Ramsay, Gisel, & Boutry, 1993）。そして、子ども用の高い椅子や、補助シートを使っていない可能性がある（Mathiesen et al., 1989; Ramsay, Gisel, & Boutry, 1993; Stewart & Meyer, 2004）。哺乳の間の親子相互作用もまた重要であり、親の愛情のこもった接触が少ないこと、より否定的な接触が多いこと、親の気まぐれによる哺乳の終了が多いことは、哺乳の問題と FTT のリスクを増加させる可能性がある（Drotar et al., 1990; Feldman et al., 2004）。心理社会的な因子もまた、このダイナミクスにおいて重要な役割を果たす。FTT はどの社会経済的状況のグループにも発生する。しかし貧困家庭、精神保健の問題のある家庭、栄養に関して不適切な理解がある家庭には、より多く発生する。より広い視点で見ると、母親の抑うつ、貧困、不安定な食料供給、のような心理社会的因子もまた FTT と結びついている可能性がある（Kersten & Bennett, 2012; O'Brien et al., 2004）。

　子どもはまた、牛乳蛋白アレルギーやセリアック病（訳注：グルテンに対する免疫反応が引き金になって起こる自己免疫疾患）など、食物への敏感な反応のために不適切なカロリー吸収となる可能性がある。子どもに持続性の嘔吐がある可能性（例：代謝疾患や胃食道逆流症などのため）もあり、不適切なカロリー摂取につながる。細部まで正確に病歴を聴取することや身体的な精査は、このようなタイプの FTT を見つけ出すために大切である（S. Cole & Lanham, 2011; Kirkland & Motil, 2011; Stephens et al., 2008; Zenel, 1997）。

　FTT の他の種類としては、過度のカロリー消費がある。このような種類の状態は、根底で医学的問題と結びついている。たとえば、先天性心疾患、慢性的な低酸素状態（例：早期産児の慢性肺疾患）、代謝疾患（例：甲状腺機能亢進症、糖尿病）、慢性免疫不全、反復する感染症、基礎代謝率を上昇させる悪性疾患、などである（Zenel, 1997）。典型的には、FTT は人生の最初の数カ月以内に進行する。それは、一般的には最初の数カ月は乳児が急激な成長をする期間であるからであり、大きい要求量に見合う十分なカロリーが得られない場合があるからである（S. Cole & Lanham, 2011）。

不適切な養育

　不適切な養育の「直接的な根拠」を明らかにすることは、難題であるかもしれない（Skuse, 1985）。不適切な養育と相互関係のあるものは、後方視的研究において明らかにされている。その研究においては、FTT が不適切な養育を伴う可能性のある 17 人の子どもと、可能性のない 68 人を比較した（Mash et al., 2001）。不適切な養育をしていた可能性のある子どもの親は、驚くことではないが、医学的な勧めに不承諾を表明しがちであった。それには、推奨されたサービスを拒否す

ること、医療チームに相談することなく人工乳や経口栄養剤を変えること、推奨された食事療法に従わないことも含まれた。不適切な養育があるとの紹介のあった FTT の子どもは、早期産児であったこと、多施設でケアを受けていたこと、多臓器疾患の報告により精密検査を受けていたこと、ミトコンドリア病の精査を受けたこと、親によってアレルギーがあると報告されたこと、似たような症状のきょうだいがいること、の可能性が高かった。虐待の疑いがあった子どももまた、経鼻胃管チューブや胃瘻の治療を受けていた可能性がある。FTT の子どもには、不適切な養育を受けていなくても、このような病歴が明らかに存在することがあるが、このような特徴的な所見が病歴に多く存在すればするほど、不適切な養育の可能性についてより懸念する必要がある。加えて Mash ら（2011）は、治療チームによって観察された矛盾と明確な原因がわからない臨床経過は、FTT の一因となる不適切な養育を示唆する可能性もあるとはっきり述べている。

　子ども虐待をスクリーニングするのに用いることのできるアンケートは多くある。しかしながら、FTT に主を置いたものはない。Parent Child Conflict Tactics Scale（Straus et al., 1998）や Mother-Child Neglect Scale（Lounds, Borkowski, & Whitman, 2006）などの、ネグレクトや虐待行為を直接的に評価する調査、同様に Adult-Adolescent Parenting Inventory（Bavolek & Keene, 1999）、潜在的虐待リスクスクリーニング質問（Child Abuse Potential Inventory）（Milner et al., 1984）などの子どもを養育する際の信念や、虐待のリスクを増加させることに関連する親の性格を評価する調査もある。幼児期以降の子どもにとっては、子どもの報告もまた親の報告の補足としてとても役に立つ可能性がある。しかし、就学前の子どもはより暗示にかかりやすいと考えられ、子ども自身の報告は年長の子どものものより一貫性に欠ける（Bruck & Ceci, 1999; Crossman, Scullin, & Melnyk, 2004）。また、親子関係を直接観察することは有用である可能性がある一方、不適切な養育の親か適切な養育の親かの違いが観察される可能性は相対的には少ない（Wilson et al., 2010）。

　不適切な養育を鑑別する私たちの能力には、いくつかの明白な限界が関連してくる。まず第1に、社会的に好ましい反応や行動は私たちの取り組みを混乱させる。たとえば、子どもについて児童保護局（child protective service, CPS）と関わりをもった親の3分の1は、記録する際にはこの事実を否定すると研究では述べられている（Bennett, Sullivan, & Lewis, 2006; Bennett et al., 2012）。CPS との関わりを否定する親は、認めている親よりも、ネグレクト的または残酷な養育をしていると自分で報告することは少ない。似たようなことでは、CPS のスタッフが虐待について尋ねると、虐待または虐待疑いのある親の21％は完全に否定する（そして47％は部分的に否定する）（Lanyon, Dannenbaum, & Brown, 1991）。第2に、多くの子ども虐待評価基準では、十分に開発された基準もなく、年齢別の基準も報告されていない。第3に、おそらく FTT にとって最も大切なのだが、不適切な養育をスクリーニングするために用いられる自記式の評価基準は、たとえば Mash ら（2011）が明らかにしたような、FTT の子どもたちには最もよくある不適切な養育についての指標を必ずしも同定しない。

　不適切な養育についての直接的なアセスメントに、不適切な養育に関連した親と子の要因のスクリーニングを補足することによって、リスクのある家族を明らかにする確率を高める可能性がある。たとえば、親の薬物使用や抑うつは、一貫して子どもの不適切な養育の率の上昇と関連がある

(Chaffin, Kelleher, & Hollenberg, 1996; Dubowitz, et al., 2011)。母の抑うつは、特に FTT と関連がある可能性がある。2 歳以下の子どもたちを対象とした地域社会の研究においては、FTT である子どもは、スクリーニング調査で母親が抑うつである傾向が 50％（またはそれ以上）高かった（O'Brien et al., 2004）。私たちの診療所でうつ病自己評価尺度(Center for Epidemiological Studies Depression Scale, CES-D) を用いて行ったスクリーニングでは、母親の 24％と父親の 13％が明らかな抑うつ症状であることがわかった（Dubowitz, et al., 2011; Radloff, 1977）。親の精神的な社会適応に加えて、母親の低い教育のレベル、家族に子どもの数が多いこと、幼少期の発達検査において遅れが見られることも同様に、将来の子どもの不適切な養育を予測する（Dubowitz, et al., 2011）。親の抑うつなどのリスク因子を明らかにし、適切な援助を提供することは、家族の力を増し、将来の不適切な養育を防ぎ、FTT の治療勧告を遵守するよう改善するのに役立つ。

評価

　FTT の子どもたちの評価のゴールは、関連する要因を系統的に明確にし、それらの要因に養育者と一緒に取り組めるようにしてゆくことである。それは、すべての成長曲線を検証し、経過すべてを徹底的に細部までたずね、身体的な精査、適切な医学的検査を行うことを含む。一度これが完成すると、子どものカロリー摂取を増やすための治療計画を作成することができる。この過程は長く続き、困難な場合がある。医療提供者は養育者を気にかけていることを示し、非難しないように努めなければならない（Zenel, 1997）。FTT に関連のあるすべての重要な情報を得、家族と治療的な関係を作りあげ、治療の成果をより良いものにするためには「非難しない」アプローチでなければならない（English, 1978）。FTT の評価は、注意深く経過を聴くことから始まる。というのは、FTT を引き起こす問題の多くは、経過を完全に聴きとることにより明らかになる可能性があるからである。

　周産期と出生時の経過は、成長に欠陥を生じさせた可能性のある要因と親子の相互関係に影響を及ぼした要因についての重要な項目を含む（S. Cole & Lanham, 2011; Kirkland & Motil, 2011; Nutzenadel, 2011; Zenel, 1997）。妊娠中の母体の感染症、有毒物質への曝露（例：たばこ、薬物、アルコール）や薬（例：抗けいれん薬）、母親の妊娠の受け止め方は、子どもの低出生体重に関係する可能性や FTT の素因を作る可能性がある（Bithoney, Dubowitz, & Egan, 1992; Kirkland & Motil, 2011）。

　詳細な医学的経過もまた、子どもの成長に対する何らかの慢性疾患の影響の有無について決定するのに必要である。多くの種類の病気が（例：セリアック病、感染性下痢、胃食道逆流症）、栄養摂取、吸収、またはエネルギー要求量に対して反対の作用をする可能性がある。よく見られる小疾患（例、反復する急性中耳炎、上気道疾患）もまた、子どもの食欲を低下させる可能性があり、また、免疫不全の兆候である可能性がある。FTT を引き起こすかもしれない微妙な医学的な症状を探すために、全体の器官を詳細に精査することが必要である（例：吸収障害の兆候としての脂肪便）。複数の医学的問題のために子どもを看護することは家族機能に否定的な影響をおよぼすことがあり、繰り返すケガはネグレクトの存在を示す可能性がある。

　家族歴を経過を追って全体的に聞くことは、成長に影響している疾患を明らかにする可能性がある。いかなる身体的、精神保健的問題も再検討するべきであり、ゆっくりした成長、体質的な成長遅延、低身長の評価をするために親の身長は測定するべきである。

　食事の経過も極めて重要である。栄養摂取に関しての詳細な情報、哺乳、食事時間の長さ、場所、食卓の状況、誰が子どもに食事を与えていたか、哺乳の仕方、量、人工乳や食事の準備について（例：人工乳を適切な量の水で溶かすこと。バターや油を食事に加えること）などは、問題点を明らかにするのに役に立つ可能性がある。3日間の食事記録は、子どもの典型的な食事摂取を評価するための標準的な方法である。加えて、カロリーを計測すれば、希釈した人工乳や不十分なカロリーについて明らかになるかもしれない。多くの子どもが、ジュースを飲みすぎている。養育者がジュースを与えすぎている可能性があり（Dennison, 1996; Smith & Lifshitz, 1994）、子どものカロリー必要量について思い違いをしているか、健康的でないと認めた食べ物を制限しているのかもしれない（Schwartz, 2000）。最終的には、保育所や学校などの家庭外での食事摂取を評価する質問をすることにより、食行動に対する養育者の洞察が得られる可能性がある（S. Cole & Lanham, 2011）。

　ジュースの摂取に関してはFTTの評価において特に関心を集めている。フルーツジュースはビタミンとミネラルを提供するため、フルーツジュースの消費が子どもの健康的な食事に関係している可能性についてはエビデンスがあるが（O'Neil et al., 2012）、米国の子どもの消費量は近年有意に増加している（Fulgoni & Quann, 2012）。米国の子どもの50%以上は毎日フルーツジュースを消費しており、それは子どもに与えられた果物の50%以上となる（Fulgoni & Quann, 2012）。ジュース過剰摂取は、多くの子どもの健康に対する懸念（Dennison, 1996; Schwartz, 2000）、体重増加過多（Dennison et al., 1999）、非器質性FTT（Dennison, 1996; Smith & Lifshitz, 1994）と関連性がある。ジュース消費についてのある研究では、親の35%が彼らの1〜5歳の子どもは毎日2杯以上ジュースを飲むと報告している。もっと具体的に言うと、世帯収入が3万ドルより低い家族の親の49%と10万ドルより高い家族の親の23%は、子どもが毎日2杯以上ジュースを飲むと報告している（United Press International, 2012）。FTTに関連のある子どものジュース摂取に関する小研究では、1日の摂取の60%がフルーツジュースになると、ジュースがよりカロリーが高く栄養のある食物に置き換わり、FTTを引き起こす要因となると考察されている（Smith & Lifshitz, 1994）。FTTの評価を行った500人以上の子どもについての私たちのデータベースでは、（ミルクに加えて）消費される水分量の平均は1日当たり18オンス（訳注：約530ml）だった。つまり、ジュースの消費量に関して詳細に質問することは、食事の評価において重要な部分になる。

　食事の評価について最終的に行うことは、哺乳をしている場面を観察することである。いやいや飲んでいるのか、軽度の口・鼻の機能不全がないか、ネグレクトの兆候はないか、哺乳の時間の子どもや養育者の行動などは、観察することによってみつけることができる（Kirkland & Motil, 2011）。

　心理社会的経過は、FTTの評価を受ける子どもにとっても大変重要である。それは、心理社会的ストレスは子どもの不適切なカロリー摂取において最も一般的な原因だからである（Kirkland & Motil, 2011）。心理社会的経過について聴く際には、家族構成、養育者の就職状態、経済状況、家族のストレス、社会的孤立の程度、そして貧困の指標を含むべきである。WIC（Women, Infants and

Children) ^{訳注1} の適用か、SNAP（Supplemental Nutrition Assistance Program）^{訳注2} での支援を得ているか、食料供給が不安定かのスクリーニングは重要である（Kersten & Bennett, 2012; Kirkland & Motil, 2011）。親のスキルの強み、弱み、家族にとってのサポートシステム、養育者の感情の調整、すべてが評価において大切な要素である。

　発達の指標もまた評価されるべきである。FTT の子どもは発達的行動的問題においてリスクが高くなるからである（Jaffe, 2011; Kirkland & Motil, 2011; Schwartz, 2000; Zenel, 1997）。FTT である年少の子どもたちにとって、この時期が脳の成長において最も重要な時期であることが大きな理由となる。不十分なカロリーは脳の成長に影響する可能性があり、永続性の影響を発達と IQ にもたらす。さらに、発達と行動の問題は子どもの哺乳の難しさや養育者と子どもの相互作用につながることがある。微妙な神経の欠損が、哺乳を妨げ、不適切なカロリー摂取に導く。これらの指標を評価することは FTT の原因論に対して価値のある手がかりを与え、治療計画を考案するのに非常に不可欠な情報となる。

　身体的精査を徹底的にする際には、FTT の一因となる可能性のある病歴上で浮上した懸念や、遺伝による疾患または医学的疾患の兆候を特定することに主眼を置くべきである（Bithoney, Dubowitz, & Egan, 1992; Frank & Zeisel, 1998; Jaffe, 2011; Nutzenadel, 2011; Schwartz, 2000; Zenel, 1997）。精査は、正確に体重、身長、頭囲、を測定することから開始するべきであり、継続的に成長曲線を記録し時間の経過での成長を評価する。たいていの FTT の子どもの検査は、ほぼ正常の所見である。しかし、遺伝疾患の手がかりとなる形態異常の微妙な兆候、肺疾患、心臓疾患、胃腸疾患の兆候、また、不衛生、かなり乱暴であること、不適切な行動などのような、ネグレクトや虐待の微妙な兆候さえも探すべきである（S. Cole & Lanham, 2011; Kirkland & Motil, 2011; Schwartz, 2000; Zenel, 1997）。

　子どもの栄養状態は身体的精査において評価すべきである。劣悪な栄養不良を評価するためにさまざまな方法が使われてきた（Phillips & Shulman, 2013）。これらの方法は、年齢の標準体重に対するパーセンテージを利用するか、身長に応じて年齢で適正な体重に対するパーセンテージを利用して、子どもの体重の軽さの程度を評価する。皮膚をつまんだときの厚さをカリパスマイクロメータで測定することは、正確な再現性に欠けるため日常的にはされていない（Nutzenadel, 2011）。

　歴史的には、医学的疾患や器質性 FTT を除外するために、医学的検査は徹底的に行われてきた（Jaffe, 2011; Schwartz, 2000; Sills, 1978; Zenel, 1997）。FTT は多因子であり圧倒的に大方の症例が器質性ではないということ、それ自体は疾患ではないということが明らかになったため、医学的検査は焦点が絞られてきた。医学的検査と診断の進行は、病歴上、身体精査上、明らかになった兆候や症状のみに基づいて行われるべきである。Sills（1978）は、FTT のために入院したおおむね 200 人の

訳注 1: WIC（Women, Infants and Children Nutrition Program）
WIC栄養プログラム　母と子どもが健康的に食べるための補助的栄養プログラム　栄養についての教育、栄養についてのカウンセリング、母乳栄養へのサポート、栄養のある食べ物、他の必要なサービスを紹介することなどを提供する。
訳注 2: SNAP（Supplemental Nutrition Assistance Program）
補助的栄養支援プログラム　米国政府が行う、低所得者世帯向けの食料品購入支援制度。

子どもたちの病歴を検討し、彼らは入院中に 2,607 件の医学的検査を受けていたことを見出した。18%の子どもたちにおいて FTT は「器質性」であると決定されていたが、すべての医学的検査の中で診断に役立ったものはわずか 1.4%であった。すべての個々の器質性 FTT の症例において、診断を示唆する決定的な所見は病歴や身体的精査において得られていた。この研究によって病歴と身体的精査の重要性は明らかになり、FTT の子どもたちを評価するための過度な医学的検査は改める方向に進んだ。Sills の研究は 30 年以上前に行われたものであるにもかかわらず、FTT の子どもたちへの過度の医学的精査を支持するエビデンスはいまだにないのである。

治療

　治療の第 1 の目標は体重増加を改善するためカロリーを増加することである。FTT の原因論は多因子で子どもは一定期間症状が見られることが多いため、医療提供者が子どもの FTT に関連のあるすべての要因について明確に理解していることが重要である。治療計画においては、より良い結果が得られるように可能な限り多くの要因について扱うべきである。治療は、人工乳を正確に溶かすことを習うことのように単純であるかもしれない。または、多くの異なった関連性のある要因を扱って改善しなければならないかもしれない。治療は、家族と信頼が築けると（English, 1978）、そして親子を 1 つのユニットとして扱えると（Bithoney, Dubowitz, & Egan, 1992）、最も効果的になるであろう。FTT と評価された子どもでは、共通の社会的、心理的、医学的、および食事上の配慮をして、主たる援助者は、ソーシャルワーカー、栄養士、心理士、看護師、作業療法士、理学療法士などの、他の専門家と密接した関係を持って働くべきである。多くの専門分野にわたるアプローチは FTT の治療としては最善である（Bithoney, et al., 1991; Hampton, 1996; Hobbs & Hanks, 1996; Kesler & Dawson, 1999）。1 次医療機関の医療提供者は自分自身の職場で治療することができることもあるが、多くの専門分野にわたるチームで関わることは、これらの子どもを援助する上でとても効果的な方法であることが示され続けてきた。

　FTT の子どもへの焦点は栄養管理に当てるべきである。カロリー摂取は、一般的な摂取の 1.5 倍に増加する必要がある（Jaffe, 2011; Schwartz, 2000; Zenel, 1997）。これは任意に哺乳をすること、食物や人工乳の濃度を濃くすること、栄養が低い食べ物（例：ジュース）を制限することで成し遂げられる可能性がある。食物に関して家族が信じていることも、扱わねばならない。ジュースの量は減らす必要があり、ベジタリアンの家族には食事に卵を加える必要があるかもしれない。最後に、家族の食物の入手状況を扱わねばならない。WIC または SNAP の援助を受けるのに適格な家族かどうか決定することは、とても重要である。また、家族は居住地域の食料バンクの情報が必要かもしれない。これらのことの 1 つひとつが、子どもの消費するカロリー増加を促進する。

医学的でない治療

　FTT の原因は多因子的に決定されることを考慮すれば、治療においても多種の原因を扱わねばならなくなった。非器質性 FTT の子どもにおいては、器質性 FTT の子どもと比べて、親の哺乳

の方法が異常であること、食事を拒否すること、食べ物へのこだわり、食事を食べようとすると吐き気をもよおす経験があることが多い（Levy et al., 2009）。親の食事の与え方の評価は、子どもが与えられていた食物と飲物の見直しから開始する。FTT の子どもの親を集団として見ると、ネグレクト的な親の集団と類似して、相対的に若く（Stier et al., 1993）、それ故に子どもの食事に関して適切な知識を持ってない可能性がある。FTT の子どもは、たとえば、過度の液体摂取をしている可能性がある（Smith & Lifshitz, 1994）。親は健康的な食事を提供しようとして、低いカロリー、低い脂肪分の食べ物を与えている可能性がある（McCann et al., 1994）。しかしながら、私たちは健康的にという意識でなく相対的に低カロリーの「ジャンクフード」、チップスやクラッカーを与えている家族にも会うことがある。おそらく、ある部分では比較的値段が安いという理由で与えている。低カロリーの飲料を牛乳や栄養補助ドリンク（例：PediaSure）に置き換え、全体の液体摂取を減らし、高カロリー食品を含む多様な食事を与えるように家族を教育することは、しばしば子どものカロリー摂取量を押し上げるための最初の介入である。

　FTT の子どもの乏しい食行動への介入では、(1) 食事環境や日常の食事、(2) 多種類の食べ物を摂取すること、(3) 食事時間の子どもの食事への取り組みが良いこと（たとえば自分で食べる）、(4) 食事時間の楽しい親子相互交流、を増加するか改善することに焦点を置いている。加えて、行動の介入では、ネガティブな子どもの行動（例：食べ物を投げる）と親の食事時間のストレスを減らすように試みている（Fisher & Silverman, 2007）。食事環境の変化には、子どもが座ったままでいられるように子ども用の高い椅子か補助シートを使用すること、適切に食事時間を設け、しかも長すぎない時間（例：30 分）にすること、1 日中食べている状態から朝昼晩とおやつのスケジュールでおなかがすいたときに食事することに変えること、食事時間中のテレビなど潜在的に気を散らせることを減らすこと、が含まれている可能性がある。

　食べないことと偏食は、小さい子にはよくあることで、FTT と関連している可能性がある（Ekstein, Laniado, & Glick, 2010; Equit et al., 2012）。親やきょうだいに子どもと一緒に食べるように奨励することは、新しい食物、慣れ親しんだ食物、両方の摂取を増加させる可能性がある（Birch, 1999; Salvy et al., 2008）。しかしながら、重篤な拒食の子どもにはより強い介入が必要であるかもしれない。子どもが食物を拒否する場合、親は、他のより好みの食物を与えるが、それは、不注意にも子どもの拒否行動を強化してしまう可能性がある。親は、子どもが食物を拒否した後に食べることをやめることを許しているかもしれない。子どもが泣き出した場合、食物を投げた場合、さもなければかんしゃくを起こした場合には特にそうなりがちである。食事時間を終わらせることは子どものかんしゃくを減らすことができるかもしれないが、食事の拒否もまた強化する可能性がある。特に、そのような回避が遊びやテレビを見ることなどの好きな活動につながっている場合には可能性が高い。テーブルを離れる子どもを繰り返し席に着かせて、口に食べ物を入れるまでスプーンを唇にあて続ける、というような回避を防ぐ方法（Kerwin, 1999; O'Reilly & Lancioni, 2001）は、特に回避行動が強化されているときには、食べ物を受けつける量を増加させるのに効果的である（Piazza et al., 2003）。それでもなお、医師は、食物アレルギー、便秘、胃食道逆流症、などの食物の拒否を増大させている可能性のある医学的要因について評価するべきである。医師は親と連携し

て介入を発展させることを、これらの原則に則して行うことができる。しかしながら、それは従来の外来通院モデルではとても困難な可能性があり、重篤な食べ物拒否の子どもたちは食事療法に焦点を当てたより頻回な治療によって、より効果を得ることができる可能性がある（Williams et al., 2007）。

　食事のパターンを変えること、家族に子どもの液体摂取を減らすように助言することや子ども用の高い椅子を使うように助言することは、従わないことやかんしゃくを最初は増加させるかもしれない。一般的に、行動の問題はFTTの子どもたちにはよく見られているが、研究結果は一貫していない。ほとんどの研究において、このような問題についてフォローアップの際に調査されているが、診断のときにはされていない（Black et al., 2007; Drotar & Sturm, 1992; Dykman et al., 2001; Kerr, Black, & Krishnakumar, 2000）。FTTと不適切な養育の両方の既往がある子どもたちは特に、どちらか一方の既往の場合に比べて行動の問題を示すことが多い（Kerr, Black, & Krishnakumar, 2000）。FTTの子どもたちの親は問題解決能力に問題がある可能性があり（Robinson, Drotar, & Boutry, 2001）、FTTによってもたらされた親の取り組まねばならない難題を扱うことに困難がある可能性がある。食べることを回避するためのかんしゃくは一貫して無視すること、タイムアウトや不適切な行動（例：無断で冷蔵庫からジュースを取り出すこと）に対して与えられるペナルティー（例：テレビを見ることができない）について子どもに警告し、それを守らなかったときの結果を伝えるなど、一般的な子育てのスキルを教えることが、FTTの子どもの親にとって治療の重要な部分であることは多い。これはFTTの子どもたちでは一般的なことかもしれないが、FTTが自閉症などの発達障害と関連している子どもたちにとって特に当てはまる（Keen, 2008）。

　体重増加不良の子どもについて、親が過度に心配することには、食事時間における親子相互関係をよりネガティブなものにする可能性がある（Gueron-Sela et al., 2011）。親の食べるようにというプレッシャーが食物を避けることや拒否することへ帰結する可能性もある（C. M. Wright, Parkinson, & Drewett, 2006）。より一般的には、親の抑うつは評価するべきであり、必要性が示された場合は治療を受けるように医療機関に紹介するべきである。なぜならば、以前にも述べたように、いくつかの研究で、FTTの子どもたちの母親では抑うつ症状が増加しているからである（O'Brien et al., 2004; C. M. Wright, Parkinson, & Drewett, 2006）。うつ病の親は、子どものFTTの治療を推奨されても実行するのは一般の親よりも困難である可能性がある（DiMatteo, Lepper, & Croghan, 2000）。

　食事の問題のある子どもの親は、子どもの睡眠時間は短く、寝る時間は遅いと報告しており、睡眠のパターンも考慮されるべきである（Tauman et al., 2011）。睡眠の問題に関しては多くの潜在的な理由が存在するとはいえ、適切な就寝時のルーチンを始めることによって睡眠の質を高めることができる（Mindell et al., 2009）。そして、食事のスケジュールにおいてもより良い方向へ変化しやすい。たとえば、夜間の睡眠を改善することで、子どもは早く起きることができるようになり、朝食を食べる機会をより増やすことになる。加えて、比較的忙しいスケジュールの中で子どもが食事やおやつの後でおなかがすいていない時間に食事となるために食事量が少なくなるのではなく、1日を通じて食事とおやつをより適切な間隔を空けて摂取することができる。

家庭訪問

　家庭訪問は、家庭環境における食事状態のより深い評価をするために、食事や育児について追加の援助を提供するために、また、ネグレクトの心配があるときには家庭環境を観察するために、有用である。いくつかの無作為化比較試験（RCT）では、家庭訪問はFTTの介入として調査されている。1つめの研究では、毎週家庭訪問を受けているFTTの乳児においては、たとえ体重増加に結びつけることができなくても、相互作用能力のスキルが増加して、親は哺乳中のコントロール力が増した、と記されている（Black et al., 1995）。また、8歳のフォローアップにおいては、乳児期に家庭訪問を受けていた子どもは受けていなかった子どもよりBMI（body mass index）^{訳注3}が8%多かったとの調査結果であった（Black et al., 2007）。2つめの研究では、2歳時に家庭訪問を受けた家族の子どもの体重、身長、食欲は、家庭訪問を受けていない子どもより、3歳のフォローアップ時の調査では大きい値だったという結果であった（C. M. Wright et al., 1998）。しかし、3つめの研究では、家庭訪問と体重を増加させることについての関係性はなかったという結果であった（Raynor et al., 1999）。家庭訪問の代わりに、食事時間の様子をビデオテープに記録してクリニックへ持ってきてもらうよう親に依頼することや、クリニックでの食事状態の観察を実施することは、直接的に親と子どもの食事中のスキルと行動を評価するための追加の機会を提供することができる。

入院と外来通院

　病院に入院することは比較的最近まで、医師にとってFTTを評価するための標準的な方法だった。2週間の入院によって、医師は完全な精密検査をし、家族と患児との相互関係を観察し、評価のために専門の医師の意見を聞き、正確な体重増加を観測することができるだろう。しかし、FTTのために入院した子どもたちについての記録のレビューでは、FTTの診断の助けとなったのは検査結果の2%以下であり（Berwick, Levy, & Kleinerman, 1982; Sills, 1978）、診断された症例については病歴と身体的な検査で予測することができた、と記述されている。レビューでは、子どもたちをFTTと診断するにおいて、病歴と身体的な検査が最も重要な手段であると結論づけたと記述している。入院による精密検査は、一般的には症例の精査や診断の助けとはならず高コストになる。患児や家族にとってもまた、入院しないことが最も良いことである。簡潔に言えば、入院はFTTの子どもの評価への効果はほとんどない（Berwick, Levy, & Kleinerman, 1982; S. Cole & Lanham, 2011; Jaffe, 2011; Schwartz, 2000; Sills, 1978; Zenel, 1997）。主治医や専門の医師による評価、主治医や多くの専門家にわたる管理は、基本的には外来で行われるのが最も良い。家庭訪問や多くの専門家のチームを含めることは、子どもの体重を増加させ、さらに入院治療の必要性を減少させることが

訳注3：BMI（body mass index）
栄養状態の評価に用いられる評価値。体重（kg）を身長（m）の 2乗で割って算出する。BMIが 18.5を下回る場合は慢性的なエネルギー欠乏、BMIが 25を超える場合は過体重、BMIが 30を超える場合は肥満とみなされる。

できる。

　それでもまだ、FTT の子どもを入院治療に適応する場合がある。最初に、外来管理に反応しない子どもは、体重増加を記録し、カロリー摂取と全体的かつ食事時間における養育者との相互関係を評価するための管理された環境を提供するために入院してもよい（Jaffe, 2011; Schwartz, 2000）。しかし、子どもが適切なカロリーを与えられても、病院では体重増加は変動するかもしれない。正確な体重増加を評価するには基本的には外来通院で、数週間、数カ月にわたって成長のパラメーターを記録することが最良である。入院治療は子どもが栄養障害やネグレクトの重大な兆候を示した場合には、考慮されるべきである。栄養障害の場合に多くのカロリーを摂取した子どもは、電解質異常の兆候がないかどうか観察されるべきである。低リン血症は、このような状況で報告されている（Stanga et al., 2008）。FTT の評価や治療の間にネグレクトの疑いや身体的虐待の兆候がある場合には、子どもは害を与えられるリスクがあるため入院が適当と断言することができる。入院中にカロリー摂取量や体重に有意な増加が見られた場合、入院中の体重増加は、ネグレクトではないかという見解を支持する可能性がある（Brock & Krebs, 2005）。最後に、養育者が重篤な社会的・精神的問題を有している場合、子どもを保護し CPS の評価を得るために、入院が勧められる（T. Cole, 2003; Zenel, 1997）。

胃へのチューブ

　カロリー摂取を増加するための FTT の治療の重点は、補助栄養のために胃へのチューブや腸へのチューブを使用することになることがある。子どもたちはチューブを利用することにより顕著な成長をし、成長が追いつくので、体重増加を加速するために、チューブの早期利用を主張する人たちもいる（Schwartz, 2000）。しかし、この決定は、経鼻胃管チューブや胃瘻を設置した場合に避けられない、食欲の低下や摂食行動の悪化とバランスをとりながら行わなければならない。胃へのチューブは、子どもの行動を変えるための継続的な試みをしたにもかかわらず、相応な体重増加のための適切なカロリー摂取ができない場合に考えられるべきである。

結論

　FTT は体重増加の減速を引き起こす、多因子が原因の症候群である。この状態は、ネグレクトや子ども虐待と一般的に関連していると考えられてきたが、これらは FTT の一般的な原因ではない。子どもの FTT の多因子の病因を決定するためには、成長を成長曲線に正確に記録すること、細部まで完全な経過を聞くこと、身体的精査などを結合させるべきである。治療の主たるゴールはカロリー摂取を増加させることである。多くの専門家のチームによるアプローチがこのゴールに到達する最善の方法である。

[参考文献]

1. Batchelor, J. A. (1996). Has recognition of failure to thrive changed? *Child: Care, Health and Development, 22*(4), 235–240.

2. Bavolek, S., & Keene, R. (1999). *Adult-Adolescent Parenting Inventory—AAPI-2: Administration and development handbook*. Park City, UT: Family Development Practice.

3. Bennett, D. S., Sullivan, M. W., & Lewis, M. (2006). Relations of parental report and observation of parenting to maltreatment history. *Child Maltreatment, 11*(1), 63–75. doi:10.1177/1077559505283589

4. Bennett, D. S., Sullivan, M. W., McVey, A., & Lewis, M. (2012). *Are parenting scales able to identify mothers with a history of neglect? A comparison of the CAP, CTSPC, and PSI-SF*. Paper presented at the Translational Research on Child Neglect Consortium Meeting, Bethesda, MD.

5. Berwick, D. M., Levy, J. C., & Kleinerman, R. (1982). Failure to thrive: Diagnostic yield of hospitalisation. *Archives of Disease in Childhood, 57*(5), 347–351.

6. Birch, L. L. (1999). Development of food preferences. *Annual Review of Nutrition, 19*, 41–62. doi:10.1146/annurev.nutr.19.1.41

7. Bithoney, W. G., Dubowitz, H., & Egan, H. (1992). Failure to thrive / growth deficiency. *Pediatrics in Review, 13*(12), 453–460.

8. Bithoney, W. G., McJunkin, J., Michalek, J., Snyder, J., Egan, H., & Epstein, D. (1991). The effect of a multidisciplinary team approach on weight gain in nonorganic failure-to-thrive children. *Journal of Developmental and Behavioral Pediatrics, 12*(4), 254–258.

9. Black, M. M., Dubowitz, H., Casey, P. H., Cutts, D., Drewett, R. F., Drotar, D., et al. (2006). Failure to thrive as distinct from child neglect. *Pediatrics, 117*(4), 1456–1458; author reply 1458–1459. doi:10.1542/peds.2005-3043

10. Black, M. M., Dubowitz, H., Hutcheson, J., Berenson- Howard, J., & Starr, R. H., Jr. (1995). A randomized clinical trial of home intervention for children with failure to thrive. *Pediatrics, 95*(6), 807–814.

11. Black, M. M., Dubowitz, H., Krishnakumar, A., & Starr, R. H., Jr. (2007). Early intervention and recovery among children with failure to thrive: Follow-up at age 8. *Pediatrics, 120*(1), 59–69. doi:10.1542/peds.2006-1657

12. Block, R. W., & Krebs, N. F. (2005). Failure to thrive as a manifestation of child neglect. *Pediatrics, 116*(5), 1234–1237. doi:10.1542/peds.2005-2032

13. Bruck, M., & Ceci, S. J. (1999). The suggestibility of children's memory. *Annual Reviews of Psychology, 50*, 419 –439. doi:10.1146/annurev.psych.50.1.419

14. Chaffin, M., Kelleher, K., & Hollenberg, J. (1996). Onset of physical abuse and neglect: Psychiatric, substance abuse, and social risk factors from prospective community data. *Child Abuse & Neglect, 20*(3), 191–203.

15. Chatoor, I., Ganiban, J., Colin, V., Plummer, N., & Harmon, R. J. (1998). Attachment and feeding problems: A reexamination of nonorganic failure to thrive and attachment insecurity. *Journal of the American Academy of Child and Adolescent Psychiatry, 37*(11), 1217–1224. doi:10.1097/00004583-199811000-00023

16. Cole, S. Z., & Lanham, J. S. (2011). Failure to thrive: An update. *American Family Physician, 83*(7), 829–834.

17. Cole, T. J. (2003). The secular trend in human physical growth: A biological view. *Economics and Human Biology, 1*(2), 161–168. doi:10.1016/S1570-677X(02)00033-3

18. Corbett, S. S., & Drewett, R. F. (2004). To what extent is failure to thrive in infancy associated with poorer cognitive development? A review and meta-analysis. *Journal of Child Psychology and Psychiatry, 45*(3), 641–654.

19. Crossman, A. M., Scullin, H., & Melnyk, L. (2004). Individual and developmental differences in suggestibility. *Applied Cognitive Psychology, 18*(8), 941–945.

20. Dennison, B. A. (1996). Fruit juice consumption by infants and children: A review. *Journal of the American*

College of Nutrition, 15(5, Suppl.), 4–11S.

21. Dennison, B. A., Rockwell, H. L., Nichols, M. J., & Jenkins, P. (1999). Children's growth parameters vary by type of fruit juice consumed. *Journal of the American College of Nutrition, 18*(4), 346–352.

22. DiMatteo, M. R., Lepper, H. S., & Croghan, T. W. (2000). Depression is a risk factor for noncompliance with medical treatment: Meta-analysis of the effects of anxiety and depression on patient adherence. *Archives of Internal Medicine, 160*(14), 2101–2107.

23. Drotar, D., Eckerle, D., Satola, J., Pallotta, J., & Wyatt, B. (1990). Maternal interactional behavior with nonorganic failure-to-thrive infants: A case comparison study. *Child Abuse & Neglect, 14*(1), 41–51.

24. Drotar, D., & Sturm, L. (1988). Prediction of intellectual development in young children with early histories of nonorganic failure-to-thrive. *Journal of Pediatric Psychology, 13*(2), 281–296.

25. Drotar, D., & Sturm, L. (1992). Personality development, problem solving, and behavior problems among preschool children with early histories of nonorganic failure-to-thrive: A controlled study. *Journal of Developmental and Behavioral Pediatrics, 13*(4), 266–273.

26. Dubowitz, H., Kim, J., Black, M. M., Weisbart, C., Semiatin, J., & Magder, L. S. (2011). Identifying children at high risk for a child maltreatment report. *Child Abuse & Neglect, 35*(2), 96–104. doi:10.1016/j.chiabu.2010.09.003

27. Dubowitz, H., Zuckerman, D. M., Bithoney, W. G., & Newberger, E. H. (1989). Child abuse and failure to thrive: Individual, familial, and environmental characteristics. *Violence and Victims, 4*(3), 191–201.

28. Dykman, R. A., Casey, P. H., Ackerman, P. T., & McPherson, W. B. (2001). Behavioral and cognitive status in school-aged children with a history of failure to thrive during early childhood. *Clinical Pediatrics, 40*(2), 63–70.

29. Ekstein, S., Laniado, D., & Glick, B. (2010). Does picky eating affect weight-for-length measurements in young children? *Clinical Pediatrics, 49*(3), 217–220. doi:10.1177/0009922809337331

30. Emond, A., Drewett, R., Blair, P., & Emmett, P. (2007). Postnatal factors associated with failure to thrive in term infants in the Avon Longitudinal Study of Parents and Children. *Archives of Disease in Childhood, 92*(2), 115–119. doi:10.1136/adc.2005.091496

31. English, P. C. (1978). Failure to thrive without organic reason. *Pediatric Annals, 7*(11), 774–781.

32. Equit, M., Palmke, M., Becker, N., Moritz, A. M., Becker, S., & von Gontard, A. (2012). Eating problems in young children—A population-based study. *Acta Paediatrica.* doi:10.1111/apa.12078

33. Feldman, R., Keren, M., Gross-Rozval, O., & Tyano, S. (2004). Mother-child touch patterns in infant feeding disorders: Relation to maternal, child, and environmental factors. *Journal of the American Academy of Child and Adolescent Psychiatry, 43*(9), 1089–1097. doi:10.1097/01.chi.0000132810. 98922.83

34. Fisher, E., & Silverman, A. (2007). Behavioral conceptualization, assessment, and treatment of pediatric feeding disorders. *Seminars in Speech and Language, 36*(7), 223–231.

35. Frank, D., & Zeisel, S. H. (1998). Failure to thrive. *Pediatric Clinics of North America, 35*(6), 1187–1206.

36. Fulgoni, V. L., 3rd, & Quann, E. E. (2012). National trends in beverage consumption in children from birth to 5 years: Analysis of NHANES across three de cades. *Nutrition Journal, 11*(1), 92. doi:10.1186/1475-2891-11-92

37. Gahagan, S., & Holmes, R. (1998). A stepwise approach to evaluation of undernutrition and failure to thrive. *Pediatric Clinics of North America, 45*(1), 169–187.

38. Glaser, H. H., Heagarty, M. C., Bullard, D. M., Jr., & Pivchik, E. C. (1968). Physical and psychological development of children with early failure to thrive. *Journal of Pediatrics, 73*(5), 690–698.

39. Grummer- Strawn, L. M., Reinold, C., & Krebs, N. F. (2010). Use of World Health Organization and CDC growth charts for children aged 0–59 months in the United States. *MMWR Morbidity and Mortality Weekly Report: Recommendations and Reports, 59*(RR- 9), 1–15.

40. Gueron-Sela, N., Atzaba-Poria, N., Meiri, G., & Yerushalmi, B. (2011). Maternal worries about child underweight mediate and moderate the relationship between child feeding disorders and mother-child feeding interactions. *Journal of Pediatric Psychology, 36*(7), 827–836. doi:10.1093/jpepsy/jsr001

41．Hampton, D. (1996). Resolving the feeding difficulties associated with non-organic failure to thrive. *Child: Care, Health and Development, 22*(4), 261–271.

42．Hobbs, C., & Hanks, H. G. (1996). A multidisciplinary approach for the treatment of children with failure to thrive. *Child: Care, Health and Development, 22*(4), 273–284.

43．Jaffe, A. C. (2011). Failure to thrive: Current clinical concepts. *Pediatrics in Review, 32*(3), 100–107; quiz 108. doi:10.1542/pir.32-3-100

44．Joosten, K. F., & Hulst, J. M. (2008). Prevalence of malnutrition in pediatric hospital patients. *Current Opinion in Pediatrics, 20*(5), 590–596. doi:10.1097/MOP.0b013e32830c6ede

45．Keen, D. V. (2008). Childhood autism, feeding problems and failure to thrive in early infancy: Seven case studies. *European Child & Adolescent Psychiatry, 17*(4), 209–216. doi:10.1007/s00787-007-0655-7

46．Kerr, M. A., Black, M. M., & Krishnakumar, A. (2000). Failure-to-thrive, maltreatment and the behavior and development of 6-year-old children from low-income, urban families: A cumulative risk model. *Child Abuse & Neglect, 24*(5), 587–598.

47．Kersten, H. B., & Bennett, D. (2012). A multidisciplinary team experience with food insecurity and failure to thrive. *Journal of Applied Research on Children: Informing Policy for Children at Risk, 3*(1), 1–21.

48．Kerwin, M. L. (1999). Empirically supported treatments in pediatric psychology: Severe feeding problems. *Journal of Pediatric Psychology, 24*, 193–214.

49．Kesler, D. B., & Dawson, P. (1999). *Failure to thrive and pediatric undernutrition: A transdisciplinary approach*. Baltimore, MD: Paul H. Brookes Publishing.

50．Kirkland, R. T., & Motil, K. J. (2011). Etiology and evaluation of failure to thrive (undernutrition) in children younger than two years. *UpToDate*. www.uptodate.com/contents/etiology-and-evaluation-of-failure-to-thrive-undernutrition-in-children-younger-than-two-years

51．Lanyon, R. I., Dannenbaum, S. E., & Brown, A. R. (1991). Detection of deliberate denial in child abusers. *Journal of Interpersonal Violence, 6*, 301–309.

52．Levy, Y., Levy, A., Zangen, T., Kornfeld, L., Dalal, I., Samuel, E., et al. (2009). Diagnostic clues for identification of nonorganic vs organic causes of food refusal and poor feeding. *Journal of Pediatric Gastroenterology and Nutrition, 48*(3), 355–362.

53．Lounds, J. J., Borkowski, J. G., & Whitman, T. L. (2006). The potential for child neglect: The case of adolescent mothers and their children. *Child Maltreatment, 11*(3), 281–294. doi:10.1177/1077559506289864

54．Mash, C., Frazier, T., Nowacki, A., Worley, S., & Goldfarb, J. (2011). Development of a risk-stratification tool for medical child abuse in failure to thrive. *Pediatrics, 128*(6), e1467–1473. doi:10.1542/peds.2011-1080

55．Mathiesen, B., Skuse, D. H., Wolke, D., & Reilly, S. (1989). Oral-motor dysfunction and failure to thrive among inner-city infants. *Developmental Medicine and Child Neurology, 31*, 293–302.

56．McCann, J. B., Stein, A., Fairburn, C. G., & Dunger, D. B. (1994). Eating habits and attitudes of mothers of children with non-organic failure to thrive. *Archives of Disease in Childhood, 70*(3), 234–236.

57．Milner, J. S., Gold, R. G., Ayoub, C., & Jacewitz, M. M. (1984). Predictive validity of the Child Abuse Potential Inventory. *Journal of Consulting and Clinical Psychology, 52*(5), 879–884.

58．Mindell, J. A., Telofski, L. S., Wiegand, B., & Kurtz, E. S. (2009). A nightly bedtime routine: Impact on sleep in young children and maternal mood. *Sleep, 32*(5), 599–606.

59．Mitchell, W. G., Gorrell, R. W., & Greenberg, R. A. (1980). Failure-to-thrive: A study in a primary care setting—Epidemiology and follow-up. *Pediatrics, 65*(5), 971–977.

60．Nutzenadel, W. (2011). Failure to thrive in childhood. *Deutsches Ärzteblatt International, 108*(38), 642–649. doi:10.3238/arztebl.2011.0642

61．Oates, R. K., Peacock, A., & Forrest, D. (1985). Long-term effects of nonorganic failure to thrive. *Pediatrics, 75*(1), 36–40.

62.　O'Brien, L. M., Heycock, E. G., Hanna, M., Jones, P. W., & Cox, J. L. (2004). Postnatal depression and faltering growth: A community study. *Pediatrics, 113*(5), 1242–1247.

63.　O'Neil, C. E., Nicklas, T. A., Zanovec, M., Kleinman, R. E., & Fulgoni, V. L. (2012). Fruit juice consumption is associated with improved nutrient adequacy in children and adolescents: The National Health and Nutrition Examination Survey (NHANES) 2003–2006. *Public Health Nutrition, 15*(10), 1871–1878. doi:10.1017/S1368980012000031

64.　O'Reilly, M. F., & Lancioni, G. E. (2001). Treating food refusal in a child with Williams syndrome using the parent as therapist in the home setting. *Journal of Intellectual Disability Research, 45*(Pt. 1), 41–46.

65.　Patton, R. G. (1963). *Growth failure in maternal deprivation*. Springfield, OH: Charles C. Thomas.

66.　Perrin, E. C., Cole, C. H., Frank, D. A., Glicken, S. R., Guerina, N., Petit, K., et al. (2003). Criteria for determining disability in infants and children: Failure to thrive. *Evidence Report / Technology Assessment (Summary), 72,*1–5.

67.　Phillips, S. M., & Shulman, R. J. (2013). Measurement of growth in children. *UpToDate*. www.uptodate.com/contents/measurement-of-growth-in-children

68.　Piazza, C. C., Patel, M. R., Gulotta, C. S., Sevin, B. M., & Layer, S. A. (2003). On the relative contributions of positive reinforcement and escape extinction in the treatment of food refusal. *Journal of Applied Behavior Analysis, 36*(3), 309–324.

69.　Radloff, L. S. (1977). The CES-D Scale: A self-report depression scale for research in the general population. *Applied Psychological Measurement, 1*, 385–401.

70.　Ramsay, M., Gisel, E. G., & Boutry, M. (1993). Non-organic failure to thrive: Growth failure secondary to feeding-skills disorder. *Developmental Medicine and Child Neurology, 35*(4), 285–297.

71.　Raynor, P., Rudolf, M. C., Cooper, K., Marchant, P., & Cottrell, D. (1999). A randomised controlled trial of specialist health visitor intervention for failure to thrive. *Archives of Disease in Childhood, 80*(6), 500–506.

72.　Robinson, J. R., Drotar, D., & Boutry, M. (2001). Problem-solving abilities among mothers of infants with failure to thrive. *Journal of Pediatric Psychology, 26*(1), 21–32.

73.　Rudolf, M. C., & Logan, S. (2005). What is the long term outcome for children who fail to thrive? A systematic review. *Archives of Disease in Childhood, 90*(9), 925–931. doi:10.1136/adc.2004.050179

74.　Salvy, S. J., Vartanian, L. R., Coelho, J. S., Jarrin, D., & Pliner, P. P. (2008). The role of familiarity on modeling of eating and food consumption in children. *Appetite, 50*(2–3), 514–518. doi:10.1016/j.appet.2007.10.009

75.　Schwartz, I. D. (2000). Failure to thrive: An old nemesis in the new millennium. *Pediatrics in Review, 21*(8), 257–264; quiz 264.

76.　Shaheen, E., Alexander, D., Truskowsky, M., & Barbero, G. J. (1968). Failure to thrive—A retrospective profile. *Clinical Pediatrics, 7*(5), 255–261.

77.　Sills, R. H. (1978). Failure to thrive. The role of clinical and laboratory evaluation. *American Journal of Diseases of Children, 132*(10), 967–969.

78.　Skuse, D. H. (1985). Non-organic failure to thrive: A reappraisal. *Archives of Disease in Childhood, 60*(2), 173–178.

79.　Smith, M. M., & Lifshitz, F. (1994). Excess fruit juice consumption as a contributing factor in nonorganic failure to thrive. *Pediatrics, 93*(3), 438–443.

80.　Stanga, Z., Brunner, A., Leuenberger, M., Grimble, R. F., Shenkin, A., Allison, S. P., & Lobo, D. N. (2008). Nutrition in clinical practice—The refeeding syndrome: Illustrative cases and guidelines for prevention and treatment. *European Journal of Clinical Nutrition, 62*(6), 687–694. doi:10.1038/sj.ejcn.1602854

81.　Stephens, M. B., Gentry, B. C., Michener, M. D., Kendall, S. K., & Gauer, R. (2008). Clinical inquiries: What is the clinical workup for failure to thrive? *Journal of Family Practice, 57*(4), 264–266.

82.　Stewart, K. B., & Meyer, L. (2004). Parent-child interactions and everyday routines in young children with failure to thrive. *American Journal of Occupational Therapy, 58*(3), 342–346.

83. Stier, D. M., Leventhal, J. M., Berg, A. T., Johnson, L., & Mezger, J. (1993). Are children born to young mothers at increased risk of maltreatment? *Pediatrics, 91*(3), 642–648.

84. Straus, M. A., Hamby, S. L., Finkelhor, D., Moore, D. W., & Runyan, D. (1998). Identification of child maltreatment with the Parent-Child Conflict Tactics Scales: Development and psychometric data for a national sample of American parents. *Child Abuse & Neglect, 22*(4), 249–270.

85. Tauman, R., Levine, A., Avni, H., Nehama, H., Greenfeld, M., & Sivan, Y. (2011). Coexistence of sleep and feeding disturbances in young children. *Pediatrics, 127*(3), e615–621. doi:10.1542/peds.2010-2309

86. United Press International. (2012, December 11). *Study: Kids drink too much fruit juice*. www.upi.com/Health _News/2012/02/22/Study-Kids-drink-too-much-fruit-juice/UPI-13121329968185

87. Waterflow, J. C. (1974). Some aspects of childhood malnutrition as a public health problem. *BMJ, 4*(5936), 88–90.

88. Whitten, C. F., Pettit, M. G., & Fischhoff, J. (1969). Evidence that growth failure from maternal deprivation is secondary to undereating. *JAMA, 209*(11), 1675–1682.

89. Widdowson, E. M. (1951). Mental contentment and physical growth. *Lancet, 1*(6668), 1316–1318.

90. Williams, K. E., Riegel, K., Gibbons, B., & Field, D. G. (2007). Intensive behavioral treatment for severe feeding problems: A cost-effective alternative to tube feeding? *Journal of Developmental and Physical Disabilities, 19*, 227–235.

91. Wilson, R., Norris, A. M., Shi, X., & Rack, J. J. (2010). Comparing physically abused, neglected, and nonmaltreated children during interactions with their parents: A meta-analysis of observational studies. *Communication Monographs, 77*, 540–575.

92. Wright, C., Loughridge, J., & Moore, G. (2000). Failure to thrive in a population context: Two contrasting studies of feeding and nutritional status. *Proceedings of the Nutrition Society, 59*(1), 37–45.

93. Wright, C. M. (2000). Identification and management of failure to thrive: A community perspective. *Archives of Disease in Childhood, 82*(1), 5–9.

94. Wright, C. M., Callum, J., Birks, E., & Jarvis, S. (1998). Effect of community based management in failure to thrive: Randomised controlled trial. *BMJ, 317*(7158), 571–574.

95. Wright, C. M., Parkinson, K. N., & Drewett, R. F. (2006). How does maternal and child feeding behavior relate to weight gain and failure to thrive? Data from a prospective birth cohort. *Pediatrics, 117*(4), 1262–1269. doi: 10.1542/peds. 2005-1215

96. Zenel, J. A. (1997). Failure to thrive: A general pediatrician's perspective. *Pediatrics in Review, 18*(11), 371–378.

Part V　教育、研修、普及、そして地域での実施

第22章

暴力被害を受けた児童青年への効果が支持された精神保健治療を実施するための革新的方法

ベンジャミン・E・サンダース

ロシェル・F・ハンソン

総論

　米国の児童青年の生活の中に暴力が幅広く見られることや、重篤な精神疾患や精神面の問題の発症に暴力が関係していることが、多くの研究によって明らかになってきた。2009年に実施された、暴力に曝された子どもの全米調査（National Survey of Children's Exposure to violence）によると、米国の子どもと若者の61％が過去1年以内に1回以上、暴力の被害にあったか暴力場面を目撃していた（Finkelhor, Turner, et al., 2009）。さらに、暴力に曝された児童青年の多くが、1件以上の対人暴力を体験していたか目撃していた（Finkelhor, Ormrod, & Turner, 2009; Saunders, 2003）。暴力に曝されること、特に繰り返しさまざまな暴力を受けることが、心的外傷後ストレス障害（PTSD）・大うつ病・物質乱用・非行・情緒と行動の種々の問題など、深刻な精神障害や精神医学的問題の主要な危険因子となることがわかっている（Berliner, 2010; Hanson et al., 2008; McLaughlin et al., 2012; Rheingold et al., 2012; Walsh et al.,2012）。また、暴力に曝されることと社会生活機能上の諸問題との関係において、暴力に曝されたことに起因する心的外傷が重要であることが明らかになっている（Hall, 2000）。

　子どもの生活の中に暴力がはびこり、それが深刻な精神保健問題と関連することが明らかになるにつれて、暴力やトラウマに関連した精神保健問題に対応するための介入方法が開発され、効果が検証されてきた。そして、それらの介入方法が、暴力に曝された子どもと若者の情緒行動面への悪影響を和らげるのに十分有効であることがわかってきた。現在、虐待やトラウマ被害を受けた子どもに有効な、数多くの効果が支持された介入方法（evidence-supported interventions, ESIs; 高い基準を満たす実証研究においてその治療的有効性が支持されている治療方法やプログラム）が存在する。Saunders, Berliner および Hanson（2004）によると、性的あるいは身体的虐待を受けた子どもたちによく用いられる25の精神保健治療のうち16は、その効果が少なくとも経験的に実証されていることがわかった。Silverman ら（2008）は、子どものトラウマ治療の21の効果についてレビューを行っている。実証性のあるプログラム及び実践に関するレジストリ（National Registry of Evidence-based Programs and Practices；Substance Abuse and Mental Health Services Administration, 2013）は、暴力やトラウマを体験した子どもたちへの有効性が実証された 12 の治療法を紹介している。カリフォルニア子ども福祉実践エビデンス・クリアリングハウス（California Evidence-Based Clearinghouse for Child Welfare；Chadwick Center for Children and Families, 2013）は、心理的トラウマ症状を軽減することにおける効果が、実証研究によって「支持された」あるいは「非常に支持された」と 4 つのプログラムを特定した。米国司法省が運営する政府関連機関であるクライム・ソリューションズ（Crime Solutions）は、20 の介入法あるいはプログラムが、暴力を受けた子どもたちにとって「効果的」と考えられるだけの十分な研究の裏づけがある、と評している（Office of Justice Programs, 2013）。

　これらのプログラムは多様な集団に有効であることがわかっている（Huey & Polo, 2008）。これらの効果が実証された治療法およびプログラムのうちのいくつかは、多くの無作為化比較試験や系統的レビューを施行されており、その結果 ESIs と分類されるための最低必要条件を大幅に上回る、中〜高レベルの効果量が得られることが示唆された（Cary & McMillian, 2012; Macdonald et al.,2012）。これらのことから、多くの子どもや若者が暴力を受けることで深刻な精神保健問題が生じるが、精神保健治療の方法が開発され、繰り返し検証され、これらの問題を軽減するのに有効であることもわかってきたのである。いくらかのへだたりは残されているものの、このことは子ども虐待分野において良いニュースである。

　さらに、臨床有効性試験・効果研究・サービス調査研究のいずれにおいても、一般的に、ESIs が地域サービスの枠組みにおいて通常の治療よりも優れていることが示されている（Chaffin & Friedrich, 2004; Weisz, Jensen-Doss, & Hawley, 2006）。地域機関における子どもの精神保健サービスについてのあるレビューは、表出されている問題の自然経過に何の改善も認められないことを示した（Weisz et al., 1995）。これは ESIs が中〜高レベルの治療効果をもたらすことと対照的である。つまり、暴力を受けた子どもたちに対して、多くの地域サービス機関が提供している既存のサービスよりも、ESIs の方が実質的により良い結果をもたらすのである。

効果が支持された介入の高い目標

　ESIs に関するこれらの説得力のある所見は、いくつかの影響力のあるレポートにおいて述べられている大きな「へだたり」を反映していた。それは有効な精神保健治療やサービスについて科学的に知られていることと、最前線の機関において、ESIs を展開する専門家や管理職、政策担当者にとっての課題との間の「へだたり」である（Chadwick Center for Children and Families, 2004; Institute of Medicine, 2001; Saunders, Berliner & Hanson, 2004）。ここ 10 年の間、多くの組織・政府機関・専門家たちは、科学と実用の間への橋渡しができるような、国の標準となる効果が実証された介入法や実践法を求めてきた（American Psychological Association, 2005; Chadwick center for Children and Families, 2004; Saunders, Berliner & Hanson, 2004）。今や圧倒的な科学的根拠が得られる以上、被害にあった子どもたちの治療において ESIs を第一選択治療として日々の実践に用いないのは倫理

的に問題だ、とコメントする人もあらわれた（Saunders, 2012a）。

　効果が実証された実践の価値に関するこうした全国的な対話やコンセンサスの構築によって、ESIs の高い目標が設定された。専門機関・政策担当者・研究者・政府機関・米国子どものトラウマティックストレス・ネットワーク（www.nctsn.org）などのサービス機関ネットワークやその他の多くの実践家たちは次のような目標を求めている。すなわち、（1）被害を受けてそれを必要とするすべての子どもたちに ESIs がいきわたること、（2）被害を受けた子どもを助けるサービス組織において、適切なクライエントに ESIs の使用が浸透すること、（3）ESIs は合理的な忠実性をもって使用されること、（4）日常的に提供される正規のサービスとして ESIs が継続して使用されること、である。もちろん、これらの目標をどう実現するかが問題となる。

やれば結果はついてくる

　文字通りに、この目標設定は単純で簡単なように思われる。そして、基本的には、被害を受けた子どもと関わる精神保健の専門家たちが、日常的に最良の実践を提供するということを意味している。どのようにそれを達成するかと問われたら、地域の専門家や機関の管理職や政策担当者たちは、ほとんど全員が「治療者を研修する」と答える。この答えは、（1）ESIs の研修を十分多くの治療者が受ければ、彼らはその介入を使い、必要のある子どもがその介入を受けられる、（2）標準的で継続的な専門家教育において、地域のサービス提供者に ESI の適切な研修を実施すれば、彼らが現在のサービスの枠組みの中でそのモデルを忠実に使用することができるようになる、という考えに基づいており理にかなっている。治療者を研修するとは、既存の継続的な教育システムを通して、単に ESIs の研修を提供する、ということである。実際問題として、これは、そのサービス機関から数名の治療者が ESIs の認定されたトレーナーが実施する 1〜2 日のワークショップに参加し、その後日常業務でその介入を実施する、ということを意味する。

　このような「治療者の研修」に取り組むことにより、その介入方法についての知識が増え、結果的に、その介入方法を使用することにより積極的になることが研究で分かっている。しかし残念ながら、一般的にこのやり方では、その治療を忠実に提供するのに必要な臨床技術の習熟には不十分であり、治療者の行動の変化（たとえば、治療者が ESIs を子どもに日常的に用いるようになる、といった変化）を促すことにはならない（Beidas & Kendall, 2010）。治療者は興味を持った新しい治療技法を選別することが多いが、その新しい ESI を必要とするたくさんの子どもたちにそれを忠実に実施する可能性は低い。そして、治療現場でサポートがなければ、新しい方法を使うことがだんだん減っていってやめてしまうということがしばしばおこる。

　これらの問題に対応するため、治療者の訓練計画は拡大され改善された。より長く集中的な、4〜5 日間程度の訓練が提供された。積極的学習の手法やより良い研修教材、そしてスキルを向上させるための成人向け学習理論などが用いられた。基礎的な研修のあと、職場で新しい治療法を使い始める際には、進行中のケースに対する専門家のコンサルテーションが補足された。研究によると、このコンサルテーションつき研修の手法は、治療者側に治療法についてのより良い知識をもたらし、

臨床技術やプログラムへの忠実性を高めた。そして、治療者がその介入方法を使用する可能性も高めたことがわかった（Beidas et al., 2012）。臨床研修に対するより洗練された手法がより良い学習結果につながり、熟練したトレーナーによるケース進行中のコンサルテーションあるいは「コーチング」が、ESIs のより忠実な使用と関連していることは、驚くべきことではないだろう。

　良い研修に参加した治療者は、より良く訓練され、結果的にその介入を使おうとする。その一方で、機関が ESIs を標準的なプログラムの 1 つとして実施しようとすると、別の課題がしばしば生じる。治療者が忠実に新しい治療を行おうとすると、組織の問題や管理上の障害にぶちあたる。管理職はその介入法を完全に実施するのに必要な物的、人的、その他管理的サポートを与えてくれないかもしれない。治療者が初めてその介入法を実施するときに特に問題になるのだが、機関に所属する臨床スーパーバイザーがその介入方法について適切に訓練されておらず、結果的に効果的で支持的な指導ができないこともしばしばである。もとの治療法に慣れていて新しい介入法に不慣れなために、それを使用することを妨害するスーパーバイザーもいる。記録や請求システムが新しい介入法には不向きかもしれないし、健康保険などの支払いがおりない部分もあるかもしれない。その機関の一般的なサービス提供基準（たとえばクライエントと 2 週に一度あるいは月に一度会うなど）が新しい治療モデルの基準と合わないかもしれない。

　クライエントに関した問題も起こりうる。文化・家族・考え方などの問題がある、あるいは新しい治療法を受け入れ、参加し、それによって利益を得たりすることが難しいクライエント集団もある。予約日に来所しない率が高い、たまにしか出席しない、セッション間に出される宿題をしないといった、よくある治療上の問題も、新しい治療を忠実に実施することを難しくする。こういった初期の実施上の問題を解決したとしても、そのうちに職員が入れ替わり、ESIs の研修を受け、その機関で最もその介入方法を提供していた職員がいなくなり、新しく採用された職員を指導したり、その治療を継続的に提供したりすることが徐々に難しくなっていく。

　当然のことながら、精神保健サービス機関で新しい ESIs を実施するためには、しっかりと研修を受けたモチベーションの高い治療者が必要となる。しかし、先述したようなさまざまな困難が教えてくれるのは、単に治療者を研修するだけでは、サービス機関内で新しい治療法を確立し維持していくためには不十分である、ということである。

実用化科学：支持される実施モデル

　実用化科学（Proctor et al., 2009）という新たに発生した（かつ複雑な）分野では、虐待されたりトラウマを被ったりした子どもたちに、精神保健サービス機関において最適な ESIs を提供するという、「単純な」課題を達成する際の困難について、語るべきことがたくさんある。ESIs に対する公共政策のサポート・組織の特徴や風土・管理職の特徴とサポート・地域の受け入れ・臨床スーパーバイザーのサポート・治療者の態度・実施の過程における臨床訓練の方法などから構成される、マルチレベル方式の役割を検証する重要な研究が行われた（Fixeen et al., 2005）。目標は単純なのだが、サービス機関で新しい実践を良好に実施し、それを維持し続けることは、手間のかかる作業と

支持される実施モデル

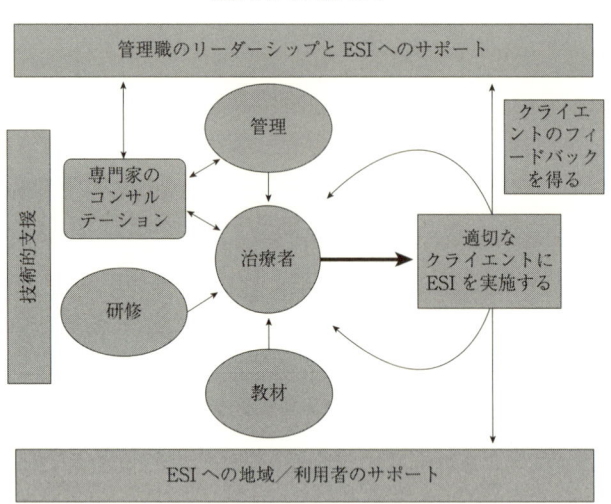

図表 22.1　ESIs のための支持される実施モデル

なりうる。

　実用化科学の文献を十分にレビューすることはここではできないが、図 22.1 に、この章の目的に関連する主要な知見を、やや単純化しすぎてはいるが図示している。この支持される実施モデル（Supportive Implementation Model）の要素が、ESIs を実施するためには重要であることがわかっている。

研修

　治療者には、効果的な新しい治療モデルの研修が必要である。研修には、そのモデルを十分習得し、手順や技術においてある程度のスキルを獲得するための十分な時間が必要である。その研修は、成人向け学習原理に基づいてなされ、臨床スキルを実践する手順が含まれている必要がある。研修は、複合的な研修セッションを通して提供されることもある。つまり、初級研修セッションのあとに、より上級者用の研修セッションや「ブースター研修」が行われ、それぞれの機関の枠組みでクライエント集団にそのモデルを用いて経験をつむことができる。

教材

　より洗練された研修教材が良い学びにつながる。最初に学習する際には、伝統的な、治療詳細が印刷されたマニュアルが必要かもしれないが、成人向け学習理論によれば、よりコンパクトな教材を用いたほうが、治療を実践するためには役に立つことが示唆されている。たとえば、基本原理・臨床手順の要素とアウトラインを掲載したカードのような、シンプルでよりコンパクトな教材を用いると、治療者が治療セッションに入ったときに素早く思い出すのに役に立つ。アクセスの容易なオンラインのマルチメディア教材を作成し、従来のスタイルの研修、あるいは、初期研修ワークショップに治療者が参加する準備をするための補助教材として使用することも可能である。たとえ

ば、TF-CBTWeb（www.musc.edu/tfcbt）は、トラウマフォーカスト認知行動療法（TF-CBT）をオンラインで学べる10時間の研修コースである。このウェブでは、TF-CBTの要素・手順・技術が、基本的な記述とビデオで紹介されている。オンラインコースを修了した学習者はTF-CBTの知識が有意に増えることが示されている（Saunders, Smith, & Best 2010）。このツールは、TF-CBTの初期研修ワークショップに先んじて幅広く実施されており、対面式研修の効果を最大限にするためにも用いられている。ワークショップへの参加者は、TF-CBTやその主な技法についての基礎的知識を有しているので、ワークショップがより高度なものとなりうるのである。

　オンラインの資源はコンサルテーションの助けにもなる。TF-CBT Consult（www.musc.edu/tfcbtcosult）は、TF-CBTのための自動化されたオンラインのマルチメディアのコンサルテーションである。ここにはテキストでの答え、治療開発者によるミニレクチャー動画、臨床デモンストレーションなどが提供されており、TF-CBTを学んでいる治療者からよく出される60以上の質問への回答が必要なときに利用できる。治療者はコンサルトしたい質問が生じたらいつでもここにアクセスすることができる。このような教材によって、学習と実施は非常に強化される可能性がある。

専門家によるコンサルテーションと技術支援

　先述のように、定期的なケース進行中のコンサルテーションや治療の専門家からの「コーチング」によって、治療モデルを学ぶことや治療を忠実に実施すること、適切なクライエントにその治療を用いることが強化されることが研究によって判明している。治療には知識と技術が必要で、新しいアプローチを学ぶには、実際のクライエントとの実践を通して治療スキルを磨くことが必要である。専門家によるコンサルテーションは、治療を正しく行うために必要な強化と、適正な修正を促すフィードバックを提供する。また、新しく不慣れな治療を始めることに不安な治療者へのサポートも提供する。

臨床スーパーバイザー

　治療者は、その機関の正規の臨床スーパーバイザーから、治療モデルにおける臨床スーパービジョンを定期的に受ける必要がある。外部専門家によるコンサルテーションは、その組織内のスーパービジョンの代わりにはならない。スーパーバイザーは組織の承認を与え、励まし、外部専門家によるコンサルテーションでは与えられないサポートを与えることができる。しかも外部専門家によるコンサルテーションは、時間が限られているのが一般的である。外部専門家によるコンサルテーションが終わったあと、もし治療者の機関で見識のあるサポーティブなスーパービジョンがなければ、治療者が忠実性をもって新しい治療を続けることはより難しくなるであろう。このようなスーパービジョンの必要性を考えると、臨床スーパーバイザーもESIsの訓練を受け、その使用についての知識とスキルを身につける必要がある。さらにスーパーバイザーは、その治療の臨床スーパービジョンを提供するスキルも持っていなくてはならない。これは、スーパーバイザーも治療者と同じ方法で治療法を学び、その治療のスーパービジョンを行う際には研修やケース進行中の専門家のコンサルテーションを受ける必要があることを意味している。

管理職のリーダーシップとサポート

　精神保健サービス機関で、新しいESIsの採用・学習・実施を成功させ促進していくために最も重要な要素は、管理職が組織を変えるためにリーダーシップを発揮し、サポートすることであることが研究によって示されている（Aarons & Sommerfeld, 2012）。組織の管理職は、新しい治療を自分たちのプログラムの一部に取り入れることを熱心に伝え、必要となる有形無形のサポートを提供する必要がある。前述したように、治療者は新しい治療モデルを学び使い始める際に、多くの障害物や困難にぶち当たる可能性が高い。一時期は生産性に影響が出るだろう。実施をサポートするためには、管理・料金請求・記録作成・スーパーバイズ・治療結果の評価などに関する手順を変更する必要があるかもしれない。管理職は実施過程に深く関与し、障害が何かを直接知ることが必要である。管理職はこのような問題が生じることを予測し、管理的組織的変革が必要であることを理解し、臨床スタッフとこれらの困難を克服する方法を見つけるよう努力すべきである。外部専門家によるコンサルテーションを受けることで、管理職は他の機関が経験した問題とその解決法をあらかじめ知ることができる。要するに、管理職によるリーダーシップとサポートなしでは実施は成功しない可能性が高いのである。

地域と利用者のサポート

　精神保健サービス機関において、ESIsの実施に成功し、治療を提供する準備が整ったとしても、地域と対象となる利用者がそのことを知らず、受け入れず、求めなければ、その治療法が一貫して用いられることにはならないだろう。単一の機関だけがESIs実施のための努力をする場合、地域の他の専門家が彼らほどには熱心に新たなESIsに取り組まないこともあった。こういった場合、紹介のパターンが変わらず、新しい治療法の需要はほとんどないままである。他の専門家からの継続的な紹介と協力がなければ、新しい治療法を続けるモチベーションはしばしば衰えてしまう。対象となるクライエント集団についても、同様のことが起こる。もし利用者が新しい治療を受け入れずその価値を見出さなければ、この治療を続けるためのサポートはほとんどないだろう。

クライエントのフィードバック

　支持される実施モデルの最も重要な要素は、たぶん、クライエントからのフィードバックである。最終的には、治療者・スーパーバイザー・管理職・地域の専門家・患者は、良い結果を出している新しい治療法を利用し支持するものである。子どもが被害にあいトラウマを受けたケースでは、虐待されトラウマを受けた子どもの症状や問題や社会生活機能が有意に改善することは大きな確信につながる。治療者は子どもたちや若者が良くなるのを見たいし、他の人たちも同様である。これが日常的に起これば、その治療法を使い続けられる傾向がある。反対に、もし新しいESIsを受けた子どもの改善数や改善の程度、改善速度がさほど良くなければ、関係者はなぜこの治療を使い続けなければならないのか疑問に思うだろう。このことが物語っているのは、治療の結果を測定しそれを重要な関係者に報告することが、新しい治療をうまく維持していくのに重要だということである。

協働学習アプローチ

　支持される実施モデルの項に要約される実施に関する文献の知見は、ESIs を実施するために「治療者を研修する」だけのやり方ではうまくいきそうにないことを明らかにしている。精神保健面への介入法を実施するには、治療者を研修するだけでなく、多くの異なったレベルの組織の人や役割の人たちを巻き込むことが必要である。この知見をもとに、米国子どものトラウマティックストレス・センター（National Center for Child Traumatic Stress）の Markiewicz らは、ブレークスルーシリーズの協働（Breakthrough Series Collaborative; Institute for Healthcare Improvement, 2003）の要素を採用して、子どものトラウマによるストレスに対して ESIs の訓練を行い具体的に実施するためのモデルとして、協働学習アプローチを開発した（Ebert et al., 2012; Markiewicz et al., 2006）。協働学習（learning collaborative, LC）モデルは、精神保健サービス機関を対象単位とみなすものである。LC に参加する各機関は、治療者だけでなく管理職やスーパーバイザー、ときには利用者も含めた参加者チームを、研修および実施のためのプロジェクトに送り込む。LC の目標は、参加者の所属する各サービス機関内で関心を持たれている ESIs を学び、実施し、それを持続することである。LC では通常、異なる地域から参加した機関チームが共同体を作る。機関の多職種の参加のほかに、LC モデルは支持される実施モデルのアイデアを踏襲するいくつかの重要な要素をもっており、ここではそれを要約して紹介する。

時間をかけた複合的な研修

　LC の参加者は、9～12 カ月にわたって一連の研修に参加する。はじめに参加者は、初期研修ワークショップに参加する前に「事前学習」を修了する。通常はその後、数日にわたる 2～3 回の「学習セッション」（例：ワークショップ）が、数カ月かけて行われる。複合的な学習セッションでは、はじめに基礎研修、その後、上級研修が行われる。学習セッションは期間をおいて実施され、その間に参加者は自分の仕事場に戻って新しい治療法を実践に移す。その結果、一連の研修により、実際の臨床場面や実施上で問題が起こってきたときに対応できるようになる。

成人向け学習理論と積極的学習の活用

　治療法を学びそれを日々の実践に適用することに焦点を当てた、種々の訓練手法が用いられている。参加者はその治療を使い始めるためにすぐにできることを考えるよう促される。訓練手法には、積極的協働的臨床スキル構築訓練・ロールプレイ・デモンストレーション・スキルの実践などが含まれるが、講義は最小限に設定されている。

複合的な研修コース

　LC では、臨床家のための ESIs の研修に加え、管理職や臨床スーパーバイザーのための特定の研修コースも用意される。管理職は、新しい治療法を実施するにあたり、リーダーシップを発揮し

治療者をサポートすることを学ぶ。臨床スーパーバイザーは治療モデルを学ぶだけではなく、治療において効果的なスーパービジョンを提供する方法も学ぶ。管理職とスーパーバイザーは、管理や組織、その他の実施上の困難に対応し、その問題を解決し治療者をサポートする方法を見出す役割を担う。

チーム作りと協働作業の推進

　実施上の困難が明らかになった場合、治療機関チームは問題解決に取り組むように促される。参加者はさらに、学習と実施においてお互いに「遠慮なく共有し」「恥ずかしがらずに盗みあう」ように勧められる。LCではお互いの努力をサポートしあう学習共同体を作り上げることを目指すのである。

実施のための実習期間

　実習期間というのは、学習セッションとそれに続く期間で、通常2～3カ月である。参加者は研修で学んだことを、研修ケースとして、ESIを使用している特定のケースに対してすぐに実行する。研修ケースはLCの主催者に登録され、治療経過と臨床結果がLCコースの期間中追跡される。

専門家のコンサルテーション

　実習期間中、参加者は通常は治療者・スーパーバイザー・管理職からなるグループ・カンファレンスを通して、定期的にLC主催者から専門的コンサルテーションを受ける。治療者とスーパーバイザーは、研修ケースを治療する際の臨床上の困難を説明し、専門家から臨床上のフィードバックとガイダンスを受けたり、他の参加者からの提案をもらったりする。管理職たちはお互いに問題解決のために協働作業を行い、専門的な技術援助を受ける。スーパーバイザーたちは、スーパービジョンを行ったり管理職と協力したりする際の実施上の困難を克服するよう援助を受ける。コンサルテーション・コールはLCの期間中実施される。

評価基準

　LCにとって鍵となる要素は、訓練の効果・実施過程・クライエントの症状変化をモニターすることと、評価基準をまとめて提供したり学習セッションに評価基準を組み込んだりすることによって、これらの情報を参加者に定期的にフィードバックすることである。評価基準を導入する目的は、問題に素早く気づき解決できるようにすることである。評価基準は、LCへの参加状況、たとえば「事前学習」を終了したかどうかや、「学習セッション」やコンサルテーションへの参加の程度をモニターするためにも用いられる。訓練の効果（例えば知識獲得や態度の変化）や満足度が継続的にアセスメントされ、その結果に応じて訓練方法が変更されることもある。登録した研修ケースの数・週ごとの治療要素の使用状況の評価・忠実性のモニター・研修ケースではないケースへの適用などの実施要素も測定される。個々のLCでは、あるサービスや治療の枠組みに特有の別の構成要素を測定する場合もある。こういった情報はLC過程の評価に使うことができるが、一番重要な役割は

参加者に定期的にフィードバックすることである。このような方法で、学習や実施に際しての障害や困難を迅速に見つけ出し、問題解決に着手することができる。

協働学習の利点

　LC モデルの一番の利点は、学習が協働作業として行えることと、参加者の間で学習共同体を形成できることである。同じ目標を持つ職場の仲間や他の治療機関の人たちと、集中的で精力的な研修や治療の実施体験をすることで、LC の目標を達成することへの仲間内での圧力が生まれる。興味を引く楽しいアクティブ・ラーニングのメソッドによって、学習への意欲がかきたてられる。つきつめると、治療を正しく行うこと、実施上の困難を解決すること、そしてその介入を広く用いることが、集団内で期待される達成基準となっていく。時間をかけて複合的な訓練を受けることで、参加者は異なった治療を実施することに対する認知的不一致を（抵抗さえも）乗り越えることができ、組織の新しい構造や過程が発展し定着し、日常的なやり方になることを許容できるようになる。

　地理的に離れた地域から集まった複合的な精神保健サービス機関チームでの臨床的な LC は、虐待やトラウマを受けた子どもたちのための ESIs の研修や実施の一般的な手法になっている。多くの州や州の精神保健機関は、ESIs の普及と実践のための標準的アプローチとして臨床 LC を採用している（23 章を参照）。

地域を基盤とする協働学習モデル

　子ども虐待のケースには、ほとんど常にたくさんの支援機関が関係する。いくつかの精神保健サービス機関のほかに、警察・児童福祉機関・子どもアドボカシーセンター・被害者の代弁者組織・訴訟後見人・医療関係者・薬物やアルコール治療機関・学校関係・少年司法・DV プログラム・性暴力被害者支援センター・家庭裁判所や少年裁判所・刑事裁判所などがかかわることも多い。これらの援助機関やサービス組織は、子ども虐待ケースにおいて、それぞれ特定の役割と権限を持っている。ある機関は、虐待された子どもが精神保健サービスを必要としているかどうか、子どもと家族をどの治療者や治療機関に紹介すればよいか、などを判断する。多くの機関は、精神保健治療を含むような治療やサービスプランを作成する責任を負っている。治療者が実務をこなす際にいつものやり方があり、それを変えることに疑心を抱くことがあるのと同様、地域の各機関も、子ども虐待ケースをめぐって多くのシステムや専門家がどのように相互交流するかということについて、しっかりと確立したパターンを持っている。たとえば、お互いにどの程度協力し合うか、子どもや家族をスクリーニングし評価し治療につなぐ方法、たびたび家族を紹介する治療者や機関、治療者との関係のとり方やケースマネージメントの仕方、治療の評価やモニタリング方法、治療結果の評価方法などである。このような地域のサービス提供のパターンには、多く専門家や組織がかかわっており、各地域に合理的に根づいており、変えることは難しい。

　つまり、ある地域の中で 1 つの精神保健機関が、臨床 LC などを通して ESIs を新たに実施したとしても、広範な地域サービス組織とそのサービスのパターンが影響を受けることはおそらくない。

たとえば、ある地域の精神保健センターが、子どもの治療者6名と臨床スーパーバイザーおよびプログラム統括者を臨床LCに送りこみ、子どものトラウマ治療に最もすぐれたESIsを学び実施すると仮定しよう。そのセンターでの研修と実施がうまくいき、今やそのセンターは6名の十分に訓練された治療者が忠実にESIを提供するのに十分な準備ができたとする。その地域で子ども虐待ケースにかかわる多くの機関の中の、たったひとつの部分のこの変化は、地域のサービス組織を有機的に変化させ、ESIsを完了して症状や機能が改善する被虐待児の数を劇的に増やすことにつながるだろうか？

　この極めて重要な疑問は現時点ではまだ決定的な答えを持っていないので、より慎重な研究が必要である。いくつかの研究によると、臨床LCに参加した機関では、紹介されてESIsを受けて完了した子どもの数が増加した（例えばEbert et al., 2012）。言い方を変えると、新しく研修を受けた臨床家とその機関は彼らの仕事をしたわけである。これは、その地域の虐待を受けた子どもにとっては良い結果である。彼らは、ESIsを実施している機関に紹介されて幸運だったということだ。はっきりしないのは、ある地域でESIsを実施できる機関が1つあることで、地域のサービスパターンが大幅に変わるかどうかである。その他の地域システムが、新しいESIsについての知識を深め、それに対応するようになるだろうか？　ESIがどんなケースに適用できるのか、どんな問題を取り扱うのかを知り、適切な紹介ができるようになるだろうか？　新しいESIsの需要を増やせるだろうか？　そのESIsを提供するためにケースマネージメントの方法を変えられるだろうか？治療の進み具合や治療結果をモニターできるだろうか？　あるいは、地域のサービスのパターンはほとんど変わらないままなのだろうか？

　地域の他の機関からのESIsの需要は、実施機関の熱意によってしばらくの間はある程度高まるかもしれない。しかし、1つの機関で数名の治療者が訓練を受けただけでは地域の基礎的なサービスのパターンは変わりそうにない。もし、地域からの需要が期待よりも少なかったとしたら、その精神保健機関はプログラムの1つとしてその介入を続けられるだろうか？　特に継続への自然な圧力が働くとき（訓練を受けたスタッフの人員削減、管理職やスーパーバイザーのサポートの減少、新プログラムの実施など）はどうだろうか？

　2つめの問題は対応能力である。ある地域の数名の治療者を訓練することで、ESIsの提供能力はある程度増える。しかし、その地域で介入を必要としている子どもの数を考えるとこの対応能力は十分と言えるだろうか？　この1つの変化で問題の解決に十分だろうか？　これらすべての疑問に答えるにはさらなる研究が必要である。LCの経験や実施した機関からの事例報告によると、多くの状況でこれらは現実の問題であることが示唆されている。支持される実施モデルに示されるように、地域の受容とサポートなしでは、実施は継続しにくい。

　地域を基盤としたLC（Community-Based Learning Collaborative, CBLC; Project BEST, 2007）モデルは、ESIsを実施するための地域のサービスパターンの変わりにくさという問題に対応するために開発された。CBLCには先述した臨床LCの特徴がすべて（前線の職員、スーパーバイザー、管理職、時間をかけた複合的な研修、実習期間、専門家のケース・コンサルテーション、注意深いモニタリングなど）含まれており、CBLCではこれらの要素が拡大される。CBLCの主な違いは（1）訓練と実施

の焦点が、1つの機関や1つのプログラムではなく地域全体に向けられていること、(2) LC には精神保健の臨床家とともに、地域で虐待されトラウマを受けた子どもたちへの精神保健サービスの「仲介者」が含まれること、である。CBLC では、新しい ESIs を地域で実施し地域のサービスパターンを変えていく CBLC の過程を通して、臨床家**および**仲介者が一緒に作業し、多くの機関や専門家を巻き込んで、その介入をサポートする。

　地域は参加者が自分で定義する。大きな都市では、地域は1つの行政区か2〜3の地区からなる。もっと地方では、地域はいくつかの郡からなるであろう。**地域を基盤とした協働学習**（CBLC）には、同じ子ども虐待ケースに通常かかわる機関の多職種の専門家が参加する。精神保健サービスの**仲介者**は、子ども虐待ケースにかかわる専門家で次のような特徴を持つ。すなわち、(1) 虐待された子どもを見つけ接触する、(2) 虐待された子どもが虐待やトラウマに関連した問題のために精神保健治療を必要とするかどうかを判断する、(3) 子どものために治療やサービス計画を立てる、(4) 評価や治療のために子どもを精神保健サービス機関に紹介する、(5) ケースマネージメントを行う、(6) 治療の経過と結果をモニタリングする、(7) 精神保健治療の結果に基づいて措置を講じるので、治療の成功に関心を持っていることが多い、などである。通常仲介者には、児童福祉ケースワーカー・訴訟後見人・被害者の代弁者組織・レイプクライシスセンターのケースワーカー・少年司法ケースワーカーなどが挙げられる。

　CBLC は、効果が実証された精神保健サービスの需要と供給の社会経済モデルに依拠している。仲介者はしばしば、被虐待児が精神保健サービスにアクセスする入口の役割を果たす。つまり、子どもが ESIs を受けることの決定的な重要性と、自分が担当する子どもたちが ESIs を受けられるようにすることにおける自分の役割と責任を仲介者が理解するようになると、その地域での ESIs の需要が増える。ESIs の訓練を受けた治療者は供給側である。需要が増えれば供給も増え、結果的にその地域内で収束する。

　CBLC は、子ども虐待ケースにかかわる多くの地域サービス機関に所属する仲介者と臨床家を結びつけ、12 〜 14 カ月にわたって訓練と実践プロジェクトに参加させ、その地域で ESIs を確立し、その地域で ESIs を必要としているすべての子どもたちが ESIs を受けられるようにする、という目標に向かわせる。それぞれの地域ごとに、これらの目標を目指す仲介者と臨床家で構成される地域改革チーム（Community Change Team, CCT）を作る。機関の管理職・スーパーバイザー・第一線で働く治療者やケースワーカーが CCT を形成し、ともに協働する。CCT は CBLC を通して活動し、新しい技術を学び使えるようになるだけでなく、その地域のサービスの流れのパターンを変え、ESIs から恩恵を受けるであろう子どもを全員見つけ出し、訓練を受けた治療者につなげ、治療を完了させる。CBLC にはいくつかの異なる地域から CCT が参加し、協働学習や実践、問題解決や相互サポートなどを十分に活用する。

　仲介者を加えるために、CBLC では、臨床家のコース・スーパーバイザーのコース・管理職のコースに加えて仲介者のコースも用意している。仲介者のコースでは、ESIs がどのような問題を扱うのか、誰のためのものなのか、その治療要素と技術について、そしてその効力を支持する根拠について学ぶ。仲介者と臨床家は、効果が実証された治療計画（Evidence-Based Treatment

Planning）について学ぶ。これは ESIs を含むその地域でコンセンサスを得た治療プランを形成し、経過を観察し、それをモニターするための枠組みである（Project BEST, 2008）。仲介者は、治療を成功させるためのケースマネージメントのスキルも学ぶ。すなわちこれは、子どもと家族が治療に定期的に参加し治療を完了できるように支援するために、仲介者が使用する手順である。仲介者は、ESIs のモニターの仕方、治療経過と進捗状況について治療者にたずねるべき質問、治療結果の理解の仕方についても学ぶ。この訓練は、臨床家の訓練と同じ学習セッションで行われる。仲介者は、これらの新しい技術を実践する際に、実習期間における専門家のコンサルテーションにも参加する。

　最も重要なことは、仲介者と臨床家（双方の管理職を含む）がお互いに効果的な仕事上の関係を形成し、組織横断的な関係を構築し、次のような共通のゴールに向かうことである。それは地域のESIs を受けるべきすべての被虐待児と家族が、適正な ESIs を受け、確実に治療を成功裏に完了することである。仲介者と臨床専門家は協力し合いながら、地域のサービスパターンを変え、実施上の問題を見つけ出し、地域の目標を達成するためにこれらの問題を解決し克服していく。仲介者と臨床機関の両方の管理職は定期的に会い、専門家のコンサルテーションに参加し、ESIs の実施をサポートし、地域でそれを必要とするすべての子どもたちに治療がいきわたるように協力する。

　仲介機関と臨床機関の組織横断的な関係が強いほうが、子どもの精神保健サービス利用が増えて精神健康がより改善されるということが、研究によって示されている（Bai, Wells and Hillemeier, 2009）。CBLC はこの考え方に基づいており、臨床 LC モデルを上回るいくつかの利点があると想定している。

・仲介者を通じて ESIs の需要を増やし、同時に研修された治療者と実施できる精神保健機関の供給も増やすことは、その地域で治療を受けられる子どもを増やすことになる。
・仲介者と治療提供機関と専門家の間で、組織横断的関係と協力を強化することが、その地域で治療を受けられる子どもを増やすことになる。
・ESIs がより大きな範囲に広がるほど、その地域で ESIs を必要とする被虐待児やトラウマを受けた子どもが高率に ESI を受けるようになる。
・仲介者側の需要の高まりと適切な治療者の供給が均衡すると、結果的にその地域で ESIs が持続的に実施されるようになる。

CBLC のこれらの想定される利点はそれぞれ、今後検証される必要がある。

プロジェクト BEST

　プロジェクト BEST（Bringing Evidence-Supported Treatments to South Carolina Children and Their Families; 効果が実証された治療をサウスカロライナの子どもと家族に届けるプロジェクト）は、CBLC 実施モデルを用いて、TF-CBT をサウスカロライナ州全体に普及させるための取り組みである（www.musc.edu/projectbest）。プロジェクト BEST では、これまでに 5 つの CBLC を完了した。これらのCBLC の経験とそのうち 3 つで見られた質の向上および評価基準の情報は期待が持てるものであっ

たが、いくつかの問題点も見つかっている（Seunders, 2012b）。

　最も喜ばしい知見は、プロジェクト BEST に参加した地域の治療者による治療を受けた子ども
は、治療前後で PTSD 症状が有意に減少しており、これは TF-CBT の臨床試験と同じかそれを上
回るものであった。地域の治療者 91 名による治療を受けた 188 人の子どもにおいて、治療前後の
PTSD 症状の減少に関する効果量は 0.92（d = 0.92）だった。この結果は、最近の 2 つの TF-CBT
臨床試験における PTSD 症状の治療前後の変化に関する効果量 0.64（d =0.64；Cohen, Mannarino, &
Iyenger, 2011）や 0.94（d =0.94；Deblinger et al.,2011）と比較しても遜色ないものであった。症状レ
ベルの改善の有意性の判断基準を 1/2 標準偏差（1/2SD）として検定したところ、TF-CBT 臨床試
験に通常組み込まれるレベルの PTSD 症状を有する子どもの結果もまた有望であった。これらの
子どもたち（n=171）のうち 73％は PTSD 症状が十分に改善し、19％はその症状がほぼ同じ
（± 1/2SD の範囲内）で、8％は 1/2SD を超えて悪化していた。はじめの評価で、36％の子どもたち
は DSM-Ⅳ版 UCLA 心的外傷後ストレス障害インデックス（UCLA PTSD index for DSM-Ⅳ；
Steinberg et al., 2004）で臨床閾値と同レベルかそれを超えており、PTSD 診断基準をほぼ満たすこ
とが示された。この割合は治療後には 11％まで下がっていた。似たような改善の結果は抑うつ症
状でも得られた。これらの情報から、地域の治療者も TF-CBT を用いて臨床試験に匹敵する程度
の成果を達成できることが支持された。

得られた教訓

　プロジェクト BEST を通じて CBLC について多くの教訓が得られたが、そのすべてをここで論
じることはできない。しかし、3 つの重要な教訓を強調したい。1 つめは、熱心で創造的で、多機
関を巻き込む地域のリーダーシップが、CBLC を成功させるために最も重要な要素であるというこ
とである。この教訓は、前述した Aarons and Sommerfeld（2012）の実施に関する知見と一致し
ている。地域での実施には、地域のサービス組織をある程度変更することが必要である。地域に
よっては、変化は最小限ですみ、別の地域では多くの変化が必要となる。子ども虐待ケースにかか
わる重要な組織のリーダーシップが発揮されることなしに、それらの変化は得られないことは明ら
かである。

　2 つめは、仲介者が研修に参加することが初めの予測よりも大変重要であることが判明した点で
ある。クライエントが有効な精神保健治療を受ける際に、たいてい、仲介者の役割や責任の範囲が
不明確で不確実である。彼らは、「医師に何をすべきか伝えること」について懸念がある。彼らは
治療モデルの違いを理解していないことがほとんどである。そして彼らは、治療の経過と結果をモ
ニターする方法を知らない。しかし、仲介者が ESIs を学び、すべてのカウンセリングが同じでは
ないことを学び、すべての治療者が必ずしも訓練を受けているわけではないことや自動的に最も効
果のある治療法を使うわけではないことを理解するようになると、そして、これが最も重要なのだ
が、子どものクライエントにいちばん良い治療法を受けさせる責任が自分にあることを十分に理解
するようになると、仲介者はこれらの子どものために最良の治療を追求することに情熱を燃やして
取り組むようになる。彼らは治療がどのように進むかモニターすることや、治療の結果についての

情報を求めることに非常に積極的になる。そのため、1人の研修された仲介者は、数人の研修された治療者のケースの受け入れ容量をすぐにいっぱいにしてしまうほどである。CBLC を運営する際、主催者と管理職は、訓練された仲介者によって作り出される需要に見合う十分な数の治療者を参加させなくてはならない。

　最後に、実施・臨床・結果の評価を継続的に収集し、定期的に CBLC の参加者にフィードバックすることの価値は、いくら強調してもしすぎることがない。大部分の地域の実践家は、仲介者であれ臨床家であれ、彼らの地域で何が起こっているかについて一般的な考えを持っている。評価基準を示すことにより、これらの視点に対してある確かな現実をもたらし、変化を促すことができる。CBLC の参加者が、自分たちがどのように実践しているかを知り、実際にはどのように実施されているのか（あるいはされていないのか）を知り、子どもがどのように改善しているのかを知ることで、参加者は成功が報われ、不足しているものや残された課題に素早く気づく。これらの情報により、推測される問題ではなく、現実的な問題を創造的かつ効果的に解決することができるようになる。

　総じて見ると、プロジェクト BEST を通して得られた教訓と情報は、CBLC の根底にある概念的な枠組みを支持していた。それは複雑であり、多くの動的な部分を持っている。成功のために必要な多機関の上層部に参加してもらい教育するためには、地域の組織と準備、そして準備性の評価が高い水準で求められる。そして、支持される実施モデルと臨床 LC のすべての要素は、仲介者と臨床家の両方に適用される必要がある。初期の結果は有望であるが、CBLC の根底にある考え、期待される治療結果やその手法の構成要素は、さらなる研究によって吟味される必要がある。

結論

　児童期に暴力や虐待に曝されることが、社会的・情緒的・行動上の深刻な問題を引き起こす危険因子であることが広く認められている。これらの否定的な影響を予防し減らすための、効果が実証された介入方法は存在しているが、アクセスが限定されているために、多くの子ども、特に児童福祉制度の枠組みの中にいる子どもが、これらの介入を受けていない。しかも、子ども虐待やトラウマケースにかかわる多くのサービス提供者やサービス機関全体には、トラウマに焦点化した ESIs はまだ十分に組み込まれておらず、標準的な治療法になっていない。この章で論じてきたように、直接治療にかかわる機関と仲介者（その主要な責務は治療を受けるべき子どもを確実に見つけ、紹介しモニターすることである）の両方を巻き込んだ、地域を基盤とする協働モデル（協働学習）を使うことは、この公衆衛生上の優先事項に対応する際の重要な一歩であり、虐待されトラウマを被った子ども（特に児童福祉制度の下にある子ども）のニーズにこの領域を一歩近づけるかもしれない、革新的なアプローチである。

　CBLC は、効果が実証された精神保健サービスのための供給と需要という社会経済モデルに基づいており、包括的目標は、ESIs の各地域でのキャパシティをふやし、ESIs が継続して使われ安定して供給されるように促進し、手軽に利用できるようにすることである。まだ予備的な段階ではあるが、地域のサービスのパターンがこのように長期にわたって持続的に変わっていくためには、現

時点までのわれわれの取り組みによって、次の３つの要素が極めて重要であることが示唆されている。それは、複合的な機関にわたる地域のリーダーの参加、臨床家と仲介者の両方の協同訓練と協働、地域の専門家へのケース進行中の評価と一貫したフィードバックである。予備的な知見は有望であるが、CBLC 実施モデルの実施可能性と鍵となる構成要素についてさらなる研究が必要である。これまでのところ、このアプローチは、虐待を受けたすべての子どもとその家族が、必要とする効果が実証された介入方法を受ける可能性を高めるために、地域のサービスパターンにおける長期的な変化を促進する手段を与えてくれているように思われる。

［参考文献］

1. Aarons, G. A., & Sommerfeld, D. H. (2012). Leadership, innovation climate, and attitudes toward evidence-based practice during a statewide implementation. *Journal of the American Academy of Child and Adolescent Psychiatry, 51*(4), 423–431.

2. American Psychological Association. (2005). *American Psychological Association policy statement on evidence-based practice in psychology*. Washington, DC: Author.

3. Bai, Y., Wells, R., & Hillemeier, M. M. (2009). Coordination between child welfare agencies and mental health service providers, children's service use, and outcomes. *Child Abuse & Neglect, 33*, 372–381.

4. Beidas, R. S., Edmunds, J. E., Marcus, S. C., & Kendall, P. C. (2012). Training and consultation to promote implementation of an empirically supported treatment: A randomized trial. *Psychiatric Services, 63*, 660–665.

5. Beidas, R. S., & Kendall, P. C. (2010). Training therapists in evidence-based practice: A critical review of studies from a systems-contextual perspective. *Clinical Psychology: Science and Practice, 17*(1), 1–30.

6. Berliner, L. (2010). Child sexual abuse: Definitions, prevalence, and consequences. In J. E. B. Myers (Ed.), *The APSAC handbook on child maltreatment* (3rd ed.). Los Angeles, CA: Sage Publications.

7. Cary, C. E., & McMillian, C. (2012). The data behind the dissemination: A systematic review of Trauma-Focused Cognitive Behavioral Therapy for use with children and youth. *Children and Youth Service Review, 34*, 748–757.

8. Chadwick Center for Children and Families. (2004). *Closing the quality chasm in child abuse treatment: Identifying and disseminating best practices*. San Diego, CA: Author.

9. Chadwick Center for Children and Families. (2013). *California Evidence-Based Clearing house for Child Welfare*. San Diego, CA: Author. www.cebc4cw.org

10. Chaffin, M., & Friedrich, B. (2004). Evidence-based treatments in child abuse and neglect. *Children and Youth Services Review, 26*, 1097–1113.

11. Cohen, J. A., Mannarino, A. P., & Iyengar, S. (2011). Community treatment of posttraumatic stress disorder for children exposed to intimate partner violence: A randomized controlled trial. *Archives of Pediatric & Adolescent Medicine, 165*(1), 16–21.

12. Deblinger, E., Mannarino, A. P., Cohen, J. A., Runyon, M. K., & Steer, R. A. (2011). Trauma-Focused Cognitive-Behavioral Therapy for children: Impact of the trauma narrative and treatment length. *Depression and Anxiety, 28*, 67–75.

13. Ebert, L., Amaya-Jackson, L., Markiewicz, J. M., Kisel, C., & Fairbank, J. A. (2012). Use of the Breakthrough Series Collaborative to support broad and sustained use of evidence-based trauma treatment for children in community practice settings. *Administration and Policy in Mental Health and Mental Health Services Research, 39*(3), 187–199.

14. Finkelhor, D., Ormrod, R. K., & Turner, H. A. (2009). Lifetime assessment of poly-victimization in a national

sample of children and youth. *Child Abuse & Neglect, 33*, 403–411.

15. Finkelhor, D., Turner, H., Ormrod, R., & Hamby, S. L. (2009). Violence, abuse, and crime exposure in a national sample of children and youth. *Pediatrics, 124*, 1411–1423.

16. Fixsen, D. L., Naoom, S. F., Blase, K. A., Friedman, R. M., & Wallace, F. (2005). *Implementation research: A synthesis of the literature.* Tampa, FL: University of South Florida, Louis de la Parte Florida Mental Health Institute, National Implementation Research Network.

17. Hall, J. M. (2000). Women survivors of childhood abuse: The impact of traumatic stress on education and work. *Issues in Mental Health Nursing, 21*(5), 443–471.

18. Hanson, R. F., Borntrager, C. F., Self-Brown, S., Kilpatrick, D. G., Saunders, B. E., Resnick, H. S., & Amstadter, A. B. (2008). Relations among gender, violence exposure, and mental health: The National Survey of Adolescents. *American Journal of Orthopsychiatry, 78*(3), 313–321.

19. Huey, S. J., & Polo, A. J. (2008). Evidence- based psychosocial treatments for ethnic minority youth. *Journal of Clinical Child and Adolescent Psychology, 37*(1), 262–301.

20. Institute for Healthcare Improvement. (2003). *The Breakthrough Series: IHI's collaborative model for achieving breakthrough improvement* (IHI Innovation Series white paper). Boston, MA: Author. www.IHI.org

21. Institute of Medicine. (2001). *Crossing the quality chasm: A new health system for the 21st century.* Washington, DC: National Academy Press.

22. Macdonald, G., Higgins, J. P. T., Ramchandani, P., Valentine, J. C., Bronger, L. P., Klein, P., et al. (2012). Cognitive-behavioural interventions for children who have been sexually abused. *Cochrane Database of Systematic Reviews, 5*, CD001930.

23. Markiewicz, J., Ebert, L., Ling, D., Amaya-Jackson, L., & Kisiel, C. (2006). *Learning collaborative toolkit.* Los Angeles, CA, and Durham, NC: National Center for Child Traumatic Stress.

24. McLaughlin, K. A., Green, J. G., Gruber, M. J., Sampson, N. A., Zaslavsky, A. M., & Kessler, R. C. (2012). Childhood adversities and first onset of psychiatric disorders in a national sample of US adolescents. *Archives of General Psychiatry, 69*(11), 1151–1160.

25. Office of Justice Programs, U.S. Department of Justice. (2013). *CrimeSolutions.org.* Washington, DC: Author. http:// crimesolutions.gov/TopicDetails.aspx?ID=60

26. Proctor, E. K., Landsverk, J., Aarons, G., Chambers, D., Glisson, C., & Mittman, C. (2009). Implementation research in mental health services: An emerging science with conceptual, methodological, and training challenges. *Administration and Policy in Mental Health and Mental Health Services Research, 36*(1), 24–34.

27. Project BEST. (2007). *What is a Community-Based Learning Collaborative?* Charleston, SC: Author. http:// academic departments.musc.edu/projectbest/collaborative /collaborate.htm

28. Project BEST. (2008). *What is Evidence-Based Treatment Planning?* Charleston, SC: Author. http:// academicdepartments.musc. edu/projectbest/planning/ebtplanning.htm

29. Rheingold, A. A., Zinzow, H., Hawkins, A., Saunders, B., & Kilpatrick, D. G. (2012). Prevalence and mental health outcomes of homicide survivors in a representative sample of adolescents: Data from the 2005 National Survey of Adolescents. *Journal of Child Psychology and Psychiatry, 53*, 687–694.

30. Saunders, B. E. (2003). Understanding children exposed to violence: Toward an integration of overlapping fields. *Journal of Interpersonal Violence, 18*(4), 356–376.

31. Saunders, B. E. (2012a). Determining the best practice for treating sexually victimized children. In P. Goodyear-Brown (Ed.), *Handbook of child sexual abuse* (pp. 173–197). Hoboken, NJ: John Wiley & Sons.

32. Saunders, B. E. (2012b, September 10). *Project BEST: A social-economic, community-based approach to implementing evidence-based trauma treatment for abused children.* Paper presented at the 19th ISPCAN International Congress on Child Abuse and Neglect, Istanbul, Turkey.

33. Saunders, B. E., Berliner, L., & Hanson, R. F. (Eds.). (2004, April 26). *Child physical and sexual abuse:*

Guidelines for treatment(Revised report). Charleston, SC: National Crime Victims Research and Treatment Center. http:// academicdepartments.musc.edu/ncvc/resources_prof/reports_prof.htm

34. Saunders, B. E., Smith, D. W., & Best, C. L. (2010, November 4). *Effectiveness of Web-based training in disseminating evidence-based trauma interventions*. Paper presented at the 26th annual meeting of the International Society on Traumatic Stress Studies, Montreal, QC.

35. Silverman, W. K., Ortiz, C. D., Visweswaran, C., Burns, B. J., Kolko, D. J., Putnam, F. W., & Amaya-Jackson, L. (2008). Evidence-based psychosocial treatment for children and adolescents exposed to traumatic events. *Journal of Clinical Child and Adolescent Psychology, 37*, 156–183.

36. Steinberg, A., Brymer, M., Decker, K., & Pynoos, R. S. (2004). The UCLA PTSD Reaction Index. *Current Psychiatry Reports, 6*, 96–100.

37. Substance Abuse and Mental Health Services Administration. (2013). *National Registry of Evidence-based Programs and Practices*. Washington, DC: U.S. Department of Health and Human Services. www.nrepp.samhsa.gov

38. Walsh, K., Danielson, C. K., McCauley, J. L., Saunders, B. E., Kilpatrick, D. G., & Resnick, H. S. (2012). National prevalence of posttraumatic stress disorder among sexually revictimized adolescent, college, and adult household-residing women. *Archives of General Psychiatry, 69*(9), 935–942.

39. Weisz, J. R., Jensen-Doss, A., & Hawley, K. M. (2006). Evidence-based youth psychotherapies versus usual clinical care: A meta-analysis of direct comparisons. *American Psychologist, 61*(7), 671–689.

40. Weisz, J. R., Weiss, B., Han, S. S., Granger, D. A., & Morton, T. (1995). Effects of psychotherapy with children and adolescents revisited: A meta-analysis of treatment outcome studies. *Psychological Bulletin, 117*, 450–468.

第23章

効果が実証されたプログラムを 実用化するための州全体の取り組み

ジェイソン・M・ラング

ルーシー・バーリナー

モニカ・M・フィッツジェラルド

ロバート・P・フランクス

総論

　虐待・ネグレクト・その他のトラウマに曝露された子どもたちの治療のために、効果が実証されたプログラム（evidence- based programs, EBPs）が数多く開発されてきた。しかし、地域を基盤にした精神保健環境において、これらのプログラムは十分に活用されているとは言えず、EBPs が公衆衛生にどれほどの影響を与える可能性があるのかも分かっていない。この章では、現在 EBP が実施されている実態について概略し、コネチカット州・ワシントン州・コロラド州の 3 つの州がどのように州全体で EBP の実用化に取り組んでいるかを紹介する。そして、これら 3 つの州の取り組みに共通するテーマと課題を要約し、将来、州全体で EBP を実用化していくために、いくつかの勧告を行う。

児童サービスシステムでの効果が実証されたプログラムの実施

　過去 20 年にわたって、精神保健・少年司法・児童福祉・その他の児童サービスシステムにおいて、より効果的なプログラムを開発するために多くの研究がなされてきた。それにより、「利用可能な最良の研究と患者の特性・文化・嗜好の観点からの臨床的専門知識との統合」（American Psychological Association, 2005, p.1）と定義される、効果が実証された実践に重点が置かれるようになった。効果が実証されたプログラムや、研究によって裏づけられた特定の実践モデルが開発されてきた。実際、現在 250 以上の EBP がナショナル・レジストリに登録されており、これには、160 以上の子どもや青年向けのプログラムが含まれる（www.nrepp.samhsa.gov）。これらの EBP は、子どもの虐待やネグレクトを含むさまざまな精神保健や薬物乱用の問題を予防または治療するために非常に求められている。しかし、米国医学研究所（Institute of Medicine, 2004）は、効果的な治療に関する研究が社会で用いられるようになるまでには、平均 17 年かかると報告している。非常に多くの子どもの行動保健学的な EBP が開発されているが、公衆衛生への影響はいまだ限局的であ

る（DeAngelis, 2010）。

　虐待やその他のトラウマに曝露された子どものための EBP は存在するが、ほとんどの子どもや家族がこれらの治療を受けていない（Chadwick Center for Children and Families, 2004; Landsverk et al. 2006; Stahmer et al. 2005）。実際、精神保健治療を必要とする児童福祉システムのもとにある子どもの 75％は治療を受けていない（Burns et al. 2004）。治療を受けた子どもであっても、目的に見合った EBP を受けられることは稀である（Landsverk et al. 2009）。地域機関で提供されてきた従来の治療が有効であるという証拠が不足している（McLennan et al. 2006; Weiss, Catton & Harris, 2000）ことを考えると、これは懸念材料である。EBP が限局的にしか利用されていない理由として、治療者がプログラムを経験したことがないこと、治療法を変えることへの抵抗、資金と資源が不足していること、実用化へ向けた課題を克服するためのリーダーシップと行政支援がないこと、が挙げられる（Chadwick Center for Children and Families, 2004）。

　質の高いケアを提供し、子ども・家族・および公衆衛生の性化を改善するために、地方・地域・州の各レベルのケアシステムは、EBP を広範囲に普及させようとますます試みるようになっていた。公的環境において EBP を普及させる最も効果的な方法についてはまだ十分な知見が得られていないが、普及への取り組みはしっかりと進行している（McHugh & Barlow, 2010）。一般的に、実施にあたっての課題となるのは、組織的・政策的・人員的な障壁（Ganju, 2003）や、従来の講義中心の研修方法である。従来の方法は、実際に持続可能な変化を生み出す際にほとんど効果がなかった（Beidas & Kendall, 2010; Jensen-Doss, Cusack & de Arellano, 2008）。

　州全体で治療システムを実用化しようとすると、独自の課題もあらわれる。一般的に、特定の分野において改善の必要性が明らかになった場合、州全体で EBP を普及させるかどうかを決定するのは主要な推進者・利害関係者・政策立案者である。児童福祉・精神保健・少年司法・教育などの主要なケアシステムを担当する州の機関は、実践方法の改善や EBP の導入を望んでいるが、そのための内部能力が不足しているという課題に直面することが多い。そのような課題に直面した州は、専門知識を持つ外部組織にモデルプログラムを委託し、EBP の普及に必要な訓練や指導とその質を見積り、提供することを求めることがある。これらの組織は、しばしば「調達者（purveyor）」または「仲介（intermediary）」機関（Fixsen et al. 2005; Franks, 2011）と呼ばれ、学術センター・非営利団体・営利企業を含む。

　調達及び仲介機関は、EBP を実用化するためのプロセスを検証する「実用化科学」の発展に寄与してきた（Fixsen et al. 2005）。Fixen らは、実用化に関する研究論文において、実用化科学を「既知の次元のアクティビティやプログラムを実践するために設計された特定の一連の活動」（p. 5）と定義している。実用化には、直接の研修の実施や労働力開発・指導・技術援助・質の保証・忠実度のモニタリングなど、さまざまなプロセスと活動が含まれる。Fixsen らは、実用化を成功させるためには、6 つの重要な段階があるとしている。それは探査、設置、初期実用化、完全実用化、革新、および持続可能性である。また、他のいくつかのレビューでも EBP やモデルプログラムの宣伝、普及、実施のプロセスが研究されている（Durlak &DuPre, 2008; Greenhalgh et al. 2004; Meyers, Durlak, & Wandersman, 2012; Stith et al. 2006）。これらのレビューで特定された実用化に成

功するための共通のテーマは、適切な資金調達・組織の準備性・肯定的な職場環境・地域への適応と忠実性のバランス・意思決定の共有・他の機関との調整・効果的なリーダーシップ・プログラム推進者や提供者のスキルの熟練・訓練と技術支援などの重要性である。過去数年間、他にも多くの実用化のための枠組みが開発された（Meyers, Durlak, & Wandersman, 2012 を参照）。

　ほとんどの実用化にむけての調査は、地方または地域レベルでのプログラムの実用化に関するものであり、州全体のケアシステムにおいての実用化についてはほとんど知られていない。この章では、コネチカット州、ワシントン州、コロラド州の 3 つの州での、子ども虐待・ネグレクト・その他のトラウマ曝露の被害者に EBP を広めるための取り組みについて述べる。

コネチカット州

　コネチカット州児童福祉局（Department of Children and Families, DCF）は、児童保護サービス・行動保健学・少年司法・薬物乱用サービスの 4 つを管理している州立の機関である。長年にわたり、DCF の行政官は、コネチカット州の多くの子ども、特に児童福祉システム内の子どもたちが、身体的虐待・性的虐待・暴力被害・その他のトラウマ体験による、未診断または未治療のトラウマティックストレス症状に苦しんでいることを把握していた。また行政官たちは、コネチカット州、特に、児童福祉サービスを受けている大部分の子どもが受診する DCF と契約している外来診療ネットワークにおいては、トラウマの被害者に EBP がほとんど実施されていないことも認識していた。これらの要因は、在宅での EBP が既に州内で実用化されていたことと連動して、DCF がコネチカット州の外来行動保健機関にトラウマに焦点化した EBP を普及し、子ども虐待やその他のトラウマの被害者への州の対応能力を強化する方針を後押しした。

　初期の計画において、DCF スタッフは、米国子どものトラウマティックストレス・ネットワーク（National Child Traumatic Stress Network, NCTSN）に所属するデューク大学とカリフォルニア大学ロサンゼルス校に助言を求めた。NCTSN は、米国保健社会福祉省（U.S. Department of Health and Human Services）の一部である薬物乱用精神保健サービス局（Substance Abuse and Mental Health Services Administration, SAMHSA）から資金提供を受け、全米に 60 カ所以上を結ぶネットワークで構成されている。NCTSN は、子どものトラウマティックストレスを治療するための EBP を普及させる際に、米国医療の質改善研究所（Institute for Healthcare Improvement）のブレークスルーシリーズの協働（Breakthrough Series Collaborative）のモデルである「協働学習（learning collaborative）」の適用を先駆けて行った（Markiewicz et al. 2006）。医療研究を実践につなげる際の困難に直面し、米国医療の質改善研究所（2004）は、医療の枠組みにおいて実用化を改善するために、ブレークスルーシリーズの協働を開発した。このモデルは、従来の研修とはいくつかの点で異なる 6 ～ 15 カ月のプロセスがあり、実用化研究や Fixsen ら（2005）の言う実用化の段階にも矛盾しない。たとえばブレークスルーシリーズには、チームベースの学習アプローチにおいてさまざまな役割を担うスタッフが含まれており、改善モデル（Model for Improvement; Langley et al. 2009）を活用して実践の改善を行い、質向上のためにデータを使用することを重視し、組織的な変化と実践

の持続可能な変化に焦点をあてる。

　当初は医療の改善を促進するために設計されていたが、ブレークスルーシリーズのモデルは柔軟性があり、さまざまな実践や分野に適用できる。 NCTSN は、全米の NCTSN サイトに EBP を普及させるための主要な仕組みとして協働学習システムを導入し、35 以上の地域または国の協働学習を可能にした。コネチカット州は、2007 年に州全体で EBP を実用化するためのモデルを作成した最初の州の 1 つであった。

　DCF は、経験豊富なサポートが得られることと、虐待を含むトラウマとなる出来事に曝露された幅広い範囲の子どもたちに適応できるという理由から、実用化の最初の治療モデルとしてトラウマフォーカスト認知行動療法（Trauma-Focused Cognitive Behavioral Therapy, TF-CBT）を選択した（Cary & McMillen, 2012; Cohen, Mannarino, & Deblinger, 2006）。NCTSN のスタッフと協議のうえ、DCF の職員は州全体の協働学習の体制案を作成し、先駆けとなるコーディネートセンターを決定するよう求めた。 2007 年初頭、DCF は、成育医療機関（Child Health and Development Institute）の一組織であるコネチカット効果的な実践のためのセンター（Connecticut Center for Effective Practice）をコーディネートセンターとして選定した。効果的な実践のためのセンターは、仲介機関（Franks, 2011）として機能し、DCF・TF-CBT の治療開発者およびトレーナー・家族・地域の提供者と協働し、コネチカット州の TF-CBT 協働学習システムを開発した。

　コーディネートセンターは、2007 ～ 2010 年にかけて、DCF から年間 24 万 4,000 ドルの資金提供を受けた。資金は、コーディネートセンターのスタッフの確保や研修、質の保証や活動の評価のために使用された。また、DCF は TF-CBT を実施するそれぞれの参加機関に対して、研修に費やす労力や TF-CBT 実施機関のパートタイムのコーディネーターへの支払いのため 3 万ドルを提供した。 参加する機関は、3 年間の長期研修期間ごとに、準備状況・能力・地理的条件といった厳しい審査を経て選ばれた。16 の機関が 3 年間の研修を受けた。 主な目標は、先駆けとしてその機関において EBP を提供できる能力を構築し、TF-CBT がメディケイドと民間保険を通じて払い戻され、限られた外部資金での研修が終了した後も TF-CBT プログラムを維持できるようにすることであった。

　コネチカット州の TF-CBT 協働学習システムは、主に伝統的なブレークスルーシリーズの協働をモデルとしており、地域を基盤にした機関の外来診療所で TF-CBT を実施することに焦点を当てて作成された（Lang, Franks, & Bory, 2011）。コーディネートセンターのスタッフ・DCF のプログラム担当者・TF-CBT トレーナー・トラウマ評価の専門家・家族の代表からなる実務者チームが、研修プランを開発し実用化を監督した。これは「実用化チーム」の概念に類似している（Fixsen et al. 2005; Meyers, Durlak, & Wandersman, 2012）。同様に、各提供機関は、臨床家・スーパーバイザー・管理職・その機関のコーディネーター・家族パートナーを含む、7 ～ 12 人のスタッフからなる TF-CBT チームを作り、各機関での実施を監督した。 したがって、各研修集団には、4 から 6 の機関から 40 ～ 60 名のサービス提供スタッフが集まった。

　最初の研修に先立って、各機関は、TF-CBT 実施のための組織的準備に重点を置く実践者とともに現場視察した。また、チームメンバーは事前に、ウェブベースの TF-CBT 研修（tfcbt.musc.

edu)・TF-CBT のマニュアルを読むこと・トラウマスクリーニングのための計画の策定・チーム構成などの準備作業を完了させた。すべてのスタッフが、その年の間に3～4回の学習セッション（7日間のワークショップ）に参加した。学習セッションは、対話形式でスキルに基づく活動を中心とする成人向け学習理論にのっとって開発され、内容には改善モデル（Langley et al. 2009）で述べられている、臨床スキル・実施方法・データの利用・治療法の改善が含まれていた。臨床家・スーパーバイザー・管理職・家族パートナーに対し、別々の研修コースが開発された。家族パートナーは、家族中心で文化的要素を尊重した治療がなされるようチームと協力し、治療の実施や改善を通して利用者の視点が考慮されていることを確認する役割を担った。学習セッションの合間に、チームは役割ごとに特化した電話相談を通してのコンサルテーションや、コーディネートセンターや安全なイントラネットサイトからの技術援助を毎週受けた。すべての機関から提出された月間の「評価基準」データは、教員と各チームが実施をモニターし成功と課題を特定するために使用された。さらに、簡単なオンラインデータシステムが開発され、各機関のスタッフが臨床評価を即座にスコア化し要約できるようになった。また、コーディネートセンターがデータをモニターし、リアルタイムで技術支援を提供できるようになった。

2010 年に協働学習が終了して以来、DCF は、コーディネートセンターが 16 の機関に追加のサポートとリソースを提供するために、連邦の精神保健包括補助金を年間 6 万ドルから 16 万ドル使用している。この資金は、新しいスタッフのための 2 日間の導入研修、経験豊富な TF-CBT「推進者」がさらなる経験を積むための TF-CBT フェローシッププログラムの開発、州全体で TF-CBT 会議を毎年開催すること、州全体の TF-CBT 名簿およびイントラネットサイトの維持、毎月の評価基準データの収集と報告、評価尺度のオンラインスコアリングの維持、サイトベースのコンサルテーション、コンサルテーションコール／オンラインセミナー、業績向上のための報償金、および上級者研修の機会に利用される。

2007 年から 2012 年の間に、16 機関の 400 人以上のスタッフが TF-CBT の研修を受けた。これらの機関は累積的に 2,300 人の子どもに TF-CBT を提供し、700 人以上の治療が完了した。全 16 機関は、対応能力に幅広い変化はあるものの、最初の実施から 2～4 年経っても TF-CBT チームを維持し続けている。

このイニシアチブと研修は参加機関とスタッフにしっかり浸透し、コネチカットの大規模プロバイダーネットワークの中で成功した EBP 実用化の例とされている。スタッフは、協働学習による研修方法と、初期研修やケース進行中のコンサルテーションおよびサポートの量を高く評価した。管理職は、他にも、スタッフの士気や自己効力感の強化、スタッフが幅広い層の患者に対して TF-CBT の治療要素のいくつかを実践していること、家族の治療参加率の増加、治療期間の短縮、TF-CBT を受けている患者の予約キャンセル率の減少などの利点があったことを報告した。

スタッフの離職、TF-CBT 維持の費用、EBP の利用可能性について他の子どものサービス組織に教育することなど、いくつか課題も浮上してきた。地域のサービス提供者の財政的課題が重要視される時代であり、相応の治療費の償還率の上乗せがないのに EBP を提供するためのコストが増加するようでは、持続は困難となる。さらに、TF-CBT の利用可能性および EBP をさらに広める

利点について、精神保健以外の分野ではまだ十分に認識されないままである。

　コネチカット州は、ブレークスルーシリーズの協働モデルに基づいて、さらに 12 の機関に TF-CBT の研修を行うこととし、トラウマに焦点化した EBP の拡張を追求し続けている。さらに、他領域の組織において、子どものトラウマティックストレスおよび EBP の利用可能性についての意識を向上させるための作業が進行中である。具体的には、DCF は、トラウマ曝露と子どものトラウマ症状に対する共通のスクリーニングを実施する計画と、児童福祉スタッフ全員にトラウマインフォームドケアと EBP の利用可能性についての研修を受けさせる計画を策定している。成育医療機関は、TF-CBT 機関のネットワークと協力して、アカデミック・ディテーリング（academic detailing）（訳注：医薬品の適正な処方や使用に向けた教育的介入）を用いて、地域における実践教育プログラム（Educating Practices in the Community program）を通して、小児科医へのトラウマインフォームドケアおよび EBP の研修を開始している（Honigfeld, Chandhok, & Spiegelman, 2012）。

ワシントン州

　トラウマや心的外傷後ストレスが子どもたちにとって重大な問題であるとの関心が高まった 2007 年に、ワシントン州の公共精神保健システムにおいて、TF-CBT と CBT ＋ イニシアチブは始まった。主にメディケイドによって支えられている公共精神保健システムは、貧しい子どもたちや、その中でもトラウマ曝露率が最も高い、児童福祉制度を必要としている子どもたちにサービスを提供している。ワシントンでは、公共精神保健は、地域の認可機関との契約を通じてメディケイドサービスを監督する地域ネットワークによって管理されている。認可機関は民間の保険での診療や、保険を受けていない子どもへの補助金を受けたサービスも提供しているが、クライエントの大部分はメディケイドを受けている貧しい子どもである。メディケイドの恩恵は、基準が満たされている限り必要な外来治療を無制限に受けられることや、手厚い治療を必要とする子どもを集中的に支援し包括支援チーム（Wraparound teams）や入院治療などを提供すること、などである。

　CBT ＋ イニシアチブは、ワシントン州社会保健局（Washington State Department of Social and Health Services）の問題行動の医療と回復部門（Department of Behavioral Health and Recovery）と、ワシントン大学の教育病院に拠点を置くハーバービュー性暴力とトラウマティックストレス・センター（Harborview Center for Sexual Assault and Traumatic Stress）と、ワシントン大学の科学的根拠に基づく実践研究所（Evidence-Based Practice Institute）の共同事業である。この事業は、年間約 10 万ドルの費用で毎年支給されている、連邦政府の包括補助金に全面的に支えられている。CBT ＋ イニシアチブの戦略および構成要素は、普及と実用化に関する文献（たとえば、Fixsen et al. 2005）から得られた情報を全面的に取り入れて、時間とともに進化してきた。当初、このプログラムは TF-CBT の研修支援プログラムとして設計された（Cohen, Mannarino, & Deblinger, 2006）。時間の経過とともに、介入モデルは、不安障害やうつ病のための CBT や問題行動に対するペアレントトレーニングを組み込み拡張された。その理由は、TF-CBT の治療ターゲットである心的外傷後ストレスは、公共精神保健においてケアを求めている子どものほんの一部にしか影響しないが、

CBT およびペアレントトレーニングのアプローチは、サービスを必要としている子どもの 80％の臨床的ニーズを満たすからである。最初の数年で得られた 1 つの教訓は、サービス提供者が TF-CBT に含まれる CBT スキルを他の臨床例に一般化しなかったことである。したがって、このイニシアチブは現在、CBT ＋（CBT ＋ TF-CBT）として知られている。このイニシアチブは、公共精神保健システム内で、広い範囲の医療ニーズを有する子どもに、効果が実証された治療を届けることを目的としている。

　ブレークスルーシリーズの協働（Institute for Healthcare Improvement, 2004）の要素を用いて、修正され合理化された協働学習モデルが研修のために採用された。CBT ＋ の実施モデルは、研修前の組織のコンサルテーション、60 ～ 100 人のサービス提供者への 3 日間の学習セッション、10 ～ 15 人のグループの 6 カ月間・隔週・電話でのケースコンサルテーションから成る。組織的にコンサルテーションを行うことで、治療を変えていくという目標を積極的に定着させる。そしてそれには、組織の関与とサポートが必要である。もともとこれは、研究に裏づけされた文書を用いた講義形式で行われていた。時間の経過とともに、それは管理者と対話する形式となり、期待されることや潜在的な課題・ヒントと提案・前もって問題を解決すること・実践を変えることが目標であるという明確なコミュニケーションなどがなされている。組織が職員を研修に送る前に、イニシアチブへの口頭による約束が最低限必要とされる。

　3 日間の学習セッションは次第にスキルと実践を中心としたものになった。CBT ＋ チームは、臨床の重要なスキルに集中するために講義のほとんどを飛ばし、授業の中ですべてのスキルを練習した。サービス提供者のための教育アプローチ（簡単な心理教育、スキルのモデリングとリハーサル）は、CBT ＋ を患者に提供するアプローチと並行して行われる。この研修では、主要なスキルを実践するために事例を使用し、非常に相互的で、楽しく、ペースの速い活発な方法で提示される。サービス提供者は、学習セッションの後に取り組もうとしている新しい実践についての意図を表明するように求められ、そのリストは最初のコンサルテーションコールの後に参加者に送付される。組織は、最初に、臨床スーパーバイザーと 2 人の臨床家からなるチームを派遣しなければならない。その機関のスーパーバイザーがいったん研修を受け現場で活動し始めたら、臨床家だけを派遣すればよい。

　コンサルテーションコールは、研修後 3 週間以内に開始されるよう予定が組まれる。コンサルタントは、標準化された評価尺度・情報シート・その他の治療を変える熱意を刺激するための資料などをメールで送信する。当初は、2 週間ごとに 6 カ月間で 12 回のコンサルテーションコールのうち 9 回に出席し、一症例を提示することが、研修修了の認定に必要とされていた。最近は、CBT ＋ コースが提供するオンラインデータ文書に、少なくとも 1 人の患者について入力する条件が追加された。コンサルタントは、コンサルテーションコール後に要約メールを送信し、さまざまな情報はコンサルタントとそのグループに共有される。

　研修とコンサルテーションに加えて、このイニシアチブは、治療の実用化において、サービス提供者・スーパーバイザー・組織をサポートし補強するために、多くの活動を実施してきた。CBT ＋ チームは、それぞれの臨床対象に関する情報シートなどの資料を、臨床家向けとクライエント向

けに開発した。これらのリソースは、ハーバービュー（https://depts.washington.edu/hcsats/PDF/TF-% 20CBT/CBT_Plus_NB.htm）によって管理されている CBT＋ウェブサイトで入手できる。CBT＋のメーリングリストも新たなリソースを発信している。EBP の維持に極めて重要な臨床スーパーバイザーには、特に注意が向けられてきた。リソースには、ハーバービューが管理するスーパーバイザーのメーリングリスト・スーパーバイザーのための毎月のコンサルテーションコール・年1回のスーパーバイザー・ピアミーティングが含まれる。高い意欲をもったスーパーバイザーは、協働コンサルタントとして働くように選ばれ、その後の研修集団のための協働コンサルタントとしてささやかな謝礼が支払われる。全国的に認知された講師が実施する毎年の「上級者研修」の機会は、協働学習を完了したスタッフにも提供される。

　進行中のケースの質の管理や治療の持続性をサポートするために、オンライン名簿および提供者のツールキットが開発された。名簿は、認定提供者をリストアップしたパブリックウェブサイト（http:// EBProster.org）であり、クライアント向けの教育や EBP の提供者を選択する際の推薦を促進するよう設計されている。また、EBP やさまざまな臨床対象とその治療、およびサービス提供者の選択のための情報も含まれている。ツールキットは、提供者のみのセクションであり、提供者はそこに自分たちの資格や患者情報、点数化されすぐにグラフにできる標準化された評価尺度、セッションの構造と内容を打ち込む。このツールキットは、名簿登録者の基準を定めるために使用されるが、組織やスーパーバイザーが、能力の定着具合を見たり転帰データを収集したり、あるいは、クライエントを担当する提供者が積極的に使用しているかどうかを確認したりするためのツールとしても使用するよう開発されている。たとえば、提供者がクライアントに評価尺度にデータを入力してもらうと、即座に点数化されフィードバックや討論に利用できるようになる。

　CBT＋イニシアチブは、州の公共精神保健システム全体で広く知られている。研修は常に満員で、追加の協働学習が強く求められている。 大学と地域の協働は非常に成功しているようである。ハーバービューとワシントン大学の科学的根拠に基づく実践研究所の研究者は、役に立つリソースとなるように努力しており、実践しているコミュニティではそのように認識されている。ハーバービューは実用的なクリニックであり、チームから信頼を寄せられている、認可された精神保健センターである。 ワシントン大学の研究者は、公共の精神保健提供者に非常に反応が早い。相互に敬意を表し、協力し合っている関係は、個々のサービス提供者・スーパーバイザー・管理職・組織は、臨床上の問題や組織の問題に関して、効果が実証された支援をチームメンバーに対して頻繁に求めており、これは両者が互いに敬意を表しあう協力関係にあることを示している。

　公共精神保健が EBP を採用する際に直面する課題はよく知られており（たとえば、EBP への参加を確保することの難しさ、広範な採用のため資金が不十分なこと、持続のための奨励金や支援の欠如）、ワシントン州は、すべての州と同様に、実践と政策を考慮することに悪戦苦闘している。 CBT＋イニシアチブは、可能な限り対象を広げるために、実用性に重点を置いており、目標としては、子どもや家族の状態が改善するとともに、EBP へのアクセスが控えめながらも広範囲にわたって拡大することを重要視している。

　ワシントンのプログラムは他の州と比較して多少はサポートされているが、戦略の重要な側面は、

組織の関与・症例コンサルテーション・学習セッションなどのブレークスルーシリーズの協働モデルの要素を使用することであった。その他の重要な側面は、（1）サービスを求める子どもの大多数に EBP の適用範囲を拡大するための構成要素から成る臨床モデルを採用する、（2）個々のスタッフ・そのスーパーバイザー・組織に対して、メーリングリスト・資料へのアクセス・上級者研修や名簿およびツールキットのようなインセンティブなどの複合的なサポートを提供すること、（3）最も重要なことは、勤務する組織内でリーダーの役割を担うことができる、EBP のスーパーバイザーの育成、である。

コロラド州

　コロラド州では精神保健サービス局（Division of Mental Health Service）が、質が高く有効な精神保健サービスと支援へのアクセスの重要性について強調している。児童福祉の分野では、近年コロラド州厚生局（Colorado Department of Human Services）は、効果が実証されたサービスを提供しサポートするために、中心となるサービス提供者への要求を高め、資金援助を増やした。同局は、子ども・青少年・家族に関する良好な成果を達成するために、効果が実証されたサービスへのアクセスを拡大することを、優先度の高い領域として認証した（Aultman-Bettridg, Hall & Selby, 2011）。重要な地域の指導者や専門家によって特定されたサービスの格差に対処し、トラウマに焦点化した EBP を提供するための州の対応能力を強化するために、コロラド州は 2010 年 1 月から、効果が実証された実践研修のイニシアチブ（Evidence-Based Practice Training Initiative, EBTI）をスタートさせた。EBTI はケンプセンター（Kempe Center）の、子ども虐待およびネグレクトの予防と治療のための子どものトラウマプログラム（Child Trauma Program）に本拠地を置いている。この部門は、オーロラにあるコロラド大学医学部小児科に属している。

　EBTI は、精神保健サービスの枠組みにおいて、虐待やトラウマに曝露された若者およびその家族に対して、EBP を提供することに関連した専門家の知識や技術を構築することを目的としている。具体的には、以下の 3 つの事柄に関する知識を増やしたいとしている。すなわち、（1）子ども虐待やトラウマと、心的外傷後ストレス障害・うつ病・行動上の問題などの精神保健に与える影響について、（2）トラウマを負った若者やその家族への効果が実証されたアセスメントと治療について、（3）多様な臨床環境において EBP の実施を確実に成功させる方法について、である。

　EBTI は、精神保健の専門家・行政指導者・主要な利害関係者らから、虐待されトラウマを負った子どもへのサービスに関連する関心・治療の現状・障壁となっているもの・ニーズについて、6 か月間情報収集（情報発信、会議、カンファレンスなど）する段階から始まった。この非公式のニーズと準備性の評価に基づいて、州で導入する最初の EBP として TF-CBT が選ばれた。TF-CBT の専門的なトレーナーである職員が、イニシアチブをリードし、専門的な臨床研修を行い、評価計画を監督した。

　この取り組みは、州都デンバーとその周辺地域の子どもや家族にサービスを提供している臨床家や、ケンプセンター・コロラド大学デンバー校・コロラド子ども病院の臨床家に TF-CBT の研修

と実施支援を提供することに始まった。包括的かつオープンなプロセスにより、他の機関のメンバーやスーパーバイザーが参加しているかどうかにかかわらず、修士号を有する（または現在は修士号取得中の）関心のある臨床家が参加することができた。

　約 20 〜 40 人の臨床家集団が、2 日間の TF-CBT のワークショップに参加し、その後実施をサポートする 6 〜 12 カ月間のフォローアップの臨床コンサルテーションを受ける。これまでに研修に参加した臨床家 416 人のうち、約 50％が平均 7 回のフォローアップコンサルテーションに参加した。この参加率は、最初の EBTI 集団では、電話コンサルテーションが含まれていなかったことを考慮すると、注目に値する。プロジェクトスタッフは、臨床現場を持続的に変化させるために研修単独では限界があることついて十分に認識していたが（Beidas & Kendall, 2010; Sholomskas et al. 2005）、臨床家が EBP について学ぶ第一歩として「戸口に立つ」ことを奨励することを当初の目的としていた。プロジェクトスタッフは、面識ができた後、臨床家や機関のリーダーに、新たな治療を採用し続けるために重要な実施要素（スーパーバイザーの関与・ワークショップを受講した後の専門家のケースコンサルテーション・治療結果の臨床データを収集し子どもや家族への治療の進捗度をモニターすること、忠実度を見守ること）に取り組むよう強く働きかけた。実施をサポートし促進し、機関の障壁を克服し、実施機関が治療を維持できる基盤を構築するために、行政指導者の関与が強く推奨された（Beidas et al. 2011）。 EBTI の戦略と要素は、TF-CBT への関心と需要が増加するにつれて進展し、普及と実用化科学分野における急激な発展によって直接情報が得られるようになった（Herschell, McNeil, & McNeil, 2004; Kolko et al. 2012 ）。

　当初から、参加条件は高く設定されていたが、地域の臨床家も最大限熱心に取り組んだ。 現在、EBTI は研修とコンサルテーションのパッケージを提供しており、少なくとも 1 人のスーパーバイザーがすべての研修とコンサルテーションに参加することが強く推奨されており、スーパーバイザーが「研修症例」を選ぶことが勧められている。組織全体でのコンサルテーションや機関のリーダーが参加することも強く推奨されている。EBTI モデルは、EBP の学習に関与するすべての実践家を対象としているため、個人の実践家も対象としている。これらの実践家は、あらゆる地域の多数の子どもたちにサービスを提供している。

　現在、TF-CBT 研修に参加するには、臨床家は (1) 2 日間のワークショップに参加し、(2) 毎月 2 回、1 回 60 分の電話またはビデオでのケースコンサルテーションを最低 6 カ月間、8 〜 12 人のグループで行い、(3) TF-CBT を使用して練習する「研修症例」として適格な症例を選び、(4) 標準化された評価尺度を使用して、トラウマとなる出来事を特定し、精神症状を追跡し、治療への反応性および転帰をモニターすること、が必要である。すべての参加者がワークショップに参加する前に、無料の Web ベースのコース（TF-CBT Web）を修了する必要がある。EBTI の研究者は、臨床家が研修に参加する前に、新しい治療を採用するための組織風土を強化することについて、各機関の指導者と話し合う。 EBTI の機関の一部は現在、より包括的な実用化の取り組みに参加している。すなわち、12 カ月間のケース進行中の毎月 2 回のコンサルテーション・4 〜 6 カ月ごとの補助研修・スーパーバイザーに特化した研修・ビデオテープレビューによる忠実性評価、などである。

　学習方法には、成人学習の原則が組み込まれている。モデリングとスキルのリハーサルが研修に取り入れられており、小グループや大グループでスキルの練習を行う。実際の治療ケースを短くビデオテープで提示したり、模擬症例を使って小グループでスキルを練習したりする。トレーナーは、スキルを実践するために臨床家をその場で指導する。これらの学習方法は、毎月2回のコンサルテーションコールの際にも使用され、ビデオ会議は参加と関与を強化するのに役立つ。EBTIは、TF-CBTを受けているクライエントの転帰を追跡するために、臨床家が標準化されたトラウマ評価尺度を取り入れるようにサポートしている。進捗状況を追跡するためにデータシステムをセットアップしたい実施機関には、コンサルテーションが提供される。また、すべての参加者は、新しい治療を開始する熱意を刺激し、TF-CBTを実施する枠組みを構築する助けとなる、ワークシートや情報シートなどの魅力的な資料を受け取る。近年、EBTIは、コンサルテーションコールの際に、ケースの進捗状況・治療件数・主要なTF-CBTコンポーネントの修了などのケース進行中の追跡を盛り込んだ。コンサルタントは、新しいツールや資料、およびヒントなどを補足的に電子メールで送信することも多い。EBTIの臨床家による新しい取り組みは、四半期ごとのニュースレターに掲載され、すべての参加者に送られる。また、イニシアチブは、コンサルテーションコールにスーパーバイザーが参加した頻度やその質も追跡している。

　コーディネートセンターは、NCTSNイニシアチブの一環としてSAMHSAから資金を助成されており、地方／州の基金からも少額の助成を受けているので、プロジェクトを非常に低コストで開始させた。EBTI実施の見積もり費用は、年間12万3,000ドルから16万6,500ドルの範囲であった。低いほうの金額には、Web調査の構築・データ管理・EBTI参加者の研修前後やのフォローアップ時の管理やデータ要約のサポートなど、あらかじめ組み込まれた評価のための費用は含まれていない。TF-CBT入門研修・TF-CBTの臨床コンサルテーションコール・スーパーバイザーへのコンサルテーションコール、上級者研修・TF-CBTの忠実度と能力の評価のためのビデオテープレビュー・機関へのサポート（忠実度モニターツールの導入、評価の選択、子どもと家族の成果を追跡するためのシステムの開発）など、研修パッケージには異なったレベルのサポートが含まれる。TF-CBTへの関心や需要が高まるにつれて、フォローアップコンサルテーションへの参加がさらに求められるようになった。この要件は、TF-CBTに対する需要を減少させることはなく、むしろ参加やTF-CBTの使用は増加した。研修パッケージは、個人または機関が選択した実用化支援要素の数に応じて、コストが異なる。EBTIは特定の機関のための非公開の研修に加えて、「公開研修」を提供しているので、低コストの選択肢が利用可能であり、金銭的な困難を有する臨床家や学生は分割払いも選べる。3年後の現在、EBTIは研修とコンサルテーションの収入によって完全に収支が成り立つようになった。

　EBTIは、臨床家のための資源として、コロラドの精神保健コミュニティで肯定的な認識を得ており、追加の研修を受けたいという強く一貫した需要がある。2010年1月から2012年10月まで、多様な治療環境（地域精神保健機関、少年司法、入所型治療施設、個人診療など）の精神保健専門家416人が16の研修集団に参加した。現在EBTIに参加している臨床家は、64のコロラド州郡のうち51の郡で、公的および民間の精神保健分野において、子どもたちとその家族にTF-CBTを提供

している。研修の効果を改善するため、研修進行中の評価がフィードバックされる。研修前および研修6カ月後の予備データでは、EBPを使用したという報告が有意に増加したことが示されている。たとえば、トラウマ曝露および症状を評価するための標準化された尺度を使用したという報告が44％増加し、トラウマ治療が必要な若者に対して一般診療の中でTF-CBTを用いたという報告が58％増加した。集計された報告は、四半期ごとのニュースレターで臨床家と機関のリーダーに提示され、関心のある機関同士で議論されている。新しい実践を維持することには常に困難が伴うが、臨床家が地域でTF-CBTコンサルテーショングループや「公開の」持ち寄り昼食会を組織するなど、TF-CBTを維持するための戦略が開発され成功している。EBTIは、研修を受けた臨床家に継続的に実用化支援を提供している。評価データは、持続的な実践の変化に見合った実用化支援の種類や量についての情報を示すであろう。新たなSAMHSA／NCTSNの助成金は、イニシアチブの管理者の力や行政的な支援要素を強化するために、あるいは、フォローアップのコンサルテーションや補助研修に関心はあるがまだ参加していないEBTIの臨床家に実用化支援を提供するために使用されることになるだろう。メーリングリストをサポートしたり、臨床教材の共有やスクリーニングツールの利用を促進したり、持続可能なTF-CBTの実施を支援したりするために、Webベースの学習ポータルも開発されている。

結論と推奨

　コネチカット州・ワシントン州・コロラド州の事例は、虐待や他のトラウマを経験した子どもに対し、州全体でEBPを実施するための、3つの異なった取り組みを提供している。これらのアプローチは、実用化の中心（実施機関、臨床家／スーパーバイザーチーム、または個々の臨床家）・研修方法（2日間の研修とコンサルテーションから1年間の長期の協働学習まで）・研修の軸となるもの（特定のEBP、または幅広い子どもに適用可能な構成要素に基づいたアプローチ）・資金源（州政府機関、助成金、および／または参加者）など、さまざまな点が異なっている。これらの相違は、主に現地の状況と資金調達によるもので、年間10万ドルから40万ドル以上までの開きがある。

　これらの州のそれぞれのアプローチや利用可能な資源は異なるにもかかわらず、3つの実用化の取り組みは、実用化科学（たとえば、Fixsen et al. 2005）が伝える多くの要素を共有している。第1に、それぞれの州は、最初から、利害関係者の同意を取りつけ、実施とその持続的な変化への関与を維持発展させることに努めてきた。これらの努力には、組織の準備性と能力の評価・実践を変えるという約束（契約上または口頭で）・実施を支援するための研修前およびケース進行中の取り組みなどが含まれる。EBPの実用化に対する強い需要によって、関心のある参加者および機関に対して、ハードルの高さを選択したり、設定したりするプロセスに競合が生じた。これにより、あまり関心がなくそれほど熱心に関与しない機関やスタッフを「除外」することができ、実践の変更を成功させる可能性が最も高いサービス提供者に、限られた資源を導くことができたかもしれない。

　第2に、各イニシアチブは、従来の臨床研修を超えた研修計画を持っている。成人の学習理論を用いて、対話形式の練習を多用したスキル研修を支持し、講義形式の研修を最小限に抑えている。

管理職の組織的な関与は、少なくとも初期には必要とされ、場合によっては研修期間中、さらには研修期間後にも必要となる。研修後に、ケース進行中のコンサルテーションがさまざまな方法、すなわち、コンサルテーションコール・ウェブセミナー・イントラネットサイト・追加研修などを通じて提供される。これは変更と維持を実践する上で不可欠な要素であると思われる。ピア・サポートや協働トレーナーとしての役割を果たす「推進者」を特定し利用することで、プログラムは統合され、経験と訓練能力はさらに高まる。 スーパーバイザーは、実用化に不可欠であり、特別な注意と訓練が必要であると考えられている。これは、スーパーバイザー自身がEBPを提供する際に経験しなければならない必要条件でもある。

　第3に、各イニシアチブは、(標準化された評価尺度を使って)治療の進捗状況や、実施状況(たとえば治療中の児童数)をモニターするためにデータを使用している。その範囲は、研修中の1つかそれ以上の症例に関する限定されたデータの使用から、実施中や実施後の全症例のケース進行中の報告に関するデータにまでおよぶ。シンプルで素早く使用でき、有益な情報を参加者に提供し(たとえば、評価尺度のグラフ化)、スタッフや機関に実施の進捗状況をフィードバックすることが重視されている。

　治療の変更には時間がかかることも明らかであり、子ども虐待やその他のトラウマに曝露された被害者に対して、州全体でEBPを実施するこれらの取り組みは始まったばかりであることも明らかである。一般的な課題は、限られた資金調達・スタッフの離職・EBPを利用するために必要な時間の増加・EBPを維持するための財政的または政策的インセンティブの限界などである。たとえば、多くのスタッフと機関は、EBPを実用化し維持していくためには、「通常の治療」で必要となる以上のさらなる人員と機関の時間が必要であると報告している。それは、治療モデルについて学び、その治療に特化した臨床スーパーバイズを受け、セッションの準備をし、データを報告する、などに関連した作業である。これらの追加費用は通常治療費の払い戻しがなく、地域精神保健機関への負担となる。これらの課題と、最も効果的な実施と持続可能性へのアプローチに関する研究はまだ少ないにもかかわらず、コネチカット州・ワシントン州・コロラド州および他の州は、引き続きEBPの拡大を積極的に追求している。今後数年間で、急成長する実用化の研究分野は、限られた資源をEBPの実用化および維持にどのように最適に配分すべきかをさらに伝えるべきである。そのために、私たちは州全体のEBP実用化について以下の勧告を行う。

1. 州全体への普及啓発活動は、現在の実用化科学に基づいて行われるべきであり、ケース進行中のコンサルテーションや、データと質を向上させる手段を用い、そして組織の変化に重点を置くべきである。米国医療の質改善研究所のブレークスルーシリーズのモデルと協働学習は有望な方法の1つである。

2. 州全体の実用化イニシアチブに着手する前に、州はしっかりと計画を立て能力強化を行った上で、主要な利害関係者を特定し同意を得て、資源や資金メカニズムを特定し、包括的な実用化およびそれを維持するための計画を立てる必要がある。

3. 実施機関とスタッフの選定は、治療の実施と維持への強力な関与があること、準備性の評価が

完了していること、透明性の高い選考プロセス、参加者が明確に定義され高い期待を有していること、覚書や可能であれば契約を交わして治療を実施し維持していくという約束をしておくこと、などに配慮して慎重に実施する必要がある。

4. 実用化は臨床家のみに焦点を合わせるべきではなく、臨床スーパーバイザー・管理職・インテークスタッフ・その他の治療に関与する機関内外のスタッフを含める必要がある。

5. 進行中の転帰と実施データを収集することは、達成と課題を監視し、質を向上させるために、実施計画に組み込まれるべきである。

6. ケース進行中の研修・データ報告・EBP「推進者」の育成など、実践を維持するための計画は、開始の時点から実施されるべきである。

7. 実施機関・地方および州レベルの方針、ならびに治療を支える治療費用の償還メカニズムは、EBP の実施と維持を支援するために調整されなければならない。

8. 州全体で実用化に取り組むことで規模の経済（スケールメリット）を活かし、限られた資源を活用することができる。そして、複数の機関を支援し、治療の変化の範囲やスピードを高めることができる（たとえば、研修や質の向上のための中心的な場所や仲介機関を作ること）。

9. 子どもの精神保健に州全体で取り組む際には、児童福祉・少年司法・教育・幼児期や成人の精神保健・小児科医療など、他の子どものサービスシステムや専門家とどのように連携し、どのように協働するかを考慮すべきである。

10. 費用便益分析を含む、異なる実用化戦略と比較するための研究が必要である。また、この領域の方向性を知らせるために、強力な評価を州全体の実用化への取り組みにも組み込むべきである。

[参考文献]

1. American Psychological Association. (2005). *Policy statement on evidence-based practice in psychology*. www.apa.org/practice/resources/evidence/evidence-based-statement.pdf

2. Aultman-Bettridge, T., Hall, E., & Selby, P. (2011). *Core services program evaluation annual report: State fiscal year 2010–2011*. Boulder, CO: Colorado Department of Human Services, Office of Children, Youth and Family Services, Division of Child Welfare Services.

3. Beidas, R. S., & Kendall, P. C. (2010). Training therapists in evidence-based practice: A critical review of studies from a systems-contextual perspective. *Clinical Psychology: Science and Practice, 17*(1), 1–30.

4. Beidas, R. S., Koerner, K., Weingardt, K. R., & Kendall, P. C. (2011). Training research: Practical recommendations for maximum impact. *Administration and Policy in Mental Health, 38*(4), 223–237.

5. Burns, B. J., Phillips, S. D., Wagner, H. R., Barth, R. P., Kolko, D. J., Campbell, Y., & Landsverk, J. (2004). Mental health need and access to mental health services by youth involved with child welfare: A national survey. *Journal of the American Academy of Child and Adolescent Psychiatry, 43*, 960–970.

6. Cary, C. E., & McMillen, J. C. (2012). The data behind the dissemination: A systematic review of Trauma-Focused Cognitive Behavioral Therapy for use with children and youth. *Children and Youth Services Review, 34*(4), 748–757.

7. Chadwick Center for Children and Families. (2004). *Closing the quality chasm in child abuse treatment:*

Identifying and disseminating best practices. San Diego, CA: Author. www.chadwickcenter.org/Documents/Kaufman Report/ChildHosp-CTAbrochure.pdf

8. Cohen, J. A., Mannarino, A. P., & Deblinger, E. (2006). *Treating trauma and traumatic grief in children and adolescents.* New York, NY: Guilford Press.

9. DeAngelis, T. (2010). Getting research into the real world. *Monitor on Psychology (American Psychological Association), 41*(10), 60.

10. Durlak, J. A., & DuPre, E. P. (2008). Implementation matters: A review of research on the influence of implementation on program outcomes and the factors affecting implementation. *American Journal of Community Psychology, 4*(3–4), 327–350.

11. Fixsen, D., Naoom, S., Blase, K., Friedman, R., & Wallace, F. (2005). *Implementation research: A synthesis of the literature* (FMHI publication No. 231). Tampa, FL: University of South Florida, Louis de la Parte Florida Mental Health Institute, National Implementation Research Network.

12. Franks, R. (2011). Role of the intermediary organization in promoting and disseminating best practices. *Emotional and Behavioral Disorders in Youth, 10*(4), 87–93.

13. Ganju, V. (2003). Implementation of evidence-based practices in state mental health systems: Implications for research and effectiveness studies. *Schizophrenia Bulletin, 29*(1), 125–131.

14. Greenhalgh, T., Robert, G., MacFarlane, F., Bate, P., & Kyriakidou, O. (2004). Diffusion of innovations in service organizations: Systematic review and recommendations. *Milbank Quarterly, 82*(4), 581–629.

15. Herschell, A. D., McNeil, C. B., & McNeil, D. W. (2004). Clinical child psychology's progress in disseminating empirically supported treatments. *Clinical Psychology: Science and Practice, 11*, 267–288.

16. Honigfeld, L., Chandhok, L., & Spiegelman, K. (2012). Engaging pediatricians in developmental screening: The effectiveness of academic detailing. *Journal of Autism and Developmental Disorders, 42*(6), 1175–1182.

17. Institute for Healthcare Improvement. (2004). The Breakthrough Series: IHI's Collaborative Model for Achieving Breakthrough Improvement.*Diabetes Spectrum, 17*(2), 97–101.

18. Institute of Medicine. (2004). *The chasm in quality: Select indicators from recent reports.* Washington, DC: Author. www.iom.edu/subpage.asp?id=14980

19. Jensen-Doss, A., Cusack, K. J., & de Arellano, M. A. (2008). Workshop-based training in trauma-focused CBT: An in-depth analysis of impact on provider practices. *Community Mental Health Journal, 44*, 227–244.

20. Kolko, D. J., Baumann, B. L., Herschell, A. D., Hart, J. A., Holden, E. A., & Wisniewski, S. R. (2012). Implementation of AF-CBT by community practitioners serving child welfare and mental health: A randomized trial. *Child Maltreatment, 17*(1), 32–46.

21. Landsverk, J. A., Burns, B. J., Stambaugh, L. F., & Rolls-Reutz, J. A. (2006). *Mental health care for children and adolescents in foster care: Review of research literature.* www.casey.org/Resources/Publications/pdf/MentalHealthCareChildren.pdf

22. Landsverk, J. A., Burns, B. J., Stambaugh, L. F., & Rolls-Reutz, J. A. (2009). Psychosocial interventions for children and adolescents in foster care: Review of research literature. *Child Welfare, 88*(1), 49–69.

23. Lang, J. M., Franks, R. P., & Bory, C. (2011, July). Statewide implementation of best practices: The Connecticut TF-CBT Learning Collaborative. *Impact.* Farmington, CT: Child Health and Development Institute of Connecticut. www.chdi.org/impact-tf-cbt-learningcollab

24. Langley, G. J., Moen, R. D., Nolan, K. M., Nolan, T. W., Norman, C. L., & Provost, L. P. (2009). *The improvement guide: A practical approach to enhancing organizational performance.* San Francisco, CA: Jossey-Bass.

25. Markiewicz, J., Elbert, L., Ling D., Amaya-Jackson, L., & Kisiel, C. (2006). *Learning collaborative toolkit: Raising the standard of care for traumatized children and their families.* Los Angeles, CA, and Durham, NC: National Child Traumatic Stress Network. www. nctsn. org/nctsn_assets/pdfs/lc/Module_all. pdf

26.　McHugh, R. K., & Barlow, D. H. (2010). Dissemination and implementation of evidence-based psychological interventions: A review of current efforts. *American Psychologist, 65*(2), 73–84.

27.　McLennan, J. D., Wathen, C. N., MacMillan, H. L., & Lavis, J. N. (2006). Research-practice gaps in child mental health. *Journal of the American Academy of Child and Adolescent Psychiatry, 45*(6), 658–665.

28.　Meyers, D. C., Durlak, J. A., & Wandersman, A. (2012). The quality implementation framework: A synthesis of critical steps in the implementation process. *American Journal of Community Psychology, 50*(3–4), 462–480.

29.　Sholomskas, D. E., Syracuse-Siewert, G., Rounsaville, B. J., Ball, S. A., Nuro, K. F., & Carroll, K. M. (2005). We don't train in vain: A dissemination trail of three strategies of training clinicians in cognitive-behavioral therapy. *Journal of Consulting and Clinical Psychology 73*(1), 106–115.

30.　Stahmer, A. C., Leslie, L. K., Hurlburt, M., Barth, R. P., Webb, M. B., Landsverk, J., & Zhang, J. (2005). Developmental and behavioral needs and service use for young children in child welfare. *Pediatrics, 116*(4),891–900.

31.　Stith, S., Pruitt, I., Dees, J., Fronce, M., Green, N., Som, A., & Linkh, D. (2006). Implementing community-based prevention programming: A review of the literature. *Journal of Primary Prevention, 27*(6), 599–617.

32.　Weiss, B., Catton, T., & Harris, V. (2000). A 2-year follow-up of the effectiveness of traditional child psychotherapy. *Journal of Consulting and Clinical Psychology, 68*, 1094–1101.

第24章
危険に曝されているケア提供者のための健康という文化の創出

レスリー・アン・ロス

総論

　トラウマに曝露されたことのある子ども、家族、成人を扱うケアの提供者が、仕事に関連した苦悩の経験を一貫して報告している。提供者の年齢、職業、訓練、職歴年数にかかわらず、クライエントもしくは患者のトラウマへの曝露が各個人に重大かつ独特な影響を与えている。回避、過覚醒、侵入的思考といったトラウマティック・ストレス反応が長引く者もいる。提供者自身のトラウマ歴に関連するトラウマの引き金が最も苦痛となる者もいる。仕事をする過程で直接的に危険な状況に置かれることと関連したトラウマティック・ストレスを報告する者がいれば、ただバーンアウト、ストレス、疲労の感覚だけを感じる者もいる。一般にトラウマ体験に本来備わっている複雑さを理解しようと努める中で、次のような因子の影響、すなわち、トラウマへの曝露に先立つ保護・促進因子、神経生物学的、文化的、身体的および感情的反応、安全への不安、社会契約における違反（訳注：原書記載の "breeches in social contract" は誤植。"breaches in social contract" として訳出）、そしてトラウマ曝露に影響を与える環境的なストレッサーおよびトラウマ曝露からの回復について、われわれはより多くのことを学びつつある。これらと同じ因子が、提供者の二次的トラウマ反応を理解する上で役立ち、個人や組織、より大きなシステムへの影響を定義し、対処する際に特に問題となる。本章のゴールは、これらのリスクファクターと、早期介入のための健康に焦点を当てた支援システムのネットワークを発展させるために必要な戦略を明らかにすることである。

　トラウマが精神・身体双方の健康に影響を与えることについての知見が増えたことで、危険な状況にある人々にサービスを提供することに本来備わっているリスクについてより広く知られるようになった。トラウマ被害者を扱うケアの提供者が複合的なリスクファクターに潜在的に曝露されることについて理解を深めることで、個人や組織が支援と健康のネットワーク作りの戦略を決定・推進することができるようになる。トラウマインフォームド・モデルを広く推進するにつれて、提供者にとってのこの健康という要素はますます個人・組織の双方にとって難しい課題となっている。真にトラウマインフォームドなシステムにおいては、二次的トラウマティック・ストレス

(secondary traumatic stress, STS)、代理トラウマ（vicarious trauma, VT）、そして共感疲労（compassion fatigue, CF）は、早期介入方針、そしてセルフケアとレジリエンス形成の実践に組み入れられれるだろう。組織およびトレーニング機関はトラウマにフォーカスしたエビデンスに基づいた治療モデルを熱心に拡散するよう努めてきたが、学生、インターン、医療提供者、法実務者、児童福祉従事者、そして精神保健サービス提供者に仕事が与える影響について検討した研修計画書及び推進ガイドラインは極めて少ない。そのため、これからトラウマに焦点を当てた職業的実践にレジリエンスと持続可能性を組み入れるための支援ネットワークを確立し始める上で重要な時期になる。

　大学院のプログラムおよびトラウマに焦点を当てた、エビデンスに基づいた治療の卒後研修のいずれも、実際の仕事に伴うケア提供者にとっての職業的危険に対する予防・介入に関するトピックを含めることに概ね失敗している。ソーシャルワーカー、精神保健従事者、そしてその他の初期対応を行うケア提供者のための専門的トレーニングの中に、トラウマ被害者を扱う仕事の影響や、二次的トラウマ、あるいは共感疲労についての何らかのトレーニングは滅多に含まれていない。そのため、スタッフは予め仕事に伴う潜在的な心理的・生理的代償に準備することができていない。その結果、学生が専門職のキャリアにおいて危機的な出来事に遭遇するより前にセルフケアと早期介入のスキルを学び実践できるようにするためのトレーニング環境において、支援ネットワークを作る機会を逃すことにもなっている。この過失が一因となって、これらの専門職の人々は、ケア提供者というのは仕事に関連するどんなストレスや苦悩にもうまく対処しなければならないという暗黙のメッセージを引きずって孤立してしまう。支援の実効的なネットワークを作るためには、トレーニングの一部として、この暗黙の文化を変えていくことが肝心である。そうすれば、ケア提供者がトラウマを受けた子どもや家族をケアすることに本来的にあるリスクを、現場が認めるようになる。学生や研修生が受け取らなければならないメッセージは、良い仕事をするには、リスクを判断し、早期介入、レジリエンス、そして健康のためのスキルを発達させることができなければならないということである。このような変化があるだけでも、研究と方針変更、そして支援された持続可能な従事者のより強固なネットワークの発展が大いに強化されるだろう。

　トラウマインフォームド・モデルの推進において、スタッフの健康とレジリエンスを促進しようという組織の方針とトレーニングとが現在のように矛盾して適用されることで、システム間の連携やコミュニケーションがしばしば困難なものとなりうる。ニーズが多い環境においてわずかな資源でサービスを提供すること、そして二次的トラウマティック・ストレス、共感疲労、そしてバーンアウトへの健康面での介入のために時間も組織的サポートもわずかしかないことに、スタッフや組織がくじけることはしばしばある。トラウマインフォームドな実践モデルがシステム連携の鍵となりつつある時代において、驚くべきことに、ケア提供者に対するトラウマ曝露の影響について、典型的には最良の仕事に関する課題の一部になっていないのである。この分野のトレーナーそしてコンサルタントとして、私はこの課題に取り組むスタッフ、スーパーバイザー、マネージャーを助けるための解決策を見つけるように求められることが頻繁にあるが、システムのモデルの変化はゆっくりで、抵抗にあう。本章の焦点は、こうした仕事をする個人・組織が利用できる多くのリソース

とネットワークを明らかにすることである。多くのエージェンシーや機関が課題を認識しているが、課題を管理するための効果的な戦略を彼らの方針や手順に組み入れることができず、個人または組織にとっての効果的な戦略に関する研究は殆どない。トラウマに焦点を当てた実践におけるトレーニング、および実践を拡大させることで、われわれ、ケア提供者はトラウマ被害者にとっての影響と回復への取り組みに、より精通することができるようになる。しかし、より深刻さの増したケースを、よりたくさん与えられる可能性も高くなり、このことは二次的なトラウマ曝露、共感疲労、バーンアウトのリスクも高まることを意味している。ケア提供者がより高いトラウマ曝露にあうことに関連したトラウマインフォームドな実践に関する現在の焦点は、トラウマの仕事の現場における重要な次のステップとして実行可能な解決策の必要性に移っている。

　全国の個人と組織の両方でこのニーズに取り組む動きが増えている。米国子どものトラウマティックストレス・ネットワーク（National Child Traumatic Stress Network, NCTSN）は、子どものトラウマに関する一連の中心概念を開発したが、その中にトラウマを受けた子どもや家族を扱うケアの提供者に与える影響を含んでいる。NCTSN で開発されたその他のトレーニング素材には、二次的トラウマティック・ストレス、代理トラウマ、一次曝露、そして共感疲労の影響を減らすことに関するトレーニングと情報が含まれている。これら NCTSN の専門的なトレーニング製品のいくつかは、NCTSN の Web サイトで（無料で）ダウンロードできる。例として、児童福祉従事者や両親がトラウマインフォームドな実践を増やすのを助けるために開発された Child Welfare Trauma Training Toolkit や Resource Parent Workshop のトレーニング資料が挙げられる。NCTSN のウェブサイトでも無料で入手できる、ニューヨーク大学の子どもサービス管理局によって開発された Resilience Alliance Handbook は、児童福祉スタッフのレジリエンスを促進し、二次的トラウマを軽減するためのワークブックである。二次的トラウマティック・ストレスに関する一般的な情報を提供する NCTSN のファクトシートや、裁判官や法律家、幼児を扱うケアの提供者のための、学校、テロ、災害のトラウマ、二次的なトラウマに対する文化の影響についての STS 専門家によるウェブセミナーも入手可能である。多くのエビデンスに基づくトラウマ介入法の開発者やトレーナーは、リスクファクター、セルフケアの実践、治療実施の最良の仕事に沿ってレジリエンシーを支援する内省的スーパービジョン・モデルに関する資料を盛り込み始めている。この変化による累積的効果によって、トラウマインフォームド・モデル実践時のスタッフの健康を組織の方針や協働に盛り込み、最良の仕事と定義されるやり方で、より深い認識と変化が生みだされる。このことは、従事者の最低限の生産性に関することのみならず、トラウマと虐待の被害者を扱う仕事に関連した職業的リスクに対処する方針、トレーニング、および健康戦略の推進を含む持続可能な最良の仕事を創出することについて、組織とシステムはある程度の説明責任を負うべきだとする考えに信頼性と妥当性を与える。

　持続可能でサポーティブな環境を作るためには、保護とレジリエンシーの実践を促進すべく、ともに働く個人と組織を戦略に含めるべきである。啓発と支援のネットワークがますます確立されるにつれ、個人と組織は仕事と労働環境についての考え方を変える必要がある。個々のケア提供者や学生にとって、健康を重視し、自分自身の個人的なリスク要因を理解することによって、自分の最

良の仕事を遂行する力や、トラウマの症例数を減らしたり、難しいクライエントに備えたり、この分野で研修を受けたスーパーバイザー、指導者、または臨床家からの助けを求めるべきタイミングを知る目配りの力を高めることができる。組織は、健康とレジリエンスを促進する戦略を遂行することの価値を認識すべきであり、その結果に目を向けるべきである。すなわち、欠勤やスタッフの離職率およびパフォーマンス低下が減少し、そしてシステムの成果が改善するのである。組織や個人が実践・方針・気づきを改善することで、支援ネットワークの成長やリスクの低減を促進し、スタッフに共感疲労やトラウマティック・ストレス反応という体験が広がることを防ぐことができる。

主要概念と用語の定義

　提供者の間でトラウマティック・ストレス反応に対処するための効果的な組織戦略を開発する上で、現在生じている困難さのいくつかは、さまざまな用語が使われ、定義されていることの不整合と関係している。一般用語は相補的であるにもかかわらず、各個人の影響や経験を理解する上で重要な差異がいくつかあり、また、いまだこれらの定義の開発と改良の最中にあることを知っておくことは重要である。

一次的トラウマ

　しばしばストレスフルで難しい職場環境の中で、トラウマに曝露された子どもや家族を扱う仕事をすることの影響を最もよく理解するためには、文献で議論された主な危険因子のいくつかについて明確にすることが重要である。それぞれの因子は、起源も影響力もワークライフバランスを維持するために必要な反応も、個人によって異なる。そのため、レジリエンシー、回復、そしてそれぞれの個人の歴史やトラウマ曝露および個人的な脆弱性と関連した保護因子を高めるために、介入戦略は個人にあわせてカスタマイズされうる。**一次的トラウマ**とは、最も一般的には、トラウマ的な出来事への直接的な曝露として定義されるが、しかしこれはさらに過去、あるいは幼児期の直接的な曝露と、仕事の一部として従事者が経験した直接的曝露とに分類される。

　トラウマ歴　援助職にある者は、幼児期以降のネガティブな人生経験へのその人自身の曝露のために、援助職を選ぶことがしばしばある。われわれが対応するクライエントがトラウマの引き金やフラッシュバック、無感覚、過剰な警戒、およびその他のある状況におけるトラウマ反応症状に脆弱であるのとまったく同じように、ケア提供者も専門的な仕事をする過程において、トラウマ反応や各個人のトラウマ史に関連した引き金に対して脆弱である。トラウマ反応と他の危険因子への曝露の深刻さ次第で、この反応は軽度から重度までに及ぶ。この脆弱性に関する認識を高め、過去の経験からトラウマの引き金を扱う各自の能力にいついかなるときでも気を配ることが、セルフケアの実践において必須の要素である。Laura van Dernoot Lipsky は *Trauma Stewardship, 2009* において、「トラウマの統御」について、自身の過去のトラウマ的体験を扱い、処理する現在進行中のプロセスとして述べた。これはトラウマの引き金、過覚醒、回避、そしてフラッシュバックや悪夢といっ

た侵入的体験を取り扱う、おもに無意識的な方法である。Lipsky は自己への思いやりと他者への共感の場からこれらの体験を処理することを奨励しているが、トラウマの分野で仕事をすることやこれらの過去の出来事によって引き起こされることに関連した特別な危険因子をもっと認識することの重要性を強調している。このことは、代理トラウマへの脆弱性や長期の曝露に伴う個人の世界観の転換をよりいっそう生じさせる可能性がある。

　　直接曝露　**直接曝露**という用語は、自然災害や暴行といったトラウマ的で個人的な出来事や仕事に関連した曝露によって経験されるトラウマへの現在の曝露を指すことがある。Françoise Mathieu は、『**共感疲労ワークブック**（*Compassion Fatigue Workbook*, 2012）』において、このような影響について、個人に生じていることから「一次的な」影響として説明している。職務中に生じる危険な、もしくは恐ろしい体験をしている間を通じて、個人は潜在的な危機に瀕するか、もしくはその状況の激しい不快感や恐怖に圧倒されている可能性がある。危機対応、災害、テロにおける従事者や、消防、警察、救急医療従事者などの初期対応者といった多くのケア提供者が、こうしたことを毎日経験している。個々の出来事に対する長期に及ぶ反応と、長期にわたって累積するストレス反応との両方がありうる。

二次的トラウマ

　　二次的トラウマとは、トラウマ的な出来事への間接的な曝露を指す。典型的には、現実的な危険がなく、そして個人が実際にはその出来事の場面に立ち会っていないが、それについて伝え聞いたり、資料を読んだり聞いたり、体験の詳細を再び語っている被害者に対応したりすることで、その出来事や体験について知ることを意味する。Babette Rothschild は、『**救助者への救助**（*Help for the Helper*, 2006）』において、「ミラー共感（mirror empathy）」の付加的な危険因子と、他者の体験を経験することの神経生理学について説明している。**共感**とは、他者の感情的な経験を反映する自律神経系の状態として説明される。そのため、人はただ話を聞くだけでなく、話す人に共感する体験により精神的にも身体的にも影響を受ける可能性がある。

　　二次的トラウマティック・ストレス：Charles Figley（2012）によると、**二次的トラウマティック・ストレス**とは、トラウマを負った人に対応する仕事への一連の観察可能な反応であり、心的外傷後ストレス障害（PTSD）の症状を反映している。このトラウマの起源は、出来事から直接発生するものではなく、むしろ間接的にわれわれにもたらされる。回避、過覚醒、侵入的思考やイメージといった PTSD 様症状につながるトラウマティックな出来事（または一連の出来事）の証人となった結果として STS が定義されることもある（Mathieu, 2012）。Rothschild（2006）は、被害者やサバイバーへの共感的関与が無意識のミラーリングを通じてトラウマティック・ストレス反応への脆弱性を増加させるという考えに関連する文献について、詳細に記述している。このプロセスは、関連する感情や自律神経系の反応を誘発する。共感とは、PTSD 様反応を引き起こしうる身体的、認知的、神経学的プロセスを含む高度に統合的なプロセスである。トラウマティックな出来事への

直接的曝露におけるのと同様に、レジリエンス、家族や友人、同僚の支持的なネットワーク、セルフケアの実践などの保護的・促進的因子は、STS反応の影響を軽減しうる。

代理トラウマ：**代理トラウマ**という用語は、SaakvitneとPearlman（1996）によって、サバイバーのトラウマの題材への共感的関与と援助する責任または没入の感覚からくる援助者の内的経験の変容として定義されている。著者らはさらに、代理トラウマの社会的コストについて、希望とそれがもたらす積極的な行動を社会が喪失してシニシズムや絶望に陥るものとして説明している。われわれの多くが、他者の人生をよりよくし、世界に有益な変化をもたらそうという思い入れのもと、援助職に就く。しかし、われわれはこの仕事につきものの代償に準備ができていないことがしばしばある。われわれは希望を失ったとき、患者やクライエントに提供すべきもののうち重要な部分、すなわち治癒と変化の可能性を信じることを分かち合う能力を失うのである。

代理トラウマ反応は、自己または世界に関する信念、スピリチュアルな信念、あるいは感情的な安定と地に足のついた感覚における変化として現れる。自らの判断や他人の判断への信頼の変化を体験する者もいれば、個人または家族の安全に関する意識の変化を体験する者、あるいは人生に対するコントロールや他人に影響をおよぼす能力を失う感覚として体験する者もいる。1人でいたり他人と一緒にいたりする能力に影響する変化、自らの身体との親密さ及び関係における変化に気づく人もいる。自己能力の認知や内的なバランス感覚が減ることもあるだろうし、仕事に対する満足や仕事することへのモチベーションが減ることもよくあることだ（Greenwald, 2005; Saakvitne & Pearlman, 1996）。二次的トラウマティック・ストレスと異なり、代理トラウマは直接計測することができないが、特性に基づいたトラウマに反応するいくつかの傾向を用いて評価することができる（Figley, 2012）。

バーンアウト：**バーンアウト**の経験は、次のように概念化される。すなわち、心理的緊張をもたらし、提供される支援が不十分な厳しい対人的状況への、職業上の長期的な曝露に対する心理的・身体的な反応である（Meichenbaum, 2003）。バーンアウトは、低い賃金、仕事に対する非現実的な要求、長いシフト、重い作業負荷、マネジメント不足、不十分なスーパービジョンといった、職場で引き起こされるストレスや欲求不満に反映される。バーンアウトは、これらの要素が存在するいかなる職業でも見られ、代理トラウマや二次的トラウマティック・ストレスへの脆弱性を増す独特のストレッサーである（Mathieu, 2012）。

共感疲労：**共感疲労**の概念は、Figleyによって1995年に同名の著書の中で再定義された。専門家であれボランティアであれ、対人サービスの提供者は、彼らが取り扱う苦痛を取り込み、それが健康にも影響をもたらすことをFigleyは示唆した。介護者のニーズは、スーパーバイザーや同僚だけでなく、ケアを提供する自分自身によっても見過ごされる可能性がある。この種のストレス反応は測定可能で、免疫システム機能の低下と関係している（Figley, 2012）。共感疲労は、多数の犠牲者からの圧倒的なニーズに没頭しているときの救援隊員や災害対応者にしばしば見られる。地域

のニーズが児童福祉や地域の精神保健機関などの個人または組織の資源を大幅に上回るようなシステムにおいても、共感疲労はよく見られる。これらの組織で仕事をする人たちは、その思いやりを要する仕事が、圧倒され消耗する感覚につながることを認識していないことが多い。

サインと症状：もしあなたに起きたらどう気づくか？

　上記の危険因子には、それぞれの種類の体験と関連した特有のサインと症状がある。個人はそれぞれの形でこの仕事の影響を受け、これらの危険因子のうち１つないしはすべてを経験する可能性がある。影響を減らす戦略、すなわち現実的な解決策と介入を生み出す方法を策定する際には、何が私たちに起こり、その理由はなぜかを明らかにすることが極めて重要である。

　上記のとおり、**二次的トラウマティック・ストレス**は、他人が経験したトラウマに呼応したトラウマ反応からしばしば仕事現場で生じる。その症状はしばしば直接曝露によるものと区別がつかず、次のようなものが含まれる。
・再体験：悪夢、侵入的思考、トリガー
・回避：想起させるものを回避しようとする努力、麻痺、無関心、ひきこもり
・覚醒：過度の警戒心、集中困難、怒りっぽさ

　代理トラウマのサインは、直接的または間接的なトラウマ曝露よりも、自己と世界に関する信念の個人的なスキーマ（Saakvitne & Pearlman, 1996）により関係している可能性がある。代理トラウマには次のようなものの変化が含まれる。
・世界に関する信念
・スピリチュアルな信念
・自己の感覚、地に足のついた感覚、感情的な安定
・個人や家族の安全感
・自分自身または他人に対する信頼
・人を評価する方法
・コントロール感
・１人でいる、または他人と一緒にいる能力
・自分自身の身体との関係

　共感疲労とバーンアウトに関連した他のサインは、次のような認知面での影響を含む。
・ネガティブな偏見、ペシミズム
・全か無かの思考
・客観的・批判的思考のスキルの喪失
・脅威への焦点化（例：クライエント、同僚、スーパーバイザーを敵視する）
・自己検討力の低下

・侵入的思考
・過小評価

社会的な影響は職場・家庭の双方で生じうる。
・協力の縮小
・引きこもりおよび社会的支援の喪失
・派閥主義
・衝突—怒りっぽさ
・孤立
・信頼することが困難—親密になることに対する心配
・回避

情緒面での損失には、次の体験が含まれる可能性がある。
・無力感
・絶望感
・圧倒される感覚
・抑うつ
・心配—現実的または非現実的な不安
・怒り／短気
・感情の麻痺

身体的な愁訴として、一般的に次のようなものが報告されている。
・頭痛
・筋緊張
・疲労、睡眠障害
・悪夢
・腹部症状、嘔気
・小刻みな震え
・頻繁な病気

　明らかに、ケア提供者が上記のサインと症状に影響されている場合、個人の健康とクライエントのケアに支障をきたす可能性がある。もはやクライエントにサービスを提供できなくなり、最終的に職を辞すことになると思い込む人もいるだろう。

誰にリスクがあるのか？

　代理トラウマ、共感疲労、二次的トラウマ、およびバーンアウトのサインが、さまざまな援助職、すなわち教師、精神保健職、アドボケーター、聖職者、看護師、内科医、刑務所職員、裁判官、弁護士、警察官などに生じることを示唆する研究は多い。二次的トラウマティック・ストレスは、文献ではトラウマのケアに従事する専門職によくおきる職業上の危険であるとして認識されるようになっている。研究によると、トラウマ被害者を扱う仕事をするセラピストの6～26%と児童福祉従事者の最大50%がハイリスクであるとしている（National Child Traumatic Stress Network, 2011）。ハイリスクのグループのいくつかをここに示す。

　児童福祉従事者は、子ども虐待、ネグレクト、家庭内暴力、地域内の暴力、ストレスの多い職場環境に取り組んでおり、自らあるいは家族の安全に対する不安、新たな恐怖だけでなく、シニシズム、怒り、イライラ感といったサインと症状に対して、特に脆弱である可能性がある。児童福祉従事者は、離隔（訳注：離人感など）、感情麻痺、抑うつ、悲しみを経験する可能性がある。また、彼らはしばしば悪夢や、睡眠障害、さらに被害者、患者、またはクライエントに関する侵入的な心的イメージを訴えている。世界観の変化、徒労感や厭世観、スピリチュアルな信念の変化、セルフケアの減退を体験する者もいる。身体的不調や病気、仕事を忘れたりリラックスしたりするためのアルコールやドラッグの使用が増えることも報告されている（Osofsky, Putnam, & Lederman, 2008）。二次的トラウマとストレスの共通の原因として含まれうることに、ケースにおける子どもまたは大人の死、特定のクライエントに関する取り調べ、悲嘆に暮れる家族が経験するトラウマティックな悲哀と喪失、適切な財政支援と機関の資源に関する不安、世間の厳しい目と責任転嫁に関して絶えず続く不安、が挙げられる。

　トラウマを経験したクライエントに対応する**精神医療従事者**およびスーパーバイザーは、児童福祉従事者と同じ多くの危険因子に対して脆弱である。保護およびリスクの両方として特徴づけられた追加的因子で重要なものをここで触れておく。トラウマに焦点を当てた効果が実証されたプログラムの研修は、共感疲労やバーンアウトを軽減するために必要な構造とサポートを提供することができる。しかしながら、トラウマ治療の専門的訓練を受けた者は、たいていトラウマの取り扱い件数が多く、そのためリスクが増加する（Sprang, Clark, & Whitt-Woosley, 2007）。

　裁判官と**法律の専門家**は、取り扱い件数の多さと業務上のストレスレベルの増加や、先入観なく客観性を維持する必要性、機密を守るという仕事上の性質と関連した孤立、二次的トラウマティック・ストレスの影響に対処する際の非支持的な文化、そして共感疲労、バーンアウト、怒り、欲求不満、ケースに関する無力感や絶望感によって、しばしば影響を受ける（Osofsky, Putnam, & Lederman, 2008）。DVの弁護士や移民裁判官は、顕著に高いレベルのバーンアウトや二次的トラウマを有することが明らかになっている（Mathieu, 2012）。

　看護師や医師などの**医療専門家**は、高いレベルのバーンアウトを報告しており、慢性的なケアや終末期患者を扱う仕事が重要な要因であると言われている（Osofsky, Putnam, & Lederman, 2008）。

Sprang らの研究（2007）によると、精神科医は、直接的なケアを提供するその他の医療従事者と比較して、特に二次的トラウマを受けやすいことが示された。外科医は一般人口と比較して 1.5 〜 3 倍の頻度で自殺念慮を訴えるが、複数の研究によって、これはうつ症状および外科医のバーンアウトの程度と強く相関していることが示されている（Mathieu, 2012）。

アセスメント戦略

　自己アセスメントは、トラウマを受けた人々に対応する仕事をすることと関連した危険因子を個人が識別しマネジメントするための最も一般的なアプローチである。これはあらゆる介入戦略においても重要な部分である。上記の数多くあるサインと症状の発症・期間・重症度を追跡する事によって、個人は自身の個人的な危険因子について意識するようになり、また、職場・家庭の双方において、健康状態を保つための計画を支援する戦略を策定できるようになる。いくつかの自己アセスメントの提案については、以下の資料のセクションを参照されたい。

　組織はより正式なアプローチをとることも、さまざまなアセスメント戦略を実行することもできる。たとえば、仕事に関連した危険因子についての内省的なスーパービジョンを含めることや、Charles Figley と Beth Stamm（Figley & Stamm, 1996; Stamm, 1995, 1996）によって開発された専門職の QOL スケール（Professional Quality of Life Scale, ProQOL）のような正式な評価尺度を定期的にスタッフに記入させるなどである。正式なアセスメントの結果は、スタッフにフィードバックすることにも、機関全体の二次的トラウマティックストレス・代理トラウマ・バーンアウトの罹患率を評価することにも用いることができる。ProQOL を使用することによるその他の恩恵は、個人の仕事に関する満足度を測る共感満足についての尺度があることである。

介入戦略

　体験が異なれば、必要となる戦略も異なる。一次的トラウマ、二次的トラウマティック・ストレス、代理トラウマ、共感疲労、そしてバーンアウトは、それぞれ効果的なセルフケア・プランを作るためには微妙に異なる対応を必要とする。最初は、苦痛のタイプと重症度を特定するためのある種の評価戦略が必要である。早期介入戦略として職場で導入しうることには、心理教育、臨床的スーパービジョン、フレックスタイムのスケジュール作成、セルフケアのための「相棒関係」、瞑想やヨガなどのような職場でのセルフケア・グループがある。組織が提供できることは、マインドフルネス・トレーニング（訳注：現在起こっていることに意識を集中させる訓練）、内省的スーパービジョン、セルフケア実践といった介入およびセルフケア戦略に関するトレーニング、さらにピアサポートのための非公式集会の時間、トレーニングを受けた業者による従業員支援の紹介、および／または仕事の割当の変更である。取り扱い件数の管理がきっちりと実行されている限り、エビデンスに基づく実践を行うことでリスクを減らすことができる。

　直接の実践者、同僚、スーパーバイザー、管理者、役員、コミュニティメンバーを含む多次元的

アプローチは、セルフケアのトレーニングとプランニングにすべて含まれなければならない。組織的な介入戦略の成功には、心理教育、スキルトレーニング、スーパービジョンの三つ組みが挙げられる。仕事に伴うストレス反応の管理について知識と経験を得ると、従事者がセルフケアと早期介入の実践を自らの仕事の中に統合できるようになり、最良の仕事の概念に深い文化的変化をもたらすことになる。このような取り組みは、支持的な労働環境を作るための方針変更やこれらの戦略を実施するための資源と組み合わせることによって、提供者のための支援ネットワークを構築することができる。

　トラウマを経験した人に対応する仕事に関連した職業的危険に対処するための、個人と組織のためのサポートをする多くの機会とネットワークが存在する（章末の参考文献を参照）。これらの戦略を実行に移し始めることにより、われわれはベストプラクティスという概念に、文化的変化をもたらすことができ、専門職に不可欠な要素である、健康や支持的な職場環境を優先させる人たちの支持的ネットワークを築くことができるのである。

補助教材

　次の Web サイトは有用かつ包括的な情報源である。
・The Compassion Fatigue Awareness Project（http://compassionfatigue.org）
　Web サイト上で「真の持続可能なセルフケアについてケア提供者を教育すること、また、組織が健全で思いやりのあるケアを提供するという目標を支援することに専念する」とされている。Web サイトには、研修資料、ワークブック、多くの職種に従事するケア提供者のためのテキストを含む文献が数多く掲載されている。
・Compassion Fatigue Solutions（http://compassionfatigue.ca）
　共感疲労、セルフケア、職場の健康に焦点を当てたスキルベースのワークショップ、コンサルティング・サービス、研修資料を提供している。Web サイトには、共感疲労と代理トラウマに関連した動画、書籍やワークブックの広範な文献目録、アセスメントツール、ブログが掲載されている。
・The Figley Institute（http://figleyinstitute.com/）
　Charles R. Figley 博士と Kathleen Regan Figley 博士によって開発された最先端のトレーニングと生涯教育のプログラム、および心的外傷を受けた個人とコミュニティを救援する人のための付属学科を提供している。Web サイトには、「トラウマを受けた人々に対応する際の衝撃を軽減する」ために、専門職を支援するさまざまなコースとトレーニングに関する情報が掲載されている。
・Fisher and Associates（www.fisherandassociates.org）
　ストレス、バーンアウト、直接的および代理トラウマへの曝露のハイリスクにある分野における組織と職場の健康に焦点を当てている。Web サイト上のツールは、さまざまな分野に従事する管理者を対象としており、包括的な e ラーニングである「仕事がつらいとき：トラウマインフォームドな職場におけるストレスへの効果的な対処」が掲載されている。

・The Headington Institute（www.headington-institute.org/Default.aspx?tabid=2648）

　人道的な救援・開発要員の身体的なたくましさ、情緒的なレジリエンス、スピリチュアルな活力を促進することにより、「世界のケア提供者のためのケア」を提供している。Web サイトを通じて、カウンセリングサービスおよびトレーニングを含むケア提供者のための多彩な補助教材にアクセスできる。

・The Joyful Heart Foundation（http://joyfulheartfoundation.org）

　性的暴行、DV、子ども虐待のサバイバーを癒し、教育し、力づけること、そしてこれらの問題を取り巻く闇に光をともすことが使命である。セルフケア活動を生み出し、人生のバランス感覚を養えるよう治療者およびサバイバーを支援する補助教材が Web サイトに掲載されている。

　その他の補助教材 Web サイトは次の通りである。

・Compassion Fatigue Self-Test（www.ptsdsupport.net /compassion_fatigue-selftest.html）
・Cops Alive（www.copsalive.com）

　警察官が、幸せで健康、かつ成功したキャリア、人間関係、人生を計画するのに役立つ戦略とツールの情報がある。

・The National Center on Family Homelessness（http://508.center4si.com/SelfCareforCareGivers.pdf）

　「あなたはどう？　人々をケアする仕事に従事する人のためのワークブック」が掲載されている。

・The National Child Traumatic Stress Network（http:// nctsn.org）　Resiliency Manual、Secondary Traumatic Stress Fact Sheet、Secondary Traumatic Stress Webinar Series で検索を。

・The National Health Care for the Homeless Council（www.nhchc.org）

　「不健康とホームレスのリンクを断ち切る」と述べている。Self-Care、Compassion Fatigue で検索を。

・ProQOL, Professional Quality of Life Elements Theory and Measurement（http://proqol.org）

・Trauma Stewardship Institute（http://traumastewardship.com）

［参考文献］

1. Figley, C. R. (1995). *Compassion fatigue: Coping with secondary traumatic stress disorder in those who treat the traumatized*. New York, NY: Brunner-Mazel.
2. Figley, C. R. (2012, spring). Helping that hurts: Child welfare secondary traumatic stress reactions. In *CW 360°: Secondary trauma and the child welfare workforce* (pp. 4–5). Saint Paul, MN: Center for Advanced Studies in Child Welfare, School of Social Work, College of Education and Human Development, University of Minnesota.
3. Figley, C. R., & Stamm, B. H. (1996). Psychometric view of Compassion Fatigue Self Test. In B. H. Stamm (Ed.), *Measurement of stress, trauma, and adaptation*. Lutherville, MD: Sidran Press.
4. Greenwald, R. (2005). *Child trauma handbook: A guide for helping trauma-exposed children and adolescents*. Binghamton, NY: Haworth Press.
5. Mathieu, F. (2012). *The compassion fatigue workbook: Creative tools for transforming compassion fatigue and*

vicarious traumatization. New York, NY: Routledge / Taylor & Francis Group.

6. Meichenbaum, D. (2003). Stress inoculation training. In W. O'Donohue, J. E. Fisher, & S. C. Hays (Eds.), *Cognitive behavior therapy: Applying empirically supported techniques in your practice* (pp. 407–410). Hoboken, NJ: John Wiley & Sons.

7. National Child Traumatic Stress Network, Secondary Traumatic Stress Committee. (2011). *Secondary traumatic stress: A fact sheet for child- serving professionals*. Los Angeles, CA, and Durham, NC: National Center for Child Traumatic Stress.

8. Osofsky, J. D., Putnam, F. W., & Lederman, C. S. (2008). How to maintain emotional health when working with trauma. *Juvenile and Family Court Journal, 59*(4), 91–102.

9. Rothschild, B. (2006). *Help for the helper: Self-care strategies for managing burnout and stress*. New York, NY: W. W. Norton and Company.

10. Saakvitne, K. W., & Pearlman, L. A. (1996). *Transforming the pain. A workbook on vicarious traumatization*. New York, NY: Traumatic Stress Institute and Center for Adult & Adolescent Psychotherapy.

11. Sprang, G., Clark, J. J., & Whitt-Woosley, A. (2007). Compassion fatigue, compassion satisfaction, and burnout: Factors impacting a professional's quality of life. *Journal of Loss and Trauma: International Perspectives on Stress & Coping, 12*(3), 259–280.

12. Stamm, B. H. (1995). *Secondary traumatic stress: Self-care issues for clinicians, researchers, and educators*. Baltimore, MD: Sidran Press.

13. Stamm, B. H. (1996). *Measurement of stress, trauma, and adaptation*. Lutherville, MD: Sidran Press.

14. van Dernoot Lipsky, L. (2009). *Trauma stewardship: An everyday guide to caring for self while caring for others*. San Francisco, CA: Berrett-Koehler Publishers.

[その他の読み物]

1. Anderson, D. G. (2000). Coping strategies and burnout among veteran child protection workers. *Child Abuse & Neglect, 24*(6), 839–848.

2. Bober, T., & Regehr, C. (2006). Strategies for reducing secondary or vicarious trauma: Do they work? *Brief Treatment and Crisis Intervention, 6*(1), 1–9.

3. Bober, T., Regehr, C., & Zhou, N. (2006). Development of the Coping Strategies Inventory for trauma counselors. *Journal of Loss and Trauma, 11*, 71–83.

4. Bride, B. E. (2007). Prevalence of secondary traumatic stress among social workers. *Social Work, 52*(1), 63–70.

5. Bride, B. E., & Figley, C. R. (2007). The fatigue of compassionate social workers: An introduction to the Special Issue on Compassion Fatigue. *Clinical Social Work Journal, 35*, 151–153.

6. Bride, B. E., Radey, M., & Figley, C. R. (2007). Measuring compassion fatigue. *Clinical Social Work Journal, 35*, 155–163.

7. Depanfilis, D. (2006). Compassion fatigue, burnout, and compassion satisfaction: Implications for retention of workers. *Child Abuse & Neglect, 30*, 1067–1069.

8. Figley, C. R. (Ed.). (2002). *Treating compassion fatigue*. New York, NY: Brunner-Routledge.

9. Folette, V. M., Polusny, M. M., & Milbeck, K. (1994). Mental health and law enforcement professionals: Trauma history, psychological symptoms, and impact of providing services to child sexual abuse survivors. *Professional Psychology: Research and Practice, 25*(3), 275–282.

10. Kanter, J. (2007). Compassion fatigue and secondary traumatization: A second look. *Clinical Social Work Journal, 35*, 289–293.

11. Killian, K. D. (2008). Helping till it hurts? A multimethod study of compassion fatigue, burnout, and self-care in

clinicians working with trauma survivors. *Traumatology, 14*, 32.

12. Kravits, K., McAllister-Black, R., Grant, W., & Kirk, C. (2010). Self-care strategies for nurses: A psycho-educational intervention for stress reduction and the prevention of burnout. *Applied Nursing Research, 23*, 130–138.

13. O'Halloran, M. S., & O'Halloran, T. (2001). Secondary traumatic stress in the classroom: Ameliorating stress in graduate students. *Teaching of Psychology, 28*, 92.

14. Radey, M., & Figley, C. R. (2007). The social psychology of compassion. *Clinical Social Work Journal, 35*, 207–214.

15. Schauben, L. J., & Frazier, P. A. (1995). Vicarious trauma: The effects on female counselors of working with sexual violence survivors. *Psychology of Women Quarterly, 19*, 49.

16. Weinstein, N., Brown, K. W., & Ryan, R. M. (2009). A multi-method examination of the effects of mindfulness on stress attribution, coping, and emotional well-being. *Journal of Research in Personality, 43*, 374–385.

第25章
治療実践において治療者と家族がかかわることの重要性

マルセラ・M・トレス

モニカ・M・フィッツジェラルド

キンブリー・L・シップマン

総論

　本書のいたるところで記されているように、虐待やその他のトラウマとなる出来事を体験した子どもと家族への治療には、効果が支持された、革新的なアプローチがいくつか存在する。残念ながら、効果が支持されたそうした治療は、必要とする子どもたちや家族のすべてが利用できるわけではないし、手に入れやすいわけでもない（Burns et al., 2004）。とりわけ、不適切な養育やトラウマに曝されて影響を受けた子どもは、他の精神保健ニーズを有する子どもと比べて、発見されてサービスへと紹介される可能性が低い（Chadwick Center for Children and Families, 2004）。そして、家族が治療の提供者といったん出会っても、サービスにかかわってそれを継続することも少ないようである（Lau & Weisz, 2003）。研究が急速に進展したおかげで、コミュニティケアの枠組みや都市部における家族向けのサービスとそのニーズの間に食い違いが起きる要因について、理解が深まっている。そして、われわれは効果的なサービスに家族を参加させるための、特定の効果が実証された方策と技術を見出してきた。（たとえば、McKay et al., 2004; Nock & Kazdin, 2001; Szapocznik et al., 1990）。

　この章では、**かかわり**（engagement）とは何を意味するかを定義し、子どもの不適切な養育とトラウマの影響を受けた家族を治療に参加させるための共通する課題を概観し、家族にかかわる治療者の役割と文化的適性の重要性に焦点を当てる。また、子どもと家族を効果が支持された治療（evidence-supported treatments, ESTs）へとつなぐため、効果的かつ理論から派生した治療的かかわりの方策についての具体例を述べる。

児童精神保健サービス提供における「かかわり」の定義と説明

　かかわりについては、子どもと家族に精神保健サービスを提供するという文脈の中で、いくつかの定義が文献で提供されてきた。それは、研究者がこの用語に共通の理解を築こうとしてのもので

ある。この章の目的に資するよう、**かかわり**の定義に含まれるのは、次の 2 つとする。(1) 治療への積極的で協働的な**参与**と、(2) 精神保健サービスのニーズを有する家族を見分け、治療をまっとうするまでの活動すべてを含んだ**プロセス**である。これら 2 つの構成要素が、治療における家族への効果的なかかわりを理解する鍵となる。

治療における参与としての「かかわり」

　かかわりを参与として概念化することで、付き添うだけではない参与の**質**が強調される。付き添うのは重要ではあるが、それだけでは、治療において**積極的で協働的な参与**に相当するような、真のかかわり・努力・治療への反応・あるいは行動上の改善という結果には当たらない (Cunningham & Henggeler, 2004; Nix, Bierman, & McMahon, 2009; Yatchmenoff, 2005)。したがって、積極的で協働的な参与とは、治療課題をまっとうするのに、ある程度クライエントに意志や動機づけがあることが必要であり、治療者とクライエントが、等しく治療のプロセスに参与することが求められる。このように見ると、かかわりには、行動上の構成要素（たとえば、付き添うこと、家での課題をやり遂げること）と態度上の構成要素（たとえば、動機づけ、献身、治療への信念、治療者への信頼）の両方がある (Staudt, 2007; Yatchmenoff, 2005)。態度上の構成要素は、治療をまっとうして治療目標を達成する人たちと、早期に脱落し、行動上の変化を達成しない人たちとでは異なる。たとえば、研究の示すところでは、家族が早期に治療から脱落しがちなのは、治療が助けになるという確信がない場合や、治療者との安定した治療関係を確立できなかった場合である (Kazdin, Holland, & Crowley, 1997; McKay et al., 2001; Morrissey-Kane & Prinz, 1999; Spoth & Redmond, 1995)。

プロセスとしての「かかわり」：ニーズを見分けることから**治療を成し遂げるまで**

　かかわりはより広範に、プロセス、あるいは一連の出来事としても、概念化されてきた。つまり、子どもや家族ははじめに地域の中で精神保健上の治療が必要であると見分けられる。そうして精神医療従事者へ紹介されるか、つなげてもらう。そしてふさわしいサービスに、うまく携わってもらうのである (Coatsworth et al., 2001; Liddle, 1995; McKay et al., 2004; Tryon & Winograd, 2002)。かかわりのこうした定義には、治療目標の一部、あるいはすべてが満たされるという期待が含まれている。

　責任が共有されたプロセスとして、うまくいくかかわりを描写すると、次のような筋書きが含まれるだろう。教師がはじめに、児童福祉上の懸念や学校で子どもが有する精神保健上のニーズに、気づくか**見分ける**かする。彼女は自身の懸念を、子どもの両親やスクールカウンセラーと話し合うだろう。そして報告を義務づけられた者として、虐待やネグレクトを地域の児童福祉機関へ開示するだろう。そうすることで、彼女は子どもを精神保健の紹介先資源へ**つなぐ**。同様に、ケースワーカーやスクールカウンセラーは、家族を精神保健の治療センターへ**紹介する**かもしれない。そこでは、子どもと家族の特別な精神保健上のニーズが満たされうる。この機関は**治療を提供する**責務があり、家族は**治療に参与する**責任がある。治療者は家族と協働して、**治療目標を設定すること**と**治療の障害を減らすこと**の責任を負う。虐待やネグレクトを体験した子どものために、紹介先機関もまた、子どもの安全・永続性・幸福を高めるために家族に目標を**伝える**かもしれない。最後に、そ

のプロセスはフォローアップを含まねばならない。すなわち、治療者・家族・ケースワーカー・その他の専門家は、経過を見守り、家族が参与して治療目標をまっとうできるように協働してサポートするのである。うまくいくかかわりと治療実践は、継続的な協働と、家族を含めたケアシステムの調整に負うところが大きい。

　残念なことに、そうした水準での調整は稀である。たとえ児童福祉機関が注意していた子どもであっても、である。治療のために家族を紹介する人たちはたいてい、はじめに紹介をした後、進行を見守ることには関与しない。治療を必要とする精神保健上の問題を効果的に見分ける能力や、効果があってふさわしい利用可能な精神保健の治療へとつなぐ能力には、専門的な知識と目的を定めたフォローアップが必要とされる（Dorsey et al., 2012; Kerns et al., 2010）。虐待やネグレクトを受けた子どもたちを見分け、治療へと紹介するのに最も良い立場にある専門家（たとえば、教師、ケースワーカー、プライマリケアの提供者）は、概して、効果的にふるまうのに必要となる研修や支援を受けていないし、治療の進展を見守る能力や権限を持っていないことがある。したがって、児童福祉機関とつながることで、子どもたちが自身の精神保健上のニーズを見分けてもらい、治療を受ける可能性は高まるのだが、そうした子どもたちの一群、とりわけ自分の家庭に留まっている子どもにとって、そのニーズとケアを受けることの間には大きな隔たりがある（Leslie et al., 2005; Stiffman et al., 1997）。

　かかわりをひとつのプロセスとして概念化する際にはっきりしてくるのは、うまくいくかかわりは、家族の行動だけに頼っていない、ということである。うまくいくかかわりは、紹介する専門家が次のようなものに気づいていることにも拠っている。すなわち、(1) 子どもの有する精神保健上の治療ニーズ、(2) そうしたニーズを満たしうる ESTs のタイプ、(3) 家族をふさわしい治療へと結びつけ、治療の進展を見守るのに必要とされるコミュニケーションと協働のタイプ、である。いくつかの有望な試験的プログラムが、こうしたニーズに取り組むよう開発されてきたものの、この領域には、なされるべき作業がいまだに多い。たとえば、プロジェクト・フォーカス（Project Focus）は、児童福祉におけるケースワーカーとスーパーバイザーのための研修とコンサルテーションのプログラムである。児童福祉に関係している子どもたちが持つ特異な精神保健上のニーズに対して、ケースワーカーの気づきを高めるように、そして ESTs につながっている子どもや家族を中心に、研修やコンサルテーションを提供するように考案されている（Dorsey et al., 2012; Kerns et al., 2010）。治療者とのコミュニケーションと協働は、とても強調される。それは治療の構成要素、つまりある子どもにおける精神保健上の問題を扱い、治療の間、子どもの進歩を効果的に見守るためである。プロジェクト・フォーカスは、ワシントン州で試験運用された（Dorsey et al., 2012）。そして、児童福祉にかかわる子どもと家族をケアするシステムの調整を改善するという有望な証拠（Kerns & Gorrono, 2012）を以って、コロラド州で修正して用いられた。

不適切な養育を受けている子どもとその家族に治療としてかかわる程度

　精神保健上のサービスを必要としている子どもと家族を見分け、紹介することは、かかわりの重

要な第一歩である。けれども、かかわりの努力は、治療者のオフィスの入り口で終わることはない。精神保健上のサービス提供者と初めて接触を持つ者の多くは、最初の予約に現れない。McKay ら（2001）は、次のことを見出した。つまり、ある都市部の精神保健クリニックで（家族による精神保健サービスの求めに応じて）最初のインテーク予約を設定した家族のうち、3分の1以上が予約に現れなかったのである。「ドアを通って」精神保健の提供者と最初の面接を成し遂げる者のうち、治療をまっとうする者はさらに少ない（McKay, Lynn, &Bannon, 2005; Saxe et al., 2012）。

その上、不適切な養育やトラウマを体験した若者は、そうした既往のない若者に比べて、治療の早期に、地域にある精神保健サービスから脱落しがちである（Lau & Weisz, 2003）。たとえば、Meezan と O'Keefe（1998）は、不適切な養育のために紹介された、低所得で児童福祉にかかる家族のうち、伝統的なやり方で提供された家族療法を受けて、予定された終結に至ったのは30%のみだった、と報告した。Saxe ら（2012）らは、次のことを見出した。都市部地域の外来治療という設定において、児童青年期患者の3分の2以上が、最初の7セッションのうちに、子ども期のトラウマ治療から脱落したのである。McKay ら（2005）は、同様の報告をした。都市部地域の設定において、伝統的なやり方による外来精神保健サービスでは、12週の時点で、トラウマの既往がある子どものうち9%しか参与していなかった、ということである。

こうした報告は、きわめて残念なものである。というのも、子どもの精神保健上の問題や子どもの不適切な養育やトラウマのための効果が実証された治療の多くは、少なくともも8～12セッションあるからである（L. Miller, Southam-Gerow, & Allin, 2008; California Evidence-Based Clearinghouse for Child Welfare、www.cebc4cw.org も参照）。その上、地域での治療設定では、エビデンスのあるプログラムを用いているのは（それらは最小限度の時間で、多大な効果を実証しているのだが）わずかである（Landsverk et al., 2006）。ESTs を用いることができない設定では、望ましい結果を生み出すには、さらに時間がかかるかもしれない。要するに、不適切な養育を受けた子どもとその家族のうち、精神保健上のニーズがあるのに、治療をまっとうしたり、有意義な結果を成し遂げるのに十分な期間治療に留まったりするのはごく少数にすぎないのである。

不適切な養育を受けた子どもの養育者にかかわること

子どもの精神保健上のサービスにおいてかかわりが有意義になるには、たいてい、親や養育者が治療に積極的に参与すること、そして／あるいは、自分たちの子どもが持つ精神保健上のニーズを支援するよう専念することが求められる。こうしたかかわり方は、自分たちの子どもを虐待したりネグレクトしたりしてきた養育者にはとりわけ難しいものである（Lau & Weisz, 2003）。子育ての仕方について議論することで、子どもが家庭から引き離されたり、親権がなくなったりするという養育者の恐れや疑念が、かかわりのプロセスを妨げる可能性がある（Azar & Wolfe, 1998）。臨床家にとっての課題に加えて、子どもの深刻な行動上の問題や難しいしつけのさなかにある親たちは、サービスを求めているにもかかわらず、診察予約を守ることが難しい（Harrison, McKay, & Bannon, 2004; McKay et al., 2001）。また身体的虐待をする親たちは、たいていは治療に紹介されて、ときに

治療命令を出されて、子どもの問題行動に体罰を用いないしつけをするよう強調されるが、その原則は、彼らが子どもを育てるのに長年抱いてきた信念やモデルには、そぐわないものであろう（Azar & Wolfe, 1998）。

　効果が実証されたペアレンティング・プログラムの多くは、ほめることと積極的な関心を、問題行動予防の方策として重視する（たとえば、Barkeley, 1997; Eyberg & Boggs, 1998; Kazdin, 2005; Webster-Stratton, 2001）。それらは、自分の子どもとかかわりを持つのに慣れていない親たちには、居心地の悪さを感じさせるかもしれない。またこうしたプログラムでよく取り入れるのが、大人の要求に従うと、具体的なほうびで報いることである。多くの親たちは誤解して、そうした実践を「わいろ」に等しいとみなしたり、子どもが従うのは当然のふるまいであって、ほうびを与える必要はない、と単純に感じたりする（Forehand & Kotchick, 2002）。さらに、効果が実証されたペアレンティング・プログラムの多くは、効果的にしつけるための指導スキル（たとえば、タイムアウト、特権を取り除くこと）に先立って、ほめること・積極的な関心・子ども主導の遊びやほうびに関連した指導スキルに意図的に取り組む。このスキルの順番の原理は理論的にも経験的にも妥当なものであるが、不適切な養育をしている親たちにとって、治療を始めて数週間のうちは、行動上の問題を取り扱うことをめぐって、とりわけ支えがないと感じるかもしれない（たとえば、「あの子を叩くことは、もう許されていない。でも5セッションやっても、ほめること以外に何をするのか、教えてくれないじゃないか」）。こうした状況において、養育者が治療にどれだけかかわるかどうかは、治療者がスキルの順番の原理を説明する際に、いかに共感的に、望みを持たせながら、不適切な養育をしている養育者の子育ての信念を思いやれるかどうかにかかっている。

　不適切な養育をしていない養育者は、不適切な養育をしている親たちと比べて、子どものために精神保健治療にかかわる可能性が高い（Lau & Weisz, 2003）。とはいえ、虐待していない養育者が治療に連れてきたとしても、不適切な養育を受けた子どもは、不適切な養育を受けていない子と比べて、治療を早く中断し、治療者の助言に逆らう可能性が高い。不適切な養育を受けた子どもの非虐待養育者は、治療へのかかわりを妨げる多くのストレッサーと格闘しているかもしれない。たとえば、子どもの不適切な養育が発見されて子どもが治療に紹介されるとき、養育者たちは、ストレスに満ちた変化や役割の変更に取り組んでいるかもしれない（たとえば、片親による養育へ変わること、家を移ること、経済的安定が揺らぐことである）。さらに、非虐待養育者は、子どもを守るのに失敗したことについて、罪悪感や否認を抱いており、そのために、子どもに焦点づけた治療に十分に取り込めないかもしれない。

　不適切な養育を受けた子どもやその養育者とかかわることの難しさは、不適切な養育の原因の一部をなしている家族の特徴に固有のものかもしれない。不適切な養育をする家族には概して、多様な問題が複数あるのが特徴である。問題のそれぞれは、典型的な介入によって恩恵を受けたり、治療をまっとうしたりする子どもの能力に障壁をもたらすかもしれない。親の病理や薬物使用、精神病の併存、ペアレンティングスキルの欠如、世代をまたいだ虐待の連鎖、家庭内暴力、近隣者の暴力、そして／あるいは高水準の経済的・日常的ストレスは、不適切な養育をする家族にとって、治療にうまくかかわるための家族レベルの障壁となりうる（Berger, 2005; Cicchetti & Lynch, 1993;

Egeland, Breiten-bucher, & Rosenberg, 1980)。混沌とした、あるいは無秩序なやりとりのパターンは、不適切な養育をする家族をしばしば特徴づけるものであり、治療へのかかわりに、さらなる課題を提起する。たとえば Howes ら（2000）は、家族によるやりとりを観察し、コード化することを通じて、不適切な養育のない家族よりも不適切な養育をする家族には、多大な混沌や感情調節の困難、相互交流における柔軟性のなさ、適応的な関係を築くスキルの乏しさ、家族内の役割の不明確さが見出された。治療へのかかわりから推測される結果は重大である。なぜならば、こうしたタイプの適応的でないパターンは、家族療法へのかかわりの乏しさを予測することが知らされているし、治療結果が不良であることと関連するからである。（Kazdin, 1995; Perrino et al., 2001）。共感、率直さ、そして養育者の持つ経験や役割を尊重することは、苦悶する家族と作業をする際に、力強いかかわりとなる。さらに、脆い家族とのかかわりにおいては、その家族の強みを見極め、それをもとに作業をする治療的アプローチが助けとなりうる。

家庭外に措置された子ども

　不適切な養育を受けた子どものうち、家庭外に措置された子どもは、精神保健上の治療にかかわる可能性が最も高い（Leslie et al., 2005）。とはいえ、里親家庭とかかわることには、独特の課題がある。里親の多くは、自分たちが世話をしている子どものサービスや治療の計画に携わることへのモチベーションを表明する（Denby, Rindfleisch, & Bean, 1999; Hudson& Levasseur, 2002; Rhodes, Orme, & Buehler, 2001）。しかし、子どもの治療に参与するよう求められたり、セラピーにおける子どもの進展を随時知らせられたり、子どもの問題行動を管理する特定のスキルを教えられたりする程度は、とても多様である（Dorsey & Deblinger, 2012）。里親は概して、子どもの精神保健上の困難を扱うのに、専用の支援や指導をあまり受けない。里親が扱いの難しい行動や情緒的問題への取り組み方を身につける機会は、子どもの人生における里親の役割を治療者が知らないため制限されることがよくある。治療の提供者（あるいは里親自身）は、次のように確信している場合がある。たとえば、措置変更された場合、子どもがさらなる喪失を体験してしまうかもしれないから、里親家庭があまりに親密に、あるいはあまりに情緒的にかかわるのは子どもに有害であるとか、再び家族で暮らすことが治療の焦点となると、生みの親との関係を支援するために、里親は関係から外される可能性がある、などである。

　それでも、里親のかかわりは重要である。研究の示すところでは、子どもの精神保健上のニーズを扱うのに必要となる支援を里親が受けていないと、頻回な措置変更の可能性が高まるという（Dorsey & Deblinger, 2012）。たった一度の一時的なものであっても、子どもの精神保健や発達に、支持的な養育者が及ぼす陽性の影響にしっかり気づいておくことは必須である。それは里親が治療にかかわる多大な努力に見合うものである。たとえば、トラウマフォーカスト認知行動療法（Trauma-Focused Cognitive Behavioral Therapy, TF-CBT）は、子どものトラウマへの EST の１つで、非加害養育者に用いられるプログラムであるが、教師や入所施設の職員、里親、あるいは拡大家族の誰かに対しても効果がある（Cohen, Mannarino, & Deblinger, 2012）。

治療へのかかわりに付随する障壁

　人と物をめぐる障壁：低収入の家庭や片親の家庭では、外的な障壁やロジスティックな障壁によって、かかわりが付随的に妨げられることもよくある。たとえば、移動手段がないこと、予定がかちあうこと、きょうだいの世話をする調整、経済的費用や保険がないことは、多くの家族にとって、共通する実際的な障壁である。こうしたたぐいの障壁は、かかわりの難しさや、治療が予定外に早期に終わることにつながってきた（Kazdin, Holland, & Crowley, 1997; Spoth & Redmond, 2000）。不適切な養育をする家族の多くは、いくつかのサービスに参与することを義務づけられており、しかも多くの場合、それらのサービスは相互に調整されていないが、それらへの参与はケースとしての終結や児童福祉制度から離脱するための必要条件の一部になっている。こうした家族には、児童福祉のかかわりの一環として、週にいくつもの約束に参加せねばならないことで、養育者にストレスが増すばかりでなく、通常の治療への参与以上の大きな、人と物をめぐる障壁をもたらす（Staudt, 2007）。さらに、約束をすっぽかすと、家族の側に「抵抗」「不従順さ」、あるいは単に「怠慢」があると理解されることがあまりに多い。そして、このような参与への障害を家族が克服するのを援助することには、ほとんど注意が払われない。治療参加のために、人と物をめぐる障壁を克服するのに、家族の側に必要とされる労苦は、認識されている利益をはるかに上回るかもしれない。治療に参加することでストレス水準が上がる場合には、なおのことである（たとえば、Kazdin, Holland, & Crowley, 1997; Kazdin & Wassell, 2000; Kruzich et al., 2003; MacNaughton & Rodrigue, 2001）。

　次のようなことを認識しておくことも、重要である。すなわち、人と物をめぐる障壁がかかわりへのとても現実的な障害になるとはいえ、感覚的な障壁（たとえば、セラピーへの態度や信念）は、治療に価値があるかどうかを決める際、家族におよぼす影響はいっそう大きなものになることがある、ということである（Kazdin, Holland, & Crowley, 1997; McKay et al., 2001）。こうしたことから、どちらのたぐいの障壁も、治療の一部として取り組むことが重要であると強調されている。

　機関の方針：機関は家族にとって、参加・育児・予定・保険・待機リスト・移動手段の整備・開業時間・制度の機動性にかかわる方針を通じて、人と物をめぐる障壁と感覚的な障壁の双方を提起したり減らしたりするのに重要な役割を果たす。さらに、ある機関が受け持つ家族の数や利用可能な提供者の数は、セッションの頻度や期間、スーパービジョンの総数や提供者への支援、そして提供者の離職率に影響を及ぼす。これらはすべて、家族のかかわりに不利益をもたらしうるものである（Azar, 2000）。機関レベルの要因は、家族のかかわりに重要な影響を持っているとはいえ、機関の多くは、自分たちが受け持つクライエントのニーズと釣り合いをとり、財政的持続性を維持できるよう求められている。財政的持続性や州や連邦政府の命令に従うことを優先して方針を実施するのだが、それが必ずしも、あらゆる家族に最も効果的なサービスを提供することと一致するわけではない（Yoo, 2002）。たとえば、家族にとって参加が難しいときに何が障壁になっているのかを調べたり、なぜきちんと治療に参加する必要があるのかを話し合ったりするよりも、治療を終わらせるという対応を、機関はするかもしれない。同じように、セラピーへ参加することにかかる費用

（たとえば、駐車料金や移動費用）を賄う財源を、機関が持っていないかもしれない。それらはある家族にとって、治療への参加をひどく高価なものにするかもしれない。ケース取り扱い数の多さや低い給与のせいで、スタッフが離職したりバーンアウトすると、懐疑的な家族の治療に自信を持つという治療者の能力が、制限されるかもしれない。機関やスタッフを援助することを目的とした、地域や州、連邦政府の支援を増やして、（とりわけ低収入の家族たちに）最も効果的なサービスを提供することが、おおいに必要とされている。

　養育者と家族のストレス：個人のストレス水準が高い養育者は、治療へ参加することへの障害にあうと、ストレス水準が低い人に比べると、克服がより難しいと感じるようである（Kazdin & Wassell, 2000; Owens et al., 2002）。養育者や家族のストレスは、数多くの事情から生じる。かつて言及されたものには、経済的困難、精神保健上の課題（たとえば、うつ病、心的外傷後ストレス）、婚姻関係やパートナー関係上の葛藤、仕事や養育上の要請をやりくりするのにかかわる日々の諍い、行動上の問題を抱える子どもを養育するという困難、といったものが含まれる。養育者たちにとって、こうした多くの困難へと治療者の注意を向けてもらうことは、簡単ではないかもしれない。自分たちの個人的なストレスと子どもの精神保健上の困難につながりがある、と認識していない場合にはなおのことである。治療の早い段階で、養育者のストレス源やその水準を評価する時間を治療者は持ち、セルフケアは重要な治療目標である、と養育者に強調するとよい。

　養育者のストレスが治療へのかかわりにおよぼす影響は、家庭内にもう1人協力的な成人パートナーがいると和らぐことがある（McKay et al., 2001）。さらに、友人や拡大家族、地域、さらには治療を受けている他の家族からの社会的支援は、治療へのかかわりや参加に対して正の相関があり（Harrison, McKay, & Bannon, 2004）、家族へのストレスによる負の影響を緩和しうる。予約した診察をきちんと受けるための支援を提供する手腕以上に、友人や地域の人たちは、家族が治療を「受け入れる」のに影響をおよぼす可能性があるし、家族が治療にかかわることを渋るのに対して、関心を呼び覚まそうと働きかける可能性がある。DaddsとMcHugh（1992）は、親としての取り組みを訓練する介入は、友人たちから社会的支援を受けた家族へのもののほうが、結果が良いことを見出した。MeezanとO'Keefe（1998）は、ほかの家族とともに子ども虐待やネグレクトの治療に参加している家族が、単独で治療に参加した家族と比べて、予定外の終結を迎えることが少なく、結果が良いことを見出した。社会的支援を増やすことへ、あるいは協力的な拡大家族や友人、地域の人たちを治療へ引き入れることは、治療や介入の焦点となることはめったにないのだが、虐待のある家族にとって、かかわりや結果を改善する可能性がある。こうしたことは、子ども虐待やネグレクトのリスクがある家族にとって、とりわけ重要かもしれない。というのは、ストレスや、社会的支援がないことも、子どもの不適切な養育に関連づけられてきたからである（Bishop & Leadbeater, 2010; Whipple & Webster-Stratton, 1991）。

治療関係－「かかわり」への鍵

　治療関係は、多くの家族へのかかわりというプロセスの中核にある。家族は治療に携わる主体である、とおおむね理解されているものの、治療者はかかわりを促進・維持するのに、重大な責任を負っている（Cunningham & Henggeler, 2004; Elvins & Green, 208; Liddle, 1995; McGinty et al., 2003; McKay et al., 1995; Santisteban & Szapocznik, 1994）。たとえば、治療の流れや目標について、家族の考えを求める治療者は、家族に治療へうまくかかわってもらえる可能性が高い。家族の考えを求めることには、家族の文化的・宗教的背景や、そのことがある治療的アプローチを持ったかかわりにおよぼす影響を知ることばかりでなく、子どもの精神保健、しつけ、家族の中での役割、セラピーそのものへの家族の信念体系を知ることが含まれている。家族の考えを求め・取り入れることは、虐待のある家族と協働していく際には、とりわけ重要である。というのも、強いられているという認識を弱めるからである（Platt, 2006）。

　治療者は、治療関係上の問題について率直に話し合うことでも、かかわりを効果的に促進することができる。ある研究は、治療関係における問題が、地域のクリニックで治療を受ける家族が治療を完遂するか治療から脱落するかをめぐる、最も強い予測因子であることを発見した（Garcia & Weisz, 2002）。家族が考える治療関係の問題には、次のようなものがある。すなわち、治療者がふさわしい問題を考慮せずにあまり関係のない対象に目を向けているといった感覚、治療的アプローチがきちんと説明されていないという感覚、治療者に効果的なサービスを提供する力量がないという感覚、治療者は子どもや養育者に十分な時間を取っていないという感覚、あるいは単に、家族が治療者を好きでない、といったことである。援助する関係（とりわけ援助者が専門家を含む場合）は、その性質や社会構成からして、影響力や知識、権限において、不均衡が暗に含まれることが多い（Azar & Wolfe, 1998）。こうした力動のために、治療者や治療関係、あるいは勧められることなく提供された治療についての懸念を、家族がことばにすることは難しくなるかもしれない。

　子ども虐待やネグレクトのために治療を命令されている家族や、治療を求める理由に対して恥や当惑を感じる人たちにとっては、そうした懸念について話し合うのは、よりいっそう難題かもしれない。たいていの家族にとって、治療を去るほうが、治療場面や治療関係で居心地が悪いと治療者に話すよりもたやすい。治療者は、治療関係について話し合うよう勧める責務がある。そうするには、信頼と経験が必要である。治療関係の印象や治療をめぐる懸念を共有するよう家族に求めるのは、必ずしもたやすいことではない。家族が抱える問題の性質に、治療者が呑み込まれているように感じる場合には、なおのことである。実際のところ、治療者の多くは適切な訓練なく児童精神保健領域に参入し、不適切な養育という問題をめぐって家族たちと協働したり、かかわったりする（Azar, 2000; McGinty et al., 2003）。これは経験の浅い治療提供者に、スーパービジョン的な支援をすることの重要性を強調するものである。治療者が協働に関する問題を、家族は治療の準備ができていない、あるいは治療から恩恵を得られていない兆しとしてではなく、コミュニケーションをとる機会として捉えうると、治療においてより大きな成功を成し遂げる可能性が高い（Liddle, 1995;

Santisteban & Szapocznik, 1994)。

文化的適性

　文化的適性は、治療者や機関の水準において、多様な住民に効果的な精神保健サービスを提供するのに重要な特質として、ますます認識されつつある。(Hernandez & Isaacs, 1998; Kumpfer et al. 2002)。文化的知識を得ること、治療者とクライエントの間にある文化的違いが治療のやりとりにいつ・どのような影響をおよぼすかをみる能力を発展させること、それに応じて実践を調整する方法を学ぶことなどが、力動的プロセスとして定義されうる。(Betancourt et al., 2003; López, 1997)。文化的適性の中核にあるのは、文化そのものへの理解である。Whaley と Davis（2007）は、文化の定義の大半は、伝統・価値・規範・信念・対処行動であり、それらは世代をまたいで受け継がれたものである、と指摘する。こうした文化の定義と、治療における家族とのかかわりの中核にある要因との重なりを認識することは、重要である。家族の多くには、育児・対処法・トラウマ・援助を求めるふるまいについて、長く保持してきた信念がある。それらは数世代を遡るものであり、セラピーに来る際の事情や、プロセスに持ち込む一連の期待に、影響をおよぼす（Cardemil, 2010; Morrissey-Kane & Prinz, 1999; Prinz & Miller, 1994）。うまくいくかかわりに向けて、文化的影響の重要性に気づいておくのは、あらゆる家族への治療を行うにあたって、成功に必須のものである。

　文化的適性は、少数派の背景を持つ家族と協働するには、とりわけ重要かもしれない。人種・民族的に少数派の子どもたちや家族は、そうでない子や家族に比べると、精神保健サービスを必要とする際にもその利用をためらい、(Kataoka, Zhang, & Wells, 2002; Yeh et al., 2003)、サービスに行き着いても、機の熟さないうちに脱落する可能性が高い（McKay et al., 2004; L.Miller, Southam-Gerow, & Allin, 2008）。中核のところでは、人種・民族的に少数派の家族にかかわる方策は、あらゆる家族を念頭に発展してきたものと大きく異なるわけではない。つまり、精神保健上の治療や家族によるより全般的な世界観（家族の役割、育児、援助を求めるふるまい、トラウマへの対処など）に対する信念や態度に、率直に取り組むことである。しかし、人種や民族的に少数派の家族に、治療としてのかかわりを高めるのに重要となる、追加的な方策がいくつかある。たとえば、家族の母国語を話す治療者や通訳者がいるとよいし、治療においては、その家族にとって最も心地のよいことばを選べるとよい。というのも、異なる言語のニュアンスは、感情を表現したり関係を述べたりするのにとりわけ重要となるし、家族が自分たちの母国語を用いるという選択肢があると、かかわりや治療のプロセスに多大な利益があるからである。

　機関の長は、治療の設定によって、異なった人種や民族的に少数派の集団にどれほど影響がおよびうるかということや、必要であれば、こうした要因を修正する用意をどのようにしうるかということをも、自覚すべきである。たとえば、家族は、スタッフ人員の人種・民族の背景が一様で、自分たちのものと異なるところでは、居心地の悪さを覚えるかもしれない。クリニックの環境を作るのに、治療を受ける家族の多様さや典型を反映するよう努めるのが重要である。同じように治療者は、文化上の、そして人種・民族の違いがあるときに、自分たちが文化的に持つ世界観や先入観を

理解するとともに、その違いを率直に認め、話し合うことで、かかわりを強めることができる。治療者は、具体的に少数派集団が共有する歴史について学ぶとよい。そこには、トラウマ、抑圧、あるいはより大きな多数派文化のうちにある差別がある。そうした知識の基盤が、家族それぞれが持つ独自の経験や、彼らが治療に持ち込む一連の信念について学び、理解するのに、有益な拠り所となる。

　治療プログラムの中に文化にかかわる内容を取り入れるのも、人種や民族的に少数派に属する家族にとって、かかわりや治療の完遂を高めるかもしれない。児童精神保健上の治療の多くは、多数派の家族を通じて発展や治験を受けてきたものであり、ある少数派の家族には、ふさわしいものではないかもしれない。こうした認知行動的アプローチは、人種・民族的に少数派に属する子どもたちや家族に対して、効果の上で最も強いエビデンスがある（Huey & Polo, 2008）。けれども、家族の文化的信念をとらえた適応が必要かもしれない。しかしそれは、治療のまとまりや有効性を損なうものではない（Cardemil, 2010; Liddle, Jackson-Gilfort, & Marvel, 2006）。たとえば、ナラティブ・アプローチは、共同の物語を尊重する文化を持つ集団のメンバーには最も合うだろう。一方、問題解決志向アプローチは、過去の所産について考えることをよしとしない文化を持つ集団のメンバーには最適かもしれない。異なる家族の文化的信念へ介入をなじませるのに不可欠なことは、家族に特有の信念を十全に調べることである。

「かかわり」に具体的に対応する、介入アプローチ

　これまでのところで、精神保健上の治療においてかかわりの改善に結びつく重要な考察をいくつか述べた。それはとりわけ、不適切な養育のさなかにある家族のためのものである。このセクションでは、次のニーズに取り組むよう発展してきた特別な介入方策のいくつかに焦点を当てる（表25.1に要約してある）。

治療前の方策

　最初の予約に先立って電話をすることで、家族による治療の受け入れが促進され、初期のかかわりにおける見込みが高められるなどの好結果が得られることがわかってきた。この電話は、治療の際に人や物の動きをめぐる障害や、認知上の妨げとなるものを解決するのに、問題を見分けて取り組み始めるよう、特別にしつらえられたものである。たとえば、McKay、McCadam、そしてGonzales（1996）は、効果的なインテーク前電話面接を開発し、評価を行った。それは、次のことをもくろんだものである。すなわち、養育者にとって、子どもの精神保健における治療の目標と必要性がはっきりすること、治療を求め取り組むための養育者による努力と動機づけを認め支えること、そしてかかわりの妨げとなるものの問題解決を見定めて取り組み始めることである。こうした電話面接によって、従来の電話によるインテーク方法に比べると、最初の予約にやってくることが有意に増えた。

　同じく、戦略的構造システムによるかかわり（Strategic Structural-Systems Engagemen, SSSE；

表 25.1　「かかわり」に具体的に対応する方策の要約

治療前の方策	インテーク前の電話面談	・家族とつながる ・望みを持たせる ・目標を査定する ・動機づけの水準を測る ・治療をめぐる信念を調べる ・障壁を解決する
最初のセッションでの方策	最初の予約	・インテークのプロセス、方針、そして提供者の役割を説明する ・家族の目標と治療の選択肢を明確にする ・共同作業としてのセラピーを説明する ・家族の期待について知る ・ロジスティックな問題をすぐに解決する ・持続的な障壁に対処する計画を立てる
持続的な方策	治療を通じて	**予約の確認**： ・セッションに先立ってクライエントに電話する **動機づけ面接の技法**： ・共感を表現する ・不一致を避ける ・クライエントの目標と行動との差を浮き立たせる ・動機づけとなるセルフトークを引き出す ・望ましい目標を達成するために協働する

Coatsworth et al., 2001; Snatisteban et al., 1996; Szapocznik et al., 1988）は、治療における家族のかかわりを効果的にする、もう 1 つの治療前介入である。それは最初の治療予約に先立って、電話をするものである。SSSE の方策には、次のものが含まれる。すなわち、家族の懸念や価値観について直接たずねること、認知上の妨げをめぐって共感的に「接すること」、望みを持たせること、そして、治療中家族に見定められた問題と目標にうまく取り組むことができる、という確信が治療者にあることである。ある場合には、電話に出ている家族のメンバーが、かかわりに難色を示している家族のメンバーと話し合うよう説かれ、最初のセッション前に、そうした家族メンバーが持つセラピーについての否定的な信念を再構成する、ということがある。ときに、こうした介入の一部には、最初に電話をかけた人に代わって、治療者が家族メンバーと接することもある。家族以外の重要な他者で、家族全体の受け入れを支援しうる人と接することすらある。こうしたアプローチの厳密な分析によって明らかになったのは、SSSE による介入を受けた家族ほど、そうした介入を受けていない家族に比べると、初期の治療セッションを完遂し、治療へ有意に長くとどまる、ということである（Coatsworth et al., 2001; Santisteban et al., 1996; Szapocznik et al., 1988）。

最初のセッションでの方策

　最初のセッションは、家族によるかかわりを深める重要な機会である。そして実際に、多くの家族にとって、うまくいくかかわりを「作ったり壊したり」する可能性をもつ。McKay、Nudelman、そして McCadam（1996）は、初回治療予約に特化したかかわりの方策を開発した。それは、治療への家族の期待と、ロジスティックな懸念をめぐって家族と問題を解決することにのみ注力する。最初のセッションで治療者は、家族がインテークの手順と提供者の役割を理解するのを援助し、家

族のニーズが治療選択とどのように合うのかを明らかにし、治療が家族と治療者の共同作業であることを説明し、当面の実務的問題を解決し、治療中にも影響しそうな障壁に取り組む計画を立てる。先に記したインテーク前の電話面接と合わせると、こうした方策は、最初のかかわりを強めるのに効果的である（McKay et al., 1998）。

持続的な方策

　かかわりの中でも、維持・進行中のものについて、約束のすっぽかしを減らすことが判明している簡単な介入は、セッションごとに、事前に両親へ電話をして注意を促すことである（Kourany, Garber, & Tornusciolo, 1990; Shivack & Sullivan, 1989; Watts et al., 2007）。こうした方策は、家族が多忙なスケジュールをやりくりしている際には、最も助けとなり得るし、実施も比較的容易である。

　動機づけ面接法（Motivational Interviewing, MI）というアプローチ（W. Miller & Rollnick, 2000）は、認知上の妨げを減らすのに焦点づけたものだが、家族が治療を維持し、かかわるのを強めることにも用いることができる。こうした技法はもともと、成人の精神保健や薬物乱用へのかかわりを改善するよう開発されたもので、近年、子どもや家族に用いるよう改訂された（Chaffin et al., 2009; Nock & Kazdin, 2001）。MI はクライエントの両価性に向けて、治療的に意味のある変化をもたらそうとするものである。その際、共感を示し、不一致を避け、クライエントの目標と現状における働きやふるまいの食い違いを際立たせ、動機づけとなるセルフトークを引き出し、望ましい目標を成し遂げるよう協働する。MI の利点は、既存の治療モデルのいずれにも組み込んで、治療過程を通じてのかかわりと動機づけを促しうることと、短い実施でも提供できることである。たとえば Nock と Kazdin（2001）は、次のことを見出した。親トレーニングの介入における一連の治療の中で、MI 技法を3回ほど、5～10分会話に挿入することで、治療に参加する養育者たちの動機づけが高まる効果があり、セッションに参加する回数が増えたのである。MI をさらに加えると、児童福祉にかかる家族のうち、治療への動機づけが低水準であると報告されていたものが、かかわりと維持が改善するのに効果があるとわかった。特に、Chaffin と同僚たち（2009）が見出したところでは、6 セッションの MI（そこでは、治療をうまく完遂した両親に修了証が渡される）を受けた家族は、エビデンスに基づいた養育プログラムをうまく完遂する確率が高かった。

結論

　児童精神保健上の治療を行うにあたり、かかわりは、精神保健上のニーズを見定めることに始まり、治療目標を成功裡に達成することで終わる。それには、家族と治療者の双方が積極的に協働して参与することが含まれる。不適切な養育やトラウマのために紹介された子どもたちや家族にかかわるには、独自の課題がたくさんある。この集団の子どもや家族にうまくかかわるには、概して以下のことが求められる。（1）治療者は、治療の早い段階で（ケースによっては治療が始まる前に）、家族とともにかかわりの問題に直接的に取り組む。（2）治療者は、期待・目標・関心・障害につい

てはっきり尋ね、そうした障害を克服するために、家族と共働して計画を作る。(3) 方策は、既存の治療構造や設定へ容易に統合される。

[参考文献]

1.　Azar, S. T. (2000). Preventing burnout in professionals and paraprofessionals who work with child abuse and neglect cases: A cognitive behavioral approach to supervision. *Journal of Clinical Psychology, 56*(5), 643–663.

2.　Azar, S. T., & Wolfe, D. A. (1998). Child physical abuse and neglect. In E. J. Mash & R. A. Barkley (Eds.), *Treatment of childhood disorders* (2nd ed., pp. 501–544). New York, NY: Guilford Press.

3.　Barkley, R. A. (1997). *Defi ant children: A clinician's manual for assessment and parent training.* (2nd ed.). New York, NY: Guilford Press.

4.　Berger, L. M. (2005). Income, family characteristics, and physical violence toward children. *Child Abuse & Neglect, 29*(2), 107–133.

5.　Betancourt, J. R., Green, A. R., Carrillo, J. E., & Ananeh-Firempong, O. (2003). Defining cultural competence: A practical framework for addressing racial/ethnic disparities in health and health care. *Public Health Reports, 118*(4), 293–302.

6.　Bishop, S. J., & Leadbeater, B. J. (2010). Maternal social support patterns and child maltreatment: Comparison of maltreating and nonmaltreating mothers. *American Journal of Orthopsychiatry, 69*(2), 172–181.

7.　Burns, B. J., Phillips, S. D., Wagner, H. R., Barth, R. P., Kolko, D. J., Campbell, Y., & Landsverk, J. (2004). Mental health need and access to mental health services by youths involved with child welfare: A national survey. *Journal of the American Academy of Child and Adolescent Psychiatry, 43*(8), 960–970.

8.　Cardemil, E. V. (2010). Cultural adaptations to empirically supported treatments: A research agenda. *Scientific Review of Mental Health Practice, 7*(2), 8–21.

9.　Chadwick Center for Children and Families. (2004). *Closing the quality chasm in child abuse treatment: Identifying and disseminating best practices.* San Diego, CA: Author.

10.　Chaffin, M., Valle, L. A., Funderburk, B., Gurwitch, R., Silovsky, J., Bard, D., et al. (2009). A motivational intervention can improve retention in PCIT for low-motivation child welfare clients. *Child Maltreatment, 14*(4), 356–368.

11.　Cicchetti, D., & Lynch, M. (1993). Toward an ecological/transactional model of community violence and child maltreatment: Consequences for children's development. *Psychiatry, 56*(1), 96–118.

12.　Coatsworth, J. D., Santisteban, D. A., McBride, C. K., & Szapocznik, J. (2001). Brief strategic family therapy versus community control: Engagement, retention, and an exploration of the moderating role of adolescent symptom severity. *Family Process, 40*(3), 313–332.

13.　Cohen, J. A., Mannarino, A. P., & Deblinger, E. (Eds.). (2012). *Trauma-focused CBT for children and adolescents: Treatment applications.* New York, NY: Guilford Press.

14.　Cunningham, P. B., & Henggeler, S. W. (2004). Engaging multiproblem families in treatment: Lessons learned throughout the development of multisystemic therapy. *Family Process, 38*(3), 265–281.

15.　Dadds, M. R., & McHugh, T. A. (1992). Social support and treatment outcome in behavioral family therapy for child conduct problems. *Journal of Consulting and Clinical Psychology, 60*(2), 252.

16.　Denby, R., Rindfleisch, N., & Bean, G. (1999). Predictors of foster parents' satisfaction and intent to continue to foster. *Child Abuse & Neglect, 23*(3), 287–303.

17.　Dorsey, S., & Deblinger, E. (2012). Children in foster care. In J. A. Cohen, A. P. Mannarino, & E. Deblinger (Eds.), *Trauma-focused CBT for children and adolescents: Treatment applications* (pp. 49–72). New York, NY: Guilford Press.

18. Dorsey, S., Kerns, S. E., Trupin, E. W., Conover, K. L., & Berliner, L. (2012). Child welfare caseworkers as service brokers for youth in foster care: Findings from Project Focus. *Child Maltreatment, 17*(1), 22–31.

19. Egeland, B. R., Breitenbucher, M., & Rosenberg, D. (1980). Prospective study of the significance of life stress in the etiology of child abuse. *Journal of Consulting and Clinical Psychology, 48*(2), 195.

20. Elvins, R., & Green, J. (2008). The conceptualization and measurement of therapeutic alliance: An empirical review. *Clinical Psychology Review, 28*(7), 1167–1187.

21. Eyberg, S. M., & Boggs, S. R. (1998). Parent-child interaction therapy: A psychosocial intervention for the treatment of young conduct-disordered children. In J. Briesmeister & C. Schaefer (Eds.), *Handbook of parent training: Parents as co-therapists for children's behavior problems* (2nd ed., pp. 61–97). Hoboken, NJ: John Wiley & Sons.

22. Forehand, R., & Kotchick, B. A. (2002). Behavioral parent training: Current challenges and potential solutions. *Journal of Child and Family Studies, 11*(4), 377–384.

23. Garcia, J. A., & Weisz, J. R. (2002). When youth mental health care stops: Therapeutic relationship problems and other reasons for ending youth outpatient treatment. *Journal of Consulting and Clinical Psychology, 70*(2), 439.

24. Harrison, M. E., McKay, M. M., & Bannon, W. M. (2004). Inner-city child mental health service use: The real question is why youth and families do not use services. *Community Mental Health Journal, 40*(2), 119–131.

25. Hernandez, M. E., & Isaacs, M. R. (Eds.). (1998). *Promoting cultural competence in children's mental health services*. Baltimore, MD: Paul H. Brookes Publishing.

26. Howes, P. W., Cicchetti, D., Toth, S. L., & Rogosch, F. A. (2000). Affective, organizational, and relational characteristics of maltreating families: A system's perspective. *Journal of Family Psychology, 14*(1), 95.

27. Hudson, P., & Levasseur, K. (2002). Supporting foster parents: Caring voices. *Child Welfare: Journal of Policy, Practice, and Program, 81*(6), 853–866.

28. Huey, S. J., Jr., & Polo, A. J. (2008). Evidence-based psychosocial treatments for ethnic minority youth. *Journal of Clinical Child and Adolescent Psychology, 37*(1), 262–301.

29. Kataoka, S. H., Zhang, L., & Wells, K. B. (2002). Unmet need for mental health care among US children: Variation by ethnicity and insurance status. *American Journal of Psychiatry, 159*(9), 1548–1555.

30. Kazdin, A. E. (1995). Child, parent and family dysfunction as predictors of outcome in cognitive-behavioral treatment of antisocial children. *Behaviour Research and Therapy, 33*(3), 271–281.

31. Kazdin, A. E. (2005). *Parent management training: Treatment for oppositional, aggressive, and antisocial behavior in children and adolescents*. New York, NY: Oxford University Press.

32. Kazdin, A. E., Holland, L., & Crowley, M. (1997). Family experience of barriers to treatment and premature termination from child therapy. *Journal of Consulting and Clinical Psychology, 65*(3), 453.

33. Kazdin, A. E., & Wassell, G. (2000). Predictors of barriers to treatment and therapeutic change in outpatient therapy for antisocial children and their families. *Mental Health Services Research, 2*(1), 27–40.

34. Kerns, S. E. U., Dorsey, S., Trupin, E.W., & Berliner, L. (2010). Project Focus: Promoting emotional health and wellbeing for youth in foster care through connections to evidence-based practices. *Emotional and Behavioral Disorders of Youth, 10*, 30–38.

35. Kerns, S. E. U., & Gorrono, J. (2012, October). *New approaches to supporting caseworkers as "brokers" in addressing child and family wellbeing*. Paper presented at the meeting of the National Staff Training and Development Association, Portland, OR.

36. Kourany, R. F., Garber, J., & Tornusciolo, G. (1990). Improving first appointment attendance rates in child psychiatry outpatient clinics. *Journal of the American Academy of Child and Adolescent Psychiatry, 29*, 657–660.

37. Kruzich, J. M., Jivanjee, P., Robinson, A., & Friesen, B. J. (2003). Family caregivers' perceptions of barriers to and supports of participation in their children's out-of-home treatment. *Psychiatric Services, 54*(11), 1513–1518.

38. Kumpfer, K. L., Alvarado, R., Smith, P., & Bellamy, N. (2002). Cultural sensitivity and adaptation in family-based prevention interventions. *Prevention Science, 3*(3), 241–246.

39. Landsverk, J. A., Burns, B. J., Stambaugh, L. F., & Rolls Reutz, J. A. (2006). *Mental health care for children and adolescents in foster care: Review of research literature.* Casey Family Programs. www. casey. org/Resources/Publications/pdf/MentalHealthCareChildren.pdf

40. Lau, A. S., & Weisz, J. R. (2003). Reported maltreatment among clinic-referred children: Implications for presenting problems, treatment attrition, and long-term outcomes. *Journal of the American Academy of Child and Adolescent Psychiatry, 42*(11), 1327–1334.

41. Leslie, L. K., Hurlburt, M. S., James, S., Landsverk, J., Slymen, D. J., & Zhang, J. (2005). Relationship between entry into child welfare and mental health service use. *Psychiatric Services, 56*(8), 981.

42. Liddle, H. A. (1995). Conceptual and clinical dimensions of a multidimensional, multisystems engagement strategy in family-based adolescent treatment. *Psychotherapy: Theory, Research, Practice, Training, 32*(1), 39.

43. Liddle, H. A., Jackson-Gilfort, A., & Marvel, F. A. (2006). An empirically supported and culturally specific engagement and intervention strategy for African American adolescent males. *American Journal of Orthopsychiatry, 76*(2), 215–225.

44. López, S. R. (1997) Cultural competence in psychotherapy: A guide for clinicians and their supervisors. In C. E. Watkins, Jr. (Ed.), *Handbook of psychotherapy supervision* (pp. 570–588). Hoboken, NJ: John Wiley & Sons.

45. MacNaughton, K. L., & Rodrigue, J. R. (2001). Predicting adherence to recommendations by parents of clinic-referred children. *Journal of Consulting and Clinical Psychology, 69*(2), 262.

46. McGinty, K. L., Diamond, J. M., Brown, M. B., & McCammon, S. L. (2003). Training child and adolescent psychiatrists and child mental health professionals for systems of care. In A. J. Pumariega & N. Winters (Eds.), *Handbook of community-based systems of care: The new child & adolescent community psychiatry* (pp. 487–507). San Francisco, CA: Jossey-Bass.

47. McKay, M. M., Bennett, E., Stone, S., & Gonzales, J. (1995). A comprehensive training model for inner city social workers. *Arete, 20*, 56–65.

48. McKay, M. M., Hibbert, R., Hoagwood, K., Rodriguez, J., Murray, L., Legerski, J., & Fernandez, D. (2004). Integrating evidence-based engagement interventions into "real world" child mental health settings. *Brief Treatment and Crisis Intervention, 4*(2), 177.

49. McKay, M. M., Lynn, C. J., & Bannon, W. M. (2005). Understanding inner city child mental health need and trauma exposure: Implications for preparing urban service providers. *American Journal of Orthopsychiatry, 75*(2), 201–210.

50. McKay, M. M., McCadam, K., & Gonzales, J. J. (1996). Addressing the barriers to mental health services for inner city children and their caretakers. *Community Mental Health Journal, 32*(4), 353–361.

51. McKay, M. M., Nudelman, R., & McCadam, K. (1996). Involving inner-city families in mental health services: First interview engagement skills. *Research in Social Work Practice, 6*, 462–472.

52. McKay, M. M., Pennington, J., Lynn, C. J., & McCadam, K. (2001). Understanding urban child mental health service use: Two studies of child, family, and environmental correlates. *Journal of Behavioral Health Services & Research, 28*(4), 475–483.

53. McKay, M. M., Stoewe, J., McCadam, K., & Gonzales, J. J. (1998). Increasing access to child mental health services for urban children and their care givers. *Health & Social Work, 23*, 9–15.

54. Meezan, W., & O'Keefe, M. (1998). Evaluating the effectiveness of multifamily group therapy in child abuse and neglect. *Research on Social Work Practice, 8*(3), 330–353.

55. Miller, L. M., Southam-Gerow, M. A., & Allin, R. B. (2008). Who stays in treatment? Child and family predictors of youth client retention in a public mental health agency. *Child and Youth Care Forum, 37*(4), 153–170.

56. Miller, W. R., & Rollnick, S. P. (2002). *Motivational interviewing: Preparing people for change.* New York,

NY: Guilford Press.

57. Morrissey-Kane, E., & Prinz, R. J. (1999). Engagement in child and adolescent treatment: The role of parental cognitions and attributions. *Clinical Child and Family Psychology Review, 2*(3), 183–198.

58. Nix, R. L., Bierman, K. L., & McMahon, R. J. (2009). How attendance and quality of participation affect treatment response to parent management training. *Journal of Consulting and Clinical Psychology, 77*(3), 429.

59. Nock, M. K., & Kazdin, A. E. (2001). Parent expectancies for child therapy: Assessment and relation to participation in treatment. *Journal of Child and Family Studies, 10*(2), 155–180.

60. Owens, P. L., Hoagwood, K., Horwitz, S. M., Leaf, P. J., Poduska, J. M., Kellam, S. G., & Ialongo, N. S. (2002). Barriers to children's mental health services. *Journal of the American Academy of Child and Adolescent Psychiatry, 41*(6), 731–738.

61. Perrino, T., Coatsworth, J. D., Briones, E., Pantin, H., & Szapocznik, J. (2001). Initial engagement in parent-centered preventive interventions: A family systems perspective. *Journal of Primary Prevention, 22*(1), 21–44.

62. Platt, D. (2006). Threshold decisions: How social workers prioritize referrals of child concern. *Child Abuse Review, 15*, 4–18.

63. Prinz, R. J., & Miller, G. E. (1994). Family-based treatment for childhood antisocial behavior: Experimental influences on dropout and engagement. *Journal of Consulting and Clinical Psychology, 62*(3), 645.

64. Rhodes, K. W., Orme, J. G., & Buehler, C. (2001). A comparison of family foster parents who quit, consider quitting, and plan to continue fostering. *Social Service Review, 75*(1), 84–114.

65. Santisteban, D. A., & Szapocznik, J. (1994). Bridging theory, research and practice to more successfully engage substance abusing youth and their families into therapy. *Journal of Child & Adolescent Substance Abuse, 3*(2), 9–24.

66. Santisteban, D. A., Szapocznik, J., Perez-Vidal, A., Kurtines, W. M., Murray, E. J., & LaPerriere, A. (1996). Efficacy of intervention for engaging youth and families into treatment and some variables that may contribute to differential effectiveness. *Journal of Family Psychology, 10*(1), 35.

67. Saxe, G. N., Ellis, B. H., Fogler, J., & Navalta, C. P. (2012). Innovations in practice: Preliminary evidence for effective family engagement in treatment for child traumatic stress–trauma systems therapy approach to preventing dropout. *Child and Adolescent Mental Health, 17*(1), 58–61.

68. Shivack, I. M., & Sullivan, C. W. (1989). Use of telephone prompts at an inner-city outpatient clinic. *Hospital & Community Psychiatry, 40*(8), 851–853.

69. Spoth, R., & Redmond, C. (1995). Parent motivation to enroll in parenting skills programs: A model of family context and health belief predictors. *Journal of Family Psychology, 9*(3), 294.

70. Spoth, R., & Redmond, C. (2000). Research on family engagement in preventive interventions: Toward improved use of scientific findings in primary prevention practice. *Journal of Primary Prevention, 21*(2), 267–284.

71. Staudt, M. (2007). Treatment engagement with caregivers of at-risk children: Gaps in research and conceptualization. *Journal of Child and Family Studies, 16*(2), 183–196.

72. Stiffman, A. R., Chen, Y. W., Elze, D., Dore, P., & Cheng, L. C. (1997). Adolescents' and providers' perspectives on the need for and use of mental health services. *Journal of Adolescent Health, 21*(5), 335–342.

73. Szapocznik, J., Perez-Vidal, A., Brickman, A. L., Foote, F. H., Santisteban, D., Hervis, O., & Kurtines, W. M. (1988). Engaging adolescent drug abusers and their families in treatment: A strategic structural systems approach. *Journal of Consulting and Clinical Psychology, 56*(4), 552.

74. Szapocznik, J., Perez-Vidal, A., Hervis, O. E., Brickman, A. L., & Kurtines, W. M. (1990). Innovations in family therapy: Overcoming resistance to treatment. In R. Wells & V. Gianetti (Eds.), *Handbook of brief psychotherapy* (pp. 93–114). New York, NY: Plenum Press.

75. Tryon, G. S., & Winograd, G. (2002). Goal consensus and collaboration. In J. C. Norcross (Ed.), *Psychotherapy relationships that work: Therapist contributions and responsiveness to patients* (pp. 109–125). Oxford, UK: Oxford

University Press.

76. Watts, B. V., Shiner, B., Pomerantz, A., Stender, P., & Weeks, W. B. (2007). Outcomes of a quality improvement project integrating mental health into primary care. *Quality and Safety in Health Care, 16*(5), 378–381.

77. Webster-Stratton, C. (2001). The Incredible Years: Parents, teachers, and children training series. *Residential Treatment for Children and Youth, 18*(3), 31–46.

78. Whaley, A. L., & Davis, K. E. (2007). Cultural competence and evidence-based practice in mental health services: A complementary perspective. *American Psychologist, 62*(6), 563.

79. Whipple, E. E., & Webster-Stratton, C. (1991). The role of parental stress in physically abusive families. *Child Abuse & Neglect, 15*(3), 279–291.

80. Yatchmenoff, D. K. (2005). Measuring client engagement from the client's perspective in nonvoluntary child protective services. *Research on Social Work Practice, 15*(2), 84–96.

81. Yeh, M., McCabe, K., Hough, R. L., Dupuis, D., & Hazen, A. (2003). Racial/ethnic differences in parental endorsement of barriers to mental health services for youth. *Mental Health Services Research, 5*(2), 65–77.

82. Yoo, J. (2002). The relationship between organizational variables and client outcomes. *Administration in Social Work, 26*(2), 39–61.

第26章
子ども虐待への効果が実証された
介入の普及と実施における
ウェブベース技術の役割

ニコラス・C・ヘック
ダニエル・W・スミス

総論

　1989年にインターネットが開設されたとき、米国の成人の28％が家庭もしくは職場や学校でコンピュータを使用していると推定されていた（U.S. Census Bureau, 1991）。2000～2010年の間に、コンピュータを使用している米国の成人の割合は65％から77％に増加し、インターネットを使用する成人の割合は53％から79％に増加した（U.S. Census Bureau, 2012）。インターネットとワールドワイドウェブ（World Wide Web）の利用開始（1992年）は、現代社会における知識の蓄積や拡散、消費の世界的な変化につながった（Harasim, 2000; Hilbert & Lopez, 2012）。精神保健治療に関する知識も例外ではない。心理社会的介入の開発、普及、実施における革新は、20世紀後半の技術革命とともに進んだ。なかでもウェブベースの技術はさまざまな精神保健領域に応用され、禁煙（Shahab & McEwen, 2009）、抑うつと不安（Andersson & Cuijpers, 2009; Andrews et al, 2010）、災害後の情緒的な精神病理（Ruggiero et al, 2006）への治療の提供が行われた。子ども虐待の予防においてもそれは同様であった（Self-Brown & Whitaker, 2008参照）。

　またこれと同時に、過去10～15年の間に精神保健治療において、「効果が支持された治療」（evidence- supported treatments, ESTs）、すなわち研究によって効果があるか心理的症状を緩和するのに有望であることが実証された治療法がますます強調される傾向があった。ESTs（たとえば、Chambless & Hollon, 1998）を体系的に特定し促進するこれらの初期の取り組みは、その多くが米国心理学会タスクフォース（American Psychological Association Task Force）（1995）によって推進され、当初は主要な精神疾患や集団（たとえば成人や子ども）に焦点が当てられたが、その後、子ども虐待（たとえばSaunders, Berliner & Hanson, 2004）を含むいくつかの専門領域において同様の取り組みが続けられた。

　この2つの傾向のタイミングの一致はおそらく偶然であるが、それらは精神保健の専門家にESTsについて学ぶための新しい機会を提供した。臨床訓練モデルのより広い文脈では、効果が実証された精神保健介入法の普及と利用にウェブベースの技術を取り入れる傾向が顕著に見られてい

る。この章の目的は、そのような技術が現在、子ども虐待に対する ESTs の普及と実施にどのような影響を及ぼしているかについて概説するとともに、この領域における訓練に関する問題を解決するためにこれらの技術が適用される方途を示すことである。

治療法の確立、普及、実施

　技術がプロセスに及ぼす影響の分析を開始する前に、ある治療法が ESTs であると判断されるための方法と、その治療法が普及し実施される方法について、簡単に要約しておくことが有用であろう。Chambless and Hollon（1998）が開発し、その後 Saunders ら（2004）によって子ども虐待領域に対しても応用された分類システムでは、「実証的支持」（empirical support）の主要な決定要因とみなされる（理想的には）無作為化対照比較臨床試験または他の方法で得られた治療効果のデータが重要視される。この決定方法には論争がないわけではないが、特定の基準の範囲内において支持される水準によって、治療をランクづけする有用かつ広く公開されたシステムにつながった。たとえば、Saunders らは、利用可能なアウトカム研究の種類と質、およびその他の要因に基づいて、「十分に支持され、効果的」から「懸念される」までの 6 つのランクを決定した。Saunders らは、それぞれ特定の介入技法に関連する 24 の治療プロトコルをレビューし、実証的支持の格づけを行った。加害者を対象とした 2 つの介入を除いて、14 の介入法がある程度の実証的支持を有するものとして分類された。そうした介入法の 1 つであるトラウマフォーカスト認知行動療法（Trauma-Focused Cognitive Behavioral Therapy, TF-CBT; Cohen, Mannarino, & Deblinger, 2006）は、「十分に支持され有効である」に分類された。

　ある介入法（たとえば TF-CBT）が開発され、評価された後には、実際に虐待を受けた子どもを治療する臨床家に伝達され、採用されなければならない。これは普及と実施と呼ばれている。Gotham（2004, p. 164）は「普及とは、新しい技術について他の人たちに知らせる、またはその評判が広まるプロセスである。普及は採用が決定されることで終了する。実施は採用決定の後に始まり、実際にその技術がどのように実践されているかを示す」と述べている。精神保健介入の目的であれば、普及とは、治療者に背景理論、方法、および治療に関連する手順について、情報を提供することであると考えるのが有用である。実施には、実用的なコンテキストや環境で、その知識を実践に変えていくことが含まれる。介入法が伝達され採用されるにつれて、臨床家はそれぞれの治療スタイル、クライエントの特異性、および／または実施する施設の組織の特性に合わせるために、介入法の変更や修正を行う。それゆえに臨床家が ESTs をしっかりと採用するように研修することには、普及と実施の両方の活動が含まれる。

　理想的な世界では、臨床家は一連の ESTs を提供することに非常に熟達し、彼らがかかわっている虐待を受けた子どものそれぞれに対して適切な介入を選択するだろう。しかし、ESTs の普及と実施には、多くの障害がある。米国医学研究所（Institute of Medicine）（2000）は、実証的な枠組みで生成されたベストプラクティスの知識が日々の臨床実践に日常的に組み込まれるまでに、平均で 17 年が経過すると推定している。ウェブベースの技術は、このプロセスを加速するための特に有

用な方法であることが、判明するかもしれない。

治療者は現在どのように訓練されているのか

　一般的に言えば、治療者は 2 つの伝統的な研修モデルを通して臨床治療を提供する方法を学ぶ。これらのモデルは互いに排他的ではない。実際、ほぼすべての臨床家が、彼らの経歴のさまざまな段階で、両方のモデルを通じてトレーニングを受けている。第 1 のモデル、大学を基盤にしたスーパービジョン・モデルは、米国のすべての臨床訓練プログラムにおいて大学院教育の期間を通して優位を占める。第 2 のモデル、集中的なワークショップは、卒後研修を特徴づける。ここでは、忠実さと能力を備え ESTs を提供できる臨床家を生み出すという観点からそれぞれの強みと弱みについて浮き彫りにし、虐待の犠牲となった子どもに関連する ESTs に焦点を当てながら、それぞれのモデルを簡潔に概観する。

　基本的な面接と治療のスキル（繰り返し、相手を肯定する、言い換えなど）が最初に開発された大学教育では、研修生は、教材を読み、講義に参加し、指導者を観察し、コントロールされた設定でスキルを練習し、フィードバックやスーパービジョンを受けることを通じて知識を獲得する（Sommers-Flanagan&Heck, 2012）。大学の研修は連続的であることが多く、基本的技能を修得するまで、研修生は ESTs などの特定の介入法に触れないこともある。その後の授業は、しばしば、大きな理論的方向性（たとえば、「行動療法」や「精神力動的心理療法」）に沿って構成され、特定の ESTs の技法はより大きな治療モデルの例として示される。私たちの経験では、そのような場合に、スーパーバイズを受けながらクリニックで ESTs を提供する研修（「実施」）には当たり外れが大きい。研修は、流派によって（ときには流派の中でさえも）一様ではない。米国心理学会の認定基準では ESTs の教育を必要とするが、その研修がどのように提供されるかについては厳格な構造を規定していない。たとえば、ある残念な研究によると、Weissman ら（2006）は、臨床心理専門職（Psy.D.）とソーシャルワークのプログラムにおいて、少なくとも 1 つの ESTs における講義とスーパービジョンを必要としないものが、60％を超えたと報告している。

　精神保健専門職全般において ESTs の研修が重視されるようになったのは比較的新しい現象であり、多くの研修プログラムの教職員は、彼ら自身が特定の ESTs の十分な研修を受けていない可能性がある。虐待を受けた子どもへの介入に関して、多くの心理系大学院およびインターンシップ研修プログラムは、子ども虐待のための少なくとも 1 つの ESTs を学ぶ機会を提供している（Sigel & Silovsky, 2012a, 2012b）。しかし、研修プログラムの教員数は限られているため、彼らが考えうるすべての ESTs の熟練したトレーナーたりうるとするのは不合理である。

　現実には、現在の臨床研修を提供する方法では、専門家たちは特定の EST に関する多量の知識に触れることがないまま、教育期間を終えていく。個人的および職業的インセンティブ（たとえば継続教育の要件）の両方によって、臨床家に正規の大学教育が終了した後も継続して学習することを求められる。そのような学習のための最も一般的なモデルは、集中的な研修ワークショップである。ワークショップモデルには、ワークショップや学会での講義（介入法に関連する理論のレビュー、

介入技術の実演、ロールプレイによる特定の技能の練習など）による普及も含まれている。しかしそのような研修は、臨床実践の変容や、ESTs の有意義な実施には不十分であることが一貫して示されている（e.g. King et al, 2002; Sholomskas et al, 2005）。臨床家は、フィードバックとコーチングを含む能力研修を受ければ、新しく学んだ EST を忠実に実施する可能性が高くなる（Beidas & Kendall, 2010; Sholomskas et al., 2005）。McHugh と Barlow の（2012）の例えを借りれば、能力研修を伴わない講義のみの研修は、オペレーティングシステムやその他の重要なソフトウェアを持たないコンピュータを購入するようなものである。

　時間と費用は、ワークショップモデルを介して ESTs に関する情報を普及させる際に、しばしば相互に関連する 2 つの障壁としての役割を果たす。精神保健専門家や所属機関にとって、複数日に渡るワークショップに参加することはコストがかかりすぎるかもしれない。時間と費用は能力研修にとっても障壁となる。専門家によるスーパービジョン／コンサルテーションは利用しづらく費用もかさむため、精神保健専門家や所属機関が ESTs の研修を受けようとするのを妨げる可能性がある。診療報酬がしばしば削減され、一方で請求の要件が厳しくなっている制度の背景を考慮すると、これはなおさらである。臨床家の研修におけるベストプラクティスを同定する研究は限られている。治療技法への忠実性や能力、持続可能性を確保するために必要な研修の強度や期間、仕組み、さらには臨床家の能力やクライエントの転帰、費用対効果を測定する戦略に関するさまざまな疑問が残されている。

　この 2 つの研修モデルとそれに関連する障壁を念頭に置きつつ、子ども虐待に関する 2 つの ESTs の普及方法を技術がどのように変化させているか、特に普及や実施を妨げていることがわかっている障壁を排除、または軽減するためにどのように技術を用いることができるかという点について、目を転じていこう。

ウェブベースの技術と普及：TF-CBT WEB

　前述のように、トラウマフォーカスト認知行動療法は、2004 年に子ども虐待の被害児に対する唯一の「十分に支持された有効な」介入法であると認定された。これは米国子どものトラウマティックストレス・ネットワーク（National Child Traumatic Stress Network, NCTSN）の拡大と期を同じくしている。NCTSN は物質乱用精神保健サービス局（Substance Abuse and Mental Health Services Administration, SAMHSA）が資金を提供し、家族や子どものために、さらなるトラウマインフォームド・サービスシステムを作り出すための国家的事業である。子どものトラウマ被害者のために必要なサービスを特定し、実施することを目的として、全国の多くのセンターや機関のために資金調達がなされた。実証的な支持を受けて、多くの機関が自然に TF-CBT に関心を示し、その結果、ワークショップ研修に対する需要が高まった。それに応えて、治療の共同開発者である Drs. Judith Cohen、Esther Deblinger、Anthony Mannarino は、サウスカロライナ医科大学の米国犯罪被害者研究治療センター（National Crime Victims Research & Treatment Center）と協力して、彼らが提供していたワークショップによるトレーニングを補完するオンライン訓練システムを構築

した。TF-CBT Web（www.musc.edu/tfcbt; Smith & Saunders, 2006 も参照）として知られるその成果は、10 時間のウェブベースの非同期式遠隔学習コースで、精神保健の専門家と学生に、TF-CBTに関連した基本的なスキルを教育し、実際のワークショップ研修の基礎として提供される。

　TF-CBT Web の開発中にわれわれは、遠隔教育・ウェブベースの学習・成人学習の文献を幅広くレビューした。大人の専門家のために非同期のウェブベースの学習を提供することは、大学院のコースを教えることとも、伝統的なワークショップ研修を提供することとも、まったく異なっている。したがって、TF-CBT Web のデザインは、対象視聴者とその様能とに関連した、特定の学習に基づいて行われた。多くの受講者は学位取得プログラムの一環としてではなく、学習経験のために自発的に TF-CBT Web を利用するため、ウェブサイトを魅力的にし、興味をそそる技術を使用することが最優先事項であった。ただし現在では、いくつかの研修プログラムでは学生にコースを修了することを要求している。

　TF-CBT Web には、TF-CBT の各コンポーネントに関する情報を提示する学習モジュールが含まれている。各モジュールは以下のとおりである。

・治療コンポーネントの知識を評価する前・後の試験
・学習の目標
・特定のコンポーネントに関連づけられた介入技術の文章記述
・治療者とクライエントのやりとり事例のせりふ
・模擬クライエントに対して訓練された治療者が実施するテクニックの、マルチストリーミングビデオ（訳注：高速な転送技術を用いたビデオ配信）によるデモンストレーション
・クライエントに使用できる、宿題やフォローアップ練習
・技術を用いるのに適した文化的考慮
・一般的な臨床上の課題についての議論
・介入に親や保護者を参加させるための説明

　このコースは、時間がなく、従来の専門教育のためのリソースをほとんど確保できない、忙しい第一線の実践者によって使用されることを想定して設計されている。非同期的、モジュール式、自己学習型アプローチにより、実践家は、都合のよいときに自分のペースで学ぶことができる。インターネットに接続されたほとんどすべてのコンピュータから、いつでも研修にアクセスすることが可能である。モジュール式アプローチとは、学習の合間に時間をあけることができ、いつでもコースに戻ることができるということである。TF-CBT Web は無償で提供され、コースを修了した精神保健専門家（すなわちすべての事後テストとコース評価を終了した人）は、サウスカロライナ医科大学からの継続教育 10 時間の受講資格を得る（訳注：現在、無償で提供される TF-CBT Web は閉鎖されており、有償のサイト TF-CBT Web2.0 https://tfcbt2.musc.edu が開設されている）。

　TF-CBT Web は 2005 年 10 月 1 日に開始され、学習者の評価データにより、いくつかの目的の達成に成功したことが明らかになった。現在、より完全な評価が行われているが（Heck, Saunders,

& Smith、2013）、初年度（2005 年 10 月 1 日から 2006 年 9 月 30 日まで）にコースに登録した 9149 人の学習者のデータは非常に有望なものであった。完全な報告書がオンラインで入手できる（National Crime Victims Research & Treatment Center, 2007）。3,558 人（39%）のコース修了者からのコース評価データは、事前、事後のテストの点数の変化によって測定され、すべてのモジュールにおいて統計学的に有意な知識の増加を示した。学習者の満足度スコアも非常に高く、コースの各要素（操作の容易さ、「見た目と使いごこち」、コンテンツの明快さ、ビデオコンテンツのストリーミング）が有用で満足のいくものであったかという評価を行ったところ、90% 以上の「そう思う」または「強くそう思う」との回答が得られた。最初の 1 年間の学習者のプロフィールは、このコースが想定していた対象視聴者、つまりさまざまな領域の比較的経験の浅い精神保健の専門家（および学生）に届いたことを示唆していた。学習者の大多数は米国に在住であったが、少数（8%）ながら、60 カ国の国外の学習者が見られたことも重要である。

　コースの登録は増加し続けている。2012 年 9 月 30 日現在、コースに登録された学習者は 10 万人を超えており、予備的な分析によれば、全体の完了率は約 50% であった（Heck, Saunders, & Smith, 2013）。したがって、普及の観点からは TF-CBT Web は明らかに成功している。文字通り何万もの人が、治療開発者によって承認された（そして共同開発された）形式でウェブを介して、治療の基本原則と方法についての基礎的な指導を受けている。実際、今では公認の TF-CBT ワークショップの参加者は全員、ワークショップの出席前に TF-CBT Web を完了することを求められる。

　当然のことながらコースには限界がある。たとえば、2005 年の立ち上げ以来、治療開発者は TF-CBT のトレーニングの構成方法を若干変更し、モジュールの内容はいくらか進化した。しかし資金不足のため、いまだに TF-CBT Web はこれらの変更を反映するための更新がなされていない。しかし、最近、「TF-CBT Web 2.0」の資金が調達された。さらに、これまでの結果評価データはユーザー満足度と知識獲得に限られており（どちらも非常に優れているように見えるが）コースの修了者の治療法の利用、治療者のスキルの取得、治療法への忠実性に関する情報は得られていない。TF-CBT Web が完全に成功したと見なされるためには、これらの重要な実施についての情報が必要である。

ウェブベースの技術と実施：親子相互交流療法

　親子相互交流療法（Parent- Child Interaction Therapy, PCIT; Hembree- Kigin& McNeil, 1995）は元来、子どもの破壊的な行動の問題や、より広く不健康な相互作用のスタイルを持つ家族を治療するために開発されたのだが、身体的な虐待の見られる家族の治療への適用にも成功してきた（Saunders, Berliner, & Hanson, 2004）。伝統的に、PCIT は、研修生が講義中心の訓練を受ける大学の環境下で教授され、続いて指導者が研修生を観察し、指導し、フィードバックを提供する約 6 カ月間の共同治療が行われている（Funderbunk et al, 2008）。地域においては、PCIT のトレーニングは通常、40 時間もの講義を必要とし、引き続き定期的なコンサルテーションと指導が行われる。歴史的には、そのようなコンサルテーションと指導には指導者と研修生が電話で話すことが含まれていた。しか

し、指導者が研修生の仕事を直接観察したり論評したりすることができないため、このようなコンサルテーションの価値は限定的であった。なぜならば、訓練生の実践に関する自己報告に依存することになり、PCIT モデルへの忠実性を正確に反映しない可能性があるからである（Funderbunk et al, 2008）。地域で PCIT を実施することのさらなる障壁は、3〜6ヶ月間現場で指導を受けるために、フルタイムの指導者の雇用に関連するコストと、そのような指導者を確保しづらいことであった。簡単に言えば、研修生の実践を直接観察する PCIT 研修の共同治療モデルは、大学を拠点とする設定以外では非常に実用的ではなかった。

　ウェブベースの通信技術の進歩は、この障壁に対処するのに有用である可能性がある。Funderbunk ら（2008）は、伝統的な共同治療モデルの研修に近づけることができるビデオ会議の方法を開発し、評価している。次の寸描はこの進歩を示している。

　　ブレナン博士は最近、PCIT の1週間の講義を修了し、ウェストバージニアの小さな町にある地域のカウンセリングセンターに戻ってきました。ブレナン博士は、父子関係の治療を行っており、子ども中心の2人遊びのセッションで父親を観察し指導する予定です。父と子どもはプレイルームにおり、ブレナン博士は観察室にいます。さらにノースカロライナ州の医療センターで働く PCIT トレーナーのスチュワート博士は、ブレナン博士が父親にコーチをしているときに、ブレナン博士に対して遠隔地からのライブ指導を提供しています。

　　プレイルームの隅には、2つのビデオ会議用スクリーン（どちらもコンピュータのモニターと同じサイズ）の上に小さなカメラが取りつけられています。カメラにはマイクとスピーカーシステムが装備されており、ブレナン博士とスチュワート博士は部屋で起こっていることを見聞きして、父親にコーチングを提供することができます。父親はスクリーンに映るブレナン博士とスチュワート博士を見ることができます。観察室には別のカメラと2台のスクリーンがあり、ブレナン博士が父親ともスチュワート博士とも連絡できるようになっています。最後に、スチュワート博士のオフィスには、2つの小さなスクリーンとカメラが設置され、彼女は父親とブレナン博士のそれぞれと連絡することができます。スチュワート博士は、ビデオ会議技術を使って、子どもと交流する父親と、観察室から父親をコーチするブレナン博士の両方を見たり、聞いたりすることができ、それぞれと話すことができます。

　ビデオ会議技術により、PCIT 指導者は、大学を基盤とした研修の典型である共同治療者の役割を、地域での訓練においても維持することができる。この技術は実現可能であり、調査によって、臨床家がビデオ会議によって提供されたコンサルテーションに満足していることが示されている（Funderbunk et al, 2008）。Funderbunk らが指摘している1つの欠点は、そのような技術のコストであり、これは多くの地域を基盤とする組織や治療提供者にとっては高額すぎるかもしれない。しかし、著者らは、ビデオ会議によるスーパービジョンは、報酬請求可能なクライアントとの面接時間中に行われることを指摘しており、これによって、週1回の電話スーパーバイズのために有給の勤務時間を費やすことに関連するコストを相殺できる可能性がある。

　共同治療が行えない場合、ビデオ解析ツール（Video Analysis Tool, VAT; www.videoanalysistool. com）は、PCIT のケース進行中の指導を他の研修生に提供するための実用的で費用対効果の高い方法として役立つかもしれない。Wilsie と Brestan-Knight（2012）によれば、VAT を用いることで、指導者が医療保険の相互運用性と説明責任に関する法律（Health Insurance Portability and Accountability Act, HIPAA of 1996）に準拠した Web インターフェースを使用してオンラインで治療セッションのビデオを見返すことができ、研修生は指導者からフィードバックを受け取ることができる。指導者は、ビデオを見直したり、セッションの特定の時点にリンクされたコメントを挿入したりすることができ、指導者がレビューを終えると、研修生は治療セッションの最も重要なポイントに関連するフィードバックを確認することができる（Wilsie & Brestan-Knight, 2012）。

　要約すると、ビデオ会議や VAT などの技術的進歩は、PCIT の実施を成功させるために必要な、リアルタイムの指導とフィードバックを提供可能な、別の場所にいる専門家へのアクセスを増やす。さらに、技術の使用は、特定の EST でスーパーバイズを受けることができる地域の臨床家の数を増やす方法として、「指導者を研修する」アプローチに活用することも可能である。このようなアプローチは、現地でのスーパービジョンの利用可能性を高めることができ、地域では人の回転率が高いことを考えると、新たに雇用された臨床家がフィードバックと指導へのアクセスを確保することに役立つため、理想的であり、おそらく費用対効果にも優れている（Cahill et al 2006）。ビデオ会議システムを導入するためのコストは、現在は高価すぎるかもしれないが、技術のコストは時間が経過するにつれて低下する傾向があり、VAT のような代替手段がより頻繁に使用されるようになる可能性がある。新技術によって ESTs の普及を最も促進するための方法についての研究が必要なことは明らかである。

今後の方向性

　われわれは、子ども虐待に関連する ESTs の普及と実施を改善するための技術が、現在どのように利用されているかを強調してきた。しかし、技術はじっと立ち止まっているわけではない。技術の進歩が起こるにつれて、それに対応したトレーニングの進歩が期待されている。技術の進歩（ベータマックスの後にブルーレイが登場したようにすべての最新技術の前には忘れられた過去の技術があるという例え）として「受け入れられる」ものと「受け入れられない」ものを予測することは非常に難しいが、私たちは既存の、または開発されつつある技術の中に、いくつかの刺激的な新しい方向性があることを認識しており、これに取り残されないよう追従していくことを計画している。

　第 1 に、TF-CBT の有効性を実証する広範な経験的証拠があるが（Cary & McMillen, 2012 のレビュー参照）、TF-CBT に対する忠実度については、いくつかの地域での実践においては、最適な状態ではない可能性があるとの新たな証拠もある（Allen & Johnson, 2012）。サウスカロライナ医科大学、ニュージャージー医科大学（訳注：この大学は解体され、現在は次に示す名称になっている。ローワン大学オステオパシー医学部［Rowan University School of Osteopathic Medicine]）、およびアレゲニー総合病院（Allegheny General Hospital）の研究者たちは、TF-CBT における忠実性と子ども

と家族の関与を向上させるため、米国国立精神衛生研究所（National Institute of Mental Health）からの資金提供を受け、「eTF-CBT」ツールキットの開発と評価を進めている。精神保健専門家がタブレットやスマートフォンなどのモバイルデバイスにダウンロードして、セッション中またはセッション外で用いることができる eTF-CBT ツールキットは、技術に基づいたアプリケーション（ビデオ、インタラクティブコンテンツ、描画ツールなど）で構成されており、これには TF-CBT のそれぞれの構成要素に合致するアプリケーションが含まれる予定である。ツールキットに組み入れるアプリケーションの選択は現在進行中であるが、TF-CBT トレーニングのエキスパートから得られた、TF-CBT を忠実に実施することが課題となる局面についての、彼らの印象に関する質的データに基づいて行われる予定である。タブレットやスマートフォンの急速な普及に伴い、TF-CBT であっても、その他の ESTs のいずれかであっても、精神保健介入において、その機能をどのように活用できるかを検討することは刺激的である。

　第 2 の潜在的な刺激的な発展は、TF-CBT Web のトレーニング効果の主な欠点の 1 つへの対処である。現在の形では、学習コースにおいては、リソース集約的ではない実現可能な方法で、スキルを獲得したかどうかを測定することはできない。われわれは受講者の技術性能データを得るためのさまざまな方法を検討したが、それぞれに重大な欠点があった。しかし、最近の仮想現実（VR）シミュレーション技術を臨床的な相互作用に応用することにより、「仮想クライエント」（Rizzo et al, 2010）の開発と実現可能性の分析が行われている。安価なデスクトップコンピュータで可動する、リアリティをもって臨床的な患者を模倣するようにプログラムされたアバターを作成するために、臨床研究者とコンピュータプログラマーが協働している。VR 技術はしばらく以前から、恐怖症および心的外傷後ストレス障害への曝露療法において使用されてきた（e.g., Rothbaum et al., 2001）。しかし、これらのシステムとは異なり、提案されている技術は、VR 眼鏡またはゴーグルを着用することや「仮想設定」への主観的な没入を伴わない。むしろ「仮想クライエント」は、コンピュータスクリーン上に作成され、セラピストとは聴覚および発語を通じて相互交流する。自殺リスク評価の研修を改善するための、この技術の実現可能性調査が現在進行中である（Carpenter, Osterberg, & Sutcliff e, 2012）。技術が実現可能であることが判明した場合、同様の機能を TF-CBT Web などのオンライントレーニングコースに適用すれば、クライエントまたは患者との現実的で合理的に標準化された対話をコンピュータ経由で遠隔データ収集することが可能となり、さらには研修生の能力や治療モデルへの忠実性を評価することもできる。この技術の洗練には数年かかるかもしれないが、異なる治療モデルに容易に適応できるならば、その研修に対する将来的な影響は実に革命的なものとなりうる。

　これらの将来の可能性は刺激的であるが、技術的進歩に必ず伴ってくる注意点や懸念について言及しないことは賢明ではない。多くのビデオ会議プログラムは HIPAA 準拠とみなされているが、技術を使用する際には、学習者やクライエント／患者の機密性を保護する方法について多くのことを学ぶ必要がある。これは、治療要素を含むアプリケーションやプログラムをスマートフォン、タブレット、その他のポータブルデバイスにダウンロードする場合には特に当てはまる。このようなデバイスや、多くのコンピュータプラットフォームに関連する「クラウド」サーバ上に保存される

情報については、慎重に検討する必要がある。

結論

　Hensler、Wilson と Sadler（2004）が指摘しているように、変化に抵抗し、恒常的なシステムを維持しようとする人間の傾向は、ESTs をより広範に普及させ実施するためには、常に克服しなければならない力である。歴史は、巨大な文化的変化を引き起こす技術的進歩の例で満ちている。18 世紀初めに、Jethro Tull の馬引き種まき器と馬引き鍬が農業に革命をもたらした。James Hargreaves のジェニー紡績機と James Watt の蒸気機関は、18 世紀後半から 19 世紀初頭の産業革命を起こした。そして近年、パーソナルコンピュータ・インターネット・ワールドワイドウェブは、知識の蓄積・普及・消費の方法を変革する技術革命を起こした。精神保健の専門領域では、技術が精神保健サービスの研修方法や提供方法を変化させている。よりよい提供者を生み出すため、臨床研修やクライエント／患者ケアシステムの効率を改善するため、そして優れたケアへのクライエントのアクセスを増やすための将来性は、魅力的であり刺激的である。私たちはすでに、子ども虐待の分野で、またそれに限らず、普及と実践のめざましい発展に、ウェブベースの技術が拍車をかけていることを見てきた。私たちは技術の進歩を十分に活用しなければならないが、それに際して私たちは責任を持って行動し、専門性に対する義務とクライエントの幸福を守ることを絶対に忘れてはならない。

［参考文献］

1.　Allen, B., & Johnson, J. C. (2012). Utilization and implementation of trauma-focused cognitive-behavioral therapy for the treatment of maltreated children. *Child Maltreatment, 17*, 80-85. doi:10.1177/1077559511418220

2.　American Psychological Association Task Force on Promotion and Dissemination of Psychological Procedures. (1995). Training in and dissemination of empirically-validated psychological treatments: Report and recommendations. *Clinical Psychologist, 48*, 3-23.

3.　Andersson, G., &Cuijpers, P. (2009). Internet-based and other computerized psychological treatments for adult depression: A meta- analysis. *Cognitive Behaviour Therapy, 38*, 196-205. doi:10.1080/16506070903318960

4.　Andrews, G., Cuijpers, P., Craske, M. G., McEvoy, P., &Titov, N. (2010). Computer therapy for the anxiety and depressive disorders is effective, acceptable and practical health care: A meta-analysis. *PLoS ONE, 5*, e13196. doi:10.1371/journal.pone.0013196

5.　Beidas, R. S., & Kendall, P. C. (2010). Training therapists in evidence-based practice: A critical review of studies from a systems-contextual perspective. *Clinical Psychology: Science and Practice, 17*(1), 1-30.

6.　Cahill, S. P., Foa, E. B., Hembree, E. A., Marshall, R. D., &Nacash, N. (2006). Dissemination of exposure therapy in the treatment of posttraumatic stress disorder. *Journal of Traumatic Stress, 19*, 597-610. doi:10.1002/jts.20173

7.　Carpenter, C., Osterberg, L. D., & Sutcliffe, G. (2012, May). *SAMHT-Suicidal avatars for mental health training.* Paper presented at the International FLAIRS Conference, Buena Vista, FL.

8.　Cary, C. E., & McMillen, J. C. (2012). The data behind the dissemination: A systematic review of Trauma-

Focused Cognitive Behavioral Therapy for use with children and youth. *Children and Youth Services Review, 34*, 748-757. doi:10.1016/j.childyouth.2012.01.003

9. Chadwick Center for Children and Families. (2004). *Closing the quality chasm in child abuse treatment: Identifying and disseminating best practices.* San Diego, CA: Author. www.chadwickcenter.org/Kauffman/kauffman.htm

10. Chambless, D. L., &Hollon, S. D. (1998). Defining empirically supported therapies. *Journal of Consulting and Clinical Psychology, 66*, 7-18. doi:10.1037/0022-006X.66.1.7

11. Cohen, J. A., Mannarino, A. P., &Deblinger, E. (2006). *Treating trauma and traumatic grief in children and adolescents.* New York, NY: Guilford Press.

12. Funderbunk, B. W., Ware, L. M., Altshuler, E., & Chaffin, M. (2008). Use and feasibility of telemedicine technology in the dissemination of Parent-Child Interaction Therapy. *Child Maltreatment, 13*, 377-382. doi:10.1177/1077559508321483

13. Gotham, H. J. (2004). Diffusion of mental health and substance abuse treatments: Development, dissemination, and implementation. *Clinical Psychology: Science and Practice, 11*, 160-176. doi:10.1093/clipsy/bph067

14. Harasim, L. (2000). Shift happens: Online education as a new paradigm in learning. *Internet and Higher Education, 3*, 41-61. doi:10.1016/S1096-7516(00)00032-4

15. Heck, N. C., Saunders, B. E., & Smith, D. W. (2013). *Web-based training in evidence supported treatment: Training completion and knowledge acquisition in a global sample of learners.* Manuscript submitted for publication.

16. Hembree-Kigin, T. L., & McNeil, C. B. (1995). *Parent-Child Interaction Therapy.* New York, NY: Springer.

17. Hilbert, M., & Lopez, P. (2012). How to measure the world's technological capacity to communicate, store, and compute information: Part I. Results and scope. *International Journal of Communication, 6*, 956-979.

18. Institute of Medicine. (2000). *Crossing the quality chasm: A new health system for the 21st century.* Washington, DC: Author.

19. King, M., Davidson, O., Taylor, F., Haines, A., Sharp, D., & Turner, R. (2002). Effectiveness of teaching general practitioners skills in brief cognitive behaviour therapy to treat patients with depression: Randomized controlled trial. *BMJ, 324*, 947-950. doi:10.1136/bmj.324.7343.947

20. McHugh, R. K., & Barlow, D. H. (2012). Training in evidence-based psychological interventions. In R. K. McHugh & D. H. Barlow (Eds.), *Dissemination and implementation of evidence-based psychological interventions* (pp. 43-58). New York, NY: Oxford University Press.

21. National Crime Victims Research & Treatment Center. (2007). *TF-CBTWeb: First year report.* Charleston, SC: Author. http:// academicdepartments.musc.edu/ncvc/resources_prof /TFCBTWebFirstYearReport%20final%202-1-07.pdf

22. Rizzo, A., Parsons, T., Buckwalter, G., & Kenny, P. (2010, March). *A new generation of intelligent virtual patients for clinical training.* Proceedings of the IEEE Virtual Reality Conference, Waltham, MA.

23. Rothbaum, B. O., Hodges, L. F., Ready, D., Graap, K., & Alarcon, R. D. (2001). Virtual reality exposure therapy for Vietnam veterans with posttraumatic stress disorder. *Journal of Clinical Psychiatry, 62*, 617-622.

24. Ruggiero, K. J., Resnick, H. S., Acierno, R., Coffey, S. F., Carpenter, M. J., Ruscio, A. M., et al. (2006). Internet-based intervention for mental health and substance use problems in disaster-affected populations: A pilot feasibility study. *Behavior Therapy, 37*, 190-205.

25. Saunders, B. E., Berliner, L., & Hanson, R. F. (Eds.). (2004, April 26). *Child physical and sexual abuse: Guidelines for treatment* (Revised report). Charleston, SC: National Crime Victims Research & Treatment Center.

26. Self-Brown, S., & Whitaker, D. J. (2008). Parent-focused child maltreatment prevention: Improving assessment, intervention and dissemination with technology. *Child Maltreatment, 13*, 400-416. doi:10.1177/1077559508320059

27. Shahab, L., & McEwen A. (2009). Online support for smoking cessation: A systematic review of the literature.

Addiction, 104, 1792-1804. doi:10.1111/j.1360-0443.2009.02710.x

28. Sholomskas, D. E., Syracuse-Siewert, G., Rounsaville, B. J., Ball, S. A., Nuro, K. F., & Carroll, K. M. (2005). We don't train in vain: A dissemination trial of three strategies of training in cognitive-behavioral therapy. *Journal of Consulting and Clinical Psychology, 73*, 106-115. doi:10.1037/0022-006X.73.1.106

29. Sigel, B. A., & Silovsky, J. F. (2011a). Psychology graduate school training on interventions for child maltreatment. *Training and Education in Professional Psychology, 3*, 229-234. doi:10.1037/a0024467

30. Sigel, B. A., & Silovsky, J. F. (2011b). Psychology internship training on interventions for children with maltreatment histories. *Training and Education in Professional Psychology, 5*, 237-243. doi:10.1037/a0025867

31. Smith, D. W., & Saunders, B. E. (2006). Dissemination of empirically supported, trauma-focused treatment via the internet: TF-CBTWeb. *Traumatic StressPoints, 20*(2), 1, 10.

32. Sommers-Flanagan, J., & Heck, N. C. (2012). Counseling skills: Building the pillars of professional counseling. In D. Perera-Diltz& K. MacCluskie (Eds.), *The counselor educator's survival guide: Designing and teaching outstanding courses in community mental health counseling and school programs* (pp. 153-170). New York, NY: Routledge.

33. U.S. Census Bureau. (1991). *Statistical brief: The growing use of computers*. Washington, DC: Author. www.census.gov/hhes/computer/publications

34. U.S. Census Bureau. (2012). *Adult computer and adult Internet users by selected characteristics: 2000 to 2011*. Washington, DC: Author. www.census.gov/hhes/computer/publications

35. Weissman, M. M., Verdeli, H., Gameroff, M. J., Bledsoe, S. E., Betts, K., Mufson, L., et al. (2006). National survey of psychotherapy training in psychiatry, psychology and social work. *Archives of General Psychiatry, 63*, 925-934. doi:10.1001/archpsyc.63.8.925

36. Wilsie, C. C., &Brestan-Knight, B. (2012). Using and online viewing system for Parent-Child Interaction Therapy consulting with professionals. *Psychological Ser vices, 9*, 224-226. doi:10.1037/a002618

第27章
救急医の教育

ロバート・D・セージ

ジュヌヴィエーブ・プリアー

キンバリー・A・シュワルツ

　救急医は最前線で、虐待によるケガを負った子どもたちの治療に当たる。本章では、救急外来を受診する子どもが虐待環境下にあることをいかに見極め、扱い、そして通告するかといった、救急医に求められる非常に重要な教育的内容に焦点を絞って論を進める。

問題点

　ケガを負った子どもたちは子ども病院の救急科や、一般病院の小児救急専門外来、あるいは小児の専門家がいない病院の救急外来を受診する。一般的に米国では救急外来を受診する子どものうち、小児専門の救急外来を受けることができるのは半分以下だと言われている。同時に、多くの米国の子どもたちは救急外来で虐待によるケガや性的虐待を疑われている。米国疾病管理予防センター（Centers for Disease Control and Prevention, CDC）が2012年に発表した全米疫学外傷監視システム（National Epidemiologic Injury Surveillance System）によると、2010年において2万6,000人（人口10万人あたり132人）の5歳以下の子どもが暴力に関連したケガで救急外来を受診している。

　全体統計では虐待関連のケガは過小評価されていると言われているが、確かに最近の調査によると小児専門部門を持たない機関でしばしばそれが見過ごされていることがわかっている。たとえば虐待に起因する腹部外傷は、小児専門救急機関以外の一般の救急外来ではそうと診断されないことが多いと言われている。（Trokel, Discala, et al., 2006）。 同様に、虐待関連の骨折は、小児の救急専門機関より一般的な医療機関でのほうがより多く見過ごされがちである（Ravichandiran et al., 2010）。しっかりとした教育的介入をしても、救急医療の現場ではしばしば虐待関連のケガの重要な状況を記録できていないと言われている。（Guenther et al., 2009）

　救急医療のトレーニングにおける必要な要件に、対人暴力（子どもの不適切な養育、老人虐待、親しい間柄への暴力など）の一般的知識は含まれるが、その一方で子ども虐待に関連する特定の症候群の認識および管理はまったく含まれていない（Perina et al., 2012）。実際に、救急医療のレジデントは子ども虐待小児科学のトレーニングを受ける機会がほとんどない。2009年のStarlingの報告によると、子ども虐待についての講義を8時間以上受けているのは救急医の20％未満であった。

　また、8 時間かそれ以上の子ども虐待についての臨床教育を受けている医師は 11％程であった。この調査の回答者の 1/3 が 7 例以上の小児の性的虐待を研修中に診ているにもかかわらず、である。

　救急医療の場で子どもの不適切な養育に遭遇する可能性が高いのであれば、子どもの不適切な養育における一般的な認識・評価・マネージメントについて十分なトレーニングを受けることは必須であろう。子どもの不適切な養育が疑われる場合における医療評価では先入観が生じやすいというゆるぎないエビデンスがある。だから一層トレーニングが重要なのである。同一の救急医療の現場においてアフリカ系アメリカ人の子どもは白人の子どもより骨格系の精査を行われることが多いと示した Lane ら（2002）らの画期的な研究がある。さらに、Laskey ら（2012）は同じような現病歴とケガの状態にあれば、小児科医はより社会経済的地位の低い家庭の子どもほど虐待を考慮にいれる傾向にあることを示した。これは国が先に行ったプライマリケアに関する前方視的研究の結果（Flaherty et al., 2008）を裏づけるものとなった。ゆえに患児の最初の状態を客観的に評価することこそ、先入観を最小化して、特定の事実により導かれる臨床的な理論的根拠を説明するのに必要となる。加えて、子どもの不適切な養育に精通した小児科医へのコンサルテーションは、これらのしばしば遭遇する複雑な症例において陥りやすい過ちをうまく切り抜ける上で必須となる（Hansen & Hill, 2011）。

不適切な養育が疑われる場合の診断

　子どもの不適切な養育の正確な診断は、虐待やネグレクトに関連するパターンを早期に認識することが決め手となる。これは身体的虐待を連想させるケガやその一歩手前の状態を客観的に認識することも含む。加えて救急医は、性的虐待や医療ネグレクトを含む他のタイプの子どもの不適切な養育に対しての医療的対応についても習熟するべきである。

　表 27.1 は救急医療の現場で見られる可能性のある子どもの不適切な養育について示したものである。各々の関与するケガを網羅したリストは実践的、有用的ではないと思われるので、この表は最も一般的でかつ危険な状況をまとめたものである。子どもの不適切な養育が疑われる場合、確かな臨床的判断を伴う綿密な精査に代わるものなどないことを、臨床家は常に肝に銘じなければならない

　不適切な養育が疑われる子どもたちを評価する臨床家は、現病歴と身体所見を完全にとることが求められる。子ども虐待小児科学を学んだ専門医へのコンサルテーションは、現病歴や医学的評価の進め方に関して非常に価値ある情報を得ることができるであろう。

　乳児や言語習得前の子どもは特にケガの影響を受けやすく、ときには虐待関連死に至ることもある。まだ歩くことのできない乳幼児において痣ができることは非常に稀である。したがって、この時期での痣の存在は虐待を強く疑わなければならない。よちよち歩きの幼児やもっと年長の子どもにおいて、耳の後ろの痣、臀部の痣、ある特定のパターン（模様）のある痣は特に虐待を疑う必要がある。一方で脛などの骨張ったところの痣はこの時期の子どもにとっては一般的であり、特に虐待を疑うような所見ではない。

　頭部外傷は小さい子どもにとっては特に問題となる部分である。感覚や機能の低下や、頭部や頸部にケガが見られる子どもは、迅速かつ注意深く評価をする必要がある。虐待による頭部外傷はしばしば硬膜下血腫や脳出血、びまん性軸索損傷や網膜出血を含み、神経学的所見に変化をおよぼす。このような状態は必ずしも、頭部の骨折や外傷の痕跡などを伴わないこともある。はっきりとしたケガの既往（たとえば、自動車事故など）や急性期の身体疾患の既往がない子どもにおいて、意識状態の変動があるか、感覚や機能の低下が見られるときにはまず不適切な養育を疑わなくてはならない。他の原因が子どもの現在の状態を説明できると考えられるときでも、慢性疾患を有する子どもは不適切な養育の被害者になりやすいということを常に念頭にいれておく必要があるし、実際に健全なきょうだいよりも虐待のリスクが高いという報告もある（Jones et al.2012）。

　小児のネグレクトは救急外来ではよく見受けられる。典型的な事例は誤飲、1人で徘徊しているところを発見されること、熱傷や落下によるケガ、そして保護者の監護不行き届きによるケガなどである。事故前の病歴で監護の欠如が示され、特に家庭内暴力や保護者の精神疾患や物質依存がその子どもの状態に寄与しているとすれば、小児ネグレクトと診断し通告されなければならない。たとえば、子どもを乗せている状況下で親の運転する車が事故を起こした場合、子どもがケガを負っているかどうかにかかわらず、報告書には虐待（ネグレクト）と書くべきであろう。

　子どもの不適切な養育に特異的ではないが、やけども十分な注意が必要である。それは身体的虐待の一部かもしれないし、監護不十分によるものかもしれない。模様のような熱傷、たとえばタバコやアイロンといった高温の物質を押しつけた跡、あるいは熱湯に浸した熱傷は、子どもの不適切な養育を強く疑わせる所見である。提示された現病歴に症状が合致せず、虐待やネグレクトを疑うような所見があるような熱傷は、子ども虐待小児科医に相談するべきであろう。加えて、子どもの不適切な養育が疑われるような場合には、視覚的記録として皮膚病変を写真にとっておくことも必要となる。

　子どもが新たに性的虐待を打ち明けたため、両親や他の大人が評価のために子どもを受診させることがしばしばある。一般的にこれらの子どもの精査は米国の各州に配置され、司法面接及び検査が可能な、子どもの権利擁護センターで行われなければならない。救急外来では法医学的証拠の収集に集約される。直前72時間以内に容疑者との接触がなかったかどうか、それによる他の傷害がないか身体を精査する。切迫した状況の中いつ情報収集を開始するかについての詳細なガイドラインは米国小児科学会（American Academy of Pediatrics）の指針（Kellogg & Committee on Child Abuse and Neglect, 2005）に記されている。

　過大解釈や誤解の恐れがあるため、性的虐待に特化された検査は救急外来の職員によって行われるべきではない。小児救急外来の医師が、前思春期の急性でない性的虐待のケースで異常を見つけても、小児の虐待専門医によるその後のフォローアップでの検査では正常又は非特異的だと認められるケースもしばしばあることをMakoroffら（2002）は示した。診断上の誤りを防ぐために、性的虐待症例を診察する機会が月に5症例以下の非専門医は、性的虐待に関する論文をレビューして知識をアップデートし、専門家との定期的なケース検討をすることが重要であるということをAdamsら（2012）は示した。

表 27.1　救急医療でみられる子どもの不適切な養育による症状（抜粋）

年齢（発達段階）	症状・外傷	初期評価
生後 6 カ月未満（独歩やつたい歩きの発来前）	すべての痣・骨折・熱傷、病歴がはっきりしないケガ	現病歴・身体所見、血小板を含めた血算、PT/PTT、ALT、AST、PTH、ビタミン D25-OH、Ca、Mg、Phos 痣の写真記録、頭部画像や骨格系精査の検討
1 歳未満	感覚・機能の低下、正確な説明のない頭部外傷	現病歴・身体所見、頭部画像、骨格系の精査、もし頭部外傷がある場合には上記の生化学的検査と網膜所見の精査も行う
1 歳以上（独歩で移動可能な段階）	耳の後ろ、首、腹部や臀部の痣。手や物の形をした痣	現病歴・身体所見、血小板を含めた血算、PT/PTT、ALT、AST、PTH、ビタミン D25-OH、Ca、Mg、Phos 痣の写真記録
全年齢	保護者の監視なく 1 人で発見された場合。他のネグレクトの兆候	現病歴・身体所見・社会的状況のアセスメント
全年齢	性的虐待の開示	72 時間以内に連絡がとれれば法医学的証拠の収集。外性器に痣や外傷がないかの診察、クラミジアや淋菌に対しての検査、司法面接や検査のため子どものアドボカシーセンターにつなげる
全年齢	車の交通事故	運転手の飲酒歴や薬物使用歴、子どもが横切るのを制止したかどうかを聴取する
全年齢	重度の故意ではない外傷	現病歴を徹底的に聴取、受傷した状況の具体的な評価や大人の監護が適切であったかどうか（表 27.2 参照）
全年齢	不詳の死	監察医へのコンサルト、他の子どもが居る場合など必要があれば児童保護局や法的執行機関へのコンサルト

　上記のような特別の状況に加えて、両親や保護者が家庭内暴力や薬物乱用、アルコール中毒、精神疾患の悪化などで救急外来に現れるときに、一緒にいた子どもへ関心がいくことも珍しくはない。そのような場合にも、これらの保護者に世話される子どもたちの虐待やネグレクトを見逃さないよう子ども虐待小児科医への相談が必須である。

不適切な養育が疑われる子どもの評価

　表 27.1 と 27.2 は子どもの不適切な養育が疑われた場合に必要な初期評価と病歴の概観である。すべての場合において偏りのない病歴聴取と診察が要求される。不慮の事故によるケガと子どもの不適切な養育が原因のケガとを見分けるカギとなる要素は病歴の中にある。表 27.2 に上記の 2 つを区別する上で臨床家の手助けになる病歴のとり方を示した。病歴が統一性を欠いているとき、子どもの発達に合致しないような病歴、結びつく病歴がないケガはすべて子どもの不適切な養育の可能性が強いと言ってよい（Hettler & Greenes, 2003）。もし可能であれば患児に過去に同様のケガや医療ネグレクト、あるいは他の懸念すべき状況がなかったか、以前の病歴を参照することは非常に重要であろう。きょうだいのケガや医療ネグレクトに関する既往歴は非常に重要であるが、一般に見過ごされてしまう。身体検査はすべての子どもにおいて、全身の皮膚所見も含めて施行されるべきである。その際には痣や傷、熱傷などの所見に十分留意するのは前述したことからも明らかであ

ろう。頭部や耳、目、鼻、咽頭所見、耳介や耳介後部の視診を行い、痣がないかどうかを確認する。その場合、耳鏡を用いて鼓室内出血がないかどうかも身体所見をとる際には必要となる。ケガの有無を判断するため、中咽頭の視診、口腔粘膜病変、下唇小帯および上唇小帯へのケガ、歯へのケガがないかどうかを確認することは臨床的に無症候なケガを発見する手がかりとなる。外性器の診察はすべての小児に対して行うべきである。3歳以上の子どもに外性器の診察をする際に、臨床家は発達段階に応じた説明をそれぞれの子どもに対して行うべきである。性器の診察で問題ないということが、性的虐待の可能性を否定するものではない。しかしこの診察は、過去に報告されていない外傷所見の存在を見逃さないためにも必須のものである。

痣や出血は重要な臨床所見なので、その場合、子どもには出血性疾患の検査を考慮すべきである。しかし過去に出血の既往がない小児において出血性疾患の存在は極めて稀であるが、身体的虐待を誤診しないためにもその評価は必須となる。同様にケガの兆候のある小児にはトランスアミナーゼの検査を加えるべきである（Lindberg et al., 2009）。なぜなら内臓損傷は身体的虐待の小児の場合には稀ではなく（Trokel, Discala, et al., 2006）、現病歴や身体診察では分かりにくいからである。

頭部・肋骨・四肢の単純レントゲンを含む骨格系の精査（American Academy of Pediatrics, Secion on Radiology, 2009）は独歩前あるいは初語前または虐待外傷が疑われる小児には必須となる。それには数多く（22）の写真が必要となるが、放射線照射量は1回のCT撮影よりもずっと低い。「乳児の全身レントゲン撮影」や他のレントゲン検査はすべてを詳述するには不十分で診断的意味をな

表27.2 子どもの外傷で質問するべき病歴

記録すべき情報	質問	配慮すべき点
誰と？	誰と話していたか？ 受傷場面をその人物は目撃したか？ 外傷を目撃した人はいるのか？	言語習得後の子どもであれば、保護者の関与なしに話を聴く。 子どもがいないところで、大人から個別に話を聴く。
いつ？	子どもが最後に元気だったのはいつか？ そのケガはいつ起こったか？ 初めて子どもに症状が見られたのはいつか、そしてそれはどんな症状か？	幼児に関しては、過去24時間の出来事を時系列に見直し、この期間中に幼児を世話した人に特に注意を払う。
何を？	できる限り詳細に事実を見出し、記録する。 落下があったか？ どの程度の高さからか？ どこからどこに？ 落下先はどのような形状か？ 子どもが落ちたときに何が起こったか？ 直前に子どもが何をしていたか？ 打撃を受けたのは子どものどの部位か？ 直後に子どもが何をしたか？ 子どもの姿勢はどうであったか？	ケガの経緯を視覚化する。もし確実な経緯が描けない場合、さらに詳細に質問する必要あり。子どもの受傷直後の反応について質問する。
どこで？	そのケガがどこで起こったか？ 子どもはどこにいたか？ 子どもは大人に連れられていたのか？	普段、子どもが訪れる場所であったか？
発達	子どもができたことは？ 寝返り、ずり這い、つかまり立ち、独歩、走る、登る	患者が可能であれば、実際に診察室でその動作をやってもらうとその価値は高い

さないこともある。たとえば中軸骨格の特殊な撮影法が、1歳以下の乳幼児の長骨の成長板を含む骨幹端の病変を調べるのに必要となることもある。このケガは子どもの不適切な養育における診断的価値を有するものである（Kleinman et al, 2011）。もし可能であれば、虐待によるケガが疑われる場合には、骨格系の精査やその他のレントゲン写真の読影は小児放射線科医によってなされたほうが望ましい。というのも病変部位がごく僅かであることもあるからである。骨折によっては急性期では明らかとならなくても治癒期により容易に発見されることもある。したがって10～14日の内に骨格系の再精査を行うことも考慮されるべきである。

子どもの不適切な養育を疑った場合の通告

　子ども虐待やネグレクトが疑われるケースはすべて、州の児童保護局（child protective services, CPS）に通告されなくてはならない。このことは米国のすべての州において法律により定められている。子どもの不適切な養育の疑いがあるにもかかわらず通告しないことは民事・刑事的責任に問われる可能性がある。一方、通告義務を負う者が誠実に申告した場合は、法的に守られる。子ども虐待の報告において、通告者と州のCPSが情報を共有することは保護者の同意がなくても認められている。多くの州において、CPSは法的措置に踏み切ることもある。子ども虐待は典型的には慢性の状態であり、これを報告せず放置すれば子どもはさらなる危険にさらされることを臨床家は肝に銘じておかなければならない。各州のCPSの反応は一致している。CPSに通報や報告書が提出されると、最初の決定は審査である。CPSは報告内容の審査を決定し、該当者や家にいる他の子どもたちにさらなる不適切な養育の危険が差し迫っている場合には、即時の緊急対応を行う。通常1～3週間にわたる調査やアセスメントを実施する場合もある。この調査中、CPSは過去に公的機関や法的機関がこの件に関与したかどうかを照会し、自宅を訪問して、他の関係者に聞き取り調査をして決定を下す。こういった調査期間中、該当する子どもは自宅や親戚の家に滞在することが多い。

　多くの州では柔軟な対応ができる仕組みが要所ごとに存在する。保護者の関心が乏しい場合でも、CPSはその家族にサービスを提供することができる。山のような具体的な要求の中、CPSは家族のためにサービスを提供する。大人の養育者に対する精神保健サービス、デイケア利用券、家事の代行やその他の具体的な要望に応じて、また、単にカウンセリングやモニタリングを受けるなど、提供できるサービスは多岐にわたる。

　両親や保護者の親権を一時的里親養育に移管するケースはごくまれである。2010年の国家統計によれば、CPSへ依頼があったケースのうち一時保護措置となったのは4%である（U.S. Department of Health and Human Services, 2012）。救急の現場で典型的にみられる重度のケガの場合には一時保護となることが多い。ほとんどの機関は、親権に関する法的な判決が保留中でも、危険な状態にある子どもを短期間里親保護下におくことが認められている。典型的な法的強制力のある里親委託は一時的なものであり、子どもの家庭状態が安定化できるように行われるものである。しかしながら、子どもの不適切な養育が慢性であるときには、CPSは危険に曝されている子どもの

親権に対して法的な手段をとる。それには保護者の親権を長期に剥奪する場合もあるし、最終的な親権停止という場合もある。

結論

　子どもの不適切な養育は、しばしば救急医療の現場に急性症状を伴って現れる医学的、法的に入り組んだ領域である。すべての救急医はこの極めて重要な領域において適切なトレーニングを受けてしかるべきである。典型的な臨床像、診断評価の手掛かりとなる要素、コンサルテーションの重要性に焦点化した、改良された教育により、救急医は被虐待児を診察する際に必要な技術と知識を獲得できるであろう。児童保護局へ子どもの不適切な養育の疑いを適切に通告する訓練を積むことは極めて重要だが、しばしば見過ごされがちな領域である。最後に、一般病院の救急医療現場で子どもの診療に当たる医療者は、子どもの不適切な養育が疑われる場合は素早く子ども虐待小児科医に相談し、初期評価とその後の精密検査の両方で指導が受けられるよう常に準備すべきである。

［参考文献］

1. Adams, J. A., Starling, S. P., Frasier, L. D., Palusci, V. J., Shapiro, R. A., Finkel, M. A., & Botash, A. S. (2012). Diagnostic accuracy in child sexual abuse medical evaluation: Role of experience, training, and expert case review. *Child Abuse & Neglect, 36*(5), 383–392.

2. American Academy of Pediatrics, Section on Radiology. (2009). Diagnostic imaging of child abuse. *Pediatrics, 123*(5), 1430–1435.

3. Centers for Disease Control and Prevention, National Center for Injury Prevention and Control. (2012). WISQARS (Web-based Injury Statistics Query and Reporting System). www.cdc.gov/ncipc/wisqars

4. Flaherty, E. G., Sege, R. D., Griffith, J., Price, L. L., Wasserman, R., Slora, E., et al. (2008). From suspicion of physical child abuse to reporting: Primary care clinician decision-making. *Pediatrics, 122*(3), 611–619.

5. Guenther, E., Olsen, C., Keenan, H., Newberry, C., Dean, J. M., & Olson, L. M. (2009). Randomized prospective study to evaluate child abuse documentation in the emergency department. *Academic Emergency Medicine, 16*(3), 249–257.

6. Hansen, N., & Hill, K. S. (2011, October). *Defining the children's hospital role in child maltreatment* (2nd ed.). Alexandria, VA: National Association of Children's Hospitals and Related Institutions. www.childrenshospitals. net/AM/Template. cfm?Section=Child_Abuse_and_Neglect&Template=/CM/ContentDisplay. cfm&ContentID=59013

7. Hettler, J., & Greenes, D. (2003). Can the initial history predict whether a child with a head injury has been abused? *Pediatrics, 111*(3), 602– 607.

8. Jones, L., Bellis, M. A., Wood, S., Hughes, K., McCoy, E., Eckley, L., et al. (2012). Prevalence and risk of violence against children with disabilities: A systematic review and meta-analysis of observational studies. *Lancet, 380*(9845), 899–907.

9. Kellogg, N., & Committee on Child Abuse and Neglect, American Academy of Pediatrics. (2005). The evaluation of sexual abuse in children. *Pediatrics, 116*(2), 506–512.

10. Kleinman, P. K., Perez-Rossello, J. M., Newton, A. W., Feldman, H. A., & Kleinman, P. L. (2011). Prevalence of the classic metaphyseal lesion in infants at low versus high risk for abuse. *AJR, American Journal of*

Roentgenology, 197(4), 1005–1008.

11. Lane, W. G., Rubin, D. M., Monteith, R., & Christian, C. W. (2002). Racial differences in the evaluation of pediatric fractures for physical abuse. *JAMA, 288*(13), 1603–1609.

12. Laskey, A. L., Stump, T. E., Perkins, S. M., Zimet, G. D., Sherman, S. J., & Downs, S. M. (2012). Influence of race and socioeconomic status on the diagnosis of child abuse: A randomized study. *Journal of Pediatrics, 160*(6), 1003–1008.

13. Lindberg, D., Makoroff, K., Harper, N., Laskey, A., Bechtel, K., Deye, K., & Shapiro, R., ULTRA Investigators. (2009). Utility of hepatic transaminases to recognize abuse in children. *Pediatrics, 124*(2), 509–516.

14. Makoroff, K. L., Brauley, J. L., Brandner, A. M., Myers, P. A., & Shapiro, R. A. (2002). Genital examinations for alleged sexual abuse of prepubertal girls: Findings by pediatric emergency medicine physicians compared with child abuse trained physicians. *Child Abuse & Neglect, 26*(12), 1235–1242.

15. Perina. D. G., Brunett, P., Caro, D. A., Char, D. M., Chisholm, C. D., Counselman, F. L., et al. (2012, May 31). The 2011 model of the clinical practice of emergency medicine. *Academic Emergency Medicine*. Advance online publication. doi:10.1111/j.1553-2712.2012.01385

16. Ravichandiran, N., Schuh, S., Bejuk, M., Al-Harthy, N., Shouldice, M., Au, H., & Boutis, K. (2010). Delayed identification of pediatric abuse-related fractures. *Pediatrics, 125*(1), 60–66.

17. Starling, S. P., Heisler, K. W., Paulson, J. F., & Youmans, E. (2009). Child abuse training and knowledge: A national survey of emergency medicine, family medicine, and pediatric residents and program directors. *Pediatrics, 123*(4), e595–602.

18. Trokel, M., Discala, C., Terrin, N. C., & Sege, R. D. (2006). Patient and injury characteristics in abusive abdominal injuries. *Pediatric Emergency Care, 22*(10), 700–704.

19. Trokel, M., Waddimba, A., Griffith, J., & Sege, R. (2006). Variation in the diagnosis of child abuse in severely injured infants. *Pediatrics, 117*(3), 722–728.

20. U.S. Department of Health and Human Services, Administration for Children and Families, Administration on Children, Youth and Families, Children's Bureau. (2012). *Child maltreatment, 2010: Summary of key findings*. www.childwelfare.gov/pubs/factsheets/canstats.pdf

第28章
専門研修中の身体科医師への教育

カースィ・マコロフ

総論

　子ども虐待（不適切な養育）は著しい死亡率と罹患率を伴う深刻な公衆衛生上の問題である。研修医はしばしば虐待やネグレクトが疑われる子どもの診察を行う。たとえ、どの実践分野の研修医プログラムに卒業生が参加しても、彼らは不適切な養育が疑われる子どもの評価を続けていくことになるだろう。子ども虐待の兆候や症状の見分け方を知り、一旦見分けたら次に何をすべきか理解し、虐待の疑いに関する懸念を養育者と話せる技量を持ち、困難な症例にかかわる間にどのように自身をケアしたらよいかなどを知ることは、研修医にとって大変重要である。さらに研修医は不適切な養育の防止と、それを実践するスキルも身につけておくべきである。最終的に研修医は、虐待やネグレクトが子どもの行動にどう影響を与えるのか、後に大人になる過程で心身の健康にどのような影響を及ぼすのかについての知識を得るとともに、臨床家が幼児の逆境の原因を防いだり減らしたりするのに、両親や地域の専門家、多くの人々にどのような影響を与えうるのかを知っておくべきである。

　近年、子ども虐待の長期的な影響は認知され研究されている。幼児期におけるある特定の種類・程度の逆境は、大人になってもその行動や健康に持続的に影響を与える可能性がある。予防医療の観点から観察された成人の大規模研究では、逆境的小児期体験（Adverse Childhood Experiences, ACE）研究が子ども期の逆境への曝露と健康に関する予後の関係について考察している（Felitti et al., 1998）。ACE 研究は、ある種類の子ども期の逆境（個人的な ACE と考えられるもの）（身体的・精神的または性的な虐待、暴力への曝露、家族の物質乱用、精神疾患などを含む）は成人期の行動や疾患により影響を与える傾向がある（Brown et al., 2010; Dong et al., 2004; Felitti et al., 1998; Williamson et al., 2002）。リスクとなるもののいくつかには、喫煙、違法薬物の使用、アルコール関連の行動が含まれ、また心血管系の疾患やがんなどの成人の疾患の有病率にも影響している。また、他の研究では一般的な健康や社会機能、うつ、不安、怒りのコントロールの稚拙さなどの精神的健康における問題について解析している。これらの研究は、子ども期の ACE の逆境体験数が多くなるほど、早期

の死のリスクも高まることを示している（Felitti et al., 1998）。

　子どもの頃の行動、学習、認知の問題に関してと同様に、長期にわたる疾患や成人期の疾患は子ども期の有害なストレスに関連しており、これらのことが早期の脳構造や機能に変化を与えてしまうと認識されるようになった。この有害なストレスとは、外部のストレス防御作用（育ての親や養育者の存在や安定した反応のある関係性）が欠落した状況で身体的なストレス反応システム（ストレスホルモンの水準や免疫システム機能を含む）の活性化を導く過度のストレスだと認識されている。環境−生物学的−発達の枠組みは健康や疾病予防によりよい理解を与えてきた。つまり、この枠組みは遺伝素因、環境の影響、個人の経験を結びつけたものである（Shankoff & Garner, 2012）。

　この新たな論文、コミュニティでの経験、早期の逆境体験や有害なストレスが身体的・精神的な機能障害にどのように結びついているのかを示した科学は、専門研修の一部に取り入れられるべきである。

　小児期や成人期の問題を防ぐため、子どもの不適切な養育の発見と予防の重要性はますます認識されている。的確に子ども虐待を把握する差し迫った重要性もまた文献化されつつある。Jenny ら（1999）は画期的な論文の中で、ゆさぶられっ子症候群（今では虐待的頭部外傷と見なされることが一般的になったが）の 31.2％に初期の医師が気づかなかったことを見出した。28％の患者は診断を見落とされた後に再びケガをさせられ、9.3％は死亡した。これらの患者は全員、少なくとも 1 回は救急外来やプライマリケアの医師を受診し、胃炎、中耳炎、疝痛などと診断されている。症状が軽度の子ども、両親が一緒に住んでいる子ども、少数派ではない子どもほど誤診断されやすい。研修医のトレーニングに始まる医師すべての教育は、虐待事例の正確な診断の手助けになる。

子ども虐待小児科学における研修医教育の現状

　子ども虐待小児科学は、正式な小児科の下位専門分野として 2009 年に米国小児科専門医委員会に初めて認定された。子ども虐待小児科学のフェローシップ研修プログラムは、2010 年より卒後医学教育の認定評議会から認定を受けている。

　研修審査委員会によれば、現在のところ子ども虐待小児科学は付加的に経験が要求される下位専門分野ではない。可能な場所であれば、選択して経験できるものである。通常要求されるプログラムでは、小児科研修医は、生物医学的、臨床的、疫学的、そして社会行動学的な発展の中で医学的知識（そして患者ケアへの応用）を示すことができなくてはならず、これには身体的、性的な虐待も含まれている（Accreditation Council for Graduate Medical Education, 2012）。それゆえ、研修医のプログラムの中で、研修医がどの程度、子ども虐待に関する訓練を受けるかには大きなばらつきがある。2〜4 週の必須ローテーションがあるものや、選択制になっているプログラムもあるが、この領域を経験したい研修医をまったく受け入れられないところもある。

　子ども虐待ケースに対する知識、トレーニング、自信が医師に欠如していることは多くの研究で指摘されている。これには子ども虐待を鑑別、通告、対処すること、類似した症状と見分けることも含まれる。認可を受けた小児科研修医プログラムの 4 分の 1 は、いかなる子ども虐待小児科の

ローテーションプログラムをも提供していない（Narayan, Socolar, & St. Clair, 2006）ことが報告された。講義中心の教育は年間 0 〜 10 時間と幅があり、半数以下の研修医しかこの講義の 75％以上に参加していないと報告されている。驚くことではないが、調査したプログラムのほとんどで被虐待児にかかわるより多くの時間と、患者に接するより多くの経験が必要であると報告している。この調査の結果は研究の中に反映されている。小児科チーフレジデントの研究（Dubow et al., 2005）とプライマリケア担当医師の研究（Ladson, Johnson, & Doty, 1987）で、これらの医師たちが、思春期前の子どもの性器構造を正確に特定できないことがわかっている。Dubow らの研究（2005）では、小児科チーフレジデントの半数しか性的虐待評価のトレーニングが「十分である」と考えていない。

　子ども虐待を鑑別しマネージメントする上での研修医の知識や学びやすさについて調査した研究はほとんどない。ある国家規模の研究では、小児科、家庭医、救急医療のレジデントを評価しており、彼らが受講した子ども虐待関連のトレーニングの量や研修中に経験した子ども虐待のケース数、子ども虐待に関する知識ややりやすさについて比較している（Starling, Heisler, & Paulson, 2009）。それによれば、より多くのトレーニングを受け、子ども虐待のケースをより多く経験している研修医は、調査の中の知識の領域ではより高得点を示した。さらに研修医の知識は、所属施設に子ども虐待小児科医がいること、多くの専門分野による子ども虐待チームがあること、子ども虐待を評価するセンターがあることなどと正の相関を示していた。研修プログラムの中で子ども虐待を経験できることや、明文化されたカリキュラムがあることでも、虐待に関する知識はより増える。

　30 項目の質問紙を使用したレジデントの知識に関する別の研究では、小児科研修医（対象は 61名）の平均は 60.4％であった。この数値は研修年数による有意な差はなかった（Menoch et al., 2011）。

子ども虐待の評価と予防におけるプライマリケア・トレーニング

　プライマリケア医はしばしば子ども虐待の疑いのある児童の評価をする第一線におり、それゆえケガを認識した上で、子ども虐待のそれと他の病気の症状や事故とを見分けることは必須の要件である。

　医師は虐待の疑いのある子どもの診断や治療にかかわるべきであり、患者や家族のための資源として、そして地域機関、法的機関、裁判システムに対しても同様に機能すべきである。医師は同時に 虐待防止プログラムに積極的に関与すべきであるし、それには患者受診時の事前情報提供の一環としての防止活動も含まれる。病歴、理学所見、生化学所見、放射線画像所見を含む子ども虐待とネグレクトに対する適切な評価は、子どもや家族、そして社会の利益となる。にもかかわらず、子ども虐待の事例は正確な診断が困難となりうる。子ども虐待の症状や徴候は、特に幼い子どもでは、事故によるケガや病気の症状と類似しうる。正確な評価は子どもの健康と安全を確かなものとし、身体の状況や病気を見出し、治療しうる隠れたケガや法医学的な目的で報告されるような発見があるかもしれない。不十分もしくは不適切な評価は子どもや家族の健康を損なう可能性がある。

　子どもの不適切な養育の防止は、子ども虐待やネグレクトによって生じる負担を減らし、子どもや家族を守るために必要なことである。現在の虐待防止方略の多くは、家庭訪問プログラムに焦点

を当てている。さらに最近は心理社会的なリスク因子のスクリーニングが子ども虐待防止の重要な側面であることが示されつつある。このスクリーニングは、健全な子どものケア訪問の本質的な側面であり、それゆえ研修医教育に含まれるべきである。米国小児科学会（American Academy of Pediatrics）は、健全な子どもを訪問する際に、安全で明るい未来のためプログラム（Practicing Safety and Bright Futures）などの実施を推奨している。これらのプログラムには、親密なパートナーからの暴力、母親のうつ病、効果的なしつけの方略などのリスク要因について養育者にたずねること、およびモニタリングすることが含まれている。これらのプログラムはよく構成され、家族のリスク要因についてのスクリーニングは推奨されているが、このようなスクリーニングの実施に開業医らは抵抗感を訴えている。時間がないことも障害の1つに挙げられるが、むしろトレーニングの不足や慎重に対応しなければならない可能性のある事項に対処することへの不快感がその理由である。とはいえ、心理社会的なリスク要因に対処できるよう小児科研修医を訓練するプログラムの実例や効果を証明するようなエビデンスもある。

　メリーランド州では以下のようなプログラムが先行実施されている。プログラムは、すべての子どものための安全な環境（Safe Environmental for Every Kid, SEEK）モデルという（Dubowitz et al., 2009）。この先行プログラムは都市居住者の継続的ケアのための、ある1つのクリニックで実施された。このプログラムには小児科研修医向けのトレーニング（初期トレーニングと6カ月の増補トレーニング）があり、研修医とともにこのプログラム内で仕事をするワーカーが付き、標的とするリスク要因を調べるために両親スクリーニング用の20の質問項目を用いる。このプログラムのトレーニング要素には多くの学際的な教員陣が含まれ、しつけや食べ物の不足などとともに、暴力、うつ病、物質乱用といった心理社会的リスク要因に焦点化している。この教育にはスクリーニング評価の指導も含まれており、またどのように陽性所見に注意を向けるかを練習するため、症例やロールプレイを用いた相互的な教育である。この先行プログラムの結果、SEEKプログラムを用いた群では（通常の継続ケアとは対照的に）、児童保護局への通報が31%少なかった。医療記録を参照すると、SEEKプログラムで観察した子どもの群では医療ネグレクトの事例はより少なく、不適切なしつけも少なく、保護者からの報告でも同様であった。（Dubowitz et al., 2009）。

　このモデルは重要である。なぜなら、単に研修医に子ども虐待の鑑定と通告義務について教育して子ども虐待の防止に焦点化すること以上の内容を行っているからである。このモデルを用いた研修医は知識の面、虐待に気づく能力、そして子ども虐待のリスク要因となる多くの心理社会的項目に対する対応のレベル、いずれにおいても向上が見られた（Feigelman et al., 2011）。

　夫婦間暴力や親密なパートナーからの暴力（intimate partner violence, IPV）について小児科研修医に追加教育するための先行プログラムが行われている。IPVによる子どもの健康や機能への負の効果は研究され、より理解されるようになってきている。大規模な都市部での継続的ケアの中での小児科研修医への教育的介入後、健全な子どもケア訪問中にIPVに対するスクリーニングの頻度は改善している（Berger et al., 2002）。教育的介入は講義、論文、参考図書によって構成されている。また数カ月後の双方向的なロールプレイによってフォローされている。

　プライマリケアの双方向性は、社会的側面や行動面の問題に対して注意を払う機会を提供する。

ある年齢において、ある種の虐待がよく見られることに気づいておくことは重要である。子ども虐待の兆候や症状は年齢によって異なった形で現れる。子ども虐待のリスクを増すような子どもと親の特徴について知ることは、早期発見において重要である。「子どもの多様さ」は年齢によっても異なっている。それは、乳幼児期には泣くことに、乳幼児後期は分離不安を示すことに、よちよち歩きの頃になるとトイレットトレーニングに現れるだろう。評価方法、身体診察法、生化学検査や放射線画像検査もまた年齢によって異なるだろう。両親のメンタルヘルスの問題、孤立、物質乱用、IPV、家族間ストレス、度重なる予約の不履行、過度のケア希求なども、すべて検討すべき課題である。研修医は家族の問題や虐待のリスクを明らかにできるように、正確なスクリーニングの質問を行うべきである。両親が乳幼児とどのような絆をもってかかわっているか、子どもの要求や行動水準にどのように反応しているのか、子どもについての話をする時に否定的ではなく肯定的な表現をどの程度用いているのかを観察することによって、研修医は虐待の危険を感知することができる。18カ月でトイレットトレーニングをするなどの理にかなわない発達面での期待は、身体的虐待の代表的なリスク要因である。

　身体的、性的な虐待に関する事前情報提供は来院のたびに行われるべきである。乳幼児が泣くことは普通なこと、さらに幼児に今後予想される発育、インターネットの危険も含めた性的虐待から小学生やそれ以降の青年期の子どもを守ることなどのメッセージは、出生前や新生児期の来院から始められるべきである。いくつかの事前情報提供のツールには、以下のことが含まれている。(1) Period of PURPLE Crying：両親や養育者に、泣くこと（たとえあやしても長く続くものであったとしても）が乳幼児において通常のことであることを理解するための枠組みを与えるもの（Barr, 1998; National Center on Shaken Baby Syndrome, www.dontshake.org）、(2) Stewards of Children：成人のために作成されたものであるが若年層にも使用できるような子どもの性的虐待防止プログラムで、子どもの性的虐待への気づきを増加させ子どもの保護の方略を教示するもの（Darkness to Light, www.d2l.org）。

研修医と子ども虐待の通告

　全米50州における通告義務の法律において、開業医が子どもの虐待かネグレクトの合理的な疑いを持ったときは児童保護局（child protective service, CPS）に通告しなくてはならないことを定めている。通告を怠った場合、処罰を受ける可能性や、専門家としてのライセンスに対して措置がとられる可能性がある。開業医は通告する際に確実な診断をすることは求められない。

　医師には通告義務があるけれども、プライマリケアを担当する医師からの虐待を疑う通告書はCPSの通告書全体のわずか4％しか上がってこないという報告もある（Flaherty et al., 2000）。この研究者によるプライマリケア担当医師の解析によると、CPSの介入によって患児に利益が得られると信じていないことが報告の妨げになっていると明らかにしている。この研究では、子ども虐待に関する教育（虐待の認識や報告の必要性）をすることにより、虐待が疑われる事例を医師が報告する見込みが増していることも示している。

　医師として研修医も通告が求められている。通告が合理的で正しい信念のもとに作成されていれ
ば、子ども虐待が疑われる事例が医学的診断に基づいて通告され、たとえそれが結果的に最終的な
診断でなかったとしても、研修医は法的な処罰を恐れずともよい。これはたとえば、出血性疾患で
見られるような多くの痣のある子どもや、骨折があり、遺伝性骨異形成症が見つかった子どもなど
で起こりうることである。虐待によく見紛われるものに関する知識は、誤診断の発生率を低下させ
る手助けになり、この領域の教育の重要性をここでも強調させる。

　研修医とその上級医の間で子ども虐待疑いの事例の報告で決断が異なったときには、子ども虐待
小児科医、（可能ならば）児童保護コンサルテーションサービス、研修プログラムの責任者などにコ
ンサルテーションするなどの代替案がとられるべきである。

革新的な教育方法

　ほとんどの医師が子ども虐待を正当に認識することとマネージメントすることに不全感を感じて
いる。なぜなら、子ども虐待の領域の適切な教育やトレーニングを受けていないからである
（Christian, 2008）。子ども虐待は医学のすべての下位専門分野で見られる。整形外科、一般外科、
放射線科、眼科、歯科は、虐待を受けている子どもと専門的に接する最初の専門医となる可能性が
ある。子ども虐待のケースを見落とすと重大な結果に陥る。子ども虐待事例の誤診断もまた重大な
問題である。子どもが不適切に家から離れさせられてしまうだろう。

　子ども虐待小児科学は下位専門分野として、2009 年に米国小児科専門医委員会により認められ
ているが、子ども虐待小児科医の地域分布は不均一である。多くの病院や小児科トレーニングプロ
グラムはこの領域の専門家とかかわっているが、すべてではない。それゆえ、すべての医学生や小
児科研修医がこの下位専門分野を経験するわけではなく、子ども虐待事例を認識しマネージメント
することに関して、子ども虐待の専門家から指示を受けられるわけではない。

　初学者のニーズと指導者や資源の利用との間にある隔たりをつなぐ方法の 1 つに、遠隔教育（遠
隔学習）がある。遠隔教育は教育の新たな領域で、講師が教え資料を示すのと同じ場所・同じ時間
にいない学習者に対して、教育や資料を届けるものである。それはウェブベースでの掲示板、ビデ
オカンファレンス、電子メールによる課題や発表のような教育方法を含んだものである。遠隔教育
を使用することで、異なる施設の学習者が同じ情報や教育にアクセスすることができる。

　少数の研究が、子どもの不適切な養育領域におけるウェブベースの教育の長所短所について調査
している（Blanchet, 2008; Kenny, 2007; Saunders, 2008）。ある報告では長所として、教育を簡単に広
め、ソーシャルネットワークを促進させていけることを挙げている。短所としては、顔を突き合わ
せた相互協力に欠けることと、実施にあたっての費用がかかることなどが挙げられる（Saunders,
2008）。しかしながら、子ども虐待小児科医の教育は必要であるにもかかわらず、すべての研修医
が受けられるわけではないのであれば、遠隔教育はこのニーズの穴埋めをする 1 つの方法である。

研修医と、児童保護システムや法的システムとの相互関係

　多くの虐待やネグレクトの事例は児童保護に関わる関係機関や法的システムに移行され、これら
の子どもを評価する医師はこれらのシステムと関係を持つことが求められ、法廷での証言を求めら
れるかもしれない。児童保護システム（児童保護局／child protective services, CPS）は、虐待やネ
グレクトが疑われるケースの調査を行う。そして、その義務は子どもがさらに傷つくことから守るこ
とである。法的システム（刑事司法）は誰かが法律を犯したことが疑われればかかわってくる。す
べての事例に、両方のシステムが関与してくるわけではない。しかし、多くの子ども虐待事例にお
いて、両方の関与がある。

　すべての州に CPS が設置されている。研修医は自分が研修を受けている地区における虐待やネ
グレクトが疑われるケースの通告プロセスを知っておかなければならない。州全体にわたるシステ
ムを持っている州もあれば、独自の機関を郡ごとに持っている州もある。一旦通告がなされると、
CPS は虐待やネグレクトが疑われる事例の通告を受理するかどうか決定する。通告を受理した場合、
調査が開始され、CPS は調査を実行する日数を設定し、虐待やネグレクトの有無に関しての決定
を行う。この調査期間中に、CPS は子どもを家にそのまま滞在させるのか、代わりの家に移動さ
せるのかを決定する（別世帯の親戚の家や里親など）。CPS は医療チームや医療的な評価や所見の報
告に耳をかたむけはするが、子どもの措置や処遇の決定は CPS 次第である。医師がこのような決
断を下すのは不適当だろう。調査期間中、医師は少年裁判所や家庭裁判所から、子どもの医学的所
見を証言するために呼び出されることもある。

　法に触れるような子ども虐待やネグレクトの事例においては、刑事裁判システムが関与すること
となる。すべての事例が刑事訴追される水準となるわけではない。ときには、深刻な刑事事件（重
篤な、あるいは生命を脅かすような子どものケガなど）もあるが、加害者を特定することは不可能で
ある。刑事裁判にいたるケースで検察官（州）は、「合理的な疑問を残さない程度」に立証しなく
てはならない（Palusci, Hicks, & Vandevort, 2001）。

　子ども虐待とネグレクト領域での研修医トレーニングの本質的な部分は、医療的な治療の後にか
かわってくる、医療以外のシステム（児童保護システムや法的システム）である。1985 年の研究では、
医師の3%が虐待の疑われる事例の通告をしていなかった。なぜなら、彼らは法律のシステムにか
かわりを持つことに慎重だったからである（Saulsbury & Campbell, 1985）。

　アーカンソー州の子ども病院で行われた先行研究では、研修医が司法関連の情報（法廷で尋ねら
れるような質問、特に反対尋問に関することや、公判のプロセスに関してなど）を得たいと希望してい
ることが明らかになった。また、自身の仕事に関するフィードバックも希望している（Jones et al.,
1990）。先行研究の参加者は法律に関するトレーニング（たとえば、いつ法的なアドバイスを求めたら
よいのかなど）はとても助けになるだろうと記している。この小規模な先行研究に参加した研修医
は、証言をしなければならないことの負担を、さほど大きなことだと認識はしていなかった。しか
し、研修医やフェローたちとの別のかかわりの中で示されたのは、公判手続きに関する知識なしに

法廷で証言しなくてはならないと考えることは負担が非常に大きく、法的手続きについての準備不足や居心地の悪さを覚えるということであった。

　それゆえ、子ども虐待に関しての「非医療的な」側面は研修医教育の一環であるべきなのである。模擬裁判は、研修医が法廷に立つ必要に迫られる前に役立つだろう。さらに、事例が予想通りの結果にならなかった場合（CPS が子どもを家から離さなかった場合など）、研修医は失望感と怒りを感じることがある。児童保護システムとその制約をよりよく理解することは、失望感や怒りを減らす一助となるだろう。CPS 職員と直接意見交換することでさらに教育と経験が深まるだろう。

虐待が疑われる子どもの家族とのかかわり

　虐待を疑う事例周辺でのやりとりは難しく、感情的に張り詰めたものである。家族にとってこういった話を聞くのは負担が大きいが、同様に伝える側の医療関係者も負担が大きい。研修医はコミュニケーションスキルを形成し練習をする手段を与えられるべきである。多くの研修医プログラムでは「死と死にゆくこと」「悪い知らせを伝えること」に関してのセッションが提供されていて、このようなプログラムで学ぶコミュニケーションの手段や技術は、子ども虐待が疑われる家族へのアプローチに適合する可能性がある。

　安全な状況で技術を学び練習するのに最適な方法の１つにロールプレイがある。多くの初学者ははじめのうちはロールプレイを喜んで受け入れることはない。限界があるというのだ。というのも、多くの人はそれが理論上のもので、本当の意味で医師－患者（または家族）関係を形にすることは不可能だと感じる。しかし、ロールプレイを通じて新しいスキルを練習したり、リスクを犯したり、失敗をするよい機会が得られるのである。ひとたび初学者がスキルに関する練習を行えば、実際の患者ケアの状況の中でそれらのスキルを使ってみることができるかもしれない。

　子ども虐待が疑われる家族の診断に対しアプローチをする際には、いくつか留意すべき重要な点がある。子ども虐待を疑う事例として通告するとの決定は、CPS と法的機関（もしくはいずれか一方）に接触する前か接触後速やかに家族に伝えられなくてはならない。すべての支援者はこのような会話をせねばならぬことにストレスを感じるだろう。これらの感情を持つのは自然なことであり、そのことは広く認識されるべきである。すべての養育者や家族には敬意を持って接しなければならない。誰かの罪を決定したり、責任の所在を明らかにしたりすることは医療関係者の役割ではないのである。

　家族と議論するときには、研修医は、プライバシーの遵守、適切な席配置、議論の時間など、効果的なコミュニケーションにつながるような状況を作り出すべきである。研修医はその議論に際して両親（または保護者）は他の誰に同席して欲しいのか尋ね、親が他の家族や友人の参加許可を与えたと文書化しておくべきである。シンプルで容易に理解できることばを使用することは重要である。同時に、話されている内容を家族が理解できているか確かめるために、頻回に確認をとることも重要である。すべての情報は慎重でありながらも、率直に提供されることは必要不可欠である。もし家族が、診断が子ども虐待だと理解できないまま、CPS や法的機関がかかわることになった

場合、家族は医療チームが情報を隠していたと感じるだろう。研修医は、すべての答えを知る研修医や医師はいないことを知っておくべきである。「私にはわかりません」という返答に抵抗がなくなるよう学ぶことは、研修医トレーニングの1つである。

　家族の強い感情の爆発は多くの医師を動揺させる。研修医は、家族に反応を示すための時間を与えるべきであるが、同時に診察室に入る前に安全のための方策をとっておくべきである。チームの他のメンバーと一緒に参加することは、常に最善の策である。研修医の安全が保証されないという合理的な懸念がある場合は、情報伝達セッションの間、病院保安員の立ち合いを配備することは有効であろう。懸念をCPSか法的機関に前もって伝え、家族との話し合いをそれまで控えておいたほうがより安全であると思われる場合は、そうすることが適切な働きかけとなるだろう。

二次的トラウマティックストレス

　二次的トラウマティックストレス（secondary traumatic stress: STS）、ときには代理トラウマとも言われるが、研修医はこのことについて学んでおかなくてはならない。これはトラウマとなる体験をした被害者の説明を聞いた後、専門の支援者に生じることがある。「支援を行っている」専門家の誰にでもおこる可能性があり、それにはカウンセラー・救急部・その他のトラウマや医療の関係者・ホスピスで仕事をしている人・警察官・消防士・ケースワーカーなども含まれる（Gates & Gillespie, 2007）。トラウマを負った人と一緒に働いたり、その人を手助けしたりしている者が、間接的にもしくは二次的に直接トラウマを負った人と同様の症状を発症する恐れがあることを、研究者や実務者は今や認識している。STSの症状は身体的な症状（吐き気、疲労感、睡眠不足、頭痛）と感情面での症状（無気力、不全感、挫折感、淋しさ）などが起こりうる。集中できない、物事を決められない、忘れやすさなどの認知面での影響、ひきこもり、回避、常習的欠勤などの行動面での影響などが出る可能性もある。離人感は、専門家としての生活と個人としての生活のいずれにも影響してくる。STSの人々は心的外傷後ストレス障害だと診断される人々に近い症状を持ち、それは生理的覚醒、侵入的なイメージ、そして回避反応でさえも含まれる（Gates & Gillespie, 2007）。

　トラウマを経験した患者をケアしている専門家のすべてにSTSの症状が生じる訳ではない。STSの症状の出現に影響を与えるような個人的なリスク因子がある。未熟な対処機能の既往や以前のトラウマの既往は、STSの症状が生じるリスク要因である。女性であることはリスクが高い。被害者との接触の増加とSTS症状の出現しやすさとの間には正の相関がある。結局は、専門家が患者により多く「かかわる」ほど（つまり、患者が専門家に家族や親しい友人を思い起こさせる場合は）、STS症状の出現のリスクがより大きくなる（Gates & Gillespie, 2007）。

　STSやさまざまな感情反応に対する予防と治療には、支持的なスーパーバイザーがかかわらなくてはならない。研修医にとって、このスーパーバイザーはプログラムの責任者、教育上の指導医、先輩研修医やチーフ研修医がなることも可能である。研修医プログラムは潜在的な危険のある状況（救急部ローテーション、トラウマ選択科目、新生児や小児の集中ケアユニットローテーション、子ども虐待選択科目もしくはローテーション、局所災害）を率直に認識すべきである。さらに、それぞれのプ

ログラムや病院に合わせた研修や方針を作るべきである。これらには STS や STS の徴候やリスク要因に関する教育を提供すること、研修医同士が心を開くことや指導医によるモニタリングが自由に行われることも含まれるべきである。医師は、医師なのだからこれらの感覚すべてに対して免疫があるなどと、決して考えるべきではない。デブリーフィング（訳注：災害や精神的ショックを経験した人々に対して行われる、急性期［体験後2、3日〜数週間］の支援方法のことで、それについて詳しく話すことで精神的苦しみを克服する手法が用いられる）や振り返りのセッションはある種のトラウマの症例や出来事に対して有益になることがある。セルフケアには、専門家としての明確な境界線と、家庭と仕事のよいバランスを保つことが含まれる。

研修医トレーニングにおける医師にとっての他の懸念事項は、子ども虐待の状況に対する感情的な反応である。加害者だと思われている者に対して、または子どもを危害から守れなかった加害者ではない養育者にさえ憤慨や怒りを感じるかもしれないことを予測しておくべきである。ひどくケガをした子どもを見ることや大人がケガをさせたことを聞くことで、おびただしい悲しみに襲われるかもしれない。即座のもしくは後の加害被疑者から報復を受ける恐れや、公判手続きへの不安などもあってしかるべき感情である。これらの感情や反応を予測し議論することは、研修医教育の一環として取り入れられるべきである。感情に対処することを手助けし、あらゆる法的手続きのガイダンスを参照するために、支持的で知識に富んだ指導医を得ることが、大きな助けになるだろう。

結論

被虐待児の緊急のケアであるかもしれないし、逆境的小児期体験を有する成人のケアであるかもしれないが、あらゆる領域の研修医は子どもの不適切な養育と接するだろう。児童青年期の子どもの治療に当たる研修医は、虐待が疑われる事例の評価をするかもしれない。そして、その家族やCPS、法的機関などと、その懸念事項に取り組むかもしれない。研修医は虐待を防止する立場でもあり、そうできるよう技術と知識を身につけておくべきである。研修医は患者やすべての子どもの権利擁護をどのように行うかを知っておくべきである。最後に、研修医に二次的トラウマが起こりうると認識し、その際には十分なケアが、研修医自身と研修プログラムにおいて保証されているべきである。

［参考文献］

1.　Accreditation Council for Graduate Medical Education. (2012, September). *Program director guide to the common program requirements*. www. acgme. org/acgmeweb/tabid/237/GraduateMedicalEducation/InstitutionalReview/ProgramDirectorGuidetotheCommonProgramRequi.aspx
2.　Barr, R. G. (1998). Colic and crying syndromes in infants. *Pediatrics, 102*(5, Suppl. E), 1282-1286.
3.　Berger, R. P., Bogen, D., Dulani, T., & Broussard, E. (2002). Implementation of a program to teach pediatric residents and faculty about domestic violence. *Archives of Pediatrics & Adolescent Medicine, 156*, 804-810.
4.　Blanchet, K. D. (2008). Innovative programs in telemedicine. *Telemedicine and e-Health, 14*, 637-641.

5.　Brown, D. W., Anda, R. F., Felitti, V. J., Edwards, V. J., Malarcher, A. M., Croft, J. B., & Giles, W. H. (2010). Adverse childhood experiences and the risk of lung cancer. *BMC Public Health, 10*, 20.

6.　Christian, C. (2008). Professional education in child abuse and neglect. *Pediatrics, 122*, S13-17.

7.　Dong, M., Giles, W. H., Felitti, V. J., Dube, S. R., Williams, J. E., Chapman, D. P., & Anda, R. F. (2004). Insights into causal pathways for ischemic heart disease: Adverse Childhood Experiences Study. *Circulation, 110*, 1761-1766.

8.　Dubow, S. R., Giardino, A. P., Christian, C. W., & Johnson, C. F. (2005). Do pediatric chief residents recognize details of prepubertal female genital anatomy? A national survey. *Child Abuse & Neglect, 29*(2), 195-205.

9.　Dubowitz, H., Feigelman, S., Lane, W., & Kim, J. (2009). Pediatric primary care to help prevent child maltreatment: The Safe Environment for Every Kid (SEEK) model. *Pediatrics, 123*, 858-864.

10.　Feigelman, S., Dubowitz, H., Lane, W., Grube, L., & Kim, J. (2011). Training pediatric residents in a primary care clinic to help address psychosocial problems and prevent child maltreatment. *Academic Pediatrics, 11*, 474-480.

11.　Felitti, V. J., Anda, R. F., Nordenberg, D., Williamson, D. F., Spitz, A. M., Edwards, V., et al. (1998). The relationship of adult health status to childhood abuse and house hold dysfunction. *American Journal of Preventive Medicine, 14*, 245-258.

12.　Flaherty, E. G., Sege, R., Binns, H. J., Mattson, C. L., & Christoffel, K. K. (2000). Healthcare providers' experience reporting child abuse in the primary care setting. *Archives of Pediatrics & Adolescent Medicine, 154*, 489-493.

13.　Gates, D. M., & Gillespie, G. L. (2007). Secondary traumatic stress in nurses who care for traumatized women. *JOGNN, 37*, 243-249.

14.　Jenny, C., Hymel, K. P., Ritzen, A., Reinert S. E., & Hay, T. C. (1999). Analysis of missed cases of abusive head trauma. *JAMA, 282*, 621-626.

15.　Jones, J. G., Rickert, C. P., Balentine, J., Lawson, L., Rickert, V. I., & Holder, J. (1990). Residents' attitudes toward the legal system and court testimony. *Child Abuse & Neglect, 14*, 79-85.

16.　Kenny, M. C. (2007). Web-based training in child maltreatment for future mandated reporters. *Child Abuse & Neglect, 31*, 671-678.

17.　Ladson, S., Johnson, C. F., & Doty, R. E. (1987). Do physicians recognize sexual abuse? *American Journal of Diseases in Children, 141*, 411-415.

18.　Menoch, M., Zimmerman, S., Garcia-Filion, P., & Bulloch, B. (2011). Child abuse education: An objective evaluation of resident and attending physician knowledge. *Pediatric Emergency Care, 27*(10), 937-940.

19.　Narayan, A. P., Socolar, R. S., & St. Claire, K. (2006). Pediatric residency training in child abuse and neglect in the United States. *Pediatrics, 117*(6), 2215-2221.

20.　Palusci, V. J., Hicks, R. A., & Vandevort, F. E. (2001). You are hereby commanded to appear: Pediatrician subpoena and court appearance in child maltreatment. *Pediatrics, 107*, 1427-1430.

21.　Saulsbury, F. T., & Campbell, R. E. (1985). Evaluation of child abuse reporting by physicians. *American Journal of Diseases in Childhood, 139*(4), 393-395.

22.　Saunders, B. E. (2008). Commentary on using new technologies in the child maltreatment field. *Child Maltreatment, 13*, 417-423.

23.　Shankoff, J. P., & Garner, A. S. (2012). The lifelong effects of early childhood adversity and toxic stress. *Pediatrics, 129*, e232-246.

24.　Starling, S. P., Heisler, K. W., & Paulson, J. F. (2009) Child abuse training and knowledge: A national survey of emergency medicine, family medicine and pediatric residents and program directors. *Pediatrics, 123*, e595-602.

25.　Williamson, D. F., Thompson, T. J., Anda, R. F., Dietz, W. H, & Felitti V. J. (2002). Body weight, obesity, and self-reported abuse in childhood. *International Journal of Obesity, 26*, 1075-1082.

第29章

プライマリケア医への教育

アマンダ・K・フィンガーソン
エマリー・G・フラハーティ
ロバート・D・セージ

総論

　米国に住む子どもはほぼ全員、プライマリケア医の医療サービスを受けている。プライマリケア医は子どもやその養育者との信頼関係を築くことができているので、子どもの心身の変化を敏感に察知することができ、家族内の関係性についても熟知している。それにもかかわらずプライマリケア医は、子ども虐待の疑いがあるケースを適切に診断して対応する際にしばしば困難に直面する。その困難さの筆頭として挙げられるのが医師の研修不足と自信のなさである。

問題の所在

　子ども虐待は全世界共通の問題であり、結局のところ、小児医療を提供するすべての臨床場面に影響をおよぼす。米国では毎年約 300 万例が、子ども虐待の疑いありとして児童保護局（child protective services, CPS）に通告されている（Gaudiosi, 2010）。平均すると、CPS が虐待ありと認定するのはそのうち 3 分の 1 未満である。しかし、子ども虐待の実数はそれよりもはるかに多いということが多数の調査から示唆されており、疑いを持たれない、あるいは通告されないケースがかなりあると思われる（Centers for Disease Control and Prevention, 2010; Flaherty, Sege, Griffith, et al., 2008; Jenny et al., 1999; MacMilan et al., 1997; Theodore et al., 2005）。広く啓発して意識を高めることにより、プライマリケア医も、これまでであれば見逃されたであろうと思われるケースを見つけることができるようになる。

不適切な養育の発見と対応

　子どもの不適切な養育は比較的よくあることであるが、医師はしばしば疑いも通告もしない。これは特にある特徴を持つ場合によく起こることである。たとえば、家族全体の特徴が挙げられる。

これまでの研究によると、医師は破綻していない白人家庭については子ども虐待を疑ったり通告したりする確率が低い（Flaherty, Sege, Griffith, et al., 2008; Jenny et al., 1999; Jones et al., 2008; Lane et al., 2002; Laskey et al., 2012; Ravichandiran et al., 2010）。民間医療保険を持っている場合も、子ども虐待を疑われて診察や通告を受ける確率が低い（Flaherty et al., 2002）。家族の特徴以外に、子ども自身の特徴も医師が子ども虐待を正しく診断するかどうかに影響する。虐待による頭部外傷例では、より低年齢の子どもや比較的軽症で症状が非特異的であるような子どもは見逃されやすい（Jenny et al., 1999）。虐待に関連した骨折例では、男児の虐待が認知されにくい傾向がある（Ravichandiran et al., 2010）。プライマリケア医は、こういった傾向を念頭に置くことによって、自分自身の判断に影響する個人的バイアスを意識することができ、診療場面において虐待を見逃す確率を低くすることが可能になる。

　子どもや家族の要因に加え、子ども虐待に対する医師自身の反応も虐待やネグレクトのタイプによって変わってくる。医師が虐待ありと診断した場合に通告する確率が最も高いのは性的虐待と身体的虐待のケースである（それぞれ92％と91％）が、身体的ネグレクト（58％）や医療的ネグレクト（43％）のケースでは、通告の確率が格段に低くなると報告されている（Saulsbury & Campbell, 1985）。

子どもの不適切な養育の通告

　子ども虐待が的確に診断も通告もされなかった場合、不適切な養育は再発ないし悪化する可能性が高い（Jenny et al., 1999; Oral et al., 2008）。したがって、医師が子どもの不適切な養育を通告しない理由を調べることが重要となる。虐待の疑いを医師が通告しない理由はいくつか考えられる。州の法律は子どもの不適切な養育の**疑いがある**ケースを通告することを義務づけている（Levi & Brown, 2005; Myers, 1992）が、多くの医師は、子どもの不適切な養育が生じていることに確信を持てない限り通告に消極的である（訳注：米国では、州ごとに各種の法律が異なることがある）。

　過去に医師とCPSとの連携がうまくいかなかった経験があったり、医師がCPSを信頼していなかったりするときにも、通告がされない場合がある。過去に法廷で苦い経験をしたことがある医師も、虐待の疑いを通告する率が低い（Flaherty et al., 2000; Gunn, Hickson, & Cooper, 2005）。子どもの不適切な養育が疑われる家族を医師がよく知っている場合にも対処が甘くなりがちである。これは医師がこの家族のことをなんでもわかっていると思い込み、この家族が虐待するなどということはあり得ないと誤って判断してしまうからである（Jones et al., 2008）。また医師が、将来何かあったときには、CPSを巻き込まなくても自分で介入して子どもを守ることができると思っていることもある（Flaherty et al., 2000; Saulsbury & Campbell, 1985）。ときには、もしCPSに通告でもしたら、その家族がもう受診しなくなってしまうことを医師が懸念する場合もあるが、実際にそうなってしまうことは少ない（Jones et al., 2008; Vulliamy & Sullivan, 2000）。

医師の特徴

　多くの医師は、不適切な養育を発見して対応することに関して自信がなく、その能力が自分にあるとも感じていない。彼らは診療している地域において、身体的・性的虐待が疑われる子どもを診察することを期待されているにもかかわらず、多くの医師はそのための研修をほとんど受けていない。Alpert らの調査（1998）によると、米国のほとんどの医学部は子ども虐待とネグレクトに関するカリキュラムを組んでいると報告したが、時間配分は 0 から 16 時間とさまざまであり、中央値は 2 時間であった。医学生の 21％が子ども虐待に関する指導はまったくなかったと答えた。研修医教育に関しても非常に限られており、小児科研修医も例外ではない。最近の別の調査によると、多くのチーフレジデントが、研修修了間近の研修医が子ども虐待とネグレクトに適切に対処できるとは思わないと回答した。この調査によると、虐待に関するローテーションが必須になっているのは小児科研修プログラムのうち半分に満たず（41％）、57％は選択ローテーションのみが組まれ、虐待関連のローテーションがまったくないプログラムも 25％あった（Narayan, Socolar, & St Claire, 2006）。この調査の参加者の 3 分の 1 は、研修修了間近の研修医が子ども虐待に十分対応できない、またはある程度しか対応できないと回答していた。

　現役小児科医を対象とした最近のアンケート調査でも同様の教育不備がみてとれる。研修医としての研修期間に子ども虐待に関して十分な訓練を受けたと回答したのは、現役小児科医のわずか 47％であった。多くの現役小児科医が、性的虐待（52％）や身体的虐待（16％）の診察を行う力量が自分にはないと感じていた。さらに懸念されるのは、自信がないと感じている多くの医師が、日常診療の中で性的虐待や身体的虐待を実際に診察しているということであった（それぞれ 27％と 19％）。一方で一部の医師（14 〜 57％）は、子ども虐待を評価する力量がないと感じているけれども、もっと教育を受けて子どもを守る責務を果たしたいと回答している（Arnold et al., 2005; Christian, 2008; Lane & Dubowitz, 2009）。

　子ども虐待小児科学（child abuse pediatrics）の分野では、子どもの性的虐待に関する知見と実践とが最も研究されている。過去数十年間の研究によると、子ども虐待の診察に必要とされる解剖学的知識を多くの医師が持っていないことがわかっている。いくつかの研究では、研修中の医師と現役医師の両方が、処女膜や尿道などの基本的な前思春期女性性器の解剖学的知識を欠いていることが判明している。彼らはまたしばしば、異常所見とも正常範囲内変異ともとれるような性器所見に関し、正しい判断を下せない。おそらくこういったことと関係していると思われるが、医師は日常診療において子ども（特に前思春期の女児）の性器の診察をいつも行うわけではないと報告した（Lentsch & Johnson, 2000）。性感染症や性的逸脱行動の意味の解釈に関しても困難さを感じる医師が見られた（Dubow et al., 2005; Ladson, Johnson, & Doty, 1987; Lentsch & Johnson, 2000; Starling et al., 2009）。

教育的アプローチ

　子ども虐待に関する教育がプライマリケア医に益するところが大であることは広く認められてきているにもかかわらず、子どもの保護的介入の研修とその実践を検討した系統的レビューによると、現役医師に対する教育効果、およびその影響力は明確に評価されていない（Carter et al., 2006）。

　一部の州においては、子ども虐待とネグレクトに関する研修を受けることが医師免許取得の必須条件となっている（訳注：米国の医師免許は各州で発行され、その手続きは州によって異なる）。ニューヨーク州において2時間の必修研修を受けた医療関係者（医師、心理士、看護師、教師など）を対象にアンケート調査を行った報告がある（Reiniger, Robison, & McHugh, 1995）。研修前には虐待の徴候がわからなかったと回答した参加者がかなりいたが、ほとんどの参加者が子ども虐待の発見・通告とそれに関連する法的責任について新たな知識を学んだと答えている。興味深いことに全体的な傾向として、参加者各自の専門分野での経験の深さは、研修で与えられた情報をどの程度必要としていたかということと無関係であった。

　ペンシルベニア州は、プライマリケア医療従事者とそのクリニックの全職員を対象に、子どもの不適切な養育を発見・通告するための研修として、子ども虐待とネグレクトの疑いに関するプライマリケア医教育（Educating Physicians in their Community on Suspected Child Abuse and Neglect, EPIC-SCAN）と呼ばれる医学生涯教育（continuing medical education, CME）プログラムを、州内の各地域で実施してきた。このプログラムは1999年に開発された地域の医師と郡の児童保護司とがペアを組んで教育的なプレゼンテーションを行うものである（Christian, 2008）。プライマリケア医はときとして、自分が子ども虐待の調査プロセスから排除されているように感じることがあると報告している。そのためEPIC-SCANのようなプログラムによって、医師は地域の児童保護調査官との関係を築くことができ、ケースがどのようなプロセスを経て調査されるのか、また家族に対するサービスがどのように提供されるのかを知ることができる。

　Hibbardらによる報告（Hibbard, Serwint, & Connolly, 1987）では、インディアナ州の医療関係者およびソーシャルワーク関係者で性的虐待に関する訓練を希望する有志に対して、シンポジウムを行った結果が検討された。過半数の参加者は、これまでに性的虐待の医学的診察に関する研修を受けたことがないと回答した。研修前と研修後のテスト結果を比較検討したところ、シンポジウムの2週間後と6カ月後の両時点において、参加者の知識は改善していた。さらに一部の参加者は、その後自分の地元において、医療・ソーシャルワーク・法律の専門家を対象にした研修を立ち上げて教育活動に貢献した。

　これらの報告は、短期のカンファレンスやセッションも有用であることを示唆している。しかし、さまざまな医学分野に関する系統的レビューによれば、カンファレンスのような短期的・形式的なCMEは、それ自体では医師の診療内容を変化させるだけの影響力はなく、日常臨床を補強するための何らかの戦略も必要であるとされた（Davis et al., 1995）。この報告では、診療ベースの系統的な介入や訪問などの方法がより有用であるとされたが、こういったやり方が実施されることは少な

い。

　子ども虐待に関する教育は専門家の意識と知識を高めるが、それでも得られる知識が十分とはいえない。Botash らによる報告（2005）では、子どもの性的虐待に関する医療従事者の知識と能力を高めるための教育的介入の効果が検討された。そこでは現役小児科医と小児科研修医が、自習形式で症例に基づいた性的虐待に関するカリキュラムを履修した。このカリキュラムでは、ワークブックや性器診察のビデオなども使用された。平均すると、参加者のテストの得点は、カリキュラム前後で有意に改善した。しかし、こういった好ましい認知変化にもかかわらず、過半数の医師は、診察所見を正しく解釈することも家族を的確に安心させることもできず、法律的事柄についての正しい理解を示すこともできなかった。このことにより、このタイプの教育的介入によっても日常診療の不十分さを埋め合わせることはできないことが示唆された。カンファレンスや自習形式の学習だけでなく、日常診療に根ざした個々の医師のニーズに合わせたフィードバックを提供する教育方法もまた 1 つの選択肢ではある。

　Socolar らによる無作為化比較対照試験（1998）では、個々のカルテ記載に基づいた書面でのフィードバックとそれに関連した文献が、性的虐待診察を行った医師に提供され、その指導的介入開始前と 3 カ月間の介入終結時に、性的虐待に関する知識レベルがテストされた。その結果、フィードバックと文献を提供された医師のカルテ記載にも知識レベルにも有意な変化は認められず、この方法はこの領域に関する医師の知識や実践を改善するには有用でないことが示唆された。他の医学領域に関する研究でも同様の結果が得られている（Davis et al., 1995）。

　医師が最近受けた子ども虐待教育の形式にかかわらず、医師が虐待に対してどれくらい注意を払うかが、教育の効果に影響するということは諸研究で示されている。Flaherty ら（2002）によると、医師が子ども虐待に関する何らかの教育を過去 5 年以内に受けている場合、診療場面で遭遇するケガを虐待の疑いありと判断する確率が高かった（Flaherty et al., 2002）。さらに、医師が最近受けた子ども虐待に関する研修により虐待を発見する自信が増すことも示されていた（Flaherty et al., 2006）。研修医として研修中に子ども虐待に関する研修を受けることも重要であるが、Flaherty らによるもう 1 つの報告（2000）では、研修終了後の子ども虐待教育が大切であることが強調されている。この報告の著者らは、研修終了後に何らかの形の研修を受けた医療従事者は、そういった研修を受けていない者よりも、すべてのタイプの虐待を通告する確率が 10 倍高くなることを見出した。

結論と推奨事項

　医師への教育はその医師の診療のありように適合したものであって、なおかつ虐待を示唆するような受傷状況に対する意識を高めるものでなければならない。そういった受傷状況には、子ども虐待に典型的な病歴・身体所見・放射線医学的所見などが含まれる。医師への教育に際しては、通告を躊躇させる要因、たとえば評価バイアスや児童保護システムの理解不足などについても指導する必要がある。

　理想的には、医学部を卒業し、臨床研修を終えてプライマリケア診療を開始する前に、医師は子ども虐待小児科学に関する教育セッションや臨床ローテーションを経験することが望ましい。研修の内容は、医学的研修を受けるすべての者に対して細かく決められるべきである。これについて全米の多職種による協議会は、「医学部教育、研修医教育、そして医師として独立したのちに受ける生涯教育を通じて知識・経験を蓄積するための包括的教育戦略（これには虐待の予防・発見やCPSとの連携を含む）」の一環として「子ども虐待に関して医学生、小児科研修医やその他の医師が受ける教育の量と質」の基準が提示されるべきであると提案した（Flaherty, Sege, Hurley, & Baker, 2008, p. S19）。

　いったん診療活動を始めてしまうと医師は多忙となり、たとえそれが限られた内容のものであっても、CME的な研修が現実的な唯一の選択肢となる。子ども虐待に焦点を当てたカンファレンスが、地域レベルでも全国レベルでも行われている。主に医学的側面に着目したカンファレンスもあれば、より幅広い視野に立ったカンファレンスもある。これらのカンファレンスの多くには、ソーシャルワーカー・法執行機関・児童保護司といった関連分野の専門家も参加し、こういった人たちの視点を知ることは、医師の経験と学習に好影響をおよぼす。たとえば、子ども虐待通告後の調査プロセスについて知ることは、多職種がかかわる児童保護プロセスにおいてプライマリケア医も貢献する一助となる。

　医師にとって役立つような資料がいくつも発刊されている。米国小児科学会（American Academy of Pediatrics, AAP）はさまざまなタイプの子どもの不適切な養育に関して役に立つ診療ガイドラインを発刊しており、身体的・性的虐待が疑われる場合に役立つような視覚的アトラスもある。また、子どもの不適切な養育を扱う裁判で果たす医師の役割に関する資料も利用可能である（Hanes & McAuliff, 1997）。家庭裁判所や刑事裁判所で証言を求められることはプライマリケア医の不安をあおる経験ではあるが、子どもの権利を守るためには極めて重要なことである。法廷ではどんなことが行われるのか、どうすればうまく証言できるのか、などについて医師に情報提供をしてくれる論文・書物・カンファレンスなどがある。

　子ども虐待を発見・通告することは子どもを守る上で重要なことであるが、プライマリケア医は子ども虐待の予防についても重要な役割を担っている。Barton Schmitt（1987）は「子ども期の7つの致命的な罪」を記述し、子どもの正常発達過程におけるさまざまな節目が、子ども虐待の危険性を高めることを提唱した。さまざまな発達段階が子育てをどのように困難にするのかということを認識するだけでも、日常診療の中で医師が養育者を指導する助けとなる。

　たとえば、乳幼児がよく泣くことは正常発達でみられることではあるが、子どもの不適切な養育を惹起しかねない要因の1つである。実際、乳幼児の泣き声が子ども虐待の主要な引き金となっているということは諸研究によって示されている（Lee et al., 2007; Reijineveld et al., 2004）。よく泣く子どもを親がどう理解してどう対処すればよいのかについて、多くのパンフレット・ビデオ・ウェブサイトが利用できる。

　また、より年長の子どもの場合は、その子どものふるまいについて非現実的な期待を養育者が抱くことが、ときとして虐待につながる。子どもの正常発達過程や正常なふるまいについて医師が指

導することにより、親に自信を持たせることができる（Flaherty & Stirling, 2010）。AAP の明るい未来（Bright Futures）と呼ばれるプログラムは非常に有用な資料を提供しており、通常の保健指導訪問における子ども虐待の予防的カウンセリングを行うための資料が得られる。AAP は子育てで遭遇するいろいろな困難さについての親向けパンフレットも発行しており、その中では、よく泣く乳幼児、幼児のしつけ、青年期の行動についても説明されている（Sege et al., 2005）。

カンファレンスや文献資料の他に、地域の子ども虐待の専門家が、プライマリケア医にとって重要な援助者になりうる。子ども虐待小児科学はいまや米国小児科専門医認定機構（American Board of Pediatrics）によって認定された専門医制度を有する専門分野であり、子ども虐待小児科医は多くの主要な大都市圏で活動している。プライマリケア医は地元で活動している子ども虐待小児科医と連携することにより、教育と照会の機会を得るべきである。

以上をまとめると、プライマリケア医は日常診療において子どもの不適切な養育を予防・発見してそれに対処することの重責を痛感しているが、自分にはそんな力量はないと感じていることが珍しくない。医師は医学的研修と実践の中で得られるあらゆる学習機会を利用するべきであり、場合によっては、地域の子ども虐待小児科医やその他の専門家に援助を求めることも必要である。子どもの不適切な養育が疑われるすべてのケースを通告する義務があるということも忘れてはならない。その責任は甚大であるが、プライマリケア医は地域の子どもを守る上で極めて重要な役割を担っている。

［参考文献］

1. Alpert, E. J., Tonkin, A. E., Seeherman, A. M., & Holtz, H. A. (1998). Family violence curricula in U.S. medical schools. *American Journal of Preventive Medicine, 14*(4), 273–282.

2. Arnold, D. H., Spiro, D. M., Nichols, M. H., & King, W. D. (2005). Availability and perceived competence of pediatricians to serve as child protection team medical consultants: A survey of practicing pediatricians. *Southern Medical Journal, 98*(4), 423–428.

3. Botash, A. S., Galloway, A. E., Booth, T., Ploutz-Snyder, R., Hoff man-Rosenfeld, J., & Cahill, L. (2005). Continuing medical education in child sexual abuse: Cognitive gains but not expertise. *Archives of Pediatrics & Adolescent Medicine, 159*(6), 561–566. doi:10.1001/archpedi.159.6.561

4. Carter, Y. H., Bannon, M. J., Limbert, C., Docherty, A., & Barlow, J. (2006). Improving child protection: A systematic review of training and procedural interventions. *Archives of Disease of Childhood, 91*(9), 740–743. doi:10.1136/adc.2005.092007

5. Centers for Disease Control and Prevention. (2010). Adverse childhood experiences reported by adults—Five states, 2009. *MMWR Morbidity and Mortality Weekly Report, 59*(49), 1609–1613.

6. Christian, C. W. (2008). Professional education in child abuse and neglect. *Pediatrics, 122*(Suppl. 1), S13–17. doi:10.1542/peds.2008-0715f

7. Davis, D. A., Thomson, M. A., Oxman, A. D., & Haynes, R. B. (1995). Changing physician performance: A systematic review of the effect of continuing medical education strategies. *JAMA, 274*(9), 700–705.

8. Dubow, S. R., Giardino, A. P., Christian, C. W., & Johnson, C. F. (2005). Do pediatric chief residents recognize details of prepubertal female genital anatomy: A national survey. *Child Abuse & Neglect, 29*(2), 195–205. doi:10.1016/j.chiabu.2004.03.017

9. Flaherty, E. G., Sege, R., Binns, H. J., Mattson, C. L., & Christoffel, K. K., Pediatric Practice Research Group. (2000). Health care providers' experience reporting child abuse in the primary care setting. *Archives of Pediatric & Adolescent Medicine, 154*(5), 489–493.

10. Flaherty, E. G., Sege, R. D., Griffith, J., Price, L. L., Wasserman, R., Slora, E., et al. (2008). From suspicion of physical child abuse to reporting: Primary care clinician decision-making. *Pediatrics, 122*(3), 611–619. doi:10.1542/peds.2007-2311

11. Flaherty, E. G., Sege, R. D., Hurley, T. P., & Baker, A. (2008). Strategies for saving and improving children's lives. *Pediatrics, 122*(Suppl. 1), S18–20. doi:10.1542/peds.2008-0715g

12. Flaherty, E. G., Sege, R., Mattson, C. L., & Binns, H. J. (2002). Assessment of suspicion of abuse in the primary care setting. *Ambulatory Pediatrics, 2*(2), 120–126.

13. Flaherty, E. G., Sege, R., Price, L. L., Christoffel, K. K., Norton, D. P., & O'Connor, K. G. (2006). Pediatrician characteristics associated with child abuse identification and reporting: Results from a national survey of pediatricians. *Child Maltreatment, 11*(4), 361–369. doi:10.1177/1077559506292287

14. Flaherty, E. G., & Stirling, J., Jr. (2010). Clinical report: The pediatrician's role in child maltreatment prevention. *Pediatrics, 126*(4), 833–841.

15. Gaudiosi, J. A. (2010). *Child maltreatment*. Washington, DC: U.S. Government Printing Office.

16. Gunn, V. L., Hickson, G. B., & Cooper, W. O. (2005). Factors affecting pediatricians' reporting of suspected child maltreatment. *Ambulatory Pediatrics, 5*(2), 96–101. doi:10.1367/A04-094R.1

17. Hanes, M., & McAuliff, T. (1997). Preparation for child abuse litigation: Perspectives of the prosecutor and the pediatrician. *Pediatric Annals, 26*(5), 288–295.

18. Hibbard, R. A., Serwint, J., & Connolly, M. (1987). Educational program on evaluation of alleged sexual abuse victims. *Child Abuse & Neglect, 11*(4), 513–519.

19. Horsley, J. E., & Carlova, J. (1983). *Testifying in court: A guide for physicians* (2nd ed.). Oradell, NJ: Medical Economics Books.

20. Jenny, C., Hymel, K. P., Ritzen, A., Reinert, S. E., & Hay, T. C. (1999). Analysis of missed cases of abusive head trauma. *JAMA, 281*(7), 621–626.

21. Jones, R., Flaherty, E. G., Binns, H. J., Price, L. L., Slora, E., Abney, D., et al. (2008). Clinicians' description of factors influencing their reporting of suspected child abuse: Report of the Child Abuse Reporting Experience Study Research Group. *Pediatrics, 122*(2), 259–266. doi:10.1542/peds.2007-2312

22. Ladson, S., Johnson, C. F., & Doty, R. E. (1987). Do physicians recognize sexual abuse? *American Journal of Diseases of Children, 141*(4), 411–415.

23. Lane, W. G., & Dubowitz, H. (2009). Primary care pediatricians' experience, comfort and competence in the evaluation and management of child maltreatment: Do we need child abuse experts? *Child Abuse & Neglect, 33*(2), 76–83. doi:10.1016/j.chiabu.2008.09.003

24. Lane, W. G., Rubin, D. M., Monteith, R., & Christian, C. W. (2002). Racial differences in the evaluation of pediatric fractures for physical abuse. *JAMA, 288*(13), 1603–1609.

25. Laskey, A. L., Stump, T. E., Perkins, S. M., Zimet, G. D., Sherman, S. J., & Downs, S. M. (2012). Influence of race and socioeconomic status on the diagnosis of child abuse: A randomized study. *Journal of Pediatrics, 160*(6), 1003–1008. doi:10.1016/j.jpeds.2011.11.042

26. Lee, C., Barr, R. G., Catherine, N., & Wicks, A. (2007). Age-related incidence of publicly reported shaken baby syndrome cases: Is crying a trigger for shaking? *Journal of Developmental and Behavioral Pediatrics, 28*(4), 288–293.

27. Lentsch, K. A., & Johnson, C. F. (2000). Do physicians have adequate knowledge of child sexual abuse? The results of two surveys of practicing physicians, 1986 and 1996. *Child Maltreatment, 5*(1), 72–78.

28. Levi, B. H., & Brown, G. (2005). Reasonable suspicion: A study of Pennsylvania pediatricians regarding child

abuse. *Pediatrics, 116*(1), e5–12. doi:10.1542/peds.2004-2649

29. MacMillan, H. L., Fleming, J. E., Trocme, N., Boyle, M. H., Wong, M., Racine, Y. A., et al. (1997). Prevalence of child physical and sexual abuse in the community: Results from the Ontario Health Supplement. *JAMA, 278*(2), 131–135.

30. Myers, J. E. B. (1992). *Legal issues in child abuse and neglect*. Newbury Park, CA: Sage Publications.

31. Narayan, A. P., Socolar, R. R., & St Claire, K. (2006). Pediatric residency training in child abuse and neglect in the United States. *Pediatrics, 117*(6), 2215–2221. doi:10.1542/peds.2006-0160

32. Oral, R., Yagmur, F., Nashelsky, M., Turkmen, M., & Kirby, P. (2008). Fatal abusive head trauma cases: Consequence of medical staffmissing milder forms of physical abuse. *Pediatric Emergency Care, 24*(12), 816–821. doi:10.1097/PEC.0b013e31818e9f5d

33. Ravichandiran, N., Schuh, S., Bejuk, M., Al-Harthy, N., Shouldice, M., Au, H., & Boutis, K. (2010). Delayed identification of pediatric abuse-related fractures. *Pediatrics, 125*(1), 60–66. doi:10.1542/peds.2008-3794

34. Reijneveld, S. A., van der Wal, M. F., Brugman, E., Sing, R. A., & Verloove-Vanhorick, S. P. (2004). Infant crying and abuse. *Lancet, 364*(9442), 1340–1342. doi:10.1016/S0140-6736(04)17191-2

35. Reiniger, A., Robison, E., & McHugh, M. (1995). Mandated training of professionals: A means for improving reporting of suspected child abuse. *Child Abuse & Neglect, 19*(1), 63–69.

36. Saulsbury, F. T., & Campbell, R. E. (1985). Evaluation of child abuse reporting by physicians. *American Journal of Diseases of Children, 139*(4), 393–395.

37. Schmitt, B. D. (1987). Seven deadly sins of childhood: Advising parents about difficult developmental phases. *Child Abuse & Neglect, 11*(3), 421–432.

38. Sege, R. D., Flanigan, E., Levin-Goodman, R., Licenziato, V. G., De Vos, E., & Spivak, H. (2005). American Academy of Pediatrics' Connected Kids program: Case study. *American Journal of Preventive Medicine, 29*(5, Suppl. 2), 215–219. doi:10.1016/j.amepre.2005.08.026

39. Socolar, R. R., Raines, B., Chen-Mok, M., Runyan, D. K., Green, C., & Paterno, S. (1998). Intervention to improve physician documentation and knowledge of child sexual abuse: A randomized, controlled trial. *Pediatrics, 101*(5), 817–824.

40. Starling, S. P., Heisler, K. W., Paulson, J. F., & Youmans, E. (2009). Child abuse training and knowledge: A national survey of emergency medicine, family medicine, and pediatric residents and program directors. *Pediatrics, 123*(4), e595–602. doi:10.1542/peds.2008-2938

41. Theodore, A. D., Chang, J. J., Runyan, D. K., Hunter, W. M., Bangdiwala, S. I., & Agans, R. (2005). Epidemiologic features of the physical and sexual maltreatment of children in the Carolinas. *Pediatrics, 115*(3), e331–337. doi:10.1542/peds.2004-1033

42. Vulliamy, A. P., & Sullivan, R. (2000). Reporting child abuse: Pediatricians' experiences with the child protection system. *Child Abuse & Neglect, 24*(11), 1461–1470.

第30章
子ども虐待小児科医
不適切な養育を受けた子どもへの治療

ブレット・スリングスビー

クリスティン・バロン

総論

　子どもの不適切な養育が懸念される場合には、それがどのタイプであってもその子どもの医学的評価を適切に行うことが大切である。最近数年の間に、子ども虐待小児科学領域におけるさまざまな複雑な問題についての経験と知識のある医師たちの中から、新たな医学専門分野が確立された。こういった医師の専門性は、性的虐待・身体的虐待・心理的虐待やネグレクトを受けた子どもの医学的評価の際に発揮される。子ども虐待小児科学という専門分野が確立されて、医学・法律学の専門家や児童保護サービス関係者に広く認知されることにより、被虐待児の評価とケアがよりよいものになってきている。この新しい小児医学専門分野について熟知することは、子ども虐待とネグレクトの評価・診断・治療に携わる他の専門職にとって資するところが大きい。

専門分野としての子ども虐待小児科学

　過去60年ほどにわたって子ども虐待は医学的問題として認知されるようになった。子ども虐待に対して医学的関心が向けられるようになったのは、1946年にJohn Caffeyが、硬膜下血腫と長幹骨骨折のために受診した乳幼児6例について記載したことに始まる。この論文の中でこれらの原因について明確に述べられてはいなかったが、Caffeyは血腫と骨折の間には何らかの関連性があっておそらくは外傷によるものではないかと示唆した。その後1960年代初頭に、C. Henry Kempeが「バタード・チャイルド・シンドローム（battered child syndrome）（殴打された子どもに見られる症候群）」を記載した。この中で、子どもの受傷の原因は身体的虐待であること、医師がこの症候群の可能性を念頭に置いておくことが重要であること、そして身体所見と病歴との矛盾点に注意を払う必要があることが示された（Kempe et al., 1965）。この報告により子ども虐待への医学的関心が高まって、研究が行われるきっかけとなったのである。

　1960年代以降、子ども虐待に関する研究と臨床的知見とが数多く蓄積されてきた。その結果と

して、この分野の研究をさらに進めることと、虐待が疑われるケースに対して質の高いケアを提供することが医師に求められるようになった。そして、知っておかなければならない医学的知識が増えて要求される臨床スキルレベルが上がるにつれ、この領域に新たに携わろうとする医師には、従来の小児科研修では得られないような研修と経験が必要とされることが明らかとなった。2006 年に米国小児科専門医認定機構（American Board of Pediatrics）は、子ども虐待小児科学を小児科学の一専門分野として位置づけた。このことによって、被虐待児を適切にケアするためには、専門的な技術・教育・訓練が必要であることが認められたことになる。これに引き続いて、卒後医学教育認定評議会（Accreditation Council for Graduate Medical Education, ACGME）は、この分野の専門医になるために必要な専門医研修の内容を定めた。子ども虐待小児科学の研修のために一定のフェローシップ研修が必要とされることに関して、ACGME は、「子ども虐待小児科学のための追加的な研修と認定制度とを確立・認知することの目的は、虐待やネグレクトを受けた子どもが専門性の高い的確なケアを受けられるようにするためである」と述べた（ACGME, 2012）。

　ほとんどの小児科医は、レジデントとしての研修終了直後において被虐待児への対応の経験があまりない。加えて、有能な子ども虐待小児科医に必要とされる他の医学領域の経験も少ない場合が多い（ACGME, 2012）。その結果、現役医師の多くは、虐待が疑われる子どもの診察を苦手とする。この問題の原因の一端として、子ども虐待に関する小児科レジデントに対する統一した教育が欠けていることが挙げられる。研修修了間近の小児科レジデントが子ども虐待にどれくらい適切に対応できると思うかをチーフレジデントたちに質問したところ、十分でないと思うという回答が 34％を占めた（Narayan, Scoloar, & St Claire, 2006）。Starling らの研究（2009）では、小児科・家庭医学・救急医学の 3 年目のレジデントは子ども虐待に関してわずかの研修しか受けていないことと、正常女性性器の解剖学に疎く、性的虐待被害児の診察を極めて苦手とすることを明らかにした。これらの報告は、被虐待児の診察に熟達するためには、通常の小児科研修で得られるよりも充実した研修が必要とされるということを支持するものである。子ども虐待小児科学という専門分野の必要性を検討した論文の中で Block と Palusci（2006）は、虐待が疑われるケースに適切に対応できるようになるには、数百時間もの研修と経験が必要であるとした。このレベルの研修は通常の 3 年間の研修プログラムでは提供されておらず、また提供できるはずもなく、専門医として十分な経験を積むことが欠かせないのである。

　研修修了間近のレジデントと同じく、多くのプライマリケア医も知識不足と経験不足のため、虐待やネグレクトが懸念されるケースに対する苦手意識が強い（Botash et al., 2005; Flaherty & Sege, 2005; Flaherty, Sege, Griffith, et al., 2008; Flaherty, Sege, Price, et al., 2006; Lane & Dubowitz, 2009）。加えてプライマリケア医は、虐待の懸念がもち上がった場合に、また別の現実的問題に直面する。それは、何年も治療をしてきてよく知っている家族に対して、子ども虐待の懸念を伝えることの難しさである。長年にわたってその家族とさまざまな交流を重ねてきたことで、プライマリケア医の判断には知らず知らずのうちにバイアスがかかっているかもしれない。それに対して、家族と初対面の専門コンサルタント医は、そういった影響を受けることがないであろう。医療従事者はまた、子ども虐待の疑いを通告した場合、通告された家族がもはや受診しなくなったり立腹したり、逆に自分

が訴えられたりするのではないかと心配するものである（Flaherty & Sege, 2005; Jones et al., 2008）。子ども虐待小児科学を専門分野として確立することにより、プライマリケア医が子ども虐待を疑った場合に専門家の教えや意見を得る機会が持てるのである。もちろんそういう場合でも、子ども虐待の疑いを見極めること、コンサルテーションのときだけでなくその前後にも子ども虐待小児科医（child abuse pediatrician, CAP）と密に連絡をとり合うこと、そして診察後も家族のフォローを継続することは、いずれもプライマリケア医が責任を持って行わなければならない。ただその中で、困難な状況や疑問点が急に生じた場合には、専門コンサルタント医としての CAP の援助は得られるのである。

　子ども虐待が疑われるケースに直面したプライマリケア医療従事者にとって、現実的な問題がもう1つある。それは時間である。こういうケースを十分に診察するには大変時間がかかり、ひと通りの診察をするのに2時間を要することもよくある。もし通常の診察スケジュールが15分枠であれば（Gottschalk & Flocke, 2005）、その時間内に病歴聴取を終え、身体所見をとって写真記録も撮影し、医学的助言を伝え、関係当局に連絡をとり、今後の調査プロセスについて家族に説明する、といったすべてのことをこなすことは難しい。さらにいえば、たとえ時間が十分にあったとしても、多くのプライマリケア医は、警察や児童保護局（child protective services, CPS）に連絡することは苦手、ないし不慣れである（Flaherty & Sege, 2005; Flaherty, Sege, & Griffith, et al., 2008; Flaherty, Sege, Price, et al., 2006; Lane & Dubowitz, 2009）。結果として多くのプライマリケア医は、いつ連絡すべきか、だれに連絡すべきか、状況をどのように説明・記載すればよいのかといったことを知らないことが多い。その上、州の機関に連絡した場合、それを知った家族は、多くの医師が経験不足で答えられないような疑問や心配をぶつけてくるのが通常である。それでも医療従事者は通告義務を負っているので、虐待やネグレクトが疑われる場合にはこれらの機関に連絡をとる医学的・倫理的・法的責任がある。しかしながら、最初に CAP と連絡をとり合うことにより、プライマリケア医が動きやすくなることもある。

　以上のことに加え、小児科医が子ども虐待ケースに対応するのがしばしば苦手である理由の1つとして、法定での手続きに巻き込まれることへの不安がある（Flaherty & Sege, 2005; Flaherty, Sege, Griffith et al., 2008; Flaherty, Sege, Price, et al., 2006; Jones et al., 2008; Lane & Dubowitz, 2009）。子ども虐待が疑われるケースの初期評価終了時点で、担当医が法廷での証言を要請されることがある。しかし法廷での証言というのは、医師にとって不都合なものである。というのは、しばしば変更される法廷の日程に合わせて、患者の予約でいっぱいになっている診療スケジュールを変更する必要に迫られるからである。法廷証言に関する指導が一般臨床医の研修に含まれていることは少ないし、含まれていたとしても十分ではない。その結果、医療従事者は法廷でどう証言したらよいかわからず、不十分な証言しかできないことが多い（Lane & Dubowitz, 2009）。それに対し CAP は、法廷での証言は彼らの業務の一環であって、証言を求められた際に診療業務に支障を来さないようにあらかじめ配慮していることが多い。CAP はまたそのフェローシップの中で、法廷証言に関して多くの研修と経験を積んでいる。そのため、より正確でかつ明確な証言をすることができるのである。しかし、専門家としての CAP が確立されたにもかかわらず、その他の医療従事者や医師が法廷で

証言しなければならない状況は生じる。医療従事者が法廷証言のために召喚された場合には、出廷するまでに時間の余裕を持って直ちに弁護士に連絡をとり、ケースについて話し合っておくべきである。

子ども虐待小児科医の研修

　2006 年に子ども虐待小児科学が専門分野として正式に認められて以来、専門医になろうとする医師の研修のための統一基準が定められてきた。現在、この基準の 1 つが子ども虐待小児科学専門医試験であり、2009 年に初めて施行された。この試験の受験資格を得るためには（そして CAP 認定専門医になるためには）、認可された医学部を卒業していること、ACGME に認定された 3 年間の小児科研修プログラムを修了していること、一般小児科専門医資格を取得していること、有効な医師免許を所持していること、そして ACGME に認定された 3 年間の子ども虐待小児科学フェローシップを修了していることを満たす必要がある（American Board of Pediatrics, 2011）。

　ACGME（2010）によれば、子ども虐待小児科学フェローシップの目的は、「子ども虐待の急性期、および慢性期の徴候を診断し対応すること、他の関係者を指導すること、子ども虐待に関する研究を発案し遂行すること、多職種と連携しつつ有能な医師として業務に従事すること、そして子ども虐待に関する行政・立法・政策上の問題に精通することを医師に身につけさせるため」である。

　子ども虐待小児科学が専門分野として認可されて以来、ACGME（2012）はフェローシップ教育の細かな基準を定めてきた。その目的は、「認定機関によってその資格を授与された専門医のもと正式な教育プログラムにそって、次世代の子ども虐待小児科医の研修を行うため」である。現時点で ACGME（2010）が定めているフェローシップの要件には、研修期間が 3 年間であること、少なくとも 2 名の CAP 専門医が継続的な指導を行うこと、そしてさまざまな他の専門分野（児童青年精神医学、法医学、小児神経学、小児放射線医学、神経放射線学、眼科学、整形外科学、小児外科学、外傷外科学、脳神経外科学などを含む）についても学ぶ機会が得られることなどがある。

　ACGME はまた、3 年間の研修中に身につけるべき能力も定めている。これには、患者のケア・医学的知識・対人コミュニケーション技術・専門家としての自覚（professionalism）、そしてチームとしてのシステムの中での臨床実践などが含まれており、これらについて順に説明する。まず何よりも CAP は、虐待やネグレクトの被害児に対して的確な医学的ケアを提供できなければならない。そして、すべてのタイプの子ども虐待を発見して対応することが期待されており、これには性的虐待・身体的虐待・ネグレクト・医療的子ども虐待（代理ミュンヒハウゼン症候群）、そして心理的虐待が含まれる。医師は的確な診察技術を駆使して、所見の写真記録撮影、および諸検査所見・画像検査所見の正しい判定もできなければならない。そして最後に、患者の身体面・精神面について、的確な治療勧奨をしなければならない（ACGME, 2010）。

　次に、CAP には子ども虐待に関する十分な医学的知識を持っていることも期待されている。これは、小児のケガ（事故によるものも事故によらないものも含む）の疫学、子ども虐待とネグレクトの危険因子、小児のケガの生体力学、子どもの発達、性的行動（定型的なものも非定型的なものも含

む）などについての知識である。CAP はまた、法医学、毒物学、関連のある社会・地域サービスなどについても知識をもっていなければならない。さらに CAP は、子ども虐待疑いのケースの通告・調査・起訴に関する法律、および法的手続きについても知っておく必要がある（ACGME, 2010）。

　研修期間を通じて、子ども虐待小児科学フェローは、専門家としての自覚と対人コミュニケーション技術を実習しなければならない。CAP は疑いのあるケースに関して、被害児・加害者・加害者以外の養育者の医学的面接をそれぞれ行わなければならない。そして、倫理に則った医学的証言を、非医療関係者にも理解できるように明瞭にまとめる能力が必要である。CAP は、他の専門機関と連絡・連携をとり合うことにも習熟していなければならない。これには警察、地区検察、子どものアドボカシーセンター、精神保健の専門家、他科の医師、CPS などが含まれる。最後に、研修期間中のフェローには、多職種の専門家とともにケースを検討して、どうすれば被虐待児のケアを改善できるかを考えていくことが期待される。このようにして CAP がチームの一員として経験を積むことにより、被害児のためのよりよいケアを提供することができるようになるのである（ACGME, 2010）。

　アメリカ小児科専門医認定機構が子ども虐待を専門分野として認定するに至った理由の 1 つに、この分野における科学的研究の飛躍的増加と、さらなる研究継続の必要性がある。このような学術的活動と研究を奨励するために、子ども虐待小児科学フェローシップのうち 12 カ月は学術的な活動にあてられる。これによりフェローは、子ども虐待に関する研究のノウハウを会得して、今後のキャリアを通じて研究を継続する契機を得ることになり、また、他の研究者による報告を批判的に精査する重要なスキルを学ぶ。

子ども虐待小児科医のコンサルテーション

　CAP が果たす主要な役割の 1 つが、病院・他の医師・地域のためのコンサルタントとしての立場である。地域のサービス提供者（カウンセラー・精神科医・プライマリケア医など）が、子ども虐待に関して懸念を抱いている場合、CAP に連絡をとってケースについて相談する機会を得ることができる。経験を積んだ CAP は、これまでの研修や臨床経験、医学的知識、地域資源や法律に関する情報に基づいて、明瞭な指針を提示する。こうした機会を利用することにより、サービス提供者は、被虐待児とその家族に対してよりよい対応をすることができるのである。

　CAP のコンサルテーションの目的は、ケースに関して専門的意見と指針を提供することである。ほとんどの CAP は病院と連携しており、入院患者と外来患者両方についてのコンサルテーションを行う。子どもが現在入院していない場合や子ども虐待外来クリニックへの紹介がなされていない場合であっても、電話連絡によって CAP が助言することができる。医師からのよくある電話相談は、受診した親が性的虐待を心配しているというものである。心配するようになったきっかけは、子どもの行動や虐待の開示であったり、身体診察所見であったりする。地域の CAP に電話連絡をとることにより、子どものために的確な診察が可能となり、不要な救急受診を回避できるという利

点がある。

　医療関係者が、通常とは異なるあるいは憂慮すべき検査所見に遭遇した場合にも、CAP は極めて有用である。直ちに CAP に連絡をとってその所見についての専門家の意見を得ることにより、誤った判断を避けることができる。病歴と検査所見次第では、クリニックや救急部門で、CAP が子どもを直接診察することもあり得る。この場合、所見や写真記録を直接目で確かめることができる上、家族や調査官に対して直接フィードバックもできる。

　コンサルテーションでありがちな別の状況として、身体的虐待の疑いがある。子どもが救急受診をしたり入院したりしている場合には、CAP が外傷を診察して家族や患児と話し合い、外傷の原因についてエビデンスと経験に基づいた意見を述べることが容易にできる。子どもが CAP の診察を直接受けることが容易でない場合でも、得られた検査所見や子どもの開示について、地域の担当職員が CAP に電話相談をすることは可能である。性的虐待の場合と同様、適切な関連機関に紹介したり、CAP 自身の診察室で直接子どもの診察や写真記録撮影を行ったりすることもある。ほとんどの大規模な子ども病院では CAP と即座に連携できるので、地域の職員は専門家の意見を直接聞くことができ、これによって誤診や診断の遅れを防ぐとともに、通告義務を確実に果たすことが可能になる。

急性期治療は子ども虐待小児科医の診察室から始まる

　子ども虐待クリニックにおける子どもの診察は、実は CAP との予約日時に子どもが来院するよりもずっと前から始まっている。ほとんどの子どもの紹介元は、警察・救急部門・CPS・精神保健の専門家・かかりつけのプライマリケア医療従事者のいずれかである。こういった紹介を受けた CAP は、子どもの受診前に、ケースにかかわる諸機関からできるだけ多くの情報を得ておくことが重要である。この情報をあらかじめ入手しておくことにより、子どもの診察をより効率的かつ効果的に行うことができるのみならず、いつその子どもの診察予約を入れるかにも影響する。たとえば急性期所見について懸念をもった医師が患者紹介のために電話してきた場合、CAP は外傷の写真記録撮影と安全プラン作成のためにすぐにでも子どもを診察しようとするであろう。一方、子どもが見せている非特異的な行動に関して、親は心配しているけれども小児科医はさほど心配していない場合には、子どもの診察予約は次の空きがある日時（通常は 1 ～ 2 週間先）となるであろう。

　子どもが他の専門職員にどんな情報を伝えたかもまた CAP の診察がどのように行われるかに影響し、子どもからどれだけの情報を得るべきかにかかわってくる。たとえば、子どもが警察官や司法面接官に、口淫を強制されたことを明確に開示しており、その他の性的行為は否定した場合、その情報を得ることによって、どんな検査を指示するか、子どもの診断をどのように進めるか、そしてどのような指針を提供するかといった判断をより的確に行うことができる。加えて、情報を事前に入手することにより、不必要な病歴聴取を繰り返してしまうことを避けることができ、その分自分の身体について子どもが抱いている質問や不安に焦点を当てることが可能になる。もう 1 つのよくある問題は、親が子どもの開示を信じておらず、子どもをサポートしたり守ったりしようとしな

い場合である。CPS が養育者と話をした結果、彼らが子どもを信じていない、または守ろうとしていないことが明らかになれば、その情報をもとにして CAP の医学的診察の焦点や養育者との話し合いの内容が決められる（Elliot & Carnes, 2001）。

　子どもが子ども虐待クリニックに紹介された場合、養育者も子どもも、診察がどのように行われるのかを前もって知っておくことが安心につながる。紹介しようとしている専門職員が診断のプロセスを熟知しているならば、それを子どもと家族に説明して質問に答えることができる。そして何よりも子どもと家族の診察に対する不安を和らげることが重要である。通常の小児科診察と同様に、CAP の診察も養育者から病歴を聴取することから始まる。こういう診察においては、すべての養育者を、子どもと分離した状況で個別面接することが必要である。その間、子どもは適切な大人と一緒に待合室で待つか、子ども自身の病歴聴取面接を受けるかになる。性的虐待が疑われる場合では、子どもの口から話される病歴が診断と治療のために不可欠である。子どもの年齢・以前の開示・問題の所在などによって、子どもの病歴聴取は非常に短く済むこともあれば 20 分ほどかかることもある。すべての関連情報が聴取されたのちに、子どもは念入りに診察される。これには、肛門性器周辺の診察も含まれる。病歴によっては、臨床検査が適応になることもある。これらすべてが終了したのちに、診察所見が養育者に伝えられ、的確な指針とさらなる紹介先が示される。

　診察にあたっては、現病歴と生活歴を可能な限りすべての養育者から聴取することが重要である。子どもの開示、子どもの行動変化、子どもの開示以降家族に生じた変化などについて個々の養育者は異なった見方をしているかもしれないからである。他の養育者から影響を受けないようにするために、こういった病歴聴取は個別に行われるのが普通である。医師は、子どもが初めて開示したのはいつか、だれに開示したのか、どんな状況で開示したのか、そしてその開示のときに子どもがどのようなことばを使ったのかといったことについて質問する。開示前・開示直後・開示以降の子どもの行動や身体症状や精神状態に関しても、質問が向けられる。最後に、その他の生活上の心配ごとについての以下のような情報が収集される。子どもは以前にも虐待を受けたことがあるのか？開示以降家族は子どもに対して保護的な姿勢をとっているのか？　養育者は子どもを守ろうとしているのか？　家庭内にその他のストレス要因（家庭内暴力、貧困、薬物使用、不安定な住宅事情など）はないのか？

　医師は養育者と話し合ったのち、子どもの面接を個別に行ってさらに病歴を聴取する。このときに大切なのは、子どもが自分自身の診察に積極的にかかわることであり、これは子どもの年齢が高くなるほどより必要となる。子どもは自分の身体や診察に関して何らかの疑問や心配事があるかどうかを尋ねられる。こういった診察方法によって、子どもは自分の身体・開示以降の家族の変化・自分の気持ち・診察を受ける理由などに関する自身の考え・不安・疑問について話す機会を得る。さらに子どもは、これまでだれにも話せなかった心配事についても打ち明ける機会を与えられることになる（Finkel, 2008; Finkel & Alexander, 2011）。ときには子どもが自分の性器内に残されている異物、HIV や妊娠について心配していることがある。こういった心配事は性的虐待のあと数カ月から数年にわたって心の中のどこかに残っていることもあり、子どもはそれを家族にも他の医師にも話せずにいる可能性がある。これらは子どもにとっては当然の心配事なのであるが、それについ

て医療従事者と話し合ったり、ときには簡便な画像検査や非侵襲的検査を受けたりすることで解決
し、子どもの安全感を高めることができる。

　ほとんどのケースにおいて子どもは、他の専門職員（通常は司法面接官、警察官、または CPS）に
すでに開示しているものである。もし、子どもがまだだれにも開示していないのであれば、医学的
診断と治療のために詳細な病歴を聴取する必要がある。子どもから得られるこの情報に基づいて、
医師が医学的診断を下すことができるのみならず、さらに必要な検査や今後のケアに関しても判断
する一助となる。

　養育者と子どもの面接に続いて身体診察が行われる。この診察を行う理由は性的虐待の証拠を探
すためだけではなく、他にも多くの理由がある。というのも、性的虐待を受けた子どもの性器所見
はほとんどの場合正常なのである（Adams et al., 1994; Anderst, Kellogg, & Jung, 2009; Kellogg, Menard,
& Santos, 2004）。診察の目的は、あらゆる異常所見を同定してその意味を説明すること、感染症の
徴候を同定すること、そして今後再度診察を受ける場合や将来法的問題が起きた場合に備えて診察
所見を記載することである。子どもが診察を受けることを強制されることは決してなく、通常は何
の問題もなく診察を行える。性器の診察を行わねばならない状況でそれを子どもが拒否したり嫌
がったりする場合には、鎮静をかけたうえで診察が行われることもあるが、このようなことは非常
に稀である。急性膣出血を認める前思春期の女児を診察するために、麻酔下で診察が行われること
もあるが、これもとても稀である。

　医師は診察を始める前にその目的と段取りを子どもに説明し、年長の子どもや青年に対しては、
もしいれば、どの養育者に診察に同席してほしいかを選んでもらう。治療チームの一員として、
チャイルド・ライフ・スペシャリストの支援を受けられることもある。このスペシャリストは、診
察に同席できる養育者がいない場合や、養育者が拒否的である場合または心理的にあまりにも混乱
している場合に、子どもの心の支えとなる。診察は必ず、少なくとも 2 人の職員（通常は看護師と
医師）が同席して行われる。ほとんどの場合、養育者も同席する。

　CAP の身体診察はプライマリケア医が行う通常の健診と同様であって、頭部・目・耳・鼻・口
の診察、心肺の聴診、腹部の診察、念入りな皮膚所見のチェックなどである。その間、子どもが心
地よくいられるように、身体のできるだけ多くの部分をシーツなどで覆っておく。身体診察の最後
に、子宮腟部拡大鏡（コルポスコープ）を使って肛門性器領域を診察する。女児には通常、内診台
を使用して砕石位（訳注：ひざを曲げ、腿を開いて仰向けに横たわる姿勢）をとらせるか、カエル足姿
勢（左右の足底を密着して両膝を離す体位）をとらせる。そして陰唇を牽引して性器の各部分を診察
する。患児が子どもであっても青年であっても、通常はこういう診察を問題なく行えるものである
（Steward et al., 1995; Wailbel-Duncan, 2001, 2004）。この診察で腟鏡を使うことはまずない。通常男児
は仰臥位で診察し、陰茎・陰嚢・睾丸の視診を行う。最後に、男児でも女児でも、子宮腟部拡大鏡
を使って肛門を診察する。患児を仰臥位にして膝を胸部に密着させ、臀部を左右にわけて肛門の視
診を行う。

　診察の最後に、子どもとその家族とともに今後の方向性について話し合う。正常所見を含めすべ
ての診察所見を家族に提示し、これらの所見の意味について説明する。医師は性器所見が正常であ

るからといって、子どもが性的虐待を受けていない、あるいは、挿入が行われていないということではないと親に説明することが多い。家族はこの説明をなかなか理解できないことが多いが、性的虐待があったにもかかわらず性器が正常に見えることにはいくつかの理由がある。まず、性的虐待の中で行われた行為が、外傷を生じないような接触のみのこともある。また、指・陰茎・異物などが大陰唇の間を通り抜けた場合でも外傷が生じないこともあるし、たとえ粘膜表面の外傷が生じても診察が性的虐待直後に行われていなければそれまでには完治してしまうこともある。思春期前の女児においてさえ、膣内挿入によっても外傷が生じないことがありえる（Anderst, Kellogg, & Jung, 2009）。さらに、診察を受けるまでに性器外傷が治癒してしまい、外傷の痕跡がまったく残っていないこともある。

　診察所見について話しあったのち、医師は臨床検査の必要性について説明する。臨床検査が適応となる場合、その日の内にしておかなければならない検査だけでなく、数カ月後に再検査を必要とすることもしばしばある。さらに、子どもをサポートして保護する養育者の能力も見積もっておく（Elliot & Carnes, 2001）。最後に、子どもと養育者双方のためのカウンセリングに関する勧奨も行う。

　養育者はしばしばCPS・警察・親権などについて今後どうなるのかということをCAPに質問する。CAPはこれらのことについて経験を積んできているので、通常のプロセスについて家族に説明し、関係諸機関を紹介したり連絡方法を指導したりできる（Leventhal, Murphy, & Asnes, 2010）。

　CAPには、虐待やネグレクトを関係機関すべてに通告する法的義務が課せられている。関係諸機関の連携を風通しのよいものにするために、多職種のチーム会議が開かれることも珍しくない。このチームのメンバーに含まれるのは、司法面接官・ソーシャルワーカー・医療従事者・警察官・CPS職員・地区検察や子どものアドボカシーセンターの担当者などである。

　医療従事者は診察期間を通じ養育者教育の役割も担う。医師はさまざまな年齢層の子どもの性的逸脱行動について、正常な行動も異常な行動も含めて親と話し合う（Leventhal, Murphy, & Asnes, 2010）。そして、異常と見られる性行動に対しては、それを一様に罰してしまうのではなく、どう介入して子どもの行動を軌道修正するかを家族に指導する。また、基本的な安全に関しても見直して助言も行う。これには、適切な養育者を選ぶこと、適切な身体接触と不適切な身体接触について子どもに教えること、子どもが親に秘密を作らないようにすること、携帯電話・インターネット・テレビのセキュリティ設定、そして予防的措置などが含まれる。こういった情報は、プライマリケア医や精神医療関係者といった他の専門家から、家族に対して繰り返し指導されることもある。このような情報はたとえ性的虐待の懸念がない場合でもすべての養育者にとって有用である。

長期的治療

　医学的診察より前のことも後のこともあるが、多くの子どもや青年が子どものアドボカシーセンターでの司法面接を受ける。これは被虐待児を擁護するための中立的で子どもに親しみやすい環境で実施される。子どものアドボカシーセンターは米国子ども連盟（National Children's Alliance）によって認可されており、医療・警察・地区検察・CPSといった多職種の専門家をとりまとめて子

ども虐待の調査・介入を的確に行う。

　米国子ども連盟によると、司法面接は事実関係を把握するために法に則って実施され、適切に統括されて中立的でなければならない。子どもに対して同じような面接を繰り返してしまわないように、多職種をうまく統括する必要がある。司法面接が目指すのは、「子どもからの陳述を得る際に発達的要因と文化的背景を考慮し、先入観を持たずに事実関係の把握のみに努めることである。これにより、刑事裁判所と児童保護システムの多職種チームが、正確かつ公平な決定を下す一助となる」（National Children's Alliance, www.nationalchildrensalliance.org）。

　子どものアドボカシーセンターは司法面接を通じて子どもからの情報を得るだけでなく、子どもや青年のためのアドボケーターを立てることもする。このアドボケーターは調査と裁判の期間を通じて、子どもとその家族とを援助し続ける。一方、検察が子どものために擁護者を立てることもあり、子どもを裁判所に慣れさせたり、裁判の進行について説明したり、裁判の間、子どもに付き添ったりする。これらの擁護者が子どもとその家族のためにカウンセリングを継続することもあり、社会生活上のさまざまな困難（住居や移動手段など）に関する手助けをする（National Children's Alliance, www.nationalchildrensalliance.org）。

　子ども虐待クリニックでの初期評価終了後も、さまざまな理由のために多くの子どもがクリニックを再度訪れる。最もよくある理由の1つが、急性期の所見や疑問が残った所見、最終判断を下しにくかった所見などのその後の回復過程を記録することである。肛門性器領域の急性外傷が認められた場合、数週間後にクリニックに再診するように求めることによって外傷が完全に治癒したことを記録することができる。そして身体が完全に正常化したことを子どもに伝えてあげたり、治癒箇所を記録に残したりすることが可能になる。2週間の間に診察所見が変化したという事実は、もとの所見が正常範囲内変異ではなく急性期所見であったことの証明となりうる。というのは、正常範囲内変異は2週間で変化することはないからである（Gavril, Kellogg, & Nair, 2012）。これは身体的虐待にも当てはまる。ときに、皮膚黒皮症のような母斑が打撲傷とまぎらわしいことがある。しかし打撲傷は変化して治癒していくものであるが、皮膚黒皮症は数週間で変化することはないので、2週間後の再診で鑑別が可能である。

　患児に子ども虐待クリニックを再診するように求めるもう1つの理由は、身体的虐待やネグレクトの長期的影響を記録するためである。一部の司法領域においては、他者により加えられた外傷のうち、瘢痕を残す外傷と完全に治癒する外傷とでは起訴のしかたが異なることがある。虐待による頭部外傷の場合は、受傷数カ月後の子どもの発達を再評価することが、教育的観点と起訴上の観点から有用である。

　さらに、子どもが子ども虐待クリニックへの再診を求められる理由として、子どもの精神状態や家庭での安全と支援状況を再評価することが挙げられる。子どもが性的虐待を開示した後に注意せねばならないことの1つは、開示に対する家族の反応であり、これは加害者とされる人が家族の一員である場合に特に重要である（Elliot & Carnes, 2001）。こういう状況においては、子どもが抱いているあらゆる心配事、サポートしてくれない家族との間に起こった問題、加害者とされる人との再接触といったことについて、医療従事者と話し合う機会を子どもに与えることが有益である。さ

らに再診での話し合いは、臨床検査・カウンセリング・子どもの見守りといった医学的勧奨事項に親がきちんと従ってきたかどうかを医療従事者が確認する機会となる。

　子ども虐待、特に性的虐待の医学的診察終了後の治療で最も重要なのは、長期的カウンセリングである。子どもの性的虐待は、短期的にも長期的にも精神面に悪影響を及ぼすものである。たとえば、小児期に性的虐待を受けた被害者が成人してからは、大うつ病、物質乱用、心的外傷後ストレス障害、解離性障害、自殺、神経性大食症などのリスクが高くなる（Dinwiddie, et al., 2000; Putnam, 2003）。さらに性的虐待を受けた子どもは、性的逸脱行動を示しやすく、性行動に及ぶリスクが高くなり、より低年齢で妊娠する確率が高い。性的虐待を受けた子どもの大多数は精神面の後遺症を呈するため、長期にわたる精神医療的介入が必要となる。この介入は、性的虐待を受けた子どもへの対応に熟達して経験を積んだ専門家が担当するべきである。現時点では、非加害親へのカウンセリングに加えて、子どもへのトラウマフォーカスト認知行動療法（TF-CBT）を行うことが、子どもにとって最善の転帰となっている（Cohen & Mannarino, 1998; Cohen et al., 2000; King et al., 2000; Putnam, 2003）。

　医学的評価とその後のフォローアップ終了後も、CAPはケースにかかわり続け、将来の担当者とも連携する。カウンセラーが医学的評価についての疑問を抱いた場合、弁護士が専門家の法廷証言を必要とする場合、あるいは子どもがその後呈するようになった性的逸脱行動についてプライマリケア医が質問したい場合などに、それが新しい患者についてのことであれ、以前の患者についての新たな、もしくはかねてからの継続的な懸念であれ、CAPは常に対応可能である。

［参考文献］

1. Accreditation Council for Graduate Medical Education (ACGME). (2010). *ACGME program requirements for graduate medical education in child abuse pediatrics*. www.acgme.org/acWebsite/downloads/RRC_progReq/339_child_abuse_peds_02062010.pdf
2. Accreditation Council for Graduate Medical Education (ACGME). (2012). *ACGME impact/justification statement: Proposed program requirements for fellowship education in child abuse pediatrics*.www.acgme.org/acWebsite/reviewComment/ChildAbuseImpact.pdf
3. Adams, J. A., Harper, K., Knudson, S., & Revilla, J. (1994). Exam findings in legally confirmed child sex abuse: It's normal to be normal. *Pediatrics, 94*, 310–317.
4. American Board of Pediatrics. (2011). *Eligibility criteria for certification in child abuse pediatrics*. Chapel Hill, NC: Author. www.abp.org
5. Anderst, J., Kellogg, N., & Jung, I. (2009). Reports of repetitive penile-genital penetration often have no definitive evidence of penetration. *Pediatrics, 124*, e403–409.
6. Block, R. W., & Palusci, V. J. (2006). Child abuse pediatrics: A new pediatric subspecialty. *Journal of Pediatrics, 148*(6), 711–712.
7. Botash, A. S., Galloway, A. E., Booth, T., Ploutz-Snyder, R., Hoffman-Rosenfeld, J., & Cahill, L. (2005). Continuing medical education in child sexual abuse: Cognitive gains but no experience. *Archives of Pediatric & Adolescent Medicine, 159*, 561–566.
8. Caffey, J. (1946). Multiple fractures in the long bones of infants suffering from chronic subdural hematoma. *American*

Journal of Roentgenology, 56, 163–173.

9. Cohen, J., & Mannarino, A. (1998). Interventions for sexually abused children: Initial treatment outcome findings. *Child Maltreatment, 3*, 17–26.

10. Cohen, J., Mannarino, A., Berliner, L., & Deblinger, E. (2000). Trauma-Focused Cognitive Behavioral Therapy for children and adolescents: An empirical update. *Journal of Interpersonal Violence, 15*, 1202–1223.

11. Dinwiddie, S., Heath, A. C., Dunne, K. K., Bucholz, P. A., Madden, W. S., Slutske, L. J., et al. (2000). Early sexual abuse and lifetime psychopathology: A co-twin–control study. *Psychological Medicine, 30*, 41–52.

12. Elliot, A. N., & Carnes, C. N. (2001). Reactions of nonoffending parents to the sexual abuse of their child: A review of the literature. *Child Maltreatment, 6*(4), 314–331.

13. Finkel, M. A. (2008). "I can tell you because you're a doctor." *Pediatrics, 122*(2), 442.

14. Finkel, M. A., & Alexander, R. A. (2011). Conducting the medical history. *Journal of Child Sexual Abuse, 20*(5), 486–504.

15. Flaherty, E. G., & Sege, R. (2005). Barriers to physician identification and reporting of child abuse. *Pediatric Annals, 34*(5), 349–356.

16. Flaherty, E. G., Sege, R. D., Griffith, J., Price, L. L., Wasserman, R., Slora, E., et al. (2008). From suspicion to report: Primary care clinician decision-making. *Pediatrics, 122*(3), 611–619.

17. Flaherty, E. G., Sege, R., Price, L. L., Christoffel, K. K., Norton, D. P., & O'Connor, K. G. (2006). Pediatric characteristics associated with child abuse identification and reporting: Results from a national survey of pediatricians. *Child Maltreatment, 11*(4), 361–369.

18. Gavril, A. R., Kellogg, N. D., & Nair, P. (2012). Value of follow-up examinations of children and adolescents evaluated for sexual abuse and assault. *Pediatrics, 129*(2), 282–289.

19. Gottschalk, A., & Flocke, S. A. (2005). Time spent in face-to-face patient care and work outside the examination room. *Annals of Family Medicine, 3*(6), 488–493.

20. Jones, R., Flaherty, E. G., Binns, H. J., Price, L. L., Slora, E., Abney, D., et al. (2008). Clinicians' description of factors influencing their reporting of suspected child abuse: Report of the Child Abuse Reporting Experience Study Research Group. *Pediatrics, 122*, 259–266.

21. Kellogg, N., Menard, S. W., & Santos, A. (2004). Genital anatomy in pregnant adolescents: "Normal" does not mean "nothing happened." *Pediatrics, 113*, e67–69.

22. Kempe, C. H., Silverman, F. N., Steele, B. F., Droegmueller, W., & Silver, H. K. (1965). The battered-child syndrome. *Child Abuse & Neglect, 9*, 143–154.

23. King, N. J., Tonge, B. J., Mullen, P., Meyerson, N., Heyne, D., Rollings, S., et al. (2000). Treating sexually abused children with posttraumatic stress symptoms: A randomized clinical trial. *Journal of the American Academy of Child and Adolescent Psychiatry, 39*, 1347–1355.

24. Lane, W. G., & Dubowitz, H. (2009). Primary care physician's experience, comfort, and competence in the evaluation and management of child maltreatment: Do we need child abuse experts? *Child Abuse &Neglect, 33*, 76–83.

25. Leventhal, J. M., Murphy, J. L., & Asnes, A. G. (2010). Evaluations of child sexual abuse: Recognition of overt and latent family concerns. *Child Abuse & Neglect, 34*(5), 289–295.

26. Narayan, A. P., Scoolar, R. R. S., & St Claire, K. (2006). Pediatric residency training in child abuse and neglect in the United States. *Pediatrics, 117*, 2215–2221.

27. Putnam, F. W. (2003). Ten year research review update: Child sexual abuse. *Journal of the American Academy of Child and Adolescent Psychiatry, 42*(3), 269–278.

28. Starling, S. P., Heisler, K. W., Paulson, J. F., & Youmans, E. (2009). Child abuse training and knowledge: A national survey of emergency medicine, family medicine, and pediatric residents and program directors. *Pediatrics, 123*, e595–602.

29. Steward, M. S., Schmitz, M., Steward, D. S., Joye, N. R., & Reinhart, M. (1995). Children's anticipation of and response to colposcopic examination. *Child Abuse & Neglect, 19*(8), 997–1005.

30. Wailbel-Duncan, M. K. (2001). Medical fears following alleged child abuse. *Journal of Child and Adolescent Psychiatric Nursing, 14*(4), 179–185.

31. Wailbel-Duncan, M. K. (2004). Identifying competence in the context of the pediatric anogenital exam. *Journal of Child and Adolescent Psychiatric Nursing, 17*(1) 21–28.

第31章
トラウマインフォームドケアを提供するための児童精神科フェローの研修

シガリット・ホフマン
ジョン・サージェント

総論

　児童精神科医の研修には、トラウマの現れ方に通じること、さまざまな発達段階の子どもに対するトラウマの影響について理解を深めること、この本の他の章で概説した治療方法を知ることなどが含まれる。この課題は以下の３つの要素に分けることができる。すなわち、知識の土台を作り上げること、スキルを発展させること、トラウマインフォームドケアを提供する際に適切な態度を養うことである。

知識

　トラウマインフォームドな知識の土台を作り上げるために最初に必要なことは、子どもの発達に及ぼす虐待の影響を理解し、さまざまな年齢におけるトラウマ関連症状のひろがりを認識することである。児童精神科の研修では、トラウマを同定するような場面や、トラウマ症状が現れやすいような場面設定が十分に提供されなくてはならない。研修医は、乳児健診の最中や、救急外来にいるときに、乳児のトラウマに出くわすかもしれない。乳児の場合、トラウマは、揺さぶられたり四肢を骨折したりして医療にかかるという明白な形で現れるかもしれないし、そこまで明白でない場合は、情緒的引きこもりや発育不全として現れるかもしれない。児童精神科研修医であれば、虐待が原因で成長障害となる症例が少数ながら存在することも知っていなければならない (Egan, Chantoor, & Rosen, 1980)。

　小児期早期のトラウマは、より年長の児童や青年のトラウマとは違う形で現れる。虐待やネグレクトの被害にあった乳幼児では、アタッチメント障害として現れるかもしれず (Iwaniec, 1997)、一般的には乳児期または小児期早期の反応性アタッチメント障害として紹介されて来る。こういう子どもたちは、年齢相応な形で、人との交流を開始したり反応したりすることができない (Sadock & Sadock 2003)。彼らの対人交流態度は、過度に抑制的だったり、まとまらないものだったりする。

抑制的な子どもたちは、過度に警戒的だったり、両価的だったり、矛盾する反応を示したりし、そのせいで、子どもの両親はしばしば、情緒的な関係を築こうとする努力が妨げられたり台無しにされたりすると感じ、とても欲求不満にさせられる。アタッチメントがまとまらない子どもたちは、適切に選択的なアタッチメントを形成することに失敗し、それゆえ、見知らぬ人たちに過度に親密にふるまう。児童青年精神科研修医は、乳幼児期を通して虐待やネグレクトを経験した子どもたちのアタッチメントの形成不全と、そのアタッチメント行動の困難さが養育者へ及ぼす悪影響との、両方を認識できなければならない。アタッチメントの障害が養育者に抱かせる、自分たちの養育能力が不十分なのではないかという感覚や、その結果として生じる、子どもに対する怒りや不満や無力感も知っておかなければならない（George & Solomon, 2011）。

　より年長の子どもでは、トラウマは、気分や行動の制御困難・注意集中困難・認知発達の遅れ・仲間や養育者との相互交流の困難として現れるかもしれない（Ford et al., 2012）。このような相互交流の困難には、権威者への挑発的な態度や、重篤な行為の障害も含まれる。発達の文脈で考えれば、トラウマがこれらの症状の病因だった場合、その子は学校でうまくいかなくなり始め、学力や社会性や情緒に関して年齢相応の発達が困難になる。児童精神科研修医は、トラウマのさまざまな現れ方と、トラウマと発達との双方向的な関係とを知っておかなければならない。一方では、トラウマは、発達を捻じ曲げたり、遅らせたり、阻害したりする。もう一方では、子どもがどのようにトラウマに影響されるかは、そのトラウマが生じた発達段階によって異なる。研修医は、トラウマと発達の相互作用に関する多くのエビデンスが集積され、トラウマによる神経生物学的、エピジェネティクス的、内分泌学的影響が、身体のみならず、認知や情緒の発達にも及んでいることを明らかにしていることを知っておく必要がある（McCrory, De Brito, & Viding, 2012）。

　青年におけるトラウマは、児童のトラウマと違った現れ方をする。青年におけるトラウマは、気分や感情制御の障害や、自傷行為、自殺企図、薬物乱用、不特定多数との性交渉、いじめや脅迫等の反社会的行動として現れるのがより一般的である。研修医は、これらのリスクファクターをスクリーニングしたり、これらの行動の背後にある動機を理解したりするために、トラウマのこのようなさまざまな現れ方を知っておく必要がある。発達という観点から見れば、トラウマを経験していない青年が、（訳注：エリクソンの）同一性か同一性拡散かという通常の発達段階を歩んでいるのに対し、虐待経験のある青年は、まだそれ以前の発達段階にあり、基本的信頼感・自律性・罪悪感や劣等感に関連した問題でもがいている可能性があることを、児童精神科医は知っておかなければならない（McCann & Pearlmann, 1990）。彼らの行動は、彼らがそれまでコントロールできなかった状況に対して自己主体性を取り戻そうとしているのかもしれないし、この世界が彼らの要求を満たしてくれる場所なのかを確認するために限界を探っているのかもしれない。

　発達段階ごとにトラウマがいかに現れてくるかという理解に加え、児童精神科医は、トラウマ評価のためのさまざまなアプローチも知っておかなければならない。とりわけ、トラウマ関連症状や併存疾患の評価に一般的に使われる評価尺度について、知っておく必要がある。トラウマや併存疾患に対して効果が実証された治療アプローチについても、知っておく必要がある。

スキル

　児童精神科医にとって必要なスキルは、子どもを診察する文脈によって決まる。どんな場面設定であれ、精神科医は、共感的に患者を診察することが求められる。徹底的な評価を求められる一方で、患者が苦痛なく安心して開示できる以上のことを無理強いしたり、誘導尋問をしたり、情緒的に負荷をかけるような話し方で質問するようなことは避けなければならない（Giardino, Lyn, & Giardino, 2010）。年少の子どもの場合は特にそうである。しかし、同時に、特定の問題が話し合えないような印象を与えることも避けなければならない。言い換えれば、患者がトラウマの結果として抱いているかもしれない、いかなる罪悪感や恥辱感や自責感をも最小限にするために、児童精神科医は、率直で、支持的で、肯定的で、最も大切なことには善悪での評価をしないような雰囲気を作り出すべく、努力しなければならない。

　さまざまな環境での研修が提供されることにより、児童精神科医は、精神科医として幅広い領域の仕事を経験することができ、異なる領域で必要とされるスキルをも獲得できる。

救急外来

　救急外来（emergency room, ER）は、児童精神科医がよくいる場面設定である。ER では、子どもの身体的安全を確保することが、児童精神科医の主たる責務となる。ここでの研修目標は、限られた時間枠で、時宜に適った、比較的包括的な子どもの評価を行えるようになることである。患者として受診した子どもがしばしば呈する緊急度や、研修医自身の経験不足によって、多くの研修医が可能な限りのあらゆる情報を拾い集めようとしたくなるのだが、奨励されるべきことは、子どもの安全を中心に焦点的な評価を行い、子どもの安全を確保するために最も制約の少ない環境を提供する居場所の推奨を行うことである（Tasman et al., 2011）。

　トラウマに関して言えば、児童精神科医は、子どもが自己破壊的行為を示したり自殺したいと言ったりする場合は、断続的、もしくは持続的なトラウマ体験に関連しているかもしれないことを知っておくべきである（Briere, 1992）。また、子どもの安全を確保するために使える法的なリソースにも精通していなければならない。児童精神科医は親の意思に反して子どもを入院させることはできないが、子どもの身体的あるいは心理的な健康に関してネグレクトがあると判断されるならば、通告者としてその親を児童保護サービスに通告することができる（Giardino, Lyn, & Giardino, 2010）。児童精神科研修医は、医療と司法にまたがる問題が発生した場合に、危機管理サービスを利用する権限があることを知っておく必要がある。研修医が親に対して敵対的な立場をとることは奨励されるべきではないが、自分は捨てられたとか価値がないなどと感じている子どもたちにとって、養護を与える人物が彼等の身を十分に案じて、彼らの健康と安全を確保するために極端な措置を講じているのだと知ることは、しばしば治療的でありうる。研修医は親とも同盟を組むことが奨励される。そのためには、研修医が親と同様に心から子どもの最善の利益を考えており、公平無私な医学的評価によってそれを勧めているのだということを親に気づかせることが必要である。これは、ER の

ような緊急の場面設定で生じてくる、緊迫した状況を緩和するのに、しばしば役立つ。

　ERにおける児童精神科医の研修でもう1つ大切なスキルは、情報収集である。特に青年患者の場合、ERに来ることになった状況を過小に報告するのが常である（青年患者の場合、匿名性が保たれると、希死念慮や過去の自殺企図を報告する確率がはるかに高くなることが、研究によって示されている；Safer, 1997参照）。自殺したいと言ったために学校からERに送られてきた青年が、その一例である。学校やその他の人々から付随する情報を収集することは、適切なケアのレベルを決定するために不可欠である。青年患者は、ERでは現在の希死念慮を否定するかもしれないが、遺書を書いていたり、持ち物を譲り渡していたり、報告していない自殺企図があったりと、逆の言動を示しているかもしれない。児童精神科医は集めた情報の軽重を量り、明瞭に、かつ説得力を持ってそれを提示し、その子どもに入院レベルのケアが必要であることを、受け入れ施設や保険会社が一点の疑いすら持たないように伝えることができなければならない。青年患者の話したことが行動と矛盾する場合、研修医は慎重すぎて失敗するぐらいの気持ちで臨むべきである。医療提供者が未成年者の人権に留意しなければならないことは法律上明らかであるが、児童精神科医は子どもの発達段階に伴う限界にも留意する必要がある。以前の研究では、衝動性が自殺企図の主要な危険因子であると特定されていたが（Brent et al., 1993）、最近の研究では、正常な意思決定ができないことが自殺企図に関連するさらなる危険因子であることが見出されている（Bridge et al., 2012）。より年少の子どもの自殺の場合、死の永続性の理解を欠いていることが、危険な行動や行動化の際に、彼らの判断に影響を与えている可能性もある（Webb, 2011）。このため、児童精神科医が子どもの最善の利益のために決定を下せる裁量が、特に子ども自身が情緒的、または発達上の理由のためにそうすることができないときに、法律によって認められているのである（Webb, 2011）。

　十分に議論されていないものの、効果的なケアを提供する上で欠かせないスキルは、児童精神科医がチームの中で働いたり、トラウマを有する子どもの治療においてしばしば表面化する怒りの感情に耐えたりする能力である。医療チームのメンバーは、しばしば怒りや無力感を感じるものである。医療提供者は、子どもが受けてきた虐待やネグレクトのひどさに衝撃を受けるかもしれないが、プロフェッショナルとして期待されるところを考えれば、医療提供者が直接加害者と対決することはできない。加害者が現れずに、里親や入所施設から子どもがERに送られてくることもある。このようなケースも医療提供者にとっては、厄介な仕事となりうる。なぜなら、医療提供者は、その子どもが利用した精神保健システムやそのシステムとの連携の仕方が理解できないかのように感じてしまうからである。彼らは、紹介先を推奨したにもかかわらずベッド確保に時間がかかると、非常に腹を立てることが多い。トラウマ患者は助けを拒むように振る舞うことがあり（Muller, 2009）、それを医療チームが患者は感謝していないと誤解してしまうために、患者に対する怒りが生じる場合もある。明らかに中心となる能力とは言えないまでも、医療スタッフの感情を管理することも、児童精神科医の仕事に含まれる（Lipowski, 1974）。研修医は、先述のすべてから生じてくる不満が、精神科医に対する怒りとして現れてくるかもしれないことを知っておくことが重要である。研修医は、なぜ患者が周囲に否定的な感情を惹起するような行動を取るのかについて医療チームに心理教育することによって、トラウマ患者のせいでチームの中に湧き上がってくる不満・混乱や絶望感を

管理できるようにならなければならない。精神科医は、精神科的処遇のプロセスや可能な期間を明確にする支援もできる。研修医は、医療チーム内に湧き起こってくる葛藤に共感し、ノーマライズし、それを妥当なものであると肯定することに力を注ぎ、チームメンバーが子どもに対して抱く、援助したい気持ちと怒りの感情とのバランスをとることができるように努力しなければならない。

　最後に、ERにおける児童精神科医の役割の探究は、もう1つ最後のスキルなしには完結しない。それは、この場面設定の中で明確な境界線を維持する能力である。患者がたくさんの複雑な感情をスタッフの中に誘発してくる、高度に負荷のかかった環境において、児童精神科医がコンサルタントとしての役割を踏み出して、患者に対する全責任を負ったり、臨床評価や治療推奨を行うという精神科医本来の役割を超えた仕事を行ったりするように依頼されるのは、よくあることである（Roberts & Steele, 2009）。ERにおいては、コンサルタントとして患者に負う法的責任には、合理的な評価と処遇勧告とが含まれていることを、研修医は知っておくことが重要である（Applebaum & Gutheil, 2007）。医療チームがコンサルタントである児童精神科医と相対する意見を持ち、児童精神科医に医療チームの意見に合わせるよう要求してくるケースもある。外来という場面設定では、研修プログラムの中で研修医は医療の境界内に留まることが期待されているように、救急外来という場面設定においても、同様のことが期待されている。研修医が責任をもって、彼らのなしうる最良の臨床判断に基づいて治療の推奨を行うことが続けられるよう、スーパーバイザーは励まさなければならない。医療チームが精神科医のアセスメントに同意しない場合、そうすることによって生じるいかなる不都合についても彼等自身が責任を負うということをチームがわかっているのであれば、彼らがその推奨を無視することは自由である。マネージドケアの時代においては、保険還付の申し立てがなされている間にも患者が必要な治療が受けられるよう、マネージドケア会社に対して「精力的な代弁者となる」ことも、児童精神科医の責任のうちである（Applebaum & Gutheil, 2007）。

　負荷の高い場面設定やリソースの限られた環境では、研修医は、入院が必要な子どもへのベッドを確保するような、管理的な仕事を頼まれるかもしれない。研修プログラムのサポートにより、研修医は、何年も受けてきた医学研修に基づいた仕事に集中するよう奨励されるべきである。精神医学という分野は、医学の分野から切り離されているようなある種の雰囲気を常に纏い続けてきているのだけれども、精神科の研修医に患者を精神病院に移動させることを期待するのは、整形外科医に術後患者をリハビリ施設に移動させることを依頼する不条理と、類似しているかもしれない。

裁判所

　児童精神科研修医の役割は、法医学という場面設定ではまた異なっている。裁判に関連した評価を行うことは、しばしば、児童青年精神科医の法医学的な研修の一部である。ここでもまた、研修医は自分の役割を知っておかなければならない。すなわち、この種の患者との相互交流には通常の医師患者間の守秘義務が存在していないということを理解しておかなければならない。裁判所の要求することが子どもの最良の利益に資することである一方で（Applebaum & Gutheil, 2007）、研修医は、裁判所の二重の役割 —— 養育者が義務を果たせないときにその子どもの代理親としてふるまうという役割（パレンス・パトリエ／訳注：国が弱者を保護する義務と権利があるという考え方）と、

社会を害悪から守るという役割 —— を理解していなければならない。法医学的な評価で必要とされるスキルの一部は、付随する情報の収集など、他のいかなる場面設定においても児童精神科医に要求されるスキルと共通している。研修医は、その評価が子どもの未来に影響を及ぼす可能性があることを認識し、それゆえ、可能な限り包括的、かつ客観的な評価を提供するために必要なあらゆる努力をしなければならない。研修医はまた、司法という場面設定においては、守秘義務が限定的であることを子どもに知らせなければならない（Applebaum & Gutheil, 2007）。

　児童精神科医は集めた事実を歪めてはならないが、裁判所を教育することにより、処罰を軽減する役割を果たすことができる。トラウマを体験したり、乳幼児期に虐待やネグレクトを経験したりした子どもが、なぜ治療的環境に居続けることができないのかについて、明快で簡潔な説明を行うことによって、裁判官が収監に代わる判断をするように促すことができる。薬物使用や非行行為等の自己破壊的行動について、考えられる理由を解明することでも、役に立つことができる。トラウマとその併存障害（学業不振や仲間から拒否されることのみならず、未治療の抑うつ・心的外傷後ストレス障害・不安など）が、そのような行動の引き金となっていることを強調することは、裁判をリハビリや治療の方向に進める一助となりうる。怠学や家出などのケースでは、トラウマの影響が現在も続いているのかどうか、そして子どもの反応が必ずしも不適応行動とは言えないのではないかということについて、精神科医が状況から判断することが不可欠である。

学校

　学校という場面設定においては、児童精神科医は、子どものための直接的または間接的なコンサルテーションを提供することができる。直接的なコンサルテーションでは、精神科医は子どもを直接評価し、他の専門家の治療を受けるように提案する。間接的なコンサルテーションでは、精神科医は、直接には子どもを評価せず、むしろ、学校職員によって語られた問題（行動上の問題など）を評価する（Dulcan, 2010）。研修医の役割は、どのように相談を受けるかを学び、子どもが学校から最大限の恩恵を受けられるように情報を提供することである。このために、一般的には、子どもの成績を調査したり、社会的機能や情緒的機能について聴取したり、クラスでの様子を観察したりする。子ども虐待の疑いがあるケースでは、児童精神科医は、教師たちがトラウマの徴候に気づけるように援助しなければならない。明白な例では、合理的説明のできないあざやケガが含まれる場合がある。繰り返す無断欠席・他児と交流しない・感情が移り変わりやすい・イライラや行動化が認められる例もある。児童精神科医は、教員たちが子ども虐待を強く疑っているときには、児童保護サービスに相談するように勧めたり、子どもや親たちに脅威を与えないようにかかわったりする方法を教えることができる。また、学校が提供すべき介入を決定したり、そのような介入を受けるのに最もふさわしい子どもを特定したりする上で援助することもできる。たとえば、学校は一般的な、もしくは特定的な介入を選択して、生徒にあまねく提供することを選択することができる。特定の介入プログラムには、学校における自殺や暴力の予防に焦点を当てたものがある。予防プログラムは、感情面や行動面の問題、あるいは社会的な問題のような症状を呈しているけれども特定の診断基準を完全には満たさない、ハイリスクの子どもたちを対象に選択的に行うこともできる。

　児童精神科医にとって、学校という場面設定でも適切な境界設定が必要である（Dulcan, 2010）。学校とのコンサルテーションに携わる場合、事前にコンサルテーションモデルについての合意を形成し、コンサルタントの役割の限界を明確にしておくことが重要である。

小児科病棟

　児童精神科研修医は、ERと同様に、小児科病棟においても医療チームの相談役として協力的に働くことができなければいけない。身体化障害の有病率の推定値はさまざまであるが、2つの大規模な研究によれば、生涯有病率は12％か13％で、12カ月有病率は7％であった（Essau, Conradt, & Petermann, 2000; Lieb et al., 2000; Schulte & Petermann, 2011）。児童精神科医は、身体表現性障害を有する子どもの精神医学的評価を行う際に、転換性障害を有する子どもは性的虐待や身体的虐待歴を有する率が高いことを念頭に置いておかなければならない（Shapiro et al., 1987）。虚偽性障害の病因に関する学説もまた、身体的虐待や性的虐待歴を含んでいる（Plassmann, 1994）。

　これらのケースを扱う際には、研修医は、医療チームが患者、および家族に対して抱く感情について認識していなければならない。チームのメンバーは、医学的とは言えない病気のせいで、彼らの努力が「無駄になっている」と感じるかもしれない（Smith, 1985）。また、患者やその親たちが、注意喚起や身勝手のために症状を作り出していると感じられて、不快感を抱いているかもしれない。転換性障害の患者の場合、児童精神科医の役割は、症状が無意識に生じることや、その子どもが、理由が何であれ、ことばを通して伝えられないことを、身体を通して表現しようとしている可能性があることを、医療チームが理解できるようにサポートすることである。児童精神科医の役割は、精神疾患に関連した文化的タブーや、精神疾患が子どもにもたらす、より強力な自己効力感や嗜好性に対して、医療チームが敏感になることを援助することである。身体表現性障害のケースでは、家庭やその他の逃れられない場所で虐待が生じている場合に、病院が唯一その子どもにとって安全な場所であるかもしれないことを、研修医は知っておかなければならない。子どもの精神医学的評価を行う際、研修医は、非難や報復や善悪の判断なしに、過去、現在のいかなる虐待をも表現することのできる、安全な場所を作り出すことができなければならない。このことが最も効果的に達成されるためには、医療チームにいつもいる予測可能なメンバーであることが必要である。研修医が信頼できる介助者という地位を確立することによって、患者が研修医を理屈抜きで信頼し、現在の症状につながる感情的な苦痛の源を明らかにできるよう、援助することができるかもしれない。

　ここでも再び、境界の問題が重要となる。医療チームは、現在の子どもの状態に医学的な原因が見出せないと家族に伝えることを苦手とし、代わりに精神科チームにそうすることを頼むかもしれないが、研修医のコンサルタントとしての役割は、医療チームがそれを伝える際の苦手意識を軽減する助けをすることである。一連の検査で転換性障害の疑いが強い場合には、児童精神科医は、医療チームが検査に精神医学的評価も含めるように促すべきである。そうすることで、その親子は、精神科医と協力関係を結ぶ機会と、精神医学的な問題があるのかもしれないと考える余地とを得ることができる。このように情報が与えられれば、医療チームが子どもの症状の十分な医学的説明ができなかった結果、後づけで精神医学的評価をするのだというような印象をその親子に与えなくて

すむ。精神科医は、人の身体はときどき、ことばでは表現できないことを、無意識のうちに身体症状として表現することがあるのだと患者や家族に説明し、医療チームをサポートすることができる（Shapiro et al., 1987）。この種の説明は、病気に非難がましくない理由を与え、身体症状に正当性を与えるのに役立つ。そしてそれがまさに、子どもにとっての現実なのである

　代理人による虚偽性障害（代理ミュンヒハウゼン症候群）、あるいは転換性障害を通して虐待が明らかになった場合、児童精神科医は、子どもの安全を確保するために適切な段階を踏むことに積極的でなければならない。代理ミュンヒハウゼン症候群は子ども虐待としては珍しいが、それでもそれは虐待と見なされ、その子どもは司法や児童保護局によってケアと保護を与えられる資格を持つということを、明確にしておくことが重要である（Muscari & Brown, 2010）。児童精神科医は、医療チームが子どもの安全を確保するためにさまざまな団体と連絡をとるように促す場合もある。連絡先には、児童保護チーム、危機管理やソーシャルワークの部門、州の青少年保護サービスや、必要であれば病院の警備員も含まれる。子どもが入院している間に、児童精神科医は、医療チームに対して支援や心理教育を行うことで、トラウマインフォームドケアを提供し、医療が子どもの被虐待歴のいくつかの側面を繰り返してしまうこと、たとえば、不必要な検査をすることを防ぐことができる。医療チームは、子どもが無理強いされていると感じるような状況を回避しようとする場合もある。さらに精神科医は、加害親も子どもと一緒に部屋にいる場合、子どもと親だけにならないように子守りや保育士を勧めるべきである。青少年保護サービスが要請されたケースでは、精神科医は、そうする決定をしたことを親に知らせるように、医療チームに促す必要がある。診断が確定したならば、加害親に対して直面化し、医師が親の行動に気づいていることを伝えなければならない（Martin & Volkmar, 2007）。率直で誠実なコミュニケーションがあってこそ、医療チームがその家族との治療同盟を維持し、現在の状況が誰の責任かということよりも、その子どもに対して全員のエネルギーを注ぐように、対話を始めることができるかもしれないのである。研修医は、チームの逆転移について常にチェックし続け、医療チームが最大限の能力を発揮して医療ケアを提供できるように支援する機会を有する。

精神科病棟

　これまで論じてきた場面設定とは対照的に、精神科病棟は、児童精神科医がコンサルタントではなく、主たるケアの提供者となる場所である。この役割の違いが、責任の違いをもたらす。ほとんどの入院治療モデルが、各メンバーの貢献に価値を置くチームアプローチであるが、児童精神科医は、患者のケアにおける決断に最終的な責任を持ち、治療の結果に最終的な責任を負う、チームリーダーの役割を伝統的に果たしてきた。

　『サンクチュアリをつくる（*Creating Sanctuary*）』という本の中で、Dr. Sandra Bloom（1997）は、トラウマが患者の人生に与える衝撃を認識するようになるにつれ、彼女や彼女のチームが、患者のことをより深く理解できるようになったことを記述している。このトラウマに対する新たな認識が、自傷行為に対する穏やかだがしっかりした限界設定など、トラウマサバイバーに対するアプローチのすべての側面に影響を及ぼし始めた。トラウマへの新たな認識は、チームが患者の理解を深める

のも助け、それゆえに、患者に回復への道のりを歩ませる中で感じる不全感や無力感を軽減させるのに役立った。

　児童精神科研修医は、自身の病棟で、同様の環境を作り出すよう努力しなければならない。そのためには、トラウマインフォームドなアセスメントを行うこと、子どもの場合いろいろな形でトラウマが現れることをスタッフに教育すること、行動を変容させるために強制的な方法を使うのを避けること、入院患者に自傷行為を許容しないことが必要である。病棟スタッフには、身体拘束を使用する際は慎重に行い、可能ならばまったく行わないよう奨励する必要がある。それに加えて、子どもの再外傷を避けるために、スタッフは病棟内での患者の配置を十分意識しておく必要があり、トラウマサバイバーを加害者に近づけないように注意しておかなければならない。身体科の病棟と同様、児童精神科医とそのチームは、子どもとの治療同盟を築く努力をし、子どもが過去のトラウマを開示できる安心な場所であると感じられるようにする必要がある。開示がなされたならば、子どもの安全を確保するために、チームは彼らの持つツールを使う準備もする必要がある。研修医とチームは、ケアを統合して退院後の円滑な移行が確実に行えるよう、青少年保護サービス・少年司法・精神保健や発達障害の部門・学校などのような州の機関と協力して働くことができなければいけない。

外来

　外来は、診断や安定化や安全よりも、信頼感やラポールを築いたり、トラウマ体験に向き合ったりすることに焦点を当てる、ユニークな場面設定である。当初はトラウマに関連しないように見える症状を呈して子どもが受診することはよくあることである。しかしながら、児童精神科研修医は、トラウマの取りうる多様な形を念頭に置きながら慎重に鑑別診断を行うよう、知識を総動員しなければならない。診察室では、研修医は、子どもがくつろいで、いかなる感情的な重荷も降ろせるような空間を作り出すことが必要である。研修医は、信頼できる大人として対応し、温かく一貫していて、どのように行動すればよいのかが明確で予測可能な環境を提供しなければならない。トラウマワークそのものに取り掛かる前に、児童精神科医はまず、子どもが安定しており安全であることを裏づける必要がある。安全と安定は、子どもがもはや危害を受けることがなく、過度な自傷行為がないことをまず確認することで達成されうる。また、一般的なトラウマの併存症である物質乱用・自殺傾向・自傷に取り組むことが必要な場合もある。子どもは、安定して初めて回復へのプロセスを始めることができるのである。

　研修医は、効果が実証されたさまざまな治療法について熟知し、不安なく実施できなければならない。子どもや青年のトラウマサバイバーを治療する上で安全、かつ効果的であると実証されている治療法には、トラウマフォーカスト認知行動療法やナラティブ・エクスポージャー・セラピー、長時間曝露療法、その他、この本で概観されている治療法などがある。研修医は、子どもが苦しんでいる主たる問題点を認識し、いちばんの苦痛や機能障害をもたらしている症状に合わせた治療法を適用する必要がある。たとえば、衝動的で自傷行為を認める青年に対しては、弁証法的行動療法を選択するかもしれない（American Academy of Child and Adolescent Psychiatry, 2011）。あるいは、

感情調整に問題のある人に対しては、むしろ、メンタライゼーションに焦点づけられた精神療法を選ぶかもしれない（Bateman & Fonagy, 2010）。信頼できる家族や良好な関係がすでにできているコミュニティの指導者から支援を得るなど、子どものレジリエンスの自然な源を強化することもある。つまり、児童精神科医には、子ども虐待のサバイバーを治療する上で、たくさんの選択可能なアプローチがあるのである。すべての道がローマに通じるのであれば、研修医は、いちばん直感に訴え、特定の子どもの治療の旅路に最適と思われる治療法を自由に選択することができるのだ。

態度

認めることと成長に期待することとのバランスをとる

　たいていの治療者は本能的に、トラウマの犠牲者を傷ついた鳥のように扱おうとするが、子どもの行動を認めてほしいという欲求と、どんなトラウマ歴を持っていようが、すべての人は自らの決定と行動に責任を負うことが期待されていることとの、両者のバランスをとることが重要である。これはときに困難なことである。というのは、多くのトラウマサバイバーは自分のことを、自身の人生において救いのない傍観者のように感じているからである。この感覚は多分に、無力で救いがなかった彼らの被虐待経験に基づいている。トラウマワークの多くのタスクの中の1つは、かつて無力だった自分からもはやそうではない自分へというように、自分自身についての認知を変化させる必要があるということである。トラウマサバイバーは自分自身の人生を、家庭では虐待され学校ではいじめられる子どものような、迫害の長い鎖のように見なしているかもしれない。研修生は、子どもたちの迫害されていた頃の体験を尊重すべきではあるが、その経験を彼らのアイデンティティとしてしまわないように努めなければならない。このことは、児童や青年が自分を犠牲者と見るのを打ち消すような行程を歩むように促すことで達成されうる。研修医は、子どもたちがトラウマの結果として普段回避している何かに向き合うように働きかけることができる。たとえば、トラウマを思い出させるような場所に行ったり、活動に参加したりということである。もちろん、どのような曝露行為も子どもを危険に曝すものであってはならない。ナラティブに基づく治療も曝露の一種である。多くの子どもは、トラウマについて語ったり考えたりすることを好まないからである。トラウマを思い出させる考えや状況に向き合うことによって、子どもはこれらの課題を乗り越えた感覚を育成し、それが今度は、自分自身が無力で怯えた人間であるという認知を軌道修正することにつながるのである（Deblinger et al., 2011）。

セルフケア

　セルフケアに関する一節は、トラウマサバイバーと仕事をする人たち向けのどんな文章においても欠かせない。その仕事はとてもやりがいのあるものだけれども、トラウマからの回復の旅路は挑戦に満ちている。トラウマサバイバーの治療を専門とする人にとって、善良な人間性というものについての信念が揺らぐような扱いを受けてきた人の話を聞くことは、相手が子どものときは特に、

感情的にひどく骨の折れる仕事である。トラウマサバイバーを治療する際は、患者の話によって代理受傷しないよう気をつけなければならない。予防法としてはまず、感情が動揺したときにグラウンディングやマインドフルネスなど、患者に推奨するのと同じ技法を使う。精神科医が患者にセルフケアスキル、たとえば、空間を作ったり、好きなことをする時間を取ったり、もしいればサポートしてくれる人を頼ったりというようなことを奨励するのとまったく同じように、研修医も、自分自身の健康を維持して患者とかかわり続けるために、これらのアプローチを使うとよい。研修医は、運動で感情のガス抜きをしたり、家族やコミュニティで落ち着いて過ごしたり、人々やシステムの複雑さや不公平さについて愚痴を言うために仲間を共鳴板や安全な場所として利用することができる（North American Drama Therapy Association, 2013）。日々の小さな変化を適切に評価しながら、時間とともに患者の人生が改善に向けて大きく変化し実を結ぶと信じることは、一部の人にはとても慰めになる。この仕事が感情の重労働であることを考えれば、こういう患者層と仕事をすることを選択した研修医は、この仕事がいかに困難であるかを認識することが重要である（International Society for Traumatic Stress Studies, 2013）。トラウマ関連で働く人々はたいてい、それが単なる仕事というより天職であると見なしており、結果として、仕事に多くの力とエネルギーを注いでいる。このような熱心な治療者たちが自分自身の熱意の犠牲者とならないように、そのエネルギーが適切に向けられ評価されることが極めて重要である。

コミュニケーションの洗練

　子どものトラウマサバイバーに関係して、児童精神科医が養育者や他の専門家と交流する機会は多い。精神科医が自身のことを何か特使のように感じて、子どもの行動がトラウマに対する一般的な反応であると解釈することによって、養育者に生じる否定的な反応を和らげようとすることもよくあることである。その上で、精神科医は、子どもの行動をトラウマへの反応として認めることと、登校したり、課外活動をしたり、家族や社会のイベントに参加したりというような日々の活動にその子がかかわり続けると期待されていることとの、バランスをとるようにしなければならない。

専門性

　トラウマに苦しむ子どもたちや、虐待をしてきた家族と仕事をするのは、経験豊富な専門家にとっても試練である。研修医がこれらの子どもや家族たち（養育者が今はもう虐待していないと仮定した場合）を治療する中で、公平で中立的なスタンスを維持できるように援助することは、研修の中で最も大切なことの1つである。公平で中立的なスタンスを維持する必要性についてはたくさんの理由がある。第一に、精神科医に否定的に受け止められていると感じたら、その家族が治療にかかわらない可能性が高い。第二に、養育者と子どもの関係がどれほど虐待的であったとしても、子どもは物質的にも感情的にも養育者に依存し続けているために、現実的には養育者と感情的な絆を維持する必要性がとても高いからである（Shapiro et al., 1987）。

　精神保健領域で働く人々は、自分でこの仕事を選択した人たちである。たいていの人は、人々を助けたいという思いからその領域を選択する。特に幼い子どもと仕事をするときには、逆境的環境

から子どもを救い出しているのだという幻想を持たないでいるのは困難である。研修医は、自身の救済者幻想に気づく必要があるだけでなく、子どもやその親たちに自分がどのように映っているかを認識していなければならない。研修医は実際、子どもの養育者よりもましな親なのかもしれないが、現実は、どれだけ養育者のスキルがまずかろうと、その子どもは自分の養育者と生きることを学ばなければならないのだ。研修医は、養育者が子どもに対する行動に責任を持ち、子どもと健康的で、愛情豊かで、建設的な交流ができるように手助けをするのが自分の仕事であると肝に銘じておくことが大切である。児童精神科医の仕事は、子どもが親の行動を許せるように、そして親や世界とのかかわりにおいてより強い自己主体感を子どもが感じられるように援助することである。スタッフが親や子どもに対する感情に対応できるように援助をするのも精神科医の責務である。研修医は、他の入院児の家族と同じように敬意と礼儀をもってその家族に対応することで、医療スタッフへの手本を示すことができる。そうすることで、医療提供者とその家族との間に敵対的な関係を作り出すのを避けることができる。こうすることで、いさかいの中に子どもが置き去りにされることはなくなるし、親が自分の行動を認め、虐待に対処するためのいかなる介入をも受け入れられるように支援することができる。

　最後に、トラウマを受けた子どもや青年が、研修医や医療関係者に対して憎しみに満ちた態度をとることがある。境界性パーソナリティ障害の患者との駆け引きは、最も忍耐強い精神医療提供者をも取り乱させることがある。精神医療提供者にとっては、自分自身を傷つけたり、その子を安全で良好な状態に保とうとする治療者の努力を台無しにしたりするような子どもを許容するのは、とても困難かもしれない。研修医は、このような患者が引き起こす逆転移を認識していなければならない。研修医は、怒ったり罰を与えたりしたい気持ちを抑えながら堅固で一貫した枠組みを提供し続けなければならない（Gabard & Wilkinson, 2000）。

実践と謙虚さの重要性

　『天才！―― 成功する人々の法則（*Outliers: The Story of Success*）』（勝間和代訳、講談社、2009年）という本の中で、Malcolm Gladwell（2008）は、専門家になるためには1万時間以上の実践を積まなければならないとしている。同様に、トラウマインフォームドケアを提供することに熟達するための唯一の方法は、可能な限り多くの経験を積むことである。精神科の研修では、多様な設定でさまざまな患者とかかわる機会を得ることができる。研修医は、単回あるいは慢性的なトラウマ体験のある人や家族とかかわるという実践を積むために、さまざまな研修経験を求めることが奨励されなければならない。最も大切なことには、たいていのトラウマサバイバーの呈する状況は似通っているし、多くの利用可能な治療的アプローチには類似点があるのだけれども、それでも1人ひとりの子どもや青年が、それぞれ唯一無二の困難な課題、もしくは、解明されるべき謎であると見なされる必要があることを、研修医は認識しなければならない。研修医は、患者1人ひとりの考えるトラウマの意味や、トラウマが患者の人生に与えた痕跡に対して、率直でなければならない。いかなる医学研修もたいていは、知識やスキルを実践することが中心になるのだけれども、児童精神科研修医が子どもや青年が回復の旅路につくのに必要な手順を踏むのを助けることができる唯一の方法は、

わからないことに率直に興味を持つという姿勢をとることなのである。

［参考文献］

1. American Academy of Child and Adolescent Psychiatry. (2011, March). Psychotherapies for children and adolescents. *Facts for families*, No. 86. Washington, DC: Author.

2. Applebaum, P. A., & Gutheil, T. G. (2007). *Clinical handbook of psychiatry and the law*. Philadelphia, PA: Lippincott Williams & Wilkins.

3. Bateman, A., & Fonagy, P. (2010). Mentalization based treatment for borderline personality disorder. *World Psychiatry, 9*(1), 11–15.

4. Bloom, S. (1997). *Creating sanctuary: Towards the evolution of sane societies*. New York, NY: Routledge / Taylor & Francis Group.

5. Brent, D. A., Johnson, B., Bartle, S., Bridge, J., Rather, C., Matta, J., et al. (1993). Personality disorder, tendency to impulsive violence, and suicidal behavior in adolescents. *Journal of the American Academy of Child and Adolescent Psychiatry, 32*, 69–75.

6. Bridge, J. A., McBee-Strayer, S. M., Cannon, E. A., Sheftall, A. H., Reynolds, B., Campo, J. V., et al. (2012). Impaired decision making in adolescent suicide attempters. *Journal of the American Academy of Child and Adolescent Psychiatry, 51*(4), 394–403.

7. Briere, J. (1992). *Child abuse trauma: Theory and treatment of the lasting effects*. New York, NY: Sage Publications.

8. Deblinger, E., Mannarino, A. P., Cohen, J., Runyon, M. K., & Steer, R. A. (2011). Trauma-Focused Cognitive Behavioral Therapy for children: Impact of the trauma narrative and treatment length. *Depression and Anxiety, 28*, 67–75.

9. Dulcan, M. K. (2010). *Dulcan's textbook of child and adolescent psychiatry*. Arlington, VA: American Psychiatric Publishing.

10. Egan, J., Chantoor, I., & Rosen, G. (1980). Nonorganic failure to thrive: Pathogenesis and classification. *Clinical Proceedings: Children's Hospital National Medical Center, 34*, 173–182.

11. Essau, C. A., Conradt, J., & Petermann, F. (2000). Haeufigkeit und Komorbiditaet somatoformer Stoerungen bei Jugendlichen. Ergebnisse der Bremer Jugendstudie [Prevalence and comorbidity of somatoform disorders in adolescents: Results of the Bremen Youth Study]. *Zeitschrift fur klinische Psychologie und Psychotherapie, 29*, 97–108.

12. Ford, J., Chapman, J., Connor, D., & Cruise, K. (2012). Complex trauma and aggression in secure juvenile justice settings. *Criminal Justice and Behavior, 39*(6), 694–724.

13. Gabard, G. O., & Wilkinson, S. A. (2000). *Management of countertransference in borderline patients*. Lanham, MD: Rowman & Littlefield Publishers.

14. George, C., & Solomon, J. (2011). *Caregiving helplessness: The development of a screening measure for disorganized maternal caregiving*. New York, NY: Guilford Press.

15. Giardino, A. P., Lyn, M. A., Giardino, E. R. (Eds.). (2010). *A practical guide to the evaluation of child physical abuse and neglect*. New York, NY: Springer Publishing.

16. Gladwell, M. (2008). *Outliers: The story of success*. Boston, MA: Little, Brown and Company.

17. International Society for Traumatic Stress Studies. (2013). *Treating trauma: Self-care for providers*. www.istss.org/SelfCareForProviders.htm

18. Iwaniec, D. (1997). An overview of emotional maltreatment and failure to thrive. *Child Abuse Review, 6*, 370–388.

19. Lieb, R., Pfister, H., Mastaler, M., & Witcchen, H.- U. (2000). Somatoform syndromes and disorders in a

representative sample of adolescents and young adults: Prevalence, comorbidity and impairment *Acta Psychiatrica Scandinavica, 101*, 194–208.

20. Lipowski, Z. J. (1974). Consultation-liaison psychiatry: An overview. *American Journal of Psychiatry, 13*, 623–630.

21. Martin, A., & Volkmar, F. R. (2007). *Lewis's child and adolescent psychiatry: A comprehensive textbook*(4th ed.). Philadelphia, PA: Lippincott Williams & Wilkins.

22. McCann, L. I., & Pearlmann, L. A. (1990). *Psychological trauma and the adult survivor: Theory, therapy, and transformation*. Hove, UK: Brunner-Routledge.

23. McCrory, E., De Brito, S. A., & Viding, E. (2012). The link between child abuse and psychopathology: A review of neurobiological and genetic research. *Journal of the Royal Society of Medicine, 105*, 151–156.

24. Muller, R. T. (2009). Trauma and dismissing (avoidant) attachment: Intervention strategies in individual psychotherapy. *Psychotherapy: Theory, Research, Practice, Training, 46*(1), 68–81.

25. Muscari, M. E., & Brown, K. M. (2010). *Quick reference to child and adolescent forensics: A guide for nurses and other health care professionals*. New York, NY: Springer Publishing.

26. North American Drama Therapy Association. (2013). *Self-care for therapists*. www.nadt.org/membership/selfcare-for-therapists.html

27. Plassmann, R. (1994). The biography of the factitious-disorder patient. *Psychotherapy and Psychosomatics, 62*(1–2), 123–128.

28. Roberts, M. C., & Steele, R. G. (2009). *Handbook of pediatric psychology* (4th ed.). New York, NY: Guilford Press.

29. Sadock, B. J., & Sadock, V. A. (2003). *Kaplan and Sadock's synopsis of psychiatry: Behavioral sciences / clinical psychiatry* (9th ed.). Philadelphia, PA: Lippincott Williams & Wilkins.

30. Safer, D. J. (1997). Self reported suicide attempts by adolescents. *Annals of Clinical Psychiatry, 9*(4), 263–269.

31. Schulte, I. E., & Petermann, F. (2011). Somatoform disorders: 30 years of debate about criteria. What about children and adolescents? *Journal of Psychosomatic Research, 70*(3), 218–228.

32. Shapiro, E. G., Rosenfeld, A. A., Cohen, N., Levine, D. A., & Renken, B. (1987). *The somatizing child: Diagnosis and treatment of conversion and somatization disorders*. New York, NY: Springer Publishing.

33. Smith, R. C. (1985). A clinical approach to the somatizing patient. *Journal of Family Practice, 21*(4), 294–301.

34. Tasman, A., Jerald, K., Lieberman, J. A., First, M. B., & Maj, M. (2011). *Psychiatry* (3rd ed.). New York, NY: John Wiley & Sons.

35. Webb, N. B. (2011). *Grief after suicide: Understanding the consequences and caring for the survivors*. New York, NY: Routledge / Taylor & Francis Group.

Part VI　新たな方向性

第32章
精神薬理学

シャノン・W・シモンズ
マイケル・W・ネイラー

総論

　子ども虐待やネグレクトはさまざまな感情障害・行動障害と関連する。一部のケースでは、心的外傷後の精神症状を治療するにあたり薬物療法が重要となる。本章では、子どもの不適切養育と精神疾患の関係について論じる。そして、（研究の発展により治療標的となりうる）虐待に伴う神経生物学的・神経内分泌的基盤の変化、治療適応について論じる。児童期の心的外傷後ストレス障害（PTSD）に対して使用される、さまざまなレベルの治療について科学的知見をまとめ、急性ストレス障害の治療及びPTSDの予防法について簡単に考察する。また、養育を受ける子どもの治療に関する知見を特別に考察する。本章の終わりで、子ども期PTSDの薬物療法に替わる分野の、未解決の問題をまとめて締めくくる。

　子ども虐待やネグレクトはさまざまな精神障害や行動障害と関連する。虐待は直接的な結果としてPTSDを生じさせる。子ども虐待と、不安障害、気分障害（大うつ病、双極性障害など）、統合失調症を含む精神病との関係性も多くの研究により裏づけられている（Alvarez et al., 2011; Bebbington et al., 2011; Schafer & Fisher, 2011; Sugava et al., 2012）。被虐待児は虐待を受けた経験のない児童よりも、早期から有害性の高い薬物やアルコールに手を出す傾向が見出され、摂食障害、薬物依存、アルコール依存症を発症するリスクが高い（Cisler et al., 2011; Douglas et al., 2010; Nomura, Hurd, & Pilowsky, 2012; Rayworth, Wise, & Harlow, 2004）。

　PTSDを発症した児童は、他の併存症の発症リスクが高い。少女犯罪者に関する研究によると虐待後にPTSDを発症した女児は、発症しなかった女児と比較して多くの精神疾患を併存する傾向にあった。併存症の発症は、PTSD発症と同時期の場合もあれば後になって発症する場合もある。これはトラウマとさまざまな精神病理との関係を示唆している。PTSDの一般的な併存症には、物質乱用、素行症、うつ、精神病、全般不安症などがある。自殺企図はPTSD女児において特に多くみられる（Dixon, Howie, & Starling, 2005）。特定の集団を対象としてはいるが、この研究はPTSDの併存症にはさまざまな種類や程度があることを強調している。

子ども虐待の神経生物学

　子ども虐待は脳の変化を引き起こす。技術的進歩により、この変化が構造や神経分子レベルで明らかとなってきている。子どもがトラウマに曝露されると交感神経が過敏となり、たとえばノルエピネフリン血中濃度が上昇する（Pervanidou, 2008）。ストレス応答性に放出されるコルチゾールホルモンはさまざまな身体的作用を有し、貯蔵グルコースの動員や免疫抑制作用などを引き起こす。子どもの、トラウマによるコルチゾール応答は大人よりも複雑で、大人でみられる知見が当てはまらない可能性が示唆されている。子ども虐待は視床下部−下垂体−副腎系に長期的な影響を及ぼすことが知られており、この影響は生物学的要因や環境要因、保護因子などさまざまな要因から調整を受けている（Tarullo & Gunnar, 2006）。

　fMRI 磁気共鳴機能画像法研究により、子ども期に虐待を受けた成人では、怒り表情刺激に対する扁桃体の反応性が亢進することが確認されている。また、海馬など脳領域の灰白質体積が減少している（Dannlowski et al., 2012）。これらの知見がトラウマ受傷から何十年かを経た成人において確認されていることは特筆すべきであり、構造・機能的な脳の変性の影響は長期的であることが示唆される。

遺伝子の役割

　ある種の遺伝子多型は、ストレス環境による精神疾患発症リスクに影響を与える。セロトニントランスポーター遺伝子である *5-HTTLPR*（serotonin-transporter-linked polymorphic region）が代表的である。多くの研究で、この遺伝子が短いとストレス環境下におけるうつ病発症のリスクが上昇すると報告されている（Agulera et al., 2009; Brown et al., 2013）。遺伝子が長い場合の、選択的セロトニン再取り込み阻害薬（selective serotonin reuptake inhibitor, SSRI）への治療反応性向上も指摘されている（Mushtag et al., 2012; Rundell et al., 2011）。現時点では、この遺伝子検査は臨床現場では使用されていない。

　遺伝子−環境相互作用（gene-environment interdction, GXE）を示す例は他にも存在し、副腎皮質刺激ホルモン放出ホルモン受容体遺伝子（**CRHR1**）の多型は、子ども虐待などの逆境的小児期体験に曝露された成人のうつ病発症リスクと関係する（Bradley et al., 2008; Grabe et al., 2010）。モノアミンオキシダーゼ A（MAOA）の発現低下は、軽度から中等度のトラウマ存在下での攻撃行動や素行症と関連する（Furguson et al., 2011; Foley et al., 2004）。カテコール−O−メチルトランスフェラーゼ（COMT）の遺伝子多型もまた、子ども期トラウマとの遺伝−環境相互作用が報告されている。過去には、この遺伝子多型は境界性パーソナリティ障害、解離性障害、および統合失調症型パーソナリティ障害の女性における衝動攻撃性のリスクとなることが示されている（Savitz, van der Merwe, Newman, Stein, & Ramesar, 2010; Wagner et al. 2010）。これらの知見の蓄積による遺伝子標的治療の実現が期待される。

診断上の問題

　Lenore Terr は 1991 年にトラウマタイプ 1 とタイプ 2 という概念を導入した。タイプ 1 のトラウマは、「単回性」の独立したイベントであり、典型的な PTSD 症状を引き起こす。タイプ 2 のトラウマは、繰り返す長期的なイベントであり、慢性の気分障害や解離、同一性の障害、（しばしば自分に向いた）易怒性を引き起こす。いくつかの研究で、身体的虐待は破壊的な行動や攻撃性と強く関係する一方で、ネグレクトは内在化障害を発現することが報告されている（Petrenko et al., 2012）。この傾向は普遍的ではないため、臨床の現場では子ども 1 人ひとりに応じた詳細な診断を下す必要がある。

　発達心理学の分野では、児童期の慢性的なトラウマが感情制御能力に及ぼす影響の報告が相次いでいる。この影響には、怒り、衝動性、自己破壊的行動などの負の感情の制御が困難となることが含まれている（Ehring & Quack, 2010）。

　トラウマに曝露された子どもは、現在の PTSD 診断の基準上の症状に収まらない、身体・情動・行動・認知・人間関係に関する重大な障害を表す場合がある（American Academy of Child and Adolescent Psychiatry, 2010, p. 416）。また、医療者がトラウマの存在を見過ごすと、これらの症状は双極性障害やその他の精神疾患として誤診される可能性がある。逆に、トラウマに曝露された子どものあらゆる感情・行動障害が実際には別の精神疾患に起因する場合でも PTSD が原因と誤診されることがある（Griffin et al., 2011）。症状の発現時期は、診断に役立つ。トラウマ体験と発症時期が一致する場合、特にこの情報は重要となる。しかし慢性のトラウマの場合、時間経過をつまびらかにすることは非常に難しい。

　PTSD 症状の発現症状は、子どもの発達段階に応じて変化する。**精神障害の診断と統計マニュアル**（Diagnostic and Statistical Manual of Mental Disorders, 4th edition, text revision, *DSM-4-TR*）において、子どもの診断は成人の診断から一部変更されている。たとえば、（子どもが表現するのが難しい）侵入症状の代わりに、繰り返すトラウマをテーマとした遊びがトラウマの再体験症状として扱われる（American Psychiatric Association, 2000）。しかし、その他の PTSD 症状については子どもも大人も同列に扱われており、子どもの特性を配慮した基準は設けられていない[訳注1]。トラウマに曝露された若者はトラウマ刺激に対してさまざまな感情表出を示し、*DSM-4-TR* で示されているような単なる「恐怖、無力感、怯え、解体した行動、興奮した行動」に収まらない。子ども、特に就学前児にとって、他者からの孤立を表現することは困難である。幼い子どもが人生の短縮感を抱くと考えることや、トラウマ関連事象の回避を子どもに語らせることは非現実的である（Scheeringa, Zeanah, & Cohen, 2011）。

　米国子どものトラウマティックストレス・ネットワーク（National Child Traumatic Stress

訳注 1: 精神障害の診断と統計マニュアルの第 5 版（DSM-5:2013）では、6 歳以下の子どもの PTSD の診断基準が成人とは別に設けられている。

Network）が 2003 年に出した白書で、現在の診断システムでは複雑性トラウマ[訳注2]が発達段階の小児へ与える影響を拾いきれていないとされた。この白書によると、複雑性トラウマとは子ども期から養育環境における複数のトラウマに同時期あるいは継続的に曝露されることと定義され、あらゆる領域における多くの異常や症状を引き起こすとされている。引き起こされるのは、アタッチメント、生物学的、感情制御、解離、行動制御、認知、自己概念などの異常である。この白書では、臨床家、研究者、政策立案者に複雑性トラウマに関する提言をしている。

トラウマへの薬剤適応

　トラウマ関連症状の多くに薬剤が有用であるが、すべての症例で有用性が示されるわけではない。まずは患者が、薬剤が適応する精神疾患や症状を持っていなければならない。長年のデータから、PTSD、大うつ病、双極性障害、精神病、全般性およびその他の不安障害に対する薬物療法の有効性がわかっている。症状が軽度の場合、心理療法から開始するほうが適切である（American Academy of Child and Adolescent Psychiatry, 2010）。薬物療法は重症例に使用されるべきであるが、残念なことに重症患者ほど治療反応性に乏しい。心理療法への反応が不十分な場合に、薬剤の併用が推奨される。薬剤反応性の併存症が存在する場合には、薬剤の使用が強く推奨されるが、併存症治療についての考察は本章で取り扱う範囲を超えている。薬剤が使用される場合、薬物療法と心理療法を統合して行われることが理想的である。

全般的な治療アプローチ

　虐待を受けた子どもの治療を開始する最初のステップは包括的な診断である。前述の通り、児童領域のトラウマは多くの精神症状と関係し、現在の診断基準の枠にとどまらず広範囲にわたる感情・行動障害を招来する。そのため、PTSD、気分障害、精神病、不安障害、物質依存それぞれの症状を評価する必要がある。評価者は、症状が子どもの能力にどのように影響しているかについても詳しく調査する必要がある。詳細な既往歴の聴取も必須である。現在進行している虐待、ネグレクト、トラウマも評価しなければならない。トラウマ曝露下での治療効果は乏しい。出生前の情報、出生歴、発達歴も可能であれば取得するべきである。精神疾患の家族歴も鑑別診断に役立つ。医療者は、精神疾患で説明しうる血液検査のデータやその他の検査の結果も考慮にいれるべきである。米国児童青年精神医学会（American Academy of Child and Adolescent Psychiatry）が 2010 年に発表した児童青年の PTSD 評価と治療方針（Practice Parameters for the Assessment and Treatment of Children and Adolescents with PTSD）から、治療計画についての考察と評価が得られる。いったん予備的な診断がされると治療計画を立案できる。医療の選択は診断と症状に応じてなされる。精神

訳注 2: 複雑性トラウマは WHOの診断基準の第11版（ICD-11, 2018）において、複雑性 PTSDとして収載された。

医学的併存症が多いため、全般的な治療計画を立てて、目前の症状に気を取られての不必要な多剤
併用を避ける必要がある。

薬物療法

　若年者の PTSD 治療における向精神薬の安全性と有効性のデータは限られている。この分野の

表 32.1　PTSD の薬物療法研究のまとめ

著者	治療	研究デザイン	N	トラウマタイプ*	標的症状	結果
Cohen et al., 2007	TF-CBT およびセルトラリン追加投与	ランダム化比較試験、プラセボ対照試験	24	II	中核的 3 症状	セルトラリン追加投与の効果なし
Robbe et al., 2010	セルトラリン	二重盲検法、偽薬対照試験	131	V	中核的 3 症状	プラシーボと比較しセルトラリンの効果なし
Seedat et al., 2002	シタロプラム	オープンラベル、小児と成人の比較	24	V	中核的 3 症状	小児・成人とも症状改善
Seedat et al., 1999	シタロプラム	オープンラベル	7	V	中核的 3 症状	すべての中核症例群での症状の改善
Harmon & Riggs, 1996	クロニジン	オープンラベル	7	II	複数（本文参照）	ほぼ全症例で症状改善
Horrigan, 1996	グアンファシン	症例報告	1	II	悪夢	悪夢消失
Fraleigh et al., 2009	プラゾシン	症例報告	1	II	悪夢	悪夢消失
Strawn et al., 2009	プラゾシン	症例報告	1	I	悪夢、過覚醒過警戒	悪夢消失、過覚醒改善、過警戒残存
Famularo et al., 1988	プロプラノロール	ケースシリーズ研究、オンオフオンデザイン	11	V	中核的 3 症状	全中核クラスター症状の改善、中止により再燃
Yeh et al., 2010	アリピプラゾールによる SSRI の増強療法	症例報告	1	I	悪夢	悪夢軽減
Wheatley et al., 2004	クロザピン	後方視的ケースシリーズ研究	6	V	自傷、攻撃性、幻覚	4/6 例：攻撃性軽減、5/6 例：幻覚改善
Keeshin & Strawn, 2009	バルプロエクス（バルプロ酸）、クロニジンへのリスペリドンの追加投与	症例報告	1	II	中核的 3 症状	再体験減少、睡眠改善、入院減少
Stathis et al., 2005	クエチアピン	症例報告	6	II(3/6) U(3/6)	中核的 3 症状	全症例で解離、不安、うつ、怒りの減少
Looff et al., 195	カルバマゼピン	症例報告	28	II	中核的 3 症状	22/28 例：無症状、6/28：有意な改善
Steiner et al., 2007	バルプロエクス（バルプロ酸）	ランダム化比較試験、高用量 vs 低用量	12	U	中核的 3 症状	高用量群で PTSD の改善効果大

* I = 単回性トラウマ、II = 慢性トラウマ、V = さまざまなトラウマ、U = 不明

研究は臨床診療に追いついていない。そのため、しばしば成人での研究に基づいて臨床判断が下される。成人と児童では神経生物学的な差異があること、向精神薬が発達段階の脳におよぼす長期的な影響が不明であることを考慮にいれる必要があり、注意深く思慮深いアプローチが薬物療法には必要である。表 32.1 に文献をまとめた。

選択的セロトニン再取り込み阻害薬（SSRI）

選択的セロトニン再取り込み阻害薬は、大うつ病や種々の不安症など多くの精神疾患治療で使用されている。成人の PTSD においても 3 領域での症状（再体験、過覚醒、回避）すべてに有効であるため、第一選択薬として使用されている。しかし、児童での有効性は確立されていない。プラセボ・コントロールの二重盲検試験で、131 人の被験者で対照群と比較して有意な治療効果が確認された（Robb et al., 2010）。別の研究では、セルトラリンまたはプラセボをトラウマフォーカスト認知行動療法（TF-CBT）に併用投与したところ、両群の症状の改善は同等であり、SSRI 併用の有用性は見出されなかった（Cohen et al., 2007）。シタロプラムへの治療反応性を 24 人の小児と 14 人の成人で比較した研究では、年齢による治療反応性の違いは確認されなかった（Seedat et al., 2002）。オープンラベル試験を用いた、シタロプラムの有効性を 8 例の患者で検討した治験では、PTSD 症状の有意な改善が認められた（Seedat et al., 1999）。多くの場合、研究対象は慢性多発性のトラウマの被害にあった児童であった。

児童期の PTSD にうつ病または不安症を併存した場合、SSRI の使用が妥当であろう。しかし、トラウマに曝露された児童は重度の感情制御障害や双極性障害を併存する場合があり、これらの症状は抗うつ薬（SSRI）によって悪化する。SSRI は一般に忍容性が高いが、SSRI に起因する有害事象をモニターする必要もある。服薬開始時期に多くみられるのが消化器症状や頭痛であるが、治療を続けるにつれて解消することが多い。鎮静効果は服用を眠前に変更することで対処可能である。治療開始時には一過性の不安増強が見られることがある。問題となるのは、不穏や不眠、興奮といった行為障害である。

米国食品医薬品局は 2003 年に、抗うつ薬を処方された児童や青年において希死念慮や自殺企図が増加すると勧告した。SSRI で加療されている患者、特に治療開始直後の患者は、希死念慮や自殺企図について綿密にモニターする必要がある。

SSRI に対するこうした反応についてのしっかりした証拠は示されていないが、合計しても症例数は 200 を超えない点に注意をするべきである。このため、トラウマに曝露された児童への SSRI の有効性の有無を現時点では判断できないが、多くの場合には SSRI は第一選択として妥当であり、不安やうつなどの併存症を有する場合にはなおさらである。

抗アドレナリン作動薬

前述のとおり、PTSD に罹患している児童ではノルエピネフリンなど交感神経系ホルモンの血中濃度が高い。交感神経系の緊張を和らげる薬剤は、PTSD の一症状である過覚醒に対して使用される。クロニジンやグアンファシンといった中枢性 α2 アゴニストはノルエピネフリンの放出を阻

害することで機能する。オープン試験によるクロニジンを調査した研究が行われ、慢性の重度な虐待を受けた 3 ～ 6 歳の未就学児で、1 カ月以上の家族療法において症状が改善しなかった症例が対象とされた。その研究では、クロニジンはすべての患児の攻撃性を低下させ、多くの患児の感情の爆発、過覚醒、過剰警戒、全般性不安、反抗性を低下させた（Harmon & Riggs, 1996）。慢性の虐待を受けた 7 歳の患児において、グアンファシンは PTSD 関連の悪夢を軽減することが報告されている（Horrigan, 1996）。

　プラゾシンは、α 1 受容体アンタゴニストでアドレナリン作動性神経の緊張を低下させる。成人の PTSD を対象とした無作為化試験において、プラセボと比較して有意にトラウマ関連の悪夢を軽減する効果が指摘されている。児童領域における本剤の有効性は、複数の症例報告により支持されている。職場で強盗被害にあった 16 歳の少女にプラゾシンを投与した症例報告では、悪夢と過覚醒の大幅な軽快を認めたが、回避症状は改善しなかった（Strawn, DelBello, & Geracioti, 2009）。また別の症例報告では、複数のトラウマに曝露された 16 歳の少年に対するプラゾシンの投与により、悪夢が消失したことが報告されている（Fraleigh et al., 2009）。

　β ブロッカーであるプロプラノロールは高血圧や片頭痛をはじめ多くの医療現場で使用されており、素行を伴う社会不安など一部の不安症にも使用される。本剤はノルアドレナリンの働きを阻害することで心拍・血圧を低下させる。オープンラベルのパイロット研究では、身体的・性的虐待を受けた 11 例の学童期の PTSD 患児を対象にプロプラノロールの有効性が評価され、統計的に有意な PTSD 症状の改善が見られた（Famularo, Kinscherff, & Fenton, 1988）。

　これらの薬剤は SSRI など他の薬剤では改善が難しい過覚醒を軽減するために併用される。α 2 アゴニストもまた注意欠如・多動症（ADHD）の多動や衝動性を抑えるため精神刺激薬の補助療法として使用されることがある。PTSD や ADHD 患児には、これらの薬剤の使用が推奨される。

　これらの薬剤は心血管系への影響を持つため、心疾患を持つ子どもに使用する場合は循環器科や小児科にコンサルトしながら使用する必要がある。低血圧や頻脈（プロプラノロールの場合は徐脈）を呈することがあるため、バイタルサインをモニターしながら使用する必要がある。また、患児に起立性低血圧が生じうることを伝え注意を促す必要がある。これらの薬剤は若干の鎮静効果があるものの、概して忍容性は良好である。

非定型抗精神病薬

　PTSD に罹患した子どもが幻覚、情緒不安定、攻撃性などの精神病症状を呈することがある。また、前述のとおり双極性障害や精神病を併存する場合もある。このような場合には、SSRI は症状の一部にしか有効でない。症例研究などでは、非定型抗精神病薬の単独または増強療法としての使用での有効性が示唆されている。

　13 歳の男児の症例報告では、慢性の性的虐待とネグレクトを受けて攻撃性や自傷行為のため入院を繰り返し、リスペリドンを投与された。本例は、過覚醒と幻聴、フラッシュバックの症状が顕著であり、PTSD の診断を受けるに至った。本例ではジバルプロエクス（バルプロ酸）とクロニジンにリスペリドンを追加して投与したところ症状が軽快した（Keeshin & Strawn, 2009）。

　別の症例報告では、暴行事件に巻き込まれて PTSD を発症した 14 歳の少女の治療経過が報告されている。再体験、回避、過剰警戒はエスシタロプラム投与で改善したが、トラウマに関連した悪夢が軽快しなかった。この悪夢は、アリピプラゾールの眠前投与により消退した（Yeh, Hsieh, & Chou, 2010）。

　少年院に入所中の 15 〜 17 歳の 6 症例を対象とした研究でクエチアピンが使用されている。これらの症例はいずれも PTSD の診断基準を満たし、クエチアピンが低用量で投与された。PTSD 症状は全体的な改善を認め、とりわけ、解離、不安、うつ気分、易怒性の改善が著しかった。鎮静の訴えが多かったが、不眠症状が高頻度に認められることを考慮するとこれは有益と言えよう。この 6 週間の研究期間において、有意な体重増加が確認された（Stathis, Martin, & McKenna, 2005）。

　クロザピンには頻度は低いものの無顆粒球症という重大なリスクがあり、統合失調症や双極性障害への使用は治療抵抗性の患者に限定される。症例研究などにより、治療抵抗性の若年 PTSD 患者に対しクロザピンが有効である可能性が報告されている。別の症例対象研究では急性・慢性のトラウマにより PTSD を発症した 17 〜 19 歳の 6 例の患児を対象にクロザピンが投与されている。これらの症例は、精神病症状をきたし、攻撃性または自傷行為を認めており、少なくとも他の 2 種類以上の向精神薬投与に対し治療抵抗性を示した症例である。本剤投与により、精神病症状と睡眠の改善が確認された（Wheatley et al., 2004）。クロザピンの導入に際して、毎週の採血により無顆粒球症のモニターができるかが重要な要素となる。クロザピンの副作用として、体重増加とメタボリックシンドロームが高頻度にみられ、遅発性ジスキネジアも低頻度ではあるが認められる。成人の統合失調症では、クロザピンは 1 種類の非定型抗精神病薬を含む 2 種類以上の抗精神病薬が無効であって初めて適応になる（American Psychiatric Association, 2004）。データの乏しい若年 PTSD での使用に際しては、成人と同様かそれ以上の厳しい基準が必要である。

　これらの薬剤には、メタボリックシンドロームや錐体外路症状、その他の薬剤反応を含む重大な副作用が存在する。治療開始時点をベースラインとした代謝関連のデータや異常な不随意運動の定期的なモニターが必要である。児童領域では、オランザピン、ジプラシドン、およびパリペリドン、アセナピン、ルラシドン、イロペリドンといった新規抗精神病薬を使用した研究は存在しない。

気分安定薬

　気分安定薬は躁状態や双極性障害の維持療法として伝統的に使用されてきた。成人のPTSDなど、その他の状況でも使用されている。他の種類の薬剤と同様、小児、未成年でのデータは限定的である。リチウムを使用した研究は存在しない。

　PTSD と素行症を持つ患者を対象とした小規模な研究では、収監された未成年男性 12 例が、無作為割りつけにより高用量、または低用量のジバルプロエクスを 7 週間投与された。トラウマのタイプは明示されていない。高容量投与群 6 例では、PTSD の 3 つの中核症状はもとより、症状全般にわたる改善が認められた（Steiner et al., 2007）。ジバルプロエクスは、体重増加、鎮静、肝機能障害、脱毛症、振戦、アンモニア濃度の上昇、妊婦の内服による催奇形性、膵炎のリスクがある。定期的な採血による血中濃度の評価、血算のチェック、肝機能の検査が必要である。

カルバマゼピンは無作為割付比較試験による評価は行われていない。性的虐待を繰り返し受けた8〜17歳のPTSD患児28例の症例対象研究では、研究終了時点において22例では症状は消退し、残りの6例でも著明な症状の改善を認めた。SSRIとの併用で、ADHDで使用される精神刺激薬やクロニジンが一部の症例で使用されている（Looff et al., 1995）。定期的な採血による薬剤の血中濃度と全血算（血小板減少症のリスクに加え、頻度は低いが汎血球減少症のリスクがあるため）、肝機能（肝機能障害のリスクのため）を評価することが必要である。カルバマゼピンはチトクロムP450サブシステムを強力に誘導するため他薬剤との相互作用に注意を払う必要がある。

ベンゾジアゼピン

ベンゾジアゼピンは成人のPTSD治療で使用されているがエビデンスに鑑みると慎重に使用する必要がある。アメリカ合衆国退役軍人省と国防省が2010年に出した心的外傷受傷後の対応についてのガイドラインでは、ベンゾジアゼピンの使用は推奨されていない。これは、効果が不明瞭で、依存のリスクがあるためである。トラウマ受傷直後のベンゾジアゼピン投与によるPTSD発症リスク上昇の指摘も相次いでいる（Gelpin et al., 1996）。他にも、薬剤の中止による不安症状増悪や認知機能への影響といったリスクがある。児童領域においては、ベンゾジアゼピンは不安軽減作用よりも反対に脱抑制効果が強い可能性がある。児童領域のPTSDにおける、ベンゾジアゼピンの有効性は検証されていない。しかし、ベンゾジアゼピンは子どもの不安症においては有用かもしれない。

早期介入

急性ストレス障害の治療

いくつかの研究で急性ストレス障害（ASD）治療の可能性が検証されている。表32.2に文献をまとめた。本分野の多くの研究で熱傷患者が対象とされている。というのも、トラウマ受傷直後に受診し、しばしば長期入院が必要となり詳細なフォローアップが可能だからである。ただし、これらの研究では虐待や虐待疑いの頻度は不明である。

Robertら（1999）は、三環系抗うつ薬であるイミプラミンの低用量投与がクロラルハイドレート（抱水クロラール）よりも症状改善に有用であることを報告した。対照群にプラセボ投与群は設定されていないが、イミプラミンとフルオキサチンの比較試験において、89％の患者でいずれかの薬剤への反応を認めた（Tcheung et al., 2005）。一方で、別の比較試験ではイミプラミンとフルオキセチン、プラセボ投与群の3群間で治療効果に有意差は見い出されなかった（Robert et al., 2008）。虐待が原因で熱傷を負った未就学児3例では、リスペリドン投与によりすべての患者において症状改善が認められた（Meighen, Hines, & Lagges, 2007）。プロプラノロールはプラセボ対照試験で、ASD症状発現の抑制に有意な効果は認められなかった（Sharp et al., 2010）。三環系抗うつ薬はSSRIよりも多くの副作用があり、また心毒性のため過量服薬時の危険性が高い。これらの限定的なデータか

表 32.2　急性ストレス障害 (ASD) および PTSD 予防についての薬物研究のまとめ

著者	治療	研究デザイン	N	治療期間	結果
急性ストレス障害					
Meighen et al., 2007	リスペリドン	ケースシリーズ研究	3	8 週間の観察	中核 3 症状の急速な改善
Robert et al., 1999	イミプラミンまたはクロラルハイドレート	ランダム化比較試験、二重盲検法	25	7 日間	83%がイミプラミンに反応、38%がクロラルハイドレートに反応（統計的有意差あり）
Robert et al., 2008	イミプラミン、フルオキセチン、またはプラセボ	ランダム化比較試験、二重盲検法、プラセボ対照試験	60	7 日間	55%がプラセボに反応、60%がイミプラミンに反応、72%がフルオキセチンに反応（統計的有意差なし）
Sharp et al., 2010	プロプラノロール	事前のプラセボ投与群の遡及的診療録レビューおよび、ランダム化比較試験	363	—	治療群とプラセボ投与群で急性ストレス障害頻度の差なし
Tcheung et al., 2005	イミプラミンまたはフルオキセチン	遡及的診療録レビュー、7 日間の治療で反応性がない場合治療を変更	128	各治療につき 7 日間	当初、81%がイミプラミンに反応、75%がフルオキセチンに反応、最終的に 89%がいずれかの治療に反応
PTSD 予防					
Nugent et al., 2010	プロプラノロール	二重盲検法、プラセボ対照試験	29	10 日間（6 週観察）	群間の差なし、少年においてプロプラノロールにより症状減少認めるも有意差なし
Saxe et al., 2001	モルヒネ	オープンラベル	24	2-26 日間（6 カ月観察）	高用量のモルヒネは 6 カ月後の PTSD 症状の低減と相関
Stoddard et al., 2011	セルトラリン	二重盲検法、プラセボ対照試験	26	12 週間（24 週観察）	小児は反応なし、セルトラリンにより親の評価上の PTSD 症状の減少を認めた
Stoddard et al., 209	モルヒネ	オープンラベル	70	多様（6 カ月観察）	モルヒネ投与量と PTSD 症状改善に相関

― ＝ データなし

ら臨床現場での使用への示唆を得ることは困難である。

PTSD の予防

　この研究分野で重要なのが、トラウマ曝露後にいかに PTSD 発症を予防するかである。ASD と同様、PTSD の予防研究でも熱傷患者が多く研究対象となっている。重症熱傷患者の子どもと未成年を対象とした 2 つの研究で、受傷直後のモルヒネ投与がその後の PTSD 発症と負の相関をしていることが示された。これは 1 つには、PTSD の基礎となるノルアドレナリンのトラウマ記憶の再固着効果をモルヒネが抑制するためではないかと考えられている（Saxe et al., 2001; Stoddard et al., 2009）。成人研究においても同様の知見が得られている。この知見が被虐待児にも共通するかは不明であり、今後の研究が待たれる。

　セルトラリンの PTSD 予防効果もまた検証されている。6 ～ 20 歳の 26 例の未成年者を対象とし、プラセボ投与群を対照群において 2 重盲検無作為割付研究で得られた結果は混合的な内容であった。

24 週間後の時点において、自覚症状は 2 群間に差異は認められなかったが、患児の親たちから見た PTSD 症状はセルトラリン投与群において大きく改善していた（Stoddard et al., 2011）。トラウマ曝露後の子どもへのプロプラノロール投与は、プラセボとの比較で有意な PTSD 予防効果は示さなかった（Nugent et al., 2010）。これらの研究で対象としたトラウマが虐待やネグレクトでないことには留意する必要がある。

里親養育を受ける子どもに対する向精神薬使用上の管理

　児童福祉制度を利用する児童青年は、トラウマを受けた若者の代表的な集団である。この脆弱性を持つ集団に対する向精神薬の使用は、近年メディアや政府の管理委員会（U.S. Administration for Children and Families, 2012）の注目を集めている。里親養育を受けている子ども（彼らは制度上メディケイド適用資格を持つ）は感情や行動の障害あるいは精神疾患に発展するリスクが高く（Burns et al., 2004, dos Reis et al., 2001; Harman, Childs, & Kelleher, 2000; Landsverk et al., 2006; White et al., 2007）、精神保健サービスを利用する割合が高く（Burns et al., 2004; dos Reis et al., 2001; Halfon, Berkowits, & Klee, 1992; Harman, Childs, & Kelleher, 2000）、メディケイド適用資格のある他の若年者よりも向精神薬による治療を受ける傾向にある（Breland Noble et al., 2004; dos Reis et al., 2001; Raghavan, 2005）。

　感情や行動の障害を有する若年者集団一般において、向精神薬の使用が近年劇的に増加している（Olfson et al., 2002; Zito et al., 2003）。この増加は、2 種類もしくはそれ以上の向精神薬が同時に使用される多剤併用頻度の増加に伴っている（Bhatara et al., 2004; Olfson et al., 2002; Safer, Zito, & dos Reis, 2003）。同様の知見は里親養育を受ける子どもにおいても認められる（Anderson et al., 2002）。

　2011 年に米国会計検査院は、医療受給を受けている里親養育児と非里親養育児での向精神薬の使用状況について 5 つの州で比較した。それによると、里親養育児は向精神薬を投与されている頻度が 4.5 倍、5 種類以上の向精神薬を併用されている頻度は 52.5 倍であった。そして、ガイドラインで定められている最大用法量を超えた処方をされている頻度は 9 倍近くであった。向精神薬使用の監督に関して採用されているガイドラインは州によって異なる（American Academy of Child and Adolescent Psychiatry, 2005）。米国会計検査院は 2011 年の調査で、里親養育児に対する向精神薬使用の監視について各州が採用する実践的なガイドラインを指定するべきであると保健福祉局に提言している。

　里親養育児での向精神薬使用量の増加問題への関心の増加を受け、アメリカ連邦議会で子どもと家族のサービス改善と改革法（Child and Family Services Improvement and Innovation Act of 2011）が可決された。この法律制定により各州は、里親養育児における向精神薬の使用状況を管理するプロトコールの提出が求められることとなった。特に、以下の項目を明らかとする必要がある。

・向精神薬を必要とする感情あるいは行動障害、精神障害を持つ小児のスクリーニング、評価の方法について
・治療上の意思決定を統一する方法、特にインフォームドコンセントとアセントを得る方法と治療

者、患児、養育者の意思統一を効率的に促進する方法について
・個人、州レベルで向精神薬の使用状況を監視する枠組みについて
・臨床上の意思決定に際して精神科医へコンサルトできる枠組み（特に同意を得るプロセスにおいて）
・医療従事者、児童福祉のスタッフ、若者、保護者が、精神衛生やトラウマ関連の介入に関し最新
　の正確な情報や学習教材にアクセスし共有できる方法について

　向精神薬の治療同意や管理には、いくつかのモデルが存在する。州が後見人となっている児童青
年の治療同意は、裁判所や指名された児童福祉局のスタッフ、法廷、里親、児童福祉局のケース
ワーカーから得ることが可能である。管理には前方視的なものと後方視的なモデルが存在する。前
方視的なモデルでは処方に先立ち、薬物療法は精査され、包括的同意を得られる。後方視的なモデ
ルでは、同意責任は一般に里親かケースワーカーが負うことになる。向精神薬による薬物療法は、
メディケイドからの支払いデータで管理される（For a review, Leslie et al., 2010）。

未解決の問題点

　児童領域でのトラウマ治療に関する薬物療法には、明らかにしなければならない疑問点が数多く
存在する。この不均質集団においてどの治療法が有効となるかを臨床現場で判断するためには無作
為対照試験が必要となろう。トラウマ種別が症状に及ぼす影響はある程度調べられているが、各治
療に対する反応性との関係はあまり調べられていない。治療介入が及ぼす長期的な影響もあまり調
べられていないものの、重要な課題である。里親養育を受けている子どもの向精神薬の使用状況を
管理することが、治療の質やコストパフォーマンス向上につながるのかも現時点ではわかっていな
い。また、トラウマによる症状と他の精神疾患による症状をどのように区別するか、さらにそれが
臨床現場での判断に与えうる影響も定かではなく、今後の研究の発展が待たれる。

[参考文献]

1. Aguilera, M., Arias, B., Wichers, M., Barrantes-Vidal, N., Moya, J., Villa, H., et al. (2009). Early adversity and 5-HTT/BDNF genes: New evidence of gene-environment interactions on depressive symptoms in a general population. *Psychological Medicine 39*(9), 1425–1432. doi:10.1017/S0033291709005248
2. Alvarez, M. J., Roura, P., Oses, A., Foguet, Q., Sola, J., & Arrufat, F. X. (2011). Prevalence and clinical impact of childhood trauma in patients with severe mental disorders. *Journal of Nervous and Mental Disease, 199*(3), 156–161. doi:10.1097/NMD.0b013e31820c751c
3. American Academy of Child and Adolescent Psychiatry. (2005). *Oversight of psychotropic medication use for children in state custody: A best principles guideline*.www.aacap.org/galleries/PracticeInformation/FosterCare_BestPrinciples_FINAL.pdf
4. American Academy of Child and Adolescent Psychiatry. (2010). Practice parameters for the assessment and treatment of children and adolescents with post-traumatic stress disorder. *Journal of the American Academy of Child and Adolescent Psychiatry, 49*(4), 414–430. doi:10.1016/j.jaac.2009.12.020

5. American Psychiatric Association. (2000). *Diagnostic and statistical manual of mental disorders* (4th ed., text rev.). Washington, DC: Author.

6. American Psychiatric Association. (2004). Practice guidelines for the treatment of patients with schizophrenia, second edition. *American Journal of Psychiatry, 161*, 1–54. doi:10.1176/appi.books.9780890423363.45859

7. Anderson, T. R., Naylor, M. W., Kruesi, M., & Stoewe, J. (2002, October). *Co-pharmacy and poly-pharmacy in children and adolescents in substitute care.* Paper presented at 49th annual meeting of the American Academy of Child and Adolescent Psychiatry, San Francisco, CA. Abstract No. C-31

8. Bebbington, P., Jonas, S., Kuipers, E., King, M., Cooper, C., Brugha, T., et al. (2011). Childhood sexual abuse and psychosis: Data from a cross-sectional national psychiatric survey in England. *British Journal of Psychiatry, 199*, 29–37. doi:10.1192/bjp.bp.110.083642

9. Bhatara, V., Feil, M., Hoagwood, K., Vitiello, B., & Zima, B. (2004). National trends in concomitant psychotropic medication with stimulants in pediatric visits: Practice versus knowledge. *Journal of Attention Disorders, 7*, 217–226.

10. Bradley, R., Binder, E., Epstein, M., Tang, Y., Nair, H., Liu, W., et al. (2008). Influence of child abuse on adult depression: Moderation by the corticotropin-releasing hormone receptor gene. *Archives of General Psychiatry, 65*(2), 190–200.

11. Breland-Noble, A. M., Elbogen, E. B., Farmer, E. M., Dubs, M. S., Wagner, H. R., & Burns, B. J. (2004). Use of psychotropic medications by youths in therapeutic foster care and group homes. *Psychiatric Services, 55*, 706–708.

12. Brown, G., Ban, M., Craig, T., Harris, T., Herbert, J., & Uher, R. (2013). Serotonin transporter length polymorphism, childhood maltreatment, and chronic depression: A specific gene-environment interaction. *Depression and Anxiety, 30*(1), 5–13. doi:10.1002/da.21982

13. Burns, B. J., Phillips, S. D., Wagner, H. R., Barth, R. P., Kolko, D. J., Campbell, Y., & Landsverk, J. (2004). Mental health need and access to mental health services by youths involved with child welfare: A national survey. *Journal of the American Academy of Child and Adolescent Psychiatry, 43*, 960–970.

14. Cisler, J., Amstadter, A., Begle, A., Resnick, H., Danielson, C., Saunders, B., & Kilpatrick, D. (2011). PTSD symptoms, potentially traumatic event exposure, and binge drinking: A prospective study with a national sample of adolescents. *Journal of Anxiety Disorders, 25*, 978–987. doi:10.1016/j.janxdis.2011.06.006

15. Cohen, J., Mannarino, A., Perel, J., & Staron, V. (2007). A pilot randomized controlled trial of combined trauma-focused CBT and sertraline for childhood PTSD symptoms. *Journal of the American Academy of Child and Adolescent Psychiatry, 46*(7), 811–819. doi:10.1097/chi.0b013e3180547105

16. Dannlowski, U., Stuhrmann, A., Beutelmann, V., Zwanzger, P., Lenzen, T., Grotegerd, D., et al. (2012). Limbic scars: Long-term consequences of childhood maltreatment revealed by functional and structural magnetic resonance imagining. *Biological Psychiatry, 71*, 286–293. doi:10.1016/j.biopsych.2011.10.021

17. Dixon, A., Howie, P., & Starling, J. (2005). Trauma exposure, posttraumatic stress, and psychiatric comorbidity in female juvenile offenders. *Journal of the American Academy of Child and Adolescent Psychiatry, 44*(8), 798–806. doi:10.1097/01. chi.0000164590.48318.9c

18. dos Reis, S., Zito, J. M., Safer, D. J., & Soeken, K. L. (2001). Mental health services for youths in foster care and disabled youths. *American Journal of Public Health, 91*, 1094–1099.

19. Douglas, K., Chan, G., Gelernter, J., Arias, A., Anton, R., Weiss, R., et al. (2010). Adverse childhood events as risk factors for substance dependence: Partial mediation by mood and anxiety disorders. *Addictive Behaviors, 35*, 7 –13. doi:10.1016/j. addbeh.2009.07.004

20. Ehring, T., & Quack, D. (2010). Emotion regulation difficulties in trauma survivors: The role of trauma type and PTSD symptom severity. *Behavior Therapy, 41*(4), 587–598. doi:10.1016/j.beth.2010.04.004

21. Famularo, R., Kinscherff, R., & Fenton, T. (1988). Propranolol treatment for childhood posttraumatic stress disorder, acute type. *American Journal of Diseases of Children, 142*(11), 1244–1247.

22. Ferguson, D., Boden, J., Horwood, L., Miller, A., & Kennedy, M. (2011). MAOA, abuse exposure and antisocial behavior: 30-year longitudinal study. *British Journal of Psychiatry, 198*(6), 457–463. doi:10.1192/bjp.bp.110.086991

23. Foley, D., Eaves, L., Wormley, B., Silberg, J., Maes, H., Kuhn, J., & Riley, B. (2004). Childhood adversity, monoamine oxidase A genotype, and risk for conduct disorder. *Archives of General Psychiatry, 61*(7), 738–744. doi:10.1001/archgenpsychiatry.2011.2116

24. Fraleigh, L., Hendratta, V., Ford, J., & Connor, D. (2009). Prazosin for the treatment of posttraumatic stress disorder–related nightmares in an adolescent male. *Journal of Child and Adolescent Psychopharmacology, 19*(4), 475–476. doi:10.1089/cap.2009.0002

25. Gelpin, E., Bonne, O., Peri, T., Brandes, D., & Shalev, A. (1996). Treatment of recent trauma survivors with benzodiazepines: A prospective study. *Journal of Clinical Psychiatry, 57*(9), 390–394.

26. Grabe, H., Schwahn, C., Appel, K., Mahler, J., Schulz, A., Spitzer, C., et al. (2010). Childhood maltreatment, the corticotropin-releasing hormone receptor gene and adult depression in the general population. *American Journal of Medical Genetics, 153B*(8), 1483–1493. doi:10.1002/ajmg.b.31131

27. Griffin, G., McClelland, G., Holzberg, M., Stolbach, B., Maj, N., & Kisiel, C. (2011). Addressing the impact of trauma before diagnosing. *Child Welfare, 90*(6), 69–89.

28. Halfon, N., Berkowitz, G., & Klee, L. (1992). Mental health service utilization by children in foster care in California. *Pediatrics, 89*, 1238–1244.

29. Harman, J. S., Childs, G. E., & Kelleher, K. J. (2000). Mental health utilization and expenditures by children in foster care. *Archives of Pediatrics & Adolescent Medicine, 154*, 1114–1117.

30. Harmon, R., & Riggs, P. (1996). Clonidine for posttraumatic stress disorder in preschool children. *Journal of the American Academy of Child and Adolescent Psychiatry, 35*(9), 1247–1249.

31. Horrigan, J. (1996) Guanfacine for PTSD nightmares [Letter to the editor]. *Journal of the American Academy of Child and Adolescent Psychiatry, 35*(8), 975.

32. Keeshin, B., & Strawn, J. (2009, July/August). Risperidone treatment of an adolescent with severe posttraumatic stress disorder [Letter to the editor]. *Annals of Pharmacotherapy, 43*, 1374. doi:10.1345/aph.1M219

33. Landsverk J., Burns B., Stambaugh L. F., & Rolls-Reutz J. A. (2006). *Mental health care for children and adolescents in foster care: Review of research literature.* Seattle, WA: Casey Family Programs.

34. Leslie, L. K., Mackie, T., Dawson, E. H., Bellonci, C., Schoonover, D. R., Rodday, A. M., et al. (2010). *Multistate study on psychotropic medication oversight in foster care.* Boston, MA: Tufts Clinical and Translational Science Institute. http:// 160.109.101.132/icrhps/prodserv/docs/Executive_Report_09-07-10_348.pdf

35. Looff, D., Grimley, P., Kuller, F., Martin, A., & Shonfield, L. (1995). Carbamazepine for PTSD [Letter to the editor]. *Journal of the American Academy of Child and Adolescent Psychiatry, 34*(6), 703.

36. Meighen, K. G., Hines, L. A., & Lagges, A. M. (2007). Risperidone treatment of preschool children with thermal burns and acute stress disorder. *Journal of Child and Adolescent Psychopharmacology, 17*(2), 223–232. doi:10.1089/cap.2007.0121

37. Mushtag, D., Ali, A., Margoob, M., Murtaza, I., & Andrade, C. (2012). Association between serotonin transporter gene promoter-region polymorphism and 4-and 12-week treatment response to sertraline in posttraumatic stress disorder. *Journal of Affective Disorders, 136*(3), 955–962. doi:10.1016/j.jad.2011.08.033

38. National Child Traumatic Stress Network Complex Trauma Task Force. (2003). *Complex trauma in children and adolescents*(White paper). http:// nctsn.org/sites/default /files/assets/pdfs/ComplexTrauma_All.pdf

39. Nomura, Y., Hurd, Y., & Pilowsky, D. (2012). Lifetime risk for substance abuse among offspring of abusive family environment from the community. *Substance Use and Misuse, 47*(12), 1281–1292. doi:10.3109/10826084.2012.695420

40. Nugent, N., Christopher, N., Crow, J., Browne, L., Ostrowski, S., & Delahanty, D. (2010). The efficacy of early

propranolol administration at reducing PTSD in pediatric injury patients: A pilot study. *Journal of Traumatic Stress, 23*(2), 282–287. doi:10.1002/jts.20517

41. Olfson, M., Marcus, S. C., Weissman, M. M., & Jensen, P. S. (2002). National trends in the use of psychotropic medications by children. *Journal of the American Academy of Child and Adolescent Psychiatry, 41*, 514–521.

42. Pervanidou, P. (2008). Biology of post-traumatic stress disorder in childhood and adolescence. *Journal of Neuroendocrinology, 20*, 632–638. doi:10.1111/j.1365-2826.2008.01701.x

43. Petrenko, C., Friend, A., Garrido, E., Taussig, H., & Culhane, S. (2012). Does subtype matter? Assessing the effects of maltreatment on functioning in preadolescent youth in out-of-home care. *Child Abuse & Neglect, 36*(9), 633–644. doi:10.1016/j.chiabu.2012.07.001

44. Raghavan, R., Zima, B. T., Anderson, R. M., Leibowitz, A. A., Schuster, M. A., & Landsverk, J. (2005). Psychotropic medication use in a national probability sample of children in the child welfare system. *Journal of Child and Adolescent Psychopharmacology, 15*, 97–106.

45. Rayworth, B., Wise, L., & Harlow, B. (2004). Child abuse and risk of eating disorders in women. *Epidemiology, 15*(3), 271–278. doi:10.1097/01.ede.0000120047.07140.9d

46. Robb, A., Cueva, J., Sporn, J., Yang, R., & Vanderburg, D. (2010). Sertraline treatment of children and adolescents with posttraumatic stress disorder: A double-blind, placebo-controlled trial. *Journal of Child and Adolescent Psychopharmacology, 20*(6), 463–471. doi:10.1089/cap.2009.0115

47. Robert, R., Blakeney, P., Rosenberg, L., & Meyer, W. J. (1999). Imipramine treatment in pediatric burn patients with symptoms of acute stress disorder—A pilot study. *Journal of the American Academy of Child and Adolescent Psychiatry, 38*(7), 873–882.

48. Robert, R., Tcheung, W. J., Rosenberg, L., Rosenberg, M., Mitchell, C., Villareal, C., et al. (2008). Treating thermally injured children suffering symptoms of acute stress disorder with imipramine and fluoxetine: A randomized, double-blind study. *Burns, 34*(7), 919–928. doi:10.1016/j.burns.2008.04.009

49. Rundell, J., Staab, J., Shinozaki, G., & McAlpine, D. (2011). Serotonin transporter gene promoter polymorphism (5-HTTLPR) associations with number of psychotropic medication trials in a tertiary care outpatient psychiatric consultation practice. *Psychosomatics, 52*(2), 147–153. doi:10.1016/j.psym.2010.12.013

50. Safer, D. J., Zito, J. M., & dos Reis, S. (2003). Concomitant psychotropic medication for youth. *American Journal of Psychiatry, 160*, 438–449.

51. Savitz, J., van der Merwe, L., Newman, T., Solms, M., Stein, D., & Ramesar, R. (2008). The relationship between childhood abuse and dissociation. Is it influenced by catechol-O-methyltransferase (COMT) activity? *International Journal of Neuropsychopharmacology, 11*(2), 149–161. doi:10.1017/S1461145707007900

52. Savitz, J., van der Merwe, L., Newman, T., Stein, D., & Ramesar, R. (2010). Catechol-O-methyltransferase genotype and childhood trauma may interact to impact schizotypal personality traits. *Behavior Genetics, 40*(3), 415–423. doi:10.1007/s10519-009-9323-7

53. Saxe, G., Stoddard, F., Courtney, D., Cunningham, K., Chawla, N., Sheridan, R., et al. (2001). Relationship between acute morphine and the course of PTSD in children with burns. *Journal of the American Academy of Child and Adolescent Psychiatry, 40*(8), 915–921.

54. Schafer, I., & Fisher, H. (2011). Childhood trauma and psychosis—What is the evidence? *Dialogues in Clinical Neuroscience, 13*(3), 360–365.

55. Scheeringa, M., Zeanah, C., & Cohen, J. (2011). PTSD in children and adolescents: Towards a more empirically based algorithm. *Depression and Anxiety, 28*, 770–782. doi:10.1002/da.20736

56. Seedat, S., Lockhat, R., Kaminer, D., Zungu-Dirwayi, N., & Stein, D. (1999). An open trial of citalopram in adolescents with post-traumatic stress disorder. *International Clinical Psychopharmacology, 16*, 21–25.

57. Seedat, S., Stein, D., Ziervogel, C., Middleton, T., Kaminer, D., Emsley, R., & Rossouw, W. (2002). Comparison of response to a selective serotonin reuptake inhibitor in children, adolescents, and adults with posttraumatic stress

disorder. *Journal of Child and Adolescent Psychopharmacology, 12*(1), 37–46.

58. Sharp, S., Thomas, C., Rosenberg, L., Rosenberg, M., & Meyer, W. (2010). Propranolol does not reduce risk for acute stress disorder in pediatric burn trauma. *Journal of Trauma, Injury, Infection, and Critical Care, 68*(1), 193–197. doi:10.1097/TA.0b013e3181a8b326

59. Stathis, S., Martin, G., & McKenna, J. (2005). A preliminary case series on the use of quetiapine for posttraumatic stress disorder in juveniles within a youth detention series. *Journal of Clinical Psychopharmacology, 25*(6), 539–544. doi:10.1097/01. jcp.0000186901.79861.e2

60. Steiner, H., Saxena, K., Carrion, V., Khanzone, L., Silverman, M., & Chang, K. (2007). Divalproex sodium for the treatment of PTSD and conduct disordered youth: A pilot randomized controlled clinical trial. *Clinical Psychiatry and Human Development, 38,* 183–193. doi:10.1007/s10578-007-0055-8

61. Stoddard, F., Luthra, R., Sorrentino, E., Saxe, G., Drake J., Chang, Y., et al. (2011). A randomized controlled trial of sertraline to prevent posttraumatic stress disorder in burned children. *Journal of Child and Adolescent Psychopharmacology, 21*(5), 469–477. doi:10.1089/cap.2010.0133

62. Stoddard, F., Sorrentino, E., Ceranoglu, A., Saxe, G., Murphy, M., Drake, J., et al. (2009). Preliminary evidence for the effects of morphine on posttraumatic stress disorder symptoms in one-to four-year-olds with burns. *Journal of Burn Care and Research, 30*(5), 836–843. doi:10.1097/BCR.0b013e3181b48102

63. Strawn, J., DelBello, M., & Geracioti, T. (2009). Prazosin treatment of an adolescent with posttraumatic stress disorder. *Journal of Child and Adolescent Psychopharmacology, 19*(5), 599–600. doi:10.1089/cap.2009.0043

64. Sugava, L., Hasin, D., Olfson, M., Lin, K. H., Grant, B., & Blanco, C. (2012). Child abuse and adult mental health: A national study. *Journal of Traumatic Stress, 25*(4), 384–392. doi:10.1002/jts.21719

65. Tarullo, A., & Gunnar, M. (2006). Child maltreatment and the developing HPA axis. *Hormones and Behavior, 50,* 632–639. doi:10.1016/j.yhbeh.2006.06.010

66. Tcheung, W., Robert, R., Rosenberg, L., Rosenberg, M., Villareal, C., Thomas, C., et al. (2005). Early treatment of acute stress disorder in children with major burn injury. *Pediatric Critical Care Medicine, 6*(6), 676–681.

67. Terr, L. (1991). Childhood traumas: An outline and overview. *American Journal of Psychiatry, 148*(1), 10–20.

68. U.S. Administration for Children and Families. (2012). *Information memorandum: Promoting the safe, appropriate, and effective use of psychotropic medication for children in foster care.* www.acf.hhs.gov/programs/cb/laws_policies/policy/im/2012/im1203.pdf

69. U.S. Department of Veterans Affairs & Department of Defense. (2010, October). *VA/DoD clinical practice guidelines for the management of post-traumatic stress* (Version 2.0). www.health quality.va.gov/PTSD-FULL-2010c.pdf

70. U.S. Food and Drug Administration. (2003, October 27). *FDA public health advisory: Reports of suicidality in pediatric patients being treated with antidepressant medications for major depressive disorder.* www. fda. gov/cder/drug/advisory/mdd. htm

71. U.S. Government Accountability Office. (2011). *HHS guidance could help states improve oversight of psychotropic prescriptions.*www.gao.gov/products/GAO-12-201

72. Wagner, S., Baskaya, O., Anicker, N., Dahmen, N., Lieb, K., & Tadic, A. (2010). The catechol-O-methyltransferase (COMT) val(158)met polymorphism modulates the association of serious life events (SLE) and impulsive aggression in female patients with borderline personality disorder (BPD). *Acta Psychiatrica Scandinavica, 122*(2), 110–117. doi:10.1111/j.1600-0447.2009.01501.x

73. Wheatley, M., Plant, J., Reader, H., Brown, G., & Cahill, C. (2004). Clozapine treatment of adolescents with posttraumatic stress disorder and psychotic symptoms. *Journal of Clinical Psychopharmacology, 24*(2), 167–173. doi:10.1097/01. jcp.0000116650.91923.1d

74. White, C. R., Havalchak, A., Jackson, L. J., O'Brien, K., & Pecora, P. J. (2007). *Mental health, ethnicity, sexuality, and spirituality among youth in foster care: Findings from the Casey Field Office Mental Health Study.*

Seattle, WA: Casey Family Programs.

75. Yeh, C., Hsieh, M. H., & Chou, J. (2010). Aripiprazole augmentation for the treatment of an adolescent with posttraumatic stress disorder [Letter to the editor]. *Progress in Neuro-Psychopharmacology & Biological Psychiatry, 34*, 722–723. doi:10.1016/j.pnpbp.2010.03.018

76. Zito, J. M., Safer, D. J., dos Reis, S., Gardner, J. F., Magder, L., Soeken, K., et al. (2003). Psychotropic practice patterns for youth: A 10-year perspective. *Archives of Pediatrics & Adolescent Medicine, 157*, 17–25.

第 33 章

子どものトラウマ治療における
遺伝子−環境相互作用の影響

アナンダ・B・アムスタダー

エリン・C・ダン

ルース・C・ブラウン

エリン・C・ベレンツ

ニコル・R・ヌジェント

総論

　「生まれ（nature）」か「育ち（nurture）」かという問題は、精神疾患の発症や病状にも大きく影響し、幅広い分野で長年議論されてきた。その中でも、子ども期など発育期におけるトラウマへの曝露は、本章で取り上げるうつ病と心的外傷後ストレス障害（posttraumatic stress disorder, PTSD）の重大なリスクであることが多くの文献に示されている（Dunn et al., 2012; Kendler et al., 2000; Molnar, Buka, & Ronald, 2001）。本章で詳細に取り上げるように、これまで遺伝学の分野では精神疾患の易罹患性は、**表現系**と称され遺伝的要因によって規定されていると考えられてきた（Nelson et al., 2012、遺伝学用語の定義は表 33.1 を参照）。しかし今日では、表現系は多くの生物学的要因と環境的要因が複雑に干渉しあいながら引き起こしていると考えられ始めている。近年、遺伝子−環境相互作用（gene-environment interaction, G×E）と呼ばれる研究分野が、多くの研究者の注目を浴び議論の的となっている。

　本章では、子ども期のトラウマ体験が特に強く表現系に影響するうつ病と PTSD の G×E に関する文献を議論の中心に置き、それらの発見が介入研究に与えている影響を考察する。まず、トラウマ曝露、うつ病及び PTSD に関する行動遺伝学の重要な知見について述べ、それからうつ病と PTSD の G×E の分子生物学的基盤に目を転じ、さらに限定的ではあるが遺伝子と表現系を考慮した臨床研究に焦点を当てる。文献の要約に続き、G×E 研究における方法論の問題点や交絡因子を明らかにし、この萌芽的な研究分野の新たな方向性を提案する。

行動学的・量的遺伝研究

うつ病及び PTSD の遺伝率

　うつ病及び PTSD 発症における遺伝的要因の重要性は、双子研究により明らかにされ、疾患の

特性の多くが遺伝的要因によって説明されることがわかった。双子を対象とした大うつ病の遺伝疫学研究により、うつ病の易罹患性の37％が遺伝することが示唆された（Sullivan, Neale, & Kendler, 2000）。双子研究によりPTSDの易罹患性も遺伝することが示唆されている。PTSDの遺伝率はトラウマ曝露で統制をかけた場合でも、男性被験者群のみの場合の30％（Stein et al., 2002; True et al., 1993）から、女性被験者群のみの場合の70％という幅があるものとみられている（Sartor et al., 2011）。残念なことに、男女を含む双子研究2報は検出力が不十分であり、遺伝的要因の影響に対する性差の有無は結論付けられていない（Nelson et al., 2012; Stein et al., 2002）。しかし、これらの研究では、PTSDの遺伝率に関しては低めに報告されている（Stein et al., 2002の研究で38％以下、Nelson et al., 2012の研究で47％）。また、遺伝疫学研究からはPTSDとうつ病の易罹患性が疾病間で大きくオーバーラップすることが示唆されている（Fu et al., 2007; Nelson et al., 2012）。

遺伝子−環境相関

　双子研究によって環境曝露への指向性についての要因も明らかとなった。**遺伝子−環境相関**（*gene-environment correlation: rGE*）という術語は、個人が自分自身の環境をどの程度作り出し影響を与えているかを示す言葉である（e.g., Rutter, 2010）。言い換えると、遺伝子−環境相関とは、受動的あるいは能動的に個人の遺伝的要因が、自身の曝露される環境に及ぼす影響力を反映している。遺伝子−環境相関についてのレビューでは、強度のストレス体験や養育環境、社会支援など個々の環境要因の遺伝率は7〜39％に落ち着き、合算すると27％程度と推定される（Kendler & Baker, 2007）。成人の双子研究から、トラウマ曝露の遺伝率はもう少し低くなることが示唆されている（Lyons et al., 1993; Nelson et al., 2012; Stein et al., 2002）。Amstadterらによって近年、PTSDの遺伝的な易罹患性の約1/3がトラウマ曝露への指向性によって説明されると報告された（2012）。これらの遺伝子−環境相関はおそらく一部には個人のパーソナリティが原因となっていると考えられる。

表33.1　一般的な遺伝学用語

アレル：染色体の特定箇所に位置する遺伝子変異。両親から1つずつ受け継ぐ。両方のアレルが同じであればホモ、異なる場合はヘテロという。

祖先、人種／民族：自己申告で決定されるかまたは祖先情報の乗ったゲノムマーカーを用いて調べられる。

候補遺伝子：既存研究から選択された遺伝子で、特定遺伝子の推定される機能や病態仮説・知識などをもとに選択される。疾患の関連を検定される。

遺伝子：遺伝の基本的で物理的機能的単位。

ジェノタイプ：染色体の特定箇所のアレルの組み合わせ遺伝子の構成要素。

G×E　遺伝子−環境相互作用：遺伝子多型が環境曝露や表現型の関連を修飾し、また環境が遺伝子変異の影響を修飾する作用。

ハーディーワインバーグ平衡：自然交配の集団で期待される代数的に算出される遺伝子頻度。

遺伝率：表現型のうち遺伝的要因によって決定づけられる割合。

表現型：生命体において、遺伝や環境の影響で引き起こされていると考えられる観察可能な特徴。

多型：特定の遺伝子に変異の型(アレル)が2つ以上存在すること。

集団層別化：着目する表現型とは関連のない特性の違いに起因して比較する集団間にアレル頻度の差を認めること。

rGE：遺伝子環境相関、自身の環境をどの程度自身で作り上げ影響しているかの度合い。

SNP（single nucleotide polymorphism／一塩基多形）：DNAの1つの核酸が置換され異なるアレルとなること（同一遺伝子座の複数の遺伝子配列）。

NVTR：反復配列多型、反復する塩基対の反復数の多型であり、アレルの長さの原因となる（5-HTTPLRなど）。

パーソナリティはある程度遺伝し、自身を危険な環境下におく傾向に影響を与えている。たとえば長期に渡る研究からは、幼少期に適応障害や神経症的傾向があると、将来的にストレス環境に曝露されやすくなることが知られている（Van Os & jones, 1999）。

分子生物学的 G×E 研究

　行動遺伝学的研究の目的は、種々の表現系発現がどの程度まで潜在的な遺伝要因によって説明されるかを明らかにすることにある。一方、分子遺伝学的研究では疾患の遺伝率に影響する特定の遺伝子変異を探索する。遺伝子探索の目的は、疾患群と健常者群で出現頻度に差異があるアレルの同定である。G×E 研究は遺伝子の主要な役割に加え、遺伝子が表現型と相互作用する様式を評価する。環境と遺伝子の相互作用には次のような様式がある。（1）遺伝的脆弱性の発現を**引き起こす**（*triggering*）、（2）遺伝的易罹患性を**補う**（*compensating*）、（3）遺伝的易罹患性の**発現を決定する**（*determining expression*）、（4）遺伝的易罹患性を**促進する**（*potentiating*）（Shanahan & Hofer, 2005）。

分子生物学的 G×E とうつ病

　うつ病における G×E 相互作用の研究は遺伝学や環境曝露の領域に留まらず、精神科、心理学、公衆衛生の研究領域、さらには子ども期、青年期、壮年期を通し全年齢層に拡がりを見せている。2012 年時点で、100 を超える研究論文が発表され、特定の遺伝子変異と何らかの環境要因のうつ病との相互作用が統計的に解析されている。これらの分子生物学的 G×E 研究により、特定アレル（特定の遺伝領域の遺伝子変化）やジェノタイプ（特定の染色体領域におけるアレルの組み合わせ）により、変異のキャリアの環境選択が影響されていることが明らかとされてきた。

　うつ病などの精神疾患を対象とした分子生物学的 G×E 研究は、2003 年にサイエンス誌に発表された論文に端を発する。この論文で Caspi らは、ニュージーランドで実施された 26 年の追跡研究のデータを用い、セロトニントランスポーター SLC6A4 のプロモーター領域（5-HTTLPR）上の機能的遺伝子多型とストレス体験への曝露との相互作用がうつ病発症に及ぼす影響を評価した。神経伝達物質の一種であるセロトニンは抗うつ薬（例：選択的セロトニン再取り込み阻害薬［selective serotonin reuptake inhibitors, SSRIs］）の主な作用点であり、うつ病の神経基盤として考えられている（Owens & Nemeroff, 1994; Thase, 2009）。このため、セロトニンのトランスポーターをコードするセロトニントランスポーター遺伝子は、うつ病の有望な「候補遺伝子」とされていた。Caspi らの研究結果によると、s アレルのキャリア（s アレルをホモで持つか、s アレルと l アレルをヘテロで持つ群）[原注1] は、非キャリアと比較して、うつ症状、うつ病の診断、ストレスイベント曝露後の反

※原注 1：5- HTTLPR 多型の対立遺伝子の、短（s）および長（l）のサイズ変化に基づく二対立遺伝子コードに加え、s 対立遺伝子の機能に匹敵する機能を持つ機能性 SNP（L_G）の存在が判明した。したがって、多型は一般的に、L_G および s 対立遺伝子を s´ としてグループ化し、残りの l 対立遺伝子を l´ と標識して試行的に分類される。この章では、s と l は対立遺伝子の二重にコードされた長さを示し、s´ と l´ は試行的にコードされた対立遺伝子を示す。

応性うつや自殺傾向、いずれの評価尺度においてもうつ傾向が強いことが示された。また、sアレルのキャリアーは、重度の子ども期の虐待（およびその疑い）によりうつ病を発症するリスクが非キャリアーと比較して有意に高くなることが見出された。Caspiらの論文はこの研究分野に多大な影響をおよぼし、Google Scholarのデータでは2012年現在、4,000回以上引用されている。この数はこの研究分野では驚異的な数字で、たとえばDavid Finkelhorのレビュー論文の引用回数は2,000回である（Browne & Finkelhor, 1986）。

　Caspiらの論文が発表された後、数年の間に、多くの追証実験が実施された。これらの多くでは、子ども虐待や逆境的な環境に焦点が置かれた。表33.2のとおり、主にSLC6A4の影響に焦点が置かれたが、その他の遺伝子変異もまた解析されている。BDNF（brain derived neurotropic factor; 神経成長因子の一種で神経の生存や成長、分化を促す）、MAOA（monoamine oxidase A; ドーパミンやノルエピネフリン、セロトニンなど、うつ病と関係するとされる神経伝達物質を分解する酵素）、CRHR1（corticotrophin-releasing hormone receptor 1; 生物学的ストレス反応で重要な役割を占める）、COMT（catechol-O-methyltransferase; ドーパミンやエピネフリン、ノルエピネフリンといったカテコールアミンを分解する酵素）、CREB1（別名CAMP responsive element binding protein 1；転写を促進する）などがそれである。子ども虐待の有無は自記式質問紙によって評価されることが多い。一部の研究では子ども期の逆境的環境に加え、最近のストレスとなるライフイベントの有無の影響も解析されている。性的虐待と身体的虐待が分けられる場合もあるが、虐待全般をまとめて解析した研究が主である。遺伝子変異と子ども虐待のうつ病への複合的な影響は、子どもから大人まで全年齢層にわたり研究されている。うつ病に加え、うつ病と関連する特質（例：反芻／訳注：ある対象に注意を向けて、それについて持続的に繰り返し考えること）や、子ども虐待とうつ病の因果関係をつなぐ要素、特に脳構造（例：扁桃体、海馬）にも着目されている。

　有意差のない結果は出版されないという出版バイアスは考慮に入れる必要はあるが、これら42報のうち32報（76.2%）で少なくとも1つの遺伝子−環境相関が子ども虐待と遺伝子変異の間に認められた。一部の相関は、複数の遺伝子変異と特定のサブグループ（例：女性）の間に認められた（G×G×E相互作用）。興味深いことに多くの研究で遺伝子単独での影響は認めず、子ども虐待があって初めて影響が確認された。Fergussonらによる最も直接的な追証実験では、Caspiらの知見は再現されなかった。

　うつ病を対象としてG×Eを扱った多くの実証的研究は、すでにレビューやメタアナリシスにまとめられている。うつ病のG×E候補について12報以上のレビューが出版されている（Brown & Harris, 2008; Dunn et al., 2011; Karge et al., 2011; Monroe & Reid, 2008; Munafo et al., 2009; Nugent et al., 2011; Risch et al., 2009; Thapar et al., 207; Uher & McGuffin, 2008; 2010; Vergne & Nemeroff, 2006; Wankerl, Wust, & Otte, 2010; Zammit & Owen, 2006）。これらのレビューは、G×E研究について多くの重要な知見を明らかにし、Caspiらの知見の是非について多くの議論を巻き起こした。ほぼ同一の手法によるレビューであってもG×Eを支持する報告と支持しない報告ともに認め、見解の一致は見られなかった（Munafo et al., 2009; Uher & McGuffin, 2008, 2010）。G×Eの有無を結論づけるため、メタアナリシスが実施されている。しかし、2つのメタ解析（Munafo et al., 2009; Risch et al., 2009）

がG×Eを否定する一方、3つ目のメタ解析ではセロトニン遺伝子の強いG×E相互作用が確認されている。

　各々の研究やメタ解析において研究結果が一致しないのは、G×Eの検定手法の相違による影響が大きい。採用された解析手法が研究によって大きく異なるため、G×E相互作用の評価にばらつきが生じていることが指摘されている（Dunn et al., 2011）。メタ解析では、解析対象とする論文の採用基準が研究間で異なるという問題が存在した。この結果G×E研究の妥当性と信頼性がゆらぐ結果となった。セロトニントランスポーターの多型においてこの傾向は特に顕著であった。「画期的な発見は面白く魅惑的でもっともらしくみえる」（Hardy & Low, 2011, p.455）という主張がある一方で、「あまりにも真実らしく素晴らしいストーリーは、往々にして真実ではない」（Nierenberg, 2009, p.463）と懐疑的な意見も述べられている。しかし、子ども虐待のG×E相互作用については堅固で一貫した証拠が多くのレビューで指摘されている。直近で体験したストレスとなるライフイベントなど、他の逆境や困難な状況と比較してもその影響力は顕著である（Karg et al., 2011; Uher & McGuffin, 2008, 2010）。しかし、これらの知見をもってしても議論と見解の相違は継続している。

分子生物学的G×EとPTSD

　うつ病のG×E相互作用が広く研究されているのと比較して、PTSDのG×E相互作用研究はあまり進んでない。PTSDの診断定義に環境要因（トラウマ）が含まれていることを考えると、これは少し意外である。現在、PTSDの分子遺伝学的研究は40報以上存在するが（Cornelis et al., 2010）、G×E相互作用を明示的に取り扱ったのは、わずか12報であり、その3分の1が**5-HTTLPR**を対象としている（表33.2参照）。

　12報のうち子ども期の体験に焦点を当てているのは半数のみであり、そのすべてにおいて子ども期環境は後方視的に評価されている。多くの候補遺伝子の変異（たとえばGABA2, Nelson et al., 2009; 5-HTTLPT, Xie et al., 2009）と子ども期のトラウマ体験との相互作用が、成人のPTSD症状や診断と有意に相関していた。特に、グルココルチコイドのストレス反応性を制御する**FKBP5**の一塩基多型（SNPs）と、曝露されたトラウマ強度の相互作用が、成人のPTSD症状へ及ぼす影響が注目されている。興味深いことに、**FKBP5**の変異は子ども虐待の強度とのみ相互作用を示す一方で、他のトラウマ強度はうつ症状による補正後も相互作用を示さなかった（Binder et al., 2008）。また、成人後のPTSD発症に関して、虐待に限らず子ども期の逆境体験が広く**FKBP5**と相互作用を持つことが報告されている（Xie et al., 2010）。同様にvan Zuidenらは（2012）、兵士の従軍前後のデータを利用し、子ども期のトラウマ体験がグルココルチコイドレセプター（GR）のハプロタイプ（1つの染色体におけるSNPの組み合わせ）と相互作用して従軍前のGR数に影響し、PTSD発症リスクのバイオマーカーとなりうることを明らかとした。実際、従軍前のGRの数が多い被験者群では従軍後のPTSD発症率が高かった。この知見から子ども期の虐待や逆境的環境は、PTSDの遺伝的リスクに長く影響を及ぼすことが示唆された。

　成人後のトラウマ体験に焦点をあてたPTSDのG×E研究も存在する。うつ病と同様、そのほとんどで**5-HTTLPR**と成人後のトラウマ体験曝露との関係を調べている（例：ハリケーンとの遭遇、

表33.2　PTSD 及びうつ病の遺伝子 - 環境研究

研究	評価されたトラウマタイプ	症例収集方法	結果：評価	N（男性の割合%）	年齢
Aguilera et al., 2009	子ども期の逆境的環境：CTQ、自己申告	大学などからリクルートされた健常者	うつ症状：自記式、SCL-90-R（うつ病スケール）	N = 532（45%）	Range: 18–50 M = 23.9 (SD = 5.4)
Antypa &Van der Does, 2010	子ども期の心理的虐待：CTQ、自己申告	大学生	認知反応：LEIDS-R、自記式 神経症的傾向：NEO-PI-R、自記式 うつ病（現在及び生涯）：大うつ病質問紙、自記式 不安抑うつ（現在）：HADS、自記式	N = 250（24%）	M = 22.5 (SD = 4.7)
Aslund et al., 2009	子ども虐待：独自の質問紙、自己申告	スウェーデンの全高校生調査	大うつ病：DSRS、自記式	N = 1,482	Range: 17–18
Beach et al., 2010	子ども虐待：子ども虐待指標、自己申告	アイオワ養子研究に参加した成人養子	MDD 及び反社会的パーソナリティ障害：SAGA-II、問診	N = 536（45%）	Men: M = 46.48 Women: M = 44.95
Bet et al., 2009	子ども期の逆境的環境：自己申告	アムステルダム Longitudinal Aging Study からえられたランダム化および層別化された 55 歳から 85 歳の男女	うつ症状：CES-D、自記式	N = 906	Range: 55– 85
Carver et al., 2011	子ども期の逆境的環境：RF、自己申告	大学生	MDD：SCID、面接	N = 133（26%）	M = 18.71
Chipman et al., 2007	子ども期の逆境的環境：17 の逆境環境を自己申告（例：親の情緒的問題、性的虐待）直近のストレス曝露：12 の脅威的出来事の自己申告	ふたつの研究対象集団からのリクルート：PATH20（Chipman et al., 2010 参照）、20 ～ 24 歳 Australian Temperament Project（ATP）	うつ、および不安症状：GDAS、自記式	PATH20: N = 2,095 (47.9%) ATP: N = 2,443 (49.4% – 51.5%)	PATH20: Range: 20– 24 ATP: 2 cohorts ranges: 15–16, 17–18
Chipman et al., 2010	子ども期の逆境的環境：17 の逆境環境を自己申告（例：親の情緒的問題、性的虐待）直近のストレス曝露：12 の脅威的出来事の自己申告	ひとつの研究対象集団からのリクルート：Personality and Total Health Through Life project（PATH）	うつ、および不安症状：GDAS、自記式	N = 6,445 (47.3% – 52%)	3 cohorts Ranges: 20– 24, 40– 44, 60– 64
Chorbov et al., 2007	18 歳以前でのトラウマ曝露：10 のトラウマの自己申告	MDD 症例と健常者でペアとなる女性同士の双子、Missouri birth records	うつ病：C-SSAG、電話による聞き取り	N = 247	MDD 症例：M = 22.1 (SD = 3.2) 健常者：M = 21.9 (SD = 3.3)
Cicchetti et al., 2007	子ども虐待：心理的、身体的、性的、ネグレクト MCS：DHS records	DHS records により同定された、被虐待児および非被虐待児向けサマーキャンプに参加した若年者	うつ病：DISC、面接 内在化障害：YSR、自記式	N = 339（54.3%） 被虐待児：207 非被虐待児：132	M = 16.70 (SD = 1.31)

国 / 国籍：人種 / 民族	GENE dbSNP（遺伝子 SNP データベース）	所見
スペイン：HW	5-HTTLPR BDNF Val66Met	子ども期の性的虐待、心理的虐待、心理的ネグレクトのうつ症状への影響（p < 0.001）。身体的虐待、身体的ネグレクトは有意差なし。5-HTTLPR と子ども期性的虐待のうつ病への有意な G×E 相互作用。重度な子ども期の性的虐待と s アレルの相互作用。 Val66Met と子ども期の性的虐待のうつ症状への有意な G×E 相互作用。重度な子ども期の性的虐待との相互作用。 その他の逆境的環境との有意な G×E 相互作用なし。
NL：NHW	5-HTTLPR rs25531	不安抑うつ、子ども期心理的虐待への遺伝的影響なし。 心理的虐待の認知反応と神経症的気質への影響。 うつ病疑いの診断に対する影響は遺伝、環境、G×E 相互作用ともなし。 5-HTTLPR と子ども期心理的虐待の認知反応への有意な G×E 相互作用：虐待が軽度の場合は s/s 保有者の認知反応が最も低く、虐待が重度な場合差異なし。 5-HTTLPR と子ども期心理的虐待の反芻思考への有意な G×E 相互作用：虐待が軽度な場合は s/s 保有者の反芻思考がもっとも軽く、虐待が重度な場合差異なし。
スウェーデン：スカンジナビア	5-HTTLPR	虐待とうつ病への影響。 集団全体では遺伝子のうつ病への影響なし。 女児内での 5-HTTLPR の s/s アレルと虐待の有意な G×E 相互作用。虐待で統制すると s/s 保有者の女児は軽度のうつを持つ。s/s アレルを保有する被虐待女児はうつ病のリスクが高い。男児では 5-THHLPR と虐待の相互作用なし。
アメリカ：94% NHW	MAOA	MAOA と虐待のへの MDD の有意な G×E 相互作用。被虐待児において、遺伝子の活動性を上げるアレルは MDD 症状と相関する。低活動性のアレルは ASPD へのリスク。
NL	GR 22/23EK N363S 9beta BclI	22/23EK、9beta と子ども期逆境的環境とのうつ症状への G×E 相互作用。逆境がない場合はリスクとならない。 22/23EK と子ども期逆境的環境とのコルチゾール濃度への G×E 相互作用。 BclI 変異と子ども期逆境的環境のうつ症状再発への G×E 相互作用。BclI 変異をヘテロに持つとコルチゾール結合グロブリンの血中濃度が低下する。うつ病再発のリスクはワイルドタイプ、ホモと変わらない。
アメリカ：57.1% NHW 24.1% HW 7.5% As 4.5% AA	5-HTTLPR BDNF	5-HTTPLR と子ども期逆境的環境との MDD への G×E 相互作用。l/l アレルの保有者は逆境時の MDD のリスクが低くなり、s アレル保有者では高くなる。 BDNF と児童期逆境的環境との MDD への G×E 相互作用。Met アレルの保有者は逆境時の MDD のリスクが高くなるが、Val/Val アレルの保有者には影響しない。
オーストラリア：NHW	5-HTTLPR	PATH20： 遺伝子による影響なし。 性差、直近のストレス、児童期の逆境的環境における不安抑うつへの有意な影響。 ATP： 遺伝子による影響なし。 性別の有意な影響。 直近のストレスとの G×E 相互作用なし。 l/l アレルを持つ 17 ～ 18 歳の集団では、持続的な逆境環境下におかれた場合、逆境がない場合と比較してうつ病のリスクが高い。
オーストラリア：NHW	HTR1A rs6295C/G	遺伝子による影響なし。 多重検定の補正をすると、子ども期及び成人期のストレスは G×E 相互作用を持たない。
アメリカ：NHW	5-HTTLPR rs25531	s アレルと l アレルによる分類： 遺伝子による影響なし。 トラウマによる G×E 相互作用なし。 s/s アレル、s/l アレル、l/l アレル間の比較： l アレルの MDD への影響あり。 有意な G×E 相互作用あり。保有する l アレル数が多いほど単回性の逆境下で MDD のリスクが上昇する。
アメリカ：61.7% AA 23.3% NHW 12.7% HW 2.4%その他	MAOA 5-HTTLPR	MAOA と虐待の G×E 相互作用。MAOA 活性が低いと重度の被虐待児の間でうつ症状が強くなる。MAOA 活性が高いと虐待を受けても上手に自己をコントロールできる。 5-HTTLPR、MAOA と性的虐待の有意な G×G×E 相互作用。MAOA 活性の低い性的虐待の被害者の間では、s/s アレルの保有者の不安抑うつが高い。

Cicchetti et al., 2010	子ども虐待：心理的、身体的、性的、ネグレクト MCS：DHS records	DHS records により同定された、被虐待児及び非被虐待児向けサマーキャンプに参加した若年者	うつ病、および希死念慮：CDI、自記式	N = 850（54.2%） Maltreated: 478 Nonmaltreated: 372	Range: 6-13 M = 9.19 （SD = 1.70）
Cicchetti et al., 2011	幼少期虐待：5歳未満身体的、性的虐待 子ども虐待：心理的、身体的、性的、ネグレクト MCS：DHS records	DHS records により同定された、被虐待児及び非被虐待児向けサマーキャンプに参加した若年者	日中のコルチゾール調節：唾液 内在化およびうつ症状：CDI、自記式、TRF、カウンセラーの報告	N = 493: 幼少期虐待：51 被虐待児：187 非被虐待児：255	M = 10.08 （SD = 1.87）
Conway et al., 2010	慢性的な家族のストレス：思春期と妊娠時期の自己申告、および聞き取りの情報の混合	縦出生研究からのリクルート：15歳時と20歳時に調査、採血時期は22〜25歳時	20歳時のうつ症状：BDI-II 15〜20歳時のうつ病診断：SCID	N = 384	Range: 22-25
Drury et al., 2010	施設ケアにおける早期の社会的剥奪	標準的な施設ケア（CAU）と豊富なケア（FCG）によりランダマイズした、養育放棄された就学前児（FCG）	うつ症状：PAPA、保護者からの聞き取り	N = 136	54 months
Eley et al., 2004	家族環境のリスク：社会的逆境、SPQ、両親の教育	うつ病不安障害の遺伝子研究に参加した被験者の子ども：メールによる質問紙で抑うつスコアが上位または下位15%の被験者がフォローアップされた	うつ症状：short MFQ、自記式	N = 377（43%）	Range: 12-19
Elzinga et al., 2011	子ども虐待：身体的、心理的、性的、ネグレクト、構造化面接 直近のストレス：LTE-Q、自己申告	大規模なコホート研究から抽出されたMDDの生涯診断に合致する被験者	生涯MDD：CIDI、面接	N = 1,435（30.7%）	M = 42.2 （SD = 12.4）
Fergusson et al., 2011	子ども期の逆境的環境：後方視的報告と親子観察の混合	30年の出生コホート研究参加者	MDD診断：CIDI、医療面接	N = 893	評価時年齢：18, 21, 25, 30
Gatt et al., 2009	幼少期ストレス：ELSQ、自己申告	第1軸の診断歴のない健常者集団	扁桃体、海馬、前頭前野の灰白質体積：MRI 心拍動：平均及び変動性 神経症的傾向：NEO-PI 認知機能：IntegNeuro うつ病：DASS、自記式	N = 374	M = 36.2 （SD = 12.7）
Gatt et al., 2010	幼少期ストレス：ELSQ、自己申告	第1軸の診断歴のない健常者集団	前頭辺縁系灰白質の減少：MRI うつ症状：DASS、自記式	N = 397（52.1%）	M = 36.3 （SD = 12.8）
Goodyer et al., 2010	子ども期の最近のライフイベント、聞き取り	うつ病リスクのある健康な学童の1年間のフォローアップ	早朝の唾液中コルチゾール MDD：K-SADS-PL、医療面接 うつ症状：MFQ、自記式	N = 401（53%）	Range: 12-16 M = 14
Grabe et al., 2010	子ども虐待：CTQ、自己申告	地域集団	うつ症状：BDI、自記式	N = 1,638（47.5%）	M = 53.6 （SD = 13.6）

アメリカ: 60.6% AA 21.4% NHW 15.5% HW 2.5%その他	5-HTTLPR	虐待の希死念慮への影響。遺伝子による影響はない。うつ病へのG×E相互作用はない。希死念慮へのG×E相互作用。軽度の虐待を受けた青年のうち、s/sまたはs/lを持つと希死念慮を抱くリスクが高くなる。重度の虐待ではこの作用は認めない。
アメリカ: 64% AA 15% HW 19% NHW 2%その他	CRHR1 rs7209436 rs1104202 rs242924 5-HTTLPR	虐待と内在化障害のコルチゾール調節への影響。CRHR1のG×E相互作用。CRHR1は被虐待児のコルチゾールの調節異常に関与。 CRHR1と5-HTTLPRと子ども虐待の内在化障害への有意なG×G×E相互作用。2コピーのCRHR1とl/lアレルを持つ被虐待児は強い内在化障害を示す。
オーストラリア：NR	5-HTTLPR COMT Val158Met	5-HTTLPRの影響なし。5-HTTLPRとCOMTのホモ変異のみに認めるG×G×E相互作用。Val158Met変異をホモで持ちかつlアレルを保有するとうつ症状のリスクが低くなる。
ルーマニア	COMT Val158Met	COMTの影響あり。Met/Met及びMet/Val保有者はうつ症状リスクが低い。 COMTと保護者グループの有意なG×E交互作用あり。MetアレルはCAU（施設ケア）群に対し影響を持つ。MetアレルはFCG（豊かな養育環境）群には影響を持たない。
NR	5-HTTLPR HTR2A HTR2C MAOA TPH	環境要因のうつ病への影響なし。 HTR2AとTPHは有意な影響有り。5-HTTLPRと環境要因とうつ症状への有意なG×E相互作用。環境リスクが高い群ではリスクアレル数とうつ症状のリスクが相関。
NL: 北欧	BDNF Val66Met	直近のライフイベントのBDNF血中濃度への影響。 不安障害の合併症がないMDD群ではBDNF血中濃度のG×E相互作用有り。BDNF Metアレルの保有者は子ども虐待の経験によりBDNFの血中濃度が低下する。BDNF Metアレル保有者の血中BDNF濃度は子ども虐待の経験がないとVal/Valの保有者よりも高い。
ニュージーランド: 85% 白人 15% マオリ / Pacific Islander	5-HTTLPR	G×E交互作用なし。
NHW	BDNF Val66Met	幼少期ストレスの安静時心拍、不安、うつ症状への影響あり。 BDNFの影響なし。BDNFと幼少期ストレスの脳体積、安静時心拍数、ワーキングメモリへのG×E相互作用あり。BDNF Metのキャリアのうち、幼少期ストレスに曝露された群は、海馬が小さく扁桃体が大きく、心拍数は高くワーキングメモリは低い。灰白質の減少はうつ症状と相関し、うつ症状はワーキングメモリの低さと相関する。高心拍数のBDNF Metキャリアは幼少期ストレスに曝露されると神経症的傾向、抑うつ、不安を示す。 BDNF Val/Valキャリアは幼少期ストレスに曝露されると灰白質の体積が増加し、心拍変動と不安が高くなる。不安の高さは陳述記憶と衝動性と関連する。
欧州人	HTR3A	遺伝子の右海馬灰白質体積減少への影響あり（CTよりもCCの影響大）。 遺伝子のうつ症状への影響なし。 幼少期ストレスの右海馬と外側前頭前野の灰白質体積減少への有意な影響。 HTR3Aと幼少期ストレスの灰白質へのG×E相互作用。CCキャリアはTキャリアよりも海馬体積の減少効果が大きい。幼少期ストレスによる灰白質体積減少はCCキャリアにおいては前頭葉にまで及ぶ。HTR3Aと幼少期ストレスのうつ症状へのG×E相互作用。3つ以上の幼少期ストレス要因に曝露された場合、CCキャリアはCTキャリアと比較し、高いうつ症状を示す傾向がある。
UK: NHW	5-HTTLPR BDNF Val66Met rs6265	うつ症状の強さと、高い早朝コルチゾール、重大なライフイベントはうつ病発症に影響がある。 BDNF Val66Val変異と5-HTTLPR sアレルは、早朝唾液のコルチゾール濃度とG×G×E相互作用があり、うつ病発症へ及ぼす影響を修飾する。
ドイツ： NHW	CRHR1 28 total SNPs	遺伝子のうつ病への影響なし。 TATハプロタイプと子ども虐待、情緒的ネグレクトはうつ病にG×E相互作用を持たない。 TATハプロタイプと身体的ネグレクトはうつ病にG×E相互作用を持つ。28個のSNPうち23個は、身体的ネグレクトとうつ病へのG×E相互作用を持ち、rs176989882はゲノムワイドな有意差を示す。

Grabe et al., 2012	子ども虐待：心理的、身体的、性的、CTQ、自己申告	層別化した集団からのリクルート	うつ症状：BDI-II、自記式	N = 2,035 (47.5%)	M = 55.6 (SD = 13.8)
Haeffel et al., 2008	母親の拒否の自覚：自己申告	北ロシア少年拘置所の青年男性	MDD：BDI、自記式、K-SADS-PL、医療面接	N = 176（100%）	M = 16.2 (SD = 0.8)
Hammen et al., 2010	慢性的な家族ストレス（15歳以下）：親子からの聞き取りの情報の混合、自己申告、急性のライフイベント（15〜19歳）：UCLA life stress Interview	縦出生研究に参加する被験者、15歳時と20歳時に評価、22〜25歳の間に採血	20歳時のうつ症状：BDI-II	N = 346	M = 23.7 (SD = 0.89)
Juhasz et al., 2009	成人の負のライフイベント（近年）：自己申告 子ども期の逆境的環境：CTQ、自己申告	一般診療患者のリストと研究用ウェブサイトからリクルート、48%にうつ病の既往あり	人格：BFI-44、自記式 うつ症状：BSI、自記式	N = 1,269（32%）	Range: 18–60 M = 34.04 (SD = 0.028)
Juhasz et al., 2011	成人の負のライフイベント（近年）：LTE、自己申告 子ども期の逆境的環境：CTQ、自己申告	3つのレベルの地域コホート：レベル1は郵送で質問紙および遺伝子サンプルを送付（Juhasz et al., 2009 参照）レベル2は医療面接を実施 レベル3はfMRIと情動表情処理実験に参加	レベル1：うつ症状：BSI、自記式 レベル2：MDD：SCID：面接、うつ症状：MADRS、自記式	Level- 1: n = 1,269 (30%) Level- 2: n = 264 (30%) Level- 3: n = 33 (33%)	Range: 18–60
Kaufman et al., 2004	子ども虐待：複数の情報と病歴から	州の監督下にある被虐待児と虐待を受けていないコントロール集団	MDD：K-SADS-PL、面接 うつ病重症度：MFQ、自記式 社会支援：ASSIS、面接	N = 101 被虐待児：57 非被虐待児：44	Range: 5–15 M = 10.0 (SD = 2.3)
Kaufman et al., 2006	子ども虐待：複数の情報と病歴から	Kaufman et al., 2004 のサンプルのフォローアップ、州の監督化にある被虐待児と虐待を受けていないコントロール集団	MDD：K-SADS-PL、面接 うつ病重症度：MFQ、自記式 社会支援：ASSIS、面接	N = 196 被虐待児：109 非被虐待児：87	Range: 5–15 M = 9.3 (SD = 2.4)
Kranzler et al., 2011	子ども期の逆境的環境：SSADDA、聞き取り	物質依存症の家族連鎖解析研究に参加した被験者：多くの被験者が物質依存症	MDE、およびアルコール依存症：DIS-III-R、面接	N = 3,080（57%）	AA: M = 42 NHW: M = 38
Nederhof et al., 2010	子ども期の逆境的環境：胎児期や出産期の問題の長期的問題、両親の報告	オランダ成人のコホート研究：個人の生活調査：11歳時、13.5歳時、16歳時のデータを利用	うつ症状：YSR、自記式	N = 1,096	Wave 3: M = 16.13 (SD = 0.59)
Nikulina et al., 2012	子ども虐待、ネグレクト	法廷で立証された子ども虐待およびネグレクトならびにそのコントロールのコホート研究	MDD、気分変調、アルコール依存：DIS-III-R、面接	N = 575（51.3%）	M = 41 (SD = 3.85)

ドイツ： NHW	5-HTTLPR rs25531 BDNF Val66Met rs6265	5-HTTLPR と子ども虐待とはうつ病に対し G×E 相互作用がある。 5-HTTLPR と BDNF と子ども虐待とはうつ病に対し G×G×E 相互作用がある。s/s アレルと Val/ Val アレルのキャリアはうつ症状が高い傾向がある。心理的虐待において最も大きな効果を示す。
ロシア	DAT1 rs40184	rs40184 と母親の養育放棄はうつ病及び希死念慮に G×E 相互作用がある。不安には有意な影響なし。
オーストラリア	5-HTTLPR rs25531	5-HTTLPR と 15 歳時の慢性ストレスは 20 歳時のうつ病に G×E 相互作用を示す。1 つまたは 2 つの s アレルを持ち慢性ストレスを抱える女性はうつ症状のリスクが高い。 急性ストレスの G×E 相互作用なし。
UK： 92% NHW	CNR1 haploblock1 rs806379 rs1535255 rs2023239 haploblock2 rs806369 rs1049353 rs4707436 rs12720071 rs806368 rs806366 rs7766029	遺伝子のうつ病、神経症的傾向、同調性への影響有り。CNR1（rs7766029）と最近の負のライフイベ ントはうつ症状に G×E 相互作用を持つ、（遺伝子の影響はライフイベントで補正すると有意差がなく なる）。 CNR1 と児童期の逆境体験はうつ病への G×E 交互作用なし。
UK： NHW	BDNF Val66Met rs6265 rs12273363 rs962369 rs988748 rs7127507 CREB1 rs2253206 NTRK2 rs1187323 rs1187326	レベル 1 コホートで、BDNF rs6265 および CREB1 rs2253206 は子ども期逆境環境とうつ症状に G× E 相互作用あり。マイナーアレルのキャリアが子ども期逆境環境に曝露されるとうつ症状が強くなる。 レベル 2 コホートでも同様の結果。 BDNF rs6265 および CREB1 rs2253206 のマイナーアレルを持つ健常者は MRI 装置内で悲観表情を見 た際に大きなうつ反応を示した。
US： 21% NHW 32% AA 25% HW	5-HTTLPR	5-HTTLPR と虐待、社会支援の影響有り。5-HTTLPR と虐待はうつ症状に G×E 相互作用あり。s/s アレルのキャリアを持つ被虐待児はうつ病のリスクが最も高い。 5-HTTLPR と虐待、社会支援はうつ病に G×E×E 相互作用を持つ。社会支援のない被虐待児が s/s アレルを持つとうつ病のリスクが高くなる。(s/s アレルを持つ虐待経験のないコントロールと比較し 2 倍のリスク。)
US： 28% NHW 28% AA 24% HW	5-HTTLPR BDNF Val66Met	5-HTTLPR、BDNF と虐待はうつ病に G×G×E 相互作用を持つ。被虐待児は BDNF Met アレルと 5-HTTLPR の s アレルを 2 つ持つ場合にうつ病のリスクが最も高くなる。 5-HTTLPR、BDNF と虐待、社会支援はうつ病に G×G×E×E 相互作用を持つ。
US： 61% AA 39% NHW	CRHR1 rs7209436 rs110402 rs242924	ハプロタイプのアルコール依存への影響なし。 G×E 相互作用なし。 AA 女性においてのみハプロタイプと児童期逆境のうつ病への G×E 相互作用あり。TAT ハプロタイ プの各コピーはうつ病リスクを 40% 減少させる。逆境経験のない AA 女性は TAT のコピーを 2 つ持 つと MDE のリスクが上昇する。
NL	5-HTTLPR rs25531 BDNF Val66Met rs6265	性差、子ども期逆境の環境、長期の問題（身体障害、慢性疾患など）による影響あり。 遺伝子による影響なし。 G×E 相互作用なし。
US： 60.8% NHW 35.1% AA 4.1% HW	MAOA	MAOA と子ども虐待、性別の気分変調への G×E×Sex 相互作用あり。MAOA は反復的に虐待され た女性に保護的に働く。 MAOA、性的虐待、人種に G×E×Race 相互作用あり。MAOA の低活性は性的虐待を受けた NHW 集団に対し保護的に働く。白人以外では、MAOA の高活性が性的虐待に対し保護的に働く。

561

Nilsson et al., 2009	子ども期の心理社会的な逆境的環境：一戸建て vs 集合住宅、核家族 vs 離婚、聞き取り	大学の2、3年生	うつ症状：DSRS、自記式	N = 200	16, 19
Polanczyk et al., 2009	子ども虐待： E-Risk study：CTQ、自己申告 Dunedin study：3歳時での母子関係、親の申告による厳しいしつけ、主たる養育者の複数回の交替、後方視的報告による身体的性的虐待	2つの研究から：E-Risk study（UK、N=1116）、Dunedin study（ニュージーランド、N=1,037）	MDD：DIS、面接	N = 2,153 E-Risk: n = 1,116 (0%) Dunedin: n = 1,037 (52%)	E-Risk: M = 40 Dunedin: M = 32
Quinn et al., 2012	幼少期ストレス：ELSQ、自己申告	地域のMDD、および健常者集団	MDD：MINI、医療面接 うつ症状： HRSD、自記式； CORE、自記式； DASS、自記式	N = 256 MDD: 128 Control: 128	M range across groups = 37.89–42.07
Ressler et al., 2010	子ども虐待：CTQ、自己申告	病院の待合室でリクルートされた、低収入の郊外のAA被験者	うつ症状：BID、自記式；MDDの既往（297例）：SCID、面接	N = 1,392	Range: 18–65
Ritchie et al., 2009	子ども期のストレスとトラウマ：独自の質問紙による25の逆境環境と8つの保護的環境の調査	老年期（65歳以上）の集団からランダムに抽出	うつ病：次の3つのうちいずれか1つ：MINI（構造化面接）、CES-D（自記式）、抗うつ薬治療	N = 942	Median = 72 Range: 65–92
Sjöberg et al., 2006	子ども期の心理社会的な逆境的環境：一戸建て vs 集合住宅、核家族 vs 離婚、聞き取り、トラウマとなる家族の不仲（yes/no）、聞き取り情報の統合	大学の2、3年生	うつ症状：DSRS、自記式	N = 200（40.5%）	16, 19
Surtees et al., 2006	子ども期の逆境的環境と成人後過去5年の逆境的環境：HLEQ	一般診療レジストリに登録された集団を神経症的傾向が高い群と低い群に層別化してランダムに抽出	MDD（昨年）：HLEQ、構造化自記式	N = 4,175（53%）	Range: 41–80
Taylor et al., 2006	幼年期のストレスフルな家族環境：RF、自己申告 最近のストレスフルな出来事：10の主要ライフイベントの自動生成	大学からリクルートされた一般集団	うつ症状：BDI	N = 118（43%）	Range: 18–29 M = 20.6
Uher et al., 2011	子ども虐待：E-Risk study：CTQ、自己申告 Dunedin study：3歳時での母子関係、親の申告による厳しいしつけ、主たる養育者の複数回の交替、後方視的報告による身体的性的虐待	2つの研究から：E-Risk study（UK、N=930）、Dunedin study（ニュージーランド、N=847）	MDDの単回性または持続性エピソード：DIS、面接	N = 2,153 E-Risk: n = 930 (0%) Dunedin: n = 847 (52%)	E-Risk: M = 40 Dunedin: M = 32
Veletza et al., 2009	子ども期及び前成人期のストレスフルなライフイベント：オープンアンケート	医学部、分子生物学部の大学生	うつ症状：ZDRS	N = 181（66.3%）	Range: 18–33 Median = 22
Wichers et al., 2008	子ども期の逆境的環境：CTQ、性的及び身体的虐待の質問を除外	longituidinal general population twin study からリクルートした女性	うつ症状：SCL-90	N = 621（0%）	Range: 18–46

スウェーデン	AP-2 β	AP-2 β と住宅環境の豊かさはうつ症状に G×E 相互作用を持つ。 AP-2 β と両親の離婚はうつ症状に G×E 相互作用を持つ。 集合住宅に住む s/s キャリアの青年期集団が両親の離婚を経験した時にうつ病のリスクが最も高くなる。
E-Risk: UK: 90% NHW Dunedin: ニュージーランド： 90% + NHW	CRHR1 rs7209436 rs110402 rs242924	どちらの集団でも子ども虐待のうつ病への影響あり。 TAT ハプロタイプと虐待の間にうつ病への G×E 相互作用が E-Risk 群においてのみ見られた。TAT ハプロタイプのキャリアが子ども虐待を受けたときによりうつ病のリスクが低くなる。
オーストラリア	5-HTTLPR BDNF Val66Met	幼少期ストレスのうつ病への影響あり。メランコリック＞非メランコリック＞コントロール。 5-HTTLPR（s アレル）、BDNF（Met アレル）と幼少期虐待は非メランコリック型うつ病に G×G×E 相互作用を持つ。 メランコリック型のうつには有意な相互作用の影響なし。
US: 100% AA	5-HTTLPR rs25531 CRHR1 rs110402 rs7209436 rs4792887	虐待のうつ症状への有意な影響。 5-HTTLPR のうつ症状への有意な影響なし。 5-HTTLPR と虐待のうつ病への有意な G×E 相互作用は認めない。 5-HTTLPR と虐待の MDD の診断歴への有意な G×E 相互作用を s アレルキャリアにおいてのみ認める。 CRHR1 のうつ症状への有意な影響なし。CRHR1 と虐待との間に現在のうつ症状への有意な G×E 相互作用を、rs110402 の A アレルキャリアと保護的な CRHR1-TCA ハプロタイプキャリアの間でのみ認める。
フランス	5-HTTLPR rs25531	子ども期のトラウマ体験とうつ病、反復性のエピソードの有意な影響あり。問題を多く抱える両親、貧困、両親の精神疾患、過度なしつけ、言葉による虐待、侮蔑、家族以外の大人による虐待はリスクと関連する。 5-HTTLPR と児童期トラウマ体験はうつ病に有意な G×E 相互作用を持つ。l アレルは貧困と問題を多く抱える両親の存在下で影響力が強くなる。
スウェーデン	5-HTTLPR	5-HTTLPR と逆境、性別のうつ病への G×E×Sex 相互作用あり。l アレルを持つ男児は集合住宅に住み両親が離婚するとうつ病のリスクが高くなる。s アレルを持つ女児はトラウマとなる家族の不仲があるとうつ病のリスクが高くなる。
UK	5-HTTLPR	子ども期と最近の逆境環境はうつ病に影響を持つ。 G×E 相互作用なし。
US: 38% As 34% AA	5-HTTLPR	幼少期ストレスはうつスコアに影響する。 5-HTTLPR と幼少期ストレスとうつ病は有意な G×E 相互作用を持つ。 5-HTTLPR と最近のストレス体験とうつ病は有意な G×E 相互作用を持つ。 s/s ジェノタイプのキャリアは幼少期または直近のストレスに曝露されると高いうつ症状を示す。幼少期の支援的な環境や最近のポジティブな経験をした場合、s/s ジェノタイプのキャリアは s/l や l/l のキャリアと比較してうつ症状が軽い傾向を示す。
E-Risk: UK: 90% NHW Dunedin: New Zealand: 90% + NHW	5-HTTLPR	子ども虐待の持続性うつへの影響有り。 5-HTTLPR の持続性うつへの影響なし。 5-HTTLPR（s/l ジェノタイプ）と子ども虐待は持続性うつに対し G×E 相互作用を示す。単回性のうつへの影響はなし。
ギリシャ	5-HTTLPR	5-HTTLPR と重大な逆境的ライフイベントは G×E 相互作用を持つ。 s アレルのキャリアが重大な逆境的ライフイベントを経験するとうつスコアおよびその他の精神疾患のスコアが高くなる。l/l ジェノタイプのキャリアは逆境体験がなくても s アレルキャリアよりもうつスコアおよびその他の精神疾患のスコアが高くなる。
Belgian: NHW	5-HTTLPR BDNF Val66Met rs6265	BDNF Met アレルは年齢、収入、教育をコントロールすると子ども期逆境環境に影響を持つ。 BDNF（Met アレル）、5-HTTLPR（s アレル）、と子ども期逆境環境はうつ病に G×G×E 相互作用を持つ。 BDNF Met アレルは子ども期逆境環境のうつ病へのリスクを軽減させる。 BDNF Met アレルの影響は 5-HTTLPR s アレルによって軽減される。

PTSD

Binder et al., 2008	子ども虐待とその他の虐待：TEI、自己申告	非精神病院／医療診療所	PTSD：CAPS、面接、PSS、自記式	N = 762（˜43%）	M = ˜41 (SD = 14)
Mercer et al., 2012	子ども虐待と生活史上のトラウマ：TLEQ、自己申告 銃乱射事件への曝露：自己申告	大学の縦断研究に参加する女性、学校での銃乱射事件後によるPTSDについて評価	銃撃後のPTSD：DEQ、自記式	N = 204（0%）	M = 20.1
Nelson et al., 2009	子ども虐待：CTI、電話による聞き取り	双子の家族研究の被験者	PTSD：SSAGA-II、電話による聞き取り	N = 2,594	NR
van Zuiden, 2012	子ども期のトラウマ：ETI、自己申告 雇用上のストレス：13項目のチェックリスト	オランダ軍によるアフガンでの作戦従事前と従事6カ月後	PTSD：SRIP、自記式 不安抑うつ症状：SCL-90	N = 448（100%） PTSD+；35	M = 29 (SD = 9)
Xie et al., 2009	成人のトラウマ：SSADDA (PTSD module) 子ども期の逆境的環境（13歳以下）：SSADDA (environment module)	4つの大学の医療センターからTEのリクルート（100% TE）	PTSD：SSADDA、面接	N = 1,252 PTSD+；229 (42%) PTSD−；1,023 (54%)	Range: 17–79 M = 39 (SD = 11)
Xie et al., 2010	成人のトラウマ：SSADDA (PTSD module) 子ども期の逆境的環境（13歳以下）：SSADDA (environment module)	4つの大学の医療センターからリクルート	PTSDとアルコール依存：SSADDA、面接	N = 2,427 (54.4%)	M = 38.6 (SD = 10.8)
Xie et al., 2012	子ども期の逆境的環境（13歳以下）：SSADDA (environment module)	物質依存を合併した集団	PTSD：SSADDA、面接	N = 5,178（56%）	M = 40.5 (SD = 11.2)

略語：AA、アフリカ系アメリカ人；As、アジア；ASPD、反社会的パーソナリティ障害；DHS、米国保健福祉省；fMRI、機能的MRI；HW、ヒスパニック系白人；M、平均；MDD、大うつ病性障害；MDE、大うつ病エピソード；NHW、非ヒスパニック系白人；NL、ネザーランド；NR、データなし；ns、有意差なし；SD、標準偏差；TE、traumatic event；UCLA、カリフォルニア大学ロサンゼルス校；UK、イギリス；US、アメリカ

評価項目略語：ASSIS、アリゾナ社会支援インタビュースケジュール；BDI、ベック抑うつ尺度；BDI- II、ベック抑うつ尺度I-II；BFI-44、Big Five Inventory；BSI、Brief Symptom Inventory；C-SSAGA、Child Semi-Structured Assessment for Genetics of Alcoholism；CAPS、PTSD臨床診断面接尺度；CDI、小児抑うつ尺度；CES-D、うつ病簡易評価尺度；CIDI、Composite Interview Diagnostic Instrument；CORE、CORE Assessment of Psychomotor Change；CTI、Christchurch Trauma Inventory；CTQ、Child Trauma Questionnaire；DASS、Depression Anxiety Stress Scale；DEQ、Distressing Event Questionnaire；DIS- III- R、National Institute of Mental Health Diagnostic Interview Schedule for DSM-III-R；DISC、Diagnostic Interview Schedule for Children；DSRS、Depression Self- Rating Scale；ELSQ、Early Life Stress Questionnaire；ETI、Early Trauma Inventory；GDAS、Goldberg Deppression and Anxiety Scales；HADS、Hospital

US: 95% AA 2% NHW 3% Other	FKBP5 rs3800373 rs992105 rs9296158 rs737054 rs1360780 rs1334894 rs9470080 rs4713916	子ども虐待と成人トラウマの PTSD 症状への有意な影響あり。 rs3800373（リスクアレル：C）、rs9296158（A）、rs1360780（T）、rs9470080（T）は子ども虐待の重大さは成人の PTSD 症状に対し G×E 相互作用を持つ。
US: 77.5% NHW 13.7% AA	SLC6A4 STin2 5-HTTLPR rs25331	銃乱射事件前は子ども虐待の PTSD 症状への影響なし。 生活史上のトラウマは銃乱射事件後の PTSD 症状への影響なし。 銃撃曝露の程度は銃乱射事件後の PTSD 症状への影響あり。 STin2 または 5-HTTLPR の銃乱射事件後の PTSD 症状への影響なし。 rs25331 の銃乱射事件後の PTSD 症状への影響あり。 5-HTTLPR と銃撃曝露の程度は銃乱射事件後の PTSD 症状に対し G×E 相互作用を示す。発現低下と関係する s/s アレルは高い銃乱射事件後の PTSD 症状と相関。
NR	GABRA2 rs279836 rs279826 rs279858 rs279871	遺伝子 / 多型の PTSD リスクへの影響なし。 生活史における複合的なトラウマ曝露と４つのうち３つのリスクアレルは成人の PTSD に対し G×E 相互作用を持つ。
オランダ： 95% NHW	GR tth111l rs10052957 GR ER22/23EK rs6189/90 GR N363S rs6195 GR BclI rs41423247 GR A3669G 9 β rs6198 FKBP5 rs3800373 rs1360780	子ども期トラウマと PTSD 症状は有意な影響がある。 GR や FKBP5 と PTSD 診断の有意な影響なし。 子ども期トラウマと従軍前の GR ナンバー（PTSD リスクのバイオマーカー）は有意な影響なし。 GR ハプロタイプと児童期トラウマは従軍前の GR ナンバーに対し G×E 相互作用を持つ。
US: 47% NHW 53% AA	5-HTTLPR rs4795541 rs25531	子ども期逆境的環境と成人のトラウマは PTSD に対し有意な影響がある。 遺伝子／多型は PTSD リスクに有意な影響なし。 成人のトラウマの PTSD リスクへの G×E 相互作用は有意。 子ども期トラウマの PTSD リスクへの G×E 相互作用は NHW においてのみ有意。 成人のトラウマと児童期逆境的環境は有意な G×E 相互作用あり。 s アレルは曝露群の被験者のリスクと相関あり。高リスク群：s/s アレル、逆境的環境及びトラウマ。
US: 47% NHW 53% AA	FKBP5 rs3800373 rs9296158 rs1360780 rs9470080	子ども期逆境的環境の成人 PTSD への有意な影響。 FKBP5 のジェノタイプは PTSD に対し有意な影響なし。 rs9296158 と児童期逆境的環境は PTSD に対し、AA においてのみ有意な G×E 相互作用を持つ。 rs9470080T/T キャリアの AA は他のジェノタイプのキャリアと比較し、子ども期逆境体験がない場合は PTSD リスクが最も低くなり、体験がある場合は最もリスクが高くなる。
US: 46% AA 54% NHW	5-HTTLPR	rs3800373（リスクアレル：A）、rs9296158（G）、rs1360780（C）および rs9470080（C）キャリアのNHW はアルコール依存がある場合、他のジェノタイプと比較して PTSD リスクが高い。 子ども期逆境的環境は PTSD に対し影響があり、種々のカテゴリーの逆境が PTSD リスクを上昇させる。 5-HTTLPR と子ども期逆境的環境とは PTSD に対し、NHW においてのみ有意な G×E 相互作用を持つ。s アレルを１つないし２つ持ち逆境的環境に曝露されると、PTSD リスクが高くなる。

Anxiety and Depression Scale；HLEQ, Health and Life Experiences Questionnaire；HRSD, Hamilton Rating Scale for Depression；K-SADS-PL、Schedule for Affective Disorders and Schizophrenia for School-Age Children–Present and Lifetime Version；LEIDS- R、Leiden Index of Depression Sensitivity–Revised；LTE, List of Life-threatening Experiences；LTE-Q, List of Threatening Events Questionnaire；MADRS, Montgomery Asberg Depression Scale；MCS、Maltreatment Classifi cation System；MFQ、Mood and Feelings Questionnaire；MINI、精神疾患簡易構造化面接法；NEO-PI, NEO-Five Factor Inventory；NEO-PI-R、NEO-Five Factor Inventory–Revised；PAPA, Preschool Age Psychiatric Assessment；PSS, Posttraumatic Stress Disorder Symptom Scale；RF、Risky Families questionnaire；SCID、精神科診断面接マニュアル；SCL- 90, Symptom Checklist 90；SCL- 90- R, Symptom Checklist 90 Revised；SPQ, Social Problems Questionnaire；SRIP, Self-Rating Inventory for PTSD；SSADDA, Semi-Structured Assessment for Drug Dependence and Alcoholism；SSAGA-II, Semi-Structured Assessment for the Genetics of Alcoholism；TEI, Trauma Events Inventory；TLEQ, Traumatic Life Events Questionnaire；TRF、Teacher Report Form；YSR, Youth Self Report；ZDRS, Zung Depression Rating Scale

社会的サポートのレベルや国家レベルの危機、日常生活で遭遇するトラウマ）。**5-HTTLPR** の s アレルがトラウマ曝露による PTSD 発症リスクの調節をすることが示される一方で（Kilpatrick et al., 2007; Koenen & Galea, 2009）、l アレルと「環境」要因との相互作用も指摘されている（Grabe et al., 2009）。最終的に、Kolassa らのルワンダ虐殺の生存者を対象とした研究（2010）で、トラウマ曝露の回数は、s´/l´および l´/l´ 多型のキャリア群では PTSD の発症に影響を及ぼす（すなわち、トラウマの回数と PTSD 発症の間に量−反応関係が見られる）が、s/s 多型のキャリア群ではこの影響を認めないことが明らかとなった。s/s 多型を持つと過去のトラウマ体験の回数によらず PTSD の発症リスクが高かった。その他の成人における環境要因を扱った研究は別の遺伝子変異に焦点を当てている（RGS2, COMT など）。

　これらを併せると、幅広いサンプルで種々のトラウマと環境的特徴がジェノタイプのもつ PTSD 発症リスクを修飾することが示されたといえる。たとえば、特定の遺伝子変異は子ども期のトラウマがあって初めて永続的な PTSD リスクとして働くのかもしれない。さらに成人のトラウマ研究に裏づけられるように、環境要因（トラウマ負荷など）の影響力は遺伝子型に応じて異なるのかもしれない。これにより特定の遺伝子変異を持つ個人がトラウマに対する感受性を示すと考えられる。しかし、PTSD の G×E 研究は限定的であり、過去の研究から結論を導き出すことは困難である。とりわけ、子ども期のトラウマにおいてはその傾向が強い。また子ども期のトラウマや虐待は後方視的に評価されており、PTSD のハイリスク群にあたる成人が子ども期のトラウマを過大に報告している可能性も否定できない。今後の進展、とりわけ児童青年を扱った研究における進展が待たれる。

G×E と治療

　遺伝子−環境相互作用から得られた知見は予防・介入研究に多くの示唆をもたらしている。Beauchaine ら（2008）は、遺伝子マーカーのハイリスク群検出への応用可能性を検討している。遺伝子マーカーを用いると、トラウマ曝露群から将来的な問題のハイリスク群を抽出し、狙いを定めて効率的に治療をできるかもしれない。セロトニン系の遺伝子多型から薬物反応性を予測できるかもしれない。実際、うつ病では、**SLC6A4** 遺伝子多型と SSRI 反応性との関連が指摘されている（シタロプラム：Mrazek et al., 2009、エシタロプラム：Huezo-Diaz et al., 2009、パロキセチン：Wilkie et al., 2008、SSRI 混合：Illi et al., 2011; Smits et al., 2009）。否定的な結果も存在するが（Gudayol-Ferre et al., 2010）、近年のメタ解析により **SLC6A4** 遺伝子多型は SSRI 反応性に関与すると結論づけられている（Porcelli, Fabbri, & Serretti, 2012）。**HTR2A** とうつ病に対する SSRI 反応性との関係も報告されている（Kishi et al., 2010; Wilkie et al., 2008）。直近の研究では、エシタロプラムへの治療反応性はストレスフルな出来事と **SLC6A4** の相互作用により左右されることが報告されている（Kers et al., 2011）。

　SSRI の治療効果が環境要因とストレスとの相互作用により修飾されるのであれば、サポートの充実、ストレスの減少、心理社会的な介入などによる環境改善が 5-HTTLPR s´ アレルキャリアにとって重要となりうる。実際、5-HTTLPR を精神疾患のリスクではなく環境への適応力や感受性のマーカーとして扱い、5-HTTLPR を有望な「治療標的遺伝子」とする向きもある（Beevers

2012)。PTSD 患者 42 例での検討で、s′ アレルのキャリアは l′/l′ アレルのキャリアと比較して曝露療法に対する反応性が低いことが報告されている（Bryant et al., 2010）。不安障害の患児 584 例（6 〜 13 歳）に認知行動療法を実施した別の研究では、s/s アレルキャリアーの患児は s/l や l/l アレルキャリアーの患児よりも治療反応性が高いと報告されている（Eley, 2012）。5-HTTLPR 遺伝子と曝露療法の治療効果との関係は、成人のパニック障害 69 例においても評価されている。直接的な治療効果への影響は認められなかったが、長期的に評価すると s′ アレルのキャリアーは l′/l′ アレルのキャリアーよりも重症度が高いことが報告された。COMT 遺伝子に関しても、Val58Met の Met をホモで持つ患者は Val キャリアの患者よりも治療反応性が低いと報告されている。

　虐待予防に関係する遺伝要因は評価されていないが、リスク行動の予防研究においては介入と遺伝子多型の相互作用が報告されている。Brody らは家庭におけるリスク行動予防プログラムに参加した若者を対象に、一連の報告で 5-HTTLPR 遺伝子とリスク行動の相互作用を報告している（Brody, Beach, et al., 2009; Brody, Chen, et al., 2009）。特に s アレルのキャリアがプログラムに参加した場合、リスク行動をとる率が半減することが報告された（Brody, Beach, et al., 2009）。これを根拠に研究者らは、s アレルを持つ若者に対するペアレンティングの重要性を説いている。この知見は、遺伝子マーカーによるハイリスクの若者群の同定の可能性を示すとともに、子ども指向の治療に併せたペアレンティングなど子どもをとりまく環境への行動的介入が効果的な群の抽出の可能性を示している。これらの介入は近隣や学校単位でのプログラミングに最も適合し大きな影響力を持つ可能性がある。

方法論的考察

　遺伝子－環境相互作用研究は方法論にいくつか問題があり、不適切な解釈により間違った結論に導かれることがある。推奨される報告ガイドラインに忠実な研究はごく稀だが、この分野における追証研究の困難さと G×E 相互作用の解析結果が統計手法に左右されやすいことがわかってきたことを受け（Eaves & Silberg, 2003 など）、STROBE（Strengthening the Reporting of Observational studies in Epidemiology）や STREGA（Strenghtening the Reporting of Genetic Association studies; Little et al., 2009）といったガイドラインが作成された。ここでは簡単にまとめるが、G×E 相互作用研究の文献を読む際は下記の点に留意すべきである。すなわち、（1）共変量（たとえば、性別、年齢、発症期間、家系）、（2）対象となる遺伝子の定義・解釈、（3）環境要因の計測手法及び数値化方法、（4）評価項目の計測手法、数値化方法、（5）症例数など研究デザインなどである。

　最初に、性別、年齢、発症期間、家系（人種や民族性）といった主要な交絡因子のコントロール、層別化方法に注意する必要がある。本章で取り上げた文献でも、G×E 相互作用が性差の影響を受けることが確認されている（Eley et al., 2004; Uddin et al., 2010 など）。つまり、性別の影響を明示していない文献の知見は、性別による交絡に過ぎない可能性がある。性的虐待など一部の虐待は、成長とともにリスクが上昇し青年前期にピークを迎える（U.S. Department of Health and Human Services, 2008）。また、環境曝露に感受性を示す年齢層も脳科学研究から示唆されている（Gunnar

& Quevedo, 2007; Lupien et al., 2009; Walker, Sabuwalla, & Huot, 2004）。このように、年齢や発達段階に関する考察も非常に重要となる。さらに、内在化障害のリスクは児童青年期にかけて年齢とともに変化し、たとえばうつ病では青年期にかけて性差をもって発現する（Kessler et al., 2005; Rudolph, 2009; Tambs & Mourn, 1993）。

　性別に加え、すべての遺伝子研究において集団選定が交絡因子となりうる。これは、同一集団間で交配が進み、着目する表現形とは関係のないアレルに頻度差を認める場合に問題となる（Freedman et al., 2004 Hutchison et al., 2004; Pritchard & Rosenberg, 1999）。集団間に有病率や遺伝的な差異がある場合、アレル頻度の違いが表現形の違いに起因すると誤って「発見」される可能性がある。これらのアレル頻度の違いは主として血縁に起因するため、G×E 相互作用の研究において血縁による影響を評価することは重要である。自己申告の情報を鵜呑みにするのは血縁（例：人種や民族）を無視するよりましだが、血縁を正確に把握していないケースも存在し注意が必要である。遺伝子研究ではハーディーワインバーグ平衡を検定し、集団間のアレル頻度を確認するべきである。

　2 つめに、遺伝子研究は遺伝様式の解釈によって結果が左右されうる。遺伝子解析は、遺伝様式を意識して実施しなければならない。たとえば、**5-HTTLPR** を対象とした多くの研究で s アレルの線量効果を仮定しているが、一部では優性遺伝形式を仮定し s/s アレルと s/l アレルを合算している。つまり、片方のアレル、この場合 s アレル、が対立アレル、ここでは l アレル、の発現をマスクすると仮定している。言い換えると優性遺伝形式では s/s アレルと s/l アレルの表現形は同じと仮定している。多くの候補遺伝子の機能はタンパクレベルで解析されており、線量効果と優性遺伝形式のどちらのモデルが妥当か判断できる。

　3 つめの問題は、環境評価方法と環境曝露の多様性である。Caspi ら（2010）は G×E 相互作用の検出力は二値変数の解析ではリスクアレルキャリアー群や環境曝露群の対象者数が 50% から離散するにつれ低下することを指摘した。したがって、曝露（または介入）を扱うとき、被験者が曝露群のみ、もしくは非曝露群のみの場合 G×E 相互作用は検出できない。そのため、子ども虐待を単なる曝露群と非曝露群以上に、細かい層別化することには妥当性がある。

　4 つめに評価の測定方法と解釈方法が問題となる。たとえば症状を連続的に評価するのか離散的に評価するのかが問題となる。連続的な測定は境界域の被験者の誤分類による統計的過誤を減らすことができ、統計的な検出力が高い（Caspi et al., 2010; Plomin & Davis, 2009）。連続的な評価と離散的なデータどちらを扱うかは検出力だけでなく知見の信頼度にも大きく影響する。定義や評価方法を変更することで見かけ上の相互作用を作り出すことができるためである（Jinks & Fulker, 1970; Kraft et al., 2007; Mather & Jinks, 1982; Moffit, Caspi, & Rutter, 2006; Neale & Cardon, 1992）。実際、評価項目を変更することで、それまで存在しなかった相互作用を作り出すこと、あるは存在した相互作用を消去することができる（Kraft & Hunter, 2009）。結果の評価方法や G×E 効果が加算的（線形回帰など）に検出されたか加法的（リスクが掛け合わされるロジスティック回帰など）に検出されたかは、G×E 効果を認めるかどうかに影響する（Greenland & Rothman, 1998; Institute of Medicine Board on Health Sciences Policy, 2006）。G×E 相互作用の研究ではロジスティック回帰が多用されているが、この手法は偽陽性や偽陰性を生むことがあるので注意が必要である（Caspi et al., 2010; Eaves, 2006;

Kraft et al., 2007; Moffit, Caspi, & Rutter, 2006; Munafo et al., 2009)。

　最後に、G×E 文献を最先端で使用する識者は、統計的検出力に注意しなければならない。相互作用の効果を十分な検出力で評価するためには多くの被験者が必要となり（Brookes et al., 2001; Luan, Wong, & Wareham, 2001; Uher & McGuffin, 2008)、検出力は「E」として評価する環境への曝露群の頻度およびアレル頻度に応じて変化する（Munafo et al., 2009)。実際、本章で取り上げた多くの文献においても、被験者が少ないため G×E 効果を十分に評価できていない可能性がある（Munafo et al., 2009, 2010)。

要約及び臨床研究

　Beauchains らは 2008 年に、予防や治療のための生物学的および遺伝学的研究のうち、「重要な 10 報」のリストを発表している。本稿でまとめた文献と同じくそのリストでも、生物学的要因により環境要因が行動や心理へ及ぼす影響力が調整されることが示された。心理社会的治療と薬物療法のアプローチのいずれも、G×E 研究においては「環境」要因として扱われうる。Beauchain らは、生物学的要因と環境の相互作用により元来をしのぐ大きな影響が生じるとして、環境の影響力に対する生物学的修飾の重要性を拡張させている。Beauchain をはじめとする研究者たちは、気質は生物学的遺伝的要因に深く根ざしており虐待から介入にいたるまで広く環境曝露への反応を左右すると指摘している（Cisler, Amstadter, & Nugent, 2011)。このため、トラウマや介入への反応を修飾する遺伝要因などの生物学的要因を丁寧に調べることで、外傷や介入に対して示す反応に個人差が生じるメカニズムをより深く理解できるかもしれない。幼少期の不適切な養育の影響を考える際、生物学的解析から得られた治療効果の理解は、特に重要となる可能性がある。なぜなら、幼少期の神経システムは、その後の神経システムの発達と機能に影響するからである（Beauchaine et al., 2008)。したがって、発達段階早期に焦点を当てた積極的な予防介入の取り組みが、その後の適応のために特に重要となりそうである。これが、G×E 相互作用の堅固な証拠が大人のイベントではなく子ども虐待において認められる理由の 1 つである。

　総合的に見ると、うつ病や PTSD の G×E 文献は急激に増えているが、検証がまったくなされていないままである。子ども虐待については後方視的な評価が主流であり、かなり制約も多い。精神薬理学または心理社会的治療によって定義される「環境」と遺伝子との相互作用を評価した研究はほとんどなく、中でも、まさに虐待されている児童への介入を扱った研究は存在しない。このような限界はあるものの、これらの知見は遺伝や介入が PTSD やうつ病に影響を与えるメカニズムの解明に役立ち、遺伝による影響と介入による効果など、双方の分野の発展に貢献する。

[参考文献]

1. Aguilera, M., Arias, B., Wichers, M., Barrantes Vidal, N., Moya Higueras, J., Villa Martín, E., et al. (2009). Early adversity and 5-HTT-BDNF genes: New evidences of gene-environment interactions on depressive

symptoms in a general population. *Psychological Medicine, 39*(9), 1425–1432.

2. Amstadter, A. B., Aggen, S. H., Knudsen, G. P., Reichborn-Kjennerud, T., & Kendler, K. S. (2012). A population-based study of familial and individual-specific environmental contributions to traumatic event exposure and posttraumatic stress disorder symptoms in a Norwegian twin sample. *Twin Research and Human Genetics, 15*(5), 656–662.

3. Antypa, N., & Van der Does, A. (2010). Serotonin transporter gene, childhood emotional abuse and cognitive vulnerability to depression. *Genes, Brain and Behavior, 9*(6), 615–620.

4. Åslund, C., Leppert, J., Comasco, E., Nordquist, N., Oreland, L., & Nilsson, K. W. (2009). Impact of the interaction between the 5HTTLPR polymorphism and maltreatment on adolescent depression. A population-based study. *Behavior Genetics, 39*(5), 524–531.

5. Beach, S. R., Brody, G. H., Gunter, T. D., Packer, H., Wernett, P., & Philibert, R. A. (2010). Child maltreatment moderates the association of MAOA with symptoms of depression and antisocial personality disorder. *Journal of Family Psychology, 24*(1), 12.

6. Beauchaine, T. P., Neuhaus, E., Brenner, S. L., & Gatzke-Kopp, L. (2008). Ten good reasons to consider biological processes in prevention and intervention research. *Development and Psychopathology, 20*(3), 745–774. doi:10.1017/S0954579408000369

7. Beevers, C. G. (2012). Therapygenetics: Moving towards personalized psychotherapy treatment. *Trends in Cognitive Sciences, 16*(1), 11. doi:10.1016/j.tics.2011.11.004

8. Bet, P. M., Penninx, B. W., Bochdanovits, Z., Uitterlinden, A. G., Beekman, A. T., van Schoor, N. M., et al. (2009). Glucocorticoid receptor gene polymorphisms and childhood adversity are associated with depression: New evidence for a gene-environment interaction. *American Journal of Medical Genetics Part B: Neuropsychiatric Genetics, 150*(5), 660–669.

9. Binder, E. B., Bradley, R. G., Liu, W., Epstein, M. P., Deveau, T. C., Mercer, K. B., et al. (2008). Association of FKBP5 polymorphisms and childhood abuse with risk of posttraumatic stress disorder symptoms in adults. *JAMA, 299*(11), 1291–1305.

10. Brody, G. H., Beach, R. H., Philibert, R. A., Chen, Y., & McBride Murry, V. (2009). Prevention effects moderate the association of 5-HTTLPR and youth risk behavior initiation: Gene × environment hypotheses tested via randomized prevention design. *Child Development, 80*(3), 645–661.

11. Brody, G. H., Chen, Y.- F., Beach, S. R. H., Philibert, R. A., & Kogan, S. M. (2009). Participation in a family-centered prevention program decreases genetic risk for adolescents' risky behaviors. *Pediatrics, 124*(3), 911–917. doi:10.1542/peds.2008-3464

12. Brookes, S. T., Whitley, E., Peters, T. J., Mulheran, P. A., Egger, M., & Davey Smith, G. (2001). Subgroup analyses in randomised controlled trials: Quantifying the risks of false-positives and false-negatives. *Health Technology Assessment, 5*, 1–56.

13. Brown, G. W., & Harris, T. O. (2008). Depression and the serotonin transporter 5-HTTLPR polymorphism: A review and a hypothesis concerning gene-environment interaction. *Journal of Affective Disorders, 111*, 1–12.

14. Browne, A., & Finkelhor, D. (1986). Impact of child sexual abuse: A review of the research. *Psychological Bulletin, 99*(1), 66–77.

15. Bryant, R. A., Felmingham, K. L., Falconer, E. M., Pe Benito, L., Dobson-Stone, C., Pierce, K. D., & Schofield, P. R. (2010). Preliminary evidence of the short allele of the serotonin transporter gene predicting poor response to cognitive behavior therapy in posttraumatic stress disorder. *Biological Psychiatry, 67*(12), 1217–1219. doi:10.1016/j.biopsych.2010.03.016

16. Carver, C. S., Johnson, S. L., Joormann, J., LeMoult, J., & Cuccaro, M. L. (2011). Childhood adversity interacts separately with 5-HTTLPR and BDNF to predict lifetime depression diagnosis. *Journal of Affective Disorders, 132*(1), 89–93.

17. Caspi, A., Hariri, A. R., Holmes, A., Uher, R., & Moffit, T. E. (2010). Genetic sensitivity to the environment: The case of the serotonin transporter gene and its implications for studying complex diseases and traits. *American Journal of Psychiatry, 167*, 509–527.

18. Caspi, A., Sugden, K., Moffitt, T. E., Taylor, A., Craig, I. W., Harrington, H. L., et al. (2003). Influence of life stress on depression: Moderation by a polymorphism in the 5-HTT gene. *Science, 301*, 386–389.

19. Chipman, P., Jorm, A., Prior, M., Sanson, A., Smart, D., Tan, X., et al. (2007). No interaction between the serotonin transporter polymorphism (5-HTTLPR) and childhood adversity or recent stressful life events on symptoms of depression: Results from two community surveys. *American Journal of Medical Genetics Part B: Neuropsychiatric Genetics, 144*(4), 561–565.

20. Chipman, P., Jorm, A. F., Tan, X.- Y., & Easteal, S. (2010). No association between the serotonin-1A receptor gene single nucleotide polymorphism rs6295C/G and symptoms of anxiety or depression, and no interaction between the polymorphism and environmental stressors of childhood anxiety or recent stressful life events on anxiety or depression. *Psychiatric Genetics, 20*(1), 8–13.

21. Chorbov, V. M., Lobos, E. A., Todorov, A. A., Heath, A. C., Botteron, K. N., & Todd, R. D. (2007). Relationship of 5-HTTLPR genotypes and depression risk in the presence of trauma in a female twin sample. *American Journal of Medical Genetics Part B: Neuropsychiatric Genetics, 144*(6), 830–833.

22. Cicchetti, D., Rogosch, F. A., & Oshri, A. (2011). Interactive effects of corticotropin releasing hormone receptor 1, serotonin transporter linked polymorphic region, and child maltreatment on diurnal cortisol regulation and internalizing symptomatology. *Development and Psychopathology, 23*(4), 1125.

23. Cicchetti, D., Rogosch, F. A., & Sturge-Apple, M. L. (2007). Interactions of child maltreatment and serotonin transporter and monoamine oxidase A polymorphisms: Depressive symptomatology among adolescents from low socioeconomic status backgrounds. *Development and Psychopathology, 19*(4), 1161.

24. Cicchetti, D., Rogosch, F. A., Sturge-Apple, M., & Toth, S. L. (2010). Interaction of child maltreatment and 5-HTT polymorphisms: Suicidal ideation among children from low-SES backgrounds. *Journal of Pediatric Psychology, 35*(5), 536–546.

25. Cisler, J. M., Amstadter, A. B., & Nugent, N. R. (2011). Genetic and environmental influences on post-trauma adjustment in children and adolescents: The role of personality constructs. *Journal of Child and Adolescent Trauma, 4*, 301–317.

26. Conway, C. C., Hammen, C., Brennan, P. A., Lind, P. A., & Najman, J. M. (2010). Interaction of chronic stress with serotonin transporter and catechol-O-methyltransferase polymorphisms in predicting youth depression. *Depression and Anxiety, 27*(8), 737–745.

27. Cornelis, M., Nugent, N. R., Amstadter, A. B., & Koenen, K. C. (2010). Genetics of post-traumatic stress disorder: Review and recommendations for genome-wide association studies. *Current Psychiatry Reports, 12*(4), 313–326.

28. Drury, S. S., Theall, K. P., Smyke, A. T., Keats, B. J., Egger, H. L., Nelson, C. A., et al. (2010). Modification of depression by COMT val158met polymorphism in children exposed to early severe psychosocial deprivation. *Child Abuse & Neglect, 34*(6), 387–395.

29. Dunn, E. C., Gilman, S., Slopen, N. B., Willett, J. B., & Monlar, B. E. (2012). The impact of exposure to interpersonal violence on gender differences in adolescent-onset major depression. *Depression and Anxiety, 29*, 392–399.

30. Dunn, E. C., Uddin, M., Subramanian, S. V., Smoller, J. W., Galea, S., & Koenen, K. C. (2011). Gene-environment interaction (G × E) research in youth depression: A systematic review with recommendations for future research. *Journal of Child Psychology and Psychiatry, 52*(12), 1223–1238.

31. Eaves, L. J. (2006). Genotype × environment interaction in psychopathology: Fact or artifact? *Twin Research and Human Genetics, 9*(1), 1–8.

32. Eaves, L. J., & Silberg, J. L. (2003). Modulation of gene expression by genetic and environmental heterogeneity

in timing of a developmental milestone. *Behavior Genetics, 33*, 1–6.

33. Eley, T. C. (2012). Therapygenetics: The 5HTTLPR and response to psychological therapy. *Molecular Psychiatry, 17*(3), 236. doi:10.1038/mp.2011.132

34. Eley, T. C., Sugden, K., Corsico, A., Gregory, A. M., Sham, P., McGuffin, P., et al. (2004). Gene-environment interaction analysis of serotonin system markers with adolescent depression. *Molecular Psychiatry, 9*, 908–915.

35. Elzinga, B. M., Molendijk, M. L., Voshaar, R. C. O., Bus, B. A., Prickaerts, J., Spinhoven, P., et al. (2011). The impact of childhood abuse and recent stress on serum brain-derived neurotrophic factor and the moderating role of BDNF Val66Met. *Psychopharmacology, 214*(1), 319–328.

36. Fergusson, D. M., Horwood, L. J., Miller, A. L., & Kennedy, M. A. (2011). Life stress, 5-HTTLPR and mental disorder: findings from a 30-year longitudinal study. *British Journal of Psychiatry, 198*(2), 129–135.

37. Freedman, M. L., Reich, D., Penney, K. L., McDonald, G. J., Mignault, A. A., Patterson, N., et al. (2004). Assessing the impact of population stratification on genetic association studies. *Nature Genetics, 36*(4), 388–393.

38. Fu, Q., Koenen, K. C., Heath, A. C., Bucholz, K. K., Nelson, E., Goldberg, J., et al. (2007). PTSD and major depression: Same genes, different environments? *Biological Psychiatry, 62*(10), 1088–1094.

39. Gatt, J., Nemeroff, C., Dobson-Stone, C., Paul, R., Bryant, R., Schofield, P., et al. (2009). Interactions between BDNF Val66Met polymorphism and early life stress predict brain and arousal pathways to syndromal depression and anxiety. *Molecular Psychiatry, 14*(7), 681–695.

40. Gatt, J. M., Williams, L. M., Schofield, P. R., Dobson-Stone, C., Paul, R. H., Grieve, S. M., et al. (2010). Impact of the HTR3A gene with early life trauma on emotional brain networks and depressed mood. *Depression and Anxiety, 27*(8), 752–759.

41. Goodyer, I. M., Croudace, T., Dudbridge, F., Ban, M., & Herbert, J. (2010). Polymorphisms in BDNF (Val66Met) and 5-HTTLPR, morning cortisol and subsequent depression in at-risk adolescents. *British Journal of Psychiatry, 197*(5), 365–371.

42. Grabe, H. J., Schwahn, C., Appel, K., Mahler, J., Schulz, A., Spitzer, C., et al. (2010). Childhood maltreatment, the corticotropin-releasing hormone receptor gene and adult depression in the general population. *American Journal of Medical Genetics Part B: Neuropsychiatric Genetics, 153*(8), 1483–1493.

43. Grabe, H. J., Schwahn, C., Mahler, J., Schulz, A., Spitzer, C., Fenske, K., et al. (2012). Moderation of adult depression by the serotonin transporter promoter variant (5-HTTLPR), childhood abuse and adult traumatic events in a general population sample. *American Journal of Medical Genetics Part B: Neuropsychiatric Genetics, 159*(3), 298–309.

44. Grabe, H. J., Spitzer, C., Schwahn, C., Marcinek, A., Frahnow, A., Barnow, S., et al. (2009). Serotonin transporter gene (SLC6A4) promoter polymorphisms and susceptibility to posttraumatic stress disorder in the general population. *American Journal of Psychiatry, 166*(8), 926–933.

45. Greenland, S., & Rothman, K. J. (1998). Concepts of interaction. In K. J. Rothman & S. Greenland (Eds.), *Modern epidemiology* (2nd ed., pp. 349–342). Philadelphia, PA: Lippincott-Raven Publishers.

46. Gudayol-Ferré, E., Herrera-Guzmán, I., Camarena, B., Cortés-Penagos, C., Herrera-Abarca, J. E., Martínez-Medina, P., et al. (2010). The role of clinical variables, neuropsychological performance and SLC6A4 and COMT gene polymorphisms on the prediction of early response to fluoxetine in major depressive disorder. *Journal of Affective Disorders, 127*(1–3), 343–351. doi:10.1016/j.jad.2010.06.002

47. Gunnar, M., & Quevedo, K. (2007). The neurobiology of stress and development. *Annual Review of Psychology, 58*, 145–173.

48. Haeffel, G. J., Getchell, M., Koposov, R. A., Yrigollen, C. M., De Young, C. G., af Klinteberg, B., et al. (2008). Association between polymorphisms in the dopamine transporter gene and depression evidence for a gene-environment interaction in a sample of juvenile detainees. *Psychological Science, 19*(1), 62–69.

49. Hammen, C., Brennan, P. A., Keenan-Miller, D., Hazel, N. A., & Najman, J. M. (2010). Chronic and acute stress,

gender, and serotonin transporter gene-environment interactions predicting depression symptoms in youth. *Journal of Child Psychology and Psychiatry, 51*(2), 180–187.

50. Hardy, J., & Low, N. C. (2011). Genes and environments in psychiatry: Winner's curse or cure? *Archives of General Psychiatry, 68*(5), 455–456.

51. Huezo-Diaz, P., Uher, R., Smith, R., Rietschel, M., Henigsberg, N., Marušič, A., et al. (2009). Moderation of antidepressant response by the serotonin transporter gene. *British Journal of Psychiatry, 195*(1), 30–38. doi:10.1192/bjp.bp.108.062521

52. Hutchison, K. E., Stallings, M., McGeary, J., & Bryan, A. (2004). Population stratification in the candidate gene study: Fatal threat or red herring? *Psychological Bulletin, 130*(1), 66–79.

53. Illi, A., Poutanen, O., Setälä-Soikkeli, E., Kampman, O., Viikki, M., Huhtala, H., et al. (2011). Is 5-HTTLPR linked to the response of selective serotonin reuptake inhibitors in MDD? *European Archives of Psychiatry and Clinical Neuroscience, 261*(2), 95–102. doi:10.1007/s00406-010-0126-x

54. Institute of Medicine Board on Health Sciences Policy. (2006). Study design and analysis for assessment of interactions. In *Genes, behavior, and the social environment: Moving beyond the nature/nurture debate* (pp. 161–180). Washington, DC: National Academies Press.

55. Jinks, J. L., & Fulker, D. W. (1970). Comparison of the biometrical genetical, MAVA, and classical approaches to the analysis of human behavior. *Psychological Bulletin, 73*(5), 311–349.

56. Juhasz, G., Chase, D., Pegg, E., Downey, D., Toth, Z. G., Stones, K., et al. (2009). CNR1 gene is associated with high neuroticism and low agreeableness and interacts with recent negative life events to predict current depressive symptoms. *Neuropsychopharmacology, 34*(8), 2019–2027.

57. Juhasz, G., Dunham, J. S., McKie, S., Thomas, E., Downey, D., Chase, D., et al. (2011). The CREB1-BDNF-NTRK2 pathway in depression: Multiple gene-cognition-environment interactions. *Biological Psychiatry, 69*(8), 762–771.

58. Karg, K., Burmeister, M., Shedden, K., & Sen, S. (2011). The serotonin transporter promoter variant (5-HTTLPR), stress, and depression meta analysis revisited: Evidence of genetic moderation. *Archives of General Psychiatry, 68*(5), 444–454.

59. Kaufman, J., Yang, B.- Z., Douglas-Palumberi, H., Grasso, D., Lipschitz, D., Houshyar, S., et al. (2006). Brain-derived neurotrophic factor–5-HTTLPR gene interactions and environmental modifiers of depression in children. *Biological Psychiatry, 59*(8), 673–680.

60. Kaufman, J., Yang, B.- Z., Douglas-Palumberi, H., Houshyar, S., Lipschitz, D., Krystal, J. H., et al. (2004). Social supports and serotonin transporter gene moderate depression in maltreated children. *Proceedings of the National Academy of Sciences of the United States of America, 101*(49), 17316–17321.

61. Keers, R., Uher, R., Huezo-Diaz, P., Smith, R., Jaffee, S., Rietschel, M., et al. (2011). Interaction between serotonin transporter gene variants and life events predicts response to antidepressants in the GENDEP project. *Pharmacogenomics Journal, 11*(2) , 138–145.www.nature.com/tpj/journal/v11/n2/suppinfo/tpj201014s1.html

62. Kendler, K. S., & Baker, J. H. (2007). Genetic influences on measures of the environment: A systematic review. *Psychological Medicine, 37*(5), 615–626. doi:10.1017/S0033291706009524

63. Kendler, K. S., Bulik, C. M., Silberg, J., Hettema, J. M., Myers, J., & Prescott, C. A. (2000). Childhood sexual abuse and adult psychiatric and substance use disorders in women. *Archives of General Psychiatry, 57*, 953–959.

64. Kessler, R. C., Berglund, P., Demler, O., Jin, R., Merikangas, K. R., & Walters, E. E. (2005). Lifetime prevalence and age-of-onset distributions of DSM-IV disorders in the National Comorbidity Survey Replication. *Archives of General Psychiatry, 62*, 593–602.

65. Kilpatrick, D. G., Koenen, K. C., Ruggiero, K. J., Acierno, R., Galea, S., Resnick, H. S., et al. (2007). Serotonin transporter genotype and social support and moderation of posttraumatic stress disorder and depression in hurricane-exposed adults. *American Journal of Psychiatry, 164*(11), 1–7.

66. Kishi, T., Yoshimura, R., Kitajima, T., Okochi, T., Okumura, T., Tsunoka, T., et al. (2010). HTR2A is associated with SSRI response in major depressive disorder in a Japanese cohort. *Neuromolecular Medicine, 12*(3), 237–242. doi:10.1007/s12017-009-8105-y

67. Koenen, K. C., & Galea, S. (2009). Gene-environment interactions and depression. *JAMA, 302*(17), 1859–1862. doi:10.1001/jama.2009.1575

68. Kolassa, I., Ertl, V., Eckart, M., Glockner, F., Kolassa, S., Papassotiropoulos, A., et al. (2010). Association study of trauma load and SLC6A4 promoter polymorphism in PTSD: Evidence from survivors of the Rwandan genocide. *Journal of Clinical Psychiatry, 71*(5), 543–547.

69. Kraft, P., & Hunter, D. J. (2009). The challenge of assessing complex gene-environment and gene-gene interactions. In M. J. Khoury, S. R. Bedrosian, M. Gwinn, J. P. T. Higgins, J. P. A. Ioannidis, & J. Little (Eds.), *Human genome epidemiology: Building the evidence for using genetic information to improve health and prevent disease* (2nd ed., 165–187). New York, NY: Oxford University Press.

70. Kraft, P., Yen, Y. C., Stram, D. O., Morrison, J., & Gauderman, W. J. (2007). Exploiting gene-environment interaction to detect genetic associations. *Human Heredity, 63*(2), 111–119.

71. Kranzler, H. R., Feinn, R., Nelson, E. C., Covault, J., Anton, R. F., Farrer, L., et al. (2011). A CRHR1 haplotype moderates the effect of adverse childhood experiences on lifetime risk of major depressive episode in African-American women. *American Journal of Medical Genetics Part B: Neuropsychiatric Genetics, 156*(8), 960–968.

72. Little, J., Higgins, J. P. T., Ioannidis, J. P. A., Moher, D., Gagnon, F., von Elm, E., et al. (2009). STrenthening the REporting of Genetic Association studies (STREGA): An extension of the STrengthening of Reporting of OBservational studies in Epidemiology (STROBE) statement. *Journal of Clinical Epidemiology, 62*, 597–608.

73. Lonsdorf, T. B. (2010). The COMTval158met polymorphism is associated with symptom relief during exposure-based cognitive-behavioral treatment in panic disorder. BMC *Psychiatry, 10*(1), 99. doi:10.1186/1471-244x-10-99

74. Luan, J. A., Wong, M. Y., & Wareham, N. J. (2001). Sample size determination for studies of gene-environment interaction. *International Journal of Epidemiology, 30*, 1035–1040.

75. Lupien, S. J., McEwen, B. S., Gunnar, M. R., & Heim, C. (2009). Effects of stress throughout the lifespan on the brain, behaviour, and cognition. *Nature Reviews Neuroscience, 10*(6), 434–445.

76. Lyons, M. J., Goldberg, J., Eisen, S. A., True, W., Tsuang, M. T., & Meyer, J. M. (1993). Do genes influence exposure to trauma? A twin study of combat. *American Journal of Medical Genetics, 48*(1), 22–27.

77. Mather, L., & Jinks, J. (1982). *Biometrical genetics; the study of continuous variation* (3rd ed.). New York, NY: Chapman and Hall.

78. Mercer, K. B., Orcutt, H. K., Quinn, J. F., Fitzgerald, C. A., Conneely, K. N., Barfield, R. T., et al. (2012). Acute and posttraumatic stress symptoms in a prospective gene × environment study of a university campus shooting. *Archives of General Psychiatry, 69*(1), 89–97. doi:10.1001/archgenpsychiatry.2011.109

79. Moffit, T. E., Caspi, A., & Rutter, M. (2006). Measured gene-environment interactions in psychopathology: Concepts, research strategies, and implications for research, intervention and public understanding of genetics. *Perspectives on Psychological Science, 1*, 5–27.

80. Molnar, B. E., Buka, S. L., & Ronald, C. (2001). Child sexual abuse and subsequent psychopathology: Results from the national comorbidity survey. *American Public Health Association, 91*, 753–760.

81. Monroe, S. M., & Reid, M. W. (2008). Gene-environment interactions in depression research: Genetic polymorphisms and life-stress polyprocedures. *Psychological Science, 19*(10), 947–956.

82. Mrazek, D. A., Rush, A. J., Biernacka, J. M., O'Kane, D. J., Cunningham, J. M., Wieben, E. D., et al. (2009). SLC6A4 variation and citalopram response. *American Journal of Medical Genetics Part B: Neuropsychiatric Genetics, 150B*(3), 341–351. doi:10.1002/ajmg.b.30816

83. Munafo, M. R., Durrant, C., Lewis, G., & Flint, J. (2009). Gene × environment interactions at the serotonin transporter locus. *Biological Psychiatry, 65*, 211–219.

84. Munafo, M. R., Durrant, C., Lewis, G., & Flint, J. (2010). Defining replication: A response to Kaufman and colleagues. *Biological Psychiatry, 67*, e21–23.

85. Neale, M. C., & Cardon, L. R. (1992). *Methodology for genetic studies of twins and families*. Dordrecht, Netherlands: Kluwer Academic Publishers.

86. Nederhof, E., Bouma, E., Oldehinkel, A. J., & Ormel, J. (2010). Interaction between childhood adversity, brain-derived neurotrophic factor val/metand serotonin transporter promoter polymorphism on depression: The TRAILS study. *Biological Psychiatry, 68*(2), 209–212.

87. Nelson, E. C., Agrawal, A., Pergadia, M. L., Lynskey, M. T., Todorov, A. A., Wang, J. C., et al. (2009). Association of childhood trauma exposure and GABRA2 polymorphisms with risk of posttraumatic stress disorder in adults. *Molecular Psychiatry, 14*, 234–238.

88. Nelson, E. C., Martin, N. G., Heath, A. C., Madden, P. A. F., Bucholz, K. K., Statham, D. J., et al. (2012). Common heritable contributions to low-risk trauma, high-risk trauma, posttraumatic stress disorder, and major depression. *Archives of General Psychiatry, 69*(3), 293–299.

89. Nierenberg, A. A. (2009). The long tale of the short arm of the promoter region for the gene that encodes the serotonin uptake protein. *CNS Spectrums, 14*(9), 462–463.

90. Nikulina, V., Widom, C. S., & Brzustowicz, L. M. (2012). Child abuse and neglect, *MAOA*, and mental health outcomes: A prospective examination. *Biological Psychiatry, 71*(4), 350–357.

91. Nilsson, K. W., Sjöberg, R. L., Leppert, J., Oreland, L., & Damberg, M. (2009). Transcription factor AP-2 β genotype and psychosocial adversity in relation to adolescent depressive symptomatology. *Journal of Neural Transmission, 116*(3), 363–370.

92. Nugent, N. R., Tyrka, A. R., Carpenter, L. L., & Price, L. H. (2011). Gene-environment interactions: Early life stress and risk for depressive and anxiety disorders. *Psychopharmacology, 214*(1), 175–196. doi:10.1007/s00213-010-2151-x

93. Owens, M. J., & Nemeroff, C. B. (1994). Role of serotonin in the pathophysiology of depression: Focus on the serotonin transporter. *Clinical Chemistry, 40*(2), 288–295.

94. Plomin, R., & Davis, O. S. P. (2009). The future of genetics in psychology and psychiatry: Microarrays, genome-wide association, and non-coding RNA. *Journal of Child Psychology and Psychiatry, 50*(1–2), 63–71.

95. Polanczyk, G., Caspi, A., Williams, B., Price, T. S., Danese, A., Sugden, K., et al. (2009). Protective effect of CRHR1 gene variants on the development of adult depression following childhood maltreatment: Replication and extension. *Archives of General Psychiatry, 66*(9), 978.

96. Porcelli, S., Fabbri, C., & Serretti, A. (2012). Meta-analysis of serotonin transporter gene promoter polymorphism (5-HTTLPR) association with antidepressant efficacy. *European Neuropsychopharmacology, 22*(4), 239–258. doi:10.1016/j.euroneuro.2011.10.003

97. Pritchard, J. K., & Rosenberg, N. A. (1999). Use of unlinked genetic markers to detect population stratification in association studies. *American Journal of Human Genetics, 65*(1), 220–228.

98. Quinn, C. R., Dobson-Stone, C., Outhred, T., Harris, A., & Kemp, A. H. (2012). The contribution of BDNF and 5-HTT polymorphisms and early life stress to the heterogeneity of major depressive disorder: A preliminary study. *Australian and New Zealand Journal of Psychiatry, 46*(1), 55–63.

99. Ressler, K. J., Bradley, B., Mercer, K. B., Deveau, T. C., Smith, A. K., Gillespie, C. F., et al. (2010). Polymorphisms in CRHR1 and the serotonin transporter loci: Gene × gene × environment interactions on depressive symptoms. *American Journal of Medical Genetics Part B: Neuropsychiatric Genetics, 153*(3), 812–824.

100. Risch, N., Herrell, R., Lehner, T., Kung-Yee, L., Eaves, L., Hoh, J., et al. (2009). Interaction between the serotonin transporter gene (5-HTTLPR), stressful life events, and risk of depression: A meta analysis. *JAMA, 301*(23), 2462–2471.

101. Ritchie, K., Jaussent, I., Stewart, R., Dupuy, A.- M., Courtet, P., Ancelin, M.- L., et al. (2009). Association of adverse childhood environment and 5-HTTLPR genotype with late-life depression. *Journal of Clinical Psychiatry, 70*(9), 1281.

102. Rudolph, K. D. (Ed.). (2009). *Adolescent depression* (2nd ed.). New York, NY: Guilford Press.

103. Rutter, M. (2010). Gene-environment interplay. *Depression and Anxiety, 27*, 1–4.

104. Sartor, C. E., McCutcheon, V. V., Pommer, N. E., Nelson, E. C., Grant, J. D., Duncan, A. E., et al. (2011). Common genetic and environmental contributions to posttraumatic stress disorder and alcohol dependence in young women. *Psychological Medicine, 41*(7), 1497–1505.

105. Shanahan, M. J., & Hofer, S. M. (2005). Social context in gene-environment interactions: Retrospect and prospect. *Journals of Gerontology: Series B, Psychological Sciences and Social Sciences, 60*(1), 65–76.

106. Sjöberg, R., Nilsson, K. W., Nordquist, N., Ohrvik, J., Leppert, J., Lindstrom, L., et al. (2006). Development of depression: Sex and the interaction between environment and a promoter polymorphism of the serotonin transporter gene. *International Journal of Neuropsychopharmacology, 9*(4), 443.

107. Smits, K. M., Smits, L. J. M., Peeters, F. P. M. L., Schouten, J. S. A. G., Janssen, R. G. J. H., Smeets, H. J. M., et al. (2008). The influence of 5-HTTLPR and STin2 polymorphisms in the serotonin transporter gene on treatment effect of selective serotonin reuptake inhibitors in depressive patients. *Psychiatric Genetics, 18*(4), 184–190. doi:110.1097/YPG.1090b1013e3283050aca

108. Stein, M. B., Jang, K. J., Taylor, S., Vernon, P. A., & Livesley, W. J. (2002). Genetic and environmental influences on trauma exposure and posttraumatic stress disorder: A twin study. *American Journal of Psychiatry, 159*(10), 1675–1681.

109. Sullivan, P. F., Neale, M. C., & Kendler, K. S. (2000). Genetic epidemiology of major depression: Review and meta-analysis. *American Journal of Psychiatry, 157*, 1552–1562.

110. Surtees, P. G., Wainwright, N. W., Willis-Owen, S. A., Luben, R., Day, N. E., et al. (2006). Social adversity, the serotonin transporter (5-HTTLPR) polymorphism and major depressive disorder. *Biological Psychiatry, 59*(3), 224–229.

111. Tambs, K., & Mourn, T. (1993). Low genetic effect and age-specific family effect for symptoms of anxiety and depression in nuclear families, halfsibs and twins. *Journal of Affect Disorders, 27*(3), 183–195.

112. Taylor, S. E., Way, B. M., Welch, W. T., Hilmert, C. J., Lehman, B. J., & Eisenberger, N. I. (2006). Early family environment, current adversity, the serotonin transporter promoter polymorphism, and depressive symptomatology. *Biological Psychiatry, 60*(7), 671–676.

113. Thapar, A., Harold, G., Rice, F., Langley, K., & O'Donovan, M. (2007). The contribution of gene-environment interaction to psychopathology. *Development and Psychopathology, 19*, 989–1004.

114. Thase, M. E. (Ed.). (2009). *Neurobiological aspects of depression* (2nd ed.). New York, NY: Guilford Press.

115. True, W. J., Rice, J., Eisen, S. A., Heath, A. C., Goldberg, J., Lyons, M. J., & Nowak, J. (1993). A twin study of genetic and environmental contributions to liability for posttraumatic stress symptoms. *Archives of General Psychiatry, 50*(4), 257–264.

116. Uddin, M., Koenen, K., de los Santos, R., Bakshis, E., Aiello, A., & Galea, S. (2010). Gender differences in the genetic and environmental determinants of adolescent depression. *Depression and Anxiety, 27*(7), 658–666.

117. Uher, R., Caspi, A., Houts, R., Sugden, K., Williams, B., Poulton, R., et al. (2011). Serotonin transporter gene moderates childhood maltreatment's effects on persistent but not single-episode depression: Replications and implications for resolving inconsistent results. *Journal of Affective Disorders, 135*(1), 56–65.

118. Uher, R., & McGuffin, P. (2008). The moderation by the serotonin transporter gene of environmental adversity in the aetiology of mental illness: Review and methodological analysis. *Molecular Psychiatry, 13*, 131–146.

119. Uher, R., & McGuffin, P. (2010). The moderation by the serotonin transporter gene of environmental adversity in the etiology of depression: 2009 update. *Molecular Psychiatry, 15*, 18–22.

120. U.S. Department of Health and Human Services, Administration for Children and Families, Administration on Children, Youth and Families, Children's Bureau. (2008). *Child maltreatment, 2006*. Washington, DC: U.S. Government Printing Office.

121. Van Os, J., & Jones, P. B. (1999). Early risk factors and adult person-environment relationships in affective disorder. *Psychological Medicine, 29*, 1055–1067.

122. van Zuiden, M., Geuze, E., Willemen, H. L. D. M., Vermetten, E., Maas, M., Amarouchi, K., et al. (2012). Glucocorticoid receptor pathway components predict posttraumatic stress disorder symptom development: A prospective study. *Biological Psychiatry, 71*(4), 309–316. doi:10.1016/j.biopsych. 2011.10.026

123. Veletza, S., Samakouri, M., Emmanouil, G., Trypsianis, G., Kourmouli, N., & Livaditis, M. (2009). Psychological vulnerability differences in students—Carriers or not of the serotonin transporter promoter allele *S*: effect of adverse experiences. *Synapse, 63*(3), 193–200.

124. Vergne, D. E., & Nemeroff, C. B. (2006). The interaction of serotonin transporter gene polymorphisms and early adverse life events on vulnerability for major depression. *Current Psychiatry Reports, 8*, 452–457.

125. Walker, E. F., Sabuwalla, Z., & Huot, R. (2004). Pubertal neuromaturation, stress sensitivity, and psychopathology. *Development and Psychopathology, 16*, 807–824.

126. Wankerl, M., Wust, S., & Otte, C. (2010). Current developments and controversies: Does the serotonin transporter gene–linked polymorphic region (5-HTTLPR) modulate the association between stress and depression? *Current Opinion in Psychiatry, 23*(6), 582–587.

127. Wichers, M., Kenis, G., Jacobs, N., Mengelers, R., Derom, C., Vlietinck, R., et al. (2008). The BDNF Val-66Met × 5-HTTLPR × child adversity interaction and depressive symptoms: An attempt at replication. *American Journal of Medical Genetics Part B: Neuropsychiatric Genetics, 147*(1), 120–123.

128. Wilkie, M. J. V., Smith, G., Day, R. K., Matthews, K., Smith, D., Blackwood, D., et al. (2008). Polymorphisms in the SLC6A4 and HTR2A genes influence treatment outcome following antidepressant therapy. *Pharmacogenomics Journal, 9*(1), 61–70.www.nature.com/tpj/journal/v9/n1/suppinfo/6500491s1.html

129. Xie, P., Kranzler, H. R., Farrer, L., & Gelernter, J. (2012). Serotonin transporter 5-HTTLPR genotype moderates the effects of childhood adversity on posttraumatic stress disorder risk: A replication study. *American Journal of Medical Genetics Part B: Neuropsychiatric Genetics, 159*(6), 644–652.

130. Xie, P., Kranzler, H. R., Poling, J., Stein, M. B., Anton, R. F., Bradley, B., et al. (2009). Interactive effect of stressful life events and the serotonin transporter 5-HTTLPR genotype on posttraumatic stress disorder diagnosis in 2 independent populations. *Archives of General Psychiatry, 66*(11), 1201–1209.

131. Xie, P., Kranzler, H. R., Poling, J., Stein, M. B., Anton, R. F., Farrer, L. A., & Gelernter, J. (2010). Interaction of FKBP5 with childhood adversity on risk for post-traumatic stress disorder. *Neuropsychopharmacology, 35*(8), 1684–1692. doi:10.1038/npp.2010.37

132. Zammit, S., & Owen, M. J. (2006). Stressful life events, 5-HTT genotype and risk of depression. *British Journal of Psychiatry, 188*, 199–201. doi:10.1192/bjp.bp.105.020644

第34章

虐待、ネグレクトされた子どものレジリエンスと心的外傷後成長

マイケル・アンガー

総論

　不適切な養育を受けた子どもも、彼らが必要とする社会的資源が適切に与えられさえすればレジリエンス（resilience; 回復力）を経験する。レジリエンスに関連する個別的要因は最もよく調査されているが、虐待やネグレクトの後の回復や成長に子どもが必要とする条件を促進する子どもの周りの環境も、子どもがよりよく育っていくために同様に重要である。この章では、いかなる文脈で、いかなる要因が発達的成果に最も影響するのか、それを説明できる諸原則を探りながら、不適切養育を経験した子どものレジリエンスを育て、維持する保護的因子について概説する。子どもを支援するための介入が、子どもの要求にうまく合ったとき最も効果的であることを示すために、レジリエンスの社会環境的な理解（Ungar, 2011a、2011b）がしばしば援用される。子どもが経験した不適切養育への曝露量に依存しつつも、介入は多かれ少なかれ影響（特異的な効果）をもたらす。したがって、この章の焦点は社会福祉の提供による介入の効果に移り、そして社会政策が虐待やネグレクトを受けた後の子どものレジリエンスをどのように形成することができるかという議論で締めくくる。

　被虐待歴やネグレクト歴を有する子どもや成人にみられる内在化問題や外在化問題についての研究によって、彼らの障害（disorder）のリスクが増大することが見出されているが、一方、研究者や臨床家は、こうした問題を回避できる子どもがおおよそ20％存在すると見積もられることから、レジリエンスに焦点を当てている。つまり、これらの子どもは、通常の機能を維持し、たとえ一時的に機能の落ち込みが見られても、それから回復する能力が見られ、稀ではあるが虐待を受ける以前に見出されていたよりも優れた機能を発揮することもあるのである（Haskett et al., 2006）。こうしたパターンは**レジリエンス**（*resilience*）あるいは**心的外傷後成長**（*posttraumatic growth, PTG*）と記述され、健康を維持するための適応を促進する個人と逆境的環境における相互作用を示しているとされる。これらの相互作用は、しかしながら、子ども自身の個別の対処能力と同様に、あるいはそれ以上に、不適切養育を受けた子どもが社会資源を利用したり、それに接近しやすくさせたりでき

る家族や学校、そしてコミュニティの能力に依っている。（Jaffee et al., 2007; Ungar, 2011b）レジリエンスについてのこの社会環境的な理解は、個々の子どもの個人的リソースに重きを置くのではなく、その代わりに、最も重要な保護的因子としての子どもの置かれた環境の質を重要視する。すなわち、それが虐待の影響への抵抗力、機能の落ち込みからの回復、そして、ときには予想以上の成長を予見させるのである。予想される機能よりもずっとよい状況にあると報告される人たちは、レジリエンスと密接な関係がある概念である心的外傷後成長を経験していると考えられる。心的外傷後成長は、逆境体験に曝露されたことで学んだ教訓を統合する、新たな思考や感覚、行動のパターンをもたらすような、逆境からの 1 つの経路を描き出している。

　レジリエンスと子どもへの不適切な養育との関連がより理解されるようになる一方、不適切な養育を受けた子どもに関するレジリエンスについての多くの研究は、子どものニーズに一致するあるいは子どものメゾシステムとマクロシステム[訳注1]における相互作用の諸相に一致するよう展開されたケアについての複雑なシステムの質に関するものから、子どもの性格や性格に関連した養育者へのアタッチメントに焦点が当てられるようになっている。

　子どもを職権で保護する人たちや自発的な治療提供者、そして社会サービスを便利で利用可能なものにしようとする社会的方針による介入は、子どもがストレス下で彼らの能力を使えるようにできるかどうかに関して非常に大きな影響を及ぼす（Pancer et al, 2012）。うまくいっている里親養育、ケアを受けている青年への彼らの原家族との関係の継続、トラウマ・カウンセリングの利用可能性、子どもの属するコミュニティあるいは家族内での安全、多面的なサービスの調整、子どもの保護の法的整備、といったことに加え、さまざまな他の全体的要因が、多かれ少なかれ子どもが虐待から回復することを可能にする。虐待に対する非難に関与したかどうかといった子どもの個別的な要因、ローカス・オブ・コントロール[訳注2]、粘り強さといったようなパーソナリティ要因、他者へのアタッチメント能力といった対人関係の特性などもまたレジリエンスにとっては重要であるが、しかしこれらは環境とまたそこに存在するリスクとの複雑なパターンで相互に影響しているのである。

不適切養育とレジリエンスの関係

　Bonanno と Mancini（2012）は、潜在的外傷体験（potentially traumatizing events, PTEs）の後の発達についての彼らの所見から、さまざまな方法での個別的対処やレジリエンス（あるいは抵抗力）が一般的であることを明らかにしている。すなわち、多くの人々はトラウマからの回復に驚く

訳注 1：ユリー・ブロンフェンブレンナー（Urie Bronfenbrenner）の生態学的システム理論では、個人の発達に与える環境を、マイクロシステム、メゾシステム、エクソシステム、マクロシステムという 4 つのシステムで考える。マイクロシステムは人が直接かかわる最小限の環境（子どもと家庭、学校など）、メゾシステムは複数のマイクロシステム間の関係（たとえば、家庭と学校）、エクソシステムは人が直接かかわらないが影響を与える外部環境、マクロシステムは社会全体の流れや考え方を指す。
訳注 2：ローカス・オブ・コントロール（locus of control）：統制の所在と訳されることが多い。行動や評価の原因をどこに求めるかの教育心理学的概念。自己に求めれば内的統制、他者に求めれば外的統制という。

べき能力を現し、それは健康を支える（社会的）資源を探し出す力に関連しており、機能低下からの回復力や機能低下への抵抗力としてもっぱら現れることが多い。こうしたレジリエンスへの理解は、子ども自身への関心と同様に、虐待された子どもの周りの環境への関心を喚起している。この点で、レジリエンスの研究は、トラウマの研究で生じていることと同様に、概念化において変化しつつある。すなわち、初期のトラウマの研究は、（たとえば戦争のような）状況要因によって個人に課せられる心理学的な重荷よりも、むしろ個人の中における欠陥（詐病を訴える戦争帰還兵など）に関連したものだった。しかし、現在トラウマは、個人にストレスを与え、個人の対処資源を枯渇させるような環境によってもたらされる潜在的外傷体験への反応として理解されている。確かに、うつ病の素因、他の外傷的な経験などの個別的な要因は、特異的な外傷体験に対する個人の反応を形成するかもしれない。しかし、Bonanno と Mancini の論説に倣って言い換えれば、（虐待やネグレクトの結果生じるような）トラウマとは、個人の資質によるものではなく、潜在的外傷体験への個人の対処を形成する相互関係過程と環境的要因の結果なのである。

　レジリエンスとは、重篤な危険因子とその持続に耐えうる機能の発動を要請するような、逆境に対処する私たちの能力や健康な体験に寄与し、適応を促進するその個人とその環境の力と、まさに相同なのである。もし私たちのほとんどが回復し、これまで述べてきたように、レジリエンスが、ほとんどの人々にとってあたりまえの日常の能力であるとしたら、それを促進助長する環境（たとえば、養育者へのアタッチメント、安全なコミュニティなど）を創造すること、そして認知（たとえば、内的なローカス・オブ・コントロールなど）こそが、私たちが不適切な養育に曝されたときに自分自身を守る、人としての能力であることを強調して述べておきたい。レジリエンスを創造する能力は、個人の主体性の個別的実践のごく一部分でしかない。レジリエンスはむしろ、子どもの福祉に従事する人たち、潜在的外傷体験の長期的影響が生じないように子どもが利用できるトラウマ・カウンセリングといった社会的資源に現れる、行政の社会政策の反映の結果もたらされるものである。

　このような社会的な文脈とレジリエンスの関係は、レジリエンスがある子どもと、レジリエンスを持たない不適切養育をされた子どもを区分けしている個人、家族そして隣人といった諸要因の組み合わせに関しての研究に見出されるかもしれない。たとえば、1,116 組の双子とその家族における長期縦断的研究を通して、Jaffee ら（2007）は個別的な強さは、不適切養育を受けた子どもにおいては些細なストレス環境下におけるレジリエンスを予見するにすぎないと表している。さらに高いストレス下にある家族や隣人といった中では、その子どもが健康であることを予想させるのは、子ども個々の性格といったことよりも、むしろ環境の質である。こうした方法でアプローチしてみると、経験した虐待やネグレクトのレベルをマッチさせた子どものうち、レジリエンスの乏しい子ども（この研究では、5 歳時および 7 歳時の問題行動が平均レベル以上を表していた子ども）においては、曝露された高レベルのストレスと問題行動の間に正の相関関係があることが表されていた。反社会的パーソナリティの傾向があり、低劣な知的能力の親たち、犯罪率の高さ、社会的つながりの乏しさ、日常的社会的な制御が欠如している近隣などが、この環境的ストレスに含まれる。このような社会的文脈において、たとえ子どもが個人的な強さを平均以上に持っていたとしても、不適切養育の体験は子どもの学校での問題行動のレベルを平均以上のものとすることを予見させたのである。

　レジリエンスとは、リスクに曝露された際の衝撃を和らげる要因と過程のセットであると考えるのであれば、子どもがより適切な方法で適応を促され、自己評価を改善し、社会的サポートやさまざまな健康をもたらす諸因子を得る機会を持つことが、子どもの発達過程を変化させることになる（Rutter, 1987）。すなわち、不適切養育を受けた子どもも、彼らの要求に応じることができる環境の下では、レジリエンスを成長させることができる。**どのような社会的文脈で、どのような子どもが、どのようなタイプの虐待を体験し、その子どもたちにはどのような保護的因子が最も適切なのかを明らかにしようとするのは、1つの挑戦である。**特に、不適切養育を受けた子どもの生活の中にどのようにレジリエンスが現れるのかを知るために、次のようなものを評価する必要があるだろう。

・不適切養育のタイプ
・不適切養育の重篤度
・不適養育の持続期間
・不適切養育への個別的反応（因果関係の属性、潜在的外傷体験に与えられた意味）
・不適切養育に関連した文化的な意味づけ
・利用可能なあるいはアクセス可能な社会的資源に影響を与える状況要因
・不適切養育の結果から生じうる諸症状

　しかし、これらすべての要素を検討することは、レジリエンスの促進過程の理解を複雑なものにしてしまう。たとえば、抑うつなどの内在化問題は、都会に住む低所得者階層の、高度の心的外傷を持つ、もっぱらアフリカ系アメリカ人の成人のレジリエンスの側面によって抑制されていると考えられている（Wingo et al. 2010）。さらに言えば、レジリエンスに関連する同様の要因が、他のトラウマ体験と相互に関連し、不適切な養育に関連する逆境的小児期体験、たとえば家庭内暴力の目撃や行き過ぎた躾などの経験を持つ成人の暮らしにしばしば存在する。また、人種や社会的階層に基づく人の社会的疎外は、虐待がどのように体験されるか、それに続いて生じる心理学的症候、その後の問題からその人を保護する要素は何かに、決定的に重要な意味を持たせる。
　しかし、一般的には、貧困や物質乱用の問題を抱える親のもとで成育するといったある種の発達的なリスクを抱えて育った子どもに比べても、不適切養育を受けた子どもはレジリエンスを持ちにくい傾向にあることが示されている（Haskett et al., 2006.）。子どもは、たとえば学校の成績や、仲間との相互関係など1つの領域においてはレジリエンスを表すかもしれないが、他者間では力強さを欠いていたり、いつのまにか肯定的機能を発揮できなくなったりするかもしれない。レジリエンスを理解しようとするならば、リスクに曝露されたときの個人の機能についてまず理解する必要があり、子どもの環境によってそうした曝露の影響がどのように和らげられたり、あるいは倍加されたりするのかを理解しなくてはならない。不適切養育のさまざまなタイプと、後年の精神病理のさまざまな様式とには強い関連があり、その不適切養育が環境と個人の相互関係を断ち切るように働くときに、最も強い影響を与える。たとえば、身体的虐待や性的虐待ではなく、心理的虐待が後年の統合失調症型パーソナリティー障害への発展と関連していることを、Powerら（2011）は見出し

ている。成人の他のパーソナリティー障害もまた子ども虐待と強い関連があり、こうした相互関連はPTSDによって媒介されているかもしれない。同様に、過去に里親養育を受け、高等教育を受けた84人の高い能力を発揮している女性についての研究では、彼女らが性的あるいは身体的虐待を受けたかどうかが職歴に影響していた（Breno & Galupo, 2007.）。性的虐待の被害者は、制縛的な暮らしなどの生活歴を有していることが多く、彼らは複数回の里親交代を経験していることも多い。リスクのパターンや（養育的）サービス提供者の呼応性（たとえば定住した場所の安定性などについての）が子どもの人生の軌跡や不適切養育後のトラウマに関連した信念に影響を及ぼす。トラウマに関連した信念や無力感とレジリエンスは負の相関がある。他と同様、この場合も、子どもの経験した逆境体験の性質、その逆境体験の衝撃を和らげる養育者の反応の性質、そして認知機能のような個人の資質などが組み合わされて、レジリエンスについて複雑な解説がなされている。

　ある子どもはうまくやれるのに、ある子どもはうまくやれないことの理由を説明するのは個人の資質だけでも環境要因だけでもない。たとえばCollin-Vezinaら（2011）は、トラウマの多様な形式は、性的関心、外傷後ストレス、うつ状態そして解離に関連していたこと、そして同様に児童青年期レジリエンス尺度28（Child and Youth Resilience Measure-28, Ungar & Liebenberg, 2011）によって評価された低レベルのレジリエンスと関連していたことを明らかにしている。高いレベルのトラウマを有する若者は、自分自身を守るために利用できる、個人・親類・コミュニティ・文化的資源などのさまざまな資源すべてに対して頑に拒否を表すこともある。

　さらにこの複雑さに加えて、子ども時代の不適切養育の影響そのものから、あるいは不適切養育と直接関連はない他の出来事から心的外傷後ストレス障害（PTSD）が生じるかもしれない。被虐待歴とPTSDの組み合わせが、その個人にパーソナリティ障害を発展させることもありうる（Powers et al., 2011）。レジリエンスの観点から言えば、原家族の虐待から脱出した後の里親への安全で安心できるアタッチメント形成といった心理的虐待の後遺症に取り組む介入は、PTSDや後年のパーソナリティ障害の発展をともに減少させることが期待される。

　子ども虐待に関連するレジリエンスのさまざまな過程への理解は、保護的要素への影響の同定といった点に関心が向けられつつある。たとえば、成人のうつ病性障害や不安症、あるいはこの2つが併存するリスク要因は、子ども時代の出来事そのものではなく、子ども時代のトラウマであることを、私たちはすでに知っている（Hovens et al.,2010）。とはいえ、子ども虐待の特定のタイプと後年の特定の精神疾患発症とに強い相関はないかもしれない。心理的虐待が後年の統合失調症型パーソナリティ障害を引き起こすとした先述のPowersらの研究とはやや異なり、子ども時代のトラウマが成人になってから引き起こす可能性のある精神保健の問題はいろいろなのかもしれない。また、オランダで行われたおおよそ2,000人の成人対象の調査で、調査面接時点では誰もうつや不安とそれまで診断されなかったが、子ども期の保護措置が、後の不安や抑うつと関連するリスク要因となることが見出されている（Hovens et al., 2010）。

　虐待された子どもが直面しているリスク要因について詳細な分析や診断を行うことは今日普通に行われることだが、レジリエンスを評価する際には同様の注意が必要である。たとえば、レジリエンスという点において、オランダの研究結果が示唆しているのは、できる限り子どもを家庭から分

離しないで、在宅での支援や家族集団会議のような生態学的な介入モデルなどの代替的介入
（Buford & Hudson,2000）によって、子どもと生物学的な親との接触を保持することが、成人期にお
けるうつと不安という2つの内在化症状の保護要因となるのかもしれないということである。

　どのような社会的文脈において、どのような子どもに、どのような保護的因子が最も支援的に働
くかを理解することは特に重要で必要なことであることを私たちは学んでいるのだが、逆境に曝さ
れた人々についてのレジリエンス研究は、虐待の衝撃を緩和し、トラウマの発展を阻止するような
一連の包括的保護的過程を同定する作業をいまだ続けているのである。すなわち、こうしたレジリ
エンスの諸側面は研究によってさまざまである。たとえばRutter（1987）はその諸側面に（1）リ
スクある衝撃の低減、（2）負の連鎖反応の低減、（3）自己評価と自己効力感の確立と維持、（4）さ
まざまな機会の開拓、という4つの過程があることを指摘している。文化的背景の差異を考慮した、
より繊細な生態学的アプローチを行ったレジリエンス研究（Ungar et al., 2007）では、レジリエン
スに関連して以下の7つの要因が同定されている。（1）養育関係、（2）肯定的な自己同一性、（3）
自己コントロール感（自己効力感）、（4）社会的公正性、（5）形ある資源への接近可能性、（6）家族、
学校、コミュニティへの結束感や所属感、（7）文化的支持である。若者はこれら7つの要因のそれ
ぞれを、そのうち1つの要因が改善すると他の要因の向上も促進されるという形で相互依存的なも
のとして体験する。

異なる影響

　子どもの生活における特異的保護的要因を同定する必要性と、不適切養育を受けた子どもを保護
できるような包括的過程とを両立させる方法の1つとして、保護的な諸要因の異なる影響について
の研究がある。たとえば、単一の要因が、子どものリスクへの曝露のレベルとそのリスクの性質に
よって、異なる影響をもたらすことがある。一般的に、その個人のリスクへの曝露量と個人の脆弱
性が大きくなればなるほど、保護的要因が与えるその個人の心理社会的成長への好影響はより増大
する。こうした異なる影響を検討することは、なぜある保護的要因はある集団全体の健康を増進す
るのか、なぜある保護的要因はわずかな逆境を体験した少数個人にだけ有効なのか、なぜある保護
的要因は最も深刻な潜在的外傷体験（PTEs）をした個々人の良好な予後を予測するのかなどを明
らかにすることになるだろう。

　たとえば、社会に向かって開かれている仲間集団や成人の相談相手のような、不適切養育を受け
ていない子どもにとってはごく当たり前で普通の要素が、不適切養育を受けた子どもの人生にとっ
ては深い影響力を持ちうる（Cyrulnik,2008）。保護的要因は子どもへのサポートの不足を補い、子ど
もが直面しているリスク要因に対処するための子どもの支援ニーズに対して、異なる対応を提供す
る。たとえば、ごくわずかのリスクに曝された子どもが仲間や相談相手に数多く交わっている一方、
恵まれない子どもはそれら（仲間集団および／あるいは相談相手）が唯一の支援資源であるかもしれ
ない。これは、十分見守られ、よい学業成績が期待され、恵まれ安定した家庭に学校から帰宅する
子どもと、家庭では何のサポートも得られず、学校で（コーチ、教師、カウンセラー、学校管理者と

いった）たった 1 人の大人がその逆境を乗り越えることができるように、見守り支援してくれているような養育者からはネグレクトされている子どもとの違いに似ている。子ども自身の報告によると、不適切養育を受け、社会的に排除された子どもの多くが、恵まれている同級生の子どもたちよりも、学校とのかかわりをより強く感じているという逆説的な結果が見られている（Shernoff & Schmidt, 2008）。すなわち、不適切養育を受けている子どもにとって、学校は唯一の利用可能な社会的サポートかもしれない。つまり、リスクに高頻度に曝されるような背景においては、そのリスクの影響を変化させ、個人を成長させるような機会に向かって開かれている環境的要因が、その個人の要因以上に、より強くレジリエンスと関連しうる（Jaffee et al.,2007）。

　この個人の要因と環境の要因の相対的な影響は、介入に関係する。確かに、リスクが低い場合には、より個別的な治療が効果的であるが、重篤な虐待やネグレクトに曝された子どもにとっては、安定した生活状況や身体的な安全・個々のニーズに応じた教育・かかわりを維持している提供者による治療が必要である。PTSD に関連した認知や心理的諸症状に対応する個人に焦点化した介入は、これらの要因全体に対応されなければあまり効果的であるとは言えないだろう。

　私たちはこれまで、レジリエンスとは個人の資質であると推測し、レジリエンスとは環境と個人のそれぞれが等しく関与する相互作用の結果であると仮定してきた。それは、心理学的研究に社会政策的視点を含めなかったからである。リスクがより高い場合には、社会施策、サービスへのアクセス可能性、スティグマや人種差別のような社会文化的要因などに関連した構造的変化すべてが、不適切養育を受けた子どもを力強く成長させる機会を形成する。子どもが社会的排除を被った場所で、その社会的文脈の中で子どもが必要とするものが与えられるかどうかを決定する複雑なマクロシステム要素に対して、個人的要素が影響を与える可能性は低い（Bottrell & Armstrong, 2012）。

　こうした異なる影響があることが、不適切養育に関連した遺伝子と環境の相互作用の研究、エピジェネティック研究の中でも示されている。Heim と Binder（2012）によれば、神経生物学的システムに対する発達早期のストレス体験は後年の情動調節に関連しており、またストレス脆弱性や後年のうつ病のリスクを増大する。彼らは次のように述べている。「発達早期の逆境的体験を有する症例は、すべてとは言えないものの、後年、うつ病に発展することがある。レジリエンスも同様であるが、発達早期のストレスの影響には相当にばらつきがある」（p. 103）。したがって、発達早期の逆境的な出来事に関連したさまざまな要素、たとえば、その深刻さ、虐待やネグレクトが生じた持続期間や発達段階などに応じて、さまざま対応が期待される。一方、子どもにおける潜在的な影響は、ストレス反応性の差異のためにかなり複雑で、こうしたパターンを説明する精密なモデルはまだ開発途中にある。一般に、虐待が思春期の前か後のどちらで生じたかは、うつ病（逆境体験の早期の曝露の結果）か PTSD（後年の曝露）かどちらになりやすいかの差異を予想させる。Heim と Binder は以下のようにその著書の中で示している。「脳の異なる部位における相対的な可塑性と性ホルモンの影響によって、異なる発達段階における生活上の早期ストレスが、その発達段階に応じて、異なるうつ病脆弱性を誘発する神経生物学的な表現形をもたらすことが推測される」（p. 105）。さらに、遺伝子発現に関与するような個別的レベルと地域社会レベルの両方の要因（社会的支援、犯罪、貧困）を含む遺伝子環境的な相互作用が存在することを、エピジェネティック研究が示唆し

ている。1つ以上の保護メカニズムの特異性は、いかなる要因が、どのタイプのストレスのもとで、どの子どもの対処能力を最も強化するかを予測するために特に重要である。

　たとえば、世代を越えた文化の伝達や文化の再活性化による同一性の保持が行われることは、カナダにおける先住民保護に見出されてきた。彼らは100年にわたる地域の学校への強制的就学による文化的虐殺を経験している。先住民の精神疾患や嗜癖の高い罹患率は、学校での直接的な不適切処遇や、地域の学校に登校してきた両親や祖父母のケアの中で育つことによる代理受傷とも関連している。外傷への曝露が高く、子どもの家族とその共同体の中にある社会的資源が枯渇しているような場所では、親族ケア、家族集団会議などでの構造的な支援や子どものニーズに一致した他の形態でのコミュニティからその文化に応じた介入が要請される。そこに示される例には、私たちの適応方法には一時的、社会的、文脈的であるといった特徴があること、それらがどのようにストレスの衝撃を緩和するかが示されている（Bonanno & Mancini, 2012）。

心的外傷後成長

　心的外傷後成長はレジリエンスに関連した1つの概念としてKilmer（2006）によって、外傷体験に引き続いて認められる個人の好ましい変化として定義された。TedeschiとCalhoun（1996, 2004）によって最初にこの概念が用いられたが、彼らは身体障害や配偶者の喪失などによって誘発されたトラウマに曝露された後の、成人の心的成長に5つの要素を見出している。すなわち、人生に対する感謝の増大と優先順位の感覚の変化、他者との温かくより親密な関係、個人の力の感覚の増大、人生における新たな可能性や道筋への認識、そして、精神的成長である。レジリエンスは、子どもが体験した環境の質と不適切養育の性質に影響されるのと同様に、「トラウマとなる出来事が想定外、長期間、持続的なもので、激烈な強度のものであれば、回復過程がより妨害される」（pp. 74-75）ことをMacElheranら（2012）は示している。トラウマとなる体験のこうした性質は、子どもがトラウマとなる出来事以前にとてもうまく機能できている生育歴を有していたり、社会的サポートを利用できていたりする場合でさえ、子どもの予後に大きく影響するのである。トラウマとなる体験についての認知と経験の複雑な組み合わせからもたらされる予後のばらつきは、心的外傷後成長にも影響している。社会的サポートへのアクセス、人生を変えた出来事への熟考、その出来事を説明する認知的スキーマ、容認可能なその悲劇についての説明についての語りなどが、長期間我慢を強いる苦悩にもかかわらず、心的外傷後成長をもたらし得るとされる（McAdams, 1993; Tedeschi & Calhoun, 2004）。換言すれば、たとえ障害に結びつくようなリスクが存在しているような場合でさえも、心的外傷後成長が存在しうる可能性があるのである。

　とはいえ、子どもの場合、特に幼い子どもの場合には、認知能力の未成熟と精神的に未発達なために、心的外傷後成長は起こりにくいかもしれない。子どもがトラウマ曝露からの治癒能力を発揮する場合には、子どもが必要とするときに、子どもの暮らしの中にある社会的サポートとの緊密な関係性が機能している可能性がある。また、Kilmerが示唆するように「子どもの持つ仮想的世界は大人ほどに堅固に定着され、埋め込まれたものではない」（Kilmer, 2006, p267）ので、それゆえに、

世界についての新たな物語の中にトラウマ体験を取り込むのに十分な柔軟性を持ちやすいかもしれない。

虐待とネグレクトへの子どもの対処における隠れた様式

　心的外傷後成長は、生きのびたことや、成長したことについての非常に肯定的な物語（ナラティブ）を子どもにもたらすが、その一方で、**隠れたレジリエンス**は効果的だがはるかに歓迎されないもう1つの対処様式である。心的外傷後成長と隠れたレジリエンスという2つの用語はどちらも、適応的で通常の期待を超えた子どもの対処戦略を指している。非行や問題行動を繰り返し起こすような精神保健の問題を抱える人は、レジリエンスを得るための道筋が極めて貧しく、こうした場合には隠れたレジリエンスが見出されると、Ungar（2004）は述べている。たとえば、重篤なネグレクト歴のある子どもは、収監されて安全を確保し、専門的な援助者からのサポートを得ることを目的に罪を犯すかもしれない。

　このようなパターンをさらに詳細に見れば、コントロールできる出来事と、できない出来事を、コントロールしようとする子どもの感覚を私たちは見出すことができるのである。ストレス耐性を有し、難しい状況に暮らす（たとえば、親に依存症があったり、家族間暴力があったりなど）子どもは、自分の状況を変化させる機会や利用可能な社会資源を適切に提供できれば、最もうまくやれるのだということを、Wyman（2003）は示している。このような子どもは、他の子どもと衝突するような状況をコントロールしている場合、最もうまくいったのである。部外者には、この現実的な査定は専門支援者の期待に応じず、適切な方法で行動しない子ども（たとえば、すべての状況で衝突を回避するなど）には、不利に見えるのかもしれない。しかし、実際には、（社会的）資源のない文脈において、あるいは成人と同等に子どもが参加する権利を認めない文化的背景を持つ体制の中で、最も効果的な戦略はどれかを決定する場合に、常に子どもと養育者との間に交渉するという要素があることを、このことは意味している。Wymanの研究に戻れば、彼は次のような隠れたレジリエンスを示したのである。

　　とても逆境的な家族の中で強い適応を見せていた子どもは、好ましい環境で成長した青年と比較して、他者の感情への情緒的反応性が低く、他者の感情表出への受容が乏しいことが報告されている。また、主たる養育者に対して最小限の関与や感情的反応しか表さないとされている。しかし、これとは対照的に、彼らは彼ら自身の能力について肯定的な信念で捉えていること、自分たちの将来について肯定的な期待をしていることを報告した。こうした知見は、より制限的な感情統制戦略（訳注：子どもが感情をあまり表さないでいること）は、家族の混乱や情緒的欲求が満たされないことへの失望に伴う苦痛を減じることになるという仮説に一致している。成人の家族との関係に対する堅固な心理的境界線（たとえば、多くの期待をしないなど）は、（普通とは違った）また別の方法で子どもの能力を発揮させるのかもしれない。それに対して、心地よい家庭的な雰囲気への子どもの肯定的な適応は、家族との密接な情緒的なつながりを促

進し維持する情緒的反応やその技量と関連している（Wyman, 2003, p. 310）。

　この例に示すように、不適切養育を受けた子どもにとって、定型的ではない行動が、ある特異な文脈では肯定的な結果を生み出すことがあるのかもしれない。そして、場合によっては、自我肥大した感覚が、こうした保護的な回避スタイルを招来しうる（Wyman, 2003）。Wyman は「ある文脈で子どもにとって有益なプロセスは、別の文脈では当たり障りのない普通のものであったり、あるいは有害なものとなったりするのである」と結論づけている（p. 314）。

　こうしたパターンは決して異常なことではない。Seidman と Pedersen のニューヨーク市における多民族の学生における研究（2003）では、両親とあまり関係を持たなかった青年にみられる他者から距離を置くという特徴は、養育者が機能不全で、子どもを苛立たせ、がんじがらめにする場合には、実際にははるかに適応的で保護的であったことが見出されている。同様に、Kolar, Erickson, Stewart（2012）は、路上生活を送る若者の質的研究において、参加者の健康についての自己評価は多彩であり、それは精神的な健康を示唆するほどのものではないものの、重大な対処戦略をしばしば見落とすことを述べている。「研究者は、行為主体的でありかつ構造的、社会学的文脈（それは経験から独立して存在しているが常に社会によって媒介される）に埋め込まれたものとして対象者の経験を説明する」（p. 748）とする批評的リアリズムの立場から、面接を行った若者（多くは不適切養育を経験してきている）は暴力と社会的に距離をとるという2つの戦略を用いていることを彼らは見出している。すなわち「(1) 特定の社会集団や人物から自ら離れるという（彼らの研究対象である、路上生活を送る若者の用いる）能動的試行と、(2) たとえば、痛ましい経験に基づく他者への見境のない強烈な不信感のような、人生への態度や見方にみられる反社会的対処メカニズムの発達」（p. 749）である。

介入

　驚くべきことであるが、虐待を受け不適切養育を受けている子どもや若者が利用可能なサービスモデルについて、レジリエンスの文脈で研究されたものはほとんどない。不適切養育を受けた子どもや若者は、コミュニティの人々によって専門職に対し通報され、時間をかけて、身元も明らかにされているのだから、これは非常に奇妙である。一方、こうしたサービスがある場所では、こうした子どもの多くが、公的委任を受けたあるいは自発的なサービス提供者からの支援を受け続けているだろう（Ungar et al. 2012）。

　けれども、問題はサービスの量ではなく、こうした提供者間の協力関係がないことである。子どもの福祉的ニーズとサービスの状況に関する総括の中で、Simmel（2012）は子どもの福祉体制の中で精神保健的ニーズがあるにもかかわらず放置されたままになっている子どもが多く存在することを記している。彼女は Jane Knitzer の『**引き取り手のいない子どもたち**（*Unclaimed Children*）』（1982）から子ども虐待への介入の歴史を遡っているが、その書籍は重篤な情緒的躓きをかかえた子どものニーズを明らかにして、子どもへのケア提供体制の法制化の確立を導いたものである

(Stroul & Friedman, 1986)。そして、レジリエンスを増強するためにどのように介入するかという点において、どれほどの複雑さが要請されるのかについて、Simmel（2012）が明確にしたことは、子どもが施設や里親などに移る前にサービスにうまく行き当たることができないとき、多くの場合、提供される子どもの福祉システムは精神保健福祉ケアとなることである。

　こうしたサービス供給のパターンによって子どもや若者はサービスを受けることになるが、不適切養育を受けた子どものレジリエンスを確立するためのエビデンスに基づいた特異的な対応方法は存在しない。とはいうものの、この著書で示されるように、数多くのプログラムは、暴力を受けネグレクトを経験した子どものレジリエンスに関連しているプロセスを促進するのである。しかし、ある特定の介入が不適切養育を受けた子どものレジリエンスを高めるのに役立つという証拠は、さまざまな競合する結果の継ぎ接ぎ細工でしかない。

　たとえば、Anctil ら（2007）は、積極的な里親養育サービスを受けて育った人たちにとって、そのサービスは精神保健上の良好な結果と関連していることを示した。「里親養育に関連した特異的なリスク要因（たとえば子ども虐待やネグレクト、そして施設処遇体験）の長期的な影響を評価する際、保護的要因を増強し発展させるように計画されたサービスに比較すれば、成人になった人たちの心理へのそのリスク要因の影響は無視しうるものである」（p.1021）。虐待のためにケアを受ける若者にとって、レジリエンスを促進する要因とは、彼らが成長しつつあるその文脈において特異的なものである。しかし、たとえば分離処遇決定は必ずしもよい結果につながるとは限らない。特にそのリスクが中等度から軽度の場合、また、たとえば分離が原家族からの子どもへの無関心を招き、分離処遇そのものが他のリスクに子どもを曝露させる場合などである。（Frensch & Cameron, 2002）

　きちんとマッチングされた子どもへの介入とは、子どもの発達年齢と提供される介入法とのマッチングということも意味している。Benoit、Coolbear、Crawford らによる介入に関する調査（2008）で（この場合 3 歳未満の子どもに対するものであるが）、安全感への子どものニーズ、治療へのケア提供者の参加、子どもの治療先を得る際にケア提供者の直面する諸問題の解決など、それぞれに対応する年齢に応じた介入法を彼らは確認している。こうした介入法は、（現在）虐待をしていない養育者が、子どもの情緒的な求めに応じられるようにするのを助け、養育者と子どもの間に生じる葛藤や否定的な行動の続発の解決に役立つものでもあった。期待されたとおり、これらの介入法の大半は、子どもにとって暮らしやすい社会的環境を作り出すことに焦点づけられとおり、子どもが危険に曝されることから保護するための社会資源を養育者らがうまく導入し、それと交渉するのを支援し、成長のための機会をひらき、不適切養育が生じた場合にはその影響を減じるものだった。このような大規模な予防対策によって、早期介入が環境を変化させるというエビデンスが得られたのである。よい始まりはよい未来プロジェクト（Better Beginnings, Better Futures Project）に参加した親たちの 15 年にわたる観察結果から、Pancer ら（2012）が見出したのは、介入グループにいる親たちは、対照群のコミュニティにいる親たちに比べて、危険なふるまいをしたり、うつ病に罹患したりする割合は低く、より多くコミュニティにかかわるということだった。この場合、結果を改善し虐待にひき続き起こるトラウマを予防したものは、変化することができるという養育者のレジリエンス、子どもに反応する広範な支援ネットワークの能力、そしてサービス提供者が、治療の利

用可能性を高め治療へのアクセスを確実にできるように対応する柔軟性であった。

　他方、1つの介入を、レジリエンス促進的なものにする要素は、必然的に、子どもの虐待歴の性質に関連している。その関係はいくぶん複雑で、異なるパターンがあることが明らかである。たとえば、アヘン類乱用者における性的あるいは身体的虐待歴は、被虐待歴のない物質乱用者に比べて、劣悪な医療状況、劣悪な家族関係、乏しい精神医学的ケア、低劣なQOLと関連しているが、どちらのグループにおいても薬物置換療法は効果的であった（Oviedo-Joekes et al, 2010）。この例に示されるように、レジリエンスを強化する過程は、不適切養育を受けた個人のニーズに適合した介入の結果得られるものだということになりそうである。

社会政策

　不適切養育を受けた子どもや若者に対する社会政策やレジリエンスについて考える際には、たとえば、親から分離される子どもへの処遇決定のような、社会政策によって影響される保護的因子を予想しなくてはならない。1997年に制定された、米国の養子縁組および安全な家族に関する法律（U.S. Adoption and Safe Families Act）の影響についての総括（2004）においてKernanとLansfordが示したことは、全般的に里親養育のもとにある子どもは、原家族と再統合した子どもよりうまくいっているということである。すなわち、再統合はリスク要因であり、分離措置は不適切養育を受けた子どもにとって保護的に働いている。しかし、エビデンスが強く示唆するのは、民族的・人種的に少数派であり、それゆえ経済的・社会的に周辺に追いやられている家族にとって、再統合はより高リスクになりがちであるので、発達上の問題に対する真の保護的要因は、十分に裕福で経済的に安定しており、社会から疎外されていない家庭に子どもを措置することである。レジリエンスを育てるためのより包括的な取り組みとは、（子どもを取り巻く社会的環境に関連した要因と理解される場合）子どもの生物学的な親たちの貧困に取り組み、家族を支える資源を提供することかもしれない。

　興味深いことであるが、年長の若者に関する個々の研究では、彼らの希望について話し合われていない場合には、特に里親処遇に関しては、親からの分離に抵抗する場合が多いことが示されている。繰り返すが、不適切養育を受けた子どもの心理社会的なニーズに配慮した、よりきめ細かな政策の実施とともに、若者が自らのケース・マネジメント計画や親からの離別の決定に参画できることを重要視する社会政策を行うことで、不適切養育を受けた子どもや若者が、健康や幸福を維持するために必要な社会的資源にアクセスしやすくなるよう手助けすることができるだろう。この点でレジリエンスの社会生態学的モデルは、個人と環境の双方への注目を重視し、環境の変化が不適切養育を受けた子どもの発達過程に深い影響を及ぼすこと、それと同等か、おそらくはそれ以上に、個人が自分たち自身に変化を起こすことなどを示唆するのである。

結論

　虐待やネグレクトを受けた子どもは、さまざまな対処のパターンを見せる。それは子どもにとって意味深い方法で提供されている社会資源への上手な導き方、あるいはそうした社会資源に対する交渉術を反映している。ある場合には、子どもは心的外傷後成長を表し、期待を上回る成長を遂げる。別の場合には、利用可能でアクセス可能性の高い社会資源を実際に何でも最大限用いることができるにもかかわらず、子どもは隠れたレジリエンスを示し、あまり機能できないように映るかもしれない。それゆえ、個別的要因はとても重要であるものの、虐待を受けた子どもには、環境的要因が子どもの回復と成長に個別的要因とはまた異なる影響を与える可能性がかなり高いことを表している。この点で、こうした子どもへの社会的サービスは、レジリエンスをより高める社会的環境において最も重要な側面の1つである。社会的サービスやそのサービスを形成する社会政策が最もうまく機能するのは、子どもや養育者らが評価する方法で、虐待やネグレクトを受けた子どもが社会を歩み、社会と交渉することができる状況を創り出せたときであろう。

［参考文献］

1. Anctil, T. M., McCubbin, L. D., O'Brien, K., & Pecora, P. (2007). An evaluation of recovery factors for foster care alumni with physical or psychiatric impairments: Predictors of psychological outcomes. *Children and Youth Services Review, 29*, 1021–1034.

2. Benoit, D., Coolbear, J., & Crawford, A. (2008). Abuse, neglect, and maltreatment of infants. *Encyclopedia of Infant and Early Childhood Development, 1–3*, 1–11.

3. Bonanno, G. A., & Mancini, A. D. (2012). Beyond resilience and PTSD: Mapping the heterogeneity of responses to potential trauma. *Psychological Trauma, 4*(1), 74–83.

4. Bottrell, D., & Armstrong, D. (2012). Local resources and distal decisions: The political ecology of resilience. In M. Ungar (Ed.), *The social ecology of resilience: A handbook of theory and practice* (pp. 247–264). New York, NY: Springer Publishing.

5. Breno, A. L., & Galupo, M. P. (2007). Sexual abuse histories of young women in the U.S. child welfare system: A focus on trauma-related beliefs and resilience. *Journal of Child Sexual Abuse, 16*(2), 97–113.

6. Burford, G., & Hudson J. (Eds.). (2000) *Family group conferencing: New directions in community-centered child and family practice*. New York, NY: Aldine de Gruyter.

7. Collin-Vezina, D., Coleman, K., Milne, L., Sell, J., & Daigneault, I. (2011). Trauma experiences, maltreatment-related impairments, and resilience among child welfare youth in residential care. *International Journal of Mental Health and Addictions, 9*, 577–589.

8. Cyrulnik, B. (2008). Children in war and their resilience. In H. Parens, H. P. Blum, & S. Akhtar (Eds.), *The unbroken soul: Tragedy, trauma, and resilience* (pp. 23–36). Lanham, MD: Jason Aronson.

9. Elias, B., Mignone, J., Hall, M., Hong, S. P., Hart, L., & Sareen, J. (2012). Trauma and suicide behaviour histories among a Canadian indigenous population: An empirical exploration of the potential role of Canada's residential school system. *Social Science & Medicine, 74*, 1560–1569.

10. Frensch, K. M., & Cameron, G. (2002). Treatment of choice or a last resort? A review of residential mental health placements for children and youth. *Child and Youth Care Forum, 31*(5), 313–345.

11. Haskett, M. E., Nears, K., Ward, C. S., & McPherson, A. V. (2006). Diversity in adjustment of maltreated children: Factors associated with resilient functioning. *Clinical Psychology Review, 26*, 796–812.

12. Heim, C., & Binder, E. B. (2012). Current research trends in early life stress and depression: Review of human studies on sensitive periods, gene-environment interactions, and epigenetics. *Experimental Neurology, 233*, 102–111.

13. Hovens, J. G. F. M., Wiersma, J. E., Giltay, E. J., van Oppen, P., Spinhoven, P., Penninx, B. W. J. H., & Zitman, F. G. (2010). Childhood life events and childhood trauma in adult patients with depressive, anxiety and comorbid disorders vs. controls. *Acta Psychiatrica Scandinavica, 122*, 66–74.

14. Jaffee, S. R., Caspi, A., Moffitt, T. E., Polo-Tomas, M., & Taylor, A. (2007). Individual, family, and neighborhood factors distinguish resilient from non-resilient maltreated children: A cumulative stressors model. *Child Abuse & Neglect, 31*, 231–253.

15. Kernan, E., & Lansford, J. E. (2004). Providing for the best interests of the child? The Adoption and Safe Families Act of 1997. *Applied Developmental Psychology, 25*, 523–539.

16. Kilmer, R. P. (2006). Resilience and posttraumatic growth in children. In L. G. Calhoun & R. G. Tedeschi (Eds.), *Handbook of posttraumatic growth: Research and practice* (pp. 264–288). New York, NY: Psychology Press.

17. Knitzer, J. (1982). *Unclaimed children: The failure of public responsibility to children and adolescents in need of mental health service.* Washington, DC: Children's Defense Fund.

18. Kolar, K., Erickson, P. G., & Stewart, D. (2012). Coping strategies of street-involved youth: Exploring contexts of resilience. *Journal of Youth Studies 15*(6), 744–760. doi:10.1080/13676261.2012.677814

19. McAdams, D. (1993). *The stories we live by.* New York, NY: William Morrow.

20. McElheran, M., Briscoe-Smith, A., Khaylis, A., Westrup, D., Hayward, C., & Gore-Felton, C. (2012). A conceptual model of post-traumatic growth among children and adolescents in the aftermath of sexual abuse. *Counselling Psychology Quarterly, 25*(1), 73–82.

21. Oviedo-Joekes, E., Marchand, E., Guh, K., Marsh, D., Brissette, D., Krausz, S., et al. (2010). History of reported sexual or physical abuse among long-term heroin users and their response to substitution treatment. *Addictive Behaviors, 36*, 55–60.

22. Pancer, S. M., Nelson, G., Hasford, J., & Loomis, C. (2012). The Better Beginnings, Better Futures Project: Long-term parent, family, and community outcomes of a universal, comprehensive, community-based prevention approach for primary school children and their families. *Journal of Community & Applied Social Psychology, 23*(3), 187–205. doi:10.1003/casp/2110

23. Powers, A. D., Thomas, K. M., Ressler, K. J., & Bradley, B. (2011). The differential effects of child abuse and posttraumatic stress disorder on schizotypal personality disorder. *Comprehensive Psychiatry, 52*, 438–445.

24. Rutter, M. (1987). Psychosocial resilience and protective mechanisms. *American Journal of Orthopsychiatry, 57*, 316–331.

25. Seidman, E., & Pedersen, S. (2003). Holistic contextual perspectives on risk, protection and competence among low-income urban adolescents. In S. S. Luthar (Ed.), *Resilience and vulnerability: Adaptation in the context of childhood adversities* (pp. 318–342). Cambridge, UK: Cambridge University Press.

26. Shernoff, D. J., & Schmidt, J. A. (2008). Further evidence of an engagement-achievement paradox among U.S. high school students. *Journal of Youth and Adolescence, 37*, 564–580.

27. Simmel, C. (2012). Highlighting adolescents' involvement with the child welfare system: A review of recent trends, policy developments, and related research. *Children and Youth Services Review, 34*, 1197–1207.

28. Stroul, B., & Friedman, R. (1986). *A system of care for children and youth with severe emotional disturbances* (Revised ed.). Washington, DC: Georgetown University Child Development Center.

29. Tedeschi, R. G., & Calhoun, L. G. (1996). The Posttraumatic Growth Inventory: Measuring the positive legacy of trauma. *Journal of Traumatic Stress, 9*, 455–471.

30. Tedeschi, R. G., & Calhoun, L. G. (2004). Posttraumatic growth: Conceptual foundations and empirical evidence. *Psychological Inquiry, 15*(1), 1–18.

31. Ungar, M. (2004). *Nurturing hidden resilience in troubled youth.* Toronto, ON: University of Toronto Press.

32. Ungar, M. (2011a). *Counselling in challenging contexts.* Belmont, CA: Brooks/Cole.

33. Ungar, M. (2011b). The social ecology of resilience: Addressing contextual and cultural ambiguity of a nascent construct. *American Journal of Orthopsychiatry, 81*, 1–17.

34. Ungar, M., Brown, M., Liebenberg, L., Othman, R., Kwong, W. M., Armstrong, M., & Gilgun, J. (2007). Unique pathways to resilience across cultures. *Adolescence, 42*(166), 287–310.

35. Ungar, M., & Liebenberg, L. (2011). Assessing resilience across cultures using mixed methods: Construction of the Child and Youth Resilience Measure. *Journal of Multiple Methods in Research, 5*(2), 126–149.

36. Ungar, M., Liebenberg, L., Landry, N., & Ikeda, J. (2012). Caregivers, young people with complex needs, and multiple service providers: A study of triangulated relationships and their impact on resilience. *Family Process.*

37. Wingo, A. P., Wrenn, G., Pelletier, T., Gutman, A. R., Bradley, B., & Ressler, K. J. (2010). Moderating effects of resilience on depression in individuals with a history of childhood abuse or trauma exposure. *Journal of Affective Disorders, 126*, 411–414.

38. Wyman, P. A. (2003). Emerging perspectives on context specificity of children's adaptation and resilience: Evidence from a decade of research with urban children in adversity. In S. S. Luthar (Ed.), *Resilience and vulnerability: Adaptation in the context of childhood adversities* (pp. 293–317). Cambridge, UK: Cambridge University Press.

Part Ⅶ　法的諸問題

第 35 章　子どもの不適切な養育やセラピーにともなう法的
　　　　　諸問題

第35章
子どもの不適切な養育やセラピーにともなう法的諸問題

ドナルド・C・ブロス

総論

　本章で取り扱うのは子ども虐待の通告と対応、裁判所の報告書や証人尋問に関する問題、民事事件と刑事事件の違い、そして子どもの不適切な養育に関するいくつかの特別な法律問題である。これらのトピックはすべて、それ自体について個別に十分な法的な検討が行われるべき問題である。このため、本章の目的は、これらの問題をリスト化して簡単に紹介し、必要に応じて、読者がさらに詳細な資料や事例にあたることができるようにすることである。

子ども虐待の通告義務と HIPAA の考慮

　子どもの不適切な養育についての通告義務の意義とこれがもたらす結果（Mathews& Bross, 2008）についての学問的な議論が十分になされていないにもかかわらず、子ども虐待やネグレクトが疑われる場合の通告は、米国に於けるすべての州や多くの管区、準州において、実務的に見て法的に強制されていると言える。もともと50州はそれぞれに、重篤な身体的虐待に焦点を当てた子どもの虐待通告法を制定していた（Paulston, 1967）。当初の州法は、連邦法 Pub.L.No.93-247 により、一定程度標準化されていった。この連邦法は連邦支出から州に奨励金を出すことによって国の通告基準に従うことを目指したものである。この連邦の支出による権限により促された変更の内容は、まずネグレクトを含むすべての態様の子どもの不適切な養育についての通告の要請の拡大であり、次に虐待された子どもの事件が裁判所に持ち込まれた場合のその子どもの法的な代理人の選任である。通告に関する法による通告の要請のネグレクトへの拡大は、子どもの不適切な養育の通告の激増を招いた。この通告のシステムは、米国において、子どもの不適切な養育がどれだけ重要な問題なのか、また子どもの不適切な養育に対してどの程度の対応がなされているのか、さらにこの問題に対応するために公的な資源がどれだけ投入されているかについての分析を行う基礎となってきた。
　Landeros v. Flood（1976）の画期的な決定以降、通告に関する問題についての責任が裁判で問わ

れた事件は驚くほど少なく、また知りうる限り、ほとんどの事件は裁判外の和解により解決されており、控訴されることもないので、法律家でない者にとって容易にアクセス可能な形で文書化されるということがなかった（Bross 1987）。悪意を持った通告よりも、通告しなかったことのほうがより多く記録化されている。また、民事、あるいは刑事上の責任からの「善意免責」の法制化は、米国において広く全面的に採用されている（Child Welfare Information Gateway, 2010）。このような法的責任からの有効な盾になる法制度の例外は、離婚、子どもの監護権、また面会交流についての訴訟である。「米国心理学協会の暴力と家族についての理事長タスクフォース（American Psychological Association's Presidential Task Force on Violence and the Family）により、虐待者は、虐待を行わない者より 2 倍多く、監護権を求めることが判明した」と言われている（Haralambie, 2010　1996 年のタスクフォース報告書より引用）。しかし、「片方の親が子どもの福祉サービスや法制度による保護を得ようとしたものの、裁判所が、虐待があったことを認定しなかった場合、保護を要請した親は、引き返せない状態になってしまう。その後の助力を求めようとする試みの 1 つひとつが、報復心、パラノイア、過剰警戒、またはもう片方の親から子どもを疎外しようとする試みであると見られてしまう可能性があるのである。親は、実際、児童保護局（Child Protective Services, CPS）通告をそれ以上行わないように命じられたり、または他の専門家によるスクリーニングを先に行うことを命じられたりすることもある。通告義務者であるその親に、通告義務法の違反のリスクをおかさせることになるにもかかわらずである（Haralambie, 2010, 1996 年のタスクフォース報告書 p. 408）。しかし、この議論の多い領域においても、専門家たる関与者に対する訴訟は、たとえば評価や治療に関するさまざまな怠慢を指摘する申し立てになりがちである。そして、専門家たる通告者に対しては、単純に通告を行ったことに対する訴えが日常的になされる。

　子どもの虐待やネグレクトについては、非常に多様な形の不法行為による損害賠償に関する訴訟が起こりうる。教会（Berry, 1992）や青少年組織に対するその従業員やボランティアによる子どもへの性的虐待（Boyle, 1994）の訴訟は、通常、子どもにかかわる職につく成人の選任、審査、研修、監督における過失を理由に提起される。この責任は、ペンシルバニア州立大学とそのフットボールプログラムにおけるスキャンダルに特にわかりやすく現われている。この件における訴訟の請求の理由の 1 つとなったのは、虐待の通告を行わなかったことであった。ところが、米国の大学は、州法により州内のすべての者に適用される通告義務に包含されている以上に、法制化された通告の義務を特別に負っているわけではなかった。少なくとも 1 州は、ペンシルバニア州立大学におけるスキャンダルの結果、大学に通告を義務づける特別の法を制定した（原注：「弱者保護法（HB1355）」。フロリダ州において、2012 年に州知事の Rick Scott によって制定され、米国でこのような法の第 1 号として定められた）。

　ほとんどの法域（訳注：米国の場合、各州により法が異なるので、このような言い方をする）は、通告すべき基準として、虐待についての「合理的な疑い」の基準を採用している。「合理的な疑い」とは、合理的な人間が同じまたは類似の状況においてどう信じるか、という観点を基礎とする法的な基準である。「疑い」は医学的な専門用語であるため、必要な診察や検査を行っていない段階で、法律上の「疑い」があるかどうかの結論に達することができないと医師に限っては感じるかもしれ

ない。しかし通告者は、子どもの虐待を「立証」する必要はないのであり、むしろ懸念が合理的な段階に至れば、児童保護局や警察が全体的な評価や捜査を行うためのリストに加えるということが重要なのである。ところが筆者は、このような法にもかかわらず、性的虐待が疑われる事件で、心理学者が法律上の通告義務に従った結果、まずい捜査や不十分な代理人活動により、生計を立てるすべを失った件を少なくとも1つ知っている。

　州の通告に関する法は、証言拒絶権や非開示義務に関する守秘義務の問題を規定している。しかし、医療保険の相互運用性と説明責任に関する法律（Health Insurance Portability and Accountability Act, HIPAA）および違法薬物に関する連邦法は、開示の禁止に対抗する法を通じ、他方で州の子ども虐待の通告法の修正を行うことにより、守秘義務の問題を規定している。守秘義務に関する法については、2つのまったく異なった適用が定義されている。「証言拒絶権」とは、患者やクライエントの有する、専門家とクライエントの間の非公開の関係のもとで交わされた情報については、裁判所において証言されないという権利である。対照的に、「守秘義務」とは、ビジネス関係の記録、セラピーについての記録や会話、また収入、税金、健康状態などの秘密の情報について、その情報の主体から了解を得なければ、漏洩されたり開示されたりしないという法や慣習のことである。連邦法は、州の通告に関する法と連邦の子どもの不適切な養育についてのプライバシー保護の要請との矛盾について認識し、この点についての定めを置いている。HIPAAは、近代における守秘義務に関する高度に発達した法の一例である。HIPAAは、保護対象保健情報（Protected Health Information, PHI）、すなわち保護された健康に関する情報についての規定をおいており、患者の明示的な同意がない場合に、誰がその情報にアクセスでき、またはできないのかを示している。州法が子どもの虐待やネグレクトについての通告を求めている場合、HIPAAに規定されている要件が、健康に関する情報の開示の禁止の例外を示すのである。既述のとおり、子どもの不適切な養育に対する通告は全50州における法的な義務である。しかしまた、児童保護局（CPS）以外の機関に対する情報の開示や通告については、州が別のルールを定めることができる。米国小児科協会の委員会は、これらの法について以下のように分析している（Davidson, 2003も参照）。

　　すべての州は、子どもの虐待やネグレクトが疑われる場合の義務的な通告についての法を有している。またHIPAAのルールは、このような例について情報の法的な保有者の同意なく、保護された健康に関する情報の開示を行うことを許容している。一般的に言って、小児科医が州法により定義される虐待やネグレクトについて疑いを持つ場合には、適切な調査機関に対して情報を開示することが義務づけられている。これらの機関には、ほとんどの州において、CPSや法執行機関（訳注：警察など）が含まれている。

　146. 512（f）条は、法執行機関に対する情報開示には制限がある旨示しているが、CPSに対してはそのような制限はない。しかし、仮に法執行機関が州により子どもの虐待通告を受け調査する機関として指定されている場合には、小児科医は、情報の法的な保有者の同意なく、保護された健康に関する情報の中で調査にあたり、重要と考えられるすべての情報を開示することができる。それ以外の場合には、小児科医は、保護された健康に関する情報について、患

者、医療従事者、その他の者の身体に対する切迫した危険が発生する可能性がある場合、または
その子どもが行方不明者で法執行機関が行方不明者として調査している対象であることを確
認している場合には、情報の法的な保有者の同意なく、保護された健康に関する情報を法執行
機関に開示することができる（Committee on Child abuse and Neglect, 2010）。

　関連する領域として、連邦法は、違法な薬物使用についての記録（42C.F.R.<Code of Federal
Regulation> Part2）の非開示を規制している。しかし、子どもの虐待とネグレクトの通告について
は、「開示についての制限の規定は、州法に基づく子どもの虐待とネグレクトの疑われる事件の州
や地域の適切な機関に対する通告については、適用しない」としている（U.S. Department of Health
and Human Services, 2011, p.4）。

インタビューやセラピーについての法的問題

　インタビューやセラピーの中で得られた供述の法的な意義はさまざまである。特別な保護が与え
られた関係や状況、たとえば警察における身柄拘束を受けた状況やセラピーを受けるという状況に
おける場合を除き、ある者が述べた内容については、裁判所において「自己に不利益な事実の認
容」や自白として、その者に不利に用いられることがある。ありうるシナリオがあまりにも多いた
め、このような状況のすべてを列挙することはできない。たとえば、法律、ビジネス、人事、投資、
その他の非公開の会議であり、会議における守秘義務が、何らかのこれを超える原理により例外が
認められる場合を除き、すべての参加者に守られなくてはならないというような状況などがある。
したがってここでの焦点は、セラピストに対する供述について、どのような場合に開示義務が発生
するのか、または法廷における証言拒否権が停止されることとなるのかという特別な問題である。
　前述の、子どもの不適切な養育についてのセラピストの当初の段階での通告は、セラピー、違法
薬物、または医療に関する業務上の守秘義務にもかかわらず、全米において一般的に義務化されて
いる。より不明確なのは、通告された事件の調査の手続きが進行していく上で、さらなる情報提供
がどの程度できるのか、またはしなければならないのか、といった程度についての問題である。い
くつかの州では、調査にあたり情報提供を行うことが合法化されることによりこの点が明確になっ
ている。州法や関係性に関する詳細な内容はかなり異なっており、このため、セラピスト自身がそ
の義務や責任について十分に理解している場合を除き、これらの問題に精通した弁護士によるアド
バイスが不可欠である。たとえば心理士の義務についての詳細な分析を伴う実例紹介、また状況に
よりこの義務がどのように変化するのかを示した書籍として、Melton らの *Psycological Evaluations
for the Courts* 第3版がある。疑問がある場合には、所属する機関や自らの弁護士に依頼することに
より、裁判所の決定について「召喚状の破棄」と呼ばれる対応、すなわち専門家証人の召喚の求め
の制限をすることができることがある。
　検察官がときに子ども自身の証言が不可欠と決定することがあるが、多くの専門家が、子どもに
とって、法廷での証言はトラウマを生み出すものとなると考えている。子どものクライエントや患

者を診断したケースワーカーやセラピスト、医師が、子ども自身が証人となる代わりに、子どもが話した内容（伝聞）を証言してよいかどうかは、状況についての事実関係や子どもの言葉を聞いた者と子どもとの関係、その専門家が聞いた内容が合理的な人間が裁判所において用いられることを期待すべきと考えられる情報か否かについての法的な分析によることとなる。

　被害者が専門家に話した供述が刑事事件における有罪立証に用いられるとき、その供述についての周辺事情は、特別な注意をもって審査される。特に、その供述に「証拠価値がある」（Crawfor v. Washington 2004）かどうかが焦点となる。医師やセラピストが通常の診断やセラピーを行う際には、大人が子どもにケアを受けさせたり、その子どもがケアを求めたりしている理由についての「病歴」を聞き取っていくことが一般的であり、これが「証拠価値がある」かは考慮されていない。しかしそのインタビューが、CPS で行われたり警察官とともに行うなど調査や捜査の過程でなされたりする場合で、被害者である子どもの供述が公判維持のため重要な意味を有するときには（たとえば Maryland v. Snowden, 2005）、その子どもの供述が法廷における反対尋問に耐えられるかを確認されることになるであろう。司法面接においては、その子どもが証言をする力があり、また証言に「耐えられる」ときには、通常、反対尋問につながる内容をおびていくことがありうる。その子どもが医学的または心理的に証言に「耐えられない」という場合には、裁判所はケースバイケースでその証拠の審査を行う。

証言または証拠書類の提出に関連する書類作成

　医師は「エビデンスに基づく診療」、すなわち患者に対する診断や治療は、常に利用できる最良の科学的根拠に基づくものであるように教えられている。子どもの不適切な養育についてのケースに関与する他の専門家もできる限りこれに従う必要がある。同時に、重要な証拠のすべてが性質上当然に科学的というわけではない。専門家の意見ではなく、事実についての情報こそがすべての裁判手続きにおいて重要で、証拠力の高いものとなるのである。証人が、聞いた、見た、または感触があった、味や香りを感じたという点こそが重要である。クライエントへの診断や治療についての時系列による、「ビジネスライク」な記録の保存こそが、仮に専門家が子どもや親のために証人として喚問された場合に、記憶を喚起させる可能性を高めるものであり、また仮にその記録そのものを証拠として裁判所に提出する場合には、その記録の作成や保存方法がゆえに、信頼性が高く、「権威」があると認められるものとなる。他方で刑事事件において、当該情報が治療についてのものに限られ、治療に関する記録の開示や証言が子どもにとって害がある場合、裁判所は証言をさせないようにと要請されることがありうる。裁判所は、「裁判官室内」（裁判官のみによる）審査により、治療に関する記録が刑事裁判に関係あるかどうか（Pennsylvania v. Ritchie, 1987）を検討し、証拠採用を制限するかどうかを判断することができる。一部の弁護士は専門家のクライエントに対し、記録に記載することにより、専門家が注意を欠いていることが表われてしまうのではないかという懸念から、詳細な記録を残さないようにアドバイスすることがある。しかしこれには、反対の考慮も必要になる。専門家が批判訴訟のリスクに対抗するために最も重要なのは、その能力を示す、注

意深く十分な検討がなされ、徹底した仕事を行っていることを示す記録なのである。

　事象発生時にタイムリーにつけられたビジネスライクな記録は、専門家の記憶に誤りがあるとか、ずさんであり、「専門家的でない」または信用できないといった批判への反論の材料となりうる。どのような者にとっても記憶というのは不正確なものだという前提でなされる証言であるが、情報が実際に発生した時点からできる限り近い時期に注意深く記録されていることにより、信頼性が維持されることとなる。

　物証を獲得し、保存することについて責任を負う医師やその他の専門家にとって、「証拠の連鎖」は重要である。その内容は明確である。検事の主張する方法とは異なる時期や方法で収集された物証と混同されたり汚染された可能性のある証拠により、人を起訴したり責任を追及することは正義に反するという概念である。言い換えれば、証拠はその用途に完全に合致しており、被告的な立場に立たされるものにとって、直接、争う余地のない関連性を有するものでなくてはならない。よって「証拠の連鎖」とは、裁判所に提出される前に、すべての段階において、1つひとつ収集され保存されてきた物証を管理し、個別の証拠を連続した形で記録化することといえる。そのプロセスは、その証拠が、裁判所で証人に提示されたものとまったく同じ形で、収集、保管、保存され、その正当性が確認され、真実であると宣誓されたものであると裁判官や陪審員に確証させるものでなくてはならない。

　医師は、生物学的検査にあたり「特異性」と「感度」の兼ね合いについては特に注意を払わない。たとえば30を超える性感染症や性病についての検査は非常に数多く存在する（性病についての臨床検査による診断については、Holmesら, 2008, pp. 2139-2140の引用を参照）。法的な観点で見て、完全な「特異性」と完全な「感度」双方を備えた検査は存在しない。クラミジアについての「感度」に最も優れた検査は、多くの「偽陽性」の結果、すなわち実際には感染していないし、過去にも感染したことがないのに、検査では感染している、またはしていたという結果を示してしまう。「特異性」に優れた検査では、「偽陽性」のリスクは少ない。すなわち、検査において陽性の結果が出れば、（感度に優れた検査より）実際に感染している可能性が高い。しかし、「特異性」に優れた検査は、実際に感染している者をそうでないとして見逃してしまう可能性が高い。それは、「特異性」に優れた検査は、同じ条件において「感度」に劣るからである。さらに、「特異性」に最も優れた検査ですら、やはり「偽陽性」の結果を生み出すことはあるのである。1つの対策としては（これも科学的にも実際上も不完全ではあるのだが）、1人の患者に対して、まず性病についての感度の高い検査を行い、結果が陽性であれば、さらに次に偽陽性の可能性の低い、特異性の高い検査を行うということがありうる。

　子どもの身体的な被害について、視覚映像が高い価値を持つことは間違いない。1つには、写真撮影が非常に日常的になったからということもあろう。医療専門家は、大学や大学院において写真撮影コースで学ぶ時間はない。ソーシャルワーカーも同様であり、一般的に言って、診断を行う過程での写真撮影についてプロフェッショナルな技術を持っているとは言えないだろう。裁判官や陪審員たちは、当然、子どもの受傷の状況について直接見ていないのであるから、審理の開始段階では、すべての子どもの受傷について、治癒のため、これがわからなくなっているものである。する

と当然、「どんな被害にあったのだろうか」という疑問を抱くことになる。受傷が明確で目に見えるものであるほど、それが事実であると認められやすくなるのであり、写真は多くの言葉を連ねること以上に雄弁である。

事実についての証言と意見についての証言

　事実についての情報は、裁判所に意見が認められるための基礎となる。事実についての証言を行うことの必要性は、証人が経験により学んでいくまで、往々にして無視され、また評価されてこなかった。子どもの保護にかかわる問題で、専門家が患者やクライアントについて直接経験した内容の証言を求められる証人となる場合、その証人は事実についての最も重要な証人となる。事実の基礎がなければ、専門家の意見にはほとんど価値がない。事実についての良質な証言とは、最も有効な証言である。事実についての良質な証言は、裁判官や陪審員に、できる限り「それそのものをもって語らせる」情報を提供し、証人の意見の特色やバイアスの危険を最小化するものである。専門家は、よりよい行動観察とその記録ができるようになる。それには、子どもと養育者の交流が含まれており、この交流の様子によって養育、安全、親子関係の質に関する情報がもたらされる。
　異なる種類の専門家が異なるタイプの情報を収集するというのは、実際にそのとおりである。医師（Dubowitz&Bross, 1992）とケースワーカー（Bross, 2000）は、一定の分野では異なる種類の情報を集める。が、彼らが見て取るのは多くの場合同じもので、行動や養育能力、または能力がないこと、子どものトラウマや養育環境について、同じまたは非常に近い内容を収集している。子どもの虐待やネグレクトにかかわる専門家はすべて、「凝視嫌悪」、すなわち不安にさせる情報について目をそらすというすべての人に備わる傾向について、管理し律することが必要である。さまざまではあるが関連する方法で、専門家は二次的なトラウマへの「自衛」を行うことを意識した実務を行っている。この二次的トラウマへの自衛は、家族の状況に対して過度に単純化してステレオタイプな対応をすることにより、子どもの安全を過度に強調し過ぎたり、または逆に実際の保護手段を低く評価し過ぎたりしている。観察したり記録化したりすることのできる事実についての情報こそが重要である。被害や安全についてのどのような情報によりその子どもが注目されるに至ったか？　親はその子どもについてどのように認識しているか？　親はその子どもについて適切に語ることができるか？　その子どもはどのように成長し、発達しているか？　この親の陳述が、他の人の観察や子どもの発達に配慮した見解と、細部まで一致するのかどうか？　その親は子どものよい特質や悪い特質、また成長や停滞について合理的にその理由を考えられているか？　親は、親が望むことを子どもがするよう、どの程度強制的な姿勢を示すか？　または、親は、子どもが安全でない状態にあり、成長が阻害される状況にあることに、自分がどの程度関係しているのかを認識しているのか？　適切な関係性についての研究またはその他の医学的な検査の観点から、子どもと親はどのように交流しているか、またはよい意味でも悪い意味でもどの程度交流しているか？　裁判官や陪審員は、専門家同様に、行動についての理由を考えたくなるし、事実に基づくその判断の基盤があればそのようにする（Jones&Davis, 1965）。多くの者が、自ら判断を行う上で、事実を提示してほし

いと考える。また、対象となる者の行動については、仮にその者に対する観察が何回にもわたり行われたり、また異なる観察者により行われたり、さらには異なる状況のもとでの観察が行われている場合、その判断はより自信を持って行うことができる（Kelly 1967）。

　専門家は誰も、すべてについての専門家ではないのだから、専門家の意見による証言についての1つのアプローチとして、裁判所にとってどのような事実が重要なのかを専門家に早い段階で把握させ、別の専門家を関与させる道を開くということがある。これにより発達障害、違法薬物依存、アルコール使用障害、精神病、ドメスティックバイオレンスなどのスクリーニングについては、ケースワーカーや医師が結論的な意見や診断をするのではなく、裁判所がさらなる情報を求めるようにすることができるのである。

　どのような者ならば意見についての証言を行うことができるかという問題は、非常に複雑な問題であり、証人となるべき者は文献等にあたり事前に学習をしておく必要があることもある（子どもの証人に関する証拠についての最も優れた一般的な文献としては、Myyers, 2011 がある）。または、より効率的にするのであれば、召喚をした弁護士に、どのような意見が求められており、証人はどのような立場にあるのかの説明を求めることもある。さらに、専門家証人としての資格まではなかったとしても、証人が、特定の子どもや親の行動が特別に変わったものなのか、または典型的なものなのか、同様の事案を多く扱ってきた証人の経験に基づいて語ることを求められ、その供述に重要な価値が置かれるということはしばしば見受けられる。心理学者にとっての広範囲にわたるガイドとして、また行動について証言しなければならない非心理学者にとっても有益なガイドとして、Melton ら（2007）の、*Psychological evaluations for the courts* がある。

民事事件と刑事事件における「法律の構造」

　弁護士でなくとも、十分に経験を積んだ証人は、異なる種類の裁判所や法的手続きについて、業務についての知識だけではなく、微妙な違いも含めた理解を進めることがある。単純に言って、刑事法廷は、刑事事件にまで至る違法な行為を行った個人を罰するために存在するのであり、適正な処罰により、他の者が同じようなよくない行いをするのを抑制するためにある。応報、更生、癒しが刑事事件の要素となりうるところであり、他方でそのような要素がないことも多い。子どもの不適切な養育に関して公表された研究の1つが、子どもの不適切な養育が「確認」されたケースのうち、実際に刑事事件になっているのは非常に少ない割合であることを示している（Tjaden & Thoennes, 1992）。1つのケースが立件されるかどうかは、加害者や被害者の背景や性格、虐待の深刻度、入手できた証拠の性質などの要素が、家族的なサポートの有無とともに考慮されて決まる（Cross, De Vos, & Whitcomb, 1994）。合衆国憲法の権利章典は、一定の範囲で刑事手続きについての規定を国の基本的な法として取り込んでいる。したがって、刑事法は非常に厳格な手続きを採用しており、証拠法則は適正手続きと公正の観点から整備されている。証人が言ったことや証拠が、公判廷において証拠として用いることができるかという点については、刑事事件以外の手続きと比べて相当に制限されている。

　民事事件を単純に表現するとすれば、刑事事件でないすべての「法的手続き」は民事の性質を有している。アメリカ合衆国は法治国家であり、民事法廷において対象とされ、救済が与えられない紛争は存在しない。これらの法的手続きには、不法行為法（過失についての訴訟）、契約法、行政法、遺言、信託、商法、都市計画、離婚や子どもの監護権、海事法などが含まれ、このリストはまだまだ続くことになる。これらの民事事件のうちの一部が、子どもの不適切な養育にかかわる者にとって特に興味を引くことになる。すなわち、公衆の保健に関する法、精神保健に関する法、薬物についての法、または子どもの監護や保護に関する法である。これらの領域の法は、もともと刑事手続きを志向したものではない。すなわちこれらは性質上、更生や支援を志向しており、懲罰を志向するものではない。州の機関や州が免許を与えた機関が関与することとなる手続きを前提としたものになっている。これらのすべての手続きが、それぞれの特性はあるとしても結局、個人や企業（公衆衛生と飲食店の規制、または他の公衆の保健に関する規制に関して）の「地位」を定めるものである。社会学、法、またはセラピーについての研究の中で忘れられがちなのは、法の役割が、「介入に関する変数」であることを認識することである。子どもの保護に関する実務についての近年の研究の多くは、この仕事の性質が「自発的でない」ことを示している（すなわち、多くの子どもや親が、通告により発見されている）。このような介入が、いつ、そしてなぜ必要になり、または必要にならないか、またケースについて司法関与を行う、少なくとも司法関与の可能性を認める場合の取り決めは何なのかについて、じっくりと検討されたことはほとんどなかった（Bross, 2009）。

　「最適な運用」について、ほとんど研究されてこなかった分野の1つが、子どもの不適切な養育に対する民事的アプローチと刑事的アプローチの調整である。異なる種類の専門家の間で衝突があることは知られていないわけではないし、刑事手続き、民事手続き、または法的手続きをとらないこと自体によって発生しうるマイナスの影響についても議論されてきてはいるが、研究者はほとんど、民事的アプローチと刑事的アプローチの比較的な検討を行ってこなかった（Runyan ら, 1988; Whitcomb ら, 1994）。同様に、法的親子関係の再統合と終了を入念に比較する研究もほとんどなされていない。刑事手続きでのみしか効果的な対応ができないこともある一例が、オンラインでの子どもの搾取である。この場合、法執行官による捜査を経て、行為者の立件を行うことになる。この行為者の中には、被害者である子どもに会おうとした者も含まれるであろう。他方で、非常に深刻な不適切な養育が行われた場合、刑事手続きにより親を拘束することができるが、児童保護機関のみが、極端で「更生不能」な養育を原因として、子どもの養子縁組による対応を行うことができる。さらに言えば、法的親子関係の終了は、多くの裁判所による審判や法制度に採り入れられているが、専門家が、自分自身の感情や経験をどのようにその手続きに反映しているのかという問題についてもほとんど検討されていない。法的親子関係の終了は、法的な枠組みの中でのみ行われるものであるが、関与するすべての者にとって本質的に心理学的プロセスである。ところがこの分野の法は、家族や関与する専門家の心理的な健康の問題にどう対応するかという点について、明示的にとりあげたことがほとんどなかった（法的親子関係の終了にあたり、公正の要請にこたえる手段について定める法の例については Bross, 1978 や Bross 1995 も参照）。

子どもへの不適切な養育に対応するセラピストやケースワーカーに発生しうる法律問題

　クライエントに対する専門家としての明らかな職務違反、これは専門家の倫理の境界に関する違反や、性的な行為にかかわる職務違反までもを含むものであるが（Bouhoutos ら, 1993）、このような行為が発生した場合、州の不服審査委員会や訴訟により解決されることとなる。専門家の行為に対する州の不服審査についての過去の記録は、クライエントに対する専門家の不適切な行為の発生を物語っている。すでに語られていることとして、離婚における監護権の問題に関与するセラピストに生じる難問がある。一般的に言って、子どもや親に対するセラピストとして働くことは行動療法についてのセラピストと同様のリスクを生じさせるのであり、たとえば自殺企図のある親の発見や自傷行為の防止のミス、インフォームドコンセント取得の怠慢、また診断ミスなどのリスクがありうる（Melton ら、2007, pp. 81-85）。

　子どもの措置決定にかかわるケースワーカーは、米国における子どもの保護についての失敗に関する最も古い記録にある法的責任にさらされることになる。すなわち、里親を含む子どもの居住場所についての適切な選択、研修、監督についての失敗である（Bross, 1983）。より新しい、しかしまだ十分に検討されていない法的な責任の発生原因として考えられ、現時点ではまだ大げさに語られるべきではない問題として、捜索令状なしの子どもからの聞き取りがある。このようなケースがウエストコーストで訴えを提起され、最終的に連邦最高裁で審理された。ケースワーカーと法執行官が、性的虐待の被害にあった旨の通告のあった 9 歳の女児を、通っていた学校でインタビューしたのである。その子の父親が後に虐待で起訴されたにもかかわらず、その子の母親は、合衆国憲法修正第 4 条に基づく違法な捜索として、その子どもの権利が侵害されたことを根拠にそのケースワーカーと法執行官に対して訴えを提起した。*Camerata v. Greene*（2011, p.4）, において、連邦最高裁は、第 9 巡回控訴裁判所の判決内容について審理した。同巡回控訴裁判所は、そのインタビューについて修正第 4 条違反と判じていた。多数意見を起案するにあたり、最高裁のソトマヨール判事は、以下のように第 9 巡回控訴裁判所の判決を要約した。裁判所は以下のように警告する。「子どもの虐待についての調査に従事する政府の担当者は」、「『特別の必要性』があるからと言って、この文脈において、伝統的な修正第 4 条による権利擁護をおざなりに済ませてしまうことが自動的に正当化されるという想定のもとで仕事をすることをやめるべきである」。この巡回控訴裁判所の認定したところによれば、この子どもは令状も、裁判所命令も、急迫の状況も、両親の同意もない中で事情聴取を受けている。この判断は、直接は、第 9 巡回控訴裁判所の管轄の範囲である州内の件に適用されるものではあるが、将来裁判所が、子どもの保護についての調査、特に刑事事件につながりうる件についての調査が、刑事事件の捜査と同様の水準をもってなされているかについて注意深く審査する可能性について、一般的な意味の警告を与えるものとなった。*Camerata v. Greene* 事件における 2 人の専門家は損害賠償の義務を負う結果とはならなかったが、子どもの保護に従事する担当者は、調査の対象案件が刑事事件に発展する可能性がある場合において、弁護士から、「急迫の状況」の内容についてアドバイスを受ける必要が出てきたといえるかもしれない。

感情面について困難な問題に関する法的決定

　心理学的に重要な問題について法が役割を果たす場面の多くにおいて、関与する者が、常に心理学的な視点から事件を検討しているわけではない。法は、適切に適用されるのであれば、人類の各種の経験や、知識、感情を、可能な範囲で反映し、認識し、取り込んでいる。たとえば子ども虐待が刑事事件化することを常に避けることはできない。仮に子どもが死に瀕する重態の状況にあり、脳死や救命措置の停止の問題が発生し、関係機関や裁判所がその受傷から始まる状況に対応する必要が発生したとする。通常は、救命措置停止の判断は両親が行うものであるが、親が子どもの死について刑事責任を負う可能性がある場合、その判断はその親のコントロールを超えるものとなる。たとえば、「ハーバード脳死判定基準（Harvard Criteria for Brain Death）」が米国において裁判所命令の形で最初に適用されたのは、子どもの虐待死の件である。この件において親は、子どもが死亡した場合にはより厳しい刑事責任が問われることから、子どもから救命装置を外すことを拒んでいたため、これに対して子どもの代理人が選任されて救命装置の停止についての同意を行ったのである（*Lovato v. Dist. Court*, 1979）。

　親子の法的関係の終了を検討しなければならない場面において、当該案件に関与した者が、子どもと親の関係について他者の決定による「終了」が、家庭にとっての死であると感じたり、少なくとも専門家の援助の失敗と感じたりすることは驚くことではない。多くの子どもが、例外はもちろんあるにせよ、どれだけ親に虐待されても、親とともにいたいと感じている。しかし問題は、C・ヘンリー・ケンプ博士の言によれば、子どもを本当に強く愛しているのだが、うまく育てられない親がいる、ということにある。医師や看護師は、われわれはいつかみな死ぬのであり、すなわち成功というのは避けられる病気や死を防止したり、生きることができない患者にはできる限りの苦痛の緩和をしたりすることしかないのだ、ということを受け入れなければ、困難な治療を行うという仕事を続けていくことができない。この、おそらく明らかな視点にもかかわらず、エリザベス・キューブラ・ロス（Elizabeth Kubler-Ross）（1969）はその死と死にゆくことについての著書の中で、多くの医師や看護師が、患者に対して、迫る死について語ることなく、それを患者を守るためと正当化している一方、患者は多くの場合、自分の病状についてよく理解しており、助けを受けられないと孤独感を感じていることが明らかにされている。支援者の行動や状況の中で、「魂のがん」に類するものを見つけるとすれば、対象たる親や子どもに対して安全なケアを与えるための十分なサポート対応を与えることができなかったことがそれにあたる。

　親子間の法的関係の終了について定める制定法化されている「適正手続き」は、親子関係の終了にふさわしい法の要請にかなうか、これを超えるものでなくてはならないのと同時に、子どもの不適切な養育に携わる人々の多くを納得させるにたる根本的にフェアな手続きが全過程において貫かれていなくてはならない。最初のステップは、両親に対して、最初の申し立てを明確に告知し、不適切な養育の申し立てに関する主張の告知を定める制定法である。また、子どもの虐待やネグレクトについての司法判断にふさわしい、裁判官や陪審員による民事裁判を定める法律であり、経済力

に乏しい両親には無料で弁護士による援助が与えられなければならない。次に両親は、子どもの虐待やネグレクトに結びつく行動や状況を改善するのに適切であると裁判所が認める援助プランの提案を受ける権利を有する。親子関係を終了させる裁判は、親がその計画に応じなかったり、行動や状況を改善することができなかったりしたことについての明確で、説得的な証拠に基づくものでなくてはならない。さらに、連邦最高裁はすべての親子関係終了の裁判は、「明確で説得的な」水準の証明がなされていなければならないと判じた（*Santosly v. Kramaer*, 1982）。こうした終了の危険性のある親子関係に関する適正な手続きの要請に加え、確認されなければならないのは、親としての適性が明確に欠如しているかである。そして、最終的に、手続きの最初のステップに入る前に、親子の法的関係の終了が子どもの最善の利益に合致していることが示されなければならない。親子関係の終了のケースが尋問にまで至る場合には、親と子どもがそれぞれ別に代理人をたてるのはもちろんのこと、両親は、その事件における子どもを養育するにあたっての適性を欠くのかどうかについての専門家証人の証言を、州の負担により（費用の合理性について裁判所のみチェックができる）、受ける権利を有するべきである。仮に親子関係の終了の審判が下された場合、その親には、上訴を行うために必要な、裁判内容を記載した書類が無料で交付されなければならない。また親子関係終了後には、子どもの訴訟（手続き）代理人、あるいは、子どもの弁護士による、独立した親子関係終了後のレポートによる、終了後のレビューがなされなければならない。親子関係終了後のレポートの作成の目的は、養子縁組手続きが遅延しないようにすること、また養子縁組の成功の確率を増加させることである。これらについての法律は、合衆国憲法の要請に合致することはもちろん、すべての関係者の権利を適切に調整する内容でなくてはならない（これらの事項に関する条項をすべて含んだ法律の一例として、**コロラド州制定法**　19-3-601 条、以下参照）。

特別な状況にある子どもに対するケアについての法的な正当性

　一般的に言って、両親や、またその他養育を行う権限を有する者は、正当な監護権者であり、医療行為を含めその子どものケアに関するすべての事項について決定権を有する唯一の者である。ただ特別の状況において、これを上回る子どもの安全の見地から、この原則が貫徹されない場合がある。たとえば、ある子どもについて医師が子ども虐待の疑いを持つ場合、いくつかの州法は、医師が何段階かに列挙されたステップをもって、虐待について診断し記録することを許容している。たとえばコロラド州では、

　C.R.S. 第 19-3-306 条　虐待についての証拠　カラー写真と X 線写真
　（1）子どもに関する保健従事者、本州において医療免許を有する者、登録された看護師または免許を有し実務を行う看護師、患者の入院業務・診断・看護・治療に従事する病院職員、医療検査技師、検死官、ソーシャルワーカー、精神科医、地方法執行官であり合理的に見て虐待またはネグレクトされた子どもに対面する者は、子どもの負傷した部分についてカラー写真を撮影する、または撮影させることができる。仮に医学的にそのように指示がある場合、これら

の者は X 線写真を撮影する、または撮影させることができる。

　多くの州では、医師に対し、医療的なアドバイスに反して病院から子どもが連れ去られた場合に、これを裁判官、CPS、法執行官に報告する旨の法律が制定されている。たとえば不適切な養育を受けていると疑われる子どもが、診断の前に連れ去られたりした場合である。子どもが CPS の保護下にある場合、裁判官に対して子どもに必要な治療の許可命令を求めることができる。さらに広く言えば、医療ネグレクトの場合、子どもの生命を守ったり身体に重大な被害が発生するのを防いだりするため、裁判所に命令または判決を求めることができる。裁判所が親の反対にもかかわらずこのような治療命令を下す際には、少なくとも 10 または 11 の要素を検討し、比較考量する。たとえば、治療拒否は子どもの死や身体の重大な被害に結びつくものか、それがどれくらいの可能性があるのか、子どもが成長するまで治療をすることを待つことができるのか、治療方法が標準的で広く受け入れられているものか、治療の成功可能性、説明を受け同意するだけの成熟した子どもの場合にはその子どもの意思などである（Bross, 1982; Bross&DeHerra, 2005）。

実務の変化と法律の影響

　子どもの保護は、根拠に基づくものである場合も、スローガンに左右されるものである場合もあり、また予算や実務運用を左右する世論の影響を受けやすいものである。法律によるフレームワークがなければ、同意による保護ですら、これに伴う義務、責任、権利、限界について予測のつかないものとなってしまうだろう。家族や集団による意思決定やこれに対する反応の変化の到来により、虐待の防止、治療、そして記録についての優先順位は変化してきている。これらの変化についての、意図された、または予想もつかない影響や結果が法律に反映されることは避けられない。これが「介入に関する変数としての法」が子どもの虐待についての研究、研修、そしてポリシーにとって必須である重要な理由である。

結論

　子どもの不適切な養育やその治療に関連する法律問題は相当多数におよぶ。児童保護のシステムに乗せられることになった子どもや親と同様に、診断や治療にあたる専門家は、法律上のアドバイスを必要としており、そしてそれが与えられるべきである。多職種のチームの一員であったり、これにアクセスできるケースワーカーは、そのようなアクセスがない者より、医療や法律の専門家とのコミュニケーションを好ましいものと感じている（Fryer ら、1988）。合衆国には、470 名以上の公認された児童福祉法の専門家がおり、また彼らは 33 州において実務についている（D.Trujillo, Administrator, Child Welfare Law Certification Program, National Association of Counsel for Children, personal communication, November 11, 2012）。専門家がすべての地域にいるわけではないが、1 年に数件以上の子どもの不適切な養育に関する事件を取り扱う機関は、法律の専門家にアクセスできる

体制を整えることが必要である。法は、公衆衛生や精神保健などの、人の健康を改善することに向けての政府の取り組みについての分野の基礎となるのと同様に、子どもの保護についても本質的に重要な基盤となるものである。法は、子どもの保護環境に従事する者に、その権限や手続き、そして限界を示す。可能な限り、子どもの保護のために働く者には、子どもの保護の専門家たる経験豊富な弁護士に相談することができる環境が与えられるべきである。

[参考文献]

1. Berry, J. (1992). *Lead us not into temptation: Catholic priests and the sexual abuse of children*. New York, NY: Doubleday.
2. Bouhoutsos, J., Holroyd, J., Lerman, H., Forer, B. R., & Greenberg, M. (1993). Sexual intimacy between psychotherapists and patients. *Professional Psychology: Research and Practice, 14*(2), 185–196.
3. Boyle, P. (1994). *Scouts honor: Sexual abuse in America's most trusted institution*. Rocklin, CA: Prima Publishing.
4. Bross, D. C. (1978). Termination of the parent-child legal relationship in Colorado. *Colorado Lawyer, 7*(3), 362–376.
5. Bross, D. C. (1982). Medical care neglect. *Child Abuse & Neglect, 5*(4), 375–382.
6. Bross, D. C. (1983). Professional and agency liability for child protection negligence. *Law, Medicine, and Society, 11*(2), 71–75.
7. Bross, D. C. (1987). Professional and agency liability for negligence in child protection. In D. C. Bross & L. F. Michaels (Eds.), *Foundations of child advocacy* (pp. 181–196). Denver, CO: National Association of Counsel for Children.
8. Bross, D. C. (1995). Terminating the parent-child legal relationship as a response to child sexual abuse. *Loyola Law Review, 26*(2), 287–319. [Excerpted and republished in D. E. Abrams & S. H. Ramsey, *Children and the law: Doctrine, policy and practice* (pp. 543–546), St. Paul, MN: West, 2000.]
9. Bross, D. C. (2000). Witness preparation for trials related to child abuse or neglect. In L. King & M. R. Ventrell (Eds.), *Improving the professional response to children in the legal system* (pp. 143–152). Denver, CO: National Association of Counsel for Children.
10. Bross, D. C. (2009). Involuntary therapy: A good idea? In A. Kellogg (Ed.), *Standing at the forefront: Effective advocacy in today's world* (pp. 229–250). Denver, CO: National Association of Counsel for Children.
11. Bross, D. C., & DeHerrera, N. (2005). Refusal of therapy for children: Factors affecting judicial decisions to override parental decisions. In A. G. Donnelly (Ed.), *State of the art advocacy for children, youth, and families* (pp. 147–158). Denver, CO: National Association of Counsel for Children.
12. *Camreta v. Greene*, 131 S. Ct. 2020, 179 L. Ed. 2d 1118 (2011).
13. Child Welfare Information Gateway. (2010). *Mandatory reporters of child abuse and neglect: summary of state laws*. Washington, DC: U.S. Department of Health and Human Services, Children's Bureau. www.childwelfare.gov/systemwide/laws_policies/statutes/manda.cfm
14. Committee on Child Abuse and Neglect. (2010) Child abuse, confidentiality, and the Health Insurance Portability and Accountability Act. *Pediatrics, 125*(1), 197–201.
15. *Crawford v. Washington*, 541 U.S. 36 (2004).
16. Cross, T., De Vos, E., & Whitcomb, D. (1994). Prosecution of child sexual abuse: Which cases are accepted? *Child Abuse & Neglect, 18*(8), 663–677.
17. Davidson, H. (2003). *The impact of HIPAA on child abuse and neglect cases*. Washington, DC: American Bar

Association.

18. Dubowitz, H., & Bross, D. C. (1992). The pediatrician's documentation of child maltreatment. *American Journal of the Diseases of Childhood*, 146, 596–599.

19. Fryer, G. E., Jr., Poland, J. E., Bross, D. C., & Krugman, R. D. (1988). The child protective service worker: A profile of needs, attitudes, and utilization of professional resources. *Child Abuse & Neglect, 12*(4), 481–490.

20. Haralambie, A. M. (2010). Collateral proceedings. In D. N. Duquette and A. M. Haralambie (Eds.), *Child welfare law and practice* (2nd ed., pp. 399–414). Denver, CO: National Association of Counsel for Children.

21. Holmes, K. K., Sparling, P. F., Stamm, W. E., Piot, P., Wasserheit, J. N., Corey, L., et al. (2008). *Sexually transmitted diseases* (4th ed.). New York, NY: McGraw Hill Medical.

22. Jones, E. E., & Davis, K. E. (1965). From acts to dispositions: The attribution process in person perception. In L. Berkowitz (Ed.), *Advances in experimental social psychology* (Vol. II, pp. 219–266). New York, NY: Academic Press.

23. Kelley, H. H. (1967). Attribution theory in social psychology. In D. Levine (Ed.), *Nebraska symposium on motivation* (Vol. 15, pp. 192–240). Lincoln, NE: University of Nebraska Press.

24. Kübler- Ross, E. (1969). *On death and dying*. London, UK: Routledge.

25. *Landeros v. Flood*, 131 Cal. Rptr. 69, 551 P.2d 389 (1976).

26. *Lovato v. Dist. Court*, 198 Colo. 419, 601 P.2d 1072 (1979).

27. *Maryland v. Snowden*, 867 A.2d 314 385 Md. 64 (Md. Ct. App., 2005).

28. Mathews, B., & Bross, D. C. (2008). Mandated reporting is still a policy with reason: Empirical evidence and philosophical grounds. *Child Abuse & Neglect, 32*(5), 511–516.

29. Melton, G. B., Petrila, J., Poythress, N. G., & Slobogin, C. (2007). *Psychological evaluations for the courts: A handbook for mental health professionals and lawyers* (3rd ed.). New York, NY: Guilford Press.

30. Myers, J. E. B. (2011). *Myers on evidence of interpersonal violence: Child maltreatment, intimate partner violence, rape, stalking, and elder abuses* (5th ed.). New York, NY: Aspen Publishers.

31. Palm Beach Post. (2012, April 27). "Penn State" child abuse reporting law signed into law by Gov. Scott. www.palmbeachpost.com/news/news/state-regional/penn-state-child-abuse-reporting-law-signed-into-l/nN3S7

32. Paulsen, M. (1967). Child abuse reporting laws: The shape of legislation. *Columbia Law Review, 67*(1), 1–49.

33. *Pennsylvania v. Ritchie*, 480 U.S. 39 (1987).

34. Runyan, D. K., Everson, M., Edelsohn, G., Hunter, W., & Coulter, M. (1988). Impact of legal intervention on sexually abused children. *Journal of Pediatrics, 113*(4), 647–653.

35. *Santosky v. Kramer*, 455 U.S. 745 (1982).

36. Tjaden, P., & Thoennes, N. (1992). Legal intervention in child maltreatment cases. *Child Abuse & Neglect, 16*, 807–821.

37. U.S. Department of Health and Human Services, Substance Abuse and Mental Health Services Administration. (2011). *Applying the substance abuse confidentiality regulations 42 CFR Part 2 (revised)*. www.samhsa.gov/about/laws/SAMHSA_42CFRPART2FAQII_Revised.pdf

38. Whitcomb, D., DeVos, E., Cross, T., Peeler, N., Runyan, D. K., Hunter, W., et al. (1994). *The child victim as witness: Research report*. Washington, DC: Office of Juvenile Justice and Delinquency Prevention.

監訳者あとがき

　2000年に出版された原著「Treatment of Child Abuse」は、14年の時を経て第2版が上梓されました。初版が出版された2000年は、子ども虐待を含む「子どものトラウマ」領域において、米国で画期的な変革がなされた年でした。児童健康法（Children's Health Act）の一環として、米国子どものトラウマティックストレス・ネットワーク（National Child Traumatic Stress Network, NCTSN）が設立され、トラウマとなる出来事を体験した子どもとその家族への標準的なケアを促進するために、全米にネットワークが張り巡らされたのです。その後NCTSNは、科学的知見を素早くケアに反映させ、トラウマを体験した子どもの人生の経過を改善することに大きく貢献してきました。このような時代の流れの中で醸成された第2版は、初版の内容を大幅に増強した大著になっています。

　第2版の翻訳計画は、初版の監訳者である郭麗月先生から亀岡にお話をいただいたことから始まりました。もとより、児童青年精神医学領域での大先輩からの依頼をお断りする術もなく、あいまいにお返事をしたものの、30章を超す大著であると聞き及んだ時点で、果たして自分にこの大役が務まるだろうか、と不安になりました。その後、しばらく音沙汰がなかったため、きっと郭先生が私の内心を察して依頼を取り消してくださったのだと安堵していました。ところが、2015年に横浜で開催された日本児童青年精神医学会総会の会場で、明石書店の大江道雅さんにお会いしたことから、再び、翻訳計画が動き出しました。確か、学会場の明石書店の出店の前で雑談をしていたときに、大江さんから「郭先生から聞いておられるでしょうか？」と本書の翻訳のお話が出たのです。私は、そのときも半分以上お断りするつもりで、「とりあえず目次を見せていただいてから」とお答えしたと記憶しています。

　その後、目次が送られてくるまでの間は、ずっとお断りする言い訳を考えつつ過ごしていたのですが、その後ろ向きの気持ちは目次を見て一変しました。なんと、トラウマの視点から見た子ども虐待の初期対応に始まり、効果が実証された治療プログラムの数々が網羅され、医学的治療や法的対応、さらには、治療プログラムの普及啓発や教育・トレーニングにまで及ぶ、非常に充実した内容ではありませんか。これほど私の興味のど真ん中のテーマで、しかも包括的内容の本を今まで見たことがありませんでした。私は目次を見るなり、郭先生と大江さんに「ぜひ監訳をやらせてほしい」と興奮気味にお返事したことを覚えています。

　それから、監訳者と全35章の翻訳をお願いする先生方の分担を決める作業は、非常に順調に進みました。監訳者は、お目付け役の郭先生のほかに、トラウマ領域や児童青年精神科領域で旧知の田中究先生にもお願いし、3人で取り組むことになりました。翻訳の分担も次々と候補が挙がり、皆さんお忙しくご活躍であるにもかかわらず、快くお引き受けいただくことができました。

　実際の監訳作業は、私にとっては不慣れな作業であり困難も多くありましたが、総じて楽しいものでした。これまで断片的であった情報が、本書の監訳作業を通して、私の中で統合されていくようでした。内容が知りたいために夢中で読み進めた章もありました。

　監訳作業に取り組むに当たって特に心強かったのは、すでにわが国においても、本書に紹介されているいくつかの治療法や取り組みの実践が始まっていることでした。私が知るだけでも、3章のトラウマフォーカスト認知行動療法（TF-CBT）、4章の親子相互交流療法（PCIT）、6章の家族のための代替案認知行動療法（AF-CBT）は、臨床実践が始まり、日本国内でも学べる体制が整いつつあります。サンクチュアリ・モデル（11章）や、青年のための認知処理療法（CPT-A, 15章）についても、わが国での実践に向けて取り組みが開始されているようです。さらに、児童青年の性問題行動（17章）や、虐待の医学的治療（PART Ⅳ）の領域では、すでに国際的に活躍されている先生方がおられますし、2009年には日本子ども虐待医学会（Japanese Medical Society on Child Abuse and Neglect）が設立され、さまざまな活動を展開しています。これらの取り組みが、本書の出版後も、さらに大きく花開いていくためには、わが国の子ども虐待支援の現場で、適切なアセスメントや効果が実証されたケアがますます普及し根づいていくことが必要です。それには、国を挙げての取り組みや裏づけとなる財源が必要となるでしょうし、時間と人的資源を要する子ども虐待の支援が正当に評価され、その実践に見合った報酬が算定される医療保険や福祉サービスのシステム作りが不可欠であると思われます。

　郭先生からの折々の的確なご指導やご助言、田中先生とのハラハラ・ドキドキの協働作業も私にとっては素晴らしい経験となりました。そして監訳を終えた今、虐待を受けた子どもたちの支援に携わるすべての専門家の方々にとって、本書がその指針となることを切に願っています。

　最後に、翻訳にご協力いただいた先生方に、この場を借りてお礼申し上げます。また、いつも的確な見通しを示してくださり、本書の翻訳作業中に明石書店社長に就任された大江道雅さん、同じく監訳作業を支えてくださった瀬戸由美子さんと鈴木真希さんに心より感謝いたします。

2018年6月末日
監訳者代表
亀岡智美

索 引（五〇音順）

索　引（アルファベット順）

執筆者一覧

アナンダ・B・アムスタダー
Ananda B. Amstadter, Ph.D.
　バージニア・コモンウェルス大学、バージニア精神医学および行動遺伝学研究所、助教
　（バージニア州リッチモンド）

クリスティン・バロン
Christine Barron, M.D
　ブラウン大学ウォーレン・アルパートメディカルスクール、小児科（臨床）助教
　子どもの虐待小児科学、特別研究員ディレクター
　ハズブロ小児病院
　児童保護プログラム
　（ロードアイランド州プロビデンス）

ジュディス・V・ベッカー
Judith V. Becker, Ph.D.
　アリゾナ大学心理学科、教授
　（アリゾナ州トゥーソン）

リア・E・ベール
Leah E. Behl, Ph.D
　子どもの虐待研究教育臨床サービス研究所
　（ニュージャージー州ストラトフォード）

デビッド・S・ベネット
David S. Bennett, Ph.D
　グロウクリニック、セント・クリストファーズ子ども病院、心理学者
　ドレクセル大学医学部、精神医学科、教授
　（ペンシルベニア州フィラデルフィア）

エリン・C・ベレンツ
Erin C. Berenz, Ph.D.
　バージニア・コモンウェルス大学、バージニア精神医学および行動遺伝学研究所、博士研究員
　（バージニア州リッチモンド）

ルーシー・バーリナー
Lucy Berliner, M.S.W.
　ワシントン大学、性的暴力および心的外傷性ストレス研究、ハーバービューメディカルセンター、センター長
　（ワシントン州シアトル）

サンドラ・L・ブルーム
Sandra L. Bloom, M.D.
　ドレクセル大学公衆衛生学部、准教授
　（ペンシルベニア州フィラデルフィア）
　コミュニティワークス、会長
　アンドラス・チルドレン・センター、上席特別フェロー
　（ニューヨーク州ヨンカーズ）

ジェフ Q・ボスティック
Jeff Q. Bostic, M.D., Ed.D.
　ハーバード大学医学部、精神医学科、臨床准教授
　マサチューセッツ総合病院精神医学学校、校長
　MGH（マサチューセッツ総合病院）、マサチューセッツ小児精神医学アクセスプロジェクト、メディカル・
　ディレクター
　（マサチューセッツ州ボストン）

アーネスティン・C・ブリッグス・キング
Ernestine C. Briggs- King, Ph.D.
　デューク大学医学部、精神医学／子どもと家族の精神および発達神経学部門、精神医学および行動科学、助教
　（ノースカロライナ州ダーラム）

ドナルド・C・ブロス
Donald C. Bross, Ph.D., J.D.
　コロラド大学医学部、ケンプセンター、小児科学教授
　（コロラド州デンバー）

アダム・ブラウン
Adam Brown, Psy.D.
　ニューヨーク大学医学部、児童青年精神医学科、臨床助教
　（ニューヨーク州ニューヨーク）

ルース・C・ブラウン
Ruth C. Brown, Ph.D.
　バージニア・コモンウェルス大学、バージニア精神医学および行動遺伝学研究所、博士研究員
　（バージニア州リッチモンド）

クリストファー・キャンベル
Christopher Campbell, Ph.D.
　オクラホマ大学健康科学センター、心理学博士研究員
　（オクラホマ州オクラホマ・シティ）

メリアン・チェラノ
Marianne Celano, Ph.D.
　エモリー大学、精神医学および行動科学、教授
　『ジャーナル・オブ・ファミリー・サイコロジー』、共同編集者
　家族心理学協会会長
　（ジョージア州アトランタ）

マーク・チャフィン
Mark Chaffin, Ph.D.
　オクラホマ大学、健康科学センター、小児科学、教授
　（オクラホマ州オクラホマ・シティ）

キャスリーン・M・チャード
Kathleen M. Chard, Ph.D.
　退役軍人管理局CPT、実施部長
　シンシナティ退役軍人管理局メディカルセンター、PTSDおよび不安障害部門、部門長
　シンシナティ大学医学部、臨床精神医学、准教授
　（オハイオ州シンシナティ）

カーラ・クメット・ダニエルソン
Carla Kmett Danielson, Ph.D.
　サウスカロライナ医科大学、国立犯罪被害者研究および治療センター、准教授
　（サウスカロライナ州チャールストン）

タチアナ・デイビッドソン
Tatiana Davidson, Ph.D.
　サウスカロライナ医科大学、精神医学および行動科学研究所、メンタルヘルス格差および多様性プログラム
　（サウスカロライナ州チャールストン）

ミゲル・アレリャーノ
Michael de Arellano, Ph.D.
　サウスカロライナ医科大学、国立犯罪被害者研究および治療センター、教授
　（サウスカロライナ州チャールストン）

エスター・デブリンジャー
Esther Deblinger, Ph.D.
　ローワン大学オステオパシー医学部、精神医学　教授
　子ども虐待研究教育臨床サービス（CARES）研究所、共同所長
　（ニュージャージー州ストラトフォード）

ダイアン・デパンフィリス

Diane DePanfilis, Ph.D., M.S.W.

　家族と子どものためのルース・ヤングセンター、所長

　メリーランド大学、ソーシャルワーク・スクール、教授

　（メリーランド州ボルチモア）

エリン・C・ダン

Erin C. Dunn, Sc.D., M.P.H.

　マサチューセッツ総合病院、ヒト遺伝学研究センター、精神医学および神経発達遺伝学部門

　ハーバード大学医学部、精神医学科

　ハーバード大学およびMIT運営のブロード研究所、精神医学研究のためのスタンレーセンター

　（マサチューセッツ州ボストン）

アンナ・エドワーズ・ゴウラ

Anna Edwards- Gaura, Ph.D.

　ジョージア州立大学、国立安全治療研修研究センター

　（ジョージア州アトランタ）

アマンダ・M・ファンニフ

Amanda M. Fanniff, Ph.D.

　パロ・アルト大学、パシフィック心理学大学院、助教

　（カリフォルニア州パロ・アルト）

アマンダ・K・フィンガーソン

Amanda K. Fingarson, D.O.

　ノースウェスタン大学、フェインバーグ医学部、小児科学講師

　（イリノイ州シカゴ）

マーティン・A・フィンケル

Martin A. Finkel, D.O., FAAP

　ローワン大学オステオパシー医学部、子ども虐待研究教育臨床サービス（CARES）研究所、メディカル・ディレクター、小児科学教授

　（ニュージャージー州ストラトフォード）

モニカ・M・フィッツジェラルド

Monica M. Fitzgerald, Ph.D.

　コロラド大学デンバー校、小児科部門、助教

　コロラド小児病院ギャリー・パビリオン、子ども虐待とネグレクト防止のためのケンプセンター

　（コロラド州オーロラ）

エマリー・G・フラハーティ

Emalee G. Flaherty, M.D.

　　ノースウェスタン大学、フェインバーグ医学部、小児科学教授

　　シカゴのアン & ロバート H. ルリー小児病院、子ども虐待小児科学部門、部門長

　　（イリノイ州シカゴ）

ロバート・P・フランクス

Robert P. Franks, Ph.D.

　　効果的治療のためのコネチカットセンター、センター長

　　子どもの健康と発達研究所、副所長

　　（コネチカット州ファーミントン）

ビバリー・W・ファンダーバーク

Beverly W. Funderburk, Ph.D.

　　オクラホマ大学、健康科学センター小児科学部門、子ども虐待とネグレクト研究センター、准教授

　　（オクラホマ州オクラホマ・シティ）

エイミー・L・ガンボウ

Amy L. Gambow, M.S.

　　パロ・アルト大学

　　（カリフォルニア州パロ・アルト）

リッチ・ギルマン

Rich Gilman, Ph.D.

　　シンシナティ小児病院メディカルセンター、発達および行動小児科学部門、心理学および特別教育プログラム、コーディネーター

　　シンシナティ大学医学部、一般小児科学、准教授

　　（オハイオ州シンシナティ）

ジョーダン・グリーンバウム

Jordan Greenbaum, M.D.

　　アトランタ子どもヘルスケア、子ども保護チーム、メディカル・ディレクター

　　（ジョージア州アトランタ）

ロシェル・F・ハンソン

Rochelle F. Hanson, Ph.D.

　　サウスカロライナ医科大学、国立犯罪被害者研究および治療センター、教授

　　（サウスカロライナ州チャールストン）

ニコラス・C・ヘック
Nicholas C. Heck, Ph.D.
　サウスカロライナ医科大学
　（サウスカロライナ州チャールストン）

シガリット・ホフマン
Sigalit Hoffman, M.D.
　タフツ大学医学部、精神医学、助教
　タフツ・メディカルセンター、精神医学者
　（マサチューセッツ州ボストン）

スンニョ・ホワン
Soonjo Hwang, M.D.
　国立衛生研究所、国立精神衛生研究所、臨床／研究フェロー
　マサチューセッツ総合病院、精神医学部門
　（マサチューセッツ州ボストン）

シグリッド・ジェームズ
Sigrid James, Ph.D., LCSW
　ロマ・リンダ大学行動保健スクール、ソーシャルワークおよび社会生態学部門、准教授
　（カリフォルニア州ロマ・リンダ）

リサ・H・ジェイコックス
Lisa H. Jaycox, Ph.D.
　ランド研究所、上級行動科学者
　（ワシントンDC）

シェリル・H・カタオカーエンドウ
Sheryl H. Kataoka- Endo, M.D., M.S.H.S
　カリフォルニア大学ロサンゼルス校、ヘルスサービス研究センター、精神医学および行動保健学、助教
　（カリフォルニア州ロサンゼルス）

スーザンJ・ケリー
Susan J. Kelley, RN, Ph.D., FAAN
　Byrdine F. Lewis 看護および保健専門学校、教授
　ジョージア州立大学、健康祖父母プロジェクト、ディレクター
　（ジョージア州アトランタ）

ハンス・B・ケルステン
Hans B. Kersten, M.D.

セント・クリストファー小児病院、グロウクリニック、メディカル・ディレクター

ドレクセル大学医学部、小児科学、准教授

（ペンシルベニア州フィラデルフィア）

デビッド・J・コルコ

David J. Kolko, Ph.D., ABPP

ピッツバーグ大学医学部、精神医学、心理学および小児科学、教授

西部精神医学研究所および病院、特別医療部門、部門長

（ペンシルベニア州ピッツバーグ）

ジェイソン・M・ラング

Jason M. Lang, Ph.D.

コネチカット子どもの健康と発達研究所、効果的治療のためのコネチカットセンター、副センター長

ユーコン・ヘルスセンター、精神医学部門、助教

（コネチカット州ファーミントン）

オードラ・K・ラングレイ

Audra K. Langley, Ph.D.

カリフォルニア大学ロサンゼルス校、神経科学およびヒト行動に関する Semel 研究所、児童と青年の精神医学部門、助教

学校でのレジリエンシー、希望、福祉に関するセンター、研修長

国立子どもの心的外傷ストレスネットワークスクール委員会、議長

（カリフォルニア州ロサンゼルス）

ジェシカ・L・ラウバッハ

Jessica L. Laubach, B.S.

カーネギー・メロン大学、心理学科

（ペンシルベニア州ピッツバーグ）

ジョン・ルッツカー

John Lutzker, Ph.D.

ジョージア州立大学、国立安全医療研修研究センター

（ジョージア州アトランタ）

カースィ・マコロフ

Kathi Makoroff, M.D., M.Ed

安全で健康な子どものためのメイヤーソン・センター

シンシナティ小児病院メディカルセンター

シンシナティ大学医学部、小児科、准教授

（オハイオ州シンシナティ）

エリン・マクフライ
Erin McFry, M.P.H.
　ジョージア州立大学、国立安全医療研修研究センター
　（ジョージア州アトランタ）

コレット・マクレーン
Colette McLean, LCSW
　ローワン大学オステオパシー医学部、子どもの虐待研究教育臨床サービス（CARES）研究所
　（ニュージャージー州ストラトフォード）

メリッサ・マクレーン
Melissa McLean, LPC
　ローワン大学オステオパシー医学部、子どもの虐待研究教育臨床サービス（CARES）研究所、臨床医
　（ニュージャージー州ストラトフォード）

ウォルター・F・モンデール
Walter F. Mondale
　アメリカ合衆国上院議員、1964、1976
　アメリカ合衆国第42代副大統領、1977、1981
　ドーシー法律事務所、主席弁護士
　（ミネソタ州ミネアポリス）

アンジェラ・モンテサンティ
Angela Montesanti, M.P.H.
　ジョージア州立大学、国立安全医療研修研究センター
　（ジョージア州アトランタ）

キャリル・P・ナバルタ
Carryl P. Navalta, Ph.D.
　ボストン大学医学部、精神医学部、准教授
　（マサチューセッツ州ボストン）

マイケル・W・ネイラー
Michael W. Naylor, M.D.
　イリノイ大学シカゴ校医学部、精神医学、准教授
　（イリノイ州シカゴ）

ニコル・R・ヌジェント
Nicole R. Nugent, Ph.D.
　ブラウン大学、ウォーレン・アルパートメディカルスクール、助教

（ロードアイランド州プロビデンス）

エリザベス・ポリオ
Elisabeth Pollio, Ph.D.
　　ローワン大学オステオパシー医学部、子どもの虐待研究教育臨床サービス（CARES）研究所
　　（ニュージャージー州ストラットフォード）

モナ・パテル・ポッター
Mona Patel Potter, M.D.
　　マクレーン病院、児童青年精神医学
　　ハーバード大学医学部、精神医学科、講師
　　（マサチューセッツ州ボストン）

ジュヌヴィエーブ・プリアー
Genevieve Preer, M.D.
　　ボストン大学医学部、助教
　　マサチューセッツ州ボストン

ロバート・M・リース
Robert M. Reece, M.D.
タフツ大学医学部、小児科学臨床教授
　　『The Quarterly Update』、編集者
　　（マサチューセッツ州ノース・ファルマス）

レスリー・アン・ロス
Leslie Anne Ross, Psy.D.
　　Children's Institute Inc.、リーダーシップセンター、副センター長
　　（カリフォルニア州ロサンゼルス）

メリッサ・K・ラニョン
Melissa K. Runyon, Ph.D
　　ローワン大学オステオパシー医学部、子ども虐待研究教育臨床サービス（CARES）研究所、治療サービス部長、精神医学教授
　　（ニュージャージー州ストラットフォード）

ジョン・サージェント
John Sargent, M.D.
　　タフツ大学医学部、精神医学および小児科学、教授
　　児童青年精神医学科、ディレクター
　　（マサチューセッツ州ボストン）

ベンジャミン・E・サンダース
Benjamin E. Saunders, Ph.D.
サウスカロライナ医科大学、精神医学および行動科学部門、国立犯罪被害者研究治療センター、教授および副センター長
（サウスカロライナ州チャールストン）

ロナルド・C・サヴェッジ
Ronald C. Savage, Ed.D.
国際小児科脳傷害協会、会長
（ペンシルベニア州フィラデルフィア）

グレン・サックス
Glenn Saxe, M.D
児童青年精神医学、アーノルド・サイモン教授
児童青年精神医学部門、部門長
ニューヨーク大学児童研究センター、センター長
（ニューヨーク州ニューヨーク）

キンバリー・A・シュワルツ
Kimberly A. Schwartz, M.D., FAAP
ボストンメディカルセンター、児童保護チーム、子ども虐待対応小児科医
（マサチューセッツ州ボストン）

ロバート・D・セージ
Robert D. Sege, M.D., Ph.D.
子どもと家族の支援運動部門、部門長
ボストンメディカルセンター、児童保護チーム、メディカル・ディレクター
ボストン大学医学部、小児科学教授
（マサチューセッツ州ボストン）

シャノン・セルフーブラウン
Shannon Self- Brown, Ph.D.
国立安全医療研修研究センター、副センター長
ジョージア州立大学、公衆衛生研究所、准教授
（ジョージア州アトランタ）

ジェネル・シャンリー
Jenelle Shanley, Ph.D
ジョージア州立大学、国立安全医療研修研究センター
（ジョージア州アトランタ）

キンブリー・L・シップマン

Kimberly L. Shipman, Ph.D.

　小児科部門、助教

　ケンプ児童トラウマプログラム・プログラムディレクター、子ども虐待およびネグレクトの予防・治療のためのケンプセンター、コロラド小児病院ギャリー・パビリオン

　（コロラド州オーロラ）

シャノン・W・シモンズ

Shannon W. Simmons, M.D., M.P.H.

　ワシントン大学医学部、精神医学および行動科学部門、小児科学、助教代行

　（ワシントン州シアトル）

ブレット・スリングスビー

Brett Slingsby, M.D.

　サウスダコタ大学、サンフォード医学校、小児科学、助教

　チャイルズ・ボイス、子ども虐待小児科医

　（サウスダコタ州スーフォールズ）

ダニエル・W・スミス

Daniel W. Smith, Ph.D

　サウスカロライナ医科大学、医学カレッジ、学務および研究活動支援担当副学部長、精神医学および行動科学、教授

　（サウスカロライナ州チャールストン）

ブラッドリー・D・スタイン

Bradley D. Stein, M.D., Ph.D.

　ランド研究所、上級自然科学者

　ピッツバーグ大学、精神医学、准教授

　（ペンシルベニア州ピッツバーグ）

ナオミ・シュガー

Naomi Sugar, M.D. (故人)

　ワシントン大学医学部、総合小児科学部門、小児科学臨床教授

　（ワシントン州シアトル）

マルセラ・M・トレス

Marcela M. Torres, Ph.D.

　コロラド大学医学部、小児科学部門、講師

　子ども虐待およびネグレクトの予防・治療のためのケンプセンター、児童トラウマプログラム

　（コロラド州オーロラ）

エリカ・トュルバーグ

Erika Tullberg, M.P.A., M.P.H.

　ニューヨーク大学医学部、児童および青年精神医学部門、研究助教

　（ニューヨーク州ニューヨーク）

マイケル・アンガー

Michael Ungar, Ph.D.

　ダルハウジー大学、ソーシャルワーク、キラム教授

　困難な状況にある子どもと青年ネットワーク、ネットワークディレクター

　レジリエンス研究センター、設立者および共同センター長

　（カナダ・ノバスコシア州ハリファックス）

ジェフリー・N・ウェリー

Jeffrey N. Wherry, Ph.D., ABPP

　ヒト発達および家族研究、ロックウェル教授

　テキサス工科大学、児童および家族研究所、所長

　（テキサス州ラボック）

ダニエル・ウィッターカー

Daniel Whitaker, Ph.D.

　ジョージア州立大学、教授

　国立安全医療研修研究センター、部長

　健康増進および行動部門、部門長

　（ジョージア州アトランタ）

デボラ・M・ウィットリー

Deborah M. Whitley, M.P.H., Ph.D.

　ソーシャルワーク・スクール、准教授

　孫を養育する祖父母に関する国立センター、センター長

　ジョージア州立大学、アンドリュー・ヤング政策研究スクール

　（ジョージア州アトランタ）

マーリーン・ウォン

Marleen Wong, Ph.D.

　南カリフォルニア大学、副学部長および、臨床学教授

　南カリフォルニア大学ソーシャルワーク校、教育分野、部門長

　（カリフォルニア州ロサンゼルス）

監訳者紹介

亀岡智美（かめおか・さとみ）

1983 年和歌山県立医科大学卒業。大阪府立病院、大阪府立中宮病院松心園、大阪府こころの健康総合センターを経て、2012 年より兵庫県こころのケアセンター副センター長兼研究部長。2006 年より，大阪教育大学学校危機メンタルサポートセンター客員教授、2010 年より、大阪大学大学院連合小児発達学研究課招へい教授。日本児童青年精神医学会代議員、日本トラウマティックストレス学会事務局長、日本子ども虐待防止学会代議員、日本子ども虐待医学会代議員。厚生労働省児童売春・児童ポルノ被害児童の保護施策に関する検証・評価専門委員会委員、兵庫県児童虐待防止委員会委員。兵庫県こども家庭センター児童虐待等対応専門アドバイザー。【主要著書】（分担執筆）：『大災害と子どものストレス』（誠信書房，2011）、『心的外傷後ストレス障害（PTSD)』（最新医学社，2011）、『改訂第 2 版現代児童青年精神医学』（永井書店，2012）、『子どもへの性暴力——その理解と支援』（誠信書房，2013）、『子どもの心の処方箋ガイド』（中山書店，2014）、『臨床医のための小児精神医療入門』（医学書院，2014）、『子どものPTSD——診断と治療』（診断と治療社，2014）、『情動とトラウマ』（朝倉書店，2017）他。

郭麗月（かく・れいげつ）

1973 年、大阪大学医学部卒業。かくにしかわ診療所勤務、心斎橋心理療法センター主宰。神戸大学医学部精神神経科、大阪府公衆衛生研究所精神衛生部、近畿大学医学部精神神経科、桃山学院大学社会学部社会福祉学科を経て現在に至る。児童青年精神医学会認定医、青年期精神療法学会常理事、大阪府社会福祉審議会児童措置審査部会委員、堺市子ども虐待検証部会委員。【主要著書】：『青年精神病理 3　前思春期の人格発達とその障害』（弘文堂，1983）、「心身分化」（岩波講座『精神の科学 4　精神と身体』岩波書店，1983）、「ヒステリー」（『シリーズ精神科症例集第 6 巻　児童青年精神医学』山中書店，1994)、「ジェンダー・アイデンティティの障害」（『臨床精神医学講座 11　児童青年期　精神障害』山中書店，1998）、訳書に、アルフレッド・アドラー著『子どものおいたちと心のなりたち』（ミネルヴァ書房，1982）、R.M. リース編「虐待された子どもへの治療」（監訳、明石書店，2005）他。

田中究（たなか・きわむ）

1984 年、徳島大学医学部卒業。神戸大学医学部附属病院精神神経科医員。2007 年より神戸大学大学院医学系研究科精神医学分野准教授。2014 年より兵庫県立光風病院（現：兵庫県立ひょうごこころの医療センター）院長。日本児童青年精神医学会理事、日本トラウマティックストレス学会会長、兵庫県こども家庭センターアドバイザー。精神保健指定医、日本児童青年精神医学会認定医。【主要著書】（分担執筆）：『こころの科学 203 こどもの‘困った’感情』（日本評論社，2019）、『中

井久夫の臨床作法（こころの科学増刊）』（日本評論社，2015 年）、『子ども中心の面会交流』（日本加除出版，2015）、『子どもの PTSD- 診断と治療』（診断と治療社，2014）、『虐待を受けた子どものケア・治療』（診断と治療社，2012）、『災害と子どものこころ（集英社新書）』（集英社，2012）。訳書にジョン・G・ワトキンス、ヘレン・H・ワトキンス著『自我状態療法——理論と実践』（金剛出版，2019）、バーバラ・クーパー、ナンシー・ウィドウズ著『人づきあいが苦手な人のためのワークブック 中高生が大人になるまでに身につけておくこと』（日本評論社，2016 年）他。

翻訳者一覧

亀岡智美：第1章、第2章
　　兵庫県こころのケアセンター、
　　副センター長兼研究部長

新井陽子：第3章
　　公益社団法人 被害者支援都民センター
　　公認心理師・臨床心理士

小平かやの：第4章
　　東京都児童相談センター
　　相談援助課　医長

高田紗英子：第5章、第8章
　　兵庫県こころのケアセンター
　　特別研究員

犬塚峰子：第6章
　　大正大学
　　心理社会学部 臨床心理学科　客員教授

野坂祐子：第7章、第17章
　　大阪大学大学院
　　人間科学研究科　准教授

田中久美子：第9章
　　大阪府東大阪子ども家庭センター
　　児童心理司

山田順久：第10章
　　大阪府中央子ども家庭センター
　　児童福祉司

浅野恭子：第11章
　　大阪府立障がい者自立センター
　　所長

田中英三郎：第12章、第15章
　　兵庫県こころのケアセンター
　　主任研究員

島ゆみ：第13章
　　大阪府吹田子ども家庭センター
　　児童心理司

鶴田信子：第 14 章
　被害者支援都民センター
　臨床心理士

齋藤梓：第 16 章
　目白大学
　人間学部心理カウンセリング学科
　専任講師
　公益社団法人被害者支援都民センター

柳川敏彦：第 18 章
　和歌山県立医科大学保健看護学部
　教授

毎原敏郎：第 19 章
　兵庫県立尼崎総合医療センター
　小児科科長

山本恒雄：第 20 章
　社会福祉法人恩賜財団母子愛育会愛育研究所
　客員研究員

三宅和佳子：第 21 章
　大阪母子医療センター
　子どものこころの診療科、副部長

木下直俊：第 22 章
　兵庫県立ひょうごこころの医療センター
　児童精神科

小林三希子：第 23 章
　兵庫県立ひょうごこころの医療センター
　児童精神科

尾崎仁：第 24 章
　兵庫県立ひょうごこころの医療センター
　児童精神科

増尾徳行：第 25 章
　兵庫県立ひょうごこころの医療センター
　心理科

吉川徹：第 26 章
　愛知県医療療育総合センター中央病院
　子どものこころ科（児童精神科）　部長

岩垂喜貴：第27章
　医療法人財団 青溪会 駒木野病院
　精神科
牛島洋景：第28章
　国立国際医療研究センター国府台病院
　児童精神科
北山真次：第29章（共訳）、第30章（共訳）
　姫路市総合福祉通園センター
　所長
田宮聡：第29章（共訳）、第30章（共訳）
　姫路市総合福祉通園センター
　児童精神科
持田啓：第31章
　兵庫県立こども病院
　精神科
菱本明豊：第32章（共訳）、第33章（共訳）
　神戸大学大学院医学研究科精神医学分野
　准教授
千葉俊周：第32章（共訳）、第33章（共訳）
　神戸大学大学院医学研究科精神医学分野
田中究：第34章
　兵庫県立ひょうごこころの医療センター
　院長
濵田雄久：第35章
　弁護士法人なにわ共同法律事務所
　弁護士

虐待された子どもへの治療【第2版】
──医療・心理・福祉・法的対応から支援まで

2019 年 12 月 20 日　初版第 1 刷発行

編　者　ロバート・M・リース
　　　　ロシェル・F・ハンソン
　　　　ジョン・サージェント
監訳者　亀岡 智美
　　　　郭 麗月
　　　　田中 究
発行者　大江 道雅
発行所　株式会社 明石書店
　　　　〒101-0021 東京都千代田区外神田 6-9-5
　　　　電　話　03 (5818) 1171
　　　　Ｆ Ａ Ｘ　03 (5818) 1174
　　　　振　替　00100-7-24505
　　　　http://www.akashi.co.jp/
　　　　装丁　　　明石書店デザイン室
　　　　印刷・製本　モリモト印刷株式会社

子ども虐待医学
診断と連携対応のために

ロバート・M.リース、シンディー・W・クリスチャン［編著］
日本子ども虐待医学研究会［監訳］ 溝口史剛［訳］

◎B5判／上製・函入／880頁 ◎38,000円

虐待やネグレクト被害を受けた子どもに関わる関係者のための医学書。子ども虐待の小児科的、外科的、放射線医学的、検査医学的概要を示し、その心理学的力動についても解説、図版・写真も多数収録する。虐待医学の最新知見を盛り込んだ原著第3版の日本語版。

●内容構成

■序論 虐待研究
序章 子ども虐待研究の展開

■セクション1 身体的虐待
第1章 子ども虐待の皮膚病変／第2章 頭部外傷／第3章 子ども虐待の骨病変／第4章 子ども虐待の内臓徴候／第5章 子ども虐待における顎顔面・頸部・歯の徴候／第6章 子ども虐待の眼徴候／第7章 身体的虐待と誤診されうる医学的状況

■セクション2 性虐待
第8章 性虐待の可能性のある前思春期の子どもとの面接／第9章 前思春期の子どもの性虐待の医学的側面／第10章 思春期の性虐待／性暴力被害児の医学的管理／第11章 子どもの性虐待における性感染症／第12章 性虐待／性暴力被害児における法医学的証拠の果たす役割／第13章 子どもの性虐待と誤診しやすい医学所見

■セクション3 ネグレクト
第14章 子どものネグレクト／第15章 発育不全/体重増加不良(FTT: Failure to Thrive)

■セクション4 その他の形態の子どもマルトリートメント
第16章 代理によるミュンヒハウゼン症候群／第17章 毒物を用いた子ども虐待／第18章 子ども虐待およびネグレクトにおける溺水ならびに溺死／第19章 稀な様態の子ども虐待

■セクション5 子どもマルトリートメントの病理学
第20章 致死的虐待の病理学／第21章 乳児突然死症候群と致死的子ども虐待

■セクション6 子どもマルトリートメントの専門的問題
第22章 写真記録およびその他の技術／第23章 幼少期の虐待・ネグレクトの長期的影響と神経生物学／第24章 子ども虐待の法的側面

■セクション7 予後
第25章 子ども虐待・ネグレクトの医学的・心理学的後遺症

〈価格は本体価格です〉

子ども虐待の
画像診断

エビデンスに基づく医学診断と
調査・捜査のために

ポール・K・クラインマン [編]

小熊栄二 [監修] 溝口史剛 [監訳]

◎A4判／上製／812頁 ◎30,000円

多くの臨床ケースの画像を用い、網羅的な論述で子ども虐待の放射線医学的徴候を明らかにする。放射線科医をはじめとする子どもの診察に携わる医療者だけでなく、子ども虐待に対応する福祉関係者、司法関係者にとっても有用な子ども虐待医学分野の必携書。

●内容構成

第Ⅰ部 骨損傷 第1章 骨格系：骨の構造・成長発達、および骨損傷の基礎的事項／第2章 骨損傷総論／第3章 下肢骨損傷／第4章 上肢骨損傷／第5章 体幹部骨損傷／第6章 骨折の受傷時期推定／第7章 鑑別診断Ⅰ：虐待に類似した骨病変を呈する疾病・形成異常・症候群／第8章 鑑別診断Ⅱ：カルシウム・リン代謝異常症／第9章 鑑別診断Ⅲ：骨形成不全症／第10章 鑑別診断Ⅳ：事故による骨損傷／第11章 鑑別診断Ⅴ：分娩時骨損傷／第12章 鑑別診断Ⅵ：骨の正常変異／第13章 エビデンスに基づく放射線医学と子ども虐待／第14章 骨損傷の画像診断戦略／第15章 死後の骨画像評価

第Ⅱ部 虐待による頭部外傷および脊椎・脊髄損傷 第16章 虐待による頭部外傷：臨床的・生体力学的・画像的考察／第17章 虐待による頭部外傷：頭皮・頭蓋下・頭蓋骨損傷／第18章 虐待による頭部外傷：脳実質外の血液・液体貯留／第19章 虐待による頭部外傷：脳実質損傷／第20章 虐待による頭部外傷：頭蓋内画像診断戦略／第21章 虐待による頭蓋頸椎移行部損傷および脊椎・脊髄損傷

第Ⅲ部 内臓損傷およびその他の虐待・ネグレクトによる損傷 第22章 内臓損傷／第23章 その他の虐待・ネグレクトによる損傷

第Ⅳ部 虐待の画像診断と社会的問題 第24章 心理社会的考察／第25章 子ども虐待と法律Ⅰ：放射線科医が知っておくべき一般的事項／第26章 子ども虐待と法律Ⅱ：放射線科医の法廷証言、ならびに司法原理／第27章 子ども虐待に対し放射線科医が行うべき対応について

第Ⅴ部 技術的側面と線量評価 第28章 放射線画像の形成：物理学的原理・技術・放射線量への配慮／第29章 MRIの物理・生物学：その可能性と限界点について／第30章 画像の品質保証、および標準的全身骨撮影法

性的虐待を受けた子ども・性的問題行動を示す子どもへの支援
児童福祉施設における生活支援と心理・医療的ケア
八木修司・岡本正子編著
◎2600円

性的虐待を受けた子どもの施設ケア
児童福祉施設における生活・心理・医療支援
八木修司・岡本正子編著
◎2600円

子どもが性被害をうけたとき
お母さんと、支援者のための本
キャロライン・M・バイヤリー著
宮地尚子監訳　菊池美名子、湯川やよい訳
◎2000円

知的障害・発達障害のある子どもの面接ハンドブック
犯罪・虐待被害が疑われる子どもから話を聴く技術
アン・クリスティン・セーデルボリほか著
仲真紀子、山本恒雄監訳　リンデル佐藤良子訳
◎2000円

児童虐待を認めない親への対応
リゾリューションズ・アプローチによる家族の再統合
アンドリュー・ターネル、スージー・エセックス著
井上薫、井上直美監訳　板倉贊事訳
◎3300円

虐待的パーソナリティ
親密な関係性における暴力とコントロールについての心理学
ドナルド・G・ダットン著　中村正監訳
松井由佳訳
◎3800円

援助を求めないクライエントへの対応
虐待・DV・非行に走る人の心を開く
クリス・トロッター著　清水隆則監訳
◎2800円

子ども虐待対応における保護者との協働関係の構築
家族と支援者へのインタビューから学ぶ実践モデル
鈴木浩之著
◎4600円

DV・虐待　加害者の実体を知る
あなた自身の人生を取り戻すためのガイド
ランディ・バンクロフト著
髙橋睦子、中島幸子、山口のり子訳
◎2800円

別れる? それともやり直す? カップル関係に悩む女性のためのガイド
うまくいかない関係に潜む"支配の罠"を見抜く
ランディ・バンクロフト、ジャック・パトリッシ著　髙橋睦子、中島幸子監訳
◎2800円

DV・虐待にさらされた子どものトラウマを癒す
お母さんと支援者のためのガイド
ランディ・バンクロフト著
白川美也子、山崎知克監訳　阿部尚美、白倉三紀訳
◎2800円

子ども虐待在宅ケースの家族支援
「家族維持」を目的とした援助の実態分析
畠山由佳子著
◎4600円

虐待する親への支援と家族再統合
親と子の成長発達を促すCRC親子プログラムふぁりの実践
宮口智恵、河合克子著
◎2000円

子ども虐待対応におけるサインズ・オブ・セーフティ・アプローチ実践ガイド
子どもの安全(セーフティ)を家族とつくる道すじ
菱川愛、渡邉直、鈴木浩之編著
◎2800円

「三つの家」を活用した子ども虐待のアセスメントとプランニング
ニキ・ウェルド、ソニア・パーカー、井上直美編著
◎2800円

子ども虐待と家族
「重なり合う不利」と社会的支援
松本伊智朗編著
◎2200円

子ども虐待防止のための家族支援ガイド
サインズ・オブ・セイフティ・アプローチ入門
井上直美、井上薫編著
◎2500円

子ども虐待 家族再統合に向けた心理的支援
児童相談所の現場実践からのモデル構築
千賀則史著
◎3700円

子育て困難家庭のための多職種協働ガイド
地域での専門職連携教育（IPE）の進め方
ジュリー・テイラー、ジョン・ソウバーン著
西郷泰之訳
◎2500円

子ども虐待と貧困
「忘れられた子ども」のいない社会をめざして
松本伊智朗編著
清水克之、佐藤拓代、峯本耕治、村井美紀、山野良一著
◎1900円

ファミリーグループ・カンファレンス入門
子ども虐待における「家族」が主役の支援
林浩康、鈴木浩之編著
佐藤和宏、妹尾洋之、新納拓爾、根本顕著
◎2500円

子ども虐待とスクールソーシャルワーク
チーム学校を基盤とする「育む環境」の創造
西野緑著
◎3500円

子ども虐待を防ぐ市町村ネットワークとソーシャルワーク
グラウンデッド・セオリー・アプローチによるマネジメント実践理論の構築
山野則子著
◎3500円

保健師・助産師による子ども虐待予防「CAREプログラム」
乳幼児と親のアセスメントに対する公衆衛生学的アプローチ
ケヴィン・ブラウンほか著
上野昌江、山田和子監訳
◎2800円

児童相談所一時保護所の子どもと支援
和田一郎編著
子どもへのケアから行政評価まで
◎2800円

アメリカの子ども保護の歴史
虐待防止のための改革と提言
ジョン・E・B・マイヤーズ著
庄司順一、澁谷昌史、伊藤嘉余子訳
◎5500円
明石ライブラリー 147

児童相談所改革と協働の道のり
子ども虐待を中心とした福岡市モデル
藤林武史編著
◎2400円

新版 ソーシャルワーク実践事例集
社会福祉士をめざす人・相談援助に携わる人のために
渋谷哲、山下浩紀編
◎2800円

要保護児童対策調整機関専門職研修テキスト
金子恵美編集代表、佐竹要平、安部計彦、
藤岡孝志、増沢高、宮島清編
◎2800円　基礎自治体職員向け

児童福祉司研修テキスト
児童相談所職員向け
金子恵美編集代表、佐竹要平、安部計彦、
藤岡孝志、増沢高、宮島清編
◎2500円

臨床法医学入門
コメディカルにも役立つ
虐待・性犯罪・薬物対応の基礎知識
美作宗太郎監修　山田典子編著
◎2500円

小児および若年成人における突然死
病気・事故・虐待の適切な鑑別のために
ロジャー・W・バイアード著　溝口史剛監訳
◎45000円

〈価格は本体価格です〉